BAL DES PENDUS

Au gibet noir, manchot aimable,
Dansent, dansent les paladins,
Les maigres paladins du diable,
Les squelettes de Saladins.

Messire Belzébuth tire par la cravate
Ses petits pantins noirs grimaçant sur le ciel,
Et, leur claquant au front un revers de savate,
Les fait danser, danser aux sons d'un vieux Noël !

Et les pantins choqués enlacent leurs bras grêles :
Comme des orgues noirs, les poitrines [a] à jour
Que serraient autrefois les gentes damoiselles,
Se heurtent longuement dans un hideux amour.

Hurrah ! Les gais danseurs, qui n'avez plus de panse [1] !
On peut cabrioler, les tréteaux sont si longs !
Hop ! qu'on ne sache plus si c'est bataille ou danse !
Belzébuth enragé racle ses violons !

Ô durs talons, jamais on n'use sa sandale !
Presque tous ont quitté la chemise de peau [2] :
Le reste est peu gênant et se voit sans scandale.
Sur les crânes, la neige applique un blanc chapeau :

Le corbeau fait panache à ces têtes fêlées,
Un morceau de chair tremble à leur maigre menton :
On dirait, tournoyant dans les sombres mêlées,
Des preux, raides, heurtant armures de carton.

Hurrah ! La bise siffle au grand bal des squelettes !
Le gibet noir mugit comme un orgue de fer !
Les loups vont répondant des forêts violettes :
À l'horizon, le ciel est d'un rouge d'enfer...

Holà, secouez-moi ces capitans funèbres
Qui défilent, sournois, de leurs gros doigts cassés

Un chapelet d'amour sur leurs pâles vertèbres[1] :
32 Ce n'est pas un moustier ici, les trépassés !

Oh ! voilà[a] qu'au milieu de la danse macabre
Bondit dans le ciel[b] rouge un grand squelette fou[2]
Emporté par l'élan, comme un cheval[c] se cabre[3] :
36 Et, se sentant encor la corde raide au cou,

Crispe ses petits doigts[d] sur son fémur[4] qui craque
Avec des cris pareils à des ricanements,
Et[e], comme un baladin rentre dans la baraque,
40 Rebondit dans le bal au chant des ossements.

Au gibet noir, manchot aimable,
Dansent, dansent les paladins,
Les maigres paladins du diable,
44 Les squelettes de Saladins[f].

LE CHÂTIMENT DE TARTUFE

Tisonnant, tisonnant son cœur amoureux sous
Sa chaste robe noire, heureux, la main gantée,
Un jour qu'il s'en allait, effroyablement doux,
4 Jaune, bavant la foi de sa bouche édentée,

Un jour qu'il s'en allait, « Oremus, » — un Méchant
Le prit rudement par son oreille benoîte
Et lui jeta des mots affreux, en arrachant
8 Sa chaste robe noire autour de sa peau moite !

Châtiment !... Ses habits étaient déboutonnés,
Et le long chapelet des péchés pardonnés
11 S'égrenant dans son cœur, Saint Tartufe était pâle !...

Donc, il se confessait, priait, avec un râle !
L'homme se contenta d'emporter ses rabats...
14 — Peuh ! Tartufe était nu du haut jusques en bas !

LE FORGERON

Palais des Tuileries, vers le 10 août [18]92 *a* [1].

Le bras sur un marteau gigantesque, effrayant
D'ivresse et de grandeur, le front vaste *b*, riant
Comme un clairon d'airain, avec toute sa bouche,
Et prenant ce gros-là dans son regard farouche,
5 Le Forgeron [2] parlait à Louis Seize, un jour
Que le Peuple était là, se tordant tout autour,
Et sur les lambris d'or traînant *c* sa veste sale.
Or le bon roi, debout sur son ventre, était pâle,
Pâle comme un vaincu qu'on prend pour le gibet,
10 Et, soumis comme un chien, jamais ne regimbait,
Car ce maraud de forge aux énormes épaules
Lui disait de vieux mots et des choses si drôles,
Que cela l'empoignait au front, comme cela!

« Or, tu sais bien, Monsieur *d* [3], nous chantions tra la la
15 Et nous piquions les bœufs vers les sillons des autres :
Le Chanoine au soleil filait des patenôtres *e*
Sur des chapelets clairs grenés de pièces d'or.
Le Seigneur, à cheval, passait, sonnant du cor,
Et l'un avec la hart, l'autre avec la cravache
20 Nous fouaillaient. — Hébétés comme des yeux de
[vache,
Nos yeux ne pleuraient plus *f*; nous allions, nous
[allions,
Et quand nous avions mis le pays en sillons,
Quand nous avions laissé dans cette terre noire
Un peu de notre chair... nous avions un pourboire :
25 On nous faisait flamber *g* nos taudis dans la nuit;
Nos petits *h* y faisaient un gâteau fort bien cuit.

... « Oh! je ne me plains pas. Je te dis mes bêtises,
C'est entre nous. J'admets que tu me contredises.
Or, n'est-ce pas joyeux de voir, au mois de juin
30 Dans les granges entrer des voitures de foin

Énormes? De sentir l'odeur de ce qui pousse,
Des vergers quand il pleut un peu, de l'herbe rousse?
De voir des blés, des blés, des épis *a* pleins de grain,
De penser que cela prépare bien du pain?...
35 Oh! plus fort, on irait, au fourneau *b* qui s'allume,
Chanter joyeusement en martelant l'enclume,
Si l'on était certain de pouvoir prendre *c* un peu,
Étant homme, à la fin! de ce que donne Dieu!
— Mais voilà, c'est toujours la même vieille histoire!

40 « Mais je sais, maintenant *d* ! Moi, je ne peux plus croire,
Quand j'ai deux bonnes mains, mon front et mon
[marteau,
Qu'un homme vienne là, dague sur le manteau *e*,
Et me dise : Mon gars *f*, ensemence ma terre;
Que l'on arrive encor, quand ce serait la guerre,
45 Me prendre mon garçon comme cela, chez moi!
— Moi, je serais un homme, et toi, tu serais roi,
Tu me dirais : Je veux!... — Tu vois bien, c'est stu-
[pide.
Tu crois que j'aime voir *g* ta baraque splendide,
Tes officiers dorés, tes mille chenapans,
50 Tes palsembleu bâtards tournant comme des paons :
Ils ont rempli ton nid de l'odeur de nos filles
Et de petits billets *1* pour nous mettre aux Bastilles,
Et nous dirons *h* : C'est bien : les pauvres à genoux!
Nous dorerons *i* ton Louvre en donnant nos gros
[sous!
55 Et tu te soûleras, tu feras *j* belle fête.
— Et ces Messieurs riront *k*, les reins sur notre tête!

« Non. Ces saletés-là datent de nos papas!
Oh! Le Peuple n'est plus une putain. Trois pas
Et, tous, nous avons mis ta Bastille en poussière.
60 Cette bête suait du sang à chaque pierre
Et c'était dégoûtant, la Bastille debout
Avec ses murs lépreux qui nous racontaient tout *l*
Et, toujours, nous tenaient enfermés dans leur ombre!
— Citoyen! citoyen! c'était le passé sombre
65 Qui croulait, qui râlait, quand nous prîmes la tour!
Nous avions quelque chose au cœur comme l'amour.
Nous avions embrassé nos fils sur nos poitrines.
Et, comme des chevaux, en soufflant des narines

Nous allions, fiers et forts, et *a* ça nous battait là...
70 Nous marchions au soleil, front *b* haut, — comme
[cela, —
Dans Paris! On venait devant *c* nos vestes sales.
Enfin! Nous nous sentions Hommes! Nous étions
[pâles,
Sire, nous étions soûls de terribles espoirs :
Et quand nous fûmes là, devant les donjons noirs,
75 Agitant nos clairons et nos feuilles de chêne,
Les piques à la main; nous n'eûmes pas de haine,
— Nous nous sentions si forts, nous voulions être
[doux!

. . . .

. . . .

« Et depuis ce jour-là, nous sommes comme fous!
Le tas *d* des ouvriers a monté dans la rue,
80 Et ces maudits s'en vont, foule toujours accrue
De sombres revenants *e*, aux portes des richards.
Moi, je cours avec eux assommer les mouchards :
Et je vais dans Paris, noir, marteau *f* sur l'épaule,
Farouche, à chaque coin balayant quelque drôle,
85 Et, si tu me riais au nez, je te tuerais!
— Puis, tu peux y compter *g*, tu te feras des frais
Avec tes hommes *h* noirs, qui prennent nos requêtes
Pour se les renvoyer comme sur des raquettes
Et, tout bas, les malins! se disent : « Qu'ils sont
[sots *i*! »
90 Pour mitonner des lois, coller de petits pots *j*
Pleins de jolis décrets roses et de droguailles *k* 1,
S'amuser à couper proprement quelques tailles 2,
Puis se boucher le nez quand nous marchons *l* près
[d'eux,
— Nos doux représentants *m* qui nous trouvent cras-
[seux! —
95 Pour ne rien redouter, rien, que les baïonnettes...,
C'est très bien. Foin de leur tabatière à sornettes *n*!
Nous en avons assez, là, de ces cerveaux plats *o*
Et de ces ventres-dieux *p*. Ah! ce sont là les plats
Que tu nous sers, bourgeois, quand nous sommes
[féroces,
100 Quand nous brisons *q* déjà les sceptres et les
[crosses!... »

. . . .

Il le prend par le bras *a*, arrache le velours
Des rideaux, et lui montre en bas les larges cours
Où fourmille, où fourmille, où se lève la foule,
La foule épouvantable avec des bruits de houle,
105 Hurlant comme une chienne, hurlant comme une mer,
Avec ses bâtons forts et ses piques *b* de fer,
Ses tambours *c*, ses grands cris de halles et de bouges,
Tas sombre de haillons saignant de bonnets rouges *d* :
L'Homme, par la fenêtre ouverte, montre tout
110 Au roi pâle et suant *e* qui chancelle debout,
Malade à regarder cela !
                              « C'est la Crapule [1],
Sire. Ça bave aux murs, ça monte, ça pullule *f* :
— Puisqu'ils ne mangent pas, Sire, ce sont des
                                          [gueux *g* !
Je suis un forgeron : ma femme est avec eux,
115 Folle ! Elle croit trouver *h* du pain aux Tuileries !
    — On ne veut pas de nous dans les boulangeries.
J'ai trois petits. Je suis crapule. — Je connais
Des vieilles qui s'en vont pleurant sous leurs bonnets
Parce qu'on leur a pris leur garçon ou leur fille :
120 C'est la crapule. — Un homme était à la Bastille,
Un autre était forçat : et tous deux, citoyens *i* ·
Honnêtes. Libérés, ils sont comme des chiens :
On les insulte ! Alors, ils ont là quelque chose
Qui leur fait mal, allez ! C'est terrible, et c'est cause
125 Que se sentant brisés, que, se sentant damnés,
Ils sont là, maintenant, hurlant sous votre nez *j* !
Crapule. — Là-dedans sont des filles, infâmes
Parce que, — vous saviez que c'est faible, les
                                          [femmes, —
Messeigneurs de la cour, — que ça veut toujours
                                          [bien, —
130 Vous [leur] avez craché sur l'âme, comme *k* rien !
Vos belles, aujourd'hui, sont là. C'est la crapule.

. . . .

« Oh ! tous les Malheureux [2], tous ceux dont le dos
                                          [brûle
Sous le soleil féroce, et qui vont, et qui vont,
Qui dans *l* ce travail-là sentent crever leur front...

135 Chapeau bas, mes bourgeois! Oh! ceux-là, sont les
[Hommes!
Nous sommes Ouvriers, Sire! Ouvriers! Nous
[sommes
Pour les grands temps nouveaux où l'on voudra
[savoir,
Où l'Homme forgera du matin jusqu'au soir,
Chasseur des grands effets, chasseur des grandes
[causes *a*,
140 Où, lentement vainqueur, il domptera les choses
Et montera sur Tout, comme sur un cheval!
Oh! splendides lueurs des forges! Plus de mal *b*,
Plus! — Ce qu'on ne sait pas *c*, c'est peut-être terrible :
Nous saurons 1! — Nos marteaux en main, passons
[au crible *d*
145 Tout ce que nous savons : puis, Frères, en avant!
Nous faisons quelquefois ce grand rêve émouvant
De vivre simplement, ardemment, sans rien dire
De mauvais, travaillant sous l'auguste sourire
D'une femme qu'on aime avec un noble amour 2 :
150 Et l'on travaillerait fièrement tout le jour,
Écoutant le devoir comme un clairon qui sonne :
Et l'on se sentirait très heureux *e*; et personne,
Oh! personne, surtout, ne vous ferait ployer *f*!
On aurait un fusil au-dessus du foyer...

. . . .

155 « Oh! mais l'air est tout plein d'une odeur de bataille 3!
Que te disais-je donc? Je suis de la canaille!
Il reste des mouchards et des accapareurs.
Nous sommes libres, nous! Nous avons des terreurs
Où nous nous sentons grands, oh! si grands! Tout à
[l'heure
160 Je parlais de devoir calme, d'une demeure...
Regarde donc le ciel! — C'est trop petit pour nous,
Nous crèverions de chaud, nous serions à genoux!
Regarde donc le ciel! — Je rentre dans la foule,
Dans la grande canaille effroyable, qui roule,
165 Sire, tes vieux canons sur les sales pavés 4 :
— Oh! quand nous serons morts, nous les aurons
[lavés
— Et si, devant nos cris, devant notre vengeance,
Les pattes des vieux rois mordorés, sur la France

Poussent[a] leurs régiments en habits de gala,
170 Eh bien, n'est-ce pas, vous tous? — Merde à ces
[chiens-là[b]! »

. . . .

— Il reprit son marteau sur l'épaule.
La foule
Près de cet homme-là se sentait l'âme soûle,
Et, dans la grande cour, dans les appartements,
Où Paris haletait avec des hurlements,
175 Un frisson secoua l'immense populace.
Alors, de sa main large et superbe de crasse,
Bien que le roi ventru suât, le Forgeron,
Terrible, lui jeta le bonnet rouge au front[1]!

« ... *Français de soixante-dix, bonapartistes,
républicains, souvenez-vous de vos pères en 92, etc.;*
. . . .
— PAUL DE CASSAGNAC
— *Le Pays* —

Morts[c] de Quatre-vingt-douze[2] et de Quatre-
Qui, pâles du baiser fort de la liberté, [vingt-treize,
Calmes, sous vos sabots[3], brisiez le joug qui pèse
4 Sur l'âme et sur le front de toute humanité;

Hommes extasiés et grands dans la tourmente,
Vous dont les cœurs sautaient d'amour sous les
[haillons,
Ô Soldats que la Mort a semés, noble Amante,
8 Pour les régénérer, dans tous les vieux sillons;

Vous dont le sang lavait toute grandeur salie,
Morts de Valmy[4], Morts de Fleurus, Morts d'Italie,
11 Ô million de Christs aux yeux sombres et doux[5];

Nous vous laissions dormir avec la République,
Nous, courbés sous les rois comme sous une trique :
11 — Messieurs de Cassagnac nous reparlent de vous !

Fait à Mazas, 3 septembre 1870[1].

À LA MUSIQUE

Place de la gare, à Charleville[a].

Sur la place taillée en mesquines pelouses,
Square où tout est correct, les arbres et les fleurs,
Tous les bourgeois poussifs qu'étranglent les chaleurs
4 Portent, les jeudis soirs, leurs bêtises jalouses.

— L'orchestre militaire[b], au milieu du jardin,
Balance ses schakos dans la *Valse des fifres*[2] :
— Autour, aux premiers rangs, parade le gandin[c] ;
8 Le notaire pend à ses breloques[d] à chiffres :

Des rentiers[e] à lorgnons soulignent tous les couacs :
Les gros bureaux[3] bouffis traînent leurs grosses
Auprès desquelles vont, officieux cornacs,   [dames
12 Celles dont les volants ont des airs de réclames[4] ;

Sur les bancs verts, des clubs d'épiciers retraités
Qui tisonnent le sable avec leur canne[f] à pomme[5],
Fort sérieusement discutent les traités[g6],
16 Puis prisent en argent, et reprennent : « En
                                        [somme[h]!... »

Épatant sur son banc[i] les rondeurs de ses reins,
Un bourgeois à boutons clairs, bedaine flamande,
Savoure son onnaing[7] d'où le tabac par brins
20 Déborde — vous savez, c'est de la contrebande ; —

Le long des gazons verts ricanent les voyous[j] ;
Et, rendus amoureux par le chant des trombones,
Très naïfs, et fumant des roses, les pioupious
24 Caressent les bébés pour enjôler les bonnes...

— Moi, je suis, débraillé comme un étudiant
Sous les marronniers verts [a] [1] les alertes fillettes :
Elles le savent bien, et tournent en riant,
28 Vers moi, leurs yeux tout pleins [b] de choses indis-
[crètes.

Je ne dis pas un mot : je regarde toujours
La chair de leurs cous blancs brodés de mèches folles :
Je suis, sous le corsage et les frêles atours,
32 Le dos divin après la courbe des épaules [c].

J'ai bientôt déniché la bottine, le bas...
— Je reconstruis les corps, brûlé de belles fièvres.
Elles me trouvent drôle et se parlent tout bas...
36 — Et je sens les baisers qui me viennent aux lèvres [d]...

VÉNUS ANADYOMÈNE [2]

Comme d'un cercueil vert en fer blanc [3], une tête
De femme à cheveux bruns fortement pommadés [4]
D'une vieille baignoire émerge, lente et bête,
4 Avec des déficits [e] assez mal ravaudés ;

Puis le col gras et gris [5], les larges omoplates
Qui saillent ; le dos court qui rentre et qui ressort ;
Puis les rondeurs des reins semblent prendre l'essor [f] [6] ;
8 La graisse sous la peau paraît en feuilles plates ;

L'échine est un peu rouge, et le tout sent un goût
Horrible étrangement ; on remarque surtout
11 Des singularités qu'il faut voir à la loupe...

Les reins portent deux mots gravés : *Clara Venus* [7] ;
— Et tout ce corps remue et tend sa large croupe
14 Belle hideusement d'un ulcère à l'anus [g].

PREMIÈRE SOIRÉE [a]

— Elle était fort déshabillée
Et de grands arbres indiscrets
Aux vitres jetaient [b] leur feuillée
4 Malinement [1], tout près, tout près.

Assise sur ma grande chaise,
Mi-nue, elle joignait les mains.
Sur le plancher frissonnaient d'aise
8 Ses petits pieds si fins, si fins.

— Je regardai, couleur de cire,
Un petit rayon buissonnier
Papillonner dans son sourire [c]
12 Et sur son sein [d], — mouche au rosier.

— Je baisai ses fines chevilles.
Elle eut un doux rire brutal [e]
Qui s'égrenait en claires trilles,
16 Un joli rire de cristal [f].

Les petits pieds sous la chemise
Se sauvèrent : « Veux-tu finir ! »
— La première audace permise,
20 Le rire feignait de punir [g] !

— Pauvrets palpitants sous ma lèvre,
Je baisai doucement ses yeux :
— Elle jeta sa tête mièvre
24 En arrière : « Oh [h] ! c'est encor mieux !...

Monsieur, j'ai deux mots à te dire... »
— Je lui jetai le reste au sein
Dans un baiser, qui la fit rire
28 D'un bon rire [i] qui voulait bien...

— Elle était fort déshabillée
Et de grands arbres indiscrets [j]
Aux vitres jetaient leur feuillée
32 Malinement, tout près, tout près.

LES REPARTIES DE NINA [a]

. . . .

LUI. — Ta poitrine sur ma poitrine,
Hein ? nous irions,
Ayant de l'air plein la narine,
4   Aux frais rayons

Du bon matin bleu, qui vous baigne
Du vin de jour ?...
Quand tout le bois frissonnant saigne
8   Muet d'amour

De chaque branche, gouttes vertes,
Des bourgeons clairs,
On sent dans les choses ouvertes
12   Frémir des chairs :

Tu plongerais dans la luzerne
Ton blanc peignoir,
Rosant à l'air ce bleu qui cerne [b]
16   Ton grand œil noir,

Amoureuse de la campagne,
Semant partout,
Comme une mousse de champagne,
20   Ton rire fou :

Riant à moi, brutal d'ivresse,
Qui te prendrais.
Comme cela, — la belle tresse,
24   Oh ! — qui boirais

Ton goût de framboise et de fraise,
Ô chair de fleur !
Riant au vent vif qui te baise
28   Comme un voleur,

Au rose églantier qui t'embête
          Aimablement :
Riant surtout, ô folle tête,
32   À ton amant[a]!...

. . . .

Dix-sept ans! Tu seras heureuse!
          Oh! les grands prés!
La grande campagne amoureuse!
36   — Dis, viens plus près[b]!...

— Ta poitrine sur ma poitrine,
          Mêlant nos voix,
Lents, nous gagnerions la ravine,
40   Puis les grands bois!...

Puis, comme une petite morte,
          Le cœur pâmé,
Tu me dirais que je te porte,
44   L'œil mi-fermé...

Je te porterais, palpitante,
          Dans le sentier :
L'oiseau filerait son andante :
48   *Au Noisetier[c]*...

Je te parlerais dans ta bouche :
          J'irais, pressant
Ton corps, comme une enfant qu'on couche,
52   Ivre du sang

Qui coule, bleu, sous ta peau blanche
          Aux tons rosés :
Et te parlant la langue franche[d]...
56   Tiens!... — que tu sais...

Nos grands bois sentiraient la sève
          Et le soleil
Sablerait d'or fin leur grand rêve
60   Vert et vermeil[e].

. . . .

Le soir?... Nous reprendrons la route
          Blanche qui court
Flânant, comme un troupeau qui broute,
64   Tout à l'entour

Les bons vergers à l'herbe bleue
          Aux pommiers tors!
Comme on les sent toute une lieue
68   Leurs parfums forts *a*!

Nous regagnerons le village
          Au ciel mi-noir;
Et ça sentira le laitage *b*
72   Dans l'air du soir;

Ça sentira *c* l'étable, pleine
          De fumiers chauds,
Pleine d'un lent rythme d'haleine *d*,
76   Et de grands dos

Blanchissant sous quelque lumière;
          Et, tout là-bas,
Une vache fientera *e*, fière,
80   À chaque pas...

— Les lunettes de la grand-mère
          Et son nez long
Dans son missel; le pot de bière
84   Cerclé de plomb,

Moussant entre les larges pipes *f*
          Qui, crânement,
Fument : les effroyables lippes *g*
88   Qui, tout fumant,

Happent le jambon aux fourchettes
          Tant, tant et plus :
Le feu qui claire *i* les couchettes
92   Et les bahuts.

Les fesses luisantes et grasses
          D'un gros enfant
Qui fourre, à genoux, dans les tasses *h*,
96   Son museau blanc

Frôlé par un mufle qui gronde
          D'un ton gentil,
Et pourlèche la face ronde
100   Du cher petit [a]...

Noire, rogue au bord de sa chaise,
          Affreux profil,
Une vieille devant la braise
104   Qui fait du fil [b];

Que de choses verrons-nous, chère [c],
          Dans ces taudis,
Quand la flamme illumine, claire,
108   Les carreaux gris!...

— Puis, petite et toute nichée [d]
          Dans les lilas
Noirs et frais : la vitre cachée [e],
112   Qui rit là-bas...

Tu viendras, tu viendras, je t'aime!
          Ce sera beau.
Tu viendras, n'est-ce pas, et même...

116 ELLE. — *Et mon bureau* [f] ?

LES EFFARÉS [g][1]

Noirs dans la neige et dans la brume,
Au grand soupirail qui s'allume,
3   Leurs culs en rond

À genoux, cinq petits [h], — misère [2]! —
Regardent le boulanger [i] faire
6   Le lourd pain blond...

Ils voient le fort bras blanc qui tourne
La pâte grise, et qui l'enfourne
9   Dans un trou clair.

Ils écoutent le bon pain cuire.
Le boulanger [a] au gras sourire [b] [1]
12   Chante [c] un vieil air.

Ils sont blottis, pas un ne bouge,
Au souffle du soupirail rouge,
15   Chaud comme un sein.

Et quand, pendant que minuit sonne,
Façonné, pétillant et jaune [d],
18   On sort le pain,

Quand, sous les poutres enfumées,
Chantent les croûtes parfumées,
21   Et les grillons,

Quand ce trou [e] chaud souffle la vie
Ils ont leur âme si ravie
24   Sous leurs haillons,

Ils se ressentent si bien vivre,
Les pauvres petits pleins [f] de givre !
27   — Qu'ils sont là, tous,

Collant leurs petits museaux roses
Au grillage, chantant des choses [g],
30   Entre les trous,

Mais bien bas, — comme une prière [h]...
Repliés vers cette lumière [i]
33   Du ciel rouvert,

— Si fort, qu'ils crèvent leur culotte,
— Et que leur lange blanc [j] tremblote
36   Au vent d'hiver...

20 sept[embre 18]70 [k].

ROMAN

I

On n'est pas sérieux, quand on a dix-sept ans.
— Un beau soir, foin des bocks et de la limonade,
Des cafés tapageurs aux lustres éclatants !
4 — On va sous les tilleuls verts de la promenade.

Les tilleuls sentent bon dans les bons soirs de juin !
L'air est parfois si doux, qu'on ferme la paupière ;
Le vent chargé de bruits, — la ville n'est pas loin, —
8 A des parfums de vigne et des parfums de bière...

II

— Voilà qu'on aperçoit un tout petit chiffon
D'azur sombre, encadré d'une petite branche,
Piqué d'une mauvaise étoile, qui se fond
12 Avec de doux frissons, petite et toute blanche...

Nuit de juin ! Dix-sept ans ! — On se laisse griser.
La sève est du champagne et vous monte à la tête...
On divague ; on se sent aux lèvres un baiser
16 Qui palpite là, comme une petite bête...

III

Le cœur fou Robinsonne à travers les romans,
— Lorsque, dans la clarté d'un pâle réverbère,
Passe une demoiselle aux petits airs charmants,
20 Sous l'ombre du faux col effrayant de son père...

Et, comme elle vous trouve immensément naïf,
Tout en faisant trotter ses petites bottines,
Elle se tourne, alerte et d'un mouvement vif...
24 — Sur vos lèvres alors meurent les cavatines...

IV

Vous êtes amoureux. Loué jusqu'au mois d'août.
Vous êtes amoureux. — Vos sonnets La font rire.
Tous vos amis s'en vont, vous êtes *mauvais goût*.
28 — Puis l'adorée, un soir, a daigné vous écrire...!

— Ce soir-là,... — vous rentrez aux cafés éclatants,
Vous demandez des bocks ou *a* de la limonade...
— On n'est pas sérieux, quand on a dix-sept ans
32 Et qu'on a des tilleuls verts sur la promenade.

29 sept[embre 18]70 [1].

LE MAL

Tandis que les crachats rouges de la mitraille
Sifflent tout le jour par l'infini du ciel bleu ;
Qu'écarlates ou verts, près du Roi qui les raille,
4 Croulent les bataillons en masse dans le feu ;

Tandis qu'une folie épouvantable, broie
Et fait de cent milliers d'hommes un tas fumant ;
— Pauvres morts ! dans l'été, dans l'herbe, dans ta
                                                    [joie,
8 Nature ! ô toi qui fis ces hommes saintement ! ... —

— Il est un Dieu, qui rit aux nappes damassées
Des autels, à l'encens, aux grands calices d'or ;
11 Qui dans le bercement des hosannah s'endort,

Et se réveille, quand des mères, ramassées   [noir
Dans l'angoisse, et pleurant sous leur vieux bonnet
14 Lui donnent un gros sou lié dans leur mouchoir !

RAGES DE CÉSARS

L'homme pâle, le long des pelouses fleuries,
Chemine, en habit noir, et le cigare aux dents :
L'Homme pâle repense aux fleurs des Tuileries
4 — Et parfois son œil terne[1] a des regards ardents...

Car l'Empereur est soûl de ses vingt ans d'orgie !
Il s'était dit : « Je vais souffler la Liberté
Bien délicatement, ainsi qu'une bougie ! »
8 La Liberté revit ! Il se sent éreinté !

Il est pris. — Oh ! quel nom sur ses lèvres muettes
Tressaille ? Quel regret implacable le mord ?
11 On ne le saura pas. L'Empereur a l'œil mort.

Il repense peut-être au Compère en lunettes[2]...
— Et regarde filer de son cigare en feu,
14 Comme aux soirs de Saint-Cloud[3], un fin nuage bleu.

À... Elle[a].

RÊVÉ POUR L'HIVER[b]

L'hiver, nous irons dans un petit wagon rose
    Avec des coussins bleus.
Nous serons bien. Un nid de baisers fous repose
4   Dans chaque coin moelleux.

Tu fermeras l'œil, pour ne point voir, par la glace,
    Grimacer les ombres des soirs,
Ces monstruosités hargneuses, populace
8   De démons noirs et de loups noirs.

Puis tu te sentiras la joue égratignée...
Un petit baiser, comme une folle araignée,
11   Te courra par le cou...

Et tu me diras : « Cherche ! » en inclinant la tête,
— Et nous prendrons du temps à trouver cette bête
14   — Qui voyage beaucoup...

                En Wagon, le 7 octobre [18]70.

LE DORMEUR DU VAL

C'est un trou de verdure où chante une rivière
Accrochant follement aux herbes des haillons
D'argent[1] ; où le soleil, de la montagne fière,
4 Luit : c'est un petit val qui mousse de rayons.

Un soldat jeune, bouche ouverte[a], tête nue,
Et la nuque baignant dans le frais cresson bleu,
Dort ; il est étendu dans l'herbe, sous la nue,
8 Pâle dans son lit vert où la lumière pleut.

Les pieds dans les glaïeuls[2], il dort. Souriant comme
Sourirait un enfant malade, il fait un somme :
11 Nature, berce-le chaudement : il a froid.

Les parfums ne font pas frissonner sa narine ;
Il dort dans le soleil, la main sur sa poitrine[3]
14 Tranquille. Il a deux trous rouges au côté droit.

                Octobre 1870.

AU CABARET-VERT
cinq heures du soir

Depuis huit jours, j'avais déchiré mes bottines
Aux cailloux des chemins. J'entrais à Charleroi.

— *Au Cabaret-Vert :* je demandai des tartines
4 De beurre et du jambon qui fût à moitié froid.

Bienheureux, j'allongeai les jambes sous la table
Verte : je contemplai les sujets très naïfs
De la tapisserie. — Et ce fut adorable,
8 Quand la fille aux tétons énormes, aux yeux vifs,

— Celle-là, ce n'est pas un baiser qui l'épeure[1]! —
Rieuse, m'apporta des tartines de beurre,
11 Du jambon tiède, dans un plat colorié,

Du jambon rose et blanc parfumé d'une gousse
D'ail, — et m'emplit la chope immense, avec sa
14 Que dorait un rayon de soleil arriéré[2].   [mousse

Octobre [18]70.

LA MALINE[3]

Dans la salle à manger brune, que parfumait
Une odeur de vernis et de fruits, à mon aise
Je ramassais un plat de je ne sais quel met[4]
4 Belge, et je m'épatais[5] dans mon immense chaise.

En mangeant, j'écoutais l'horloge, — heureux et coi.
La cuisine s'ouvrit avec une bouffée,
— Et la servante[a] vint, je ne sais pas pourquoi,
8 Fichu moitié défait, malinement coiffée

Et[b], tout en promenant son petit doigt tremblant
Sur sa joue, un velours de pêche rose et blanc,
11 En faisant, de sa lèvre enfantine, une moue,

Elle arrangeait les plats, près de moi, pour m'aiser[6];
— Puis, comme ça, — bien sûr, pour avoir un baiser, —
14 Tout bas : « Sens donc[7], j'ai pris *une* froid sur la
[joue... »

Charleroi, octobre [18]70.

L'ÉCLATANTE VICTOIRE DE SARREBRUCK
REMPORTÉE AUX CRIS DE VIVE L'EMPEREUR !

Gravure belge brillamment coloriée, se vend à Charleroi, 35 centimes.

Au milieu, l'Empereur, dans une apothéose
Bleue et jaune, s'en va, raide, sur son dada
Flamboyant ; très heureux, — car il voit tout en rose,
⁴ Féroce comme Zeus et doux comme un papa ;

En bas, les bons Pioupious qui faisaient la sieste
Près des tambours dorés et des rouges canons,
Se lèvent gentiment. Pitou ¹ remet sa veste,
⁸ Et, tourné vers le Chef, s'étourdit de grands noms !

À droite, Dumanet ², appuyé sur la crosse
De son chassepot, sent frémir sa nuque en brosse,
¹¹ Et : « Vive l'Empereur !! » — Son voisin reste coi...

Un schako surgit, comme un soleil noir ³... — Au
[centre,
Boquillon rouge et bleu ⁴, très naïf, sur son ventre
¹¹ Se dresse, et, — présentant ses derrières — : « De
[quoi ⁵ ?... »

Octobre 70.

LE BUFFET

C'est un large buffet sculpté ; le chêne sombre,
Très vieux, a pris cet air si bon des vieilles gens ;
Le buffet ᵃ est ouvert, et verse dans son ombre
⁴ Comme un flot de vin vieux, des parfums enga-
[geants ⁶ ;

Tout plein, c'est un fouillis de vieilles vieilleries [1],
De linges odorants et jaunes, de chiffons [2]
De femmes ou d'enfants, de dentelles flétries,
8 De fichus de grand'mère où sont peints des griffons ;

— C'est là qu'on trouverait les médaillons, les mèches
De cheveux blancs ou blonds, les portraits, les fleurs
                                              [sèches
11 Dont le parfum se mêle à des parfums de fruits.

— Ô buffet du vieux temps, tu sais bien des histoires,
Et tu voudrais conter tes contes, et tu bruis
14 Quand s'ouvrent lentement tes grandes portes noires.

Octobre 70.

MA BOHÈME

(Fantaisie)

Je m'en allais, les poings dans mes poches crevées [3] ;
Mon paletot aussi devenait idéal [4] ;
J'allais sous le ciel, Muse ! et j'étais ton féal ;
4 Oh ! là ! là [5] ! que d'amours splendides j'ai rêvées !

Mon unique culotte avait un large trou.
— Petit-Poucet rêveur, j'égrenais dans ma course
Des rimes. Mon auberge était à la Grande-Ourse [6].
8 — Mes étoiles au ciel avaient un doux frou-frou [7]

Et je les écoutais, assis au bord des routes,
Ces bons soirs de septembre où je sentais des gouttes
11 De rosée à mon front [8], comme un vin de vigueur ;

Où, rimant au milieu des ombres fantastiques,
Comme des lyres, je tirais les élastiques   [cœur [a 9] !
14 De mes souliers blessés, un pied près de mon

LES CORBEAUX

Seigneur, quand froide est la prairie,
Quand dans les hameaux abattus,
Les longs angelus se sont tus...
Sur la nature défleurie
Faites s'abattre des grands cieux
6 Les chers corbeaux délicieux.

Armée étrange aux cris sévères,
Les vents froids attaquent vos nids !
Vous, le long des fleuves jaunis,
Sur les routes aux vieux calvaires,
Sur les fossés et sur les trous
12 Dispersez-vous, ralliez-vous !

Par milliers, sur les champs de France,
Où dorment des morts d'avant-hier,
Tournoyez, n'est-ce pas, l'hiver,
Pour que chaque passant repense !
Sois donc le crieur du devoir,
18 Ô notre funèbre oiseau noir !

Mais, saints du ciel, en haut du chêne,
Mât perdu dans le soir charmé,
Laissez les fauvettes de mai
Pour ceux qu'au fond du bois enchaîne,
Dans l'herbe d'où l'on ne peut fuir,
24 La défaite sans avenir.

LES ASSIS [1]

Noirs de loupes, grêlés, les yeux cerclés de bagues
Vertes, leurs doigts boulus [2] crispés à leurs fémurs [3],
Le sinciput plaqué de hargnosités [4] vagues
4 Comme les floraisons lépreuses des vieux murs ;

Ils ont greffé dans des amours épileptiques
Leur fantasque ossature aux grands squelettes noirs
De leurs chaises¹ ; leurs pieds aux barreaux rachitiques
₈ S'entrelacent pour les matins et pour les soirs!

Ces vieillards ont toujours fait tresse avec leurs sièges,
Sentant les soleils vifs percaliser² leur peau *a*,
Ou, les yeux à la vitre où se fanent les neiges,
₁₂ Tremblant du tremblement douloureux du crapaud *b*.

Et les Sièges leur ont des bontés : culottée
De brun, la paille cède aux angles de leurs reins ;
L'âme des vieux soleils s'allume emmaillotée
₁₆ Dans ces tresses d'épis où fermentaient les grains.

Et les Assis, genoux aux dents, verts pianistes,
Les dix doigts sous leur siège aux rumeurs de tam-
S'écoutent clapoter³ des barcarolles tristes,   [bour,
₂₀ Et leurs caboches vont dans des roulis d'amour.

— Oh! ne les faites pas lever! C'est le naufrage...
Ils surgissent, grondant comme des chats giflés,
Ouvrant lentement leurs omoplates, ô rage!
₂₄ Tout leur pantalon bouffe à leurs reins boursouflés.

Et vous les écoutez, cognant leurs têtes chauves
Aux murs sombres, plaquant et plaquant leurs pieds
                                                    [tors,
Et leurs boutons d'habit sont des prunelles fauves
₂₈ Qui vous accrochent l'œil du fond des corridors!

Puis ils ont une main invisible qui tue :
Au retour, leur regard filtre ce venin noir
Qui charge l'œil souffrant de la chienne battue,
₃₂ Et vous suez pris dans un atroce entonnoir.

Rassis, les poings noyés *c* dans des manchettes sales,
Ils songent à ceux-là qui les ont fait lever
Et, de l'aurore au soir, des grappes d'amygdales⁴
₃₆ Sous leurs mentons chétifs s'agitent à crever.

Quand l'austère sommeil a baissé leurs visières,
Ils rêvent sur leur bras *d* de sièges fécondés,

De vrais petits amours de chaises en lisière[1]
40 Par lesquelles de fiers bureaux seront bordés[2] ;

Des fleurs d'encre crachant des pollens en virgule
Les bercent, le long des calices accroupis
Tels qu'au fil des glaïeuls le vol des libellules
44 — Et leur membre s'agace à des barbes d'épis.

TÊTE DE FAUNE

Dans la feuillée, écrin vert taché d'or[3],
Dans la feuillée incertaine et fleurie
De fleurs splendides où le baiser dort[a],
4 Vif et crevant l'exquise[b] broderie,

Un faune effaré montre ses deux yeux
Et mord les fleurs rouges de ses dents blanches[c]
Brunie et sanglante[4] ainsi qu'un vin vieux
8 Sa lèvre éclate en rires sous les branches[d].

Et quand il a fui[5] — tel qu'un écureuil[e] —
Son rire tremble[f] encore à chaque feuille
Et l'on voit[g] épeuré[6] par un bouvreuil
12 Le Baiser d'or du Bois, qui se recueille[7].

LES DOUANIERS

Ceux qui disent : Cré Nom, ceux qui disent macache,
Soldats, marins, débris d'Empire, retraités,
Sont nuls, très nuls, devant les Soldats des Traités
4 Qui tailladent l'azur frontière à grands coups
[d'hache[8].

Pipe aux dents, lame en main, profonds, pas embêtés,
Quand l'ombre bave aux bois comme un mufle de
[vache,

Ils s'en vont, amenant leurs dogues à l'attache,
8 Exercer nuitamment leurs terribles gaîtés !

Ils signalent aux lois modernes les faunesses [1].
Ils empoignent les Fausts et les Diavolos [2].
11 « Pas de ça, les anciens ! Déposez les ballots ! »

Quand sa sérénité s'approche des jeunesses,
Le Douanier se tient aux appas contrôlés [3] !
14 Enfer aux Délinquants que sa paume a frôlés !

ORAISON DU SOIR

Je vis assis, tel qu'un ange aux mains d'un barbier,
Empoignant une chope à fortes cannelures,
L'hypogastre et le col cambrés, une Gambier [4]
4 Aux dents, sous l'air gonflé [a] d'impalpables voilures [5].

Tels que les excréments chauds d'un vieux colombier,
Mille Rêves en moi font de douces brûlures :
Puis par instants mon cœur triste [b] est comme un aubier [6]
8 Qu'ensanglante l'or jeune [c] et sombre des coulures [7].

Puis, quand [d] j'ai ravalé mes rêves avec soin,
Je me tourne, ayant bu trente ou quarante chopes,
11 Et me recueille, pour lâcher l'âcre besoin :

Doux comme le Seigneur du cèdre et des hysopes [8],
Je pisse vers les cieux bruns, très haut et très loin,
14 Avec l'assentiment des grands héliotropes.

CHANT DE GUERRE PARISIEN

Le Printemps est évident, car
Du cœur des Propriétés vertes [9],
Le vol de Thiers et de Picard [10]
4 Tient ses splendeurs grandes ouvertes

Ô Mai! quels délirants culs-nus!
Sèvres, Meudon, Bagneux, Asnières[1],
Écoutez donc les bienvenus
8 Semer les choses printanières!

Ils ont schako, sabre et tam-tam[2],
Non la vieille boîte à bougies
Et des yoles qui n'ont jam, jam[3]...
12 Fendent le lac[4] aux eaux rougies!

Plus que jamais nous bambochons
Quand arrivent sur nos tanières[a]
Crouler les jaunes cabochons[5]
16 Dans des aubes particulières!

Thiers et Picard sont des Éros[6],
Des enleveurs d'héliotropes[7],
Au pétrole ils font des Corots[8] :
20 Voici hannetonner leurs tropes[9]...

Ils sont familiers du Grand Truc[b][10]!...
Et couché dans les glaïeuls, Favre
Fait son cillement aqueduc[11],
24 Et ses reniflements à poivre[12]!

La grand'ville a le pavé chaud,
Malgré vos douches de pétrole[13],
Et décidément, il nous faut
28 Vous secouer dans votre rôle...

Et les Ruraux[14] qui se prélassent
Dans de longs accroupissements,
Entendront des rameaux qui cassent
32 Parmi les rouges froissements!

MES PETITES AMOUREUSES[15]

Un hydrolat[16] lacrymal lave
    Les cieux vert-chou[17] :
Sous l'arbre tendronnier qui bave,
4   Vos caoutchoucs[18]

Blancs de lunes particulières
        Aux pialats ronds,
8 Entrechoquez vos genouillères
        Mes laiderons !

Nous nous aimions à cette époque,
        Bleu laideron !
On mangeait des œufs à la coque
12   Et du mouron !

Un soir, tu me sacras poète,
        Blond laideron :
Descends ici, que je te fouette
16   En mon giron ;

J'ai dégueulé ta bandoline [1],
        Noir laideron ;
Tu couperais ma mandoline
20   Au fil du front [2].

Pouah ! mes salives desséchées,
        Roux laideron,
Infectent encor les tranchées
24   De ton sein rond !

Ô mes petites amoureuses,
        Que je vous hais !
Plaquez de fouffes [3] douloureuses
28   Vos tétons laids !

Piétinez mes vieilles terrines
        De sentiment ;
— Hop donc ! soyez-moi ballerines
32   Pour un moment !...

Vos omoplates se déboîtent,
        Ô mes amours !
Une étoile à vos reins qui boitent,
36   Tournez vos tours !

Et c'est pourtant pour ces éclanches [4]
        Que j'ai rimé !
Je voudrais vous casser les hanches
40   D'avoir aimé !

Fade amas d'étoiles ratées [1],
        Comblez les coins !
— Vous crèverez en Dieu, bâtées
        D'ignobles soins [2] !

41

Sous les lunes particulières
        Aux pialats ronds,
Entrechoquez vos genouillères,
        Mes laiderons !

48

ACCROUPISSEMENTS

Bien tard, quand il se sent l'estomac écœuré,
Le frère Milotus [a3], un œil à la lucarne
D'où le soleil, clair comme un chaudron récuré,
Lui darde une migraine et fait son regard darne [4],
Déplace dans les draps son ventre de curé.

5

Il se démène sous sa couverture grise
Et descend [b], ses genoux à son ventre tremblant,
Effaré comme un vieux qui mangerait sa prise,
Car il lui faut, le poing à l'anse d'un pot blanc,
À ses reins largement retrousser sa chemise !

10

Or, il s'est accroupi, frileux, les doigts de pied
Repliés, grelottant au clair soleil qui plaque
Des jaunes de brioche aux vitres de papier ;
Et le nez du bonhomme où s'allume la laque
Renifle aux rayons, tel qu'un charnel polypier.

15

. . . .

Le bonhomme mijote au feu, bras tordus, lippe
Au ventre : il sent glisser ses cuisses dans le feu,
Et ses chausses roussir, et s'éteindre sa pipe ;
Quelque chose comme un oiseau remue un peu
À son ventre serein comme un monceau de tripe !

20

Autour, dort un fouillis de meubles abrutis
Dans des haillons de crasse et sur de sales ventres ;

Des escabeaux, crapauds étranges, sont blottis
Aux coins noirs : des buffets ont des gueules de chantres
25 Qu'entrouvre un sommeil plein d'horribles appétits.

L'écœurante chaleur gorge la chambre étroite ;
Le cerveau du bonhomme eſt bourré de chiffons.
Il écoute les poils pousser dans sa peau moite,
Et parfois, en hoquets fort gravement bouffons
30 S'échappe, secouant son escabeau qui boite...
. . . .

Et le soir, aux rayons de lune, qui lui font
Aux contours du cul des bavures de lumière,
Une ombre avec détails s'accroupit, sur un fond
De neige rose ainsi qu'une rose trémière...
35 Fantasque, un nez poursuit Vénus au ciel profond.

À M. P. Demeny

LES POÈTES DE SEPT ANS

Et la Mère, fermant le livre du devoir [1],
S'en allait satisfaite et très fière, sans voir, [nences [2],
Dans les yeux bleus et sous le front plein d'émi-
L'âme de son enfant livrée aux répugnances.

5 Tout le jour il suait d'obéissance ; très
Intelligent ; pourtant des tics noirs, quelques traits
Semblaient prouver en lui d'âcres hypocrisies.
Dans l'ombre des couloirs aux tentures moisies,
En passant il tirait la langue, les deux poings
10 À l'aine, et dans ses yeux fermés voyait des points.
Une porte s'ouvrait sur le soir : à la lampe
On le voyait, là-haut, qui râlait sur la rampe,
Sous un golfe de jour pendant du toit [3]. L'été
Surtout, vaincu, ſtupide [4], il était entêté

¹⁵ À se renfermer dans la fraîcheur des latrines :
Il pensait là, tranquille et livrant ses narines.

Quand, lavé des odeurs du jour, le jardinet
Derrière la maison, en hiver, s'illunait ¹,
Gisant au pied d'un mur, enterré dans la marne
²⁰ Et pour des visions écrasant son œil darne ²,
Il écoutait grouiller les galeux espaliers.
Pitié! Ces enfants seuls étaient ses familiers
Qui, chétifs, fronts nus, œil déteignant sur la joue,
Cachant de maigres doigts jaunes et noirs de boue
²⁵ Sous des habits puant la foire ³ et tout vieillots,
Conversaient avec la douceur des idiots!
Et si, l'ayant surpris à des pitiés immondes,
Sa mère s'effrayait; les tendresses, profondes,
De l'enfant se jetaient sur cet étonnement ⁴.
³⁰ C'était bon. Elle avait le bleu regard, — qui ment ⁵!

À sept ans, il faisait des romans ⁶, sur la vie
Du grand désert, où luit la Liberté ravie,
Forêts, soleils, rives, savanes ⁷! — Il s'aidait
De journaux illustrés où, rouge, il regardait
³⁵ Des Espagnoles rire et des Italiennes.
Quand venait, l'œil brun, folle, en robes d'indiennes,
— Huit ans, — la fille des ouvriers d'à côté,
La petite brutale, et qu'elle avait sauté,
Dans un coin, sur son dos, en secouant ses tresses,
⁴⁰ Et qu'il était sous elle, il lui mordait les fesses,
Car elle ne portait jamais de pantalons;
— Et, par elle meurtri des poings et des talons,
Remportait les saveurs de sa peau dans sa chambre ⁸.
Il craignait les blafards dimanches de décembre,
⁴⁵ Où, pommadé, sur un guéridon d'acajou,
Il lisait une Bible à la tranche vert-chou;
Des rêves l'oppressaient chaque nuit dans l'alcôve.
Il n'aimait pas Dieu; mais les hommes, qu'au soir
[fauve,
Noirs, en blouse, il voyait rentrer dans le faubourg
⁵⁰ Où les crieurs, en trois roulements de tambour,
Font autour des édits rire et gronder les foules.
— Il rêvait la prairie amoureuse, où des houles
Lumineuses, parfums sains, pubescences d'or ⁹,
Font leur remuement calme et prennent leur essor!

55 Et comme il savourait surtout les sombres choses,
Quand, dans la chambre nue aux persiennes closes,
Haute et bleue[1], âcrement prise d'humidité,
Il lisait son roman[2] sans cesse médité,
Plein de lourds ciels ocreux[3] et de forêts noyées,
60 De fleurs de chair aux bois sidérals[4] déployées,
Vertige, écroulements, déroutes et pitié!
— Tandis que se faisait la rumeur du quartier,
En bas, — seul, et couché sur des pièces de toile
Écrue, et pressentant violemment la voile[5]!

26 mai 1871.

LES PAUVRES À L'ÉGLISE

Parqués entre des bancs de chêne, aux coins d'église
Qu'attiédit puamment[6] leur souffle, tous leurs yeux
Vers le chœur ruisselant d'orrie[7] et la maîtrise
4 Aux vingt gueules gueulant[8] les cantiques pieux;

Comme un parfum de pain humant l'odeur de cire,
Heureux, humiliés comme des chiens battus,
Les Pauvres au bon Dieu, le patron et le sire,
8 Tendent leurs oremus risibles et têtus.

Aux femmes, c'est bien bon de faire des bancs lisses,
Après les six jours noirs où Dieu les fait souffrir!
Elles bercent, tordus dans d'étranges pelisses,
12 Des espèces d'enfants qui pleurent à mourir.

Leurs seins crasseux dehors, ces mangeuses de soupe,
Une prière aux yeux et ne priant jamais,
Regardent parader mauvaisement un groupe
16 De gamines avec leurs chapeaux déformés.

Dehors, le froid, la faim, l'homme en ribote[a] :
C'est bon. Encore une heure; après, les maux sans
[noms!
— Cependant, alentour, geint, nasille, chuchote
20 Une collection de vieilles à fanons :

Ces effarés[1] y sont et ces épileptiques
Dont on se détournait hier aux carrefours ;
Et, fringalant du nez[2] dans des missels antiques,
24 Ces aveugles qu'un chien introduit dans les cours.

Et tous, bavant la foi mendiante et stupide,
Récitent la complainte infinie à Jésus
Qui rêve en haut, jauni par le vitrail livide,
28 Loin des maigres mauvais et des méchants pansus,

Loin des senteurs de viande et d'étoffes moisies,
Farce prostrée et sombre aux gestes repoussants ;
— Et l'oraison fleurit d'expressions choisies,
32 Et les mysticités prennent des tons pressants,

Quand, des nefs où périt le soleil, plis de soie
Banals, sourires verts, les Dames des quartiers
Distingués, — ô Jésus ! — les malades du foie
36 Font baiser leurs longs doigts jaunes aux bénitiers.

1871.

LE CŒUR DU PITRE[a 3]

Mon triste cœur bave[4] à la poupe,
Mon cœur est plein de caporal[b 5] :
Ils y lancent[6] des jets de soupe,
Mon triste cœur bave à la poupe :
Sous les quolibets de la troupe
Qui pousse un rire[c] général,
Mon triste cœur bave à la poupe,
8 Mon cœur est plein de caporal[d] !

Ithyphalliques[7] et pioupiesques
Leurs insultes[e] l'ont dépravé !
À la vesprée ils font des fresques[f 8]
Ithyphalliques et pioupiesques.
Ô flots abracadabrantesques[9],
Prenez mon cœur, qu'il soit sauvé[g] :

Ithyphalliques et pioupiesques
16 Leurs insultes *a* l'ont dépravé!

Quand ils auront tari leurs chiques[1],
Comment agir, ô cœur volé?
Ce seront des refrains bachiques *b*
Quand ils auront tari leurs chiques :
J'aurai des sursauts stomachiques
Si mon cœur triste est ravalé *c* :
Quand ils auront tari leurs chiques,
24 Comment agir, ô cœur volé[2]?

Mai 1871.

L'ORGIE PARISIENNE
OU PARIS SE REPEUPLE *d*

Ô lâches, la voilà[3]! Dégorgez dans les gares!
Le soleil essuya *e* de ses poumons ardents
Les boulevards qu'un soir comblèrent les Barbares[4].
4 Voilà la Cité sainte *f*, assise à l'occident!

Allez! on préviendra les reflux d'incendie[5],
Voilà les quais, voilà les boulevards, voilà
Les maisons sur l'azur *g* léger qui s'irradie
8 Et qu'un soir la rougeur des bombes étoila *h* [6]!

Cachez les palais morts dans des niches de planches[7]!
L'ancien jour effaré rafraîchit vos regards.
Voici le troupeau roux des tordeuses de hanches[8] :
12 Soyez fous, vous serez drôles, étant hagards!

Tas de chiennes en rut mangeant des cataplasmes,
Le cri des maisons d'or[9] vous réclame. Volez!
Mangez! Voici la nuit de joie aux profonds spasmes
16 Qui descend dans la rue. Ô buveurs désolés,

Buvez! Quand la lumière arrive *i* intense et folle,
Fouillant à vos côtés les luxes ruisselants,

Vous n'allez pas baver[1], sans geste, sans parole[a],
20 Dans vos verres, les yeux perdus aux lointains blancs ?

Avalez, pour la Reine aux fesses cascadantes !
Écoutez l'action des stupides hoquets
Déchirants ! Écoutez sauter aux nuits ardentes[b]
24 Les idiots râleux, vieillards, pantins, laquais !

Ô cœurs de saleté, bouches épouvantables,
Fonctionnez plus fort, bouches de puanteurs !
Un vin pour ces torpeurs ignobles, sur ces tables...
28 Vos ventres sont fondus de hontes, ô Vainqueurs[c][2] !

Ouvrez votre narine aux superbes nausées !
Trempez de poisons forts les cordes de vos cous !
Sur vos nuques d'enfants baissant ses mains croisées
32 Le Poète vous dit : « Ô lâches, soyez fous !

Parce que vous fouillez le ventre de la Femme[3],
Vous craignez d'elle encore une convulsion
Qui crie, asphyxiant votre nichée infâme
36 Sur sa poitrine, en une horrible pression.

Syphilitiques, fous, rois, pantins, ventriloques[4],
Qu'est-ce que ça peut faire à la putain Paris,
Vos âmes et vos corps, vos poisons et vos loques ?
40 Elle se secouera de vous, hargneux pourris !

Et quand vous serez bas, geignant sur vos entrailles,
Les flancs morts, réclamant votre argent, éperdus[d],
La rouge courtisane aux seins gros de batailles
44 Loin de votre stupeur tordra ses poings ardus[5] !

Quand tes pieds ont dansé si fort dans les colères,
Paris ! quand tu reçus tant de coups de couteau,
Quand tu gis, retenant dans tes prunelles claires
48 Un peu de la bonté du fauve renouveau,

Ô cité douloureuse, ô cité quasi morte,
La tête et les deux seins jetés vers l'Avenir
Ouvrant sur ta pâleur ses milliards[e] de portes,
52 Cité que le Passé sombre pourrait bénir :

Corps remagnétisé pour les énormes peines,
Tu rebois *a* donc la vie effroyable! tu sens
Sourdre le flux des vers livides en tes veines,
56 Et sur ton clair amour rôder les doigts glaçants!

Et ce n'est pas mauvais. Les vers, les vers livides *b*
Ne gêneront pas plus ton souffle de Progrès
Que les Stryx¹ n'éteignaient l'œil des Cariatides
60 Où des pleurs d'or astral² tombaient des bleus
[degrés *c*. »

Quoique ce soit affreux de te revoir couverte
Ainsi; quoiqu'on n'ait fait jamais d'une cité
Ulcère plus puant à la Nature verte,
64 Le Poète te dit : « Splendide est ta Beauté! »

L'orage te sacra *d* suprême poésie;
L'immense remuement des forces te secourt;
Ton œuvre bout, la mort gronde, Cité choisie!
68 Amasse les strideurs³ au cœur du clairon sourd *e*.

Le Poète prendra le sanglot des Infâmes,
La haine des Forçats, la clameur des Maudits;
Et ses rayons d'amour flagelleront les Femmes.
72 Ses strophes bondiront : Voilà! voilà! bandits!

— Société, tout est rétabli⁴ : — les orgies
Pleurent leur ancien râle aux anciens lupanars :
Et les gaz en délire, aux murailles rougies,
76 Flambent sinistrement vers les azurs blafards!

Mai 1871 *f*.

LES MAINS DE JEANNE-MARIE

Jeanne-Marie a des mains fortes,
Mains sombres que l'été tanna,
Mains pâles comme des mains mortes.
— Sont-ce des mains de Juana⁵?

Ont-elles pris les crèmes brunes
Sur les mares des voluptés?
Ont-elles trempé dans des lunes
8 Aux étangs de sérénités [1] ?

Ont-elles bu des cieux barbares,
Calmes sur les genoux charmants [2] ?
Ont-elles roulé des cigares [3]
12 Ou trafiqué des diamants [4] ?

Sur les pieds ardents des Madones
Ont-elles fané des fleurs d'or [5] ?
C'est le sang noir des belladones [6]
16 Qui dans leur paume éclate et dort.

Mains chasseresses des diptères
Dont bombinent les bleuisons [7]
Aurorales, vers les nectaires [8] ?
20 Mains décanteuses de poisons?

Oh! quel Rêve les a saisies
Dans les pandiculations [9] ?
Un rêve inouï des Asies,
24 Des Khenghavars [10] ou des Sions?

— Ces mains n'ont pas vendu d'oranges,
Ni bruni sur les pieds des dieux :
Ces mains n'ont pas lavé les langes
28 Des lourds petits enfants sans yeux [11].

Ce ne sont pas mains de cousine
Ni d'ouvrières aux gros fronts
Que brûle, aux bois puant l'usine,
32 Un soleil ivre de goudrons [a] [12].

Ce sont des ployeuses d'échines,
Des mains qui ne font jamais mal,
Plus fatales que des machines,
36 Plus fortes que tout un cheval [13] !

Remuant comme des fournaises,
Et secouant tous ses frissons,
Leur chair chante des Marseillaises
40 Et jamais les Eleisons [14] !

Ça[1] serrerait vos cous, ô femmes
Mauvaises, ça broierait vos mains,
Femmes nobles, vos mains infâmes
44 Pleines de blancs et de carmins.

L'éclat de ces mains amoureuses
Tourne le crâne des brebis!
Dans leurs phalanges savoureuses
48 Le grand soleil met un rubis!

Une tache de populace
Les brunit comme un sein d'hier;
Le dos de ces Mains est la place
52 Qu'en baisa tout Révolté fier!

Elles ont pâli, merveilleuses,
Au grand soleil d'amour chargé,
Sur le bronze des mitrailleuses
56 À travers Paris insurgé!

Ah! quelquefois, ô Mains sacrées,
À vos poings, Mains où tremblent nos
Lèvres jamais désenivrées,
60 Crie une chaîne aux clairs anneaux!

Et c'est un soubresaut étrange
Dans nos êtres, quand, quelquefois,
On veut vous déhâler, Mains d'ange,
64 En vous faisant saigner les doigts!

LES SŒURS DE CHARITÉ

Le jeune homme dont l'œil est brillant, la peau brune,
Le beau corps de vingt ans qui devrait aller nu,
Et qu'eût, le front cerclé de cuivre, sous la lune
4 Adoré, dans la Perse, un Génie inconnu,

Impétueux avec des douceurs virginales
Et noires, fier de ses premiers entêtements,

Pareil aux jeunes mers, pleurs de nuits estivales
8 Qui se retournent sur des lits de diamants ;

Le jeune homme, devant les laideurs de ce monde
Tressaille dans son cœur largement irrité,
Et plein de la blessure éternelle et profonde,
12 Se prend à désirer sa sœur de charité.

Mais, ô Femme, monceau d'entrailles, pitié douce,
Tu n'es jamais la sœur de charité, jamais,
Ni regard noir, ni ventre[1] où dort une ombre rousse,
16 Ni doigts légers, ni seins splendidement formés.

Aveugle irréveillée aux immenses prunelles[2],
Tout notre embrassement n'est qu'une question :
C'est toi qui pends à nous, porteuse de mamelles,
20 Nous te berçons, charmante et grave Passion.

Tes haines, tes torpeurs fixes, tes défaillances,
Et les brutalités souffertes autrefois[3],
Tu nous rends tout, ô Nuit[4] pourtant sans malveillances,
24 Comme un excès de sang épanché tous les mois.

— Quand la femme, portée un instant, l'épouvante,
Amour, appel de vie et chanson d'action[5],
Viennent la Muse verte[6] et la Justice ardente
28 Le déchirer de leur auguste obsession.

Ah ! sans cesse altéré des splendeurs et des calmes,
Délaissé des deux Sœurs implacables, geignant
Avec tendresse après la science aux bras almes[7],
32 Il porte à la nature en fleur son front saignant[8].

Mais la noire alchimie et les saintes études
Répugnent au blessé, sombre savant d'orgueil[9] ;
Il sent marcher sur lui d'atroces solitudes.
36 Alors, et toujours beau, sans dégoût du cercueil,

Qu'il croie aux vastes fins, Rêves ou Promenades
Immenses, à travers les nuits de Vérité[10],
Et t'appelle en son âme et ses membres malades,
40 Ô Mort mystérieuse, ô sœur de charité.

Juin 1871.

VOYELLES [a]

A noir, E [b] blanc, I rouge, U vert, O bleu : voyelles,
Je dirai quelque jour vos naissances latentes [1] :
A, noir corset velu des mouches éclatantes
4 Qui bombinent [c] autour des puanteurs cruelles [2],

Golfes [d] d'ombre ; E [e], candeurs [f3] des vapeurs et des
[tentes,
Lances des glaciers [g] fiers, rois blancs, frissons
[d'ombelles ;
I, pourpres [h4], sang craché, rire des lèvres belles
8 Dans la colère ou les ivresses pénitentes ;

U, cycles, vibrements [5] divins des mers virides,
Paix des pâtis semés d'animaux, paix des rides
11 Que l'alchimie imprime aux grands fronts [i] studieux ;

O, suprême Clairon plein des strideurs [j6] étranges,
Silences traversés des Mondes et des Anges [7] :
14 — O l'Oméga, rayon violet de Ses Yeux [k8] !

L'étoile a pleuré rose [9] au cœur de tes oreilles,
L'infini roulé blanc de ta nuque à tes reins
La mer a perlé rousse [10] à tes mammes vermeilles
Et l'Homme saigné noir à ton flanc souverain.

Le Juste [l] restait droit sur ses hanches solides :
Un rayon lui dorait l'épaule ; des sueurs

Me prirent : « Tu veux voir rutiler les bolides ?
Et, debout, écouter bourdonner les flueurs[1]
5 D'astres lactés, et les essaims d'astéroïdes[2] ?

« Par des farces de nuit ton front est épié,
Ô Juste ! Il faut gagner un toit. Dis ta prière,
La bouche dans ton drap doucement expié ;
Et si quelque égaré choque ton ostiaire[3],
10 Dis : Frère, va plus loin, je suis estropié ! »

Et le Juste restait debout, dans l'épouvante
Bleuâtre des gazons après le soleil mort :
« Alors, mettrais-tu tes genouillères en vente,
Ô Vieillard ? Pèlerin sacré ! Barde d'Armor !
15 Pleureur des Oliviers[4] ! Main que la pitié gante !

« Barbe de la famille et poing de la cité,
Croyant très doux : ô cœur tombé dans les calices,
Majestés et vertus, amour et cécité,
Juste ! plus bête et plus dégoûtant que les lices[5] !
20 Je suis celui qui souffre et qui s'est révolté !

« Et ça me fait pleurer sur mon ventre, ô stupide,
Et bien rire, l'espoir fameux de ton pardon !
Je suis maudit, tu sais ! Je suis soûl, fou, livide,
Ce que tu veux ! Mais va te coucher, voyons donc,
25 Juste ! Je ne veux rien à ton cerveau torpide.

« C'est toi le Juste, enfin, le Juste ! C'est assez !
C'est vrai que ta tendresse et ta raison sereines
Reniflent dans la nuit comme des cétacés !
Que tu te fais proscrire, et dégoises des thrènes
30 Sur d'effroyables becs de canne[a][6] fracassés !

« Et c'est toi l'œil de Dieu ! le lâche[7] ! Quand les
                                                    [plantes
Froides des pieds divins passeraient sur mon cou,
Tu es lâche ! Ô ton front qui fourmille de lentes[8] !
Socrates et Jésus, Saints et Justes[9], dégoût !
35 Respectez le Maudit suprême aux nuits sanglantes ! »

J'avais crié cela sur la terre, et la nuit
Calme et blanche occupait les cieux pendant ma fièvre.

Je relevai mon front : le fantôme avait fui,
Emportant l'ironie atroce de ma lèvre...
40 — Vents nocturnes, venez au Maudit ! Parlez-lui !

Cependant que, silencieux sous les pilastres
D'azur, allongeant les comètes et les nœuds
D'univers, remuement énorme sans désastres,
L'ordre [a], éternel veilleur, rame aux cieux lumineux
45 Et de sa drague en feu laisse filer les astres !

Ah ! qu'il s'en aille, lui, la gorge cravatée
De honte, ruminant toujours mon ennui, doux
Comme le sucre sur la denture gâtée.
— Tel que la chienne après l'assaut des fiers toutous,
50 Léchant son flanc d'où pend une entraille emportée.

Qu'il dise charités crasseuses et progrès...
— J'exècre tous ces yeux de chinois à bedaines [b],
Puis qui chante : nana, comme un tas d'enfants près
De mourir, idiots doux aux chansons soudaines :
55 Ô Justes, nous chierons dans vos ventres de grès [c] !

À Monsieur Théodore de Banville.

CE QU'ON DIT AU POÈTE
À PROPOS DE FLEURS

I

Ainsi, toujours, vers l'azur noir
Où tremble la mer des topazes,
Fonctionneront dans ton soir
4 Les Lys, ces clystères d'extases [1] !

À notre époque de sagous [2],
Quand les Plantes sont travailleuses,
Le Lys boira les bleus dégoûts
8 Dans tes Proses religieuses !

— Le lys de monsieur de Kerdrel[1],
Le Sonnet de mil huit cent trente,
Le Lys qu'on donne au Ménestrel
12 Avec l'œillet et l'amarante[2] !

Des lys ! Des lys ! On n'en voit pas[3] !
Et dans ton Vers, tel que les manches
Des Pécheresses aux doux pas,
16 Toujours frissonnent ces fleurs blanches !

Toujours, Cher[4], quand tu prends un bain,
Ta chemise aux aisselles blondes
Se gonfle aux brises du matin
20 Sur les myosotis immondes !

L'amour ne passe à tes octrois
Que les Lilas, — ô balançoires !
Et les Violettes du Bois,
24 Crachats sucrés des Nymphes noires[5] !...

II

Ô Poètes[6], quand vous auriez
Les Roses, les Roses soufflées,
Rouges sur tiges de lauriers,
28 Et de mille octaves enflées !

Quand BANVILLE en ferait neiger,
Sanguinolentes, tournoyantes,
Pochant l'œil fou de l'étranger
32 Aux lectures mal bienveillantes !

De vos forêts et de vos prés,
Ô très paisibles photographes !
La Flore est diverse à peu près
36 Comme des bouchons de carafes[7] !

Toujours les végétaux Français[8],
Hargneux, phtisiques, ridicules,
Où le ventre des chiens bassets
40 Navigue en paix, aux crépuscules ;

Toujours, après d'affreux dessins[1]
De Lotos bleus ou d'Hélianthes[2],
Estampes roses, sujets saints
44 Pour de jeunes communiantes !

L'Ode Açoka[3] cadre avec la
Strophe en fenêtre de lorette[4] ;
Et de lourds papillons d'éclat
48 Fientent sur la Pâquerette.

Vieilles verdures, vieux galons[5] !
Ô croquignoles végétales[6] !
Fleurs fantasques des vieux Salons !
52 — Aux hannetons, pas aux crotales[7],

Ces poupards[8] végétaux en pleurs
Que Grandville[9] eût mis aux lisières,
Et qu'allaitèrent de couleurs
56 De méchants astres à visières !

Oui, vos bavures de pipeaux
Font de précieuses glucoses[10] !
— Tas d'œufs frits dans de vieux chapeaux,
60 Lys, Açokas, Lilas et Roses !...

III

Ô blanc Chasseur[11], qui cours sans bas
À travers le Pâtis panique,
Ne peux-tu pas, ne dois-tu pas
64 Connaître un peu ta botanique ?

Tu ferais succéder, je crains,
Aux Grillons roux les Cantharides,
L'or des Rios au bleu des Rhins, —
68 Bref, aux Norwèges les Florides[12] :

Mais, Cher, l'Art n'est plus, maintenant[13],
— C'est la vérité, — de permettre
À l'Eucalyptus étonnant
72 Des constrictors d'un hexamètre ;

Là!... Comme si les Acajous
Ne servaient, même en nos Guyanes,
Qu'aux cascades des sapajous,
76 Au lourd délire des lianes[1]!

— En somme, une Fleur, Romarin
Ou Lys, vive ou morte, vaut-elle
Un excrément d'oiseau marin?
80 Vaut-elle un seul pleur de chandelle[2]?

— Et j'ai dit ce que je voulais!
Toi, même assis là-bas, dans une
Cabane de bambous, — volets
84 Clos, tentures de perse brune, —

Tu torcherais des floraisons
Dignes d'Oises extravagantes[3]!...
— Poète! ce sont des raisons
88 Non moins risibles qu'arrogantes!...

IV

Dis, non les pampas printaniers
Noirs d'épouvantables révoltes,
Mais les tabacs, les cotonniers!
92 Dis les exotiques récoltes[4]!

Dis, front blanc que Phébus tanna,
De combien de dollars se rente
Pedro Velasquez, Habana[5];
96 Incague[6] la mer de Sorrente

Où vont les Cygnes par milliers;
Que tes strophes soient des réclames[7]
Pour l'abatis des mangliers[8]
100 Fouillés des hydres et des lames!

Ton quatrain plonge aux bois sanglants
Et revient proposer aux Hommes
Divers sujets de sucres blancs,
104 De pectoraires et de gommes[9]!

Un noir grotesque dont ferment les souliers :
Mais le soleil éveille, à travers des feuillages *a*
6 Les vieilles couleurs des vitraux irréguliers *b* 1.

La pierre sent toujours la terre maternelle 2.
Vous verrez des monceaux de ces cailloux terreux
Dans la campagne en rut qui frémit solennelle
Portant près des blés lourds, dans les sentiers ocreux *c*,
Ces arbrisseaux brûlés où bleuit la prunelle 3,
12 Des nœuds de mûriers noirs et de rosiers fuireux 4.

Tous les cent ans on rend ces granges respectables
Par un badigeon d'eau bleue et de lait caillé :
Si des mysticités grotesques sont notables
Près de la Notre-Dame ou du Saint empaillé 5,
Des mouches sentant bon l'auberge et les étables 6
18 Se gorgent de cire au plancher ensoleillé.

L'enfant se doit surtout à la maison, famille
Des soins naïfs, des bons travaux abrutissants ;
Ils sortent, oubliant que la peau leur fourmille
Où le Prêtre du Christ plaqua ses doigts *d* puissants.
On paie au Prêtre un toit ombré d'une charmille
24 Pour qu'il laisse au soleil tous ces fronts brunis-
                                            [sants *e* 7.

Le premier habit noir, le plus beau jour de tartes,
Sous le Napoléon ou le Petit Tambour
Quelque enluminure où les Josephs et les Marthes
Tirent la langue avec un excessif amour
Et que joindront, au jour de science, deux cartes,
30 Ces seuls doux souvenirs *f* lui restent du grand Jour 8.

Les filles vont toujours à l'église, contentes
De s'entendre appeler garces par les garçons
Qui font du genre après messe ou vêpres chantantes.
Eux qui sont destinés au chic des garnisons
Ils narguent au café les maisons importantes,
36 Blousés neuf, et gueulant d'effroyables chansons 9.

Cependant le Curé choisit pour les enfances
Des dessins 10 ; dans son clos, les vêpres dites, quand
L'air s'emplit du lointain nasillement des danses,

Il se sent, en dépit des célestes défenses,
Les doigts de pied ravis et le mollet marquant[a];
42 — La Nuit vient, noir pirate aux cieux d'or[b] débar-
[quant.

II

Le Prêtre a distingué parmi les catéchistes,
Congrégés des Faubourgs ou des Riches Quartiers,
Cette petite fille inconnue, aux yeux tristes,
Front jaune. Les parents[c] semblent de doux portiers.
« Au grand Jour, le marquant parmi les Catéchistes[1],
48 Dieu fera sur ce front neiger ses bénitiers. »

III

La veille du grand Jour, l'enfant se fait malade.
Mieux' qu'à l'Église haute aux funèbres rumeurs,
D'abord le frisson vient, — le lit n'étant pas fade —
52 Un frisson surhumain qui retourne : « Je meurs... »

Et, comme un vol d'amour fait à ses sœurs stupides,
Elle compte, abattue et les mains sur son cœur,
Les Anges, les Jésus et ses Vierges nitides[2]
56 Et, calmement, son âme a bu tout son vainqueur.

Adonaï!... — Dans les terminaisons latines,
Des cieux moirés de vert baignent les Fronts[3]
[vermeils
Et tachés du sang pur des célestes poitrines[4],
60 De grands linges neigeux tombent sur les soleils!

— Pour ses virginités présentes et futures
Elle mord aux fraîcheurs de ta Rémission,
Mais plus que les lys d'eau, plus que les confitures,
64 Tes pardons sont glacés, ô Reine de Sion!

IV

Puis la Vierge n'est plus que la vierge du livre.
Les mystiques élans se cassent quelquefois...

Et vient la pauvreté des images, que cuivre
68 L'ennui, l'enluminure atroce et les vieux bois[1];

Des curiosités vaguement impudiques
Épouvantent le rêve aux chastes bleuités
Qui s'est surpris autour des célestes tuniques,
72 Du linge dont Jésus voile ses nudités[2].

Elle veut, elle veut, pourtant, l'âme en détresse,
Le front dans l'oreiller creusé par les cris sourds,
Prolonger les éclairs suprêmes de tendresse,
76 Et bave... — L'ombre emplit les maisons et les cours.

Et l'enfant ne peut plus. Elle s'agite, cambre[a]
Les reins et d'une main ouvre le rideau bleu
Pour amener un peu la fraîcheur de la chambre
80 Sous le drap, vers son ventre et sa poitrine en feu...

v

À son réveil, — minuit, — la fenêtre était blanche.
Devant le sommeil bleu[b] des rideaux illunés[3],
La vision la prit des candeurs du dimanche;
84 Elle avait rêvé rouge. Elle saigna du nez,

Et se sentant bien chaste et pleine de faiblesse
Pour savourer en Dieu son amour revenant,
Elle eut soif de la nuit où s'exalte et s'abaisse
88 Le cœur, sous l'œil des cieux doux, en les devinant;

De la nuit, Vierge-Mère impalpable, qui baigne
Tous les jeunes émois de ses silences gris;
Elle eut soif de la nuit forte où le cœur qui saigne
92 Écoule[c] sans témoin sa révolte sans cris.

Et faisant la victime et la petite épouse,
Son étoile la vit, une chandelle aux doigts,
Descendre dans la cour où séchait une blouse,
96 Spectre blanc, et lever les spectres noirs des toits.

VI

Elle passa sa nuit sainte dans des *a* latrines.
Vers la chandelle, aux trous du toit coulait l'air blanc,
Et quelque vigne folle aux noirceurs purpurines,
100 En deçà d'une cour voisine s'écroulant.

La lucarne faisait un cœur de lueur vive
Dans la cour où les cieux bas plaquaient d'ors ver-
Les vitres ; les pavés puant l'eau de lessive [meils
104 Soufraient *b* l'ombre des murs bondés *c* de noirs som-
                                                [meils.

. . . .

VII

Qui dira ces langueurs et ces pitiés immondes,
Et ce qu'il lui viendra *d* de haine, ô sales fous[1]
Dont le travail divin déforme encor les mondes,
108 Quand la lèpre à la fin mangera *e* ce corps doux ?

. . . .

VIII

Et quand, ayant rentré tous ses nœuds d'hystéries,
Elle verra, sous les tristesses du bonheur,
L'amant rêver au blanc million des Maries,
112 Au matin de la nuit d'amour, avec douleur :

« Sais-tu que je t'ai fait mourir ? J'ai pris ta bouche,
Ton cœur, tout ce qu'on a, tout ce que vous avez ;
Et moi, je suis malade : Oh ! je veux qu'on me couche
116 Parmi les Morts des eaux nocturnes abreuvés »]

« J'étais bien jeune, et Christ a souillé mes haleines.
Il me bonda jusqu'à la gorge de dégoûts !
Tu baisais mes cheveux profonds comme les *f* laines
120 Et je me laissais faire... ah ! va, c'est bon pour vous,

« Hommes! qui songez peu que la plus amoureuse
Est, sous[a] sa conscience aux ignobles terreurs,
La plus prostituée et la plus douloureuse,
124 Et que tous nos élans vers vous sont des erreurs[1]!

« Car ma Communion première est bien passée.
Tes baisers, je ne puis jamais les avoir sus[b2] :
Et mon cœur et ma chair par ta chair embrassée
128 Fourmillent du baiser putride de Jésus!»

IX

Alors l'âme pourrie et l'âme désolée[3]
Sentiront ruisseler tes malédictions.
— Ils auront couché[c] sur ta Haine inviolée,
132 Échappés, pour la mort, des justes passions[4].

Christ! ô Christ, éternel voleur des énergies,
Dieu qui pour deux mille ans vouas à ta pâleur,
Cloués au sol, de honte et de céphalalgies,
136 Ou renversés, les fronts des femmes de douleur.

Juillet 1871 [d].

LES CHERCHEUSES DE POUX

Quand le front de l'enfant, plein de rouges tour-
                                          [mentes,
Implore l'essaim blanc des rêves indistincts,
Il vient près de son lit deux grandes sœurs charmantes
4 Avec de frêles doigts aux ongles argentins.

Elles assoient l'enfant devant une croisée[e]   [fleurs,
Grande ouverte où l'air bleu baigne un fouillis de
Et dans ses lourds cheveux où tombe la rosée
8 Promènent leurs doigts fins, terribles et charmeurs.

Il écoute chanter leurs haleines craintives
Qui fleurent de longs miels végétaux et rosés,

Et qu'interrompt parfois un sifflement, salives
12 Reprises sur la lèvre ou désirs de baisers.

Il entend leurs cils noirs battant sous les silences
Parfumés ; et leurs doigts électriques et doux
Font crépiter parmi ses grises indolences
16 Sous leurs ongles royaux la mort des petits poux.

Voilà que monte en lui le vin de la Paresse,
Soupir d'harmonica qui pourrait délirer ;
L'enfant se sent, selon la lenteur des caresses,
20 Sourdre et mourir sans cesse un désir de pleurer.

LE BATEAU IVRE[a]

Comme je descendais des Fleuves impassibles,
Je ne me sentis plus guidé par les haleurs :
Des Peaux-Rouges criards les avaient pris pour cibles
4 Les ayant cloués nus aux poteaux de couleurs[1].

J'étais insoucieux de tous les équipages,
Porteur de blés flamands ou de cotons anglais.
Quand avec mes haleurs[2] ont fini ces tapages
8 Les Fleuves m'ont laissé descendre où je voulais.

Dans les clapotements furieux des marées,
Moi, l'autre hiver, plus sourd que les cerveaux d'en-
Je courus ! Et les Péninsules démarrées[3]   [fants,
12 N'ont pas subi tohu-bohus plus triomphants.

La tempête a béni mes éveils maritimes.
Plus léger qu'un bouchon j'ai dansé sur les flots
Qu'on appelle rouleurs éternels de victimes,
16 Dix nuits, sans regretter[4] l'œil niais des falots !

Plus douce qu'aux enfants la chair des pommes sures,
L'eau verte pénétra ma coque de sapin
Et des taches de vins bleus et des vomissures[5]
20 Me lava, dispersant gouvernail et grappin.

Et dès lors, je me suis baigné dans le Poème
De la Mer, infusé d'astres, et lactescent[a][1],
Dévorant les azurs verts[2]; où, flottaison blême
21 Et ravie, un noyé pensif[3] parfois descend;

Où, teignant[4] tout à coup les bleuités, délires
Et rhythmes[5] lents sous les rutilements du jour,
Plus fortes que l'alcool, plus vastes que nos lyres[b],
28 Fermentent les rousseurs amères de l'amour!

Je sais les cieux crevant en éclairs[6], et les trombes
Et les ressacs et les courants : je sais le soir,
L'Aube exaltée ainsi qu'un peuple de colombes,
32 Et j'ai vu quelquefois ce que l'homme a cru voir[7]!

J'ai vu le soleil bas, taché d'horreurs mystiques,
Illuminant de longs figements[8] violets,
Pareils[9] à des acteurs de drames très-antiques
36 Les flots roulant au loin leurs frissons de volets!

J'ai rêvé la nuit verte aux neiges éblouies[10],
Baiser[c] montant aux yeux des mers avec lenteurs[d],
La circulation des sèves inouïes[11],
40 Et l'éveil jaune et bleu des phosphores chanteurs[12]!

J'ai suivi, des mois pleins, pareille aux vacheries[13]
Hystériques, la houle à l'assaut des récifs,
Sans songer que les pieds lumineux des Maries
44 Pussent forcer le mufle aux Océans poussifs[14]!

J'ai heurté, savez-vous, d'incroyables Florides
Mêlant aux fleurs des yeux de panthères à peaux[e]
D'hommes[15]! Des arcs-en-ciel tendus comme des
[brides
48 Sous l'horizon des mers, à de glauques troupeaux[16]!

J'ai vu fermenter les marais énormes, nasses
Où pourrit dans les joncs tout un Léviathan[17]!
Des écroulements[f] d'eaux au milieu des bonaces,
52 Et les lointains vers les gouffres cataractant!

Glaciers, soleils d'argent, flots nacreux[18], cieux de
[braises!

Échouages [1] hideux au fond des golfes bruns
Où les serpents géants dévorés des punaises
56 Choient, des arbres tordus, avec de noirs parfums [2] !

J'aurais voulu montrer aux enfants ces dorades [3]
Du flot bleu, ces poissons d'or, ces poissons chan-
[tants [4].
— Des écumes de fleurs ont bercé [a] mes dérades [5]
60 Et d'ineffables vents m'ont ailé [6] par instants.

Parfois, martyr [7] lassé des pôles et des zones,
La mer dont le sanglot faisait mon roulis doux
Montait [8] vers moi ses fleurs d'ombre aux ventouses
64 Et je restais, ainsi qu'une femme à genoux... [jaunes

Presque île [b] [9], ballottant sur mes bords les querelles
Et les fientes d'oiseaux clabaudeurs [10] aux yeux
[blonds.
Et je voguais, lorsqu'à travers mes liens frêles
68 Des noyés descendaient dormir, à reculons !

Or moi, bateau perdu sous les cheveux des anses,
Jeté par l'ouragan dans l'éther sans oiseau [11],
Moi dont les Monitors et les voiliers des Hanses [12]
72 N'auraient pas repêché la carcasse ivre d'eau ;

Libre, fumant, monté de brumes [13] violettes,
Moi qui trouais le ciel rougeoyant comme un mur
Qui porte, confiture exquise aux bons poètes [14],
76 Des lichens de soleil et des morves d'azur,

Qui courais, taché de lunules électriques,
Planche folle, escorté des hippocampes noirs [15],
Quand les juillets faisaient crouler à coups de triques
80 Les cieux ultramarins aux ardents entonnoirs [16] ;

Moi qui tremblais, sentant geindre à cinquante lieues
Le rut des Béhémots [17] et les [c] Maelstroms épais,
Fileur éternel des immobilités bleues,
84 Je regrette l'Europe aux anciens parapets !

J'ai vu des archipels sidéraux ! et des îles
Dont les cieux délirants sont ouverts au vogueur :

— Est-ce en ces nuits sans fond que tu dors et
[t'exiles,
88 Million d'oiseaux d'or, ô future Vigueur[1]? —

Mais, vrai, j'ai trop pleuré! Les Aubes sont navrantes.
Toute lune est atroce et tout soleil amer :
L'âcre amour m'a gonflé de torpeurs enivrantes.
92 Ô que ma quille éclate! Ô que j'aille à la mer[2]!

Si je désire une eau d'Europe, c'est la flache[3]
Noire et froide où vers le crépuscule embaumé
Un enfant accroupi plein de tristesses, lâche
96 Un bateau frêle comme un papillon de mai.

Je ne puis plus, baigné de vos langueurs, ô lames,
Enlever leur sillage[4] aux porteurs de cotons,
Ni traverser l'orgueil des drapeaux et des flammes[5],
100 Ni nager[6] sous les yeux horribles des pontons.

Qu'est-ce pour nous, mon cœur, que les nappes de
[sang *a*
Et de braise, et mille meurtres, et les longs cris
De rage, sanglots de tout enfer renversant
4 Tout ordre ; et l'Aquilon encor sur les débris

Et toute vengeance ? Rien !... — Mais si, tout encor,
Nous la voulons ! Industriels, princes, sénats,
Périssez ! puissance, justice, histoire, à bas !
8 Ça nous est dû. Le sang ! le sang ! la flamme d'or !

Tout à la guerre, à la vengeance, à la terreur,
Mon Esprit ! Tournons dans *b* la Morsure : Ah ! passez,
Républiques de ce monde ! Des empereurs,
12 Des régiments, des colons, des peuples, assez !

Qui remuerait *c* les tourbillons de feu furieux,
Que nous¹ et ceux que *d* nous nous imaginons frères ?
À nous ! Romanesques amis : ça va nous plaire.
16 Jamais nous ne travaillerons, ô flots de feux !

Europe, Asie, Amérique, disparaissez.
Notre marche vengeresse a tout occupé,
Cités et campagnes ! — Nous serons écrasés !
20 Les volcans sauteront ! et l'océan frappé...

Oh ! mes amis ! — mon cœur, c'est sûr, ils sont des
[frères :
Noirs inconnus², si nous allions ! allons ! allons !
Ô malheur ! je me sens frémir, la vieille terre,
24 Sur moi de plus en plus à vous ! la terre fond³,

Ce n'est rien ! j'y suis ! j'y suis toujours⁴.

LARME[a]

Loin des oiseaux, des troupeaux, des villageoises[1],
Je buvais, accroupi[b] dans quelque bruyère
Entourée de tendres bois de noisetiers,
4 Par un brouillard d'après-midi tiède et vert.

Que pouvais-je boire dans cette jeune Oise[2],
Ormeaux sans voix, gazon sans fleurs, ciel couvert.
Que tirais-je à la gourde de colocase[3]?
8 Quelque liqueur d'or, fade et qui fait suer[c][4].

Tel, j'eusse été mauvaise enseigne d'auberge[d][5].
Puis l'orage changea le ciel, jusqu'au soir[6].
Ce furent des pays noirs, des lacs, des perches,
12 Des colonnades sous la nuit bleue, des gares.

L'eau des bois se perdait sur des[e] sables vierges.
Le vent, du ciel, jetait[f] des glaçons aux mares...
Or! tel qu'un pêcheur d'or ou de coquillages[g],
16 Dire que je n'ai pas eu souci de boire[7]!

                                        Mai 1872[h].

LA RIVIÈRE DE CASSIS[i]

La Rivière de Cassis[8] roule ignorée
        En des vaux[j] étranges :
La voix de cent corbeaux l'accompagne, vraie
        Et bonne voix d'anges :
Avec les grands mouvements des sapinaies
6 Quand plusieurs vents[k] plongent.

Tout roule avec des mystères révoltants
        De campagnes d'anciens temps[l];

De donjons visités[1], de parcs importants :
    C'est en ces bords qu'on[a] entend
Les passions mortes des chevaliers errants[2] :
    Mais que salubre est le vent!

[12]

Que le piéton regarde à ces clairevoies[3] :
    Il ira plus courageux.
Soldats[b] des forêts que le Seigneur envoie,
    Chers corbeaux délicieux[4]!
Faites fuir d'ici le paysan matois
    Qui trinque d'un moignon vieux.

[18]

Mai 1872[c]

COMÉDIE DE LA SOIF[d]

I. LES PARENTS[e]

Nous sommes tes Grands-Parents,
    Les Grands!
Couverts des froides sueurs
    De la lune[f] et des verdures.
[5] Nos vins secs avaient du cœur!
    Au soleil sans imposture
Que faut-il à l'homme? boire.

MOI. — Mourir aux fleuves barbares.

Nous sommes tes Grands-Parents
[10]   Des champs.
L'eau est au fond des osiers :
Vois le courant du fossé
Autour du château mouillé.
Descendons en nos celliers;
[15] Après, le cidre[5] et le lait[g].

MOI. — Aller où boivent les vaches[6].

Nous sommes tes Grands-Parents;
    Tiens, prends

Les liqueurs dans nos armoires[1]
20 Le Thé, le Café, si rares,
Frémissent dans les bouilloires.
— Vois les images, les fleurs.
Nous rentrons[a] du cimetière[2].

MOI. — Ah! tarir toutes les urnes[3]!

2. L'ESPRIT[b]

25 Éternelles Ondines
Divisez l'eau fine.
Vénus, sœur de l'azur,
Émeus le flot pur.

Juifs errants de Norwège
30 Dites-moi la neige.
Anciens exilés chers[4],
Dites-moi la mer.

MOI. — Non, plus ces boissons pures,
Ces fleurs d'eau pour verres[5];
35 Légendes ni figures
Ne me désaltèrent;

Chansonnier, ta filleule
C'est ma soif si folle
Hydre intime sans gueules[c]
40 Qui mine et désole.

3. LES AMIS[d]

Viens, les vins vont aux plages,
Et les flots par millions!
Vois le Bitter sauvage[e]
Rouler du haut des monts!

45 Gagnons, pèlerins sages,
L'absinthe aux verts piliers[6]...

MOI. — Plus ces paysages.
       Qu'est l'ivresse, Amis?

       J'aime autant, mieux, même,
50 Pourrir dans l'étang,
       Sous l'affreuse crème[1],
       Près des bois flottants.

4. LE PAUVRE SONGE

       Peut-être un Soir m'attend
       Où je boirai tranquille
55 En quelque vieille Ville[a],
       Et mourrai plus content :
       Puisque je suis patient!

       Si mon mal se résigne,
       Si j'ai jamais quelque or[b],
60 Choisirai-je le Nord
       Ou le Pays[c] des Vignes[2]?...
       — Ah! songer est indigne

       Puisque c'est pure perte!
       Et si je redeviens
65 Le voyageur ancien,
       Jamais l'auberge verte
       Ne peut bien m'être ouverte.

5. CONCLUSION

Les pigeons qui tremblent dans la prairie,
Le gibier, qui court et qui voit la nuit,
70 Les bêtes des eaux, la bête asservie,
Les derniers papillons!... ont soif aussi.

Mais fondre où fond ce nuage sans guide,
— Oh! favorisé de ce qui est frais[d]!
Expirer en ces violettes humides
75 Dont les aurores chargent ces forêts?

                    Mai 1872[e].

BONNE PENSÉE DU MATIN[a]

À quatre heures du matin, l'été,
Le sommeil d'amour dure encore.
Sous les bosquets l'aube évapore
₄   L'odeur du soir fêté.

Mais là-bas[b] dans l'immense chantier
Vers le soleil des Hespérides,
En bras de chemise, les charpentiers
₈   Déjà s'agitent.

Dans leur désert[c] de mousse, tranquilles,
Ils préparent les lambris précieux
Où la richesse de la ville
₁₂   Rira sous de faux cieux.

Ah! pour ces Ouvriers[d] charmants
Sujets d'un roi de Babylone,
Vénus! laisse un peu les Amants,
₁₆   Dont l'âme est en couronne.

Ô Reine des Bergers!
Porte aux travailleurs l'eau-de-vie,
Pour que leurs forces soient en paix
₂₀ En attendant le bain dans la mer[1], à midi.

Mai 1872[e].

FÊTES DE LA PATIENCE

1. BANNIÈRES DE MAI.
2. CHANSON DE LA PLUS HAUTE TOUR.
3. ÉTERNITÉ.
4. ÂGE D'OR.

BANNIÈRES DE MAI[a]

Aux branches claires des tilleuls
Meurt un maladif hallali.
Mais des chansons spirituelles
Voltigent parmi[b] les groseilles.
5 Que notre sang rie en nos veines,
Voici s'enchevêtrer les vignes.
Le ciel est joli comme un ange.
L'azur et l'onde[c] communient.
Je sors. Si un rayon me blesse
10 Je succomberai sur la mousse.

Qu'on patiente et qu'on s'ennuie
C'est trop simple[1]. Fi de mes peines[d].
Je veux que l'été dramatique
Me lie à son char de fortune.
15 Que par toi beaucoup, ô Nature,
— Ah moins seul et moins nul! — je meure[e 2].
Au lieu que les Bergers, c'est drôle,
Meurent à peu près par le monde[3].

Je veux bien que les saisons m'usent.
20 À toi, Nature, je me rends;
Et ma faim et toute ma soif[4].
Et, s'il te plaît, nourris, abreuve.
Rien de rien ne m'illusionne;
C'est rire aux parents, qu'au soleil,
25 Mais moi je ne veux rire à rien[5];
Et libre soit cette infortune.

Mai 1872[f].

CHANSON DE LA PLUS HAUTE TOUR

Oisive jeunesse
À tout asservie[6],
Par délicatesse

J'ai perdu ma vie.
Ah! Que le temps vienne
6 Où les cœurs s'éprennent[1].

Je me suis dit : laisse,
Et qu'on ne te voie[2] :
Et sans la promesse[3]
De plus hautes joies.
Que rien ne t'arrête
12 Auguste retraite[a].

J'ai tant fait patience
Qu'à jamais j'oublie[4];
Craintes et souffrances
Aux cieux sont parties.
Et la soif malsaine[5]
18 Obscurcit mes veines.

Ainsi la Prairie
À l'oubli livrée,
Grandie, et fleurie
D'encens et d'ivraies
Au bourdon farouche
24 De cent sales mouches[6].

Ah! Mille veuvages[b]
De la si pauvre âme
Qui n'a que l'image
De la Notre-Dame!
Est-ce que l'on prie
30 La Vierge Marie[c7]?

Oisive jeunesse
À tout asservie
Par délicatesse
J'ai perdu ma vie.
Ah! Que le temps vienne
36 Où les cœurs s'éprennent!

Mai 1872.

L'ÉTERNITÉ [a]

Elle est retrouvée.
Quoi? — L'Éternité [1].
C'est la mer allée
4   Avec le soleil.

Âme sentinelle,
Murmurons l'aveu
De la nuit si nulle
8   Et du jour en feu.

Des humains suffrages,
Des communs élans [2]
Là tu te dégages [b]
12   Et voles selon [c].

Puisque de vous seules [d],
Braises de satin,
Le Devoir s'exhale [3]
16   Sans qu'on dise : enfin.

Là pas d'espérance [e],
Nul *orietur* [f].
Science avec patience [4],
20   Le supplice est sûr [g].

Elle est retrouvée.
Quoi? — L'Éternité.
C'est la mer allée
24   Avec le soleil.

                                    Mai 1872.

ÂGE D'OR [h]

Quelqu'une des voix
Toujours angélique [i]

— Il s'agit de moi, —
4   Vertement s'explique :

Ces mille questions
Qui se ramifient
N'amènent, au fond,
8   Qu'ivresse et folie ;

Reconnais ce tour
Si gai, si facile :
Ce n'est qu'onde, flore [a],
12   Et c'est ta famille !

Puis elle chante. Ô
Si gai, si facile,
Et visible à l'œil nu...
16   — Je chante avec elle, —

Reconnais ce tour
Si gai, si facile,
Ce n'est qu'onde, flore,
20   Et c'est ta famille !... etc...

Et puis une voix
— Est-elle angélique ! —
Il s'agit de moi,
24   Vertement s'explique ;

Et chante à l'instant
En sœur des haleines :
D'un ton Allemand [1],
28   Mais ardente et pleine :

Le monde est vicieux ;
Si cela t'étonne [b] !
Vis et laisse au feu
32   L'obscure infortune.

Ô ! joli château [c] !
Que ta vie est claire !
De quel Âge es-tu,
Nature princière
37   De notre grand frère ! etc...

Je chante aussi, moi :
Multiples sœurs! voix
Pas du tout publiques!
Environnez-moi
42 De gloire pudique... etc *a*...

Juin 1872 *b*.

JEUNE MÉNAGE

La chambre est ouverte au ciel bleu-turquin[1];
Pas de place : des coffrets et des huches!
Dehors le mur est plein d'aristoloches
4 Où vibrent les gencives des lutins.

Que ce sont bien intrigues de génies
Cette dépense et ces désordres vains!
C'est la fée africaine[2] qui fournit
8 La mûre, et les résilles[3] dans les coins.

Plusieurs entrent, marraines mécontentes,
En pans de lumière dans les buffets,
Puis y restent! le ménage s'absente
12 Peu sérieusement, et rien ne se fait.

Le marié a le vent qui le floue[4]
Pendant son absence, ici, tout le temps.
Même des esprits des eaux, malfaisants[c]
16 Entrent vaguer aux sphères de l'alcôve.

La nuit, l'amie oh! la lune de miel
Cueillera leur sourire et remplira
De mille bandeaux de cuivre le ciel.
20 Puis ils auront affaire au malin rat.

— S'il n'arrive pas un feu follet blême,
Comme un coup de fusil, après des vêpres.
— Ô spectres saints et blancs de Bethléem,
24 Charmez plutôt le bleu de leur fenêtre!

27 juin 1872.

BRUXELLES

Juillet.   Boulevart du Régent,

Plates-bandes d'amarantes jusqu'à
L'agréable palais de Jupiter[1].
— Je sais que c'est Toi, qui, dans ces lieux,
4 Mêles ton Bleu presque de Sahara!

Puis, comme rose et sapin du soleil
Et liane ont ici leurs jeux enclos,
Cage de la petite veuve!...
                               Quelles
8 Troupes d'oiseaux! ô iaio, iaio!...

— Calmes maisons, anciennes passions!
Kiosque de la Folle par affection[2].
Après les fesses des rosiers[3], balcon
12 Ombreux et très-bas de la Juliette[4].

— La Juliette, ça rappelle l'Henriette[5],
Charmante station du chemin de fer
Au cœur d'un mont comme au fond d'un verger
16 Où mille diables bleus dansent dans l'air!

Banc vert où chante au paradis d'orage,
Sur la guitare, la blanche Irlandaise.
Puis de la salle à manger guyanaise
20 Bavardage des enfants et des cages[6].

Fenêtre du duc[7] qui fais que je pense
Au poison des escargots et du buis
Qui dort ici-bas au soleil. Et puis
24 C'est trop beau! trop! Gardons notre silence.

— Boulevart sans mouvement ni commerce,
Muet, tout drame et toute comédie,

Réunion des scènes infinie[a],
28 Je te connais et t'admire en silence.

Est-elle almée[1]?... aux premières heures bleues
Se détruira-t-elle comme les fleurs feues...
Devant la splendide étendue où l'on sente
4 Souffler la ville énormément florissante!

C'est trop beau! c'est trop beau[2]! mais c'est nécessaire
— Pour la Pêcheuse et la chanson du Corsaire,
Et aussi puisque les derniers masques crurent
8 Encore aux fêtes de nuit sur la mer pure!

Juillet 1872.

FÊTES DE LA FAIM

Ma faim, Anne, Anne,
Fuis sur ton âne.

Si j'ai du *goût,* ce n'est guères
4 Que pour la terre et les pierres.
Dinn! dinn! dinn! dinn! Je pais l'air,
Le roc, les Terres, le fer[b].

Tournez, les faims, paissez, faims[c],
8   Le pré des sons!
Puis l'aimable et vibrant venin[d]
    Des liserons;

Les cailloux qu'un pauvre brise[e],
12 Les vieilles pierres d'églises,
Les galets, fils des déluges,
Pains couchés aux vallées grises!

Mes faims, c'est les bouts d'air noir ;
16   L'azur sonneur ;
— C'est l'estomac qui me tire.
    C'est le malheur.

Sur terre ont paru les feuilles :
20 Je vais aux chairs de fruit blettes.
Au sein du sillon je cueille
La doucette[1] et la violette.

    Ma faim, Anne, Anne !
24 Fuis sur ton âne[a].

Entends[b] comme brame
près des acacias
en avril la rame
4 viride du pois[c] !

Dans sa vapeur nette,
vers Phœbé ! tu vois
s'agiter la tête
8 de saints d'autrefois...

Loin des claires meules
des caps, des beaux toits,
ces chers Anciens[2] veulent
12 ce philtre sournois...

Or ni fériale
ni astrale ! n'est
la brume qu'exhale
16 ce nocturne effet.

Néanmoins ils restent,
— Sicile, Allemagne[3],
dans ce brouillard triste
20 et blêmi, justement !

MICHEL ET CHRISTINE

Zut alors si le soleil quitte ces bords!
Fuis, clair déluge! Voici l'ombre des routes.
Dans les saules, dans la vieille cour d'honneur
4 L'orage d'abord jette ses larges gouttes.

Ô cent agneaux, de l'idylle soldats blonds,
Des aqueducs, des bruyères amaigries,
Fuyez! plaine, déserts, prairie, horizons
8 Sont à la toilette rouge de l'orage!

Chien noir, brun pasteur dont le manteau s'engouffre,
Fuyez l'heure des éclairs supérieurs;
Blond troupeau, quand voici nager ombre et soufre,
12 Tâchez de descendre à des retraits meilleurs.

Mais moi, Seigneur! voici que mon Esprit vole [1],
Après les cieux glacés de rouge, sous les
Nuages célestes qui courent et volent
16 Sur cent Solognes longues comme un railway.

Voilà mille loups, mille graines sauvages
Qu'emporte, non sans aimer les liserons,
Cette religieuse après-midi d'orage
20 Sur l'Europe ancienne où cent hordes iront [2]!

Après, le clair de lune [3]! partout la lande,
Rougis et [a] leurs fronts aux cieux noirs, les guerriers
Chevauchent lentement leurs pâles coursiers!
24 Les cailloux sonnent sous cette fière bande!

— Et verrai-je le bois jaune et le val clair,
L'Épouse aux yeux bleus, l'homme au front rouge,
                              [— ô Gaule,
Et le blanc agneau Pascal [4], à leurs pieds chers,
28 — Michel et Christine, — et Christ! — fin de l'Idylle.

HONTE

Tant que la lame n'aura
Pas coupé cette cervelle,
Ce paquet blanc vert et gras
4 À vapeur jamais nouvelle,

(Ah! Lui[1], devrait couper son
Nez, sa lèvre, ses oreilles,
Son ventre! et faire abandon
8 De ses jambes! ô merveille[2]!)

Mais, non, vrai, je crois que tant
Que pour sa tête la lame
Que les cailloux pour son flanc
12 Que pour ses boyaux la flamme

N'auront pas agi, l'enfant
Gêneur, la si sotte bête[3],
Ne doit cesser[4] un instant
16 De ruser et d'être traître

Comme un chat des Monts-Rocheux[5];
D'empuantir toutes sphères!
Qu'à sa mort pourtant, ô mon Dieu!
20 S'élève quelque prière[6]!

MÉMOIRE

I

L'eau claire; comme le sel des larmes d'enfance,
L'assaut au soleil des blancheurs des corps de femmes;
la soie, en foule et de lys pur, des oriflammes
4 sous les murs dont quelque pucelle eut la défense[7];

l'ébat des anges ; — Non... le courant d'or en marche,
meut ses bras, noirs, et lourds, et frais surtout,
        [d'herbe. Elle[1]
sombre, ayant[a] le Ciel bleu pour ciel-de-lit, appelle
8 pour rideaux l'ombre de la colline et de l'arche.

II

Eh! l'humide carreau tend ses bouillons limpides!
L'eau meuble d'or pâle et sans fond les couches prêtes.
Les robes vertes et déteintes des fillettes
12 font les saules, d'où sautent les oiseaux sans brides[2].

Plus pure qu'un louis[3], jaune et chaude paupière
le souci d'eau[4] — ta foi conjugale, ô l'Épouse! —
au midi prompt[5], de son terne miroir, jalouse
16 au ciel gris de chaleur la Sphère rose et chère.

III

Madame[6] se tient trop debout dans la prairie
prochaine où neigent les fils du travail; l'ombrelle
aux doigts; foulant l'ombelle; trop fière pour elle[7];
20 des enfants lisant dans la verdure fleurie[8]

leur livre de maroquin rouge[9]! Hélas, Lui, comme
mille anges blancs qui se séparent sur la route,
s'éloigne par delà la montagne! Elle, toute
24 froide, et noire, court! après le départ de l'homme!

IV

Regret des bras épais et jeunes d'herbe pure[10]!
Or des lunes d'avril au cœur du saint lit! Joie
des chantiers riverains à l'abandon, en proie
28 aux soirs d'août qui faisaient germer ces pourritures!

Qu'elle pleure à présent sous les remparts[11]! l'haleine
des peupliers d'en haut est pour la seule brise.

Puis, c'est la nappe, sans reflets, sans source, grise :
32 un vieux, dragueur, dans sa barque immobile, peine.

V

Jouet de cet œil d'eau morne [1], je n'y puis prendre,
ô canot immobile ! oh ! bras trop courts ! ni l'une
ni l'autre fleur : ni la jaune qui m'importune,
36 là ; ni la bleue, amie [a] à l'eau couleur de cendre [2].

Ah ! la poudre des saules qu'une aile secoue !
Les roses des roseaux dès longtemps dévorées !
Mon canot, toujours fixe ; et sa chaîne tirée
40 Au fond de cet œil d'eau sans bords, — à quelle boue ?

Ô saisons, ô châteaux [b][3]
Quelle âme est sans défauts [c] ?

Ô saisons, ô châteaux,

J'ai fait la magique étude [4]
5 Du Bonheur, que nul n'élude [5].

Ô vive lui, chaque fois
Que chante son coq gaulois [d].

Mais ! je n'aurai plus d'envie,
Il s'est chargé de ma vie [e][6].

10 Ce Charme ! il prit âme et corps,
Et dispersa tous efforts [f].

Que comprendre à ma parole ?
Il fait qu'elle fuie et vole [g][7] !

Ô saisons, ô châteaux !

15 [Et, si le malheur m'entraîne ^a,
Sa disgrâce m'est certaine.

Il faut que son dédain, las!
Me livre au plus prompt trépas ^{b 1}!

19 — Ô Saisons, ô Châteaux!]

    Le loup criait sous les feuilles
En crachant les belles plumes
De son repas de volailles :
4 Comme lui je me consume.

    Les salades, les fruits
N'attendent que la cueillette;
Mais l'araignée de la haie
8 Ne mange que des violettes.

    Que je dorme! que je bouille
Aux autels de Salomon.
Le bouillon court sur la rouille,
12 Et se mêle au Cédron.

UNE SAISON EN ENFER

UNE SAISON EN ENFER

« Jadis, si je me souviens bien, ma vie était un festin où s'ouvraient tous les cœurs, où tous les vins coulaient[1].

Un soir, j'ai assis la Beauté sur mes genoux. — Et je l'ai trouvée amère. — Et je l'ai injuriée[2].

Je me suis armé contre la justice[3].

Je me suis enfui. Ô sorcières[4], ô misère, ô haine, c'est à vous que mon trésor a été confié !

Je parvins à faire s'évanouir dans mon esprit toute l'espérance humaine. Sur toute joie pour l'étrangler j'ai fait le bond sourd de la bête féroce.

J'ai appelé les bourreaux pour, en périssant, mordre la crosse de leurs fusils. J'ai appelé les fléaux, pour m'étouffer avec le sable, le sang. Le malheur a été mon dieu. Je me suis allongé dans la boue[5]. Je me suis séché à l'air du crime. Et j'ai joué de bons tours à la folie.

Et le printemps m'a apporté l'affreux rire de l'idiot[6].

Or, tout dernièrement m'étant trouvé sur le point de faire le dernier *couac*[7] ! j'ai songé à rechercher la clef du festin ancien, où je reprendrais peut-être appétit.

La charité est cette clef. — Cette inspiration prouve que j'ai rêvé[8] !

« Tu resteras hyène, etc... », se récrie le démon qui me couronna de si aimables pavots. « Gagne la mort avec tous tes appétits, et ton égoïsme et tous les péchés capitaux[9]. »

Ah ! j'en ai trop pris : — Mais, cher Satan[10], je vous en conjure, une prunelle moins irritée ! et en attendant les quelques petites lâchetés en retard, vous qui aimez dans l'écrivain l'absence des facultés descriptives ou instructives[11], je vous détache ces quelques hideux feuillets de mon carnet de damné.

MAUVAIS SANG

J'ai de mes ancêtres gaulois l'œil bleu blanc, la cervelle étroite, et la maladresse dans la lutte. Je trouve mon habillement aussi barbare que le leur. Mais je ne beurre pas ma chevelure.

Les Gaulois étaient les écorcheurs de bêtes, les brûleurs d'herbes les plus ineptes de leur temps.

D'eux, j'ai : l'idolâtrie et l'amour du sacrilège; — oh! tous les vices, colère, luxure, — magnifique, la luxure; — surtout mensonge et paresse.

J'ai horreur de tous les métiers. Maîtres et ouvriers, tous paysans, ignobles. La main à plume vaut la main à charrue. — Quel siècle à mains! — Je n'aurai jamais ma main. Après, la domesticité mène trop loin. L'honnêteté de la mendicité me navre. Les criminels dégoûtent comme des châtrés : moi, je suis intact, et ça m'est égal.

Mais! qui a fait ma langue perfide tellement[1], qu'elle ait guidé et sauvegardé jusqu'ici ma paresse? Sans me servir pour vivre même de mon corps, et plus oisif que le crapaud, j'ai vécu partout. Pas une famille d'Europe que je ne connaisse[2]. — J'entends des familles comme la mienne, qui tiennent tout de la déclaration des Droits de l'Homme. — J'ai connu chaque fils de famille!

———

Si j'avais des antécédents à un point quelconque de l'histoire de France[3]!

Mais non, rien.

Il m'est bien évident que j'ai toujours été race inférieure. Je ne puis comprendre la révolte[4]. Ma race ne se souleva jamais que pour piller : tels les loups à la bête qu'ils n'ont pas tuée.

Je me rappelle l'histoire de la France fille aînée de l'Église. J'aurais fait, manant, le voyage de terre sainte;

plus de force qu'un saint, plus de bon sens qu'un voya-
geur — et lui, lui seul! pour témoin de sa gloire et
de sa raison[1].

Sur les routes, par des nuits d'hiver[2], sans gîte, sans
habits, sans pain, une voix étreignait mon cœur gelé :
« Faiblesse ou force : te voilà, c'est la force. Tu ne sais
ni où tu vas ni pourquoi tu vas, entre partout, réponds
à tout. On ne te tuera pas plus que si tu étais cadavre. »
Au matin j'avais le regard si perdu et la contenance si
morte, que ceux que j'ai rencontrés *ne m'ont peut-être
pas vu.*

Dans les villes la boue m'apparaissait soudainement
rouge et noire, comme une glace quand la lampe cir-
cule dans la chambre voisine, comme un trésor dans la
forêt! Bonne chance, criais-je, et je voyais une mer de
flammes et de fumée au ciel[3]; et, à gauche, à droite,
toutes les richesses flambant comme un milliard de ton-
nerres.

Mais l'orgie et la camaraderie des femmes m'étaient
interdites. Pas même un compagnon. Je me voyais devant
une foule exaspérée, en face du peloton d'exécution,
pleurant du malheur qu'ils n'aient pu comprendre, et
pardonnant[4]! — Comme Jeanne d'Arc! — « Prêtres,
professeurs, maîtres, vous vous trompez en me livrant
à la justice. Je n'ai jamais été de ce peuple-ci; je n'ai
jamais été chrétien; je suis de la race qui chantait dans
le supplice; je ne comprends pas les lois; je n'ai pas
le sens moral, je suis une brute : vous vous trom-
pez... »

Oui, j'ai les yeux fermés à votre lumière. Je suis une
bête, un nègre. Mais je puis être sauvé. Vous êtes de
faux nègres, vous maniaques, féroces, avares. Marchand,
tu es nègre; magistrat, tu es nègre; général, tu es nègre[5];
empereur, vieille démangeaison[6], tu es nègre : tu as bu
d'une liqueur non taxée, de la fabrique de Satan. —
Ce peuple est inspiré par la fièvre et le cancer. Infirmes
et vieillards sont tellement respectables qu'ils demandent
à être bouillis[7]. — Le plus malin est de quitter ce conti-
nent, où la folie rôde pour pourvoir d'otages ces misé-
rables. J'entre au vrai royaume des enfants de Cham.

Connais-je encore la nature? me connais-je? — *Plus
de mots.* J'ensevelis les morts dans mon ventre[8]. Cris,
tambour, danse, danse, danse, danse! Je ne vois même

pas l'heure où, les blancs débarquant, je tomberai au néant.

Faim, soif, cris, danse, danse, danse, danse!

———

Les blancs débarquent. Le canon! Il faut se soumettre au baptême, s'habiller, travailler.

J'ai reçu au cœur le coup de la grâce. Ah! je ne l'avais pas prévu!

Je n'ai point fait le mal[1]. Les jours vont m'être légers, le repentir me sera épargné. Je n'aurai pas eu les tourments de l'âme presque morte au bien, où remonte la lumière sévère comme les cierges funéraires. Le sort du fils de famille, cercueil prématuré couvert de limpides larmes. Sans doute la débauche est bête, le vice est bête; il faut jeter la pourriture à l'écart. Mais l'horloge ne sera pas arrivée à ne plus sonner que l'heure de la pure douleur! Vais-je être enlevé comme un enfant, pour jouer au paradis dans l'oubli de tout le malheur!

Vite! est-il d'autres vies? — Le sommeil dans la richesse est impossible. La richesse a toujours été bien public. L'amour divin seul octroie les clefs de la science. Je vois que la nature n'est qu'un spectacle de bonté[2]. Adieu chimères, idéals, erreurs.

Le chant raisonnable des anges s'élève du navire sauveur : c'est l'amour divin. — Deux amours! je puis mourir de l'amour terrestre, mourir de dévouement. J'ai laissé des âmes dont la peine s'accroîtra de mon départ[3]! Vous me choisissez parmi les naufragés; ceux qui restent sont-ils pas mes amis?

Sauvez-les!

La raison m'est née. Le monde est bon. Je bénirai la vie. J'aimerai mes frères. Ce ne sont plus des promesses d'enfance. Ni l'espoir d'échapper à la vieillesse et à la mort. Dieu fait ma force, et je loue Dieu.

———

L'ennui n'est plus mon amour[4]. Les rages, les débauches, la folie, dont je sais tous les élans et les désastres[5], — tout mon fardeau est déposé. Apprécions sans vertige l'étendue de mon innocence[6].

Je ne serais plus capable de demander le réconfort

d'une baſtonnade. Je ne me crois pas embarqué pour
une noce avec Jésus-Chriſt pour beau-père[1].

Je ne suis pas prisonnier de ma raison. J'ai dit :
Dieu. Je veux la liberté dans le salut : comment la
poursuivre[2]? Les goûts frivoles m'ont quitté. Plus
besoin de dévouement ni d'amour divin. Je ne regrette
pas le siècle des cœurs sensibles. Chacun a sa raison,
mépris et charité : je retiens ma place au sommet de
cette angélique échelle de bon sens.

Quant au bonheur établi, domeſtique ou non... non,
je ne peux pas. Je suis trop dissipé, trop faible. La vie
fleurit par le travail, vieille vérité : moi, ma vie n'eſt pas
assez pesante, elle s'envole et flotte loin au-dessus de
l'aĉtion, ce cher point du monde.

Comme je deviens vieille fille, à manquer du courage
d'aimer la mort!

Si Dieu m'accordait le calme céleſte, aérien, la prière,
— comme les anciens saints. — Les saints! des forts!
les anachorètes, des artiſtes comme il n'en faut plus[3]!

Farce continuelle! Mon innocence me ferait pleurer.
La vie eſt la farce à mener par tous.

———

Assez! voici la punition. — *En marche!*

Ah! les poumons brûlent, les tempes grondent! la
nuit roule dans mes yeux, par ce soleil! le cœur... les
membres...

Où va-t-on? au combat? Je suis faible! les autres
avancent. Les outils, les armes... le temps!...

Feu! feu sur moi! Là! ou je me rends. — Lâches! —
Je me tue! Je me jette aux pieds des chevaux!

Ah!...

— Je m'y habituerai.

Ce serait la vie française, le sentier de l'honneur!

NUIT DE L'ENFER

J'ai avalé une fameuse gorgée de poison[4]. — Trois
fois béni soit le conseil qui m'eſt arrivé! — Les entrailles

me brûlent. La violence du venin tord mes membres, me rend difforme, me terrasse. Je meurs de soif, j'étouffe, je ne puis crier. C'est l'enfer, l'éternelle peine! Voyez comme le feu se relève! Je brûle comme il faut. Va, démon!

J'avais entrevu la conversion au bien et au bonheur, le salut. Puis-je décrire la vision, l'air de l'enfer ne souffre pas les hymnes! C'était des millions de créatures charmantes, un suave concert spirituel, la force et la paix, les nobles ambitions, que sais-je?

Les nobles ambitions!

Et c'est encore la vie! — Si la damnation est éternelle! Un homme qui veut se mutiler est bien damné, n'est-ce pas? Je me crois en enfer, donc j'y suis. C'est l'exécution du catéchisme. Je suis esclave de mon baptême. Parents, vous avez fait mon malheur et vous avez fait le vôtre. Pauvre innocent! — L'enfer ne peut attaquer les païens. — C'est la vie encore! Plus tard, les délices de la damnation seront plus profondes. Un crime, vite, que je tombe au néant, de par la loi humaine.

Tais-toi, mais tais-toi!... C'est la honte, le reproche, ici : Satan qui dit que le feu est ignoble, que ma colère est affreusement sotte[1]. — Assez!... Des erreurs qu'on me souffle, magies, parfums faux, musiques puériles. — Et dire que je tiens la vérité, que je vois la justice : j'ai un jugement sain et arrêté, je suis prêt pour la perfection... Orgueil. — La peau de ma tête se dessèche. Pitié! Seigneur, j'ai peur. J'ai soif, si soif! Ah! l'enfance, l'herbe, la pluie, le lac sur les pierres, *le clair de lune quand le clocher sonnait douze*[2]... le diable est au clocher, à cette heure. Marie! Sainte-Vierge!... — Horreur de ma bêtise.

Là-bas, ne sont-ce pas des âmes honnêtes, qui me veulent du bien... Venez... J'ai un oreiller sur la bouche, elles ne m'entendent pas, ce sont des fantômes. Puis, jamais personne ne pense à autrui. Qu'on n'approche pas. Je sens le roussi, c'est certain.

Les hallucinations sont innombrables[3]. C'est bien ce que j'ai toujours eu : plus de foi en l'histoire, l'oubli des principes. Je m'en tairai : poètes et visionnaires seraient jaloux. Je suis mille fois le plus riche, soyons avare comme la mer.

Ah çà! l'horloge de la vie s'est arrêtée tout à l'heure.

Je ne suis plus au monde. — La théologie est sérieuse,
l'enfer est certainement *en bas* — et le ciel en haut. —
Extase, cauchemar, sommeil dans un nid de flam-
mes.

Que de malices dans l'attention dans la campagne...
Satan, Ferdinand[1], court avec les graines sauvages...
Jésus marche sur les ronces purpurines[2], sans les cour-
ber... Jésus marchait sur les eaux irritées. La lanterne
nous le montra debout, blanc et des tresses brunes, au
flanc d'une vague d'émeraude...

Je vais dévoiler tous les mystères : mystères religieux
ou naturels, mort, naissance, avenir, passé, cosmogonie,
néant. Je suis maître en fantasmagories.

Écoutez !...

J'ai tous les talents ! — Il n'y a personne ici et il y a
quelqu'un : je ne voudrais pas répandre mon trésor.
— Veut-on des chants nègres, des danses de houris ?
Veut-on que je disparaisse, que je plonge à la recherche
de l'*anneau*[3] ? Veut-on ? Je ferai de l'or, des remèdes.

Fiez-vous donc à moi, la foi soulage, guide, guérit.
Tous, venez, — même les petits enfants, — que je vous
console, qu'on répande pour vous son cœur, — le cœur
merveilleux ! — Pauvres hommes, travailleurs ! Je ne
demande pas de prières ; avec votre confiance seulement,
je serai heureux.

— Et pensons à moi. Ceci me fait peu regretter le
monde. J'ai de la chance de ne pas souffrir plus. Ma vie
ne fut que folies douces, c'est regrettable.

Bah ! faisons toutes les grimaces imaginables.

Décidément, nous sommes hors du monde. Plus
aucun son. Mon tact a disparu. Ah ! mon château, ma
Saxe, mon bois de saules[4]. Les soirs, les matins, les
nuits, les jours... Suis-je las !

Je devrais avoir mon enfer pour la colère, mon enfer
pour l'orgueil, — et l'enfer de la caresse ; un concert
d'enfers.

Je meurs de lassitude. C'est le tombeau, je m'en vais
aux vers, horreur de l'horreur ! Satan, farceur, tu veux
me dissoudre, avec tes charmes. Je réclame. Je réclame !
un coup de fourche, une goutte de feu.

Ah ! remonter à la vie ! Jeter les yeux sur nos diffor-
mités. Et ce poison, ce baiser mille fois maudit ! Ma
faiblesse, la cruauté du monde ! Mon Dieu, pitié, cachez-

moi, je me tiens trop mal! — Je suis caché et je ne le suis pas.

C'est le feu qui se relève avec son damné.

DÉLIRES

I

VIERGE FOLLE [1]

L'ÉPOUX INFERNAL

Écoutons la confession d'un compagnon d'enfer [2] :

« Ô divin Époux, mon Seigneur, ne refusez pas la confession de la plus triste de vos servantes. Je suis perdue. Je suis soûle [3]. Je suis impure. Quelle vie!

« Pardon, divin Seigneur, pardon! Ah! pardon! Que de larmes! Et que de larmes encore plus tard, j'espère!

« Plus tard, je connaîtrai le divin Époux! Je suis née soumise à Lui [4]. — L'autre peut me battre maintenant!

« À présent, je suis au fond du monde! Ô mes amies [5]!... non, pas mes amies... Jamais délires ni tortures semblables... Est-ce bête!

« Ah! je souffre, je crie. Je souffre vraiment. Tout pourtant m'est permis, chargée du mépris des plus méprisables cœurs.

« Enfin, faisons cette confidence, quitte à la répéter vingt autres fois, — aussi morne, aussi insignifiante [6]!

« Je suis esclave de l'Époux infernal, celui qui a perdu les vierges folles. C'est bien ce démon-là. Ce n'est pas un spectre, ce n'est pas un fantôme. Mais moi [7] qui ai perdu la sagesse, qui suis damnée et morte au monde, — on ne me tuera pas! — Comment vous le décrire! Je ne sais même plus parler. Je suis en deuil, je pleure,

j'ai peur. Un peu de fraîcheur, Seigneur, si vous voulez, si vous voulez bien!

« Je suis veuve[1]... — J'étais veuve... — mais oui, j'ai été bien sérieuse jadis, et je ne suis pas née pour devenir squelette!... — Lui était presque un enfant... Ses délicatesses mystérieuses m'avaient séduite. J'ai oublié tout mon devoir humain pour le suivre. Quelle vie! La vraie vie est absente. Nous ne sommes pas au monde. Je vais où il va, il le faut. Et souvent il s'emporte contre moi, *moi, la pauvre âme*. Le Démon! — C'est un Démon, vous savez, *ce n'est pas un homme*.

« Il dit : " Je n'aime pas les femmes. L'amour est à réinventer, on le sait[2]. Elles ne peuvent plus que vouloir une position assurée. La position gagnée, cœur et beauté sont mis de côté : il ne reste que froid dédain, l'aliment du mariage, aujourd'hui. Ou bien je vois des femmes, avec les signes du bonheur, dont, moi, j'aurais pu faire de bonnes camarades, dévorées tout d'abord par des brutes sensibles comme des bûchers... "

« Je l'écoute faisant de l'infamie une gloire, de la cruauté un charme. " Je suis de race lointaine : mes pères étaient Scandinaves : ils se perçaient les côtes, buvaient leur sang. — Je me ferai des entailles partout le corps, je me tatouerai, je veux devenir hideux comme un Mongol : tu verras, je hurlerai dans les rues. Je veux devenir bien fou de rage. Ne me montre jamais de bijoux, je ramperais et me tordrais sur le tapis. Ma richesse, je la voudrais tachée de sang partout. Jamais je ne travaillerai... " Plusieurs nuits, son démon me saisissant, nous nous roulions, je luttais avec lui[3]! — Les nuits, souvent, ivre, il se poste dans des rues ou dans des maisons, pour m'épouvanter mortellement. — " On me coupera vraiment le cou ; ce sera dégoûtant. " Oh! ces jours où il veut marcher avec l'air du crime!

« Parfois il parle, en une façon de patois attendri, de la mort qui fait repentir, des malheureux qui existent certainement, des travaux pénibles, des départs qui déchirent les cœurs. Dans les bouges où nous nous enivrions, il pleurait en considérant ceux qui nous entouraient, bétail de la misère. Il relevait les ivrognes dans les rues noires. Il avait la pitié d'une mère méchante pour les petits enfants[4]. — Il s'en allait avec des gentillesses de petite fille au catéchisme. — Il feignait d'être

éclairé sur tout, commerce, art, médecine. — Je le suivais, il le faut!

« Je voyais tout le décor dont, en esprit, il s'entourait; vêtements, draps, meubles : je lui prêtais des armes, une autre figure. Je voyais tout ce qui le touchait, comme il aurait voulu le créer pour lui. Quand il me semblait avoir l'esprit inerte, je le suivais, moi, dans des actions étranges et compliquées, loin, bonnes ou mauvaises : j'étais sûre de ne jamais entrer dans son monde. À côté de son cher corps endormi[1], que d'heures des nuits j'ai veillé, cherchant pourquoi il voulait tant s'évader de la réalité. Jamais homme n'eut pareil vœu. Je reconnaissais, — sans craindre pour lui, — qu'il pouvait être un sérieux danger dans la société. — Il a peut-être des secrets pour *changer la vie*? Non, il ne fait qu'en chercher, me répliquais-je. Enfin sa charité est ensorcelée, et j'en suis la prisonnière. Aucune autre âme n'aurait assez de force, — force de désespoir! — pour la supporter, — pour être protégée et aimée par lui. D'ailleurs, je ne me le figurais pas avec une autre âme : on voit son Ange, jamais l'Ange d'un autre, — je crois. J'étais dans son âme comme dans un palais qu'on a vidé pour ne pas voir une personne si peu noble que vous : voilà tout. Hélas! je dépendais bien de lui. Mais que voulait-il avec mon existence terne et lâche? Il ne me rendait pas meilleure, s'il ne me faisait pas mourir! Tristement dépitée, je lui dis quelquefois : " Je te comprends. " Il haussait les épaules.

« Ainsi, mon chagrin se renouvelant sans cesse, et me trouvant plus égarée à mes yeux, — comme à tous les yeux qui auraient voulu me fixer, si je n'eusse été condamnée pour jamais à l'oubli de tous! — j'avais de plus en plus faim de sa bonté. Avec ses baisers et ses étreintes amies, c'était bien un ciel, un sombre ciel, où j'entrais, et où j'aurais voulu être laissée, pauvre, sourde, muette, aveugle. Déjà j'en prenais l'habitude. Je nous voyais comme deux bons enfants, libres de se promener dans le Paradis de tristesse. Nous nous accordions[2]. Bien émus, nous travaillions ensemble. Mais, après une pénétrante caresse, il disait : " Comme ça te paraîtra drôle, quand je n'y serai plus, ce par quoi tu as passé. Quand tu n'auras plus mes bras sous ton cou, ni mon cœur pour t'y reposer, ni cette bouche sur tes yeux.

Parce qu'il faudra que je m'en aille, très loin, un jour. Puis il faut que j'en aide d'autres : c'est mon devoir. Quoique ce ne soit guère ragoûtant..., chère âme[1]... "
Tout de suite je me pressentais, lui parti, en proie au vertige, précipitée dans l'ombre la plus affreuse : la mort. Je lui faisais promettre qu'il ne me lâcherait pas. Il l'a faite vingt fois, cette promesse d'amant. C'était aussi frivole que moi lui disant : " Je te comprends. "

« Ah! je n'ai jamais été jalouse de lui. Il ne me quittera pas, je crois. Que devenir? Il n'a pas une connaissance, il ne travaillera jamais. Il veut vivre somnambule. Seules, sa bonté et sa charité lui donneraient-elles droit dans le monde réel? Par instants, j'oublie la pitié où je suis tombée : lui me rendra forte, nous voyagerons, nous chasserons dans les déserts, nous dormirons sur les pavés des villes inconnues, sans soins, sans peines. Ou je me réveillerai, et les lois et les mœurs auront changé, — grâce à son pouvoir magique, — le monde, en restant le même, me laissera à mes désirs, joies, nonchalances. Oh! la vie d'aventures qui existe dans les livres des enfants[2], pour me récompenser, j'ai tant souffert, me la donneras-tu? Il ne peut pas. J'ignore son idéal. Il m'a dit avoir des regrets, des espoirs : cela ne doit pas me regarder. Parle-t-il à Dieu? Peut-être devrais-je m'adresser à Dieu. Je suis au plus profond de l'abîme, et je ne sais plus prier.

« S'il m'expliquait ses tristesses, les comprendrais-je plus que ses railleries? Il m'attaque, il passe des heures à me faire honte de tout ce qui m'a pu toucher au monde, et s'indigne si je pleure.

« " Tu vois cet élégant jeune homme, entrant dans la belle et calme maison : il s'appelle Duval, Dufour, Armand, Maurice, que sais-je? Une femme s'est dévouée à aimer ce méchant idiot : elle est morte, c'est certes une sainte au ciel, à présent. Tu me feras mourir comme il a fait mourir cette femme. C'est notre sort, à nous, cœurs charitables... " Hélas! il avait des jours où tous les hommes agissant lui paraissaient les jouets de délires grotesques : il riait affreusement, longtemps. — Puis, il reprenait ses manières de jeune mère, de sœur aimée. S'il était moins sauvage, nous serions sauvés! Mais sa douceur aussi est mortelle. Je lui suis soumise. — Ah! je suis folle[3]!

« Un jour peut-être il disparaîtra merveilleusement ;
mais il faut que je sache, s'il doit remonter à un ciel[1],
que je voic un peu l'assomption de mon petit ami ! »
Drôle de ménage[2] !

DÉLIRES

II

ALCHIMIE DU VERBE

À moi. L'histoire d'une de mes folies.

Depuis longtemps je me vantais de posséder tous les
paysages possibles, et trouvais dérisoires les célébrités
de la peinture et de la poésie moderne.

J'aimais les peintures idiotes, dessus de portes, décors,
toiles de saltimbanques, enseignes, enluminures popu-
laires ; la littérature démodée, latin d'église, livres éro-
tiques sans orthographe, romans de nos aïeules, contes
de fées, petits livres de l'enfance, opéras vieux, refrains
niais, rhythmes naïfs.

Je rêvais croisades, voyages de découvertes dont on
n'a pas de relations, républiques sans histoires, guerres
de religion étouffées, révolutions de mœurs, déplace-
ments de races et de continents : je croyais à tous les
enchantements.

J'inventai la couleur des voyelles ! — *A* noir, *E* blanc,
I rouge, *O* bleu, *U* vert. — Je réglai la forme et le mou-
vement de chaque consonne, et, avec des rhythmes
instinctifs, je me flattai d'inventer un verbe poétique
accessible, un jour ou l'autre, à tous les sens. Je réser-
vais la traduction.

Ce fut d'abord une étude. J'écrivais des silences, des
nuits, je notais l'inexprimable. Je fixais des vertiges.

Loin des oiseaux, des troupeaux, des villageoises,
Que buvais-je, à genoux dans cette bruyère

Entourée de tendres bois de noisetiers,
4 Dans un brouillard d'après-midi tiède et vert?

Que pouvais-je boire dans cette jeune Oise,
— Ormeaux sans voix, gazon sans fleurs, ciel cou-
                                    [vert! —
Boire à ces gourdes jaunes, loin de ma case
8 Chérie? Quelque liqueur d'or qui fait suer.

Je faisais une louche enseigne d'auberge.
— Un orage vint chasser le ciel. Au soir
L'eau des bois se perdait sur les sables vierges,
Le vent de Dieu jetait des glaçons aux mares;

13 Pleurant, je voyais de l'or — et ne pus boire. —

———

À quatre heures du matin, l'été,
Le sommeil d'amour dure encore.
Sous les bocages s'évapore
4   L'odeur du soir fêté.

Là-bas, dans leur vaste chantier
Au soleil des Hespérides,
Déjà s'agitent — en bras de chemise —
8   Les Charpentiers.

Dans leurs Déserts de mousse, tranquilles,
Ils préparent les lambris précieux
                  Où la ville
12   Peindra de faux cieux.

Ô, pour ces Ouvriers charmants
Sujets d'un roi de Babylone,
Vénus! quitte un instant les Amants
16   Dont l'âme est en couronne.

Ô Reine des Bergers,
Porte aux travailleurs l'eau-de-vie,
Que leurs forces soient en paix
20 En attendant le bain dans la mer à midi.

———

La vieillerie poétique avait une bonne part dans mon alchimie du verbe.

Je m'habituai à l'hallucination simple : je voyais très-franchement une mosquée à la place d'une usine, une école de tambours faite par des anges, des calèches sur les routes du ciel, un salon au fond d'un lac ; les monstres, les mystères ; un titre de vaudeville dressait des épouvantes devant moi[1].

Puis j'expliquai mes sophismes magiques avec l'hallucination des mots !

Je finis par trouver sacré le désordre de mon esprit. J'étais oisif, en proie à une lourde fièvre : j'enviais la félicité des bêtes, — les chenilles, qui représentent l'innocence des limbes, les taupes, le sommeil de la virginité !

Mon caractère s'aigrissait. Je disais adieu au monde dans d'espèces de romances :

CHANSON DE LA PLUS HAUTE TOUR

Qu'il vienne, qu'il vienne,
Le temps dont on s'éprenne.

J'ai tant fait patience
Qu'à jamais j'oublie.
5 Craintes et souffrances
Aux cieux sont parties.
Et la soif malsaine
Obscurcit mes veines.

Qu'il vienne, qu'il vienne,
10 Le temps dont on s'éprenne.

Telle la prairie
À l'oubli livrée,
Grandie, et fleurie
D'encens et d'ivraies,
15 Au bourdon farouche
Des sales mouches.

Qu'il vienne, qu'il vienne,
Le temps dont on s'éprenne.

J'aimai le désert, les vergers brûlés, les boutiques fanées, les boissons tiédies. Je me traînais dans les ruelles puantes et, les yeux fermés, je m'offrais au soleil, dieu de feu.

« Général[1], s'il reste un vieux canon sur tes remparts en ruines, bombarde-nous avec des blocs de terre sèche. Aux glaces des magasins splendides ! dans les salons ! Fais manger sa poussière à la ville. Oxyde les gargouilles. Emplis les boudoirs de poudre de rubis brûlante... »

Oh ! le moucheron enivré à la pissotière de l'auberge, amoureux de la bourrache, et que dissout un rayon !

FAIM

Si j'ai du goût, ce n'est guère
Que pour la terre et les pierres.
Je déjeune toujours d'air,
4 De roc, de charbons, de fer.

Mes faims, tournez. Paissez, faims,
Le pré des sons.
Attirez le gai venin
8 Des liserons.

Mangez les cailloux qu'on brise,
Les vieilles pierres d'églises ;
Les galets des vieux déluges,
12 Pains semés dans les vallées grises.

———

Le loup criait sous les feuilles
En crachant les belles plumes
De son repas de volailles :
4 Comme lui je me consume.

Les salades, les fruits
N'attendent que la cueillette ;
Mais l'araignée de la haie
8 Ne mange que des violettes.

Que je dorme ! que je bouille
Aux autels de Salomon.

Le bouillon court sur la rouille,
12 Et se mêle au Cédron.

Enfin, ô bonheur, ô raison, j'écartai du ciel l'azur, qui
est du noir[1], et je vécus, étincelle d'or de la lumière
nature. De joie, je prenais une expression bouffonne et
égarée au possible :

Elle est retrouvée !
Quoi ? l'éternité.
C'est la mer mêlée
4   Au soleil.

Mon âme éternelle,
Observe ton vœu
Malgré la nuit seule
8 Et le jour en feu.

Donc tu te dégages
Des humains suffrages,
Des communs élans !
12 Tu voles selon...

— Jamais l'espérance.
Pas d'*orietur*.
Science et patience,
16 Le supplice est sûr.

Plus de lendemain,
Braises de satin,
Votre ardeur
20   Est le devoir.

Elle est retrouvée !
— Quoi ? — l'Éternité.
C'est la mer mêlée
24   Au soleil.

—————

Je devins un opéra fabuleux : je vis que tous les
êtres ont une fatalité de bonheur : l'action n'est pas la
vie, mais une façon de gâcher quelque force, un éner-
vement. La morale est la faiblesse de la cervelle.

À chaque être, plusieurs *autres* vies me semblaient dues. Ce monsieur ne sait ce qu'il fait : il est un ange. Cette famille est une nichée de chiens. Devant plusieurs hommes, je causai tout haut avec un moment d'une de leurs autres vies. — Ainsi, j'ai aimé un porc[1].

Aucun des sophismes de la folie, — la folie qu'on enferme, — n'a été oublié par moi : je pourrais les redire tous, je tiens le système.

Ma santé fut menacée. La terreur venait. Je tombais dans des sommeils de plusieurs jours, et, levé, je continuais les rêves les plus tristes. J'étais mûr pour le trépas, et par une route de dangers ma faiblesse me menait aux confins du monde et de la Cimmérie, patrie de l'ombre et des tourbillons[2].

Je dus voyager, distraire les enchantements assemblés sur mon cerveau. Sur la mer, que j'aimais comme si elle eût dû me laver d'une souillure, je voyais se lever la croix consolatrice. J'avais été damné par l'arc-en-ciel. Le Bonheur était ma fatalité, mon remords, mon ver : ma vie serait toujours trop immense pour être dévouée à la force et à la beauté.

Le Bonheur! Sa dent, douce à la mort, m'avertissait au chant du coq, — *ad matutinum,* au *Christus venit,* — dans les plus sombres villes :

Ô saisons, ô châteaux!
Quelle âme est sans défauts?

J'ai fait la magique étude
Du bonheur, qu'aucun n'élude.

5 Salut à lui, chaque fois
Que chante le coq gaulois.

Ah! je n'aurai plus d'envie :
Il s'est chargé de ma vie.

Ce charme a pris âme et corps
10 Et dispersé les efforts.

Ô saisons, ô châteaux!

L'heure de sa fuite, hélas!
Sera l'heure du trépas.

14   Ô saisons, ô châteaux!

Cela s'est passé. Je sais aujourd'hui saluer la beauté[1].

L'IMPOSSIBLE

Ah! cette vie de mon enfance, la grande route par tous les temps, sobre surnaturellement, plus désintéressé que le meilleur des mendiants, fier de n'avoir ni pays, ni amis, quelle sottise c'était[2]. — Et je m'en aperçois seulement!

— J'ai eu raison de mépriser ces bonshommes qui ne perdraient pas l'occasion d'une caresse, parasites de la propreté et de la santé de nos femmes, aujourd'hui qu'elles sont si peu d'accord avec nous[3].

J'ai eu raison dans tous mes dédains : puisque je m'évade!

Je m'évade!

Je m'explique.

Hier encore, je soupirais : « Ciel! sommes-nous assez de damnés ici-bas! Moi j'ai tant de temps déjà dans leur troupe! Je les connais tous. Nous nous reconnaissons toujours; nous nous dégoûtons[4]. La charité nous est inconnue. Mais nous sommes polis; nos relations avec le monde sont très-convenables. » Est-ce étonnant? Le monde! les marchands, les naïfs! — Nous ne sommes pas déshonorés. — Mais les élus, comment nous recevraient-ils? Or il y a des gens hargneux et joyeux, de faux élus, puisqu'il nous faut de l'audace ou de l'humilité pour les aborder. Ce sont les seuls élus. Ce ne sont pas des bénisseurs!

M'étant retrouvé deux sous de raison — ça passe vite! — je vois que mes malaises viennent de ne m'être

pas figuré assez tôt que nous sommes à l'Occident¹. Les marais occidentaux! Non que je croie la lumière altérée, la forme exténuée, le mouvement égaré... Bon! voici que mon esprit veut absolument se charger de tous les développements cruels qu'a subis l'esprit depuis la fin de l'Orient... Il en veut, mon esprit!

... Mes deux sous de raison sont finis! — L'esprit est autorité, il veut que je sois en Occident² Il faudrait le faire taire pour conclure comme je voulais.

J'envoyais au diable les palmes des martyrs, les rayons de l'art, l'orgueil des inventeurs, l'ardeur des pillards; je retournais à l'Orient et à la sagesse première et éternelle. — Il paraît que c'est un rêve de paresse grossière³!

Pourtant, je ne songeais guère au plaisir d'échapper aux souffrances modernes. Je n'avais pas en vue la sagesse bâtarde du Coran. — Mais n'y a-t-il pas un supplice réel en ce que, depuis cette déclaration de la science, le christianisme, l'homme *se joue,* se prouve les évidences, se gonfle du plaisir de répéter ces preuves, et ne vit que comme cela! Torture subtile, niaise; source de mes divagations spirituelles. La nature pourrait s'ennuyer, peut-être! M. Prudhomme est né avec le Christ⁴.

N'est-ce pas parce que nous cultivons la brume! Nous mangeons la fièvre avec nos légumes aqueux. Et l'ivrognerie! et le tabac! et l'ignorance! et les dévouements! — Tout cela est-il assez loin de la pensée de la sagesse de l'Orient, la patrie primitive? Pourquoi un monde moderne, si de pareils poisons s'inventent⁵!

Les gens d'Église diront : C'est compris. Mais vous voulez parler de l'Éden. Rien pour vous dans l'histoire des peuples orientaux⁶. — C'est vrai; c'est à l'Éden que je songeais! Qu'est-ce que c'est pour mon rêve⁷, cette pureté des races antiques!

Les philosophes : Le monde n'a pas d'âge. L'humanité se déplace, simplement. Vous êtes en Occident, mais libre d'habiter dans votre Orient, quelque ancien qu'il vous le faille, — et d'y habiter bien. Ne soyez pas un vaincu. Philosophes, vous êtes de votre Occident⁸.

Mon esprit, prends garde. Pas de partis de salut violents. Exerce-toi⁹! — Ah! la science ne va pas assez vite pour nous¹⁰!

— Mais je m'aperçois que mon esprit dort.

S'il était bien éveillé toujours à partir de ce moment,
nous serions bientôt à la vérité, qui peut-être nous entoure
avec ses anges pleurant!... — S'il avait été éveillé jus-
qu'à ce moment-ci, c'est que je n'aurais pas cédé aux
instincts délétères, à une époque immémoriale!... —
S'il avait toujours été bien éveillé, je voguerais en pleine
sagesse[1]!...

Ô pureté! pureté!

C'est cette minute d'éveil qui m'a donné la vision de
la pureté! — Par l'esprit on va à Dieu!

Déchirante infortune!

L'ÉCLAIR

Le travail humain! c'est l'explosion qui éclaire mon
abîme de temps en temps.

« Rien n'est vanité; à la science, et en avant! » crie
l'Ecclésiaste moderne[2], c'est-à-dire *Tout le monde*. Et
pourtant les cadavres des méchants et des fainéants
tombent sur le cœur des autres... Ah! vite, vite un peu;
là-bas, par delà la nuit, ces récompenses futures, éter-
nelles[3]... les échappons-nous[4]?...

— Qu'y puis-je? Je connais le travail; et la science
est trop lente. Que la prière galope et que la lumière
gronde... je le vois bien[5]. C'est trop simple, et il fait trop
chaud; on se passera de moi. J'ai mon devoir, j'en serai
fier à la façon de plusieurs, en le mettant de côté.

Ma vie est usée. Allons! feignons, fainéantons, ô
pitié! Et nous existerons en nous amusant, en rêvant
amours monstres et univers fantastiques, en nous plai-
gnant et en querellant les apparences du monde, saltim-
banque, mendiant, artiste, bandit, — prêtre! Sur mon
lit d'hôpital, l'odeur de l'encens m'est revenue si puis-
sante; gardien des aromates sacrés, confesseur, martyr[6]...

Je reconnais là ma sale éducation d'enfance. Puis
quoi!... Aller mes vingt ans, si les autres vont vingt ans...

Non! non! à présent je me révolte contre la mort!

Le travail paraît trop léger à mon orgueil : ma trahison
au monde serait un supplice trop court. Au dernier
moment, j'attaquerais à droite, à gauche...

Alors, — oh ! — chère pauvre âme, l'éternité serait-
elle pas perdue pour nous[1] !

MATIN

N'eus-je pas *une fois* une jeunesse aimable, héroïque,
fabuleuse, à écrire sur des feuilles d'or, — trop de
chance ! Par quel crime, par quelle erreur, ai-je mérité
ma faiblesse actuelle ? Vous qui prétendez que des bêtes
poussent des sanglots de chagrin, que des malades
désespèrent, que des morts rêvent mal, tâchez de raconter
ma chute et mon sommeil. Moi, je ne puis pas plus
m'expliquer que le mendiant avec ses continuels *Pater*
et *Ave Maria. Je ne sais plus parler !*

Pourtant, aujourd'hui, je crois avoir fini la relation
de mon enfer. C'était bien l'enfer ; l'ancien, celui dont le
fils de l'homme ouvrit les portes.

Du même désert, à la même nuit, toujours mes yeux
las se réveillent à l'étoile d'argent, toujours, sans que
s'émeuvent les Rois de la vie, les trois mages, le cœur,
l'âme, l'esprit. Quand irons-nous, par delà les grèves
et les monts, saluer la naissance du travail nouveau, la
sagesse nouvelle, la fuite des tyrans et des démons, la
fin de la superstition, adorer — les premiers ! — Noël
sur la terre !

Le chant des cieux, la marche des peuples ! Esclaves,
ne maudissons pas la vie.

ADIEU

L'automne déjà ! — Mais pourquoi regretter un éter-
nel soleil, si nous sommes engagés à la découverte de la

clarté divine, — loin des gens qui meurent sur les saisons.

L'automne. Notre barque élevée dans les brumes immobiles tourne vers le port de la misère, la cité énorme au ciel taché de feu et de boue[1]. Ah! les haillons pourris, le pain trempé de pluie, l'ivresse, les mille amours qui m'ont crucifié! Elle ne finira donc point cette goule reine de millions d'âmes et de corps morts *et qui seront jugés!* Je me revois la peau rongée par la boue et la peste, des vers plein les cheveux et les aisselles et encore de plus gros vers dans le cœur, étendu parmi les inconnus sans âge, sans sentiment... J'aurais pu y mourir... L'affreuse évocation! J'exècre la misère.

Et je redoute l'hiver parce que c'est la saison du comfort[2]!

— Quelquefois je vois au ciel des plages sans fin couvertes de blanches nations en joie. Un grand vaisseau d'or, au-dessus de moi, agite ses pavillons multicolores sous les brises du matin. J'ai créé toutes les fêtes, tous les triomphes, tous les drames. J'ai essayé d'inventer de nouvelles fleurs, de nouveaux astres, de nouvelles chairs, de nouvelles langues. J'ai cru acquérir des pouvoirs surnaturels. Eh bien! je dois enterrer mon imagination et mes souvenirs! Une belle gloire d'artiste et de conteur emportée!

Moi! moi qui me suis dit mage ou ange, dispensé de toute morale, je suis rendu au sol, avec un devoir à chercher, et la réalité rugueuse à étreindre! Paysan!

Suis-je trompé? la charité serait-elle sœur de la mort, pour moi?

Enfin, je demanderai pardon pour m'être nourri de mensonge. Et allons.

Mais pas une main amie! et où puiser le secours?

———

Oui, l'heure nouvelle est au moins très sévère.

Car je puis dire que la victoire m'est acquise : les grincements de dents, les sifflements de feu, les soupirs empestés se modèrent. Tous les souvenirs immondes s'effacent. Mes derniers regrets détalent, — des jalousies pour les mendiants, les brigands, les amis de la mort, les arriérés de toutes sortes. — Damnés, si je me vengeais!

Il faut être absolument moderne.

Point de cantiques : tenir le pas gagné. Dure nuit!
le sang séché fume sur ma face, et je n'ai rien derrière
moi, que cet horrible arbrisseau!... Le combat spirituel
est aussi brutal que la bataille d'hommes ; mais la vision
de la justice est le plaisir de Dieu seul.

Cependant c'est la veille. Recevons tous les influx de
vigueur et de tendresse réelle. Et à l'aurore, armés d'une
ardente patience, nous entrerons aux splendides villes.

Que parlais-je de main amie! Un bel avantage, c'est
que je puis rire des vieilles amours mensongères, et
frapper de honte ces couples menteurs[1], — j'ai vu
l'enfer des femmes là-bas ; — et il me sera loisible de
posséder la vérité dans une âme et un corps[2].

Avril-août, 1873.

Point de cantiques : tenir le pas gagné. Dure nuit ! le sang séché fume sur ma face, et je n'ai rien derrière moi, que cet horrible arbrisseau !... Le combat spirituel est aussi brutal que la bataille d'hommes ; mais la vision de la justice est le plaisir de Dieu seul.

Cependant c'est la veille. Recevons tous les influx de vigueur et de tendresse réelle. Et à l'aurore, armés d'une ardente patience, nous entrerons aux splendides villes.

Que parlais-je de main amie ! Un bel avantage, c'est que je puis rire des vieilles amours mensongères, et frapper de honte ces couples menteurs, — j'ai vu l'enfer des femmes là-bas ; — et il me sera loisible de posséder la vérité dans une âme et un corps.

Avril-août, 1873.

ILLUMINATIONS

ILLUMINATIONS

APRÈS LE DÉLUGE

Aussitôt que l'idée du Déluge se fut rassise[1], ,

Un lièvre s'arrêta dans les sainfoins et les clochettes mouvantes et dit sa prière à l'arc-en-ciel à travers la toile de l'araignée[2].

Oh! les pierres précieuses qui se cachaient, — les fleurs qui regardaient déjà.

Dans la grande rue sale les étals se dressèrent, et l'on tira les barques vers la mer étagée là-haut comme sur les gravures.

Le sang coula, chez Barbe-Bleue, — aux abattoirs, — dans les cirques, où le sceau de Dieu blêmit les fenêtres. Le sang et le lait coulèrent.

Les castors bâtirent. Les « mazagrans[3] » fumèrent dans les estaminets.

Dans la grande maison de vitres encore ruisselante les enfants en deuil regardèrent les merveilleuses images.

Une porte claqua, — et sur la place du hameau, l'enfant[4] tourna ses bras, compris des girouettes et des coqs des clochers de partout, sous l'éclatante giboulée.

Madame *** établit un piano dans les Alpes[5]. La messe et les premières communions se célébrèrent aux cent mille autels de la cathédrale.

Les caravanes partirent. Et le Splendide-Hôtel fut bâti dans le chaos de glaces et de nuit du pôle[6].

Depuis lors, la Lune entendit les chacals piaulant par les déserts de thym, — et les églogues en sabots grognant dans le verger. Puis, dans la futaie violette, bourgeonnante, Eucharis me dit que c'était le printemps[7].

— Sourds, étang, — Écume, roule sur le pont et pardessus les bois; — draps noirs et orgues, — éclairs et

tonnerre, — montez et roulez; — Eaux et tristesses,
montez et relevez les Déluges.

Car depuis qu'ils se sont dissipés, — oh les pierres
précieuses s'enfouissant, et les fleurs ouvertes! — c'est
un ennui! et la Reine, la Sorcière qui allume sa braise dans
le pot de terre, ne voudra jamais nous raconter ce
qu'elle sait, et que nous ignorons[1].

ENFANCE

I

Cette idole, yeux noirs et crin jaune, sans parents ni
cour, plus noble que la fable, mexicaine et flamande;
son domaine, azur et verdure insolents, court sur des
plages nommées, par des vagues sans vaisseaux, de noms
férocement grecs, slaves, celtiques.

À la lisière de la forêt[2] — les fleurs de rêve tintent,
éclatent, éclairent, — la fille à lèvre d'orange, les genoux
croisés dans le clair déluge qui sourd des prés, nudité
qu'ombrent, traversent et habillent les arcs-en-ciel, la
flore, la mer.

Dames qui tournoient sur les terrasses voisines de la
mer; enfantes et géantes, superbes noires dans la mousse
vert-de-gris, bijoux debout sur le sol gras des bosquets
et des jardinets dégelés, — jeunes mères et grandes
sœurs aux regards pleins de pèlerinages, sultanes, prin-
cesses de démarche et de costume tyranniques, petites
étrangères et personnes doucement malheureuses.

Quel ennui, l'heure du « cher corps » et « cher cœur[3] ».

II

C'est elle, la petite morte, derrière les rosiers[4]. — La
jeune maman trépassée descend le perron[5]. — La calèche
du cousin crie sur le sable. — Le petit frère (il est

aux Indes[1]!) là, devant le couchant, sur le pré d'œillets.
— Les vieux qu'on a enterrés tout droits dans le rempart aux giroflées.

L'essaim des feuilles d'or entoure la maison du général[2]. Ils sont dans le midi. — On suit la route rouge pour arriver à l'auberge vide. Le château est à vendre; les persiennes sont détachées. — Le curé aura emporté la clef de l'église. — Autour du parc, les loges des gardes sont inhabitées. Les palissades sont si hautes qu'on ne voit que les cimes bruissantes. D'ailleurs il n'y a rien à voir là-dedans.

Les prés remontent aux hameaux sans coqs, sans enclumes. L'écluse est levée. Ô les Calvaires et les moulins du désert, les îles et les meules!

Des fleurs magiques bourdonnaient. Les talus le[a] berçaient. Des bêtes d'une élégance fabuleuse circulaient. Les nuées s'amassaient sur la haute mer faite[b] d'une éternité de chaudes larmes.

III

Au bois il y a un oiseau, son chant vous arrête et vous fait rougir.

Il y a une horloge qui ne sonne pas.

Il y a une fondrière avec un nid de bêtes blanches.

Il y a une cathédrale qui descend et un lac qui monte.

Il y a une petite voiture abandonnée dans le taillis, ou qui descend le sentier en courant, enrubannée.

Il y a une troupe de petits comédiens en costumes, aperçus sur la route à travers la lisière du bois.

Il y a enfin, quand l'on a faim et soif, quelqu'un qui vous chasse.

IV

Je suis le saint, en prière sur la terrasse, — comme les
bêtes pacifiques paissent jusqu'à la mer de Palestine.

Je suis le savant au fauteuil sombre. Les branches
et la pluie se jettent à la croisée de la bibliothèque.

Je suis le piéton de la grand'route par les bois nains;
la rumeur des écluses couvre mes pas. Je vois longtemps
la mélancolique lessive d'or du couchant.

Je serais bien l'enfant abandonné sur la jetée partie
à la haute mer, le petit valet suivant l'allée dont le front
touche le ciel.

Les sentiers sont âpres. Les monticules se couvrent
de genêts. L'air est immobile. Que les oiseaux et les
sources sont loin! Ce ne peut être que la fin du monde,
en avançant.

V[1]

Qu'on me loue enfin ce tombeau, blanchi à la chaux
avec les lignes du ciment en relief — très loin sous terre.

Je m'accoude à la table, la lampe éclaire très vivement
ces journaux que je suis idiot de relire, ces livres sans
intérêt. —

À une distance énorme au-dessus de mon salon
souterrain, les maisons s'implantent, les brumes s'as-
semblent. La boue est rouge ou noire. Ville monstrueuse,
nuit sans fin!

Moins haut, sont des égouts. Aux côtés, rien que
l'épaisseur du globe. Peut-être les gouffres d'azur, des
puits de feu. C'est peut-être sur ces plans que se ren-
contrent lunes et comètes, mers et fables.

ANTIQUE

Gracieux fils de Pan! Autour de ton front couronné de fleurettes et de baies tes yeux, des boules précieuses, remuent. Tachées de lies brunes, tes joues se creusent. Tes crocs luisent. Ta poitrine ressemble à une cithare, des tintements circulent dans tes bras blonds. Ton cœur bat dans ce ventre où dort le double sexe. Promène-toi, la nuit, en mouvant doucement cette cuisse, cette seconde cuisse et cette jambe de gauche.

BEING BEAUTEOUS

Devant une neige un Être de Beauté de haute taille. Des sifflements de mort et des cercles de musique sourde font monter, s'élargir et trembler comme un spectre ce corps adoré; des blessures écarlates et noires[1] éclatent dans les chairs superbes. Les couleurs propres de la vie se foncent, dansent, et se dégagent autour de la Vision, sur le chantier. Et les frissons s'élèvent et grondent, et la saveur forcenée de ces effets se chargeant avec les sifflements mortels et les rauques musiques que le monde, loin derrière nous, lance sur notre mère de beauté, — elle recule, elle se dresse. Oh! nos os sont revêtus d'un nouveau corps amoureux[2].

***

Ô la face cendrée, l'écusson de crin[3], les bras de cristal! Le canon sur lequel je dois m'abattre à travers la mêlée des arbres et de l'air léger[4]!

VIES

I

Ô les énormes avenues du pays saint, les terrasses du
temple! Qu'a-t-on fait du brahmane qui m'expliqua les
Proverbes? D'alors, de là-bas, je vois encore même les
vieilles[1]! Je me souviens des heures d'argent et de soleil
vers les fleuves, la main de la campagne[2] sur mon épaule,
et de nos caresses debout dans les plaines poivrées[3]. —
Un envol de pigeons écarlates[4] tonne autour de ma
pensée. — Exilé ici, j'ai eu une scène où jouer les
chefs-d'œuvre dramatiques de toutes les littératures[5].
Je vous indiquerais les richesses inouïes. J'observe
l'histoire des trésors que vous trouvâtes[6]. Je vois la
suite! Ma sagesse est aussi dédaignée que le chaos.
Qu'est mon néant, auprès de la stupeur qui vous attend[7]?

II

Je suis un inventeur bien autrement méritant que tous
ceux qui m'ont précédé; un musicien même, qui ai
trouvé quelque chose comme la clef de l'amour[8]. À
présent, gentilhomme[9] d'une campagne aigre au ciel
sobre, j'essaye de m'émouvoir au souvenir de l'enfance
mendiante, de l'apprentissage ou de l'arrivée en sabots,
des polémiques, des cinq ou six veuvages[10], et quelques
noces où ma forte tête m'empêcha de monter au diapason
des camarades. Je ne regrette pas ma vieille part de
gaîté divine : l'air sobre de cette aigre campagne alimente
fort activement mon atroce scepticisme. Mais comme ce
scepticisme ne peut désormais être mis en œuvre, et que
d'ailleurs je suis dévoué à un trouble nouveau, —
j'attends de devenir un très méchant fou.

III [1]

Dans un grenier où je fus enfermé à douze ans j'ai
connu le monde, j'ai illustré la comédie humaine. Dans
un cellier j'ai appris l'histoire. À quelque fête de nuit
dans une cité du Nord, j'ai rencontré toutes les femmes
des anciens peintres [2]. Dans un vieux passage à Paris [3] on
m'a enseigné les sciences classiques. Dans une magni-
fique demeure cernée par l'Orient entier j'ai accompli
mon immense œuvre et passé mon illustre retraite. J'ai
brassé mon sang. Mon devoir m'est remis. Il ne faut
même plus songer à cela. Je suis réellement d'outre-
tombe, et pas de commissions.

DÉPART

Assez vu. La vision s'est rencontrée à tous les airs.
Assez eu. Rumeurs des villes, le soir, et au soleil,
et toujours.
Assez connu. Les arrêts de la vie. — Ô Rumeurs et
Visions !
Départ dans l'affection et le bruit neufs !

ROYAUTÉ

Un beau matin, chez un peuple fort doux, un homme
et une femme superbes criaient sur la place publique.
« Mes amis, je veux qu'elle soit reine ! » « Je veux être
reine ! » Elle riait et tremblait. Il parlait aux amis de

révélation, d'épreuve terminée. Ils se pâmaient l'un
contre l'autre.

En effet ils furent rois toute une matinée où les ten-
tures carminées se relevèrent sur les maisons, et toute
l'après-midi, où ils s'avancèrent du côté des jardins de
palmes.

À UNE RAISON

Un coup de ton doigt sur le tambour décharge tous
les sons et commence la nouvelle harmonie [1].

Un pas de toi, c'est la levée des nouveaux hommes [2] et
leur en-marche.

Ta tête se détourne : le nouvel amour! Ta tête se
retourne, — le nouvel amour!

« Change nos lots, crible les fléaux, à commencer par
le temps», te chantent ces enfants. « Élève n'importe
où la substance de nos fortunes et de nos vœux» on
t'en prie.

Arrivée de toujours, qui t'en iras partout.

MATINÉE D'IVRESSE

Ô *mon* Bien! Ô *mon* Beau! Fanfare atroce où je ne
trébuche point! Chevalet féerique! Hourra pour l'œuvre
inouïe et pour le corps merveilleux, pour la première
fois! Cela commença sous les rires des enfants, cela

finira par eux. Ce poison va rester dans toutes nos veines
même quand, la fanfare tournant, nous serons rendus
à l'ancienne inharmonie. Ô maintenant nous si digne
de ces tortures ! rassemblons fervemment cette promesse
surhumaine faite à notre corps et à notre âme créés :
cette promesse, cette démence ! L'élégance, la science,
la violence ! On nous a promis d'enterrer dans l'ombre
l'arbre du bien et du mal, de déporter les honnêtetés
tyranniques, afin que nous amenions notre très pur
amour. Cela commença par quelques dégoûts et cela
finit, — ne pouvant nous saisir sur-le-champ de cette
éternité, — cela finit par une débandade de parfums.

Rire des enfants, discrétion des esclaves, austérité
des vierges, horreur des figures et des objets d'ici,
sacrés soyez-vous par le souvenir de cette veille. Cela
commençait par toute la rustrerie, voici que cela finit
par des anges de flamme et de glace.

Petite veille d'ivresse, sainte ! quand ce ne serait que
pour le masque dont tu nous as gratifié. Nous t'affirmons,
méthode ! Nous n'oublions pas que tu as glorifié hier
chacun de nos âges. Nous avons foi au poison.
Nous savons donner notre vie tout entière tous les
jours.

Voici le temps des *Assassins*.

PHRASES

Quand le monde sera réduit en un seul bois noir[1]
pour nos quatre yeux étonnés, — en une plage pour deux
enfants[2] fidèles, — en une maison musicale pour notre
claire sympathie, — je vous trouverai.

Qu'il n'y ait ici-bas qu'un vieillard seul, calme et beau,
entouré d'un « luxe inouï », — et je suis à vos genoux.

Que j'aie réalisé tous vos souvenirs, — que je sois
celle qui sais vous garrotter, — je vous étoufferai.

Quand nous sommes très forts, — qui recule? très
gais, — qui tombe de ridicule? Quand nous sommes
très méchants, — que ferait-on de nous[1]?

Parez-vous, dansez, riez. — Je ne pourrai jamais envoyer
l'Amour par la fenêtre.

———————

— Ma camarade, mendiante, enfant monstre! comme
ça t'est égal, ces malheureuses et ces manœuvres, et mes
embarras. Attache-toi à nous avec ta voix impossible, ta
voix! unique flatteur de ce vil désespoir.

Une matinée couverte, en Juillet[2]. Un goût de cendres
vole dans l'air; — une odeur de bois suant dans l'âtre,
— les fleurs rouies — le saccage des promenades — la
bruine des canaux par les champs — pourquoi pas déjà
les joujoux et l'encens[3]?

* * *

J'ai tendu des cordes de clocher à clocher; des guir-
landes de fenêtre à fenêtre; des chaînes d'or d'étoile à
étoile, et je danse.

* * *

Le haut étang fume continuellement. Quelle sorcière
va se dresser sur le couchant blanc? Quelles violettes
frondaisons vont descendre[4]?

* * *

Pendant que les fonds publics s'écoulent en fêtes de
fraternité, il sonne une cloche de feu rose dans les
nuages[5].

* * *

Avivant un agréable goût d'encre de Chine une
poudre noire pleut doucement sur ma veillée. — Je
baisse les feux du lustre, je me jette sur le lit, et tourné
du côté de l'ombre[6] je vous vois, mes filles! mes reines!

* * *

OUVRIERS

Ô cette chaude matinée de février. Le Sud inopportun vint relever[1] nos souvenirs d'indigents absurdes, notre jeune misère.

Henrika avait une jupe de coton à carreau blanc et brun, qui a dû être portée au siècle dernier, un bonnet à rubans, et un foulard de soie. C'était bien plus triste qu'un deuil. Nous faisions un tour dans la banlieue. Le temps était couvert, et ce vent du Sud excitait toutes les vilaines odeurs des jardins ravagés et des prés desséchés.

Cela ne devait pas fatiguer ma femme au même point que moi. Dans une flache[2] laissée par l'inondation du mois précédent à un sentier assez haut elle me fit remarquer de très petits poissons.

La ville, avec sa fumée et ses bruits de métiers, nous suivait très loin dans les chemins. Ô l'autre monde, l'habitation bénie par le ciel et les ombrages[3]! Le Sud me rappelait les misérables incidents de mon enfance, mes désespoirs d'été, l'horrible quantité de force et de science que le sort a toujours éloignée de moi. Non! nous ne passerons pas l'été dans cet avare pays où nous ne serons jamais que des orphelins fiancés. Je veux que ce bras durci ne traîne plus *une chère image*.

LES PONTS

Des ciels gris de cristal. Un bizarre dessin de ponts, ceux-ci droits, ceux-là bombés, d'autres descendant ou obliquant en angles sur les premiers, et ces figures se

renouvelant dans les autres circuits éclairés du canal, mais tous tellement longs et légers que les rives, chargées de dômes s'abaissent et s'amoindrissent. Quelques-uns de ces ponts sont encore chargés de masures. D'autres soutiennent des mâts, des signaux, de frêles parapets. Des accords mineurs se croisent, et filent, des cordes montent des berges. On distingue une veste rouge, peut-être d'autres costumes et des instruments de musique. Sont-ce des airs populaires, des bouts de concerts seigneuriaux, des restants d'hymnes publics? L'eau est grise et bleue, large comme un bras de mer. — Un rayon blanc, tombant du haut du ciel, anéantit cette comédie.

VILLE

Je suis un éphémère et point trop mécontent citoyen d'une métropole crue moderne parce que tout goût connu a été éludé dans les ameublements et l'extérieur des maisons aussi bien que dans le plan de la ville. Ici vous ne signaleriez les traces d'aucun monument de superstition. La morale et la langue sont réduites à leur plus simple expression, enfin! Ces millions de gens qui n'ont pas besoin de se connaître amènent si pareillement l'éducation, le métier et la vieillesse, que ce cours de vie doit être plusieurs fois moins long que ce qu'une statistique folle trouve pour les peuples du continent. Aussi comme, de ma fenêtre, je vois des spectres nouveaux roulant à travers l'épaisse et éternelle fumée de charbon, — notre ombre des bois, notre nuit d'été! — des Érinnyes nouvelles, devant mon cottage qui est ma patrie et tout mon cœur puisque tout ici ressemble à ceci, — la Mort sans pleurs, notre active fille et servante, un Amour désespéré, et un joli Crime piaulant dans la boue de la rue.

ORNIÈRES

À droite l'aube d'été éveille les feuilles et les vapeurs et les bruits de ce coin du parc, et les talus de gauche tiennent dans leur ombre violette les mille rapides ornières de la route humide. Défilé de féeries. En effet : des chars chargés d'animaux de bois doré, de mâts et de toiles bariolées, au grand galop de vingt chevaux de cirque tachetés, et les enfants et les hommes sur leurs bêtes les plus étonnantes ; — vingt véhicules, bossés, pavoisés et fleuris comme des carrosses anciens ou de contes, pleins d'enfants attifés pour une pastorale suburbaine. — Même des cercueils sous leur dais de nuit dressant les panaches d'ébène, filant au trot des grandes juments bleues et noires.

VILLES

Ce sont des villes ! C'est un peuple pour qui se sont montés ces Alleghanys et ces Libans de rêve ! Des chalets de cristal et de bois qui se meuvent sur des rails et des poulies invisibles. Les vieux cratères ceints de colosses et de palmiers de cuivre rugissent mélodieusement dans les feux. Des fêtes amoureuses sonnent sur les canaux pendus derrière les chalets. La chasse des carillons crie dans les gorges. Des corporations de chanteurs géants accourent dans des vêtements et des oriflammes éclatants comme la lumière des cimes. Sur les plates-formes au milieu des gouffres les Rolands sonnent leur bravoure. Sur les passerelles de l'abîme et les toits des auberges

l'ardeur du ciel pavoise les mâts. L'écroulement des apothéoses rejoint les champs des hauteurs où les centauresses séraphiques évoluent parmi les avalanches. Au-dessus du niveau des plus hautes crêtes, une mer troublée par la naissance éternelle de Vénus, chargée de flottes orphéoniques et de la rumeur des perles et des conques précieuses, — la mer s'assombrit parfois avec des éclats mortels. Sur les versants des moissons de fleurs grandes comme nos armes et nos coupes, mugissent. Des cortèges de Mabs en robes rousses, opalines, montent des ravines. Là-haut, les pieds dans la cascade et les ronces, les cerfs tètent Diane. Les Bacchantes des banlieues sanglotent et la lune brûle et hurle. Vénus entre dans les cavernes des forgerons et des ermites. Des groupes de beffrois chantent les idées des peuples. Des châteaux bâtis en os sort la musique inconnue. Toutes les légendes évoluent et les élans se ruent dans les bourgs. Le paradis des orages s'effondre. Les sauvages dansent sans cesse la fête de la nuit. Et une heure je suis descendu dans le mouvement d'un boulevard de Bagdad où des compagnies ont chanté la joie du travail nouveau, sous une brise épaisse, circulant sans pouvoir éluder les fabuleux fantômes des monts où l'on a dû se retrouver.

Quels bons bras, quelle belle heure me rendront cette région d'où viennent mes sommeils et mes moindres mouvements?

VAGABONDS

Pitoyable frère! Que d'atroces veillées je lui dus! « Je ne me saisissais pas fervemment de cette entreprise. Je m'étais joué de son infirmité. Par ma faute nous retournerions en exil, en esclavage. » Il me supposait un guignon et une innocence très bizarres, et il ajoutait des raisons inquiétantes.

Je répondais en ricanant à ce satanique docteur, et

finissais par gagner la fenêtre. Je créais, par delà la campagne traversée par des bandes de musique rare[1], les fantômes du futur luxe nocturne.

Après cette distraction vaguement hygiénique, je m'étendais sur une paillasse. Et, presque chaque nuit, aussitôt endormi, le pauvre frère se levait, la bouche pourrie, les yeux arrachés, — tel qu'il se rêvait! — et me tirait dans la salle en hurlant son songe de chagrin idiot.

J'avais en effet, en toute sincérité d'esprit, pris l'engagement de le rendre à son état primitif de fils du Soleil, — et nous errions, nourris du vin des cavernes[2] et du biscuit de la route, moi pressé de trouver le lieu et la formule.

VILLES

L'acropole officielle outre les conceptions de la barbarie moderne les plus colossales. Impossible d'exprimer le jour mat produit par ce ciel immuablement gris, l'éclat impérial des bâtisses, et la neige éternelle du sol. On a reproduit dans un goût d'énormité singulier toutes les merveilles classiques de l'architecture. J'assiste à des expositions de peinture dans des locaux vingt fois plus vastes qu'Hampton-Court. Quelle peinture! Un Nabuchodonosor norvégien[3] a fait construire les escaliers des ministères; les subalternes que j'ai pu voir sont déjà plus fiers que des [*a*], et j'ai tremblé à l'aspect des gardiens de colosses et officiers de constructions. Par le groupement des bâtiments en squares, cours et terrasses fermées, on a évincé les cochers. Les parcs représentent la nature primitive travaillée par un art superbe. Le haut quartier a des parties inexplicables : un bras de mer, sans bateaux, roule sa nappe de grésil bleu entre des quais chargés de candélabres géants[4]. Un pont court conduit à une poterne immédiatement sous le dôme de la Sainte-Chapelle[5]. Ce dôme est une armature d'acier artistique de quinze mille pieds de diamètre environ.

Sur quelques points des passerelles de cuivre, des plates-formes, des escaliers qui contournent les halles et les piliers, j'ai cru pouvoir juger la profondeur de la ville! C'est le prodige dont je n'ai pu me rendre compte : quels sont les niveaux des autres quartiers sur ou sous l'acropole? Pour l'étranger de notre temps la reconnaissance est impossible. Le quartier commerçant est un circus d'un seul style, avec galeries à arcades[1]. On ne voit pas de boutiques, mais la neige de la chaussée est écrasée; quelques nababs aussi rares que les promeneurs d'un matin de dimanche à Londres, se dirigent vers une diligence de diamants. Quelques divans de velours rouge : on sert des boissons polaires dont le prix varie de huit cents à huit mille roupies. À l'idée de chercher des théâtres sur ce circus, je me réponds que les boutiques doivent contenir des drames assez sombres. Je[a] pense qu'il y a une police. Mais la loi doit être tellement étrange, que je renonce à me faire une idée des aventuriers d'ici.

Le faubourg, aussi élégant qu'une belle rue de Paris, est favorisé d'un air de lumière. L'élément démocratique compte quelques cents âmes. Là encore les maisons ne se suivent pas; le faubourg se perd bizarrement dans la campagne, le « Comté[2] » qui remplit l'occident éternel des forêts et des plantations prodigieuses où les gentilshommes sauvages chassent leurs chroniques sous la lumière qu'on a créée.

VEILLÉES

I

C'est le repos éclairé, ni fièvre, ni langueur, sur le lit ou sur le pré.

C'est l'ami ni ardent ni faible. L'ami.

C'est l'aimée ni tourmentante ni tourmentée. L'aimée.

L'air et le monde point cherchés. La vie.

— Était-ce donc ceci?

— Et le rêve fraîchit.

II

L'éclairage revient à l'arbre de bâtisse. Des deux extrémités de la salle, décors quelconques, des élévations harmoniques se joignent. La muraille en face du veilleur est une succession psychologique de coupes de frises, de bandes atmosphériques et d'accidences géologiques. — Rêve intense et rapide de groupes sentimentaux avec des êtres de tous les caractères parmi toutes les apparences.

III *a*

Les lampes et les tapis de la veillée font le bruit des vagues, la nuit, le long de la coque et autour du *b* steerage.

La mer de la veillée, telle que les seins d'Amélie.

Les tapisseries, jusqu'à mi-hauteur, des taillis de dentelle, teinte d'émeraude, où se jettent les tourterelles de la veillée.

. . . .

La plaque du foyer noir, de réels soleils des grèves : ah! puits des magies; seule vue d'aurore, cette fois.

MYSTIQUE

Sur la pente du talus les anges tournent leurs robes de laine dans les herbages d'acier et d'émeraude.

Des prés de flammes bondissent jusqu'au sommet du

mamelon. À gauche le terreau de l'arête est piétiné par tous les homicides et toutes les batailles, et tous les bruits désastreux filent leur courbe. Derrière l'arête de droite la ligne des orients, des progrès.

Et tandis que la bande en haut du tableau est formée de la rumeur tournante et bondissante des conques des mers et des nuits humaines,

La douceur fleurie des étoiles et du ciel et du reste descend en face du talus, comme un panier, — contre notre face, et fait l'abîme fleurant et bleu là-dessous.

AUBE

J'ai embrassé l'aube d'été.

Rien ne bougeait encore au front des palais. L'eau était morte. Les camps d'ombres ne quittaient pas la route du bois. J'ai marché, réveillant les haleines vives et tièdes, et les pierreries regardèrent, et les ailes se levèrent sans bruit.

La première entreprise fut, dans le sentier déjà empli de frais et blêmes éclats, une fleur qui me dit son nom.

Je ris au wasserfall blond qui s'échevela à travers les sapins : à la cime argentée je reconnus la déesse.

Alors je levai un à un les voiles. Dans l'allée, en agitant les bras. Par la plaine, où je l'ai dénoncée au coq. À la grand'ville elle fuyait parmi les clochers et les dômes, et courant comme un mendiant sur les quais de marbre, je la chassais.

En haut de la route, près d'un bois de lauriers, je l'ai entourée avec ses voiles amassés, et j'ai senti un peu son immense corps. L'aube et l'enfant tombèrent au bas du bois.

Au réveil il était midi.

FLEURS

D'un gradin d'or, — parmi les cordons de soie, les gazes grises, les velours verts et les disques de cristal qui noircissent comme du bronze au soleil, — je vois la digitale s'ouvrir sur un tapis de filigranes d'argent, d'yeux et de chevelures.

Des pièces d'or jaune semées sur l'agate, des piliers d'acajou supportant un dôme d'émeraudes, des bouquets de satin blanc et de fines verges de rubis entourent la rose d'eau.

Tels qu'un dieu aux énormes yeux bleus et aux formes de neige, la mer et le ciel attirent aux terrasses de marbre la foule des jeunes et fortes roses.

NOCTURNE VULGAIRE

Un souffle ouvre des brèches opéradiques[1] dans les cloisons, — brouille le pivotement des toits rongés, — disperse les limites des foyers[2], — éclipse les croisées. — Le long de la vigne, m'étant appuyé du pied à une gargouille[3], — je suis descendu dans ce carrosse dont l'époque est assez indiquée par les glaces convexes, les panneaux bombés et les sophas contournés[4]. Corbillard de mon sommeil[5], isolé, maison de berger de ma niaiserie[6], le véhicule vire sur le gazon de la grande route effacée : et dans un défaut en haut de la glace de droite tournoient les blêmes figures lunaires, feuilles, seins ; — Un vert et un bleu très foncés envahissent l'image. Dételage aux environs d'une tache de gravier.

— Ici va-t-on siffler pour l'orage, et les Sodomes — et les Solymes [1], — et les bêtes féroces et les armées,

— (Postillons et bêtes de songe reprendront-ils sous les plus suffocantes futaies, pour m'enfoncer jusqu'aux yeux dans la source de soie)

— Et nous envoyer, fouettés à travers les eaux cla-potantes et les boissons répandues, rouler sur l'aboi des dogues...

— Un souffle disperse les limites du foyer [2].

MARINE

Les chars d'argent et de cuivre —
Les proues d'acier et d'argent —
Battent l'écume, —
Soulèvent les souches des ronces.
Les courants de la lande,
Et les ornières immenses du reflux,
Filent circulairement vers l'est,
Vers les piliers de la forêt, —
Vers les fûts de la jetée,
Dont l'angle est heurté par des tourbillons de lumière.

FÊTE D'HIVER

La cascade sonne derrière les huttes d'opéra-comique. Des girandoles prolongent, dans les vergers et les allées voisins du Méandre, — les verts et les rouges du cou-chant. Nymphes d'Horace coiffées au Premier Empire, — Rondes Sibériennes, Chinoises de Boucher.

ANGOISSE

Se peut-il qu'Elle me fasse pardonner les ambitions
continuellement écrasées, — qu'une fin aisée répare les
âges d'indigence, — qu'un jour de succès nous endorme
sur la honte de notre inhabileté fatale?

(Ô palmes! diamant! — Amour, force! — plus haut
que toutes joies et gloires! — de toutes façons, par-
tout, — démon, dieu, — Jeunesse de cet être-ci : moi!)

Que des accidents de féerie scientifique et des mouve-
ments de fraternité sociale soient chéris comme restitu-
tution progressive de la franchise première?...

Mais la Vampire qui nous rend gentils commande
que nous nous amusions avec ce qu'elle nous laisse, ou
qu'autrement nous soyons plus drôles.

Rouler aux blessures, par l'air lassant et la mer; aux
supplices, par le silence des eaux et de l'air meurtriers;
aux tortures qui rient, dans leur silence atrocement
houleux.

MÉTROPOLITAIN

Du détroit d'indigo aux mers d'Ossian[1], sur le sable
rose et orange qu'a lavé le ciel vineux, viennent de
monter et de se croiser des boulevards de cristal[2] habités
incontinent par de jeunes familles pauvres qui s'ali-
mentent chez les fruitiers. Rien de riche. — La ville!

Du désert de bitume fuient droit en déroute avec les
nappes de brumes échelonnées en bandes affreuses au
ciel qui se recourbe[3], se recule et descend, formé de la

plus sinistre fumée noire que puisse faire l'Océan en
deuil, les casques, les roues, les barques, les croupes.
— La bataille !

Lève la tête : ce pont de bois, arqué[1] ; les derniers
potagers de Samarie[2] ; ces masques enluminés sous la
lanterne fouettée[3] par la nuit froide ; l'ondine niaise à
la robe bruyante, au bas de la rivière ; ces crânes lumi-
neux dans les plans de pois[4] — et les autres fantasma-
gories — la campagne.

Des routes bordées de grilles et de murs[5], contenant
à peine leurs bosquets, et les atroces fleurs qu'on
appellerait cœurs et sœurs, Damas damnant de lan-
gueur[6], — possessions de féeriques aristocraties ultra-
Rhénanes, Japonaises, Guaranies, propres encore à
recevoir la musique des anciens — et il y a des auberges
qui pour toujours n'ouvrent déjà plus — il y a des
princesses, et si tu n'es pas trop accablé, l'étude des
astres — le ciel.

Le matin où avec Elle, vous vous débattîtes parmi
les éclats de neige, les[7] lèvres vertes, les glaces, les dra-
peaux noirs et les rayons bleus, et les parfums pourpres
du soleil des pôles, — ta force.

BARBARE

Bien après les jours et les saisons, et les êtres et les
pays[8],

Le pavillon en viande saignante sur la soie des mers
et des fleurs arctiques ; (elles n'existent pas[9].)

Remis des vieilles fanfares d'héroïsme — qui nous
attaquent encore le cœur et la tête — loin des anciens
assassins —

Oh ! Le pavillon en viande saignante sur la soie des
mers et des fleurs arctiques ; (elles n'existent pas.)

Douceurs !

Les brasiers, pleuvant aux rafales de givre, — Dou-
ceurs ! — les feux à la pluie du vent de diamants[10] jetée

par le cœur terrestre éternellement carbonisé pour nous.
— Ô monde! —

(Loin des vieilles retraites et des vieilles flammes,
qu'on entend, qu'on sent,)

Les brasiers et les écumes. La musique, virement des
gouffres et choc des glaçons aux astres.

Ô Douceurs, ô monde, ô musique! Et là, les formes,
les sueurs, les chevelures et les yeux, flottant. Et les
larmes blanches, bouillantes, — ô douceurs! — et la
voix féminine arrivée au fond des volcans et des grottes
arctiques.

Le pavillon...

SOLDE

À vendre ce que les Juifs n'ont pas vendu, ce que
noblesse ni crime n'ont goûté, ce qu'ignorent l'amour
maudit et la probité infernale des masses; ce que le
temps ni la science n'ont pas à reconnaître;

Les Voix reconstituées; l'éveil fraternel de toutes les
énergies chorales et orchestrales et leurs applications
instantanées; l'occasion, unique, de dégager nos sens!

À vendre les Corps sans prix, hors de toute race, de
tout monde, de tout sexe, de toute descendance! Les
richesses jaillissant à chaque démarche! Solde de dia-
mants sans contrôle!

À vendre l'anarchie[1] pour les masses; la satisfaction
irrépressible pour les amateurs supérieurs; la mort
atroce pour les fidèles et les amants!

À vendre les habitations et les migrations, sports,
féeries et comforts parfaits, et le bruit, le mouvement
et l'avenir qu'ils font!

À vendre les applications de calcul et les sauts d'har-
monie inouïs. Les trouvailles et les termes non soup-
çonnés, possession immédiate,

Élan insensé et infini aux splendeurs invisibles, aux
délices insensibles, — et ses secrets affolants pour chaque
vice — et sa gaîté effrayante pour la foule.

À vendre les Corps, les voix, l'immense opulence inquestionable[1], ce qu'on ne vendra jamais. Les vendeurs ne sont pas à bout de solde! Les voyageurs n'ont pas à rendre leur commission de si tôt!

FAIRY

I

Pour Hélène se conjurèrent les sèves ornamentales[2] dans les ombres vierges et les clartés impassibles dans le silence astral. L'ardeur de l'été fut confiée à des oiseaux muets et l'indolence requise à une barque de deuils sans prix par des anses d'amours morts et de parfums affaissés.

— Après le moment de l'air des bûcheronnes à la rumeur du torrent sous la ruine des bois[3], de la sonnerie des bestiaux à l'écho des vals, et des cris des steppes. —

Pour l'enfance d'Hélène frissonnèrent les fourrures et les ombres — et le sein des pauvres, et les légendes du ciel.

Et ses yeux et sa danse supérieurs encore aux éclats précieux, aux influences froides, au plaisir du décor et de l'heure uniques.

II. GUERRE

Enfant, certains ciels ont affiné mon optique : tous les caractères nuancèrent ma physionomie. Les Phénomènes[4] s'émurent. — À présent l'inflexion éternelle des moments[5] et l'infini des mathématiques me chassent par ce monde où je subis tous les succès civils[6], respecté de l'enfance étrange et des affections énormes. — Je songe à une Guerre, de droit ou de force, de logique bien imprévue[7].

C'est aussi simple qu'une phrase musicale.

JEUNESSE

I

DIMANCHE

Les calculs de côté, l'inévitable descente du ciel, et la [a] visite des souvenirs et la séance des rythmes occupent la demeure, la tête et le monde de l'esprit.

— Un cheval détale sur le turf suburbain, et le long [b] des cultures et des boisements, percé par la peste carbonique. Une misérable femme de drame, quelque part dans le monde, soupire après des abandons improbables. Les desperadoes [1] languissent après l'orage, l'ivresse et les blessures. De petits enfants étouffent des malédictions le long des rivières. —

Reprenons l'étude au bruit de l'œuvre dévorante qui se rassemble et remonte dans les masses.

II

SONNET

Homme de constitution ordinaire, la chair n'était-elle pas un fruit pendu dans le verger, — ô journées enfantes! le corps un trésor à prodiguer; — ô aimer, le péril ou la force de Psyché? La terre avait des versants fertiles en princes et en artistes, et la descendance et la race vous poussaient [c] aux crimes et aux deuils : le monde votre fortune et votre péril. Mais à présent, ce labeur comblé, toi [2], tes calculs, toi, tes impatiences — ne sont plus que votre danse et votre voix [3], non fixées et point forcées, quoique d'un double événement d'invention et de succès une saison [d][4], — en l'humanité fraternelle et discrète par l'univers sans images ; — la force et le droit réfléchissent la danse et la voix à présent seulement appréciées.

III

VINGT ANS

Les voix instructives exilées... L'ingénuité physique amèrement rassise [1]... — Adagio. Ah! l'égoïsme infini de l'adolescence, l'optimisme studieux : que le monde était plein de fleurs cet été! Les airs et les formes mourant... — Un chœur, pour calmer l'impuissance et l'absence! Un chœur de verres, de mélodies [a] nocturnes... En effet les nerfs vont vite chasser [2].

IV

Tu en es encore à la tentation d'Antoine. L'ébat du zèle écourté, les tics d'orgueil puéril, l'affaissement et l'effroi.

Mais [b] tu te mettras à ce travail : toutes les possibilités harmoniques et architecturales s'émouvront autour de ton siège. Des êtres parfaits, imprévus, s'offriront à tes expériences. Dans tes environs affluera rêveusement la curiosité d'anciennes foules et de luxes oisifs. Ta mémoire et tes sens ne seront que la nourriture de ton impulsion créatrice. Quant au monde, quand tu sortiras, que sera-t-il devenu? En tout cas, rien des apparences actuelles.

PROMONTOIRE

L'aube d'or et la soirée frissonnante trouvent notre brick au large [3] en face de cette villa et de ses dépendances, qui forment un promontoire aussi étendu que l'Épire et le Péloponnèse, ou que la grande île du Japon, ou que l'Arabie! Des fanums [4] qu'éclaire la rentrée des théories [5], d'immenses vues de la défense des côtes modernes; des dunes illustrées de chaudes fleurs et de

bacchanales; de grands canaux[1] de Carthage et des
Embankments[2] d'une Venise louche, de molles érup-
tions d'Etnas et des crevasses de fleurs et d'eaux des
glaciers, des lavoirs entourés de peupliers d'Allemagne;
des talus de parcs singuliers penchant des têtes d'Arbre
du Japon; et les façades circulaires des « Royal » ou des
« Grand » de Scarbro'[3] ou de Brooklyn, et leurs railways
flanquent, creusent, surplombent les dispositions dans
cet Hôtel, choisies dans l'histoire des plus élégantes et
des plus colossales constructions de l'Italie, de l'Amé-
rique et de l'Asie, dont les fenêtres et les terrasses à
présent pleines d'éclairages, de boissons et de brises
riches, sont ouvertes à l'esprit des voyageurs et des
nobles — qui permettent, aux heures du jour, à toutes
les tarentelles[4] des côtes, — et même[a] aux ritournelles
des vallées illustres de l'art, de décorer merveilleuse-
ment les façades du Palais-Promontoire[5].

SCÈNES

L'ancienne Comédie poursuit ses accords et divise
ses Idylles :

Des boulevards de tréteaux,

Un long pier[6] en bois d'un bout à l'autre d'un champ
rocailleux où la foule barbare évolue[b] sous les arbres
dépouillés.

Dans des corridors de gaze noire, suivant le pas des
promeneurs aux lanternes et aux feuilles.

Des oiseaux des mystères[7] s'abattent[c] sur un ponton
de maçonnerie mû par l'archipel couvert des embarca-
tions des spectateurs[8].

Des scènes lyriques accompagnées de flûte et de tam-
bour s'inclinent dans des réduits ménagés sous les pla-
fonds, autour des salons de clubs modernes ou des
salles de[d] l'Orient ancien.

La féerie manœuvre au sommet d'un amphithéâtre
couronné par les taillis[e], — Ou s'agite[f] et module pour

les Béotiens, dans l'ombre des futaies mouvantes sur l'arête des cultures.

L'opéra-comique se divise sur notre scène à l'arête d'intersection de dix cloisons dressées de la galerie aux feux.

SOIR HISTORIQUE[1]

En quelque soir, par exemple, que se trouve le touriste naïf, retiré de nos horreurs économiques, la main d'un maître anime le clavecin des prés; on joue aux cartes au fond de l'étang[2], miroir évocateur des reines et des mignonnes, on a les saintes, les voiles, et les fils d'harmonie, et les chromatismes légendaires, sur le couchant.

Il frissonne au passage des chasses et des hordes[3]. La comédie goutte sur les tréteaux de gazon. Et l'embarras des pauvres et des faibles sur ces plans stupides!

À sa vision esclave, — l'Allemagne[4] s'échafaude vers des lunes; les déserts tartares s'éclairent — les révoltes anciennes grouillent dans le centre du *Céleste Empire*, par les escaliers et les fauteuils de rois[a] — un petit monde blême et plat, Afrique et Occidents, va s'édifier. Puis un ballet de mers et de nuits connues une chimie sans valeur, et des mélodies impossibles.

La même magie bourgeoise à tous les points où la malle[5] nous déposera! Le plus élémentaire physicien sent qu'il n'est plus possible de se soumettre à cette atmosphère personnelle, brume de remords physiques, dont la constatation est déjà une affliction.

Non! — Le moment de l'étuve, des mers enlevées, des embrasements souterrains, de la planète emportée, et des exterminations conséquentes, certitudes si peu malignement indiquées dans la Bible et par les Nornes[6] et qu'il sera donné à l'être sérieux de surveiller. — Cependant ce ne sera point un effet de légende!

BOTTOM[a]

La réalité étant trop épineuse pour mon grand caractère, — je me trouvai néanmoins chez Madame, en gros oiseau gris bleu s'essorant vers les moulures du plafond et traînant l'aile dans les ombres de la soirée.

Je fus, au pied du baldaquin supportant ses bijoux adorés et ses chefs-d'œuvre physiques, un gros ours aux gencives violettes et au poil chenu de chagrin, les yeux aux cristaux et aux argents des consoles.

Tout se fit ombre et aquarium ardent. Au matin[b], — aube de juin batailleuse, — je courus aux champs, âne, claironnant et brandissant mon grief, jusqu'à ce que les Sabines de la banlieue vinrent se jeter à mon poitrail.

H

Toutes les monstruosités violent les gestes atroces d'Hortense. Sa solitude est la mécanique érotique, sa lassitude, la dynamique amoureuse. Sous la surveillance d'une enfance elle a été, à des époques nombreuses, l'ardente hygiène des races. Sa porte est ouverte à la misère[1]. Là, la moralité des êtres actuels se décorpore en sa passion ou en son action — Ô terrible frisson des amours novices sur le sol sanglant et par l'hydrogène clarteux[2]! trouvez Hortense.

MOUVEMENT

Le mouvement de lacet sur la berge des chutes du fleuve,
Le gouffre à l'étambot [1],
La célérité de la rampe,
L'énorme passade du courant,
Mènent par les lumières inouïes
Et la nouveauté chimique
Les voyageurs entourés des trombes du val
Et du strom [2].

Ce sont les conquérants du monde
Cherchant la fortune chimique personnelle ;
Le sport et le comfort voyagent avec eux [3] ;
Ils emmènent l'éducation
Des races, des classes et des bêtes, sur ce Vaisseau.
Repos et vertige
À la lumière diluvienne,
Aux terribles soirs d'étude.

Car de la causerie parmi les appareils, — le sang ; les
    fleurs, le feu, les bijoux —
Des comptes agités à ce bord fuyard,
— On voit, roulant comme une digue au delà de la
    route hydraulique motrice,
Monstrueux, s'éclairant sans fin, — leur stock d'études ;
Eux chassés dans l'extase harmonique
Et l'héroïsme de la découverte.
Aux accidents atmosphériques les plus surprenants
Un couple de jeunesse s'isole sur l'arche,
— Est-ce ancienne sauvagerie qu'on pardonne ?
Et chante et se poste.

DÉVOTION[1]

À ma sœur Louise Vanaen de Voringhem[2] : — Sa cornette bleue tournée à la mer du Nord. — Pour les naufragés.

À ma sœur Léonie Aubois d'Ashby[3]. Baou[4] — l'herbe d'été bourdonnante et puante. — Pour la fièvre des mères et des enfants.

À Lulu, — démon — qui a conservé un goût pour les oratoires du temps des Amies et de son éducation incomplète. Pour les hommes[5]! À madame***[6].

À l'adolescent que je fus. À ce saint vieillard[7], ermitage ou mission.

À l'esprit des pauvres. Et à un très haut clergé.

Aussi bien à tout culte en telle place de culte mémoriale[8] et parmi tels événements qu'il faille se rendre, suivant les aspirations du moment ou bien notre propre vice sérieux.

Ce soir à Circeto[9] des hautes glaces, grasse comme le poisson, et enluminée comme les dix mois de la nuit rouge, — (son cœur ambre et spunk[10]), — pour ma seule prière muette comme ces régions de nuit et précédant des bravoures plus violentes que ce chaos polaire[11].

À tout prix et avec tous les airs, même dans des voyages métaphysiques. — Mais plus *alors*.

DÉMOCRATIE

« Le drapeau va au paysage immonde, et notre patois étouffe le tambour[12].

« Aux centres nous alimenterons la plus cynique prostitution. Nous massacrerons les révoltes logiques.

« Aux pays poivrés[1] et détrempés! — au service des plus monstrueuses exploitations industrielles ou militaires.

« Au revoir ici, n'importe où. Conscrits du bon vouloir[2], nous aurons la philosophie féroce; ignorants pour la science, roués pour le confort; la crevaison pour le monde qui va. C'est la vraie marche. En avant, route[3]! »

GÉNIE

Il est l'affection et le présent puisqu'il a fait la maison ouverte à l'hiver écumeux et à la rumeur de l'été, lui qui a purifié les boissons et les aliments, lui qui est le charme des lieux fuyants et le délice surhumain des stations. Il est l'affection et l'avenir, la force et l'amour que nous, debout dans les rages et les ennuis, nous voyons passer dans le ciel de tempête et les drapeaux d'extase.

Il est l'amour, mesure parfaite et réinventée, raison merveilleuse et imprévue, et l'éternité : machine aimée des qualités fatales. Nous avons tous eu l'épouvante de sa concession et de la nôtre : ô jouissance de notre santé, élan de nos facultés, affection égoïste et passion pour lui, lui qui nous aime pour sa vie infinie...

Et nous nous le rappelons et il voyage... Et si l'Adoration s'en va, sonne, sa promesse sonne[4] : « Arrière ces superstitions, ces anciens corps, ces ménages[5] et ces âges. C'est cette époque-ci qui a sombré! »

Il ne s'en ira pas, il ne redescendra pas d'un ciel[6], il n'accomplira pas la rédemption des colères de femmes et des gaîtés des hommes et de tout ce péché : car c'est fait, lui étant, et étant aimé.

Ô ses souffles, ses têtes, ses courses; la terrible célérité de la perfection des formes et de l'action.

Ô fécondité de l'esprit et immensité de l'univers!

Son corps! Le dégagement rêvé, le brisement de la grâce croisée de violence nouvelle!

Sa vue, sa vue! tous les agenouillages anciens et les peines *relevées* à sa suite.

Son jour! l'abolition de toutes souffrances sonores et mouvantes dans la musique plus intense.

Son pas! les migrations plus énormes que les anciennes invasions.

Ô lui et nous! l'orgueil plus bienveillant que les charités perdues[1].

Ô monde! et le chant clair des malheurs nouveaux!

Il nous a connus tous et nous a tous aimés. Sachons, cette nuit d'hiver, de cap en cap, du pôle tumultueux au château, de la foule à la plage, de regards en regards, forces et sentiments las, le héler et le voir, et le renvoyer, et sous les marées et au haut des déserts de neige, suivre ses vues, ses souffles, son corps, son jour.

ŒUVRES DIVERSES

ÉBAUCHES ET BROUILLONS

LES DÉSERTS DE L'AMOUR

AVERTISSEMENT

Ces écritures-ci sont d'un jeune, tout jeune *homme*[1], dont la vie s'est développée n'importe où; sans mère, sans pays, insoucieux de tout ce qu'on connaît, fuyant toute force morale, comme furent déjà plusieurs pitoyables jeunes hommes. Mais, lui, si ennuyé et si troublé, qu'il ne fit que s'amener à la mort comme à une pudeur terrible et fatale. N'ayant pas aimé de femmes[2], — quoique plein de sang! — il eut son âme et son cœur, toute sa force, élevés en des erreurs étranges et tristes[3]. Des rêves suivants, — ses amours[4]! — qui lui vinrent dans ses lits ou dans les rues, et de leur suite et de leur fin, de douces considérations religieuses se dégagent — peut-être se rappellera-t-on le sommeil continu des Mahométans légendaires, — braves pourtant et circoncis! Mais, cette bizarre souffrance possédant une autorité inquiétante, il faut sincèrement désirer que cette âme, égarée parmi nous tous, et qui veut la mort, ce semble, rencontre en cet instant-là des consolations sérieuses et soit digne[5]!

LES DÉSERTS DE L'AMOUR

C'est certes la même campagne[1]. La même maison
rustique de mes parents : la salle même où les dessus de
porte sont des bergeries roussies, avec des armes et des
lions. Au dîner, il y a un salon, avec des bougies et des
vins et des boiseries rustiques. La table à manger est
très-grande. Les servantes ! Elles étaient plusieurs, autant
·que je m'en suis souvenu. — Il y avait là un de mes
jeunes amis anciens, prêtre et vêtu en prêtre, mainte-
nant[2] : c'était pour être plus libre. Je me souviens de
sa chambre de pourpre, à vitres de papier jaune : et ses
livres, cachés, qui avaient trempé dans l'océan !

Moi j'étais abandonné, dans cette maison de campagne
sans fin : lisant dans la cuisine, séchant la boue de mes
habits devant les hôtes, aux conversations du salon :
ému jusqu'à la mort par le murmure du lait du matin
et de la nuit du siècle dernier.

J'étais dans une chambre très sombre : que faisais-je ?
Une servante vint près de moi : je puis dire que c'était
un petit chien[3] : quoiqu'elle fût belle, et d'une noblesse
maternelle inexprimable pour moi : pure, connue, toute
charmante ! Elle me pinça le bras.

Je ne me rappelle même plus bien sa figure : : ce n'est
pas pour me rappeler son bras, dont je roulai la peau
dans mes deux doigts : ni sa bouche, que la mienne
saisit comme une petite vague désespérée, minant sans
fin quelque chose. Je la renversai dans une corbeille de
coussins et de toiles de navire, en un coin noir. Je ne
me rappelle plus que son pantalon à dentelles blanches.
—Puis, ô désespoir, la cloison devint vaguement l'ombre
des arbres, et je me suis abîmé sous la tristesse amou-
reuse de la nuit.

Cette fois, c'est la Femme que j'ai vue dans la ville, et à qui j'ai parlé et qui me parle[1].

J'étais dans une chambre sans lumière. On vint me dire qu'elle était chez moi : et je la vis dans mon lit, toute à moi, sans lumière! Je fus très ému, et beaucoup parce que c'était la maison de famille : aussi une détresse me prit! j'étais en haillons, moi, et elle, mondaine, qui se donnait; il lui fallait s'en aller! Une détresse sans nom, je la pris, et la laissai tomber hors du lit, presque nue; et dans ma faiblesse indicible, je tombai sur elle et me traînai avec elle parmi les tapis sans lumière. La lampe de la famille rougissait l'une après l'autre les chambres voisines. Alors la femme disparut. Je versai plus de larmes que Dieu n'en a pu jamais demander.

Je sortis dans la ville sans fin. Ô Fatigue! Noyé dans la nuit sourde et dans la fuite du bonheur. C'était comme une nuit d'hiver, avec une neige pour étouffer le monde décidément. Les amis auxquels je criais : où reste-t-elle, répondaient faussement. Je fus devant les vitrages de là où elle va tous les soirs : je courais dans un jardin enseveli. On m'a repoussé. Je pleurais énormément, à tout cela. Enfin je suis descendu dans un lieu plein de poussière, et assis sur des charpentes, j'ai laissé finir toutes les larmes de mon corps avec cette nuit. — Et mon épuisement me revenait pourtant toujours.

J'ai compris qu'elle était à sa vie de tous les jours; et que le tour de bonté serait plus long à se reproduire qu'une étoile. Elle n'est pas revenue, et ne reviendra jamais, l'Adorable qui s'était rendue chez moi, — ce que je n'aurais jamais présumé. — Vrai, cette fois, j'ai pleuré plus que tous les enfants du monde.

PROSES ÉVANGÉLIQUES

À Samarie, plusieurs ont manifesté leur foi en lui. Il ne les a pas vus. Samarie [s'enorgueillissait] la parvenue [la perfide], l'égoïste, plus rigide observatrice de sa loi protestante que Juda des tables antiques[1]. Là la richesse universelle permettait bien peu de discussion éclairée. Le sophisme, esclave et soldat de la routine, y avait déjà après les avoir flattés, égorgé plusieurs prophètes[2].

C'était un mot sinistre, celui de la femme à la fontaine[3] : « Vous êtes prophètes, vous savez ce que j'ai fait. »

Les femmes et les hommes croyaient aux prophètes. Maintenant on croit à l'homme d'état.

À deux pas de la ville étrangère[4], incapable de la menacer matériellement, s'il était pris comme prophète, puisqu'il s'était montré là si bizarre, qu'aurait-il fait?

Jésus n'a rien pu dire à Samarie.

☆

L'air léger et charmant de la Galilée[5] : les habitants le reçurent avec une joie curieuse : ils l'avaient vu, secoué par la sainte colère, fouetter les changeurs et les marchands de gibier du temple. Miracle de la jeunesse pâle et furieuse, croyaient-ils.

Il sentit sa main aux mains chargées de bagues et à la bouche d'un officier. L'officier[6] était à genoux dans la poudre : et sa tête était assez plaisante, quoique à demi chauve.

Les voitures filaient dans les étroites rues [de la ville] ; un mouvement, assez fort pour ce bourg ; tout semblait devoir être trop content ce soir-là.

Jésus retira sa main : il eut un mouvement d'orgueil enfantin et féminin : « Vous autres, si vous ne voyez [point] des miracles, vous ne croyez point[1]. »

Jésus n'avait point encor fait de miracles. Il avait, dans une noce, dans une salle à manger verte et rose, parlé un peu hautement à la Sainte Vierge[2]. Et personne n'avait parlé du vin de Cana à Capharnaüm, ni sur le marché, ni sur les quais. Les bourgeois peut-être.

Jésus dit : « Allez, votre fils se porte bien[3] ». L'officier s'en alla, comme on porte quelque pharmacie légère, et Jésus continua par les rues moins fréquentées. Des liserons [oranges], des bourraches montraient leur lueur magique entre les pavés. Enfin il vit au loin la prairie poussiéreuse, et les boutons d'or et les marguerites demandant grâce au jour[4].

Beth-Saïda[5], la piscine des cinq galeries[6], était un point d'ennui. Il semblait que ce fût un sinistre lavoir, toujours accablé de la pluie et moisi, et les mendiants s'agitaient sur les marches intérieures blêmies par ces lueurs d'orages précurseurs des éclairs d'enfer, en plaisantant sur leurs yeux bleus aveugles, sur les linges blancs ou bleus dont s'entouraient leurs moignons. Ô buanderie militaire, ô bain populaire. L'eau était toujours noire, et nul infirme n'y tombait même en songe.

C'est là que Jésus fit la première action grave[7] ; avec les infâmes infirmes. Il y avait un jour, de février, mars ou avril, où le soleil de deux heures après-midi, laissait s'étaler une grande faux de lumière sur l'eau ensevelie ; et comme, là-bas, loin derrière les infirmes, j'aurais pu voir tout ce que ce rayon seul éveillait de bourgeons et de cristaux, et de vers, dans ce reflet, pareil à un ange blanc couché sur le côté, tous les reflets infiniment pâles remuaient.

Alors tous[a] les péchés, fils légers et tenaces du démon,

qui pour les cœurs un peu sensibles, rendaient ces
hommes plus effrayants que les monstres, voulaient se
jeter à cette eau. Les infirmes descendaient, ne raillant
plus ; mais avec envie.

Les premiers entrés sortaient guéris, disait-on. Non.
Les péchés les rejetaient sur les marches ; et les forçaient
de chercher d'autres postes : car leur Démon ne peut
rester qu'aux lieux où l'aumône est sûre [a1].

Jésus entra aussitôt après l'heure de midi. Personne
ne lavait ni ne descendait de bêtes. La lumière dans la
piscine était jaune comme les dernières feuilles des
vignes. Le divin maître se tenait contre une colonne :
il regardait les fils du Péché ; le démon tirait sa langue
en leur langue ; et riait ou niait.

Le Paralytique se leva, qui était resté couché sur le
flanc, et ce fut d'un pas singulièrement assuré qu'ils le
virent franchir la galerie et disparaître dans la ville, les
Damnés.

BROUILLONS
D'UNE *SAISON EN ENFER*

MAUVAIS SANG

Oui c'est un vice que j'ai, qui s'arrête et qui [*remarche*] reprend avec moi, et, ma poitrine ouverte, je verrais un horrible cœur infirme. Dans mon enfance, j'entends ses racines de souffrance jetée à mon flanc : aujourd'hui elle a [*monté*] poussé au ciel, elle [*renaît*] bien plus forte que moi, elle me bat, me traîne, me jette à [*bas*] terre.

Donc c'est dit, renier la joie, éviter le devoir, ne pas porter au monde mon dégoût et mes trahisons supérieures [*et mes...*] la dernière innocence, la dernière timidité.

Allons, la marche! le désert, le fardeau, les coups, le malheur, l'ennui, la colère. — L'enfer, là sûrement les délires de mes peurs et [*illisible*] se disperse.

À quel démon [*je suis à*] me louer? Quelle bête faut-il adorer? dans quel sang faut-il marcher? Quels cris faut-il pousser? Quel mensonge faut-il soutenir? [*A*] Quelle Sainte image faut-il attaquer? Quels cœurs faut-il briser?

Plutôt [*éviter d'offrir la main br*] stupide justice, de la mort. J'entendrai [*les la*] complainte chantée [*aujourd'hui*] jadis [*dans*] sur les marchés. Point de popularité.

La dure vie, l'abrutissement pur, — et puis soulever d'un poing séché le couvercle du cercueil, s'asseoir et s'étouffer. [*Je ne vieillirai*] pas de vieillesse. Point de dangers la terreur n'est pas française.

Ah! je suis tellement délaissé, que j'offre à n'importe quelle divine image des élans vers la perfection. Autre marché grotesque.

[*À quoi servent*] Ô mon abnégation [*et*] Ô ma charité inouïes *(mon)* De profundis Domine! [*que*] je suis bête?

Assez. Voici la punition! Plus à parler d'innocence. En marche. Oh! les reins se déplantant, le cœur gronde, la poitrine brûle, la tête est battue, la nuit roule dans les yeux, au Soleil.

[*Sais-je où je vais*] Où va-t-on, à la bataille?

Ah! mon âme ma sale jeunesse. Va!... va, les autres avancent [*remuent*] les outils, les armes.

Oh! oh. C'est la faiblesse, c'est la bêtise, moi!

Allons, feu sur moi. Ou je me rends! [*qu'on laisse*] blessé, je me jette à plat ventre, foulé aux pieds des chevaux.

Ah!

Je m'y habituerai.

Ah çà, je mènerais la vie française, et je tiendrais le Sentier de l'honneur.

FAUSSE CONVERSION

Jour de malheur! J'ai avalé un fameux [*verre*] gorgée de poison. La rage du désespoir m'emporte contre tout la nature les objets, moi, que je veux déchirer. Trois fois béni soit le conseil qui m'est arrivé. [*M*] Les entrailles me brûlent, la violence du venin tord mes membres, me rend difforme. Je meurs de soif. J'étouffe. Je ne puis crier. C'est l'enfer l'éternité de la peine. Voilà comme le feu se relève. Va, démon, va, diable, va Satan attise-le. Je brûle [*bien*] comme il faut, c'est un bon (bel et bon) enfer.

J'avais entrevu [*le salut*] la conversion, le bien, le bonheur, le salut. Puis-je décrire la vision, on n'est pas poète [*dans*] en enfer.

[*Dès que*] C'était [*l'apparition*] des milliers de [*l'Apsaras?*] charmantes, un admirable concert spirituel, la force et la paix, les nobles ambitions, que sais-je!

Ah : les nobles ambitions! ma haine. [*R*] Je recom-

mence l'existence enragée la colère dans le sang, la vie
bestiale, l'abêtissement, le [*malheur... mon malh et les
malheurs des autres*] qui m'importe peu et c'est encore
la vie! Si la damnation est éternelle. C'est [*encore*] [*la
vie encore*]. C'est l'exécution des lois religieuses pour-
quoi a-t-on semé une foi pareille dans mon esprit? [*On
a*] [*Les*] Mes parents ont fait mon malheur, et le leur,
ce qui m'importe peu. On a abusé de mon innocence.
Oh! l'idée du baptême. Il y en a qui ont vécu mal,
qui vivent mal, et qui ne sentent rien! C'est [*le*] mon
baptême [*c*] et [*l'*] ma faiblesse dont je suis esclave.
C'est la vie encore!

Plus tard, les délices de la damnation seront plus pro-
fondes. Je reconnais bien la damnation. [*Quand*] Un
homme qui veut se mutiler est bien damné, n'est-ce
pas? Je me crois en enfer, donc j'y suis. — Un crime,
vite, que je tombe au néant, par la loi des hommes.

Tais-toi. Mais tais-toi! C'est la honte et le reproche,
[*qui*] à côté de moi; c'est Satan qui me dit que son feu
est ignoble, idiot; et que ma colère est affreusement
laide. Assez. Tais-toi! ce sont des erreurs qu'on me
souffle à l'oreille, [*la*] les magies, [*l'*] les alchimies, les
mysticismes, les parfums [*fleuris?*] faux, les musiques
naïves, [*les*]. C'est Satan qui se charge de cela. Alors
les poètes sont damnés. Non ce n'est pas cela.

Et dire que je tiens la vérité. Que j'ai un jugement
sain et arrêté sur toute chose, que je suis tout prêt pour
la perfection. [*Tais-toi, c'est*] l'orgueil! à présent. Je ne
suis qu'un bonhomme en bois, la peau de ma tête se
dessèche. [*Et*] Ô Dieu! mon Dieu! mon Dieu! J'ai
peur, pitié. Ah! j'ai soif. Ô mon enfance, mon village,
les prés, le lac sur la grève le clair de lune quand le
clocher sonnait douze. [*Satan a ri*]. Et c'est au clocher.
— Que je deviens bête! Ô Marie, Sainte-Vierge, faux
sentiment, fausse prière.

DÉLIRES II : ALCHIMIE DU VERBE

Enfin mon esprit devin[t] . . . .
de Londres ou de Pékin, ou Ber. . . . .
qui [*disparaissent je plaisante sur*] . . . .
de réjouissance populaire. [*Voilà*] . . . .
les [*petits*] fournaises [*mot illisible*] . . . .
   J'aurais voulu le désert crayeux de. . . .
   J'adorai les boissons tiédies, les boutiques fanées, les
vergers brûlés. Je restais de longues heures la langue
pendante, comme les bêtes harassées : je me traînais
dans les ruelles puantes, et, les yeux fermés, je [*priais
le*] m'offrais au soleil, Dieu de feu, qu'il me renversât
[*et*], Général, roi, disais-je, si tu as encore un vieux
canons [*sic*] sur tes remparts qui dégringolent, bom-
barde les hommes avec des [*monceau*] mottes de terre
sèche Aux glaces des magasins splendides! Dans les
salons frais! Que les [*araignées*] [*À la*] [*mot illisible*]
manger sa poussière à la ville! Oxyde des gargouilles.
À l'heure exacte après boudoirs [*du*] brules sable de
rubis les
   [*Je portais des vêtements de toile.*] Je me [*mot illisible*]
j'allais cassais [*sic*] des pierres sur des routes balayées
toujours. Le soleil souverain [*descendait*] donnait vers
[*la*] une merde, dans la vallée de la [*illisible*], son mou-
cheron enivré au centre
à la pissotière de l'auberge isolée, amoureux de la
bourrache,
       et dissous   au soleil
et
       qui va se fondre en un rayon

FAIM

J'ai réfléchis [*sic*] aux [*sic*] bonheur des bêtes; les
chenilles étaient les foule [*sic*] [*illisible*] [*petits corps*

blancs] innocen des limbes : [*l'araignée romantique fai-sait l'ombre*] romantique envahie par l'aube opale ; la punaise, brune personne, attendait [*mots illisibles*] pas-sionné. Heureuse [*le somm*] la taupe, sommeil de toute la Virginité !

Je m'éloignais [*du contact*] Étonnante virginité d'essay l'écrire, avec une espèce de romance.

CHANSON DE LA PLUS HAUTE TOUR

Je [*illisible*] Je crus avoir trouvé raison et bonheur. J'écartais le ciel, l'azur, qui est du noir, et je vivais, étincelle d'or de la lumière *nature*. C'était très sérieux. J'exprimai, [*le plus*] bêtement.

ÉTERNITÉ

[*Et pour comble*] De joie, je devins un opéra fabu-leux.

ÂGE D'OR

À cette [*période, c'était*] c'était ma vie éternelle, non écrite, non chantée, — quelque chose comme la Pro-vidence [*les lois du monde un*] à laquelle on croit et qui ne chante pas.

Après ces nobles minutes, [*vint*] stupidité complète. Je [*m*] vis une fatalité de bonheur dans tous les êtres : l'action n'était [*pas la vie mauvaise*] qu'une façon [*de*] instinctive de gâcher une insatiété de vie : [*seulement moi, je laissai la sachant*], au hasard sinistre et doux, [*un*] énervement, [*déviation*] errement. Le savoir était la faiblesse et la cervelle. . . . . .êtres et toutes choses m'apparaissaient . . . . .d'autres vies autour d'elles. Ce monsieur . . . . .un ange. Cette famille n'est pas . . . .[*illisible*]. Avec plusieurs hommes . . . . .moment d'une de leurs autres vies. . . . .[*histoire*] plus de principes. Pas un des sophismes qui. . . . . .la folie enfermée.

Je pourrais les redire tous [*et d'autres*] et bien d'autres
[*et d'autres*], je sais le système. Je n'éprouvais plus rien.
Les [*hallucinations étaient tourbillonnaient trop*]. Mais
maintenant je [*ne voudrais*] n'essaierais pas de me faire
écouter.

Un mois de cet exercice, [*je crus*] Ma santé [*s'ébranla*]
fut menacée.

J'avais bien autre chose à faire que de vivre. Les
hallucinations étaient plus vives [*plus épouvantes*] la
terreur [*plus*] venait! Je faisais des sommeils de plusieurs
jours, et, levé, continuais les rêves les plus tristes (les
égarés) partout.

MÉMOIRE

Je me trouvais mûr pour [*la mort*] le trépas et ma
faiblesse me tirait jusqu'aux confins du monde et de
la vie, [*où le tourbillon*] dans la Cimmérie noire, patrie
des morts, où un grand... a pris une route de dangers
laissé presque toute [*illisible*] [*aux*] chez une sur emb...
tion épouvantes.

CONFINS DU MONDE

Je voyageai un peu. J'allai au nord : je [*rappelai au*]
(fermai mon cerveau) Je voulus reconnaître là toutes
mes odeurs féodales, bergères, sources sauvages. J'ai-
mais la mer [*bonhomme le sol et les principes*] l'anneau
magique dans l'eau lumineuse [*éclairée*] comme si elle
dût me laver d'un [*me laver de ces aberrations*] souillures.
Je voyais la croix consolante. J'avais été damné par
l'arc-en-ciel et les [*bes*] magies religieuses; et par le
Bonheur, [*mon remor*] ma fatalité, mon ver, et qui [*je*]
quoique [*le monde me parut très nouveau, à moi qui avais*]
levé toutes les impressions possibles : faisant ma vie
trop immense énervait même après que ma [*illisible*]
pour armer (sincer) (seulement) bien réellement la force
et la beauté.

Dans les plus grandes villes, à l'aube, ad [*diluculum*]
matutinum, au Christus venit, [*quand pour les hommes
forts le Christ vient*] sa dent, douce à [*la*] mort, m'aver-
tissait avec le chant du coq.

BONR

Si faible, je ne me crus plus supportable dans la société, qu'à force de [*pitié*] Quel malheur Quel cloître possible pour ce beau dégoût? [*illisible*]

Cela s'est passé peu à peu.

Je hais maintenant les élans mystiques et les bizarreries de style.

Maintenant je puis dire que l'art est une sottise.

[*Les*] Nos grands poètes [*illisible*] aussi facile : l'art est une sottise.

Salut à la bont.

PROSES ET VERS FRANÇAIS
DE COLLÈGE

PROLOGUE

I

Le soleil était encore chaud ; cependant il n'éclairait presque plus la terre ; comme un flambeau placé devant les voûtes gigantesques ne les éclaire plus que par une faible lueur, ainsi le soleil, flambeau terrestre, s'éteignait en laissant échapper de son corps de feu une dernière et faible lueur, laissant encore cependant voir les feuilles vertes des arbres, les petites fleurs qui se flétrissaient et le sommet gigantesque des pins, des peupliers et des chênes séculaires. Le vent rafraîchissant, c'est-à-dire une brise fraîche, agitait les feuilles des arbres avec un bruissement à peu près semblable à celui que faisait le bruit des eaux argentées du ruisseau qui coulait à mes pieds. Les fougères courbaient leur front vert devant le vent. Je m'endormis, non sans m'être abreuvé de l'eau du ruisseau.

II

Je rêvai que. . . . .

. . . . .j'étais né à Reims, l'an 1503. Reims était alors une petite ville ou, pour mieux dire, un bourg cependant renommé à cause de sa belle cathédrale, témoin du sacre du roi Clovis.

Mes parents étaient peu riches, mais très honnêtes ; ils n'avaient pour tout bien qu'une petite maison qui leur avait toujours appartenu et qui était en leur possession vingt ans avant que je ne fus [se] encore né, en

plus quelques mille francs, et il faut encore y ajouter les petits louis provenant des économies de ma mère...

Mon père était officier* dans les armées du roi. C'était un homme grand, maigre, chevelure noire, barbe, yeux, peau de même couleur... Quoiqu'il n'eût guère, quand je suis né, que 48 ou 50 ans, on lui en aurait certainement bien donné 60 ou... 58. Il était d'un caractère vif, bouillant, souvent en colère et ne voulant rien souffrir qui lui déplût.

Ma mère était bien différente : femme douce, calme, s'effrayant de peu de chose, et cependant tenant la maison dans un ordre parfait. Elle était si calme, que mon père l'amusait comme une jeune demoiselle. J'étais le plus aimé. Mes frères étaient moins vaillants que moi et cependant plus grands : j'aimais peu l'étude, c'est-à-dire d'apprendre à lire, écrire et compter... mais si c'était pour arranger une maison, cultiver un jardin, faire des commissions, à la bonne heure, je me plaisais à cela.

Je me rappelle qu'un jour mon père m'avait promis vingt sous si je lui faisais bien une division ; je commençai ; mais je ne pus finir. Ah ! combien de fois ne m'a-t-il pas promis de... sous, des jouets, des friandises, même une fois cinq francs, si je pouvais lui... lire quelque chose... malgré cela, mon père me mit en classe dès que j'eus dix ans.

Pourquoi, me disais-je, apprendre du grec, du latin ? Je ne le sais. Enfin on n'a pas besoin de cela ! Que m'importe à moi que je sois reçu... à quoi cela sert-il d'être reçu, rien, n'est-ce pas ? Si pourtant on dit qu'on n'a une place que lorsqu'on est reçu. Moi, je ne veux pas de place, je serai rentier. Quand même on en voudrait une, pourquoi apprendre le latin ; personne ne parle cette langue. Quelquefois j'en vois sur les journaux, mais dieu merci, je ne serai pas journaliste.

Pourquoi apprendre et de l'histoire et de la géographie ? On a, il est vrai, besoin de savoir que Paris est en France, mais on ne demande pas à quel degré de latitude. De l'histoire, apprendre la vie de Chinaldon, de Nabopolassar, de Darius, de Cyrus, et d'Alexandre et de leurs autres compères remarquables par leurs noms diaboliques, est un supplice ?

* Colonel des Cent-Gardes.

Que m'importe, moi qu'Alexandre ait été célèbre?
Que m'importe... Que sait-on si les latins ont existé?
C'est peut-être quelque langue forgée; et quand même
ils auraient existé, qu'ils me laissent rentier et conservent
leur langue pour eux! Quel mal leur ai-je fait pour qu'ils
me flanquent au supplice.

Passons au grec... cette sale langue n'est parlée par
personne, personne au monde!... Ah! saperlipotte de
saperlipopette! sapristi moi je serai rentier; il ne fait
pas si bon de s'user les culottes sur les bancs... saper-
lipopettouille!

Pour être décrotteur, gagner la place de décrotteur,
il faut passer un examen, car les places qui vous sont
accordées sont d'être ou décrotteur ou porcher ou
bouvier. Dieu merci, je n'en veux pas, moi, saperli-
pouille!

Avec ça des soufflets vous sont accordés pour
récompense, on vous appelle animal, ce qui n'est pas
vrai, bout d'homme, etc.

Ah! saperpouillotte! La suite prochainement.

ARTHUR.
[1864.]

INVOCATION À VÉNUS

Mère des fils d'Énée, ô délices des Dieux,
Délices des mortels, sous[1] les astres des cieux,
Vénus, tu peuples tout[2] : l'onde où court le navire,
Le sol fécond : par toi tout être qui respire
5　Germe, se dresse, et voit le soleil lumineux[3]!
Tu parais... À l'aspect de ton front radieux
Disparaissent les vents et les sombres nuages :
L'Océan te sourit; fertile[4] en beaux ouvrages,
La Terre étend les fleurs[5] suaves sous tes pieds;
10　Le jour brille plus pur sous les cieux azurés[6]!
Dès qu'Avril reparaît, et, qu'enflé de jeunesse,
Prêt à porter à tous une douce tendresse,
Le souffle du zéphir a forcé sa prison,

Le peuple aérien annonce ta saison :
15 L'oiseau charmé subit ton pouvoir, ô Déesse ;
Le sauvage[1] troupeau bondit dans l'herbe épaisse,
Et fend l'onde à la nage, et tout être vivant,
À ta grâce enchaîné, brûle en te poursuivant !
C'est toi qui, par les mers, les torrents, les montagnes,
20 Les bois peuplés de nids et les vertes campagnes,
Versant au cœur[2] de tous l'amour cher et puissant,
Les portes d'âge en âge[3] à propager leur sang !
Le monde ne connaît, Vénus, que ton empire !
Rien ne pourrait sans toi se lever vers le jour[4] :
25 Nul n'inspire sans toi, ni ne ressent d'amour !
À ton divin concours dans mon œuvre j'aspire !...

A. RIMBAUD.

Externe au collège de Charleville.
(1869.)

CHARLES D'ORLÉANS À LOUIS XI

Sire, le temps a laissé son manteau de pluie ; les fouriers d'été sont venus : donnons l'huys au visage à Mérencolie ! Vivent les lays et ballades ! moralités et joyeulsetés ! Que les clercs de la basoche nous montent les folles soties : allons ouyr la moralité du Bien-Advisé et Mal-Advisé, et la conversion du clerc Théophilus[5], et come alèrent à Rome Saint Père et Saint Pol, et comment furent martirez ! Vivent les dames à rebrassés collets[6], portant atours et broderyes ! N'est-ce pas, Sire, qu'il fait bon dire sous les arbres, quand les cieux sont vêtus de bleu, quand le soleil cler luit, les doux rondeaux, les ballades haut et cler chantées ? *J'ai ung arbre de la plante d'amours*[7], ou *Une fois me dites ouy, ma dame,* ou *Riche amoureux a toujours l'advantage...* Mais me voilà bien esbaudi, Sire, et vous allez l'être comme moi : Maistre François Villon, le bon folastre, le gentil raillart qui rima tout cela, engrillonné, nourri d'une miche et

d'eau, pleure et se lamente maintenant au fond du Châtelet! Pendu serez[1]! lui a-t-on dit devant notaire : et le pauvre folet tout transi a fait son épitaphe pour lui et ses compagnons : et les gratieux gallans[2] dont vous aimez tant les rimes, s'attendent danser à Montfaulcon, plus becquetés d'oiseaux que dés à coudre[3], dans la bruine et le soleil!

Oh! Sire, ce n'est pas pour folle plaisance[4] qu'est là Villon! Pauvres housseurs ont assez de peine[5]! Clergeons attendant leur nomination de l'Université, musards, montreurs de synges, joueurs de rebec qui payent leur escot en chansons, chevaucheurs d'escuryes, sires de deux écus, reîtres cachant leur nez en pots d'étain mieux qu'en casques de guerre*[6]; tous ces pauvres enfants secs et noirs comme escouvillons[7], qui ne voient de pain qu'aux fenêtres[8], que l'hiver emmitoufle d'onglée, ont choisi maistre François pour mère nourricière! Or nécessité fait gens méprendre, et faim saillir le loup du bois[9] : peut-être l'Escollier, ung jour de famine, a-t-il pris des tripes au baquet des bouchers, pour les fricasser à l'Abreuvoir Popin ou à la taverne du Pestel[10]? Peut-être a-t-il pipé une douzaine de pains au boulanger, ou changé à la Pomme du Pin un broc d'eau claire pour un broc de vin de Baigneux? Peut-être, un soir de grande galle au Plat-d'Étain, a-t-il rossé le guet à son arrivée; ou les a-t-on surpris, autour de Montfaulcon, dans un souper conquis par noise, avec une dixaine de ribaudes? Ce sont les méfaits de maistre François! Parce qu'il nous montre ung gras chanoine mignonnant avec sa dame en chambre bien nattée[11], parce qu'il dit que le chappelain n'a cure de confesser, sinon chambrières et dames[12], et qu'il conseille aux dévotes, par bonne mocque, parler contemplation sous les courtines[13], l'escollier fol, si bien riant, si bien chantant, gent comme esmerillon, tremble sous les griffes des grands juges, ces terribles oiseaux noirs que suivent corbeaux et pies! Lui et ses compagnons, pauvres piteux! accrocheront un nouveau chapelet de pendus aux bras de la forêt : le vent leur fera chandeaux[14] dans le doux feuillage sonore : et vous, Sire, et tous ceux qui aiment le poète, ne pourront rire

* Olivier Basselin, *Vaux-de-Vire.*

qu'en pleurs en lisant ses joyeuses ballades : ils songeront qu'ils ont laissé mourir le gentil clerc qui chantait si follement, et ne pourront chasser Mérencolie!

Pipeur, larron, maistre François est pourtant le meilleur fils du monde : il rit des grasses souppes jacobines : mais il honore ce qu'a honoré l'église de Dieu[1], et madame la vierge, et la très sainte trinité! Il honore la Cour de Parlement, mère des bons, et sœur des benoitz anges; aux médisants du royaume de France[2], il veut presque autant de mal qu'aux taverniers qui brouillent le vin[3]. Et dea! Il sait bien qu'il a trop gallé au temps de sa jeunesse folle[4]! L'hiver, les soirs de famine, auprès de la fontaine Maubuay ou dans quelque piscine ruinée, assis à croppetons devant petit feu de chenevottes[5], qui flambe par instants pour rougir sa face maigre, il songe qu'il aurait maison et couche molle, s'il eût estudié!... Souvent, noir et flou comme chevaucheur d'escovettes[6], il regarde dans les logis par des mortaises : « — Ô, ces morceaulx savoureux et frians! ces tartes, ces flans, ces grasses gelines dorées! — Je suis plus affamé que Tantalus! — Du rost! du rost[7]! — Oh! cela sent plus doux qu'ambre et civettes! — Du vin de Beaulne dans de grandes aiguières d'argent! — Haro, la gorge m'ard[8]!... Ô, si j'eusse estudié[9]!... — Et mes chausses qui tirent la langue, et ma hucque qui ouvre toutes ses fenêtres, et mon feautre en dents de scie! — Si je rencontrais un piteux Alexander[10], pour que je puisse, bien recueilli, bien débouté, chanter à mon aise comme Orpheus le doux ménétrier[11]! Si je pouvais vivre en honneur une fois avant que de mourir!... » Mais, voilà : souper de rondeaux, d'effets de lune sur les vieux toits, d'effets de lanternes sur le sol, c'est très maigre, très maigre; puis passent, en justes cottes, les mignottes villotières qui font chosettes mignardes pour attirer les passants; puis le regret des tavernes flamboyantes, pleines du cri des buveurs heurtant les pots d'étain et souvent les flamberges, du ricanement des ribaudes, et du chant aspre des rebecs mendiants; le regret des vieilles ruelles noires où saillent follement, pour s'embrasser, des étages de maisons et des poutres énormes; où, dans la nuit épaisse, passent, avec des sons de rapières traînées, des rires et des braie-

ries abominables... Et l'oiseau rentre au vieux nid : Tout aux tavernes et aux filles[1]!...

Oh! Sire, ne pouvoir mettre plumail au vent[2] par ce temps de joie! La corde est bien triste en mai, quand tout chante, quand tout rit, quand le soleil rayonne sur les murs les plus lépreux! Pendus seront, pour une franche repeue! Villon est aux mains de la Cour de Parlement : le corbel n'écoutera pas le petit oiseau! Sire, ce serait vraiment méfait de pendre ces gentils clercs : ces poètes-là, voyez-vous, ne sont pas d'ici-bas : laissez-les vivre leur vie étrange; laissez-les avoir froid et faim, laissez-les courir, aimer et chanter : ils sont aussi riches que Jacques Cœur[3], tous ces fols enfants, car ils ont des rimes plein l'âme, des rimes qui rient et qui pleurent, qui nous font rire ou pleurer : Laissez-les vivre : Dieu bénit tous les miséricords, et le monde bénit les poètes.

A. RIMBAUD.

(Printemps de 1870.)

Ver erat, et morbo Romae languebat inerti
Orbilius : diri tacuerunt tela magistri
Plagarumque sonus non jam veniebat ad aures,
Nec ferula assiduo cruciabat membra dolore.
5 Arripui tempus : ridentia rura petivi
Immemor; a studio moti curisque soluti
Blanda fatigatam recrearunt gaudia mentem.
Nescio qua laeta captum dulcedine pectus
Taedia jam ludi, jam tristia verba magistri
10 Oblitum, campos late spectare juvabat
Laetaque vernantis miracula cernere terrae.
Nec ruris tantum puer otia vana petebam :
Majores parvo capiebam pectore sensus :
Nescio lymphatis quae mens divinior alas
15 Sensibus addebat : tacito spectacula visu
Attonitus contemplabar : pectusque calentis
Insinuabat amor ruris : ceu ferreus olim
Annulus, arcana quem vi Magnesia cautes
Attrahit, et caecis tacitum sibi colligat hamis.

20 Interea longis fessos erroribus artus
Deponens, jacui viridanti in fluminis orâ
Murmure languidulo¹ sopitus, et otia duxi,
Permulsus volucrum concentu aurâque Favoni.
Ecce per aetheream vallem incessere columbae,
25 Alba manus, rostro florentia serta gerentes
Quae Venus in Cypriis redolentia carpserat hortis.
Gramen, ubi fusus recreabar turba petivit
Molli remigio : circum plaudentibus alis
Inde meum cinxere caput, vincloque virenti
30 Devinxere manus, et olenti tempora myrto

Nostra coronantes, pondus per inane tenellum
Erexere... Cohors per nubila celsa vehebat
Languidulum roseâ sub fronde : cubilia ventus
Ore remulcebat molli nutantia motu.
35 Ut patrias tetigere domos, rapidoque volatu
Monte sub ærio pendentia tecta columbæ
Intravere, breve positum vigilemque relinquunt.
Ô dulcem volucrum nidum!... Lux candida puris
Circumfusa humeros radiis mea corpora vestit :
40 Nec vero obscuræ lux illa simillima luci,
Quæ nostros hebetat mixta caligine visus :
Terrenæ nil lucis habet cælestis origo!
Nescio quid cæleste mihi per pectora semper
Insinuat, pleno currens ceu flumine, numen.

45 Interea redeunt volucres, rostroque coronam
Laurea serta gerunt, quali redimitus Apollo
Argutas gaudet compellere pollice chordas.
Ast ubi lauriferâ frontem cinxere coronâ,
Ecce mihi patuit cælum, visuque repente
50 Attonito, volitans super aurea nubila, Phæbus
Divina vocale manu prætendere plectrum.
Tum capiti inscripsit cælesti hæc nomina flammâ :
TU VATES ERIS... In nostros se subjicit artus
Tum calor insolitus, ceu, puro splendida vitro,
55 Solis inardescit radiis vis limpida fontis.
Tunc etiam priscam speciem liquere columbæ :
Musarum chorus apparet, modulamina dulci
Ore sonans, blandisque exceptum sustulit ulnis,
Omina ter fundens ter lauro tempora cingens.

(6 novembre 1868.)

RIMBAUD ARTHUR.
Externe libre du collège de Charleville.
Né à Charleville, le 20 octobre 1854.

L'ANGE ET L'ENFANT

Jamque novus primam lucem consumpserat annus,
Jucundam pueris lucem, longumque petitam,
Oblitamque brevi : risu somnoque sepultus,
Languidulus tacuit puer; illum lectulus ambit
5 Plumeus, et circa crepitacula garrula terrâ,
Illorumque memor, felicia somnia carpit,
Donaque cælicolum, matris post dona, receptat.
Os hiat arridens, et semadaperta¹ videntur
Labra vocare Deum : juxta caput angelus adstat
10 Pronus, et innocui languentia murmura cordis
Captat, et ipse suâ pendens ab imagine, vultus
Aethereos contemplatur; frontisque serenæ
Gaudia miratus, miratus gaudia mentis,
Intactumque Notis florem :
                              « Puer æmule nobis,
15 I, mecum conscende polos, cælestia regna
Ingredere; in somnis conspecta palatia dignus
Incole; cælestem tellus ne claudat alumnum!
Nulli tuta fides : numquam sincera remulcent
Gaudia mortales; ex ipso floris odore
20 Surgit amari aliquid², commotaque corda juvantur
Tristi lætitia; numquam sine nube voluptas
Gaudet et in dubio sublucet lacryma risu.
Quid? Frons pura tibi vitâ marceret amarâ,
Curaque cæruleos lacrymis turbaret ocellos,
25 Atque rosas vultus depelleret umbra cupressi?
Non ita : Divinas mecum penetrabis in oras,
Cælicolumque tuam vocem concentibus addes,
Subjectosque homines, hominumque tuebere fluctus.
I : tibi perrumpit vitalia vincula Numen.
30 At non lugubri veletur tegmine mater :
Haud alio visu feretrum ac cunabula cernat;
Triste supercilium pellat, nec funera vultum
Constristent : manibus potius det lilia plenis³ :
Ultima namque dies puro pulcherrima mansit. »

35 *Vix ea : purpureo pennam levis admovet ori,*
    Demetit ignarum, demessique excipit alis
    Cæruleis animam, superis et sedibus infert
    Molli remigio : nunc tantum lectulus artus
    Servat pallidulos[1]*, quibus haud sua gratia cessit,*
40 *Sed non almus alit flatus, vitamque ministrat;*
    Interiit... Sed adhuc redolentibus oscula labris
    Exspirant risus, et matris nomen oberrat,
    Donaque nascentis moriens reminiscitur anni[2]*.*
    Clausa putes placido languentia lumina somno;
45 *Sed sopor ille, novo plus quam mortalis honore,*
    Nescio quo cingit cælesti lumine frontem,
    Nec terræ sobolem at cæli testatur alumnum.

    Oh! quanto genitrix luctu deplanxit ademptum,
    Et carum inspersit, fletu manante, sepulcrum!
50 *At quoties dulci declinat lumina somno,*
    Parvulus affulget, roseo de limine cæli,
    Angelus, et dulcem gaudet vocitare parentem.
    Subridet subridenti : mox, aere lapsus,
    Attonitam niveis matrem circumvolat alis,
55 *Illaque divinis connectit labra labellis.*

(1er semestre 1869.)

RIMBAUD ARTHUR.
Né le 20 octobre 1854 à Charleville.

COMBAT D'HERCULE
ET DU FLEUVE ACHELOÜS

Olim inflatus aquis, ingenti Acheloüs ab alveo
Turbidus in·pronas valles erupit, et undis
Involvit pecudes et flavæ messis honorem.
Humanæ periere domus, desertaque late
5 *Arva extenduntur : vallem sua nympha reliquit,*
Faunorumque cessere chori, cunctique furentem
Amnem adspectabant; miseratâ mente querelas
Audiit Alcides : fluvii frenare furores

Tentat et in tumidos immania corpora fluctus
10 *Projicit, et validis spumantes dejicit ulnis,*
  Et debellatos proprium deflectit in alveum.
  Indignata fremit devicti fluminis unda :
  Protinus anguinos fluvii deus induit artus,
  Sibilat et stridens liventia terga retorquet
15 *Et tremebunda quatit turgenti littora caudâ.*
  Irruit Alcides, robustaque bracchia collo
  Circumdat stringens, obluctantemque lacertis
  Frangit, et enecto torquentem tergore truncum
  Projicit, et nigrâ moribundum extendit arenâ,
20 *Erigiturque ferox : « Audes tentare lacertos*
  Herculeos, fremit, imprudens ? Hos dextera ludos
  (Tunc ego parvus adhuc cunabula prima tenebam)
  Extulit : hanc geminos nescis vicisse dracones ? »

  At pudor instimulat numen fluviale, decusque
25 *Nominis eversi, presso sub corde dolore,*
  Restitit : ardenti fulgent fera lumina luce :
  Frons exsurgit atrox ventosque armata lacessit;
  Mugit, et horrendis mugitibus adfremit æther.
  At satus Alcmena[1] furialia prælia ridet,
30 *Advolat, arreptumque quatit, tremebundaque membra*
  Sternit humi, pressatque genu crepitantia colla
  Atque lacertoso complexus guttura nexu
  Frangit anhelantis, singultantemque premit vi.
  Tum monstro expirante ferox insigne tropæi
35 *Sanguinea Alcides cornu de fronte revellit.*
  Tum Fauni, Dryadumque chori, Nymphæque sorores
  Quorum divitias victor patriosque recessus
  Ultus erat, molles recubantem ad roboris umbras,
  Et priscos lætâ revocantem mente triumphos
40 *Agmine circumeunt alacri, frontemque coronâ*
  Florigerâ variant, sertisque virentibus ornant.
  Tum cornu, quod forte solo propiore jacebat
  Communi cepere manu, spoliumque cruentum
  Uberibus pomis et odoris floribus implent.

(1er semestre 1869.)

RIMBAUD.
Externe au collège de Charleville.

JUGURTHA

La Providence fait quelquefois repa-
raître le même homme à travers plusieurs
siècles.

Balzac, *Lettres*.

I

Nascitur Arabiis ingens in collibus infans
Et dixit levis aura : « Nepos est ille Jugurthae... »

Fugit pauca dies ex quo surrexit in auras
Qui mox Arabiæ genti patriæque Jugurtha
5 *Ipse futurus erat, quum visa parentibus umbra*
Attonitis, puerum super, ipsius umbra Jugurthæ,
Et vitam narrare suam, fatumque referre :
« Ô patria! ô nostro tellus defensa labore! »
Et paulum zephyro vox interrupta silebat.
10 *« Roma, prius multi sedes impura latronis,*
Ruperat angustos muros, effusaque circum
Vicinas scelerata sibi constrinxerat oras :
Fortibus hinc orbem fuerat complexa lacertis
Reddideratque suum! Multæ depellere gentes
15 *Nolebant fatale jugum : quæque arma parassent*
Nequidquam patriâ pro libertate cruorem
Fundere certabant; ingentior objice Roma
Frangebat populos, quum non acceperat urbes!... »

Nascitur Arabiis ingens in collibus infans
20 *Et dixit levis aura : « Nepos est ille Jugurthæ... »*

« Ipse diu hanc plebem generosas volvere mentes
Credideram; sed quum propius discernere gentem
Jam juveni licuit, magnum sub pectore vulnus
Ingenti patuit!... — Dirum per membra venenum,
25 *Auri sacra fames* [1]*, influxerat... omnis in armis*
Visa erat... — Urbs meretrix toto regnabat in orbe!
Ille ego reginæ statui contendere Romæ;
Despexi populum, totus cui paruit orbis!... »

Nascitur Arabiis ingens in collibus infans
30 *Et dixit levis aura : « Nepos est ille Jugurthæ... »*

« *Nam quum consiliis sese immiscere Jugurthæ*
Roma aggressa fuit, sensim sensimque latente
Captatura dolo patriam, impendentia vincla
Conscius adspexi, statuique resistere Romæ,
35 *Ima laborantis cognoscens vulnera cordis!*
Ô vulgus sublime! viri! plebecula sancta!
Illa, ferox mundi late regina decusque,
Illa meis jacuit, jacuit terra ebria donis!
Ô quantum Numidæ Romanam risimus urbem!
40 — *Ille ferus cuncto volitabat in ore Jugurtha :*
Nullus erat Numidas qui contra surgere posset! »

Nascitur Arabiis ingens in collibus infans
Et dixit levis aura : « Nepos est ille Jugurthæ... »

« *Ille ego Romanos aditus Urbemque vocatus*
45 *Sustinui penetrare, Nomas! — frontique superbæ*
Injeci colaphum, venaliaque agmina tempsi!...
— *Oblita hic tandem populus surrexit ad arma :*
Haud ego projeci gladios : mihi nulla triumphi
Spes erat : At saltem potui contendere Romæ!
50 *Objeci fluvios, objeci saxa catervis*
Romulidum; Lybicis nunc colluctantur arenis,
Nunc posita expugnant sublimi in culmine castra :
Sæpe meos fuso tinxerunt sanguine campos...
— *Atque hostem insueti tandem stupuere tenacem!* »

55 *Nascitur Arabiis ingens in collibus infans*
Et dixit levis aura : « Nepos est ille Jugurthæ... »

« *Forsan et hostiles vicissem denique turmas...*
Perfidia at Bocchi... — Quid vero plura revolvam?
Contentus patriam et regni fastigia liqui,
60 *Contentus colapho Romam signasse rebelli!*

— *At novus Arabii victor nunc imperatoris,*
Gallia!... Tu, fili, si quâ fata aspera rumpas,
Ultor eris patriæ... Gentes, capite arma, subactæ!...
Prisca reviviscat domito sub pectore virtus!...
65 *Ô gladios torquete iterum, memoresque Jugurthæ*

Pellite victores, patria libate cruorem!...
Ô utinam Arabii surgant in bella leones,
Hostiles lacerent ultrici dente catervas!
— Et tu! cresce, puer! faveat fortuna labori.
70 Nec dein Arabiis insultet Gallicus oris!... »

— Atque puer ridens gladio ludebat adunco!...

II

Napoleo! proh Napoleo! novus ille Jugurtha
Vincitur : indigno devinctus carcere languet...
Ecce Jugurtha viro rursus consurgit in umbris
75 Et tales placido demurmurat ore loquelas :
« Cede novo, tu, nate, Deo! Jam linque querelas.
Nunc ætas melior surgit!... — Tua vincula solvet
Gallia, et Arabiam, Gallo dominante, videbis
Lætitiam : accipies generosæ fœdera gentis...
80 — Ilicet immensa magnus tellure, sacerdos
Justitiæ fideique!... — Patrem tu corde Jugurtham
Dilige, et illius semper reminiscere sortem!

III

Ille tibi Arabii genius nam littoris extat!...

(2 juillet 1869.)

RIMBAUD JEAN-NICOLAS-ARTHUR.
Externe au collège de Charleville.

Tempus erat quo Nazareth habitabat Iesus :
Crescebat virtute puer, crescebat et annis.
Mane novo quondam, vici quum tecta ruberent
Exiit a lecto per cuncta oppressa sopore,
5 Munus ut exactum surgens reperieret Ioseph.

In cœptum jam pronus opus, vultuque sereno
Ingentem impellens serram, serramque retractans,
Plurima cædebat puerili ligna lacerto.
Late apparebat nitidus sol montibus altis,
10 *Intrabatque humiles argentea flamma fenestras.*
Jam vero ad pastum cogunt armenta bubulci,
Et tenerum artificem matutinique laboris
Murmura certanti studio mirantur euntes.
« Quis puer ille? ferunt; olli nempe eminet ore
15 *Mixta venustate gravitas; vigor emicat armis.*
Parvulus ille opifex cedrum, ut vetus, arte laborat
Nec magis Hirami fuerit labor improbus olim,
Quum validis prudens, Salomone adstante, lacertis
Ingentes cedros et templi ligna secaret.
20 *Attamen hinc gracili curvatur arundine corpus*
Lentius, æquaretque humeros arrecta securis. »

At genitrix, serræ stridentia lamina captans,
Exierat lecto, sensimque ingressa silensque,
Multa laborantem et versantem ingentia ligna
25 *Conspexit puerum pendens...; pressisque labellis*
Spectabat, natumque suum complexa sereno
Intuitu, tremulis errabant murmura labris;
Lucebant risus lacrymis... At serra repente
Frangitur, et digitos incauti vulnere fœdat :
30 *Candida purpureo maculatum sanguine vestis...*
Exsilit ore levis gemitus; matremque repente
Respiciens, digitos condit sub veste rubentes
Atque arridenti similis, matrem ore salutat.

. . . .

At genibus nati Genitrix allapsa fovebat
35 *Heu! digitos digitis, teneris dabat oscula palmis,*
Multa gemens, guttisque humectans grandibus ora.
At puer immotus : « Quid ploras, nescia mater?
Quod tetigit digitos acies extrema securis?...
Non jam tempus adest quo te plorare decebit ! »
40 *Tum cœptum repetivit opus, materque silescens*
Candentes ad humum demisit pallida vultus,
Multa putans, rursusque in natum tristia tollens
Lumina : « Summe Deus, fiat tua sancta voluntas ! »

(1870.)

A. RIMBAUD.

VERBA APOLLONII
DE MARCO CICERONE

*Audistis hanc, discipuli, Ciceronis orationem, in qua fecit,
ut omnino græcus in graeca oratione, ut in vana re verus, ut in
schola minime scholasticus videretur : Quanta jam in argumento
prudentia, quantum in narratione acumen et judicium, quam
vivida, quam* παθητικῆ *peroratio! At quanta praesertim in
dicendo concinnitas et abundantia; quantus verborum numerus!
Quanta magnificentia sententiae devolvuntur! non Ciceronem
omnibus suis natura donis nequidquam ornatum voluit : poscit
illum Roma, qui Gracchorum, qui Bruti eloquentiam revocet :
poscunt veræ ad tribunal causae, quibus nunc praedatores arguat,
nunc innocentiae, forsan et litterarum causam resuscitet. Macte
igitur, adolescens : qui nunc vocem intra scholam hanc emittis,
modo in foro concionari poteris, et persuasum habeo, te non
majores a plebe, quam nunc a me, plausus percepturum. Me
nempe gloriari licet, quod talis orator e schola mea evadat;
hoc maximum mihi decus erit, te optimarum artium disci-
plina et studio formavisse, vel ipsius ingenii adolescentiam
observavisse : quod majus dulcius ve mihi pretium esse potest,
quam quod Ciceronis magister fuisse dicar? haec forsan mihi
et apud posteros laus supererit. Vos autem, discipuli, satis
justos esse reor, qui Ciceronis praestantiam egregiasque virtutes
agnoscatis. Illum igitur eisdem, quibus ego, laudibus ornate,
praesertimque imitemini : nempe vobis olim cum Cicerone
studuisse gloriosum erit.*

*Sed in tanta lætitia nescio quis maeror subit et desiderium;
nec, etsi ingenium eloquentiamque maximis laudibus ea tollere
non dubito, Marcum Tullium Romanum esse possum oblivisci.
Romanus es, qui ceteris istis praestat discipulis! Romanum ego
informavi et exercui! Graecia Romanorum armis jam tota
victa est; quæ libertatis jacturam studio solari poterat, et se
terrarum orbi si non armis, ingenio saltem dominari rebatur;
ultimo illi solatio, illi dominationi, Romani, invidetis; et nos
a litterarum fastigio deturbare, et quod unum vobis hactenus
alienum erat, vestrum facere vultis! Romani quondam opes,
Corintho ceterisque Graeciae urbibus expugnatis, eripuere,*

*tabulas, aurum atque argentum Romae transtulere, quibus nunc
templa nunc publicae aedes exornantur : mox et gloriam eripient,
quae urbium expugnationi supererat, inter patriae ruinam
integra! dum scriptores nostros vel non imitandos remur, dum
Periclis aetatem unicam fore persuasum habemus, en altera
aetas Romae incipit aemulari, quae vates, quamvis Sophoclem
Euripidemque Periclis una aetas tulerit, quae oratores, quamvis
illa Lysiam et Isocratem, quae philosophos, quamvis Platonem
et Xenophonta, majores pariat et doctrina magis imbutos
pariat! Nec dubium est, quin de graecis litteris jam Roma
triumphet : jampridem nobis aemulatur, quippe quae Plautium
Rudium Aristophani illi nostro, Terentiumque suum Menandro
illi composuerit : nempe Terentius ille, quem apud nos jam
celeberrimum video, quum dimidiatus Menander vocetur, in
summis poneretur, Graecisque forsan non impar esset, si tam
concinni quam puro sermoni vim comicam adjecisset : Quin
etiam nova genera instituunt; satyram totam suam esse
contendunt : primus nempe Lucilius mores hoc modo castigare
docuit, nec dubium est, quin alii vates illud genus mox retractent
illustrentque. Quod vero de oratoribus loquar? Nonne jam
Gracchorum ingenium et eloquentiam, nonne Bruti illius oratoris
facundiam audivistis? nonne tu quoque, Marce Tulli, orato-
ribus nostris aemularis? Hoc est igitur, quod nos quidem
Romanos adolescentes e Roma in nostram hanc Graeciam
transmigrantes intra scholas gymnasiaque accipimus, et opti-
marum artium studiis ac disciplina formamus, et praeclarorum
oratorum exemplo erudimus? Nempe, si dii ita jusserunt,
ut nobis ipsi victores instituamus, jam de Graecis litteris actum
erit : Romanis enim ad pugnam nova omnia; nos autem degeneres
ac scholastici sumus; quid aliud quam veteres laudamus mira-
murque? Nulli jam in Graecia futuri sunt oratores, nulli
vates futuri sunt; Roma autem novis nunc et egregiis scripto-
ribus gravis : ita ut omnino jam extinctum Graecum ingenium
esse videatur. Quomodo enim aliter accedere potuisset? Quid
ego nunc queror, quod vos victores fore praevideo, ac non elo-
quentiam cum libertate nostra simul amissam potius fateor :
floruit vere eloquentia, quum liberi rem nostram gerebamus;
nunc, contrita et pedibus calcata libertate, impositi proconsulis
vectigales sumus : Scilicet Pericles ille noster cæsos pro patria
cives laudabat : nos pro Romano imperio abductos et caesos
in extremis terrarum orbis partibus cives laudaremus? Scilicet
Demosthenes Philippum vehementissimis impugnabat sermo-
nibus, urbisque proditores infames faciebat; nos hostem nunc*

impugnaremus, qui patriam hosti tradidimus? Floruit elo-
quentia, quum leges in foro promulgarentur quum singuli ora-
tores concionabundi, Deos patrios, plebem virorum simulacra
alloquerentur : nunc leges nobis a Romano proconsule imponuntur,
nec est, quod obsistamus! perit inter lictorum virgas, ut libertas,
eloquentia : nil jam nisi veterum scripta versare, et quæ in foro
declamabantur, legere possumus : non jam de rebus nostris
disserimus; at nescio quæ vana et arcessita tractamus, quae
victoribus nostris haud nefas videantur! Olim Romae quoque
Tullii desideriumerit, quum, a tyrannis e foro in scholam
expelletur eloquentia : libertatis enim eloquentia vox est; quomodo
igitur eloquentia tyrannorum jugum importunum pati posset?

Hoc ne vos tamen a studiis deterreat, discipuli, et quos
semper studiosos compertus sum, eosdem semper comperiar;
nobis quidem nullum amissae gloriae solatium est, quippe qui
virorum nostrorum simulacra etiam amiserimus; nonne, si
memoriam revocaremus illorum temporum, quibus omni rerum
copia florebamus, quam velut ex uberrimis fontibus in univer-
sum etiam orbem profundebant tot illæ civitates et coloniae
nostrae; quibus totam Asiam, imo fere totam Italiam sube-
gimus, quid aliud quam desiderium subiret, quum gloriae et
prosperitatis memores essemus, quam ira et dolor, quum
præsentem servitutem res quam luctus maerorque, quum quae
fata Galliam nostram maneant, conspiceremus. Gloriam itaque,
quando ab ineluctabili superorum lege ita decretum est, ut
Graecia illa virorum parens et nutrix, nunc domita et despecta
jaceat, gloriam a memoria omnino abjiciamus! Supererit
litterarum nobis solatium doctrinaeque studium, quod vel in
dolore laetitia, vel in servitute nescio quæ libertatis umbra
redditur; oculos ab hac nostra humilitate in illam veterum
scriptorum dignitatem deferemus : et inter illorum libros
semoti, nunc Homeri, nunc Platonis, non jam de rebus publicis,
quod ad alios nunc pertinet, at de carmine, de diis immortalibus,
de omnibus scilicet, quibus illi mire disseruere, dulci colloquio
fruemur! Tu quoque, Tulli, quem tam egregio ingenio praeditum
compertus sum, meam hanc tui exspectationem, si diis libet,
quum in patriam redux forum experiere, non falles; at inter
populares plausus, noli hujus Apollonii Graeci, qui te optima-
rum artium studio disciplinaque formavit, memoriam abjicere,
et hoc semper persuasum habeto, nanquam te majorem quam
ego, ex illis plausibus lætitiam superbiamque percepturum!

(1870.)

RIMBAUD.

UN CŒUR SOUS UNE SOUTANE

INTIMITÉS D'UN SÉMINARISTE

... Ô Thimothina Labinette! Aujourd'hui que j'ai revêtu la robe sacrée, je puis rappeler la passion, maintenant refroidie et dormant sous la soutane, qui, l'an passé, fit battre mon cœur de jeune homme sous ma capote de séminariste!...

1er mai 18...

... Voici le printemps. Le plant de vigne de l'abbé*** bourgeonne dans son pot de terre : l'arbre de la cour a de petites pousses tendres comme des gouttes vertes sur ses branches; l'autre jour, en sortant de l'étude, j'ai vu à la fenêtre du second quelque chose comme le champignon nasal du sup***. Les souliers de J*** sentent un peu; et j'ai remarqué que les élèves sortent fort souvent pour... dans la cour; eux qui vivaient à l'étude comme des taupes, rentassés, enfoncés dans leur ventre, tendant leur face rouge vers le poêle, avec une haleine épaisse et chaude comme celle des vaches! Ils restent fort longtemps à l'air, maintenant, et, quand ils reviennent, ricanent, et referment l'isthme de leur pantalon fort minutieusement, — non, je me trompe, fort lentement, — avec des manières, en semblant se complaire, machinalement, à cette opération qui n'a rien en soi que de très futile...

2 mai...

Le sup*** est descendu hier de sa chambre, et, en fermant les yeux, les mains cachées, craintif et frileux,

il a traîné à quatre pas dans la cour ses pantoufles de
chanoine *a*!...

Voici mon cœur qui bat la mesure dans ma poitrine,
et ma poitrine qui bat contre mon pupitre crasseux!
Oh! je déteste maintenant le temps où les élèves étaient
comme de grosses brebis suant dans leurs habits sales,
et dormaient dans l'atmosphère empuantie de l'étude,
sous la lumière du gaz, dans la chaleur fade du poêle!...
J'étends mes bras! je soupire, j'étends mes jambes...
je sens des choses dans ma tête, oh! des choses!...

4 mai...

... Tenez, hier, je n'y tenais plus : j'ai étendu, comme
l'ange Gabriel, les ailes de mon cœur. Le souffle de
l'esprit sacré a parcouru mon être! J'ai pris ma lyre,
et j'ai chanté :

> Approchez-vous,
> Grande Marie!
> Mère chérie!
> Du doux Jhésus!
> Sanctus Christus!
> Ô Vierge enceinte
> Ô mère sainte
> Exaucez-nous!

Ô! si vous saviez les effluves mystérieuses qui
secouaient mon âme pendant que j'effeuillais cette rose
poétique! Je pris ma cithare, et comme le Psalmiste,
j'élevai ma voix innocente et pure dans les célestes
altitudes!!! *O altitudo altitudinum!*...
. . . .

7 mai...

Hélas! ma poésie a replié ses ailes *b*, mais, comme Gali-
lée, je dirai, accablé par l'outrage et le supplice : Et
pourtant elle se meut! — Lisez : elles se meuvent! —
J'avais commis l'imprudence de laisser tomber la pré-
cédente confidence... J*** l'a ramassée, J***, le plus

féroce des jansénistes, le plus rigoureux des séides du
sup***, et l'a portée à son maître, en secret ; mais le
monstre, pour me faire sombrer sous l'insulte univer-
selle, avait fait passer ma poésie dans les mains de tous
ses amis !

Hier, le sup*** me mande : j'entre dans son apparte-
ment, je suis debout devant lui, fort de mon intérieur.
Sur son front chauve frissonnait comme un éclair
furtif son dernier cheveu roux : ses yeux émergeaient
de sa graisse, mais calmes, paisibles ; son nez semblable
à une batte était mû par son branle habituel : il chucho-
tait un *oremus :* il mouilla l'extrémité de son pouce,
tourna quelques feuilles de livre, et sortit un petit
papier crasseux, plié...

Grananande Maarieie !...
Mèèèree Chééérieie !

Il ravalait ma poésie ! il crachait sur ma rose ! il faisait
le Brid'oison, le Joseph, le bêtiot, pour salir, pour
souiller ce chant virginal ! Il bégayait et prolongeait
chaque syllabe avec un ricanement de haine concentré :
et quand il fut arrivé au cinquième vers,... *Vierge
enceineinte!* il s'arrêta, contourna sa nasale, et! il
éclata! *Vierge enceinte! Vierge enceinte!* il disait cela avec
un ton, en fronçant avec un frisson son abdomen proé-
minent, avec un ton si affreux, qu'une pudique rougeur
couvrit mon front. Je tombai à genoux, les bras vers
le plafond, et je m'écriai : Ô mon père !...

. . . .

« Votre lyyyre ! votre cithâre ! jeune homme ! votre
cithâre ! des effluves mystérieuses ! qui vous secouaient
l'âme ! J'aurais voulu voir ! Jeune âme, je remarque
là dedans, dans cette confession impie, quelque chose
de mondain, un abandon dangereux, de l'entraînement,
enfin ! »

Il se tut, fit frissonner de haut en bas son abdomen :
puis, solennel :

« Jeune homme, avez-vous la foi ?...

— Mon père, pourquoi cette parole ? Vos lèvres
plaisantent-elles ?... Oui, je crois à tout ce que dit ma
mère... la Sainte Église !

— Mais... Vierge enceinte!... C'est la conception, ça, jeune homme; c'est la conception!...

— Mon père! je crois à la conception...

— Vous avez raison! jeune homme! C'est une chose... »

... Il se tut... — Puis : Le jeune J*** m'a fait un rapport où il constate chez vous un écartement des jambes, de jour en jour plus notoire, dans votre tenue à l'étude; il affirme vous avoir vu vous étendre de tout votre long sous la table, à la façon d'un jeune homme... dégingandé. Ce sont des faits auxquels vous n'avez rien à répondre... Approchez-vous, à genoux, tout près de moi; je veux vous interroger avec douceur; répondez : vous écartez beaucoup vos jambes, à l'étude?

Puis il me mettait la main sur l'épaule, autour du cou, et ses yeux devenaient clairs, et il me faisait dire des choses sur cet écartement des jambes... Tenez, j'aime mieux vous dire que ce fut dégoûtant, moi qui sais ce que cela veut dire, ces scènes-là!... Ainsi, on m'avait mouchardé, on avait calomnié mon cœur et ma pudeur, — et je ne pouvais rien dire à cela, les rapports, les lettres anonymes des élèves les uns contre les autres, au sup***, étant autorisées, et commandées, — et je venais dans cette chambre, me f... sous la main de ce gros!... Oh! le séminaire!...

. . . .

10 mai.

Oh! mes condisciples sont effroyablement méchants et effroyablement lascifs. À l'étude, ils savent tous, ces profanes, l'histoire de mes vers, et, aussitôt que je tourne la tête, je rencontre la face du poussif D***, qui me chuchote : Et ta cithare? et ta cithare? et ton journal? Puis l'idiot L*** reprend : Et ta lyre? et ta cithare? Puis trois ou quatre chuchotent en chœur :

> Grande Marie...
> Mère chérie!

Moi, je suis un grand benêt : — Jésus, je ne me donne pas de coups de pied! — Mais enfin, je ne moucharde

pas, je n'écris pas d'ânonymes, et j'ai pour moi ma
sainte poésie et ma pudeur!...

12 mai...

> Ne devinez-vous pas pourquoi je meurs d'amour?
> La fleur me dit: salut: l'oiseau me dit bonjour:
> Salut; c'est le printemps! c'est l'ange de tendresse!
> Ne devinez-vous pas pourquoi je bous d'ivresse!
> Ange de ma grand-mère, ange de mon berceau,
> Ne devinez-vous pas que je deviens oiseau,
> Que ma lyre frissonne et que je bats de l'aile
> > Comme hirondelle?...

J'ai fait ces vers-là hier, pendant la récréation; je
suis entré dans la chapelle, je me suis enfermé dans un
confessionnal, et là, ma jeune poésie a pu palpiter et
s'envoler, dans le rêve et le silence, vers les sphères
de l'amour. Puis, comme on vient m'enlever mes
moindres papiers dans mes poches, la nuit et le jour,
j'ai cousu ces vers en bas de mon dernier vêtement,
celui qui touche immédiatement à ma peau, et, pendant
l'étude, je tire, sous mes habits, ma poésie sur mon cœur,
et je la presse longuement en rêvant...

15 mai.

Les événements se sont bien pressés, depuis ma
dernière confidence, et des événements bien solennels,
des événements qui doivent influer sur ma vie future et
intérieure d'une façon sans doute bien terrible!

> Thimothina Labinette, je t'adore!
> Thimothina Labinette, je t'adore! je t'adore!
laisse-moi chanter sur mon luth, comme le divin Psalmiste
sur son Psaltérion, comment je t'ai vue, et comment
mon cœur a sauté sur le tien pour un éternel amour!
Jeudi, c'était jour de sortie : nous, nous sortons deux
heures [a]; je suis sorti : ma mère, dans sa dernière lettre,

m'avait dit : « ...tu iras, mon fils, occuper superficielle-
ment ta sortie chez M. Césarin Labinette, un habitué à
ton feu père, auquel il faut que tu sois présenté un jour
ou l'autre avant ton ordination ;... »

... Je me présentai à M. Labinette, qui m'obligea
beaucoup en me reléguant, sans mot dire, dans sa cui-
sine : sa fille, Thimothine, resta seule avec moi, saisit un
linge, essuya un gros bol ventru en l'appuyant contre
son cœur, et me dit tout à coup, après un long silence :
Eh bien, monsieur Léonard ?

Jusque-là, confondu de me voir avec cette jeune
créature dans la solitude de cette cuisine, j'avais baissé
les yeux et invoqué dans mon cœur le nom sacré de
Marie : je relevai le front en rougissant, et, devant la
beauté *a* de mon interlocutrice, je ne pus que balbutier
un faible : Mademoiselle ?...

Thimothine ! tu étais belle ! Si j'étais peintre, je repro-
duirais sur la toile tes traits sacrés sous ce titre : La
Vierge au bol ! Mais je ne suis que poète, et ma langue ne
peut te célébrer qu'incomplètement...

La cuisinière noire, avec ses trous où flamboyaient les
braises comme des yeux rouges, laissait échapper, de ses
casseroles à minces filets de fumée, une odeur céleste de
soupe aux choux et de haricots ; et devant elle, aspirant
avec ton doux nez l'odeur de ces légumes, regardant
ton gros chat avec tes beaux yeux gris, ô Vierge au bol,
tu essuyais ton vase ! les bandeaux plats et clairs de tes
cheveux se collaient pudiquement sur ton front jaune
comme le soleil ; de tes yeux courait un sillon bleuâtre
jusqu'au milieu de ta joue, comme à Santa Teresa !
ton nez, plein de l'odeur des haricots, soulevait ses
narines délicates ; un duvet léger, serpentant sur tes
lèvres, ne contribuait pas peu à donner une belle énergie
à ton visage ; et, à ton menton, brillait un beau signe
brun où frissonnaient de beaux poils follets : tes cheveux
étaient sagement retenus à ton occiput par des épingles ;
mais une courte mèche s'en échappait... Je cherchai
vainement tes seins ; tu n'en as pas : tu dédaignes ces
ornements mondains : ton cœur et tes seins !... Quand
tu te retournas pour frapper de ton pied large ton chat
doré, je vis tes omoplates saillant et soulevant ta robe, et
je fus percé d'amour, devant le tortillement gracieux des
deux arcs prononcés de tes reins !...

Dès ce moment, je t'adorai : j'adorais, non pas tes cheveux, non pas tes omoplates, non pas ton tortillement inférieurement poſtérieur : ce que j'aime en une femme, en une vierge, c'eſt la modeſtie sainte ; ce qui me fait bondir d'amour, c'eſt la pudeur et la piété ; c'eſt ce que j'adorai en toi, jeune bergère !...

Je tâchais de lui faire voir ma passion ; et, du reſte, mon cœur, mon cœur me trahissait ! Je ne répondais que par des paroles entrecoupées à ses interrogations ; plusieurs fois, je lui dis Madame, au lieu de Mademoiselle, dans mon trouble ! Peu à peu, aux accents magiques de sa voix, je me sentais succomber ; enfin je résolus de m'abandonner, de lâcher tout : et, à je ne sais plus quelle queſtion qu'elle m'adressa, je me renversai en arrière sur ma chaise, je mis une main sur mon cœur, de l'autre, je saisis dans ma poche un chapelet dont je laissai passer la croix blanche, et, un œil vers Thimothine, l'autre au ciel, je répondis douloureusement et tendrement, comme un cerf à une biche :

« Oh ! oui ! Mademoiselle... Thimothina !!!! »

Miserere ! miserere ! — Dans mon œil ouvert délicieusement vers le plafond tombe tout à coup une goutte de saumure, dégouttant d'un jambon planant au-dessus de moi, et, lorsque, tout rouge de honte, réveillé dans ma passion, je baissai mon front, je m'aperçus que je n'avais dans ma main gauche, au lieu d'un chapelet, qu'un biberon brun ; — ma mère me l'avait confié l'an passé pour le donner au petit de la mère chose ! — De l'œil que je tendais au plafond découla la saumure amère : — mais, de l'œil qui te regardait, ô Thimothina, une larme coula, larme d'amour, et larme de douleur !...

. . . .

Quelque temps, une heure après, quand Thimothina m'annonça une collation composée de haricots et d'une omelette au lard, tout ému de ses charmes, je répondis à mi-voix : « J'ai le cœur si plein, voyez-vous, que cela me ruine l'eſtomac ! » Et je me mis à table ; oh ! je le sens encore, son cœur avait répondu au mien dans son appel : pendant la courte collation, elle ne mangea pas :

« Ne trouves-tu pas qu'on sent un goût ? » répétait-elle ; son père ne comprenait pas ; mais mon cœur le

comprit : c'était la Rose de David, la Rose de Jessé,
la Rose mystique de l'écriture ; c'était l'Amour !

Elle se leva brusquement, alla dans un coin de la
cuisine, et, me montrant la double fleur de ses reins,
elle plongea son bras dans un tas informe de bottes,
de chaussures diverses, d'où s'élança son gros chat ;
et jeta tout cela dans un vieux placard vide ; puis elle
retourna à sa place, et interrogea l'atmosphère d'une
façon inquiète ; tout à coup, elle fronça le front, et s'écria :

« Cela sent encore ! »...

— Oui, cela sent », répondit son père assez bêtement :
(il ne pouvait comprendre, lui, le profane !)

Je m'aperçus bien que tout cela n'était dans ma
chair vierge que les mouvements intérieurs de sa pas-
sion ! Je l'adorais et je savourais avec amour l'omelette
dorée, et mes mains battaient la mesure avec la four-
chette, et, sous la table, mes pieds frissonnaient d'aise
dans mes chaussures !...

Mais, ce qui me fut un trait de lumière, ce qui me
fut comme un gage d'amour éternel, comme un dia-
mant de tendresse de la part de Thimothina, ce fut
l'adorable obligeance qu'elle eut, à mon départ, de
m'offrir une paire de chaussettes blanches, avec un
sourire et ces paroles :

« Voulez-vous cela pour vos pieds, Monsieur Léo-
nard ? »

. . . .

16 mai.

Thimothina ! je t'adore, toi et ton père, toi et ton
chat :

Thimothina : $\left\{ \begin{array}{l} ...\textit{Vas devotionis,} \\ \textit{Rosa mystica,} \\ \textit{Turris davidica, Ora pro nobis !} \\ \textit{Cæli porta,} \\ \textit{Stella maris,} \end{array} \right.$

17 mai.

Que m'importent à présent les bruits du monde et
les bruits de l'étude ? Que m'importent ceux que la

paresse et la langueur courbent à mes côtés? Ce matin,
tous les fronts, appesantis par le sommeil, étaient collés
aux tables ; un ronflement, pareil au cri du clairon du
jugement dernier, un ronflement sourd et lent s'élevait
de ce vaste Gethsémani. Moi, stoïque, serein, droit, et
m'élevant au-dessus de tous ces morts comme un pal-
mier au-dessus des ruines, méprisant les odeurs et les
bruits incongrus, je portais ma tête dans ma main, j'écou-
tais battre mon cœur plein de Thimothina, et mes yeux
se plongeaient dans l'azur du ciel, entrevu par la vitre
supérieure de la fenêtre !...

18 mai.

Merci à l'Esprit-Saint qui m'a inspiré ces vers char-
mants : ces vers, je vais les enchâsser dans mon cœur ;
et, quand le ciel me donnera de revoir Thimothina,
je les lui donnerai, en échange de ses chaussettes !...
Je l'ai intitulée « *La Brise* » :

> Dans sa retraite de coton
> Dort le zéphyr à douce haleine :
> Dans son nid de soie et de laine
> 4 Dort le zéphyr au gai menton !
>
> Quand le zéphyr lève son aile
> Dans sa retraite de coton,
> Quand il court où la fleur l'appelle,
> 8 Sa douce haleine sent bien bon !
>
> Ô brise quintessenciée !
> Ô quintessence de l'amour !
> Quand la rosée est essuyée,
> 12 Comme ça sent bon dans le jour !
>
> Jésus ! Joseph ! Jésus ! Marie !
> C'est comme une aile de condor
> Assoupissant celui qui prie !
> 16 Ça nous pénètre et nous endort !

. . . .

La fin est trop intérieure et trop suave : je la conserve

dans le tabernacle de mon âme. À la prochaine sortie, je lirai cela à ma divine et odorante Thimothina.

Attendons dans le calme et le recueillement.

. . . .

Date incertaine. — Attendons!...

16 juin!

Seigneur, que votre volonté se fasse : je n'y mettrai aucun obstacle! Si vous voulez détourner de votre serviteur l'amour de Thimothina, libre à vous, sans doute : mais, Seigneur Jésus, n'avez-vous pas aimé vous-même, et la lance de l'amour ne vous a-t-elle pas appris à condescendre aux souffrances des malheureux! Priez pour moi!

Oh! j'attendais depuis longtemps cette sortie de deux heures du 15 juin : j'avais contraint mon âme, en lui disant : Tu seras libre ce jour-là : le 15 juin, je m'étais peigné mes quelques cheveux modestes, et, usant d'une odorante pommade rose, je les avais collés sur mon front, comme les bandeaux de Thimothina; je m'étais pommadé les sourcils; j'avais minutieusement brossé mes habits noirs, comblé adroitement certains déficits fâcheux dans ma toilette, et je me présentai à la sonnette espérée de M. Césarin Labinette. Il arriva, après un assez long temps, la calotte un peu crânement sur l'oreille, une mèche de cheveux raides et fort pommadés lui cinglant la face comme une balafre, une main dans la poche de sa robe de chambre à fleurs jaunes, l'autre sur le loquet... Il me jeta un bonjour sec, fronça le nez en jetant un coup d'œil sur mes souliers à cordons noirs, et s'en alla devant moi, les mains dans ses deux poches, ramenant en devant sa robe de chambre, comme fait l'abbé*** avec sa soutane, et modelant ainsi à mes regards sa partie inférieure.

Je le suivis.

Il traversa la cuisine, et j'entrai après lui dans son salon. Oh! ce salon! je l'ai fixé dans ma mémoire avec les épingles du souvenir! La tapisserie était à fleurs brunes; sur la cheminée, une énorme pendule en bois noir, à colonnes; deux vases bleus avec des roses; sur les murs, une peinture de la bataille d'Inkermann; et

un dessin au crayon, d'un ami de Césarin, représentant un moulin avec sa meule souffletant un petit ruisseau semblable à un crachat, dessin que charbonnent tous ceux qui commencent à dessiner. La poésie est bien préférable!...

Au milieu du salon, une table à tapis vert, autour de laquelle mon cœur ne vit que Thimothina, quoiqu'il s'y trouvât un ami de M. Césarin, ancien exécuteur des œuvres sacristaines dans la paroisse de ***, et son épouse, Madame de Riflandouille, et que M. Césarin lui-même vînt s'y accouder de nouveau, aussitôt mon entrée.

Je pris une chaise rembourrée, songeant qu'une partie de moi-même allait s'appuyer sur une tapisserie faite sans doute par Thimothina, je saluai tout le monde, et, mon chapeau noir posé sur la table, devant moi, comme un rempart, j'écoutai...

Je ne parlais pas, mais mon cœur parlait! Les messieurs continuèrent la partie [a] de cartes commencée : je remarquai qu'ils trichaient à qui mieux mieux, et cela me causa une surprise assez douloureuse. — La partie terminée, ces personnes s'assirent en cercle autour de la cheminée vide; j'étais à un des coins, presque caché par l'énorme ami de Césarin, dont la chaise seule me séparait de Thimothina; je fus content en moi-même du peu d'attention que l'on faisait à ma personne; relégué derrière la chaise du sacristain honoraire, je pouvais laisser voir sur mon visage les mouvements de mon cœur sans être remarqué de personne: je me livrai donc à un doux abandon; et je laissai la conversation s'échauffer et s'engager entre ces trois personnes; car Thimothina ne parlait que rarement; elle jetait sur son séminariste des regards d'amour, et, n'osant le regarder en face, elle dirigeait ses yeux clairs vers mes souliers bien cirés!... Moi, derrière le gros sacristain, je me livrais à mon cœur.

Je commençai par me pencher du côté de Thimothina, en levant les yeux au ciel. Elle était retournée. Je me relevai, et, la tête baissée vers ma poitrine, je poussai un soupir; elle ne bougea pas. Je remis mes boutons, je fis aller mes lèvres, je fis un léger signe de croix; elle ne vit rien. Alors, transporté, furieux d'amour, je me baissai très fort vers elle, en tenant mes mains comme

à la communion, et en poussant un ah!... prolongé et douloureux; *Miserere!* tandis que je gesticulais, que je priais, je tombai de ma chaise avec un bruit sourd, et le gros sacristain se retourna en ricanant, et Thimothina dit à son père :

« Tiens, M. Léonard qui coule par terre! »

Son père ricana! *Miserere!*

Le sacristain me repiqua, rouge de honte et faible d'amour, sur ma chaise rembourrée, et me fit une place. Mais je baissai les yeux, je voulus dormir! Cette société m'était importune, elle ne devinait pas l'amour qui souffrait là dans l'ombre : je voulus dormir! mais j'entendis la conversation se tourner sur moi!...

Je rouvris faiblement les yeux...

Césarin et le sacristain fumaient chacun un cigare maigre, avec toutes les mignardises possibles, ce qui rendait leurs personnes effroyablement ridicules; madame la sacristaine, sur le bord de sa chaise, sa poitrine cave penchée en avant, ayant derrière elle tous les flots de sa robe jaune qui lui bouffaient jusqu'au cou, et épanouissant autour d'elle son unique volant, effeuillait délicieusement une rose : un sourire affreux entr'ouvrait ses lèvres [a], et montrait à ses gencives maigres deux dents noires, jaunes, comme la faïence d'un vieux poêle. — Toi, Thimothina, tu étais belle, avec ta collerette blanche, tes yeux baissés, et tes bandeaux plats!

« C'est un jeune homme d'avenir : son présent inaugure son futur, disait en laissant aller un flot de fumée grise le sacristain...

— Oh! M. Léonard illustrera la robe! », nasilla la sacristaine [b] : les deux dents parurent!...

Moi je rougissais, à la façon d'un garçon de bien; je vis les chaises s'éloignaient de moi, et qu'on chuchotait sur mon compte...

Thimothina regardait toujours mes souliers; les deux sales dents me menaçaient... le sacristain riait ironiquement : j'avais toujours la tête baissée!...

« Lamartine est mort... » dit tout à coup Thimothina.

Chère Thimothine! C'était pour ton adorateur, pour ton pauvre poète Léonard, que tu jetais dans la conversation ce nom de Lamartine; alors, je relevai le front,

je sentis que la pensée seule de la poésie allait refaire
une virginité à tous ces profanes, je sentais mes ailes
palpiter, et je dis, rayonnant, l'œil sur Thimothina :

« Il avait de beaux fleurons à sa couronne, l'auteur
des *Méditations poétiques!*

— Le cygne des vers est défunt! dit la sacris-
taine.

— Oui, mais il a chanté son chant funèbre, repris-je,
enthousiasmé.

— Mais, s'écria la sacristaine, M. Léonard est poète
aussi! Sa mère m'a montré l'an passé des essais de sa
muse... »

Je jouai d'audace :

« Oh! Madame, je n'ai apporté ni ma lyre ni ma
cithare; mais...

— Oh! votre cithare! vous l'apporterez un autre
jour...

— Mais, ce néanmoins, si cela ne déplaît pas à l'hono-
rable, — et je tirai un morceau de papier de ma poche,
— je vais vous lire quelques vers... Je les dédie à made-
moiselle Thimothina.

— Oui! oui! jeune homme! très bien! récitez, récitez,
mettez-vous au bout de la salle... »

Je me reculai... Thimothina regardait mes souliers...
La sacristaine faisait la Madone; les deux messieurs se
penchaient l'un vers l'autre... Je rougis, je toussai, et
je dis en chantant tendrement :

> Dans sa retraite de coton
> Dort le zéphyr à douce haleine...
> Dans son nid de soie et de laine
> Dort le zéphyr au gai menton.

Toute l'assistance pouffa de rire : les messieurs se pen-
chaient l'un vers l'autre en faisant de grossiers calem-
bours; mais ce qui était surtout effroyable, c'était l'air
de la sacristaine, qui, l'œil au ciel, faisait la mystique,
et souriait avec ses dents affreuses! Thimothina, Thimo-
thina crevait de rire! Cela me perça d'une atteinte
mortelle, Thimothina se tenait les côtes!... « Un doux
zéphyr dans du coton, c'est suave, c'est suave!... »
faisait en reniflant le père Césarin... Je crus m'aperce-
voir de quelque chose... mais cet éclat de rire ne dura

qu'une seconde : tous essayèrent de reprendre leur
sérieux, qui pétait encore de temps en temps...

« Continuez, jeune homme, c'est bien, c'est bien ! »

> Quand le zéphyr lève son aile
> Dans sa retraite de coton,...
> Quand il court où la fleur l'appelle,
> Sa douce haleine sent bien bon...

Cette fois, un gros rire secoua mon auditoire ; Thi-
mothina regarda mes souliers : j'avais chaud, mes pieds
brûlaient sous son regard, et nageaient dans la sueur ;
car je me disais : ces chaussettes que je porte depuis un
mois, c'est un don de son amour, ces regards qu'elle
jette sur mes pieds, c'est un témoignage de son amour :
elle m'adore !

Et voici que je ne sais quel petit goût me parut sortir
de mes souliers : oh ! je compris les rires horribles de
l'assemblée ! Je compris qu'égarée dans cette société
méchante, Thimothina Labinette, Thimothina ne pour-
rait jamais donner un libre cours à sa passion ! Je compris
qu'il me fallait dévorer, à moi aussi, cet amour doulou-
reux éclos dans mon cœur une après-midi de mai, dans
une cuisine des Labinette, devant le tortillement posté-
rieur de la Vierge au bol !

— Quatre heures, l'heure de la rentrée, sonnaient à la
pendule du salon ; éperdu, brûlant d'amour et fou de
douleur, je saisis mon chapeau, je m'enfuis en renver-
sant une chaise, je traversai le corridor en murmurant :
J'adore Thimothine, et je m'enfuis au séminaire sans
m'arrêter...

Les basques de mon habit noir volaient derrière moi,
dans le vent, comme des oiseaux sinistres !...

. . . .
. . . .

30 juin.

Désormais, je laisse à la muse divine le soin de bercer
ma douleur ; martyr d'amour à dix-huit ans, et, dans
mon affliction, pensant à un autre martyr du sexe qui
fait nos joies et nos bonheurs, n'ayant plus celle que

j'aime, je vais aimer la foi! Que le Christ, que Marie
me pressent sur leur sein : je les suis : je ne suis pas
digne de dénouer les cordons des souliers de Jésus;
mais ma douleur! mais mon supplice! Moi aussi, à
dix-huit ans et sept mois, je porte une croix, une cou-
ronne d'épines! mais, dans la main, au lieu d'un roseau,
j'ai une cithare! Là sera le dictame à ma plaie!...

. . . .

Un an après, 1ᵉʳ août.

Aujourd'hui, on m'a revêtu de la robe sacrée; je vais
servir Dieu; j'aurai une cure et une modeste servante
dans un riche village. J'ai la foi; je ferai mon salut, et
sans être dispendieux, je vivrai comme un bon serviteur
de Dieu avec sa servante. Ma mère la sainte Église
me réchauffera dans son sein : qu'elle soit bénie! que
Dieu soit béni!

...Quant à cette passion cruellement chérie que je
renferme au fond de mon cœur, je saurai la supporter
avec constance : sans la raviver précisément, je pourrai
m'en rappeler quelquefois le souvenir; ces choses-là
sont bien douces! — Moi, du reste, j'étais né pour
l'amour et pour la foi! — Peut-être un jour, revenu
dans cette ville, aurai-je le bonheur de confesser ma
chère Thimothina?... Puis, je conserve d'elle un doux
souvenir : depuis un an, je n'ai pas défait les chaussettes
qu'elle m'a données...

Ces chaussettes-là, mon Dieu! je les garderai à mes
pieds jusque dans votre saint Paradis!...

LES STUPRA

Les anciens animaux saillissaient, même en course,
Avec des glands bardés de sang et d'excrément.
Nos pères étalaient leur membre fièrement
4 Par le pli de la gaine et le grain de la bourse.

Au moyen âge pour la femelle, ange ou pource,
Il fallait un gaillard de solide grément ;
Même un Kléber, d'après la culotte qui ment
8 Peut-être un peu, n'a pas dû manquer de ressource.

D'ailleurs l'homme au plus fier mammifère est égal ;
L'énormité de leur membre à tort nous étonne ;
11 Mais une heure stérile a sonné : le cheval

Et le bœuf ont bridé leurs ardeurs, et personne
N'osera plus dresser son orgueil génital
14 Dans les bosquets où grouille une enfance bouffonne.

Nos fesses ne sont pas les leurs. Souvent j'ai vu
Des gens déboutonnés derrière quelque haic,
Et, dans ces bains sans gêne où l'enfance s'égaie,
4 J'observais le plan et l'effet de notre cul.

Plus ferme, blême en bien des cas, il est pourvu
De méplats évidents que tapisse la claie
Des poils ; pour elles, c'est seulement dans la raie
8 Charmante que fleurit le long satin touffu.

Une ingéniosité touchante et merveilleuse
Comme l'on ne voit qu'aux anges des saints tableaux
11 Imite la joue où le sourire se creuse.

Oh! de même être nus, chercher joie et repos,
Le front tourné vers sa portion glorieuse,
14 Et libres tous les deux murmurer des sanglots?

Obscur et froncé ^a comme un œillet violet,
Il respire, humblement tapi parmi la mousse
Humide encor d'amour qui suit la rampe douce ^b
4 Des fesses blanches jusqu'au bord de son ourlet^c.

Des filaments pareils à des larmes de lait
Ont pleuré sous l'autan cruel^d qui les repousse
À travers de petits caillots de marne rousse,
8 Pour s'aller perdre^e où la pente les appelait.

Mon rêve s'aboucha^f souvent à sa ventouse;
Mon âme, du coït matériel jalouse,
11 En fit son larmier fauve et son nid de sanglots.

C'est l'olive pâmée et la flûte câline,
Le tube d'où descend^g la céleste praline,
14 Chanaan féminin dans les moiteurs enclos.

LYS

Ô balançoirs *a*! ô lys! clysopompes[1] d'argent!
Dédaigneux des travaux, dédaigneux des famines!
L'Aurore vous emplit d'un amour détergent!
4 Une douceur de ciel beurre vos étamines!

ARMAND SILVESTRE.
A. R.

LES LÈVRES CLOSES

VU À ROME

Il est, à Rome, à la Sixtine,
Couverte d'emblèmes chrétiens,
Une cassette écarlatine
4 Où sèchent des nez fort anciens :

Nez d'ascètes de Thébaïde,
Nez de chanoines du Saint-Graal
Où se figea la nuit livide,
8 Et l'ancien plain-chant sépulcral.

Dans leur sécheresse mystique,
Tous les matins, on introduit
De l'immondice schismatique
12 Qu'en poudre fine on a réduit.

LÉON DIERX.
A. R.

FÊTE GALANTE

Rêveur, Scapin
Gratte un lapin
₃ Sous sa capote.

Colombina,
— Que l'on pina ! —
₆ — Do, mi, — tapote

L'œil du lapin
Qui tôt, tapin,
₉ Est en ribote...

PAUL VERLAINE.
A. R.

J'occupais un wagon de troisième : un vieux prêtre
Sortit un brûle-gueule et mit à la fenêtre,
Vers les brises, son front très calme aux poils pâlis.
Puis ce chrétien, bravant les brocards impolis,
₅ S'étant tourné, me fit la demande énergique
Et triste en même temps d'une petite chique
De caporal, — ayant été l'aumônier chef
D'un rejeton royal condamné derechef ; —
Pour malaxer l'ennui d'un tunnel, sombre veine
₁₀ Qui s'offre aux voyageurs, près Soissons, ville
[d'Aisne.

Je préfère sans doute, au printemps, la guinguette
Où des marronniers nains bourgeonne la baguette,
Vers la prairie étroite et communale, au mois
De mai. Des jeunes chiens rabroués bien des fois
5 Viennent près des Buveurs triturer des jacinthes
De plate-bande. Et c'est, jusqu'aux soirs d'hyacinthe
Sur la table d'ardoise où, l'an dix-sept cent vingt
Un diacre grava son sobriquet latin
Maigre comme une prose à des vitraux d'église
10 La toux des flacons noirs qui jamais ne les grise.

FRANÇOIS COPPÉE.
A. R.

L'Humanité chaussait le vaste enfant Progrès.

LOUIS-XAVIER DE RICARD.
A. RIMBAUD.

CONNERIES

I

JEUNE GOINFRE

Casquette
De moire,
Quéquette
4 D'ivoire,

Toilette
Très noire,
Paul guette
8 L'armoire,

Projette
Languette
11 Sur poire,

S'apprête
Baguette,
14 Et foire.

A. R.

II

PARIS

Al. Godillot, Gambier,
Galopeau, Wolf-Pleyel,
— Ô Robinets! — Menier,
— Ô Christs! — Leperdriel!

5 Kinck, Jacob, Bonbonnel!
Veuillot, Tropmann, Augier!
Gill, Mendès, Manuel,
Guido Gonin! — Panier

Des Grâces! L'Hérissé!
10 Cirages onctueux!
Pains vieux, spiritueux!

Aveugles! — puis, qui sait? —
Sergents de ville, Enghiens
14 Chez soi! — Soyons chrétiens!

A. R.

III

COCHER IVRE

Pouacre
Boit :
Nacre
4 Voit :

Acre
Loi,
Fiacre
8 Choit !

Femme
Tombe :
11 Lombe

Saigne :
— Clame !
14 Geigne.

                                        A. R.

VIEUX DE LA VIEILLE

Aux paysans de l'empereur !
À l'empereur des paysans !
Au fils de Mars,
Au glorieux 18 MARS !
5 Où le Ciel d'Eugénie a béni les entrailles !

ÉTAT DE SIÈGE ?

Le pauvre postillon, sous le dais de fer blanc,
Chauffant une engelure énorme sous son gant,
Suit son lourd omnibus parmi la rive gauche,
Et de son aine en flamme écarte la sacoche,
5 Et tandis que, douce ombre où des gendarmes sont,
L'honnête intérieur regarde au ciel profond
La lune se bercer parmi la verte ouate,
Malgré l'édit et l'heure encore délicate,
Et que l'omnibus rentre à l'Odéon, impur
10 Le débauché glapit au carrefour obscur !

                          FRANÇOIS COPPÉE.
                                A. R.

LE BALAI

C'est un humble balai de chiendent, trop dur
Pour une chambre ou pour la peinture d'un mur.
L'usage en est navrant et ne vaut pas qu'on rie.
Racine prise à quelque ancienne prairie
5 Son crin inerte sèche : et son manche a blanchi.
Tel un *a* bois d'île à la canicule rougi.
La cordelette semble une tresse gelée.
J'aime de cet objet la saveur désolée
Et j'en voudrais laver tes larges bords de lait,
10 Ô Lune où l'esprit de nos Sœurs mortes se plaît.

F. C.

EXIL

. . . .

Que l'on s'intéressa souvent, mon cher Conneau !...
Plus qu'à l'Oncle Vainqueur, au Petit Ramponneau !...
Que tout honnête instinct sort du Peuple débile !...
Hélas!! Et qui a fait tourner mal votre bile *b*!...
Et qu'il nous sied déjà de pousser le verrou
6 Au Vent que les enfants nomment Bari-barou !...

. . . .

Fragment d'une épître en Vers de Napoléon III, 1871.

L'ANGELOT MAUDIT

Toits bleuâtres et portes blanches
Comme en de nocturnes dimanches,

Au bout de la ville sans bruit
La Rue est blanche, et c'est la nuit.

₅ La Rue a des maisons étranges
Avec des persiennes d'Anges.

Mais, vers une borne, voici
Accourir, mauvais et transi,

Un noir Angelot qui titube,
₁₀ Ayant trop mangé de jujube.

Il fait caca : puis disparaît :
Mais son caca maudit paraît,

Sous la lune sainte qui vaque,
₁₄ De sang sale un léger cloaque !

LOUIS RATISBONNE.
A. RIMBAUD.

Les soirs d'été, sous l'œil ardent des devantures,
Quand la sève frémit sous les grilles obscures
Irradiant au pied des grêles marronniers,
Hors de ces groupes noirs, joyeux ou casaniers,
₅ Suceurs du brûle-gueule ou baiseurs du cigare,
Dans le kiosque mi-pierre étroit où je m'égare,
— Tandis qu'en haut rougeoie une annonce d'*Ibled,* —
Je songe que l'hiver figera le Filet
D'eau propre qui bruit, apaisant l'onde humaine,
₁₀ — Et que l'âpre aquilon n'épargne aucune veine.

FRANÇOIS COPPÉE.
A. RIMBAUD.

Aux livres de chevet, livres de l'art serein,
Obermann et Genlis, Ver-vert [1] et *le Lutrin,*
Blasé de nouveauté grisâtre et saugrenue,
J'espère, la vieillesse étant enfin venue,

5 Ajouter le traité du Docteur Venetti.
Je saurai, revenu du public abêti,
Goûter le charme ancien des dessins nécessaires.
Écrivain et graveur ont doré les misères
Sexuelles : et c'est, n'est-ce pas, cordial :
10 Dr Venetti [1], *Traité de l'Amour conjugal.*

F. COPPÉE.
A. R.

HYPOTYPOSES SATURNIENNES,
EX BELMONTET

Quel est donc ce mystère impénétrable et sombre?
Pourquoi, sans projeter leur voile blanche, sombre
    Tout jeune esquif royal gréé?

Renversons la douleur de nos lacrymatoires. —

. . . .

5   L'amour veut vivre aux dépens de sa sœur,
        L'amitié vit aux dépens de son frère.

. . . .

Le sceptre, qu'à peine on révère,
N'est que la croix d'un grand calvaire
Sur le volcan des nations!

. . . .

10 Oh! l'honneur ruisselait sur ta mâle moustache.

BELMONTET
archétype Parnassien.

LES REMEMBRANCES DU VIEILLARD IDIOT

Pardon, mon père!

        Jeune, aux foires de campagne,
Je cherchais, non le tir banal où tout coup gagne,

Mais l'endroit plein de cris où les ânes, le flanc
Fatigué, déployaient ce long tube sanglant
5 Que je ne comprends pas encore!...

                              Et puis ma mère,
Dont la chemise avait une senteur amère
Quoique fripée au bas et jaune comme un fruit,
Ma mère qui montait au lit avec un bruit
— Fils du travail pourtant, — ma mère, avec sa cuisse
10 De femme mûre, avec ses reins très gros où plisse
Le linge, me donna ces chaleurs que l'on tait!...

Une honte plus crue et plus calme, c'était
Quand ma petite sœur, au retour de la classe,
Ayant usé longtemps ses sabots sur la glace,
15 Pissait, et regardait s'échapper de sa lèvre
D'en bas serrée et rose, un fil d'urine mièvre!...

Ô pardon!
              Je songeais à mon père parfois :
Le soir, le jeu de carte et les mots plus grivois,
Le voisin, et moi qu'on écartait, choses vues...
20 — Car un père est troublant! — et les choses
                                 [conçues!...
Son genou, câlineur parfois; son pantalon [non! —
Dont mon doigt désirait ouvrir la fente... — oh!
Pour avoir le bout, gros, noir et dur, de mon père,
Dont la pileuse main me berçait!...
                             Je veux taire
25 Le pot, l'assiette à manche, entrevue au grenier,
Les almanachs couverts en rouge, et le panier
De charpie, et la Bible, et les lieux, et la bonne,
La Sainte-Vierge et le crucifix...
                           Oh! personne
Ne fut si fréquemment troublé, comme étonné!
30 Et maintenant, que le pardon me soit donné :
Puisque les sens infects m'ont mis de leurs victimes,
Je me confesse de l'aveu des jeunes crimes!...
. . . .

Puis! — qu'il me soit permis de parler au Seigneur!
Pourquoi la puberté tardive et le malheur
35 Du gland tenace et trop consulté? Pourquoi l'ombre
Si lente au bas du ventre? et ces terreurs sans nombre

Comblant toujours la joie ainsi qu'un gravier noir?
— Moi j'ai toujours été stupéfait. Quoi savoir?
. . . .

Pardonné?...
    Reprenez la chancelière bleue,
40 Mon père.
    Ô cette enfance! . . . .
. . . .
. . . . — et tirons-nous la queue!

FRANÇOIS COPPÉE.
A. R.

RESSOUVENIR

Cette année où naquit le Prince impérial
Me laisse un souvenir largement cordial
D'un Paris limpide où des N d'or et de neige
Aux grilles du palais, aux gradins du manège,
5 Éclatent, tricolorement enrubannés.
Dans le remous public des grands chapeaux fanés,
Des chauds gilets à fleurs, des vieilles redingotes,
Et des chants d'ouvriers anciens dans les gargotes,
Sur des châles jonchés l'Empereur marche, noir
10 Et propre, avec la Sainte espagnole¹, le soir.

FRANÇOIS COPPÉE.

L'enfant qui ramassa les balles, le Pubère
Où circule le sang de l'exil et d'un Père
Illustre entend germer sa vie avec l'espoir
De sa figure et de sa stature et veut voir
5 Des rideaux autres que ceux du Trône et des Crèches.
Aussi son buste exquis n'aspire pas aux brèches
De l'Avenir! — Il a laissé l'ancien jouet —

Ô son doux rêve ô son bel Enghien*! Son œil est
Approfondi par quelque immense solitude;
10 « Pauvre jeune homme, il a sans doute l'Habitude! »

FRANÇOIS COPPÉE.

* Parce que « Enghien chez soi ».

PIÉCETTES

Oh! si les cloches sont de bronze,
Nos cœurs sont pleins de désespoir!
En juin mil huit cent soixante-onze,
Trucidés par un être noir,
Nous Jean Baudry, nous Jean Balouche[1],
Ayant accompli nos souhaits,
Mourûmes en ce clocher louche
8 En abominant Desdouets!

VERS POUR LES LIEUX

De ce siège si mal tourné
Qu'il fait s'embrouiller nos entrailles,
Le trou dut être maçonné
4 Par de véritables canailles.

Quand le fameux Tropmann détruisit Henri Kink[2]
Cet assassin avait dû s'asseoir sur ce siège
Car le con de Badingue et le con d'Henri V[3]
8 Sont bien dignes vraiment de cet état de siège[4].

BRIBES

Au pied des sombres murs, battant les maigres chiens,

Derrière tressautait en des hoquets grotesques
Une rose avalée au ventre du portier.

Brune, elle avait seize ans quand on la maria.
. . . .
Car elle aime d'amour son fils de dix-sept ans.

[LA PLAINTE
DU VIEILLARD MONARCHISTE
À M. HENRI PERRIN, JOURNALISTE RÉPUBLICAIN]

. . . .

. . . . Vous avez
Menti, sur mon fémur! vous avez menti, fauve

Apôtre! Vous voulez faire des décavés
De nous? Vous voudriez peler notre front chauve?
5 Mais moi, j'ai deux fémurs bistournés et gravés!

Parce que vous suintez tous les jours au collège
Sur vos collets d'habit de quoi faire un beignet,
Que vous êtes un masque à dentiste, au manège
Un cheval épilé qui bave en un cornet,
10 Vous croyez effacer mes quarante ans de siège!

J'ai mon fémur! j'ai mon fémur! j'ai mon fémur!
C'est cela que depuis quarante ans je bistourne
Sur le bord de ma chaise aimée en noyer dur;
L'impression du bois pour toujours y séjourne;
15 Et quand j'apercevrai, moi, ton organe impur,
À tous tes abonnés, pitre, à tes abonnées,
Pertractant cet organe avachi dans leurs mains,
. . . .
Je ferai retoucher, pour tous les lendemains,
19 Ce fémur travaillé depuis quarante années!

[LA PLAINTE DES ÉPICIERS]

Qu'il entre au magasin quand la lune miroite
À ses vitrages bleus,
Qu'il empoigne à nos yeux la chicorée en boîte

. . . . .Sont-ce
. . . . . .[des tonneaux?] . . . .qu'on défonce?
. . . . .Non!
C'est un chef cuisinier ronflant comme un basson.

. . . .Parmi les ors, les quartz, les porcelaines,
. . . . .un pot de nuit banal,
Reliquaire indécent des vieilles châtelaines,
Courbe ses flancs honteux sur l'acajou royal.

Oh! les vignettes pérennelles!

Et le poëte soûl engueulait l'Univers.

Il pleut doucement sur la ville.

Prends-y garde, ô ma vie absente!

[...] Quand s'arrêta la caravane d'Iran à la fontaine de
Ctésiphon, elle fut au désespoir de la trouver tarie. Les

uns en accusèrent les mages, les autres les imans. Les chameliers s'unirent en imprécations[...] Ils s'étaient mis en route depuis plusieurs lunes avec[...] chargement d'encens, de myrrhe et d'or. Leur chef s'écria[...] décida de supprimer[...] Certains acceptèrent.

uns en accusèrent les mages, les autres les infâmes. Les chaméliens séduisent en flagrantions[...]. Ils s'établirent en route depuis plusieurs jours avec[...] chargement d'essence, de mazout et dîot. Leon diet s'écria[...] déclara de supplément[...] Certains acceptèrent

ŒUVRES ATTRIBUÉES

LETTRE
DU BARON DE PETDECHÈVRE
À SON SECRÉTAIRE
AU CHÂTEAU DE SAINT-MAGLOIRE

Versailles, 9 septembre 1871.

La France est sauvée, mon cher Anatole, et vous avez bien raison de dire que j'y ai grandement contribué. Mon discours — je devrais dire *notre* discours — n'a pu trouver place dans la fameuse discussion, mais j'en ai prononcé dans le couloir, au milieu de nos amis, l'entraînante péroraison. Ils hésitaient... Ils ont voté. *Veni, vidi, vici!* J'ai compris cette fois l'influence que je puis exercer un jour sur certains groupes parlementaires..

Du reste, j'en avais eu le pressentiment, à mon dernier congé, lorsque ma blonde et intelligente Sidonie, assistant à notre répétition, s'écria : « Papa! tu me fais je ne sais quoi quand tu te prends au sérieux! »

Tu me fais je ne sais quoi!... Ô adorable aveu! Je portais dans ce jeune cœur le trouble de l'éloquence, et ce trouble est le précurseur de la persuasion. (Répétez ma phrase au curé, en faisant le mistigri.)

Donc la France est sauvée, la noblesse est sauvée, la religion est sauvée, *nous sommes constituants!*

Quand constituerons-nous? Quand il nous plaira, messieurs. — Et monsieur Thiers? me direz-vous. — Monsieur Thiers! peuh! que serait-il sans nous? Aussi s'est-il rallié à notre proposition, donnant le bout de ses doigts à baiser aux républicains, et nous prenant le cou pour nous dire à l'oreille : « Patience! vous serez rois! » — Et la gauche? — La gauche!... qu'est-ce que c'est que ça, la gauche? Voyons, Anatole, si ça ne se croyait pas constituant, est-ce que ça resterait avec les constituants? On se fait de fausses idées de ces gens-là.

Ils sont en somme beaucoup plus accommodants qu'on ne pense. Les vieux se convertissent et se frappent la poitrine à la tribune et à la Cour d'assises ; ils ont la manie des confessions publiques qui discréditent le pénitent et peuvent déconsidérer le parti. Les jeunes ont de l'ambition et se tiennent prêts à tout événement. Il y a bien quelques braillards qui soulèvent de ridicules tempêtes autour de la tribune, mais c'est nous qui brandissons les tonnerres, et les braillards qui voudront lutter jusqu'au bout mourront de phtisie laryngée.

Il faut que nous nous reposions maintenant ; nous l'avons bien gagné, ce repos qu'on veut nous mesurer parcimonieusement. Nous avons réorganisé une armée, bombardé Paris, écrasé l'insurrection, fusillé les insurgés, jugé leurs chefs, établi le pouvoir constituant, berné la République, préparé un ministère monarchiste et fait quelques lois qu'on refera tôt ou tard. — Ce n'était pas pour faire des lois que nous étions venus à Versailles ! On est homme, Anatole, avant d'être législateur. On n'a pas fait ses foins, on veut faire au moins ses vendanges.

Vous êtes heureux, vous ! Ces dames vous réclamaient, vous êtes parti sans tambour ni trompette, me laissant deux discours à apprendre et des interruptions à répéter. Vous avez ouvert la chasse, vous avez pêché ; vous m'avez envoyé des cailles et des truites ; nous les avons mangées ; c'est bien. Après !...

Ah ! comme j'ai planté là les discours et les interruptions, pour demander un congé.

« C'est le cent trente-septième que j'inscris cette semaine », m'a dit le président.

J'étais vexé. Ce M. Target m'a décidé à attendre. Ah ! le charmant homme, et comme il comprend les aspirations de l'Assemblée !

... Anatole, je vous envoie sa photographie, pour l'album de Sidonie. Faites-le mettre en bonne place, entre le général du Temple et M. de Bel-Castel, qui m'honorent de leurs confidences.

Nous partirons vers la fin du mois ; il y a encore de beaux jours en octobre : vous savez, ces beaux soleils qui percent la brume et dissipent... dissipent... Vous me comprenez ! Je ne suis pas poète, moi ; je suis orateur !

On a pris patience, à la Chambre, jusqu'à cette heure, grâce aux conseils de guerre et à la proposition Ravinel.

Oh! conseils de guerre!... Tenez, nous sommes aux anges, mon cher. L'opinion des honnêtes gens a profondément ému ces braves juges militaires, un moment fourvoyés dans les sentiers tortueux de la clémence et de la pitié. Les voilà dans le bon chemin, dans le droit chemin, justes cette fois, mais surtout sévères. Avez-vous vu comme ils ont condamné Pipe-en-Bois?... Nous avons notre revanche, citoyens de la Commune!

Et puis, je ne vous le cache pas, Anatole, il fallait un exemple. Il ne sera pas dit qu'on aura pu être impunément avec Gambetta!

Gambetta!... Tenez, je pense quelquefois que Sidonie en a raffolé trois semaines et cela trouble mes nuits... Dites-lui que je lui pardonne. Elle verra à la rentrée comme je montre le poing, sous la tribune, quand nous nous réunissons entre amis, pour maudire le dictateur.

Ah! il n'a pas osé placer son mot dans la question Ravinel. Entre nous, Anatole, je crois que je lui fais peur. Il demandait, l'autre jour, dans le parc, sans me montrer du doigt, bien entendu : « Quel est donc ce Brésilien? » Sidonie prétend que je me teins un peu trop ; mais puisque ça me donne l'air farouche!...

N'importe, j'ai eu beau montrer le poing à la gauche, nous n'avons pas pu enlever cette affaire Ravinel. Nous restons à Versailles, indéfiniment, mais les services publics ne viennent pas s'y établir.

Après?... Qu'est-ce que ça me fait? J'aime ce provisoire, moi. Versailles est un faubourg de Paris et pourtant ce n'est plus Paris. Tout est là. Être et ne pas être à Paris.

Si l'on nous eût proposé Nantes ou Lyon, ou Bordeaux, nous aurions nettement refusé. Ce sont des villes révolutionnaires d'abord ; la garde nationale n'y est pas encore dissoute et les conseillers municipaux y sont outrageusement républicains. Ah! mon pauvre ami, on n'est plus en sûreté nulle part en province. Peut-être cependant qu'à Saint-Magloire!... Ça, c'est une idée ; vous me présenterez un projet d'amendement à la rentrée.

Mais en principe, voyez-vous, ne me parlez pas de

siéger à cinquante ou deux cents lieues de Paris. À Bordeaux, c'était bon après la guerre. On était près de Libourne et d'Arcachon. Nous avions besoin d'air pur après tant d'émotions et Paris ne pouvait nous donner cet air pur. Quelques milliers d'imbéciles s'étaient fait tuer bêtement dans la banlieue malgré le général Trochu ; dans la ville il était mort cinq mille sept cents personnes en huit jours, pauvres victimes d'une stupide obstination... Maintenant, c'est autre chose et me voilà mi-partie Parisien. Que le président ait ou n'ait pas dit : « Messieurs, la séance est levée! » je prends le train de cinq heures et demie. C'est charmant, par la rive gauche. Et puis, quelles rencontres en chemin de fer! Vous aimiez l'imprévu, vous aussi, Anatole!

À sept heures, je dîne au Café d'Orsay, ou chez Ledoyen. À huit heures, je ne suis plus député, je ne suis plus baron, si je veux, je ne suis plus Petdechèvre, je suis un noble étranger perdu dans Paris.

Anatole, cette lettre est une lettre politique, lettre close à la baronne et à Sidonie! Mais si jamais vous êtes député, rappelez-vous que le bonheur et la vérité sont dans les moyens termes. Le jour à Versailles, la nuit à Paris : c'est la seule solution satisfaisante de la grande question Ravinel.

Jehan-Godefroid-Adalbert-Carolus-Adamastor
baron de PETDECHÈVRE

Pour copie plus ou moins conforme :

JEAN MARCEL.

P. S. — Eh bien! eh bien! j'en apprends de belles par le dernier courrier! Qui donc a révolutionné Saint-Magloire! Sur 287 électeurs, 233 ont pétitionné pour la dissolution!... Anatole, je vais demander un congé!... Mais du moins, peut-on se risquer là-bas?

POISON PERDU

Des nuits du blond et de la brune
Rien dans la chambre n'est*a* resté,
Pas une dentelle d'été
4 Pas une cravate commune.

Rien sur le balcon*b* où le thé
Se prend aux heures de la lune.
Il n'est resté de trace aucune*c*,
8 Aucun souvenir*d* n'est resté.

Au bord d'un rideau bleu piquée*e*
Luit une épingle*f* à tête d'or
11 Comme un gros insecte qui dort.

Pointe d'un fin poison trempée
Je te prends. Sois moi préparée
14 Aux heures des désirs de mort.

Des nuits du blond et de la brune
Rien dans la chambre n'est resté,
Pas une dentelle d'été
Pas une cravate commune;

Rien sur le balcon où le thé
Se prend aux heures de la lune,
Il n'est resté de trace aucune,
Aucun souvenir n'est resté.

Au bord d'un rideau bleu piquée
Luit une épingle à tête d'or
Comme un gros insecte qui dort;

Pointe d'un fin poison trempée
Je te prends, sois moi préparée
Aux heures des désirs de mort.

CORRESPONDANCE

CORRESPONDANCE

RIMBAUD À GEORGES IZAMBARD

Si vous avez, et si vous pouvez me prêter :
(ceci surtout) 1° Curiosités historiques, 1 vol. de
Ludovic Lalanne, je crois[1].
2° Curiosités Bibliographiques, 1 vol. du même;
3° Curiosités de l'histoire de France, par P. Jacob,
première série, contenant la Fête des fous, Le Roi des
Ribauds, les Francs-Taupins, Les fous des rois de France,
(et ceci surtout)... et la deuxième série du même
ouvrage[2]. Je viendrai chercher cela demain, vers
10 heures ou 10 heures un quart. — Je vous serai
très obligé. Cela me serait fort utile.

ARTHUR RIMBAUD.

MADAME RIMBAUD À GEORGES IZAMBARD

Monsieur,

Je vous suis on ne peut plus reconnaissante de tout ce que
vous faites pour Arthur. Vous lui prodiguez vos conseils,
vous lui faites faire des devoirs en dehors de la classe, c'est
autant de soins auxquels nous n'avons aucun droit.

Mais il est une chose que je ne saurais approuver, par
exemple la lecture du livre comme celui que vous lui avez
donné il y a quelques jours, Les Misérables, [de] V. Hugo.
Vous devez savoir mieux que moi, monsieur le Professeur,
qu'il faut beaucoup de soin dans le choix des livres qu'on
veut mettre sous les yeux des enfants. Aussi j'ai pensé

qu'Arthur s'eſt procuré celui-ci à votre insu, il serait cer-
tainement dangereux de lui permettre de pareilles leſtures.
J'ai l'honneur, Monsieur, de vous présenter mes respeſts.

V[EUVE] RIMBAUD.

4 mai 1870.

Monsieur Izambard
Professeur de Rhétorique
Charleville.

RIMBAUD À THÉODORE DE BANVILLE

Charleville (Ardennes), le 24 mai 1870.

À Monsieur Théodore de Banville.

Cher Maître,

Nous sommes aux mois d'amour; j'ai dix-sept ans[1].
L'âge des espérances et des chimères, comme on dit,
— et voici que je me suis mis, enfant touché par le
doigt de la Muse, — pardon si c'eſt banal, — à dire
mes bonnes croyances, mes espérances, mes sensations,
toutes ces choses des poètes — moi j'appelle cela du
printemps.

Que si je vous envoie quelques-uns de ces vers, — et
cela en passant par Alph. Lemerre, le bon éditeur,
— c'eſt que j'aime tous les poètes, tous les bons Par-
nassiens, — puisque le poète eſt un Parnassien, — épris
de la beauté idéale; c'eſt que j'aime en vous, bien naïve-
ment, un descendant de Ronsard, un frère de nos maîtres
de 1830, un vrai romantique, un vrai poète. Voilà pour-
quoi. — C'eſt bête, n'eſt-ce pas, mais enfin?...

Dans deux ans, dans un an peut-être, je serai à Paris.
— Anch'io[2], messieurs du journal, je serai Parnas-
sien! — Je ne sais ce que j'ai là... qui veut monter... —
Je jure, cher maître, d'adorer toujours les deux déesses,
Muse et Liberté.

Ne faites pas trop la moue en lisant ces vers : ... Vous
me rendriez fou de joie et d'espérance, si vous vouliez,
cher Maître, *faire faire* à la pièce *Credo in unam* une petite

place entre les Parnassiens... Je viendrais à la dernière
série du *Parnasse* : cela ferait le Credo des poètes!...
— Ambition! ô Folle!

ARTHUR RIMBAUD.

Par les beaux soirs d'été, j'irai dans les sentiers [1],

. . . .

20 avril 1870.

A. R.

OPHÉLIE

Sur l'onde calme et noire où dorment les étoiles [2]

. . . .

15 mai 1870.

ARTHUR RIMBAUD.

« CREDO IN UNAM »

. . . .

Le soleil, le foyer de tendresse et de vie [3],

. . . .

29 avril 1870.

ARTHUR RIMBAUD.

Si ces vers trouvaient place au *Parnasse contemporain?*
— Ne sont-ils pas la foi des poètes?
— Je ne suis pas connu; qu'importe? les poètes sont
frères. Ces vers croient; ils aiment; ils espèrent : c'est
tout.
    — Cher maître, à moi : Levez-moi un peu : je suis
jeune : tendez-moi la main...

Monsieur Théodore de Banville,
chez M. Alphonse Lemerre, éditeur,
passage Choiseul,
Paris.

RIMBAUD À GEORGES IZAMBARD

Charleville, 25 août [18]70.

Monsieur,

Vous êtes heureux, vous, de ne plus habiter Charleville! — Ma ville natale est supérieurement idiote entre les petites villes de province. Sur cela, voyez-vous, je n'ai plus d'illusions. Parce qu'elle est à côté de Mézières, — une ville qu'on ne trouve pas, — parce qu'elle voit pérégriner dans ses rues deux ou trois cents de pioupious, cette benoîte population gesticule, prudhommesquement spadassine, bien autrement que les assiégés de Metz et de Strasbourg! C'est effrayant, les épiciers retraités qui revêtent l'uniforme! C'est épatant, comme ça a du chien, les notaires, les vitriers, les percepteurs, les menuisiers, et tous les ventres, qui, chassepot au cœur, font du patrouillotisme aux portes de Mézières; ma patrie se lève!... Moi, j'aime mieux la voir assise; ne remuez pas les bottes! c'est mon principe.

Je suis dépaysé, malade, furieux, bête, renversé; j'espérais des bains de soleil, des promenades infinies, du repos, des voyages, des aventures, des bohémienneries enfin; j'espérais surtout des journaux, des livres... Rien! Rien! Le courrier n'envoie plus rien aux libraires; Paris se moque de nous joliment : pas un seul livre nouveau! c'est la mort! Me voilà réduit, en fait de journaux, à l'honorable *Courrier des Ardennes,* — propriétaire, gérant, directeur, rédacteur en chef et rédacteur unique : A. Pouillard! Ce journal résume les aspirations, les vœux et les opinions de la population : ainsi jugez! c'est du propre!... On est exilé dans sa patrie!!!

Heureusement, j'ai votre chambre : — Vous vous rappelez la permission que vous m'avez donnée. — J'ai emporté la moitié de vos livres! J'ai pris *Le Diable à Paris*[1]. Dites-moi un peu s'il y a jamais eu quelque chose de plus idiot que les dessins de Grandville[2]? — J'ai *Costal l'Indien,* j'ai *La Robe de Nessus,* deux romans intéressants[3]. Puis, que vous dire?... J'ai lu tous vos

livres, tous ; il y a trois jours, je suis descendu aux
Épreuves, puis aux *Glaneuses*[1], — oui ! j'ai relu ce volume !
— puis ce fut tout !... Plus rien ; votre bibliothèque,
ma dernière planche de salut, était épuisée !... Le *Don
Quichotte* m'apparut[2] ; hier, j'ai passé, deux heures durant,
la revue des bois de Doré : maintenant, je n'ai plus
rien !

Je vous envoie des vers ; lisez cela un matin, au
soleil, comme je les ai faits : vous n'êtes plus professeur,
maintenant, j'espère !...

[Vous aviez] l'air de vouloir connaître Louisa Siefert[3],
quand je vous ai prêté ses derniers vers ; je viens de me
procurer des parties de son premier volume de poésies,
les *Rayons perdus*, 4e édition. J'ai là une pièce très émue
et fort belle, *Marguerite ;*

. . . .

Moi, j'étais à l'écart, tenant sur mes genoux
Ma petite cousine aux grands yeux bleus si doux :
C'est une ravissante enfant que Marguerite
Avec ses cheveux blonds, sa bouche si petite
Et son teint transparent...

. . . .

Marguerite est trop jeune. Oh ! si c'était ma fille,
Si j'avais une enfant, tête blonde et gentille,
Fragile créature en qui je revivrais,
Rose et candide avec de grands yeux indiscrets !
Des larmes sourdent presque au bord de ma paupière
Quand je pense à l'enfant qui me rendrait si fière,
Et que je n'aurai pas, que je n'aurai jamais ;
Car l'avenir, cruel en celui que j'aimais,
De cette enfant aussi veut que je désespère...

. . . .

Jamais on ne dira de moi : c'est une mère !
Et jamais un enfant ne me dira : maman !
C'en est fini pour moi du céleste roman
Que toute jeune fille à mon âge imagine...

. . . .

Ma vie, à dix-huit ans, compte tout un passé.

— C'est aussi beau que les plaintes d'Antigone ἀνύμφη,
dans Sophocle[4].

J'ai les *Fêtes galantes* de Paul Verlaine, un joli in-12 écu.
C'est fort bizarre, très drôle ; mais vraiment, c'est ado-
rable. Parfois de fortes licences : ainsi,

> *Et la tigresse épou — vantable d'Hyrcanie*

est un vers de ce volume. Achetez, je vous le conseille,
La Bonne Chanson[1], un petit volume de vers du même
poète : ça vient de paraître chez Lemerre ; je ne l'ai pas
lu : rien n'arrive ici ; mais plusieurs journaux en disent
beaucoup de bien.

Au revoir, envoyez-moi une lettre de 25 pages —
poste restante — et bien vite !

A. RIMBAUD.

P.-S. — À bientôt, des révélations sur la vie que je
vais mener après... les vacances...

Monsieur Georges Izambard,
29, rue de l'Abbaye-des-Prés,
Douai (Nord).

Très pressé.

RIMBAUD À GEORGES IZAMBARD

Paris, 5 septembre 1870.

Cher Monsieur,

Ce que vous me conseilliez de ne pas faire, je l'ai fait :
je suis allé à Paris, quittant la maison maternelle ! J'ai
fait ce tour le 29 août.

Arrêté en descendant de wagon pour n'avoir pas un
sou et devoir treize francs de chemin de fer, je fus
conduit à la préfecture, et, aujourd'hui, j'attends mon
jugement à Mazas ! oh ! — *J'espère en vous* comme en ma
mère ; vous m'avez toujours été comme un frère : je
vous demande instamment cette aide que vous m'offrîtes.
J'ai écrit à ma mère, au procureur impérial, au commis-
saire de police de Charleville ; si vous ne recevez de

moi aucune nouvelle mercredi, avant le train qui conduit
de Douai à Paris, *prenez ce train, venez ici me réclamer
par lettre, ou en vous présentant au procureur,* en priant, en
*répondant de moi, en payant ma dette! Faites tout ce que
vous pourrez,* et, quand vous recevrez cette lettre, écrivez,
vous aussi, *je vous l'ordonne,* oui, *écrivez à ma pauvre mère*
(Quai de la Madeleine, 5, Charlev[ille]) *pour la consoler.*
Écrivez-moi aussi; faites tout! Je vous aime comme un
frère, je vous aimerai comme un père.

> Je vous serre la main
> Votre pauvre

> ARTHUR RIMBAUD
> [détenu] à Mazas.

(et si vous parvenez à me libérer, vous m'emmène-
rez à Douai avec [vous].)

Monsieur Georges Izambard,
À Douai.

LETTRE DE PROTESTATION

Douai, 20 septembre 1870.

Nous soussignés, membres de la Légion de la Garde
nationale sédentaire de Douai, protestons contre la lettre
de monsieur Maurice, maire de Douai, portée à l'ordre
du jour du 18 septembre 1870.

Pour répondre aux nombreuses réclamations des
gardes nationaux non armés, Monsieur le Maire nous
renvoie aux consignes données par le ministre de la
Guerre; dans cette lettre insinuante, il semble accuser de
mauvaise volonté ou d'imprévoyance le ministre de la
Guerre et celui de l'Intérieur. Sans nous ériger en
défenseurs d'une cause gagnée, nous avons le droit de
remarquer que l'insuffisance des armes en ce moment
doit être imputée seulement à l'imprévoyance et à la
mauvaise volonté du gouvernement déchu, dont nous
subissons encore les conséquences.

Nous devons tous comprendre les motifs qui déterminent le Gouvernement de la Défense nationale à réserver les armes qui lui restent encore aux soldats de l'armée active, ainsi qu'aux gardes mobiles : ceux-là, évidemment, doivent être armés avant nous par le Gouvernement. Est-ce à dire que l'on ne pourra pas donner des armes aux trois-quarts des gardes nationaux, pourtant bien décidés à se défendre en cas d'attaque? Non pas : ils ne veulent pas rester inutiles : il faut à tout prix qu'on leur trouve des armes. C'est aux Conseils municipaux, élus par eux, qu'il appartient de leur en procurer. Le maire, en pareil cas, doit prendre l'initiative et, comme on l'a fait déjà dans mainte commune de France, il doit spontanément mettre en œuvre tous les moyens dont il dispose, pour l'achat et la distribution des armes dans sa commune.

Nous aurons à voter dimanche prochain pour les élections municipales, et nous ne voulons accorder nos voix qu'à ceux qui, dans leurs paroles et dans leurs actes, se seront montrés dévoués à nos intérêts. Or, selon nous, la lettre du maire de Douai, lue publiquement, dimanche dernier, après la revue, tendait, volontairement ou non, à jeter le discrédit sur le Gouvernement de la Défense nationale, à semer le découragement dans nos rangs, comme s'il ne restait plus rien à faire à l'initiative municipale : c'est pourquoi nous avons cru devoir protester contre les intentions apparentes de cette lettre.

F. PETIT.

RÉUNION PUBLIQUE RUE D'ESQUERCHIN

[Douai,] Vendredi soir, 23 septembre [1870].

La séance est ouverte à 7 heures.

L'ordre du jour est la formation d'une liste électorale. Le citoyen-président donne lecture de deux listes électorales, puis de deux listes de conciliation.

Le citoyen Jeanin trouve charmante l'idée de cette liste de conciliation, qu'il appelle *liste des malins*. Il fait

ressortir que certains candidats connus pour leurs opi-
nions réactionnaires, ou pour leur nullité, ont l'immense
avantage d'être portés sur deux, même sur trois listes!
Naturellement, les candidats sérieux et convaincus ne
figurent que sur une liste.

Cette remarque, faite d'une façon vive et nette, obtient
l'assentiment de l'auditoire.

Le citoyen-président propose, pour composer une
nouvelle liste électorale, de voter, et d'accepter ou de
rejeter chacun des candidats nommés sur les trois pre-
mières listes.

Un des citoyens-assesseurs égrène le chapelet des
conciliabules : presque tous sont rejetés, avec un entrain
splendide.

On propose des noms nouveaux. Les citoyens Jeanin,
Petit et quelques autres déclinent l'honneur de figurer
sur la liste.

Une petite *Lanterne*, assez agréablement bouffonne,
est faite par le citoyen de Silva. Il dresse un jugement
d'outre-tombe, à l'ancien conseil municipal et conte les
aventures de certain carillon.

La séance se termine avec la composition de la nou-
velle liste. Elle est intitulée : *Liste recommandée aux répu-
blicains démocrates.*

Un citoyen fait remarquer que tout Français, aujour-
d'hui, doit être républicain démocrate; qu'en consé-
quence le titre de cette liste la recommande à tous les
citoyens.

La réunion se dissout à dix heures.

MADAME RIMBAUD À GEORGES IZAMBARD

Charleville, 24 septembre 1870.

Monsieur,

Je suis très inquiète et je ne comprends pas cette absence
prolongée d'Arthur; il a cependant dû comprendre par ma
lettre du 17 qu'il ne devait pas rester un jour de plus à Douai;
d'un autre côté la police fait des démarches pour savoir où
il est passé, et je crains bien qu'avant le reçu de cette présente

ce petit drôle se fasse arrêter une seconde fois ; mais il n'aurait
plus besoin de revenir, car je jure bien que de ma vie je ne le
recevrais plus. Est-il possible de comprendre la sottise de cet
enfant, lui si sage et si tranquille ordinairement ? Comment
une telle folie a-t-elle pu venir à son esprit ? Quelqu'un l'y
aurait-il soufflée ? Mais non, je ne dois pas le croire. On est
injuste aussi, quand on est malheureux. Soyez donc assez
bon pour avancer dix francs à ce malheureux. Et chassez-le,
qu'il revienne vite !

Je sors du bureau de poste où l'on m'a encore refusé un
mandat, la ligne n'étant pas ouverte jusqu'à Douai. Que
faire ? Je suis bien en peine. Que Dieu ne punisse pas la folie
de ce malheureux enfant comme il le mérite.

J'ai l'honneur, Monsieur, de vous présenter mes respects.

V[EUVE] RIMBAUD.

Monsieur Izambard, professeur,
Rue de l'Abbaye-des-Prés,
Douai.
(Nord).

RIMBAUD À PAUL DEMENY

[Douai, 26 septembre 1870.]

Je viens pour vous dire adieu, je ne vous trouve pas
chez vous.

Je ne sais si je pourrai revenir ; je pars demain, dès
le matin, pour Charleville, — j'ai un sauf-conduit. — Je
regrette infiniment de ne pas pouvoir vous dire adieu,
à vous.

Je vous serre la main le plus violemment qu'il m'est
possible. — Bonne espérance.

Je vous écrirai. Vous m'écrirez ? Pas ?

ARTHUR RIMBAUD.

Monsieur Paul Demeny,
À Douai.

RIMBAUD À LÉON BILLUART

Charleroi [8 octobre 1870].

[...] J'ai soupé en humant l'odeur des soupiraux d'où s'exhalaient les fumets des viandes et des volailles rôties des bonnes cuisines bourgeoises de Charleroi, puis en allant grignoter au clair de lune une tablette de chocolat fumacien [...]

Monsieur Léon Billuart,
À Fumay (Ardennes).

RIMBAUD À GEORGES IZAMBARD

Charleville, le 2 novembre 1870.

Monsieur,
— À vous seul ceci. —

Je suis rentré à Charleville un jour après vous avoir quitté. Ma mère m'a reçu, et je — suis là... tout à fait oisif. Ma mère ne me mettrait en pension qu'en janvier 71.

Eh bien! j'ai tenu ma promesse.

Je meurs, je me décompose dans la platitude, dans la mauvaiseté, dans la grisaille. Que voulez-vous, je m'entête affreusement à adorer la liberté libre, et... un tas de choses que « ça fait pitié », n'est-ce pas? — Je devais repartir aujourd'hui même; je le pouvais : j'étais vêtu de neuf, j'aurais vendu ma montre, et vive la liberté! — Donc je suis resté! je suis resté! — et je voudrai repartir encore bien des fois. — Allons, chapeau, capote, les deux poings dans les poches, et sortons! — Mais je resterai, je resterai. Je n'ai pas promis cela. Mais je le ferai pour mériter votre affection : vous me l'avez dit. Je la mériterai.

La reconnaissance que je vous ai, je ne saurais pas

vous l'exprimer aujourd'hui plus que l'autre jour. Je
vous la prouverai. Il s'agirait de faire quelque chose
pour vous, que je mourrais pour le faire, — je vous en
donne ma parole. — J'ai encore un tas de choses à
dire...

Ce « sans-cœur » de

A. RIMBAUD.

Guerre : — Pas de siège de Mézières. Pour quand? On
n'en parle pas. — J'ai fait votre commission à M. Dever-
rière, et, s'il faut faire plus, je ferai. — Par ci par là,
des franc-tirades. — Abominable prurigo d'idiotisme,
tel est l'esprit de la population. On en entend de belles,
allez. C'est dissolvant.

Monsieur Georges Izambard,
À Douai.

RIMBAUD À GEORGES IZAMBARD

[12 novembre 1870.]

[*Lettre perdue.*]

RIMBAUD À PAUL DEMENY

Charleville, 17 avril 1871.

Votre lettre est arrivée hier 16. Je vous remercie.
— Quant à ce que je vous demandais, étais-je sot! Ne
sachant rien de ce qu'il faut savoir, résolu à ne faire
rien de ce qu'il faut faire, je suis condamné, dès tou-
jours, pour jamais. Vive aujourd'hui, vive demain!

Depuis le 12, je dépouille la correspondance au *Pro-
grès des Ardennes* : aujourd'hui, il est vrai, le journal
est suspendu. Mais j'ai apaisé la bouche d'ombre pour
un temps.

Oui, vous êtes heureux, vous. Je vous dis cela, — et

qu'il est des misérables qui, femme ou idée, ne trouveront pas la *Sœur de charité*.

Pour le reste, pour aujourd'hui, je vous conseillerais bien de vous pénétrer de ces versets d'Ecclésiaste, cap. 11-12, aussi sapients que romantiques : « Celui-là aurait sept replis de folie en l'âme, qui, ayant pendu ses habits au soleil, geindrait à l'heure de la pluie », mais foin de la sapience et de 1830 : causons Paris.

J'ai vu quelques nouveautés chez Lemerre : deux poèmes de Leconte de Lisle, *Le Sacre de Paris, Le Soir d'une bataille*. — De F. Coppée : *Lettre d'un Mobile breton*. — Mendès : *Colère d'un Franc-tireur*. — A. Theuriet : *L'Invasion*. A. Lacaussade : *Væ victoribus*. — Des poèmes de Félix Franck, d'Émile Bergerat. — Un *Siège de Paris*, fort volume, de Claretie.

J'ai lu là-bas *Le Fer rouge, Nouveaux châtiments*, de Glatigny, dédié à Vacquerie ; — en vente chez Lacroix, Paris et Bruxelles, probablement.

À la Librairie Artistique [1], — je cherchais l'adresse de Vermersch, — on m'a demandé de vos nouvelles. Je vous savais alors à Abbeville.

Que chaque libraire ait son *Siège*, son *Journal de Siège*, — Le *Siège* de Sarcey en est à sa 14e éd[ition] ; — que j'aie vu des ruissellements fastidieux de photographies et de dessins relatifs au Siège, — vous ne douterez jamais. On s'arrêtait aux gravures de A. Marie, *Les Vengeurs, Les Faucheurs de la Mort;* surtout aux dessins comiques de Dräner et de Faustin. — Pour les théâtres, abomination de la désolation. — Les choses du jour étaient *Le Mot d'ordre* [2] et les fantaisies, admirables, de Vallès et de Vermersch au *Cri du Peuple*.

Telle était la littérature, — du 25 février au 10 mars. — Du reste, je ne vous apprends peut-être rien de nouveau.

En ce cas, tendons le front aux lances des averses [3], l'âme à la sapience antique.

Et que la littérature belge nous emporte sous son aisselle.

Au revoir,

A. RIMBAUD.

Monsieur Paul Demeny,
Rue Jean-de-Bologne,
Douai.

RIMBAUD À DELAHAYE

[...] Au physique, analogie frappante avec Psukhé... Son frère[1] a l'âme magistrate; sa mère a l'âme catholique...

[...] son regard illaudable [...] effaré comme trente-six millions de caniches nouveau-nés [...]

RIMBAUD À GEORGES IZAMBARD

Charleville, [13] mai 1871.

Cher Monsieur!

Vous revoilà professeur. On se doit à la Société, m'avez-vous dit; vous faites partie des corps enseignants : vous roulez dans la bonne ornière. — Moi aussi, je suis le principe : je me fais cyniquement *entretenir;* je déterre d'anciens imbéciles de collège[2] : tout ce que je puis inventer de bête, de sale, de mauvais, en action et en paroles, je le leur livre : on me paie en bocks et en filles[3]. *Stat mater dolorosa, dum pendet filius[4],* — Je me dois à la Société, c'est juste; — et j'ai raison. — Vous aussi, vous avez raison, pour aujourd'hui. Au fond, vous ne voyez en votre principe que poésie subjective : votre obstination à regagner le râtelier universitaire — pardon! — le prouve. Mais vous finirez toujours comme un satisfait qui n'a rien fait, n'ayant rien voulu faire. Sans compter que votre poésie subjective sera toujours horriblement fadasse. Un jour, j'espère, — bien d'autres espèrent la même chose, — je verrai dans votre principe la poésie objective[5], je la verrai plus sincèrement que vous ne le feriez! — Je serai un travailleur : c'est l'idée qui me retient, quand les colères folles me poussent vers la bataille de Paris, — où tant de travailleurs meurent pourtant encore tandis que je vous écris! Travailler maintenant, jamais, jamais; je suis en grève.

Maintenant, je m'encrapule le plus possible. Pourquoi ? Je veux être poète, et je travaille à me rendre *Voyant* : vous ne comprendrez pas du tout, et je ne saurais presque vous expliquer. Il s'agit d'arriver à l'inconnu par le dérèglement de *tous les sens*. Les souffrances sont énormes, mais il faut être fort, être né poète, et je me suis reconnu poète. Ce n'est pas du tout ma faute. C'est faux de dire : Je pense : on devrait dire on me pense. — Pardon du jeu de mots[1].

Je est un autre. Tant pis pour le bois qui se trouve violon, et Nargue aux inconscients, qui ergotent sur ce qu'ils ignorent tout à fait !

Vous n'êtes pas *Enseignant* pour moi. Je vous donne ceci : est-ce de la satire, comme vous diriez ? Est-ce de la poésie ? C'est de la fantaisie, toujours. — Mais, je vous en supplie, ne soulignez ni du crayon, ni trop de la pensée :

LE CŒUR SUPPLICIÉ

Mon triste cœur bave à la poupe[2]
. . . .

Ça ne veut pas rien dire[3]. — RÉPONDEZ-MOI : chez M. Deverrière, pour A. R.

Bonjour de cœur,

AR. RIMBAUD.

Monsieur Georges Izambard,
27, rue de l'Abbaye-des-Champs,
À Douai (Nord).

RIMBAUD À PAUL DEMENY

Charleville, 15 mai 1871.

J'ai résolu de vous donner une heure de littérature nouvelle ; je commence de suite par un psaume d'actualité :

CHANT DE GUERRE PARISIEN

Le printemps eſt évident, car[1]...
. . . .

A. RIMBAUD.

— Voici de la prose sur l'avenir de la poésie —

Toute poésie antique aboutit à la poésie grecque,
Vie harmonieuse. — De la Grèce au mouvement roman-
tique, — moyen âge, — il y a des lettrés, des versifi-
cateurs. D'Ennius à Theroldus[2], de Theroldus à Casimir
Delavigne, tout eſt prose rimée, un jeu, avachissement
et gloire d'innombrables générations idiotes : Racine
eſt le pur, le fort, le grand[3]. — On eût soufflé sur ses
rimes, brouillé ses hémiſtiches, que le Divin Sot serait
aujourd'hui aussi ignoré que le premier venu auteur
d'*Origines*[4]. — Après Racine, le jeu moisit. Il a duré
deux mille ans.

Ni plaisanterie, ni paradoxe. La raison m'inspire plus
de certitudes sur le sujet que n'aurait jamais eu de
colères un Jeune-France. Du reſte, libre aux *nouveaux!*
d'exécrer les ancêtres : on eſt chez soi et l'on a le temps.

On n'a jamais bien jugé le romantisme. Qui l'aurait
jugé? Les critiques!! Les romantiques, qui prouvent
si bien que la chanson eſt si peu souvent l'œuvre, c'eſt-
à-dire la pensée chantée *et comprise* du chanteur?

Car Je eſt un autre[5]. Si le cuivre s'éveille clairon, il
n'y a rien de sa faute. Cela m'eſt évident : j'assiſte à
l'éclosion de ma pensée : je la regarde, je l'écoute : je
lance un coup d'archet : la symphonie fait son remue-
ment dans les profondeurs, ou vient d'un bond sur la
scène.

Si les vieux imbéciles n'avaient pas trouvé du moi
que la signification fausse, nous n'aurions pas à balayer
ces millions de squelettes qui, depuis un temps infini,
ont accumulé les produits de leur intelligence borgnesse,
en s'en clamant les auteurs!

En Grèce, ai-je dit, vers et lyres *rythment l'Aĉlion*[6].
Après, musique et rimes sont jeux, délassements. L'étude
de ce passé charme les curieux : plusieurs s'éjouissent à
renouveler ces antiquités : — c'eſt pour eux[7]. L'intel-
ligence universelle a toujours jeté ses idées, naturelle-

ment; les hommes ramassaient une partie de ces fruits du cerveau : on agissait par, on en écrivait des livres : telle allait la marche, l'homme ne se travaillant pas, n'étant pas encore éveillé, ou pas encore dans la plénitude du grand songe. Des fonctionnaires, des écrivains : auteur, créateur, poète, cet homme n'a jamais existé!

La première étude de l'homme qui veut être poète est sa propre connaissance, entière; il cherche son âme, il l'inspecte, il la tente, l'apprend. Dès qu'il la sait, il doit la cultiver; cela semble simple : en tout cerveau s'accomplit un développement naturel; tant d'*égoïstes* se proclament auteurs; il en est bien d'autres qui s'attribuent leur progrès intellectuel! — Mais il s'agit de faire l'âme monstrueuse : à l'instar des comprachicos[1], quoi! Imaginez un homme s'implantant et se cultivant des verrues sur le visage.

Je dis qu'il faut être *voyant,* se faire *voyant*[2].

Le Poète se fait *voyant* par un long, immense et raisonné *dérèglement* de *tous les sens.* Toutes les formes d'amour, de souffrance, de folie; il cherche lui-même, il épuise en lui tous les poisons, pour n'en garder que les quintessences. Ineffable torture où il a besoin de toute la foi, de toute la force surhumaine, où il devient entre tous le grand malade, le grand criminel, le grand maudit, — et le suprême Savant[3]! — Car il arrive à l'*inconnu!* Puisqu'il a cultivé son âme, déjà riche, plus qu'aucun! Il arrive à l'inconnu, et quand, affolé, il finirait par perdre l'intelligence de ses visions, il les a vues! Qu'il crève dans son bondissement par les choses inouïes et innommables : viendront d'autres horribles travailleurs; ils commenceront par les horizons où l'autre s'est affaissé!

— La suite à six minutes —

Ici j'intercale un second psaume *hors du texte :* veuillez tendre une oreille complaisante, — et tout le monde sera charmé. — J'ai l'archet en main, je commence :

MES PETITES AMOUREUSES

Un hydrolat lacrymal lave[4]...
. . . .

A. R.

Voilà. Et remarquez bien que, si je ne craignais de vous faire débourser plus de 60 c. de port, — moi pauvre effaré qui, depuis sept mois, n'ai pas tenu un seul rond de bronze! — je vous livrerais encore mes *Amants de Paris,* cent hexamètres, Monsieur, et ma *Mort de Paris,* deux cents hexamètres¹! —

Je reprends :

Donc le poëte est vraiment voleur de feu.

Il est chargé de l'humanité, des *animaux* même; il devra faire sentir, palper, écouter ses inventions; si ce qu'il rapporte de *là-bas* a forme, il donne forme; si c'est informe, il donne de l'informe. Trouver une langue;

— Du reste, toute parole étant idée, le temps d'un langage universel viendra! Il faut être académicien, — plus mort qu'un fossile, — pour parfaire un dictionnaire, de quelque langue que ce soit. Des faibles se mettraient *à penser* sur la première lettre de l'alphabet, qui pourraient vite ruer dans la folie! —

Cette langue sera de l'âme pour l'âme, résumant tout, parfums, sons, couleurs, de la pensée accrochant la pensée et tirant. Le poète définirait la quantité d'inconnu s'éveillant² en son temps dans l'âme universelle : il donnerait plus — que la formule de sa pensée, que la notation *de sa marche au Progrès!* Énormité devenant norme, absorbée par tous, il serait vraiment *un multiplicateur de progrès!*

Cet avenir sera matérialiste³, vous le voyez; — Toujours pleins du *Nombre* et de l'*Harmonie,* ces poèmes seront faits pour rester. — Au fond, ce serait encore un peu la Poésie grecque.

L'art éternel aurait ses fonctions, comme les poètes sont citoyens. La Poésie ne rythmera plus l'action; elle *sera en avant*.

Ces poètes seront! Quand sera brisé l'infini servage de la femme, quand elle vivra pour elle et par elle, l'homme, — jusqu'ici abominable, — lui ayant donné son renvoi, elle sera poète, elle aussi⁴! La femme trouvera de l'inconnu! Ses mondes d'idées différeront-ils des nôtres? — Elle trouvera des choses étranges, insondables, repoussantes, délicieuses; nous les prendrons, nous les comprendrons.

En attendant, demandons aux *poètes* du *nouveau,* —

idées et formes. Tous les habiles croiraient bientôt avoir
satisfait à cette demande. — Ce n'est pas cela !

Les premiers romantiques ont été *voyants* sans trop
bien s'en rendre compte : la culture de leurs âmes s'est
commencée aux accidents : locomotives abandonnées,
mais brûlantes, que prennent quelque temps les rails.
— Lamartine est quelquefois voyant, mais étranglé par
la forme vieille. — Hugo, *trop cabochard*, a bien du vu
dans les derniers volumes : *Les Misérables* sont un vrai
poème. J'ai *Les Châtiments* sous main ; *Stella* donne à
peu près la mesure de la *vue* de Hugo[1]. Trop de Bel-
montet et de Lamennais, de Jehovahs et de colonnes,
vieilles énormités crevées.

Musset[2] est quatorze fois exécrable pour nous, géné-
rations douloureuses et prises de visions, — que sa
paresse d'ange a insultées ! Ô ! les contes et les pro-
verbes fadasses ! ô les nuits ! ô Rolla, ô Namouna, ô la
Coupe ! tout est français, c'est-à-dire haïssable au suprême
degré ; français, pas parisien ! Encore une œuvre de cet
odieux génie qui a inspiré Rabelais, Voltaire, Jean La
Fontaine, commenté par M. Taine[3] ! Printanier, l'esprit
de Musset ! Charmant, son amour ! En voilà, de la pein-
ture à l'émail, de la poésie solide ! On savourera long-
temps la poésie *française,* mais en France. Tout garçon
épicier est en mesure de débobiner une apostrophe Rol-
laque ; tout séminariste en porte les cinq cents rimes
dans le secret d'un carnet. À quinze ans, ces élans de
passion mettent les jeunes en rut ; à seize ans, ils se
contentent déjà de les réciter avec *cœur ;* à dix-huit ans,
à dix-sept même, tout collégien qui a le moyen fait le
Rolla, écrit un Rolla ! Quelques-uns en meurent peut-
être encore. Musset n'a rien su faire : il y avait des
visions derrière la gaze des rideaux : il a fermé les yeux.
Français, panadif[4], traîné de l'estaminet au pupitre de
collège, le beau mort est mort, et, désormais, ne nous
donnons même plus la peine de le réveiller par nos
abominations !

Les seconds romantiques sont très *voyants* : Th. Gau-
tier, Lec[onte] de Lisle, Th. de Banville. Mais inspecter
l'invisible et entendre l'inouï étant autre chose que
reprendre l'esprit des choses mortes, Baudelaire est le
premier voyant, roi des poètes, *un vrai Dieu.* Encore
a-t-il vécu dans un milieu trop artiste ; et la forme si

vantée en lui est mesquine : les inventions d'inconnu
réclament des formes nouvelles.

Rompue[1] aux formes vieilles, parmi les innocents,
A. Renaud, — a fait son Rolla ; — L. Grandet, — a
fait son Rolla ; — Les gaulois et les Musset, G. Lafe-
nestre, Coran, Cl. Popelin, Soulary, L. Salles ; Les éco-
liers, Marc, Aicard, Theuriet ; les morts et les imbéciles,
Autran, Barbier, L. Pichat, Lemoyne, les Deschamps,
les Desessarts ; Les journalistes, L. Cladel, Robert
Luzarches, X. de Ricard ; les fantaisistes, C. Mendès ; les
bohèmes ; les femmes ; les talents, Léon Dierx et[2] Sully-
Prudhomme, Coppée, — la nouvelle école, dite parnas-
sienne, a deux voyants, Albert Mérat et Paul Verlaine,
un vrai poète. — Voilà. Ainsi je travaille à me rendre
voyant. — Et finissons par un chant pieux.

ACCROUPISSEMENTS

Bien tard, quand il se sent l'estomac écœuré[3],
. . . .

Vous seriez exécrable de ne pas répondre : vite, car
dans huit jours, je serai à Paris, peut-être.
Au revoir,

A. RIMBAUD.

Monsieur Paul Demeny,
À Douai.

RIMBAUD À PAUL DEMENY

Charleville, 10 juin 1871.

À M. P. DEMENY

LES POÈTES DE SEPT ANS

Et la Mère, fermant le livre du devoir[4],
. . . .

A. R.
26 mai 1871.

LES PAUVRES À L'ÉGLISE

Parqués entre des bancs de chêne, aux coins d'église[1]
. . . .

A. RIMBAUD.
1871.

Voici, — ne vous fâchez pas, — un motif à dessins
drôles : c'est une antithèse aux douces vignettes péren-
nelles où batifolent les cupidons, où s'essorent les cœurs
panachés de flammes, fleurs vertes, oiseaux mouillés,
promontoires de Leucade, etc... — Ces triolets, eux
aussi, au reste, iront

> *Où les vignettes pérennelles*[2],
> *Où les doux vers.*

Voici : — ne vous fâchez pas —

LE CŒUR DU PITRE

Mon triste cœur bave à la poupe[3],
. . . .

A. R.
Juin 1871.

Voilà ce que je fais.

J'ai trois prières à vous adresser

brûlez, *je le veux*, et je crois que vous respecterez ma
volonté comme celle d'un mort, brûlez *tous les vers que
je fus assez sot* pour vous donner lors de mon séjour
à Douai[4] : ayez la bonté de m'envoyer, s'il vous est
possible et s'il vous plaît, un exemplaire de vos *Gla-
neuses*[5], que je voudrais relire et qu'il m'est impossible
d'acheter, ma mère ne m'ayant gratifié d'aucun rond de
bronze depuis six mois, — pitié! enfin, veuillez bien me
répondre, quoi que ce soit, pour cet envoi et pour le
précédent.

Je vous souhaite un bon jour, ce qui est bien bon.

Écrivez à : M. Deverrière, 95, sous les Allées, pour

A. RIMBAUD.

Monsieur Paul Demeny,
À Paris.

RIMBAUD À GEORGES IZAMBARD

Charleville, 12 juillet 1871.

[Cher M]onsieur,

[Vous prenez des bains de mer], vous avez été [en bateau... Les boyards, c'est loin, vous n'en] voulez plus [1] [je vous jalouse, moi qui étouffe ici!].

Puis, je m'embête ineffablement et je ne puis vraiment rien porter sur le papier.

Je veux pourtant vous demander quelque chose : une dette énorme, — chez un libraire, — est venue fondre sur moi, qui n'ai pas le moindre rond de colonne en poche. Il faut revendre des livres. Or vous devez vous rappeler qu'en septembre 1870, étant venu, — pour moi, — tenter d'avachir un cœur de mère endurci, vous emportâtes, sur mon con[seil, plusieurs volumes, cinq ou six, qu'en août, à votre intention, j'avais apportés chez vous.]

Eh bien! tenez-vous à F[*lorise,* de Banville], aux *Exilés,* du même? Moi qui ai besoin de [rétrocéder d]es bouquins à mon libraire, je serais bien content d[e ravoir] ces deux volumes : j'ai d'autres Banville chez moi ; joints aux vôtres, ils composeraient une collection, et les collections s'acceptent bien mieux que des volumes isolés.

N'avez-vous pas *Les Couleuvres*[2]? Je placerais cela comme du neuf! — Tenez-vous aux *Nuits persanes*[3]? un titre qui peut affrioler, même parmi des bouquins d'occasion. Tenez-vous, à [ce] volume de Pontmartin? Il existe des littérateurs [par ici qu]i rachèteraient cette prose. — Tenez-vous a[ux *Glan*]*euses?* Les collégiens d'Ardennes pou[rraient débo]urser [trois francs] pour bricol[er dans ces azurs-là [4]]. J[e saurais démontr]er à mon crocodile que l'achat d'une [telle collection donnerait de portenteux bénéfices]. Je ferais rutiler les titres ina[perçus. Je réponds] de me découvrir une audace avachissante dans ce brocantage.

Si vous saviez quelle position ma mère peut et veut

me faire avec ma dette de 35 fr. 25 c., vous n'hésiteriez
pas à m'abandonner ces bouquins! Vous m'enverriez
ce ballot chez M. Deverrière, 95, sous les Allées, lequel
est prévenu de la chose et l'attend! Je vous rembour-
serais le prix du transport, et je vous serais superbondé
de gratitude!

Si vous avez des imprimés inconvenants dans une
[bibliothèque de professeur et que vous vous en] aper-
cevi[ez, ne vous gênez pas]. Mais vite, je vous en prie,
on me presse!

C[ordialement] et bien merci d'avance.

A. RIMBAUD.

P.-S. — J'ai vu, en une lettre de vous à M. Dever-
rière, que vous étiez inquiet au sujet de vos caisses de
livres. Il vous les fera parvenir dès qu'il aura reçu vos
instructions.

[Je] vous serre la main.

A. R.

Monsieur Georges Izambard,
Professeur de rhétorique,
Collège de Cherbourg,
Cherbourg (Manche).

RIMBAUD À THÉODORE DE BANVILLE

Charleville, Ardennes, 15 août 1871.

À Monsieur Théodore de Banville.

CE QU'ON DIT AU POÈTE À PROPOS DE FLEURS

I

Ainsi, toujours, vers l'azur noir [1]...

. . . .

ALCIDE BAVA.
A. R.
14 juillet 1871.

Monsieur et cher Maître,

Vous rappelez-vous avoir reçu de province, en
juin 1870, cent ou cent cinquante hexamètres mytholo-
giques intitulés *Credo in unam?* Vous fûtes assez bon
pour répondre[1]!

C'est le même imbécile ·qui vous envoie les vers
ci-dessus, signés Alcide Bava. — Pardon.

J'ai dix-huit ans. — J'aimerai toujours les vers de
Banville.

L'an passé je n'avais que dix-sept ans!

Ai-je progressé?

ALCIDE BAVA.
A. R.

Mon adresse :

M. Charles Bretagne[2],
Avenue de Mézières, à Charleville,
pour
A. RIMBAUD.

Monsieur Th. de Banville,
À Paris.

RIMBAUD À PAUL DEMENY

Charleville (Ardennes), [28] août 1871.

Monsieur,

Vous me faites recommencer ma prière : soit. Voici
la complainte complète. Je cherche des paroles calmes :
mais ma science de l'art n'est pas bien profonde. Enfin,
voici :

Situation du prévenu : j'ai quitté depuis plus d'un
an la vie ordinaire, pour ce que vous savez. Enfermé
sans cesse dans cette inqualifiable contrée ardennaise,
ne fréquentant pas un homme, recueilli dans un travail

infâme, inepte, obstiné, mystérieux, ne répondant que
par le silence aux questions, aux apostrophes grossières
et méchantes, me montrant digne dans ma position
extra-légale, j'ai fini par provoquer d'atroces résolutions
d'une mère aussi inflexible que soixante-treize admi-
nistrations à casquettes de plomb.

Elle a voulu m'imposer le travail, — perpétuel, à Char-
leville (Ardennes)! Une place pour tel jour, disait-elle,
ou la porte.

Je refusais cette vie; sans donner mes raisons :
c'eût été pitoyable. Jusqu'aujourd'hui, j'ai pu tourner
ces échéances. Elle, en est venue à ceci : souhaiter sans
cesse mon départ inconsidéré, ma fuite! Indigent, inex-
périmenté, je finirais par entrer aux établissements de
correction. Et, dès ce moment, silence sur moi!

Voilà le mouchoir de dégoût qu'on m'a enfoncé dans
la bouche. C'est bien simple.

Je ne demande rien, je demande un renseignement.
Je veux travailler libre : mais à Paris, que j'aime. Tenez :
je suis un piéton, rien de plus; j'arrive dans la ville
immense sans aucune ressource matérielle : mais vous
m'avez dit : Celui qui désire être ouvrier à quinze sous
par jour s'adresse là, fait cela, vit comme cela. Je
m'adresse là, je fais cela, je vis comme cela. Je vous ai
prié d'indiquer des occupations peu absorbantes, parce
que la pensée réclame de larges tranches de temps.
Absolvant le poète, ces balançoires matérielles se font
aimer. Je suis à Paris : il me faut une *économie* positive!
Vous ne trouvez pas cela sincère? Moi, ça me semble
si étrange, qu'il me faille vous protester de mon sérieux!

J'avais eu l'idée ci-dessus : la seule qui me parût
raisonnable : je vous la rends sous d'autres termes.
J'ai bonne volonté, je fais ce que je puis, je parle aussi
compréhensiblement qu'un malheureux! Pourquoi tan-
cer l'enfant qui, non doué de principes zoologiques,
désirerait un oiseau à cinq ailes? On le ferait croire aux
oiseaux à six queues, ou à trois becs! On lui prêterait
un Buffon des familles : ça le déleurre[rait].

Donc, ignorant de quoi vous pourriez m'écrire, je
coupe les explications et continue à me fier à vos expé-
riences, à votre obligeance que j'ai bien bénie, en rece-
vant votre lettre, et je vous engage un peu à partir de
mes idées, — s'il vous plaît...

Recevriez-vous sans trop d'ennui des échantillons de.
mon travail?

A. RIMBAUD.

Monsieur Paul Demeny,
15, place S[ain]t-Jacques,
À Douai (Nord).

RIMBAUD À VERLAINE

[Charleville, septembre 1871.]

*[Rimbaud se déclare admirateur enthousiaste de Verlaine. Il lui
confie son idéal, ses rages, son enthousiasme, son ennui, tout ce
qu'il est.*

*Lui aussi est poète; il soumet ses vers au jugement de Verlaine.
Il joint à sa lettre* Les Effarés, Accroupissements, Les Doua-
niers, Le Cœur volé, Les Assis, *recopiés par Delahaye en petite
ronde, parce que ça ressemble davantage à l'imprimé et que ça se lit
mieux.*

*Quelques jours après, sans attendre la réponse de Verlaine,
Rimbaud lui adresse une nouvelle lettre avec d'autres poèmes,* Mes
petites amoureuses, Les Premières Communions, Paris se
repeuple...]*

Monsieur Paul Verlaine,
À Paris.

RIMBAUD À VERLAINE

[Charleville, septembre 1871.]

[...] J'ai fait le projet de faire un grand poème, et je
ne peux travailler à Charleville. Je suis empêché de
venir à Paris, étant sans ressources. Ma mère est veuve et
extrêmement dévote. Elle ne me donne que dix cen-
times tous les dimanches pour payer ma chaise à l'église.
[...] Petite crasse [...]
[...] moins gênant qu'un Zanetto.

Monsieur Paul Verlaine,
À Paris.

VERLAINE À RIMBAUD

Paris,[...] septembre 1871.

[...] J'ai comme un relent de votre lycanthropie[...] Vous
êtes prodigieusement armé en guerre[...]

VERLAINE À RIMBAUD

Paris,[...] septembre 1871.

[...] Venez, chère grande âme, on vous appelle, on vous
attend.

VERLAINE À RIMBAUD

Paris,[...] mars 1872.

[...] On t'en veut, et férocement!... Des Judiths! Des Char-
lottes![...]

VERLAINE À RIMBAUD

Paris, le 2 avril [18]72.

Du café de la Closerie des Lilas.

Bon ami,

C'est charmant, l'*Ariette oubliée*[1], paroles et musique! Je
me la suis fait déchiffrer et chanter! Merci de ce délicat envoi!
Quant aux envois dont tu me parles, fais-les *par la poste*,
toujours à Batignolles, r[ue] Lécluse. Auparavant, informe-
toi des prix de port, et si les sommes te manquent, préviens-
moi, et je te les enverrai par timbres ou mandats (à Bretagne).

Je m'occuperai très activement du bazardage et ferai de
l'argent — envoi à toi, ou gardage pour toi à notre revoir —
ce que tu voudras m'indiquer.

Et merci pour ta bonne lettre! Le *« petit garçon »* accepte la
juste fessée, l' *« ami des crapauds »*[1] retire tout, — et n'ayant
jamais abandonné ton martyre, y pense, si possible — avec
plus de *ferveur* et de joie encore, sais-tu bien, Rimbe.

C'est ça, aime-moi, protège et donne confiance. Étant très
faible, j'ai très besoin de bontés. Et de même que je ne t'em-
miellerai plus avec mes petitgarçonnades, aussi n'emmerderai-
je plus notre vénéré Prêtre de tout ça, — et promets-lui
pour bientissimot une vraie lettre, avec dessins et autres belles
goguenettes.

Tu as dû depuis d'ailleurs recevoir ma lettre sur pelure
rose, et probab' m'y répondre. Demain j'irai à ma
poste restante habituelle chercher ta missive probable et
y répondrai... Mais quand diable commencerons-nous ce
chemin de croix, — hein?

Gavroche[2] et moi nous sommes occupés aujourd'hui de
ton déménagement. Tes frusques, gravures et moindres
meubles sont en sécurité. En outre, tu es locataire rue Campe
jusqu'au huit. Je me suis réservé, — jusqu'à ton retour, —
2 gougnottes à la sanguine que je destine à remplacer dans
son cadre noir le *Camaïeu* du docteur. Enfin, on s'occupe de
toi, on te désire. À bientôt, — pour nous, — soit ici, soit
ailleurs.

Et l'on est tous tiens[3].

                                           P. V.

                    Toujours même adresse.

Merde à Mérat — Chanal — Périn, Guérin! et Laure[4]!
Feu Carjat t'accolle!

Parle-moi de Favart, en effet.
Gavroche va t'écrire *ex imo*[5].

RIMBAUD À VERLAINE

                              Charleville, avril 1872.

[...] Le travail est plus loin de moi que mon ongle
l'est de mon œil. Merde pour moi! Merde pour moi!
Merde pour moi! Merde pour moi? Merde pour moi!
Merde pour moi! Merde pour moi! Merde pour moi!

. . . .

Quand vous me verrez manger positivement de la merde, alors seulement vous ne trouverez plus que je coûte cher à nourrir!...

VERLAINE À RIMBAUD

[Paris, avril 1872.]

Rimbaud,

Merci pour ta lettre et *hosannah* pour ta « *prière* ».

CERTES, *nous nous reverrons!* Quand? — Attendre un peu! Nécessités dures! Opportunités roides! — Soit! Et merde pour les unes comme merde pour les autres. Et comme merde pour Moi! — et pour Toi!

Mais m'envoyer tes vers «mauvais» (!!!!), tes prières (!!!), — enfin m'être simpiternellement communicatif, — en attendant mieux, après mon *ménage retapé*. — Et m'écrire, *vite,* — par Bretagne, — soit de Charleville, soit de Nancy, *Meurthe. M. Auguste Bretagne, rue Ravinelle, n° 11, onze.*

Et ne jamais te croire lâché par moi. — Remember! Memento!

Ton
P. V.

Et m'écrire bientôt! Et m'envoyer tes vers anciens et tes prières nouvelles. — N'est-ce pas Rimbaud?

FORAIN À RIMBAUD

[Paris, mai 1872.]

. . . .

Réponds-moi au plus vite au sujet de cette lettre et dis-moi si tu t'amuses là-bas.

Moi, je compte avoir mon atelier à la fin de la semaine prochaine.

Adieu, écris vite.

Ton ami,
L. FORAIN.

VERLAINE À RIMBAUD

[Paris, mai 1872.]

Cher Rimbe bien gentil, je t'accuse réception du crédit sollicité et accordé, avec mille grâces, et (je suis follement heureux d'en être presque sûr) *sans remise* cette fois. Donc à samedi, vers 7 heures toujours, n'est-ce pas? — D'ailleurs, avoir marge, et moi envoyer sous en temps opportun.

En attendant, toutes lettres martyriques chez ma mère, toutes lettres touchant les revoir, prudences, etc..., chez *M. L. Forain, 17, Quai d'Anjou, Hôtel Lauzun, Paris, Seine (pr M. P. Verlaine).*

Demain, j'espère pouvoir te dire qu'enfin j'ai l'Emploi (secrétaire d'assurances).

Pas vu Gavroche hier bien que rendez-vous. Je t'écris ceci au Cluny (3 heures), en l'attendant. Nous manigançons contre quelqu'un que tu sauras de *badines vinginces.* Dès ton retour, pour peu que ça puisse t'amuser, auront lieu des choses *tigresques.* Il s'agit d'un monsieur qui n'a pas été sans influence dans tes 3 mois d'Ardennes et mes 6 mois de merde. Tu verras, quoi!

Chez Gavroche écris-moi et me renseigne sur mes devoirs, la vie que tu entends que nous menions, les joies, affres, hypocrisies, cynismes, qu'il va falloir : moi tout tien, tout toi, — le savoir! — Ceci chez Gavroche.

Chez ma mère *tes lettres martyriques,* sans allusion aucune à aucun revoir.

Dernière recommandation : dès ton retour, m'empoigner de suite, de façon à ce qu'aucun secouïsme, — et tu le pourras si bien!

Prudence :

faire en sorte, au moins quelque temps, d'être moins terrible d'aspect qu'avant : *linge, cirage, peignage, petites mines :* ceci nécessaire si toi entrer dans projets tigresques : moi d'ailleurs lingère, brosseur, etc. (si tu veux).

(Lesquels projets d'ailleurs, toi y entrant, *nous* seront utiles, parce que *« quelqu'un de très grand à Madrid¹ »* y intéressée, — d'où *security very good!*).

Maintenant, salut, revoir, joie, attente de lettres, attente de Toi. — Moi avoir 2 fois cette nuit rêvé : *Toi, martyriseur d'enfant, — Toi tout goldez*² *.* Drôle, n'est-ce pas, Rimbe!

* En anglais, *doré :* j'oubliais que tu ignorais cette langue autant que moi.

Avant de fermer ceci j'attends Gavroche. Viendra-t-il?
— ou lâcherait-il? (— à dans quelques minutes! —)

4 heures après-midi.

Gavroche venu, repar' d'hon' gîtes sûrs[1]. Il t'écrira.

Ton vieux,
P. V.

M'écrire tout le temps de tes Ardennes
t'écrire tout celui de ma merde.
Pourquoi pas merde à H. Regnault?

RIMBAUD À ERNEST DELAHAYE

Parmerde, Junphe 72.

Mon ami,

Oui, surprenante est l'existence dans le cosmorama
Arduan. La province, où on se nourrit de farineux et
de boue, où l'on boit du vin du cru et de la bière du
pays, ce n'est pas ce que [je] regrette. Aussi tu as raison
de la dénoncer sans cesse. Mais ce lieu-ci : distillation,
composition, tout étroitesses ; et l'été accablant : la cha-
leur n'est pas très constante, mais de voir que le beau
temps est dans les intérêts de chacun, et que chacun
est un porc, je hais l'été, qui me tue quand il se mani-
feste un peu. J'ai une soif à craindre la gangrène : les
rivières ardennaises et belges, les cavernes, voilà ce que
je regrette.

Il y a bien ici un lieu de boisson que je préfère. Vive
l'académie d'Absomphe[2], malgré la mauvaise volonté
des garçons! C'est le plus délicat et le plus tremblant
des habits, que l'ivresse par la vertu de cette sauge de
glaciers, l'absomphe. Mais pour, après, se coucher dans
la merde!

Toujours même geinte, quoi! Ce qu'il y a de certain,
c'est merde à Perrin[3]. Et au comptoir de l'Univers[4],
qu'il soit en face du square ou non. Je ne maudis pas
l'Univers, pourtant. — Je souhaite très fort que l'Ar-
denne soit occupée et pressurée de plus en plus immo-
dérément. Mais tout cela est encore ordinaire.

Le sérieux, c'est qu'il faut que tu te tourmentes beau-

coup, peut-être que tu aurais raison de beaucoup mar-
cher et lire. Raison en tout cas de ne pas te confiner
dans les bureaux et maisons de famille. Les abrutisse-
ments doivent s'exécuter loin de ces lieux-là. Je suis
loin de vendre du baume, mais je crois que les habi-
tudes n'offrent pas des consolations, aux pitoyables jours.

Maintenant c'est la nuit que je travaince. De minuit
à cinq [heures] du matin. Le mois passé, ma chambre,
rue Monsieur-le-Prince, donnait sur un jardin du lycée
Saint-Louis. Il y avait des arbres énormes sous ma
fenêtre étroite. À trois heures du matin, la bougie
pâlit : tous les oiseaux crient à la fois dans les arbres :
c'est fini. Plus de travail. Il me fallait regarder les
arbres, le ciel, saisis par cette heure indicible, première
du matin. Je voyais les dortoirs du lycée, absolument
sourds. Et déjà le bruit saccadé, sonore, délicieux des
tombereaux sur les boulevards. — Je fumais ma pipe-
marteau, en crachant sur les tuiles, car c'était une man-
sarde, ma chambre. À cinq heures, je descendais à l'achat
de quelque pain; c'est l'heure. Les ouvriers sont en
marche partout. C'est l'heure de se soûler chez les mar-
chands de vin, pour moi. Je rentrais manger, et me
couchais à sept heures du matin, quand le soleil faisait
sortir les cloportes de dessous les tuiles. Le premier
matin en été, et les soirs de décembre, voilà ce qui m'a
ravi toujours ici.

Mais, en ce moment, j'ai une chambre jolie, sur une
cour sans fond mais de trois mètres carrés. — La rue
Victor-Cousin fait coin sur la place de la Sorbonne par
le café du Bas-Rhin, et donne sur la rue Soufflot, à
l'autre extrémité. — Là, je bois de l'eau toute la nuit,
je ne vois pas le matin, je ne dors pas, j'étouffe. Et voilà.

Il sera certes fait droit à ta réclamation! N'oublie
pas de chier sur *La Renaissance,* journal littéraire et
artistique[1], si tu le rencontres. J'ai évité jusqu'ici les
pestes d'émigrés Caropolmerdés. Et merde aux saisons[2].
Et colrage[3].

Courage.

                                                  A. R.
                         Rue Victor-Cousin, Hôtel de Cluny.

Monsieur Ernest Delahaye,
À Charleville.

RIMBAUD À ERNEST DELAHAYE

Laïtou [1] (Roche) (Canton d'Attigny).
Mai [18]73.

Cher ami, tu vois mon existence actuelle dans l'aquarelle ci-dessous.
Ô Nature! ô ma mère!

[*Ici, un dessin.*]

Quelle chierie! et quels monstres d'innocince, ces paysans. Il faut, le soir, faire deux lieues, et plus, pour boire un peu. La *mother* m'a mis là dans un triste trou.

[*Autre dessin.*]

Je ne sais comment en sortir : j'en sortirai pourtant. Je regrette cet atroce Charlestown, l'Univers [2], la Bibliothè., etc... Je travaille pourtant assez régulièrement, je fais de petites histoires en prose, titre général : Livre païen, ou Livre nègre [3]. C'est bête et innocent. Ô innocence! innocence; innocence, innoc..., fléau!

Verlaine doit t'avoir donné la malheureuse commission de parlementer avec le sieur Devin, imprimeux du *Nôress* [4]. Je crois que ce Devin pourrait faire le livre de Verlaine à assez bon compte et presque proprement. (S'il n'emploie pas les caractères e[m]merdés du *Nôress*. Il serait capable d'en coller un cliché, une annonce!)

Je n'ai rien de plus à te dire, la contemplostate de la Nature m'absorculant tout entier. Je suis à toi, ô Nature, ô ma mère!

Je te serre les mains, dans l'espoir d'un revoir que j'active autant que je puis.

                                        R.

Je rouvre ma lettre. Verlaine doit t'avoir proposé un rendez-vol au dimanche 18, à Boulion. Moi je ne puis y aller. Si tu y vas, il te chargera probablement de quelques fraguemants en prose de moi ou de lui, à me retourner.

La mère Rimb. retournera à Charlestown dans le courant de juin. C'est sûr, et je tâcherai de rester dans cette jolie ville quelque temps.

Le soleil est accablant et il gèle le matin. J'ai été avant-hier voir les Prussmars à Vouziers, une sous-préfecte de 10.000 âmes, à sept kilom. d'ici. Ça m'a ragaillardi.

Je suis abominablement gêné. Pas un livre, pas un cabaret à portée de moi, pas un incident dans la rue. Quelle horreur que cette campagne française. Mon sort dépend de ce livre, pour lequel une demi-douzaine d'histoires atroces sont encore à inventer. Comment inventer des atrocités ici! Je ne t'envoie pas d'histoires, quoique j'en aie déjà trois, *ça coûte tant!* Enfin voilà!

Au revoir, tu verras ça.

RIMB.

Prochainement je t'enverrai des timbres pour m'acheter et m'envoyer le *Faust* de Gœthe, Biblioth[èque] populaire. Ça doit coûter un sou de transport.

Dis-moi s'il n'y a pas des traduct. de Shakespeare dans les nouveaux livres de cette biblioth.

Si même tu peux m'en envoyer le catalogue le plus nouveau, envoie.

R.

Monsieur Ernest Delahaye,
À Charleville.

VERLAINE À RIMBAUD

Boglione, le dimanche 18 [mai 1873].

Cher ami, merci de ta leçon, sévère mais juste, d'anglais. Tu sais, je *« dors »*. C'est par somnambulisme, ces *thine,* ces *ours,* ces *theirs;* c'est par engourdissement produit par l'Ennui, ce choix de sales verbes auxiliaires, *to do, to have,* au lieu d'analogues mieux expressifs. Par exemple je défendrai mon *How* initial. Le vers est :

Mais qu'est-ce qu'ils ont donc à dire que c'est laid...

Je ne trouve encore que *How!* (qui d'ailleurs a rang d'exclamation étonnée) pour rendre ça. *Laid* me semble rendu assez bien par *foul.* De plus, comment traduire :

Ne ruissellent-ils pas de tendresse et de lait?

sinon par :

> *Do not stream by fire and milk?*

Au moins me semble-t-il, après ample contrition de mes saloperies de vieux Con au bois dormant (Delatrichine n'aurait pas trouvé celle-là[1]!)

Arrivé ici à midi, pluie battante, de pied. Trouvé nul Deléclanche. Vais repartir par la malle. — Ai dîné avec Français de Sedan et un grand potache du collège de Charleville. Sombre fête! Pourtant Badingue traîné dans le caca, ce qui est un régal en ce pays charognardisant.

Frérot, j'ai bien des choses à te dire, mais voici qu'il est 2 h[eures], et la malle va chalter. Demain peut-être je t'écrirai tous les projets que j'ai, littéraires et autres. Tu seras content de ta vieille truie (battu, Delamorue!)

Pour l'instant je t'embrasse bien et compte sur une bien prochaine entrevue, dont tu me donnes l'espoir pour cette semaine. Dès que tu me feras signe, j'y serai.

Mon frère *(brother-plainly)*, j'espère bien. Ça va bien. Tu seras content.

À bientôt, n'est-ce pas? Écris vite. *Envoie explanade.* Tu auras bientôt tes fragments.

Je suis ton *old cunt ever open* ou *opened,* je n'ai pas là *mes* verbes irréguliers.

P. V.

Reçu lettre de Lepelletier (affaires); il se charge des romances, — Claye et Lechevallier. Demain, je lui enverrai *manusse.*

Et te les resserre derechef.

P. V.

Pardon de cette stupide et *orde lette* [*sic*]. Un peu soûl. Puis j'écris avec une plume sans bec, en fumant une pipe barrée.

VERLAINE À RIMBAUD

En mer, [3 juillet 1873].

Mon ami,

Je ne sais si tu seras encore à Londres quand ceci t'arrivera. Je tiens pourtant à te dire que tu dois, *au fond,* comprendre, *enfin,* qu'il me fallait absolument partir, que cette vie violente

et toute de *scènes* sans motif que ta fantaisie ne pouvait m'aller foutre plus !

Seulement, comme je t'aimais immensément (Honni soit qui mal y pense) je tiens aussi à te confirmer que, si d'ici à trois jours, je ne suis pas r' avec ma femme, dans des conditions parfaites, je me brûle la gueule. 3 jours d'hôtel, un *rivolvita,* ça coûte : de là ma *« pingrerie »* de tantôt. Tu devrais me pardonner. — Si, comme c'est trop probâbe, je dois faire cette dernière connerie, je la ferai du moins en brave con. — Ma dernière pensée, mon ami, sera pour toi, pour toi qui m'appelais du *pier* tantôt, et que je n'ai pas voulu rejoindre *parce qu'il fallait que je claquasse,* — ENFIN !

Veux-tu que je t'embrasse en crevant ?

Ton pauvre
P. VERLAINE.

Nous ne nous reverrons plus en tous cas. Si ma femme vient, tu auras mon adresse, et j'espère que tu m'écriras. En attendant, d'ici à trois jours, *pas plus, pas moins,* Bruxelles poste restante, — à mon nom.

Redonne ses trois livres à Barrère[1].

ENGLAND

M. Arthur Rimbaud,
8 Great College Street,
Camden Town, N. W.
London.

Very Urgent.

or, in case of a departure, Roche, *canton d'Attigny,*
Ardennes, FRANCE *(chez Mme Rimbaud)*

RIMBAUD À VERLAINE

Londres, vendredi apr[ès]-midi.
[4 juillet 1873.]

Reviens, reviens, cher ami, seul ami, reviens. Je te jure que je serai bon. Si j'étais maussade avec toi, c'est une plaisanterie où je me suis entêté, je m'en repens plus qu'on ne peut dire. Reviens, ce sera bien oublié. Quel malheur que tu aies cru à cette plaisanterie. Voilà deux jours que je ne cesse de pleurer. Reviens. Sois courageux, cher ami. Rien n'est perdu. Tu n'as qu'à refaire le voyage. Nous revivrons ici bien courageuse-

ment, patiemment. Ah! je t'en supplie. C'est ton bien,
d'ailleurs. Reviens, tu retrouveras toutes tes affaires.
J'espère que tu sais bien à présent qu'il n'y avait rien
de vrai dans notre discussion. L'affreux moment! Mais
toi, quand je te faisais signe de quitter le bateau, pour-
quoi ne venais-tu pas? Nous avons vécu deux ans
ensemble pour arriver à cette heure-là! Que vas-tu faire?
Si tu ne veux pas revenir ici, veux-tu que j'aille te trou-
ver où tu es?

Oui c'est moi qui ai eu tort.

Oh tu ne m'oublieras pas, dis?

Non tu ne peux pas m'oublier.

Moi je t'ai toujours là.

Dis, répon[d]s à ton ami, est-ce que nous ne devons
plus vivre ensemble?

Sois courageux. Réponds-moi vite.

Je ne puis rester ici plus longtemps.

N'écoute que ton bon cœur.

Vite, dis si je dois te rejoindre.

À toi toute la vie.

RIMBAUD.

Vite, réponds, je ne puis rester ici plus tard que lundi[1]
soir. Je n'ai pas encore un penny, je ne puis mettre ça
à la poste. J'ai confié à *Vermersch* tes livres et tes manus-
crits.

Si je ne dois plus te revoir, je m'engagerai dans la
marine ou l'armée.

Ô reviens, à toutes les heures je repleure. Dis-moi
de te retrouver, j'irai, dis-le-moi, télégraphie-moi — Il
faut que je parte lundi soir, où vas-tu, que veux-tu
faire?

RIMBAUD À VERLAINE

[Londres, 5 juillet 1873.]

Cher ami, j'ai ta lettre datée « En mer ». Tu as tort,
cette fois, et très tort. D'abord rien de positif dans ta
lettre : ta femme ne viendra pas ou viendra dans trois
mois, trois ans, que sais-je? Quant à claquer, je te connais.

Tu vas donc, en attendant ta femme et ta mort, te démener, errer, ennuyer des gens. Quoi, toi, tu n'as pas encore reconnu que les colères étaient aussi fausses d'un côté que de l'autre! Mais c'eſt toi qui aurais les derniers torts, puisque, même après que je t'ai rappelé, tu as persiſté dans tes faux sentiment[s]. Crois-tu que ta vie sera plus agréable avec d'autres que moi : *Réfléchis-y!* — Ah! certes non! —

Avec moi seul tu peux être libre, et, puisque je te jure d'être très gentil à l'avenir, que je déplore toute ma part de torts, que j'ai enfin l'esprit net, que je t'aime bien, si tu ne veux pas revenir, ou que je te rejoigne, tu fais un crime, et *tu t'en repentiras de* LONGUES ANNÉES *par la perte de toute liberté, et des ennuis plus atroces* peut-être que tous ceux que tu as éprouvés. Après ça, resonge à ce que tu étais avant de me connaître[1].

Quant à moi, je ne rentre pas chez ma mère. Je vais à Paris, je tâcherai d'être parti lundi soir. Tu m'auras forcé à vendre tous tes habits, je ne puis faire autrement. Ils ne sont pas encore vendus : ce n'eſt que lundi matin qu'on me les emporterait. Si tu veux m'adresser des lettres à Paris, envoie à L. Forain, 289, rue S[ain]t-Jacques, pour A. Rimbaud. Il saura mon adresse.

Certes, si ta femme revient, je ne te compromettrai pas en t'écrivant, — je n'écrirai jamais.

Le seul vrai mot, c'eſt : reviens, je veux être avec toi, je t'aime. Si tu écoutes cela, tu montreras du courage et un esprit sincère.

Autrement, je te plains.

Mais je t'aime, je t'embrasse et nous nous reverrons.

RIMBAUD.

8 Great Colle[ge] etc... jusqu'à lundi soir, ou mardi à midi, si tu m'appelles.

VERLAINE À MATUSZEWICZ

Bruxelles-Poſte reſtante [5 juillet 1873].

Mon cher ami, des causes aussi pénibles qu'imprévues m'ont forcé à quitter Londres à l'improviſte. J'ai dû laisser

Rimbaud un peu en plan, quelque horrible peine, là, fran-
chement! (et quoi qu'on die) que ça me fit, — en lui lais-
sant toutefois mes livres et hardes en vue de les laver pour
se rapatrier. Ma femme refusant de venir après une menace
de suicide de moi — je l'attends jusqu'à demain midi mais
ELLE NE VIENDRA PAS — je commence à trouver trop connard
de me tuer comme ça et préfère, — car je suis si malheureux,
là vraiment! — m'engager dans les volontaires républicains
Espagnols. Je vais demain, à cet effet, à l'ambassade d'Es-
pagne d'ici, et je compte partir sous très peu de temps.
Serez-vous assez aimable pour passer *de suite* 8 G[rea]t Col-
lege S[tree]t Camdentown, réclamer les vêtements et livres
dont Rimbaud n'aurait pas eu besoin, — ainsi — foutre que
pas mal de manuscrits, cahiers, etc., qu'il aura évidemment
dû laisser. — Je vous en prie, *surtout pour les manuscrits,*
faites vite, je vous serai le plus reconnaissant des bougres.
— Allez-y, je vous conjure, *dès le reçu de ceci,* — et m'écrivez
vite, vite poste pour poste surtout. Dites à mes propriétaires
(déjà prévenus par moi) qu'ils recevront de moi — je le
mets à la poste demain — un mandat de 7 shillings, prix
de la 2e semaine que j'ai négligé de payer d'avance.
  Enfin parlez-moi de Rimbaud. Vous a-t-il vu après mon
départ? Écrivez-moi là-dessus. Ça m'intéresse tant! (toute
bonne blague à part, hein?) Le temps n'est plus à la blague,
nom de Dieu!
  Donc j'attends réponse poste p[our] poste, je vous enverrai
d'avance le prix de l'expédition des hardes et manuscrits,
ainsi que mon adresse d'alors, car je vais prendre pour
q[uel]q[u]es jours un quartier ici dès demain.
  Votre reconnaissant d'avance et ami toujours.

P. VERLAINE.

MADAME RIMBAUD À VERLAINE

Roche, 6 juillet 1873.

Monsieur,

  Au moment où je vous écris, j'espère que le calme et la
réflexion sont revenus dans votre esprit. Vous tuer, malheu-
reux! Se tuer quand on est accablé par le malheur est une
lâcheté; se tuer quand on a une sainte et tendre mère qui
donnerait sa vie pour vous, qui mourrait de votre mort, et
quand on est père d'un petit être qui vous tend les bras
aujourd'hui, qui vous sourira demain, et qui un jour aura

besoin de votre appui, de vos conseils, se tuer dans de telles conditions est une *infamie :* le monde méprise celui qui meurt ainsi, et Dieu lui-même ne peut lui pardonner un si grand crime et le rejette de son sein.

Monsieur, j'ignore quelles sont vos disgrâces avec Arthur, mais j'ai toujours prévu que le dénouement de votre liaison ne devait pas être heureux. Pourquoi? me demanderez-vous. Parce que ce qui n'est pas autorisé, approuvé par de bons et honnêtes parents, ne doit pas être heureux pour les enfants. Vous, jeunes gens, vous riez et vous vous moquez de tout, mais il n'est pas moins vrai que nous avons l'expérience pour nous, et chaque fois que vous ne suivrez pas nos conseils vous serez malheureux. Vous voyez que je ne vous flatte pas, je ne flatte jamais ceux que j'aime. Vous vous plaignez de votre vie malheureuse, pauvre enfant! Savez-vous ce que sera demain? Espérez donc! Comment comprenez-vous le bonheur ici-bas? Vous êtes trop raisonnable pour faire consister le bonheur dans la réussite d'un projet, ou dans la satisfaction d'un caprice, d'une fantaisie : non, une personne qui verrait ainsi tous ses souhaits exaucés, tous ses désirs satisfaits, ne serait certainement pas heureuse; car, du moment que le cœur n'aurait plus d'aspirations, il n'y aurait plus d'émotion possible, et ainsi plus de bonheur. Il faut donc que le cœur batte, et qu'il batte à la pensée du bien; du bien qu'on a fait, ou qu'on se propose de faire.

Et moi aussi j'ai été bien malheureuse. J'ai bien souffert, bien pleuré, et j'ai su faire tourner toutes mes afflictions à mon profit. Dieu m'a donné un cœur fort, rempli de courage et d'énergie, j'ai lutté contre toutes les adversités; et puis j'ai réfléchi, j'ai regardé autour de moi, et je me suis convaincue, mais bien convaincue, que chacun de nous a au cœur une plaie plus ou moins profonde, ma plaie, à moi, me paraissait beaucoup plus profonde que celle des autres; et c'est tout naturel : je sentais mon mal, et ne sentais pas celui des autres. C'est alors que je me suis dit (et je vois tous les jours que j'ai raison) : le vrai bonheur consiste dans l'accomplissement de tous ses devoirs, si pénibles qu'ils soient!

Faites comme moi, cher Monsieur : soyez fort et courageux contre toutes les afflictions; chassez de votre cœur toutes les mauvaises pensées, luttez, luttez sans relâche contre ce qu'on appelle l'injustice du sort; et vous verrez que le malheur se lassera de vous poursuivre, vous redeviendrez heureux. Il faut aussi travailler beaucoup, donner un but à votre vie; vous aurez sans doute encore bien des jours mauvais; mais quelle que soit la méchanceté des hommes, ne désespérez jamais de Dieu. Lui seul console et guérit, croyez-moi.

Madame votre mère me ferait grand plaisir en m'écrivant.
Je vous serre la main, et ne vous dis pas adieu, j'espère
bien vous voir un jour.

V[EUVE] RIMBAUD.

RIMBAUD À VERLAINE

Lundi midi. [Londres, 7 juillet 1873.]

Mon cher ami,

J'ai vu la lettre que tu as envoyée à Mme Smith.
[C'est malheureusement trop tard[1].]
Tu veux revenir à Londres! Tu ne sais pas comme
tout le monde t'y recevrait! Et la mine que me feraient
Andrieu et autres, s'ils me revoyaient avec toi. Néan-
moins, je serai très courageux. Dis-moi ton idée bien
sincère. Veux-tu retourner à Londres pour moi? Et
quel jour? Est-ce ma lettre qui te conseille? Mais il
n'y a plus rien dans la chambre. — Tout est vendu, sauf
un paletot. J'ai eu deux livres dix. Mais le linge est
encore chez la blanchisseuse, et j'ai conservé un tas de
choses pour moi : cinq gilets, toutes les chemises, des
caleçons, cols, gants, et toutes les chaussures. Tous tes
livres et manuss sont en sûreté. En somme, il n'y a de
vendu que tes pantalons, noir et gris, un paletot et un
gilet, le sac et la boîte à chapeau. Mais pourquoi ne
m'écris-tu pas, à moi?

Oui, cher petit, je vais rester une semaine encore. Et tu
viendras, n'est-ce pas? dis-moi la vérité. Tu aurais donné
une marque de courage. J'espère que c'est vrai. Sois sûr
de moi, j'aurai très bon caractère.

À toi. Je t'attends.

RIMB.

VERLAINE À RIMBAUD

Office of origin Brussels 7
Handed in at 8. 38
Sent out at 10. 16
From Verlaine

To Rimbaud
8 gt. College St.
Camdentown
Lon[don].

Volontaire Espagne viens ici Hôtel Liégeois blanchisseuse
manuscrits si possible.

DÉCLARATION DE RIMBAUD
AU COMMISSAIRE DE POLICE

10 juillet 1873 (vers 8 heures du soir).

Depuis un an, j'habite Londres avec le sieur Verlaine.
Nous faisions des correspondances pour les journaux et
donnions des leçons de français. Sa société était devenue
impossible, et j'avais manifesté le désir de retourner à
Paris.

Il y a quatre jours, il m'a quitté pour venir à Bruxelles
et m'a envoyé un télégramme pour venir le rejoindre.
Je suis arrivé depuis deux jours, et suis allé me loger
avec lui et sa mère, rue des Brasseurs, nº 1. Je manifestais
toujours le désir de retourner à Paris. Il me répondait :
« Oui, pars, et tu verras ! »

Ce matin, il est allé acheter un revolver au passage des
Galeries Saint-Hubert, qu'il m'a montré à son retour,
vers midi. Nous sommes allés ensuite à la Maison des
Brasseurs, Grand'Place, où nous avons continué à causer
de mon départ. Rentrés au logement vers deux heures,
il a fermé la porte à clef, s'est assis devant ; puis, armant
son revolver, il en a tiré deux coups en disant :

« Tiens ! Je t'apprendrai à vouloir partir ! »

Ces coups de feu ont été tirés à trois mètres de distance ; le premier m'a blessé au poignet gauche, le second ne m'a pas atteint. Sa mère était présente et m'a porté les premiers soins. Je me suis rendu ensuite à l'Hôpital Saint-Jean, où l'on m'a pansé. J'étais accompagné par Verlaine et sa mère. Le pansement fini, nous sommes revenus tous trois à la maison. Verlaine me disait toujours de ne pas le quitter et de rester avec lui ; mais je n'ai pas voulu consentir et suis parti vers sept heures du soir, accompagné de Verlaine et de sa mère. Arrivé aux environs de la Place Rouppe, Verlaine m'a devancé de quelques pas, puis il est revenu vers moi : je l'ai vu mettre sa main en poche pour saisir son revolver ; j'ai fait demi-tour et suis revenu sur mes pas. J'ai rencontré l'agent de police à qui j'ai fait part de ce qui m'était arrivé et qui a invité Verlaine à le suivre au bureau de police.

Si ce dernier m'avait laissé partir librement, je n'aurais pas porté plainte à sa charge pour la blessure qu'il m'a faite.

A. RIMBAUD.

DÉCLARATION DE MADAME VERLAINE AU COMMISSAIRE DE POLICE

Depuis deux ans environ, le sieur Rimbaud vit aux dépens de mon fils, lequel a à se plaindre de son caractère acariâtre et méchant : il l'a connu à Paris, puis à Londres. Mon fils est venu à Bruxelles il y a quatre jours. À peine arrivé, il a reçu une lettre de Rimbaud, afin de pouvoir venir l'y rejoindre. Il y a répondu affirmativement par dépêche télégraphique, et Rimbaud est venu loger avec nous depuis deux jours. Ce matin, mon fils, qui a l'intention de voyager, a fait l'achat d'un revolver. Après la promenade, ils sont rentrés à la maison vers deux heures. Une discussion s'est élevée entre eux. Mon fils a saisi son revolver et en a tiré deux coups sur son ami Rimbaud : le premier l'a blessé au bras gauche, le second n'a pas été tiré sur lui. Néanmoins nous n'avons pas trouvé les balles. Après avoir été pansé à l'Hôpital Saint-Jean, Rimbaud témoignant le désir de retourner à Paris, je lui ai donné vingt francs, parce qu'il n'avait pas

d'argent. Puis, nous sommes allés pour le reconduire à la gare du Midi, lorsqu'il s'est adressé à l'agent de police pour faire arrêter mon fils, qui n'avait pas de rancune contre lui et avait agi dans un moment d'égarement.

DÉCLARATION DE VERLAINE
AU COMMISSAIRE DE POLICE

10 juillet 1873.

Je suis arrivé à Bruxelles depuis quatre jours, malheureux et désespéré. Je connais Rimbaud depuis plus d'une année. J'ai vécu avec lui à Londres, que j'ai quitté depuis quatre jours pour venir habiter Bruxelles, afin d'être plus près de mes affaires, plaidant en séparation avec ma femme habitant Paris, laquelle prétend que j'ai des relations immorales avec Rimbaud.

J'ai écrit à ma femme que si elle ne venait pas me rejoindre dans les trois jours je me brûlerais la cervelle ; et c'est dans ce but que j'ai acheté le revolver ce matin au passage des Galeries Saint-Hubert, avec la gaine et une boîte de capsules, pour la somme de 23 francs.

Depuis mon arrivée à Bruxelles, j'ai reçu une lettre de Rimbaud qui me demandait de venir me rejoindre. Je lui ai envoyé un télégramme disant que je l'attendais ; et il est arrivé il y a deux jours. Aujourd'hui, me voyant malheureux, il a voulu me quitter. J'ai cédé à un moment de folie et j'ai tiré sur lui. Il n'a pas porté plainte à ce moment. Je me suis rendu avec lui et ma mère à l'hôpital Saint-Jean pour le faire panser et nous sommes revenus ensemble. Rimbaud voulait partir à toute force. Ma mère lui a donné vingt francs pour son voyage ; et c'est en le conduisant à la gare qu'il a prétendu que je voulais le tuer.

P. VERLAINE.

INTERROGATOIRE DE VERLAINE
PAR LE JUGE D'INSTRUCTION

DEMANDE : *N'avez-vous jamais été condamné ?*
RÉPONSE : Non.

Je ne sais pas au juste ce qui s'est passé dans la journée d'hier. J'avais écrit à ma femme qui habite Paris de venir me rejoindre, elle ne m'a pas répondu ; d'autre part, un ami auquel je tiens beaucoup était venu me rejoindre à Bruxelles depuis deux jours et voulait me quitter pour retourner en France ; tout cela m'a jeté dans le désespoir, j'ai acheté un revolver dans l'intention de me tuer. En rentrant à mon logement, j'ai eu une discussion avec cet ami : malgré mes instances, il voulait me quitter ; dans mon délire, je lui ai tiré un coup de pistolet qui l'a atteint à la main. J'ai alors laissé tomber le revolver, et le second coup est parti accidentellement. J'ai eu immédiatement le plus vif remords de ce que j'avais fait ; ma mère et moi nous avons conduit Rimbaud à l'Hôpital pour le faire panser ; la blessure était sans importance. Malgré mon insistance, il a persisté dans sa résolution de retourner en France. Hier soir, nous l'avons conduit à la gare du Midi. Chemin faisant, je renouvelai mes instances ; je me suis même placé devant lui, comme pour l'empêcher de continuer sa route, et je l'ai menacé de me brûler la cervelle ; il a compris peut-être que je le menaçais lui-même, mais ce n'était pas mon intention.

D. : *Quel est le motif de votre présence à Bruxelles ?*

R. : J'espérais que ma femme serait venue m'y rejoindre, comme elle était déjà venue précédemment depuis notre séparation.

D. : *Je ne comprends pas que le départ d'un ami ait pu vous jeter dans le désespoir. N'existe-t-il pas entre vous et Rimbaud d'autres relations que celles de l'amitié ?*

R. : Non ; c'est une calomnie qui a été inventée par ma femme et sa famille pour me nuire ; on m'accuse de cela dans la requête présentée au tribunal par ma femme à l'appui de sa demande de séparation.

Lecture faite, persiste et signe :

P. VERLAINE, TH. T'SERSTEVENS, C. LIGOUR.

DÉPOSITION DE RIMBAUD
DEVANT LE JUGE D'INSTRUCTION

12 juillet 1873.

J'ai fait, il y a deux ans environ, la connaissance de Verlaine à Paris. L'année dernière, à la suite de dissentiments avec sa femme et la famille de celle-ci, il me proposa

d'aller avec lui à l'étranger ; nous devions gagner notre vie d'une manière ou d'une autre, car moi je n'ai aucune fortune personnelle, et Verlaine n'a que le produit de son travail et quelque argent que lui donne sa mère. Nous sommes venus ensemble à Bruxelles au mois de juillet de l'année dernière ; nous y avons séjourné pendant deux mois environ ; voyant qu'il n'y avait rien à faire pour nous dans cette ville, nous sommes allés à Londres. Nous y avons vécu ensemble jusque dans ces derniers temps, occupant le même logement et mettant tout en commun.

À la suite d'une discussion que nous avons eue au commencement de la semaine dernière, discussion née des reproches que je lui faisais sur son indolence et sa manière d'agir à l'égard des personnes de nos connaissances, Verlaine me quitta presque à l'improviste, sans même me faire connaître le lieu où il se rendait. Je supposai cependant qu'il se rendait à Bruxelles, ou qu'il y passerait, car il avait pris le bateau d'Anvers. Je reçus ensuite de lui une lettre datée « *En mer* », que je vous remettrai, dans laquelle il m'annonçait qu'il allait rappeler sa femme auprès de lui, et que si elle ne répondait pas à son appel dans trois jours, il se tuerait ; il me disait aussi de lui écrire poste restante à Bruxelles. Je lui écrivis ensuite deux lettres dans lesquelles je lui demandais de revenir à Londres ou de consentir à ce que j'allasse le rejoindre à Bruxelles. C'est alors qu'il m'envoya un télégramme pour venir ici, à Bruxelles. Je désirais nous réunir de nouveau, parce que nous n'avions aucun motif de nous séparer.

Je quittai donc Londres ; j'arrivai à Bruxelles mardi matin, et je rejoignis Verlaine. Sa mère était avec lui. Il n'avait aucun projet déterminé : il ne voulait pas rester à Bruxelles, parce qu'il craignait qu'il n'y eût rien à faire dans cette ville ; moi, de mon côté, je ne voulais pas consentir à retourner à Londres, comme il me le proposait, parce que notre départ devait avoir produit un trop fâcheux effet dans l'esprit de nos amis, et je résolus de retourner à Paris. Tantôt Verlaine manifestait l'intention de m'y accompagner, pour aller, comme il le disait, faire justice de sa femme et de ses beaux-parents ; tantôt il refusait de m'accompagner, parce que Paris lui rappelait de trop tristes souvenirs. Il était dans un état d'exal-

tation très grande. Cependant il insistait beaucoup auprès de moi pour que je restasse avec lui : tantôt il était désespéré, tantôt il entrait en fureur. Il n'y avait aucune suite dans ses idées. Mercredi soir, il but outre mesure et s'enivra. Jeudi matin, il sortit à six heures ; il ne rentra que vers midi ; il était de nouveau en état d'ivresse, il me montra un pistolet qu'il avait acheté, et quand je lui demandai ce qu'il comptait en faire, il répondit en plaisantant : « C'est pour vous, pour moi, pour tout le monde ! » Il était fort surexcité.

Pendant que nous étions ensemble dans notre chambre, il descendit encore plusieurs fois pour boire des liqueurs ; il voulait toujours m'empêcher d'exécuter mon projet de retourner à Paris. Je restai inébranlable. Je demandai même de l'argent à sa mère pour faire le voyage. Alors, à un moment donné, il ferma à clef la porte de la chambre donnant sur le palier et il s'assit sur une chaise contre cette porte. J'étais debout, adossé contre le mur d'en face. Il me dit alors : « Voilà pour toi, puisque tu pars ! » ou quelque chose dans ce sens ; il dirigea son pistolet sur moi et m'en lâcha un coup qui m'atteignit au poignet gauche ; le premier coup fut presque instantanément suivi d'un second, mais cette fois l'arme n'était plus dirigée vers moi, mais abaissée vers le plancher.

Verlaine exprima immédiatement le plus vif désespoir de ce qu'il avait fait ; il se précipita dans la chambre contiguë occupée par sa mère, et se jeta sur le lit. Il était comme fou : il me mit son pistolet entre les mains et m'engagea à le lui décharger sur la tempe. Son attitude était celle d'un profond regret de ce qui lui était arrivé.

Vers cinq heures du soir, sa mère et lui me conduisirent ici pour me faire panser. Revenus à l'hôtel, Verlaine et sa mère me proposèrent de rester avec eux pour me soigner, ou de retourner à l'hôpital jusqu'à guérison complète. La blessure me paraissant peu grave, je manifestai l'intention de me rendre le soir même en France, à Charleville, auprès de ma mère. Cette nouvelle jeta Verlaine de nouveau dans le désespoir. Sa mère me remit vingt francs pour faire le voyage, et ils sortirent avec moi pour m'accompagner à la gare du Midi. Verlaine était comme fou, il mit tout en œuvre pour me retenir ; d'autre part, il avait constamment la main dans la poche de son habit où était son pistolet. Arrivés à la place

Rouppe, il nous devança de quelques pas et puis il revint sur moi; son attitude me faisait craindre qu'il ne se livrât à de nouveaux excès; je me retournai et je pris la fuite en courant. C'est alors que j'ai prié un agent de police de l'arrêter.

La balle dont j'ai été atteint à la main n'est pas encore extraite, le docteur d'ici m'a dit qu'elle ne pourrait l'être que dans deux ou trois jours.

DEMANDE : *De quoi viviez-vous à Londres ?*

RÉPONSE : Principalement de l'argent que Mad[ame] Verlaine envoyait à son fils. Nous avions aussi des leçons de français que nous donnions ensemble, mais ces leçons ne nous rapportaient pas grand'chose, une douzaine de francs par semaine, vers la fin.

D. : *Connaissez-vous le motif des dissentiments de Verlaine et de sa femme ?*

R. : Verlaine ne voulait pas que sa femme continuât d'habiter chez son père.

D. : *N'invoque-t-elle pas aussi comme grief votre intimité avec Verlaine ?*

R. : Oui, elle nous accuse même de relations immorales; mais je ne veux pas me donner la peine de démentir de pareille calomnie.

Lecture faite, persiste et signe :

A. RIMBAUD, TH. T'SERSTEVENS, C. LIGOUR.

NOUVEL INTERROGATOIRE DE VERLAINE

18 juillet 1873.

Je ne peux pas vous en dire davantage que dans mon premier interrogatoire sur le mobile de l'attentat que j'ai commis sur Rimbaud. J'étais en ce moment en état d'ivresse complète, je n'avais plus ma raison à moi. Il est vrai que sur les conseils de mon ami Mourot[1], j'avais un instant renoncé à mon projet de suicide; j'avais résolu de m'engager comme volontaire dans l'armée espagnole; mais, une démarche que je fis à cet effet à l'ambassade espagnole

n'ayant pas abouti, mes idées de suicide me reprirent. C'est dans cette disposition d'esprit que dans la matinée du jeudi j'ai acheté mon revolver. J'ai chargé mon arme dans un estaminet de la rue des Chartreux; j'étais allé dans cette rue pour rendre visite à un ami.

Je ne me souviens pas d'avoir eu avec Rimbaud une discussion irritante qui pourrait expliquer l'acte qu'on me reproche. Ma mère que j'ai vue depuis mon arrestation m'a dit que j'avais songé à me rendre à Paris pour faire auprès de ma femme une dernière tentative de réconciliation, et que je désirais que Rimbaud ne m'accompagnât pas; mais je n'ai personnellement aucun souvenir de cela. Du reste, pendant les jours qui ont précédé l'attentat, mes idées n'avaient pas de suite et manquaient complètement de logique.

Si j'ai rappelé Rimbaud par télégramme, ce n'était pas pour vivre de nouveau avec lui; au moment d'envoyer ce télégramme, j'avais l'intention de m'engager dans l'armée espagnole; c'était plutôt pour lui faire mes adieux.

Je me souviens que dans la soirée du jeudi, je me suis efforcé de retenir Rimbaud à Bruxelles; mais, en le faisant, j'obéissais à des sentiments de regrets et au désir de lui témoigner par mon attitude à son égard qu'il n'y avait eu rien de volontaire dans l'acte que j'avais commis. Je tenais en outre à ce qu'il fût complètement guéri de sa blessure avant de retourner en France.

Lecture faite, persiste et signe :

P. VERLAINE, TH. T'SERSTEVENS, C. LIGOUR.

NOUVELLE DÉPOSITION DE RIMBAUD

18 juillet 1873.

Je persiste dans les déclarations que je vous ai faites précédemment, c'est-à-dire qu'avant de me tirer un coup de revolver, Verlaine avait fait toutes sortes d'instances auprès de moi pour me retenir avec lui. Il est vrai qu'à un certain moment il a manifesté l'intention de se rendre à Paris pour faire une tentative de réconciliation auprès de sa femme, et qu'il voulait m'empêcher de l'y accompagner; mais il changeait d'idée à chaque instant, il ne s'arrêtait à aucun projet. Aussi, je ne puis trouver aucun

mobile sérieux à l'attentat qu'il a commis sur moi. Du reste, sa raison était complètement égarée : il était en état d'ivresse, il avait bu dans la matinée, comme il a du reste l'habitude de le faire quand il est livré à lui-même.

On m'a extrait hier de la main la balle de revolver qui m'a blessé : le médecin m'a dit que dans trois ou quatre jours ma blessure serait guérie.

Je compte retourner en France, chez ma mère, qui habite Charleville.

Lecture faite, persiste et signe :

A. RIMBAUD, TH. T'SERSTEVENS, C. LIGOUR.

ACTE DE RENONCIATION DE RIMBAUD

Je soussigné Arthur Rimbaud, 19 ans, homme de lettres, demeurant ordinairement à Charleville (Ardennes, France), déclare, pour rendre hommage à la vérité, que le jeudi 10 courant, vers 2 heures, au moment où M. Paul Verlaine, dans la chambre de sa mère, a tiré sur moi un coup de revolver qui m'a blessé légèrement au poignet gauche, M. Verlaine était dans un tel état d'ivresse qu'il n'avait point conscience de son action

Que je suis intimement persuadé qu'en achetant cette arme, M. Verlaine n'avait aucune intention hostile contre moi, et qu'il n'y avait point de préméditation criminelle dans l'acte de fermer la porte à clef sur nous

Que la cause de l'ivresse de M. Verlaine tenait simplement à l'idée de ses contrariétés avec Madame Verlaine, sa femme.

Je déclare en outre lui offrir volontiers et consentir à ma renonciation pure et simple à toute action criminelle, correctionnelle et civile, et me désiste dès aujourd'hui des bénéfices de toute poursuite qui serait ou pourrait être intentée par le Ministère public contre M. Verlaine pour le fait dont il s'agit.

A. RIMBAUD.

Samedi 19 juillet 1873.

VITALIE RIMBAUD À SA SŒUR ISABELLE

[Londres[1]] le [7] juillet 1874.

Ma bonne petite sœur

Hier à dix heures du matin, nous faisions notre entrée dans la capitale de l'Angleterre[2].

Arthur va beaucoup mieux, et la joie qu'il éprouve de nous revoir, hâtera, j'en suis sûr son complet rétablissement. Bien que nous ne l'ayons prévenu de notre arrivée que pour 10 h. ½, il nous attendait bien avant 10 h.

Nous voici installées pour quelques jours dans les chambres qu'Arthur nous a louées. J'aurais bien voulu t'écrire hier, mais maman s'y est opposée, parce que j'étais très fatiguée. Du reste, j'avais peu de choses à te dire, si ce n'est que nous avons voyagé avec une vitesse que je ne comprends vraiment pas. Si vite, si vite qu'à peine apercevions-nous les objets en passant et nous n'avions pas le temps de les distinguer.

La mer était très calme. La traversée a été bonne, cependant nous avons ressenti le mal de mer environ une demi-heure avant notre débarquement. De nous deux, maman, c'est moi qui ai été la plus forte et malgré tous ses efforts et tous ses encouragements, elle a été vaincue avant moi. Une heure après notre débarquement, nous n'étions pas encore complètement remises. Rien qu'à cause de cela, chère petite sœur, tu dois t'applaudir de ne pas être venue, car c'est un terrible mal que ce mal de mer : quelque chose que je ne puis m'expliquer. La ville de Londres est immense. Des trains où nous étions (car il faut te dire qu'ici les chemins de fer sont sur les maisons) nous pouvions découvrir une immensité telle de maisons que la vue, aussi loin qu'elle peut se porter, n'apercevait que des habitations.

Nous sommes descendues à la gare de Charing-Cross. C'est une gare qui est au moins douze fois plus grande que celle de Charleville, et, en nous rendant à notre appartement, nous avons pu voir une place magnifique, le square Trafalgar. Au milieu est un très grand jet d'eau entouré de quatre lions énormes.

Aux quatre coins de la place, on voit des statues en bronze représentant différents généraux, de grandeur naturelle.

Nous avons rencontré plusieurs temples protestants, que nous nous sommes promis de visiter plus tard. Nous avons

vu aussi une église catholique, mais comme tu le penses
bien, les églises catholiques ne sont pas nombreuses à Londres.

La prochaine fois que je t'écrirai, je te raconterai tout ce
que j'aurai vu de beau. Je crois qu'il y a ici bien des choses
à voir — qui exciteront ma curiosité au plus haut point. Ce
qu'il y a surtout d'agréable à Londres, c'est que devant un
très grand nombre de maisons, il s'y trouve un jardin : il
n'est point de rues où les yeux ne trouve[nt] de la verdure
pour se reposer. Ainsi, sous les fenêtres de notre apparte-
ment, il y croît une infinité de fleurs ombragée par des
arbres énormes.

Tu ne peux te figurer, ma bonne petite Isabelle, tout le
mouvement qui se fait dans cette grande ville, le bruit qu'on
y entend, les voitures qui se croisent en tous sens et par les-
quelles on est sans cesse menacé d'être écrasées si l'on [n']
a une vigilance exacte sur soi.

Nous voyons aussi circuler des omnibus américains. Ce
sont de très grands wagons qui roulent comme les chemins
de fer sur des rails dans la rue. Je voudrais que tu sois avec
nous pour voir toutes ces choses, mais je craindrais trop
les incommodités et les fatigues du voyage.

Il est impossible de nous faire comprendre des marchands,
et Arthur est toujours avec nous pour arranger toutes choses.

Enfin je suis obligée de m'arrêter ici, car nous sommes
occupées de ranger toutes nos affaires. J'espère que tu ne
t'ennuies pas trop et que tu te plais bien au St Sépulcre.
On y est si bien. Je pense beaucoup à toi, et je n'oublie rien
de ce que tu m'as recommandé.

C'est avec regret que je suis obligée de te dire au revoir.
Je voudrais bien m'entretenir longtemps avec toi.

Je t'embrasse de tout mon cœur, ainsi que Maman qui
parle à tous moments de toi. Arthur ne t'oublie pas non plus
et il t'embrasse bien tendrement.

Ta sœur affectionnée
VITALIE
E[nfant] d[e] M[arie].

Je présente mes respects affectueux à Madame Ste Cécile,
Madame Ste Mélanie et à toutes ces dames.

ISABELLE RIMBAUD À SA MÈRE

Chère Maman

Je reçois immédiatement ta lettre si impatiemment atten-

due, et je m'empresse d'y répondre afin que tu la reçoives
à l'adresse que Vitalie m'indique.

Je suis très contente que votre voyage se soit si heureu-
sement fait. Cependant, d'après ce que me dit Vitalie, vous
avez eu fortement le mal de mer et vous avez dû beaucoup
souffrir. Mais en ce moment j'espère que vous êtes complè-
tement remises des fatigues de la route et que tout ira heu-
reusement. J'ai beaucoup pensé à vous pendant votre voyage ;
et la nuit de la traversée, m'étant éveillée vers minuit et
demi, j'ai songé que vous deviez être en mer.

Je me plais bien au Saint-Sépulcre. Comme c'est aujourd-
d'hui la sortie, je puis consacrer toute la journée à vous
écrire, et c'est avec bonheur que je passe mon temps à
m'entretenir avec vous.

Je ne m'explique pas comment les trains peuvent rouler
sur les maisons qui devraient être écrasées par le poids des
chemins de fer.

Londres qui a plus de 3 000 000 d'habitants doit être
en effet très grand et renferme sans doute beaucoup de
belles choses, que, bonne sœur, tu iras voir et que tu me
décriras.

Je ne croyais pas qu'il y eût dans Londres des jardins
et de la verdure. J'avais jusqu'ici regardé cette ville comme
complètement livrée au commerce et à l'industrie, et ne
s'occupant pas de l'agriculture. Je voudrais bien voir Londres,
mais puisque cela est impossible, je me résigne de très bon
cœur d'ailleurs, étant très bien au Saint-Sépulcre.

J'espère, chère Vitalie, que tu n'as pas oublié la promesse
que tu m'as faite avant de partir, c'est-à-dire de m'écrire
une si grande et si bonne lettre qu'elle renfermera tous les
détails possibles sur ce que vous avez vu de beau pendant
votre voyage.

Je voudrais bien savoir aussi comment vous vous arran-
gez pour acheter ce dont vous avez besoin ; cela doit être
curieux, et je crois que si j'étais avec vous, je rirais de bon
cœur.

Depuis lundi, la chaleur est étouffante ; le ciel se montre
pur et sans nuages, et la pluie n'est pas à craindre. Je suis
tout au bout du dortoir Ste Marie ou du premier, c'est-à-dire
juste à l'extrémité de l'endroit où j'étais au mois de novembre
dernier. Au lavabo, je suis à la même place que l'année
dernière, et mon armoire est la seconde en entrant.

Nous sortirons ce soir avec Mme Saint Gabriel, car il fait
trop chaud pendant le jour. Nous sommes restées à cinq pen-
sionnaires : Sophie et Jacobine, Julie Cochinard, Adèle
Bougard et moi.

On commence à apercevoir la comète qui sera, dit-on,
très belle, le 13 de ce mois.

Personne ici ne t'oublie, chère Vitalie ; toutes ces demoi-
selles te conservent un bien affectueux souvenir.

Je prends toujours des leçons de dessin et d'allemand qui
me sont très agréables.

On ne chante pas de nouvelles romances au chant ; on
s'exerce au Martyre d'Eulalie, qui sera sans doute très beau.

Vous voyez comme je suis bavarde, mais je trouve tant
de bonheur à causer avec vous que ce n'est qu'avec regret
que je vous quitte.

Je vous ai dit à peu près tout ce que j'avais à vous dire,
sinon que, bien-aimée Maman, Vitalie chérie et Arthur
très affectionné, je vous aime de tout mon cœur, je pense à
vous et je vous envoie mille et mille baisers.

Votre petite fille et votre sœur chérie,

ISABELLE.

Mme Sainte-Cécile vous envoie ses plus affectueuses civi-
lités. Elle embrasse Vitalie, et Mme Sainte-Mélanie le fait
aussi de grand cœur.

Charleville, le 9 juillet 1874.

VITALIE RIMBAUD À SA SŒUR ISABELLE

Londres, le 12 juillet 1874.

Ma chère petite sœur,

Que tu es gentille et bonne. Si tu savais combien ta lettre
nous a remplis de joie. Tu es bien plus aimable que moi.
Comme ton petit cœur nous dit de bonnes choses. Tu me
donnes là une belle leçon. Mais ne penses-tu pas aussi que
je t'aime bien autant que tu nous aimes, et que ma seule
aspiration ici est que tu sois à côté de moi. Oh, tu sais bien
cela, n'est-ce pas ? Tu le sens bien. Mais tu ne peux te figurer
comme je suis contente de ce que tu te plaises bien au Saint-
Sépulcre. D'ailleurs cela ne m'étonne pas du tout. Je sais
qu'on y est parfaitement bien. Ces dames sont si bonnes :
elles ont tant de soin des élèves. Figure-toi pourtant que je
n'ai pas pensé du tout à la sortie jeudi dernier, et cependant
mon esprit était souvent avec toi. — Tu nous dis qu'il fait
très chaud à Charleville, mais ici il fait peut-être encore plus
chaud. Il y a bien longtemps que nous n'avons ressenti une
pareille chaleur, et cependant le ciel est toujours gris, le
soleil n'est pas clair, et il y a toujours du brouillard dans
l'air. — Tu me demandes des détails sur notre voyage. Oh,

c'est avec le plus grand plaisir, chère petite ; c'est un moment si doux pour moi que de m'entretenir avec toi. D'ailleurs, cela était convenu avant notre départ. Je commence donc.

Nous partons de Charleville à 6 h 30 du matin. Il fait très bon. Le soleil ne se montre pas du tout, et cependant le ciel n'est pas bien couvert. Les villages se succèdent avec rapidité, et nous arrivons à Hirson à 9 h 15. Là nous faisons une petite halte et nous repartons pour Valenciennes.

Les principaux endroits que nous rencontrons sont Avesnes, ville fortifiée autrefois, Aulnoy, qui est un bourg et qui possède une très jolie gare. Nous descendons à Valenciennes ; elle a trois églises, Saint-Géri, Notre-Dame et Saint-Nicolas. Un magnifique hôtel de ville, et un théâtre tout auprès.

Nous quittons Valenciennes et après avoir traversé trois ou quatre villages, le train s'arrête quelques minutes à Douai. Nous ne descendons pas. La gare de Douai ressemble beaucoup à celle de Charleville. Les champs sont partout couverts de magnifiques empouilles. On voit beaucoup de fabriques de toiles. Nous arrivons à Lille à 6 h 25 soir. Nous ne pouvons pas voir Lille malgré notre désir, mais on ne descend pas. À partir de cette ville, le chemin de fer va beaucoup plus vite, il ne s'arrête que deux ou trois minutes à chaque station. Avant d'arriver à Calais, nous passons dans plusieurs villages : Baieul, Widogen, Walten, Audrisch et bien d'autres encore. — Enfin nous voici à Calais à 10 heures du soir. Nous descendons de chemin de fer. Nous devons attendre jusqu'à 2 heures du matin.

Je trouve le temps bien long. — Nous visitons un peu la ville. Nous faisons des provisions de voyage. Nous nous restaurons un peu. Maman me mène voir les bateaux, la mer. Je ne voyais pas bien parce que le temps était bien sombre, l'air chargé d'un épais brouillard. Il faisait si bon, si frais. C'était la première fois que je voyais la mer. Nous voyons aussi la comète, mais bien petite alors. Enfin après nous être pourvues de monnaie anglaise, nous nous dirigeons vers le bateau qui doit nous conduire en Angleterre. — Je n'osais descendre ; j'avais peur. Si tu avais été là, Isabelle, tu aurais bien senti qu'on ne peut se défendre d'une certaine émotion. En effet, on quitte sa patrie. On part pour l'étranger, sur la mer, c'est extraordinaire pour nous, et cependant j'étais bien contente.

Que te dirai-je de la traversée ? Je t'en ai déjà parlé. — Le bateau est peint en blanc. Il a deux énormes cheminées peintes en blanc également. Pensant être mieux nous descendons dans les cabines. Nous y restons une demi-heure environ. Il n'y avait que des Anglais : pas un seul Français. Personne ne parle notre langue si ce n'est le commandant du bateau.

Maman ne se trouve pas bien. Nous montons sur le pont :
l'air frais et pur la remit un peu. Le jour commençait à
poindre quand Maman se trouva réellement malade. Pauvre
Maman! en la voyant souffrir, je souffrais davantage. Cepen-
dant j'ai été à peine une demi-heure malade.

Mais quel beau spectacle que la mer, Isabelle, quand on
ne l'a pas encore vue. Le jour grandissant de plus en plus
nous permettait de voir très bien cette immense nappe d'eau.
Le vent était assez fort, les vagues fouettaient le bateau,
et quelquefois quelques gouttes retombaient sur nous. On
voyait bien loin et autour de nous une infinité de grands et
de petits bateaux, des barques de pêcheurs qu'on croirait
voir à chaque instant s'engloutir dans les flots de la mer.

— Enfin les côtes d'Angleterre que nous apercevons depuis
longtemps se montrent davantage, et bientôt le bateau
s'arrête. Nous sortons enfin. Il est 3 h ½. Il me semble qu'il
en est huit. Toutes les dames avaient été malades. On nous
conduit à la douane. Là nous avons bien du mal à nous faire
comprendre, et nous partons de Douvres à 6 heures.

Nous côtoyons la mer assez longtemps. Qu'elle était belle
alors. Il faisait du soleil qui resplendit sur ses vagues bleuâtres.
Avant d'arriver à Londres, nous passons sous six tunnels,
et nous descendons à la gare de Charing-Cross à 10 heures.
— Arthur était si content de nous revoir : tu le penses bien.
— J'étais bien étonnée de voir tant de voitures et de monde,
car Londres ne ressemble en rien à nos villes de France.

Nous nous sommes reposées ce jour, et le lendemain nous
avons commencé à visiter une partie de Londres.

Arthur nous a conduits voir le Parlement. Quel chef-
d'œuvre! Le Parlement a deux grandes tours dorées et
plusieurs autres petites. Les grilles sont également dorées.
Quelle architecture aussi! Je ne comprends pas comment
l'on puisse faire de si difficiles choses.

Ce jour nous avons vu aussi le palais du duc de Nor-
thumberland. Il est très beau aussi, mais d'un style très ancien.
Il était fermé. Puis le Royal Theatre de l'Alhambra sur une
magnifique place. Au milieu s'élève la statue de Shakespeare.
Elle a pour piédestal un immense bloc de marbre blanc
comme la statue, et six requins de la tête desquels s'élancent
plusieurs jets d'eau. Il y a là un magnifique jardin avec des
bancs. Ce jour, il y avait un monde fou. Il paraît que c'est
un monsieur du voisinage, qui est mort dernièrement et qui
a laissé une certaine somme pour la construction de ce
magnifique monument.

Mais je m'aperçois que mon papier s'emplit bien vite,
et que je n'ai pas encore dit la dixième partie de ce que j'avais
réservé pour toi. Il faudra donc que bientôt je te quitte, ma
petite sœur. Quel malheur! je suis pourtant si heureuse de

te raconter ce que j'ai vu. Je vais donc abréger le plus que
je pourrai. Quand j'aurai le bonheur de te revoir, j'aurai
le temps de te donner d'amples détails.

Arthur nous conduit partout. Il regrette tant que tu ne sois
pas venue. Nous avons vu la cathédrale protestante de Saint-
Paul. Quand nous y sommes entrés, on était à la prière. Je te
raconterai comment cela se faisait. Nous ne connaissons
aucune église catholique. Il n'y en a point par ici. Tous les
quartiers de notre côté sont protestants, et dans une seule
rue, nous avons compté six temples. Aujourd'hui dimanche,
nous n'avons pas été à la messe et nous avons assisté à un
office protestant qui a duré deux bonnes heures. Je t'assure
que je m'y ennuyais bien.

Nous avons vu la caserne des gardes de la reine. De très
beaux hommes. Ils sont si bien habillés. Je n'ai pas le temps
de m'étendre sur tout ce que j'ai vu en fait de monuments,
de promenades, de magasins, mais je te dirai que Londres
renferme des choses admirables, merveilleuses. Hier Arthur
nous a conduits au British Museum. Il y a là une infinité de
trésors, que pour bien voir il faudrait y rester pendant plu-
sieurs mois. Que te dirai-je de tous ces poissons, ces oiseaux,
ces reptiles, ces pierres précieuses et ces diamants qui sont là,
exposés à la vue de tous les spectateurs ? J'ai vu des antiquités
égyptiennes et chinoises, des bustes d'empereurs grecs et
romains, des pétrifications, des incrustations, des squelettes
d'animaux antédiluviens, tels que des mastodontes, des rhino-
céros. Je ne comprends vraiment pas comment ces choses
ont pu se conserver ainsi si longtemps. Il y a une biblio-
thèque où Arthur allait très souvent, qui renferme plus de
trois millions de volumes. Les dames y sont admises aussi
bien que les messieurs.

Vers la soirée, nous avons été faire une promenade sur
la Tamise. Mais voilà qu'un orage vint à éclater. Nous fûmes
obligés de descendre dans les cabines, et là nous ne vîmes [1]
pas aussi bien que sur le pont. C'est pourtant bien agréable,
va, Isabelle, une promenade sur la Tamise. Il y a toujours
beaucoup de monde. Nous avons été à peu près jusqu'au
bout de Londres. C'est toujours la même chose, des maisons
toutes semblables dans la même rue, avec des petits jardins
en avant. Quand nous sommes repartis, il ne pleuvait plus,
et le tonnerre avait cessé de gronder. Je suis sûre, mon aimable
petite sœur, que tu serais bien contente d'être ici pour voir
toutes ces belles choses, mais aussi tu ne peux te figurer
quel mal on a pour se faire comprendre. Nous ne connaissons
à peu près personne qui sache le français, si ce n'est que là
où Arthur va. Maintenant nous ne sommes plus tout à fait
si embarrassées. Dans les commencements il fallait toujours
qu'Arthur soit là pour tout ce que nous voulions. Mais il

se met si bien à toutes choses que tout va toujours bien.

Il va beaucoup mieux, mais plusieurs personnes lui ont conseillé d'aller à la campagne, au bord de la mer, pour se remettre tout à fait. Je ne sais encore comment cela ira.

Je ne t'ai pas parlé des magasins, mais il y a des rues où ils sont magnifiques. De notre côté, il y a beaucoup de gares. Ainsi on en a bâti encore une tout près d'une autre. Nous n'avons rien à faire de la journée, mais il fait une chaleur si grande que l'on étouffe dans les appartements.

C'est aujourd'hui dimanche. Tous les magasins sont fermés et l'on voit très peu de monde. Si nous sortons, ce ne sera que sur la soirée.

J'ai passé avec bonheur une partie de mon après-midi p[ou]r toi, et je voudrais bien avoir encore de la place pour te causer encore bien longtemps. Maman parle à tous moments de toi. Elle me dit sans cesse : Si Isabelle était là, comme elle serait contente. Mais elle dit aussi que tu as tout de même bien fait de rester parce que tu aurais été trop fatiguée pour le voyage.

Allons, ma petite Isabelle, ne crois pas que je te quitte. Non, mais je suis toujours près de toi par le cœur et l'esprit. Au revoir, ma bonne petite Isabelle.

Je t'embrasse bien tendrement, de tout mon cœur, ainsi que Maman et Arthur.

Ta sœur bien aimée.

VITALIE.

Je présente mes respects affectueux et sincères à toutes ces dames, et en particulier à Madame Sainte-Cécile et Madame Sainte-Mélanie. Maman prie ces dames d'agréer ses respectueuses salutations. Aie la complaisance de faire mes amitiés à ces demoiselles.

Argyle Square W. C.
London.
(Même adresse que la dernière fois)

ISABELLE RIMBAUD À SA MÈRE

Chère Maman,

Avec quel bonheur j'ai lu ta lettre de dimanche ; mon plaisir a été d'autant plus grand que je n'attendais pas encore une réponse. Tu te trompes, chère Vitalie, en me disant que je suis plus aimable que toi ; tu es bien meilleure que moi,

et ta lettre est encore une preuve de l'affection que tu me portes.

Je comprends très bien que vous vous plaisiez à Londres et que tout ce que vous y voyez excite votre admiration. Je voudrais bien voir les belles choses dont Vitalie me parle ; rien qu'en y pensant, je suis tout émerveillée.

En lisant son récit, j'ai voyagé avec vous par la pensée, j'ai vu le Parlement tout éblouissant d'or et couvert de sculptures qui dépassent bien tout ce que j'ai déjà vu, puis le palais du duc de Northumberland aux murailles noircies, mais s'élevant encore avec cette noblesse et cette fierté que n'abandonne jamais l'aristocratie. Enfin j'arrive à la statue de Shakespeare ; je vois le grand poète dramatique de l'Angleterre sur ce bloc de marbre, parlant encore avec inspiration au peuple émerveillé de Londres. Les jardins publics, les squares tout ombragés de verdure, remplis de monde ; je vous y vois vous-mêmes, chère Maman et chère Vitalie.

Oh ! que tout cela doit être magnifique ! Je me réjouis de ce que vous voyez ces choses ; j'ai autant de plaisir à songer que vous êtes heureux et satisfaits que si j'étais avec vous. Merci, ma sœur chérie, de ta lettre où tu satisfais à toutes mes exigences, je l'ai lue et relue : elle était si bonne, si aimable, et surtout si complaisante pour moi ; j'ai passé à cette lecture des heures de bonheur que tu ne peux comprendre.

Au moment où je vous écris, on travaille au jardin, car c'est jeudi soir ; moi, avec joie je m'entretiens avec vous en classe.

Je finis le mois de chant que Vitalie avait commencé parce que j'aurai peut-être un rôle dans le Martyre d'Eulalie, et alors il serait nécessaire que je chante, et conséquemment que je sache chanter.

Je n'ai besoin de rien ; tout va bien, si ce n'est la blanchisseuse qui n'est pas encore venue.

Je couds peu, occupée comme je le suis de mon rôle, je suis très sage, en classe, et je fais mes devoirs aussi bien qu'on peut les faire.

Il continue à faire très beau, mais le temps s'est rafraîchi, et aujourd'hui le vent est très frais.

Combien le temps que je passe avec vous est court !

Je vous quitte, car si je voulais vous raconter toutes mes petites aventures, je n'en finirais pas. Je ne veux pas non plus commencer à vous les dire, je n'aurais pas le courage de m'arrêter.

Quel dommage de vous quitter !

Il faut tout de même que je m'arrête, bien à regret.

Je termine donc, en vous assurant, bonne Maman, Vitalie bien aimée, mon frère chéri, que je vous aime plus que vous ne pouvez le croire.

Je vous embrasse un million de fois, en vous disant adieu.

Votre petite fille et sœur chérie
ISABELLE.

Mme Sainte-Cécile te présente, chère Maman, ses respectueuses civilités, et embrasse, ainsi que Mme Sainte-Mélanie, ma sœur bien aimée.

P.-S. — J'espère que bientôt vous irez à New-Hall, et que quand vous y aurez été, vous me le direz.

Charleville, le 17 juillet 1874.

VITALIE RIMBAUD À SA SŒUR ISABELLE

Londres, le 24 juillet 1874.

Non, ma bonne petite sœur, non, nous ne sommes pas allées à New-Hall, et nous n'irons pas. Il y a huit jours, nous sommes parties d'ici, portant bravement notre boîte sous notre bras, heureuses et contentes et bien décidées à aller à New-Hall. Après avoir parcouru le chemin de fer souterrain pendant trois quarts d'heure et marché encore pendant une bonne demi-heure par la voie la plus courte, nous arrivâmes à la gare de Bishopsgate, où nous devions prendre nos billets. Quelle ne fut pas notre surprise, en demandant ces billets, de nous entendre réclamer pour nous deux, maman et moi, 19 shillings et demi jusqu'à la gare de Chelmsford, pour l'aller et pour le retour (ce qui représente 24 fr. 60 de notre monnaie). Tu penses bien qu'en présence d'un prix si élevé, maman a cru sage de renoncer à ce voyage. Nous avons envoyé la boîte à New-Hall en payant les frais d'envoi, et nous avons reçu de madame la Supérieure du Saint-Sépulcre une lettre qui nous accuse réception du paquet. Nous remettrons cette lettre à madame Sainte-Cécile à notre retour à Charleville. Nous regrettons infiniment de n'avoir pu faire ce voyage. Nous aurions été si contentes de voir ces dames.

Depuis la dernière fois que je t'ai écrit, ma chère Isabelle, nous avons vu encore beaucoup de belles choses. Londres est inépuisable en richesses de toute sorte. Chaque jour nous sortons, et toujours nous rentrons après avoir vu de nouvelles merveilles. Vendredi dernier, nous avons parcouru les plus beaux quartiers de Londres. Nous avons vu la banque d'An-

gleterre. C'est un bâtiment très grand qui entoure toute une place. Les rues qui l'avoisinent sont sans cesse remplies d'un monde fou. Ce sont les plus belles rues que j'ai jamais vues. Elles renferment les plus somptueuses habitations, les plus beaux magasins et les plus riches. Tout ce que l'on peut désirer s'y trouve. C'est vraiment dommage qu'on ne puisse pouvoir rien passer en France, tout ici est si beau.

Ce jour, nous sommes aussi allés voir la tour de Londres. Quel souvenir en pensant à ces princes, à ces grands d'Angleterre qui y ont terminé une vie si triste et si ennuyeuse. La tour de Londres, dont tu dois déjà avoir entendu parler, était une prison d'État autrefois. Maintenant elle n'est plus habitée que par quelques personnes. On n'y peut entrer, si ce n'est ceux qui y restent.

La tour ressemble à peu près à un château fort. Figure-toi un immense bâtiment entouré de tourelles et de créneaux. Aux alentours, des murs épais, des remparts, des ponts-levis qui en défendent l'entrée. Voilà à quoi cela ressemble. J'aurais bien voulu y entrer, mais c'était impossible.

Arthur nous parlait depuis quelque temps d'un souterrain qui se trouve sous la Tamise, et nous y a conduits l'autre jour.

C'est bien curieux à voir. Si tu avais été là, ma petite Isabelle, tu te serais bien amusée. Songe donc. Se trouver à quarante mètres sous l'eau. Il y faisait si frais, mais pas bien clair. Ce n'est éclairé que par des becs de gaz de distance en distance. Au lieu de passer la Tamise en bateau, nous l'avons passée dans un tube souterrain, et comme nous nous trouvions au sud de Londres, nous sommes revenus chez nous en bateau [à] vapeur [1] jusqu'à Charing-Cross.

J'ai vu le palais du duc de Sommerset, qui surpasse encore en architecture tout ce que j'ai vu jusqu'ici. Mais j'allais oublier de te dire que nous avons trouvé, loin de chez nous par exemple, une église catholique. C'était dimanche dernier. Quand nous sommes entrés, on était au salut. J'ai été si heureuse, tu le pense[s] bien, de me trouver dans cette église. Il y avait déjà si longtemps que je n'avais été à aucun office ! Tout me rappelait le Saint-Sépulcre. Il me semblait que je me retrouvais de nouveau au milieu de [mes] anciennes compagnes. On chantait très bien. Il y avait peu de monde. Nous y avons vu des sœurs de Saint Vincent de Paul, et nous avons pu leur causer. Elles restent tout auprès de l'église. C'est fâcheux que ce soit si loin de notre logement, nous irions quelquefois. Cependant nous espérons y aller dimanche à la messe.

Le temps s'est refroidi subitement depuis deux jours. Il fait presque froid, et aujourd'hui il pleut.

Nous commençons à nous habituer avec les Anglais.

Nous nous plaisons très bien à Londres. Ce qu'il y a de bien
gênant, c'est que nous ne savons causer. Si nous savions
l'anglais, comme Arthur le soir, nous [1] irions partout où ça
nous plairait, mais il faut aller si loin, chez ces personnes qui
savent le français, que nous n'y allons pas souvent. Mais
c'est égal. Je trouve Londres bien plaisant ; il ne me manque
que toi, ma bonne petite sœur. Si tu savais combien je pense
à toi, et puis Maman aussi.

Arthur regrette bien que tu ne sois ici pour voir tant de
belles choses. Je suis bien contente que tu apprennes main-
tenant le chant. N'est-ce pas que c'est amusant ? — Si la blan-
chisseuse n'est pas encore venue, tu peux te faire blanchir
au St-Sépulcre.

J'aurais encore bien [d']autres choses à te dire, mais tu vois
que je suis obligée de m'arrêter. Je remets donc à une autre
fois tout ce que j'ai encore à te raconter.

En te disant que je t'aime autant qu'il est possible d'aimer,
je t'embrasse, mon aimable petite sœur, ainsi que Maman
et Arthur.

Ta sœur
VITALIE.

P.-S. — Nous avons reçu des nouvelles de toute la famille.
Tout va bien. Je présente mes respects les plus sincères et les
plus dévoués à toutes ces dames, et en particulier à madame
Sainte-Cécile et à madame Sainte-Mélanie. Sois mon inter-
prète auprès de ces demoiselles, et dis-leur que je leur conserve
un affectueux souvenir.

RIMBAUD À ERNEST DELAHAYE

[dessin [2]*]*

[Stuttgart, 5 mars] [18]75.

Verlaine est arrivé ici l'autre jour, un chapelet aux
pinces... Trois heures après on avait renié son dieu et fait
saigner les 98 plaies de N. S. Il est resté deux jours et
demi fort raisonnable et sur ma remonstration s'en est
retourné à Paris, pour, de suite, aller finir d'étudier *là-
bas dans l'île.*

Je n'ai plus qu'une semaine de Wagner et je regrette
cette argent payant de la haine, tout ce temps foutu à

rien. Le 15 j'aurai une Ein freundliches Zimmer n'importe où, et je fouaille la langue avec frénésie, tant et tant que j'aurai fini dans deux mois au plus.

Tout est assez inférieur ici, j'excèpe un : Riessling, dont j'en vite un ferre en vâce des gôdeaux gui l'onh fu naîdre, à ta santé imperbédueuse. Il soleille et gèle, c'est tannant.

(Après le 15, Poste restante Stuttgart.)

À toi.

RIMB.

[*dessin*]

Monsieur Ernest Delahaye,
À Charleville.

RIMBAUD AUX SIENS

[Stuttgart,] 17 mars 1875.

Mes chers parents,

Je n'ai pas voulu écrire avant d'avoir une nouvelle adresse. Aujourd'hui j'accuse réception de votre dernier envoi, de 50 francs. Et voici le modèle de subscription des lettres à mon adresse :

Wurtemberg,
    Monsieur Arthur Rimbaud
    2, Marien Strasse, 3 tr.
                                STUTTGART.

« 3 tr. » signifie 3e étage.

J'ai là une très grande chambre, fort bien meublée, au centre de la ville, pour dix florins, c'est-à-dire 21 francs 50 c[entimes], le service compris [1] ; et on m'offre la pension pour 60 francs par mois : je n'en ai pas besoin d'ailleurs : c'est toujours tricherie et assujettissement, ces petites combinaisons, quelque économes qu'elles paraissent. Je m'en vais donc tâcher d'aller jusqu'au

15 avril avec ce qui me reste (encore 50 francs) comme
je vais encore avoir besoin d'avances à cette date-là :
car, ou je dois rester encore un mois pour me mettre
bien en train, ou j'aurai fait des annonces pour des
placements dont la poursuite (le voyage, par ex.)
demandera quelque argent. J'espère que tu trouves
cela modéré et raisonnable. Je tâche de m'infiltrer
les manières d'ici par tous les moyens possibles, je
tâche de me renseigner ; quoiqu'on ait réellement à
souffrir de leur genre. Je salue l'armée [1], j'espère que
Vitalie et Isabelle vont bien, je prie qu'on m'avertisse
si l'on désire q[uel]que chose d'ici, et suis votre dévoué.

A. RIMBAUD.

À Charleville.

RIMBAUD À SA SŒUR ISABELLE

[...] Je suis dans une belle vallée qui me conduira vers
le Lac Majeur et la vieille Italie. J'ai dormi au cœur du
Tessin dans une grange solitaire où ruminait une vache
osseuse qui accepta de me céder un peu de sa paille [...]

RIMBAUD À ERNEST DELAHAYE

[Charleville,] 14 octobre [18]75.

Cher ami,

Reçu le Postcard et la lettre de V. il y a huit jours.
Pour tout simplifier, j'ai dit à la Poste d'envoyer ses
restantes chez moi, de sorte que tu peux écrire ici, si
encore rien aux restantes. Je ne commente pas les der-
nières grossièretés du Loyola, et je n'ai plus d'activité
à me donner de ce côté-là à présent, comme il paraît que
la 2e « portion » du « contingent » de la « classe 74 » va-
t-être appelée le trois novembre suivant ou prochain :
la chambrée de nuit :

[1875]

R... brée —

...plosions. Un génie :
O... le gruère! —
... : « Keller! »
...énie : « Je suis le Brie! —
...es soldats coupent sur leur pain :
« C'est la vie!
Le génie. — « Je suis le Roquefort!
— « Ça s'ra not' mort!...
— Je suis le gruère
Et le Brie!... etc.

VALSE

On nous a joints, Lefêbvre et moi, etc.

De telles préoccupations ne permettent que de s'y
absorbère. Cependant renvoyer obligeamment, selon les
occases, les « Loyolas » qui rappliqueraient.

Un petit service : veux-tu me dire précisément et
concis — en quoi consiste le « bachot »ès sciences actuel,
partie classique, et mathém., etc. — Tu me dirais le
point de chaque partie que l'on doit atteindre : mathém.,
phys., chim., etc., et alors des titres, immédiat, (et le
moyen de se procurer) des livres employés dans ton
collège ; par ex. pour ce « Bachot », à moins que ça ne
change aux diverses universités : en tous cas, de profes-
seurs ou d'élèves compétents, t'informer à ce point de
vue que je te donne. Je tiens surtout à des choses précises,
comme il s'agirait de l'achat de ces livres prochainement.
Instruct[ion] militaire et « bachot », tu vois, me feraient
deux ou trois agréables saisons! Au diable d'ailleurs ce
« gentil labeur ». Seulement sois assez bon pour m'in-
diquer le plus mieux possible la façon comment on s'y
met.

Ici rien de rien.

J'aime à penser que le Petdeloup et les gluants
pleins d'haricots patriotiques ou non ne te donnent pas

même individu sensitif», «rubbish», «potarada», blague et fatras digne de Pelletan et autres sous-Vacquerie.

Donc le même toujours. La même affection (modifiée) pour toi. Je te voudrais tant éclairé, réfléchissant. Ce m'est un si grand chagrin de te voir en des voies idiotes, toi si intelligent, *si prêt* (bien que ça puisse t'étonner!) J'en appelle à ton dégoût lui-même de tout et de tous, à ta perpétuelle colère contre chaque chose, — juste au fond cette colère, bien qu'inconsciente *du pourquoi*.

Quant à la question d'argent, tu ne peux pas sérieusement ne pas reconnaître que je suis l'homme *généreux* en personne : c'est une de mes très rares qualités, — ou une de mes très nombreuses fautes, comme tu voudras. Mais, étant donné, et d'abord mon besoin de réparer un tant soit peu, à force de petites économies, les brèches énormes faites à mon menu avoir par *notre* vie absurde et honteuse d'il y a trois ans, — et la pensée de mon fils, et enfin mes nouvelles, mes fermes idées, tu dois comprendre à merveille que je ne puis t'entretenir. Où irait mon argent? À des filles, à des cabaretiers! Leçons de piano? Quelle «colle»! Est-ce que ta mère ne consentirait pas à t'en payer, voyons donc!

Tu m'as écrit en avril des lettres trop significatives de vils, de méchants desseins, pour que je me risque à te donner mon adresse (bien qu'au fond, toutes tentatives de me nuire soient ridicules et d'avance impuissantes, et qu'en outre il y serait, je t'en préviens, répliqué *légalement,* pièces en mains). Mais j'écarte cette odieuse hypothèse. C'est, j'en suis sûr, quelque «caprice» fugitif de toi, quelque malheureux accident cérébral qu'un peu de réflexion aura dissipé. — Encore prudence est mère de la sûreté et tu n'auras mon adresse que quand je serai sûr de toi.

C'est pourquoi j'ai prié Delahaye de ne te pas donner mon adresse et le charge, s'il veut bien, d'être assez bon pour me faire parvenir toutes lettres tiennes.

Allons, un bon mouvement, un peu de cœur, que diable! de considération et d'affection pour un qui restera toujours — et tu le sais,

Ton bien cordial

P. V.

Je m'expliquerai sur mes plans — ô si simples, — et sur les conseils que je te voudrais voir suivre, religion même à part, bien que ce soit mon grand, grand, grand conseil, quand tu m'auras, via Delahaye, répondu «properly».

P.-S. — Inutile d'écrire ici *till called for.* Je pars demain pour de gros voyages, très loin...

ERNEST DELAHAYE À ERNEST MILLOT

Rethel, le 28 janvier 1877.

Cher Ami,

Je t'ai fait un peu attendre, et suis même honteux d'avoir été prévenu, mais je t'apporte en dédommagement une grande nouvelle :

Il est revenu !...

D'un petit voyage, presque rien. Voici les Stations : Bruxelles, Rotterdam, Le Helder, Southampton, Gibraltar, Naples, Suez, Aden, Sumatra, Java (deux mois de séjour), le Cap, St-Hélène, Ascension, les Açores, Queenstown, Cork (en Irlande), Liverpool, Le Havre, Paris et toujours, pour finir... à Charlestown.

Par quelle série de trucs épatants a-t-il exécuté ces carapates [1], c'est ce qui serait trop long à expliquer : je me contente de te coller ci-joint quelques janbon-d'hommes absolument authentiques.

Il était, — une chose déprimante — (à) Charlest[own] depuis le 9 décembre : silence sur cela ! D'ailleurs, ce n'est pas fini, et (nous) verrons, paraît-il, bien d'autres (aventures). C'est tout pour le (moment). La débauche illustratoire que voici vaut mieux que tout commentaire.

À bientôt,

TA VIEILLE DELAHAYE.

RIMBAUD AU CONSUL DES ÉTATS-UNIS
D'AMÉRIQUE À BRÊME

Bremen the 14 mai [18]77.

The untersigned Arthur Rimbaud — Born in Charleville (France) — Aged 23 — 5 ft. 6 height — Good healthy, — Late a teacher of sciences and languages — Recently deserted from the 47e Regiment of the French army [2], — Actually in Bremen without any means, the French Consul refusing any Relief.

Would like to know on which conditions he could conclude an immediate engagement in the American navy.

Speaks and writes English, German, French, Italian and Spanish[1].

Has been four months as a sailor in a Scotch bark, from Java to Queenstown[2], from August to December 76.

Would be very honoured and grateful to receive an answer.

JOHN ARTHUR RIMBAUD.

ERNEST DELAHAYE À ERNEST MILLOT

[9 août 1877.]

[...] Celui que [je connais depuis] son enfance, et que tu vois trinquant avec un [*Ours blanc*], tu le reconnaîtras facilement [*sur le verso du papier*] je te dis qu'il a été signalé dernièrement à Stockholm, puis à Copenhague, et pas de nouvelles depuis. Les géographes les plus autorisés le supposent vers le 76e parallèle, ainsi me suis-je humblement fait leur interprète.

RIMBAUD AUX SIENS

Gênes, le dimanche 17 novembre [18]78.

Chers amis,

J'arrive ce matin à Gênes, et reçois vos lettres. Un passage pour l'Égypte se paie en or, de sorte qu'il n'y a aucun bénéfice. Je pars lundi 19, à 9 heures du soir. On arrive à la fin du mois.

Quant à la façon dont je suis arrivé ici, elle a été accidentée et rafraîchie de temps en temps par la saison. Sur la ligne droite des Ardennes en Suisse, voulant rejoindre, de Remiremont, la coresp[ondance] allemande à Wesserling, il m'a fallu passer les Vosges; d'abord en diligence, puis à pied, aucune diligence ne pouvant

plus circuler, dans cinquante centimètres de neige en
moyenne et par une tourmente signalée. Mais l'exploit
prévu était le passage du Gothard, qu'on ne passe
plus en voiture à cette saison, et que je ne pouvais
passer en voiture.

À Altdorf, à la pointe méridionale du lac des Quatre-
Cantons qu'on a côtoyé en vapeur, commence la route
du Gothard. À Amsteg, à une quinzaine de kilomètres
d'Altdorf, la route commence à grimper et à tourner selon
le caractère alpestre. Plus de vallées, on ne fait plus que
dominer des précipices, par-dessus les bornes décamé-
triques de la route. Avant d'arriver à Andermatt, on
passe un endroit d'une horreur remarquable, dit le Pont-
du-Diable, — moins beau pourtant que la Via Mala du
Splügen, que vous avez en gravure. À Göschenen, un
village devenu bourg par l'affluence des ouvriers, on
voit au fond de la gorge l'ouverture du fameux tunnel,
les ateliers et les cantines de l'entreprise. D'ailleurs, tout
ce pays d'aspect si féroce est fort travaillé et travaillant.
Si l'on ne voit pas de batteuses à vapeur dans la gorge,
on entend un peu partout la scie et la pioche sur la hau-
teur invisible. Il va sans dire que l'industrie du pays se
montre surtout en morceaux de bois. Il y a beaucoup de
fouilles minières. Les aubergistes vous offrent des spéci-
mens minéraux plus ou moins curieux, que le diable,
dit-on, vient acheter au sommet des collines et va
revendre en ville.

Puis commence la vraie montée, à Hospital, je crois :
d'abord presque une escalade, par les traverses, puis
des plateaux ou simplement la route des voitures. Car
il faut bien se figurer que l'on ne peut suivre tout le
temps celle-ci, qui ne monte qu'en zig-zags ou terrasses
fort douces, ce qui mettrait un temps infini, quand il
n'y a à pic que 4 900 d'élévation, pour chaque face, et
même moins de 4 900, vu l'élévation du voisinage. On
ne monte non plus à pic, on suit des montées habituelles,
sinon frayées. Les gens non habitués au spectacle des
montagnes apprennent aussi qu'une montagne peut avoir
des pics, mais qu'un pic n'est pas la montagne. Le som-
met du Gothard a donc plusieurs kilomètres de superficie.

La route, qui n'a guère que six mètres de largeur, est
comblée tout le long à droite par une chute de neige de
près de deux mètres de hauteur, qui, à chaque instant,

allonge sur la route une barre d'un mètre de haut qu'il
faut fendre sous une atroce tourmente de grésil. Voici!
plus une ombre dessus, dessous ni autour, quoique nous
soyons entourés d'objets énormes; plus de route, de
précipices, de gorge ni de ciel : rien que du blanc à songer,
à toucher, à voir ou ne pas voir, car impossible de lever
les yeux de l'embêtement blanc qu'on croit être le milieu
du sentier. Impossible de lever le nez à une bise aussi
carabinante, les cils et la moustache en stala[c]tites, l'oreille
déchirée, le cou gonflé. Sans l'ombre qu'on est soi-même,
et sans les poteaux du télégraphe, qui suivent la route
supposée, on serait aussi embarrassé qu'un pierrot dans
un four.

Voici à fendre plus d'un mètre de haut, sur un kilo-
mètre de long. On ne voit plus ses genoux de longtemps.
C'est échauffant. Haletants, car en une demi-heure la
tourmente peut nous ensevelir sans trop d'efforts, on
s'encourage par des cris, (on ne monte jamais tout seul,
mais par bandes). Enfin voici une cantonnière : on y paie
le bol d'eau salée 1,50. En route. Mais le vent s'enrage,
la route se comble visiblement. Voici un convoi de
traîneaux, un cheval tombé moitié enseveli. Mais la
route se perd. De quel côté des poteaux est-ce? (Il n'y
a de poteaux que d'un côté.) On dévie, on plonge jus-
qu'aux côtes, jusque sous les bras... Une ombre pâle
derrière une tranchée : c'est l'hospice du Gothard, éta-
blissement civil et hospitalier, vilaine bâtisse de sapin
et [de] pierres; un clocheton. À la sonnette, un jeune
homme louche vous reçoit; on monte dans une salle
basse et malpropre où on vous régale de droit de pain
et fromage, soupe et goutte. On voit les beaux gros
chiens jaunes à l'histoire connue. Bientôt arrivent à
moitié morts les retardataires de la montagne. Le soir
on est une trentaine, qu'on distribue, après la soupe,
sur des paillasses dures et sous des couvertures insuffi-
santes. La nuit, on entend les hôtes exhaler en can-
tiques sacrés leur plaisir de voler un jour de plus les
gouvernements qui subventionnent leur cahute.

Au matin, après le pain-fromage-goutte, raffermis par
cette hospitalité gratuite qu'on peut prolonger aussi
longtemps que la tempête le permet, on sort : ce matin,
au soleil, la montagne est merveilleuse : plus de vent,
toute descente, par les traverses, avec des sauts, des

dégringolades kilométriques qui vous font arriver à Airolo, l'autre côté du tunnel, où la route reprend le caractère alpestre, circulaire et engorgé, mais descendant. C'est le Tessin.

La route est en neige jusqu'à plus de trente kilomètres du Gothard. À trente k[ilomètres] seulement, à Giornico, la vallée s'élargit un peu. Quelques berceaux de vignes et quelques bouts de prés qu'on fume soigneusement avec des feuilles et autres détritus de sapin qui ont dû servir de litière. Sur la route défilent chèvres, bœufs et vaches gris, cochons noirs. À Bellinzona, il y a un fort marché de ces bestiaux. À Lugano, à vingt lieues du Gothard, on prend le train et on va de l'agréable lac de Lugano à l'agréable lac de Como. Ensuite, trajet connu.

Je suis tout à vous, je vous remercie et dans une vingtaine de jours vous aurez une lettre.

Votre ami.

RIMBAUD AUX SIENS

Alexandrie, [décembre] 1878.

Chers amis,

Je suis arrivé ici après une traversée d'une dizaine de jours, et, depuis une quinzaine que je me retourne ici, voici seulement que les choses commencent à mieux tourner! Je vais avoir un emploi prochainement; et je travaille déjà assez pour vivre, petitement il est vrai. Ou bien je serai occupé dans une grande exploitation agricole à quelque dix lieues d'ici (j'y suis déjà allé, mais il n'y aurait rien avant quelques semaines) ; — ou bien j'entrerai prochainement dans les douanes anglo-égyptiennes, avec bon traitement ; — ou bien, je crois plutôt que je partirai prochainement pour Chypre, l'île anglaise, comme interprète d'un corps de travailleurs. En tout cas, on m'a promis quelque chose ; et c'est avec un ingénieur français — homme obligeant et de talent — que j'ai affaire. Seulement voici ce qu'on demande de moi : un

mot de toi, maman, avec légalisation de la mairie et portant ceci :

« Je soussignée, épouse Rimbaud, propriétaire à Roche, déclare que mon fils Arthur Rimbaud sort de travailler sur ma propriété, qu'il a quitté Roche de sa propre volonté, le 20 octobre 1878, et qu'il s'est conduit honorablement ici et ailleurs, et qu'il n'est pas actuellement sous le coup de la loi militaire.

Signé : EP. R... »

Et le cachet de la mairie qui est le plus nécessaire.

Sans cette pièce on ne me donnera pas un placement fixe, quoique je croie qu'on continuerait à m'occuper incidemment. Mais gardez-vous de dire que je ne suis resté que quelque temps à Roche, parce qu'on m'en demanderait plus long, et ça n'en finirait pas ; ensuite ça fera croire aux gens de la compagnie agricole que je suis capable de diriger des travaux.

Je vous prie en grâce de m'envoyer ce mot le plus tôt possible : la chose est bien simple et aura de bons résultats, au moins celui de me donner un bon placement pour tout l'hiver.

Je vous enverrai prochainement des détails et des descriptions d'Alexandrie et de la vie égyptienne. Aujourd'hui, pas le temps. Je vous dis au revoir. Bonjour à F[rédéric], s'il est là. Ici il fait chaud comme l'été à Roche.

Des nouvelles.

A. RIMBAUD.
Poste française, Alexandrie,
Égypte.

RIMBAUD AUX SIENS

E. Jean et Thial fils
Entrepreneurs
Larnaca (Chypre).

Larnaca (Chypre),
le 15 février 1879.

Chers amis,

Je ne vous ai pas écrit plus tôt, ne sachant de quel côté on me ferait tourner. Cependant vous avez dû recevoir une lettre d'Alexandrie où je vous parlais d'un engagement prochain pour Chypre. Demain 16 février il y aura juste deux mois que je suis employé ici. Les

patrons sont à Larnaca, le port principal de Chypre.
Moi je suis surveillant d'une carrière au désert, au bord
de la mer : on fait un canal aussi. Il y a aussi à faire l'em-
barquement des pierres sur les cinq bateaux et le vapeur
de la Compagnie. Il y a aussi un four à chaux, briquete-
rie, etc…, Le premier village est à une heure de marche.
Il n'y a ici qu'un chaos de rocs, la rivière et la mer.
Il n'y a qu'une maison. Pas de terre, pas de jardins, pas
un arbre. En été, il y a quatre-vingts degrés de chaleur.
À présent, on en a souvent cinquante. C'est l'hiver. Il
pleut quelquefois. On se nourrit de gibier, de poules, etc…
Tous les Européens ont été malades, excepté moi. Nous
avons été ici vingt Européens au plus au camp. Les
premiers sont arrivés le 9 décembre. Il y en a trois ou
quatre de morts. Les ouvriers chypriotes viennent des
villages environnants ; on en a employé jusqu'à soixante
par jour. Moi je les dirige : je pointe les journées, dis-
pose du matériel, je fais les rapports à la Compagnie,
tiens le compte de la nourriture et de tous les frais ; et
je fais la paie ; hier, j'ai fait une petite paie de cinq cents
francs aux ouvriers grecs.

Je suis payé au mois, cent cinquante francs, je crois :
je n'ai encore rien reçu qu'une vingtaine de francs. Mais
je vais bientôt être payé entièrement et je crois même
congédié, comme je crois qu'une nouvelle compagnie
va venir s'installer en notre place et prendre tout à la
tâche. C'est dans cette incertitude que je retardais d'écrire.
En tous cas, ma nourriture ne me coûtant que 2,25 par
jour, et ne devant pas grand'chose au patron, il me
restera toujours de quoi attendre d'autre travail, et il y en
aura toujours pour moi ici dans Chypre. On va faire
des chemins de fer, des forts, des casernes, des hôpitaux,
des ports, des canaux, etc… Le 1er mars on va donner des
concessions de terrains, sans autres frais que l'enregis-
trement des actes.

Que se passe-t-il chez vous ? Préféreriez-vous que je
rentre ? Comment vont les petites affaires ? Écrivez-moi
au plus tôt.

ARTHUR RIMBAUD.
Poste restante, à Larnaca
(Chypre).

Je vous écris ceci au désert et ne sais quand faire partir.

RIMBAUD AUX SIENS

Larnaca (Chypre), le 24 avril 1879.

Aujourd'hui seulement, je puis retirer cette procura-
tion à la chancellerie ; mais je crois qu'elle va manquer le
bateau et attendre le départ de l'autre jeudi.

Je suis toujours chef de chantier aux carrières de la
Compagnie, et je charge et fais sauter et tailler la pierre.

La chaleur est très forte. On fauche le grain. Les puces
sont un supplice affreux, de nuit et de jour. En plus, les
moustiques. Il faut dormir au bord de la mer, au désert.
J'ai eu des querelles avec les ouvriers et j'ai dû demander
des armes.

Je dépense beaucoup. Le 16 mai finira mon cinquième
mois ici.

Je pense que je vais revenir ; mais je voudrais, avant,
que vous me donnassiez des nouvelles.

Écrivez-moi donc.

Je ne vous donne pas mon adresse aux carrières, parce
que la poste n'y passe jamais, mais à la ville, qui est à
six lieues.

A. RIMBAUD,

poste restante, Larnaca (Chypre).

RIMBAUD AUX SIENS

[s. l. n. d.]

Voilà quinze jours qu'on m'a annoncé de Paris que
la tente et le poignard étaient expédiés et je ne reçois
toujours rien.

C'est navrant.

CERTIFICAT

E. Jean et Thial fils   Larnaca (Chypre),
    Entrepreneurs   le 28 mai 1879.
    Larnaca (Chypre)

Nous certifions que Monsieur [J] Arthur Rimbaud a été employé chez nous comme chef de chantier pendant six mois.

Nous avons toujours été très satisfait de ses services et il est libre de tout engagement vis-à-vis de la société.

                            Larnaca, le 28 mai 1879.
                       ERNEST JEAN ET THIAL FILS.

RIMBAUD AUX SIENS

Mont-Troodos (Chypre), dimanche 23 mai 1880.

Excusez-moi de n'avoir pas écrit plus tôt. Vous avez peut-être eu besoin de savoir où j'étais; mais jusqu'ici j'ai réellement été dans l'impossibilité de vous faire parvenir de mes nouvelles.

Je n'ai rien trouvé à faire en Égypte et je suis parti pour Chypre il y a presque un mois. En arrivant, j'ai trouvé mes anciens patrons en faillite. Au bout d'une semaine, j'ai cependant trouvé l'emploi que j'occupe à présent. Je suis surveillant au palais que l'on bâtit pour le gouverneur général, au sommet du Troodos, la plus haute montagne de Chypre [2 100 mètres].

Jusqu'ici j'étais seul avec l'ingénieur, dans une des baraques en bois qui forment le camp. Hier sont arrivés une cinquantaine d'ouvriers et l'ouvrage va marcher. Je suis seul surveillant, jusqu'ici je n'ai que deux cents francs par mois. Voici quinze jours que je suis payé, mais je fais beaucoup de frais : il faut toujours voyager à cheval; les transports sont excessivement difficiles, les villages très loin, la nourriture très chère. De plus, tandis

qu'on a très chaud dans les plaines, à cette hauteur-ci il fait, et fera encore pendant un mois, un froid désagréable ; il pleut, grêle, vente à vous renverser. Il a fallu que je m'achète matelas, couvertures, paletot, bottes, etc., etc.

Il y a au sommet de la montagne un camp où les troupes anglaises arriveront dans quelques semaines, dès qu'il fera trop chaud dans la plaine et moins froid sur la montagne. Alors le service des provisions sera assuré.

Je suis donc, à présent, au service de l'administration anglaise : je compte être augmenté prochainement et rester employé jusqu'à la fin de ce travail, qui se finira probablement vers septembre. Ainsi, je pourrai gagner un bon certificat, pour être employé dans d'autres travaux qui vont probablement suivre, et mettre de côté quelques cents francs.

Je me porte mal ; j'ai des battements de cœur qui m'ennuient fort. Mais il vaut mieux que je n'y pense pas. D'ailleurs qu'y faire ? Cependant l'air est très sain ici. Il n'y a sur la montagne que des sapins et des fougères.

Je fais cette lettre aujourd'hui dimanche ; mais il faut que je la mette à la poste à dix lieues d'ici, dans un port nommé Limassol, et je ne sais quand je trouverai l'occasion d'y aller ou d'y envoyer. Probablement pas avant huitaine.

À présent, il faut que je vous demande un service. J'ai absolument besoin, pour mon travail, de deux livres intitulés, l'un :

Album des Scieries forestières et agricoles, en anglais, prix 3 francs, contenant 128 dessins.

(Pour cela, écrire vous-mêmes à M. Arbey, constructeur-mécanicien, cours de Vincennes, Paris.)

Ensuite :

Le Livre de poche du Charpentier, collection de 140 épures, par Merly, prix 6 francs.

(À demander chez Lacroix, éditeur, rue des Saints-Pères, Paris.)

Il faut que vous me demandiez et m'envoyiez ces deux ouvrages au plus tôt, à l'adresse ci-dessous :

Monsieur Arthur Rimbaud
Poste restante
Limassol (Chypre).

Il faudra que vous payiez ces ouvrages, je vous en prie.
*La poste ici ne prend pas d'argent, je ne puis donc vous en
envoyer.* Il faudrait que j'achète un petit objet quel-
conque, que la poste accepterait, et je cacherais l'argent
dedans. Mais c'est défendu et je ne tiens pas à le faire.
Prochainement cependant, si j'ai autre chose à vous faire
envoyer, je tâcherai de vous faire parvenir de l'argent de
cette manière.

Vous savez combien de temps il faut, aller et retour,
pour Chypre; et là où je me trouve, je ne compte pas,
avec toute la diligence, avoir ces livres avant *six semaines*.

Jusqu'ici je n'ai encore parlé que de moi. Pardonnez-
moi. C'est que je pensais que vous devez vous trouver en
bonne santé, et au mieux pour le reste. Vous avez bien
sûr plus chaud que moi. Et donnez-moi bien des nou-
velles du petit train. Et le père Michel? et Cotaîche[1]?

Je vais tâcher de vous faire prochainement un petit
envoi du fameux vin de la Commanderie.

Je me recommande à votre souvenir.

À vous.

ARTHUR RIMBAUD.
Poste restante, Limassol (Chypre).

À propos, j'oubliais l'affaire du livret. Je vais prévenir
le consul de France ici, et il arrivera de la chose ce qu'il
en arrivera.

RIMBAUD AUX SIENS

Vendredi, 4 juin 1880.

Chers amis,

Je n'ai pas encore trouvé l'occasion de vous faire
parvenir une lettre. Demain cependant je confie ceci à

une personne qui va à Limassol. Ayez l'extrême bonté
de me répondre et de m'envoyer ce que je demande,
j'en ai tout à fait besoin. Je suis toujours employé ici.
Il fait beau à présent. Je vais dans q[uel]ques jours partir
pour une entreprise de pierres de taille et de chaux où
j'espère gagner q[uel]que chose.

À bientôt.

A. RIMBAUD.

Poste restante
Limassol
(Chypre).

RIMBAUD AUX SIENS

Aden, 17 août 1880.

Chers amis,

J'ai quitté Chypre avec 400 francs, depuis près de
deux mois, après des disputes que j'ai eues avec le payeur
général et mon ingénieur. Si j'étais resté, je serais arrivé à
une bonne position en quelques mois. Mais je puis
cependant y retourner.

J'ai cherché du travail dans tous les ports de la Mer
Rouge, à Djeddah, Souakim, Massaouah, Hodeidah, etc.
Je suis venu ici après avoir essayé de trouver quelque
chose à faire en Abyssinie. J'ai été malade en arrivant.
Je suis employé chez un marchand de café[1], où je n'ai
encore que sept francs[2]. Quand j'aurai quelques cen-
taines de francs, je partirai pour Zanzibar, où, dit-on,
il y a à faire.

Donnez-moi de vos nouvelles.

RIMBAUD.
Aden-camp.

L'affranchissement est de plus de 25 centimes. Aden
n'est pas dans l'Union postale.

— À propos, m'aviez-vous envoyé ces livres, à
Chypre?

RIMBAUD AUX SIENS[*]

Aden, 25 août 1880.

Chers amis,

Il me semble que j'avais posté dernièrement une lettre pour vous, contant comme j'avais malheureusement dû quitter Chypre et comment j'étais arrivé ici après avoir roulé la mer Rouge.

Ici, je suis dans un bureau de marchand de café. L'agent de la Compagnie est un général en retraite[1]. On fait passablement d'affaires, et on va faire beaucoup plus. Moi, je ne gagne pas beaucoup, ça ne fait pas plus de six francs par jour ; mais si je reste ici, et il faut bien que j'y reste, car c'est trop éloigné de partout pour qu'on ne reste pas plusieurs mois avant de seulement gagner quelques centaines de francs pour s'en aller en cas de besoin, si je reste, je crois que l'on me donnera un poste de confiance, peut-être une agence dans une autre ville, et ainsi je pourrais gagner quelque chose un peu plus vite.

Aden est un roc affreux, sans un seul brin d'herbe ni une goutte d'eau bonne : on boit l'eau de mer distillée. La chaleur y est excessive, surtout en juin et septembre qui sont les deux canicules. La température constante, nuit et jour, d'un bureau très frais et très ventilé est de 35 degrés. Tout est très cher et ainsi de suite. Mais, il n'y a pas[2] : je suis comme prisonnier ici et, assurément, il me faudra y rester au moins trois mois avant d'être un peu sur mes jambes ou d'avoir un meilleur emploi.

Et à la maison ? La moisson est finie ?

Contez-moi vos nouvelles.

ARTHUR RIMBAUD.

RIMBAUD AUX SIENS

Aden, 22 septembre 1880.

Chers amis,

Je reçois votre lettre du 9 sep[tembr]e, et, comme un courrier part demain·pour la France, je réponds.

Je suis aussi bien qu'on peut l'être ici. La maison fait plusieurs centaines de mille francs d'affaires par mois. Je suis le seul employé et tout passe par mes mains, je suis très au courant du commerce du café à présent. J'ai absolument la confiance du patron. Seulement, je suis mal payé : je n'ai que cinq francs par jour, nourri, logé, blanchi, etc., etc., avec cheval et voiture, ce qui représente bien une douzaine de francs par jour. Mais comme je suis le seul employé un peu intelligent d'Aden, à la fin de mon deuxième mois ici, c'est-à-dire le 16 octobre, si l'on ne me donne pas deux cents francs par mois, en dehors de tous frais, je m'en irai. J'aime mieux partir que de me faire exploiter. J'ai d'ailleurs déjà environ 200 francs en poche. J'irais probablement à Zanzibar, où il y a à faire. Ici aussi, d'ailleurs, il y a beaucoup à faire. Plusieurs sociétés commerciales vont s'établir sur la côte d'Abyssinie. La maison a aussi des caravanes dans l'Afrique ; et il est encore possible que je parte par là, où je me ferais des bénéfices et où je m'ennuierais moins qu'à Aden, qui est, tout le monde le reconnaît, le lieu le plus ennuyeux du monde, après toutefois celui que vous habitez.

J'ai 40 degrés de chaleur ici, à la maison : on sue des litres d'eau par jour ici. Je voudrais seulement qu'il y ait 60 degrés, comme quand je restais à Massaoua !

Je vois que vous avez eu un bel été. Tant mieux. C'est la revanche du fameux hiver.

Les livres ne me sont pas parvenus, parce que (j'en suis sûr) q[uel]qu'un se les sera appropriés à ma place, aussitôt que j'ai eu quitté le Troodos. J'en ai toujours besoin, ainsi que d'autres livres, mais je ne vous demande rien, parce que je n'ose pas envoyer d'argent avant d'être

sûr que je n'aurai pas besoin de cet argent, par exemple si je partais à la fin du mois.

Je vous souhaite mille chances et un été de 50 ans sans cesser.

Répondez-moi toujours à la même adresse; si je m'en vais, je ferai suivre.

RIMBAUD.

Maison Viannay,
Bardey et Cⁱᵉ,
Aden.

— Bien faire mon adresse, parce qu'il y a ici un Rimbaud agent des Messageries maritimes. On m'a fait payer 10 centimes de sup[plément] d'affranch[issement].

Je crois qu'il ne faut pas encourager Frédéric à venir s'établir à Roche, s'il a tant soit peu d'occupation ailleurs. Il s'ennuierait vite, et on ne peut compter qu'il y resterait. Quant à l'idée de se marier, quand on n'a pas le sou ni la perspective ni le pouvoir d'en gagner, n'est-ce pas une idée misérable? Pour ma part, celui qui me condamnerait au mariage dans des circonst[ances] pareilles ferait mieux de m'assassiner tout de suite. Mais chacun son idée, ce qu'il pense ne me regarde pas, ne me touche en rien, et je lui souhaite tout le bonheur possible sur terre et particulièrement dans le canton d'Attigny (Ardennes).

À vous.

RIMBAUD AUX SIENS

Aden, 2 novembre 1880.

Chers amis,

Je suis encore ici pour un certain temps, quoique je sois engagé pour un autre poste sur lequel je dois me diriger prochainement. La maison a fondé une agence dans le Harar, une contrée que vous trouverez sur la carte au sud-est de l'Abyssinie. On exporte de là du café, des peaux, des gommes, etc., qu'on acquiert en échange de cotonnades et marchandises diverses. Le pays est

très sain et frais grâce à sa hauteur. Il n'y a point de
routes et presque point de communications. On va
d'Aden au Harar : par mer d'abord, d'Aden à Zeilah,
port de la côte africaine ; de là au Harar, par vingt jours
de caravane.

M. Bardey, un des chefs de la maison, a fait un premier
voyage[1], établi une agence et ramené beaucoup de mar-
chandises. Il a laissé un représentant là-bas, sous les
ordres duquel je serai[2]. Je suis engagé, à partir du
1er novembre, aux appointements de 150 roupies par
mois, c'est-à-dire 330 francs, soit 11 francs par jour,
plus la nourriture, tous les frais de voyages et 2 % sur les
bénéfices. Cependant, je ne partirai pas avant un mois ou
six semaines, parce que je dois porter là-bas une forte
somme d'argent qui n'est pas encore disponible[3]. Il va
sans dire qu'on ne peut aller là qu'armé, et qu'il y a
danger d'y laisser sa peau dans les mains des Gallas —
quoique le danger n'y soit pas très sérieux non plus.

À présent, j'ai à vous demander un petit service, qui,
comme vous ne devez pas être fort occupés à présent,
ne vous gênera guère. C'est un envoi de livres à me faire.
J'écris à la maison de Lyon de vous envoyer la somme
de 100 francs. Je ne vous l'envoie pas moi-même, parce
que l'on me ferait 8 % de frais. La maison portera cet
argent à mon compte. Il n'y a rien de plus simple.

Au reçu de ceci, vous envoyez la note suivante, que
vous recopiez et affranchissez, à l'adresse : « *Lacroix,
éditeur,* rue des Saints-Pères, à Paris ».

À M. LACROIX

Roche, le ... etc.

Monsieur,

Veuillez m'envoyer, le plus tôt possible, les ouvrages
ci-après, inscrits sur votre catalogue :

Traité de Métallurgie (le prix doit être)	4 fr. 00
Hydraulique urbaine et agricole.	3 fr. 00
Commandant de navires à vapeur	5 fr. 00
Architecture navale	3 fr. 00
Poudres et Salpêtres.	5 fr. 00

Minéralogie . . . . 10 fr. 00
Maçonnerie, par Demanet . . . . 6 fr. 00
Livre de poche du Charpentier . . . . 6 fr. 00

Il existe un traité des *Puits artésiens,* par F. Garnier. Je vous serais très réellement obligé de me trouver ce traité, même s'il n'a pas été édité chez vous, et de me donner dans votre réponse une adresse de fabricants d'appareils pour forage instantané, si cela vous est possible.

Votre catalogue porte, si je me rappelle, une *Instruction sur l'établissement des Scieries.* Je vous serais obligé de me l'envoyer.

Il serait préférable que vous m'envoyassiez par retour de courrier le coût total de ces volumes, en m'indiquant le mode de paiement que vous préférez.

Je tiens à trouver le traité des *Puits artésiens,* que l'on m'a demandé. On me demande aussi le prix d'un ouvrage sur les *Constructions métalliques,* que doit porter votre catalogue, et d'un ouvrage complet sur toutes les *Matières textiles,* que vous m'enverrez, ce dernier seulement.

J'attends ces renseignements dans le plus bref délai, ces ouvrages devant être expédiés à une personne qui doit partir de France dans quatre jours.

Si vous préférez être payé par remboursement, vous pouvez faire cet envoi de suite.

RIMBAUD,
Roche, etc.

Là-dessus, vous adresserez la somme qu'on vous demandera, et vous m'expédierez le paquet.

Cette lettre-ci vous arrivera vers le 20 novembre, en même temps qu'un mandat-poste de la maison Viannay, de Lyon, vous portant la somme que j'indique ici. Le premier bateau des Messageries partira de Marseille pour Aden le 26 novembre et arrivera ici le 11 décembre. En huit jours, vous aurez bien le temps de faire ma commission.

Vous me demanderez également chez M. *Arbey, constructeur,* cours de Vincennes, à Paris, l'*Album des Scieries agricoles et forestières* que vous m'avez dû envoyer à Chypre et que je n'ai pas reçu. Vous enverrez 3 francs pour cela.

Demandez aussi à *M. Pilter,* quai Jemmapes, son grand *Catalogue illustré de Machines agricoles,* franco.

Enfin, à la *librairie Roret* :

Manuel du Charron,
Manuel du Tanneur,
Le parfait Serrurier, par Berthaut.
Exploitation des Mines, par J. F. Blanc.
Manuel du Verrier.
— *du Briquetier.*
— *du Faïencier, Potier, etc.*
— *du Fondeur en tous métaux.*
— *du Fabricant de bougies.*
Guide de l'Armurier.

Vous regardez le prix de ces ouvrages, et vous les demandez contre remboursement, si cela peut se faire ; et au plus tôt : j'ai surtout besoin du *Tanneur.*

Demandez le *Catalogue complet de la Librairie de l'École centrale,* à Paris.

On me demande l'adresse de *Constructeurs d'appareils plongeurs :* vous pouvez demander cette adresse à Pilter, en même temps que le catalogue des Machines.

Je serai fort gêné si tout cela n'arrive pas pour le 11 décembre. Par conséquent, arrangez-vous pour que tout soit à Marseille pour le 26 novembre. Ajoutez au paquet le *Manuel de Télégraphie, le Petit Menuisier* et *le Peintre en bâtiments.*

— Voici deux mois que j'ai écrit et je n'ai pas encore reçu les livres arabes que j'ai demandés. Il faut faire vos envois par la Compagnie des Messageries maritimes. D'ailleurs, informez-vous.

Je suis vraiment trop occupé aujourd'hui pour vous en écrire plus long. Je souhaite seulement que vous vous portiez bien et que l'hiver ne vous soit pas trop dur. Donnez-moi de vos nouvelles en détail. Pour moi, j'espère faire quelques économies.

Quand vous m'enverrez le reçu des 100 francs que je vous fais envoyer, je rembourserai la maison immédiatement.

                                        RIMBAUD.

PREMIER CONTRAT DE RIMBAUD
AVEC LA MAISON VIANNAY
ET BARDEY, D'ADEN

Aden, 10 novembre 1880.

Monsieur A. Rimbaud, à Aden.

J'ai l'avantage de vous confirmer, pour la bonne règle, les conditions de l'engagement que vous consentez à souscrire avec la maison Viannay, Bardey et Cie de Lyon-Aden.

Vous consentez à faire partie du personnel de la maison comme employé de l'agence du Harar (Afrique orientale), ou dans tout autre comptoir ou agence de la côte d'Afrique ou d'Arabie, où les besoins du service et les intérêts de la maison réclameraient votre présence.

Vous consacrerez tous vos soins et tout votre travail aux affaires de la maison et à la défense de ses intérêts.

De son côté, la maison Viannay, Bardey et Cie vous assure les avantages suivants :

Vous recevrez un appointement de mille huit cents roupies par an, soit cent cinquante roupies par mois, payable par mois. Vous aurez en outre un intérêt de un pour cent sur les bénéfices nets de l'agence du Harar. Vous recevrez gratuitement le logement et la nourriture ; l'entretien et les effets personnels restent à votre charge.

La présente convention est consentie de part et d'autre pour une durée de *trois ans* et nous nous engageons à l'exécuter les uns et les autres avec probité et en bons pères de famille.

En cas de résiliation de la présente convention, il est en outre convenu qu'il vous sera interdit d'entrer au service d'une autre maison de commerce ayant des factoreries ou comptoirs sur la côte d'Afrique ou d'Arabie ou dans l'intérieur de ces contrées pendant une durée égale à celle du contrat qui vous lie, c'est-à-dire pendant neuf ans du 1er novembre 1880 au 31 octobre 1889.

Veuillez m'accuser réception de cette lettre en stipulant l'acceptation de toutes les clauses et conditions qui y sont relatées.

Je vous présente, Monsieur, mes salutations bien sincères.

L'Agent général pour l'Afrique et l'Arabie, de la maison V., B. et Cie.

DUBAR.

REÇU

Reçu de la douane du Harar pour le compte de
M. Savouré[1] avec le Roi Ménélik, 173 fraslehs[2] et
9 livres café.

Six thalers et demi le frasleh, valeur thalaris

Mille cent vingt-sept thalaris et huit piastres. 1127,8

> Harar, le 12 novembre 1880.
>
> Pour M. Savouré
> RIMBAUD.

RIMBAUD AUX SIENS

> Harar, 13 décembre 1880.

Chers amis,

Je suis arrivé dans ce pays après vingt jours de cheval
à travers le désert Somali. Harar est une ville colonisée
par les Égyptiens et dépendant de leur gouvernement.
La garnison est de plusieurs milliers d'hommes. Ici se
trouve [nt] notre agence et nos magasins. Les produits
marchands du pays sont le café, l'ivoire, les peaux, etc.
Le pays est élevé, mais non infertile. Le climat est frais
et non malsain. On importe ici toutes marchandises
d'Europe, par chameaux. Il y a, d'ailleurs, beaucoup à
faire dans le pays. Nous n'avons pas de poste régulière
ici. Nous sommes forcés d'envoyer notre courrier à
Aden, par rares occasions. Ceci ne vous arrivera donc
pas d'ici longtemps. Je compte que vous avez reçu ces
100 francs, que je vous ai fait envoyer par la maison
de Lyon, et que vous avez trouvé moyen de me mettre
en route les objets que j'ai demandés. J'ignore cepen-
dant quand je les recevrai.

Je suis ici dans les Gallas. Je pense que j'aurai à
aller plus en avant prochainement. Je vous prie de me
faire parvenir de vos nouvelles le plus fréquemment

possible. J'espère que vos affaires vont bien et que vous
vous portez bien. Je trouverai moyen d'écrire encore
prochainement. Adressez vos lettres ou envois ainsi :

M. Dubar, agent général à Aden.
Pour M. Rimbaud, Harar.

RIMBAUD AUX SIENS

Harar, le 15 janvier 1881.

Chers amis,

Je vous ai écrit deux fois en décembre 1880, et n'ai
naturellement pas encore reçu de réponses de vous. J'ai
écrit en décembre que l'on vous envoie une 2ᵉ somme
de cent francs, qui vous est peut-être déjà parvenue et
que vous emploierez à l'usage que je vous ai dit. J'ai
fort besoin de tout ce que je vous ai demandé, et je
suppose que les premiers objets sont déjà arrivés à
Aden. Mais d'Aden ici, il y a encore un mois. Il va
nous arriver une masse de marchandises d'Europe, et
nous allons avoir un fort travail. Je vais prochainement
faire une grande tournée au désert, pour des achats de
chameaux. Naturellement, nous avons des chevaux, des
armes et le reste. Le pays n'est pas déplaisant : en ce
moment il fait le temps du mois de mai de France.

J'ai reçu vos deux lettres de novembre ; mais je les
ai perdues tout de suite. Ayant cependant eu le temps
de les parcourir, je me rappelle que vous m'accusez
réception des premiers cent francs que je vous ai fait
envoyer. Je vous fais renvoyer cent francs pour le cas
où je vous aurais occasionné des frais. Ceci fera le
3ᵉ envoi, et je m'arrêterai là jusqu'à nouvel ordre ;
d'ailleurs quand j'aurai reçu une réponse à ceci, le mois
d'avril sera arrivé. Je ne vous ai pas dit que je suis
engagé ici pour trois ans ; ce qui ne m'empêchera pas
de sortir avec gloire et confiance, si l'on me fait des
misères. Mes appoint[emen]ts sont de 300 francs par mois,
en dehors de toute espèce de frais, et tant pour cent
sur les bénéfices.

Nous allons avoir, en cette ville-ci, un évêque catholique qui sera probablement seul catholique[1] du pays. Nous sommes ici dans le Galla.

Nous faisons venir un appareil photographique, et je vous enverrai des vues du pays et des gens. Nous recevrons aussi le matériel de préparateur d'histoire naturelle, et je pourrai vous envoyer des oiseaux et des animaux qu'on n'a pas encore vus en Europe. J'ai déjà ici quelques curiosités que j'attends l'occasion d'expédier.

Je suis heureux d'entendre que vous pensez à moi et que vos affaires vont assez bien. J'espère que cela marchera chez vous le mieux possible. De mon côté, je tâcherai de rendre mon travail intéressant et lucratif.

J'ai, à présent, à vous donner quelques petites commissions faciles. Envoyez la lettre suivante à M. Lacroix, libraire-éditeur, Paris :

À M. LACROIX

Monsieur,

Il existe un ouvrage d'un auteur allemand ou suisse, publié en Allemagne il y a quelques années et traduit en français, portant le titre de : *Guide du Voyageur ou Manuel théorique et pratique de l'Explorateur.* C'est là le titre ou à peu près. Cet ouvrage, me dit-on, est un compendium très intelligent de toutes les connaissances nécessaires à l'Explorateur, en topographie, minéralogie, hydrographie, histoire naturelle, etc., etc.

Me trouvant en ce moment dans un endroit où je ne puis me procurer ni le nom de l'auteur, ni l'adresse des éditeurs-traducteurs, j'ai supposé que cet ouvrage vous était connu et que vous pourriez me donner ces renseignements. Je vous serais même heureux de vouloir bien me l'expédier de suite, en choisissant le mode de paiement que vous préférerez.

Vous remerciant,

RIMBAUD,
Roche, par Attigny, Ardennes (France).

Envoyez celle-ci à M. Bautin, fabricant d'instruments de précision, Paris, rue du Quatre-Septembre, 6 :

À M. BAUTIN

Aden, le 30 janvier 188[1¹].

Monsieur,

Désirant m'occuper de placer des instruments de précision en général dans l'Orient, je me suis permis de vous écrire pour vous demander le service suivant :

Je désire connaître l'ensemble de ce qui se fabrique de mieux en France (ou à l'étranger) en instruments de mathématiques, optique, astronomie, électricité, météorologie, pneumatique, mécanique, hydraulique et minéralogie. Je ne m'occupe pas d'instruments de chirurgie. Je serais très heureux que l'on pût me rassembler tous les catalogues formant cet ensemble, et je me rapporte de ce soin à votre bienveillante compétence. On me demande également des catalogues de fabriques de jouets physiques, pyrotechnie, prestidigitation, modèles mécaniques et de constructions en raccourci, etc. S'il existe en France des fabriques intéressantes en ce genre, ou si vous connaissez mieux à l'étranger, je vous serai plus obligé que je ne puis dire de vouloir bien me procurer adresses ou catalogues.

Vous adresseriez vos communications dans ce sens à l'adresse ci-dessous : " Rimbaud, Roche, par Attigny, Ardennes. France. " Ce correspondant se charge naturellement de tous frais à encourir, et les avancera immédiatement sur votre observation.

Envoyez également, s'il en existe de sérieux et tout à fait modernes et pratiques, un *Manuel complet du fabricant d'instruments de précision*.

Vous remerciant cordialement,

RIMBAUD,
Aden, Arabie.

Vous faites précéder cette lettre des mots suivants :

Monsieur,

Nous vous communiquons une note à votre adresse d'un de nos parents en Orient, et nous serions très heureux que vous vouliez bien y prêter attention. Nous

sommes à votre disposition, quant aux frais que cela
occasionnerait.

RIMBAUD,

Roche, par Attigny, Ardennes.

Enfin, informez-vous s'il n'existe pas à Paris une
Librairie de l'École des Mines ; et si elle existe envoyez-
m'en le catalogue.

À vous de tout cœur.

RIMBAUD,

Maison Viannay, Bardey,
Aden, Arabie.

RIMBAUD AUX SIENS

Harar, le 15 février 1881.

Chers amis,

J'ai reçu votre lettre du 8 décembre, et je crois même
vous avoir écrit une fois depuis. J'en ai, d'ailleurs,
perdu la mémoire en campagne.

Je vous rappelle que je vous ai fait envoyer 300 francs :
1º d'Aden ; 2º de Harar à la date du 10 décembre envi-
ron ; 3º de Harar à la date du 10 janvier environ. Je
compte qu'en ce moment vous avez déjà reçu ces trois
envois de cent francs et mis en route ce que je vous ai
demandé. Je vous remercie dès à présent de l'envoi que
vous m'annoncez, mais que je ne recevrai pas avant
deux mois d'ici, peut-être.

Envoyez-moi les *Constructions métalliques,* par Monge,
prix : 10 francs.

Je ne compte pas rester longtemps ici ; je saurai
bientôt quand je partirai. Je n'ai pas trouvé ce que je
présumais ; et je vis d'une façon fort ennuyeuse et sans
profits. Dès que j'aurai 1.500 ou 2.000 francs, je partirai,
et j'en serai bien aise. Je compte trouver mieux un peu
plus loin. Écrivez-moi des nouvelles des travaux de
Panama : aussitôt ouverts, j'irai. Je serais même heureux
de partir d'ici, dès à présent. J'ai pincé une maladie[1],
peu dangereuse par elle-même ; mais ce climat-ci est

traître pour toute espèce de maladie. On ne guérit jamais d'une blessure. Une coupure d'un millimètre à un doigt suppure pendant des mois et prend la gangrène très facilement. D'un autre côté, l'administration égyptienne n'a que des médecins et des médicaments insuffisants. Le climat est très humide en été : c'est malsain ; je m'y déplais au possible, c'est beaucoup trop froid pour moi.

En fait de livres, ne m'envoyez plus de ces manuels *Roret*.

Voici quatre mois que j'ai commandé des effets à Lyon, et je n'aurai encore rien avant deux mois.

Il ne faut pas croire que ce pays-ci soit entièrement sauvage. Nous avons l'armée, artillerie et cavalerie, égyptienne, et leur administration. Le tout est identique à ce qui existe en Europe ; seulement, c'est un tas de chiens et de bandits. Les indigènes sont des Gallas, tous agriculteurs et pasteurs : gens tranquilles, quand on ne les attaque pas. Le pays est excellent, quoique relativement froid et humide ; mais l'agriculture n'y est pas avancée. Le commerce ne comporte principalement que les peaux des bestiaux, qu'on trait pendant leur vie et qu'on écorche ensuite ; puis du café, de l'ivoire, de l'or ; des parfums, encens, musc, etc. Le mal est que l'on est à 60 lieues de la mer et que les transports coûtent trop.

Je suis heureux de voir que votre petit manège[1] va aussi bien que possible. Je ne vous souhaite pas une réédition de l'hiver 1879-80, dont je me souviens assez pour éviter à jamais l'occasion d'en subir un semblable.

Si vous trouviez un exemplaire dépareillé du Bottin, Paris et Étranger, (quand ce serait un ancien), pour *quelques francs,* envoyez-le-moi, en caisse : j'en ai spécialement besoin.

Fourrez-moi aussi une demi-livre de graines de betterave saccharifère dans un coin de l'envoi.

Demandez — si vous avez de l'argent de reste — chez Lacroix le *Dictionary of Engineering military and civil,* prix 15 francs. Ceci n'est pas fort pressé.

Soyez sûrs que j'aurai soin de mes livres.

Notre matériel de photographie et de préparation d'histoire naturelle n'est pas encore arrivé, et je crois que je serai parti avant qu'il n'arrive.

J'ai une foule de choses à demander ; mais il faut que vous m'envoyiez le Bottin d'abord.

À propos, comment n'avez-vous pas retrouvé le dictionnaire arabe? Il doit être à la maison cependant.

Dites à F[rédéric] de chercher dans les papiers arabes un cahier intitulé : *Plaisanteries, jeux de mots, etc.*, en arabe ; et il doit y avoir aussi une collection de *dialogues*, de *chansons* ou je ne sais quoi, utile à ceux qui apprennent la langue. S'il y a un ouvrage en arabe, envoyez ; mais tout ceci comme emballage seulement, car ça ne vaut pas le port.

Je vais vous faire envoyer une vingtaine de kilos café moka à mon compte, si ça ne coûte pas trop de douane.

Je vous dis : à bientôt ! dans l'espoir d'un temps meilleur et d'un travail moins bête ; car, si vous présupposez que je vis en prince, moi, je suis sûr que je vis d'une façon fort bête et fort embêtante.

Ceci part avec une caravane, et ne vous parviendra pas avant fin mars. C'est un des agréments de la situation. C'est même le pire.

À vous,

RIMBAUD.

RIMBAUD AUX SIENS

Harar, 12 mars 1881.

Chers amis,

J'ai reçu avant-hier une lettre de vous sans date, mais timbrée, je crois, du 6 février 1881.

J'ai déjà reçu, par vos lettres précédentes, nouvelle de votre envoi ; et le colis doit se trouver à présent à Aden. Seulement, j'ignore quand il prendra le chemin de Harar. Les affaires de cette entreprise-ci sont assez embrouillées.

Mais, vous dites avoir reçu ma lettre du 13 décembre 1880. Alors, vous auriez dû recevoir par la même occasion une somme de cent francs que j'ai commandé à la maison de vous envoyer, à la date du 13 décembre 1880 ; et, votre lettre étant partie du 10 février environ, vous auriez dû également recevoir une 3e somme de cent francs que j'ai commandé à la maison de vous

envoyer, à la date du 10 janvier 1881, par lettre à eux, et lettre à vous, à cette même date du 10 janvier.

J'ai écrit pour savoir comment cela a été réglé. Il est vraisemblable que vous n'ayez pas encore reçu ma lettre du 10 janvier à la date où vous avez écrit la vôtre, c'est-à-dire au 16 février; mais je me demande ce qu'il est advenu de la demande d'argent qui accompagnait ma lettre du 14 décembre 1880, lettre que vous dites avoir reçue. En tout cas, il n'y a rien de perdu si l'on n'a rien envoyé. Je vais me renseigner définitivement. — Figurez-vous que j'ai commandé deux vêtements de drap à Lyon en novembre 1880 et que je serai peut-être longtemps encore sans les recevoir. En attendant, j'ai froid ici, vêtu que je suis des tenues de coton d'Aden.

Je saurai, dans un mois, si je dois rester ici ou déguerpir, et je serai de retour à Aden au moment où vous recevrez ceci. J'ai eu des ennuis absurdes à Harar, et il n'y a pas à y faire, pour le moment, ce que l'on croyait. Si je quitte cette région, je descendrai probablement à Zanzibar, et je trouverai peut-être de l'occupation aux Grands Lacs. — J'aimerais mieux qu'il s'ouvrît quelque part des travaux intéressants, et ici les nouvelles n'en arrivent pas souvent.

Que l'éloignement ne soit pas une raison de me priver de vos nouvelles. Adressez toujours à Aden, d'où cela me parviendra.

À bientôt d'autres nouvelles.

Bonne santé et bonheur à tous.

RIMBAUD.

RIMBAUD AUX SIENS

Harar, dimanche 16 avril 1881.

Chers amis,

J'ai reçu de vous une lettre dont je ne me rappelle pas la date : j'ai égaré cette lettre dernièrement. Vous m'y accusiez réception d'une somme de cent francs; c'était la deuxième, dites-vous. C'est bien cela. L'autre, selon moi, la 3e c'est-à-dire, ne doit pas vous être par-

venue : ma demande a dû être égarée. Gardez ainsi ces
100 francs de côté.

Je suis toujours en suspens. Les affaires ne sont pas
brillantes. Qui sait combien je resterai ici? Peut-être,
prochainement, vais-je faire une campagne dans le pays[1].
Il est arrivé une troupe de missionnaires français; et il
se pourrait que je les suivisse dans les pays jusqu'ici
inaccessibles aux blancs, de ce côté[2].

Votre envoi ne m'est pas encore parvenu; il doit
être cependant à Aden, et j'ai l'espoir de le recevoir
dans quelques mois. Figurez-vous que je me suis com-
mandé des tenues à Lyon, il y a sept mois, et qu'elles
ne songent pas à arriver!

Rien de bien intéressant pour le moment.

Je vous souhaite des estomacs moins en danger que
le mien, et des occupations moins ennuyeuses que les
miennes.

RIMBAUD.

RIMBAUD AUX SIENS

Harar, 4 mai 1881.

Chers amis,

Vous êtes en été, et c'est l'hiver ici, c'est-à-dire qu'il
fait assez chaud, mais il pleut souvent. Cela va durer
quelques mois.

La récolte du café aura lieu dans six mois.

Pour moi, je compte quitter prochainement cette
ville-ci pour aller trafiquer dans l'inconnu. Il y a un
grand lac à quelques journées, et c'est en pays d'ivoire :
je vais tâcher d'y arriver. Mais le pays doit être hostile.

Je vais acheter un cheval et m'en aller. Dans le cas
où cela tournerait mal, et que j'y reste, je vous préviens
que j'ai une somme de 7 fois 150 roupies m'appartenant
déposée à l'agence d'Aden, et que vous réclamerez,
si ça vous semble en valoir la peine.

Envoyez-moi un numéro d'un journal quelconque de
travaux publics, que je sache ce qui se passe. Est-ce
qu'on travaille à Panama?

Écrivez à MM. *Wurster et Cie, éditeurs* à Zurich, Suisse, et demandez de vous envoyer de suite le *Manuel du Voyageur,* par M. Kaltbrünner, contre remboursement ou comme il lui plaira. Envoyez aussi les *Constructions à la mer,* par Bonniceau, librairie Lacroix.

Expédiez à l'agence d'Aden.

Portez-vous bien. Adieu.

A. RIMBAUD.

RIMBAUD AUX SIENS

Harar, 25 mai 1881.

Chers amis,

Chère maman, je reçois ta lettre du 5 mai. Je suis heureux de savoir que ta santé s'est remise et que tu peux rester en repos. À ton âge, il serait malheureux d'être obligé de travailler. Hélas! moi, je ne tiens pas du tout à la vie; et si je vis, je suis habitué à vivre de fatigue; mais si je suis forcé de continuer à me fatiguer comme à présent, et à me nourrir de chagrins aussi véhéments qu'absurdes dans ces climats atroces, je crains d'abréger mon existence.

Je suis toujours ici aux mêmes conditions, et, dans trois mois, je pourrais vous envoyer 5.000 francs d'économies[1]; mais je crois que je les garderai pour commencer quelque petite affaire à mon compte dans ces parages, car je n'ai pas l'intention de passer toute mon existence dans l'esclavage.

Enfin, puissions-nous jouir de quelques années de vrai repos dans cette vie; et heureusement que cette vie est la seule, et que cela est évident, puisqu'on ne peut s'imaginer une autre vie avec un ennui plus grand que celle-ci!

Tout à vous,

RIMBAUD.

RIMBAUD AUX SIENS

Harar, le 10 juin 1881.

Chers amis,

Je reviens d'une campagne au dehors, et je repars demain pour une nouvelle campagne à l'ivoire.

Mon adresse est toujours la même, et je recevrai de vos nouvelles avec plaisir.

RIMBAUD.

— Je n'ai rien reçu de vous depuis longtemps.

RIMBAUD AUX SIENS

Harar, le 2 juillet 1881.

Chers amis,

Je reviens de l'intérieur, où j'ai acheté une quantité considérable de cuirs secs.

J'ai un peu la fièvre à présent. Je repars dans quelques jours pour un pays totalement inexploré par les Européens ; et, si je réussis à me mettre décidément en route, ce sera un voyage de six semaines, pénible et dangereux, mais qui pourrait être de profit. — Je suis seul responsable de cette petite expédition. J'espère que tout ira pour le moins mal possible. En tout cas, ne vous mettez pas en peine de moi.

Vous devez être très occupés à présent ; et je vous souhaite une réussite heureuse dans vos petits travaux.

À vous,

RIMBAUD.

P.-S. — Je ne suis pas en contravention avec la loi militaire ? Je ne saurai donc jamais où j'en suis à ce sujet.

RIMBAUD AUX SIENS

Harar, vendredi 22 juillet 1881.

Chers amis,

J'ai reçu dernièrement une lettre de vous, de mai ou de juin. Vous vous étonnez du retard des correspondances, cela n'est pas juste : elles arrivent à peu près régulièrement, quoique à longues échéances; et quant aux paquets, caisses et livres de chez vous, j'ai tout reçu à la fois, il y a plus de quatre mois, et je vous en ai accusé réception.

La distance est grande, voilà tout; c'est le désert à franchir deux fois qui double la distance postale.

Je ne vous oublie pas du tout, comment le pourrais-je? et si mes lettres sont trop brèves, c'est que, toujours en expéditions, j'ai toujours été pressé aux heures de départ des courriers. Mais je pense à vous, et je ne pense qu'à vous. Et que voulez-vous que je vous raconte de mon travail d'ici, qui me répugne déjà tellement, et du pays, que j'ai en horreur, et ainsi de suite. Quand je vous raconterais les essais que j'ai faits avec des fatigues extraordinaires et qui n'ont rien rapporté que la fièvre, qui me tient à présent depuis quinze jours de la manière dont je l'avais à Roche il y a deux ans? Mais, que voulez-vous? je suis fait à tout à présent, je ne crains rien.

Prochainement je ferai un arrangement avec la maison pour que mes appointements soient régulièrement payés entre vos mains en France, par trimestre. Je vous ferai d'abord payer tout ce qui m'est dû jusqu'aujourd'hui, et, par la suite, cela marchera régulièrement. Que voulez-vous que je fasse de monnaie improductive en Afrique?

Vous achèterez immédiatement un titre d'une valeur ou rente quelconque avec les sommes que vous recevrez, et le consignerez en mon nom chez un notaire de confiance; ou vous vous arrangerez de toute autre façon convenable, plaçant chez un notaire ou un banquier sûrs des environs. Les deux seules choses que je souhaite

sont que cela soit bien placé en sûreté et *à mon nom;*
2° que cela rapporte régulièrement.

Seulement il faudrait que je sois sûr que je ne suis
pas du tout en contravention avec la loi militaire, pour
que l'on ne vienne pas m'empêcher d'en jouir ensuite,
d'une façon ou d'une autre.

Vous toucherez pour vous-mêmes la quantité qu'il
vous plaira des intérêts des sommes ainsi placées par
vos soins.

La première somme que vous pourriez recevoir dans
trois mois pourrait s'élever à 3 000 francs.

Tout cela est fort naturel. Je n'ai pas besoin d'argent
pour le moment, et je ne peux rien faire produire à
l'argent ici.

Je vous souhaite réussite dans vos petits travaux. Ne
vous fatiguez pas, c'est une chose déraisonnable! La
santé et la vie ne sont-elles pas plus précieuses que
toutes les autres saletés au monde?

Vivez tranquillement.

RIMBAUD.

RIMBAUD AUX SIENS

Harar, le 5 août 1881.

Chers amis,

Je viens de demander que l'on donne l'ordre à la
maison en France de payer entre vos mains, en monnaie
française, la somme de onze cent soixante-cinq roupies
et quatorze anas, ce qui fait, la roupie valant à peu près
2 fr. 12 cent., deux mille quatre cent soixante-dix-huit
francs. Toutefois, le change est variable. Dès que vous
aurez reçu cette petite somme, placez-la selon qu'il
convient, et prévenez-moi promptement.

Désormais, je tâcherai que mes appointements vous
soient payés directement en France, tous les trois mois.

Tout cela, hélas! n'est pas bien intéressant. Je com-
mence à me remettre un peu de ma maladie. Je compte
que vos santés sont bonnes et que votre petit travail
marche à votre souhait. Moi, j'ai été bien éprouvé ici,

mais je compte qu'un petit tour à la côte ou à Aden me
refer[a¹] tout à fait.

Et qui diable sait encore sur quelle route nous conduira
notre chance?

À vous,

RIMBAUD.

RIMBAUD AUX SIENS

Harar, 2 septembre 1881.

Chers amis,

Je crois vous avoir écrit une fois depuis votre lettre
du 12 juillet.

Je continue à me déplaire fort dans cette région de
l'Afrique. Le climat est grincheux et humide; le travail
que je fais est absurde et abrutissant, et les conditions
d'existence généralement absurdes aussi. J'ai eu d'ailleurs
des démêlés désagréables avec la direction et le reste,
et je suis à peu près décidé à changer d'air prochainement.
J'essayerai d'entreprendre quelque chose à mon compte
dans le pays; et, si ça ne répond pas (ce que je saurai
vite), je serai tôt parti pour, je l'espère, un travail plus
intelligent sous un ciel meilleur. Il se pourrait, d'ailleurs,
qu'en ce cas même je restasse associé de la maison,
— ailleurs.

Vous me dites m'avoir envoyé des objets, caisses,
effets, dont je n'ai pas donné réception. J'ai tout juste
reçu un envoi de livres selon votre liste et des chemises
avec. D'ailleurs, mes commandes et correspondances
ont toujours circulé d'une façon insensée dans cette
boîte.

Figurez-vous que j'ai commandé deux tenues en drap
à Lyon, l'année passée en novembre, et que rien n'est
encore venu!

J'ai eu besoin d'un médicament, il y a six mois; je
l'ai demandé à Aden, et je ne l'ai pas encore reçu!
— Tout cela est en route, au diable.

Tout ce que je réclame au monde est un bon climat
et un travail convenable, intéressant : je trouverai bien

cela, un jour ou l'autre! J'espère aussi ne recevoir que de bonnes nouvelles de vous et de votre santé. C'est mon plaisir premier d'avoir de vos nouvelles, chers amis; et je vous souhaite plus de chance et de gaîté qu'à moi.

Au revoir.

RIMBAUD.

— J'ai fait donner l'ordre à la maison de Lyon de vous adresser à Roche, par la poste, le total de mes appointements en espèces, du 1er décembre 1880 au 31 juillet 1881, s'élevant à 1 165 roupies (la roupie vaut à peu près deux francs et 12 centimes). Prière de me prévenir dès que vous aurez reçu, et de placer cette somme convenablement.

— À propos du service militaire, je continue à croire que je ne suis pas en faute; et je serais très fâché de l'être. Renseignez-moi au juste là-dessus. Il faudra bientôt que je me fasse faire un passeport à Aden, et je devrai des explications sur ce point.

Bonjour à F[rédéric].

RIMBAUD AUX SIENS

Harar, le 22 septembre 1881.

Chers amis,

Vos nouvelles sont en retard, il me semble : je n'ai rien reçu ici depuis longtemps. On fait peu de cas de la correspondance, dans cette agence!

L'hiver va commencer chez vous. Ici, la saison des pluies va finir et l'été commencer.

Je suis seul chargé des affaires, en ce moment, à l'agence, durant l'absence du directeur. J'ai donné ma démission, il y a une vingtaine de jours, et j'attends un remplaçant. Cependant, il se pourrait que je restasse dans le pays.

On a dû écrire à l'agence de Lyon de vous envoyer une somme de 1 165 roupies, provenant de mes appointements du 1er décembre au 31 juillet. Avez-vous reçu?

— Si oui, placez cela comme il vous convient. — À présent, je toucherai moi-même à la caisse, étant pour déguerpir d'un moment à l'autre.

Pourquoi ne m'avez-vous pas envoyé, selon ma demande, les ouvrages intitulés :

1º *Manuel du Voyageur,* par Kaltbrünner (se trouve chez *Reinwald et Compagnie,* 15, rue des Saints-Pères, à Paris);

2º *Constructions à la mer,* par Bonniceau (chez *Lacroix*)?

Il me semble avoir demandé cela il y a très longtemps et rien n'est venu.

Ne me laissez pas trop sans nouvelles. Je vous souhaite un automne agréable et toute prospérité.

À vous,

RIMBAUD.

RIMBAUD AUX SIENS

Maison Viannay
Bardey et Cⁱᵉ,
   Aden.

     Chers amis,

Je reçois, aujourd'hui 7 novembre, trois lettres de vous, des 8, 24 et 25 septembre. Pour l'histoire militaire, j'écris immédiatement au Consul de France à Aden, et l'agent général à Aden joindra un certificat à la déclaration du Consul, et vous l'enverra de suite, je l'espère. Je ne peux pas quitter l'agence ici, où ça arrêterait de suite les affaires, puisque je suis chargé de tout et directeur du mouvement provisoirement. D'ailleurs, je vais aller en exploration plus loin encore. Quant à prédire que ceci arrivera bientôt, ou même que cela arrivera du tout, on n'en sait rien : ainsi votre lettre du 8 septembre m'arrive après celle du 25. Une fois, j'ai reçu une lettre de mai en septembre.

Une chose qui me paraît fort singulière est que vous n'ayez pas reçu mon argent, à cette date du 25 septembre. L'ordre de payer a été donné et [est] parti d'ici par un courrier du 4 août, et c'est arrivé à Lyon, au plus tard

vers le 10 septembre. Pourquoi ne vous a-t-on pas
payés? Je vous envoie le modèle de la réclamation qu'il
faut que vous adressiez de suite à cette boîte :

Messieurs Mazeran, Viannay et Bardey,
rue de l'Arbre-Sec, Lyon.

Messieurs,

Mon fils, monsieur Rimbaud, employé à votre agence
au Harar, m'ayant averti par lettre du Harar, du..., que
l'ordre avait été donné, dans un courrier du Harar du
4 août 1881, à votre maison de Lyon de payer dans
mes mains une somme de Roupies mille cent soixante-
cinq en francs au change d'Aden, solde des appointe-
ments de M. Rimbaud au Harar, du 1er décembre [18]80
au 30 juillet [18]81, je suis étonnée de n'avoir reçu jus-
qu'aujourd'hui rien de relatif à ce sujet. Je vous serai
obligée de me dire ce qu'il en est et ce que vous entendez
en faire.

Agréez, Messieurs, l'assurance de mes respects.

Si on ne répond pas, réclamez énergiquement; si
on répond, vous savez que la somme est de 1 165 roupies,
et le change de la roupie 2 fr. 15, c'est-à-dire :

215

5825
1165
2330

soit francs 2504,75

que vous devez toucher.

En tous cas, je ne déguerpirai pas d'ici sans avoir
des nouvelles sûres de cette somme et sans posséder
le reçu ou au moins la nouvelle de votre main.

Vous êtes en hiver à présent, et je suis en été. Les
pluies ont cessé; il fait très beau et assez chaud. Les
caféiers mûrissent.

Je vais prochainement faire une grande expédition,
peut-être jusqu'au Choa, un nom que vous voyez dans

vos cartes. Soyez tranquilles, je ne m'aventure jamais
qu'à bon escient. Il y aurait beaucoup à faire et à gagner
ici, si le pays n'était entouré de brigands qui coupent
les routes des meilleurs débouchés.

————

Je me confie à vous pour ces malheureux fonds.
Mais que diable voulez-vous que je fasse de propriétés
foncières? J'ai bien quelques fonds à envoyer, à présent
encore, environ 1 500 francs; mais je voudrais voir
arriver les premiers.

————

J'aime à croire que cette affaire des vingt-huit jours
s'arrangera sans bruit; je préviens à Aden qu'on ne
laisse pas traîner ça. Comment diable voulez-vous que
je flanque tous mes travaux à la dérive pour ces 28 jours?
Quoi qu'il arrive, je prends plaisir à penser que vos
petites affaires vont bien. Si vous avez besoin, prenez
ce qui est à moi : c'est à vous. Pour moi, je n'ai personne
à qui songer, sauf ma propre personne, qui ne demande
rien.

Tout à vous,   RIMBAUD.

Harar, 7 novembre [18]81.

RIMBAUD AUX SIENS

Harar, 3 décembre 1881.

Chers amis,

Ceci vous signifie mes souhaits de bonne année pour
1882. Bonne chance, bonne santé, et beau temps. Je
n'ai pas le temps de vous écrire plus. Je suppose que
la déclaration, que j'ai envoyée à Aden au consul de
France, aura été visée et envoyée à votre adresse, et
qu'il ne sera rien de cette affaire militaire.

J'ai réclamé à la maison pour cette somme de
1 160 roupies que l'on doit vous verser, au change au
moins de 2 francs et 12 centimes par roupie. On ne

m'a pas encore répondu. Si l'on ne paie pas bientôt,
je vais faire une plainte au consul de France à Aden.

Je me porte bien.

Tout à vous,

RIMBAUD.

RIMBAUD À M. ALFRED BARDEY

Harar, 9 décembre 1881.

Je serais heureux de vous voir personnellement à
Aden.

RIMBAUD.

Monsieur Alfred Bardey.

RIMBAUD AUX SIENS

Harar, 9 décembre 1881.

Chers amis,

Ceci pour vous saluer simplement.

Ne m'adressez plus rien au Harar. Je pars très pro-
chainement, et il est peu probable que je revienne jamais
ici.

Aussitôt rentré à Aden, à moins d'avis de vous,
je télégraphierai à la maison pour ces malheureux
2 500 francs qu'on vous doit, et je ferai connaître la
chose au consul de France. Cependant, je crois qu'on
vous aura payés à ce jour. Je compte trouver un autre
travail, aussitôt rentré à Aden.

Je vous souhaite un petit hiver pas trop rigoureux
et une bonne santé.

À vous,

RIMBAUD.

RIMBAUD AUX SIENS

Aden, le 18 janvier 1882.

Chers amis,

Je reçois votre lettre du 27 décembre 1881, conte-
nant une lettre de Delahaye. Vous me dites m'avoir
écrit deux fois au sujet du reçu de cette somme d'argent.
Comment se fait-il que vos lettres ne me soient pas
arrivées? Et je viens de télégraphier d'Aden à Lyon,
à la date du 5 janvier, sommant de payer cette somme!
Vous ne me dites pas non plus quelle somme vous avez
reçue, ce que je suis cependant pressé de savoir. Enfin,
il est heureux que cela soit arrivé, après avoir été retenu
pendant six mois! Je me demande aussi à quel change
cela a pu vous être payé. À l'avenir, je choisirai un
autre moyen pour mes envois d'argent, car la façon
d'agir de ces gens est très désagréable. J'ai en ce moment
environ 2.000 francs de libre, mais j'en aurai besoin
prochainement.

Je suis sorti du Harar et rentré à Aden, où j'attends
de rompre mon engagement avec la maison. Je trou-
verai facilement autre chose.

Quant à l'affaire du service militaire, vous trouverez
ci-inclus une lettre du consul à mon adresse, vous mon-
trant ce que j'ai fait et quelles pièces sont au ministère.
Montrez cette lettre à l'autorité militaire, ça les tran-
quillisera. S'il est possible de m'envoyer un double de
mon livret perdu, je vous serai obligé de le faire pro-
chainement, car le consul me le demande. Enfin, avec
ce que vous avez et ce que j'ai envoyé, je crois que
l'affaire va pouvoir s'arranger.

Ci-joint une lettre pour Delahaye, prenez-en connais-
sance. S'il reste à Paris, cela fera bien mon affaire :
j'ai besoin de faire acheter quelques instruments de
précision. Car je vais faire un ouvrage pour la Société
de géographie, avec des cartes et des gravures, sur le
Harar et les pays Gallas. Je fais venir en ce moment
de Lyon un appareil photographique; je le transporterai

au Harar, et je rapporterai des vues de ces régions inconnues. C'est une très bonne affaire.

Il me faut aussi des instruments pour faire des levés topographiques et prendre des latitudes. Quand ce travail sera terminé et aura été reçu à la Société de géographie, je pourrai peut-être obtenir des fonds d'elle pour d'autres voyages. La chose est très facile.

Je vous prie donc de faire parvenir la commande ci-incluse à Delahaye, qui se chargera de ces achats, et vous n'aurez qu'à payer le tout. Il y en aura pour plusieurs milliers de francs, mais cela me fera un bon rapport. Je vous serai très reconnaissant de me faire parvenir le tout le plus tôt possible, *directement,* à Aden. Je vous conjure d'exécuter entièrement la commande; si vous me faisiez manquer quelque chose là-dedans, vous me mettriez dans un grand embarras.

Tout à vous,

RIMBAUD.

RIMBAUD À ERNEST DELAHAYE

Aden, le 18 janvier 1882.

Mon cher Delahaye,

Je reçois de tes nouvelles avec plaisir.

Sans autres préambules, je vais t'expliquer comme quoi, si tu restes à Paris, tu peux me rendre un grand service.

Je suis pour composer un ouvrage sur le Harar et les Gallas que j'ai explorés, et le soumettre à la Société de géographie. Je suis resté un an dans ces contrées, en emploi dans une maison de commerce française.

Je viens de commander à Lyon un appareil photographique qui me permettra d'intercaler dans cet ouvrage des vues de ces étranges contrées.

Il me manque des instruments pour la confection des cartes, et je me propose de les acheter. J'ai une certaine somme d'argent en dépôt chez ma mère, en France; et je ferai ces frais là-dessus.

Voici ce qu'il me faut, et je te serai infiniment

reconnaissant de me faire ces achats en t'aidant de quelqu'un d'expert, par exemple d'un professeur de mathématiques de ta connaissance, et tu t'adresseras au meilleur fabricant de Paris :

1º Un *théodolite de voyage,* de petites dimensions. Faire régler soigneusement, et emballer soigneusement. Le prix d'un théodolite est assez élevé. Si cela coûte plus de 15 à 18 cents francs, laisser le théodolite et acheter les deux instruments suivants :

Un bon sextant;

Une boussole de reconnaissance Cravet, à niveau.

2º Acheter une *collection minéralogique de 300 échantillons.* Cela se trouve dans le commerce.

3º *Un baromètre anéroïde de poche.*

4º *Un cordeau d'arpenteur en chanvre.*

5º *Un étui de mathématiques* contenant : une règle, une équerre, un rapporteur, compas de réduction, décimètre, tire-lignes, etc.

6º *Du papier à dessin.*

Et les livres suivants :

Topographie et Géodésie *, par le commandant Salneuve (*librairie Dumaine,* Paris);

Trigonométrie des lycées supérieurs;

Minéralogie des lycées supérieurs, ou le meilleur cours de l'École des Mines;

Hydrographie, le meilleur cours qui se trouve;

Météorologie, par Marie Davy *(Masson, libraire);*

Chimie industrielle, par Wagner *(Savy, libraire,* rue Hautefeuille);

Manuel du Voyageur, par Kaltbrünner (chez *Reinwald*);

Instructions pour les Voyageurs préparateurs (Librairie du Muséum d'Histoire naturelle);

Le Ciel, par Guillemin;

Enfin, l'*Annuaire du Bureau des Longitudes pour 1882.*

Fais la facture du tout, joins-y tes frais, et paie-toi sur mes fonds déposés chez Madame Rimbaud, à Roche.

Tu ne t'imagines pas quel service tu me rendras. Je pourrai achever cet ouvrage et travailler ensuite aux frais de la société de Géographie.

Je n'ai pas peur de dépenser quelques milliers de francs, qui me seront largement revalus.

---

* Sinon cela, le meilleur cours de topographie.

Je t'en prie donc, si tu peux le faire, achète-moi ce que je demande le plus promptement possible ; surtout le théodolite et la collection minéralogique. D'ailleurs, j'ai également besoin de tout. Emballe soigneusement.

À la prochaine poste, qui part dans trois jours, détails. En attendant, hâte-toi.

Salutations cordiales.

RIMBAUD.

Maison Mazeran, Viannay et Bardey,
à Aden.

Monsieur Alfred [*sic*] Delahaye,
8, place Gerson, à Paris.

RIMBAUD AUX SIENS

Aden, 22 janvier 1882.

Chers amis,

Je vous confirme ma lettre du 18, partie avec le bateau anglais et qui vous arrivera quelques jours avant ceci.

Aujourd'hui, un courrier de Lyon m'apprend que l'on ne vous a payé que 2.250 francs au lieu de 2.469 fr. 80 qui me sont dus, en comptant la roupie au change de 2 francs 12 centimes, comme il était spécifié dans l'ordre de paiement. J'envoie de suite une réclamation à la maison et je vais faire une plainte au consul, car ceci est une filouterie pure et simple ; et, d'ailleurs, j'aurais dû m'y attendre, car ces gens sont des ladres et des fripons, bons seulement pour exploiter les fatigues de leurs employés. Mais je persiste à ne pas comprendre comment vos lettres mentionnant le paiement de cette somme ne me sont pas arrivées : vous les avez donc adressées à eux, à Lyon ? En ce cas, cela ne m'étonne pas que rien ne soit parvenu, car ces gens s'arrangent de façon à bouleverser et intercepter toutes les correspondances de leurs employés.

Faites attention, à l'avenir, de m'adresser tout ici directement, sans passer par leur maudite entremise. Faites-y attention, surtout à propos de l'envoi des objets

que je vous ai demandés par ma lettre d'avant-hier et à
l'achat desquels je suis décidé à employer la somme que
vous avez reçue : que rien ne passe par chez eux, car
cela serait infailliblement gâté ou perdu.

Vous m'avez fait un premier envoi de livres, qui
m'est débarqué en mai 1881. Ils avaient eu l'idée d'em-
baller des bouteilles d'encre dans la caisse, et, les bou-
teilles s'étant cassées, tous les livres ont été baignés
d'encre.

·M'avez-vous fait un autre envoi que celui-là ? Dites-le-
moi, que je puisse réclamer, s'il s'est égaré quelque
chose.

Je suppose que vous avez transmis ma lettre à
Delahaye, et que celui-ci aura pu se charger des commis-
sions indiquées. Je recommande de nouveau que les
instruments de précision soient soigneusement vérifiés,
avant l'achat, par des personnes compétentes, et, ensuite,
soigneusement emballés et expédiés directement, à mon
adresse à Aden, par les agences à Paris des Messageries
maritimes.

Je tiens surtout au théodolite, car c'est le meilleur
instrument topographique et celui qui peut me rendre
le plus de services. Il est bien entendu que le *sextant* et
la *boussole* sont pour remplacer le théodolite, si celui-ci
coûte trop cher. Supprimez la *collection minéralogique,*
si cela empêche d'acheter le théodolite ; mais, en tous
cas, achetez les livres, que je vous recommande de
soigner.

Il me faut aussi une *longue-vue,* ou *lunette d'état-major* :
à acheter en même temps, chez les mêmes fabricants,
que le théodolite et le baromètre.

Décidément, supprimez complètement la collection
minéralogique, pour l'instant. Prochainement, je vous
enverrai un millier de francs : je vous serai donc obligé
d'acheter *avant tout le théodolite.*

Voici comme vous pourriez distribuer votre argent :

Longue-vue, 100 francs ; baromètre, 100 francs ; cor-
deau, compas, 40 francs ; livres, 200 francs ; et le reste,
au théodolite et aux frais jusqu'à Aden.

Mon appareil photographique m'arrivera de Lyon
dans quelques semaines : j'ai expédié les fonds, payé
d'avance.

Je vous conjure d'exécuter mes commandes et de ne

pas me faire manquer de ce que je vous demande, si vous voyez que vous pouvez réellement me procurer les choses dans de bonnes conditions; car il eſt bien entendu que tous ces inſtruments ne peuvent être achetés que par quelqu'un de compétent. Sinon, gardez l'argent, — qu'il eſt trop pénible d'amasser pour l'employer à l'acquisition de camelote!

Prière d'envoyer la lettre ci-incluse à monsieur *Devisme, armurier,* à Paris. C'eſt une demande de renseignements, au sujet d'une arme spéciale pour la chasse à l'éléphant. Vous me transmettrez sa réponse de suite, et je verrai si je dois vous envoyer des fonds.

J'écris que l'on vous solde le reſtant de la dite somme. Il vous reſte dû 219 francs 80 c. qui, je suppose, vont vous être envoyés sur ma recommandation.

Tout à vous,

RIMBAUD.

— Et faites acheter le théodolite, le baromètre, le cordeau et le télescope, à tout prix, par quelqu'un qui soit connaisseur et chez de bons fabricants. Sinon, il vaudrait beaucoup mieux garder l'argent et se contenter d'acheter les livres.

— N'avez-vous pas reçu de l'argent, sur mon ordre, une fois en novembre 1880, et une seconde fois en février 1881? On me l'écrit de Lyon. Faites-moi mon compte au juſte, que je sache ce que j'ai ou ce que je n'ai pas.

RIMBAUD À M. DEVISME

Aden, le 22 janvier 1882.

Monsieur,

Je voyage dans les pays Gallas (Afrique orientale), et, m'occupant en ce moment de la formation d'une troupe de chasseurs d'éléphants, je vous serais très réellement reconnaissant de vouloir bien me faire renseigner, aussi prochainement que possible, au sujet suivant :

Y a-t-il une arme spéciale pour la chasse à l'éléphant?
Sa description?
Ses recommandations?
Où se trouve-t-elle? Son prix?
La composition des munitions, empoisonnées, explosibles?

Il s'agit pour moi de l'achat de deux armes d'essai telles, — et, possiblement, après épreuve, d'une demi-douzaine.

Vous remerciant d'avance de la réponse, je suis, monsieur, votre serviteur,

RIMBAUD.

Aden (colonies anglaises).

Monsieur Devisme,
À Paris.

RIMBAUD AUX SIENS

Aden, le 12 février 1882.

Chers amis,

J'ai reçu votre lettre du 21 janvier, et je compte que vous aurez reçu mes deux lettres avec des commandes de livres et d'instruments, et aussi le télégramme, à la date du 24, qui les annulait.

Quant au reçu de l'argent : vos lettres étaient arrivées au Harar le lendemain de mon départ, de sorte qu'elles n'ont pu me rejoindre à Aden avant la fin de janvier. En tout cas, il se trouve qu'on m'a supprimé une certaine somme sur le change. Mais tenez-vous tranquilles, et ne faites pas de réclamations. Je toucherai cela ici, ou je vous le ferai envoyer en France.

Vous avez placé cet argent en terrain, et vous avez bien fait. Aussitôt que je l'ai su, je vous ai télégraphié de ne pas acheter ce que j'avais commandé, et j'espère que vous aurez compris.

Quand je vous enverrai une nouvelle somme, elle pourra être employée comme je vous l'avais expliqué;

car j'ai réellement besoin des instruments que je vous
ai dits. Seulement, l'achat en sera pour plus tard.

Je ne compte pas rester longtemps à Aden, où il
faudrait avoir des intérêts plus intelligents que ceux que
j'y ai. Si je pars, et je compte partir prochainement, ce
sera pour retourner au Harar, ou descendre à Zanzibar,
où j'aurai de très bonnes recommandations ; en tout cas,
si je n'y trouve rien, je pourrai toujours rentrer ici,
où je dénicherai bien des travaux meilleurs que ceux
que j'ai.

Il y a près d'un mois que je vous ai envoyé les certi-
ficats demandés, du moins que je les ai envoyés au
ministère de la guerre, par la voie du Consul de France
à Aden.

Le Consul veut absolument voir mon livret. Je n'ai
pas dit qu'il est perdu. S'il est possible d'en avoir un
double, prière de me l'envoyer.

Bonne chance et bonne santé. À bientôt d'autres nou-
velles.

RIMBAUD.

F. DUBAR À LEDOULX

Aden, 6 mars 1882.

Je prends la liberté de vous adresser, en vous le recommandant
tout particulièrement, l'un des agents de notre maison,
M. Rimbaud, qui a été employé sous mes ordres à Aden,
et qui a géré notre factorerie du Harar (Afrique orientale)
à notre entière satisfaction.

M. Rimbaud, sachant que vous voulez bien me favoriser
d'un bon souvenir et de quelque estime m'a demandé ce
mot de recommandation pour vous.

Je suis vraiment heureux de profiter de cette occasion
pour vous offrir de nouveau mes sentiments dévoués et
respectueux, et vous prier de faire agréer mes hommages
à Madame et à Mademoiselle Ledoulx.

Je pars en congé en Europe après deux années bientôt
de séjour à Aden. Le climat ne m'a pas été clément. J'ai
souffert de la dingue[1] l'année dernière, et un peu de fraî-
cheur me remettra, je l'espère.

Je vous remercie d'avance de ce que vous pourrez faire

pour mon ami et collaborateur Rimbaud, et vous prie
d'agréer mes meilleurs sentiments.

DUBAR.

Monsieur Ledoulx
Consul de France
Zanzibar

RIMBAUD À SA MÈRE

Aden, le 15 avril 1882.

Chère mère,

Ta lettre du 30 mars m'arrive le 12 avril.

Je vois avec plaisir que tu t'es remise, et il faut te
rassurer de ce côté. Inutile de se noircir les idées tant
qu'on existe.

Quant à mes intérêts, dont tu parles, ils sont minces
et je ne me tourmente nullement à leur sujet. Qui
pourrait me faire du tort, à moi qui n'ai rien que mon
individu? Un capitaliste de mon espèce n'a rien à craindre
de ses spéculations, ni de celles des autres.

Merci pour l'hospitalité que vous m'offrez, mes chers
amis. Ça, c'est entendu, d'un côté comme de l'autre.

Excusez-moi d'avoir passé un mois sans vous écrire.
J'ai été harassé par toutes sortes de travaux. Je suis tou-
jours dans la même maison, aux mêmes conditions;
seulement, je travaille bien plus et je dépense presque
tout, et je suis décidé à ne pas séjourner à Aden. Dans
un mois, je serai ou de retour à Harar, ou en route pour
Zanzibar.

À l'avenir, je n'oublierai plus de vous écrire par
chaque poste.

Beau temps et bonne santé.

Tout à vous,

RIMBAUD.

RIMBAUD AUX SIENS

Aden, 10 mai 1882.

Chers amis,

J'ai écrit deux fois dans le courant d'avril, et mes lettres ont dû parvenir. Je reçois la vôtre du 23 avril.

Rassurez-vous sur mon compte : ma situation n'a rien d'extraordinaire. Je suis toujours employé à la même boîte, et je trime comme un âne dans un pays pour lequel j'ai une horreur invincible. Je fais des pieds et des mains pour tâcher de sortir d'ici et d'obtenir un emploi plus récréatif. J'espère bien que cette existence-là finira avant que j'aie eu le temps de devenir complètement idiot. En outre, je dépense beaucoup à Aden, et ça me donne l'avantage de me fatiguer bien plus qu'ailleurs. Prochainement, je vous enverrai quelques centaines de francs pour des achats. En tout cas, si je pars d'ici, je vous préviendrai. Si je n'écris pas plus, c'est que je suis très fatigué et que, d'ailleurs, chez moi, comme chez vous, il n'y a rien de nouveau.

Avant tout, bonne santé.

RIMBAUD.

RIMBAUD AUX SIENS

Aden, 10 juillet 1882.

Chers amis,

J'ai reçu vos lettres du 19 juin, et je vous remercie de vos bons conseils.

J'espère bien aussi voir arriver mon repos avant ma mort. Mais d'ailleurs, à présent, je suis fort habitué à toute espèce d'ennuis ; et, si je me plains, c'est une espèce de façon de chanter.

Il est probable que je vais repartir dans un mois ou

deux au Harar, si les affaires d'Égypte s'arrangent. Et, cette fois, j'y ferai un travail sérieux.

C'est dans la prévision de ce prochain voyage que je vous prie d'envoyer à sa destination la lettre ci-jointe, dans laquelle je demande une bonne carte du Harar. Mettez cette lettre sous enveloppe à l'adresse y indiquée, affranchissez et joignez un timbre pour la réponse.

On vous dira le prix et vous enverrez le montant, une dizaine de francs, en un mandat-poste; et, sitôt arrivée, envoyez-moi la carte. Je ne puis pas m'en passer, et personne ne l'a ici. Je compte donc sur vous.

Nouvelles prochainement.

À vous,

RIMBAUD.

RIMBAUD AUX SIENS

Aden, 31 juillet 1882.

Chers amis,

J'ai reçu votre lettre du 10 juillet.

Vous allez bien, je vais bien aussi.

Vous avez dû recevoir une lettre de moi, où je vous priais de me faire revenir une carte de l'Abyssinie et du Harar, la *carte de l'Institut géographique de Péterman*. Je compte qu'on vous l'aura trouvée, et que je la recevrai. Surtout, ne m'envoyez pas une carte autre que celle-là.

Mon travail ici est toujours le même; et je ne sais si je permuterai, ou si on me laissera à la même place.

Les désordres en Égypte ont pour effet de gêner toutes les affaires de ce côté; et je me tiens tranquille dans mon coin, pour le moment, car je ne trouverais rien ailleurs. Si l'occupation anglaise est permanente en Égypte cela vaudra mieux. De même, si les Anglais descendent au Harar, il y aura un bon temps à passer.

Enfin, espérons de l'avenir.

Tout à vous,

RIMBAUD.

RIMBAUD AUX SIENS

Aden, le 10 septembre 1882.

Chers amis,

J'ai reçu votre lettre de juillet avec la carte; je vous
remercie.

Rien de neuf dans ma situation, qui est toujours la
même. Je n'ai plus que treize mois à rester dans la
maison; je ne sais si je les finirai. L'agent actuel d'Aden
part dans six mois; il est possible que je le remplace.
Les appointements seraient d'une dizaine de mille francs
par an. C'est toujours mieux que d'être employé; et,
à ce compte, je resterais encore bien cinq ou six ans ici.

Enfin, nous verrons comment tourneront ces balan-
çoires.

Je vous souhaite toute prospérité.

Parlez correctement dans vos lettres, car ici on cherche
à scruter ma correspondance.

Tout à vous,

RIMBAUD.

RIMBAUD AUX SIENS

Aden, 28 septembre 1882.

Mes chers amis,

Je suis toujours au même lieu; mais je compte partir,
à la fin de l'année, pour le continent africain, non plus
pour le Harar, mais pour le Choa (Abyssinie).

Je viens d'écrire à l'ancien agent de la maison à Aden,
monsieur le colonel Dubar, Lyon, qu'il me fasse envoyer
ici un appareil photographique complet, dans le but
de le transporter au Choa, où c'est inconnu et où ça
me rapportera une petite fortune, en peu de temps.

Ce monsieur Dubar est un homme très sérieux, et

il m'enverra ce qui me convient. Il doit s'informer ; et, aussitôt qu'il aura rassemblé ce qu'il faut, il vous demandera les fonds nécessaires, que je vous fais expédier et que vous lui enverrez immédiatement sans détails.

Je vous fais envoyer une somme de 1 000 francs par la maison de Lyon. Cette somme est destinée exclusivement au but ci-dessus indiqué : — ne l'employez pas autrement sans avis de moi. En outre, s'il faut davantage, 500 ou 1 000 francs, trouvez-les chez vous, et envoyez tout ce qu'on vous demande. Vous m'écrirez ensuite ce que je vous dois, cela sera aussitôt envoyé : j'ai à moi, ici, une somme de 5 000 francs.

La dépense ci-dessus me sera très utile ; si même des circonstances contraires me retenaient ici, j'y vendrais toujours le tout avec bénéfice.

À la fin d'octobre, vous recevrez les 1 000 francs de Lyon. Comme je l'ai dit, ils sont exclusivement destinés à cet achat. Je n'ai pas le temps d'en dire plus aujourd'hui. J'aime à vous croire en bonne santé et prospérité.

Tout à vous,

RIMBAUD.

— Ci-inclus, chèque de 1 000 francs sur la maison de Lyon.

RIMBAUD AUX SIENS

Aden, 3 novembre 1882.

Chers amis,

Une lettre de Lyon, du 20 octobre, m'annonce que mon bagage photographique est acheté. Il doit être en route à présent. On a donc dû s'adresser à vous pour le remboursement des frais. Je compte que vous avez reçu, il y a longtemps, mon chèque de 1 000 francs sur la maison de Lyon, et que l'on vous en aura renvoyé le montant, d'où vous aurez payé les achats.

J'attends nouvelles de cela, et je compte que tout se sera passé sans accrocs.

Quand je saurai cette affaire en règle, je vous enverrai de nouvelles commissions, s'il reste de l'argent.

Je pars en janvier 1883 au Harar, pour le compte de la maison.

Bonne santé. Tout à vous,

RIMBAUD.

RIMBAUD AUX SIENS

Aden, le 16 novembre 1882.

Chers amis,

Je reçois votre lettre du 24 octobre. Je pense qu'à présent, on aura payé le chèque, et que mon affaire est en route.

Si je pars d'Aden, ce sera probablement au compte de la Compagnie. Tout cela ne se décidera que dans un mois ou deux ; jusqu'à présent, on ne me laisse rien voir de précis. Quant à revenir en France, qu'irais-je chercher là, à présent ? Il vaut beaucoup mieux que je tâche d'amasser quelque chose par ici ; ensuite, je verrai. L'important et le plus pressé pour moi, c'est d'être indépendant n'importe où.

Le calendrier me dit que le soleil se lève en France à 7 h. 1/4 et se couche à 4 h. 15, en ce mois de novembre ; ici, c'est toujours à peu près de 6 à 6. Je vous souhaite un hiver à votre mesure, — et, d'avance (car qui sait où je serai dans quinze jours ou un mois), une bonne année, ce qui peut s'appeler une bonne année, et tout à votre souhait, pour 1883 !

Quand je serai reparti en Afrique, avec mon bagage photographique, je vous enverrai des choses intéressantes. Ici, à Aden, il n'y a rien, pas même une seule feuille (à moins qu'on ne l'apporte), et c'est un endroit où l'on ne séjourne que par nécessité.

Pour le cas où les 1 000 francs ne seraient pas entièrement employés, je vous donne encore commission de m'envoyer les livres suivants, qui me sont indispensables là où je vais et où je n'ai rien pour me renseigner.

Vous donnez la liste ci-jointe à la librairie d'Attigny, avec commission de faire revenir le tout le plus promptement possible (car si cela n'arrive pas à Aden, on me le retardera beaucoup).

S'il ne reste pas d'argent, envoyez néanmoins de suite la commande, et prévenez-moi : j'enverrai le manquant. La valeur du tout peut être 200 francs. Enfermez dans une caisse, avec la déclaration « livres » à l'extérieur; expédiez à M. Dubar, avec un mot lui expliquant de remettre le colis, adressé à mon nom à Aden, à l'agence des Messageries maritimes. Car si vous faites passer cela par la maison de Lyon, ça ne m'arrivera jamais.

Forcé de vous quitter. Je vous remercie d'avance.

Tout à vous,

RIMBAUD.

RIMBAUD À SA MÈRE

Aden, le 18 novembre 1882.

Chère maman,

Je reçois ta lettre du 27 octobre, où tu dis avoir reçu les 1 000 francs de Lyon.

L'appareil coûte, dites-vous, 1 850 francs. Je vous télégraphie à la date d'aujourd'hui : « Payez-le de mon argent de l'année passée. » C'est-à-dire le surplus des 1 000 francs, fournissez-le des 2 500 que j'ai envoyés l'an passé.

J'ai bien 4 000 francs ici; mais ils sont placés au Trésor anglais, et je ne puis les déplacer sans frais. D'ailleurs, j'en aurai besoin prochainement.

Ainsi donc, retirez 1 000 francs de ce que je vous ai envoyé en 1881 : je ne puis m'arranger autrement. Car ce que j'ai à présent, quand je serai en Afrique, je pourrai faire avec des affaires qui me rapporteront le triple. Si je vous dérange, je m'excuse mille fois. Mais je ne puis pas me dépouiller à présent.

Quant à l'appareil, s'il est bien conditionné, il me rapportera certainement ses frais. De cela je ne doute pas. En tous cas, je trouverai toujours à le revendre avec bénéfice. L'affaire est envoyée, laissons-la aboutir.

Je vous ai écrit hier, en joignant une commande de livres de la valeur d'environ 200 francs. Prière de me les expédier, comme je vous l'ai indiqué, sans faute.

Je vais retourner au Harar, comme agent de la maison, et je vais travailler sérieusement. J'espère avoir une quinzaine de mille francs à la fin de l'année prochaine.

Encore une fois, excusez-moi du tracas. Je ne vous le renouvellerai plus. Seulement, n'oubliez pas les livres.

Tout à vous,

RIMBAUD.

RIMBAUD À SA MÈRE

Aden, 8 décembre 1882.

Chère maman,

Je reçois ta lettre du 24 novembre m'apprenant que la somme a été versée et que l'expédition est en train. Naturellement, on n'a pas acheté sans savoir s'il y aurait des fonds pour couvrir l'achat. C'est pour cette raison que la chose ne s'est décidée qu'au reçu des 1.850 francs.

Tu dis qu'on me vole. Je sais très bien ce que coûte un appareil seul : quelques centaines de francs. Mais ce sont les produits chimiques, très nombreux et chers et parmi lesquels se trouvent des composés d'or et d'argent valant jusqu'à 250 francs le kilog., ce sont les glaces, les cartes, les cuvettes, les flacons, les emballages très chers, qui grossissent la somme. J'ai demandé de tous les ingrédients pour une campagne de deux ans. Pour moi, je trouve que je suis servi à bon marché. Je n'ai qu'une crainte, celle que ces choses se brisent en route, en mer. Si cela m'arrive intact, j'en tirerai un large profit, et je vous enverrai des choses curieuses.

Au lieu donc de te fâcher, tu n'as qu'à te réjouir avec moi. Je sais le prix de l'argent; et, si je hasarde quelque chose, c'est à bon escient.

Je vous prierai de vouloir bien ajouter ce qu'on pourrait vous demander en outre pour les frais de port et d'emballage.

Vous avez de moi une somme de 2 500 francs, d'il y a deux ans. Prenez à votre compte les terres que vous avez achetées avec cela, en concurrence des sommes que

vous débourserez pour moi. L'affaire est bien simple,
et il n'y a pas de dérangements.

Ce qui est surtout attristant, c'est que tu termines ta
lettre en déclarant que vous ne vous mêlerez plus de
mes affaires. Ce n'est pas une bonne manière d'aider
un homme à des mille lieues de chez lui, voyageant
parmi des peuplades sauvages et n'ayant pas un seul
correspondant dans son pays! J'aime à espérer que vous
modifierez cette intention peu charitable. Si je ne puis
même plus m'adresser à ma famille pour mes commis-
sions, où diable m'adresserai-je?

Je vous ai dernièrement envoyé une liste de livres à
m'expédier ici. Je vous en prie, ne jetez pas ma commis-
sion au diable! Je vais repartir au continent africain,
pour plusieurs années; et, sans ces livres, je manquerais
d'une foule de renseignements qui me sont indispen-
sables. Je serais comme un aveugle; et le défaut de ces
choses me préjudicierait beaucoup. Faites donc revenir
promptement tous ces ouvrages, sans en excepter un;
mettez-les en une caisse avec la suscription « livres »,
et envoyez-moi ici, en payant le port, par l'entremise
de M. Dubar.

Joignez-y ces deux ouvrages :
Traité complet des chemins de fer, par Couche (chez
Dunod, quai des Augustins, à Paris);
Traité de Mécanique de l'École de Châlons.

Tous ces ouvrages coûteront 400 francs. Déboursez
cet argent pour moi, et couvrez-vous comme je l'ai
dit; et je ne vous ferai plus rien débourser, car je pars
dans un mois pour l'Afrique. Pressez-vous donc.

À vous,

RIMBAUD.

RIMBAUD À SA MÈRE ET À SA SŒUR

Mazeran, Viannay et Bardey,
Adresse télégraphique :
MAVIBA-MARSEILLE.

Aden, le 6 janvier 1883.

Ma chère Maman,
Ma chère sœur,

J'ai reçu, il y a déjà huit jours, la lettre où vous me souhaitiez la bonne année. Je vous rends mille fois vos souhaits, et j'espère qu'ils seront réalisés pour nous tous. Je pense toujours à Isabelle ; c'est à elle que j'écris chaque fois, et je lui souhaite particulièrement tout à son souhait.

Je repars à la fin du mois de mars pour le Harar. Le dit bagage photographique m'arrive ici dans quinze jours, et je verrai vite à l'utiliser et à en repayer les frais, ce qui sera peu difficile, les reproductions de ces contrées ignorées et des types singuliers qu'elles renferment devant se vendre en France ; et d'ailleurs, je retirerai là-bas même un bénéfice immédiat de toute la balançoire.

J'aime à compter que les frais sont terminés pour cette affaire ; si cependant l'expédition nécessitait quelques nouvelles dépenses, faites-les encore, je vous prie, et terminez-en au plus tôt.

Envoyez-moi les livres également.

M. Dubar doit aussi m'envoyer un instrument scientifique nommé graphomètre.

Je compte faire quelques bénéfices à Harar cette année-ci, et je vous renverrai la balance de ce que je vous ai fait débourser. Pour longtemps, non plus, je ne vous troublerai avec mes commissions. Je vous demande bien pardon, si je vous ai dérangé[es]. C'est que la poste est si longue, aller et retour du Harar, que j'ai mieux aimé me pourvoir de suite pour longtemps.

Tout au mieux.

RIMBAUD.

RIMBAUD AUX SIENS

Aden, le 15 janvier 1883.

Chers amis,

J'ai reçu votre dernière lettre, avec vos souhaits de bonne année. Merci de tout cœur, et croyez-moi toujours votre dévoué.

J'ai reçu la liste des livres achetés. Justement, comme vous le dites, ceux qui manquent sont le plus nécessaires. L'un est un *traité de topographie* (non de photographie, j'ai un traité de photographie dans mon bagage). La topographie est l'art de lever des plans en campagne : il faut que je l'aie. Vous communiquerez donc la lettre ci-jointe au libraire, et il trouvera facilement un traité d'un auteur quelconque. L'autre est un traité de *géologie et minéralogie pratiques*. Pour le trouver, il s'adressera comme je le lui explique.

Ces deux détails faisaient partie d'une commission passée ; c'est pour cela que j'insiste pour les avoir. Ils me sont d'ailleurs très utiles.

Je ne vous enverrai plus de nouvelles commissions, sans argent. Excusez-moi du trouble.

. . . .

Isabelle a tort de désirer me voir dans ce pays-ci. C'est un fond de volcan, sans une herbe. Tout l'avantage est que le climat est très sain et qu'on y fait des affaires assez actives. Mais, de mars en octobre, la chaleur est excessive. À présent, nous sommes en hiver, le thermomètre est à 30° seulement, à l'ombre ; il ne pleut jamais. Voici un an que je couche continuellement à ciel ouvert. Personnellement, j'aime beaucoup ce climat ; car j'ai toujours horreur de la pluie, de la boue et du froid. Cependant, fin mars, il est probable que je repartirai pour le Harar. Là, c'est montagneux et très élevé ; de mars en octobre, il pleut sans cesse et le thermomètre est à 10 degrés. Il y a une végétation magnifique, et des fièvres. Si je repars, j'y resterai probablement une année encore. Tout ceci se décidera prochainement. Du

Harar, je vous enverrai des vues, des paysages et des types.

Quant au Trésor anglais dont je parlais, c'est simplement une caisse d'épargne spéciale à Aden; et cela rapporte environ 4 1/2 pour cent. Mais la somme des dépôts est limitée. Ce n'est pas très pratique.

À une prochaine occasion.

A. RIMBAUD.

[*Note jointe à la lettre ci-dessus :*]

S'enquérir à la librairie de l'État-Major ou une autre librairie de la même spécialité, du plus récent et plus pratique *Traité de Topographie et de Géodésie* (comme ceux qu'ont les élèves de Saint-Cyr, etc.), et le faire revenir.

Librairie Lacroix :

Beudant : *Minéralogie et Géologie,* 1 vol. in-18, frs. 6.

RIMBAUD À M. DE GASPARY

Aden, le 28 janvier 1883.

Monsieur,

Excusez-moi de soumettre à votre jugement la circonstance présente.

Ce jour, à 11 heures du matin, le nommé Ali Chemmak, magasinier à la maison où je suis employé, s'étant montré très insolent envers moi, je m'étais permis de lui donner un soufflet sans violence.

Les coolies de service et divers témoins arabes m'ayant ensuite saisi pour le laisser libre de riposter, ledit Ali Chemmak me frappa à la figure, me déchira mes vêtements et par la suite se saisit d'un bâton et m'en menaçait.

Les gens présents ayant intervenu, Ali se retira et peu après sortit porter contre moi à la police municipale plainte en coups et blessures et aposta plusieurs faux témoins pour déclarer que je l'avais menacé de le frapper d'un poignard, etc., etc., et autres mensonges desti-

nés à envenimer l'affaire à mes dépens et exciter contre
moi la haine des indigènes.

Comparaissant à ce sujet à la police municipale à
Aden, je me suis permis de prévenir M. le Consul de
France au sujet des violences et des menaces dont j'ai
été l'objet de la part des indigènes, demandant sa pro-
tection dans le cas où l'issue de l'affaire semblerait le
lui conseiller.

J'ai l'honneur d'être, Monsieur le Consul,
    Votre serviteur,

                                        RIMBAUD.
                        Employé de la Maison Mazeran,
                        Viannay et Bardey, à Aden.

Monsieur de Gaspary,
Vice-consul de France,
À Aden.

RIMBAUD À SA MÈRE ET À SA SŒUR

Aden, 8 février 1883.

Chère maman, chère sœur,

Je reçois une lettre de M. Dubar, fin janvier, m'annon-
çant le départ du dit bagage et que la facture se trouve
augmentée de 600 francs. Payez ces 600 francs de mon
compte, et qu'il en soit fini de cette histoire. J'ai dépensé
une forte somme; mais la chose me la rendra, j'en suis
sûr, et je ne gémis donc pas des frais.

À présent, nous fermons la liste des frais,
commandes, etc.

Envoyez-moi seulement les livres que je vous ai
demandés; ne les oubliez pas.

Je partirai sûrement d'Aden dans six semaines, et je
vous écrirai avant.

Tout à vous,

                                        RIMBAUD.

RIMBAUD AUX SIENS

Aden, le 14 mars 1883.

Chers amis,

Je pars le 18 pour Harar, au compte de la maison.
J'ai reçu tous les bagages qui vous ont tant troublés.
Je n'attends plus que les derniers trois livres.

On vous demandera, peut-être prochainement, de
Lyon, une somme de 100 francs, plus ou moins, pour
paiement d'un *graphomètre* (instrument à lever les plans)
que j'ai commandé. Payez-les; et, désormais, je ne vous
commanderai plus rien, sans envoyer d'argent.

Je compte faire quelques bénéfices au Harar et pou-
voir recevoir, dans un an, des fonds de la Société de
Géographie.

Je vous écrirai le jour de mon départ.

Bonne chance et santé.

Tout à vous,

RIMBAUD.

RIMBAUD AUX SIENS

Mes chers amis,

J'ai reçu votre dernière lettre et la caisse de livres
m'est arrivée hier au soir. Je vous remercie.

L'appareil photographique, et tout le reste, est en
excellent état, quoiqu'il ait été se promener à Maurice,
et je tirerai bon parti de tout cela.

Quant aux livres, ils me seront très utiles dans un
pays où il n'y a pas de renseignements, et où l'on devient
bête comme un âne, si on ne repasse pas un peu ses
études. Les jours et les nuits, surtout, sont bien longues
au Harar, et ces bouquins me feront agréablement passer
le temps. Car il faut dire qu'il n'y a aucun lieu de réunion
public au Harar; on est forcé de rester chez soi conti-

nuellement. Je compte d'ailleurs faire un curieux album de tout cela.

Je vous envoie un chèque de cent francs, que vous toucherez, et achetez-moi les livres dont la liste suit. La dépense des livres est utile.

Vous dites qu'il reste quelques cents francs de mon ancien argent. Quand on vous demandera le prix du graphomètre (instrument de nivellement) que j'ai commandé à Lyon, payez-le donc de ce qui reste. J'ai sacrifié toute cette somme. J'ai ici cinq mille francs, qui portent à la maison même 5 % d'intérêt : je ne suis donc pas encore ruiné. Mon contrat avec la maison finit en novembre; c'est donc encore huit mois à 330 francs que j'ai devant moi, soit 2 500 fr[anc]s environ, soit qu'à la fin de l'année j'aurai toujours au moins 7 000 francs en caisse, sans compter ce que je puis bricoler en vendant et achetant quelque peu pour mon compte. Après novembre, si l'on ne me rengage pas, je pourrai toujours faire un petit commerce, qui me rapportera 60 % en un an. Je voudrais faire rapidement, en quatre ou cinq ans, une cinquantaine de mille francs ; et je me marierais ensuite.

Je pars demain pour Zeilah. Vous n'aurez plus de nouvelles de moi avant deux mois. Je vous souhaite beau temps, santé, prospérité.

Tout à vous,

RIMBAUD.

— Toujours adresser à Aden.

Aden, 19 mars [18]83.

Dunod, 49, quai des Gr[an]ds-Augustins, Paris :

Debauve, *Exécution des travaux,* 1 vol	F 30	»
Lalanne-Sganzin, *Calculs abrégés des terrassements*	2	»
Debauve, *Géodésie,* 1 v[olume][1]	7,50	
Debauve, *Hydraulique,* 1 v[olume]	6	»
Jacquet, *Tracé des courbes,* 1 v[olume]	6	»

Libr[airie] Masson :

Delaunay, *Cours élémentaire de Mécanique*	8	»
Liais, *Traité d'astronomie appliquée*	10	»
Total	F 69,50	

RIMBAUD AUX SIENS

Mazeran, Viannay et Bardey,
  Adresse télégraphique :
  MAVIBA-MARSEILLE.

Aden, le 20 mars [18]83.

Mes chers amis,

Je vous préviens par la présente que j'ai renouvelé mon contrat avec la maison jusqu'à fin décembre 1885. Mes appointements sont à présent de 160 roupies par mois et un certain bénéfice par cent, le tout équivalent à 5 000 francs *net* par an, en plus du logement et de tous les frais, qui me sont toujours accordés gratuits.

Je pars après-demain pour Zeilah.

J'ai oublié de vous dire que le chèque de 100 francs est payable à la maison de Marseille (Mazeran, Viannay, Bardey, à Marseille), et non à Lyon.

Joignez à la liste des livres :

Librairie Dunod :

Salin, *Manuel pratique des poseurs de voies de chemin de fer* . . . . 1 vol. 2 fr. 50
et
Nordling, *Marchés de terrassement* . . 1 vol. 5 fr. 00
Debauve, *Tunnels et souterrains* . . . 1 vol. 10 fr. 00

Envoyez-moi le tout ensemble, si possible.

Tout à vous,

RIMBAUD.

RIMBAUD AUX SIENS

Mazeran, Viannay et Bardey,
    Lyon-Marseille-Aden.

Harar, le 6 mai 1883.

    Mes chers amis,

    Le 30 avril, j'ai reçu au Harar votre lettre du 26 mars.
Vous dites m'avoir envoyé deux caisses de livres.
J'ai reçu une seule caisse à Aden, celle pour laquelle
Dubar disait avoir épargné vingt-cinq francs. L'autre
est probablement arrivée à Aden, à présent, avec le gra-
phomètre. Car je vous avais envoyé, avant de partir
d'Aden, un chèque de 100 francs avec une autre liste
de livres. Vous devez avoir touché ce chèque; et, les
livres, vous les avez probab[leme]nt achetés. Enfin, à pré-
sent, je ne suis plus au courant des dates. Prochainement,
je vous enverrai un autre chèque de 200 francs, car il
faudra que je fasse revenir des glaces pour la photographie.
    Cette commission a été bien faite; et, si je veux, je
regagnerai vite les 2 000 francs que ça m'a coûté. Tout
le monde veut se faire photographier ici; même on offre
une guinée par photographie. Je ne suis pas encore
bien installé, ni au courant; mais je le serai vite, et je
vous enverrai des choses curieuses.
    Ci-inclus deux photographies de moi-même par moi-
même[1]. Je suis toujours mieux ici qu'à Aden. Il y a moins
de travail et bien plus d'air, de verdure, etc...
    J'ai renouvelé mon contrat pour trois ans ici, mais
je crois que l'établissement fermera bientôt, les bénéfices
ne couvrent pas les frais. Enfin, il est conclu que le jour
qu'on me renverra, on me donnera trois mois d'appoin-
tements d'indemnité. À la fin de cette année-ci, j'aurai
trois ans complets dans cette boîte.
    Isabelle a bien tort de ne pas se marier si quelqu'un
de sérieux et d'instruit se présente, quelqu'un avec un
avenir. La vie est comme cela, et la solitude est une
mauvaise chose ici-bas. Pour moi, je regrette de ne pas
être marié et avoir une famille. Mais, à présent, je suis

condamné à errer, attaché à une entreprise lointaine,
et tous les jours je perds le goût pour le climat et les
manières de vivre et même la langue de l'Europe. Hélas !
à quoi servent ces allées et venues, et ces fatigues
et ces aventures chez des races étranges, et ces langues
dont on se remplit la mémoire, et ces peines sans
nom, si je ne dois pas un jour, après quelques années,
pouvoir me reposer dans un endroit qui me plaise à
peu près et trouver une famille, et avoir au moins un
fils que je passe le reste de ma vie à élever à mon idée,
à orner et à armer de l'instruction la plus complète qu'on
puisse atteindre à cette époque, et que je voie devenir
un ingénieur renommé, un homme puissant et riche
par la science ? Mais qui sait combien peuvent durer
mes jours dans ces montagnes-ci ? Et je puis disparaître,
au milieu de ces peuplades, sans que la nouvelle en
ressorte jamais.

Vous me parlez des nouvelles politiques. Si vous
saviez comme ça m'est indifférent ! Plus de deux ans que
je n'ai pas touché un journal. Tous ces débats me sont
incompréhensibles, à présent. Comme les musulmans,
je sais que ce qui arrive arrive, et c'est tout.

La seule chose qui m'intéresse, [ce] sont les nouvelles
de la maison et je suis toujours heureux à me reposer
sur le tableau de votre travail pastoral. C'est dommage
qu'il fasse si froid et lugubre chez vous, en hiver !
Mais vous êtes au printemps, à présent, et votre climat,
à ce temps-ci, correspond avec celui que j'ai ici, au
Harar, à présent.

Ces photographies me représentent, l'une, debout
sur une terrasse de la maison, l'autre, debout dans un
jardin de café ; une autre, les bras croisés dans un jardin
de bananes. Tout cela est devenu blanc, à cause des
mauvaises eaux qui me servent à laver. Mais je vais
faire de meilleur travail dans la suite. Ceci est seule-
ment pour rappeler ma figure, et vous donner une
idée des paysages d'ici.

Au revoir,

RIMBAUD.
Maison Mazeran, Viannay et Bardey,
Aden.

RIMBAUD AUX SIENS

Harar, le 20 mai 1883.

Mes chers amis,

Je compte que vous aurez reçu ma première lettre du Harar.

Ma dernière commission de livres doit être en chemin ; vous l'aurez payée, comme je vous en avais priés, ainsi que le graphomètre, que vous devez m'avoir envoyé en même temps.

La photographie marche bien. C'est une bonne idée que j'ai eue. Je vous enverrai bientôt des choses réussies.

Par la première poste, je vous ferai envoyer un chèque pour quelques petites commissions nouvelles.

Je vais bien, mes affaires vont bien ; et j'aime à penser que vous êtes en santé et prospérité.

RIMBAUD.

ALFRED BARDEY À RIMBAUD

Vichy, 24 juillet 1883.

Mon cher monsieur Rimbaud,

Mon frère m'a adressé les photographies que vous avez bien voulu lui envoyer pour moi. Je vous remercie beaucoup de cette attention. J'ai éprouvé un grand plaisir de revoir quelque chose de Harar. Ahmed Ouady n'a pas changé. Faites-lui compliments et félicitations de ma part. Sotiro[1] est splendide et a tout-à-fait bon air au milieu de la jungle que vous appelez jardins de Raouf Pacha.

Plusieurs de vos photographies sont un peu brouillées, mais on voit qu'il y a progrès car les autres sont parfaites.

Je voudrais pouvoir reconnaître votre attention, mais vous êtes un peu bizarre, et je ne sais que vous adresser qui puisse vous faire plaisir. Dites-moi si des instruments tels que théodolite, graphomètre, etc. vous plairaient.

Je vais aller habiter 8 mois l'Algérie. J'y ferai traduire et imprimer la fameuse campagne d'Abyssinie d'Ahmed Guirane, ainsi que le Calendrier *(qui est persan) décidément,* quoiqu'écrit en arabe. Avisez-en Mgr Taurin, à qui j'enverrai un exemplaire.

Je reste tout personnellement à votre disposition. Si vous avez besoin de produits, écrivez-moi : je serai exact.

Merci encore, amitiés à tous, et

bien à vous
ALF. BARDEY.

RIMBAUD AUX SIENS

Chers amis,

Je vous envoie, ci-joint, l'exemplaire de mes pouvoirs d'agent au Harar. Il est visé au consulat de France à Aden.

Je suppose que la présentation de cette pièce suffira. Seulement, il faut absolument que vous me la renvoyiez ici, où je me trouverais impuissant en cas de contestation de mes pouvoirs. Ce papier m'est indispensable dans mon commerce.

Voyez donc à me le renvoyer, après en avoir fait l'usage nécessaire.

Il y a un nouveau consul à Aden, et il se trouve en voyage à Bombay à présent.

Si on vous dit que la date de ces pouvoirs est ancienne (20 mars), vous n'avez qu'à faire observer que, si je n'étais plus au même poste, les dits pouvoirs auraient été rendus à la maison et abolis.

Je crois donc que ça suffit, et que c'est la dernière fois.

— Il est vrai que j'ai reçu tous les livres, excepté la dernière caisse, que j'attends toujours.

Tout à vous.

RIMBAUD.
Harar, le 12 août 1883.

RIMBAUD À MM. MAZERAN,
VIANNAY ET BARDEY

Harar, le 25 août 1883.

Marché Harar n'a jamais été plus nul qu'en cette saison de cette année, de l'avis de tous ici.

— Pas de café. Ce que ramasse par 1/4 de frasleh[1] l'agent de Bewin et Moussaya est une ordure grattée des sols des maisons Hararies, ils paient ça 5 thalaris ½.

— Peaux inabordables pour nous pour les raisons déjà données; d'ailleurs n'arrivent pas. 2 600 cuirs au gouvernement ont atteint 70 paras aux enchères; nous comptons à peu près pouvoir les racheter ensuite à P. 1,50 et en former une caravane. Elles sont de la qualité des dernières.

— Peaux chèvres. En avons 3 000 en magasin. Les frais de leur achat et les transports de tous les cuirs de la province les mettent à un prix moyen de D. 4. Mais nous avons organisé leur achat, et chaque mois nous pouvons en ramasser 2 500 à 3 000 sans qu'elles dépassent ce prix.

— Ivoire. Cherchons à organiser q[uel]q[ue] chose mais manquons d'hommes spéciaux et des marchandises spéciales.

M. Sacconi[2], qui avait poussé dans l'Ogadine une expédition parallèle à la nôtre, a été tué avec trois serviteurs dans la tribu des Hammaden voisine de Wabi à environ 250 kilomètres de Harar, à la date du 11 août. La nouvelle nous en est parvenue au Harar le 23. Les causes de ce malheur ont été la mauvaise composition du personnel de l'expédition, l'ignorance des guides qui l'ont aussi malement poussée, dans des routes exceptionnellement dangereuses, à braver des peuplades belligérantes.

Enfin la mauvaise tenue de M. Sacconi lui-même, contrariant (par ignorance) les manières, les coutumes religieuses, les droits des indigènes. L'origine du massacre a été une querelle d'abbans[3]:

M. Sacconi soutenait un guide à lui et voulait l'imposer, à son passage, contre les abbans indigènes qui s'offraient. Enfin M. Sacconi marchait en costume européen, habillait même ses Sébianes en hostranis (chrétiens), se nourrissait de jambons, vidait des petits verres dans les conciles des scheiks, faisant manger lui-même, et poussait ses séances géodésiques suspectes et tortillait des sextants, etc. à tout bout de route.

Les indigènes échappés au massacre sont trois Sébianes somalis et le cuisinier indien Hadj-Sheiti, lesquels se sont réfugiés chez M. Sotiro à deux jours de là, vers l'est.

M. Sacconi n'achetait rien et n'avait que le but d'atteindre le Wabi, pour s'en glorifier géographiquement. M. Sotiro s'est arrêté au premier point où il a cru pouvoir écouler les marchandises contre d'autres. D'ailleurs, il a suivi une bonne route, fort différente de celle de M. Sacconi. Il a trouvé un bon abban, et s'est arrêté dans un bon endroit. Il voyage d'ailleurs sous un costume musulman, et avec le nom d'Adji-Abdallah et accepte toutes les formalités politiques et religieuses des indigènes. Au lieu où il s'est arrêté, il est devenu un but de pèlerinage comme wodad (lettré) et schérif (descendant des compagnons du prophète). Les nouvelles nous arrivent assez fréquemment, et nous l'attendons de retour à la fin du mois.

— Nous organisons d'autres expéditions prochainement. Nous vous retournons vos fonds par M. Sotiro, retour de l'Ogadine[1]. La poste, qui devait d'abord nous transporter nos fonds par fractions de 3 000 thalaris, s'y refuse à présent. Nous regrettons de faire faire ces tournées improductives à nos employés, quand nous en avons si besoin ici pour le travail de l'extérieur.

Importation Marseille a perdu nos ordres.

Nous sommes maintenant dégoûtés de protester contre la situation qu'on nous fait. Nous déclarons seulement n'être nullement responsables des préjudices causés. Cependant nous recommandons encore une fois, la dernière, tous nos ordres de marchandises à fabriquer dans les quantités et qualités demandées. Nous les recommandons tous un à un et en réclamons l'exécution. Mais si personne ne veut s'en mêler, ça ne se fera guère. De même pour toutes les marchandises indigènes d'Aden, à l'avenir nous irons les acheter nous-mêmes. Tout ce

qui nous arrive est très différent de toute manière de ce
que nous avons demandé et ne nous convient pas. Notre
vente de ce mois n'atteindra pas 200 thalaris, et par
conséquent nos frais vont commencer à nous déborder.
Si l'on nous pouvait faire, et c'est trop facile, comme
nous avons demandé, nous couvririons, et bien au-delà,
ces frais, en attendant de meilleurs moments. D'autres
que nous en sont responsables, ainsi que du préjudice
personnel à nous causé.

— Nous attendons notre nouveau gouverneur, qui,
paraît-il, a quelque éducation européenne[1]. Le chasseur
d'éléphants que vous nous avez envoyé d'Aden, cara-
cole indéfiniment dans les gorges de Darimont, et il
débouchera par ici quand il aura séché ses votris Kys
de porc et de preserved milk parmi les Guerris et
Bartris.

Ci-joint caisse juillet oubliée dans le contenu du der-
nier courrier et étude sur les marchandises pour la
contrée de Harar.

RIMBAUD.

Messieurs Mazeran, Viannay et Bardey,
À Aden.

7e ÉTUDE DE MARCHANDISES

[1883.]

Pour la contrée du *Harar Sirwal Habeschi.* Trouver
ou faire fabriquer un tissu coton (serré chaud et gros-
sier) de la force de la toile à voile légère, le rayer lon-
gitudinalement de bandes rouges ou bleues de 5 centi-
mètres de largeur espacées de 20 centimètres.

Faire fabriquer 500 sirwall de la coupe de l'échan-
tillon ci-joint (non du tissu). Aura vogue dans les tribus
gallas et abyssines, où il existe déjà des types curieux
de ce genre.

Kamis. Du même tissu, une simple blouse fermée à
la poitrine, descendant aux hanches, par la manche arrê-
tée aux coudes. En fabriquer 500.

Sperraba. 50 glands de laine rouge ou verte tressée,
s'accrochant aux brides et aux selles, chez les Gallas et
Somalis, et 20 mètres franges longues, de même cou-
leur et de même laine, pour devant le poitrail, de chez
les tapissiers.

Nous avons envoyé au-dehors une compagnie de
chasseurs de tigres, léopards et lions, à qui nous avons
donné des recommandations pour l'écorchage.

À 4 ou 5 heures du Harar, il y a une forêt (Bisédimo)
abondante en bêtes féroces, et nous avons prévenu les
gens des villages environnants et faisons chasser pour
nous.

Nous croyons qu'il existe en France des pièges d'acier
spéciaux pour la capture des loups, qui pourraient très
bien servir pour les léopards. On peut s'en assurer à
la société de louveterie, et après examen nous envoyer
deux de ces pièges.

RIMBAUD.

RIMBAUD À M. ALFRED BARDEY

Maison Viannay et Bardey,
    Lyon-Marseille-Aden.

Harar 26 août 1883.

J'ai reçu la lettre où vous m'accusez réception des
photographies[1]. Je vous remercie. Celles-là n'avaient
rien d'intéressant. J'avais lâché ce travail à cause des
pluies, le soleil n'a pas paru depuis trois mois. Je vais
le reprendre avec le beau temps, et je pourrais v[ou]s
envoyer des choses vraiment curieuses.

Si j'ai quelque chose à vous demander, c'est seule-
ment de faire surveiller les articles que j'ai commandés
à fabriquer pour le Harar[2]. Je compte dessus pour
distinguer et établir l'agence ici d[an]s les Gallas. Je
recommande tous ces ordres, un à un, surtout les
zâbouns, la bijouterie cuivre. Mais tout le reste est
bien compris aussi. Même les robes hararis (les chères,
à th. 15) pourquoi ne pourrait-on pas les faire?

Ici il n'y a que par ces détails qu'on se distinguera.
Je suppose que l'on s'occupe de tout cela.
— M. Sacconi est mort près du Wabi, le 11 août,
massacré par sa faute et inutilement[1].

Voulez-vous d'autres curiosités du Harar? L'histoire
de Guirane Ahmed[2] a un second volume, me dit-on,
beaucoup plus intéressant que le premier géographi-
q[ue]m[en]t.
— À propos, je reçois un billet de M. Pierre Mazeran
m'annonçant son retour au Harar en octobre[3].

J'espère qu'on ne nous mettra pas ces nouveaux frais
sur le dos, et qu'on s'abstiendra d'aggraver notre situa-
tion par l'envoi d'un individu incapable d'autre chose
que de dissiper nos mises et nous contrarier, ridiculiser,
et ruiner ici de toutes manières. — Enfin personnelle-
ment nous supportons toutes les privations sans crainte,
et tous les ennuis sans impatience, mais nous ne pouvons
souffrir la société d'un [*mot biffé et illisible*[4]].

Bien à vous.
RIMBAUD.

Monsieur Alfred Bardey,
Marseille.

RIMBAUD À MM. MAZERAN,
VIANNAY ET BARDEY

<table>
<tr><td>Mazeran, Viannay et Bardey.
Lyon-Marseille-Aden.
Télégrammes { Mazeran-Lyon.
Maviba-Marseille.</td><td>Harar,
23 septembre 1883.</td></tr>
</table>

Reçu votre lettre du 9 septembre. Confirmons celle
du 9 septembre. Nous expédions, ce 23 septembre, avec
la caravane 46[5] : 42 chameaux cuirs bœufs. Nous vous
préparons, avec la caravane 48, 5 000 peaux de chèvres
pour le 20 octobre. La même caravane vous portera
probablement les plumes et l'ivoire de l'Ogadine, d'où
votre expédition retournera définitivement fin septembre.
Nous avons essayé une petite expédition chez les Itous

Djardjar; elle porte des cadeaux à des chefs importants et quelques marchandises; d'après les renseignements qu'on nous rapportera, nous verrons à établir quelque chose chez ces tribus sur une base sérieuse. Nous augurons bien de ce côté.

Nos hommes pour les expéditions de Dankali et de l'Hawache arrivent de Zeilah, et nous allons également mettre en train cette campagne intéressante.

Deux autres expéditions au Wabi, l'une par l'Ogadine, l'autre par l'Ennya, sont aussi en préparation. Les rivières baissent à présent et nous allons être renseignés définitivement sur tout ce qu'il y a à faire dans le grand cercle de Harar. Un rapport commercial et géographique suivra toutes ces recherches et nous vous l'adresserons à Marseille.

D'après nos renseignements particuliers, nous croyons que l'Itou sera de nouveau envahi et définitivement annexé à l'empire de Ménélik au commencement de 1884[1]. Une résidence y serait même fondée. Les frontières de l'établissement égyptien et de l'Abyssinie seraient ainsi déterminées régulièrement. Et l'accès, des Gallas, Itous et Arroussis serait peut-être plus facile. Pour la cité de Harar, elle est hors de plan de l'Abyssinie.

Nous voyons avec plaisir arriver vos ordres peu à peu. Nous n'avons jamais entendu dire qu'il y avait de la faute de l'agence d'Aden et de leurs retards. Nous n'avons donc que faire des documents justificatifs que vous préparez. En d'autres occasions, nous nous y prendrons autrement. Recommandons simplement à votre obligeance les quelques petits ordres laissés en retard, Guéset, Kéhas, Kasdir, Kahrab, Abbayas[2].

Perles entre autres; et joignons les suivants : 100 pièces Massachussetts Shirting A (30 yard) première qualité (celle du dernier envoi). Tâchez d'avoir la pièce quelques anas[3] meilleur marché. — 100 pièces Vilayeti Abou Raïa[4] (Colabaland Smill et Co) en outre des 50 en route.

Portez à 12 maunds[5] les petites perles de dernière poste et à 12 maunds également les grosses blanches.

2 nouveaux maunds Assa fœtida (actite).

2 corja[6] aïtabanes des plus grands (le *tobe*[7] à raies bleues et rouges de notre ordre du 20 mai).

Enfin, quelques munitions que nous avons deux fois demandées et la dite grammaire Somali.

Nous vous saluons sincèrement.

RIMBAUD.

MM. Mazeran, Viannay et Bardey,
À Aden.

RIMBAUD AUX SIENS

Harar, 4 octobre 1883.

Chers amis,

Je reçois votre lettre effrayée.

Pour moi, je ne passe guère une poste sans vous écrire; mais les deux dernières fois, j'ai laissé les lettres à votre adresse partir par la poste égyptienne. Désormais, je les enfermerai toujours dans le courrier.

Je suis en très bonne santé, et tout à mon travail. Je vous souhaite même santé, et prospérité. Cette poste est très pressée, la prochaine vous donnera une longue lettre.

Tout à vous,

RIMBAUD.

RIMBAUD AUX SIENS

Harar, le 7 octobre 1883.

Mes chers amis,

Je n'ai pas de nouvelles de votre dernier envoi de livres, lequel a dû s'égarer.

Je vous serai bien obligé d'envoyer la note qui suit à la librairie Hachette, boulevard Saint-Germain, 79, à Paris; et, selon qu'on vous enverra ledit ouvrage, vous le paierez et me l'enverrez promptement par la poste, de façon à ce qu'il ne se perde pas.

Je vous souhaite bonne santé et bon temps.

Tout à vous,

RIMBAUD.

À M. HACHETTE

Je vous serais très obligé de m'envoyer aussitôt que possible, à l'adresse ci-dessous, contre remboursement, la meilleure traduction française du *Coran* (avec le texte arabe en regard, s'il en existe ainsi) — et même sans le texte.

Agréez mes salutations,

RIMBAUD.
À Roche, par Attigny (Ardennes).

RAPPORT SUR L'OGADINE

PAR M. ARTHUR RIMBAUD,
AGENT DE MM. MAZERAN, VIANNAY ET BARDEY,
À HARAR (AFRIQUE ORIENTALE*).

Harar, 10 décembre 1883.

Voici les renseignements rapportés par notre première expédition dans l'Ogadine.

Ogadine est le nom d'une réunion de tribus somalies d'origine et de la contrée qu'elles occupent et qui se trouve délimitée généralement sur les cartes entre les tribus somalies des Habr-Gerhadjis, Doulbohantes, Midjertines et Hawïa au nord, à l'est et au sud. À l'ouest, l'Ogadine confine aux Gallas, pasteurs Ennyas, jusqu'au Wabi, et ensuite la rivière Wabi la sépare de la grande tribu Oromo des Oroussis.

Il y a deux routes du Harar à l'Ogadine : l'une par l'est de la ville, vers le Boursouque, et au sud du mont Condoudo par le War-Ali, comporte trois stations jusqu'aux frontières de l'Ogadine.

C'est la route qu'a prise notre agent, M. Sotiro ; et la distance du Harar au point où il s'est arrêté dans le

---

* Communication de M. Bardey, en tournée à Aden.

Rère-Hersi égale la distance du Harar à Biocabouba sur la route de Zeilah, soit environ 140 kilomètres. Cette route est la moins dangereuse et elle a de l'eau.

L'autre route se dirige au sud-est du Harar par le gué de la rivière du Hérer, le marché de Babili, les Wara-Heban, et ensuite les tribus pillardes Somali-Gallas de l'Hawïa.

Le nom de Hawïa semble désigner spécialement des tribus formées d'un mélange de Gallas et de Somalis, et il en existe une fraction au nord-ouest, en dessous du plateau du Harar, une deuxième au sud du Harar sur la route de l'Ogadine, et enfin une troisième très considérable au sud-est de l'Ogadine, vers le Sahel, les trois fractions étant donc absolument séparées et apparemment sans parenté.

Comme toutes les tribus somalies qui les environnent, les Ogadines sont entièrement nomades et leur contrée manque complètement de routes ou de marchés. Même de l'extérieur, il n'y a pas spécialement de routes y aboutissant, et les routes tracées sur les cartes, de l'Ogadine à Berberah, Mogdischo (Magadoxo) ou Braoua, doivent indiquer simplement la direction générale du trafic.

L'Ogadine est un plateau de steppes presque sans ondulations, incliné généralement au sud-est : sa hauteur doit être à peine la moitié de celle (1 800 m) du massif du Harar.

Son climat est donc plus chaud que celui du Harar. Elle aurait, paraît-il, deux saisons de pluies, l'une en octobre et l'autre en mars. Les pluies sont alors fréquentes, mais assez légères.

Les cours d'eau de l'Ogadine sont sans importance. On nous en compte quatre, descendant tous du massif de Harar : l'un, le Fafan, prend sa source dans le Condoudo, descend par le Boursouque (ou Barsoub), fait un coude dans toute l'Ogadine, et vient se jeter dans le Wabi au point nommé Faf, à mi-chemin de Mogdischo ; c'est le cours d'eau le plus apparent de l'Ogadine. Deux autres petites rivières sont : le Hérer, sortant également du Garo Condoudo, contournant le Babili et recevant à quatre jours sud du Harar, dans les Ennyas, le Gobeiley et le Moyo descendus des Alas, puis se jetant dans le Wabi en Ogadine, au pays de Nokob ; et la Dokhta,

naissant dans le Warra Heban (Babili) et descendant au Wabi, probablement dans la direction du Hérer.

Les fortes pluies du massif Harar et du Boursouque doivent occasionner dans l'Ogadine supérieure des descentes torrentielles passagères et de légères inondations qui, à leur apparition, appellent les goums pasteurs dans cette direction. Au temps de la sécheresse, il y a, au contraire, un mouvement général de retour des tribus vers le Wabi.

L'aspect général de l'Ogadine est donc la steppe d'herbes hautes, avec des lacunes pierreuses; ses arbres, du moins dans la partie explorée par nos voyageurs, sont tous ceux des déserts somalis : mimosas, gommiers, etc. Cependant, aux approches du Wabi, la population est sédentaire et agricole. Elle cultive d'ailleurs presque uniquement le *dourah* et emploie même des esclaves originaires des Aroussis et autres Gallas d'au delà du fleuve. Une fraction de la tribu des Malingours, dans l'Ogadine supérieure, plante aussi accidentellement du dourah, et il y a également de ci de là quelques villages de Cheikhaches cultivateurs.

Comme tous les pasteurs de ces contrées, les Ogadines sont toujours en guerre avec leurs voisins et entre eux-mêmes.

Les Ogadines ont des traditions assez longues de leurs origines. Nous avons seulement retenu qu'ils descendent tous primitivement de Rère Abdallah et Rère Ishay (*Rère* signifie : enfants, famille, maison; en galla, on dit *Warra*). Rère Abdallah eut la postérité de Rère Hersi et Rère Hammadèn : ce sont les deux principales familles de l'Ogadine supérieure.

Rère Ishay engendra Rère Ali et Rère Aroun. Ces *rères* se subdivisent ensuite en innombrables familles secondaires. L'ensemble des tribus visitées par M. Sotiro est de la descendance Rère Hersi, et se nomment Malingours, Aïal, Oughas, Sementar, Magan.

Les différentes divisions des Ogadines ont à leur tête des chefs nommés *oughaz*. L'oughaz de Malingour, notre ami Omar Hussein, est le plus puissant de l'Ogadine supérieure et il paraît avoir autorité sur toutes les tribus entre l'Habr Gerhadji et le Wabi. Son père vint au Harar du temps de Raouf Pacha qui lui fit cadeau d'armes et de vêtements. Quant à Omar Hussein, il

n'est jamais sorti de ses tribus où il est renommé comme guerrier, et il se contente de respecter l'autorité égyptienne à distance.

D'ailleurs, les Égyptiens semblent regarder les Ogadines, ainsi du reste que tous les Somalis et Dankalis, comme leurs sujets ou plutôt alliés naturels en qualité de musulmans, et n'ont aucune idée d'invasion sur leurs territoires.

Les Ogadines, du moins ceux que nous avons vus, sont de haute taille, plus généralement rouges que noirs ; ils gardent la tête nue et les cheveux courts, se drapent de robes assez propres, portent à l'épaule la *sigada,* à la hanche le sabre et la gourde des ablutions, à la main la canne, la grande et la petite lance, et marchent en sandales.

Leur occupation journalière est d'aller s'accroupir en groupes sous les arbres, à quelque distance du camp, et, les armes en main, de délibérer indéfiniment sur leurs divers intérêts de pasteurs. Hors de ces séances, et aussi de la patrouille à cheval pendant les abreuvages et des razzias chez leurs voisins, ils sont complètement inactifs. Aux enfants et aux femmes est laissé le soin des bestiaux, de la confection des ustensiles de ménage, du dressage des huttes, de la mise en route des caravanes. Ces ustensiles sont les vases à lait connus du Somal, et les nattes des chameaux qui, montées sur des bâtons, forment les maisons des *gacias* (villages) passagères.

Quelques forgerons errent par les tribus et fabriquent les fers de lances et poignards.

Les Ogadines ne connaissent aucun minerai chez eux.

Ils sont musulmans fanatiques. Chaque camp a son iman qui chante la prière aux heures dues. Des *wodads* (lettrés) se trouvent dans chaque tribu ; ils connaissent le Coran et l'écriture arabe et sont poètes improvisateurs.

Les familles ogadines sont fort nombreuses. L'*abban* de M. Sotiro comptait soixante fils et petits-fils. Quand l'épouse d'un Ogadine enfante, celui-ci s'abstient de tout commerce avec elle jusqu'à ce que l'enfant soit capable de marcher seul. Naturellement, il en épouse une ou plusieurs autres dans l'intervalle, mais toujours avec les mêmes réserves.

Leurs troupeaux consistent en bœufs à bosse, moutons à poil ras, chèvres, chevaux de race inférieure, chamelles

...s, et enfin en autruches dont l'élevage est une ...me de tous les Ogadines. Chaque village possède ...elques douzaines d'autruches qui paissent à part, ...ous la garde des enfants, se couchent même au coin du feu dans les huttes, et, mâles et femelles, les cuisses entravées, cheminent en caravane à la suite des chameaux dont elles atteignent presque la hauteur.

On les plume trois ou quatre fois par an, et chaque fois on en retire environ une demi-livre de plumes noires et une soixantaine de plumes blanches. Ces possesseurs d'autruches les tiennent en grand prix.

Les autruches sauvages sont nombreuses. Le chasseur, couvert d'une dépouille d'autruche femelle, perce de flèches le mâle qui s'approche.

Les plumes mortes ont moins de valeur que les plumes vivantes. Les autruches apprivoisées ont été capturées en bas âge, les Ogadines ne laissant pas les autruches se reproduire en domesticité.

Les éléphants ne sont ni fort nombreux, ni de forte taille, dans le centre de l'Ogadine. On les chasse cependant sur le Fafan, et leur vrai rendez-vous, l'endroit où ils vont mourir, est toute la rive du Wabi. Là, ils sont chassés par les Dônes, peuplade somalie mêlée de Gallas et de Souahelis, agriculteurs et établis sur le fleuve. Ils chassent à pied et tuent avec leurs énormes lances. Les Ogadines chassent à cheval : tandis qu'une quinzaine de cavaliers occupent l'animal en front et sur les flancs, un chasseur éprouvé tranche, à coups de sabre, les jarrets de derrière de l'animal.

Ils se servent également de flèches empoisonnées. Ce poison, nommé *ouabay* et employé dans tout le Somal, est formé des racines d'un arbuste pilées et bouillies. Nous vous en envoyons un fragment. Au dire des Somalis, le sol aux alentours de cet arbuste est toujours couvert de dépouilles de serpents, et tous les autres arbres se dessèchent autour de lui. Ce poison n'agit d'ailleurs qu'assez lentement, puisque les indigènes blessés par ces flèches (elles sont aussi armes de guerre) tranchent la partie atteinte et restent saufs.

Les bêtes féroces sont assez rares en Ogadine. Les indigènes parlent cependant de serpents, dont une espèce à cornes, et dont le souffle même est mortel. Les bêtes sauvages les plus communes sont les gazelles, les anti-

lopes, les girafes, les rhinocéros, dont la peau sert à la confection des boucliers. Le Wabi a tous les animaux des grands fleuves : éléphants, hippopotames, crocodiles, etc.

Il existe chez les Ogadines une race d'hommes regardée comme inférieure et assez nombreuse, les Mitganes (Tsiganes); ils semblent tout à fait appartenir à la race somalie dont ils parlent la langue. Ils ne se marient qu'entre eux. Ce sont eux surtout qui s'occupent de la chasse des éléphants, des autruches, etc.

Ils sont répartis entre les tribus et, en temps de guerre, réquisitionnés comme espions et alliés. L'Ogadine mange l'éléphant, le chameau et l'autruche, et le Mitgan mange l'âne et les animaux morts, ce qui est un péché.

Les Mitganes existent et ont même des villages fort peuplés chez les Dankalis de l'Haouache, où ils sont renommés chasseurs.

Une coutume politique et une fête des Ogadines est la convocation des tribus d'un certain centre, chaque année, à jour fixe.

La justice est rendue en famille par les vieillards et en général par les oughaz.

De mémoire d'homme, on n'avait vu en Ogadine une quantité de marchandises aussi considérable que les quelques centaines de dollars que nous y expédiâmes. Il est vrai que le peu que nous avons rapporté de là nous revient fort cher, parce que la moitié de nos marchandises a dû nécessairement s'écouler en cadeaux à nos guides, abbans, hôtes de tous côtés et sur toute route, et l'Oughaz personnellement a reçu de nous quelque cent dollars d'abbayas dorés, immahs et cadeaux de toute sorte qui nous l'ont d'ailleurs sincèrement attaché, et c'est là le bon résultat de l'expédition. M. Sotiro est réellement à féliciter de la sagesse et de la diplomatie qu'il a montrées en ce cas. Tandis que nos concurrents ont été pourchassés, maudits, pillés et assassinés et ont encore été par leur désastre même la cause de guerres terribles entre les tribus, nous nous sommes établis dans l'alliance de l'Oughaz et nous nous sommes fait connaître dans tout le Rère Hersi.

Omar Hussein nous a écrit au Harar et nous attend pour descendre avec lui et tous ses goums jusqu'au Wabi, éloigné de quelques jours seulement de notre première station.

Là en effet est notre but. Un de nous, ou quelque indigène énergique de notre part, ramasserait en quelques semaines une tonne d'ivoire qu'on pourrait exporter directement par Berbera en franchise. Des Habr-Awal, partis au Wabi avec quelques sodas ou tobs wilayetis à leur épaule, rapportent à Boulhar des centaines de dollars de plumes. Q[uel]ques ânes chargés en tout d'une dizaine de pièces sheeting ont rapporté quinze fraslehs d'ivoire.

Nous sommes donc décidés à créer un poste sur le Wabi, et ce poste sera environ au point nommé Eimeh, grand village permanent situé sur la rive Ogadine du fleuve à huit jours de distance du Harar par caravanes.

RIMBAUD AUX SIENS

Harar, 21 décembre 1883.

Je vais toujours bien, et j'espère que vous allez de même.

Par l'occasion, je vous souhaite une heureuse année 1884.

Rien de nouveau ici.

Tout à vous,

RIMBAUD.

RIMBAUD AUX SIENS

Harar, 14 janvier 1884.

Chers amis,

Je n'ai que le temps de vous saluer, en vous annonçant que la maison, se trouvant gênée (et les troubles de la guerre se répercutant par ici), est en train de me faire liquider cette agence du Harar. Il est probable que je partirai d'ici, pour Aden, dans quelques mois. Pour mon compte, je n'ai rien à craindre des affaires de la maison.

Je me porte bien, et vous souhaite santé et prospérité pour tout 1884.

RIMBAUD.

LE SECRÉTAIRE GÉNÉRAL
DE LA SOCIÉTÉ DE GÉOGRAPHIE À RIMBAUD

Société de Géographie
Fondée en 1821
Reconnue d'utilité publique
en 1827
Boulevard Saint-Germain, 184   Paris, le 1er février 1884.
Paris.

Monsieur,

La Société de Géographie, de Paris, s'efforce de réunir dans ses Albums les portraits des personnes qui se sont fait un nom dans les sciences géographiques et dans les voyages.

Elle vous sera reconnaissante de vouloir bien lui faire parvenir votre photographie, portant au revers l'indication de vos nom et prénoms et les renseignements que vous jugeriez convenable d'ajouter, tels que le lieu et la date de votre naissance, l'énoncé succinct de vos travaux, etc.

Dans l'espoir que vous voudrez bien accueillir favorablement cette demande, nous vous prions d'agréer, monsieur, l'expression de nos sentiments les plus distingués.

Le Secrétaire général   L'Archiviste-bibliothécaire
C. MAUNOIR   JAMES JACKSON

Monsieur Arthur Rimbaud,
aux soins obligeants de
MM. Mazeran, Viannay et Bardey,
Marseille.

CERTIFICAT DÉLIVRÉ À RIMBAUD

Mazeran, Viannay et Bardey
Lyon-Marseille-Aden.

Cher monsieur Rimbaud,

Les événements qui nous ont obligés d'entrer en liquidation nous mettent dans la nécessité de nous priver de vos excellents services.

Par la présente nous vous rendons hommage pour le travail, l'intelligence, la probité et le dévouement que vous avez toujours montrés à la défense de nos intérêts dans les différents postes que vous avez occupés chez nous, pendant quatre années, et principalement dans celui de directeur de notre agence de Harar.

Avec nos remerciements, recevez l'assurance de nos meilleurs sentiments.

MAZERAN, VIANNAY et BARDEY.

[cachet, avec la date :]

Aden, 23 avril 1884.

RIMBAUD AUX SIENS

Aden, le 24 avril 1884.

Chers amis,

Je suis arrivé à Aden, après six semaines de voyage dans les déserts ; et c'est pour cela que je n'ai pas écrit.

Le Harar, pour le moment, est inhabitable, à cause des troubles de la guerre. Notre maison est liquidée à Harar, comme à Aden, et, à la fin du mois, je me trouve hors d'emploi. Cependant, mes appointements sont réglés jusqu'à fin juillet, et, d'ici là, je trouverai toujours quelque chose à faire.

Je pense d'ailleurs, et j'espère, que nos messieurs vont pouvoir remonter une affaire ici.

J'espère que vous vous portez bien, et je vous souhaite prospérité.

Mon adresse actuelle :

ARTHUR RIMBAUD.

Maison Bardey, Aden.

RIMBAUD AUX SIENS

Mazeran, Viannay et Bardey.
  Lyon-Marseille-Aden.

Aden, le 5 mai 1884.

Mes chers amis,

Comme vous le savez, notre société est entièrement
liquidée, et l'agence du Harar, que je dirigeais, est
supprimée; l'agence d'Aden aussi est fermée. Les
pertes de la C[ompagn]ie en France sont, me dit-on, de
près d'un million; pertes faites cependant dans des
affaires distinctes de celles-ci, qui travaillaient assez
satisfaisamment[1]. Enfin, je me suis trouvé remercié fin
avril, et, selon les termes de mon contrat, j'ai reçu une
indemnité de trois mois d'appointements, jusque fin
juillet. Je suis donc actuellement sans emploi, quoique
je sois toujours logé dans l'ancien immeuble de la
C[ompagn]ie, lequel est loué jusqu'à fin juin. Monsieur
Bardey est reparti pour Marseille, il y a une dizaine de
jours, pour rechercher de nouveaux fonds pour conti-
nuer les affaires d'ici[2]. Je lui souhaite de réussir, mais
je crains fort le contraire. Il m'a dit de l'attendre ici;
mais, à la fin de ce mois-ci, si les nouvelles ne sont pas
satisfaisantes, je verrai à m'employer ailleurs et autre-
ment[3].

Il n'y a pas de travail ici à présent, les grandes mai-
sons fournissant les agences d'ici ayant toutes sauté à
Marseille. D'un autre côté, pour qui n'est pas employé,
la vie est hors de prix ici, et l'existence est intolérable-
ment ennuyeuse, surtout l'été commencé; et vous savez
qu'on a ici l'été le plus chaud du monde entier!

Je ne sais pas du tout où je pourrai me trouver dans
un mois. J'ai de douze à treize mille francs avec moi[4]
et, comme on ne peut rien confier à personne ici, on
est obligé de traîner son pécule avec soi et de le sur-
veiller perpétuellement. Et cet argent, qui pourrait me
donner une petite rente suffisante pour me faire vivre
hors d'emploi, il ne me rapporte rien, que des embête-
ments continuels!

Quelle existence désolante je traîne sous ces climats absurdes et dans ces conditions insensées! J'aurais, avec ces économies, un petit revenu assuré; je pourrais me reposer un peu, après de longues années de souffrances; et non seulement je ne puis rester un jour sans travail, mais je ne puis jouir de mon gain. Le Trésor ici ne prend que des dépôts sans intérêts, et les maisons de commerce ne sont pas solides du tout!

Je ne puis pas vous donner une adresse en réponse à ceci, car j'ignore personnellement où je me serai trouvé entraîné prochainement, et par quelles routes, et pour où, et pour quoi, et comment!

Il est possible que les Anglais occupent prochainement le Harar; et il se peut que j'y retourne. On pourrait faire là un petit commerce; je pourrais peut-être y acheter des jardins et quelques plantations et essayer d'y vivre ainsi. Car les climats du Harar et de l'Abyssinie sont excellents, meilleurs que ceux de l'Europe, dont ils n'ont pas les hivers rigoureux; et la vie y est pour rien, la nourriture bonne et l'air délicieux; tandis que le séjour sur les côtes de la mer Rouge énerve les gens les plus robustes; et une année là vieillit les gens comme quatre ans ailleurs.

Ma vie ici est donc un réel cauchemar. Ne vous figurez pas que je la passe belle. Loin de là : j'ai même toujours vu qu'il est impossible de vivre plus péniblement que moi.

Si le travail peut reprendre ici à bref délai, cela va encore bien : je ne mangerai pas mon malheureux fonds en courant les aventures. Dans ce cas, je resterais encore le plus possible dans cet affreux trou d'Aden; car les entreprises personnelles sont trop dangereuses en Afrique, de l'autre côté.

Excusez-moi de vous détailler mes ennuis. Mais je vois que je vais atteindre les 30 ans (la moitié de la vie!) et je me suis fort fatigué à rouler le monde, sans résultat.

Pour vous, vous n'avez pas de ces mauvais rêves; et j'aime à me représenter votre vie tranquille et vos opérations paisibles. Qu'elles durent ainsi!

Quant à moi, je suis condamné à vivre longtemps encore, toujours peut-être, dans ces environs-ci, où je suis connu à présent, et où je trouverai toujours du

travail; tandis qu'en France, je serais un étranger et je
ne trouverais rien.

Enfin, espérons au mieux.

Salut prospère.

ARTHUR RIMBAUD.

Poste restante, Aden-Camp.

Arabie.

RIMBAUD AUX SIENS

Aden, le 20 mai 1884.

Mes chers amis,

D'après les dernières nouvelles, il paraît certain que
le commerce va reprendre; et je resterai employé aux
mêmes conditions, probablement à Aden.

Je compte que les affaires recommenceront vers la
1re quinzaine de juin.

Dites-moi si je puis vous envoyer quatre groupes
de [dix] mille francs[1], que vous placeriez sur l'État à
mon nom; car ici je suis très embarrassé de cet argent.

Bien à vous,

RIMBAUD.

RIMBAUD AUX SIENS

Aden, le 29 mai 1884.

Mes chers amis,

Je ne sais encore si le travail va reprendre. On m'a
télégraphié de rester, mais je commence à trouver que
ça tarde. Il y a six semaines que je suis ici sans travail;
et, par les chaleurs qu'il fait ici, c'est absolument into-
lérable. Mais enfin, il est évident que je ne suis pas
venu ici pour être heureux. Et pourtant je ne puis quit-
ter ces régions, à présent que j'y suis connu et que

j'y puis trouver à vivre, — tandis qu'ailleurs je trouverais à crever de faim exclusivement.

Si donc le travail reprend ici, je serai probablement réengagé, pour quelques années, deux ou trois ans, jusqu'à juillet 86 ou 87. J'aurai 32 ou 33 ans à ces dates. Je commencerai à vieillir. Ce sera peut-être alors le moment de ramasser les quelque vingt mille francs que j'aurai pu épargner par ici, et d'aller épouser au pays, où on me regardera seulement comme un vieux et il n'y aura plus que des veuves pour m'accepter!

Enfin, qu'il arrive seulement un jour où je pourrai sortir de l'esclavage et avoir des rentes assez pour ne travailler qu'autant qu'il me plaira!

Mais qui sait ce qui arrivera demain, et ce qui arrivera dans la suite!

Des sommes que je vous avais envoyées les années passées, et dont le total formait 3 600, ne reste-t-il rien? S'il reste quelque chose, avertissez-m'en.

Je n'ai jamais reçu votre dernière caisse de livres. Comment a-t-elle pu s'égarer?

Je vous enverrais bien l'argent que j'ai; mais, si le travail ne reprend pas, je serai forcé de faire ici un petit commerce et j'aurai besoin de mes fonds, lesquels disparaîtront peut-être entièrement à bref délai. Telle est la marche des choses partout, et surtout ici.

Est-ce que j'ai encore un service militaire à faire, après l'âge de 30 ans? Et, si je rentre en France, est-ce que j'ai toujours à faire le service que je n'ai pas fait?

D'après les termes de la loi, il me semble qu'en cas d'absence motivée, le service est *sursis,* et reste toujours à faire, en cas de retour.

Je vous souhaite bonne santé et prospérité.

RIMBAUD.

Maison Bardey, Aden.

RIMBAUD AUX SIENS

Aden, le 16 juin 1884.

Chers amis,

Je suis toujours en bonne santé, et je compte reprendre
le travail prochainement.

Bien à vous,

RIMBAUD.

Maison Bardey, Aden.

— N'écrivez plus sur l'adresse : Mazeran et Viannay,
parce que la raison sociale est Bardey (seul) à présent.

RIMBAUD AUX SIENS

Aden, le 19 juin 1884.

Chers amis,

Ceci pour vous avertir que je me trouve rengagé à
Aden pour 6 mois, du 1er juillet au 31 décembre 1884,
aux mêmes conditions. Les affaires vont reprendre, et,
pour le moment, je me trouve domicilié à la même
adresse, à Aden.

Pour la caisse de livres qui ne m'est pas parvenue
l'an passé, elle doit être restée à l'agence des Messa-
geries à Marseille, d'où, naturellement, on ne me l'a
pas expédiée si je n'avais pas de correspondant là pour
prendre un connaissement et payer le fret. Si c'est donc
à l'agence des Messageries qu'elle a été expédiée,
réclamez-la et tâchez de me la réexpédier, en paquets
séparés, par la poste. Je ne comprends pas comment
elle a pu être perdue.

Bien à vous,

RIMBAUD.

RIMBAUD AUX SIENS

Aden, 10 juillet 1884.

Mes chers amis,

Il y a dix jours que je suis rentré dans mon nouvel emploi, pour lequel je suis engagé jusqu'à fin décembre 1884[1].

Je vous suis reconnaissant de vos offres. Mais, tant que je trouve du travail et que je puis à peu près le supporter, il vaut mieux que je reste au travail et que je ramasse quelques sous.

Je voulais bien vous envoyer au moins dix mille francs[2]; mais, comme nos affaires ne marchent guère à présent, il serait possible que je sois forcé de sortir d'emploi et de me remettre à mon compte prochainement. Comme c'est d'ailleurs en sûreté ici, j'attendrai encore quelques mois.

Je vous souhaite une bonne récolte et un été plus frais que celui d'ici (45° centigrades en chambre).

RIMBAUD.
Maison Bardey, Aden.

RIMBAUD AUX SIENS

Aden, le 31 juillet 1884.

Mes chers amis,

Voici un mois de passé dans mon nouvel emploi; et j'espère passer encore les cinq autres assez bien. Je compte même réengager ensuite.

L'été va finir dans deux mois, c'est-à-dire fin septembre. L'hiver ici compte six mois, d'octobre à la fin mars : on appelle hiver la saison où le thermomètre descend quelquefois à 25 degrés (au-dessus de zéro).

L'hiver est donc aussi chaud que votre été. Il ne pleut
presque jamais dans le cours du dit hiver.

Quant à l'été, on y a toujours 40 degrés. C'est très
énervant et très affaiblissant. Aussi, je cherche toutes
les occasions de pouvoir être employé ailleurs.

Je vous souhaite bonne récolte, et que le choléra se
tienne loin de vous.

Bien à vous,

RIMBAUD.

RIMBAUD AUX SIENS

Aden, le 10 septembre 1884.

Mes chers amis,

Il y a longtemps que je n'ai reçu de vos nouvelles.
J'aime cependant à croire que tout va bien chez vous,
et je vous souhaite bonnes récoltes et long automne.
Je vous crois en bonne santé et en paix, comme d'ordi-
naire.

Voici le troisième mois de mon nouveau contrat de
six mois qui va être passé. Les affaires vont mal; et je
crois que, fin décembre, j'aurai à chercher un autre
emploi, que je trouverai d'ailleurs facilement, je l'espère.
Je ne vous ai pas envoyé mon argent parce que je ne
sais pas où aller; je ne sais pas où je me trouverai pro-
chainement, et si je n'aurai pas à employer ces fonds
dans quelque trafic lucratif.

. . . .[1]

Celui qui n'est pas un grand négociant pourvu de
fonds ou de crédits considérables, celui qui n'a que de
petits capitaux, ici risque bien plus de les perdre que
de les voir fructifier; car on est entouré de mille dan-
gers, et la vie, si on veut vivre un peu confortablement,
vous coûte plus que vous ne gagnez. Car les employés,
en Orient, sont à présent aussi mal payés qu'en Europe;
leur sort y est même bien plus précaire, à cause des
climats funestes et de l'existence énervante qu'on mène.

Moi, je suis à peu près fait à tous ces climats, froids
ou chauds, frais ou secs, et je ne risque plus d'attraper
les fièvres ou autres maladies d'acclimatation, mais je

sens que je me fais très vieux, très vite, dans ces métiers idiots et ces compagnies de sauvages ou d'imbéciles.

Enfin, vous le penserez comme moi, je crois : du moment que je gagne ma vie ici, et puisque chaque homme est esclave de cette fatalité misérable, autant à Aden qu'ailleurs ; mieux vaut même à Aden qu'ailleurs, où je suis inconnu, où l'on m'a oublié complètement et où j'aurais à recommencer! Tant, donc, que je trouverai mon pain ici, ne dois-je pas y rester? Ne dois-je pas y rester, tant que je n'aurai pas de quoi vivre tranquille? Or, il est plus que probable que je n'aurai jamais de quoi, et que je ne vivrai ni ne mourrai tranquille. Enfin, comme disent les musulmans : C'est écrit! — C'est la vie : elle n'est pas drôle!

L'été finit ici fin septembre ; et, dès lors, nous n'aurons plus que 25 à 30° centigrades dans le jour, et 20 à 25 la nuit. C'est ce qu'on appelle l'hiver, à Aden.

Tout le littoral de cette sale mer Rouge est ainsi torturé par les chaleurs. Il y a un bateau de guerre français à Obock, où, sur 70 hommes composant tout l'équipage, 65 sont malades des fièvres tropicales ; et le commandant est mort hier. Encore, à Obock, qui est à quatre heures de vapeur d'ici, fait-il plus frais qu'à Aden, où c'est très sain et seulement énervant par l'excès des chaleurs.

Bien à vous,

RIMBAUD.

RIMBAUD AUX SIENS

Aden, le 2 octobre 1884.

Chers amis,

Il y a longtemps que je n'ai reçu de vos nouvelles. Pour moi, mon affaire va toujours de même. Je ne suis ni mieux ni pire qu'avant ni qu'ensuite ; et je n'ai rien d'intéressant à vous annoncer pour cette fois.

Je vous souhaite seulement bonne santé et prospérité.

Bien à vous,

RIMBAUD.
Maison Bardey, Aden.

RIMBAUD AUX SIENS

Aden, le 7 octobre 1884.

Mes chers amis,

Je reçois votre lettre du 23 7bre, vos nouvelles m'attristent, ce que vous me racontez de Frédéric est très ennuyeux et peut nous porter grand préjudice à nous autres. Ça me gênerait assez, par exemple, que l'on sache que j'ai un pareil oiseau pour frère. Ça ne m'étonne d'ailleurs pas de ce Frédéric : c'est un parfait idiot, nous l'avons toujours su, et nous admirions toujours la dureté de sa caboche.

Vous n'avez pas besoin de me dire de ne pas engager de correspondance avec lui. Quant à lui donner q[uel]que chose, ce que je gagne est trop péniblement amassé pour que j'en fasse cadeau à un Bédouin de ce genre qui matériellement est moins fatigué que moi, j'en suis sûr. Enfin, j'espère cependant pour vous et pour moi qu'il finira par cesser cette comédie.

Quant à exercer sa langue sur mon compte, ma conduite est connue ici comme ailleurs. Je puis vous envoyer le témoignage de satisfaction *exceptionnel* que la Compagnie Mazeran liquidée m'a accordé pour *quatre années de services de 1880 à 84* et j'ai une très bonne réputation ici, qui me permettra de gagner ma vie convenablement. Si j'ai eu des moments malheureux auparavant, je n'ai jamais cherché à vivre aux dépens des gens ni au moyen du mal.

Nous sommes ici en hiver à présent : la température moyenne est 25 au-dessus de zéro. Tout va bien. Mon contrat finissant fin décembre sera, je l'espère, renouvelé à mon avantage. Je trouverai toujours à vivre honorablement ici.

Il y a ici près la triste colonie française d'Obock, où on essaie à présent de faire un établissement; mais je crois qu'on n'y fera jamais rien. C'est une plage déserte, brûlée, sans vivres, sans commerce, bonne seulement pour faire des dépôts de charbon, pour les vaisseaux de guerre pour la Chine et Madagascar.

La côte du Somali et le Harar sont en train de passer
des mains de la pauvre Égypte dans celles des Anglais,
qui n'ont d'ailleurs pas assez de forces pour maintenir
toutes ces colonies. L'occupation anglaise ruine tout le
commerce des côtes, de Suez à Gardafui. L'Angleterre s'est
terriblement embarrassée avec les affaires d'Égypte, et
il est fort probable qu'elles lui tourneront très mal.

Bien à vous.

RIMBAUD.

RIMBAUD AUX SIENS

Mazeran, Viannay et Bardey
  Adresse télégraphique :
  MAVIBA-MARSEILLE[1]

Aden, le 30 décembre 1884.

Mes chers amis,

J'ai reçu votre lettre du 12 décembre, et je vous
remercie des souhaits de prospérité et bonne santé,
que je vous rends semblablement pour chaque jour de
la prochaine année.

Comme vous le dites, ma vocation ne sera jamais dans
le labourage, et je n'ai pas d'objections à voir ces
terres louées : j'espère pour vous qu'elles se loueront
bientôt et bien. Garder la maison est toujours une bonne
chose. Quant à venir m'y reposer auprès de vous, ce
me serait fort agréable : je serais bien heureux, en effet,
de me reposer ; mais je ne vois guère se dessiner l'occa-
sion du repos. Jusqu'à présent, je trouve à vivre ici :
si je quitte, que rencontrerai-je en échange ? Comment
puis-je aller m'enfouir dans une campagne où personne
ne me connaît, où je ne puis trouver aucune occasion
de gagner quelque chose ? Comme vous le dites, je ne
puis aller là que pour me reposer ; et, pour se reposer,
il faut des rentes ; pour se marier, il faut des rentes ;
et ces rentes-là, je n'en ai rien. Pour longtemps encore,
je suis donc condamné à suivre les pistes où je puis
trouver à vivre, jusqu'à ce que je puisse racler, à force

de fatigues, de quoi me reposer momentanément.

J'ai à présent en main treize mille francs[1]. Que voulez-vous que je fasse de cela en France? Quel mariage voulez-vous que ça me procure? Pour des femmes pauvres et honnêtes, on en trouve par tout le monde! Puis-je aller me marier là-bas, et néanmoins je serai toujours forcé de voyager pour vivre?

Enfin j'ai trente ans passés à m'embêter considérablement et je ne vois pas que ça va finir, loin de là, ou du moins que ça va finir par un mieux.

Enfin, si vous pouvez me donner un bon plan, ça me fera bien plaisir.

Les affaires vont très mal ici, à présent[2]. Je ne sais pas si je vais être rengagé, ou, du moins, à quelles conditions on me rengagera. J'ai quatre ans et demi ici; je ne voudrais pas être diminué, et cependant les affaires vont très mal.

L'été aussi va revenir dans trois ou quatre mois, et le séjour ici redeviendra atroce.

C'est justement les Anglais, avec leur absurde politique, qui ruinent à présent le commerce de toutes ces côtes. Ils ont voulu tout remanier, et ils sont arrivés à faire pire que les Égyptiens et les Turcs qu'ils ont ruinés. Leur Gordon est un idiot, leur Wolseley un âne, et toutes leurs entreprises une suite insensée d'absurdités et de déprédations. Pour les nouvelles du Soudan, nous n'en savons pas plus qu'en France, il ne vient plus personne de l'Afrique, tout est désorganisé, et l'administration anglaise d'Aden n'a intérêt qu'à annoncer des mensonges; mais il est fort probable que l'expédition du Soudan ne réussira pas.

La France aussi vient faire des bêtises de ce côté-ci : on a occupé, il y a un mois, toute la baie de Tadjoura, pour occuper ainsi les têtes de routes du Harar et de l'Abyssinie. Mais ces côtes sont absolument désolées, les frais qu'on fait là sont tout à fait inutiles, si on ne peut pas s'avancer prochainement vers les plateaux de l'intérieur (Harar), qui sont alors de beaux pays, très sains et productifs.

Nous voyons aussi que Madagascar, qui est une bonne colonie, n'est pas près de tomber en notre pouvoir; et on dépense des centaines de millions pour le Tonkin, qui, selon tous ceux qui en reviennent, est

une contrée misérable et impossible à défendre des invasions.

Je crois qu'aucune nation n'a une politique coloniale aussi inepte que la France. — Si l'Angleterre commet des fautes et fait des frais, elle a au moins des intérêts sérieux et des perspectives importantes. Mais nul pouvoir ne sait gâcher son argent, en pure perte, dans des endroits impossibles, comme le fait la France.

Dans huit jours, je vous ferai savoir si je suis rengagé[1], ou ce que je dois faire.

Tout à vous,

RIMBAUD.
Aden-Camp.

CONTRAT DE RIMBAUD
AVEC LA MAISON BARDEY, D'ADEN

Entre les soussignés,

M. Pierre Bardey, négociant à Aden
et M. Arthur Rimbaud,

il a été convenu ce qui suit :

M. Rimbaud s'engage, comme employé de M. Bardey, à exécuter tout ce qui lui sera commandé ayant rapport aux affaires de son commerce, du 1er janvier 1885 au 31 décembre de la même année.

En échange, M. P. Bardey accorde à M. Rimbaud, en outre [du[2]] logement dans la maison et nourriture, un appointement de cent cinquante roupies par mois pendant toute la durée de l'engagement.

Dans le cas où M. P. Bardey voudrait se priver des services de M. Rimbaud, il lui devra trois mois d'appointements pour toute indemnité à partir de la date de son renvoi.

Dans le cas où M. Rimbaud ne renouvellerait pas son contrat, il sera tenu de prévenir M. P. Bardey trois mois[3] avant la fin de l'année, et réciproquement.

Aden, le 10 janvier 1885.

P. BARDEY.   RIMBAUD.

RIMBAUD AUX SIENS

Aden, le 15 janvier 1885.

Mes chers amis,

J'ai reçu votre lettre du 26 X^{bre} [18]84. Merci de vos bons souhaits. Que l'hiver vous soit court et l'année heureuse!

Je me porte toujours bien, dans ce sale pays.

J'ai rengagé pour un an, c'est-à-dire jusqu'à fin [18]85; mais il est possible que, cette fois encore, les affaires soient suspendues avant ce terme. Ces pays-ci sont devenus très mauvais, depuis les affaires d'Égypte. Je reste aux mêmes conditions. J'ai 300 francs net par mois, sans compter mes autres frais qui sont payés et qui représentent encore 300 autres francs par mois. Cet emploi est donc d'environ 7 000 francs par an, dont il me reste net environ 3 500 à 4 000 francs à la fin de l'année. Ne me croyez pas capitaliste : tout mon capital à présent est de 13 000 francs, et sera d'environ 17 000 f[ran]cs à la fin de l'année. J'aurai travaillé cinq ans pour ramasser cette somme. Mais quoi faire ailleurs? J'ai mieux fait de patienter là où je pouvais vivre en travaillant; car quelles sont mes perspectives ailleurs? Mais, c'est égal, les années se passent, et je n'amasse rien, je n'arriverai jamais à vivre de mes rentes dans ces pays.

Mon travail ici consiste à faire des achats de cafés. J'achète environ deux cent mille francs par mois. En 1883, j'avais acheté plus de 3 millions dans l'année, et mon bénéfice là-dessus n'est rien de plus que mes malheureux appointements, soit trois, quatre mille francs par an : vous voyez que les emplois sont mal payés partout. Il est vrai que l'ancienne maison a fait une faillite de neuf cent mille francs, mais non attribuable aux affaires d'Aden, qui, si elles ne laissaient pas de bénéfice, ne perdaient au moins rien non plus. J'achète aussi beaucoup d'autres choses : des gommes, encens, plumes d'autruche, ivoire, cuirs secs, girofles, etc., etc.

Je ne vous envoie pas ma photographie; j'évite avec

soin tous les frais inutiles. Je suis d'ailleurs toujours
mal habillé; on ne peut se vêtir ici que de cotonnades
très légères; les gens qui ont passé quelques années ici
ne peuvent plus passer l'hiver en Europe, ils crèveraient
de suite par quelque fluxion de poitrine. Si je reviens,
ce ne sera donc jamais qu'en été; et je serai forcé de
redescendre, en hiver au moins, vers la Méditerranée. En
tous cas, ne comptez pas que mon humeur deviendrait
moins vagabonde, au contraire, si j'avais le moyen de
voyager sans être forcé de séjourner pour travailler et
gagner l'existence, on ne me verrait pas deux mois à
la même place. Le monde est très grand et plein de
contrées magnifiques que l'existence de mille hommes ne
suffirait pas à visiter. Mais, d'un autre côté, je ne vou-
drais pas vagabonder dans la misère, je voudrais avoir
quelques milliers de francs de rentes et pouvoir passer
l'année dans deux ou trois contrées différentes, en
vivant modestement et en faisant quelques petits trafics
pour payer mes frais. Mais pour vivre toujours au même
lieu, je trouverai toujours cela très malheureux. Enfin,
le plus probable, c'est qu'on va plutôt où l'on ne veut
pas, et que l'on fait plutôt ce qu'on ne voudrait pas
faire, et qu'on vit et décède tout autrement qu'on ne
le voudrait jamais, sans espoir d'aucune espèce de
compensation.

Pour les Corans, je les ai reçus il y a longtemps, il
y a juste un an, au Harar même. Quant aux autres
livres, ils ont en effet dû être vendus. Je voudrais bien
vous faire envoyer quelques livres, mais j'ai déjà perdu
de l'argent à cela. Pourtant, je n'ai aucune distraction,
ici, où il n'y a ni journaux, ni bibliothèques, et où l'on
vit comme des sauvages.

Écrivez cependant à la librairie Hachette, je crois,
et demandez quelle est *la plus récente édition* du *Diction-
naire de Commerce et de Navigation,* de Guillaumin. — S'il
y a une édition récente, d'après 1880, vous pouvez me
l'envoyer : il y a deux gros volumes, ça coûte cent francs,
mais on peut avoir cela au rabais chez Sauton. Mais
s'il n'y a que de vieilles éditions, je n'en veux pas. —
Attendez ma prochaine lettre pour cela.

Bien à vous,

RIMBAUD.

RIMBAUD AUX SIENS

Aden, le 14 avril 1885.

Mes chers amis,

Je reçois votre lettre du 17 mars, et je vois que vos affaires vont aussi bien que possible.

Si vous vous plaignez du froid, je me plains de la chaleur, qui vient de recommencer ici. On étouffe déjà, et il y en a encore pour jusqu'à fin septembre. Je souffre d'une fièvre gastrique, je ne puis rien digérer, mon estomac est devenu très faible ici et me rend très malheureux tout l'été; je ne sais pas comment je vais passer cet été-ci, je crains fort d'être forcé de quitter l'endroit, ma santé est fort délabrée, une année ici en vaut cinq ailleurs. En Afrique, au contraire (au Harar et en Abyssinie), il fait très bon, et je m'y plairais beaucoup mieux qu'en Europe. Mais depuis que les Anglais sont sur la côte, le commerce de tous ces côtés est ruiné entièrement.

J'ai toujours les mêmes appointements : je n'en dépense *pas un sou.* Les 3 600 fr[ancs] que je touche, je les ai intacts à la fin de l'année, ou à peu près, puisqu'en 4 ans et 4 mois, j'ai encore en main 14 500 fr[ancs]. L'appareil photographique, à mon grand regret, je l'ai vendu, mais sans perte. Quand je vous disais que mon emploi vaut 6 000 fr[ancs], j'évalue les frais de nourriture et de logement qu'on paie pour moi, car tout est très cher ici. Je ne bois que de l'eau absolument, et il m'en faut pour *quinze francs* par mois! Je ne fume jamais, je m'habille en toile de coton : mes frais de toilette ne font pas 50 fr[ancs] par an. On vit horriblement mal ici, pour très cher. Toutes les nuits de l'année, on dort en plein air, et cependant mon logement coûte 40 francs par mois! Ainsi de suite. Enfin, on mène ici la vie la plus atroce du monde; et, certainement, je ne reste plus ici l'an prochain. Vous ne voudriez pour rien au monde vivre de la vie que je mène ici : on vient en croyant gagner quelque chose, mais un franc ailleurs en vaudrait 5 ici.

On ne reçoit aucuns journaux, il n'y a point de bibliothèques ; en fait d'Européens, il n'y a que quelques employés de commerce idiots, qui mangent leurs appointements sur le billard, et quittent ensuite l'endroit en le maudissant.

Le commerce de ces pays était très bon, il n'y a encore que quelques années. Le principal commerce est le café dit moka : tout le moka sort d'ici, depuis que Moka est désert. Il y a ensuite une foule d'articles, cuirs secs, ivoires, plumes, gommes, encens, etc., etc., etc., et l'importation est aussi très variée. Nous ici, nous ne faisons guère que le café, et je suis chargé des achats et expéditions. J'ai acheté pour huit cent mille francs en six mois, mais les mokas sont morts en France, ce commerce tombe tous les jours, les bénéfices couvrent à peine les frais, toujours fort élevés.

Les affaires sont devenues très difficiles ici, et je vis aussi pauvrement que possible, pour tâcher de sortir d'ici avec quelque chose. Tous les jours, je suis occupé de 7 h[eures] à 5 h[eures], et je n'ai jamais un jour de congé. Quand cette vie finira-t-elle ?

Qui sait ? On nous bombardera peut-être prochainement. Les Anglais se sont mis toute l'Europe à dos.

La guerre est commencée en Afghanistan, et les Anglais ne finiront qu'en cédant provisoirement à la Russie, et la Russie, après quelques années, reviendra à la charge sur eux.

Au Soudan, l'expédition de Khartoum a battu en retraite ; et, comme je connais ces climats, elle doit être fondue aux deux tiers. Du côté de Souakim, je crois que les Anglais ne s'avanceront pas pour le moment, avant de savoir comment tourneront les affaires de l'Inde. D'ailleurs ces déserts sont infranchissables, de mai à septembre, pour des armées à grand train.

À Obock, la petite administration française s'occupe à banqueter et à licher les fonds du gouvernement, qui ne feront jamais rendre un sou à cette affreuse colonie, colonisée jusqu'ici par une dizaine de flibustiers seulement.

Les Italiens sont venus se fourrer à Massaouah, personne ne sait comment. Il est probable qu'ils auront à évacuer, l'Angleterre ne pouvant plus rien faire pour eux.

À Aden, en prévision de guerres, on refait tout le système des fortifications. Ça me ferait plaisir de voir réduire cet endroit en poudre, — mais pas quand j'y suis !

D'ailleurs, j'espère bien n'avoir plus guère de mon existence à dépenser dans ce sale lieu.

Bien à vous,

RIMBAUD.

RIMBAUD À ERNEST DELAHAYE

Aden, mai 3/17 1885.

Cher Delahuppe,

Ci-joint mon portrait et celui de mon patron, après notre naturalisation.

Te la serre.

Ton

A. RIMBAUD.

RIMBAUD AUX SIENS

Aden, 26 mai 1885.

Chers amis,

Je vais bien tout de même, et je vous souhaite beaucoup mieux.

Nous sommes dans nos étuves printanières ; les peaux ruissellent, les estomacs s'aigrissent, les cervelles se troublent, les affaires sont infectes, les nouvelles sont mauvaises.

Quoi qu'on en ait dit dernièrement, on craint toujours fort que la guerre russo-anglaise se déclare prochainement. D'ailleurs les Anglais continuent d'armer dans l'Inde, et, en Europe, ils cherchent à se réconcilier les Turcs.

La guerre du Soudan s'est terminée honteusement pour nos Anglais. Ils abandonnent tout, pour concentrer leurs efforts sur l'Égypte propre : il y aura probablement ensuite des histoires au sujet du Canal.

La pauvre France est dans une situation tout aussi ridicule au Tonkin, où il est fort possible que, malgré les promesses de paix, les Chinois flanquent à la mer le restant des troupes. Et la guerre de Madagascar semble aussi abandonnée.

J'ai un nouvel engagement ici pour jusqu'à fin 1885. Il est fort possible que je ne le finisse pas : les affaires sont devenues tellement mesquines ici, qu'il vaudrait mieux les abandonner. Mon capital arrive juste à quinze mille francs à présent ; cela me donnerait à Bombay à 6 % sur n'importe quelle banque, une rente de 900 francs qui me permettrait de vivre en attendant un bon emploi. Mais nous verrons jusqu'à la fin de l'année.

En attendant de vos nouvelles.

RIMBAUD.

Maison Bardey, Aden.

RIMBAUD À MONSIEUR FRANZOJ

[Septembre 1885.]

Cher Monsieur Franzoj,

Excusez-moi, mais j'ai renvoyé cette femme sans rémission.

Je lui donnerai quelques thalers et elle partira s'embarquer par le boutre qui se trouve à Rasali pour Obock, où elle ira où elle veut.

J'ai eu assez longtemps cette mascarade devant moi.

Je n'aurais pas été assez bête pour l'apporter du Choa, je ne le serai pas assez pour me charger de l'y remporter.

Bien à vous.

RIMBAUD.

RIMBAUD AUX SIENS

Aden, le 28 septembre 1885.

Mes chers amis,

Je reçois votre lettre de fin août.

Je n'écrivais pas, parce que je ne savais si j'allais reſter ici. Cela va se décider à la fin de ce mois, comme vous le voyez par le contrat ci-joint, trois mois avant l'expiration duquel je dois prévenir. Je vous envoie ce contrat, pour que vous puissiez le présenter en cas de réclamations militaires. Si je reſte ici, mon nouveau contrat prendra du 1er octobre. Je ferai peut-être encore ce contrat de six mois ; mais l'été prochain, je ne le passerai plus ici, je l'espère. L'été finit ici vers le 15 octobre. Vous ne vous figurez pas du tout l'endroit. Il n'y a aucun arbre ici, même desséché, aucun brin d'herbe, aucune parcelle de terre, pas une goutte d'eau douce. Aden eſt un cratère de volcan éteint et comblé au fond par le sable de la mer. On n'y voit et on n'y touche donc absolument que des laves et du sable qui ne peuvent produire le plus mince végétal. Les environs sont un désert de sable absolument aride. Mais ici, les parois du cratère empêchent l'air d'entrer, et nous rôtissons au fond de ce trou comme dans un four à chaux. Il faut être bien forcé de travailler pour son pain, pour s'employer dans des enfers pareils ! On n'a aucune société, que les Bédouins du lieu, et on devient donc un imbécile total en peu d'années. Enfin, il me suffirait de ramasser ici une somme qui, placée ailleurs, me donnerait un intérêt sûr à peu près suffisant pour vivre.

Malheureusement, le change de la roupie en francs à Bombay baisse tous les jours ; l'*argent* se déprécie partout ; le petit capital que j'ai (16 000 francs) perd de [sa] valeur, car il eſt en roupies ; tout cela eſt abominable : des pays affreux et des affaires déplorables, ça empoisonne l'existence.

La roupie se comptait autrefois 2 frs 10 cent. dans le commerce ; elle n'a plus à présent que 1.90 de valeur !

Elle est tombée ainsi en trois mois. Si la convention monétaire est resignée, la roupie remontera peut-être jusqu'à 2 francs. J'ai à présent 8 000 roupies. Cette somme donnerait dans l'Inde, à 6 %, 480 roupies par an, avec laquelle on peut vivre.

L'Inde est plus agréable que l'Arabie. Je pourrais aussi aller au Tonkin ; il doit bien y avoir quelques emplois là, à présent. Et s'il n'y a rien là, on peut pousser jusqu'au canal de Panama, qui est encore loin de finir.

Je voudrais bien envoyer en France cette somme, mais cela rapporte si peu ; si on achète du 4 %, on perd l'intérêt de deux ans ; et du 3 %, ça n'en vaut pas la peine. D'ailleurs, au change actuel des roupies, il faudrait toujours que j'attende ; à présent, on ne me donnerait pas plus de 1,90 pour paiement comptant en France. 10 % de perte, comme c'est agréable après cinq ans de travail !

Si je fais un nouveau contrat, je vous l'enverrai. Renvoyez-moi celui-ci quand vous n'en aurez plus besoin.

Bien à vous,

RIMBAUD.

ENGAGEMENT DE PIERRE LABATUT

Je soussigné, Pierre Labatut, négociant au Choa (Abyssinie), déclare m'engager à payer à M. Arthur Rimbaud, dans le délai d'un an, ou plus tôt, à partir de la date du présent, la somme de 5 000 dollars Marie-Thérèse, valeur reçue comptant à Aden à ce jour, et je prends à ma charge tous les frais du dit sieur Rimbaud, lequel se rend au Choa avec ma première caravane.

PIERRE LABATUT.

Aden, le 5 octobre 1885.

MADAME RIMBAUD À SON FILS

Roche, 10 octobre 1885.

Arthur, mon fils,

Ton silence est long, et pourquoi ce silence? Heureux ceux qui n'ont pas d'enfants, ou bien heureux ceux qui ne les aiment pas : ils sont indifférents à tout ce qui peut leur arriver. Je ne devrais peut-être pas m'inquiéter; l'année dernière, à pareille époque, tu as déjà passé six mois sans nous écrire et sans répondre à aucune de mes lettres, quelque pressantes qu'elles fussent; mais cette fois-ci voici bien huit longs mois que nous n'avons eu de tes nouvelles. Il est inutile de te parler de nous, puisque ce qui nous concerne t'intéresse si peu. Cependant, il est impossible que tu nous oublies ainsi : que t'est-il donc arrivé? N'as-tu plus ta liberté d'action? Ou bien es-tu malade au point de ne pouvoir tenir la plume? Ou bien n'es-tu plus à Aden? Serais-tu passé dans l'Empire chinois? En vérité, nous perdons la raison à force de te chercher; et j'en reviens à dire : Heureux, oh! bien heureux ceux qui n'ont point d'enfants, ou qui ne les aiment pas! Ceux-là, du moins, n'ont pas de déception à redouter, puisque leur cœur est fermé à tout ce qui les entoure. À quoi bon m'étendre davantage? Qui sait si tu liras cette lettre? Peut-être ne te parviendra-t-elle jamais, puisque je ne sais où tu es, ni ce que tu fais.

Bientôt, tu dois être appelé pour faire tes treize jours comme soldat; les gendarmes viendront encore une fois ici pour te chercher. Que puis-je dire? Si du moins tu m'avais envoyé ton pouvoir, comme tu me l'as déjà donné, je l'aurais fait voir aux autorités militaires; mais voici déjà trois fois que je te le demande sans rien obtenir. Tout donc à la volonté de Dieu! Quant à moi, j'ai fait ce que j'ai pu.

À toi,

V[EUVE] RIMBAUD.

CERTIFICAT DÉLIVRÉ À RIMBAUD
PAR ALFRED BARDEY

Je soussigné, Alfred Bardey, déclare avoir employé M. Arthur Rimbaud en qualité d'agent et d'acheteur depuis

le 30 avril 1884 jusqu'en novembre 1885. Je n'ai eu qu'à
me louer de ses services et de sa probité. Il est libre de tout
engagement avec moi.

Aden, 14 octobre 1885.

P[ar] p[r]o[c]u[ration] de P. Bardey :

ALF[RED] BARDEY.

RIMBAUD AUX SIENS

Aden, le 22 octobre 1885.

Chers amis,

Quand vous recevrez ceci, je me trouverai probable-
ment à Tadjoura, sur la côte du Dankali annexée à la
colonie d'Obock.

J'ai quitté mon emploi d'Aden, après une violente
discussion avec ces ignobles pignoufs qui prétendaient
m'abrutir à perpétuité. J'ai rendu beaucoup de services
à ces gens ; et ils s'imaginaient que j'allais, pour leur
plaire, rester avec eux toute ma vie. Ils ont tout fait pour
me retenir ; mais je les ai envoyés au diable, avec leurs
avantages, et leur commerce, et leur affreuse maison, et
leur sale ville ! Sans compter qu'ils m'ont toujours sus-
cité des ennuis et qu'ils ont toujours cherché à me faire
perdre quelque chose. Enfin, qu'ils aillent au diable !...
Ils m'ont donné d'excellents certificats pour les cinq
années.

Il me vient quelques milliers de fusils d'Europe. Je
vais former une caravane, et porter cette marchandise
à Ménélik, roi du Choa.

La route pour le Choa est très longue : deux mois
de marche presque jusqu'à Ankober, la capitale, et les
pays qu'on traverse jusque-là sont d'affreux déserts.
Mais, là-haut, en Abyssinie, le climat est délicieux, la
population est chrétienne et hospitalière, la vie est
presque pour rien. Il n'y a là que quelques Européens,
une dizaine en tout, et leur occupation est le commerce
des armes, que le roi achète à bon prix. S'il ne m'arrive
pas d'accidents, je compte y arriver, être payé de suite
et redescendre avec un bénéfice de 25 à 30 mille francs
réalisé en moins d'un an.

L'affaire réussissant, vous me verriez en France, vers l'automne de 1886, où j'achèterais moi-même de nouvelles marchandises. J'espère que ça tournera bien. Espérez-le aussi pour moi; j'en ai bien besoin.

Si je pouvais, après trois ou quatre ans, ajouter une centaine de mille francs à ce que j'ai déjà, je quitterais avec bonheur ces malheureux pays.

Je vous ai envoyé mon contrat, par l'avant-dernière malle, pour en exciper par devers l'autorité militaire. J'espère que désormais ce sera en règle. Avec tout cela, vous n'avez jamais pu m'apprendre quelle sorte de service j'ai à faire; de sorte que, si je me présente à un consul pour quelque certificat, je suis incapable de le renseigner sur ma situation, ne la connaissant pas moi-même! C'est ridicule!

Ne m'écrivez plus à la boîte Bardey; ces animaux couperaient ma correspondance. Pendant encore trois mois, ou au moins deux et demi, après la date de cette lettre, c'est-à-dire jusqu'à la fin 1885 (y compris les quinze jours de Marseille ici), vous pouvez m'écrire à l'adresse ci-dessous :

Monsieur Arthur Rimbaud,
à Tadjoura
Colonie française d'Obock.

Bonne santé, bonne année, repos et prospérité.
Bien à vous,

RIMBAUD.

RIMBAUD AUX SIENS

Aden, le 18 novembre 1885.

Mes chers amis,

J'ai bien reçu votre dernière datée du 22 octobre.
Je vous ai déjà annoncé que je partais d'Aden pour le royaume du Choa. Mes affaires se trouvent retardées ici d'une façon inattendue, je crois que je ne pourrai encore partir d'Aden qu'à la fin de ce mois-ci. Je crains

donc que vous ne m'ayez déjà écrit à Tadjoura. Je
change donc d'avis à ce sujet : écrivez-moi seulement
à l'adresse suivante : Monsieur Arthur Rimbaud, Hôtel
de l'Univers, à Aden. De là on me fera suivre en tout
cas, et cela vaudra mieux, car je crois que le service
postal d'Obock à Tadjoura n'est pas bien organisé.

Je suis heureux de quitter cet affreux trou d'Aden
où j'ai tant peiné. Il est vrai aussi que je vais faire une
route terrible : d'ici au Choa (c'est-à-dire de Tadjoura
au Choa), il y a une cinquantaine de jours de marche à
cheval par des déserts brûlants. Mais en Abyssinie
le climat est délicieux, il ne fait ni chaud ni froid, la
population est chrétienne et hospitalière ; on mène une
vie facile, c'est un lieu de repos très agréable pour ceux
qui se sont abrutis quelques années sur les rivages
incandescents de la mer Rouge.

Maintenant que cette affaire est en train, je ne puis
reculer. Je ne me dissimule pas les dangers, je n'ignore
pas les fatigues de ces expéditions ; mais, par mes séjours
au Harar, je connais déjà les manières et les mœurs de
ces contrées. Quoi qu'il en soit, j'espère bien que cette
affaire réussira. Je compte à peu près que ma caravane
pourra se lever à Tadjoura vers le 15 janvier 1886 ; et
j'arriverais vers le 15 mars au Choa. C'est alors la fête
de Pâques chez les Abyssins.

Si le roi me paie sans retard, je descendrai aussitôt
vers la côte avec environ vingt-cinq mille francs de
bénéfice.

Alors, je rentrerai en France pour faire des achats
de marchandises moi-même, — si je vois que ces affaires
sont bonnes. De sorte que vous pourriez bien recevoir
ma visite vers la fin de l'été 1886. Je souhaite fort que
ça tourne comme cela ; souhaitez-le-moi de même.

À présent, il faut que vous me cherchiez quelque
chose dont je ne puis me passer, et que je ne trouverais
jamais ici.

Écrivez à M. le Directeur de la Librairie des Langues
orientales, à Paris :

Monsieur,

Je vous prie d'expédier contre remboursement, à
l'adresse ci-dessous, le *Dictionnaire de la langue amhara*

(avec la prononciation en caractères latins), par M. d'Abbadie, de l'Institut.

Agréez, monsieur, mes salutations empressées.

RIMBAUD, à Roche, canton d'Attigny, Ardennes.

Payez pour moi ce que cela coûtera, une vingtaine de francs, plus ou moins. Je ne puis me passer de l'ouvrage pour apprendre la langue du pays où je vais et où personne ne sait une langue européenne, car il n'y a là, jusqu'à présent, presque point d'Européens.

Expédiez-moi l'ouvrage dit à l'adresse suivante :

M. Arthur Rimbaud, hôtel de l'Univers, à Aden.

Achetez-moi cela le plus tôt possible, car j'ai besoin d'étudier cette langue avant d'être en route. D'Aden on me réexpédiera à Tadjoura, où j'aurai toujours à séjourner un mois ou deux pour trouver des chameaux, mulets, guides, etc., etc.

Je ne compte guère pouvoir me mettre en route avant le 15 janvier 1886.

Faites ce qui est nécessaire, au sujet de cette affaire du service militaire. Je voudrais être en règle pour quand je rentrerai en France, l'an prochain.

Je vous écrirai encore plusieurs fois, avant d'être en route, comme je vous l'explique.

Donc, au revoir, et tout à vous,

RIMBAUD.

REÇU DE P. LABATUT

Reçu de M. A. Rimbaud la somme de huit cents dollars Marie-Thérèse, que je lui rembourserai dans le délai d'un an ou plus tôt (sans intérêts).

Aden, le 23 novembre 1885.

P. LABATUT.

RIMBAUD AUX SIENS

Tadjoura, le 3 décembre 1885.

Mes chers amis,

Je suis ici en train de former ma caravane pour le Choa. Ça ne va pas vite, comme c'est l'habitude ; mais, enfin, je compte me lever d'ici vers la fin de janvier 1886.

Je vais bien. — Envoyez-moi le dictionnaire demandé, à l'adresse donnée. À cette même adresse, par la suite, toutes les communications pour moi. De là on me fera suivre.

Ce Tadjoura-ci est annexé depuis un an à la colonie française d'Obock. C'est un petit village Dankali avec quelques mosquées et quelques palmiers. Il y a un fort, construit jadis par les Égyptiens, et où dorment à présent six soldats français sous les ordres d'un sergent, commandant le poste. On a laissé au pays son petit sultan et son administration indigène. C'est un protectorat. Le commerce du lieu est le trafic des esclaves.

D'ici partent les caravanes des Européens pour le Choa, très peu de chose ; et on ne passe qu'avec de grandes difficultés, les indigènes de toutes ces côtes étant devenus ennemis des Européens, depuis que l'amiral anglais Hewett a fait signer à l'empereur Jean du Tigré un traité abolissant la traite des esclaves, le seul commerce indigène un peu florissant. Cependant, sous le protectorat français, on ne cherche pas à gêner la traite, et cela vaut mieux.

N'allez pas croire que je sois devenu marchand d'esclaves. Les m[archand]ises que nous importons sont des fusils (vieux fusils à piston réformés depuis 40 ans), qui valent chez les marchands de vieilles armes, à Liège ou en France, 7 ou 8 francs la pièce. Au roi du Choa, Ménélik II, on les vend une quarantaine de francs. Mais il y a dessus des frais énormes, sans parler des dangers de la route, aller et retour. Les gens de la route sont les Dankalis, pasteurs bédouins, musulmans fanatiques : ils sont à craindre. Il est vrai que nous marchons avec des

armes à feu et les bédouins n'ont que des lances : mais toutes les caravanes sont attaquées.

Une fois la rivière Hawache passée, on entre dans les domaines du puissant roi Ménélik. Là, ce sont des agriculteurs chrétiens ; le pays est très élevé, jusqu'à 3 000 mètres au-dessus de la mer ; le climat est excellent ; la vie est absolument pour rien ; tous les produits de l'Europe poussent ; on est bien vu de la population. Il pleut là six mois de l'année, comme au Harar, qui est un des contreforts de ce grand massif éthiopien.

Je vous souhaite bonne santé et prospérité pour l'an 1886.

Bien à vous,

A. RIMBAUD.

Hôtel de l'Univers, Aden.

RIMBAUD AUX SIENS

Tadjoura, le 10 décembre 1885.

Mes chers amis,

Je me trouve retardé ici jusqu'à fin janvier 1886 ; et même, probablement, j'y passerai la moitié du mois de février.

Je vous rappelle le *Dictionnaire amhara* par M. d'Abbadie, que vous avez dû déjà demander. Je ne puis m'en passer pour l'étude de la langue. Je crains seulement, en y pensant, que le poids de ce volume n'excède le maximum des colis postaux. S'il en était ainsi, adressez-le comme suit :

MM. *Ulysse Pia et Cie, à Marseille*[1].

avec une lettre priant ces messieurs de faire parvenir ledit colis, par les Messageries maritimes, à

MM. *Bardey, négociants à Aden.*

Ces derniers, avec lesquels je me suis remis en partant[2], me feront parvenir le colis à Tadjoura. Dans la lettre, vous prierez MM. Ulysse Pia et Cie de vous dire le fret et les frais payés par eux à Marseille pour la transmis-

sion dudit colis à Aden, et vous les leur rembourserez par la poste.

Ne me faites pas égarer ce colis comme, l'autre fois, la caisse de livres. Si vous l'avez envoyé par la poste, il me parviendra toujours; s'il était trop volumineux pour la poste, je suppose que vous ne l'aurez pas envoyé par le chemin de fer à Marseille sans destinataire. Il faut quelqu'un pour embarquer ladite marchandise à Marseille et en payer le fret sur le vapeur des Messageries maritimes, ou bien elle reste en souffrance.

J'espère, toutefois, que vous aurez pu l'envoyer par la poste. Dans le cas contraire, je vous indique ce qu'il y a à faire. Je désirerais bien cependant ne pas me mettre en route, fin janvier, sans ce livre; car, sans lui, je ne pourrais étudier la langue.

On est en hiver, c'est-à-dire on n'a pas plus de 30 degrés; et l'été reprend dans trois mois.

Je ne vous répète pas ce que je vous expliquais de mes affaires dans mes dernières lettres. Comme je me suis arrangé, je compte, en tout cas, ne rien perdre; et j'espère bien gagner quelque chose, et, comme je vous le disais, je compte vous voir en France l'automne prochain, avant l'hiver 1886-87, en bonne santé et prospérité.

Bien à vous.

RIMBAUD.

— Les postes étant encore trop mal organisées dans la colonie française d'Obock pour me faire adresser les lettres ici, envoyez-les toujours à Aden à l'adresse ci-dessus.

RIMBAUD AUX SIENS

Tadjoura, 2 janvier 1886.

Chers amis,

J'ai reçu votre lettre du 2 décembre.

Je suis toujours à Tadjoura et y serai certes encore plusieurs mois; mes affaires vont bien doucement, mais

j'espère que cela marchera bien tout de même. Il faut une patience surhumaine dans ces contrées.

Je n'ai pas reçu la lettre que vous dites m'avoir adressée à Tadjoura, via Obock. Le service est encore très mal organisé dans cette sale colonie.

J'attends toujours le livre demandé. Je vous souhaite une bonne année, exempte des soucis qui me tourmentent.

Voici que mon départ se trouve encore passablement retardé; tellement, que je doute pouvoir arriver en France pour cet automne, et il me serait dangereux d'y rentrer tout d'un coup en hiver.

Bien à vous,

RIMBAUD.

RIMBAUD AUX SIENS

Tadjoura, 6 janvier 1886.

Chers amis,

Je reçois aujourd'hui votre lettre du 12 décembre 1885.

Écrivez-moi tout le temps comme cela : on me fera toujours suivre ma correspondance, où que je sois. Du reste, ça va très mal : la route de l'intérieur semble devenir impraticable. Il est bien vrai que je m'expose à beaucoup de dangers et, surtout, à des désagréments indescriptibles. Mais il s'agit de gagner une dizaine de mille francs[1], d'ici à la fin de l'année, et, autrement, je ne les gagnerais pas en trois ans. D'ailleurs, je me suis ménagé la possibilité de rentrer dans mon capital, à n'importe quel moment; et, si les épreuves surpassent ma patience, je me ferai rembourser ce capital et je retournerai chercher un travail à Aden ou ailleurs. À Aden, je trouverai toujours quelque chose à faire.

Ceux qui répètent à chaque instant que la vie est dure devraient venir passer quelque temps par ici, pour apprendre la philosophie!

À Tadjoura, on n'entretient qu'un poste de six soldats et un sergent français. On les relève tous les trois mois, pour les expédier, en congé de convalescence,

vers la France. Aucun poste n'a pu passer trois mois
sans être entièrement pris par les fièvres. Or, c'est la
saison des fièvres dans un mois ou deux[1], et je compte
bien y passer.

Enfin, l'homme compte passer les trois quarts de sa
vie à souffrir pour se reposer le quatrième quart; et,
le plus souvent, il crève de misère sans plus savoir où
il en est de son plan!

Vous m'embarrassez en vous embarrassant. Le reçu
de ce livre va être à présent fort retardé! C'est bien ce
qui est indiqué :

« D'Abbadie. — *Dictionnaire de la langue amariñña,* 1 vol.
in-8°. »

Envoyez-le, sans plus de retard, à mon adresse ordi-
naire : hôtel de l'Univers, à Aden, si la poste veut bien
le prendre ; et, dans le cas contraire, s'il faut l'envoyer par
chemin de fer, expédiez, comme je vous l'ai indiqué, à :

MM. Ulysse Pia et Cie, à Marseille,
pour
MM. Bardey frères, à Aden

Ceux-ci feront suivre à Tadjoura.

Je ne trouve pas un timbre dans cet horrible pays ; je
vous envoie ceci non affranchi, excusez-moi.

RIMBAUD.

RIMBAUD AUX SIENS

Tadjoura, 31 janvier 1886.
Chers amis,

Je n'ai rien reçu de vous depuis la lettre où vous
m'envoyiez le titre de l'ouvrage que je réclamais, en
me demandant si c'était cela. Je vous ai répondu affir-
mativement, dans les premiers jours de janvier, et je
répète, dans le cas où cela ne vous serait pas parvenu :

« *Dictionnaire de la langue amariñña,* par d'Abbadie. »

Mais je suppose que l'ouvrage est déjà en route, et

il me parviendra, car, du train que les choses marchent,
je vois que je serai ici encore fin mars. Mes marchan-
dises sont arrivées; mais les chameaux ne se trouvent
pas pour ma caravane, et il faudra attendre longtemps
encore, peut-être même jusqu'à mai, avant de me lever
de la côte.

Ensuite, le voyage aller durera deux mois, soit l'arrivée
au Choa fin juin environ; même dans les conditions les
plus avantageuses, je ne serai pas de retour à Aden
avant tout à fait la fin de 1886 ou le commencement
de 87; de sorte que, si j'ai à aller en Europe, ce ne sera
qu'au printemps de ce 1887. La moindre entreprise en
Afrique est sujette à des contretemps insensés et requiert
une patience extraordinaire.

Bien à vous,

RIMBAUD.

RIMBAUD AUX SIENS

Tadjoura, 28 février 1886.

Mes chers amis,

Cette fois, il y a deux mois presque que je suis sans
vos nouvelles.

Je suis toujours ici, avec la perspective d'y rester
encore trois mois. C'est fort désagréable; mais cela
finira cependant par finir, et je me mettrai en route
pour arriver, je l'espère, sans encombre.

Toute ma marchandise est débarquée, et j'attends le
départ d'une grande caravane pour m'y joindre.

Je crains que vous n'ayez pas rempli les formalités
pour l'envoi du dictionnaire amhara : il ne m'est rien
arrivé jusqu'à présent. Mais, peut-être, est-ce à Aden;
car il y a *six mois* que je vous ai écrit à propos de ce
livre, pour la première fois, et vous voyez comme vous
avez le talent de me faire parvenir avec précision les
choses dont j'ai besoin : six mois pour recevoir un
livre!

Dans un mois, ou six semaines, l'été va recommencer
sur ces côtes maudites. J'espère ne pas en passer une

grande partie ici et me réfugier, dans quelques mois, parmi les monts de l'Abyssinie, qui est la Suisse africaine, sans hivers et sans étés : printemps et verdure perpétuelle, et l'existence gratuite et libre!

Je compte toujours redescendre fin 1886 ou commencement 1887.

Bien à vous,

RIMBAUD.

RIMBAUD AUX SIENS

Tadjoura, 8 mars 1886.

Chers amis,

J'attends toujours ledit volume, je trouve que le retard s'accentue. Je ne pars pas d'ici d'ailleurs avant *mai*.

Écrivez-moi toujours à l'adresse ci-dessous.

Voici deux mois sans nouvelles de vous.

ARTHUR RIMBAUD.
Hôtel de l'Univers[1], à Aden.

LABATUT ET RIMBAUD
AU MINISTRE DES AFFAIRES ÉTRANGÈRES

Monsieur le Ministre,

Nous sommes négociants français établis depuis une dizaine d'années au Choa, à la cour du roi Ménélik.

Au mois d'août 1885, le roi du Choa, le Ras Govana et plusieurs de nos relations en Abyssinie nous firent une commande d'armes et de munitions, d'outils et de marchandises variées. Ils nous avancèrent certaines sommes, et, rassemblant en outre tous nos capitaux disponibles au Choa, nous descendîmes à la Côte d'Obock.

Là, ayant demandé et obtenu de M. le gouverneur d'Obock l'autorisation de débarquer à Tadjoura et

d'expédier en caravane la quantité précise d'armes et de munitions que nous désirions acheter, ayant aussi obtenu du gouvernement d'Aden, par l'entremise de M. le Consul de France, l'autorisation de faire transiter lesdites armes à Aden pour Tadjoura, nous fîmes faire nos achats en France par nos correspondants, l'un de nous restant à Aden pour le transit, l'autre à Tadjoura, pour la préparation de la caravane sous la protection française.

Vers la fin de janvier 1886, nos marchandises ayant transité à Aden furent débarquées à Tadjoura et nous organisâmes notre caravane, d'ailleurs avec les difficultés ordinaires à Tadjoura. Enfin, notre départ devait avoir lieu vers la fin de ce mois d'avril.

Le 12 avril, M. le gouverneur d'Obock venait nous annoncer qu'une dépêche du Gouvernement ordonnait sommairement d'arrêter toutes importations d'armes au Choa! Ordre était donné au sultan de Tadjoura d'arrêter la formation de notre caravane!

Ainsi, avec nos marchandises en séquestre, nos capitaux dispersés en frais de caravane, notre personnel subsistant indéfiniment à nos frais, et notre matériel se détériorant, nous attendons à Tadjoura les motifs et les suites d'une mesure aussi arbitraire.

Cependant nous sommes bien en règle avec tous les règlements, les autorités de la colonie peuvent en témoigner. Nous n'avons apporté d'armes qu'à l'ordre du gouvernement du Choa, et, pourvus de l'autorisation nécessaire, nous procédons à les expédier à leur destination aussi promptement que possible; nous pouvons prouver que nous n'avons jamais vendu, donné ou même confié une seule arme aux indigènes en aucuns temps ni lieux. Nos armes doivent être livrées à Ménélik dans leur emballage au départ de France, et il ne peut jamais en être rien distrait, soit à la côte, soit à l'intérieur.

Quelles que doivent être par la suite les décisions du Ministère, nous demandons à établir d'avance qu'il nous serait tout à fait impossible de liquider légalement ou normalement notre affaire, 1º parce que ces armes et munitions sont à ordre du gouvernement du Choa, 2º parce qu'il nous est impossible de rentrer dans les frais faits.

Nulle part ces armes ne réaliseraient leur valeur *revient Tadjoura*. Les gens au courant de ces opérations savent qu'un capital triple de la valeur réelle des armes est immédiatement consommé à la côte par le débarquement, les vivres et salaires de toute une population de servants abyssins et de chameliers assemblés pour la caravane, les bakshich considérables en argent et cadeaux aux notables, les extorsions des Bédouins du voisinage, les avances perdues, le paiement du loyer des chameaux, les droits de racolage et les taxes de passage, les frais d'habitation et de nourriture des Européens, l'achat et l'entretien d'une masse de matériel, de vivres, d'animaux de transport par une route de cinquante jours dans le plus aride des déserts! À la formation d'une caravane à Tadjoura, la population en subsiste tout entière pendant les trois, six et même dix mois que l'on se trouve inévitablement retardé dans ce lieu.

Nous devrions d'ailleurs mettre en première ligne de compte les années écoulées au Choa à attendre ces commandes, les frais de descente à la côte, les salaires des gens engagés au Choa à notre service depuis des années dans la perspective de cette opération. Nous sommes engagés dans cette unique affaire par tous nos capitaux, tout notre matériel et notre personnel, tout notre temps et notre existence même.

Il se comprend que l'on n'entreprend des affaires aussi lentes, dangereuses et fastidieuses que dans la perspective assurée de gros bénéfices. Les prix payés de ces armes au Choa, où elles sont d'ailleurs peu nombreuses jusqu'ici, sont en effet extraordinairement élevés, d'autant plus que les paiements se font en marchandises cédées par le Roi au prix du Choa et laissant au retour un bénéfice d'environ 50 % sur la place d'Aden. Cela explique que des négociants français opèrent au Choa avec des fonds empruntés à 50, 75 et 100 % d'intérêt annuel.

C'est donc leur valeur définitive au Choa que nous devons logiquement donner dès à présent aux armes de notre caravane organisée à Tadjoura, puisque, les frais faits et les fatigues subies, il ne nous reste plus qu'à franchir la route pour faire la livraison et toucher le paiement.

Voici en détail la valeur de l'opération que l'autorité française nous a permis de former, puis défendu d'exécuter :

2 040 fusils à capsules, tarifés au Choa quinze dollars Marie-Thérèse l'un, total : — Dollars. . . . 30 600

60 000 cartouches Remington à 60 dollars le mille 3 600

Aux armes et munitions est annexée une commande d'outils pour le roi qu'il est impossible d'expédier isolément. Valeur . . . 5 800

La valeur totale de la caravane à la livraison est donc de : — Dollars . . . . 40 000.

Ajoutant 50 % au retour, c'est-à-dire le bénéfice de la vente à Aden des marchandises (ivoire, musc, or) données en paiement au Choa par le roi, nous établissons que cette opération doit nous produire une somme nette de 60 000 dollars dans un délai de un an à dix-huit mois. 60 000 dollars, au change moyen d'Aden (francs 4,30), égalent 258 000 francs.

Nous considérons le Gouvernement comme notre débiteur de cette somme tant que durera l'interdiction présente, et, si elle est maintenue, tel sera le chiffre de l'indemnité que nous réclamerons du gouvernement.

Nous ne pouvons nous empêcher de faire les réflexions suivantes sur quelques raisons politiques qui pourraient avoir motivé la mesure qui nous frappe :

1º Il serait absurde de supposer que les Dankalis puissent s'armer par l'occasion de ce trafic. Le fait extraordinaire, et qui ne se reproduirait plus, de quelques centaines d'armes pillées au loin lors de l'attaque de la caravane Barral[1], réparties entre un million de Bédouins, ne constitue aucun danger. D'ailleurs, les Dankalis, comme les autres peuplades de la côte, ont si peu de goût pour les armes à feu, qu'on ne leur en trouverait jamais le moindre débit sur la côte;

2º On ne peut dire qu'il y ait corrélation entre l'importation des armes et l'exportation des esclaves. Ce dernier trafic existe entre l'Abyssinie et la côte, depuis la plus

haute antiquité, dans des proportions invariables. Mais nos affaires sont tout à fait indépendantes des trafics obscurs des Bédouins. Personne n'oserait avancer qu'un Européen ait jamais vendu ou acheté, transporté ou aidé à transporter un seul esclave, à la côte ni dans l'intérieur.

D'ailleurs le fait de l'interdiction de l'importation des armes à destination du Choa aura pour résultat unique, certain et immédiat, de supprimer radicalement les rapports commerciaux de la colonie d'Obock et de l'Abyssinie.

Pendant que la route d'Assab restera spécialement ouverte à l'importation des armes sous protection italienne, que l'excellente route de Zeilah accaparera l'importation des étoffes et marchandises indigènes sous protection anglaise, aucun Français n'osera plus s'aventurer dans le traquenard Obock-Tadjoura, et il n'y aura plus aucune raison pour stipendier les chefs de Tadjoura et de la sinistre route qui le relie au Choa.

Espérant mieux du gouvernement de la nation française que nous avons honorablement et courageusement représentée dans ces contrées,

Nous vous prions d'accepter, Monsieur le Ministre, l'hommage de nos respects très dévoués.

LABATUT ET RIMBAUD.

Tadjoura, le 15 avril 1886.

M. le ministre des Affaires Étrangères,
À Paris.

RIMBAUD AUX SIENS

Aden, le 21 mai 1886.

Chers amis,

Je trouve à Aden, où je suis venu passer quelques jours, le livre que vous m'avez envoyé.

Je crois que, définitivement, je partirai fin juillet.

Je vais toujours bien. Les affaires ne vont ni mieux ni plus mal.

Envoyez vos lettres dans de grandes enveloppes.

Bien à vous,

RIMBAUD.

REÇU

1er juin 1886.

Nous soussignés déclarons devoir à Monsieur J. Suel, la somme de (Rs 11 518,8) onze mille, cinq cent dix-huit roupies, huit annas, montant des sommes diverses qu'il nous a remises et de tout compte détaillé jusqu'à fin mai 1886.

La dite somme portera intérêts à partir du 1er juin 1887 à raison de 12 p[ou]r % l'an.

Aden, le 1er juin 1886.

P[IE]R[RE] LABATUT
A. RIMBAUD.

[*Sur l'original l'addition :*]

11 518,8
115,3
───────
11 633,11

AUTORISATION DE J. SUEL

J'autorise M. Rimbaud à retirer de chez M. P[aul] Soleillet les 1 000 fusils à piston m'appartenant.

M. Rimbaud pourra les vendre tout ou partie, mais pas au-dessous de th. 6, six th. l'un.

M. Rimbaud voudra bien, s'il lui est possible, et si surtout il devait partir avant M. Soleillet, prendre avec lui, au Choa, ce qui resterait des mille fusils, et les remettre à M. Pino, à qui je les destine.

Aden, le 4 juin 1886.

J. SUEL.

REÇU

Reçu de M. Hugo Ferrandi la somme de th. 600, envoi de M. Rimbaud.

Aden, le 16 juin 1886.

J. SUEL.

REÇU

Je soussigné A. Rimbaud paierai à présen[ta]tion contre la présente reconnaissance à M. Deschamps ou à son ordre la somme de cent cinquante thalers pour solde de dix fusils à moi livrés.

Tadjoura   Bon pour cent cinquante thalers.
le 27 juin 1886.   A. RIMBAUD.
Payable au Choa.

Payé à Aden 150 th.

Payer à l'o[rdre] de M. Audon
Tadjoura le 27 juin 1886
A. Deschamps
M. Audon

J. SUEL À RIMBAUD

Grand Hôtel
de
l'Univers
Aden   Aden, le 3 juillet 1886.

Mon cher Monsieur Rimbaud

Mon cher. Je vous prie, faites votre possible pour arriver à me rendre le grand service de vous charger du tout. Si nous laissons les 600 fusils à M. Soleillet et qu'il parte bien après vous, voyez quelle perte de temps et d'argent pour moi.

M. Pino attend ces fusils, et naturellement il ne pourra
retourner que lorsqu'il les aura reçu[s], ce qui m'éternise ici.
Je suis très fatigué, et je voudrais pouvoir m'en aller passer
quelques jours en France. Je ne pourrai le faire que si je suis
sûr que vous vous en chargez.

Faites-le, je vous en conjure, et prenez sur la vente des
autres ce qui vous sera nécessaire pour payer les chameaux.

Je vais écrire à Paris, 48, rue Caumartin. Comme j'ai tout
envoyé au nº 8, j'ai bien peur qu'il n'aura rien reçu.

Je vais voir la malle et vous dirai ce qu'il y a; puis, si
vous voulez, je vous l'enverrai.

M. Henry[1] part ce soir avec le « Météore ». Il vous remettra
cette lettre écrite à la hâte.

Encore une fois, tirez-moi de l'ennui de savoir mes fusils
à la côte si vous partez.

Je vous enverrai par M. Franzoj le paquet lettres pour
l'Abyssinie.

Je suis ici tout à votre disposition.

Bien à vous.
J. SUEL.

RIMBAUD AUX SIENS

Tadjoura, 9 juillet 1886.

Mes chers amis,

Je reçois seulement à présent votre lettre du 28 mai.

Je ne comprends rien du tout au service postal de
cette maudite colonie. J'écris régulièrement.

Il y a eu des incidents désagréables ici, mais pas de
massacres sur la côte : une caravane a été attaquée en
route, mais c'est parce qu'elle était mal gardée.

Mes affaires sur la côte ne sont pas encore réglées,
mais je compte que je serai en route en septembre,
sans rémission.

Le dictionnaire m'est arrivé depuis longtemps.

Je me porte bien, aussi bien qu'on peut se porter ici
en été, avec 50 et 55 centigrades à l'ombre.

Bien à vous,

A. RIMBAUD.
Hôtel de l'Univers,
Aden.

RIMBAUD AUX SIENS

Tadjoura, 15 septembre 1886.

Mes chers amis,

Il y a très longtemps que je ne reçois rien de vous.

Je compte définitivement partir pour le Choa, fin septembre.

J'ai été retardé très longtemps ici, parce que mon associé est tombé malade et est rentré en France d'où on m'écrit qu'il est près de mourir.

J'ai une procuration pour toutes ses marchandises; de sorte que je suis obligé de partir quand même; et je partirai seul, Soleillet (l'autre caravane à laquelle je devais me joindre) étant mort également.

Mon voyage durera au moins un an.

Je vous écrirai au dernier moment. Je me porte très bien.

Bonne santé et bon temps.

Adresse : ARTHUR RIMBAUD,
Hôtel de l'Univers,
Aden.

JULES SUEL À RIMBAUD

Aden, le 16 septembre 1886.

Mon cher Monsieur Rimbaud,

Depuis ma dernière lettre, un mieux sensible se serait produit chez ce pauvre Labatut; mais le mal reste toujours incurable. Il est plus que probable qu'il lira votre lettre avant sa mort, qui est encore éloignée de quelques mois. Vous aurez le temps de tout liquider sans être inquiété des héritiers qui ne seront probablement informés de sa mort que d'ici. Comme c'est ici que nous avons fait tous les arrangements, ce sera le Consul qui sera chargé de tout; du reste je serai informé si ce malheur lui arrive, et vous ferai part de ce qui se passera, comme aussi si j'ai quelques nouvelles avant votre départ de la côte, je vous les transmettrai.

. . . .

Je vous envoie les effets de Labatut, il ne reste pas grand
chose, mais vous aurez des vêtements pour la route, il y en a
de vieux et de neufs, pour l'ombrelle noire doublée de vert,
je n'en trouve pas, il y en avait beaucoup dans le lot que
j'avais vendu à Labatut et que vous devez avoir.

Je reçois à l'instant un télégramme qui m'annonce l'arrivée
de Chefneux qui vient remplacer le pauvre Soleillet
décédé ici le 9 de ce c[ouran]t mois.

M. Savouré m'a écrit de Farré à la date du 15 mars; il ne
m'a rien dit que nous ne sachions déjà.

Le représentant de Deschamps écrit du Choa que les
affaires deviennent de plus en plus difficiles, et ne parle de
personne; du reste toutes [s]es lettres sont datées de mars
et avril.

Je vous envoie toutes les lettres que j'ai pour l'Abys-
sinie, et aussi une lettre pour Pino, lui expliquant tout ce
que vous me dites.

Inclus votre facture acq[uitt]ée. J'aurais de beaucoup
préféré que les fusils puissent s'écouler à la côte, car j'entre-
vois bien des ennuis avec Pino, qui ne m'a jamais donné
de ses nouvelles. Enfin! à la Q...

Je ne puis que vous souhaiter bon voyage et prompt retour.
Mais j'espère encore avoir le temps de vous écrire quelques
mots si vous devez encore rester jusqu'à la fin du mois.

Bien à vous.

J. SUEL.

ALI-REDANE PACHA
gouverneur de Harar
À NOUR-ROBLÉ
ougasse des Gadi-Boursis

Le dénommé M. Raimbaud est venu m'informer qu'il
avait acheté quinze prazelas de dents d'ivoire de la tribu
des Gadi-Boursis, et il me prie de vous dire que vous envoyiez
cette marchandise dans la tribu El-Gui.

Voilà pourquoi le but de ma lettre, et si la chose est vraie,
veuillez envoyer l'ivoire dans la tribu susdit, et prenez l'ar-
gent de l'ivoire de l'agent, et s'il y a d'autre ivoire, envoyez-le
à Darmi.

Takaris, 11, Rabia el Aoual, 1301.

Le c[t] du Harar
ALI-REDANE PACHA.

RIMBAUD AUX SIENS

Abyssinie du Sud.
Entotto (Choa), le 7 avril 1887.

Mes chers amis,

Je me trouve en bonne santé; mes affaires d'ici ne finiront pas avant la fin de l'année. Si vous avez à m'écrire, adressez ainsi :

Monsieur Arthur Rimbaud,
Hôtel de l'Univers, à Aden.

De là, les choses me parviendront comme elles pourront. J'espère être de retour à Aden vers le mois d'octobre; mais, les choses sont très longues dans ces sales pays, qui sait?

Bien à vous,

RIMBAUD.

REÇU

Reçu de Monsieur Rimbaud la somme de huit cent soixante-six thalers pour Monsieur Audon au Choa.

Harar, le 20 juin 1887.

DEDJAZMATCH MAKONNEN.

MÉNÉLIK II À RIMBAUD

Ménélik II, roi du Choa, du Kaffa et de tous les pays Gallas circonvoisins.

Parvienne à Monsieur Rimbaud. Comment te portes-tu? Moi, Dieu soit loué, je suis bien, ainsi que toute mon armée.

La lettre que tu m'as envoyée m'est parvenue. Je te remercie de toutes les nouvelles que tu m'as envoyées.

Les intérêts du prix reſté en compte sont trop élevés. J'ai envoyé l'ordre à Dedjaz Makonnen de te payer. Reçois de lui cette somme. Si tu as des nouvelles d'Europe et de Massaouah, envoie-les-moi, tout de suite.

Écrit le 30 sanié 1879 [juin 1887], au pays d'Adea Bagoftou.

[Sceau : *Il a vaincu, le lion de la tribu de Juda. Ménélik, roi du Choa.*]

LE DEDJAZMATCH MAKONNEN
AU CONSUL DE FRANCE À ADEN

Monsieur le Consul,

M. Rimbaud descendant à Aden pour régler la liquidation de sa caravane en votre présence, je vous préviens par la présente qu'il m'a laissé au crédit de M. Audon au Choa, agent de M. Deschamps à Aden, la somme de huit cent soixante-six Thalers en acompte sur ce que M. Audon lui réclame.

Je vous serais très obligé de favoriser dans ses opérations de retour M. Rimbaud, lequel eſt chargé de commissions du roi Ménélik, et aussi de notre part.

Agréez, Monsieur le Consul, mes salutations dévouées.

DEDJAZMATCH MAKONNEN.

Harar, le 29 juin 1887.

REÇU

Reçu de M. A. Rimbaud la somme de 4 000 th. par un bon sur [[1]   ] pour solde de tout compte personnellement et pour l'affaire Labatut.

Aden, le 27 juillet [18]87.

J. SUEL.

RIMBAUD À M. DE GASPARY

Aden, le 30 juillet 1887.

Monsieur le Consul,

J'ai l'honneur de vous rendre compte de la liquidation de la caravane de feu Labatut, opération dans laquelle j'étais associé selon une convention faite au consulat en mai 1886.

Je ne sus le décès de Labatut qu'à la fin de 86, au moment où, tous les premiers frais payés, la caravane commençait à se mettre en marche et ne pouvait plus être arrêtée, et ainsi je ne pus m'arranger à nouveau avec les créanciers de l'opération.

Au Choa, la négociation de cette caravane se fit dans des conditions désastreuses : Ménélik s'empara de toutes les marchandises et me força de les lui vendre à prix réduit, m'interdisant la vente au détail et me menaçant de les renvoyer à la côte à mes frais ! Il me donna en bloc 14 000 thalers de toute la caravane, retranchant de ce total une somme de 2 500 thalers pour paiement de la 2e moitié du loyer des chameaux et autres frais de caravane soldés par l'Azzaze, et une autre somme de 3 000 thalers, solde de compte au débit de Labatut chez lui, me dit-il, tandis que tous m'assurèrent que le roi restait plutôt débiteur de Labatut.

Traqué par la bande des prétendus créanciers de Labatut, auxquels le roi donnait toujours raison, tandis que je ne pouvais jamais rien recouvrer de ses débiteurs, tourmenté par sa famille abyssine qui réclamait avec acharnement sa succession et refusait de reconnaître ma procuration, je craignais d'être bientôt dépouillé complètement et je pris le parti de quitter Choa, et je pus obtenir du roi un bon sur le gouverneur du Harar, Dedjazmatche Mékonmène, pour le paiement d'environ 9 000 thalers, qui me restaient redus seulement, après le vol de 3 000 thalers opéré par Ménélik sur mon compte, et selon les prix dérisoires qu'il m'avait payés.

Le paiement du bon de Ménélik ne se termina pas au

Harar sans frais et difficultés considérables, quelques-uns des créanciers étant venus me relancer jusque-là. En somme, je rentrai à Aden, le 25 juillet 1887 avec 8 000 thalers de traites et environ 600 thalers en caisse.

Dans notre convention avec Labatut, je me chargeais de payer, outre tous les frais de caravane :

1º au Choa, 3 000 thalers par la livraison de 300 fusils à ras Govana, affaire réglée par le roi lui-même ;

2º à Aden, une créance à M. Suel, acquittée actuellement avec une réduction réglée entre les parties ;

3º un billet de Labatut à M. Audon, au Choa, créance dont j'ai déjà versé, au Choa et au Harar, plus de 50 % suivant documents entre mes mains.

Tout ce qui pouvait être, d'ailleurs, au débit de l'opération a été réglé par moi. La balance étant un[e] encaisse d'environ 2 500 thalers, et Labatut me restant débiteur par obligations faites au consulat, d'une somme de 5 800 thalers, je sors de l'opération avec une perte de 60 % sur mon capital, sans compter vingt et un mois de fatigues atroces passés à la liquidation de cette misérable affaire.

Tous les Européens au Choa ont été témoins de la marche de cette affaire, et j'en tiens les documents à la disposition de M. le Consul.

Agréez, Monsieur le Consul, l'assurance de mon dévouement respectueux.

A. RIMBAUD.

Monsieur de Gaspary,
Vice-consul de France,
À Aden.

LE CONSUL DE MASSAOUAH
AU CONSUL D'ADEN

Consulat de France
Massaouah

Massaouah, le 5 août 1887.

Monsieur le Consul,

Un sieur Rimbaud, se disant négociant à Harar et à Aden, est arrivé hier à Massaouah à bord du courrier hebdomadaire d'Aden.

Ce Français, qui est grand, sec, yeux gris, moustaches presque blondes, mais petites, m'a été amené par les carabiniers.

M. Rimbaud n'a pas de passeport et n'a pu me prouver son identité. Les pièces qu'il a exhibées sont des procurations passées devant vous avec un sieur Labatut, dont l'intéressé aurait été le fondé de pouvoirs.

Je vous serais obligé, Monsieur le Consul, de vouloir bien me renseigner sur cet individu dont les allures sont quelque peu louches.

Ce sieur Rimbaud est porteur d'une traite de 5 000 thalers à cinq jours de vue sur M. Lucardi, et d'une autre traite de 2 500 thalers sur un négociant indien de Massaouah.

Veuillez agréer, Monsieur le Consul, les assurances de ma considération la plus distinguée.

ALEXANDRE [MERCINIEZ].

M. de Gaspary,
Vice-consul de France, Aden.

LE CONSUL DE FRANCE À MASSAOUAH
AU MARQUIS DE GRIMALDI-RÉGUSSE

[Cachet du consulat :]
MASSAOUAH.

Massaouah, le 12 août 1887.

Mon cher Maître,

Cinq mois d'absence de notre chère Égypte n'auront certes pas effacé mon nom de votre bon souvenir, aussi je me fais un plaisir de me rappeler à vous, en vous recommandant tout particulièrement M. Rimbaud Arthur, Français très honorable, négociant explorateur du Choa et du Harar, pays qu'il connaît parfaitement bien et où il a séjourné plus de neuf ans.

M. Rimbaud se rend en Égypte pour se reposer quelque peu de ses longues fatigues ; il vous donnera des nouvelles du frère de M. Borelli Bey qu'il a rencontré au Choa.

Je saisis cette occasion pour vous renouveler, Cher Maître, les assurances de ma haute considération.

ALEXANDRE MERCINIEZ.

À Monsieur
Monsieur le marquis
de Grimaldi-Régusse
avocat à la Cour d'Appel
au Caire.

RIMBAUD
AU DIRECTEUR DU « BOSPHORE ÉGYPTIEN »

Le Caire, [20] août 1887.

Monsieur,

De retour d'un voyage en Abyssinie et au Harar, je me suis permis de vous adresser les quelques notes suivantes, sur l'état actuel des choses dans cette région. Je pense qu'elles contiennent quelques renseignements inédits ; et, quant aux opinions y énoncées, elles me sont suggérées par une expérience de sept années de séjour là-bas.

Comme il s'agit d'un voyage circulaire entre Obock, le Choa, Harar et Zeilah, permettez-moi d'expliquer que je descendis à Tadjoura au commencement de l'an passé dans le but d'y former une caravane à destination du Choa.

Ma caravane se composait de quelques milliers de fusils à capsules et d'une commande d'outils et fournitures diverses pour le roi Ménélik. Elle fut retenue une année entière à Tadjoura par les Dankalis, qui procèdent de la même manière avec tous les voyageurs, ne leur ouvrant leur route qu'après les avoir dépouillés de tout le possible. Une autre caravane, dont les marchandises débarquèrent à Tadjoura avec les miennes, n'a réussi à se mettre en marche qu'au bout de quinze mois et les mille Remington apportés par feu Soleillet à la même date gisent encore après dix-neuf mois sous l'unique bosquet de palmiers du village.

À six courtes étapes de Tadjoura, soit environ 60 kilomètres, les caravanes descendent au Lac salé par des routes horribles rappelant l'horreur présumée des paysages lunaires. Il paraît qu'il se forme actuellement une société française, pour l'exploitation de ce sel.

Certes, le sel existe, en surfaces très étendues, et peut-être assez profondes, quoiqu'on n'ait pas fait de sondages. L'analyse l'aurait déclaré chimiquement pur, quoiqu'il se trouve déposé sans filtrations aux bords

du lac. Mais il est fort à douter que la vente couvre les frais du percement d'une voie pour l'établissement d'un Decauville, entre la plage du lac et celle du golfe de Goubbet-Kérab, les frais de personnel et de main-d'œuvre, qui seraient excessivement élevés, tous les travailleurs devant être importés, parce que les Bédouins Dankalis ne travaillent pas, et l'entretien d'une troupe armée pour protéger les travaux.

Pour en revenir à la question des débouchés, il est à observer que l'importante saline de Cheikh-Othman, faite près d'Aden, par une société italienne, dans des conditions exceptionnellement avantageuses, ne paraît pas encore avoir trouvé de débouché pour les montagnes de sel qu'elle a en stock.

Le Ministère de la Marine a accordé cette concession aux pétitionnaires, personnes trafiquant autrefois au Choa, à condition qu'elles se procurent l'acquiescement des chefs intéressés de la côte et de l'intérieur. Le gouvernement s'est d'ailleurs réservé un droit par tonne, et a fixé une quotité pour l'exploitation libre par les indigènes. Les chefs intéressés sont : le sultan de Tadjoura, qui serait propriétaire héréditaire de quelques massifs de roches dans les environs du lac (il est très disposé à vendre ses droits); le chef de la tribu des Debné, qui occupe notre route, du lac jusqu'à Hérer, le sultan Loïta, lequel touche du gouvernement français une paie mensuelle de cent cinquante thalers pour ennuyer le moins possible les voyageurs; le sultan Hanfaré de l'Aoussa, qui peut trouver du sel ailleurs, mais qui prétend avoir le droit partout chez les Dankalis; et enfin Ménélik, chez qui la tribu des Debné, et d'autres, apportent annuellement quelques milliers de chameaux de ce sel, peut-être moins d'un millier de tonnes. Ménélik a réclamé au Gouvernement quand il a été averti des agissements de la société et du don de la concession. Mais la part réservée dans la concession suffit au trafic de la tribu des Debné et aux besoins culinaires du Choa, le sel en grains ne passant pas comme monnaie en Abyssinie.

Notre route est dite route Gobât, du nom de sa quinzième station, où paissent ordinairement les troupeaux des Debné, nos alliés. Elle compte environ vingt-trois étapes, jusqu'à Hérer, par les paysages les plus

affreux de ce côté de l'Afrique. Elle est fort dangereuse par le fait que les Debné, tribus d'ailleurs des plus misérables, qui font les transports, sont éternellement en guerre, à droite, avec les tribus Moudeïtos et Assa-Imara, et, à gauche, avec les Issas Somali.

Au Hérer, pâturages à une altitude d'environ 800 mètres, à environ 60 kilomètres du pied du plateau des Itous Gallas, les Dankalis et les Issas paissent leurs troupeaux en état de neutralité généralement.

De Hérer, on parvient à l'Hawach en huit ou neuf jours. Ménélik a décidé d'établir un poste armé dans les plaines du Hérer pour la protection des caravanes; ce poste se relierait avec ceux des Abyssins dans les monts Itous.

L'agent du roi au Harar, le Dedjazmatche Mékounène, a expédié du Harar au Choa, par la voie de Hérer, les trois millions de cartouches Remington et autres munitions que les commissaires anglais avaient fait abandonner au profit de l'Émir Abdoullahi lors de l'évacuation égyptienne.

Toute cette route a été relevée astronomiquement, pour la première fois, par M. Jules Borelli, en mai 1886, et ce travail est relié géodésiquement par la topographie, en sens parallèle des monts Itous, qu'il a faite dans son récent voyage au Harar.

En arrivant à l'Hawach, on est stupéfait en se remémorant les projets de canalisation de certains voyageurs. Le pauvre Soleillet avait une embarcation spéciale en construction à Nantes dans ce but! L'Hawach est une rigole tortueuse et obstruée à chaque pas par les arbres et les roches. Je l'ai passé à plusieurs points, à plusieurs centaines de kilomètres, et il est évident qu'il est impossible de le descendre, même pendant les crues. D'ailleurs, il est partout bordé de forêts et de déserts, éloigné des centres commerciaux et ne s'embranchant avec aucune route. Ménélik a fait faire deux ponts sur l'Hawach, l'un sur la route d'Entotto au Gouragné, l'autre sur celle d'Ankober au Harar par les Itous. Ce sont de simples passerelles en troncs d'arbres, destinées au passage des troupes pendant les pluies et les crues, et néanmoins ce sont des travaux remarquables pour le Choa.

— Tous frais réglés, à l'arrivée au Choa, le transport

de mes marchandises, cent charges de chameau, se trouvait me coûter huit mille thalers, soit quatre-vingts thalers par chameau, sur une longueur de 500 kilomètres seulement. Cette proportion n'est égalée sur aucune des routes de caravanes africaines ; cependant je marchais avec toute l'économie possible et une très longue expérience de ces contrées. Sous tous les rapports, cette route est désastreuse, et est heureusement remplacée par la route de Zeilah au Harar et du Harar au Choa par les Itous.

— Ménélik se trouvait encore en campagne au Harar quand je parvins à Farré, point d'arrivée et de départ des caravanes et limite de la race Dankalie. Bientôt arriva à Ankober la nouvelle de la victoire du roi [et] de son entrée au Harar, et l'annonce de son retour, lequel s'effectua en une vingtaine de jours. Il entra à Entotto précédé de musiciens sonnant à tue-tête des trompettes égyptiennes trouvées au Harar, et suivi de sa troupe et de son butin, parmi lequel deux canons Krupp transportés chacun par quatre-vingts hommes.

Ménélik avait depuis longtemps l'intention de s'emparer du Harar, où il croyait trouver un arsenal formidable, et en avait prévenu les agents politiques français et anglais sur la côte. Dans les dernières années, les troupes abyssines rançonnaient régulièrement les Itous ; elles finirent par s'y établir. D'un autre côté, l'émir Abdullaï, depuis le départ de Radouan-Pacha avec les troupes égyptiennes, s'organisait une petite armée et rêvait de devenir le Mahdi des tribus musulmanes du centre du Harar. Il écrivit à Ménélik revendiquant la frontière de l'Hawach et lui intimant de se convertir à l'Islam. Un poste abyssin s'étant avancé jusqu'à quelques jours du Harar, l'émir envoya pour les disperser quelques canons et quelques Turcs restés à son service : les Abyssins furent battus, mais Ménélik irrité se mit en marche lui-même, d'Entotto, avec une trentaine de mille guerriers. La rencontre eut lieu à Shalanko, à 60 kilomètres ouest de Harar, là où Nadi Pacha avait, quatre années auparavant, battu les tribus Gallas des Méta et des Oborra.

L'engagement dura à peine un quart d'heure, l'émir n'avait que quelques centaines de Remington, le reste de sa troupe combattant à l'arme blanche. Ses trois

mille guerriers furent sabrés et écrasés en un clin d'œil
par ceux du roi du Choa. Environ deux cents Soudanais,
Égyptiens, et Turcs, restés auprès d'Abdullaï après
l'évacuation égyptienne, périrent avec les guerriers Gal-
las et Somalis. Et c'est ce qui fit dire à leur retour aux
soldats choanais, qui n'avaient jamais tué de blancs,
qu'ils rapportaient les testicules de tous les Franguis
du Harar.

L'émir put s'enfuir au Harar, d'où il partit la même
nuit pour aller se réfugier chez le chef de la tribu des
Guerrys, à l'est du Harar, dans la direction de Berbera.
Ménélik entra quelques jours ensuite au Harar sans
résistance, et ayant consigné ses troupes hors de la
ville, aucun pillage n'eut lieu. Le monarque se borna
à frapper une imposition de soixante-quinze mille thalers
sur la ville et la contrée, à confisquer, selon le droit de
guerre abyssin, les biens meubles et immeubles des
vaincus morts dans la bataille et à aller emporter lui-
même des maisons des européens et des autres tous les
objets qui lui plurent. Il se fit remettre toutes les armes
et munitions en dépôt en ville, ci-devant propriété
du gouvernement égyptien, et s'en retourna pour le
Choa, laissant trois mille de ses fusiliers campés sur une
hauteur voisine de la ville et confiant l'administration
de la ville à l'oncle de l'émir Abdullaï, Ali Abou
Béker, que les Anglais avaient, lors de l'évacuation,
emmené prisonnier à Aden, pour le lâcher ensuite, et
que son neveu tenait en esclavage dans sa maison.

Il advint, par la suite, que la gestion d'Ali Abou
Béker ne fut pas du goût de Mékounène, le général
agent de Ménélik, lequel descendit dans la ville avec
ses troupes, les logea dans les maisons et les mosquées,
emprisonna Ali et l'expédia enchaîné à Ménélik.

Les Abyssins, entrés en ville, la réduisirent en un
cloaque horrible, démolirent les habitations, ravagèrent
les plantations, tyrannisèrent la population comme les
nègres savent procéder entre eux, et, Ménélik continuant
à envoyer du Choa des troupes de renfort suivies de
masses d'esclaves, le nombre des Abyssins actuelle-
ment au Harar peut être de douze mille, dont quatre
mille fusiliers armés de fusils de tous genres, du Reming-
ton au fusil à silex.

La rentrée des impôts de la contrée Galla environ-

nante ne se fait plus que par razzias, où les villages sont
incendiés, les bestiaux volés et la population emportée
en esclavage. Tandis que le gouvernement égyptien
tirait sans efforts de Harar quatre-vingt mille livres,
la caisse abyssine est constamment vide. Les revenus
des Gallas, de la douane, des postes, du marché, et les
autres recettes sont pillés par quiconque se met à les
toucher. Les gens de la ville émigrent, les Gallas ne
cultivent plus. Les Abyssins ont dévoré en quelques
mois la provision de dourah laissée par les Égyptiens
et qui pouvait suffire pour plusieurs années. La famine
et la peste sont imminentes.

Le mouvement de ce marché, dont la position est
très importante, comme débouché des Gallas le plus
rapproché de la côte, est devenu nul. Les Abyssins ont
interdit le cours des anciennes piastres égyptiennes qui
étaient restées dans le pays comme monnaie division-
naire des thalaris Marie-Thérèse, au privilège exclusif
d'une certaine monnaie de cuivre qui n'a aucune valeur.
Toutefois, j'ai vu à Entotto quelques piastres d'argent
que Ménélik a fait frapper à son effigie et qu'il se pro-
pose de mettre en circulation au Harar, pour trancher
la question des monnaies.

Ménélik aimerait à garder le Harar en sa possession,
mais il comprend qu'il est incapable d'administrer le
pays de façon à en tirer un revenu sérieux, et il sait
que les Anglais ont vu d'un mauvais œil l'occupation
abyssine. On dit, en effet, que le gouverneur d'Aden,
qui a toujours travaillé avec la plus grande activité au
développement de l'influence britannique sur la côte
Somalie, ferait tout son possible pour décider son gou-
vernement à faire occuper le Harar au cas où les Abys-
sins l'évacueraient, ce qui pourrait se produire par suite
d'une famine ou des complications de la guerre du
Tigré.

De leur côté, les Abyssins au Harar croient chaque
matin voir apparaître les troupes anglaises au détour
des montagnes. Mékounène a écrit aux agents politiques
anglais à Zeilah et à Berbera de ne plus envoyer de
leurs soldats au Harar ; ces agents faisaient escorter
chaque caravane de quelques soldats indigènes.

Le gouvernement anglais, en retour, a frappé d'un
droit de cinq pour cent l'importation des thalaris à

Zeilah, Boulhar et Berbera. Cette mesure contribuera
à faire disparaître le numéraire, déjà très rare, au Choa
et au Harar, et il est à douter qu'elle favorise l'impor-
tation des roupies, qui n'ont jamais pu s'introduire
dans ces régions et que les Anglais ont aussi, on ne
sait pourquoi, frappées d'un droit d'un pour cent à
l'importation par cette côte.

Ménélik a été fort vexé de l'interdiction de l'impor-
tation des armes sur les côtes d'Obock et de Zeilah.
Comme Joannès rêvait d'avoir son port de mer à Mas-
saouah, Ménélik, quoique relégué fort loin dans l'inté-
rieur, se flatte de posséder prochainement une échelle
sur le golfe d'Aden. Il avait écrit au Sultan de Tad-
joura, malheureusement, après l'avènement du protec-
torat français, en lui proposant de lui acheter son terri-
toire. À son entrée au Harar, il s'est déclaré souverain
de toutes les tribus jusqu'à la côte, et a donné commis-
sion à son général, Mékounène, de ne pas manquer
l'occasion de s'emparer de Zeilah ; seulement les Euro-
péens lui ayant parlé d'artillerie et de navires de guerre,
ses vues sur Zeilah se sont modifiées, et il a écrit der-
nièrement au gouvernement français pour lui demander
la cession d'Ambado.

On sait que la côte, du fond du golfe de Tadjoura
jusqu'au-delà de Berbera, a été partagée entre la France
et l'Angleterre de la façon suivante : la France garde
tout le littoral de Goubbet Kératb à Djibouti, un cap à
une douzaine de milles au nord-ouest de Zeilah, et une
bande de territoire de je ne sais combien de kilomètres
de profondeur à l'intérieur, dont la limite du côté du
territoire anglais est formée par une ligne tirée de Dji-
bouti à Ensa, troisième station sur la route de Zeilah
au Harar. Nous avons donc un débouché sur la route
du Harar et de l'Abyssinie. L'Ambado, dont Ménélik
ambitionne la possession, est une anse près de Djibouti,
où le gouverneur d'Obock avait depuis longtemps fait
planter une planche tricolore que l'agent anglais de
Zeilah faisait obstinément déplanter, jusqu'à ce que les
négociations fussent terminées. Ambado est sans eau,
mais Djibouti a de bonnes sources ; et des trois étapes
rejoignant notre route à Ensa, deux ont de l'eau.

En somme, la formation des caravanes peut s'effectuer
à Djibouti, dès qu'il y aura quelque établissement pourvu

des marchandises indigènes et quelque troupe armée.
L'endroit jusqu'à présent est complètement désert. Il
va sans dire qu'il doit y être laissé port franc si l'on veut
faire concurrence à Zeilah.

Zeilah, Berbera et Bulhar restent aux Anglais, ainsi
que la baie de Samawanak, sur la côte Gadiboursi, entre
Zeilah et Bulhar, point où le dernier agent consulaire
français à Zeilah, M. Henry, avait fait planter le dra-
peau tricolore, la tribu Gadiboursi ayant elle-même
demandé notre protection, dont elle jouit toujours.
Toutes ces histoires d'annexions ou de protections
avaient fort excité les esprits sur cette côte pendant
ces deux dernières années.

Le successeur de l'agent français fut M. Labosse,
consul de France à Suez, envoyé par intérim à Zeilah
où il apaisa tous les différends. On compte à présent
environ cinq mille Somalis protégés français à Zeilah.

L'avantage de la route du Harar pour l'Abyssinie
est très considérable. Tandis qu'on n'arrive au Choa
par la route Dankalie qu'après un voyage de cinquante
à soixante jours par un affreux désert, et au milieu de
mille dangers, le Harar, contrefort très avancé du massif
éthiopien méridional, n'est séparé de la côte que par
une distance franchie aisément en une quinzaine de jours
par les caravanes.

La route est fort bonne, la tribu Issa, habituée à faire
les transports, est fort conciliante, et on n'est pas chez
elle en danger des tribus voisines.

Du Harar à Entotto, résidence actuelle de Ménélik,
il y a une vingtaine de jours de marche sur le plateau
des Itous Gallas, à une altitude moyenne de 2 500 mètres,
vivres, moyens de transport et de sécurité assurés. Cela
met en tout un mois entre notre côte et le centre du
Choa, mais la distance au Harar n'est que de douze
jours, et ce dernier point, en dépit des invasions, est
certainement destiné à devenir le débouché commercial
exclusif du Choa lui-même et de tous les Gallas. Ménélik
lui-même fut tellement frappé de l'avantage de la situa-
tion du Harar, qu'à son retour, se remémorant les idées
des chemins de fer que des Européens ont souvent
cherché à lui faire adopter, il cherchait quelqu'un à qui
donner la commission ou concession des voies ferrées
du Harar à la mer; il se ravisa ensuite, se rappelant

la présence des Anglais à la côte! Il va sans dire que,
dans le cas où cela se ferait (et cela se fera d'ailleurs
dans un avenir plus ou moins rapproché), le gouverne-
ment du Choa ne contribuerait en rien aux frais d'exé-
cution.

Ménélik manque complètement de fonds, restant tou-
jours dans la plus complète ignorance (ou insouciance)
de l'exploitation des ressources des régions qu'il a sou-
mises et continue à soumettre. Il ne songe qu'à ramasser
des fusils lui permettant d'envoyer ses troupes réquisi-
tionner les Gallas. Les quelques négociants européens
montés au Choa ont apporté à Ménélik, en tout, dix
mille fusils à cartouches et quinze mille fusils à capsules,
dans l'espace de cinq ou six années. Cela a suffi aux
Amharas pour soumettre tous les Gallas environnants,
et le Dedjatch Mékounène, au Harar, se propose de
descendre à la conquête des Gallas jusqu'à leur limite
sud, vers la côte de Zanzibar. Il a pour cela l'ordre de
Ménélik même, à qui on a fait croire qu'il pourrait
s'ouvrir une route dans cette direction pour l'impor-
tation des armes. Et ils peuvent au moins s'étendre
très loin de ces côtes, les tribus Gallas n'étant pas armées.

Ce qui pousse surtout Ménélik à une invasion vers
le Sud, c'est le voisinage gênant et la suzeraineté vexante
de Joannès. Ménélik a déjà quitté Ankober pour Entotto.
On dit qu'il veut descendre au Djimma Abba-Djifar, le
plus florissant des pays Gallas, pour y établir sa rési-
dence, et il parlait aussi d'aller se fixer au Harar. Méné-
lik rêve une extension continue de ses domaines au sud,
au-delà de l'Hawach, et pense peut-être émigrer lui-
même des pays Amhara au milieu des pays Gallas neufs,
avec ses fusils, ses guerriers, ses richesses, pour établir
loin de l'empereur un empire méridional comme l'ancien
royaume d'Ali Alaba.

On se demande quelle est et quelle sera l'attitude de
Ménélik pendant la guerre italo-abyssine. Il est clair
que son attitude sera déterminée par la volonté de Joan-
nès, qui est son voisin immédiat, et non par les menées
diplomatiques de gouvernements qui sont à une dis-
tance de lui infranchissable, menées qu'il ne comprend
d'ailleurs pas et dont il se méfie toujours. Ménélik est
dans l'impossibilité de désobéir à Joannès, et celui-ci,
très bien informé des intrigues diplomatiques où l'on

mêle Ménélik, saura bien s'en garer dans tous les cas.
Il lui a déjà ordonné de lui choisir ses meilleurs soldats,
et Ménélik a dû les envoyer au camp de l'empereur à
l'Asmara. Dans le cas même d'un désastre, ce serait
sur Ménélik que Joannès opérerait sa retraite. Le Choa,
le seul pays Amhara possédé par Ménélik, ne vaut pas
la quinzième partie du Tigré. Ses autres domaines sont
tous pays Gallas précairement soumis et il aurait grand-
peine à éviter une rébellion générale dans le cas où il
se compromettrait dans une direction ou une autre.
Il ne faut pas oublier non plus que le sentiment patrio-
tique existe au Choa et chez Ménélik, tout ambitieux
qu'il soit, et il est impossible qu'il voie un honneur ni
un avantage à écouter les conseils des étrangers.

Il se conduira donc de manière à ne pas compro-
mettre sa situation, déjà très embarrassée, et, comme
chez ces peuples on ne comprend et on n'accepte
rien que ce qui est visible et palpable, il n'agira person-
nellement que comme le plus voisin le fera agir, et per-
sonne n'est son voisin que Joannès, qui saura lui éviter
les tentations. Cela ne veut pas dire qu'il n'écoute
avec complaisance les diplomates ; il empochera ce qu'il
pourra gagner d'eux, et, au moment donné, Joannès,
averti, partagera avec Ménélik. Et, encore une fois,
le sentiment patriotique général et l'opinion du peuple
de Ménélik sont bien pour quelque chose dans la ques-
tion. Or, on ne veut pas des étrangers, ni de leur ingé-
rence, ni de leur influence, ni de leur présence, sous
aucun prétexte, pas plus au Choa qu'au Tigré, ni chez
les Gallas.

— Ayant promptement réglé mes comptes avec
Ménélik, je lui demandai un bon de paiement au Harar,
désireux que j'étais de faire la route nouvelle ouverte
par le roi à travers les Itous, route jusqu'alors inexplorée,
et où j'avais vainement tenté de m'avancer du temps de
l'occupation égyptienne du Harar. À cette occasion,
M. Jules Borelli demanda au roi la permission de faire un
voyage dans cette direction, et j'eus ainsi l'honneur de
voyager en compagnie de notre aimable et courageux
compatriote, de qui je fis parvenir ensuite à Aden les tra-
vaux géodésiques, entièrement inédits, sur cette région.
Cette route compte sept étapes au-delà de l'Hawach
et douze de l'Hawach au Harar sur le plateau Itou,

région de magnifiques pâturages et de splendides forêts
à une altitude moyenne de 2 500 mètres, jouissant d'un
climat délicieux. Les cultures y sont peu étendues, la
population y étant assez claire, ou peut-être s'étant écar-
tée de la route par crainte des déprédations des troupes
du roi. Il y a cependant des plantations de café, les
Itous fournissant la plus grande partie des quelques
milliers de tonnes de café qui se vendent annuellement
au Harar. Ces contrées, très salubres et très fertiles, sont
les seules de l'Afrique orientale adaptées à la colonisa-
tion européenne.

Quant aux affaires au Choa, à présent, il n'y a rien
à y importer, depuis l'interdiction du commerce des
armes sur la côte. Mais qui monterait avec une centaine
de mille thalaris pourrait les employer dans l'année en
achats d'ivoire et autres marchandises, les exportateurs
ayant manqué ces dernières années et le numéraire deve-
nant excessivement rare. C'est une occasion. La nou-
velle route est excellente, et l'état politique du Choa ne
sera pas troublé pendant la guerre, Ménélik tenant,
avant tout, à maintenir l'ordre en sa demeure.

Agréez, Monsieur, mes civilités empressées.

RIMBAUD.

RIMBAUD AUX SIENS

Le Caire, 23 août 1887.

Mes chers amis,

Mon voyage en Abyssinie s'est terminé.

Je vous ai déjà expliqué comme quoi, mon associé
étant mort, j'ai eu de grandes difficultés au Choa, à
propos de sa succession. On m'a fait payer deux fois
ses dettes et j'ai eu une peine terrible à sauver ce que
j'avais mis dans l'affaire. Si mon associé n'était pas
mort, j'aurais gagné une trentaine de mille francs ; tandis
que je me retrouve avec les quinze mille que j'avais,
après m'être fatigué d'une manière horrible pendant
près de deux ans. Je n'ai pas de chance !

Je suis venu ici parce que les chaleurs étaient épouvantables cette année, dans la mer Rouge : tout le temps 50 à 60 degrés ; et, me trouvant très affaibli, après sept années de fatigues qu'on ne peut s'imaginer et des privations les plus abominables, j'ai pensé que deux ou trois mois ici me remettraient ; mais c'est encore des frais, car je ne trouve rien à faire ici, et la vie est à l'européenne et assez chère.

Je me trouve tourmenté ces jours-ci par un rhumatisme dans les reins, qui me fait damner ; j'en ai un autre dans la cuisse gauche qui me paralyse de temps à autre, une douleur articulaire dans le genou gauche, un rhumatisme (déjà ancien) dans l'épaule droite ; j'ai les cheveux absolument gris. Je me figure que mon existence périclite.

Figurez-vous comment on doit se porter, après des exploits du genre des suivants : traversées de mer et voyages de terre à cheval, en barque, sans vêtements, sans vivres, sans eau, etc., etc.

Je suis excessivement fatigué. Je n'ai pas d'emploi à présent. J'ai peur de perdre le peu que j'ai. Figurez-vous que je porte continuellement dans ma ceinture seize mille et quelques cents francs d'or ; ça pèse une huitaine de kilos et ça me flanque la dysenterie.

Pourtant, je ne puis aller en Europe, pour bien des raisons ; d'abord, je mourrais en hiver ; ensuite, je suis trop habitué à la vie errante et gratuite ; enfin, je n'ai pas de position.

Je dois donc passer le reste de mes jours errant dans les fatigues et les privations, avec l'unique perspective de mourir à la peine.

Je ne resterai pas longtemps ici : je n'ai pas d'emploi et tout est trop cher. Par force, je devrai m'en retourner du côté du Soudan, de l'Abyssinie ou de l'Arabie. Peut-être irai-je à Zanzibar, d'où on peut faire de longs voyages en Afrique, et peut-être en Chine, au Japon, qui sait où ?

Enfin, envoyez-moi de vos nouvelles. Je vous souhaite paix et bonheur.

Bien à vous.

Adresse : ARTHUR RIMBAUD,
poste restante, au Caire (Égypte).

RIMBAUD À SA MÈRE

Le Caire, 24 août 1887.

Ma chè[re mère],

Je suis obligé de te demander un service, que j'espère d'ailleurs pouvoir rembourser prochainement.

J'ai placé l'argent que j'avais sur moi au Crédit Lyonnais en dépôt à six mois, donnant un intérêt de 4 %.

Or il arrive que je dois prendre à Suez le bateau de Zanzibar vers le 15 septembre, car on me donne des recommandations pour là-bas, et ici, quoique je puisse trouver quelque chose, on dépense trop, et on reste trop sédentaire, tandis qu'à Zanzibar, on fait des voyages à l'intérieur où l'on vit pour rien, et on arrive à la fin de l'année avec ses appointements intacts ; tandis qu'ici le logement, la pension et le vêtement (dans les déserts on ne s'habille pas) vous mangent tout.

Je vais donc m'en retourner à Zanzibar et là j'aurai beaucoup d'occasions, sans compter les recommandations que l'on veut me donner pour Zanzibar.

Je laisserai mon argent ici à la banque, et comme il y a à Zanzibar des négociants faisant avec le Crédit d°, je toucherai toujours les intérêts. Si je retire le dépôt à présent, je perds les intérêts, et en outre je ne puis plus transporter continuell[eme]nt cet argent sur mon dos, c'est trop bête, trop fatigant, et trop dangereux.

Je te demande donc, comme il ne me reste que quelques centaines de francs, de vouloir bien me prêter une somme de *cinq cents francs,* en me l'envoyant ici aussitôt le reçu de cette lettre, ou bien je manquerais le vapeur, qui ne part qu'une fois par mois, du 15 au 18. Et un mois de plus ici coûte cher.

Je ne t'ai rien demandé depuis sept ans, sois assez bonne pour m'accorder ceci, et ne me le refuse pas, cela me gênerait fort.

Dans tous les cas, je suis forcé d'attendre jusqu'au

...i, il ne faudrait pas que cela m'arrive en

... t'arrivera dans huit jours, et huit jours
... onse.

... noi cela en une lettre chargée, adressée ainsi :

MONSIEUR RIMBAUD,
au Consulat de France,
Caire (Égypte).

RIMBAUD À SA MÈRE

Le Caire, 25 août 1887.

Ma chère Maman,

J'écris encore une fois pour te prier de ne pas refuser
de m'envoyer les cinq cents francs que je t'ai deman-
dés dans ma lettre d'hier. Je crois qu'il doit vous rester
encore quelque chose de l'argent que je vous ai une fois
envoyé. Mais, que cela soit ou non, tu me mettrais
dans l'embarras de ne pas m'envoyer ladite somme de
cinq cents francs, j'en ai fort besoin; j'espère vous la
rendre avant la fin de l'année.

Mais mon argent est engagé, et pour le moment je
suis sans emploi, vivant à mes frais, et j'ai un voyage
à faire vers le 20 septembre.

Envoyez-moi cela par lettre chargée adressée ainsi :

Rimbaud, au Consulat de France,
au Caire.

Je n'ai que quelques centaines de francs pour le
moment à ma disposition, et cela ne me suffit pas. D'un
autre côté, je suis appelé à Zanzibar, où il y a des emplois,
en Afrique et à Madagascar, où l'on peut épargner de
l'argent.

Ne crains rien, je ne perds pas ce que j'ai, mais je ne
puis y toucher avant 6 mois; et d'un autre côté, je ne
puis rester ici plus d'un mois, la vie d'ici m'ennuie et
coûte trop. Je pense donc recevoir cette somme vers

le 15 septembre au Consulat,

Bien à vous,

                  1887]

                 drai.

Pour la lettre chargée :

         Au Consulat de France
          au Caire, Égypte.

RIMBAUD À M. ALFRED BARDEY

Le Caire, 26 août 1887.

Mon cher Monsieur Bardey,

Sachant que vous vous intéressez toujours aux choses de l'Afrique, je me permets de vous envoyer les quelques notes suivantes sur les choses du Choa et du Harar à présent.

D'Entotto à Tadjoura, la route Dankalie est tout à fait impraticable ; les fusils Soleillet, arrivés à Tadjoura en février 86, sont encore là. — Le sel du lac Assal, qu'une société devait exploiter, est inaccessible et serait d'ailleurs invendable : c'est une flibusterie.

Mon affaire a très mal tourné, et j'ai craint quelque temps de redescendre sans un thaler ; je me suis trouvé assailli là-haut par une bande de faux créanciers de Labatut, et en tête Ménélik, qui m'a volé, en son nom, 3 000 thalaris. Pour éviter d'être intégralement dévalisé, je demandai à Ménélik de me faire passer par le Harar, qu'il venait d'annexer : il me donna une traite genre Choa, sur son *oukil* au Harar, le dedjatch Makonnen.

Ce n'est que quand j'eus demandé à Ménélik de passer par cette route que M. Borelli eut l'idée de se joindre à moi.

Voici l'itinéraire :

1º D'Entotto à la rivière Akaki plateau cultivé, 25 kilomètres ;

2º Village galla des Abitchou, 30 kilomètres. Suite du plateau : hauteur, environ 2 500 mètres. On marche, avec le mont Hérer au sud ;

3º Suite du plateau. On descend à la plaine du Mindjar par le Chankora. Le Mindjar a un sol riche soigneusement cultivé; l'altitude doit être 1 800 mètres (je juge de l'altitude par le genre de végétation; il est impossible de s'y tromper, pour peu qu'on ait voyagé dans les pays éthiopiens). Longueur de cette étape : 25 kilomètres;

4º Suite du Mindjar : 25 kilomètres. Mêmes cultures. Le Mindjar manque d'eau; on conserve dans des trous l'eau des pluies;

5º Fin du Mindjar. La plaine cesse, le pays s'accidente; le sol est moins bon. Cultures nombreuses de coton. — 30 kilomètres;

6º Descente au Cassam. Plus de cultures. Bois de mimosas traversés par la route frayée par Ménélik et déblayée sur une largeur de dix mètres. — 25 kilomètres;

7º On est en pays bédouin, en *Konella,* ou terre chaude. Broussailles et bois de mimosas peuplés d'éléphants et de bêtes féroces. La route du Roi se dirige vers une source d'eau chaude, nommée Fil-Ouaha, et l'Hawash. Nous campons dans cette direction, à 30 kilomètres du Cassam;

8º De là à l'Hawash, très encaissé à ce passage, 20 kilomètres. Toute la région des deux côtés de l'Hawash à deux jours et demi se nomme Careyon. Tribus Gallas bédouines, propriétaires de chameaux et autres bestiaux. En guerre avec les Aroussis. Hauteur du passage de l'Hawash : environ 800 m., 80 d'eau;

9º Au delà de l'Hawash, 30 kilomètres de brousse, [on [1]] marche par les sentiers des éléphants;

10º Nous remontons rapidement à l'Itou par des sentiers ombragés. Beau pays boisé, peu cultivé. Nous nous retrouvons vite à 2 000 mètres d'altitude. Halte à Galamso, poste abyssin de trois à quatre cents soldats au dedjatch Woldé Guibril. — 35 kilomètres;

11º De Galamso à Boroma, poste de mille soldats au ras Dargué, 30 kilomètres. Les cultures de l'Abyssinie sont remplacées par le *dourah* (sorgho). Altitude : 2 200 mètres;

12º Suite du Tchertcher, magnifiques forêts. Un lac, nommé Arro. On marche sur la crête d'une chaîne de collines. L'Aroussi, à droite, parallèle à notre route, plus élevé que l'Itou; ses grandes forêts et ses belles

montagnes sont ouvertes en panorama. Halte à un lieu nommé Wotcho. — 30 kilomètres;

13° 15 kilomètres jusqu'à la maison du cheikh Jahia, à Goro. Nombreux villages. C'est le centre des Itous où se rendent les marchands du Harar et ceux de l'Abyssinie qui viennent vendre des *channuas*. Il y a là beaucoup de familles abyssines musulmanes;

14° 20 kilomètres, Herna. Splendides vallées couronnées de forêts à l'ombre desquelles on marche. Caféiers. C'est là qu'Abdullahi, l'émir de Harar, avait envoyé quelques Turcs déloger un poste abyssin, fait qui causa la mise en marche de Ménélik;

15° Bourka, vallée ainsi nommée d'une rivière ou torrent à fort débit, qui descend à l'Ennya. Forêts étendues. — 30 kilomètres;

16° Obona, pays boisé, accidenté, calcaire pauvre. — 30 kilomètres;

17° Chalanko, champ de bataille de l'Émir [1]. Meta, forêts de pins; Warabelly. Meta doit être le point le plus haut de toute la route, peut-être 2 600 mètres. — Longueur de l'étape : 30 kilomètres.

18° Lac de Yabatha, lacs de Harramoïa. Harar. — 40 kilomètres.

La direction générale : entre N.-N.-E. et S.-S.-E., il m'a paru.

C'est la route avec un convoi de mules chargées; mais les courriers la font en dix jours à pied.

Au Harar, les Amara procèdent, comme on sait, par confiscation, extorsions, razzias; c'est la ruine du pays. La ville est devenue un cloaque. Les Européens étaient consignés en ville jusqu'à notre arrivée! Tout cela de la peur que les Abyssins ont des Anglais. — La route Issa est très bonne, et la route de Gueldessey au Hérer aussi.

Il y a deux affaires à faire au Choa à présent :

1° Apporter soixante mille thalaris et acheter de l'ivoire, du musc et de l'or. — Vous savez que tous les négociants, sauf Brémond, sont descendus, et même les Suisses. — On ne trouve plus un thaler au Choa. J'ai laissé l'ivoire, au détail à cinquante thalaris; chez le roi, à soixante thalaris.

Le ras Govana seul a pour plus de quarante mille thalaris d'ivoire et veut vendre : pas d'acheteurs, pas

de fonds! Il a aussi dix mille okiètes musc. — Personne
n'en veut à deux thalaris les trois okiètes. — Il y a aussi
beaucoup d'autres détenteurs d'ivoire de qui on peut
acheter, sans compter les particuliers qui vendent en
cachette. Brémond a essayé de se faire donner l'ivoire
du ras, mais celui-ci veut être payé comptant. — Soixante
mille thalaris peuvent être employés en achats tels pen-
dant six mois, sans frais aucuns, par la route Zeilah,
Harar, Itou, et laisser un bénéfice de vingt mille thala-
ris; mais il faudrait faire vite, je crois que Brémond va
descendre chercher des fonds.

2° Amener du Harar à Ambado deux cents chameaux
avec cent hommes armés (tout cela le dedjatch le donne
pour rien), et, au même moment, débarquer avec un
bateau quelconque huit mille remingtons (sans car-
touches, le roi demande sans cartouches : il en a trouvé
trois millions au Harar) et charger instantanément
pour le Harar. La France a, à présent, Djibouti avec
sortie à Ambos. Il y a trois stations de Djibouti à Ambos.
— Ici on a vendu et on vend encore des remingtons
à huit francs. — La seule question est celle du bateau;
mais on trouverait facilement à louer à Suez.

Comme cadeaux au roi : machine à fondre des car-
touches Remington. — Plaques et produits chimiques
et matériel pour fabriquer des capsules de guerre.

Je suis venu ici pour voir si quelque chose pouvait
se monter dans cet ordre d'idées. Mais, ici, on trouve
ça trop loin; et, à Aden, on est dégoûté parce que ces
affaires, moitié par malconduite, moitié par malchance,
n'ont jamais réussi. — Et pourtant il y a à faire, et ceux
qui se pressent et vont économiquement feront.

Mon affaire a très mal réussi parce que j'étais associé
avec cet idiot de Labatut qui, pour comble de malheur,
est mort, ce qui m'a mis à dos sa famille au Choa et
tous ses créanciers; de sorte que je sors de l'affaire avec
très peu de chose, moins que ce que j'avais apporté.
Je ne puis rien entreprendre moi-même, je n'ai pas de
fonds.

Ici même, il n'y avait pas un seul négociant français
pour le Soudan! En passant à Souakim on m'a dit que
les caravanes passent et vont jusqu'à Berbera. La gomme
commence à arriver. Quand le Soudan se rouvrira, et
peu à peu il se rouvre, il y aura beaucoup à faire.

Je ne resterai pas ici, et redescendrai aussitôt que la
chaleur, qui était excessive cet été, diminuera dans la mer
Rouge. Je suis à votre service dans tous les cas où vous
auriez quelque entreprise où je pourrais servir. — Je
ne puis plus rester ici, parce que je suis habitué à la vie
libre. Ayez la bonté de penser à moi.

RIMBAUD.

Poste-restante, Caire.

Jusqu'à fin septembre.

LE SECRÉTAIRE
DE LA SOCIÉTÉ DE GÉOGRAPHIE
À RIMBAUD

Société de Géographie   Paris, le 4 octobre 1887.
Boulevard Saint-Germain, 184,
Paris.

Monsieur,

En réponse à votre lettre du 26 août, la Société de Géo-
graphie me charge de vous informer qu'il ne lui est pas pos-
sible, quant à présent, de répondre favorablement au désir
que vous exprimez. Peut-être auriez-vous quelque chance
de succès en adressant une demande de mission au Ministère
de l'instruction publique. Cette demande serait renvoyée
à la Commission des missions et voyages, qui en donnerait
son avis à l'administration. Je ne dois pas vous dissimuler,
cependant, que le fonds attribué aux missions à subi les
conséquences du régime d'économies auquel sont soumis
les ministères depuis quelques mois. Il est à craindre que
— votre voyage n'intéressant pas directement un pays fran-
çais, la politique française, — la somme demandée dans votre
lettre ne paraisse trop élevée. En tout cas, vous feriez bien
de rédiger les notes ou les souvenirs que vous avez recueillis
sur les races bédouines ou agricoles, leurs routes et la topo-
graphie de leurs régions. Soyez persuadé qu'un mémoire à
ce sujet, s'il renferme des faits nouveaux, des indications
utiles, des notions précises, serait la meilleure des recomman-
dations dans le cas où vous croiriez devoir adresser au minis-
tère une demande de mission. D'emblée, en effet, vous sor-
tiriez du rang des débutants, et le rapporteur, auquel la
Commission des missions renverrait votre demande, aurait
un point d'appui.

Si vous pensiez devoir adopter cette manière de faire, je me mettrais à votre disposition pour rechercher les moyens d'assurer la publication de votre mémoire, afin de le bien faire connaître. Il serait bon que le travail fût accompagné d'un croquis donnant vos itinéraires. Le pays que vous songez à parcourir est très redoutable pour les Européens, même dans les conditions particulièrement favorables où vous vous trouvez. La Commission se montrera donc d'autant moins réfractaire qu'elle sera mieux à même d'apprécier votre travail antérieur, les résultats de vos premiers voyages.

Je viens de recevoir de M. A. Bardey une lettre[1] dans laquelle il donne des extraits intéressants de votre journal de route du Choa à Zeilah. Ces extraits vont être publiés au Bulletin de la Société de Géographie, dont fait partie M. Bardey.

Croyez bien, Monsieur, que les objections présentées ci-dessus ne sont point des fins de non recevoir. Je serais, dans la limite de mes moyens, très disposé à vous aider, — mais je ne suis pas seul, et il importe de décider dans un sens favorable tous ceux qui ont voix au chapitre. J'ai causé de vos projets avec mon ami, M. Duveyrier, spécialiste en choses d'Afrique, et je crois que lui aussi sera bien disposé en votre faveur. Il m'a chargé de vous demander si l'abba Moudda est un marabout musulman, et quelle confrérie représente le scheik Hoséin, ainsi que l'abba Moudda, si ce dernier est musulman.

Veuillez agréer, Monsieur, avec mes regrets de ne pouvoir de suite répondre favorablement à votre désir, l'expression de mes sentiments les plus distingués.

C. MAUNOIR,
Secrétaire général.

RIMBAUD AUX SIENS

Aden, le 8 octobre 1887.

Chers amis,

Je vous remercie bien. Je vois que je ne suis pas oublié. Soyez tranquilles. Si mes affaires ne sont pas brillantes pour le moment, du moins je ne perds rien; et j'espère bien qu'une période moins néfaste va s'ouvrir pour moi.

Donc, depuis deux ans, mes affaires vont très mal,

je me fatigue inutilement, j'ai beaucoup de peine à garder le peu que j'ai. Je voudrais bien en finir avec tous ces satanés pays; mais on a toujours l'espoir que les choses tourneront mieux, et l'on reste à perdre son temps au milieu des privations et des souffrances que vous autres ne pouvez vous imaginer.

Et puis, quoi faire en France? Il est bien certain que je ne puis plus vivre sédentairement; et, surtout, j'ai grand'peur du froid, — puis, enfin, je n'ai ni revenus suffisants, ni emploi, ni soutiens, ni connaissances, ni profession, ni ressources d'aucune sorte. Ce serait m'enterrer que de revenir.

Le dernier voyage que j'ai fait en Abyssinie, et qui avait mis ma santé fort bas, aurait pu me rapporter une somme de trente mille francs; mais par la mort de mon associé et pour d'autres raisons, l'affaire a très mal tourné et j'en suis sorti plus pauvre qu'avant.

Je resterai un mois ici, avant de partir pour Zanzibar. Je ne me décide pas gaîment pour cette direction; je n'en vois revenir les gens que dans un état déplorable, quoiqu'on me dise qu'on y trouve des choses à entreprendre.

Avant de partir, ou même si je ne pars pas, je me déciderai peut-être à vous envoyer les fonds que j'ai laissés en dépôt en Égypte; car, en définitive, avec les embarras de l'Égypte, le blocus du Soudan, le blocus de l'Abyssinie, et aussi pour d'autres raisons, je vois qu'il n'y a plus qu'à perdre en détenant des fonds, peu ou fort considérables, dans ces régions désespérées.

Vous pouvez donc m'écrire à Aden, à l'adresse suivante :

Monsieur Arthur Rimbaud, poste restante.

Si je pars, je dirai là qu'on fasse suivre.

Vous devez me considérer comme un nouveau Jérémie, avec mes lamentations perpétuelles; mais ma situation n'est vraiment pas gaie.

Je vous souhaite le contraire, et suis votre affectionné,

RIMBAUD.

RIMBAUD
AU CONSUL DE FRANCE À BEYROUTH

Aden, 12 octobre 1887.

Monsieur,

Excusez-moi d'avoir à vous demander le renseignement suivant : à qui peut-on s'adresser à Beyrouth ou ailleurs sur la côte de Syrie pour l'achat de quatre baudets étalons, en pleine vigueur, de la meilleure race employée pour la procréation des plus grands et plus forts mulets de selle en Syrie? Quel pourrait en être le prix, et aussi le fret par les Messageries et l'assurance, de Beyrouth à Aden?

Il s'agit d'une commande du roi Ménélik au Choa, (Abyssinie méridionale) où il n'y a que des ânes de petite race et où l'on voudrait créer une race supérieure de mulets, vu la très grande quantité et le très bas prix des juments.

Dans l'attente de votre réponse, je suis, Monsieur le Consul,

Votre obligé

A. RIMBAUD,
au Consulat de France,
Aden,
Possessions anglaises.

DESCHAMPS AU CONSUL DE FRANCE À ADEN

Aden, le 28 octobre 1887.

Monsieur le Consul,

Dès l'arrivée de M. Rimbaud à Aden, après son voyage d'Abyssinie, je chargeais M. Mérignac de le rechercher pour avoir des explications sur le non-paiement de différentes sommes qu'il devait payer au Choa : les recherches furent infructueuses, et il ne se présenta pas chez moi.

Depuis mon retour de France, j'ai vainement cherché à connaître son domicile : personne n'a pu me l'indiquer ; or je sais pertinemment qu'il habite Aden.

Devant l'attitude de M. Rimbaud, qui, systématiquement, se dérobe, je viens vous prier, monsieur le Consul, de vouloir bien le faire citer devant vous, et nous entendre au sujet des comptes que nous avons à régler ensemble.

Veuillez agréer, Monsieur, l'expression de ma parfaite considération.

A. DESCHAMPS

RIMBAUD À M. DE GASPARY

Aden, le 3 novembre 1887.

Monsieur le Consul,

J'ai l'honneur de déposer entre vos mains, selon votre demande, le détail de la liquidation de la caravane de feu Labatut ; il comprend :

1º un inventaire des mises, entrées et sorties ;

2º la caisse de la liquidation, et balance ;

3º l'exposé (que vous connaissez) de mes droits sur cette caravane.

Je vous serais obligé de m'accuser réception de ces documents.

Il vous est loisible de faire contrôler le tout par les Européens venant du Choa, et spécialement par M. Ilg, qui m'a aidé bienveillamment chez le roi Ménélik.

Vous pouvez constater que j'ai consenti à abandonner aux divers créanciers les deux tiers de mes propres droits.

Je suis, Monsieur, votre serviteur.

RIMBAUD.
Poste restante.
Aden (Camp).

Monsieur de Gaspary,
Consul de France,
à Aden.

CARAVANE LABATUT (INVENTAIRE)

DOIT :

1 750 fusils à capsules,
14 fusils à éléphants,

Total : 1 764 fusils à capsules.

AVOIR :

Fusils à capsules achetés par Ménélik 1 440
Vendus d'avance à Tadjoura pour frais de
    caravane.   29
Livré au Ras Govana en paiement de 3 000 Th.
    avancés à Labatut antérieurement.   300

    Sortie.   Total 1 769
  (Quelques fusils ont été comptés en trop à Ménélik.)

DOIT :

20 fusils Remington.

....

Total : 20 fusils Remington.

AVOIR :

2 donnés à des Dankalis.
2 volés en route;
11 vendus en dehors de la caravane au Choa;
5 donnés en paiement de diverses créances

Sortie : Total : 20.

DOIT :

450 000 capsules de guerre;
300 000 capsules de chasse;

AVOIR :

Le tout acheté en bloc par le roi Ménélik.

DOIT :

Commande d'outils et fournitures diverses.
Environ 16 charges de chameaux.

AVOIR :

Quelques articles vendus à Tadjoura pour les frais
de caravane. Le reste acheté en bloc par Ménélik.

DOIT :

Créances : 35 th. sur M. Ilg;
          600 th. sur M. Savouré;
Environ   800 th. sur des indigènes.

AVOIR :

Recouvré Th. 35.
Recouvré Th. 60.
Abandonné.

RIMBAUD.

LIQUIDATION CARAVANE LABATUT

DOIT :

Achat de la caravane par le roi Ménélik, négocié
par M. Ilg.

1 440 fusils à Th. 7	10 080
300 000 capsules à Th. 1 le mille.	300
450 000 — à Th. 2 le mille.	900
Outils et fournitures en bloc	2 720

Par achats du Roi . . . Total :   Th.   14 000

Vendu en dehors du Roi.

11 fusils Remington à moyenne Th. 28	Th.	308
Recouvré créance Ilg	Th.	35
Recouvré créance Savouré.	Th.	60
Quelques effets nets animaux provenant d'une saisie aux maisons de feu Labatut au Choa environ	Th.	97

Doit.   Total. . . . . . Th.   14 500

AVOIR

Paiement par l'Azzaze de la 2e moitié du loyer
   des chameaux . . . . Th.   1 830
34 Abyssins à Th. 15 pour la route, et deux
   mois de gages arriérés à Th. 3, dont le paie-
   ment leur était promis à l'arrivée :
   34 × 21. . . . . Th.   714
Remboursé à l'Azzaze 5 okiètes d'ivoire avan-
   cés à Labatut : 5 × 60 . . . . Th.   300
Diverses dettes aux indigènes payées par moi
   pour Labatut (ainsi qu'aux Européens)
                     environ Th.   120
Le chef des domestiques, gages arriérés . Th.   180
Mon interprète arabe-amharagalla. . . . Th.   130
Versé à M. Audon pour dette Labatut. . Th.   1 088
Versé à M. Suel à Aden, dette Labatut. . Th.   5 165
Retranché de mon compte par Ménélik
   (Le Roi réclamait, je crois, Th. 3 500 en
   plus, dus par Labatut, disait-il ; M. Ilg
   m'obtint un rabais, et le Roi prit définitive-
   ment). . . . . Th.   2 100
Mes frais de route du Harar au Choa, de séjour
   au Harar, et du Harar à Zeilah et à Aden,
   jusqu'à la liquidation, environ . . . . Th.   400
Avoir.   Total . . . . Th.   12 027
Balance. . . . . Th.   2 473
                    —————

         Th. 14 500

                  RIMBAUD A.

Mes droits sur la dite caravane se composaient de :

De Labatut, une obligation de Th. 5 000 faite
   au consulat de France à Aden . . . Th.   5 000
Ladite obligation échue en octobre 1886, et la
   liquidation ne se terminant que fin juillet 1887,
   9 % intérêts sur Th. 5 000. . . . . . Th.   450
Une obligation du même Labatut, sans int. Th.   800
Somme dépensée personnellement par moi pour
   la caravane . . . . Th.   60
Tout le matériel de la caravane m'appartenant
   et valant environ. . . . . Th.   140

Mon paiement par Labatut devait s'exécuter
dans le délai d'un an. Je me suis employé
9 mois de plus à la liquidation de ses affaires,
j'estime la valeur de l'emploi de ce temps,
frais d'entretien décomptés, à . . . . Th.   900
J'étais donc créancier de la caravane pour
environ. . . . . Th.   7 350
Quoique possesseur de créances privilégiées,
je n'en ai touché que 33 %, comme il ressort
du compte de liquidation, soit . . . . Th.   2 473

J'ai donc l'honneur de déclarer à Monsieur le Consul
que désormais je refuse de répondre en aucune manière
à aucune réclamation au sujet de ladite affaire, et je
prie Monsieur le Consul de me donner, s'il le juge
convenable, une attestation énonçant que les affaires de
feu Labatut ont été réglées à Aden, à la côte et en Abys-
sinie, et prévenant tous débats ultérieurs à ce sujet.

Agréez, Monsieur le Consul, l'assurance de mon res-
pectueux dévouement.

Aden, 3 novembre 1887.

A. RIMBAUD.

RIMBAUD À MONSEIGNEUR TAURIN

Aden, le 4 novembre 1887.

Monseigneur,

Que la présente vous trouve en paix et en bonne
santé. Ensuite, excusez-moi de venir demander votre
intercession dans la question suivante.

Vous savez que le roi Ménélik m'avait envoyé au
Harar avec un bon de paiement de Th. 9 866. Or un
M. Audon, à Ankober, avait en mains un billet de
Th. 1 810, souscrit par feu Labatut à M. Deschamps
d'Aden et payable à M. Audon, correspondant de
M. Audon[1] au Choa. Au Choa, n'ayant pas d'argent,
je ne pus rien verser sur ce billet. Par la suite, après mon
départ du Choa, ledit Audon engagea l'azzaje[2] Waldé-
Thadik[3] à écrire à Mékonnène au Harar pour faire

arrêter mon paiement pour les sommes que je lui devais.
Pour me délivrer de cet arrêt, je dis à Mékonnène de
garder par devers lui 866 thalers, et je lui répétai qu'il
devait faire parvenir cette somme aussitôt que possible
à cet Audon, à lui personnellement, et non pas à ses
créanciers européens ni abyssins. Mékonnène me donna
reçu desdits 866 thalers au nom de M. Audon, et écrivit
même au Consul à Aden concernant l'affaire, accusant
encore une fois réception de ladite somme pour ledit
individu au Choa.

Mais à présent M. Deschamps refuse de me donner
décharge du compte Labatut (que j'ai réglé avec une
réduction) avant qu'il ne reçoive la nouvelle que lesdits
866 thalers ont été payés à M. Audon, et il écrit même
à MM. Moussaya[1] au Harar, leur donnant délégation
de toucher eux-mêmes ladite somme de Th. 866 chez
le Dedjatch au Harar, et de la lui renvoyer à Aden,
dans le cas où le Dedjatch n'aurait pas envoyé la somme
à M. Audon.

Je crains que le Dedjatch n'ait eu l'idée de créditer
de cette somme un des créanciers abyssins de M. Audon ;
dans ce cas mon versement deviendrait nul, et cela
m'empêcherait de régler mon compte ici. Mais le plus
probable est que le Mékonnène a laissé dormir l'affaire,
et ne pense plus aux Th. 866, d'autant plus que, ayant
reçu de lui un reçu desdits Th. 866, à faire parvenir
à M. Audon, je lui ai natur[e]l[le]m[en]t donné une
décharge totale de la somme de Th. 9 866 que le Roi
m'avait envoyé toucher au Harar et, s'il était de mau-
vaise foi, ce qui est toujours le cas avec eux, je n'aurais
de recours contre lui auprès du Roi que par l'envoi
du reçu de Th. 866 signé de lui, que je tiens ici, — car il
présenterait au Roi ma décharge totale de Th. 9 866 et
dirait ne rien connaître du reste.

Comme il est probable qu'il vous consultera dans
cette affaire, vous nous obligerez tous en réveillant sa
conscience, en lui rappelant qu'il a reçu de moi cette
somme, ou du moins que je lui ai abandonné cette
somme de mon compte, pour qu'il la fasse parvenir
personnellement à M. Audon au Choa.

S'il s'est avisé de créditer de cette somme un des
créanciers plus ou moins réguliers (je parle des Abyssins)
de M. Audon, je me considère comme *volé* par le Ded-

jatch de la somme de Th. 866, et il aura de même *volé*
M. Audon, car je lui ai bien recommandé de faire par-
venir la somme à M. Audon seul.

Dans ce cas, le règlement de mon compte avec M. Des-
champs serait arrêté, et je n'aurais de recours contre le
Dedjatch que la saisie de ses marchandises à la côte
par voie consulaire, ce qui n'est guère possible.

Je désirerais que lui fissiez comprendre cepen-
dant qu'il s'est rendu responsable de ladite somme
vis-à-vis du consulat, puisqu'il a écrit au Consul ici,
en reconnaissant avoir reçu cette somme à l'effet indiqué.

— Si la somme est restée auprès de lui au Harar,
qu'il fasse comme M. Deschamps le demande, qu'il la
remette à MM. Moussaya. Pour moi, il est presque
certain qu'il n'a rien envoyé. En tout cas, il n'avait pas
le droit de l'envoyer à d'autre qu'à Audon.

— M. Savouré nous a écrit hier qu'il a acheté la
caravane Soleillet, et il sera de retour à Aden dans un
mois.

— M. Tian rentre à Aden fin novembre.

— On dit que les troupes se sont embarquées de
Naples, mais l'Angleterre cherche encore à arranger
l'affaire Italo-Abyssine, et il semble que l'expédition
se décide de moins en moins, ou du moins qu'elle n'aura
pas les proportions premièrement projetées, cela manque
tout à fait d'entrain. Les correspondants des journaux
italiens sont cependant à Massaouah. Ici, ils font acheter
quelques mulets et chevaux, mais, de ce train, il faudra
trois ans pour les apprêts, puisque les Italiens dans la
mer Rouge ne se tiennent sur leurs jambes que pen-
dant les hivers!

— Quant à la mission religieuse russe, elle ne vient plus.

— Il y a ici Monseigneur Touvier, évêque de Mas-
saouah, partant pour [la] France jusqu'à la conclusion
des événements.

— Pour moi, je cherche une occasion de remonter
en Éthiopie, mais pas à mes frais, et il est possible que
je revienne avec la caravane de M. Savouré.

— Je n'ai pas besoin de vous dire que j'ai touché
de suite chez M. Riès votre billet de Th. 500.

— Saluez, s'il vous plaît, M. Sacconi[1] de ma part.
Ici on l'a dit gravement malade. Je compte qu'il s'est
rétabli.

— On me demande aussi de représenter au Dedjatch que Bénin ici est fort mécontent du retard apporté au paiement de son agent au Harar. Mais ces affaires commerciales ne sont point vôtres. — J'ai seulement demandé votre intercession dans mon affaire avec M. Audon parce qu'il s'agit là de réveiller la conscience du Dedjatch, et de l'empêcher de commettre un vol s'il ne l'a déjà fait. Pour moi aussi, je suis pressé de voir se dénouer cette affaire, et j'obtiendrai ainsi la décharge du dernier compte se rattachant à l'affaire Labatut.

Je suis, Monseigneur, votre serviteur

RIMBAUD.

Poste restante,
Aden-Camp.

Monseigneur Taurin,
Vicaire apostolique des Gallas
au Harar.

RIMBAUD AUX SIENS

Aden, 5 novembre 1887.

Mes chers amis,

Je suis toujours dans l'expectative. J'attends des réponses de différents points, pour savoir où je devrai me porter.

Il va peut-être y avoir quelque chose à faire à Massaouah, avec la guerre abyssine. Enfin, je ne serai pas longtemps à prendre une décision ou à trouver l'emploi que j'espère; et peut-être ne partirai-je ni pour Zanzibar, ni pour ailleurs.

C'est l'hiver à présent, c'est-à-dire qu'on n'a guère plus de 30 degrés au-dessus de zéro, le jour, et, la nuit, 25.

Écrivez-moi de vos nouvelles. Que faites-vous? Comment vous portez-vous? Voilà longtemps que je n'ai rien reçu de vous. Ce n'est pas agréable d'être ainsi abandonné.

Rassurez-vous sur mon compte : je me porte mieux, et je compte me relever de mes pertes; mes pertes, oui!

puisque je viens de passer deux années sans rien gagner et que c'est perdre son argent que de perdre son temps.

Dites-moi quel est le journal le plus important des Ardennes?

Bien à vous,

RIMBAUD.

LE VICE-CONSUL DE FRANCE À ADEN À RIMBAUD

Aden, 8 novembre 1887.

Monsieur,

J'ai l'honneur de vous accuser réception de la lettre que vous m'avez adressée le 3 de ce mois contenant l'exposé détaillé que je vous avais demandé des comptes et opérations divers composant et établissant la liquidation de la caravane Labatut, que vous aviez accepté, à des conditions bien spécifiées, de conduire et de négocier au Choa.

J'ai constaté, Monsieur, par les comptes que vous m'avez transmis dans votre lettre, enregistrée au v[ice]-consulat sous le n° 552, qu'en effet cette opération commerciale avait été désastreuse pour vous, et que vous n'aviez pas hésité à sacrifier vos propres droits pour satisfaire les nombreux créanciers de feu M. Labatut, mais j'ai dû reconnaître aussi, en m'en rapportant à la déclaration des Européens venus du Choa, et dont vous avez invoqué le témoignage, que vos pertes auraient peut-être été moins sensibles, si, comme les autres négociants appelés à trafiquer avec les autorités abyssaines, vous aviez su ou pu vous plier à des exigences particulières à ces pays et à leurs chefs.

[Quant à] votre compte de liquidation énumérant divers paiements faits par vous et pour lesquels il vous a été donné des reçus, il conviendrait que ces pièces fussent jointes audit compte; on pourrait en outre, pour votre décharge, vous en délivrer des copies certifiées conformes et légalisées.

Veuillez agréer, Monsieur, l'assurance de ma considération distinguée.

E. DE GASPARY.

M. Rimbaud,
négociant Français
à Aden, poste restante.

RIMBAUD À MONSIEUR DE GASPARY

Aden, le 9 novembre 1887.

Monsieur,

Je reçois votre lettre du 8 et je prends note de vos observations.

Je vous envoie la copie du compte des frais de la caravane Labatut, devant garder par devers moi l'original, parce que le chef de caravane qui l'a signé a volé par la suite une partie des fonds que l'Azzaze lui avait comptés pour le paiement des chameaux. L'Azzaze s'entête, en effet, à ne jamais verser les frais de caravane aux Européens eux-mêmes, qui régleraient ainsi sans difficulté : les Dankalis trouvent là une belle occasion d'embrouiller l'Azzaze et le Frangui à la fois, et chacun des Européens s'est vu ainsi arracher par les Bédouins 75 % en plus de ses frais de caravane, l'Azzaze et Ménélik lui-même ayant l'habitude, avant l'ouverture de la route du Harar, de donner invariablement raison au Bédouin contre le Frangui.

C'est prévenu de tout cela que j'eus l'idée de faire signer un compte de caravane à mon chef. Cela ne l'empêcha pas, au moment de mon départ, de me porter devant le roi en réclamant quelque 400 thalers en plus du compte approuvé par lui! Il avait en cette occasion pour avocat *le redoutable bandit Mohammed Abou-Beker,* l'ennemi des négociants et voyageurs européens au Choa [1].

Mais le roi, sans considérer la signature du Bédouin (car les papiers ne sont rien du tout au Choa), comprit qu'il mentait, insulta pour occasion Mohammed, qui se démenait contre moi en furieux, et me condamna seulement à payer une somme de 30 thalers et un fusil Remington : mais je ne payai rien du tout. J'appris par la suite que le chef de caravane avait prélevé ces 400 thalers sur le fond versé par l'Azzaze entre ses mains pour le paiement des Bédouins, et qu'il les avait employés en achat d'esclaves, qu'il envoya avec la caravane de MM. Savouré, Dimitri, Brémond [2], et qui mou-

rurent tous en route, et lui-même alla se cacher au Djimma Abba-Djifar[1], où l'on dit qu'il est mort de la dysenterie. L'Azzaze eut donc, un mois après mon départ, à rembourser ces 400 thalers aux Bédouins; mais, si j'avais été présent, il me les aurait certainement fait payer.

Les ennemis les plus dangereux des Européens en toutes ces occasions sont les Abou-Beker, par la facilité qu'ils ont d'approcher l'Azzaze et le roi, pour nous calomnier, dénigrer nos manières, pervertir nos intentions. Aux Bédouins dankali ils donnent effrontément l'exemple du vol, les conseils d'assassinat et de pillage. L'impunité leur est assurée en tout par l'autorité abyssine et par l'autorité européenne sur les côtes, qu'ils dupent grossièrement l'une et l'autre. Il y a même des Français au Choa qui, pillés en route par Mohammed, et à présent encore en butte à toutes ses intrigues, vous disent néanmoins : « Mohammed, c'est un bon garçon! », mais les quelques Européens au Choa et au Harar qui connaissent la politique et les mœurs de ces gens, exécrés par toutes les tribus Issa Dankali, par les Galla et les Amhara, fuient leur approche comme la peste.

Les trente-quatre Abyssins de mon escorte m'avaient bien, à Sajalo, avant le départ, fait signer une obligation de leur payer à chacun 15 thalers pour la route et deux mois de paie arriérés, mais à Ankober, irrité de leurs insolentes réclamations, je leur saisis le bon et le déchirai devant eux; il y eut par suite plainte à l'Azzaze, etc. Jamais, d'ailleurs, on ne prend de reçus des gages payés aux domestiques au Choa : ils trouveraient cet acte très étrange, et se croiraient très en danger d'on ne sait quoi.

Je n'aurais pas payé à l'Azzaze les 300 thalers pour Labatut, si je n'avais découvert moi-même, dans un vieux calepin trouvé à la baraque de Mme Labatut, une annotation de l'écriture de Labatut portant reçu de l'Azzaze de cinq okiètes d'ivoire moins quelques rotolis. Labatut rédigeait en effet ses *Mémoires* : j'en ramassai trente-quatre volumes, soit trente-quatre calepins, au domicile de sa veuve, et, malgré les imprécations de cette dernière, je les livrai aux flammes, ce qui fut, m'expliqua-t-on, un grand malheur, quelques titres de propriété se trouvant intercalés parmi ces confes-

sions qui, parcourues à la légère, m'avaient paru indignes
d'un examen sérieux.

D'ailleurs ce sycophante d'Azzaze débouchant à Farré
avec ses bourriques au moment où je débouchais avec
mes chameaux, m'avait immédiatement insinué, après
les salutations, que le Frangui, au nom de qui j'arrivais,
avait avec lui un compte immense, et il avait l'air de
me demander la caravane entière en gage. Je calmai ses
ardeurs, provisoirement, par l'offre d'une lunette à moi,
de quelques flacons de dragées Morton. Et je lui expé-
diai par la suite, à distance, ce qui me semblait réelle-
ment son dû. Il fut amèrement désillusionné, et agit
toujours très hostilement avec moi; entre autres, il
empêcha l'autre sycophante, l'aboune[1], de me payer
une charge de raisins secs que je lui apportais pour la
fabrication du petit vin des messes.

Quant aux diverses créances que j'ai payées sur
Labatut, cela s'opérait de la manière suivante :

Arrivait par exemple chez moi un Dedjatch, et
s'asseyait à boire mon tedj[2], en vantant les nobles
qualités de *l'ami* (feu Labatut) et en manifestant l'espoir
de découvrir en moi les mêmes vertus. À la vue d'un
mulet broutant la pelouse, on s'écriait : « C'est ça le
mulet que j'ai donné à Labatut ! » (on ne disait pas
que le burnous qu'on avait sur le dos, c'était Labatut
qui l'avait donné !) « D'ailleurs, ajoutait-on, il est resté
mon débiteur pour 70 thalers (ou 50, ou 60, etc. !) » Et
on insistait sur cette réclamation, si bien que je congé-
diais le noble malandrin en lui disant : « Allez au roi ! »
(Ça veut à peu près dire : « Allez au diable ! ») Mais le
roi me faisait payer une partie de la réclamation, ajou-
tant hypocritement qu'il paierait le reste !

Mais j'ai payé aussi sur des réclamations fondées, par
exemple à leurs femmes, les gages des domestiques morts
en route à la descente de Labatut; ou bien c'était le
remboursement de quelque 30, 15, 12 thalers que Laba-
tut avait pris de quelques paysans en leur promettant au
retour quelques fusils, quelques étoffes, etc. Ces pauvres
gens étant toujours de bonne foi, je me laissais toucher
et je payais. Il me fut aussi réclamé une somme de
20 thalers par un M. Dubois; je vis qu'il y avait droit
et je payai en ajoutant, pour les intérêts, une paire de mes
souliers, ce pauvre diable se plaignant d'aller nu-pieds.

Mais la nouvelle de mes vertueux procédés se répandait au loin; il se leva, de-ci de-là, toute une série, toute une bande, toute une horde de créanciers à Labatut, avec des boniments à faire pâlir, et cela modifia mes dispositions bienveillantes, et je pris la détermination de descendre du Choa au pas accéléré. Je me rappelle qu'au matin de mon départ, trottant déjà vers le N.-N.-E., je vis surgir d'un buisson un délégué d'une femme d'un ami de Labatut, me réclamant au nom de la Vierge Marie une somme de 19 thalers; et, plus loin, se précipitait du haut d'un promontoire un être avec une pèlerine en peau de mouton, me demandant si j'avais payé 12 thalers à son frère, empruntés par Labatut, etc. À ceux-là je criai qu'il n'était plus temps!

La veuve Labatut m'avait, à ma montée à Ankober, intenté auprès de l'Azzaze un procès épineux tendant à la revendication de la succession. M. Hénon, voyageur français, s'était constitué son avocat dans cette noble tâche, et c'était lui qui me faisait citer et qui dictait à la veuve l'énoncé de ses prétentions, avec l'aide de deux vieilles avocates amhara. Après d'odieux débats où j'avais tantôt le dessus, tantôt le dessous, l'Azzaze me donna un ordre de saisie aux maisons du défunt. Mais la veuve avait déjà caché au loin les quelques centaines de thalers de marchandises, d'effets et de curiosités laissés par lui et, à la saisie que j'opérai non sans résistance, je ne trouvai que quelques vieux caleçons dont s'empara la veuve avec des larmes de feu, quelques moules à balles et une douzaine d'esclaves enceintes que je laissai.

M. Hénon intenta au nom de la veuve une action en appel, et l'Azzaze, ahuri, abandonna la chose au jugement des Franguis présents alors à Ankober. M. Brémond décida alors que, mon affaire paraissant déjà désastreuse, je n'aurais à céder à cette mégère que les terrains, jardins et bestiaux du défunt, et que, à mon départ, les Européens se cotiseraient pour une somme de cent thalaris à donner à la femme. M. Hénon, procureur de la plaignante, se chargea de l'opération et resta lui-même à Ankober.

La veille de mon départ d'Entotto, montant avec M. Ilg chez le monarque pour prendre le bon sur le Dedjatch du Harar, j'aperçus derrière moi dans la mon-

tagne le casque de M. Hénon qui, apprenant mon départ,
avait franchi avec rapidité les 120 kilomètres d'Anko-
ber à Entotto, et, derrière lui, le burnous de la fréné-
tique veuve, serpentant au long des précipices. Chez
le roi, je dus faire antichambre quelques heures, et *ils*
tentèrent auprès de lui une démarche désespérée. Mais,
quand je fus introduit, M. Ilg me dit en quelques mots
qu'*ils* n'avaient pas réussi. Le monarque déclara qu'il
avait été l'ami de ce Labatut, et qu'il avait l'intention
de perpétuer son amitié sur sa descendance, et comme
preuve, il retira de suite à la veuve la jouissance des
terres qu'il avait données à Labatut!

Le but de M. Hénon était de me faire payer les cent
thalers qu'il devait, *lui,* réunir pour la veuve chez les
Européens. J'appris qu'après mon départ la souscrip-
tion n'eut pas lieu!

M. Ilg qui, en raison de sa connaissance des langues
et de son honnêteté, est généralement employé par le
roi au règlement des affaires de la cour avec les Euro-
péens, me faisait comprendre que Ménélik se préten-
dait de fortes créances sur Labatut. En effet, le jour
où l'on fit le prix de mes mises, Ménélik dit qu'il lui
était dû beaucoup, ce à quoi je ripostai en demandant
des preuves. C'était un samedi, et le roi reprit qu'on
consulterait les comptes. Le lundi, le roi déclara que,
ayant fait dérouler les cornets qui servent d'archives,
il avait retrouvé une somme d'environ 3 500 thalaris,
et qu'il la soustrayait de mon compte, et que d'ailleurs,
en vérité, tout le bien de Labatut devait lui revenir, tout
cela d'un ton qui n'admettait plus de contestation. J'allé-
guais les créanciers européens, produisant ma créance en
dernier lieu, et, sur les remontrances de M. Ilg, le roi
consentit hypocritement à abandonner les trois huitièmes
de sa réclamation.

Pour moi, je suis convaincu que le Négous m'a volé,
et, ses marchandises circulant sur des routes que je suis
encore condamné à parcourir, j'espère pouvoir les saisir
un jour, pour la valeur de ce qu'il me doit, de même
que j'ai à saisir le Ras Govana pour une somme de
600 thalaris dans le cas où il persisterait dans ses récla-
mations, après que le roi lui a fait dire de se taire,
ce que le roi fait toujours dire aux autres quand il
s'est payé lui-même.

Telle est, Monsieur le Consul, la relation de mon paiement des créances sur la caravane Labatut aux indigènes, excusez-moi de vous l'avoir faite en ce style, pour faire diversion à la nature des souvenirs que me laissa cette affaire, et qui sont, en somme, très désagréables.

Agréez, Monsieur le Consul, l'assurance de mon respectueux dévouement.

RIMBAUD.

Monsieur de Gaspary,
Consul de France,
À Aden.

COMPTE DES FRAIS
DE LA CARAVANE LABATUT

Pierre Labatut
Ankober
par
Obock
(Côte orientale d'Afrique).

NOMS	NOMBRE DE CHAMEAUX :
Saïd Massa	5
Abd El Kader Daoud	12
Moussa et Sanzogoda	19 ½
Hassan Abou Beker	1 ½
Djabeur	1
Ali Abey	10 ½
Divers de Tadjoura	12 ½
Saddik Hoummedau	5
Omar Boûda	3 ½
Mohamed Kassem et Abou Beker Balla }	4 ½
Boguis	1 ½
Bouha	1
Hoummedou et les Adaîel	13
	90 ½

à Th. 17 ½	Th.	1 584
Habib, chef de caravane. Solde.	Th.	50
Moussa Dirio, chef. Gratification	Th.	60
Saïd Massa, chef.	Th.	40
Abd El Kader Daoud, chef. —	Th.	30
Mohammed Chaîm, chef de caravane, Bakchich	Th.	46
Total	Th.	1 810
Ajouté pour divers	[Th.]	24
Total	Th.	1 834

Compte signé et approuvé à Ankober par le chef de caravane Mohammed Chaîm.

RIMBAUD AUX SIENS

Aden, 22 novembre 1887.

Mes chers amis,

J'espère que vous êtes en bonne santé et en paix; et je suis en bonne santé aussi, mais pas précisément en paix, car je n'ai encore rien trouvé à faire, quoique je pense accrocher prochainement quelque chose.

Je ne reçois plus de vos nouvelles, mais je suis rassuré à votre égard.

Répondez-moi, s'il vous plaît, aux questions suivantes :

Quel est le nom et l'adresse des députés des Ardennes, particulièrement celui de votre arrondissement?

Il se pourrait que j'aie à faire prochainement une demande à un ministère, pour quelque concession dans la colonie d'Obock, ou pour la permission d'importer des armes à feu pour l'Abyssinie par la dite côte, et je ferais appuyer ma demande par votre député.

— Enfin où se placent les fonds pour rentes via-

gères? Est-ce au gouvernement? Puis-je avoir une rente viagère à mon âge? Quel intérêt aurais-je?

Bien à vous,

RIMBAUD.

Poste restante, Aden Cantonment.
British Colonies.

LE VICOMTE DE PETITEVILLE
À RIMBAUD

Consulat général
de
France en Syrie.

Beyrouth, le 3 décembre 1887.

Monsieur,

En réponse à votre lettre en date du 12 octobre dernier, je m'empresse de vous faire savoir que c'est dans les environs de Damas que l'on achète ordinairement les baudets étalons dont on se sert ici pour la procréation des mulets de Syrie. Les prix d'achat sur place de ces bêtes, varient de 20 à 30 livres turques l'une, c'est-à-dire de 450 à 700 francs.

Leur transport de Beyrouth à Aden par les bateaux des Messageries maritimes est de 175 francs par bête, sans assurance, la chose étant contraire aux règlements de la dite compagnie qui n'assure jamais les animaux sur pied.

Les Messageries fournissent les stalles nécessaires au transport des bêtes, qui doivent être accompagnées d'un homme chargé de les soigner, et qui doit embarquer avec lui leur nourriture pour la durée du voyage.

Il y a ici un maquignon, le nommé Youssef Nassif, qui se chargerait de se rendre à Damas à l'effet d'exécuter la commande en question, en lui fournissant d'avance les fonds nécessaires à l'achat pour votre compte des dits ânes, sans assumer aucune sorte de responsabilité.

Ces conditions me paraissent fort chanceuses pour vous et je crois devoir vous donner le conseil, dans le cas où vous vous décideriez à faire cette acquisition ici, d'envoyer à Damas une personne capable de surveiller sur place, soit l'achat de ces bêtes, soit leur embarquement à Beyrouth.

Recevez, Monsieur, l'assurance de ma considération distinguée

VICOMTE DE PETITEVILLE.

RIMBAUD AUX SIENS

Aden, 15 décembre 1887.

Mes chers amis,

J'ai reçu votre lettre du 20 novembre. Je vous remercie de penser à moi.

Je vais assez bien; mais je n'ai encore rien trouvé de bon à mettre en train.

Je vous charge de me rendre un petit service qui ne vous compromettra en rien. C'est un essai que je voudrais faire, si je puis obtenir l'autorisation ministérielle et trouver ensuite des capitaux.

Adressez la lettre ci-jointe au député de l'arrondissement de Vouziers, en ajoutant son nom et le nom de l'arrondissement dans l'en-tête intérieur de la lettre. Cette lettre au député doit contenir la lettre au Ministre. À la fin de la lettre au Ministre, aux places laissées en blanc, ayez seulement le soin d'écrire le nom du député que je charge des démarches. Cela fait, vous expédiez le tout à l'adresse du député, ayant eu le soin de laisser ouverte l'enveloppe de la lettre au Ministre.

Si c'était actuellement M. Corneau, marchand de fers, le député de Charleville, il vaudrait mieux peut-être que cela lui fût envoyé, s'agissant d'une entreprise métallurgique; et, alors, ce serait son nom qui devrait figurer aux blancs de la lettre et à la fin de la demande au Ministère. Sinon, et comme je ne suis pas du tout au courant des cuisines politiques actuelles, adressez-vous au plus tôt au député de votre arrondissement. Vous n'avez rien à faire que ce que je viens de vous dire; et, par la suite, rien ne vous sera adressé, car vous voyez que je demande au Ministre de me répondre au député, et au député de me répondre ici, au Consulat.

Je doute que cette démarche réussisse, à cause des conditions politiques actuelles sur cette côte d'Afrique; mais enfin, cela, pour commencer, ne coûte que du papier.

Ayez donc la bonté d'adresser au plus tôt, et sans

aucune annotation, cette lettre à ce député (contenant la demande au Ministère). L'affaire avancera toute seule si elle doit avancer.

J'adresse cela par votre entremise, parce que je ne connais pas l'adresse du député, et que je ne veux pas écrire au Ministère sans joindre à ma requête une recommandation. J'espère que ce député fera quelque chose.

Enfin, il n'y a qu'à attendre. Je vous dirai, par la suite, ce qu'on m'aura répondu, si l'on me répond : ce que j'espère.

J'ai écrit la relation de mon voyage en Abyssinie, pour la Société de géographie. J'ai envoyé des articles au *Temps,* au *Figaro,* etc... J'ai l'intention d'envoyer aussi au *Courrier des Ardennes,* quelques récits intéressants de mes voyages dans l'Afrique orientale. Je crois que cela ne peut pas me faire de tort.

Bien à vous.

Répondez-moi à l'adresse suivante, exclusivement :

A. RIMBAUD,
Poste restante, à Aden-Camp, Arabie.

RIMBAUD À M. FAGOT

Aden, le 15 décembre 1887.

Monsieur,

Je suis natif de Charleville (Ardennes), et j'ai l'honneur de vous demander par la présente de vouloir bien transmettre, en mon nom, en l'appuyant de votre bienveillant concours, la demande ci-jointe au ministre de la Marine et des Colonies.

Je voyage depuis huit années environ sur la côte orientale d'Afrique, dans les pays d'Abyssinie, du Harar, des Dankalis et du Somal, au service d'entreprises commerciales françaises, et M. le Consul de France à Aden, où j'élis domicile ordinairement, peut vous renseigner sur mon honorabilité et mes actes en général.

Je suis un des très peu nombreux négociants français

en affaires avec le roi Ménélik, roi du Choa (Abyssinie méridionale), ami de tous les pouvoirs européens et chrétiens, — et c'est dans son pays, distant d'environ 700 kilomètres de la côte d'Obock, que j'ai l'intention d'essayer de créer l'industrie mentionnée dans ma demande au Ministère.

Mais, comme le commerce des armes et munitions est interdit sur la côte orientale d'Afrique possédée ou protégée par la France (c'est-à-dire dans la colonie d'Obock et les côtes dépendantes d'elle), je demande par la présente au Ministère de me donner une autorisation de *faire transiter* le matériel et l'outillage décrits, par la dite côte d'Obock, sans m'y arrêter, que le temps nécessaire à la formation de ma caravane, car tout ce chargement doit traverser les déserts à dos de chameaux.

Comme rien de ce matériel ni de cet outillage ne doit rester en retard sur les côtes que vise la prohibition, comme rien de tout le dit chargement n'en sera distrait, ni en route, ni à la côte, et que l'importation dudit matériel et outillage est exclusivement destinée au Choa, pays chrétien et ami des Européens; et comme je dois m'engager à m'adresser, pour la dite commande, à des capitaux français et à l'industrie française exclusivement, j'espère que le ministre voudra bien favoriser ma demande et m'envoyer l'autorisation dans les termes requis, c'est-à-dire : laisser passer sur toute la côte d'Obock et les côtes dankalies et somalies adjacentes, protégées ou administrées par la France, la totalité de la dite commande à destination du Choa.

Permettez-moi, Monsieur, de vous prier encore une fois d'appuyer ma demande auprès du Ministère, dont je vous serai obligé de me faire parvenir la réponse.

Agréez, Monsieur, l'assurance de ma considération très distinguée.

ARTHUR RIMBAUD.

Adresse : au Consulat de France,
Aden (Colonies anglaises).

Monsieur Fagot,
député de l'arrondissement de Vouziers,
département des Ardennes.

RIMBAUD AU MINISTRE
DE LA MARINE ET DES COLONIES

Aden, 15 décembre 1887.

Monsieur le Ministre,

J'ai l'honneur de vous demander par la présente une autorisation officielle de débarquer sur les territoires français de la côte orientale d'Afrique, comprenant la colonie d'Obock, le protectorat de Tadjoura et toute l'étendue de la côte Somalie protégée ou possédée par la France, les marchandises suivantes, à destination du roi Ménélik, roi du Choa, où elles doivent être rendues par caravane devant se former à ladite côte française.

1° Toutes les matières, l'outillage et le matériel requis pour la fabrication de fusils à percussion centrale, système Gras ou Remington.

2° Toutes les matières, l'outillage et le matériel requis pour la fabrication des cartouches aux dits fusils, des amorces de cartouches, et des capsules de guerre en général.

Je m'adresserai pour le tout à des capitaux français et à l'industrie française, et l'établissement de cette industrie au Choa devra être confié à un personnel français. Il s'agit de l'essai d'une entreprise industrielle française à 700 kilomètres des côtes, au profit d'une puissance chrétienne intéressante, amie des Européens et des Français en particulier ; et l'autorisation demandée doit simplement accorder et protéger le transit de la dite caravane à la côte, où le commerce des armes et des munitions est d'ailleurs défendu.

Agent de commerce français, voyageant depuis environ huit années sur la côte orientale d'Afrique, honorablement connu de tous les Européens, aimé des indigènes, j'espère, monsieur le Ministre, que vous voudrez bien m'accorder ma demande, que j'ai l'honneur de faire aussi au nom du roi Ménélik, et j'attendrai la réponse du Ministère par les soins de M. Fagot, député de l'arrondissement de Vouziers, département des Ardennes, d'où je suis originaire.

Agréez, monsieur le Ministre, l'assurance de mes respects très dévoués.

ARTHUR RIMBAUD.

Adresse : Au Consulat de France, Aden (Arabie).

M. le ministre de la Marine et des Colonies,
À Paris.

SAVOURÉ À RIMBAUD

Armand Savouré   Paris, le 14 janvier 1888.
10 Rue d'Enghien

Mon cher M[onsieur] Rimbaud,

Je suis toujours dans la même perplexité par suite des nouvelles apportées par Ilg et toujours aussi dans l'attente d'une lettre de vous.

Les journaux disent cependant tous les jours que Ménélik reste neutre. Il faut bien cependant arriver à un résultat, je pense me mettre en route à la fin de ce mois ou dans les premiers jours de février.

J'accepterais volontiers les termes de votre lettre et le programme que vous y tracez (lettre du 22 Xbre) mais les conditions que vous posez me semblent on ne peut plus exagérées. J'ai vu vos lettres par lesquelles vous offriez de monter la caravane Francon pour 500 th. soit 2 000 fr. N'ayant qu'à aller chercher les chameaux sans être obligé de remonter vous demandez 2 500 fr. — Enfin voici ce que je vous propose; je vous donnerai 2 000 fr. dont *mille* aussitôt que vous *télégraphieriez : Savouré 10 Enghien*

Paris

Accepté

Rimb.

Les autres mille fr. ou 250 thalaris vous seraient, à votre retour, payés en Rémington à *18 th.* et je tiendrai à votre disposition jusqu'à concurrence de 200 R[émington] à ce prix, le reste contre argent.

Puisque vous en aviez le placement à 22 th. vous auriez encore de ce chef un profit de 4 th. par R[émington] — soit pour 200 = *800 fr.*

Comme ci-dessus, le bénéfice est plus grand pour vous, pour moi c'est une certitude que vous irez jusqu'au bout de votre mission tandis que lorsque vous seriez complète-

ment payé, qui m'assurera que vous ne vous *arrêterez pas au premier obstacle*, et que mes 2 000 fr. ne seraient pas perdus pour moi? Si vous acceptez, télégraphiez comme ci-dessus, la signature est même inutile. Évitez même de mettre votre nom en regard du mien.

Alors je vous tiendrai compte de votre dépêche et par le plus prochain courrier après réception je vous adresserai un pli chargé de *1 000 fr.* plus la dépêche et une lettre pour Mauconel de façon à ce que vous partiez aussitôt réception. La lettre du Dedjas[1] serait conçue de façon à ce qu'il vous remette tout ce que vous me dîtes dans votre lettre.

Si le 31 janvier c[ouran]t, dernier délai, je n'ai pas votre dépêche je ne compterai plus sur vous et agirai seul et me considérerai comme dégagé envers vous.

Vous aurez cette lettre le 25 ou le 26 vous pouvez me permettre d'envoyer les fonds le 27 par Brindisi ou le 29 par Marseille.

Il vous faudrait être arrivé avec les chameaux les premiers jours de Mars, vers le *10/15* au plus tard. Je serai à la côte à cette date et un boutre attendrait à *Doralé.*

Je pense que vous trouverez ces conditions raisonnables puisque je vous donne plus que vous ne me demandiez, seulement si vous exigez des garanties contre moi, vous ne trouverez pas mauvais que j'en prenne aussi de mon côté. Veuillez dire à Dimitri[2] avec le bonjour, que j'apporterai sa commande et que je compte sur lui pour m'aider *au départ* dans les conditions d'autrefois. Je vous serre la main bien cordialement.

A. SAVOURÉ.

LE SOUS-SECRÉTAIRE D'ÉTAT
AU MINISTÈRE DE LA MARINE
ET DES COLONIES
À M. FAGOT, DÉPUTÉ

Paris, le 18 janvier 1888.

Monsieur le Député et cher collègue,

Vous avez bien voulu appeler mon attention sur une demande formée par M. Arthur Rimbaud, à l'effet d'être autorisé à débarquer sur les territoires français de la côte orientale d'Afrique l'outillage et le matériel nécessaires à la fabrication de fusils et de cartouches destinés au roi Ménélik.

J'ai l'honneur de vous informer que les conventions

conclues avec l'Angleterre interdisent l'introduction d'armes
de guerre à travers notre territoire. Dans ces conditions,
il ne m'est pas possible d'autoriser l'entrée d'un matériel
destiné à la fabrication desdites armes, et je vous en exprime
tous mes regrets.

Agréez, Monsieur le Député et cher collègue, les assurances
de ma haute considération.

FÉLIX FAURE.

M. FAGOT, DÉPUTÉ DES ARDENNES, À RIMBAUD

Paris, 18 janvier 1888.

Mon cher Compatriote,

J'ai l'honneur de vous communiquer la réponse de
M. le ministre de la Marine à votre demande.

Votre dévoué.

FAGOT,
Député des Ardennes.

LE SOUS-SECRÉTAIRE D'ÉTAT
AU MINISTÈRE DE LA MARINE
ET DES COLONIES
À M. ARTHUR RIMBAUD, À ADEN

Paris, le 18 janvier 1888.

Vous avez sollicité du département l'autorisation de débar-
quer sur les territoires français de la côte orientale d'Afrique
l'outillage nécessaire à la fabrication de fusils et de cartouches
destinés au roi Ménélik. Je ne puis autoriser l'entrée d'un
matériel destiné à la fabrication desdites armes.

FÉLIX FAURE.

RIMBAUD AUX SIENS

Aden, 25 janvier 1888.

Mes chers amis,

J'ai reçu la lettre où vous m'annoncez l'expédition de mes tartines à l'adresse du Ministre. Je vous remercie. Nous allons voir ce qu'on répondra. Je compte peu sur le succès ; mais enfin il se peut qu'on accorde cette autorisation, au moins après la guerre Italo-Abyssine — qui n'a pas l'air de clore.

D'ailleurs, l'autorisation accordée, les capitaux resteraient à trouver ; et cela ne se trouve pas dans le pas d'un cheval, ni même d'un âne. Vous pensez bien que ce ne sont pas mes [quarante] mille et quelques francs[1] qui suffiraient à l'entreprise ; mais je pourrais avoir l'occasion de faire monnaie avec l'autorisation elle-même, si elle était accordée, et accordée *en termes précis*. Je suis déjà sûr du concours de quelques capitalistes, que ces affaires peuvent tenter.

Enfin, ayez la bonté de m'avertir, s'il vous revenait quelque chose du fait de cette demande ; quoique j'aie dit au député de me répondre à mon nom, ici au consulat de France. — Ne vous mêlez de l'affaire aucunement. Ça marchera tout seul ; ou ça ne marchera pas, ce qui est plus vraisemblable.

Je ne me suis accroché encore à rien à Aden ; et l'été approche rapidement, me mettant dans la nécessité de rechercher un climat plus frais, car celui-ci m'épuise absolument, et j'en ai plus que mon compte.

Les affaires de cette mer Rouge sont bien changées, elles ne sont plus ce qu'elles étaient il y a six ou sept ans.

C'est l'invasion des Européens, de tous les côtés, qui a fait cela : les Anglais en Égypte, les Italiens à Massaouah, les Français à Obock, les Anglais à Berbéra, etc. Et on dit que les Espagnols aussi vont occuper quelque port aux environs du détroit ! Tous les gouvernements sont venus engloutir des millions (et même en somme quelques milliards) sur toutes ces côtes maudites, déso-

lées, où les indigènes errent des mois sans vivres et
sans eau, sous le climat le plus effroyable du globe ;
et tous ces millions qu'on a jetés dans le ventre des
bédouins n'ont rien rapporté, que les guerres, les
désastres de tous genres ! Tout de même, j'y trouverai
peut-être quelque chose à faire.

Je vous souhaite bonne 88, dans tous ses détails.

Bien à vous,

RIMBAUD.

SAVOURÉ À RIMBAUD

Armand Savouré   Paris, le 27 janvier 1888.
10 r[ue] d'Enghien

Mon cher M[onsieur] Rimbaud,

Je vous confirme ma dépêche de ce jour. *2 000 partis
Brindisi. Préparez*. Ce qui veut dire, que sous ce pli vous
trouverez deux billets de mille

— 701 — K 737
— 209 — R. 736.

préparez, veut dire faites vos préparatifs pour partir aussitôt
réception de la présente.

Mais notez bien que si je consens à vous avancer 2 000
au lieu de mille comme convenu dans ma première lettre,
je ne m'en tiens pas moins à mes conditions. 1 000 fr. vous
appartiennent *et les autres mille à titre d'avance ne vous seront
définitivement acquis que le jour où les chameaux seront à la côte.*
Il reste convenu que, si je vends à Mohamet à un prix que
vous fixerez avec lui en passant, je vous tiendrai compte de
tout ce qui sera au-dessus de 18 th. jusqu'à concurrence de
200 fusils. *Cela à titre de prime pour vous encourager à ne rien
négliger pour le succès mais ne vous appartiendra qu'au cas où vous
arriverez avec les chameaux.*

Il reste entendu que nous nous en tenons au programme
déjà tracé, que vous amenez les chameaux le plus loin pos-
sible de Zeilah par une route qui s'écartera aussi autant que
faire se pourra de la route de Zeilah.

Mon domestique Ali Fara, le fils d'un chef Issas, connaît
une route d'esclaves aboutissant au Gubet Karab. Étant
plus loin elle conviendrait mieux et vous pourriez le prendre
avec vous en passant par Zeilah où il doit être. J'ai été
étonné de l'accueil qu'on lui faisait en route et de tout ce

que l'on nous apportait à cause de lui. Ne le négligez pas, il connaît tout le pays à fond.

Un boutre sera à vous attendre entre Doralé et Ambado à partir du 15 mars; tâchez d'y être aussitôt que possible après cette date avec les chameaux. Nous avons 320 ballots de 10 à 4 ballots par chameaux = 85

peut-être pourrez-vous en mettre 5 alors il faudrait moins de chameaux; 500 caisses cart[ouches] à 50 R[emington] 4 caisses = 125.

Demandez 225 chameaux pour parer à tout. Ci-joint une lettre pour le Gouverneur actuel de Harar. Vous pourrez toujours le lui faire traduire. J'aurai 100 sacs de riz à la côte et le tout arrivera en même temps. De votre côté écrivez-moi par la mission de Zeilah à la *mission d'Obock* pour me laisser les dernières instructions.

Si vous jugez qu'Ali Fara vous soit utile donnez-lui les app[ointemen]ts que vous jugerez convenable[s] pour qu'il vous accompagne; je lui donnai[s] 10 th. par mois. Je les lui paierai à mon arrivée.

Au moment où vous aurez cette lettre je serai en mer, ne perdez donc pas un seul jour.

Je compte de la *façon la plus absolue* sur les sentiments de loyauté que je vous connais et dont vous vous prévalez.

Il ne me reste qu'à vous souhaiter bonne chance et à vous serrer amicalement la main en attendant le plaisir de vous voir à la date *convenue*.

A. SAVOURÉ.

Vous voudrez bien laisser reçu des 2 000 fr. ci-joint[s] à Messieurs Bardey frères.

RIMBAUD À ILG

B 19/11.   Aden, 1er février 1888.

Mon cher Monsieur Ilg,

Je reçois avec plaisir votre lettre du 16 janvier. Je vous suppose en bonne santé et en tranquillité.

Vos démarches ont été inutiles, je le regrette, je l'ai déjà su, et nous le prévoyions bien. Les espoirs que cherchaient à nourrir les marchands de fusils dans leurs mémorandums étaient de simples hameçons destinés à happer nos fonds si nous avions été aussi bêtes qu'eux, ce qui n'est pas permis ici.

J'ai moi-même fait agir les députés de mon département, auprès du ministre actuel qui est aussi de ma ville natale, tout cela a complètement raté : je n'y ai cependant rien perdu parce que je n'espérais rien, et que je n'ai fait aucuns frais.

Vos prévisions au sujet de l'épopée de Massaouah sont celles de tout le monde ici. Ils vont faire la *conquête* des mamelons volcaniques disséminés jusqu'à une trentaine de kilomètres de Massaouah, les relier par des voies ferrées de camelote, et arrivés à ces extrémités, ils lâcheront quelques volées d'obusiers sur les vautours, et lanceront un aérostat enrubanné de devises héroïques. — Ce sera fini. Ce sera alors le moment de bazarder les quelques centaines qui resteront des quelques milliers de bourriquots et de chameaux achetés ici dernièrement, les planches des baraquements, etc., tout cet infect matériel pour lequel travaillaient avec orgueil leurs fabriques militaires.

Mais après ce moment de délire légitime, que se passera-t-il? Cette jolie plaine de Massaouah, il faudra encore bien du monde pour la garder. La conquête occasionnera des frais, et il ne sera pas sans périls de la conserver. Il est vrai que leurs sentinelles montent la garde armées chacune d'une mitrailleuse réduite [1].

L'idiotique Agence Reuter nous annonce ce matin que la Porte a requis l'Angleterre d'évacuer Zeilah immédiatement! Qu'y a-t-il là-dessous? — Je crois que la Mission Portal a dû demander la contrée du Harar à l'Empereur. — Enfin, pour le cas de Zeilah, l'Angleterre a répondu naturellement qu'elle consulterait d'abord le Khédive [2] puisqu'il est locataire de Zeilah de la Porte.

Vous savez depuis longtemps que Mekonnène [3] a quitté le Harar, on ne sait quand il reviendra. Il n'y reste plus qu'environ 800 hommes avec un Choum [4], dit-on. La route n'est pas mauvaise.

Bienenfeld envoie un agent politique au Harar. Ces gens sont bien ennuyeux avec leurs attentats à la pudeur de l'Éthiopie. Cet agent est depuis un mois à Zeilah sans oser se mettre en route.

Stéphane l'Arménien (le négociant) est repassé ici, il ne se plaint pas du tout de Ménélik, et est prêt à remonter, il est parti acheter des m[archand]ises en Égypte.

Stéphane deuxième classe teint ici des peaux de chèvres

en rouge et en vert, il déploie une activité fébrile c'est
le cas de le dire, parce que la fièvre ne le quitte pas.

M. Bion a vendu après vous l'ivoire de Brémond à
215 ou 216 r[oup]ies. — L'ivoire est en hausse, le Zébad [1]
est à trois thalers [2].

Quoi qu'on en dise, je crois que rien ne peut empê-
cher les fusils Soleillet de partir même à présent. Si les
gens chargés de l'affaire pouvaient d'ailleurs être mani-
festement empêchés, ils pourraient peut-être en profiter
et se faire indemniser [3].

Rien de neuf d'ailleurs, sinon qu'un officier anglais
et une trentaine de soldats ont été assassinés avant-
hier aux environs de Berbera.

Du Choa les nouvelles, quoi qu'on dise, sont bonnes.
Ménélik fait quelques grimaces, mais les choses sont
encore dans l'ordre habituel pour tout le monde.

— Je vais partir pour la côte dans une huitaine, je
pense, il se pourrait que je reste à l'intérieur deux ou
trois mois. Je voudrais voir si l'on peut entreprendre
l'exploit[ati]on de la gomme dans les Konollas [4] du Harar,
dans le Gadiboursi [5], etc. Il y a beaucoup de gommiers
par là, et j'ai des abbans [6] partout.

— Les gens de la caravane Soleillet sont affolés, ils
ne reçoivent pas de nouvelles, ils en ont encore pour
longtemps à la côte, s'ils ne se démènent pas mieux.

— On dit que la délimitation des côtes Issa entre
France et Angleterre va se terminer. Djibouti restcrait
aux Anglais. Ambado est un point parfaitement français
et le gouverneur d'Obock ne demanderait pas mieux
qu'on le lui ouvre [7].

— Il y a à craindre que le blocus continue même à
la cessation des hostilités aux environs de Massaouah,
et après le retour des troupes [8]. Toutes ces descentes,
perquisitions, réquisitions, prohibitions, persécutions,
aigrissent et embêtent fortement les indigènes, aussi
bien sur les côtes qu'à l'intérieur. Tout cela est mal
disposé, mal calculé pour réhabiliter aux yeux des nègres
l'Européen très méprisé déjà dans la mer Rouge.
— Morale, rester l'allié des nègres, ou ne pas les tou-
cher du tout, si on n'est pas en pouvoir de les écraser
complètement au premier moment.

— C'est certainement le parti sage, de voir se dessi-
ner les événements, et de ne rien entreprendre directe-

ment en Abyssinie pour le moment. — Pour moi si je retourne sur la terre d'Afrique, ce ne sera pas plus loin que le Harar, parce qu'enfin là le commerce est libre, et qu'on en file quand on veut.

— Plus tard on verra. On dit que les m[archand]ises diverses sont à bon prix au Choa à présent, et que les m[archand]ises d'export[ati]on s'y trouvent à des prix très avantageux.

— Dimitri vous salue : il a retrouvé dernièrement presque tout ce qui était perdu.

— À propos de l'ivoire du Dedjatch[1] W. Gabril, il a été vendu ici par mon abban Dankali qui a dépensé tout l'argent, me dit-on, en achats de m[archand]ises diverses pour le Dedjatch et pour lui personnellement. Mais j'entends dire que M. Hénon[2] aurait aussi des Thalers au Dedjatch. Je ne sais si c'est faux ou vrai.

— Mais enfin le Dankali et l'Abyssin qui sont descendus avec l'ivoire sont en train de se manger le nez à présent.

Portez-vous bien, cher Monsieur; au plaisir de vous revoir.

Bien à vous

RIMBAUD.

Adresse : Poste restante
Aden
Camp

SAVOURÉ À ILG

Armand Savouré,   Paris, le 13 février 1888.
10, rue d'Enghien.

Mon cher Monsieur Ilg,

J'ai bien reçu en son temps votre lettre [du] 27 écoulé à laquelle je vous demande pardon de n'avoir pas répondu plus vite.

Comme vous, je suis toujours dans l'attente de nouvelles et rien de sérieux n'arrive.

Hénon a une mission officielle et 20 000 fr. de subvention, mais il faut qu'il parte de suite, c'est ce qui ne lui va pas du tout.

Quant à moi, la situation reste toujours la même et aussi tendue; je pars de Paris le 20 courant pour Marseille, où je

serai quelques jours *Hôtel des Colonies*. Puis après arrive que pourra, il faut marcher ou crever. Je ne sais toujours que les racontars des journaux qui sont toujours de plus en plus invraisemblables et contredisent le lendemain les nouvelles de la veille.

C'est Rimbaud qui d'Aden s'amuse à écrire des fumisteries à la presse.

J'espère avant le 20 courant avoir de vous les nouvelles que vous savez ou avez reçues.

Une très vieille lettre de Zimmermann m'offre d'aller à Harar chercher mes chameaux et de faire prix en marchandises avec vous.

Je ne sais si c'est possible et lui ai écrit au dernier courrier de venir à mon arrivée à Obock où nous pourrions causer d'une façon plus utile sans qu'on puisse lire ce que nous écrivons. Vous êtes parti, devant revenir très prochainement à Paris, que comptez-vous faire? Je n'ose plus espérer de vous revoir avant mon départ, j'espère que nous pourrons au moins correspondre. Mes lettres pour *Obock* devront être adressées à la *mission*.

C'est par là que j'ai écrit à Zimpi[1] parce qu'ils correspondent fréquemment avec Zeilah.

Si je ne vous revois pas ici, espérons que nous nous reverrons là-bas, et en tout cas à la Grâce de Dieu.

J'attends Hénon et ne sais ce qu'il a décidé, en tout cas l'argent n'arrive pas et je suis déjà très à court pour mes frais.

J'attends de vos bonnes nouvelles avec impatience et en tout cas vous savez que vous *êtes chez vous* chez mon beau-frère.

Je vous serre bien amicalement les deux mains et vous prie de me croire le vôtre bien sincèrement.

A. SAVOURÉ.

ILG À RIMBAUD

Trittligasse 6,   Zurich, le 19 février 1888.
Zurich.

Mon cher Monsieur Rimbaud,

De retour d'une petite excursion, je trouve votre bien aimable lettre du 1er février et je me hâte d'y répondre. J'en ai bien ri, je vous garantis, je vois avec le plus grand plaisir que derrière votre terrible masque d'homme horriblement

sévère se cache un[e] bon[ne] humeur que beaucoup auraient bien raison de vous envier. Si je n'avais pas eu peur de vous compromettre, j'aurais bien envoyé le passage sur la fameuse conquête italienne à quelques journaux et nous aurions fait rire bien d'autres.

Ce que vous me racontez du fameux agent politique de M. Bienenfeld m'est connu depuis assez longtemps, il l'est autant que moi je suis moine.

Aux deux Stefanos I et II classe mes meilleurs souhaits pour bonne chance, pour le dernier j'ai bien peur qu'il perde son temps comme tant de fois déjà pour une entreprise qui nécessite autrement de persévérance qu'il n'a en magasin.

Vous me dites que vous allez partir dans une huitaine pour ramasser de la gomme. Vous voyez que je n'y crois pas beaucoup encore, autrement je vous aurais envoyé cette lettre par Zeilah et non pas Aden camp.

Vous allez voir arriver en peu de temps votre cauchemar personnifié dans les deux enfants terribles MM. Hénon et Savouré. Le premier a été honoré d'une mission, j'ignore si strate ou scientifique, cette fois-ci, avec des roulettes dorées. On me dit de 20 000, c'est déjà quelque chose. M. Savouré va partir demain pour Marseille, train direct via Aden-Obock-Harar. J'ai peur que la ligne soit quelquefois un peu interrompue comme celle de notre célèbre Saint-Gothard, pas par des avalanches mais par des avaleurs. Voilà l'occasion pour vous de rendre un service à la chère France et à ses citoyens, ouvrez la nouvelle ligne Ambado-Harar et je vous ferai décorer avec toutes les couleurs désirées. Elles sont devenues bon marché, surtout si l'on sait s'y prendre, mais elles éblouissent tout aussi bien qu'auparavant.

M. Zimmermann, d'après [s]es lettres, a l'air de trouver la farce mauvaise et il n'a pas tort; il trouve que nous dormons. Non, fichtre, ce n'est pas nous, ce sont ces diables d'Italiens qui sont devenus tous des marmottes, que le Samoun[1] les emporte!

Ce que je ne comprends pas du tout, c'est ce silence affreux des hauteurs choyennes. Qu'est-ce que Antonelli est devenu, et Traversi, Borelli, Appenzeller et tant d'autres? Ce n'est pas possible que tout marche bien, il y a quelque chose de louche là-dessous, je dévore tous les journaux de l'univers mais inutilement. Ils se mangent les uns les autres pour savoir ce que le grand diable de Bismarck a dit à son cher Reichstag, à l'Europe, etc., ils ne veuillent pas comprendre que Bismarck n'est pas si bête de dire quelque chose, qu'il n'a pas oublié son ancien système de penser et faire sans le dire.

Malgré les grandes provisions de patience faites en Abyssinie, je commence pourtant à craindre qu'elles s'épuisent

d'un jour à l'autre, je ne peux pourtant pas attendre jusqu'à
ce que j'aie mangé mes quatre sous.

Veuillez, je vous prie, me tenir au courant [de] ce qui
se passe là-bas, de sorte que je ne manque pas une occasion
d'être utile aux autres et à moi aussi, avec votre permission
bien entendu.

Saluez-moi bien notre ami commun Dimetri, je suis bien
heureux de le savoir rentré dans ses fonds, il aurait été f...u
de ne plus rire toute sa vie.

Adieu, mon cher M. Rimbaud. N'oubliez pas toujours

Votre ami bien dévoué
ALFRED ILG ING.

REÇU DE M. BARDEY

Reçu de M. A. Rimbaud £ 150 (cent cinquante livres sterling)
à compte d'une livraison soieries et brillés à lui faire dans le
délai de trois mois.

Aden, 27 mars 1888.

P. BARDEY,
ALF. BARDEY.

A. BARDEY À RIMBAUD

Aden, 28 mars 1888.

Je reçois votre lettre du 28 c[ouran]t. J'enverrai textuelle-
ment vos instructions à mes correspondants. Inclus les cartes
d'éch[antillo]ns de votre ordre soieries. Vérifiez si c'est bien
exact et renvoyez-les-moi par le porteur. Elles partiront ce
soir. Je presserai autant que possible mes correspondants
d'envoyer dans le plus court délai.

Je vous renouvelle que lorsque votre courant d'affaires
entre Harar, Zeilah et Aden sera établi, vous pourrez fournir
sur moi ou me passer des ordres jusqu'à concurrence de
R. 2 000 (deux mille roupies), mais bien entendu je devrai
trouver quelques profits, soit comme commissionnaire à

l'achat pour votre compte, soit comme vendeur d'une partie
des march[andi]ses que vous pourriez envoyer à Aden.

Agréez, Monsieur, mes salutations sincères

P[ar] p[roc]u[ration] P. Bardey,

ALF. BARDEY.

Je vous enverrai la lettre pour la maison de Harar demain.

Monsieur Rimbaud,
Aden.

RIMBAUD À ILG

B 27/4.   Aden, 29 mars 1888.

Mon cher Monsieur Ilg,

De retour du Harar il y a une quinzaine j'ai trouvé
votre amicale. Merci.

J'ai en effet fait ce voyage au Harar, 6 jours à l'aller,
5 au retour, 8 de séjour là-haut, et une dizaine de jours
dans les boutres et les vapeurs (car c'est le plus long
et le plus ennuyeux), ça a été une campagne d'un mois.

Là-haut bonnes nouvelles. Paix et silence sur terre
et sous les cieux. Les docteurs doctorisent (et on leur
viole leurs femmes, du moins c'est ce qui est arrivé
au bon Sig. Traversi, dit-on, qui a répudié sa légitime
et emporté son gosse?). Sig. Alfieri est remonté au Choa.
Sig. Antonelli à Lit-Marefia. M. Borelli au Djimma,
M. Brémond en route pour le Harar, Sig. Viscardi en
route pour l'Aoussa, M. Bidault avec ses caisses au
Harar, Herr Zimmermann remonté au Harar à présent,
avec un chapeau helmet à trois étages[1]. Au Harar on a
commencé à balayer, mais il paraît qu'on crèvera de
faim prochainement.

Vous savez que M. Lagarde[2] a dressé des baraques à
Djibouti et surveille toute la côte, dans l'attente de
M. Savouré, mais la route ne s'ouvre pas.

Je repars très prochainement pour le Harar au compte
des négociants d'Aden. Je serai seul français au Harar.

Par conséquent je suis votre correspondant naturel
là-haut, et je réclame le privilège de votre service pour
tout ce qui pourra vous être utile là-haut dans vos
opérations.

À Zeilah mon correspondant sera un Grec, M. Sotiro, garçon probe et connaissant bien le pays.

N'allez pas vous fourrer, pour vos affaires, à la boîte Mousaïa.

À Aden Monsieur Tian correspondra avec moi, et aussi Monsieur Bardey.

— Soyez très prudent, (permettez-moi de vous le conseiller, et excusez-m'en) la côte est absolument en état de siège.

RIMBAUD

ou bien :	Par le consulat de France
Chez Monsieur Tian	Zeilah
Aden	Mer Rouge

RIMBAUD AUX SIENS

Aden, 4 avril 1888.

Mes chers amis,

Je reçois votre lettre du 19 mars.

Je suis de retour d'un voyage au Harar : six cents kilomètres, que j'ai faits en 11 jours de cheval.

Je repars, dans trois ou quatre jours, pour Zeilah et Harar où je vais définitivement me fixer. Je vais pour le compte des négociants d'Aden.

Il y a longtemps que la réponse du Ministre m'est arrivée, réponse négative, comme je le prévoyais. Rien à faire de ce côté, et d'ailleurs, à présent, j'ai trouvé autre chose.

Je vais donc habiter l'Afrique de nouveau, et on ne me verra pas de longtemps. Espérons que les affaires s'arrangeront au moins mal.

À partir d'à présent, écrivez-moi donc chez mon correspondant à Aden, en évitant dans vos lettres les choses compromettantes.

Bien à vous,

Monsieur RIMBAUD
Chez Monsieur César Tian,
Aden,
Possessions anglaises,
Arabie.

Vous pouvez aussi, et même préférablement, m'écrire directement à Zeilah, ce point faisant partie de l'Union postale. (Renseignez-vous pour l'affranchissement.)

Monsieur ARTHUR RIMBAUD,
à Zeilah, mer Rouge, via Aden,
Possessions anglaises.

LE VICE-CONSUL DE FRANCE À ADEN À RIMBAUD

Vice-Consulat de France
       Aden.   Aden, 9 avril 1888.

Monsieur,

Conformément au désir que vous m'en avez manifesté par votre lettre du 27 mars dernier, je vous envoie sous ce pli une lettre de recommandation pour M. le Gouverneur du Harar.

Agréez, Monsieur, l'assurance de mes sentiments dévoués.

E. DE GASPARY.

Monsieur Rimbaud
négociant Français
à Aden.

RIMBAUD À ILG

Aden, 12 avril 1888.

Mon cher Monsieur,

Monsieur Tian vous remettra la présente à votre passage à Aden, et pourra vous dire que je suis son correspondant au Harar et dans les pays circonvoisins. Je pars demain pour Zeilah et je serai au Harar vers la fin de ce mois, bien pourvu de fonds et de marchandises.

Je suis entièrement à votre disposition pour tous vos messages, transports, dépôts, et toutes les commissions

et négociations où vous voudrez bien vous prévaloir de mes services, dans tout le centre du Harar et sur toutes les routes y aboutissant. L'offre est toute désintéressée, et j'en avertis Monsieur Tian, qui fera lui-même tout le possible pour vous à Aden. — Mon correspondant à Zeilah est un grec nommé Sotiro, chez qui vous pouvez descendre, ou qui au moins est averti par moi de faire pour vous tout ce qu'il pourra faire à Zeilah et pour votre mise en route.

Permettez-moi de vous avertir de ne vous confier en rien à la maison Moussaya, qui sont une bande d'espions étudiant uniquement les démarches et les procédés de tout le monde pour les gêner ensuite de toutes manières.

J'espère que ma nouvelle affaire au Harar prendra de l'extension, autant que le permettent les lieux et les temps, et que nous pourrons par la suite, vous au Choa, avec votre expérience exceptionnelle des gens, des choses, et des langues, et moi au Harar, organiser quelque chose de profitable à tous deux.

Si vous écrivez donc à quelqu'un au Harar, faites-moi ce plaisir, et croyez-moi, dans l'attente de votre bonne arrivée, votre dévoué.

RIMBAUD
at Mr. Sotiro's *
Zaïlah
Red Sea. Gulf of Aden

Monsieur Alfred Ilg,
Ingénieur.

LUCIEN LABOSSE À RIMBAUD

Vice-consulat de France,
à Suez.

Suez, le 22 avril 1888.

Mon cher Monsieur Rimbaud,

Vous êtes très aimable d'avoir pensé à moi. Je me fais un véritable plaisir de vous être agréable et de vous remettre

---

* C'est lui qui m'enverra mes courriers, avec toute la célérité et la sécurité désirables. Rb.

une lettre pour mon ami Mequenen. Je souhaite qu'elle vous soit utile.

Vous savez que j'ai si fort et si bien insisté auprès du gouvernement que le lac Assal reste libre, suivant le désir du roi Ménélik et de Mequenen. Ils avaient raison tous deux; la cession de ce lac ne pouvait que nous créer des inimitiés nombreuses, sans profit même pour les concessionnaires.

Les salines d'Aden auraient toujours fait une rude concurrence à celles d'Assal. Enfin j'ai cru faire bien et dans l'intérêt de tous.

Voulez-vous être assez bon pour de temps en temps me donner de vos nouvelles et de celles de ces pays que j'aime toujours, malgré que hommes, pays et bêtes ne soient pas tous parfaits.

Nous avons tous gardé un bon souvenir de votre court passage à Suez, et nous désirons vous serrer la main quand les Dieux vous ramèneront en Égypte.

À vous bien cordialement.

                                        LUCIEN LABOSSE.

Je vous serais reconnaissant de me donner des nouvelles de M. Borelli, si vous en avez.

SAVOURÉ À RIMBAUD

Armand Savouré   Obock, le 26 avril 1888.

Je suis arrivé ici le 17 c[ouran]t exactement dans les conditions convenues entre nous et avec toutes les autorisations nécessaires, c['est]-à-d[ire] sans faire le contrebandier comme certaines personnes voulaient le faire croire. J'ai été désagréablement surpris de trouver vos lettres, ici et à Aden, au lieu des chameaux.

Mauconel dit qu'il ne sait pas où envoyer les chameaux; ceci est écrit de votre main et me surprend d'autant plus, que vous-même, d'après vos lettres *et vos croquis,* deviez choisir ce point et m'en informer.

Quant à l'ordre du Roi, je croyais vous avoir informé qu'il était dans une lettre contenant d'autres ordres et que j'avais été obligé de le laisser entre les mains de Mauconel à mon passage à Harar.

Pour ce qui est du prix à payer pour les chameaux, je compte que vous voudrez bien rappeler à Mauconel qu'il m'avait dit qu'il ferait mieux que ce que le Roi lui comman-

dait; qu'ayant des chameaux à lui, il me les enverrait de
façon à ce que je n'aie rien à payer d'avancè et que je puisse
lui apporter ce qu'il m'a commandé en dehors des ordres
du Roi. Il devait se payer en marchandises du prix de ses
chameaux.

Ce n'est pas cependant un obstacle et s'il faut payer
d'avance, même 10 th. par chameau, pour 300, j'ai ce qu'il
faut pour cela.

Je suis retenu par une entorse très sérieuse, puis par
l'inventaire de Tadjoura et le règlement des domestiques,
sans cela je monterais moi-même en courrier de suite.

Quand vous recevrez cette lettre par Ibrahim, qui en porte
aussi une pour Mauconel, je pense que je serai guéri, et s'il
le faut, que Mauconel m'envoie un courrier et je monterai
de suite. Les domestiques seront réglés le 1er mai et toutes
les marchandises de Tadjoura seront à bord de mon bateau
à *Obock où j'attends des nouvelles.*

D'un autre côté M. Lagarde[1] que je viens d'aller voir à
Aden, me recommande *par dessus tout* d'envoyer la caravane
soit par Mohamet, soit par les chameaux de Mauconel,
mais de ne monter qu'avant ou après et en courrier, c'[est]-à-
d[ire] de ne pas accompagner la caravane pour que des
Français n'y paraissent pas mêlés à cause des Italiens.

Mohamet ne consent à partir qu'après le Ramadan
c'[est]-à-d[ire] dans deux mois et irait du Gubet à Herrer
en rejoignant la route Zeilah-Herrer. Il y aurait de ce fait
une augmentation de loyer des chameaux.

Il faudrait alors tâcher de la faire supporter par Mauconel
pour le Roi, ou que le prix de 25 th. soit porté à 30 th. si je
suis obligé de payer un loyer semblable à celui de la côte
au Choa.

Je considère que votre mission n'a pas réussi, surtout
parce que vous n'avez pas été assez affirmatif et que vous
n'aviez pas confiance dans mes dires. Maintenant qu'ils sont
réalisés vous me ferez au moins l'honneur de ne plus douter
de moi, et je compte que vous allez faire tous vos efforts
pour arriver avec Mauconel à une combinaison pratique que
je laisse à votre initiative de façon à ce que mes 2 000 fr.
n'aient pas été dépensés en pure perte.

Vous voudrez bien aussi faire valoir à Mauconel que mon
séjour à Obock avec un bateau contenant 3 000 fusils et
500 000 cartouches me coûte plus de 350 th. par mois et
que je compte qu'il fera l'impossible pour l'abréger, s'il
veut que je revienne encore, ce que je pourrai faire, si je
ne suis pas obligé à de trop grands frais.

Il faut aussi que Mauconel soit bien convaincu qu'il est
impossible de passer *pour le moment* par Raz Djiboutil,
M. Lagarde s'y oppose *formellement* outre que la caravane

commencement de janvier : je suis fort inquiet [de] ce qu'il est devenu, s'il est toujours dans des bonnes relations avec le monarque.

Merci des nouvelles que vous me donnez des autres Européens.

Merci bien aussi de vos bons conseils ainsi que de l'aimable offre de me servir de correspondant, je compte beaucoup sur vous et je suis persuadé que nous travaillerons ensemble.

J'espère avoir fini bientôt avec toutes mes brique-à-bracs et je me hâterai le plus possible de regagner nos fameuses pénates. Non sans un frisson épouvantable, surtout après avoir fait la campagne d'un hiver comme celui qui vient de passer. Il en fallut de l'alcool pour éviter de devenir une statue de glace! Au revoir donc bientôt, donnez-moi souvent de vos nouvelles qui sont beaucoup plus intéressantes que celles de l'Europe, qui d'un jour à l'autre ne sont plus vraies.

Adieu. Votre

ALFRED ILG.
Trittligasse 6.

LE SOUS-SECRÉTAIRE D'ÉTAT
AU MINISTÈRE DE LA MARINE
ET DES COLONIES
À M. ARTHUR RIMBAUD

Paris, le 2 mai 1888.

Monsieur,

Par suite à la dépêche du 18 janvier dernier, j'ai l'honneur de vous informer que la nouvelle convention conclue avec l'Angleterre autorise l'introduction d'armes de guerre à travers notre territoire d'Obock, mais seulement à destination du Choa.

Vous pourrez donc, comme vous vous le demandiez par votre lettre du 15 décembre, débarquer sur les territoires français de la côte orientale d'Afrique l'outillage et le matériel nécessaires à la fabrication de fusils et de cartouches destinés au roi Ménélik.

Recevez, Monsieur, les assurances de ma considération distinguée.

Pour le Sous-secrétaire d'État,
Le Chef de la 2e Division,
HAUSSMANN.

Monsieur Arthur Rimbaud,
au Consulat de France, à Aden.

RIMBAUD À M. ALFRED BARDEY

[Harar, 3 mai 1888.]

[...] Je viens d'arriver au Harar. Les pluies sont extraordinairement fortes, cette année, et j'ai fait mon voyage par une succession de cyclones, mais les pluies des pays bas vont cesser dans deux mois [...].

RIMBAUD AUX SIENS

Harar, le 15 mai 1888.

Mes chers amis,

Je me trouve réinstallé ici, pour longtemps.

J'établis un comptoir commercial français, sur le modèle de l'agence que je tenais dans le temps, avec, cependant, quelques améliorations et innovations. Je fais des affaires assez importantes, qui me laissent quelques bénéfices.

Pourriez-vous me donner le nom des plus grands fabricants de drap de Sedan ou du département? Je voudrais leur demander de légères consignations de leurs étoffes : elles seraient de placement au Harar et en Abyssinie.

Je me porte bien. J'ai beaucoup à faire, et je suis tout seul. Je suis au frais et content de me reposer, ou plutôt de me rafraîchir, après trois étés passés sur la côte.

Portez-vous bien et prospérez.

RIMBAUD.

LE SOUS-SECRÉTAIRE D'ÉTAT
AU MINISTÈRE DE LA MARINE
ET DES COLONIES
À M. ARTHUR RIMBAUD

Paris, le 15 mai 1888.

Monsieur,

En me référant à ma dépêche du 2 mai courant, j'ai l'honneur de vous informer qu'il résulte des nouvelles négociations qui viennent d'être reprises entre le Gouvernement français et le Cabinet de Londres au sujet de la côte Somali, qu'il ne saurait être donné suite, pour le moment du moins, à l'introduction d'armes de guerre à travers notre territoire d'Obock.

Je ne puis donc que vous engager à suspendre provisoirement tout envoi de matériel de ce genre qui serait destiné à ces pays.

Recevez, Monsieur, les assurances de ma considération distinguée.

Pour le Sous-secrétaire d'État,
Le Chef de la 2e Division,
HAUSSMANN.

Monsieur Arthur Rimbaud,
au Consulat de France, à Aden.

RIMBAUD À ILG

Harar, 25 juin 1888.

Cher Monsieur,

Je reçois ici votre aimable Tritligasse 27 avril. Je m'étonne de ne pas avoir de nouvelles plus rapprochées de vous.

Je suis ici au travail, je me fournis graduellement des m[archand]ises d'importation pour l'Abyssinie : mes commandes répétées d'articles étranges et odieux exas-

pèrent mon correspondant à Aden, Monsieur Tian.
Cependant je compte établir ici quelque chose d'inté-
ressant.

Le Roy est rentré à Entotto et la brillante cour s'est
reformée, Ato Petros étant maître des cérémonies.

Antonelli vérolé gît à Lit-Marefia — Traversi chasse
l'hippopotame sur l'Hawache — M. Appenzeller répare
le pont[1], dit-on — Borelli chez le Roi de Djimma, —
M. Zimmerman dans votre attente — Antoine Brémond
allaitant ses nourrissons à Alin Amba — Bidault péré-
grinant et photogr[aphia]nt dans les monts du Harar, —
le teinturier de peaux Stéphane étendu dans le ruisseau
devant nos portes, etc., etc...

Tout cela est l'ordinaire. À la côte vous rencontrerez
nos héros MM. Savouré et Brémond et vous saurez à
quoi vous en tenir.

Pour moi voici la troisième fois que le Gouvernement
français me donne et me retire successivement l'autori-
s[ati]on de débarquer des armes à Obock pour le Choa.

La dernière lettre du ministère suspendait provisoire-
ment une autoris[ati]on formelle accordée à mon nom
dans la seconde note! — Les choses en sont là.

Ça peut encore changer comme ça douze fois jusqu'à
fin 88!

Ce doit être le genre de la situation de M. Savouré,
autorisation et prohibition gonflant alternativement les
voiles de la satanée tartane bondée des maudits tuyaux.

Les affaires ici seront assez actives fin keremt[2]. L'ivoire
se vend ici à la parité de Th. 65 l'okiète du Choa[3] (au
Choa c'est 45) le Zébad à 2 onces pour 1 Thaler au
Djimma, se vend ici Th. 1 ½ l'once. Le café vaut
Th. 5. Les gommes Th. 5 ½.

La situation commerciale n'est pas mauvaise au Choa.
— La manie des fusils est plus frénétique que jamais. —
Les relations d'ici avec le Choa sont assez actives, et la
route d'ici à Zeilah est bonne.

— Rappelez-vous, s'il vous plaît, que je suis ici tout
à votre disposition.

RIMBAUD.
négociant français au Harar.

RIMBAUD AUX SIENS

Harar, 4 juillet 1888.

Mes chers amis,

Je me suis réinstallé ici pour longtemps, et j'y fais le commerce. Mon correspondant à Aden est Monsieur Tian, installé là depuis 20 ans.

Je vous ai déjà écrit d'ici une fois sans recevoir de réponse. Ayez la bonté de m'envoyer de vos nouvelles. J'espère que vous êtes en bonne santé et que vos affaires vont aussi bien que possible.

Je ne reçois plus rien de vous, vous avez tort de m'oublier ainsi.

Je suis très occupé, très ennuyé, mais en bonne santé actuellement, depuis que j'ai quitté la mer Rouge où j'espère ne pas descendre de longtemps.

Ce pays-ci est à présent gouverné par l'Abyssinie. On est en paix pour le moment. À la côte, à Zeilah, c'est l'Angleterre qui gouverne.

Écrivez-moi donc, et croyez-moi votre dévoué,

RIMBAUD.

Adresse : chez Monsieur César Tian, négociant
à Aden.

JULES BORELLI À RIMBAUD

Entotto, 26 juillet 1888.

Cher Monsieur,

J'ai reçu à Djiren votre lettre du 4 mai, ainsi que quelques autres. Je vous en remercie. Mais le roi Abba Djiffar n'a rien reçu ; je lui ai parlé longuement, lui faisant valoir l'avantage qu'il aurait à vendre son ivoire et son musc à Harar, chez vous ; je lui ai dit que vous aviez tous les articles qu'il pouvait désirer, sucre, riz, sandales, chaussettes, drap, etc., etc. ; que vous échangeriez ces articles

contre son musc ou son ivoire, ou que vous donneriez des thalers, s'il le préférait, car vous en aviez beaucoup. Il m'a répondu qu'il enverrait du musc, mais pas d'ivoire (il y a de fortes raisons pour cela, vous les devinez). Je connais bien Abba Djiffar; voici son genre : il attend qu'on lui fasse un petit cadeau, il en retourne un gros par rapport à celui qu'on lui a fait; c'est très agréable; alors, pour avoir un cadeau magnifique, on lui en fait un beau, et lui, cette fois, fait le mort.

Je vous donne ici, pour votre gouverne, les prix de l'or, du musc et de l'ivoire.

L'or : je ne sais son prix à Leka (environ 14 th.); à Entotto, de 15 à 16 thal. l'okiète de bel or, soit en bagues, soit en morceaux. Le Négous continue à le donner gracieusement pour 19 thal., et celui qu'il donne est mauvais. En achetant, faites grande attention, les marchands le fraudent avec le cuivre et le fer (j'ai été pris).

Musc : on dit qu'à Leka, aujourd'hui, on en a deux okiètes 1/3 pour un thaler; à Djimma, il vaut (prix courant) un thaler [l']okiète et un tiers. À Entotto, le prix varie beaucoup, mais il s'approche le plus souvent de cent à cent cinq thalers les cent trente okiètes. Le Négous le donne à un prix royal. Le musc est très fraudé, soit avec du beurre et de la moelle, soit avec des détritus de poterie pilés; on dit que dans le premier cas il devient blanc, et dans le second noirâtre; et qu'au contraire le bon musc doit être rougeâtre et très collant.

Ivoire : à Leka, je n'en sais rien; à Djimma, 36 thalers l'okiète. À Entotto, on en a facilement (pourvu qu'il n'y ait pas de fortes demandes), à 45 thalers.

L'ivoire de Djimma vient du Wallamo, du lac Abbala. Je suis allé jusqu'aux frontières de ce pays, j'ai connu les prix de l'ivoire. On achète avec des djebeli, ce que nous appelons, je crois, *guiné,* étoffes bleu sombre; mais les grands djebeli d'Aden ne vaudraient rien; ce sont des djebeli un peu plus larges que la main, un peu plus longs que ce papier, et épais de deux doigts, et autant que possible, recouverts de leur papier. On achète une dent d'environ trois okiètes à trois okiètes et demie pour 65 à 70 de ces djebeli : c'est bien bon marché.

J'ai été en relations avec des gens du Koullo, Contab, Koscha, Koutscha, Gofa, Gamo, Ouba, Zalla, Doko, Malo, etc.; [dans] tous ces pays, les trois premiers rive droite, les autres rive gauche de l'Omo, ils affirment tous que, sauf au lac Abbala, dans le Wallamo, les éléphants sont fort rares chez eux. Ils ont des cornes de rhinocéros, mais quelle en est la valeur?...

Il existe un lac qu'ils appellent Chambara, qui, selon

mes calculs, serait par 1° 30′ latitude Nord et 36° environ
longitude Est de Paris. Ce lac, où se déverse l'Omo, est
immense et sans profondeur. J'ai pu faire venir et cau-
ser des gens qui y étaient allés. Voici ce qu'ils disent (je
n'entre dans aucun détail, je vous en parle au seul point de
vue de l'ivoire) :

« Les éléphants pullulent à ce lac. Nous autres surtout,
gens du Koscha et du Contab, nous y allons pour faire
preuve de courage, car la route est longue et dangereuse :
rive droite, les gens du pays de Golda nous tuent; rive
gauche, les gens du pays de Dimé nous voient mal volon-
tiers. Puis après Dimé, Baoua (c'est le vide), plus per-
sonne, plus rien : le pays n'a même pas de nom; c'est une
immense plaine, herbes et buissons. Deux affluents de l'Omo
la parcourent; il y a quelques sources. Là où est le lac
Chambara, le pays se nomme *Yaya*. Ce pays est absolument
inhabité. Nous allons là : nous tuons, si nous pouvons, un
éléphant; nous en abandonnons l'ivoire, nous en emportons
la queue, nous la donnons à notre roi, qui nous donne
le droit de mettre des boucles d'oreille en argent, et nous
sommes des gens considérés! »

J'ai eu tous les renseignements possibles sur l'Omo et
ses pays riverains jusqu'au lac Chambara. Plus loin, personne
[ne] sait rien : les uns disent [que] l'Omo se perd dans
le lac, qu'aucune rivière n'en sort; les autres disent qu'on
leur a dit qu'une rivière, mais peu considérable, en sor-
tait. Cependant, si l'on considère : la proximité du lac
Nyanza et du lac Chambara; la similitude des noms Yaya,
pays où est le Chambara, et Ougé-Yaya, pays qui de ce
côté touche le Nyanza; enfin, qu'en cet endroit le Nyanza
reçoit une rivière, il y a fort à présumer que l'Omo n'est
point la Juba, mais un affluent du Nil. M. A. d'Abbadie
disait : « C'est le Nil. » Le Père Léon des Avanchers,
MM. Cechi et Chiarini disaient le contraire. On avait fini
par faire prévaloir leur opinion, bien que celle de M. d'Ab-
badie en fait de géographie vaille bien la leur... Mais assez,
je vous embête.

Je retourne, au mois d'octobre, par Harar; je vous serais
obligé avec consentement de M. Tian, de tenir à ma
disposition trois cents th. M. Brémond ne m'a rien laissé
et m'a dit dans une lettre qu'il déposerait à Harar, chez
l'agent de M. Tian, cinq cents th.; en ce cas, tout est bien,
mais...!?

Dans le voyage que j'ai fait, on m'a fermé la route par-
tout, sous peine de me tuer; et, au Djindjera, de me brûler.
J'avais cependant trouvé moyen de passer au sud en pays
ami, par les gens du Tambaro et du Hadia; mais le Négous
est revenu. Abba Djiffar a eu peur, et m'a coupé la route.

Cependant, j'ai voulu mettre un pied dans le Koullo, j'ai passé quelques jours dans le *moqua* de ce pays, et un jour j'ai traversé le Godjeb et, en dehors des portes, ai pénétré dans ce pays pour en retourner aussitôt... J'ai tué un éléphant, son ivoire me fait manger.

J'ai voulu pénétrer dans le Djindjero; un abba Koro d'Abba Djiffar, avec un millier d'hommes, m'ont accompagné. Je suis allé assez loin. Les Djindjero nous ont attaqués, tous les gens de Djimma ont fui; je n'ai pu me sauver qu'à grand'peine; j'en ai tué quatre et blessé plusieurs. Eux ont tué beaucoup de gens de Djimma, ils ont pris l'abba Koro et l'ont égorgé; six autres, faits prisonniers, ont dû boire de l'eau bouillante.

J'ai pris des fièvres violentes, j'ai des accès continuels depuis deux mois; j'en suis à prendre la quinine par deux grammes. Je suis sans force, sans énergie, je suis fini, je dois rentrer au plus tôt. Je n'écris pas chez moi pour ne pas montrer mon écriture; on me croirait perdu; puis je n'ai plus la force d'écrire.

Veuillez prier M. Tian d'écrire à mon frère, au Caire[1], qu'il a appris que j'étais rentré à Entotto, en juin, de retour de mon voyage au sud.

Je vous ai écrit tout ce que je savais sur les questions pouvant vous intéresser. Je l'ai fait avec plaisir, bien que très fatigué; de même ce que j'ai pu pour vous être agréable, je l'ai fait auprès du roi de Djimma. Demandez-moi autre chose, je le ferai. Si vous avez un homme de confiance, envoyez-le-moi avec deux, trois ou quatre cents thalers, je vous achèterai du musc ou de l'or (l'ivoire, je ne puis, c'est trop lourd), et je vous le porterai au Harar, sans commission, soyez-en assuré, seulement pour vous être agréable. Mais... de même que j'oublie absolument que, mes agassés chargés, vous vouliez me faire balayer la maison (chose que j'ai stupidement mal prise), de même voudrez-vous bien oublier les paroles inconvenantes que je vous ai adressées.

Veuillez agréer mes bien sincères salutations,

                                        JULES BORELLI.

Veuillez je vous prie présenter mes salutations aux négociants que j'ai connus au Harar.

                                        J. B.

RIMBAUD AUX SIENS

Harar, 4 août 1888.

Mes chers amis,

Je reçois votre lettre du 27 juin. Il ne faut pas vous
étonner du retard des correspondances, ce point étant
séparé de la côte par des déserts que les courriers mettent
huit jours à franchir; puis, le service qui relie Zeilah
à Aden est très irrégulier, la poste ne part d'Aden pour
l'Europe qu'une fois par semaine et elle n'arrive à
Marseille qu'en quinze jours. Pour écrire en Europe
et recevoir réponse, cela prend au moins trois mois.
Il est impossible d'écrire directement d'Europe au
Harar, puisqu'au-delà de Zeilah, qui est sous la pro-
tection anglaise, c'est le désert habité par des tribus
errantes. Ici, c'est la montagne, la suite des plateaux
abyssins : la température ne s'y élève jamais à plus
de 25 degrés au-dessus de zéro, et elle ne descend jamais
à moins de 5 degrés au-dessus de zéro. Donc pas de
gelées, ni de sueurs.

Nous sommes maintenant dans la saison des pluies.
C'est assez triste. Le gouvernement est le gouvernement
abyssin du roi Ménélik, c'est-à-dire un gouvernement
négro-chrétien; mais, somme toute, on est en paix et
sûreté relatives, et, pour les affaires, elles vont tantôt
bien, tantôt mal. On vit sans espoir de devenir tôt
millionnaire. Enfin! puisque c'est mon sort de vivre
dans ces pays ainsi...

Il y a à peine une vingtaine d'Européens dans toute
l'Abyssinie, y compris ces pays-ci. Or, vous voyez sur
quels immenses espaces ils sont disséminés. À Harar,
c'est encore l'endroit où il y en a le plus : environ une
dizaine. J'y suis le seul de nationalité française. Il y
a aussi une mission catholique avec trois pères, dont
l'un Français comme moi, qui éduquent des négrillons.

Je m'ennuie beaucoup, toujours; je n'ai même jamais
connu personne qui s'ennuyât autant que moi. Et puis,
n'est-ce pas misérable, cette existence sans famille, sans

occupation intellectuelle, perdu au milieu des nègres
dont on voudrait améliorer le sort et qui, eux, cherchent
à vous exploiter et vous mettent dans l'impossibilité
de liquider des affaires à bref délai? Obligé de parler
leurs baragouins, de manger de leurs sales mets, de
subir mille ennuis provenant de leur paresse, de leur
trahison, de leur stupidité!

Le plus triste n'est pas encore là. Il est dans la crainte
de devenir peu à peu abruti soi-même, isolé qu'on est
et éloigné de toute société intelligente.

On importe des soieries, des cotonnades, des thalaris
et quelques autres objets : on exporte du café, des
gommes, des parfums, de l'ivoire, de l'or qui vient de
très loin, etc., etc. Les affaires, quoique importantes,
ne suffisent pas à mon activité et se répartissent, d'ailleurs,
entre les quelques Européens égarés dans ces vastes
contrées.

Je vous salue sincèrement. Écrivez-moi.

RIMBAUD.

ÉLOI PINO À RIMBAUD

ÉLOI PINO
Capitaine au Long Cours
Négociant
à Ankober-Choa
Abyssinie du Sud
Afrique Équatoriale

Fallé, 11 septembre 1888.

Cher Monsieur,

Dans ma dernière du 1er août 1888, je vous disais qu'on
m'avait promis de 7 à 800 wokiets de musc et que je vous
l'enverrais. Malheureusement, le Roi a connu le prix courant
au Harar et c'est lui qui achète tout le musc et l'or qu'on
trouve à Léka et Djimma, ce qui fait que je ne puis pas tenir
ma promesse ; l'individu en question n'ose plus dire qu'il
a de cette marchandise de peur qu'on la lui saisisse.

J'ai reçu le 6 de ce mois, un courrier de Monsieur Brémond
par votre intermédiaire. Je vous en remercie. Je viens éga-
lement vous prier de faire parvenir celui que je vous envoie
à son adresse ; s'il y a quelques frais, portez-les à mon

compte. Je vous les paierai quand je passerai au Harar,
ou bien Monsieur Brémond vous les paiera à son retour.

D'après les dernières nouvelles de Monsieur Brémond,
29 juillet, Monsieur Savouré attendait Monsieur Lagarde,
vers le 25 septembre, pour partir ; il aurait pu partir avant
si Mahomet lui avait amené les chameaux, comme il le lui
avait promis. Seulement je n'ai aucune lettre de Monsieur
Savouré. Mon frère aîné a été obligé de rentrer en France,
malade. Antonelli est parti, dans le but de mettre des entraves,
et d'empêcher Savouré de monter et cela en s'adressant à
nos amis d'outre-mer, MM. les Anglais. Je crains qu'il
réussisse, ce qui n'arrangerait pas mes affaires, déjà assez
mauvaises.

Si on peut monter des armes et que la route soit ouverte,
comme l'a écrit Monsieur Ilg, j'espère que Monsieur Bré-
mond montera vite et que peut-être il trouvera Monsieur
Savouré encore à la côte.

Les Mahométans sont en pleine révolte, du côté des
Gouraguis, Dedjas Bacha est cerné à Guera et Ras Gobena
part sous peu, pour le Wollagah, les Madhistes viennent de
ce côté. L'Empereur Jean est parti aussi, pour Gondar ; le
bruit court qu'il aurait été victorieux, sur les partisans du
Madhi, d'autres disent qu'il a donné rendez-vous au Roi
Ménélik pour la Maskal à Bourméda.

Sans autre, présentez mes salutations à Monsieur Bidault
et croyez-moi, monsieur Rimbaud, votre bien dévoué.

PINO ÉLOI.

Monsieur Rimbaud, négociant français
au Harar.

RIMBAUD AUX SIENS

Harar, 10 novembre 1888.

Chers amis,

Je reçois aujourd'hui votre lettre du 1er octobre.
J'aurais bien voulu retourner en France pour vous
voir, mais il m'est tout à fait impossible de sortir de
ce trou d'Afrique avant longtemps.

Enfin, ma chère maman, repose-toi, soigne-toi. Il
suffit des fatigues passées. Épargne au moins ta santé
et reste en repos.

. . . .

Si je pouvais faire quelque chose pour vous, je n'hésiterais pas à le faire.

. . . .

Croyez bien que ma conduite est irréprochable. Dans tout ce que j'ai fait, c'est plutôt les autres qui m'ont exploité.

Mon existence dans ces pays, je l'ai dit souvent, mais je ne le dis pas assez et je n'ai guère autre chose à dire, mon existence est pénible, abrégée par un ennui fatal et par des fatigues de tout genre. Mais peu importe! — Je désirerais seulement vous savoir heureux et en bonne santé. Pour moi, je suis habitué de longtemps à la vie actuelle. Je travaille. Je voyage. Je voudrais faire quelque chose de bon, d'utile. Quels seront les résultats? Je ne sais encore.

Enfin, je me porte mieux depuis que je suis à l'intérieur, et c'est toujours cela de gagné.

Écrivez-moi plus souvent. N'oubliez pas votre fils et votre frère.

RIMBAUD.

A. SAVOURÉ À RIMBAUD

Entotto, le 10 X^{bre} 1888.

Mon cher Monsieur Rimbaud,

Ci-joint plusieurs lettres qui se recommandent à votre bonne obligeance pour la première occasion, et une pour Bidault, à qui je donne toutes les nouvelles avec prière de vous les communiquer. Depuis, de très mauvaises nouvelles arrivent. L'Empereur aurait passé l'Abaye et fait la paix avec le roi du Godjam. Cela demande confirmation, et si c'était vrai, vous nous verriez vite rappliquer, mais je ne puis le croire car Ménélik reste bien tranquille à Addis-Abeba.

Je ne puis toujours rien faire venir de ce qui est chez vous dans ces conditions.

Dans le coffre de pharmacie que nous avons laissé au dernier moment, il y a deux petites boîtes carrées en carton contenant un salicylate quelconque pour les rhumatismes que j'avais apporté pour azage Woldé Tsadik[1]. Je vous

envoie un homme qui porte ce courrier pour prendre ces
drogues. Veuillez donc prendre cette caisse *A.S. 401.* Dévis-
ser le couvercle, sortir le coffre, la clef est attachée à l'une
des poignées.

Une fois ouvert, le devant se baisse ; sous les bouteilles,
il y a un tiroir, tout à fait en avant se trouvent les deux
petites boîtes à remettre au porteur.

Pardon du dérangement, et merci d'avance.

J'espère que vous avez pu toucher quelque chose de
Tessama pour mon compte, il reste dû exactement *3 878* th.
S'il n'en était rien, vous me feriez grand plaisir de presser
autant qu'il sera en votre pouvoir.

Moconen n'est pas arrivé, et les avis les plus contradic-
toires circulent à son sujet.

Rien de plus pour le moment, et Bien à vous.

A. SAVOURÉ.

Compliments de M. Laffineur.

ÉLOI PINO À RIMBAUD

ÉLOI PINO   Fallé, le 30 décembre 1888.
Capitaine au Long Cours
        Négociant
      à Ankober-Choa
    Abyssinie du Sud
  Afrique Équatoriale

Mon cher Monsieur Rimbaud,

À l'arrivée du Ras Gobena[1], de son expédition dans le
Wollagah, je lui ai remis votre lettre ; il m'a prié de vous
répondre que probablement vous ne connaissiez pas bien
le pays, que lui Ras, ne possédait point de l'or, qu'il était
obligé de le donner au Roi Ménélik au fur et à mesure qu'il
en recevait en tribut.

Je savais d'avance que de ce côté-là il n'y avait rien à faire.

Je compte partir vers la fin février ou commencement
Mars pour la côte. Je ne sais si je passerai par Harar ; je
laisse en litige ma question chassepot, jusqu'à mon prochain
retour. J'ai besoin d'aller passer 2 ou 3 mois en France,
me retremper le moral. Je vous serai bien obligé d'expédier
les lettres incluses, à la côte.

Comme je compte faire une affaire d'armes avec un
bateau, que je commanderai moi-même, si vous avez besoin

de quoi que ce soit en France, vous pourrez m'écrire chez
Monsieur A. Olive, rue Fortia 7 à Marseille. Je me mets
entièrement à votre disposition pour tout ce dont vous aurez
besoin.

Les nouvelles du Choa sont un peu plus rassurantes, on
dit que probablement on fera la paix avec l'Empereur Jean.

Il ne me reste plus, mon cher Monsieur Rimbaud, qu'à
vous remercier de tous les bons soins que vous avez pris
pour ma correspondance et je vous prie de me faire savoir
à qui je dois payer les frais que vous avez pu faire pour moi
en m'envoyant la note.

Recevez, avec mes souhaits de bonne année, mes sincères
salutations.

Votre dévoué,
PINO ÉLOI.

SAVOURÉ À RIMBAUD

Entotto le 1er janvier 1889.

Mon cher Monsieur Rimbaud,

La situation paraissant un peu meilleure ici pour le moment,
j'ai décidé de faire venir tout ce qui restait chez vous pour
en tirer parti. Vous voudrez donc bien remettre le tout à
mes domestiques. Tessama[1] est leur chef. J'ai fait prix avec
un nommé Aboubakr[2] qui a déjà porté mes march[andi]ses
pour [le] c[omp]te du Roi, il doit servir de guide, vous aider
à trouver les chameaux, et la somme de 50 th. convenue
doit lui être payée si tout arrive en bon état dans le délai
d'un mois à partir de samedi 5 c[ouran]t, jour de leur
départ de Farré (payable ici).

Je vous prie de garder seulement *le grand tapis* et de
l'expédier après bon emballage en peaux, à M. Bardey,
auquel j'écris à ce sujet. Cela avec votre première caravane.

Quant aux fusils [à] capsules et autres, si vous ne les vendez
pas facilement, ici ils trouveront preneur, car vous n'avez
pas idée de la rage du jour pour tout ce qui ressemble à un
fusil.

Ali Fara est arrivé d'après la nouvelle que me donne
Moconen, dites-lui de venir avec les domestiques, ses fusils
et de bien veiller à tous les bagages. Il repartira prochaine-
ment avec MM. Laffineur et Pino.

Les cartouches qui sont chez vous et du reste tout, *moins
le tapis,* viendra avec cette expédition.

RIMBAUD À SA MÈRE ET À SA SŒUR

Harar, 10 janvier 1889.

Ma chère maman, ma chère sœur,

J'ai bien reçu ici votre lettre datée du 10 décembre 1888. Merci de vos conseils et bons souhaits. Je vous souhaite bonne santé et prospérité pour l'année 1889.

Pourquoi parlez-vous toujours de maladies, de mort, de toutes sortes de choses désagréables? Laissons toutes ces idées loin de nous, et tâchons de vivre le plus confortablement possible, dans la mesure de nos moyens.

Je vais bien, je vais mieux que mes affaires qui me donnent beaucoup de tracas pour peu de bénéfice. Avec les complications où je suis engagé, il est peu probable que je sorte avant longtemps de ces pays. Pourtant mon capital ne s'augmente guère; je crois que je recule au lieu d'avancer.

C'est bien mon intention de faire la donation dont vous parlez. Il ne me plaît pas en effet, de penser que le peu que j'aurais péniblement amassé serve à faire ripailler ceux qui ne m'ont jamais même écrit une seule lettre! Si je me trouvais un jour sérieusement malade, je le ferais, et il y a, dans ce pays-ci, une mission chrétienne à laquelle je confierais mon testament qui viendrait, ainsi transmis, au consulat de France à Aden en quelques semaines. Mais ce que j'ai ne ressortirait qu'après la liquidation des affaires que je fais ici pour la maison César Tian, d'Aden. D'ailleurs, si j'étais fort malade, je liquiderais plutôt moi-même l'agence d'ici; et je descendrais à Aden, qui est un pays civilisé, et où on peut régler ses affaires immédiatement.

Envoyez-moi de vos nouvelles, et croyez-moi
            Votre dévoué

                                        RIMBAUD.
                              Chez Monsieur César Tian
                                        Aden.

SAVOURÉ À RIMBAUD

Entotto, le 20 janvier 1889.

Mon cher Monsieur Rimbaud,

Votre courrier n° 3 m'est bien parvenu le 15 c[ouran]t et le n° 2 hier; quant au n° 1 il devra m'arriver dans quelques jours en suivant la même progression inverse, s'il n'est pas perdu, ce que je crains fort *.

Merci de toutes les lettres que vous m'envoyez et des renseignements.

J'espère qu'à l'heure actuelle vous avez reçu mes domestiques et mes lettres, et allez me les réexpédier rapidement avec l'argent le plus possible, car il y a ici de très bonnes affaires à faire, les march[andi]ses y sont à bon prix. Mais le Roi est toujours sans le sou, il ne m'a donné encore que 100 ok[ettes¹] Ivoire et 3 000 th.

Il y a sur place une centaine d'ok[ettes] à ramasser à 50, et de la Civette à 1 1/8 1 1/4, mais nous sommes tous sans le sou.

J'espère recevoir sous peu environ 200 ok[ettes] Ivoire du Roi, mais il ne veut pas lâcher un seul th.

Comme échange de bons procédés, puisque vous faites mes affaires, s'il en est encore temps, envoyez-moi 4 à 5 000 th. que je vous convertirai en march[andi]ses à ces prix. Envoyez soit par mes domestiques, en qui j'ai toute confiance, surtout Ali Fara et Tessama, soit par Ilg, et je pourrai vous expédier à vos frais par Laffineur le mois prochain. Mais il y a lieu de presser car Antonelli² arrive, Ilg et Decran aussi et ils feront monter les prix. En ce moment on trouverait peut-être jusqu'à 200 ok[ettes] Ivoire (bon) à acheter.

Impossible de vous envoyer des march[andi]ses. La route Galla n'est pas sûre, ils ont peur et ne passeront jamais par le désert, bien que cette route soit bien plus courte et de *beaucoup la meilleure*. Il faut acheter ici pour le moment. Envoyez si vous préférez des march[andi]ses avec les prix, et je m'en occuperai gratuitement avec plaisir car il est atroce de rester ici sans rien pouvoir faire. Vos prix de Harar sont loin d'être avantageux pour Ivoire et Civette.

---

* [Dans la marge :] Le café est plus cher ici qu'au Harar; on ne donne que 9 roth de 12 th pour un th. 3 kilogr. pour 1 th. Rien à faire.

Pour cette dernière, Tian a dû vous tirer une carotte bien constituée car je trouve dans le courrier que vous m'envoyez une lettre de l'acheteur de M. Tian, lettre de Paris, 10 novembre, disant avoir acheté à M. Tian à 400 et 425 le kilog ou les 36 okia ces temps derniers, et disant aussi en bonne demande à ces cours qu'il s'efforce de maintenir pour le contrat que j'ai avec lui.

Faites-en votre profit mais ne citez personne à Tian qui sait avec qui je suis en rapport pour cela. Dites-lui au besoin que vous recevez [des] lettres de France vous offrant ces prix et sans parler de moi.

Moconen n'est pas sur la route. Depuis 15 jours, environ, il garde une des passes de l'Abbaye avec d'autres généraux du Roi, la Paix n'est pas faite encore, mais elle va se faire à la grande rage des Italiens qui vont en être pour leurs 10 000 fusils. Le Roi ici sera obligé de céder devant l'Aboune[1] et tous les prêtres. Ce n'est qu'alors que Moconen retournera à Harar, le bruit de son retour prochain est répandu exprès pour empêcher une révolte *.

Le Raz Govéna vient de battre et d'écraser les musulmans et madistes Gouragay, il a pris le fameux chef Omar Baxa qu'il a fait égorger avec un millier de prisonniers devant sa tente. Mais il a perdu son second fils (d'environ 18 ans), plusieurs fitworari, et beaucoup de monde. Il file sur Djemma et va rapporter prochainement le tribut de ce dernier qui était aussi en révolte et dont le frère a été tué par Raz Govéna.

À propos de ce dernier il ne donnera jamais d'or par correspondance. Il s'est engagé à tout remettre au Roi et ne peut vendre qu'en cachette, ne comptez pas qu'il vous en enverra jamais, il ne vend que sans témoins et même sans interprète.

On trouve ici de l'or à 17 et 18. C'est l'Aboune qui achète et a fait monter aussi haut. À ce prix, ici, moi je n'en veux pas. Le Roi en a beaucoup mais il garde le bon et ne donne que le mauvais à 18. J'ai refusé de le prendre, il ne donne que de l'or noir et garde le bon. Ceci dit, après vous avoir remercié de la peine que vous avez prise pour mes affaires, il faut que je vous engu^le un peu. J'ai vu avec peine que vous aviez vendu mes 3 Rémington d'Ali Fara. Je les voulais garder comme la prunelle de mes yeux pour la route. *Je ne vous ai jamais dit de faire cela.* Moi je refuse ici à tous les choumes[2] 35 et 40 okia zebad pour un Rémington, parce que j'en ai besoin pour Laffineur et pour moi ; et vous, vous les donnez pour 30 th. alors qu'à Harar même, mes domestiques ont vendu à 35 et 36. Mais ce n'est pas pour le

---

* [Dans la marge :] Suivant le désir de Mr Pino, veuillez lui envoyer ses bottines en les portant à mon compte.

prix que je suis mécontent, c'eſt de ne plus avoir les fusils.
Si cette lettre vous arrive avant la vente du troisième gardez-
vous bien de le vendre même pour 50 th. et envoyez-le moi.
J'aurais bien voulu aussi que vous m'ayez gardé un sac
de riz pour l'envoyer ici comme je vous le disais. Prenez
bonne note de ne plus rien vendre de mes colis et de tout
m'envoyer, je compte sur vous pour cela.

Bonne note eſt prise de tous les chiffres que vous m'an-
noncez et écritures conformes sont passées. Pour Pino et
mes domeſtiques je vous avais laissé les 37 ou 36 th. dont
vous parlez.

Avec la lettre que je vous adresse pour toucher pour le
c[omp]te du Roi, j'espère que vous pourrez recevoir plus
d'argent. *Si vous préférez au lieu de m'envoyer de l'argent pour
votre compte, faites-moi une avance sur ce que vous toucherez pour
moi, pour la somme dont vous pouvez diſposer et je vous tiendrai
compte de 2 % par mois (deux pour cent) jusqu'au jour où vous
serez rentré dans vos avances par les sommes que vous toucherez
pour moi.*

Entotto le 20 janvier [18]89 (suite).

Il eſt facile de dire d'écrire sous enveloppe solide mais je
n'ai plus ni papier ni enveloppe et j'attends mes bagages
avec impatience pour cela et beaucoup d'autres choses.

Si vous avez des enveloppes toilé forte vous me feriez
plaisir de m'en envoyer. Quant aux ordinaires je dois en
avoir un mille dans mes colis. .

Pouvez-vous me dire d'où étaient les 3 lettres du premier
courrier? J'en attendais de Marseille et n'ai rien reçu de là.
Vous avez bien fait de remettre Bakchiche[1] au courrier de
l'Azage. Cette voie eſt de beaucoup la plus sûre et la plus
rapide maintenant. Envoyez de préférence par là et non par
Tessama ; les lettres arrivent mal et après avoir été lues par
tout le monde. Sans compter qu'on les garde 15 jours avant
de les donner.

Laffineur partira dès que nous aurons reçu un peu plus
de march[andi]ses mais pas par Harar. Il partira avec Pino
(qui eſt enfin libre, mais avec 10 ok[ettes] d'ivoire pour
toute fortune et 1 000 k. de mousa), par Herrer et de là par
Djiboutil. Il lui serait facile de faire filer des march[andi]ses
pour vous sur Gueldessé[2] ou de les remettre à Tian, si vous
préfériez, dans le cas où il vous serait possible de m'envoyer
des fonds.

Rien de plus pour le moment ici, où la situation paraît
s'améliorer. Antonelli eſt attendu d'un jour à l'autre mais
n'eſt pas encore à Farré. Je ne sais s'il réussira à embrouiller
les cartes, il apporte un cadeau de 5 000 Rém[ington] du
pape et 3 000 f[usils] à capsule ; on dit aussi beaucoup

d'argent pour les frais de la guerre, mais cela est douteux[1]
et en tous cas il ne le lâchera pas pour la paix. Ragazzi[1]
avait déjà apporté 2 000 Rém[ington] du pape avant mon
arrivée. Cela fait les 10 000 fusils promis.

Je compte que vous allez toucher beaucoup de th. et que
vous me les enverrez ainsi que les courriers par toutes les
occasions possibles. Au besoin payez des courriers sûrs
pour mon compte. De mon côté je vous enverrai des nou-
velles par toutes les occasions et même par des domestiques
au moins une fois par mois.

Ci-joint quelques lettres pour la côte que veuillez être
assez aimable pour envoyer à mes frais le plus tôt possible.

J'attends Mohamet[2] avec impatience car il me doit encore
1 124 th. y compris 1 000 th. qui ne devaient être payés
qu'ici.

Dans l'attente de vos bonnes nouvelles,

Croyez-moi tout à vous.

                                        A. SAVOURÉ.

Le bonjour à M. Bidault et au père Joachim. Si M. Bidault
doit venir, c'est le moment, il n'y a plus de danger je crois,
mais qu'il ne compte pas trop sur une remise de ce qui lui
est réclamé, à moins qu'Antonelli ne prenne l'affaire en main,
ce qu'il fera sans doute pour être armé contre Chefneux[3].
Je n'ai toujours jamais pu trouver son Captimer, je lui ai
fait dire plusieurs fois de venir chercher ses 100 th.

ÉLOI PINO À RIMBAUD

ÉLOI PINO   Fallé le 24 janvier 1889.
Capitaine au Long Cours
        Négociant
   à Ankober-Choa
  Abyssinie du Sud
 Afrique Équatoriale

Mon cher Monsieur Rimbaud,

J'ai reçu par l'intermédiaire de Monsieur Savouré, votre
honorée du 1er janvier.

Merci des nouvelles que vous me donnez et de l'arrivée
prochaine de Monsieur Brémond à la côte et aussi, que mes
affaires se mettront bientôt en route.

Je vous serais bien obligé de remettre à Monsieur Ilg
une paire bottines, un numéro plus faible que celles que vous
avez envoyées à M. Appenzeller. Si Monsieur Ilg est en

fonds, il vous les paiera ; sinon, portez-les en compte à
Monsieur Savouré à qui j'en parle.

Veuillez, je vous prie, expédier mon courrier en me
tenant compte des frais.

J'attends Ras Gobena, pour me mettre en route, il est
probable que nous partirons ensemble avec Monsieur
Laffineur.

Sans autre, recevez mon cher Monsieur Rimbaud, mes
sincères salutations.

Votre dévoué,

PINO ÉLOI.

SAVOURÉ À RIMBAUD

Entotto, le 31 janvier [18]89.

Mon cher Monsieur Rimbaud,

J'apprends que notre courrier du 20 n'est pas encore
parti. Le Roi a trop à faire à recevoir les fusils et cadeaux
d'Antonelli qui est ici depuis 8 jours, pour penser à ce pauvre
Ilg qui doit se morfondre à Harar. — Il se prépare aussi à
la guerre et cette fois sérieusement.

Contrairement à ce que je vous disais il y a quelques jours,
l'Empereur, après avoir promis la paix marche en ce moment
sur le Choa. Les passages de l'Abbaye étant gardés, il est
allé la passer au-delà de Léka chez les Changallas pour venir
ici.

Ménélik a reconvoqué de nouveau toutes ses hordes pour
samedi et part lui-même lundi prochain pour le rencontrer
dans une bataille qui sera probablement décisive.

Prévenez Ilg qui ferait bien de laisser ses march[andi]ses
à Harar et de venir avec nous suivre les événements de près.

Nous partirons avec tous les Français qui sont ici et
Zimmermann pour Dettarah, et de là plus loin s'il le faut.
Je vais demain faire congédier Laffineur pour qu'il parte
avec tout ce que j'ai reçu, et je vais faire arrêter à Farré
tout ce que vous m'avez dû envoyer par mes domestiques.

Si par hasard ils n'étaient pas partis de Harar, au reçu
de la présente, qu'ils partent de suite avec tous mes colis
et tout l'argent que vous avez reçu pour moi, mais ne m'en-
voyez rien, ni pour votre compte ni pour le prêt que je vous
demandais par la lettre qui est dans ce même courrier.

Je n'ai pas encore perdu tout espoir d'arrangement mais
la situation est assez sérieuse pour que l'on se mette à l'abri.

Prévenez Ilg s'il n'est pas parti. Zimmermann ne lui

récrit pas parce qu'il ne peut croire qu'il ait attendu si
longtemps à Harar et est convaincu qu'il est en route aujour-
d'hui.

Je compte sur vous pour pousser *énergiquement* les rentrées
pour mon compte par tous les moyens possibles, le Roi ne
m'a presque rien donné depuis ma dernière lettre.

Prenez même le café que je vous laisserai s'il le faut avec
une petite perte pour moi au cours du jour de réception à
Harar.

Faites pour le mieux, je compte sur vous, nous nous
entendrons après pour votre rémunération.

J'espère que ce courrier partira enfin demain. Je vous
serre la main amicalement et suis tout à vous.

Je suis obligé de prendre des enveloppes de Pino n'en
ayant plus du tout.

A. SAVOURÉ.

L. BRÉMOND À RIMBAUD

Aden, le 10 février [18]89.

Mon cher Monsieur Rimbaud,

J'ai trouvé ici en arrivant le 7 c[ouran]t votre amicale
du 10 de l'écoulé et celle de M. Bidault. Je pars ce soir
pour Obock et Djibouty, d'où je vous écrirai plus longue-
ment par un courrier spécial que je vous enverrai. Ces lignes
vous seront remises par le courrier arrivé hier au consul
d'Italie, apportant la nouvelle de paix entre Joannès et
Ménélik, l'heureuse arrivée au Choa d'Antonelli, et le pro-
chain retour de Mac-Conhem au Harar. Je retournerai
d'Obock ici sur la fin courant pour y prendre tout ce qui
me sera nécessaire à la dernière heure. Comptant bien pou-
voir me mettre en route pour le Harar vers la fin mars.
Je ferai tout pour cela.

J'ai sérieusement monté mon affaire. Les débuts en seront
peut-être laborieux, mais l'avenir certain. Nous en cause-
rons quand je vous verrai, et déciderons s'il y a lieu de
faire quelque chose ensemble, autant que vous ne continuerez
pas à empoisonner tous les chiens du Harar, partant les
hyènes, les moutons et même les Grecs. Ces derniers auraient
pourtant suffi à votre vendetta, et par ricochet à la mienne
(prenez-en bien entendu que ce qu'il y a à en prendre).

Votre lettre me signale comme prochaine l'arrivée de
Pino. Qui aurait pu la motiver? Aurait-il terminé les affaires
au Choa? J'en doute! — Si toutefois il se présentait avant

mon prochain courrier, engagez-le à l'attendre et à m'attendre moi-même s'il ne croyait pas arriver à la côte avant fin mars. J'entends par la côte Djibouty. Qu'il ne prenne pas d'autre direction.

M. Tian m'a fait ici observer que vous l'aviez vous-même engagé à ne pas se déssaisir du dépôt que je lui avais fait parce qu'en cas de quoi que ce soit d'anormal, les Abyssins vous auraient molesté et même saisi. Aujourd'hui vous devez être convaincu que ce cas ne peut et ne saurait se présenter. Je vous engage donc *dans mes intérêts* à lui écrire que cette mesure de prudence n'a plus sa raison d'être. Je désire, car j'en ai besoin, toucher ici cette somme de Th. 4 100.

Le bonjour à M. Bidault. À bientôt d'autres nouvelles, en attendant des vôtres, que je voudrais rapides, adressées à Djibouty, où je vais faire édifier la maison principale.

Si le dejas Mac-Conhem est auprès de vous, dites-lui mille choses aimables de ma part, et que je lui apporte ainsi qu'à sa femme de très jolies choses.

Bien à vous.
BRÉMOND.

L. BRÉMOND À RIMBAUD

Obock, le 16 février 1889.

Mon cher Monsieur Rimbaud,

Je vous confirme, confiée aux bons soins de Monsieur le Consul général d'Italie à Aden, ma lettre du 10 de l'écoulé. Conformément à ce qu'elle vous disait, je vous expédie aujourd'hui un courrier spécial qui fera partir mon chef de caravane Stabery, que vous m'aviez, vous vous en rappellerez, procuré. Cet homme a mission d'attendre vos réponses qu'il m'apportera à Djibouty où je serai très probablement à l'époque de son retour, occupé à donner la dernière main à mon départ que je m'efforcerai de rendre certain fin mars, pas avant, n'attendant que le 24 mars le solde de mes marchandises.

Inclus un pli pour E. Pino. Si son arrivée est, ainsi que le signalait votre dernière du 10 janvier, prochaine et surtout certaine, vous attendrez naturellement qu'il soit auprès de vous pour le lui remettre. Si au contraire vous savez qu'il est au Choa pour quelque temps encore, ai-je besoin de vous dire que je compte essentiellement sur votre obligeance pour le lui faire parvenir par une occasion, sur laquelle vous n'auriez aucun doute.

Le courrier qui me rapportera votre réponse saura me dire ce que vous aurez été appelé à faire à cet égard, et me dira également si les nouvelles communiquées par le consulat italien d'Aden sont fondées, à bien savoir qu'Antonelli est bien arrivé au Choa, que la paix est faite entre le roi Jean et Ménélik, et que le dejas Mac-Conhem était prochainement attendu au Harar, toutes choses qui me seront, vous le pensez, bien agréable d'apprendre, surtout par vous.

Je vais retourner à Aden, vers la fin courant, y prendre les provisions de route indispensables aux mangeurs abyssiniens et somalis qui m'accompagneront. Je tâcherai de m'entendre avec Tian à l'égard des soieries et articles pour le Choa, dont il avait trop élevé, vu les circonstances, le stock au Harar. Peut-être pourrons-nous, votre approbation aidant, faire quelque chose de ce côté.

L'on prétendait à mon passage à Aden que les gommes ne rentraient plus au Harar à cause des pays Itous légèrement révoltés. Espérons, si cela a été un moment, que les cours reprendront leur marche première. La baisse sur cet article s'était considérablement produite à mon départ de France. Les cafés fléchissaient, et la civette était peu demandée, et l'on constatait chaque jour une nouvelle dépréciation. L'ivoire seul se maintenait bien.

Que vous dire encore si ce n'est de vous souhaiter bonne santé, bonnes affaires, et de vous voir surmonter la ligue grecque qui paraît vouloir vous ennuyer jusqu'à satiété.

Je crois pouvoir partir, je vous l'ai dit, fin mars pour être peu après avec mon compagnon de route et associé Monsieur G. Bortoli auprès de vous, avec qui nous causerons de toutes choses pouvant nous intéresser les uns et les autres.

Si M. Bidault est encore au Harar, dites-lui bien des choses de ma part, que sa commande a été transmise, sans toutefois pouvoir lui assurer qu'elle arrivera à temps voulu pour profiter du départ du 12 mars à Marseille.

En attendant de vos bonnes nouvelles et surtout le plaisir de vous voir, croyez-moi, mon cher Monsieur Rimbaud,

Votre bien dévoué
L. BRÉMOND.

P.-S. — Dans le cas probable où le courrier aurait besoin de quelques thalaris, vous pourrez les lui avancer pour mon compte en m'en avisant.

RIMBAUD À SA MÈRE ET À SA SŒUR

Harar, 25 février 1889.

Ma chère maman, ma chère sœur,

Ceci tout simplement pour vous demander de vos nouvelles, que je n'ai eues depuis longtemps.

Je me porte très bien à présent; et, pour les affaires, elles ne marchent pas mal.

J'aime à me figurer que tout va chez vous aussi bien que possible.

Croyez-moi votre tout dévoué et écrivez-moi.

RIMBAUD.

RIMBAUD À JULES BORELLI

Harar, 25 février 1889.

Mon cher Monsieur Borelli,

Comment vous portez-vous?

— Je reçois avec plaisir votre lettre du Caire, 12 janvier.

Merci mille fois de ce que vous avez pu dire et faire pour moi dans notre colonie. Malheureusement, il y a toujours je ne sais quoi qui détourne complètement les Issas de notre Djibouti : la difficulté de la route de Biokaboba à Djibouti (car on ne peut aller d'ici à Ambos, trop voisin de Zeilah, pour côtoyer ensuite jusqu'à Djibouti!), le manque d'installation commerciale à Djibouti et même d'organisation politique, le défaut de communications maritimes de Djibouti avec Aden et, surtout, la question suivante : comment les produits arrivant à Djibouti seront-ils traités à Aden? (car il n'y a pas à Obock d'installation pour la manutention de nos marchandises).

De Djibouti pour le Harar on trouve assez facilement des chameaux, et la franchise des marchandises compense, et au delà, l'excédent de frais en loyers de ces animaux. Ainsi nous avons reçu par Djibouti les 250 chameaux de M. Savouré, de qui l'entreprise a finalement réussi : il est entré ici quelques semaines après vous, avec le Monsieur son associé. Le dedjatch Mékonène est reparti d'ici pour le Choa le 9 novembre 1888, et M. Savouré est monté à Ankober par le Hérer huit jours après le départ de Mékonène par les Itous. M. Savouré logeait ici chez moi; il m'avait même laissé en dépôt une vingtaine de chameaux de marchandises, que je lui ai adressés au Choa, il y a une quinzaine, par la route de Hérer. J'ai procuration de toucher pour lui à la caisse du Harar une cinquantaine de mille thalaris pour le compte de ses fusils, car il paraît qu'il n'a pas reçu grand'chose du roi Ménélik. En tout cas, son associé descend de Farré pour Zeilah fin mars, avec leur première caravane de retour. M. Pino se rend à la côte par cette occasion.

Vous devez savoir que M. Brémond est arrivé à Obock-Djibouti. Je ne sais ce qu'il veut entreprendre. Enfin il a un associé voyageant avec lui. Je n'ai pas reçu de lettres de lui depuis son départ de Marseille; mais j'attends personnellement un courrier de Djibouti.

M. Ilg est arrivé ici, de Zeilah, fin décembre 1888, avec une quarantaine de chameaux d'engins destinés au roi. Il est resté chez moi un mois et demi environ : on ne lui trouvait point de chameaux, notre administration actuelle est fort débile et les Gallas n'obéissent guère. Enfin, il a pu charger sa caravane et est parti le 5 février pour le Choa, via Hérer. Il doit être à l'Hawache à présent. — Les deux autres Suisses sont à l'attendre.

Nos choums[1] sont Ato Tesamma, Ato Mikael et le gragnazmatche Banti. Le mouslénié, qui fait rentrer l'impôt, est l'émir Abdullahi. Nous n'avons jamais été aussi tranquilles, et nous ne sommes nullement touchés des soi-disant convulsions politiques de l'Abyssinie. — Notre garnison est d'environ mille remingtons.

Naturellement, depuis la retraite de Mékonène, qui a été suivie de celle du dedjatch Bécha de Boroma et même de celle de Waldé Gabriel du Tchertcher, cette

route nous est complètement fermée. — Nous ne rece-
vons plus de maggadiés depuis longtemps.

Nous ne recevons d'ailleurs guère de courriers que
ceux de M. Savouré, quoique le roi envoie quelques
ordres aux choums d'ici et que Mékonène continue à
adresser aussi ses ordres aux dits choums, comme s'il
était présent, quoiqu'il ne soit pas sûr qu'il sera renommé
gouverneur ici, où il a laissé de fortes dettes.

Enfin, par le dernier courrier on nous annonçait
que, la situation semblant calmée au Choa, le dedjatch
Waldé Gabriel retournait réoccuper le Tchertcher : ce
serait pour nous la réouverture des relations commer-
ciales avec le Choa.

Quant à ce qui s'est passé au Choa, vous devez le
savoir. L'empereur avait détrôné Tékla Haïmanante du
Godjam pour mettre à sa place Ras Mikael, je crois.
L'ancien roi du Godjam se révolta, chassa son rempla-
çant, battit les gens de l'empereur ; d'où mise en marche
d'Ato Joannès, son entrée au Godjam, qu'il ravagea
terriblement et où il est toujours. On ne sait encore si
la paix est faite avec Tékla Haïmanante.

Ato Joannès avait de nombreux griefs contre Ménélik.
Celui-ci refusait de livrer un certain nombre de déser-
teurs qui avaient cherché asile chez lui. On dit même
qu'il avait prêté un millier de fusils au roi du Godjam.
L'empereur était aussi très mécontent des intrigues,
sincères ou non, de Ménélik avec les Italiens. Enfin
les relations des deux souverains s'étaient fort enve-
nimées, et on a craint, et on craint toujours que Joannès
ne passe l'Abbaï pour tomber sur le roi du Choa.

C'est dans l'appréhension de cette invasion que Méné-
lik a fait abandonner tous les commandements exté-
rieurs pour concentrer toutes les troupes au Choa,
et particulièrement sur la route de Godjam. Le ras
Govana, le ras Darghi gardent encore à présent le
passage de l'Abbaï ; on dit même qu'ils ont déjà eu à
repousser une tentative de passage des troupes de l'em-
pereur. Quant à Mékonène, il était allé jusqu'au
Djimma, dont le malheureux roi avait déjà payé le
guibeur à un détachement de troupes de Joannès
passé par l'ouest. L'abba Cori a payé un deuxième
guibeur à Ménélik.

L'aboune [1] Mathios, un tas d'autres personnages,

intercèdent pour la paix entre les deux rois. On dit que Ménélik, très vexé, refuse de se concilier. Mais peu à peu le différend, croit-on, s'apaisera. La crainte des Derviches retient l'empereur ; et quant à Ménélik, qui a caché au diable toutes ses richesses, vous savez qu'il est trop prudent pour jouer un coup si dangereux. Il est toujours à Entotto. On nous le représente bien tranquille.

Le 25 janvier 1889 est entré à Ankober Antonelli avec ses 5 000 fusils et quelques millions de cartouches Vetterli, qu'il devait livrer, je crois, il y a longtemps. Il paraît qu'il a rapporté une quantité de thalaris. — On dit que tout cela est un cadeau! Je crois bien plutôt à une simple affaire commerciale.

Les assistants du comte, Traversi, Ragazzi, etc., sont toujours dans la même position au Choa.

On nous annonce encore que le sieur Viscardi est débarqué à Assab avec une nouvelle cargaison de tuyaux remingtons.

Le gouvernement italien a aussi envoyé ici le docteur Nerazzini (que de docteurs diplomates!) en séjour, comme relais de poste d'Antonelli.

Nous avons eu, il y a quelques jours, la visite du comte Téléki, qui a fait un important voyage dans les régions inexplorées au N.-O. du Kénia : il dit avoir pénétré jusqu'à dix jours sud du Kaffa. Il nous répète ce que vous dites du cours de Djibié, c'est-à-dire que ce fleuve, au lieu d'aller à l'Océan Indien, se jette dans un grand lac vers le S.-O. Selon lui, le Sambourou des cartes n'existe pas.

Le comte Téléki repart pour Zeilah. Le deuil du prince Rodolphe le rappelle en Autriche.

Je dis bonjour à Bidault de votre part. Il vous salue avec empressement. Il n'a pas encore pu placer sa collection de photographies du pays, qui est à présent complète. On ne l'a pas rappelé au Choa, ni ailleurs, et il vit toujours dans la contemplation.

Disposez de moi pour ce dont vous pourriez avoir besoin dans ces parages, et croyez-moi votre dévoué,

RIMBAUD.

Aux soins de Monsieur Tian, Aden.

SAVOURÉ À RIMBAUD

Entotto, le 26 février 1889.

Mon cher Monsieur Rimbaud,

J'ai le plaisir de vous accuser réception de vos courriers n° 3, 4 et 5. Ce dernier m'arrive avec Ali Fara qui me porte aussi une lettre de Ilg du 16 c[ouran]t de Herrer. Ilg est retenu là-bas faute de chameaux. J'espère que depuis il aura pu s'en procurer et qu'il va nous arriver bientôt. Je remets ce courrier à Cerkis[1] vous y trouverez un ordre du Roi que vous me demandiez par Cerkis pour toucher *38 248 th.* Vous trouverez ci-inclus traduction de la lettre du Roi et copie de ma lettre à Ato Tessamma au sujet de l'ordre du Roi, puis les lettres authentiques que vous voudrez bien remettre.

Bonne note est prise de vos comptes et écritures conformes passées. Avec les lettres de ce jour vous aviez :

	[42 630 th. *biffé*]	à toucher.
Il y a lieu d'en déduire	[4 141 — *biffé*]	de Tessamma ; il reste donc, déduction
des 336 th.		
de vos autres recettes	[38 489 *biffé*]	thalaris —
et même, avec les 30 th. chameaux que j'oubliais il ne reste que	[38 459 th. *biffé*].	

[*et, dans la marge, l'opération :*] 42 126 th.
                      4 171
                     37 955

Approuvé quatre ratures. A. S.
Je dis 37 955 th.   A. SAVOURÉ.

Je voulais vous écrire au sujet de votre commission en vous disant de prendre 1 % ; le double de ce que prend M. Bardey ; mais en raison des difficultés et pour vous encourager à pousser dur, j'accepte le chiffre de *deux pour cent pour toute cette affaire.*

J'ai eu une peine infinie à avoir cette lettre du Roi, j'espère qu'elle vous suffira et je vais même si possible la faire appuyer par une autre lettre de Mokonen. Antonelli tient le Roi du lever au coucher du soleil et personne ne peut l'aborder. J'ai posé 8 jours pendant 12 heures pour arracher cette lettre. Voyez quel plaisir de travailler avec le Roi.

Il me faut aussi rester ici pour finir[2] le prix des 160 caisses en supplément et surtout pour voir le Roi, si vous ne receviez pas facilement. Me sachant près du Roi pour réclamer au besoin, on payera plus vite. C'était mon avis et c'est aussi

[1889] onne l'Aboune. Vous en profiterez donc
le cons... on, mais j'espère que vous agirez avec
pour l... ue je vous connais et qu'en cas de diffi-
toute ... verrez au plus vite *un courrier spécial* pour
cultés ... ps utile.

réclar... une occasion sûre envoyez-moi ce que vous
Si ... acheter des march[andi]ses, sinon, j'enverrai
pourr... ques ou j'irai moi-même chercher l'argent quand
mes ... sé qu'il est entre vos mains. J'ai remis quatre
je se... votre caisse à divers marchands pour du zebad
bons... neur emporte. Le prix doit être celui de votre
que ... ces bons sont ainsi libellés.
plac...

... pour xxx Okia zebad que j'ai reçus et que je prie
... sieur Rimbaud d... bien vouloir payer chez lui de
... fonds à XXXX ... u à son ordre. Le cours sera celui
du Harar qui aura ... é fait dans la semaine de réception
de cet avis ou, à d... aut, le dernier cours connu.

Ces bons *sont entre* es mains de (Ils envoient avec Cerkis)

1	Ato Workne...	pour	552	Okia-zebad
2	— Tamm...ate	—	516	— —
3	— Desta	—	156 1/2	— —
	— Dink...ys 225	—	...	
4	— Adgue 98	—	...	
	— Derresso 54	—	377	— —
	Total		1 601 1/2 okia	

mille six cent une okia et demie zebad.

Ces gens ne voulaient pas aller à votre ville en raison du
danger de la route et ne voulaient vendre qu'au prix du
Harar. Je n'ai trouvé que ce moyen d'arranger l'affaire.

Mais j'ai compté sur le prix de 1 th. 1/4 que vous m'écrivez,
et non pas sur l'ancien prix sur lequel ils comptent tous
encore. Je compte que vous ferez pour le mieux, il est convenu
que vous devez réunir deux ou trois marchands indigènes
pour fixer le prix du jour avec vous.

Bien entendu vous retirerez les bons en payant. J'ai dû
promettre aussi des bons thalaris, si vous ne pouvez tout
payer en bons th. (ce qu'ils appellent bons ici), dites-moi
combien de mauvais vous avez remis, pour que je leur
change sans qu'ils m'en fourrent d'autres.

C'est une misère pour cela ici, ils remportent leurs mar-
ch[andi]ses plutôt que de prendre des mauvais thalers.
Surtout évitez les thalers à tête d'homme, ils n'en veulent
pas même pour un sel. J'en ai beaucoup dont je ne sais que
faire. Refusez-les à Tessamma. Dites-lui qu'il les garde pour
les bijoux de Mékonen. Emmanuel me doit aussi 392 th. et
comme il n'est plus à mon service je vais tâcher de vous

envoyer une lettre de Mékonen po~~zeb~~
tous ses fusils à 30 th. et lui doit en Il lui a pris
ici sauf 200 okia zebad que le Roi de. Il n'a rien
(à Mekonen) et que je vais tâcher d'as. Il a donnés
soufflé le Tribut de Djemma après mêm~~i~~ tonelli m'a
150 frasselas ivoire environ. 'avais pesé

Nous attendons Mekonen d'un jour à est avec
lui que le Roi doit fixer le prix des cartou~~'~~ m'offre
3 th. le cent ou 30 th. le mille et, tout con
coûtent 39 th. le mille. C'est donner des co~~nll~~es me
cochons que d'apporter de trop bonne marc~~h~~ à des
Au reste c'est surtout Antonelli qui fait cela, il ~~oe~~ ici.
fusils coûtent 6 th. en Europe, ~~'e~~ Roi ne pouvan~~t~~ ~~de~~ les
mon contrat fusils se rejette sur l~~e~~ cartouches où il ~~n~~ ~~'~~ester
de prix fait que pour des cartouch~~e~~s Véterly. ~~vait~~

Brémond écrit qu'il arrive avec~~3~~ 000 Rémington, j~~e~~
plains car il aura Antonelli bien pl~~u~~ contre lui encore q~~—~~
moi. Antonelli ayant publié qu'il s'é~~t~~it sauvé avec la caisse
du Raz Govéna.

Je continuerai par la situation ici qua~~n~~d je saurai le dépa~~rt~~
de Cerkis.

Bien à vous

                    A. SAVOURÉ.

J'attends mes colis avec impatience, je n'ai plus ni papier
ni enveloppes. C'est à la Mission que j'ai trouvé ce joli
format d'enveloppes.

Je ferai vos commissions à Mékonen comme je les ai
faites aux marchands mais sans succès à ces derniers qui ont
trop peur en ce moment.

TRADUCTION DE LA LETTRE DU ROI MÉNÉLIK
À ATO TESSAMA MEKBEB
ADRESSÉE À M. RIMBAUD LE 25 FÉVRIER 89

Lettre adressée par le Roi Ménélik à Tessama Mekbeb.

Comment vas-tu? Moi, grâce à Dieu je me porte bien.

Le prix des deux mille Sinader que M. Savouré a apportés
monte à la somme de cinquante mille thalers à raison de
25 th. chaque Sinader avec 100 cartouches.

De cette somme je lui ai payé ici *11 752* thalers. Il lui reste
donc encore à recevoir la somme de *38 248* th. et comme
M. Savouré reste ici pour le moment, donne cette somme
qui lui reste due à la personne qu'il désignera à cet effet par
lettre portant son cachet.

Mais il est impossible de donner cet argent sans qu'il dise par sa propre lettre « donnez-le à un tel ».

Il m'a dit en outre qu'il y a des cartouches de plus. Je t'écrirai pour leur prix, après avoir consulté le Dedjasmatch Mekonen à ce sujet.

Écrit à Addis-Abeba le 14e jour du mois de Yakatit 1881.

[Cachet Royal.]

Traduction certifiée conforme par Gabriel Gobano.

SAVOURÉ
À ATO TESSAMMA MEKBEB

Salutations amariniennes,

Je vous envoie sous ce pli une lettre du Roi et pour me conformer à sa volonté, je viens vous prier de remettre la somme qui est dite dans la lettre, de 38 248 th. à Monsieur Rimbaud avec lequel je suis d'accord pour cela.

Vous savez qu'indépendamment de cela, à mon départ du Harar, il restait dû 3 878 th. sur le compte du Dedjas Mekonen. Cela fait en tout   * thalers — Quarante-deux mille   ** th. desquels vous déduirez, bien entendu, les sommes déjà remises à M. Rimbaud et pour lesquelles il vous a donné reçu en mon nom. J'espère que vous voudrez bien faire tous vos efforts pour remettre cette somme le plus vite possible à M. Rimbaud, ou si vous ne pouviez pas lui remettre tout, me faire savoir ce qu'il manque afin que je réclame de suite au Roi.

Je ne reste ici que pour cela et pour finir le compte des cartouches ; et dès que ce sera réglé je partirai chercher d'autres fusils. J'espère qu'en raison de nos bonnes relations d'amitié, vous ferez vite ce paiement pour m'être agréable et en m'avisant qu'il est fait, il faudra aussi m'écrire ce qu'il vous serait agréable que je vous apporte en cadeau et comme remerciement de la peine que je vous ai donnée.

Je vous serre amicalement la main.

A. SAVOURÉ.

25 février 1889.

[Cachet :] A. Savouré et C°
Obock-Harar-Choa
À Paris chez J. Roquet
94, rue Hauteville.

---

* Lisez 42 126 comme il y avait avant.
** Cent vingt-six.

SAVOURÉ À RIMBAUD

Entotto, le 28 février 1889.

Mon cher M[onsieur] Rimbaud,

Comme suite à ma lettre du 26 c[ouran]t nous attendons toujours Mékonen, et Cerkis qui a reçu l'ordre de l'attendre s'impatiente fort. La situation ici est toujours la même, c'est-à-dire que l'on ne sait pas du tout à quoi s'en tenir.

Aujourd'hui la paix, demain la guerre avec Joannès; en ce moment on est à la paix depuis quelques jours mais Antonelli a quand même obtenu que l'on reconvoque pour la centième fois les armées. Que feront-elles, ces armées, c'est ce que Ménélik lui-même ne sait pas. En attendant de piller des ennemis, les soldats pillent les amis et ce n'est que désolation là où ils passent.

L'Aboune que je vois souvent parce qu'il est le mieux informé, croit que l'on promène les soldats pour faire croire à Antonelli qu'on va faire la guerre; mais il paraît certain que Joannès est retourné contre les Maddistes qui seraient près de Goudar et de Métamma avec des forces énormes, et on ne croit pas que Ménélik sera assez fou pour entrer au Tigré, où il sait bien qu'il serait assez sûrement battu. Il y a au Choa beaucoup de fusils, plus qu'au Tigré, mais pas de soldats habitués au sifflement des balles; et l'Aboune lui-même dit que les pantalons du Choa se remplissent de foire au seul no[m] de l'arrivée d'un Tigréen.

En résumé il est prudent de finir ses affaires, mais il n'est pas probable qu'il y ait rien de sérieux avant la fin des pluies prochaines.

Mohamet est abane responsable et les 42 th. dépensés en pure perte lui reviennent. Il m'a dit du reste que tout était rentré moins 6 th. Mais son habitude est de ne pas contester ses dettes; quant à les payer, c'est autre chose. Il me doit sans cela 1 124 th. Il prétend n'avoir pas d'argent et j'ai su qu'il ramassait tout l'Ivoire qu'il y avait sur place.

À ce sujet Ménélik fait des siennes, il a fait publier un awage qu'on ne vende pas d'Ivoire à d'autre qu'à lui, qu'il achetait tout; il paye 45 th. l'okette et nous donne à 60 th. Aussi tout rentre sous terre et l'on ne trouve plus rien. Nous achetions facilement à 49 et 50 et Appenzeller, qui a reçu ses appointements pour partir avec Laffineur et Pino, ne peut pas employer 1 000 th. Heureusement qu'il est question du départ du Roi pour une expédition quelconque.

On m'annonce l'arrivée prochaine de Mokonen; espérons que ce sera vrai, car on prépare le tedj[1] chez lui. Ce courrier pourra enfin partir.

J'arrête de nouveau pour jusqu'au dernier moment. Aussitôt arrêté le prix des cartouches j'irai à Ankober et Farré faire partir Laffineur. Pino est toujours tenu par ses chassepots bien que congédié. Je vais être obligé de prendre l'affaire en main pour qu'il puisse partir.

Dites à M. Bidault, en lui faisant mes compliments, que j'ai payé son Captimer; mais si ce n'est d'avoir arrêté les intérêts faramineux, je n'ai rien fait car il lui reste dû juste 100 th. d'intérêts. — Autant que de capital pour 10 mois d'intérêts.

Si nous montions une Banque ici sur ce taux ne pensez-vous pas que cela vaudrait mieux que le café. Il vaut toujours ici 9 néters de 16 th. *pour 1 th.* Il va devenir bon de faire des importations de *café au Choa*.

La vérité est que les Abyssins après leur défaite à Kaffa ont arraché les pieds de caféiers en se retirant et qu'il n'en arrive pas. — Si la route s'ouvre il ne faut pas que vous en attendiez beaucoup. — À propos de route, Ilg m'écrit qu'ils sont constamment inquiétés par les Gallas du Tchercher. Tant que Mekonen ne retournera pas à Harar il n'y aura pas de route.

Votre courrier N° 2 ne m'est pas encore parvenu. Mekonen a dû le perdre, ne vous servez pas de cette voie *.

La fille de Ménélik qui était mariée avec le fils aîné de Joannès vient d'arriver au Choa où elle cherche un nouveau mari pour se consoler de la mort du premier. Madame Zao-ditou. Avis aux amateurs. Elle n'est pas plus belle que son père **.

[*Lettre incomplète*]

SAVOURÉ À RIMBAUD

Ankober, le 15 mars 1889.

Mon cher Monsieur Rimbaud,

Vos lettres des 22, 25 février et 1er mars me parviennent à mon arrivée ici pour préparer le départ de M. Laffineur.

---

* *Ce paragraphe et le précédent sont écrits en marge.*
** *Ce paragraphe est écrit dans la marge du 1er feuillet.*

Je m'empresse de vous féliciter de la façon dont vous avez fait marcher les choses.

Ilg est arrivé depuis huit jours. Les Gabards portent les colis mais je n'ai pas encore pu les arracher du Guéby[1] et il manque encore beaucoup de choses. Vous trouverez sous ce pli une lettre pour toucher 38 248 th.; bien entendu il faut en déduire ce que vous avez reçu, mais les 11 752 th. que j'ai reçus ici comprennent les *2 000* envoyés à la côte par Moconen, vous verrez que le reçu est au nom du Roi et qu'il n'y a pas lieu de les déduire encore du compte de Mekonen. J'aurais voulu vous le faire dire par lettre mais il m'a été impossible de voir le Roi depuis réception de votre courrier et Cerkis part demain, ce sera pour une autre occasion. Je vais lundi à Debraberam où est le Roi pour cela et tâcher aussi de finir le compte des 160 caisses cartouches en supplément. Le Roi ne veut me donner que 30 th. le mille et elles coûtent 39 th. juste. C'est ce qui prouve qu'il ne faut rien apporter de bon ici.

Tessamma mon domestique repart avec quelques autres, 10 en tout, pour prendre l'argent; pour plus de sécurité, Cerkis devant revenir, je lui ai promis un cadeau pour escorter le convoi.

Mes respects à Monseigneur Taurin[2] s'il est arrivé et nos compliments à M. Bidault. Ayez donc l'obligeance de lui dire que son gardien me pleure toujours misère malgré les 10 th. que je lui ai donnés, il demande les chamas pour les trois qu'il a gardés. Je les ai promis pour avoir la paix. Il dit aussi que les vêtements seront mangés par les vers, parce qu'il ne peut les mettre à l'air faute des clefs des malles.

Quant à son fameux Captimer je ne lui ai donné que 50 th. et pour le reste je voulais retirer l'engagement de Bidault, il s'y est refusé à cause des intérêts.

L'azage avait jugé qu'il devait me rendre les 50 th. que j'avais donnés s'il ne voulait pas donner le reçu; mais, ayant promis à M. Bidault de payer, je les lui ai laissés contre un reçu devant 4 témoins.

Si je n'ai pas payé le reste c'est qu'il a dit trois ou quatre fois à l'azage que M. Bidault lui baisait les mains trois ou quatre fois par jour pour avoir son argent. C'est du reste un flibustier de prêter à pareil taux, il y a 120 th. d'intérêts pour 100 th. dans une année. Il réclame aujourd'hui 226 th. moins les 50 remis. Si M. Bidault ne revient pas il ne faut rien lui donner, s'il veut revenir qu'il m'écrive de donner les 55 th. et je le ferai comme promis.

Rappelez aussi à Ato Tessamma que c'est le premier mai au plus tard que tout doit être payé les fusils étant entrés le 1er 9bre et le contrat stipulant un paiement en six mois. Ce serait lui qui gâterait le nom du Roi, comme l'on dit ici.

Sans autres, et dans l'attente de vos bonnes nouvelles, recevez avec mes remerciements mes biens sincères salutations.

A. SAVOURÉ.

Compliment de Laffineur qui part sous huitaine. Nous n'attendons que Pino qui lui attend ses fameuses batteries pour finir ses affaires. Ci-joint quelques lettres pour la côte que je recommande à vos bons soins pour la première occasion.

ILG À RIMBAUD

Ankober, le 30 mars 1889.

Mon cher Monsieur Rimbaud,

Si je ne vous ai pas écrit longuement jusqu'aujourd'hui, c'est que depuis mon arrivée au Choa je n'ai pas eu un moment de repos.
. . . .
Hier j'ai reçu par le roi la nouvelle que l'empereur était descendu à Matamma, mais qu'il a été battu par les mahdistes le 8 mars et blessé personnellement, de sorte qu'on était obligé de l'emporter sur un brancard. La nuit suivante, les mahdistes le surprenaient, tuaient une grande partie de son armée, l'abouna [1] Lukas et, d'après les bruits, même l'empereur. Vous pouvez vous figurer quel énorme changement la mort de l'empereur va produire au Choa et dans toute l'Éthiopie si elle est confirmée. Le roi est parti à la hâte et nous attendons impatiemment de ses nouvelles [2] [...].

Quant à moi, je dois monter ma machine et instruire du monde à Débré Berhan. Dans quelques jours je descendrai dans le Boulga et je tâcherai d'acheter quelque chose, ici tout a été acheté par Mons[ieur] Savouré. Je n'ai encore rien reçu du Roi, il m'avait promis de me faire payer à Harar, mais j'ai attendu vainement jusqu'aujourd'hui des lettres à ce sujet. Mons[ieur] Zimmermann est à Entotto, je lui ai envoyé de l'argent et nous vous enverrons les marchandises le plus vite possible. Mohamed a acheté beaucoup d'ivoire d'après Mons[ieur] Savouré.

En attendant de vos nouvelles, je vous envoie mes meilleures salutations,

Vôtre,
ALFRED ILG, ING.

Ici une épidémie a détruit tous les bœufs de l'Abyssinie, nous aurons la famine l'année prochaine.

SAVOURÉ À RIMBAUD

Farré, le 11 avril 1889.

Mon cher Monsieur Rimbaud,

Vos courriers n° 10 et 11 par Stéphan me sont arrivés hier seulement parce qu'ils courent tous les trois après le Roi depuis plus de quinze jours. Je les ai vus arriver à Ankober hier comme nous en partions pour le départ de la caravane.

Ils ont vu le Roi à Borouméda. Il leur a confirmé la mort du Roi Jean, que je vous ai annoncée. Mais ils ne sont pas du tout contents, surtout d'Antonelli qui les a constamment empêchés de parler au Roi. Ils ont chargé Mokonen de lui dire beaucoup de mal des Italiens mais, je crois, en vain, car vous savez la puissance des cadeaux sur le Dedjas et, comme il est bien en cour, Antonelli n'a pas manqué de le gagner.

Je vous ai écrit par un courrier de l'azage vous disant qu'Emmanuel porterait un ordre pour finir le paiement, il part aujourd'hui. Si ce que le dedjas m'a promis est vrai il écrit aussi pour les 2 000 th. que vous avez fait retenir sur le compte du dedjas et que l'on m'a déjà retenus ici. Aussi pour le prix des cartouches à 35 th. le mille pour 160 000 et pour que vous receviez des bons ths. Je ne puis rien faire ici avec ceux que vous envoyez, ils préfèrent tous me vendre à crédit.

Enfin Emmanuel m'a promis de vous remettre les *-392-th.* qu'il me redoit encore, ci-joint son reçu *qu'il tient à ce que vous lui rendiez.*

Enfin il y a cinq fusils capsules à 10 th. en plus des 296 fusils du Dedjas, ce qui portait son compte à 7 200 th. — Je n'ai pu couper le prix du Zebad avec lui, il y a 196 ok[ettes] qu'il m'a données pour 200 ok[ettes]. Je ne sais si c'est un cadeau ou en compte ; je lui ai assez donné pour qu'il m'en fasse cadeau. En tout cas le Roi m'en a donné à 1 th. l'okette et le prix du pays est en ce moment 9 drimes pour un th. soit 9 ok[ettes] pour 10 th., ce qui ferait au plus 222 th., encore le compte n'y est pas puisqu'il manque 4 ok[ettes].

Faites pour le mieux, mais n'en parlez pas si le Dedjas n'a rien écrit à ce sujet ou si on ne vous en parle pas.

Mes domestiques sont partis d'ici le 17 mars ; je les attends avec l'argent sous quelques jours. De plus, ceux qui partent

aujourd'hui avec Laffineur remonteront de suite par Harar,
c'est Bendjoo qui les conduit et les doit ramener. J'espère
que d'ici là, avec les ordres de paiement envoyés, vous
pourrez leur donner le solde de mes divers comptes. Remet-
tez à la garde de Bendjoo. Bendjoo vous donnera leurs noms,
ils sont 18, Jean compris, vous voudrez bien leur donner
à chacun *dix th.* sur mon compte. 15 à Bendjoo et Jean s'ils
demandent plus que les autres.

Je vous ai écrit de faire pour une cinquantaine de ths. de
cadeaux à mon compte à Tessamma, et cent qui peuvent vous
servir. C'est pour que vous ne perdiez pas cela sur vos
commissions.

Je compte donc bien sur vous pour que tout soit fini
pour l'époque de l'arrivée de mes domestiques à Harar.
Deux mois environ. Ils doivent marcher vite. — J'aurais
bien voulu vous envoyer moi-même les ordres de paiement
pour être sûr qu'ils sont conformes aux comptes, mais cela
m'a été impossible malgré beaucoup de chemin fait pour cela.

Je ne vous ai pas envoyé de mulets pour l'argent parce que
la route de Herrer est très mauvaise pour les mulets et que,
confiés à la garde des Abyssins, ce serait dix mulets de foutus.
Ils trouvent moyen de les blesser terriblement avec une
charge de chamas mous du pays.

Ilg me disant aussi qu'en évitant de passer par l'adminis-
tration on trouvait assez facilement des chameaux.

J'ai remis à Pino qui part aussi la lettre de Brémond.

Merci pour les autres lettres. J'en attends de la côte de très
pressées après l'arrivée de Laffineur, envoyez donc au besoin
un courrier spécial. L'azage envoie paraît-il une caravane
très importante d'ivoire; il m'est impossible de savoir si
c'est pour Harar ou pour la côte. Il va lui-même jusqu'à
l'Awash où elle doit rejoindre la nôtre et il a donné l'ordre
que les Dankalis de Ilg qui portent nos affaires partent
demain. Tout est chargé et payé; je pense donc que le départ
ne traînera pas.

Quant à la traite dont vous parlez, de Decran, je veux bien
m'en charger, mais il est très probable que le Roi, qui trouve
cela commode les fera payer à Harar comme pour moi et
que je n'aurai rien ici. Si donc vous le faites, je veux bien
même employer l'argent pour votre compte et descendre
les march[andi]ses à la côte pour qui vous direz, si je puis
recevoir; mais comme tout ce qui est ici est pour les Italiens,
je ne puis accepter que vous reteniez ces 3 000 th. sur l'argent
que vous recevez pour moi.

Dans l'attente de vos bonnes nouvelles très prochaines,
je vous serre les deux mains.

Bien amicalement,

                                        A. SAVOURÉ.

Et Bidault, vous ne m'en parlez plus, que compte-t-il faire?
Le moment serait bon pour lui de venir à présent qu'il n'y a
plus rien à craindre. Ilg et Antonelli se chargent de le faire
grâcier de ses garanties.

Dites-moi aussi ce qu'il en est de ces nouvelles qui nous
arrivent de votre emprisonnement. Il paraît qu'à présent on
dit Rimbaud ou la terreur des chiens.

ERNEST LAFFINEUR À RIMBAUD

Gota, le 26 avril 1889.

Cher Monsieur Rimbaud,

Enfin nous voici arrivés à Gota, mais les Adals nous ont
laissés en plan. Nous avons aujourd'hui un calme formi-
dable avec Bita, pour le décider à nous conduire chez les
Gallas. Puis nous nous rendrons, M. Pino et moi, à Guel-
dessa où nous prendrons des Issas pour aller à Djiboutil.

Si donc, ayant pris connaissance de vos courriers par
Kaptunas et par Serkis vous n'avez *pas encore* expédié mes
bibelots par voie de Zeilah, soyez assez bon de *les remettre
à M. Appenzeller,* qui vous remettra le courrier de M. Savouré
ainsi que cette lettre, et qui va redescendre de suite à Guel-
dessa. Si vous avez une vingtaine de kilos de très bon café,
donnez-le à M. Appenzeller qui se chargera de le faire
descendre à Gueldessa et *vous le paiera.* J'ai trop hâte de
rentrer pour passer par Harar. Aussi, excusez-moi de ne pas
vous aller serrer les mains, ainsi qu'à M. Bidault.

De la façon dont ça marche, je ne sais quand nous serons
à Gueldessa.

Vous me ferez plaisir en remettant quelques lignes à
M. Appenzeller, et en me donnant des nouvelles de la côte
et de M. Brémond. J'espère que nous le rencontrerons en
route.

Je compte vous renvoyer des thalers de la côte pour les
réexpédier à M. Savouré. Je les remettrai à Bendjo, qui
descend avec moi jusqu'à la côte. C'est un serviteur du
dedjaz Moconen.

M. Appenzeller vous donnera de vive voix toutes les
nouvelles du Choa. M. Savouré a fait une grosse boulette
en ne fixant pas un maximum de prix pour le zébad payable
à Harar. Il espérait payer moins de 1 th ½ l'okette, car dans
vos lettres vous lui annonciez la baisse. Si mes bibelots,
arcs, flèches, paniers, lances, etc., sont partis, j'espère que
vous avez adressé cela directement à M. Bardey.

Pour un courrier pour le Choa, Ibrahim, homme de l'azage, va retourner très vite. Comme il a bien travaillé en route, donnez-lui, je vous prie, 5 th. que vous porterez au compte A. Savouré et Cⁱᵉ. Il doit remettre en main propre à M. Savouré le courrier que vous lui donnerez. Ainsi donc, au revoir, bonne santé et j'espère vous voir un jour en France. Si vous n'êtes pas trop paresseux, je vous lirai toujours avec plaisir, et vous pouvez compter que je vous répondrai. Mon adresse est :

M. Laffineur
53, rue d'Étretat
Fécamp (Seine-Inférieure)

M. Appenzeller, ayant 1 000 th. à toucher à Harar, vous remettra 500 th. pour le compte de M. Savouré contre un reçu de pareille somme que vous voudrez bien lui donner. Vous voudrez bien écrire à M. Savouré que ces 500 th., je les remettrai à M. Appenzeller à mon arrivée à Djiboutil sur les 1 000 th. que j'ai pris à Tessama, chef des domestiques à Korikali, en cours de route, afin qu'il puisse employer cette somme, avec ce qui vous reste à lui envoyer pour terminer le compte du Roi.

Je vous serre cordialement les mains et vous prie de me rappeler au souvenir de M. Bidault, que je remercie particulièrement d'avoir bien voulu s'occuper de mes objets de collection.

ERNEST LAFFINEUR.

M. Appenzeller vous remettra :
2 lettres pour M. Brémond ;
1 — pour vous de M. Savouré ;
1 — pour Mgr Taurin ;
2 — abyssines.

ÉLOI PINO À RIMBAUD

Gontha, Herer 27 avril 1889.

Mon cher Monsieur Rimbaud,

Deux mots à la hâte. Je ne sais encore si nous passerons par Geldessé[1], et si nous aurons le plaisir de vous serrer la main au Harar.

Si vous avez fait quelques petites dépenses pour moi, je vous prie de les réclamer à Monsieur Brémond, qui vous les règlera.

Présentez mes salutations à Monsieur Bidault.
Je vous serre cordialement la main.
Votre dévoué,

                                        PINO ÉLOI.

RIMBAUD À UGO FERRANDI

Harar, le 30 avril 1889.

Cher Monsieur Ferrandi,

J'ai bien reçu votre billet de Geldessen, et ai commu-
niqué votre note à Naufragio, qui vous salue.

Vous devez savoir comment les Abyssins ont occupé
votre maison aussitôt votre sortie. C'est un procédé qui
ne doit pas vous surprendre.

Le soldat vous rejoindra probablement à Biokaboba.
Ici rien de neuf : les orgies de la Semaine de Pâques
sont finies : c'est aujourd'hui encore saint Joyés.

Les Abyssins font partir demain ou après une cara-
vane pour le Choa, avec laquelle partent le Khawaga
Elias et l'imposant Mossieu Moskoff. Pas de nouvelles
du Choa depuis un mois. Les Grecs venus de Zeilah
racontent que Joannès est mort, probablement sur les
télégrammes Corazzini, mais ici les indigènes n'en
savent rien.

Bien le bonjour à votre compagnon, dites-lui que
personne jusqu'à présent ne s'occupe de lui (quatrième
jour). J'ai écrit à Zeilah à l'agent de Tian de le laisser
loger chez lui.

Voici même un billet pour lui.

Bien à vous.

                                        RIMBAUD.

SAVOURÉ À RIMBAUD

Ankober, le 1er mai 1889.

Mon cher Monsieur Rimbaud,

J'espère que mes domestiques vous sont bien arrivés et que vous allez me les renvoyer vite avec de bons thalaris. Je remets ce pli aujourd'hui à un courrier de l'Azage et du Dedjas.

Ce courrier vous portera de grandes nouvelles qui j'espère se confirmeront. Joannès a été tué par les Maddistes à Métemma et son armée presque complètement anéantie. Ménélik marche 15 heures par jour pour aller se faire proclamer Empereur. Raz Aloula seul a échappé au massacre et il doit se soumettre à Ménélik. Reste à savoir si Ménélik en réunissant tout pourra faire tête aux Musulmans. Aussi si cette nouvelle n'a pas été mise en circulation pour relever le courage des Choassiens qui avaient suivi le Roi *en très petit nombre*. C'est vous qui en aurez la confirmation par la côte sans doute si c'est vrai. Pour les affaires, le Roi a fixé le prix des cartouches à 35 th. la caisse de mille et Mékonen a dû écrire par ce courrier de (1) *vous payer à ce prix les 160 caisses qui sont en supplément des fusils,* (2) aussi pour les *deux mille th. de Djiboutil retenus ici,* et (3) *pour vous faire donner de bons th[alari]s seulement.* Par mâlheur cette lettre a été remise au sieur Emmanuel qui devient un fonctionnaire de votre place et va partir avec sa famille en même temps que ce courrier ou que la caravane Laffineur, Pino et Appenzeller, qui part sous peu. Les chameaux sont payés et nous descendons demain à Farré avec eux pour les faire partir. Les march[andi]ses y sont depuis huit jours.

Je vous ai dit que j'avais dû mettre le sieur Emmanuel à la porte, aussi il me fera le plus de mal possible, c'est pourquoi je vous prie de *voir si la lettre du Dedjas à mon sujet arrive bien.* Faites aussi en mon nom à Tessamma un cadeau de vos march[andi]ses, ce qui peut lui plaire, *jusqu'à une cinquantaine de th. dont vous me débiterez.* Cela pour activer un peu son zèle et vous aider dans les recouvrements.

Ci-joint une lettre du Dedjas m'annonçant qu'il a écrit pour ce qu'il m'avait promis; en cas de besoin, servez-vous-en.

Il n'y a pas d'autres bons sur votre caisse que ceux que vous avez dû recevoir et que je vous ai signalés, je payerai Ato Santa ici avec une concession. Je vous aviserai s'il y en a d'autres pour l'avenir.

Impossible de voir Mohamet qui fait le mort. On me dit

qu'il envoie cependant aujourd'hui une caravane sur Harar avec des marchands Abyssins qui suivront sans doute notre caravane jusqu'à Herrer. Faites-en votre profit. Pour moi, je n'en ai rien pu arracher.

Le sieur Emmanuel me redoit encore trois cent quatre-vingt-douze th. Je vous enverrai son reçu s'il part sans me rien payer.

Faites tous vos efforts pour faire finir le paiement, c'est aujourd'hui premier mai qu'expirent les six mois que le Roi s'était réservés pour le paiement par le contrat, et je voudrais rentrer avant les pluies en laissant l'argent à employer à M. Ilg.

Voici ce que je compte faire; mes domestiques (18) qui descendent avec Laffineur, aussitôt arrivés à Djiboutil, remonteront à Harar avec Bendjoo qui les conduit et Hamed l'abane de M. Ilg. J'espère que vers cette époque vous aurez tout reçu le solde que vous ne pourrez m'envoyer cette fois et que vous pourrez me l'envoyer par eux, pour arriver ici vers fin juin et que je puisse partir aussitôt après.

M. Ilg doit vous écrire, je ne vous dis donc rien à son sujet. Ci-joint une lettre pour M. Bidault. Si je puis avoir le temps d'en faire quelques autres je les joindrai pour que vous ayez l'obligeance de les envoyer de suite à la côte.

Sans autres pour le moment.

Je vous serre amicalement la main et je compte toujours sur vous pour activer le plus possible les recouvrements.

Bien à vous.

A. SAVOURÉ.

Si cette lettre vous arrivait avant le départ de mes domestiques remettez-leur le matelas, les 2 chaises qui n'ont que la toile de déchirée et la pioche qui me manque. Je vais probablement acheter une maison et ces objets me seront utiles pour laisser ici.

SAVOURÉ À RIMBAUD

Ankober, le 1er mai 1889.

Mon cher Monsieur Rimbaud,

J'ai votre courrier n° 12 qui m'arrive par Captimer avec une lettre de Laffineur et Pino du Herrer 22 avril. Il paraît que mes domestiques y sont en détresse depuis plus de 15 jours, cela parce que les Adals demandent 8 th. au lieu

de 5 par chameau et que les Arméniens ne veulent ou ne peuvent les donner. Hier j'ai fait partir 7 hommes avec un homme de l'Azage pour les faire venir à n'importe quel prix mais de façon à ne pas perdre un jour de plus. Il paraît que le fameux Serkis[1] emploie ses loisirs en allant du Herrer faire des expéditions chez les Gallas. Il gâche la route de plus en plus.

Je vous envoie cette lettre par un courrier de l'Azage qui doit partir ces jours-ci et je vous confirme ma lettre par Ibrahim partie avec notre caravane le 12 avril dernier.

Pour la question Zebad, faites pour le mieux, mais réglez à Harar, je m'étais basé sur vos précédentes me donnant les cours de 1 th 1/4 et 1 th 1/2 en dernier lieu. Les achats datent de 1 th 1/4. J'ai un contrat qui me permet de ne pas perdre même à 2 th. mais il est certain qu'à ce prix l'ivoire qui est abondant eût mieux valu. — J'espère que vous pourrez en sortir sans donner ce prix grâce à votre stratagème ingénieux. Je n'avais pas le choix d'ailleurs, ayant obligation de livrer une certaine quantité qui heureusement est remplie. Les march[an]ds qui ont de gros lots ne veulent pas vendre ici et je n'aurais pas pu faire mon contrat sans ce stratagème. Au surplus je crois déjà vous avoir dit combien peu les renseign[emen]ts de Tian font foi pour moi; je sais ce Monsieur fort peu scrupuleux et que tous les moyens lui sont bons pour arriver à ses fins.

Encore une fois je m'en rapporte à vous et espère que vous pourrez en sortir à moins de 2 th., ce qui ne serait pas fort avantageux pour moi. D'après votre dernière lettre, j'espérais que vous auriez pu m'envoyer plus de thalaris avec l'ordre que je vous envoyais, ordre qu'il m'est impossible de vous faire appuyer pour le moment. Il ne restait au Choa que Raz Govena et on affirme tout bas qu'il vient de mourir * chez les Gouragays. Il ne resterait plus, si c'est vrai, que l'Azage ici, tous même Mokonen sont avec le Roi près de Goudar.

Vous voyez que ce n'est pas possible de leur parler pour le moment, on irait plus vite chez vous que chez eux.

Je me vois condamné à passer les pluies ici, ce qui ne me réjouit pas du tout.

Aussitôt mes hommes arrivés je vous en enverrai d'autres quoique ce mode soit bien onéreux, mais j'espère que ce sera le dernier voyage et que mes hommes qui sont avec Laffineur pourront rapporter le solde d'ici à deux mois environ.

J'approuve fort votre idée d'acheter des ânes, ou même

---

* [En marge :] La nouvelle est démentie aujourd'hui et il a écrit à Ilg mais il est fort loin.

des chameaux au besoin, pour éviter ces pertes de temps
déplorables. Je l'aurais fait ici si les nombreuses expéditions
n'avaient mis le pays à sec de bêtes, les ânes des Gabards
sont même tous partis avec le Roi et l'on ne peut rien trouver
ici, outre que l'âne du Choa ne vaut rien en Conella ; les
mulets sont aussi hors de prix, un agassas[1] médiocre vaut
30 th. et il n'y en a pas.

Achetez donc ces 10 ou 15 ânes petit à petit avec ce
qu'il faut pour les charger d'ici à ce que mes domestiques
vous arrivent, vous me débiterez de leur nourriture et
garde. Ils me seront aussi indispensable ici pour les transports
d'ivoire en pays de Choa.

Quant au délai de paiement, qui expire aujourd'hui, je ne
puis rien faire d'autre que d'envoyer à Tessamma une lettre
pressante avec la copie de mon contrat. Il connaît la date de
réception il verra que les six mois sont déjà près de sept.
Je compte du 1er 9bre 88. Le gros des livraisons [...] a été
fait avec Emmanuel vers mi-octobre.

Je vous ai donné crédit de votre envoi de 4 000 par Ilg
et vous créditerai du dernier et des sommes payées par vous,
aussitôt après réception et vérification ou avis de paiement.

J'ai reçu aussi une lettre d'offres de services du fameux
Dimitri qui a déjà oublié le passé.

Ci-joint un mot pour le remercier.

C[omp]te Mékonen comme je l'ai établi et le comprend[s].

———

[18]88

Novembre 4	286 Rém[ington] à 25 th.	7 150
5	fusils capsules	50
		7 200 th.

Si le compte vous a été donné autrement, c'est une erreur
de copie de Laffineur. Il y a lieu de le créditer de 197 1/2 OK.
zébad reçues au Choa. Le prix du Roi étant de un th., le sien
doit être le même ici. Fixez même le prix jusqu'à 1 th. 1/4
pour en finir s'il le faut.

Nov[embre]		son envoi à Djiboutil non déduit du compte du Roi	600 th.
—	2	S/Remise en c[ompt]e	500
—	6	d° d°	500
—	8	d° par Ahmed Jerra	400
—	8	d° 55 Okia or 786 1/4	1 016
		229 3/4	
—	8	d° Espèces à Emmanuel	20
—	8	d° chameaux G. H. 224 ch.	429
—	10	d° 5 000 piastres à 18	278

| — | 10 | d° Espèces | 24 |
| — | 10 31 frasselas Café à 5 th. | | 155 |

		3 922
Solde débiteur au départ de Harar		3 278
		7 200

De toutes façons je ne comprends pas votre somme de
1 685 en y ajoutant les 2 000 déjà déduits du compte du Roi
nous aurions *3 685* au lieu de *3 278*. *Voyez d'où cela vient.*

Rien de plus pour aujourd'hui. Je compte que vous ferez
pour le mieux pour finir vite, au plus en deux expéditions
dont la dernière par Bendjoo à son retour de Djiboutil sur
Harar et le Choa.

Dans l'attente de vos bonnes nouvelles et de lettres de la
côte je vous serre bien amicalement les deux mains.

A. SAVOURÉ.

Je trouve étonnant le silence de Bidault, j'attendais un mot
de lui après ma lettre affaire Captimer.

ILG À RIMBAUD

Ankober, le 3 mai 1889.

Mon cher Mons[ieur] Rimbaud,

Merci bien de votre aimable lettre du 28 mars, qui ne
m'est arrivée qu'il y a quatre jours. J'ai bien reçu le courrier
que vous m'aviez renvoyé par Tessama, mais encore ouvert,
et je vous prie de tâcher de toujours remettre vous-même
mes lettres aux courriers en les engageant de me les remettre
personnellement.

En vous confirmant ma dernière lettre de fin mars, je n'ai
malheureusement pas de très bonnes nouvelles à vous
apprendre, du moins quant à nos marchandises. Comme le
Roi est parti, le commerce marche très mal ici, je n'ai pu
vendre jusqu'ici que pour 400 th. à peu près. Les prix sont
vraiment déplorables, on vend le paquet de soie bleue à
4 1/2 thalers, et même pour ce prix on n'arrive qu'à placer
l'un et l'autre. Le djano rouge ne se vend absolument pas,
le bleu se vend à 2 3/4, mais encore paquet par paquet. Ce
n'est que la mousseline qui se vend 1 thaler la pièce. Tout
cela, c'est d'autant plus fâcheux qu'aujourd'hui, dans l'ab-
sence du Roi, on trouverait plus facilement de l'ivoire.

. . . .

M. Mohamed[1] a converti votre argent en ivoire il y a

longtemps, seulement j'ignore s'il l'envoie à Harar et quand.
On ne peut jamais le voir, il reste chez lui à Aramo et ne
bouge pas de là. Il fait tout son possible pour nous faire
monter le prix de l'ivoire ainsi que le prix des chameaux
parce qu'il est furieux que les Européens commencent à se
débrouiller sans lui et ne marchent que mieux. J'espère qu'il
vous envoie vos marchandises, il forme aujourd'hui une
caravane, qu'on dit cependant aller directement à la côte;
informez-vous.

Comme je vous ai déjà dit dans ma dernière lettre, je me
retire de vos affaires si vous me créez des concurrents ici
et je remettrai volontiers vos affaires dans la main de celui
qui aura votre confiance, et que vous croyez plus habile
que nous. Je ne veux absolument pas rentrer dans la même
ligne comme tous les négociants abyssins qui font le trafic entre
Harar et ici. Je veux bien me donner de la peine de vendre
vos marchandises et de vous en acheter ici, mais vous ne
demanderez pas que je vous prenne les marchandises au
même prix comme vous le donnez à qui que ce soit, pour
vous donner la contre-valeur à bien meilleur prix de ce que
vous l'achetez généralement là-bas. Je pense que vous vous
souviendrez bien que je n'étais pas du tout disposé à me
charger de toutes ces marchandises, mais que je les ai prises
pour vous être agréable et pour vous trouver un débouché
pour votre stock.

. . . .

Sans autre pour aujourd'hui, je vous prie d'agréer mes
meilleures salutations ainsi que ceux de M[onsieur] Zimmer-
mann.

Vôtre,
ALFRED ILG, ING.

Le bonjour de ma part à nos amis communs [...].

ÉLOI PINO À RIMBAUD

Capitaine au Long Cours
        Négociant
        à Ankober-Choa
        Abyssinie du Sud
        Afrique Équatoriale

Gueldessé, le 11 mai 1889.

Mon cher Monsieur Rimbaud,

Je comptais aller vous serrer la main avant notre départ,
mais nous n'avons pu finir, pour nos affaires du louage,

qu'hier. On nous promet que nous partirons demain et comme mes mulets sont très maigres, je renvoie notre entrevue lors de mon retour de France.

Gueldessé n'est pas un agréable séjour, nous ne trouvons ni herbe pour les mulets, ni beurre pour nous, un peu de viande et voilà tout.

Je vous prie de réclamer à Monsieur Brémond ce que vous avez pu dépenser pour moi, pour transport de lettres.

En vous remerciant de votre bonne bonté, recevez mon cher Monsieur Rimbaud mes sincères salutations.

PINO ÉLOI.

SAVOURÉ À RIMBAUD

Ankober, le 15 mai 1889.

Mon cher M[onsieur] Rimbaud,

Je vous confirme ma lettre [du] 1[er] c[ouran]t ci-jointe et restée en souffrance depuis cette date.

Mes domestiques sont entrés depuis huit jours avec votre envoi conforme. Je vous accuse donc réception de *quatorze ballots de mille th.* et vous en donne crédit ainsi que de votre comm[issi]on et des dépenses dont vous me parlez. Les thalaris sont bien meilleurs que la première fois au moins pour ce que j'ai vu, il me reste encore six ballots à ouvrir, mais je vois encore pas mal de têtes d'hommes qui ne sont pas des thalaris et dont personne ne veut même pour un sel. N'en mettez plus pour l'avenir, ou je serais obligé de vous les retourner. J'en ai déjà renvoyé à la côte cinq cents par Laffineur.

Je n'ai plus que 6 000 th. à employer sur votre envoi, c'est vous dire que je voudrais bien en voir rentrer d'autres vite. (J'avais acheté beaucoup à crédit pour le départ de Laffineur.)

Ci-joint une lettre pour Tessamma, il me demande un mulet, je vais tâcher de lui en envoyer un bon par mes domestiques, mais c'est bien difficile à trouver maintenant.

Je le lui ferai donner pour activer le paiement. Mes domestiques vous repartiront sous quelques jours avec ceux de Ilg. Je leur donnerai cinq ou six mulets et j'espère que vous pourrez acheter des ânes pour la reste, de même que pour la dernière expédition avec Bendjoo. Il faut absolument renoncer aux chameaux en location, c'est trop long et tout aussi cher que de les acheter.

J'ai acheté payable en France partie des chassepots de Pino et la femme du Raz vient de les saisir encore une vingtième fois parce qu'il ne finit jamais ses comptes. Ci-joint une lettre pour arrêter le paiement de ma traite, et une lettre pour Pino. Veuillez les faire partir au plus vite, au besoin par exprès si vous n'avez pas d'occasion *très prochaine*.

Cerkis et les Arméniens sont entrés ici hier seulement, Cerkis ne me donne que votre lettre nᵒ 13 dont j'avais connaissance par votre nᵒ 15, qui m'a été remis par le porteur de la présente ; le nᵒ 14 ne m'a pas été remis. Celui qu'avait Tessamma avec votre compte porte le nᵒ 12.

Je n'ai donc pas les plis de la côte dont vous me parlez et que j'attendais cependant avec grande impatience. Le nᵒ 11 aussi manque. Pouvez-vous me dire ce qu'il contenait.

Le Roi poursuit ses succès, dit-on, le Roi du Godjam et 3 ou 4 Raz ont fait leur soumission et l'ont reconnu comme Empereur. Il ne resterait que Debeb. Mékonen est attendu ici pour rentrer à son poste chez vous. Antonelli rentre aussi, affirme-t-on, fâché avec le Roi. Il aurait créé mille obstacles à Viscardi[1] pour l'empêcher d'arriver avec ses cinq mille fusils.

Sans autres et dans l'attente de vos bonnes nouvelles, je vous serre amicalement la main.

A. SAVOURÉ.

Pour le Zébad, bien que j'espérais mieux, vous avez bien fait d'en finir. Je vous en crédite suivant votre avis. On me dit que c'est un coup monté pour m'empêcher de prendre de gros lots en achetant payable s[ur] votre place.

Prière de donner deux th. au porteur, à mon compte, si tout arrive bien.

A. S.

Le courrier nᵒ 14 m'est remis à l'instant par Serkis.

B[ien] à v[ous],

A. S.

RIMBAUD À SA MÈRE ET À SA SŒUR

Harar, 18 mai 1889.

Ma chère mère, ma chère sœur,

J'ai bien reçu votre lettre du 2 avril. Je vois avec plaisir que, de votre côté, tout va bien.

Je suis toujours fort occupé dans ce satané pays. Ce que je gagne n'est pas en proportion des tracas que j'ai; car nous menons une triste existence au milieu de ces nègres.

Tout ce qu'il y a de bon dans ce pays, c'est qu'il n'y gèle jamais; nous n'avons jamais moins de 10 au-dessus de zéro et jamais plus de 30. Mais il y pleut à torrents dans la saison actuelle; et, comme vous, ça nous empêche de travailler, c'est à-dire de recevoir et d'envoyer des caravanes.

Celui qui vient par ici ne risque jamais de devenir millionnaire, — à moins que de poux, s'il fréquente de trop près les indigènes.

Vous devez lire dans les journaux que l'empereur (quel empereur!) Jean est mort, tué par les Mahdistes. Nous aussi ici, nous dépendions indirectement de cet empereur. Seulement nous dépendons directement du roi Ménélik du Choa, lequel payait lui-même tribut à l'empereur Jean. Notre Ménélik s'était révolté, l'an passé, contre cet affreux Jean, et ils s'apprêtaient à se manger le nez, quand le susdit empereur eut l'idée d'aller d'abord flanquer une raclée aux Mahdistes, du côté de Matama. Il y est resté : que le Diable l'emporte!

Ici, nous sommes très tranquilles. Nous dépendons de l'Abyssinie, mais nous en sommes séparés par la rivière de l'Hawash.

Nous correspondons toujours facilement avec Zeilah et Aden.

Je regrette de ne pouvoir faire un tour à l'Exposition cette année, mais mes bénéfices sont loin de me le permettre, et d'ailleurs je suis absolument seul ici, et, moi partant, mon établissement disparaîtrait entièrement. Ce sera donc pour la prochaine; et à la prochaine je pourrai exposer peut-être les produits de ce pays, et, peut-être, m'exposer moi-même, car je crois qu'on doit avoir l'air excessivement baroque après un long séjour dans des pays comme ceux-ci.

En attendant de vos nouvelles, je vous souhaite beau temps et bon temps.

RIMBAUD.
Adresse : chez Monsieur César Tian,
Négociant.
Aden.

ILG À RIMBAUD

Ankober, le 23 mai 1889.

Mon cher M[onsieur] Rimbaud,

À l'instant, je viens de savoir qu'un courrier part pour Harar et je m'empresse de vous envoyer deux lignes. La grande nouvelle du jour est celle que Dédjaz Meconen va partir en Italie en ambassade avec le comte Antonelli et l'alleca[1] Joseph qui a été nommé Grazmatch[2]. On ignore pour quel but mais, je pense, ils sauront bien à Rome profiter de l'occasion. Ici tout est tranquille, cependant le Roi a jugé nécessaire d'interner son oncle Merdazmatch Haïli à Ankober. Du côté du Tigré, on dit que les deux prétendants à la couronne, dédjaz Débéb et dédjaz ou Ras Mangecha, se sont entendus pour résister à Ménélik; le Roi est parti pour Débré Tabor, et il va revenir pour passer les pluies à Boroméda. Mohamed va envoyer dans une vingtaine de jours une caravane à Djeldessa, je profiterai de l'occasion pour vous envoyer quelques marchandises. Depuis que l'on sait que Meconen va retourner à Harar, l'ivoire, le musc et l'or sont montés rapidement aux prix; les négociants descendent tous avec lui; préparez beaucoup d'argent. Meconen doit partir de Tédedja Melka aujourd'hui en huit, mais il mettra bien 3 semaines pour arriver à Harar. J'ai été étonné de ne pas avoir de vos nouvelles, je vous ai écrit le 30 mars, le 3 mai longuement et j'attends votre réponse.

. . . .

SAVOURÉ À RIMBAUD

Ankober, le 23 mai 1889.

Mon cher Monsieur Rimbaud,

J'apprends à la dernière minute le départ d'un courrier du Dedjas, je ne puis que vous écrire deux mots pour vous prier de prendre *au reçu de la présente un exprès pour Djibouti! pour porter à M. Lagarde la lettre ci-jointe.* Je vais voir Mékonen dans quelques jours à Tedetcha-Melka, à son retour sur Harar.

Mais vous ne le conserverez pas longtemps. Il part avec

Antonelli et l'alaca[1] Joseph devenu Grasmatch Joseph, en ambassade en Italie pour représenter le Roi. Ménélik Empereur cède du pays aux Italiens et fait un traité de commerce pour tous les pays, Harar compris, avec des avantages énormes aux Italiens et des droits prohibitifs énormes pour tous les autres Européens.

Antonelli a gagné cela en paiement des 10 000 fusils et de 9 000 autres qui vont arriver. Ménélik donnerait les Bogos et quelques autres pays. Ce sera la reprise du marché de Massawah au détriment du Harar.

Quand j'aurai vu Mékonen je vous renverrai mes domestiques pour l'argent. N'oubliez pas d'acheter les ânes.

En hâte bien à vous.

A. SAVOURÉ.

SAVOURÉ À RIMBAUD

Ankober, le 16 juin 1889.

Mon cher Monsieur Rimbaud,

J'ai reçu votre deux[ième] ou troisième n⁰ 14, par Élias, et hier soir votre n⁰ 16 du 29 mai. J'aime mieux la dernière et je vous adresse mes sincères félicitations du résultat obtenu. Je sais les difficultés que vous devez rencontrer par celles que je rencontre moi-même ici. Bien entendu vous me débiterez des pertes du change. J'ai confiance que vous ferez pour le mieux. Tâchez seulement, si possible, de réserver mes droits pour réclamer au Roi dans le cas où cela prendrait de trop grandes proportions.

Mon domestique Tessamma vous retourne demain avec les hommes de Ilg. Si les fonds prêtés pour change ne sont pas libres, renvoyez-le-moi *de suite* avec ce qu'il y a aujourd'hui. Le reste sera pris par Bendjoo et les domestiques de Laffineur[2]. Ceux-là, vous les ferez attendre en cas de besoin si vous avez espoir d'arriver au solde rapidement. Que Jean revienne seulement le plus vite possible, car je vais partir en courrier d'ici à un mois.

Je suis entendu avec Ilg pour qu'il fasse l'emploi de mes fonds. Vous lui adresserez donc ce qu'il y aura après cet envoi que j'attends et lui remetterai [*sic*] moi-même.

Je vous adresse cinq forts mulets. Si vous avez acheté les ânes, on les chargera pour ménager les mulets et ils seront utiles ici.

Pour Tessamma Mekbeb, je vous envoie un bon mulet saggard que j'ai dû payer 40 th[alers]. Il n'y a plus de

bourriques ici, excepté les gens du pays qui le sont tous.

Présentez ce cadeau en le faisant valoir, et aussi ma lettre. Il m'écrit qu'il vous a remis *31 911* th. c[omp]te Roi, et qu'il reste *6 029 th.* c[omp]te *fusils,* plus les cartouches. Si je vous comprends bien, vous avez dû toucher quelques petites sommes depuis.

Ci-joint aussi une lettre pour Mékonen, qui vous arrive et vous doit rester un mois ou deux avant d'aller se faire rouler par les Italiens. J'emploie les *grands arguments* en lui disant que mon garant a été saisi en France parce que les six mois sont passés. Il faut appuyer là-dessus. S'il demande pourquoi l'argent dans ce cas vient ici, j'ai écrit aussi que Ilg avait *répondu* pour moi. J'ai agi de même auprès du Roi, et ici, comme c'est la loi, cela mord assez bien.

Dites bien à mon domestique qu'il ne perde pas un jour, que je l'attends pour partir. Si ceux de Ilg ne sont pas prêts, qu'ils partent sans eux. Ils reviendront avec Bendjoo qui ne tardera pas à vous arriver.

Mékonen m'a fait les plus brillantes promesses. Usez-en si cela vaut quelque chose.

Je crois avoir dit de donner dix th. aux hommes dont Bendjoo vous donnera la liste. Aussi pour leur nourriture si vous devez les retenir et qu'il n'y ait pas de durgo. Donnez aux autres cinq th. comme avant, et à Tessamma un peu plus s'il vous le demande ; outre les frais... jusqu'à — 20 th.

Je parle aussi du prix des cartouches à Mékonen. *Il était présent à Debraberam quand le Roi m'a promis 35 th. le °°/₀₀.* J'ai bombardé le Roi de lettres tous les huit jours à ce sujet. J'espère qu'il écrira aussi. Comme elles me reviennent à 39 th., ne négligez pas d'insister sur ce point. J'ai fait la sottise de leur apporter de trop bonnes cartouches. Des confitures à des cochons.

Affaire Ilg. — Votre combinaison me plairait beaucoup

1° si je devais rester, ou pour mon retour vers la fin de l'année

2° si Ilg était, comme vous le dites, disposé à abandonner ces affaires.

Je vois au contraire qu'il en est très satisfait, sauf vos prix qu'il réalise difficilement. Mais il a un domestique intelligent qui fait tout sans qu'il s'en occupe, avec une petite commission.

Sa seule crainte était de ne pouvoir réaliser vite. En effet tous les acheteurs sont au diable, avec le Roi.

Impossible donc pour le moment. Continuez avec Ilg, qui ne demande pas mieux. Nous en causerons plus tard pour moi.

Je ne vois pas d'inconvénients à ce que vous lui fournissiez *en avance* pour mon solde de compte non réalisé et que vous toucherez, mais dont il me devra compte avec l'emploi en march[andi]ses pour moi puisque c'est que qu'il doit faire avec mon argent. Si cela peut vous aider à écouler vos march[andi]ses d'importation, je serai heureux de vous être agréable en même temps.

Je vous ai dit que je bâtissais un palais. Achat de terrain compris, il me coûte 100 th. Si vous connaissez le pays, cela veut dire que c'est assez vaste pour contenir 200 charges de chameaux avec une écurie pour 50 bourriques.

Mon but serait d'en faire un comptoir de tout ce qui va à l'intérieur, d'y mettre quelqu'un, et moi d'aller plus loin dans l'intérieur, puisque avec votre place vous nous gâtez le marché du Choa. Tous prétendent maintenant aux prix de Harar, même pour l'ivoire. Ce matin, on m'a offert cinquante okettes[1] à 70 th., ce qui fait votre prix moins la douane et le transport. Inutile de vous dire que j'ai vite montré la porte à cet impudent.

Cependant je n'ai pu ramasser que 75 à 80 frasselas[2] depuis le départ de Laffineur. Je les envoie en ce moment avec Gabry, le serviteur de Ras Govena, et il faudra monter les prix pour avoir davantage.

Bidault. Vous avez oublié les clefs. Je les attendais cependant pour me payer en plaques photogr[aphiques] pour faire des carreaux à ma maison. Il me doit 50 th. *Si possible, remettez à Tessamma trois fortes serrures pour ma dite maison.*

Je suspends pour finir mon courrier. Si possible, je vous écrirai encore pour ne pas être en retard sur vous.

En attendant, je vous serre amicalement la main.

A. SAVOURÉ.

Au dernier moment, Ilg me dit qu'il n'accepte pas des march[andi]ses pour mon compte parce que de la sorte il perd le bénéf[ice] de l'emploi en retour. Il doit vous écrire et accepte vos envois, mais dans les conditions d'avant.

ILG À RIMBAUD

Ankober, le 16 juin 1889.

Mon cher Mons[ieur] Rimbaud,

En vous confirmant mes lettres du 3 mai et du 23 mai, je vous accuse réception de votre lettre du 4 mai.

En réponse à cette dernière, je suis bien content de savoir que vous êtes en bonne santé et que vos affaires marchent. Je suis beaucoup soulagé en lisant que vous êtes de l'opinion que pour la vente des marchandises j'attende un moment plus favorable que aujourd'hui. Ce n'est que le djano rouge et les dourriia qui ne se vendent pas, les choums et les soldats étant tous partis. Cependant je suis en cas de vous envoyer aujourd'hui avec Mohamed Abou Bekr qui doit partir dans une dizaine de jours, à peu près 30 wokiet d'ivoire, peut-être même plus, s'il m'arrive à temps d'Entotto. Cette partence du Dedjaz Meconen nous a fait perdre pas mal d'ivoire, les négociants partant avec lui, et pour le moment M. Zimmermann m'écrit que l'ivoire est très rare. Dans tous les cas je vous enverrai le plus possible, et comme Mohamed [1] va à Djeldessa [2], j'expédierai les marchandises directement là-bas, accompagnées par mes domestiques et Ato Guébri, qui doit monter à Harar et vous portera les détails avec mon courrier. Nous avons bien tâché d[e n'] acheter que du petit ivoire, mais celui-ci n'est pas si fréquent qu'il représente facilement des fortes sommes et pour ne pas laisser dormir l'argent ici inutilement, je vous ai acheté aussi du gros. Le prix de l'or a été ici à 18, poussé par Antonelli et l'abouna. Ces deux étant parti[s], l'or commence à baisser. Mais les négociants descendent lentement et j'attends encore un peu. J'espère pourtant pouvoir vous en envoyer quelques miettes. Quant au musc, vous nous avez effrayé[s] avec vos menaces épouvantable[s] et nous dédaignons pour le moment ce produit si propre d'un animal si sale.

Pour votre encouragement si aimable, mes meilleurs remerciements. Je n'ai nullement douté que vous vouliez me faire perdre de l'argent, je craignais seulement d'être gêné beaucoup par une nouvelle concurrence et avoir de sorte longtemps votre argent en main sans pouvoir vous en donner des bons résultats. À présent M. Savouré est décidé de partir à la côte, et il ne peut donc plus s'en occuper, bon gré mal gré. Vous me rendrez donc votre aimable secours pour gagner mes premiers 100 mille frs de rente. Je m'engage à faire tout mon possible à en faire autant pour vous, pour avoir plus tard le plaisir de les manger en votre compagnie et vous faire passer les idées lugubres!

Pour revenir à votre lettre, vous me dites d'envoyer des marchandises à Entotto. Là, je tomberais bien. À l'exception de la fille du Roi, pardon, empereur, il n'y a plus personne là-bas que M. Zimmermann, et ce dernier me dit que même les rats commencent à émigrer de peur de crever de faim. J'avais bien envie d'envoyer nos marchandises vers le Godjam, seulement on m'a prévenu que quelques malheureux marchands avaient eu le plaisir de se voir subitement soula-

gés de leurs marchandises et que pour le paiement on les a
renvoyé[s] à l'infini. Quant à vos plaintes à cause des piastres,
je les comprends et je me félicite de m'être sauvé à temps.
J'ai l[a] crampe au doigt, seulement en y pensant. Avec vos
détails sur M. Bidault, vous nous avez divinement amusé[s],
et je ne regrette que de ne pas pouvoir faire son portrait
d'après le vôtre. J'aurais certainement du succès.

Malheureux Harar avec tous ces tirages épouvantables.
Mais le Roi, pardon, empereur, croit probablement ce malheu-
reux pays une source inépuisable de piastres et de thalaris,
et nous, figurez-vous si nous ne préférerions de recevoir ici
nos quatre sous au lieu d'aller les chercher là-bas, dépenser
de l'argent, attendre un temps infini, et par-dessus le marché
avoir le risque d'être pillé. À propos de nos 5 500 th. que
nous avons à toucher, je vous prie de vouloir me les toucher
du Dedjaz pour nous, de les faire emballer par nos domes-
tiques comme vous jugez convenable, de leur faire acheter
les ânes nécessaires et de nous les envoyer. J'écris au Dedjaz
pour cela, et il m'a promis de me donner des thalers et pas de
ces malheureux[ses] piastres. Si l'on ne peut trouver des ânes,
qu'ils prennent alors des chameaux et qu'ils se débrouillent.
Je [ne] vous envoie que des hommes qui connaissent la
route, et j'espère que tout ira bien. J'ai bien cherché des
mulets, mais je n'ai pu en trouver. Ils sont trop chers.

M. Savouré vient de me dire que vous lui aviez écrit.
J'en suis enchanté, mais j'aurais bien voulu avoir aussi
l'honneur et le plaisir de me voir remonter le moral un peu
par vous et vos bons souvenirs. Il ne manquerait que cela
que vous deviendriez aussi paresseux. Il paraît que vous
avez pourtant pensé à moi, parce que M. Savouré m'apprend
que vous avez pour moi 6 100 birilli de première qualité
« qui ne s'avarient pas en route ». Attendez, je le ferai constater
par des témoins, et je vous en donnerai le résultat par écrit
et sur du papier timbré, parbleu! Type! Le djano bleu est
très recherché ici à 2 3/4 th., la soie bleu[e] est toujours à
4 1/2 th. à 5 th. Quant aux casseroles, il faudra bien une
année pour les placer. 1 400! c'est monstrueux. Bazardez ce
que vous pouvez là-bas, il en rester[a¹] toujours assez pour ici.

L'empereur m'écrit qu'il va passer les pluies à Boroméda.
Ça ne me va pas très bien. Mais il faudra bien y mordre. J'ai
réussi à fabriquer les cartouches, tout marche très bien et les
Abyssins en sont enchantés. Espérons que l'empereur en
fasse autant et qu'il me le prouve d'une façon sonnante.

J'ai voulu envoyer une partie de nos marchandises là-haut,
mais comme ce n'est pas encore sûr que l'empereur revienne,
je préfère attendre. J'ai envoyé un domestique à Djimma, et
j'espère en avoir un bon résultat. J'ai envoyé quelques
cadeaux au roi Abbadchifar qui nous aideront à nous

entendre. Comme on trouve surtout du musc de ce côté-là, j'espère que les prix remontent jusqu'après les pluies à la côte et que la marchandise vous redevienne agréable. J'ai aussi engagé Raz Gobena de me garder un petit lot de marchandises, et il me le promet. Jusqu'au mois de septembre je pourrai vous former une belle petite caravane qui me remettra dans vos estimes ébranlées, et nous avancera tous les deux considérablement sur cette bonne voie à la société des dix milles supérieures. Voyez des espérances et perspectives éblouissantes. Seulement, je vous prie, ne grognez pas là-bas comme deux ours si Sa Majesté vous envoie toucher quelques sous à votre cher Harar, et n'oubliez pas que nous sommes toujours très-très-très heureux si nous avons quelque chose à toucher quelque part (sans jeu de mots).

Pour que Dedjaz Meconen me soit un peu favorable, je lui fai[s] remettre par Mussaïa un fusil Martini-Henry de précision avec les cartouches. C'est dans une caisse qui s'était égaré[e], mais qui avait été retrouvé[e] et signalé[e] par Mussaïa à Zeilah. Elle doit être arrivé[e] jusqu'aujourd'hui au Harar. J'aurais bien voulu que ce soit vous qui le lui remettiez, mais M. Mussaïa le prendrait fort probablement très mal, et vous ne vous fâcherez pas, n'est-ce pas?

En attendant votre sermon et mes quatre sous, je vous serre la main et vous salue cordialement.

Votre bien dévoué
ALFRED ILG.

Hadji Abdourrahman a reçu l'intendance de tous les pays Adals, toutes les routes sont dans ses mains. Je suis heureusement très bien avec lui. Il va se marier avec la fille de Mohamed, et c'est pour cela que le départ est retardé.

Je vous envoie ci-inclus une lettre de M. Zimmermann, une d'Élias à M. Moraïti, et une de Hadji Guébré Mascal à son frère Stéfan Mikaelian.

À M. Maskhoff je ferai volontiers le peu que je puis, comme à tous ceux qui me seront recommandés par vous.

Au dernier moment mes domestiques viennent me faire des histoires, de sorte que je me suis décidé de ne pas les envoyer. Je n'envoie qu'un seul Inghéda avec les deux mulets de Moussaïa, et je vous prie donc encore de recevoir mon argent (les 5 500 th.) en disant que vous me l'envoyez immédiatement afin qu'on ne vous fasse pas attendre. Comme je suis obligé d'envoyer quelques hommes avec votre ivoire, à leur retour je les enverrai prendre l'argent chez vous. Si par hasard vous trouvez une meilleur[e] occasion de m'envoyer l'argent plus vite et pas trop cher, je vous engage de le faire pour nous. Si peut-être les domestiques de M. Savouré

retournent assez vite de la côte et qu'il[s] sont en cas de
prendre les 5 500 th., envoyez-les moi par eux, resp. par
Banja. Je crois que le mieux de tout, ça sera toujours d'at-
tendre l'arrivée de la caravane et de remettre l'argent à mes
hommes, d'autant plus qu'il y a avec eux Ato Guébri,
l'homme du Raz, un homme sûr et sérieux. Faites, je vous
prie, mon cher Monsieur Rimbaud, comme vous le jugez le
plus sûr et le plus expéditif.

Sans autre pour aujourd'hui de nouveau mille salutations
de votre bien dévoué

ALFRED ILG.

[Deuxième post-scriptum] M. Savouré a l'amabilité de
vouloir faire prendre mon argent par ses domestique[s], s'il
est prêt. N'en dites donc rien si vous me l'envoyez par eux,
dites-leur que vous gardez le mien jusqu'à l'arrivée de mes
domestique[s]. B[ien] à v[ous]. A. Ilg.

SAVOURÉ À RIMBAUD

Ankober, le 17 juin [18]89.

Mon cher Monsieur Rimbaud,

Au dernier moment Ilg envoie à l'Ours[1] ses domestiques
qui émettent des prétentions énormes. — C'est convenu que
si vous touchez vite de ses thalaris (pas de piastres) vous les
remettrez à mes domestiques sans rien leur dire que ce n'est
pas à moi[2]. — Si vous n'avez pas vite cet argent vous
remettrez dans les mêmes conditions à Bendjoo qui va sans
doute vous arriver presque en même temps.

Bien entendu, il faudrait acheter des ânes pour le compte
de Ilg.

Au sujet des autres frais, je suis d'accord avec Ilg pour les
partager au prorata.

Je n'envoyais que 7 hommes, j'en ajoute 3 au dernier
moment.

Sans autre et en hâte.

Bien à vous.

A. SAVOURÉ.

SAVOURÉ À RIMBAUD

Ankober, le 27 juin [18]89.

Mon cher Monsieur Rimbaud,

Je vous confirme ma lettre par mes domestiques partis le 18 c[ouran]t. J'ai reçu la vôtre par Moë. J'attends mes hommes le plus tôt possible pour partir après avoir remis mes fonds à Ilg comme je vous ai dit. Aujourd'hui j'expédie 1 100 kg [d']ivoire à M. Bardey par Gabry et quatre domestiques à moi.

Vous voudrez bien remettre à Donko porteur de la présente *cent th.* pour payer les chameaux de Gueldesea à Djiboutil. Je lui ai remis 150 th. Je pense que ce sera suffisant mais, en cas de difficultés, soyez assez aimable pour vous assurer qu'ils ont de quoi arriver, en argent et vivres.

Si Gabry était trop retenu par Brémond, veuillez procurer un abane à Donko. Harred si vous le trouvez.

Si j'étais empêché de partir prochainement, je vous enverrai[1] un courrier. On sait ici le départ de Bidault bien que nous n'ayons rien dit. Cela a fait un fâcheux effet dont nous supporterons les conséquences.

Vous n'avez pas envoyé les clefs. J'espérais prendre des plaques photogr[aphiques] pour faire des carreaux à ma maison. Envoyez s'il est encore temps.

En hâte je vous serre la main bien amicalement.

A. SAVOURÉ.

ILG À RIMBAUD

Ankober, le 28 juin 1889.

. . . .

Encore une chose assez désagréable; l'azage Wolde Tsadik[2] a voulu mettre arrêt sur vos marchandises à cause des 100 th. qu'à son temps vous aviez promis de payer à l'enfant de M. Labatut; j'ai bien dit à l'azage que vous aviez perdu beaucoup d'argent, etc., rien n'a pris, il dit que vous auriez

dû régler tout cela avant de partir et qu'il s'était proposé
de vous attaquer à Harar, si je n'avais pas eu de l'argent
de vous en main.

. . . .

RIMBAUD À ILG

Par Tessamma,   Harar, 1er juillet [18]89.
domestique de M. Ilg.

Mon cher Monsieur Ilg,

Merci bien de votre aimable lettre du 16 juin. J'ai
lu et approuvé. *All right*. J'attends l'Ato Guabri pro-
chainement et j'espère qu'il se débrouillera de manière
à faire passer nos m[archand]ises avec les siennes, sans
payer douane, car c'est là le point principal, l'ivoire
étant sujet ici à une entrée de 10, 9, 8, je ne sais enfin
combien pour cent, ce qui plaît aux douaniers, — et
sujet aussi à une sortie de 8, 7, 6, on ne sait non plus
combien pour cent. Je suppose que vous aurez expliqué
cela à Guabri. En tous cas, à l'avenir, n'oubliez pas de
disposer en conséquence *.

Je vous envoie par les hommes de M. Savouré les
m[archand]ises dont facture ci-joint, valeur Th. 776. 2 bal-
lots contenant chacun 50 paquets soie bleue première
q[uali]té et chacun un paquet de filés, l'un rouge, l'autre
bleu. — 1 ballot cont[ena]nt 16 pièces, 350 mètres soieries
— et 1 caissette cont[ena]nt 4 brillés échantillons.

Je ne vous compte la soie que Th. 4, elle doit me
coûter un peu plus, mais enfin il m'en reste encore ici
80 paquets que je vendrai à meilleur prix en les détaillant
aux marchands de matebs[1] pour la troupe. Là-dessus
vous n'avez aucun risque de perdre.

Le paquet de Djano[2] bleu est un échant[ill]on de
quelques centaines. Cette qualité est venue par erreur ici.

_____

* [*Écrit dans la marge du 1er feuillet :*] Ci-joint un paquet papiers
que j'ai reçu de Moussaïa pour vous + une lettre à remettre au
grec Elias (on me chante que c'est une communication du « minis-
tère hellénique ») + une lettre pour M. Maskoff + une lettre
pour M. Zimmermann.

C'est beaucoup trop bon pour ici. Il ne faut ici que les filés
bleus de l'Inde, tel que les premiers vôtres. Cette qualité
coûte à Londres 1 sh. 9 d. la livre, et le paquet est de
5 livres. Le revient ici est exactement de Th. 3,75. J'en
ai vendu ici à Th. 3 1/4 et Th. 3 1/2, en échange de m[ar-
chand]ises. On achète cela pour en faire des *matebs*
pour les pauvres, car c'est plus solide que la soie, et bon
teint. Mais je ne crois pas qu'il m'en reste pour vous
l'envoyer, car c'est assez demandé par les naggadiés[1],
et ils m'en ont déjà emporté 200 paquets au Choa. Il
m'en reste env[ir]on 200.

Le paquet de *Turkey red* est du nº 40, de 5 livres, la
livre à shillings 1,8 1/2 à Londres, donc il me coûte ici
aussi Th. 3,75. Cependant, à cause de la dépression des
Djanos rouges, je serais disposé à m'en défaire à Th. 3,25
contre m[archand]ises. Le teint est excellent, on m'en a
acheté ici pour l'azzage, ou je ne sais qui, et on l'a
lavé à l'acide nitrique sans qu'il se soit altéré le moins du
monde. Il n'y a *ici aucun Djano* de cette solidité et excel-
lence de teint. Il est *très supérieur* à celui que vous avez.
J'en ai encore 500 paquets, tout emballés, de même que
les noirs.

L'emballage de tous ces filés est par ballot de 20,
avec papier d'emballage, double toile cirée, toile d'em-
ballage, lattes de bois et cerclage fer, — je n'ai jamais
rien vu d'aussi bien conditionné, cela peut rester très
longtemps à la pluie sans aucune crainte. De Zeilah ici
les chameaux portaient 4 ballots, mais d'ici au Choa cela
serait difficile.

Les 4 brillés[2] sont l'échant[ill]on des 6 000 que j'ai en
magasin. Il y en a encore à présent env[ir]on 3 000 blancs,
400 bleus, 400 jaunes, 400 verts, 400 violets. (Je ne vous
envoie pas le violet.) Je vends ici en gros 4 pour un tha-
ler, au détail 3 pour un thaler. Au Guébi[3] on m'en
avait acheté 2 000 pour Th. 500, mais le Dedjatch me
les a rendus en disant qu'il en *trouverait pour rien* en
Italie! Ces brillés ont été exécutés sur mon dessin et mes
indications, et ils ne se trouvent pas dans le commerce.
Les caisses sont de 100 et de Zeilah ici on a payé un cha-
meau par 3 caisses, mais d'ici au Choa le chameau n'en
porterait que 2. La casse dans les caisses que j'ai ouvertes,
n'est que d'environ 2 %, l'emballage étant très soigné.
Le revient ici est de 4 1/2 par thalari, à cause des frais

Rimbaud à Jretout. Avec les

...rmes que fait la verrerie en ...e pourrais guère
...ouveaux frais à faire d'ici au ... qu'à 2 ½ brillés
...vous livrer cela, *rendu au Ch* ...us les vendrez très
par thalari. Je suis persuad — comme le premier
bien 2 par thalari, blancs o... et qui s'est tout vendu
type que j'avais porté l'a... ma charge : je m'en rap-
ainsi au Choa. La casse... ...s qu'elle est minime. Tous
porte à votre expertise... à ma charge.
les frais jusqu'à Farr...

Ces brillés sont u...e solide et gracieux, de débit
facile, et ne craign...leurs n'entrent pas.
de Massaouah, qui ...tilement la concurrence de ceux

— Quant au l...y a certainement plus. Je vous fais
350 mètres, ma... soieries, j'ai porté le métrage à
cela au meilleu...rix possible : ainsi la faille jaune coûte
en facture F 5,... sans la commission, le tra[ns]p[or]t, et
15 % de doua... Les autres faille rouge et violette 4,50.
Le velours j...ne F 8,50, etc., etc... Mais cela m'as-
somme de débiter cela medda par medda[1]. Vous voyez
en effet qu'il y a beaucoup de pièces coupées. Il y avait
beaucoup d'autres choses, mais on m'a tout pris ici au
Guébi à l'arrivée. Au prix que je vous compte, vous
bazarderez facilement tout cela.

Dans les ballots de matebs il y a trois ou quatre
échantillons de jupons tricotés, ça peut servir à vos
enfants.

Je n'ai pas besoin de vous répéter qu'il est de votre
intérêt aussi bien que du mien de liquider ces m[archand]ises et renvoyer le produit au plus tôt. Pour le retour,
les m[archand]ises légères et de valeur sont toujours préférables. Je vous prendrais l'or bon jusqu'à Th. 19. Le
Zébad est encore à Th. 2 à Aden, je le prendrais encore
bien ici *à présent* à Th. 1 1/2. (Je ne nie pas qu'il y ait des
acheteurs ici à Th. 1 3/4 et même 2 mais ce sont des
indigènes qui le frelatent et le débitent eux-mêmes à la
côte.) L'ivoire entier est à Th. 90 ici (les 37 1/2 livres)
chez les acheteurs honnêtes, ce qui est en dessous de *12 livres
anglaises se paie demi-prix,* et ce qui est en dessous *de
6 livres quart de prix.* Il est plus avantageux *pour vous*
que nous nous en tenions à *nos premières conditions.*

J'attends du drap noir, de celui que je vous avais
donné *à Th.* 1 — c'est une bonne m[archand]ise et une
bourrique peut en charger deux pièces sans peine.

Voulez-v~~~ *Rimbaud à Ilg*
de pièces?~~~
Je reçois ~~~n fasse venir d'Europe une dizaine
broché or, et~~~ues jours quelques pièces velours
cela, car ici le D~~~ original, je pense vous envoyer
qu'il nourrit d'all~~~ achète plus rien, dans l'illusion
Milan!~~~ser les magasins de Rome ou
J'ai aussi des perles,~~~
Amhara portent aux pat~~~ n[umér]os de celles que les
échantillon dans un sach~~~ cou. Je vous en envoie
en gros (en détail 2, 3, 4 po~~~vaut 150 par thalari ici
contient une vingtaine d'éc~~~piastre.) — Le sachet
petites vertes pointillées, 500~~~llons. — Quant aux
Les domestiques de M. Savou~~~thalari —.
Djibouti et m'assiègent ici. Comm~~~ont retournés de
son stock de piastres avant une huitai~~~ne puis changer
faire partir la première troupe et la ~~~de jours, je vais
dans une dizaine de jours avec le reste ~~~xième partira
cette occasion je vous enverrai quelques m[archand]ises
si je trouve des chameaux, sans être forcé d'attendre —
et j'espère aussi, un peu de vos 5 500 —
— Parlons à présent de votre paiement de Th. 5 500.
Le Dedjatch nous a apporté une multitude de mendiants
affamés, et lui-même a besoin d'argent pour sa route,
quoiqu'on me dise qu'il n'emporte que les 2 000 livres
sterling qui restaient dans les caisses du Harar de
l'époque du massacre de l'expéd[iti]on Porro[1]. Tous ses
créanciers sont d'ailleurs tombés sur lui, et les demandes
d'argent le rendront enragé. Enfin il pourra dans ce cas
aller faire une cure à un établissement Pasteur.
Ajoutez à cela que les recettes de la ville sont faibles
à présent. Le change du thaler est partout 18 piastres. —
Enfin le moment est plus pénible que jamais pour les
créanciers du Trésor Harari. Espérons que S.A. nous
délivrera tôt de sa ruineuse et fastidieuse présence et
alors on fera à la caisse quelques économies. Je vous le
souhaite et me le souhaite.
On le dit très pressé de filer, et d'autre part on dit
qu'il va faire quelques expéd[iti]ons dans le pays pour
refournir son garde-manger, sinon sa caisse.
Enfin soyez certain que vous recevrez de vos fonds
par la prochaine caravane de M. Savouré, qui vous par-
viendra j'espère vers fin juillet.

N'obtenant du Dedjatch (naturellement) que des réponses évasives, je lui ai adressé hier une énergique protestation en Amhara pour votre paiement aussi bien que pour celui du solde de M. Savouré. Il a répondu qu'il me ferait appeler prochainement pour toucher ce qu'il y a.

On dirait que c'est un parti pris chez Mékonène, de tourmenter ses créanciers. Je n'ai jamais connu d'Abyssin plus avare — il est même devenu très carottier.

— Les deux bourriquots qui portent vos colis doivent être remis à M. Savouré, de qui ils resteront la propriété. Je ne lui fais payer que la moitié de leur prix d'achat, la différence restant à mon débit pour frais de transport de vos quelques colis. J'ai seulement dit aux hommes de M. Savouré que les m[archand]ises sont à lui, pour qu'ils ne fassent pas difficulté de les accompagner.

M. Brémond a ouvert ici un bazar à * 13 sous où l'on trouve des brosses à cheveux, des huîtres sculptées, de la julienne pour potages, des pantoufles, des macaronis, des chaînes de nickel, des portefeuilles, des boléros, de l'eau de cologne, du peppermint et une foule de produits aussi pratiques, aussi bien adaptés à la consommation indigène!

Voilà donc sa connaissance des *articles de l'Abyssinie* après douze années de séjour!

Il y a aussi dans sa boutique des Remingtons qu'il a obtenu de détailler, mais qu'on n'achète point, car il en veut Th. 30 sans une cartouche — et Mékonène prétend toujours en rapporter des cargaisons gratuites des arsenaux italiens, avec une q[uanti]té de batteries de mitrailleuses, des milliers de ballots de soieries, quelques millions de *beur*[1], et les hommages de l'Europe prosternée devant les bottines vernies et les chaussettes de soie que l'intelligent *Comte*[2] a déjà demandées pour lui par courrier spécial!

Pauvre tota[3]! Je le vois d'ici dégobillant dans ses bottes, entre Alexandrie et Naples, — et les Djanos de l'ambassade Choane flottant sur les bordages.

---

* pas précisément. J'ai vu une brosse à cheveux cotée là 7 roupies et demie et une huître sculptée de 20 roupies. — Une assiette émaillée 3 roupies. — Le macaroni 2,50 F le kilo — des espadrilles 5 roupies, etc., etc...

M. Brémond manifeste l'intention de bâtir une maison
ici, appropriée à son énorme mouvement commercial
et ses habitudes élégantes.

Il a déjà, paraît-il, édifié quelque chose au lieu dit
Djibouti, mais c'était en éponges imparfaitement pétri-
fiées, et aux pluies de printemps sur la côte, il paraît
que ça a gonflé, pour ensuite se dégonfler et rouler sur
le sol.

Il prétend toujours créer sur la route d'ici au dit
Djibouti un service de caravanes avec horaire, itiné-
raires, et tarifs fixes, — mais pour lui seul.

Il revendique la franchise complète en douane, et
tous les privilèges imaginables en tous temps et lieux.

Souhaitons la réussite prompte dans cette tâche qu'il
qualifie lui-même, et à raison, de *laborieuse !*

Cependant il se promet de faire un voyage prochai-
nement au Choa. Là peut-être il voudra encore *bâtir.*
— Il est devenu castor !

À bientôt, je vous salue sincèrement.

RIMBAUD.

RIMBAUD À ILG

Avec un envoi   Harar, 20 juillet [18]89.
de mille thalaris.

Mon cher M[onsieur] Ilg,

Je vous confirme mon dernier courrier par Tes-
samma, domestique de M. Savouré. Ce courrier conte-
nait facture à 4 ballots m[archand]ises que je vous envoyais
par les hommes de M. Savouré, — valeur desdits
Th. 776. Cette caravane, partie d'ici le 2, a eu quelques
accidents en route, me dit-on. Mais je vous la suppose
voisine de l'Haouache à présent.

Je vous expédie quelques autres m[archand]ises par
les autres domestiques de M. Savouré. Ci-joint facture
détaillée. Comme pour les deux bourriquots de la pré-
cédente expéd[iti]on, la m[archand]ise supporte la moitié
de leur achat et de leurs frais, les animaux de cette exp[é-

diti]on restent la propriété de M. Savouré. C'est moi ici
qui avance tous les frais de ces m[archand]ises.

Ces m[archand]ises se composent d'abord de 10 ballots
portés par 4 ânes. 1º 1 ballot 242 mètres cretonne damas-
sée. C'est le solde d'un millier de mètres que vous avez
vu arriver en janvier. Les Abyssins en font des *Maré-
chas*[1] de mulets, même des chemises. C'est aussi solide
que brillant, et meilleur marché qu'aux enchères en
Europe. 2º 1 ballot de lainages couleur. Le mérinos bleu
est une bonne m[archand]ise, la flanelle rouge aussi, et au
prix que je vous laisse, il n'y a rien à craindre — que les
vers si ça dort trop longtemps, mais jusqu'ici c'est en
très bon état. 3º 1 caissette contenant divers objets se
débitant facilement chez les Abyssins, ciseaux, boutons
fantaisie, objets de piété, etc., si les échant[ill]ons de pas-
sementerie dorée conviennent, pour la sellerie, ou pour
le clergé, envoyez-m'en note. J'ai joint à cette caissette
la valeur d'un thalari de papeterie, pas plus, car on ne
m'envoie que peu de papeterie à la fois, et on me la fait
payer très cher. 4º 1 ballotin cont[ena]nt 15 paquets
Bloknote que vous pouvez consommer ou vendre, le
petit format réglé convenant assez pour les debdabiés
amara[2]. 5º à 10º : Six ballots perles. Les plus grosses de
ces perles se vendent couramment ici 2 pour une
piastre. Mais ce négoce n'est point de mon goût. Vos
domestiques les débiteront facilement aux marchés. C'est
un travail de détail, mais cela peut finir aisément.

Il est arrivé ici peu de m[archand]ises du Choa avec le
Dedjatche, et ce peu descend à Aden avec lui.

L'ivoire est à présent à Th. 90 les 37 1/2 livres anglaises
c'est ainsi que Brémond a acheté des ivoires du Ded-
jatche W. Guabril.

Il se trouve quelques Arabes pour acheter quelques
petits lots de Zébad à Th. 2, mais ces gens vont eux-
mêmes revendre au pèlerinage de La Mecque, et ils font
d'une once quatre onces.

Le prix en Europe est 285 francs le kilogramme actuel-
lement*.

Pour moi je n'achèterais pas à plus de Th. 1 1/2 au
plus ici.

---

* [*Note marginale :*] le courrier arrivé à l'instant porte F 250 à
Paris.

L'or bon titre est toujours très recherché par les Indiens d'Aden.

— Le Dedjatche a fait dans les mont[agn]es de l'Est une *Zémetcha*[1] d'une dizaine de jours, il n'est jamais prêt à partir. Les bagages ne sont pas encore descendus à Geldessey. On dit cependant que ce sera pour samedi 20 — ou lundi 22. Comme le comporte ses habitudes, il fera le vide dans les caisses en partant.

Jusqu'au dernier moment on me promet de me donner quelque chose pour vous. Voici au moins vingt fois que je réclame pour vous, de vive voix, par lettres, et par messager! Ce Mékonène est intolérable en cas de paiements! Il garde son « insolvabilité » comme *Méram* sa « virginité » —

— J'écris à M. Savouré :

« J'ai marqué de votre marque AS les 4 balles Djano rouge et les 10 petits colis variés pour M. Ilg, et je les recommande à vos hommes comme votre m[archand]ise. Vous n'avez rien à réclamer à Ilg ni à moi pour le port de ces m[archand]ises jusqu'au Choa, puisque je paie d'avance ici la moitié du prix d'achat des 2 chameaux et 4 ânes qui portent ces m[archand]ises, les animaux susdits et leur matériel restant votre propriété. »

Je vous envoie en effet *quatre balles Djano* rouge n° 40, très fin, de 5 livres le paquet, sur deux chameaux déjà chargés de chacun 2 000 thalaris pour M. Savouré. Chaque balle est de 20 paquets très bien emballés. *Total 80 paquets.* La qualité est surfine et supporte n'importe quel lavage. Je vous facture le paquet Th. 3 1/2 à cause des frais très forts.

Il n'y a rien d'aussi bonne qualité au Choa. Ci-joint facture de toutes ces m[archand]ises, valeur Thalaris 631. — Si j'ai occasion de vous envoyer quelque chose de mieux, je le ferai. Pour le moment les communications ne sont pas faciles.

Quand vous faites des envois de m[archand]ises ici ayez soin de prendre vos mesures pour la douane.

Je n'ai aucune lettre pour vous pour le moment.

Dernières nouvelles!

Je sors de pivoter deux heures au Guébi et au Gundja Biète[2] et je réussis à décrocher pour votre compte *Mille*

Thalaris que je vous envoie *en deux caissettes de Th. 500 marquées* ILG. Ces *caisses étaient destinées au Roi.* Je n'ai pas compté ni ouvert, car je me rappelle avoir défoncé des caisses de ce genre dans le temps et les avoir trouvées de Th. 500 chaque. Vous voyez qu'ils n'ont pas trop intention de payer leurs dettes puisqu'ils emballent leurs thalaris pour le Choa. Veuillez m'accuser réception de la dite somme.

Croyez que je ferai tout mon possible pour activer votre paiement. Je serai plus à l'aise pour cela après le départ du D[edjatche] qui décidément nous quitte prochainement, on dit lundi 22.

Par vos domestiques de retour de votre prochaine expéd[iti]on je vous enverrai certainement de vos fonds.

L'âne qui porte vos thalaris est à M. Savouré, d'ailleurs il porte aussi des thalaris à lui, *et j'ai mis la moitié de la valeur de l'achat dudit bourriquot au compte de nos m[archand]ises.*

Faites, je vous prie, de votre possible pour activer le retour de la valeur desdites m[archand]ises, — et réglant vos envois de manière à ne pas payer la douane ici.

C'est pour ça que *l'or* est la meilleure m[archand]ise et décidément *il vaut mieux que je vous paie le Gallabiète*[1] (l'or très pur en anneaux ou en lingots) *même Vingt thalaris l'once,* — que de recevoir l'ivoire *qui paie 8 % à l'entrée et 6 % à la sortie!* Ainsi je préfère l'or à toute marchandise.

Agréez mes salutations cordiales.

À bientôt.

RIMBAUD.

P.-S. — Au dernier moment je laisse en arrière les 4 balles Djano rouge, *à cause des pluies* épouvantables qui inondent la contrée jusqu'à Hérer, et j'en déduis la valeur du total de la facture ci-jointe, qui n'est plus que de Th. 361 pour 10 colis marchandises diverses.

RIMBAUD.

ILG À RIMBAUD

Entotto, le 21 août 1889.

Mon cher M[onsieur] Rimbaud,

Je profite volontiers du départ de Serkis, pour vous envoyer deux mots à la hâte.

J'ai bien reçu votre bien aimable lettre du 1er juillet et elle m'a fait bien plaisir. Les marchandises que vous m'avez envoyées sont arrivées à Ankober, mais d'après ce que me dit mon domestique Wolde Selassi, encore mouillées au passage de l'Hawash, j'espère qu'elles ne soient pas avariées. Les pluies étant trop fortes, je suis obligé d'attendre que la route soit un peu meilleure pour les faire venir, mais le roi m'a dit qu'il prendrait tout.

Pour tout le reste, je vous répondrai au prochain courrier. L'empereur m'a fait une commande d'à peu près 3 000 mètres de soieries de la collection Bardey que vous m'aviez remise en échantillon. Je n'ai pas encore fini avec lui et je vous enverrai tous les détails le plus vite possible.

Le monarque est très difficile à traiter aujourd'hui, il a saisi et confisqué tous les fusils du malheureux M. Pino, parce qu'il a fait vendre des fusils sans la permission du roi. Il est aussi très fâché du départ de M. Bidault et nous en supportons tous les conséquences. Pour comble, l'empereur a défendu l'achat de l'ivoire dans tous les pays au sud : Arabessi, Hawash, Djilli, Mareco, de sorte qu'il ne reste plus que l'ivoire qui vient de l'est et qui est très peu. Je me suis décidé d'envoyer mes domestiques à Djima et à Ghera, j'ai déjà pris toutes mes dispositions. Pour l'or j'enverrai à Lecca, ici tous les prix sont gâtés et les négociants ont peur d'être dépouillés. M. Savouré est probablement parti jusqu'aujourd'hui, laissant une partie de son argent ici, mais je crains qu'il sera plus long pour le réaliser qu'il ne croit. Nous attendons la fin des pluies comme l'arrivée du Messie, toutes les routes fermées, on est comme dans une prison et rien ne marche.

Profitez, je vous prie, de toute occasion pour nous donner quelques nouvelles. Nous ne savons pas même encore si le dedjaz Meconen est parti. Je vous prie encore de ne pas oublier les petites commissions pour l'acide nitrique qui me fait défaut.

Ce qui me fait prendre un peu de patience, c'est la fête de Mascal, on attend là tou[tes] les tribus des pays Gallas,

surtout de Djima, et à cette occasion il vient toujours beau-
coup de négociants et de marchandises et personne n'a de
l'argent que nous. L'agent de Bénine a acheté l'or ici à
18 ½ th., de sorte qu'il a gâté le prix complètement.

Sans autre pour aujourd'hui, mille salutations de moi
comme de M. Zimmermann.

Bien à vous

Votre
ALFRED ILG ING.

RIMBAUD À ILG

Par Akader,
courrier de l'azzage.

Harar, 24 août [18]89.

Mon cher Monsieur Ilg,

J'ai bien reçu vos 17 colis ivoire IZ. La caravane
n'ayant pu aller à Geldessey, s'est trouvée forcée d'en-
trer au Harar, et les m[archand]ises ont subi une évalua-
tion de droits de douane; pour laquelle j'ai donné une
déclaration, sans toutefois payer. En voici le texte : —
*Je déclare qu'il est passé à la douane du Harar une q[uanti]té de
17 colis ivoire au nom de M. Ilg, et les droits sur lesdits ont
été évalués ainsi :*

Entrée 22 fraslehs[1] ivoire entier	Th.	167,13
Sortie d⁰ d⁰	Th.	125,13
Sortie de 4 chameaux à P. 12	Th.	2,16
Total	Th.	296,8

Il n'a rien été perçu ni payé de ces droits.

Sur cette déclaration on a laissé filer les 17 colis. Je
pense que la question est enterrée, mais si on reparlait
du paiement, nous nous arrangerons. La sortie est natu-
rellement à ma charge, et je me chargerais aussi d'une
partie de l'entrée. Tout cela est pour vous dire de
prendre un *sauf conduit du Roi* toutes les fois que vous
enverrez des m[archand]ises par le Harar, car notre
douane devient de plus en plus rigoureuse.

Il y a une petite erreur *à mon désavantage* dans votre
conversion du frasleh Harari. Observez qu'il est exacte-

ment *de 17 kilog[ramme]s* et à l'avenir basez-vous sur ce chiffre. Mais pour cette fois je laisse subsister ce que vous avez établi, et vous crédite de la somme de Th. 2 179,6, comme vous le désirez.

D'après les comptes faits, il devait rester en mains de vos hommes Th. 12 environ. Ils vous remettront cette somme, qui vous revient, — et je n'y touche pas.

J'écris à Aden pour l'acide nitrique concentré. Mais ne pensez pas que cela arrive dans la quinzaine. Enfin je ferai au mieux.

J'ai expédié vos lettres.

— Ce qui m'ennuie le plus est la difficulté de votre paiement : on se montre de plus en plus récalcitrant, de plus en plus ladre. On ne peut plus rien arracher de ces canailles, pas plus pour vous que pour M. Savouré, et cependant il y a de l'argent. On a mis sur la ville une imposition extraord[inai]re de 15 000 th et on nous veut forcer à payer notre part! On me demande même Th. 200, à payer aujourd'hui! C'est monstrueux, après les Th. 5 000 de douane que j'ai payés en un an! Nous allons tous crier Abiète[1] au Roi, la situation devient intenable, impossible. On veut aussi nous *forcer à prêter de l'argent* au Roi, en nous promettant de nous le rendre sur *les nouveaux fonds* que doit soi-disant apporter Antonelli!

Pour votre paiement, plaignez-vous très vivement au Roi. Je vous conseillerais même de vous faire payer là-haut, en m[archand]ises légères tel que l'or, avec lesquelles vous vous procureriez vite des fonds ici.

Nous n'avons plus de choums, on ne sait qui commande, ni qui paie, ni qui gouverne ici, — et cela est fort bien organisé pour tyranniser tout le monde sans responsabilité, — et ne rendre justice à personne.

— Pour l'affaire de la sale garce à Labatut, j'écris à l'azzage par Mikael. Comment peut-il avoir oublié le règlement de cette question. Il sait bien que devant Mikael, Audon, Traversi, Savouré, les deux Brémond, il a été décidé à Ankober que je ne donnerais moi-même rien, mais que *tous les Européens se cotiseraient* pour faire Th. 100 à cette femme, et *Brémond* s'est porté garant. Que cette femme saisisse donc les Européens en général, et en particulier M. Brémond, qui va monter au Choa par le Tchertcher dans la quinzaine. Il est vrai

que M. Brémond peut nier qu'il ait été *Wasse*[1], c'est assez dans son genre, mais enfin telle est la vérité, et l'azzage le sait fort bien.

Quant aux m[archand]ises je ne vois pas pourquoi vous ne les déclarez pas à votre nom. Quel inconvénient y a-t-il?

— Je vous renvoie une caravane de 24 chameaux, avec abban *Hussein,* à qui je donne 1 th. par chameau. — Le loyer a été fixé à Th. 9 plus Th. 1 pour la nourriture, soit Th. 10. J'ai payé Th. 6 ici, et je donne à vos gens une somme pour payer le reste du loyer à Farré. Je leur donne aussi tous les frais de route, de manière à ce que la m[archand]ise vous arrive *tous frais payés à Farré,* comme d'habitude. Ces frais (s'élevant à Th. 300 environ) sont compris dans la facture. — Je compte que cela vous parviendra bien.

Ci-joint facture. Mettez-vous à l'aise pour débiter ces choses avec profit pour vous. J'ai gardé ici (ou déjà vendu) plus de casseroles que je ne vous envoie. Quant aux *Matads*[2], je vous les donne au prix de vente ici. L'emballage est assez bien conditionné; les brillés, je vous les facture *3 1/2 par thaler,* à cause des frais, et il reste un surplus de 25 pour la casse, qui n'atteindra pas ce chiffre. Le Djano rouge est très fin, le Roi vous le prendra, il n'y a rien d'aussi bon ici ni à Aden. — Les Matads donnent un pain très bien cuit en très peu de temps. Ici tout le monde en achète. J'avais aussi un millier de *Wantchas*[3] en étain, mais on me les a pris ici au Gundja bièté. — Tout cela a payé la douane ici, et on n'a aucune question à vous faire.

— La débâcle du Zébad est enfin arrivée. On le vend ici à présent Th. 1 1/2 avec peine, et le prix de Th. 1 1/4 est inévitable à bref délai. Évitez ce sale article.

J'ai saisi 2 colis argent adressés à Mohammed, et mis aussi saisie sur sa caravane, — pour la somme qu'il me doit.

— Encore une fois, plaignez-vous au Roi *pour le paiement.* Amitiés à M. Zimmermann. Je vous salue sincèrement.

RIMBAUD.

— On a poussé ici l'ivoire jusqu'à Th. 98 les 17 kilog[ramm]es, mais c'était *pour faire marcher Brémond,* qui a

été forcé de payer à ce prix l'ivoire du Ras. M. Brémond ne sera certes pas enchanté de ce qu'on lui a fait voir sur le marché du Harar, et il aura aussi de grandes difficultés à faire partir sa caravane de Geldessey. Pour moi je considère son établissement ici comme complètement impossible. La place est très mauvaise pour ceux qui, comme lui, veulent *beaucoup gagner à peu travailler.* C'est exactement le contraire ici, donc je pense qu'il a déjà abandonné toute idée de faire du commerce ici. — À propos de Zébad, il a acheté une quantité à Th. 2, et il cherche à le revendre Th. 1 1/2 sur place, sans pouvoir cependant trouver d'acheteurs.

Enfin vous allez le posséder de nouveau, je lui souhaite toute chance possible.

Le Dedjaz[match]e est parti le 3 de Zeilah pour Massaouah, Naples et Rome. Les 24 coups de canon tirés en son honneur à sa montée à bord lui ont occasionné une crise stomacale aiguë qui s'est répercutée sur toute sa suite.

Ayez la bonté de faire remettre à M. Savouré *les 4 lettres* ci-incluses. Je suis trop pressé pour lui écrire, et d'ailleurs rien de bon à lui dire. Sa caravane part incessamment de Geldessey pour Djibouti. DITES-LUI AUSSI DE NE RIEN ENVOYER ICI SANS SAUF-CONDUIT DU ROI POUR LA DOUANE, on a estimé à Th. 995 les droits sur ses derniers ivoires, sans toutefois les exiger, la question étant réservée au retour du Dedj[atch].

Bien à vous

R[IM]B[AU]D.

DÉCLARATION

Je reconnais qu'il est passé à ce jour à la douane du Harar une certaine quantité de marchandises, venues du Choa, au nom de M. Savouré, et les droits de douane sur lesdites ont été évalués ainsi, sans que pouvoir d'exiger lesdits soit produit.

Entrée 65 fraslehs Hararis ivoire			Th. 494
Sortie d⁰ d⁰ d⁰			Th. 370, 8 P.
Entrée 550 onces Zébad			Th. 93,11
Sortie d⁰ d⁰ d⁰			Th. 29, 5
Droits entrée 4 balassiés [1]			———, 8
Sortie 11 chameaux à P. 12			Th. 7,15
Total			Th. 995,13

Il est passé également une q[uanti]té de 17 colis ivoire au nom de M. Ilg, et les droits sur lesdits ont été évalués ainsi :

Entrée 22 fraslehs ivoire entier			Th. 167,13
Sortie d⁰ d⁰ d⁰			Th. 125,13
Sortie 4 chameaux à 12 P.			Th. 2,16
Total			Th. 296, 8

Il n'a rien été perçu ni payé de ces droits.

Harar, le 13 août 1889.

RIMBAUD.

RIMBAUD À ILG

B 26/10.   Harar, 26 août 1889.

Mon cher Monsieur Ilg,

Nos 24 chameaux sont partis hier et demain partent pour les rejoindre Waldé Tadik et l'abban Hussein. Je compte qu'ils seront au Hérer vers le 4 septembre, et à l'Haouache vers le 20 septembre. — Comme dit, le loyer des chameaux a été fixé à Th. 9, plus Th. 1 pour la nourriture, soit total Th. 10. — J'ai avancé ici le Thalari de la nourriture et Th. 5 sur le loyer, de sorte qu'il reste à payer à Farré Th. 4 par 24 chameaux, soit Th. 96, que j'ai remis à Waldé Tadik. Comme j'ai aussi promis à l'abban 1 thaler par chameau, et que je lui en ai avancé 14 ici, il reste à lui payer Th. 10 à l'arrivée à Farré, si son service a été convenable. Ces Th. 10 je les ai aussi donnés à W. Tadik. Je lui ai en outre remis Th. 14 en plus pour frais éventuels en route et à l'Haouache. Donc il a reçu

de moi TH. 120 qui doivent amplement suffire *à tous* les
frais de l'expéd[iti]on jusqu'à Farré. Car je l'ai aussi
pourvu de 2 pièces de Wilayeti ¹, 1 pièce Abouguèdid ²,
3 pièces toile noire, et une cargaison de tabac, ainsi que
2 silitchas ³ de Dourgoche ⁴, 1 guerbe ⁵ beurre, sel,
cordes, quinine, casseroles, etc., etc. — Donc personne
n'a rien à vous réclamer là-haut.

Vous recevrez en avance les factures de la marchandise
par le courrier exprès parti le 24 et destiné à l'azzage.
Ne vous effrayez pas de la somme, les m[archand]ises sont
des objets de consommation dont vous vous débarras-
serez facilement.

Si j'avais des choses plus légères et de plus de valeur,
je vous les enverrais en courrier comme j'ai fait des
soieries par les ânes de M. Savouré.

Encore une fois, je vous avertis que le Zébad est
tombé ici à Th. 1 ½, et qu'il descendra peut-être plus
bas encore.

L'ivoire redescendra à Th. 90 après le départ de Bré-
mond que j'espère prochain.

L'or est toujours une excellente ma[rchand]ise à cause
de l'absence des frais de transport, de manut[enti]on,
de douane, de déchet, etc., etc.

Je vous conseillerais de prendre du Roi votre paiement
en or, si vous ne pouvez le prendre en ivoire. Ce serait
une très bonne manière de *vous procurer des fonds* en
l'envoyant rapidement vendre ici.

Car il faut enfin se rendre à la réalité, et votre domes-
tique vous dira aussi bien que moi ce qu'il en est des
paiements ici. *On ne veut pas et on ne peut pas vous payer,*
du moins à présent, pas plus qu'on ne paie n'importe
qui, par la raison que le Roi a fait demander de ce
malheureux pays une nouvelle et formidable contri-
bution extraordinaire! Il a demandé cent mille thalaris,
ce qui est tout à fait impossible. Comment payer cette
somme aujourd'hui, et dans trois mois payer l'impôt
annuel régulier? L'épizootie a tout détruit ici, la récolte
café est nulle, la récolte dourah ⁶ médiocre, les paysans
écrasés par les réquisitions de tous genres de la horde
d'affamés apportée par le Dedjatche à son retour! Je
ne crois pas qu'ils puissent ramasser plus de Th. 20 000,
à force d'extorsions, — et ces extorsions se sont déjà
pratiquées sur nous-mêmes! Tous les Européens ici ont

été condamnés à payer leur part de ce guèbeur[1]. Ma
part est de TH. 200! J'ai payé hier Th. 100, et dans la
huitaine on m'extorquera les 100 autres! Et il a fallu
que je paie en thalaris, on ne m'a pas permis de virer
la somme à votre crédit ou à celui de M. Savouré. Et
tous les mois je paie environ 400 thalaris de douanes, et
un loyer annuel de Th. 100! — Avant que ceci vous
parvienne j'écrirai *Abièté* au Roi, et les autres feront de
même, — et j'informerai nos consuls à Obock et Aden
des procédés de l'autorité abyssine à notre égard, tandis
que nous avons la bêtise d'ouvrir des ports francs[2], et
de faire toutes sortes de faveurs et de politesses à ces
ladres.

Votre domestique vous dira (et Guabri aussi), que
j'ai cherché de toutes les manières à arracher quelques
lambeaux de votre paiement, même en plaçant à votre
crédit les droits de douane que je paie. Mais en ce
moment ils semblent plongés dans un délire effroyable et
toutes les cochonneries sont bonnes à nos choums pour
gratter des thalaris de cette population affolée! Jamais
je n'ai vu la situation aussi misérable ici. — Dans les
conditions actuelles, accepter au Choa d'être *payé au
Harar* équivaudrait à *remettre indéfiniment le paiement,* et
c'est bien je crois ce qu'a pensé celui qui vous a envoyé
vous payer ici! Il n'y a pas un sou à trouver ici avant
janvier, époque du tribut annuel, et au Choa non seule-
ment on veut recevoir la totalité de l'impôt régulier en
son temps, mais on veut en autres temps occuper le
pays à ramasser des impôts extraordinaires, et en tout
temps on envoie un défilé interminable de créanciers se
payer ici sur des recettes qu'on refuse d'attribuer au
paiement de ces créances! C'est une comédie qui est à
présent devenue atroce, même pour nous ici à qui on
va commencer à faire gober des bouillons de 200 tha-
laris à la fois! — Nous voici passés *Gabares*[3], c'est
intolérable, et si ça s'accentue, et que le Roi ne nous
exempte pas de ces corvées, nous n'y tiendrons pas
longtemps.

En somme il sera toujours bien plus rapide et plus
facile d'obtenir du Roi, en m[archand]ises quelconques,
ivoire ou or, le paiement de votre créance, que d'en-
voyer le toucher ici. — Je désespère même absolument
d'en finir avec le compte Savouré, — et il y a déjà eu

une perte de plus de 300 thalaris sur le change des derniers 10 000 thalaris de piastres!

Vous aurez toujours ici la facilité de liquider ces m[archand]ises, et de rapporter au Choa des fonds que vous ferez travailler et renverrez ici, etc., etc.

Finissez-en donc avec le Roi. — Dans l'intervalle je trouverai toujours bien le moyen d'appliquer ici quelque chose à votre crédit.

Bien à vous

RIMBAUD.

SAVOURÉ À RIMBAUD

Korikaté, le 27 août 1889.

Mon cher Monsieur Rimbaud,

Me voici en route après avoir bien reçu vos deux envois conformes ; *six mille* th. par Tessamma et *8 000* par Bendjoo. Ce dernier s'est amusé à rester 15 jours à l'Awash, c'est ce qui m'a retardé pour le départ. De plus il a fait des dépenses excessives, de sorte que je l'ai mis à la porte. Tessamma au contraire est arrivé un mois avant mon départ et lui seul m'a fait les voyages économiques.

Je voulais vous écrire longuement mais Ibrahim, le courrier de l'Azage, veut rejoindre Mohamet Aboubakr qui est parti ce matin d'ici et me presse. Je le ferai donc de la côte.

Je vous ai obtenu et vous adresse ci-joint un ordre du Roi pour Tessamma Mekbeb. Il n'est pas aussi péremptoire que je l'aurais voulu ni que vous le demandez, mais vous ne pouvez croire ce qu'il m'a coûté de peine à obtenir sans compter un voyage à Entotto entre deux eaux.

Le plateau est un lac et la pluie n'y décesse pas.

Le Roi m'a commandé à nouveau 5 000 fusils. Mais je ne veux pas en faire tant à la fois. Il donne 18 th. sans cartouches. Si cela vous va, il y a place pour vous, nous pouvons faire ensemble tout ou partie de l'affaire.

Il est possible d'envoyer par messagers comme Brémond l'a fait et quoique le prix soit bas, la marge est encore bonne.

Nous en causerons dans nos prochaines lettres.

Quant à l'argent, il y en a beaucoup entre les mains de Ilg, et pas beaucoup de march[andi]ses. Suivant les nouvelles que me donnera Ilg, je vous demanderai de lui expédier le

[1889] ...s, ou s'il n'a pas de march[andi]ses
...rez une traite sur Tian.
solde d'... avant de rien faire. — Je compte
en vue ...erez le nécessaire comme par le passé
Atte...te ces recouvrements. Ibrahim m'a servi
seule...ontent de lui. Veuillez *lui donner dix th.* à
pour f...
de gui...e demander pour lui à Tessamma Mekbeb
mon ...ner une garde d'un ou deux hommes jusqu'à
de l... son retour.
Je ...
Her... à Tessamma beaucoup de compliments d'usage
...e l'oublierai pas à mon retour, s'il fait son possible
et c... vite le règlement.
Po...te je vous serre amicalement la main.

                                                A. SAVOURÉ.

...ce courrier ne m'est arrivé qu'à l'Awash, je vous
...rai de Djibouti pour les comptes.
...lg a tous mes pouvoirs pour finir les affaires du Choa.

RIMBAUD À ILG

Par Ibrahim.   Harar, 7 [septembre] 1889.

Mon cher Monsieur Ilg,

Je vous confirme mon dernier courrier " par Akader "
qui a dû vous parvenir à présent, contenant facture à 81
colis m[archand]ises valeur, rendu au Choa, Th. 1 987, 375,
m[archand]ises formant charge à 24 chameaux confiés à
vos deux domestiques, qui ont également reçu de moi
une somme plus que suffisante pour paiement de tous
frais en route et à l'arrivée. Je crois que ces m[archan-
d]ises vous arriveront à Farré peu de jours après ce cour-
rier-ci.

M. Savouré m'a écrit de Koricati-Hérer à la date du
27 août, et je le suppose à présent arrivé à Djibouti. Il
m'avertit que vous avez tous les pouvoirs pour la liqui-
dation de son affaire au Choa, mais que, suivant les nou-
velles que vous lui donnerez, il verra s'il doit me
demander de vous expédier le solde du paiement, ou de

le lui remettre à lui me[...]
nera donc ses directions [...]

Mon dernier courrier [...]
votre enveloppe, quatre lett[...]den il me don-
pouvez me les renvoyer, je fe[...]

Mohammed s'est séparé de [...]ntenait dans
est entré ici pour délivrer ses m[a]uré. Vous
en douane. Il va, dit-il, descendre à la[...]. Hérer et
M. Bortoli, l'associé de M. Brémo[...]questrées
pour Djibouti avec la caravane des m[a]être avec
tées ici par les deux associés, tandis qu[...]el part
monte au Choa. [...]s ache-
[...]mond

— Depuis les Th. 1 000 que je vous ai en[...]
Engadda, je n'ai absolument rien pu arracher de [...] par
pour votre compte, malgré mes nombreuses dé[...]sse
et protestations, et la lecture de ce qui suit vous fe[...] v[...]
comprendre le pourquoi.

Le roi Ménélik (qui lui a donné cette maudite idée!)
a écrit ici il y a environ un mois de lui ramasser ici un
impôt extraordinaire de *cent mille thalaris!* — Il aurait
enjoint d'extorquer cette somme par toutes les voies
possibles, et il a même ajouté d'emprunter des Euro-
péens en promettant de rendre sur les fonds que doit
ou ne doit pas apporter le D[edjatche] Mokkonnène. —
Depuis l'arrivée de l'ordre, nous assistons ici à un spec-
tacle dont le pays n'a jamais été témoin, ni du temps des
émirs, ni du temps des Turcs, une tyrannie horrible,
odieuse, qui doit déshonorer pour longtemps le nom des
Amara en général dans toutes ces régions, sur toutes les
côtes, — déshonneur qui rejaillira certainement sur le
nom du Roi.

Depuis un mois on séquestre, bâtonne, dépossède,
emprisonne, les gens de la ville, pour leur extorquer le
plus possible de la somme demandée. Chaque habitant a
déjà payé trois ou quatre fois dans ce délai. Tous les
Européens, assimilés aux musulmans, sont englobés
dans cet impôt. On m'a demandé Th. 200 dont j'ai payé
la moitié, et je crains qu'on ne m'extorque les autres
Th. 100, quoiqu'on m'ait aussi forcé de prêter de l'ar-
gent, Th. 4 000, de la manière la plus arbitraire, la plus
brigantesque, — incident qui fait le sujet de la réclama-
tion ci-jointe que vous m'obligerez infiniment de pré-
senter au Roi de ma part. — Je vous demande toujours

quelque service, et je regrette fort de n'avoir pas occasion de vous le rendre, mais enfin croyez-moi ici votre dévoué, et en cas de besoin sachez-moi tout à votre disposition.

Donc vers la fin du mois d'août, quelques jours après avoir payé le guibeur de Th. 100, je recevais de Zeilah un envoi de M. Tian de Th. 10 000 en quatre caisses. À l'arrivée des chameaux en douane, comme je me disposais à prendre livraison, un calatié¹ de la femme de Mekonnène et de Tessamma ordonnait au douanier de saisir le tout. J'essayai de protester, on refusa de me voir ni de me parler au guébi, ni de m'expliquer de quelle manière on saisissait la somme, à titre d'emprunt ou autrement. Ce n'est que grâce à l'intervention énergique de Monseigneur Taurin que je pus, le lendemain, obtenir livraison des 4 caisses. Monseigneur leur expliqua qu'un pareil acte de brigandage exposerait probablement à des représailles sur la personne et les biens du D[edjatche] Mekonene sur la côte ou en Europe, car je m'apprêtais déjà à expédier un courrier au consulat d'Aden, avec prière de télégraphier à l'ambassade à Rome, et de saisir l'affaire diplomatiquement et judiciairement.

Cependant *on me força de prêter* une somme de quatre mille thalaris, pour laquelle j'obtins à grand'peine un reçu avec oblig[ati]on de remboursement au retour du Dedjazmatche!

Au même moment arrivaient des fonds à divers autres Européens, en quantités moindres, et on leur faisait la même opération, *empruntant* à chacun d'eux des 500, des 600, des 300 thalaris, sans donner de reçus, de garanties, ni de délais de remboursement!

Les soldats anglais qui accompagnent les fonds jusqu'ici sont repartis porter à Zeilah et ailleurs la nouvelle de ces faits, — et l'effet en sera énorme sur la côte, joint au récit des extorsions pratiquées sur les indigènes. Je crains fort que cela ne décourage absolument mes patrons à Aden, quoique je ne leur aie pas dépeint si mal l'incident.

D'ailleurs ce prêt me gênait beaucoup, car ces Th. 4 000 auraient changé les dernières piastres et remboursé le café que j'ai touché pour M. Savouré, pour environ cette valeur.

J'ai essayé de retenir ladite somme en ma caisse en

offrant des bons l'un de Th. 3 000 pour Savouré, l'autre
de Th. 1 000 pour vous, mais ces chiens aux abois ont
exigé de moi paiement au comptant, — et j'ai payé.

Dans cette situation vous voyez qu'il m'est impos-
sible, *momentanément,* de rien obtenir pour vos deux
comptes. Au lieu de payer, ils volent! — Toutes les
recettes possibles sont exclusivement reportées au total
de l'imposition. Le café de la douane se vend aussi au
comptant, pour pouvoir en expédier la valeur en tha-
laris! La situation est abominable! Et malgré ses
demandes insensées de Th. 100 000, le Roi envoie tous
les jours de nouveaux créanciers se payer ici! Encore
récemment Mohammed avec une traite du Roi de
quelques milliers de thalaris! Et, *au lieu de le payer, on lui
a* EMPRUNTÉ deux paquets d'argent qu'il avait en douane,
où je les avais fait arrêter, au nom de ma créance, à leur
arrivée de Djibouti ici il y a deux mois!

Et avec toutes ces extorsions, je doute qu'on puisse
ramasser plus d'une trentaine de mille thalaris, qu'on
doit expédier dans quelques jours par les gabares via
Tchertcher. La situation est en effet fort triste dans le
pays : l'épizootie a tout détruit, la récolte café est mau-
vaise, l'importation est très faible cette année, — et
enfin il faut considérer qu'il y a à peine quatre mois que
le tribut annuel s'est soldé, et cela va recommencer dans
trois mois! — Et les dettes de la caisse du Harar gros-
sissent continuellement, et les demandes du Roi de
même! — Nous craignons un pillage général.

Il faudrait que quelqu'un pût faire comprendre au
Roi le tort que lui porte la conduite de ses gens ici.
L'endroit est très voisin de la côte, la population en
relations continuelles avec les administrés des divers
gouvernements dans le golfe d'Aden et aux environs,
les sujets étrangers même sont nombreux ici, il y a une
q[uanti]té d'indigènes ici protégés ou sujets français,
anglais, italiens, ottomans. Partout à la côte à présent,
chez les Bédouins, les pauvres, les négociants, les
consuls, les résidents, les officiers, on s'entretient de ce
qui se passe au Harar, où l'on fait carrément main basse
sur les caisses des négociants européens agents des mai-
sons d'Aden, où l'on arrache les habitants de leurs
domiciles à minuit pour leur faire suer quelques thalaris
sous menaces de la mort par le Giraf[1]. Il n'y a pas à

craindre de révoltes ici, avec une population absolument désarmée, et réduite d'ailleurs à l'impuissance par ses propres intérêts, mais l'effet moral à l'intérieur et à l'extérieur sera plus pernicieux pour les Amara qu'une révolte quelconque des indigènes.

Pour moi je ferai tout mon possible pour qu'on sache chez nos agents politiques et nos négociants la manière dont nous sommes vilipendés ici, — mais je doute cependant qu'ils renoncent à leur politique de complaisance!

Que puis-je vous dire encore, cher monsieur, au milieu de ces lugubres préoccupations? Rendez-moi le service, très réel, je le répète, de voir que la réclam[ati]on ci-jointe soit remise au Roi, et traduite, par Gabriel ou un autre, de manière fidèle, — et complétez la bonne œuvre en rappelant au Roi de me coller un *mellèche* autrement dit réponse, qui, j'espère, me fera respecter des bandits d'ici. Vous voyez que mon épître a un post-scriptum qui vous concerne. Dans l'expectative, je compte toujours toucher quelque chose pour vous, en m[archand]ises, ou même en piastres (que je n'accepterai que dans la certitude de les changer sans perte). Quant au compte de M. Savouré, je le finirai par force, c'est le cas de le dire, vous n'avez pas idée des grimaces, des cris, des comédies qu'il me faut exécuter pour décrocher quelques centaines de thalaris, ou plutôt l'apparence, car des *vrais thalaris,* on ne m'en fait pas souvent voir! Quand vous verrez Brémond, il fera peut-être le matador en vous parlant de sa tenue ici, mais soyez sûr qu'il gardera le souvenir le plus amer des caisses et des douanes du Harar, et qu'il ne retournera plus ici. D'ailleurs de Th. 9 000 que le Dedj[atche] lui doit, on ne lui a pas payé Th. 3 000 en quatre mois.

Mais, pour le moment, il faut laisser passer la bourrasque de l'impôt royal. D'ailleurs la question est réglée. On ne peut trouver plus d'une trentaine de mille thalaris, et on est obligé d'abandonner l'opération. — On va envoyer ce qu'on a trouvé, et laisser le pays tranquille. — Qu'on envoie, et que le diable emporte!

— Tout cela me décourage fort, et, si cela continue, il m'est impossible d'y tenir. Comment exister ici avec la perspective d'avoir sa caisse violée de jour en jour, d'être forcé de prêter de l'argent à un gouv[erneme]nt qui

vous en doit, etc., etc. Je demande du Roi une lettre
de protection, me permettant de commercer librement,
tout en payant les droits du pays. Mais je désire me tenir
prêt à liquider, et pour le moment, je cherche à placer
le peu de m[archand]ises d'import[ati]on qui me restent,
et à faire rentrer les crédits. Veuillez donc faire votre
possible pour me renvoyer vers la fin de l'année, ou
au plus tard jusqu'en février 90, la valeur des m[archand]ises que je vous ai envoyées. — Si je vous envoie
quelque chose, ce ne seront que des articles de défaite
immédiate.

*Encore une fois, pour toutes les m[archand]ises que
vous enverrez ici, faites les suivre d'un laissez-passer
du Roi,* autrement vous *aurez des histoires terribles à la
douane d'ici,* on évaluera les droits, sans les faire
payer actuellement, mais tôt ou tard vous verrez arriver
cela en compte. Donc que vos m[archand]ises me soient
adressées *censément en transit,* et avec la passe royale elles
entreront et sortiront sans frais. Autrement l'ivoire paie
à l'entrée Th. 8, et à la sortie (fût-ce imméd[iate]ment)
Th. 6 par frasleh. Le Zébad paie 10 % à l'entrée, et
2 % à la sortie. L'or ne passe jamais en douane, mais
s'il était découvert, il ne manquerait pas de payer.
Tout cela est absolument absurde, puisque le Harar
fait partie du Choa, et n'est pas une admin[istrati]on
indépendante. Cent fois nous avons expliqué que tous
les droits d'entrée devraient être complètement abolis,
pour être remplacés par un droit de sortie général de
5 %, qui produirait beaucoup plus, pour cent raisons.

— Le Zébad tombe toujours. Il est à Th. 1 1/2 ici
à présent, mais je n'en voudrais pas à ce prix, les « prospects » en Europe sont déplorables.

— L'ivoire est stationnaire, de Th. 95 à 105 à Aden.

— L'or en anneaux, épuré, à *Th.* 20 *ici.* J'achète.
— J'ai demandé votre acide nitrique il y a une quinzaine
de jours à Aden, — et vos lettres ont été envoyées.

Je mets ceci dans le courrier de l'Azzage.

Au plaisir de vous lire.

                                        RIMBAUD.

RIMBAUD À ILG

Par Ibrahim.

Harar, 12 septembre [18]89.

Mon cher Monsieur Ilg,

Je reçois votre lettre par Serquis qui dit descendre de suite à la côte pour je ne sais quelles affaires.

Je vous confirme ma dernière lettre par ce même courrier (dans une enveloppe bleue), contenant l'épître pour le Roi, que je vous prie encore une fois de vouloir bien faire remettre, en veillant à ce qu'elle soit traduite sérieusement, car je m'y plains d'embarras très sérieux. — Cependant on nous laisse tranquilles depuis quelques jours : on a gratté du pays une trentaine de mille thalaris qui vont au Choa par le Tchertcher, et on est bien forcé d'abandonner le reste. Mais il est probable que ce genre d'impôts extraordinaires va se représenter annuellement, et si nous Européens nous y soumettons sans protester, c'est sur nous que le plus pesant retombera.

Rien d'intéressant en nouvelles, que l'effondrement par collision, dans le port d'Aden, d'un des plus grands vapeurs des messageries, d'où il y a à sortir une q[uanti]té de millions de m[archand]ises. — Le Dedjatch a écrit de Port-Saïd, et avant-hier est arrivé par voie du consulat d'Italie un télégramme de Rome où il annonce qu'il va bien, qu'il se promène, etc., etc. Comme on lui prête l'intention de faire le pèlerinage à Jérusalem, je ne crois pas qu'il soit de retour à Zeilah avant fin octobre.

De nouvelles politiques en général, rien de drôle que la condamnation, par défaut, du général Boulanger à la déportation dans une enceinte fortifiée. — Les Italiens sont plus ou moins établis à Senhit et à l'Asmara, et je crois qu'il va venir à Massaouah quelques milliers d'hommes d'Italie. Je vous enverrai à la première occasion un paquet de journaux, mais c'est déjà vieux, et ça vieillira encore bien en route.

Nouvelles commerciales ? — Les prix de l'ivoire se soutiennent partout, après avoir semblé fléchir. C'est un article de confiance, et solide pour toute l'année.

Le Zébad est ici à Th. 1 1/2 et à ce prix il peut encore y
avoir à perdre à Aden même. — J'ai pris mes 2 000 onces
de Mohammed, à Th. 1 1/4, mais j'aurais mieux aimé
autre chose. À présent les naggadiés de retour au Choa
vont rapporter les nouvelles de baisse, et vous retrou-
verez les prix primitifs. À présent, pour gagner quelque
chose, il ne faudrait pas acheter au Choa à plus de
Th. 0.50 ou Th. 0.75 l'once, — pour compter ici sur un
prix de Th. 1.25. — Mais qui peut prévoir les variations
de cet article? Le Keremt passé, il me semble qu'il en
descendra beaucoup à Massaouah, car c'est une m[ar-
chand]ise légère et qui passe toujours.

L'or de bon aloi est très recherché à Aden. J'ai payé
ici Th. 20 des anneaux bons, et je prendrais beaucoup
d'or bon même à ce prix.

Nous avons toujours les cafés à Th. 7 — la hausse
s'est soutenue toute l'année.

— Je compte que vous aurez reçu tous mes envois par
les 2 caravanes Savouré, selon factures du 1er juillet et
du 20 juillet : en tout 14 ballots et caissettes soie brute,
soieries, cretonnes, lainages, perles, objets divers. — Les
soieries étaient des restants de pièces, et ne sont pas
pour le Roi.

Quant à la caravane matads, casseroles et brillés, je la
suppose non loin de l'Haouache à présent. J'ai presque
liquidé ici les 6 000 brillés, et de même des casseroles et
matads, qui sont des m[archand]ises de soldats et se
débitent assez bien.

Vous ne me parlez pas des m[archand]ises expédiées
d'ici à la date du 20 juillet, avec Jean et Bandjo. Je
suppose que vous les aurez cependant bien reçues : ce
sont :

IAS	1 ballot 242 mètres cretonne damas-sée	Valeur totale
AS	1 ballot 150 mètres lainages cou-leur	Th. 361 facture
AS	1 caissette objets divers, ciseaux, cha-pelets, boutons, etc., etc.,	par lettre du 20
AS	1 ballot blok-notes	juillet,
AS	6 ballots perles diverses.	*avec Jean*

Inutile, vous pensez bien, de vous parler de votre
paiement à la caisse du Harar, après le coup dont nous

a frappés Ménélik. Il ne reste pas un thalari disponible.
Il faut de nouveau attendre quelques semaines.

Je suppose M. Savouré arrivé à Aden à présent. Rien
reçu à son compte depuis longtemps, sauf hier quelques
fraslehs de café qu'on a même essayé de me faire payer
par force, après qu'il était entendu que l'on me les don-
nait pour le compte Savouré!

Ils ne donnent même pas de piastres, ils préfèrent
changer à perte pour expédier les thalaris.

Mais à la fin de l'année, au paiement de l'impôt, les
choses se modifieront, et on trouvera ici quelque
argent.

En attendant, je vous salue sincèrement. Bonjour à
M. Zimmermann

RIMBAUD.

RIMBAUD À ILG

César Tian   Harar, 13 septembre [18]89.
Aden (Arabic)

Maison à Hodeydah
(Mer Rouge)

Mon cher M[onsieu]r Ilg,

Le courrier Ibrahim semble se décider à partir : il
tient *déjà 2 lettres de moi* à votre adresse, et celle-ci fait
la *troisième*. Je confie le tout à Ato Michael, ça vous arri-
vera donc via Azzage.

Avec quelques chameaux de m[archand]ises qu'expédie
d'ici Mohammed au Choa, on envoie une douzaine de
caisses *brillés* que le Roi avait commandés à *Moussaïa* il
y a deux ans, et qu'il avait enfin reçus ici dernièrement.
Je ne crois pas que ces *brillés* arrivent au Choa avant
deux mois, donc les miens (10 caisses) vous seront déjà
parvenus. D'ailleurs les miens, par leur solidité et leur
élégance (!) défient absolument toute concurrence. Ceux
de Moussaïa sont, je le répète, destinés au Roi, mais les
miens sont bien préférables pour la consommation. —
Moussaïa n'en a pas d'autres, et personne ici ne tient,
ou ne doit porter, de cet article.

— Serquis part après-demain en tournée diplomatique à Obock, Djibouti, Zeilah, Aden, etc., etc., que diable l'envoie-t-on chercher par là.

Ci-joint une lettre de Monseigneur Taurin pour le Père Joachim, que veuillez saluer de ma part. — Un mot pour Gabriel l'interprète. — Et une lettre pour M. Mardiros Megreditchan.

Bien à vous

RIMBAUD.

ILG À RIMBAUD

Aïb-Amba, le 10 septembre 1889.

Mon cher Monsieur Rimbaud,

J'espère que vous ayez reçu mes lettres du 28 juin avec les marchandises et du 21 août par Serkis et je vous confirme votre dernière lettre du 20 juillet et l'envoi des marchandises, qui sont encore à Ankober et que je verrai dans quelques jours étant obligé d'y aller. Mon domestique m'écrit que l'eau de l'Hawash est rentrée un peu mais qu'il y a peu d'avarié.

En réponse à votre lettre du 1er juillet, je crois que nous pourrons vendre les birillis, envoyez-m'en 2 000, au besoin je les ferai transporter vers l'intérieur, Decran ayant porté pas mal et bazardant à Ankober et Entotto.

. . . .

Ce qui nous embarrasse toujours le plus, c'est la question des thalers, ils ne veulent accepter que les très bons et j'en ai en masse de mauvais qu'il n'y a pas moyen de changer. [...] Réfléchissez s'il n'y a pas moyen de ramasser de mauvais thalers et de les faire rebattre, [...] j'ignore le prix du frappage [...]

Comme je vous ai écrit, l'empereur m'a fait une commande sur les échantillons (Bardey) que vous m'avez donnés. Voilà ce qu'il désire : [...]

Ankober, le 16 septembre 1889.

Je viens de faire la visite du fameux bazar que vous venez de m'envoyer, on dirait que vous avez envie de me faire confisquer mes quatre sous, c'est assez la mode aujourd'hui. Faire la propagande avec des chapelets, croix, christs, etc., au moment où Sa Majesté donne l'ordre formel au Rév[érend]

Père Joachim de retourner à Harar, c'est plus dangereux qu'un voyage dans le désert. Pour le moment, je n'oserais pas même faire cadeau de vos objets, les Abyssins me prendraient facilement pour un capucin déguisé. Vos fameuses perles Decran et Cie, vous auriez mieux fait de tirer aux francolins avec, cela vous aurait rapporté plus que de les faire bazarder à quelques centaines de lieues de Harar. On dirait que la maladie bazardique de M. Brémond est épidémique, et vous y êtes pris jusqu'au cou. Vendre des blocs-notes à 2 ½ pour un thaler à des gens qui ne savent pas écrire et qui ne connaissent pas même les usages secrets de pareils instruments, c'est vraiment trop demand[er]. C'est bien dommage que vous n'ayez pas quelques centaines de nacres sculptées et des tire-bottes à m'envoyer. Enfin je verrai ce que je puis faire de vos échantillons de bric-à-brac et je vous communiquerai le résultat [en] son temps.

. . . .

Et à présent, mon cher Monsieur Rimbaud, soyez sage et envoyez-moi des choses vendables, autrement je vous renvoie vos bric-à-brac, à vos risques et périls, frais et quelque tonnerre de Dieu.

Écrivez-moi le plus souvent, recevez mes meilleures salutations, ainsi que ce[lles] de M. Zimmermann, et ne me fichez plus des histoires comme celle du fameux salisseur de vos nattes.

Votre bien dévoué,
ALFRED ILG ING.

Je vous envoie 10 lettres : pour Antonelli, Tessama Mekbeb, Appenzeller, Pino, Bidault, Mgr. Taurin (2 lettres), Dedjaz Meconen, Mussaia, Savouré, et les échantillons de soieries ci-inclus.

RIMBAUD À ILG

César Tian   Harar, le 18 septembre [18]89.
  Aden (Arabie)
Maison à Hodeydah
  (Mer Rouge)

Mon cher M[onsieu]r Ilg,

La présente par M. Brémond.

Le courrier Ibrahim, qui vous arrivera en même temps que M. Brémond, tient trois lettres de moi pour

vous, l'une d'elles contenant une réclamation urgente
au Roi, pour une somme de Th. 4 000 que l'on m'a
EMPRUNTÉS PAR FORCE au guébi, pour les envoyer au
Roi, sous prétexte de me les rendre sur les fonds que
doit rapporter Antonelli, ou plutôt le D[edjatche] Moko-
nène, car je doute qu'Antonelli revienne. — Ci-joint
une autre épître au Roi confirmant la première, ayez
l'extrême obligeance de la faire parvenir.

Rien d'intéressant. On envoie d'ici une quarantaine de
mille thalaris au Roi, ramassés à force d'injustices et de
misères, dont nous avons eu notre part! Nous sommes
ici aux mains des bandits. — Comment cela finira-t-il?

Le D[edjatche] Mokonène se promène en Italie. On
va vous expédier à Ankober l'émir Abdullahi[1]. — Tout
le monde nous dit ici que le D[edjatche] Mokonène
sera remplacé, vous nous intéresseriez beaucoup en nous
disant sur qui le choix semble devoir se porter. — Ici
on nous laisse dans l'ignorance la plus complète, c'est
très gênant.

Les Italiens se fortifient à l'Asmara et à Kéren, je crois
qu'ils recevront quelques renforts à présent.

Je n'ai pas encore reçu de réponse pour votre acide.
Je le suppose à Zeilah.

Bien à vous

                                        RIMBAUD.

P.-S. — Dans tout cela ne pas vous étonner de ne
pas trouver mention de votre paiement. On vole à pré-
sent ici, on ne paie pas.

                                        RB.

MÉNÉLIK II À RIMBAUD

*Sceau : Il a vaincu, le lion de la tribu de Juda. Ménélik II,
Élu du Seigneur, Roi des Rois d'Éthiopie.*

Parvienne à Monsieur Rimbaud.

Je t'adresse mon salut.

La lettre que tu m'as anvoyée de Harar, le 4e mois, 6e jour,
l'an 1889, m'est parvenue. Je l'ai lue en entier. Dedjaz Makon-
nen va rentrer en toute hâte. Il est chargé de régler toutes

les affaires du Harar. Il vaut mieux que tu t'entendes avec lui. Si, d'ailleurs, il ne m'en parlait pas, je lui en parlerais. Si tu as prêté de l'argent en mon nom aux fonctionnaires de Harar, tu n'as qu'à montrer tes papiers au dedjazmatch, qui te payera.

Pour ce qui est du prix des marchandises de M. Savouré, nous en parlerons avec M. Ilg.

Le 5 teqemt[1]. Écrit dans la ville d'Entotto.

RIMBAUD À ILG

César Tian
Aden (Arabie)
Maison à Hodeydah
(Mer Rouge)

B 13/Nov.   Harar, le 7 octobre 1889.

Mon cher Monsieur Ilg,

J'ai parfaitement reçu vos deux lettres conjointes d'Aibamba 10 septembre et Ankober 16 septembre comme j'avais bien reçu toutes vos précédentes. Je vous confirme ma lettre par un « Akader » laquelle contenait les comptes de la caravane de casseroles, ladite lettre devait être incluse dans un courrier de l'Azzage. Ensuite j'ai donné une lettre à vos deux hommes marchant avec la caravane. Enfin trois lettres par le dernier courrier de l'Azzage par "Ibrahim" et une dernière lettre par Brémond. — Je suppose tout cela en vos mains actuellement.

Néanmoins je vous renvoie ci-joint duplicata facture casseroles. Je suppose cette caravane rendue devers vous à présent, et j'aime à penser que vos hommes ne sont pas morts en route.

Vous demandez des brillés, vous voilà servi. J'espère que vous aurez un bénéfice. Ici j'ai absolument liquidé tous les 6 000. Il ne m'en reste plus du tout, l'article était fort bon et ne craint aucune concurrence.

Pour les m[archand]ises que je vous ai envoyées avec Jean, vos observations sont *all right*. Mais enfin du total de la vente de tout ce bric-à-brac j'ose malgré tout vous augurer quelque profit. Les perles gros n[umér]os sont bonnes pour Lekka, etc., etc. — Encore un peu je vous

donnerais d'ici des leçons de géographie commerciale
éthiopienne.

J'ai délivré vos lettres pour le Harar, et j'achemine
demain ou après celles pour outre-mer.

Pas encore reçu de lettres de M. Savouré, que fiche-t-il
à Aden, mais enfin je compte avoir de ses nouvelles dans
quelques jours, et je vous les communiquerai probable-
ment par ce courrier, car vous aurez remarqué par mes
précédentes que les courriers d'ici pour le Choa ne
partent que longtemps après l'annonce de leur départ
immédiat, et l'on a le temps, dans les lettres, d'accumuler
les paragraphes les plus excentriques, les coups de
théâtre et les racontars les plus contradictoires.

Ainsi par mes dernières je vous annonçais, et même en
termes énergiques, le marasme de votre paiement ici.
Il y avait, hélas, des motifs sérieux à cela, et je vous les ai
explanés *(sic)*. Il y a eu ensuite un dernier accroc aux
caisses du Hararghé[1] : la paie de la troupe à la fin de
l'année! et cependant, par le reçu copié ci-joint, vous
voyez que j'ai réussi à décrocher Th. 755 à votre compte,
en café à Th. 7, quoique le prix de la place soit Th. 6,75
seulement : mais enfin je me le suis appliqué. Je compte
toucher dans deux jours quelques centaines de thalaris
encore à votre compte, en café naturellement, car si je
ne me résigne pas à prendre des m[archand]ises à prix
surfait ou des piastres à perte, je n'ai qu'à aller me cou-
cher. Pour toucher des thalaris ici dans les cond[iti]ons
actuelles, il faudrait étrangler les caissiers et enfoncer les
caisses, et j'hésite à le faire.

Enfin à force de grognements et de grimaces, ce
compte-là aussi vous sera réglé, j'espère, mais il y a bien
des moments aussi où je désespère. — La cause unique,
vous le pensez bien, de tous ces retards est dans les
réquisitions exaspérées du Roi lui-même.

Ci-joint une collection d'entrefilets concernant la mis-
sion Choane. Je vous enverrai tout ce que je recevrai
encore dans ce genre. Je les suppose partis d'Italie à
présent, et en route pour Jérusalem, Bethléem, Sodome
et Gomorrhe — car je ne pense pas qu'ils ratent l'occa-
sion de visiter les Lieux saints. On persiste à dire qu'ils
ne repasseront pas à Aden, qu'ils ont déjà dédaigné de
visiter à l'aller. Enfin dans quelques jours on envoie
quelques Wotadères[2] à la côte pour les recevoir.

Ma bienvenue au Dedjatch sera la présentation de vos comptes arriérés, — et aussi la traite des Th. 4 000 qu'on m'a forcé à prêter. — Espérons-le fourni et disposé à lâcher. — Il y aura encore là de sales moments à passer !

— Encore une fois, pour les m[archand]ises d'exportation que vous enverrez par ici, il est indispensable que vous ayez un laissez-passer du Roi, ou bien elles paieront l'entrée 8 % — et pour le Zébad et l'ivoire il y a aussi un droit de sortie pour le premier article de 2 1/2 % et pour le second de 6 %.

Par ma lettre du 24 août, je vous annonçais en effet que l'on avait évalué à Th. 300 environ les droits entrée et sortie sur vos 17 colis ivoire, et l'on m'a fait signer une déclaration à ce, sans exiger ladite somme. — Mais j'espère l'histoire enterrée. Quant à l'ivoire il doit être vendu à Aden à présent. Vous feriez bien d'inclure aussi ces 17 colis dans la passe des premières m[archand]ises que vous pourriez envoyer ici. *Quant à de l'or, inutile de vous dire qu'il paierait aussi 8 % s'il était découvert,* donc agissez en conséquence. — Les gens d'ici sont capables de tout. M. Brémond vous en dira des nouvelles. — La spoliation est depuis q[uel]ques temps à l'ordre du jour, et l'avenir de cette contrée prend des perspectives de plus en plus lugubres.

Vous me feriez un plaisir et me rendriez un service en me renseignant autant que vous le pouvez sur ce qu'on pense faire de ce pays-ci. Tout le monde est d'accord pour dire que le D[edjatche] Mekonène ne restera pas, et montera aussitôt son retour. Qu'arrivera-t-il ensuite ici ? on dit que les Gondaris[1] rentreront au Choa, que les gens du D[e]dj[atche] s'en retourneront avec lui, qui restera ici alors ? Le Dedj[atche] sera-t-il remplacé, et par qui ? Il y a quinze jours on a emporté d'ici au Choa l'émir Abdullahi, que diable veut-on en faire là-haut ? — Ici avec mille soldats nous pouvons être tranquilles, mais il faut que la route du Choa soit bien ouverte, ou bien les affaires ici vont mal, et les revenus de la ville diminuent énormément, comme on l'a constaté l'année passée.

9 octobre.

Les soldats qui doivent recevoir le Dedjatch à Zeilah
ne partent point encore. Un courrier arrivé hier d'Aden
avec télégramme d'Italie ne nous annonce point le départ
de l'ambassade, qui était prévu pour fin septembre. Je
les pense cependant partis aujourd'hui.

De ce dernier courrier j'extrais quelques nouveaux
entrefilets sur la mission Choane. — Faites-en votre
profit.

Vous voyez que les extorsions pratiquées sur la ville
du Harar sont connues même en Europe. Si je n'étais
pas établi ici, j'enverrais au *Temps,* à l'occasion de la
mission Choane, des détails intéressants sur la situation
économique de ces pays, sur la manière dont le D[edjatch]
Mekonène paie ses dettes ici, et la manière dont le roi
Ménélik envoie ses créanciers se casser le nez ici!

Mais passons ces ignominies sous silence!

— Le prix de l'ivoire est toujours bon à Aden. Le
Zébad est ici à Th. 1 625 à présent, sans perspective de
hausse. J'ai réussi à me faire donner par Mohammed les
2 000 onces qu'il me devait. Elles sont à Aden à présent.
J'espère qu'elles rencontreront Th. 2. si le marché n'est
pas obstrué. Mais les « prospects » de l'article sont tou-
jours défavorables.

L'ivoire de vos 17 colis IZ s'est vendu à Aden assez
bien. Seulement on me dit qu'il contenait deux grosses
dents *mortes.* Je m'en étais en effet aperçu ici à la pointe
seulement, n'ayant pu déballer.

Encore une fois, pour la réalis[ati]on des m[archand-
d]ises que je vous envoie, je préfère de l'or, et pour l'or
très pur, je maintiens mon offre de Th. 20 l'once, délivré
ici *sans frais,* cela s'entend. — C'est-à-dire qu'il faut bien
se garder de découvrir cet article, on aurait des ennuis
considérables.

— On me donne d'Aden des nouvelles de M. Savouré,
mais il ne m'a pas écrit, ni répondu à mes lettres. Il est
possible qu'il ait envoyé son courrier de Djibouti, mais
de là il ne nous parvient jamais rien, la route restant peu
fréquentée.

À date de ce jour il me reste encore à toucher
Th. 1 932 à son compte de fusils, et tout le compte des

cartouches 160 c[aisses] × 30 th. On n'a jamais su quel est le prix de ces cartouches.

— Hier on avait promis de me peser ce matin cent fraslehs de café moitié à votre compte moitié au c[om]pte Savouré, et ce matin on m'annonce qu'on me les retire pour les coller à un pignoufle quelconque en paiement de clous fournis pour la menuiserie de leur maudit basilique [1].

Et je ne puis, hors cela, arracher un thalari, car tous les revenus, depuis la fin du paiement de la réquisition du Roi, ne suffisent pas à terminer la paie de fin d'année de la troupe.

Donc rien à faire qu'à prendre patience!

Au dernier moment je réussis à reprendre la moitié des susdits 100 fraslehs d'ordure nommée café, et je vous envoie ci-joint copie du reçu donné pour cette belle remise, valeur Th. 350. C'est tout l'effet qu'a produit votre épître au sieur Tessamma Mekbèbe.

J'espère encore rattraper quelques bribes avant de clore ce courrier qui, il me semble, est déjà ouvert de trois jours, par de nombreuses alternatives d'érection et d'aplatissement.

10 octobre.

Pour la commande de soieries, il faut d'abord que vous envoyiez un laissez-passer du Roi pour la douane du Harar, ou bien ces m[archand]ises seront saisies et paieront des droits énormes à l'entrée, quoique présentées au nom du Roi.

Je suis sûr qu'on me fera débourser d'avance les frais de douane, en me promettant de me les restituer, mais on ne les restituerait jamais.

Ce sont tous ces ennuis qui me feront totalement abandonner l'importation ici.

D'ailleurs ne savez-vous pas que le D[edjatch] Mekonène a dû prévenir le Roi de ne plus rien acheter en ce genre, dans l'idée qu'ils vont rapporter d'Italie une cargaison énorme de ces articles gratuitement ou à des prix infimes?

Je verrai encore si je dois oui ou non faire la com-

mande, mais il faudrait en tout cas que je sois libre du
guet-apens de la douane.

Les soieries que je vous ai envoyées étaient le résidu
d'un lot assez considérable qui contenait presque tout
ce que le Roi a commandé. Tout cela a été dispersé ici
sans aucun bénéfice. — La moitié m'a été prise au
Gundja Biète, et *j'ai moi-même payé en droits de douane
capitalisés!*

Selon votre réponse je verrai à agir.

Dans l'intervalle je recevrai peut-être une réponse du
Roi à ma demande de restitution des Th. 4 000 qu'on
m'a si gracieusement extrait des poches ici!

Vous comprendrez qu'en présence de dispositions
pareilles on soit peu disposé à exécuter des commandes
et entrer en nouveaux comptes!

Dans l'attente de vos bonnes nouvelles, croyez-moi
votre dévoué

RIMBAUD.

DUPLICATA*

Doit Alfred Ilg au Choa à Rimbaud au Harar les
m[archand]ises suivantes, à lui expédiées, tous frais
payés d'avance :

Marque ILG

N[umér]os :

1-8	8 balles matads de 0,50, à 20 par balle, total 160,		
	à Th. 1.	Th. 160	«
9-10	2 balles matads de 0,48, à 20 par balle, total 40,		
	à Th. 1	Th. 40	«
11-16	6 balles matads de 0,46, à 25 par balle, total 150,		
	à Th. 0,875	Th. 131,25	
17-22	6 balles matads de 0,44, à 25 par balle, total 150,		
	à Th. 0,875	Th. 131,25	

* [*En haut et à droite de la feuille, Rimbaud a écrit :*] Original
contenu d[an]s courrier envoyé par « Akader » le 24 août [18]89.

23-26	4 balles matads de 0,42, à 28 par balle, total 112,		
		à Th. 0,75	Th. 84 «
27-28	2 balles matads de 0,48, à 20 par balle, total 40,		
		à Th. 1	Th. 40 «
29	1 balle matads de 0,44 à 19 par balle, total 19,		
		à Th. 0,875	Th. 16,625
30	1 balle matads de 0,40 à 30 par balle, total 30,		
		à Th. 0,625	Th. 18,75
Total	30 balles matads divers contenant en tout 701 matads		
		Prix total	Th. 621,875

N[umér]os :

31-38	8 ballots casseroles n[umér]o 35 à 20 par balle total 160		
		à Th. 1,75	
39-42	4 ballots couvercles d⁰ à 40 par balle total 160		Th. 280 «
43-50	7 ballots casseroles n[umér]o 32 à 25 par balle, 1 ballot casseroles d⁰ à 23 *(sic)* par balle total 197		
		à Th. 1,5	
51-54	3 ballots couvercles d⁰ à 50 par ballot, 1 ballot couvercles d⁰ à 47 par ballot total 197		Th. 295,50
55-60	6 ballots casseroles n[umér]o 30 à 30 par balle total 180		
		à Th. 1,25	
61-63	3 ballots couvercles d⁰ à 60 par balle total 180		Th. 225 «
64-67	4 ballots casseroles n[umér]o 28 à 35 par balle total 140		
		à Th. 1.	
68-69	2 ballots couvercles d⁰ à 70 par balle total 140		Th. 140 «

Total   39 ballots casseroles et couvercles,
         total 677 casseroles

                                    Prix total   Th. 940,50
Nos 70-71   2 balles, 40 paquets Djano rouge
            extrafin

                            à Th. 3,50   Th. 140   «
Nos 72-81   10 caisses brillés,
            1 000 brillés à 3 1/2 par thaler   Th. 285   «

En tout 81 colis marqués ILG
Valeur totale thalaris   1 987,375

    Harar, le 24 août 1889.

                                            RIMBAUD.

COPIE
de deux reçus donnés par Rimbaud
à la douane du Harar.

J'ai reçu de la douane du Harar, pour le compte de
M. Ilg avec le roi Ménélik cent sept fraslehs et 17 livres
café à thalers 7 le frasleh. Soit valeur totale Sept cent et
cinquante cinq thalaris (= Th. 755. —)

    Harar, le 27 septembre 1889.

                                    Pour M. Ilg
                                    A. RIMBAUD.

J'ai reçu de la douane du Harar, pour le compte de
M. Ilg avec le roi Ménélik Cinquante fraslehs de café à
Sept thalers. Soit valeur totale Trois cent cinquante
thalaris. (Th. 350.)

    Harar, le 8 octobre 1889.

                                    Pour M. Ilg,
                                    RIMBAUD.

ILG À RIMBAUD

                                    Entotto, le 8 octobre 1889.

    Mon cher M[onsieur] Rimbaud,
    À l'instant, je viens de recevoir vos lettres du 7 août
(vous vouliez dire probablement du 7 septembre), du 12 sep-

tembre et du 13 septembre, avec vos nouvelles foudroyantes.
Je ne puis vous écrire longuement, Elias me disant qu'il
part immédiatement. Pour comble de bonheur, j'ai eu la
veine de me broyer le bras gauche, tombant avec mon
mulet, il y a une quinzaine de jours ; heureusement que je
vais beaucoup mieux aujourd'hui, et je puis espérer de ne
pas en emporter de trop mauvaises suites. Je monterai
cependant chez Sa Majesté et je lui ferai comprendre les
raisons que vous faites valoir. La caravane de matads, etc.,
est toujours à l'Hawash, mais doit franchir dans ces jours.

À propos de caravanes, je dois vous faire un reproche,
c'est celui de ne jamais donner des provisions suffisantes.
Il n'y a pas une seule caravane qui ne soit arrivée affamée
et sans que tous les domestiques soient dans un état déplo-
rable, et tout le monde se plaint de vous bien amèrement.
Il ne vaut pas la peine, pour économiser quelques thalers
pour les provisions, d'avoir tous les domestiques malades
et éreintés pour quelques mois. De même pour les charges
des chameaux. Dans votre expédition de baudets avec les
soieries, cretonnes, etc., j'ai été obligé de payer 6 th. pour
le transport des 1 000 thalers, le baudet que vous aviez
donné ne pouvant plus marcher déjà dans la descente d'Ara-
majo et 22 th. pour les autres marchandises, qui avaient été
saisies par Abdourahman, parce que M. Savouré avait refusé
de payer quelque chose. N'oubliez pas que les chameaux
qu'on est obligé de louer en route coûtent beaucoup plus
cher que ceux qu'on prend en partance. Les baudets ne
peuvent marcher longtemps que quand ils sont très peu
chargés. Tous les baudets qui sont venus de Harar sont
dans un bien triste état et j'ai été obligé de les mettre tous
dans mes terrains pour les laisser guérir de leurs blessures,
il n'y a pas un seul dont on pourrait se servir. Vous me
direz c'est la faute des domestiques, etc., mais c'est juste-
ment quand on sait comme les Abyssins sont habitués à
voyager qu'il faut prendre ses précautions, on grondera
tant qu'on voudra, on leur retiendra du paiement, etc., cela
ne les changera pas et ne vous évitera pas les désagréments.

Quant au marché ici, jusqu'à présent, cela marche très
mal ; les négociants ne sont pas encore arrivés et nous ne
vendons rien. J'ai averti tout le monde pour la vente des
metads, casseroles, etc., mais on ne paraît pas en vouloir.

ILG À RIMBAUD

Entotto, le 26 octobre 1889.

Mon cher M[onsieur] Rimbaud,

Ce n'est qu'aujourd'hui que je viens de recevoir votre lettre du 26 août. La caravane de casseroles, etc., est enfin entré[e] à Farré après avoir perdu à la traversée de l'Hawash un chameau chargé de 40 métades. D'après ce que l'on m'écrit, Housséin espère retrouver les métades quand l'eau sera baissée. Wolde Tsadik et Guebri sont tous les deux malades à Ankober, de fièvre, etc. J'avais été obligé d'envoyer beaucoup de provisions à l'Hawash, parce qu'il paraît qu'ils mouraient de faim.

. . . .

Comme l'empereur a défendu la vente de l'ivoire, il n'y a plus rien qui marche, absolument rien. Il y a énormément d'ivoire, mais personne ne veut le vendre, même à nous, malgré notre permission, de peur que les choums viennent à le savoir et qu'on le confisquerai[t] quand même. Il faut savoir que l'empereur cherchait de l'ivoire et que tous les négociants prétendaient ne pas en avoir. À présent, tout l'ivoire est enterré et comme je vous dis, malgré que le prix est monté à 60 th. et au-delà même, il n'y a pas moyen d'en avoir. Nos domestiques courent inutilement tout le pays. Que le d... emporte ce commerce. Quant à l'or, le prix est monté à 18 th. et même à ce prix on ne trouve qu'un Wokiét par-ci par-là. Du zébad il n'y en a pas du tout, les négociants de Djimma n'étant pas arrivés et puis parce que beaucoup de civettes sont mortes à cause de la manquance de viande. Si cela continue sur ce pied, alors il ne nous reste qu'à liquider et chercher d'autres pays. [...] Quant à vous, négociants là-bas, vous faites très mal de réclamer un à un, si vous voulez arriver à un résultat; il faut que vous vous entendiez d'abord ensemble et que vous fassiez une réclamation formelle et pour tous, autrement on arrangera les choses de la façon qu'il n'y aura qu'un ou deux qui seront contents et les autres paieront les frais.

Nous sommes ici tout à fait sans nouvelles de la grrrrande ambassade. J'attends de vous des détails intéressants, vous savez si bien raconter si vous en avez envie, mais il paraît que les splendides affaires vous ont chassé complètement ce peu de bon[ne] humeur qui vous était resté. Voyons, mon cher Monsieur Rimbaud, on ne vit qu'une fois, donc profitez-en

et envoyez vos héritiers au diable. Si rien ne marche plus, nous nous associerons pour faire du mauvais sang aux autres, mais pas à nous, c'est entendu. Aujourd'hui, avec une charrue mécanique à vapeur, on serait vite riche ici, on ne sait plus quoi manger. Réfléchissez-en et venez ici planter vos choux à la mécanique.

Adieu, mon cher Monsieur Rimbaud, ne négligez aucune occasion de m'écrire et ne serait-ce que pour m'assurer que vous êtes encore en vie.

> Toujours vôtre.
> ALFRED ILG ING.

Ci-inclus sept lettres, avec la prière de les faire arriver à destination. Merci d'avance, et débitez pour les frais.

ILG À RIMBAUD

Entotto, le 13 novembre 1889.

. . . .

Comme je vous ai écrit, la caravane de casseroles est bien arrivée, sauf 40 metads qui se promènent dans l'Hawash, quant aux birillis vous les comptez aujourd'hui 3 ½ par thaler, l'empereur m'en a pris 500, mais à 4 par thaler et il n'en démordra pas, aussi le prix de 4 par thaler que vous m'aviez fixé avant conviendra plus, d'autant plus qu'il y a une vraie inondation de birillis aujourd'hui au Choa. Il ne faut pas oublier que vous-même, en inondant à la fois avec 6 000 birillis un pays comme celui-ci, rendez le commerce malade, fournisseurs comme consommateurs!

Merci pour toutes vos démarches si amusantes pour décrocher quelque chose pour nous. Continuez toujours dans vos beaux efforts, ici nous en faisons autant, bientôt le milllion de thalers va arriver avec Meconen et alors on ne saura plus quoi commencer avec tant d'argent.

. . . .

RIMBAUD À ILG

Courrier n° 11.   Harar, 16 novembre 1889.
Par la Mission.

Mon cher Monsieur Ilg,

Je reçois aujourd'hui votre lettre du 26 octobre
Entotto, et je vous renvoie ceci, numéroté 11, par la
Mission. — Mon dernier, n[umér]oté 10, était porté par
Mouhé. Il contenait *deux bons,* l'un *de Th. 755,* l'autre *de
Th. 350,* valeur de café reçu par moi à la douane du Harar
pour votre compte. Aujourd'hui voici inclus un bon de
Th. 50 et 12 piastres encore à votre compte. Avalez cette
pêche délicieuse, et écoutez ceci :

J'ai enfin donné *acquit des deux comptes de M. Savouré,*
avec le Dedjazmatche, et le Roi pour les 2000 Reming-
tons. Ces deux comptes *sont intégralement payés.* Je n'ai
plus à toucher que le prix (Th. 4 800) des 160 caisses
cartouches. — J'ai demandé à finir votre compte avant
cela, et on me l'a promis. Donc dans la quinzaine je
compte recevoir pour vous du café pour un millier de
thalaris, en payant un peu plus qu'au marché, — et
votre compte finira ainsi jusqu'en décembre, bribe par
bribe, grain par grain. Inutile de demander des thalaris
ni même des piastres, tout le numéraire est exclusivement
destiné à être expédié au Choa.

On écrit d'Aden (est-ce sûr?) que le D[edjatch] a
conclu un emprunt d'un *million de thalaris* à une banque
d'Italie, avec garantie gouvernementale (d'Italie, pas du
Choa!) mais nous n'avons pas encore l'avis du départ du
D[edjatch] — Qu'il se hâte, qu'il nous revienne vite,
avec ces rondelles rédemptrices. — Nous l'attendons
ici avec des factures déployées, et un chœur de malé-
dictions.

Merci sincère d'avoir envoyé ma lettre au roi. Il m'a
en effet écrit que je toucherais les Th. 4 000 empruntés
par force, — sur les fonds que rapportera le D[edjatch]
— On a de même protesté d'ici auprès du D[edjatch]
— L'agent de Bienenfeld, à qui on a, en deux fois, *em-*

prunté Th. 3 000, avait de suite fait télégraphier à Rome
par son consul. C'est ce que j'aurais aussi dû faire, cela
eût été plus efficace que ma lettre au Roi, qui a dû lui-
même ordonner aux choums d'ici d'employer avec les
négociants ce joli procédé de se procurer des thalaris.
(Toujours la même comédie!)

Le fait est qu'avant-hier le D[edjatch] a écrit de
nous laisser tranquilles, et on nous a fait des excuses
ici. — Nous eussions préféré des remboursements. En
tous cas ce brigandage a produit un effet déplorable
à Aden et ailleurs, et si cela se reproduit, le Roi peut
être sûr de recevoir des réclamations énergiques de
divers gouvernements.

Il vous dit qu'il n'a pas le sou? Mais on ne lui a pas
envoyé d'ici Th. 40 000 il y a un mois? — et on va lui en
envoyer encore une vingtaine de mille, le tout ramassé
de la manière que je vous ai raconté — (Les brillés qu'il
trouve trop cher à 3 ½ par thalari, ils se vendent ici 3
par thaler à présent. Les 1 400 brillés que po[1] Mous-
saïa lui a envoyés, à sa marque, lui sont facturés un
thaler pièce et ne valent pas les miens. Ils sont partis
avant les miens, mais par les gabares du Tchertcher.)

Si cela vous va, considérez mes m[archand]ises comme
des avances sur le paiement de votre compte. Avec cela
en mains, vous pouvez toujours travailler. — Mais je
vous préviens *de ne pas envoyer de m[archand]ises ici sans
laissez-passer de douane,* je vous en ai déjà averti plusieurs
fois.

À propos, puisque vous êtes le chargé d'affaires de
M. Savouré au Choa, il faut que vous demandiez au
Roi le règlement de la question suivante :

La dernière caravane de M. Savouré, 65 fraslehs
Hararis d'ivoire, a dû entrer en ville, et je vous ai déjà
dit qu'on prétend imposer cet ivoire (entrée à
8 % et sortie à 6 % au prix de Th. 98, prix du
moment), pour une somme de *Th. 995.* Comme
cela est simplement monstrueux, *14 %* Th. 995,
pour une m[archand]ise qui transite, qui entre
le matin et sort le soir, et que les m[archand]ises
de M. Savouré étaient ordinairement libres, veuil-
lez demander au Roi un ordre aux Choums du
Harar d'abandonner cette prétention, qui est un
simple vol. On veut retrancher ces Th. 995 du

compte des cartouches, que de même l'on ne veut payer que Th. 30 le mille, ce qui est encore une question à régler. Veuillez donc me faire avoir un ordre précis pour la somme à payer pour les 160 c[aisses] cartouches, et par le même l'ordre d'abandon des Th. 995 de droits sur les 65 fraslehs ivoire (environ 80 okiètes du Choa). J'attends à la première poste votre réponse à [c]e sujet, c['est]-à-d[ire] la réponse du Roi, que les Choums d'ici me font demander. C'est à grand'peine que j'ai obtenu qu'on ne retranche pas ces Th. 995 du compte des 2 000 Remingtons du Roi.

De même pour les 17 colis que vous avez envoyés, et qui ont été *notés* pour Th. *300* environ de frais de douane! Je vous ai envoyé copie de la déclaration que l'on m'a fait signer à cet effet [1]. — Réglez cela avec la question Savouré.

— J'ai appris avant votre lettre votre accident [2]. J'espère que rien ne se compliquera et qu'il n'y paraîtra bientôt plus.

— M. Savouré ne m'a pas encore écrit, ni d'Aden, ni de France. L'exposition [3], où il paraissait attendu, est close du 30 octobre.

— Nouvelles du négoce ici : Ivoire Th. 98 les 37 ½ livres *d'ivoire plein* c['est]-à-d[ire] au-dessus de 12 livres anglaises. — Zébad : un thalari et demi l'once. — Or en bagues, Th. 20. En anneaux, suivant qualité. — Café aujourd'hui Th. 6 — Gomme Th. 1 ½ le frasleh etc., etc... Depuis 2 mois les négociants n'osent plus importer des thalaris. Il n'y a plus de naggadiés ici non plus, on n'en attend pas avant un mois.

Les prix d'Aden sont :

Pour le Zébad Th. 2 avec perspective de forte baisse. Il en arrive par Massaouah à Aden, m'écrit-on. Pour l'ivoire les prix sont très bons, à cause du blocus de la côte de Zanzibar. Savouré a vendu à th. 108 les 32 ½ livres, et je crois que Mohammed a obtenu encore mieux. Mais il faut observer qu'on s'attend prochainement à la levée dudit blocus, et à ce moment ça tomberait fort. L'or est aux prix ordinaires, mais le change du thalari est très haut à présent *(221 1/2 le 1er novembre)* — Pour tout ce que vous m'enverriez ici, je vous paierais *les prix de la place,* pourvu que vous obteniez le laissez-passer (au moins à l'entrée) en douane.

Encore une fois, ici l'ivoire en dessous de 12 livres anglaises se paie demi-prix, et en dessous de 6 quart de prix.

— Figurez-vous qu'on m'annonce du 23 septembre, d'Aden, l'expédition de votre acide nitrique, et à ce jour je n'ai encore rien reçu!

J'ai délivré toutes vos lettres ici et acheminerai les autres dès demain.

Dans l'attente de vos nouvelles, croyez-moi, votre dévoué

RIMBAUD.

A. SAVOURÉ À RIMBAUD

Jules Roquet   Paris, le 10 Xbre 1889.
94 rue d'Hauteville

A. SAVOURÉ & Cie

Obock-Harar-Choa
à Paris, chez J. ROQUET
94, rue Hauteville

Mon cher Monsieur Rimbaud,

Votre lettre [du] 10 octobre m'a très sérieusement épouvanté. Je me demande à quoi vous pensiez quand vous avez fait les comptes : 1 932 th. restant à toucher — et qu'avez-vous donc fait du montant des cent soixante caisses-cartouches à 35 th., soit 5 600 th.? Je vous ai fait envoyer à ce sujet une lettre du Roi par Ibrahim et vous m'en accusez réception dans votre précédente. Je vois que vous lui avez payé les 10 th. pour lesquels je lui avais remis un bon.

Je voulais vous écrire plus tôt à ce sujet, mais ayant été très occupé après la mort de mon père, j'ai toujours remis, pensant que l'erreur était trop grosse pour que vous ne vous en aperceviez pas.

Ilg vous a-t-il demandé des fonds? Je lui ai écrit que s'il pouvait les employer de les faire prendre. Dans ce cas, vous voudrez bien remettre ce que vous aurez sur sa demande.

J'ai toujours la plus grande confiance en vous et vous avez eu tort si vous avez cru que je vous avais soupçonné un instant. Je ne crois rien avoir dit ou écrit qui vous autorise à penser ainsi.

J'ai un peu du défaut opposé au vôtre : au lieu de croire

comme vous que tous sont des fripons, je crois trop facile-
ment que tous sont honnêtes, comment, partant de là, aurai-je
pu vous soupçonner?

Vous étiez sans doute dans une mauvaise lune en écrivant,
mais je ne vous en veux pas pour cela.

C'est si peu mon avis que, si vous voulez, à mon retour,
vers mars prochain, je vous proposerai une combinaison
bonne pour nous deux et qui j'espère vous agréera. Seule-
ment, il faut que l'on puisse voir l'argent rentrer pour que
l'on m'en donne davantage et je compte bien sur votre
diligence habituelle pour cela.

Merci des nouvelles que vous me donnez, seulement elles
ne sont pas fort bonnes. Espérons que Ménélik, s'il devient
ce que les Italiens nous promettent, sera moins terrible contre
les commerçants.

Vous allez voir arriver chez vous un charmant garçon qui
vous porte cette lettre, M. Georges Richard. — Il est
mieux que moi au courant de l'Exposition, que je n'ai pu
que très peu voir. Il vous en contera toutes les merveilles.
Il a je crois des amis qui ont été les vôtres autrefois.

J'ai acheté de grandes fermes de fer de l'exposition pour
faire un comptoir à Djiboutil. Je l'installerai en février
prochain et irai vous voir après. Si je puis vous monter ou
vous envoyer des march[andi]ses qui vous manquent, vous
avez encore le temps de m'en prévenir.

Je vous écrirai plus longuement de la côte. M. Richard
et Appenzeller devant vous mettre au courant des nouvelles
de l'Europe.

Croyez-moi, mon cher Monsieur Rimbaud, votre tout
dévoué serviteur et ami.

                                        A. SAVOURÉ.

RIMBAUD À ILG

César Tian
   Aden (Arabie)
Maison à Hodeydah
   (Mer Rouge)

Par n° 12.   Harar, le 11 décembre [18]89.
Par « Serquis ».

Mon cher Monsieur Ilg,

Je profite encore de l'occasion de Serquis pour vous
envoyer un ballot de journaux quelconques, plus ou

moins antiques, mais pour un habitant du Choa ça peut toujours avoir de l'intérêt.

J'ai bien reçu (j'avais oublié de vous le dire dans mon nº 1[1¹]) votre lettre par Elias. — Quant au reproche que vous me faites de faire crever de faim hommes et bêtes en voyage, c'est une bonne farce. Je suis au contraire connu partout pour ma générosité dans ces cas. — Mais c'est bien la mesure de la reconnaissance des indigènes !

Bonjour à M. Zimmermann. Salutations à M. Brémond. Écrivez plus. Bien à vous

RIMBAUD.

RIMBAUD À ILG

Nº 13.   Harar, le 20 décembre 1889.
Par M. Mikael,
mécanicien russe.

Mon cher Monsieur Ilg,

Je vous confirme mes nᵒˢ 10 par « Mouhé », 11 par la Mission ou Bado Guèbra Sellassié, et 12 par Serquis, ce dernier parti d'ici le 11 décembre.

Ci-joint reçu d'une somme de Th. 625 encore à votre compte, reçue à la douane du Harar en 100 fraslehs de café à Th. 6 1/4 le frasleh, tandis que le prix de la place n'est que de Th. 6 avec forte tendance à la baisse. Donc il ne reste plus à votre crédit de Th. 5 500 qu'un résidu d'environ Th. 1 800. — Amen !

J'ai dû employer les menaces pour arracher ces derniers cent fraslehs, comme précédemment j'ai dû employer les cadeaux, les prières, les ruses, l'intimidation, etc., etc... Notez dans vos calepins, et faites-le noter aux autres dans les leurs, qu'une des pires blagues qu'on puisse vous faire au Choa est de vous coller des *ordres de paiement au Harar !* Il y a ordre d'envoyer au Choa jusqu'au dernier thalari, jusqu'à la dernière piastre, qu'on change ici en thalaris, — et voici que pour comble les mégères qui nous gouvernent ont eu l'idée de mettre

même le café de la douane en daboulas [1] et de l'envoyer à
Zeilah à la rencontre du grand D[edjatch] !

Un télégramme du ministère « degli esteri » avise
l'admin[istrati]on du Harar que ce D[edjatch] a dû quit-
ter le beau sol d'Italie à la date du 4 décembre. Mais lui
personnellement n'a pas avisé. Enfin s'il s'est embarqué
à cette date il doit se trouver à présent à Jérusalem. Je
rusalème à le croire.

On m'écrit à Zeilah que le D[edjatch] avait écrit à
Ephtimios Moussaïa de venir le rejoindre à Port Saïd,
et en effet ce dernier a pris la malle de Suez. J'entends
les Abyssins ici conter que le D[edjatch] a fait acheter
en Égypte des « *Soft masseria* » qu'il n'a pu se procurer
en Italie, que ces fusils partiront ensuite par Assab, etc.,
etc. — De plus en plus on dit même qu'il s'en retour-
nera au Choa par la voie urinaire d'Assab. Mais ce
serait légèrement en contradiction avec la demande de
1 000 chameaux qu'il a faite faire à Geldessey, et avec
le plan qu'on semble avoir formé ici, de lui envoyer
de riches caravanes de café pourri à Zeilah comme si
un millionnaire ne devait pas recevoir avec dégoût des
expéditions semblables ! — Enfin comptons voir de
nobles choses !

Je vous ai envoyé par Serquis un ballot de vieilles
Gazettes devant vous renseigner sur les événements les
plus récents en Europe, — puisque plus ça change, plus
c'est la même chose, là comme en Afrique.

Ici, rien de neuf. Je ne sais si MM. Bortoli et Pino
se sont levés de Djibouti directement pour le Choa.
Aucune lettre de M. Savouré, à présent ni avant ! Je
vous ai déjà dit avoir heureusement soldé son compte
avec le Roi et son compte avec le D[edjatch] — Il ne
reste que ces 160 c[aisses] cartouches et à ce propos :

1° Veuillez m'envoyer un ordre du Roi de terminer le
paiement de ces 160 c[aisses] cartouches.

2° Veuillez m'envoyer un ordre du Roi de terminer
votre compte.

3° Veuillez m'envoyer la réponse du Roi au sujet des
Th. 995 qu'on veut toujours faire payer à M. Savouré
pour ses derniers 65 fraslehs d'ivoire, — et aussi pour
les Th. 300 sur vos 17 colis.

Finissez-en donc avec toutes ces questions, — tout
cela est pour moi un motif de retard pour le règlement

de ces comptes, que je voudrais faire au plus tôt, — de même que je vous prierais de bazarder toutes mes m[archand]ises au mieux *de mes intérêts et des vôtres* et m'en adresser le produit au plus tôt, désirant avoir une situation nette pour le mois de mars 1890 — moment de notre inventaire. En attendant vous pouvez s'il vous convient, les considérer comme une avance sur votre paiement; car vous devez considérer ce qui suit.

Votre paiement est un désavantage pour moi parce qu'on ne me paie qu'en café à au moins 1/4 de thalari au-dessus de la place, et que ce café, toujours très sale et très mélangé, ne se vend à Aden qu'à Th. 1/4 et même 1/2 thaler au-dessous du cours. La perte pour moi est donc de Th. 3/4 par frasleh, et le thalari étant à Th. 225 à Aden, il m'est absolument impossible d'importer ici des thalaris pour vous rembourser, ce serait désastreux pour moi.

Le café que j'ai pris à votre compte et à celui de M. Savouré en septembre, à Th. 7, par conséquent revenant à Th. 8 1/4 à Aden, me reste encore à Aden invendu et invendable même au prix coûtant. La qualité était exécrable, je n'avais accepté cela que pour faire marcher ces comptes, par complaisance enfin. — À présent les cafés ont baissé, ici comme d'ailleurs à Aden, mais cela revient au même.

Pour vous je ne cherche absolument rien qu'à *me protéger à peu près des pertes, sinon des risques.* Mais pour M. Savouré, il est établi que la différence de cours au Harar me serait remboursée — le reste étant à mes risques et périls. De plus je me commissionne de 2 %, ce qui est d'ailleurs fort maigre. M. Brémond donne ici 5 % à un sale Grec qu'il charge de ses affaires, 5 % sur achats, ventes, et recouvrements! — À propos de M. Brémond, le Roi a commandé de ramasser ici et lui renvoyer au Choa tous les fusils qu'il a vendus au détail dans ce pays.

— Pour le paiement des m[archand]ises à moi qu'a pu vous prendre le Roi, il vaut mieux accepter des m[archand]ises du Choa à n'importe quel prix qu'un paiement ici, ces sortes de paiement *ici* sont des supplices, des désastres, des tyrannies, un esclavage abominable.

Quand Tessamma Mekbeb était à la caisse, on pouvait encore lui faire exécuter un ordre du Roi, mais vous

savez que ce Tessamma a été relégué assez bas (sur les plaintes du Docteur Nerazzini au Roi) — et à présent la caisse eſt entre les mains des esclaves du D[edjatch] Mékonène qui se tiennent là comme des Gorezzas hydro-fobes [1] [*sic*] et ne laissent pas échapper une piaſtre.

Et puis ce qui les paralyse, c'eſt surtout *d'en haut.* Quelques naggadiés venus enfin de cheux [*sic*] vous se plaignent de la manière la plus amère des choses lamentables qui se sont passées au Choa à propos de l'ivoire.

— Je vous confirme très sérieusement ma demande d'un très bon mulet et de deux garçons esclaves.

Enfin écrivez-nous plus souvent! Je vous souhaite bonne santé et bonnes affaires pour 1890.

Bien à vous.

RIMBAUD.

COPIE

d'un reçu donné par Rimbaud à la douane du Harar.

Reçu de la douane du Harar pour le compte de M. Ilg la somme de Th. 625 (thalaris six cent vingt-cinq) en 100 fraslehs café à Th. 6 1/4 l'un

Harar, 17 décembre 1889.   Pour M. Ilg,
RIMBAUD.

RIMBAUD À SA MÈRE ET À SA SŒUR

Harar, 20 décembre 1889.

Ma chère maman, ma chère sœur,

En m'excusant de ne pas vous écrire plus souvent, je viens vous souhaiter, pour 1890, une année heureuse (autant qu'on l'eſt) et une bonne santé.

Je suis toujours fort occupé, et me porte aussi bien qu'on le peut en s'ennuyant beaucoup, beaucoup.

De votre part aussi, je reçois peu de nouvelles. Faites-vous moins rares, et croyez-moi,

Votre dévoué,
RIMBAUD.

ERNEST ZIMMERMANN À RIMBAUD

Entotto, 2-1-[18]90.

Cher Monsieur Rimbaud!

M. Ilg est parti avec l'empereur à Boromeda et retournera pas avant un mois.

Je profit l'occasion d'un marchand, Wolde Gorghis, pour vous adresser quelques mots. Je serais prêt pour partir à la côte si S. Majesté n'aurait pas eu la fameuse idée de nous adresser pour le reste de sa dête (3 000 th., je crois) à Harar. Je n'attend que cette dite somme et je conte sur vous, cher Monsieur, que vous vous donnez toute la peine possible de le recevoir et de l'envoyer le plus vite possible, comme M. Ilg vous a écrit déjà dans sa dernière lettre. Malheureusement vos derniers marchandises [ne] sont arivé que avant hier à Entotto, et comme tous le monde est parti, on vend presque rien ce moment, autrement, en attendant, j'aurais touché de cette argent. Il y a aussi quelque marchandise, comme perle, cretonne damassé et mérinos qui ne vont pas du tous. Dans le cas que de la côté du gouverneur ou son représentant on vous refuse notre payement, soyez assez aimable de nous anocer ça tous de suite; le mieux serait si vous pouviez avoir cette réponse par écrit, pour la montrer à l'empereur.

Encore une foi, je conte sur vous, c'est la seule chose qui m'empêche de partir!!

En partant d'ici je me suis pas encor décidé si je prendrais la route tous seul par Harar ou avec la caravanne tous droit à la côte. Si nous pouvons acheté de la marchandise jusque là pour vous, est-ce que vous ne préférez pas de la laisser partir avec la nôtre, directement à la côte (bien entendu si nous trouvons à vendre).

Pour l'argent, ne craignez pas des dépenses, seulement que ça marche vite et sûr.

M. Chefneux est déjà sur son retour à Ankober, peut-être il vous verra à Harar.

Le roi ne viendra pas vite ici, du reste on peu jamais savoir riens. Il n'a riens fini avec personne jusqueau dernier moment, et vous savez bien comme les choses ils s'arangent au dernier moment, c'est que je suis très content que M. Ilg a dû lui acompagné; il finira encore beaucoup de choses, ainsi pour nous comme pour vous.

Si vous tenez qu'on vend[e] vite, surtout en gros, au
marchands, je vous prie de modérer les prix sur perle,
soirie (un peu reste), surtout cretonne et mérinos, metades
et marmites et file rouge; tous l'autre va assez bien.

À Mme Meconnen, bien mes compliments, mais comme
je ne sais pas écrire en amharigna, je regrette de pas pouvoir
adresser quelque mots à elle.

En vous envoyant mes meilleurs compliment, croyez-moi
toujours votre très dévoué ami

ERNEST ZIMMERMANN.

RIMBAUD À SA MÈRE ET À SA SŒUR

Harar, le 3 janvier 1890.

Ma chère mère, ma chère sœur,

J'ai reçu votre lettre du 19 novembre 1889.

Vous me dites n'avoir rien reçu de moi depuis une
lettre du 18 mai! C'est trop fort; je vous écris presque
tous les mois, je vous ai encore écrit en décembre,
vous souhaitant prospérité et santé pour 1890, ce que
j'ai d'ailleurs plaisir à vous répéter.

Quant à vos lettres de chaque quinzaine, croyez bien
que je n'en laisserais pas passer une sans y répondre,
mais rien ne m'est parvenu, j'en suis très fâché, et je
vais demander des explications à Aden, où je suis pour-
tant étonné que cela se soit égaré.

Bien à vous, votre fils, votre frère,

RIMBAUD.
Chez M. Tian,
Aden (Arabie).
Colonies anglaises.

ERNEST ZIMMERMANN À RIMBAUD

Entotto, 4-1-[18]90.

Monsieur Rimbaud!

Je reçoi hier une lettre de M. Ilg, qui se trouve encore
à Boromeda avec l'empereur, dans laquelle il m'envoi

une lettre de vous daté [de] Harar, 10 dezbr. 89, en me
disant de vous répondre avec la prochaine occasion, comme
suive.

D'abord nous vous prions d'envoier notre argent, que
vous avez eu la bonté de recevoir pour nous à Harar, le
plus vite possible, comme je vous ai écrit déjà dans ma
dernière lettre. C'eſt dans notre intérêt comme dans le
vôtre *!!! Ce que vous nous avez proposé de nous faire
payer avec vos marchandises ici, nous pouvons pas accepter,
ce n'eſt pas possible par des raisons que je vous ai écrit der-
nièrement. Donc, je vous prie, cher Monsieur, et je compte
sur vous. Je vous répète encore une fois que ce n'eſt que
cet argent qui m'empêche de partir pour la côte!

Ainsi de suite, M. Ilg me charge de vous écrire d'accepter
ce qu'on vous donne pour les cartouches de M. Savouré,
et pour le reſte on finira quand Meconen sera de retour.

M. Chefneux eſt déjà de retour, et quand vous recevrez
cette lettre, il aura passé déjà Harar.

De la situation au Tigré, on sait riens de sûre.

Une lettre de la femme de D[edjatch] Meconen nous dit
que nous sommes parfaitement payé à Harar **.

M. Savouré nous a envoyé quelque mots, mais rien de
nouvelle. Il dit qu'il écriverait plus long prochainement.
Son père e[s]t mort.

Pour vos commissions, je me donnerais tout la peine
possible pour vous contenter.

En vous envoiant mes meilleurs salutations, croyez-moi
toujour

> Votre très dévoué
> **ERNEST ZIMMERMANN.**

C'eſt entendu que si vous avez de l'argent de M. Savouré,
de l'envoyer en même temp.

CÉSAR TIAN À MADAME RIMBAUD

Aden, le 8 janvier 1890.

Madame,

J'ai bien reçu votre lettre du 25 décembre. Je vous ai fait
suivre le 4 courant une lettre provenant de m[onsieur] votre

---

* Très charitable! [*Note de Rimbaud.*]
** Depuis avant hier. [*Note de Rimbaud.*]

fils. Les dernières nouvelles que j'ai reçues du Harar sont
datées du 20 décembre, et M. Rimbaud allait très bien.

Vous aurez peut-être vu sur les journaux qu'une caravane
allant de Zeilah au Harar a été attaquée, et que quelques
européens ont été tués. Veuillez ne pas vous effrayer de
cette nouvelle. Ces incidents sont fort heureusement très
rares, et les Anglais préparent une expédition pour châtier
la tribu qui s'est rendue coupable de cet attentat. Aucun
objet n'a été volé. J'avais dans cette caravane une somme
importante que j'adressais à M. Rimbaud au Harar. Ces
espèces ont été retournées à Zeilah absolument intactes.

Vous pouvez être persuadée qu'une fois la tribu coupable
châtiée, la route sera aussi sûre qu'elle l'était auparavant.
D'ailleurs si la caravane a été attaquée (le 23 décembre à 10 h.
du soir, à 2 ou 3 journées de Zeilah), c'est que personne ne
veillait, les indigènes n'attaquant pas les caravanes tant
soit peu gardées, surtout quand il y a des Européens.

Cette malheureuse affaire a coûté la vie à deux pères
Capucins français et à quelques gardes et chameliers indi-
gènes. Il y avait aussi deux Grecs qui ont été très grière-
ment blessés et dont l'un a succombé il y a quelques jours.

Je vous répète de n'avoir pas à vous inquiéter à propos
de cette affaire. Je serais le premier à me retirer du Harar
si ces faits n'étaient pas une exception.

Agréez, Madame, mes salutations respectueuses.

CÉSAR TIAN.

RIMBAUD À M. DESCHAMPS

Harar, 27 janvier 1890.

Monsieur Deschamps,

Monsieur Chefneux de passage ici, me reparle de
votre part du billet de feu Labatut à votre crédit.

Vous savez très bien que je n'avais jamais endossé
ce billet dont je ne devais m'occuper, comme des autres
dettes de la succession, qu'après le règlement de mes
propres intérêts que j'ai eu ensuite le tort de subordon-
ner, — contrairement aux conditions de mon arrange-
ment avec Labatut.

Je m'étonne que vous ayez oublié comment après mes
explications vous acceptâtes le règlement dudit compte

au crédit duquel il a été versé environ Th. 1 100 en tout,
— et vous promîtes à M. le Consul d'acquitter ledit
billet et de me le livrer, et le lendemain vous refusâtes
sans autres raisons.

Portez donc de nouveau vos réclamations au Consu-
lat à Aden, où sont déposés tous comptes et témoi-
gnages relatifs à l'affaire.

Agréez mes salutations empressées.

RIMBAUD.

RIMBAUD À ILG

Nº 14.   Harar, 24 février 1890.
Par l' « Azzage ».

Mon cher Monsieur Ilg,

Je vous confirme mon nº 13 par Michael le Russe.
Je reçois deux lettres de M. Zimmermann, l'une du 2,
l'autre du 4 janvier 1890, cette dernière ci-joint.

Ci-joint aussi *la copie* du reçu [1] que j'ai dû donner au
Harar pour les sommes ou m[archand]ises touchées pour
votre compte. Vous observerez tout d'abord que les
dernières m[archand]ises ayant été livrées seulement le
29 décembre 89, je trouve assez drôle que, comme
l'écrit M. Zimmermann, la femme D[edjatch] Meko-
nène ait pu vous annoncer dès le 4 janvier que votre
compte était réglé depuis longtemps! Et maintenant
écoutez :

Vous voyez qu'il n'a été donné ici à votre compte
que des cafés, et pas un seul thalari en dehors des mille
thalaris que je vous ai expédiés le jour de leur réception
et que vous avez bien reçus. Il ne m'a pas été donné
un thalari malgré mes réclamations de tous genres, et
il m'a même été très difficile d'arracher ces cafés, même
à un quart et un demi thalari au-dessus du cours, comme
vous le montrent les annotations du cours réel appen-
dues à vos prix, annotations que vous pouvez faire
contrôler ici sur les livres des négociants, — comme
vous pouvez aussi faire demander au Guébi quel nombre

de lettres, de suppliques, de menaces, de réclamations, j'ai dû écrire pour votre compte.

Le dernier ordre du Roi portait Th. 6 000 à votre compte, mais comme l'ordre primitif était de Th. 5 500 seulement, on s'est arrêté à cette somme, qui se trouve complétée par le montant

des valeurs reçues	Th. 5 203,9	
et les droits		Th. 5 500
de douane se montant à	Th. 296,8	

réclamés sur vos 16 colis ivoire

à mon adresse, somme que je vous ai dit dix fois de faire délivrer par le Roi — mais enfin ceci peut rester une question entre nous.

Pour les Th. 500 en surplus on a dit ici qu'il devait y avoir erreur, *et qu'on récrirait au Roi,* le compte étant *considéré soldé jusqu'à reçu d'un nouvel avis au sujet de la différence de ces Th. 500.* Donc si vous y avez droit, *réclamez-les directement au Roi* qui je suppose vous les paiera là-haut, car ici on ne les paiera certainement point sans un nouvel ordre.

Voilà comme s'opèrent les paiements au Harar, à la plus grande commodité de tous, comme vous allez encore le comprendre :

Depuis le 24 décembre 1889 nous sommes, comme vous devez fort bien le savoir, complètement bloqués ici du côté de Zeilah. Tout le monde au Choa doit connaître le massacre d'Ensa, où ont péri deux missionnaires français et deux Grecs. Il y avait dans cette caravane Th. 25 000 aux Européens d'ici (dont Th. 10 000 à moi) qui heureusement ont pu être sauvés et rendus à Zeilah. Mais les Anglais ont alors fait une campagne contre les Issas et les Gadiboursis, qui a mis le feu partout et coupé toutes les routes, au grand danger même de nos m[archand]ises amoncelées à Geldessey, — et parmi les miennes tout votre fameux café, *lequel est tout entier encore à Geldessey depuis le 12 novembre, et n'a pas bougé d'un pouce depuis cette date* et ne bougera pas avant quelques semaines encore, la route étant encore assez mauvaise, quoique l'expéd[iti]on anglaise soit rentrée (battue il est vrai!) à Zeilah depuis fin janvier — pour qu'on n'y risque pas encore *un thalari du côté de Zeilah,* et une daboula de ce côté. *Rien ne monte, rien ne descend, ni argent, ni marchandises. Je suis sans un thalari depuis environ*

le 15 décembre 1889, et tous les négociants d'ici sont
dans le même cas. Nous n'avons même pas de quoi
vivre. — Cependant le courrier arrivé hier de Zeilah
nous annonce que les Issas et autres tribus rebelles ont
fait soumission enfin au gouvernement anglais, et on
nous avise qu'on va nous envoyer très prochainement
nos fonds, mais enfin je ne *crois pas que nous recevions
rien avant fin mars,* la route n'étant sûre qu'en force, et
comment avoir la force?

Votre café, ou plutôt les m[archand]ises qui sont à
Geldessey, ne se lèveront guère avant le même délai.
— Pendant ces deux mois de guerre et de blocus, *nous
n'avons pu faire parvenir à Zeilah le moindre colis.* — Il
était même assez difficile d'envoyer des courriers!

Donc, cher monsieur, *à l'impossible nul n'est tenu* et
vous voyez que je suis réduit à la plus complète impuis-
sance. — Prenez-vous-en à celui qui vous a envoyé vous
payer ici!

Je n'ai rien réalisé des saletés reçues à votre compte
sous le nom de café que les 157 fraslehs du 27 septembre.
Et encore le compte de vente à Aden *accuse une certaine
perte,* mais enfin cela ne vous regarde plus, je m'en suis
chargé. Ce serait une somme de Th. 1 105 à vous rem-
bourser, mais disposez de mes m[archand]ises pour cette
somme, que diable, et pour autant qu'elles peuvent vous
fournir : c'est toujours vous qui serez couvert, et tou-
jours moi qui serai à découvert! Car enfin si j'avais reçu
de l'argent je vous aurais *avancé* encore depuis long-
temps au moins Th. 2 000 sur votre compte, quoique
vos m[archand]ises me restent toutes sur le dos!

Donc :

1º impossibilité jusqu'ici d'avoir de l'argent;

2º impossibilité de réaliser les m[archand]ises;

3º manque absolu de fonds ici depuis deux mois et
demi, *chez moi et chez tous sans exception!* Quoi conclure?
Qu'il faut encore attendre jusque vers le 20 mars, et
alors j'aurai ici quelques fonds, du moins ceux qui sont
à Zeilah depuis deux mois, de retour du massacre d'Ensa,
et *dont je paie d'ailleurs les intérêts!* Vous voyez comme ma
situation est agréable.

Sans compter que, quand les caravanes pourront enfin
se lever de Geldessey, j'aurai encore à courir tous les
risques, et vous voulez que je vous fournisse des thalaris

qui paieront fret, assurance, transport chameau, perte
change, etc. — Alors n'exigez pas de moi l'impossible,
attendez que les choses s'arrangent ici ! — En atten-
dant, je répète que c'est toujours une chance pour vous
d'avoir mes marchandises, c'est une sorte d'assurance
de votre compte, tandis que je n'ai rien qui m'assure
le transport des misérables cafés reçus à votre compte !

D'un autre côté, si vous demandez que je vous expédie
des fonds, il faut m'envoyer des gens à vous *en me
déchargeant formellement par écrit de tous les risques de route !*
— Comment voulez-vous que, après les fatigues du
Guébi, les périls de la route de Zeilah pour la descente
des maudits cafés et la remonte des satanés thalaris,
je doive encore endosser les périls de la route d'ici au
Choa ! Il faut enfin vous rendre compte des choses !
Il n'y a point de banquiers de ce genre !

*Enfin je compte vous donner une solution dans le délai d'un
mois,* — recevant très probablement des fonds dans ce délai.
— Ayez vous de même *la bonté de vendre tout ce que vous
pouvez de mes m[archand]ises, au mieux possible, comme
vous pourrez, et adressez-m'en le produit ici.*

Quant au solde du compte de M. Savouré, *j'ai ordonné
le paiement à Aden,* pour diverses raisons, parce qu'*il est
impossible de faire autrement,* et M. Savouré le touchera
là dans quelques jours, car il doit être arrivé aujourd'hui
24 à Djibouti.

Dans l'attente de vos nouvelles croyez-moi votre
dévoué

RIMBAUD.

Saluts empressés à M. Zimmermann.

REÇU *

Pour le compte de M. Ilg avec S. M. le Roi Ménélik,
je reconnais avoir reçu de la douane et du Gundja Biète [1]
du Harar les sommes ou valeurs suivantes :

_____

* [Le document porte, écrit en travers, la mention :] COPIE.

1¹. 20 juillet 1889. Du Gundja Biète, Thalaris   1 000
2. 27 septembre — Café, 107,17 à Th. 7   —   755
     do   — Café, 50 à   Th. 7   —   350
3. 12 novembre — Café, 7,16 à   Th. 6 1/2   —   50,12
4. 27 novembre — Café, 139,11 à Th. 6 1/2   —   907
5. 17 décembre — Café, 100 à   Th. 6 1/4 —   625
6. 29 décembre — Café, 242,11 à Th. 6 1/4 — 1 515,14

                                  5 203,9

En tout *Cinq mille deux cent trois thalaris et neuf piastres.*
Ce reçu annule tous les précédents.

                         Harar, 29 décembre 1889.
                             Pour M. Ilg,
                                  RIMBAUD.

1. Cours 6 1/2.
2. Cours 6 3/4.
3. Cours 6 1/4.
4. Cours 6 1/4.
5. Cours 6 — .
6. Cours 6 — .

RIMBAUD À SA MÈRE ET À SA SŒUR

                         Harar, 25 février 1890.

     Chères mère et sœur,

Je reçois votre lettre du 21 janvier 1890.

Ne vous étonnez pas que je n'écrive guère : le principal motif serait que je ne trouve jamais rien d'intéressant à dire. Car, lorsqu'on est dans des pays comme ceux-ci, on a plus à demander qu'à dire! Des déserts peuplés de nègres stupides, sans routes, sans courriers, sans voyageurs : que voulez-vous qu'on vous écrive de là? Qu'on s'ennuie, qu'on s'embête, qu'on s'abrutit; qu'on en a assez, mais qu'on ne peut pas en finir, etc., etc.! Voilà tout, tout ce qu'on peut dire, par conséquent; et, comme ça n'amuse pas non plus les autres, il faut se taire.

On massacre, en effet, et l'on pille pas mal dans ces

parages. Heureusement que je ne me suis pas encore
trouvé à ces occasions-là, et je compte bien ne pas
laisser ma peau par ici, — ce serait bête! Je jouis du
reste, dans le pays et sur la route, d'une certaine consi-
dération due à mes procédés humains. Je n'ai jamais
fait de mal à personne. Au contraire, je fais un peu de
bien quand j'en trouve l'occasion, et c'est mon seul
plaisir.

Je fais des affaires avec ce monsieur Tian qui vous
a écrit pour vous rassurer sur mon compte. Ces affaires,
au fond, ne seraient pas mauvaises si, comme vous le
lisez, les routes n'étaient pas à chaque instant fermées
par des guerres, des révoltes, qui mettent nos caravanes
en péril. Ce monsieur Tian est un grand négociant de
la ville d'Aden, et il ne voyage jamais dans ces pays-ci.

Les gens du Harar ne sont ni plus bêtes, ni plus
canailles que les nègres blancs des pays dits civilisés;
ce n'est pas du même ordre, voilà tout. Ils sont même
moins méchants, et peuvent, dans certains cas, mani-
fester de la reconnaissance et de la fidélité. Il s'agit
d'être humain avec eux.

Le ras Makonnen, dont vous avez dû lire le nom
dans les journaux et qui a conduit en Italie une ambas-
sade abyssine, laquelle fit tant de bruit l'an passé, est le
gouverneur de la ville du Harar.

À l'occasion de vous revoir. Bien à vous,

RIMBAUD.

RIMBAUD À ILG

Nᵒ 15.   Harar, 1ᵉʳ mars [18]90.

Mon cher Monsieur Ilg,

Le nᵒ 14 que je pensais parti pour le Choa, me revient
dans les mains, et j'y ajoute ceci dans l'espoir d'une
occasion rapide et prochaine.

Nous sommes d'ailleurs ici toujours dans la même
situation, la route de Zeilah absolument coupée, rien ne
monte et rien ne descend, quoique l'expédition anglaise
soit terminée. *Je suis littéralement sans un thalari depuis le*

15 décembre 1889, et je suis très endetté dans le pays même! Je désirais descendre à Zeilah pour en rapporter moi-même les fonds en arrêt là *depuis deux mois et demi* mais je ne puis partir sans avoir mis en route les m[archand]ises qui se trouvent à Geldessey, et de Geldessey rien ne lève, absolument rien jusqu'à présent! Il doit partir 300 Amhara avec Ahmed Iera pour aller chercher les m[archand]ises de Mékonène à Zeïlah. Ces soldats campent à Geldessey depuis deux mois, ne sachant s'ils vont en avant ou en arrière. Ils sont logés dans nos Zerbias¹ à Geldessey, et leur présence ne contribue pas peu à embrouiller les choses. Ces m[archand]ises du Roi n'arriveront pas ici en six mois, on parle de 600 chameaux! Il n'y a aucune espèce d'autorité ici, tout va très mal.

J'ai demandé le remboursement des Th. 4 000 que l'on m'avait empruntés il y a sept mois, et dont je paie les intérêts à Tian, — j'en aurais bien besoin, et je pourrais vous avancer quelque chose du prix de vos maudits cafés sur ces Th. 4 000, si on me les rendait! Mais on m'a refusé le remboursement, sous prétexte qu'on a écrit dans le reçu : payable au retour du D[edjatch] Mékonène! Quelle misère! quelle canaillerie! me voici donc esclave de ces filous, ils prétendent ne me rembourser cette somme qu'à leur bon plaisir, et je n'ai qu'à les attendre.

Il y a 15 jours j'avais écrit une forte réclamation au Roi (en amhara et français) pour le remboursement de cette somme de Th. 4 000 dont j'ai si besoin, avec les intérêts calculés à Th. 40 par mois, comme je les paie, car pourquoi devrais-je payer de ma poche l'intérêt de l'argent prêté à un Roi! — Ce serait trop drôle! J'ai confié cette lettre à un courrier de l'Azzage, mais je ne sais trop si cela arrivera! — En attendant je suis naturellement débité de la somme par M. Tian, qui ne fait d'ailleurs rien qu'escompter les intérêts, au lieu de s'occuper du remboursement!

— Voyez dans quel imbroglio nous fichent les Abyssins! — Quand je vous ai écrit de prendre mes m[archand]ises en compte, cela voulait naturellement dire de prendre en compte ce que *vous avez déjà réalisé,* et non ce qui resterait à réaliser, car enfin c'est de l'argent! Je ne comprends pas que vous trouviez la chose contraire à votre intérêt, ce n'est qu'au mien qu'elle est contraire!

Voici le compte des fonds et m[archand]ises que vous
avez reçus de moi :

Numéraire	Th. 900 «
1res m[archand]ises	Th. 2 704 «
2es m[archand]ises	Th. 776 «
3es m[archand]ises	Th. 361 «
4es m[archand]ises	Th. 1 987,375
Total	Th. 6 728,375
Vous m'avez renvoyé valeur	Th. 2 179,6
Il vous reste en mains valeur	Th. 4 548,775

Or, de tout cela, le numéraire ayant été employé,
toutes les 1res et les 2es m[archand]ises vendues, selon
mes renseignements, ainsi que partie des 3es et 4es, vous
pouvez avoir de disponible Th. 2 500 à mon compte,
et je calcule qu'il vous reste en main pour environ
Th. 2 000 de m[archand]ises en tout.

Si vous ne voulez pas vous appliquer à vous-même ce
que vous avez touché pour moi, renvoyez-moi-le [*sic*] ici
au plus tôt, au Harar même, — le bénéfice en sera pour moi.

Car enfin votre affaire est désastreuse pour moi :
Th. 4 000 de cafés touchés à votre compte et qui ne se lèvent
pas de Geldessey! Et vous voulez Th. 4 000 numéraire au
comptant quand je n'ai pas un sou en caisse! Et je ne vois
pas arriver un thalari de mon stock de Th. 4 500 de m[ar-
chand]ises au Choa! — Cela me fait un *découvert de plus de*
12 000 THALARIS ! impossible de régler ainsi! Même si
j'avais eu des thalaris je ne vous en aurais pas envoyé
plus de 2 000, (en admettant que je n'eusse pas reçu
une valeur d'environ Th. 2 500 sur mes m[archand]ises).
Envoyez-moi donc telle valeur, Th. 2 500, et je vous ferai
payer le solde de votre compte, car je ne crois pas être à
présent plus de 20 jours sans argent. D'ailleurs une
valeur de Th. 2 500 de m[archand]ises vendues au Harar
ne représente pas même Th. 2 000 au Choa, je crois
donc ne pas exiger trop.

Je paie à Aden tout le reste du compte de M. Savouré,
à Aden lui-même enverra ses thalaris au Choa quand
il lui plaira, pour moi il m'est absolument impossible
d'avoir des thalaris ici, même pour moi-même. *Et je*
n'ai reçu aucun thalari pour le solde de son compte.

Je vous salue sincèrement.

                                              RIMBAUD.

Cours des m[archand]ises.

L'or a énormément baissé à Aden par suite de la hausse de la roupie et du thalari. L'or en anneaux ne vaut plus que Th. 20 à 20 ½ à Aden, sans demande.

— Le Zébad est nominalement à Th. 2 à la côte, mais la vente en est très difficile, Aden, Massaouah, l'Europe, étant encombrés.

— L'ivoire seul se maintient : Th. 100 à 110 les 32 ½ livres, sont presque certains pour encore quelques mois, le blocus de Zanzibar ne finissant plus.

— Les cafés flottent entre 7 et 8. Très pesant.

— Gommes en pleine débâcle.

— Cuirs également.

1er mars 90.

RIMBAUD.

RIMBAUD À ILG

Nº 16.   Harar, 16 mars [18]90.
Par le Grec Andreas.

Mon cher M[onsieu]r Ilg,

On m'annonce enfin de Zeilah que l'on m'envoie les Th. 10 000 qui attendent là *depuis 3 mois!* Je compte les recevoir vers la fin du mois, et par la suite mes relations avec la côte reprendront leur aspect habituel. — Toutes les m[archand]ises que j'avais à Geldessey partent. Le blocus est terminé. Les Anglais ont fait la paix avec les Issas et les Gadiboursis.

Donc envoyez quelqu'un ici avec tout ce que vous avez réalisé de mes m[archand]ises, et *sur votre ordre je livrerai votre compte à la personne que vous enverrez,* ne pouvant répondre du transport moi-même.

Réalisez au mieux, au prix que vous trouverez, le reste de mes m[archand]ises, et envoyez-moi le produit au plus tôt, j'en ai très besoin, devant liquider ma première opéra-

tion avec Tian pour entrer dans d'autres arrangements.

Envoyez-moi aussi le mulet ou la mule, très saggar[1], très grand, très fort, jeune, la meilleure bête que vous trouviez, bien harnachée, à n'importe quel prix.

Si le Roi veut bien, parlez-lui donc des Th. 4 000 qu'on m'a empruntés ici en son nom il y a sept mois, pourquoi ne m'envoie-t-il pas l'ordre de paiement, est-ce qu'on joue ainsi avec l'argent des négociants?

Bien à vous

RIMBAUD.

RIMBAUD À ILG

N° 17.   Harar, 18 mars 1890.

Mon cher Monsieur Ilg,

Je vous confirme mes lettres n°s 14, 15 et 16 (cette dernière du 16 mars) par le Grec Andreas qui, je crois ne vous parviendra qu'après ceci. Ces lettres vous expliquaient comment nous nous sommes *trouvés bloqués ici 3 mois par la guerre des Anglais avec les Issas, et comment je suis depuis le 15 décembre 1889 absolument sans un thalari, comme d'ailleurs tout le monde ici,* ce qu'il vous est facile de contrôler.

La paix enfin rétablie sur la route, je reçois dans quelques *jours Th. 10 000 qui m'attendaient à Zeilah depuis le 10 décembre 1889. Envoyez donc quelqu'un à qui je consigne le solde de votre compte,* car pour moi je ne puis être responsable du transport de vos thalaris, envoyez-moi quelqu'un de sûr et je tiens l'argent à votre disposition. — Pour ma part je n'ai personne sous la main.

Ci-joint une lettre au Roi Ménélik pour les Th. 4 000 qu'on m'a forcé de prêter en septembre 89 et qu'on refuse de me rendre ici! J'ai déjà écrit en amhara au Roi pour cette affaire par un courrier de l'Azzage, mais je crains que cela soit perdu. Par chaque courrier d'Aden je reçois des reproches pour cette affaire, et pour moi que puis-je faire, entre les brigands de choums du Harar et les négociants d'Aden qui ne me feront pas grâce d'un païssa[2] des intérêts de cette somme.

Ayez la bonté de remettre ce mot au Roi, et de veiller à ce qu'il envoie réponse au plus tôt possible.

Cette affaire me retient esclave ici. Je réclame au Roi les intérêts à raison de 1 % par mois, mais je perds beaucoup plus.

Envoyez-moi le produit de la vente de mes m[ar-chand]ises et finissez-en avec ces m[archand]ises au plus tôt et au mieux.

Cours :
— Ivoire à Aden Th. 110 les 32 1/2 livres;
— Zébad à Aden Th. 1 3/4 l'once;
— Or à Aden Th. 20 à 20 1/2 l'once (en baisse).

M. Savouré eſt attendu incessamment à la côte. Tous ses comptes sont terminés. J'ai ordonné à M. Tian de payer tout ce qui lui eſt redû à la côte, car ici il m'eſt impossible de fournir du numéraire, n'ayant reçu pour solde de son compte que des cafés sur lesquels j'ai d'ailleurs perdu.

Bien à vous

RIMBAUD.

Salut[ati]ons à M. Zimmermann.

ERNEST ZIMMERMANN À RIMBAUD

5e lettre !   Ankober, 26-III-[18]90.

Cher Monsieur Rimbaud !

Me voilà à Ankober pour expédier la caravanne de M. Savouré. Serkis qui veut toucher Harar en descendant, portera cette lettre. Je me permet de vous rapeller encore une foi et toujours de nous envoyer notre argent, s'il n'eſt pas déjà en route, avec celle de M. Savouré, car aussi pour lui je suis sans argent, et le moment [eſt] très favorable pour les achats.

Avant hier, nous avons reçu la nouvelle que l'empereur a battu les Tigréins et que Dechech Meconen a rejoint l'empereur. Donc j'ai l'espérance qu'il revient vite et encore plus vite M. Ilg. J'ai eu des queſtions avec MM. Pino et Bremond, qui m'ont voulu sésire la marchandise de

M. Savouré, et je n'ai pu réussir qu'en étant garant avec l'argent qui se trouve encore à Harar, une raison de plus pour l'envoyer vite!!

D'autre nouvelle rien, que avec Pinon sont arivé encore deux Français son neveux et un M. Bartoli, et puis Appenzel.

Vos marchandise ne-se vend presque riens, car il n'y a personne dans le pay. Quand l'empereur y sera, ça marchera mieux.

Maintenant mes meilleurs compliments et croyez moi toujours votre très dévoué

ERNEST ZIMMERMANN.

Votre commission de mule je n'ai pas encore réussi; tous [ceux] que j'ai vu n'étaient pas de n° 1, comme vous le demandez.

ERNEST ZIMMERMANN À RIMBAUD

Ankober, 4-IV-[18]90.

Cher Monsieur Rimbaud!

Aux moment de la pattence pour Entotto (tous les mules sont déjà chargé), je reçois heureusement la nouvelle qu'un courier est arrivé chez lui, et je vais tous de suite chez lui pour réclamer des lettres. J'ai reçu votre lettre n° 17 du 18 mars, je vous remerci, mais envoyez les lettres adressé à Ilg et Zimmermann.

Donc je vous envoie seulement nos domestiques pour notre argent. Si vous avez quelque pour M. Savouré, vous pouvez l'ajouter tous de même.

Votre lettre, je ferai partir avec la première ocasion; ainssi pour vos marchandises bien entendu.

Je vous demande une petite service : de dire à M. Manoli Giorgé, que j'ai reçu sa lettre au lieu de M. et que je ferai sa commission aux Russe Mikael, et bien mes compliment, comme surtout à vous

Votre dévoué
ERNEST ZIMMERMANN.

RIMBAUD À ILG

Nº 18.   Harar, le 7 avril 1890.
Par M. Nicolas Kaledji.

Mon cher Monsieur Ilg,

Que diable faites-vous? Je vous confirme mes nºs 13 par le Russe Mikaël, mes nºs 14, 15 et 16 par les deux grecs, mon nº 17 par un abyssin Joseph de la mission.

Je vous ai écrit d'*envoyer des gens à vous ici pour toucher vos thalaris, avec ordre de vous,* — car pour moi je ne trouve aucune occasion. Envoyez donc les chercher au plus tôt, — j'attends.

La route de Zeilah est enfin rouverte, les m[archand]ises de Mékonène entrent dans quelques jours à Geldessey, avec les marquis, docteurs, etc., du gouv[erneme]nt italien.

Je suis complètement brouillé avec M. Tian pour l'affaire des Th. 4 000 que l'on m'a forcé de prêter au gouv[erneme]nt abyssin, et il est probable qu'il me retirera son agence si la rest[ituti]on tarde.

Vous me rendrez donc un très grand service en faisant remettre *au Roi la lettre ci-jointe* où je réclame CETTE SOMME ET SES INTÉRÊTS, *que je paie chaque mois de ma poche!* — Quant aux chouftas[1] du Harar, ils refusent de me rembourser!

Renvoyez-moi au plus tôt tout le produit de mes m[archand]ises vendues, et liquidez le reste au mieux, je veux en finir avec le compte Tian.

M. Savouré arrivé le 24 mars à Obock : il attend vos m[archand]ises au plus tôt. — Je lui ai fait payer à Aden Th. 8 833, tout le reste de son compte, n'attendez donc rien d'ici, il m'a été impossible d'apporter du numéraire ici, pendant 3 mois, même pour moi.

Bien à vous. Écrivez.

                                               RIMBAUD.

Amitiés à MM. Zimmermann et Appenzeller.

RIMBAUD À MÉNÉLIK

Lettre de Monsieur Rimbaud,
négociant au Harar,
à Sa Majesté,
Sa Majesté le Roi Ménélik.

　　　　Majesté,

Comment vous portez-vous? Veuillez agréer mes
saluts dévoués et mes souhaits sincères.

Les choums, ou plutôt les chouftas, du Hararghé,
refusent de me rendre les 4 000 thalaris qu'ils ont arra-
ché[s] de mes caisses en votre nom, sous prétexte de
prêt, il y a sept mois déjà.

Je vous ai déjà écrit trois fois à ce sujet.

Cet argent est la propriété de marchands français à
la côte, ils me l'avaient envoyé pour commercer ici à
leur compte, et à présent, ils m'ont pour cela saisi tout
ce que j'ai à la côte, et ils veulent me retirer leur agence ici.

J'estime à 2 000 thalaris la perte *personnelle* que me
cause cette affaire. — Que voulez-vous me rendre de
cette perte?

En outre chaque mois je paie un pour cent d'inté-
rêt sur cet argent, cela fait déjà 280 thalaris que j'ai
payés de ma poche pour cette somme que vous me
retenez, et chaque mois l'intérêt court.

Au nom de la justice, je vous prie de me faire rendre
ces 4 000 thalaris au plus tôt, en bons thalaris comme
j'ai prêté, et aussi tous les intérêts à 1 % par mois, du
jour du prêt au jour du remboursement.

Je fais un rapport de l'affaire à nos choums à Obock
et à notre consul à Aden, afin qu'ils sachent comme
nous sommes traités au Harar.

Prière de me répondre au plus tôt.

Harar, le 7 avril 1890.

　　　　　　　　　　　　　RIMBAUD,
　　　　　　　　　　négociant français au Harar.

Sa Majesté
S. M. L'Empereur Ménélik
Recommandé aux bons soins de Monsieur Ilg.

SAVOURÉ À RIMBAUD

A. SAVOURÉ et Cie   Djiboutil, le 15 avril 1890.
  Obock-Djiboutil
    Harar-Choa
Paris, chez Jules Roquet
  94, rue Hauteville

Mon cher Monsieur Rimbaud,

Je suis ici depuis une quinzaine, occupé à construire une grande maison [1]. J'ai remis plusieurs fois pour vous écrire faute d'une bonne occasion. Aujourd'hui j'apprends qu'un courrier de vous a dû arriver en France après mon départ, j'espère qu'il me reviendra par le bateau du 22/23 c[ouran]t.

Je suis très inquiet du manque de nouvelles du Choa. Ilg a-t-il fait prendre l'argent? Avez-vous de ses nouvelles? Il m'a écrit que tout l'argent qu'il avait était employé, mais je ne vois rien venir. Savez-vous quelque chose de cette fameuse caravane? Dans l'affirmative, soyez assez aimable pour m'envoyer de suite un courrier.

Vous voudrez bien me dire où en sont nos comptes. Si vous avez des affaires à me proposer, je suis à votre disposition. Je serai obligé de faire surtout des affaires ici, mais d'ici peu je serai bien organisé pour cela et je pourrai vous faire de mon côté quelques propositions.

Dans le cas où Ilg n'aurait pas encore fait prendre l'argent, vous voudrez bien m'envoyer une traite sur Tian de *mille thalaris,* et quant au reste si vous voulez vous charger de m'envoyer un peu de tous les produits du Harar à titre d'échantillon, vous me direz quelle commission vous voulez et dans quelle condition de partage de bénéfices vous le feriez à l'avenir, au moins pour les cafés.

Une maison de Paris ayant succursale en Amérique m'a demandé un échantillon peaux de chèvre, croyez-vous une lutte possible avec les Américains d'Aden? Si oui, soignez-moi un échantillon et les fonds ne manqueront pas.

On m'affirme aussi que les peaux de bœuf dites d'Abyssinie se vendent avec une forte prime sur les cuirs ordinaires et beaucoup plus cher qu'à Aden en tout cas.

Je suis également inquiet des nouvelles d'Abyssinie. Suivant les Italiens, ce serait splendide pour eux, mais l'on ne sait rien de vrai. Ménélik a-t-il ou non signé le traité de protectorat? Les Italiens affirment même que des articles

additionnels donnant à l'Italie la douane de Harar administrée par eux en paiement de l'intérêt de l'emprunt auraient été signés.

Savez-vous quelque chose? J'attends de vos bonnes nouvelles au plus vite. Je vous serre amicalement la main.

A. SAVOURÉ.

Avant de commencer l'emploi des fonds dites-moi vos conditions et je vous enverrai de suite un courrier. Prière de donner à Donko et aux 2 hommes qui sont avec lui de quoi partir de suite pour le Choa.

Le Guide courrier Mohammed Cayad qui accompagne les Abyssins doit revenir aussitôt que vous serez prêt. Il n'y a rien à lui donner, un th. s'il le demande. Il ne doit être payé qu'au retour ici.

REÇU

Reçu, en remboursement des quatre mille thalers que m'avait empruntés l'Administration Abyssine du Harar, six cent soixante-quinze fraslehs et huit livres de café à 6 ½ le frasleh, soit 4 000.

Harar, le 18 avril 1890.

RIMBAUD.

RIMBAUD À SA MÈRE

Harar, le 21 avril 1890.

Ma chère mère,

Je reçois ta lettre du 26 février.

. . . .

Pour moi, hélas! je n'ai ni le temps de me marier, ni de regarder se marier. Il m'est tout à fait impossible de quitter mes affaires, avant un délai indéfini. Quand on est engagé dans les affaires de ces satanés pays, on n'en sort plus.

Je me porte bien, mais il me blanchit un cheveu par

minute. Depuis le temps que ça dure, je crains d'avoir bientôt une tête comme une houppe poudrée. C'est désolant, cette trahison du cuir chevelu; mais qu'y faire?

Tout à vous,   RIMBAUD.

RIMBAUD À ILG ET À ZIMMERMANN

Messieurs Ilg et Zimmermann.

Nº 19[1].   Harar, 25 avril 1890.

Chers Messieurs,

Vos gens m'arrivent enfin pour votre argent. Je vous envoie *Trois mille thalaris* en cinq ballots de Th. 600 chaque, à vos risques bien entendu. Ci-joint l'extrait de ce compte :

Je vous dois :

20 juil.	89 Thalaris du Gundja Biète		Th. 1 000	«
27 sept.	Café 107,17 à Th. 7.		755	«
—	Café 50.— à Th. 7.		350	«
12 nov.	Café 7,16 à Th. 6 1/2		50,12	
27 nov.	Café 139,11 à Th. 6 1/2		907	«
17 8bre.	Café 100.— à Th. 6 1/4		625	«
29 déc.	Café 242,11 à Th. 6 1/4		1 515,14	
			5 203,9	

Douane entrée et sortie (14 %) 17 p[a]q[ue]ts
ivoire (déduit ici de votre compte)   296,8
Total thalaris   5 500   «

Vous me devez :

Différence du cours des cafés	Th.	188,10
Expéd[iti]on 2 caisses de Th. 500	Th.	1 000 «
Exp[éditi]on 5 ballots de Th. 600	Th.	3 000 «
Achat d'un mulet agassas [2]	Th.	20 «
Achat d'un âne	Th.	5,8
Provisions et frais divers	Th.	23 «
Pour la route aux hommes	Th.	15 «

Frais divers courriers Aden Choa   Th.   6   «
                                        Th. 4 258   «
Balance à votre crédit   Th. 1 242   «
Bal[ance] thalaris   5 500   «

(C'est tout ce qu'ont voulu payer les Abyssins, quoique
le dernier ordre du Roi portât *Th. 6 000*.)

Je vous reste donc débiteur *pour ce compte* de Th. 1 242
mais je regrette de ne pas les avoir en caisse à présent :
j'attends des fonds nouveaux dans la quinzaine, mais
j'ai préféré ne pas faire attendre vos gens. Vous pouvez
renvoyer d'autres hommes dans un mois ou six semaines,
— mais cette fois aussi je désirerais voir arriver le pro-
duit de mes m[archand]ises, car je suis aussi pressé que
vous, sinon plus, et je ne comprends pas que vous
n'ayez pas profité de l'occasion pour me renvoyer tout
ce qu'il était possible. Je sais pourtant que la majeure
partie de ces m[archand]ises s'est vendue, et à d'assez
bonnes conditions. Je vous prie donc de ne pas me
faire attendre plus longtemps et je compte sur une
remise prochaine, et presque totale.
    Pour la dixième fois je vous répète que toutes m[ar-
chand]ises du Choa arrivant ici ou même à Geldessey
sans passe du Roi paient la douane entrée et sortie,
qu'elles soient à n'importe qui.
    Voici l'extrait de notre compte de marchandises :

Vous me devez :
Numéraire
        Th.   900   «
1res m[archand]ises
        Th. 2 704   «   Tous les frais de ces expéd[i-
2es m[archand]ises   ti]ons ont été très amplement
        Th.   776   «   payés par moi d'avance ici
3es m[archand]ises   jusqu'au Choa.
        Th.   361   «
4es m[archand]ises
        Th. 1 987,375
Total   Th. 6 728,375
Vous m'avez remis
        Th. 2 179,6   en 17 p[a]q[ue]ts ivoire
Vous restez me devoir
        Th. 4 548,775 sur ce compte.

Je regrette d'avoir envoyé ces m[archand]ises au Choa pour en voir la liquidation retardée aussi longtemps. Tout ce que j'avais en ce genre ici s'est soldé rapidement et avec bénéfice, il y a déjà longtemps.

— Pour en revenir à votre compte vous constaterez que j'ai pris à mon débit la douane des 17 p[a]q[ue]ts ivoire. Mais je vous débite de la différence du cours des cafés, car je n'avais que faire de ces cafés toujours sales et à 1/4 ou 1/2 thalari au-dessus du cours, et si je ne les acceptais pas, on ne me donnait rien. Je ne vous compte d'ailleurs aucune commission, et cependant j'ai fait des cadeaux pour votre compte, et surtout des démarches très fatigantes.

— Pour le compte de M. Savouré il est entièrement payé à Aden il y a longtemps : *il n'y a plus une piastre à lui ici et je suis absolument dégagé de ses affaires : prenez-en note.*

— Envoyez-moi donc la très bonne mule. Saluts sincères.

RIMBAUD.

Pour les cours des m[archand]ises l'ivoire est toujours à très bon prix. (Th. 110 à 130 à Aden.) Le Zébad est très déprécié. L'or est en baisse Th. 20 à 20 1/2 à Aden.

M. Tian demande la valeur de sa cloche (ou enfin quelque chose d'équivalent, si à la cour du Choa on a encore l'habitude de renvoyer la valeur des cadeaux).

RIMBAUD À ILG ET À ZIMMERMANN

Nº 20.   30 avril 1890.

Chers Messieurs,

Vos em...eurs de domestiques me retournent aujourd'hui, me contant que l'un des mulets *(un agassas de M. Savouré)*, est tombé en syncope entre Warabeili et Chalanko. Ils l'avaient probablement chargé trop de leurs frusques. Enfin je leur colle encore quinze thalaris à votre compte, pour qu'ils achètent d'autres animaux s'il est nécessaire, et je les expulse de ma présence.

Je vous préviens de nouveau que M. Tian a payé à
M. Savouré à Aden tout le solde de son crédit chez
moi. Je n'ai donc plus une piastre à lui, et je me suis
dégagé entièrement de ses affaires, veuillez en prendre
note.

— J'ai fini par toucher de la Caisse Municipale les
Th. 4 000 qu'on m'avait extrait[s] de ma caisse en sep-
tembre 89 sous prétexte de prêt. Inutile donc d'en
reparler au Roi.

— Envoyez-moi au plus tôt le solde de mes m[ar-
chand]ises, je vous prie, je désire régler avec M. Tian
prochainement.

Écrivez plus souvent. Bien à vous.

RIMBAUD.

MM. Ilg et Zimmermann, Choa.

RIMBAUD À SAVOURÉ

[Avril 1890?]

. . . .

Je n'avais nullement besoin de vos ignobles cafés,
achetés au prix de tant d'ennuis avec les Abyssins ; je
ne les ai pris que pour terminer votre paiement, pressé
comme vous l'étiez. Et d'ailleurs, je vous le répète, si
je n'avais procédé ainsi, vous n'auriez *jamais rien eu,
rien, absolument rien, rien de rien,* et tout le monde le sait
et vous le dira! Vous le savez vous-mêmes, mais l'air
de Djibouti égare les sens, je le vois!

Donc, après avoir transporté *à mes risques et périls des
ordures* sans aucun bénéfice, j'aurais été assez crétin, assez
idiot, pour importer ici, pour le compte de blancs, des
thalaris à 2 % de frais de transport, 2 ou 3 % de perte
de change, pour rembourser du café que je n'ai jamais
demandé, qui ne me rapporte rien, etc., etc. Seriez-vous
capable de le croire?

Mais les gens qui sortent du Choa ont vraiment des
raisonnements d'Abyssins!

Examinez donc mes comptes, cher Monsieur, repré-
sentez-vous les choses justement, et vous verrez que
j'ai parfaitement droit — et vous grand'chance d'avoir
pu en finir ainsi!

Veuillez donc m'envoyer au plus tôt un reçu de *th[alaris] 8 833 pour solde de tout compte,* — sans plus de plaisanteries ; — car, pour ma part, je vous établirais facilement un compte de quelques milliers de thalaris de pertes que m'ont occasionné[es] vos affaires, desquelles je n'aurais jamais dû me mêler.

Dans l'attente de votre reçu, agréez mes sincères salutations.

RIMBAUD.

SAVOURÉ À RIMBAUD

A. Savouré et Cte   Djibouti, le 4 mai 1890.
  Obock-Djiboutil
    Harar-Choa
Paris, chez Jules Roquet
  94, rue Hauteville

Mon cher Monsieur Rimbaud,

Au reçu de votre lettre je me suis empressé de télégraphier à M. Tian de m'expédier les 8 833 th. que j'avais refusé de prendre en totalité, cela pour me garantir de ces deux forbans auxquels je n'ai fait que du bien pour la ruine qu'ils me procurent.

J'ai en main les reçus de Pino pour le montant de tous les fusils que j'ai reçus de lui et dans les conditions du contrat que j'ai fait pour l'obliger et lui permettre de rentrer.

Des fusils revendus par des Abyssins à des Musulmans ont été saisis et ont motivé la resaisie de fusils que je n'avais pas pu faire sortir des grottes d'Aman parce qu'ils étaient hypothéqués pour plusieurs fois leur valeur. Ils entendent me rendre responsable de cette saisie sans doute. Autrement, je ne comprends pas, ayant en mains un reçu pour solde de tout compte de Pino. Aidez-moi encore, je vous prie, en faisant partir vite mes hommes pour le Choa. — J'écris une dernière fois à tous ceux qui peuvent m'aider avant de remonter moi-même pour cela. J'écris aussi à Brémond lui offrant un arbitrage ici ou à choisir entre une instance en [?] énormes dommages et intérêts.

Quant à votre lettre, merci de vos conseils, je sais qu'en faisant la part de votre exagération habituelle, il reste un peu de vrai, mais vous reviendriez sur cet avis si vous saviez ce

que j'espère faire, si ces forbans ne me forcent pas à quitter
d'ici avant d'être plus avancé.

Je compte sur vous pour m'aider à faire partir mes hommes
le plus vite possible au Choa, je vous couvrirai de vos débours,
soit chez Tian, soit par la plus prochaine occasion.

Prière aussi de renvoyer le guide Issa avec les nouvelles
que vous saurez. S'il revient ici pour le 22 c[ouran]t, vos
lettres arriveront à Aden plus vite que par votre cher Zeilah,
bien que nous soyons plus loin que le Japon. Si je n'ai pas
reçu vos lettres, ce ne sont pas les occasions qui ont manqué
mais c'est sans doute parce que l'on avait intérêt à en retarder
la remise. Je vous serre amicalement la main et vous prie
d'excuser mon griffonnage car je suis très fatigué.

Bien à vous.

A. SAVOURÉ.

ILG À RIMBAUD

Entotto, le 9 mai 1890.

Mon cher Mons[ieur] Rimbaud,

De retour hier de notre malheureuse expédition dans le
Tigré[1], je trouve vos nombreux courrier[s] et vous en remer-
cie. Ne vous faites pas du mauvais sang, mon cher, j'en
aurais bien plus de raisons et je m'en passe. C'est comme
si le diable régnait en Abyssinie depuis une année, tout va
de travers et l'on ne sait plus de quel côté se tourner. Je ne
puis vous répondre sur toutes les questions ayant à peine le
temps de vous écrire deux lignes, le courrier partant encore
aujourd'hui. Ras Meconen est ici, part pour quinze jours
dans les Gallas, va revenir ici pour l'arrivée du monarque
et prendra ensuite la route pour le Harar.

Le roi va arriver demain à Débré Berhan, de sorte que j'ai
l'espérance de pouvoir finir le tout le plus vite possible, expé-
dier le mois prochain M. Zimmermann, qui attend avec
impatience son départ, et à cette occasion vous envoyer des
marchandises. Pendant notre voyage au Tigré, ici presque rien
ne s'est vendu et M. Zimmermann et moi nous avons nos
maisons tellement encombrées de marchandises non vendues
que nous ne savons de quel côté nous tourner. L'empereur
de retour, j'espère que cela marchera mieux : j'ai même
engagé un certain M. Mc Kelvey pour l'envoyer avec les
marchandises au Godjam si c'est possible et s'il est vrai
que le roi de là va venir se soumettre.

Quant aux affaires de M. Savouré, elles marchent aussi très mal. Le fameux capitaine au long cours[1], sur les conseils de l'illustre M. Brémond, a mis arrêt sur sa caravane au moment du départ et fait les mains et les pieds pour discréditer Savouré et nous-mêmes. J'espère pouvoir le mettre à l'ordre et lui prouver qu'il n'a pas à se plaindre si chez lui toujours tout va de travers. N'ayant reçu aucun de vos courriers, je n'ai pu rien faire pour vous chez l'empereur, mais à première vue je lui en parlerai et je vous ferai rendre votre argent, etc. Ras Meconen d'ailleurs est revenu comme un homme qui a vraiment étudié les choses et vous trouverez en lui un autre que l'ancien dédjaz. Il traite les Européens à présent très bien et m'a assuré plus d'une fois qu'il veillera autrement que jusqu'aujourd'hui à leurs intérêts. Écrivez-lui à [la] première occasion, félicitez-le de sa nomination de Ras et de son heureux retour et expliquez-lui votre situation comme j'ai déjà fait, et vous trouverez en lui un autre qu'auparavant. Étant à peine arrivé, je n'ai pas encore pu faire la situation, je vous l'enverrai le plus vite possible.

Encore une fois, ne vous faites pas du mauvais sang, cela ne vous avancera en rien, nous vieillissons déjà assez vite.

Bien des saluts de votre dévoué

ALFRED ILG.

Je joins quelques lettres avec prière de faire suivre.

RIMBAUD À ILG ET À ZIMMERMANN

Nº 21.   Harar, le 15 mai 1890.
Par Dinkon.

M[essieu]rs Ilg et Zimmermann,

Je vous confirme mes lettres nº 19 et 20 par vos domestiques, accompagnant un envoi de Th. 3 000 à vous. Au dernier moment vos domestiques, selon le louable usage abyssin, ont trouvé moyen de casser les reins à un agassas à M. Savouré, qui m'est revenu absolument hors d'usage et que j'ai dû abandonner. Demandez compte à vos gens de Th. 30 qu'ils ont pris de moi pour la route, à votre compte. Je suis sûr qu'ils trouveront encore moyen de se plaindre de moi, et vous

de même, peut-être, l'ingratitude étant à la mode chez tous les habitants du Choa. Mais peu importe.

M. Savouré m'a enfin envoyé de Djibouti le reçu des Th. 8 833, valeur des *cochonneries* avec lesquelles on m'a payé son compte définitivement! Il s'est décidé à toucher cette somme chez Tian quand je lui ai fait part de la saisie de Brémond. Figurez-vous qu'il aurait voulu que j'importe ici des thalaris, et que je les lui tienne en conserve, en paiement des horribles cafés qu'on m'a fait avaler ici à 1/2, 3/4, 1 et 2 thalaris au-dessus du cours! Ces cafés ont perdu à Aden, et d'ailleurs je ne lui réclamais pas la perte, je refusais seulement de payer encore 2 % de transport pour des thalaris, après avoir couru, et devoir courir tous les risques de toute espèce! — Mais laissons cela de côté. Je vous déclare seulement que je n'ai absolument plus rien à voir avec les comptes de Savouré, anciens et nouveaux, comme je lui ai déclaré que je ne me mêlais plus jamais ni à aucun titre de ses affaires.

Enfin il m'a encore récrit me priant d'envoyer ses domestiques au Choa, en leur avançant les frais, c'est ce que j'ai encore la bonté de faire, et je vous les envoie. Mais dans l'intervalle le Brémond qui devait entrer ici en toute hâte, a, on ne sait pourquoi (pour ne pas payer la douane de l'ivoire, je crois), filé directement du Hérer sur Djibouti, où il se trouve à présent, et où j'espère que ces deux personnages pourront arriver à une entente. — Je suis heureux de n'avoir pas eu la visite de Brémond, car vous me dites que vous aviez fait la bêtise de donner garantie sur ce que Savouré peut avoir ici, où il n'a pas la valeur d'une piastre. Au contraire, il me redoit quelques Thalers. De sorte que j'aurais eu quelques ennuis de la part de Brémond. Et pour avoir obligé, je serais encore désobligé. C'est l'usage avec tous les négociants du Choa!

Faites donc attention, encore une fois, de ne plus rien m'adresser au nom de M. Savouré, ni hommes, ni marchandises, ni correspondances, ni quoi que ce soit. Je refuserais tout, absolument tout. Il n'y a que fatigues et pertes à se mêler de ces sortes d'affaires.

— Et maintenant, chers Messieurs, la question de mes marchandises.

Le produit de ces m[archand]ises, je le répète, envoyez-

le ici, au Harar, au plus tôt. Je paierai les frais de douane moi-même, et ne vous réclamerai rien. Il n'y a plus que cette question qui me retienne ici, car je dois depuis longtemps descendre à Aden, où je dois modifier absolument la marche de mes affaires.

Vous pouvez m'envoyer cela par le Tchertcher, avec quelques chameaux ou mulets, si c'est de l'ivoire.

L'ivoire a encore bon prix à Aden, mais il ne faut cependant pas compter plus de Th. 110 les 32 1/2 livres; on a vendu de l'ivoire à l'Azzage Th. 130, dit-on, mais on a dû voler les indigènes, ou leur jouer une farce quelconque d'ailleurs. Donc ne pas faire de folies. On dit toujours que l'ivoire doit baisser énormément à la fin du blocus de Zanzibar. Mais il me semble que ce blocus a dû cesser, mais rien n'est encore venu.

L'or a énormément baissé à Aden Th. 20 à 20 1/2 à présent, à cause de la hausse des thalaris. Ici les détenteurs refusent de vendre à Th. 18, et descendent à Aden.

Rien de pire que le Zébad à présent. Il est ici à Th. 1 1/4 1/8, à Aden Th. 1 1/2 1/8. Il sera proch[aineme]nt à Aden même à Th. 1 1/4 et peut-être moins. Donc je n'en veux pas.

Je vous le répète, je paierai ici les frais de douane, mais envoyez, envoyez au plus tôt tout ce que vous pouvez au compte de mes m[archand]ises. Ce retard est fort désagréable pour moi, vous n'avez pas idée. Enfin j'espère que vous le comprendrez, car je ne puis plus attendre. Je vous salue sincèrement.

RIMBAUD.

P.-S. — Ci-joint une lettre de M. Tian pour l'impératrice, ce sera sans doute pour la cloche! Voyez aussi à terminer cette question, s'il vous plaît. R.

RIMBAUD À ILG

N° 22.   Harar, le 6 juin [18]90.
Par « Etoum ».

Mon cher Monsieur Ilg,

Ceci est simplement pour vous accuser réception de votre lettre d'Entotto 9 mai. J'achemine les lettres qui l'accompagnent.

Rien de neuf par ici, on attend le Ras et on lui brasse du tedj[1] qu'on boira probab[leme]nt avant lui.

Des ordres très sévères ont été donnés à la douane de faire tous et tout payer toujours. Avis à vous si vous expédiez des m[archand]ises ici à vous. Quant *à moi cela m'est égal, expédiez-moi ce que vous voulez, je paierai la douane entrée et sortie à mon compte, sans vous débiter de rien.* Je vous en ai d'ailleurs déjà avisé. Envoyez-moi donc au plus tôt le produit de mes m[archand]ises et réalisez aussi tout ce qui reste. Ce stock en dérive me gêne fort : finissons-en, je vous en prie.

L'ivoire *entier ici* est à Th. 100-105 les 37 1/2 livres (14 % entrée et sortie). — L'or bons lingots Th. 18, anneaux Th. 19. — Le Zébad à Th. 1 1/4, en baisse. (À Aden Th. 1 1/2.) — La baisse de l'or a été causée par la hausse du change des roupies, qui a mis dernièr[eme]nt le thalari à Th. 4. 10.

M. Savouré est à Djibouti et n'en bougera guère avant plusieurs mois. Il bâtit avec l'aide d'une cinquantaine de maçons une réduction de la tour Eiffel.

Brémond part le 10 juin d'Obock pour Marseille. Bortoli part d'ici dans 3 jours pour Djibouti.

Bien à vous,

RIMBAUD.

ATTESTATION DU VICE-CONSUL DE FRANCE

Le Consul, chargé du V[ice]-Consulat de France, reconnaît que M. Rimbaud lui a adressé le 3 novembre 1887 un état de comptes représentant la liquidation de la caravane de feu M. Labatut; mais, quoique mis en demeure par le Consul le 8 novembre 1887 (lettre n° 439) de présenter les reçus et autres pièces justificatives de ses dépenses, M. Rimbaud ne l'a pas fait et n'a même pas répondu à cette demande. Le seul versement fait en présence du Consul a été celui d'une somme de *cent cinquante thalers* provenant d'un compte particulier entre M. Deschamps et Rimbaud.

Le Consul se rappelle fort bien d'une déclaration de paiement de *huit cent soixante-cinq* thalers que M. Rimbaud a certifié avoir payés à Dedja[tch] Mokonen pour être payés à M. Audon, alors en possession du billet Labatut, mais aucune pièce constatant le *motif* de ce versement n'a été présentée, et M. Deschamps n'a jamais pu être remboursé de cette somme malgré l'instance qu'il a adressée, appuyée par le Consulat, à Dedja[tch] Mokonen qui n'a même pas répondu.

M. Chefneux, voyageur rentrant du Choa, a passé à Aden et est venu déclarer au Consulat le 6 mai 1890 que les 865 thalers versés à Dedja[tch] Mokonen n'étaient que le solde d'une dette de feu M. Labatut vis-à-vis du Raz Govana, lequel avait enjoint à Dedja[tch] Mokonen de faire payer à M. Rimbaud ou pour mieux de les lui retenir sur les sommes qu'il avait à toucher pour le compte du roi Ménélik au Harar.

Aden, le 8 juillet 1890.

G. DE GASPARY.

[Cachet :] Vice-Consulat de France.
Aden.

LAURENT DE GAVOTY À RIMBAUD

La France Moderne　　　　　　　　　　　　17 juillet 1890.
　Rédacteur en chef
　Jean Lombard

　　Monsieur et cher Poète,

　　J'ai lu de vos beaux vers : c'est vous dire si je serais heureux et fier de voir le chef de l'école décadente et symboliste collaborer à la *France moderne*, dont je suis le directeur.
　　Soyez donc des nôtres.
　　Grands mercis d'avance et sympathie admirative.

　　　　　　　　　　　　　　　　　LAURENT DE GAVOTY.

ILG À RIMBAUD

　　　　　　　　　　　　　　　　Boulluk, le 17 juillet 1890.

　　Mon cher M[onsieu]r Rimbaud !

　　Voilà enfin M. Zimmermann en route pour Harar et la côte et j'espère qu'il vous arrive en bonne santé. Nous avons pu vendre jusqu'aujourd'hui pour votre compte pour à peu près

ce qui fait avec les 900 th. que vous me remettrez

Nous vous avons envoyé de l'ivoire pour
Payé pour votre compte à la femme de Labatut
Payé frai[s] de caravane de fer en plus

Th.	3 500 «
Th.	900 «
Th.	4 400 «
Th.	2 179,60
Th.	100 «
Th.	20 «
Th.	2 299,60

déduits des 4 400 th. restent 2 100 th. que M. Zimmermann vous remettra en or. Malheureusement les marchandises ne se vendent presque plus ; des casseroles et métads, on a pas vendu pour 50 th., malgré que nous avons considérablement diminué le prix, j'ai encore presque 200 paq[uets] de fil rouge que je ne puis pas même vendre à 3 th. le paquet, le pays en étant plein ; il me reste en outre toutes les perles, 4 pièces de soie et toutes les cretonnes, même une pièce de

...1 acheter que les burnous
...empereur m'a promis de
...s seulement, c'est ennuyeux
...ries et les 500 birillis que je
... Massaoua et je n'ai pas encore
...vous fais pourtant payer par
...ds bien que c'est bien ennuyeux
...r convertir ces marchandises en
...ment impossible de vendre, d'au-
...ci meurt de faim, le prix du blé
...mm' pour un thaler et que tout le
...ter quelque chose. Nous-mêmes nous
...sés, nous avons en plus de 100 th. de
...sport de Farré à Entotto, pas à
...domestiques, employés, etc., tous
...l'on ne sait plus où se tourner et
...gâter la marchandise par la rouille
...

Le oi du Go...m étant venu, je me suis informé si je
ne ferais pas bie... d'envoyer quelque chose là-bas et j'ai eu
...certitude que là-bas c'est encore pire qu'au Choa.

Ce q...nous embête le plus après le fer, c'est le dernier
envoi de djano enveloppé avec du mauvais papier duquel per-
sonne n'en veut à aucun prix, tout le monde ne demande que
la qualité avec la marque Lune. Je ne vois absolument [pas]
comment m'en défaire, même à 1 th. le paquet. Aussi les
casseroles et métads leur sont beaucoup trop chers, les
grandes casseroles, même à 1 th., ne se vendent que pièce
par pièce; des métads, ils n'en veulent pas du tout, je crois
nous n'en avons pas vendu dix. Ne croyez-vous pas qu'il
serait peut-être le mieux d'offrir le tout à l'empereur et de tâcher
d'en tirer le plus possible comme cela, en bloc, que d'attendre
un temps infini? Que l'empereur le distribue comme bon
lui semble.

Vous me dites de les vendre au mieux, mais vendant
pièce par pièce même pour ½ th., je ne m'en déferais pas
avant des mois, le peuple n'ayant pas d'argent à s'acheter
du grain même pour son existence. Veuillez me dire ce que
vous en pensez et ce que vous jugerez convenable. Vous me
dites que vous ne voulez plus avoir à faire avec M. Savouré,
nous sommes presque dans le même cas, après avoir eu tous
les ennuis possibles pour lui, il nous écrit une lettre qui
d'abord n'a ni mains ni pieds et qu'on n'écrit pas même à
un employé. Il nous dit que vous lui aviez envoyé une lettre
de M. Zimmermann dans laquelle ce dernier aurait dit que
vous ne vous pressiez pas pour son paiement, qu'il avait
bien le temps d'attendre. Je sais que vous ne cherchez pas
à brouiller le monde, d'autant plus que cela ne serait abso-

lument pas dans *sa mère*
sais pas ce que c'est po
en trouvera peut-êtr c'est po

Je ne vous parle pas mann
mann vous expliquera de l'énig
aussi arrangé avec le ra savouré-P
ivoire, ainsi que pour le verbalen
que M. Zimmermann puis pour la de
ces questions, ne recourez pas prix du
gerez toujours mieux avec le tout cela.
traitez adroitement, il ne vous rque, vou
ai beaucoup recommandé comme s de misèr
raide, c'est vrai, mais très sincè. il négocia
lui et n'attaquez surtout plus Nouez d'être
inutile. chez le

Et à présent, mon cher M[onsie]r mbaud, pr
choses en philosophe que vous êtes e evez-moi cơ
passe. Vous aurez assez du monde à H ar, il y v t
moitié de l'Éthiopie.

Bien à vous

A. ﬁG.

Est-ce que vous avez envoyé un peu de café à ma mère
à Zurich?

RIMBAUD À SA MÈRE

Harar, 10 août 1890.

Il y a longtemps que je n'ai reçu de vos nouvelles.
J'aime à vous croire en bonne santé, comme je le suis
moi-même.

. . . .

Pourrais-je venir me marier chez vous, au printemps
prochain? Mais je ne pourrai consentir à me fixer chez
vous, ni à abandonner mes affaires ici. Croyez-vous que
je puisse trouver quelqu'un qui consente à me suivre
en voyage?

Je voudrais bien avoir une réponse à cette question,
aussitôt que possible.

Tous mes souhaits.

RIMBAUD.

ILG À RIMBAUD

Entotto, le 23 août 1890.

Mon cher Monsieur Rimbaud,

Avec plaisir je vous accuse réception de votre amicale du 6 juin qui me fut remis[e] par Etoum il y a 4 jours, ce dernier l'ayant oublié.

J'espère que M. Zimmermann soit bien arrivé chez vous et vous ai[t] remis l'or que nous avions acheté pour vous du produit de vos marchandises. Depuis le départ de M. Zimmermann je suis tout à fait sans nouvelles de lui et de Harar, je m'étonne même que les courriers se fassent attendre si longtemps. Ici les affaires marchent très mal. Je n'ai pu vendre pour vous jusqu'à présent qu'à peu près pour 150 th. et cela pièce par pièce, les djano ne se vendent pas même à 3 th., je ne sais plus quoi faire, si le mois prochain cela ne va pas mieux, j'en désespère. Quant à l'ivoire et l'or, on n'en trouve plus du tout, tout part pour Harar, ici personne ne veut plus vendre, depuis trois mois je n'ai plus acheté pour 100 th. J'enverrai à présent encore une fois à Lecca malgré le mauvais coup qu'on m'a joué. J'y avais envoyé au mois de novembre 1 500 th. et jusqu'aujourd'hui je n'ai pas pu avoir mon argent, il me reste encore 228 th. à toucher malgré que j'ai repris à peu près 600 th. en espèces après huit mois d'attente. J'ai eu le plaisir de nourrir un de ces bougres attaché chez moi pendant un mois et aujourd'hui j'ai été obligé de le relâcher. L'empereur fait ramasser de l'or et de l'ivoire de tous les côtés et après les pluies une caravane importante à lui va partir pour la côte.

M. Pino a pu vendre à peu près 500 fusils jusqu'aujourd'hui, mais lui aussi il ne trouve rien à acheter, il est désolé, mais il veut partir quand même au mois de novembre. À son temps je vous avais prié de vouloir m'acheter de l'acide nitrique concentré et de l'acide sulfurique et de me l'envoyer. L'avez-vous oublié ou puis-je encore compter dessus? Je vous avais aussi écrit de payer à Moussaia un compte de café pour M. Appenzeller et de me le porter en compte. Avez-vous payé et dois-je le porter en compte à M. Appenzeller? Si oui, veuillez me donner le montant. Répondez-moi aussi le plus vite possible sur ma dernière lettre. Je serais bien heureux de pouvoir me défaire de toutes ces marchandises, comme cela marche aujourd'hui je ne finirai pas dans deux ans, et j'ai toujours la peur que les marchandises se

détériorent et j'ai été obligé de mettre tout dans ma propre maison, de peur de souris, de la pluie, etc., et je ne sais plus où me tourner. D'un autre côté, je suis très en peine pour vous parce que je comprends très bien que vous avez besoin de cet argent qui dort inutilement. Si je ne reçois sous peu votre réponse, je m'adresserai à l'empereur pour la ferraille, afin qu'il puisse le [*sic*] distribuer avant qu'il aille en expédition. Quant au djano, je tâcherai de l'envoyer dans les Gallas, peut-être que je m'en débarrasse [*sic*] mieux là-bas.

Je vous avais cherché un bon mulet, mais inutilement jusqu'aujourd'hui, des moyens on en trouve, mais des très bons comme vous le demandez, pas du tout.

Quant aux esclaves, pardonnez-moi, je ne puis m'en occuper, je n'en ai jamais acheté et je ne veux pas commencer. Je reconnais absolument vos bon[ne]s intentions, mais même pour moi je ne le ferai jamais.

Adieu mon cher M[onsieu]r Rimbaud, donnez-moi bientôt de vos bonnes nouvelles et croyez-moi votre bien dévoué.

ALFRED ILG. ING.

Veuillez avoir la bonté d'acheminer la lettre incluse à M. Zimmermann, ainsi que les autres. Si M. Davico part de suite, il s'en chargera volontiers.

L'ange Gabriel vous envoie ses sincères salutations, avec l'excuse de ne pas vous écrire lui-même, étant trop occupé, et il vous prie de nous envoyer des journaux, si vous en avez.

RIMBAUD À ILG

B 30/1.   Harar, 20 septembre [18]90.

Mon cher Monsieur Ilg,

Je reçois votre lettre du 23 août par M. Davico. M. Zimmermann est parti d'ici le 28 août, je crois, et il est arrivé depuis longtemps à Djibouti. On m'écrit que M. Savouré est parti pour France, j'ignore si votre compatriote l'y a suivi. M. Zimmermann a pris 259 thalaris à votre compte chez moi. Comme je restais vous devoir Th. 1 242, je ne suis plus votre débiteur à présent, après ce qu'a pris Zimmermann, et divers autres frais, que de Th. 961 net. J'ai remis au Ras, qui n'est

entré que depuis 8 jours, les diverses lettres où vous réclamez Th. 500 en plus des Th. 5 500 déjà payés, ainsi que la remise de la douane des 17 p[a]q[ue]ts ivoire et le remboursement de l'excédent du prix du café. Il m'a dit, comme toujours, qu'il verrait. Je doute fort qu'il rembourse la différence du café et la douane, mais il donnera les Th. 500, comme il sait donner, à force de réclam[ati]ons et en cherchant toujours à vous escompter quelque chose. Il me semble être devenu de plus en plus horriblement avare! D'ailleurs il est enfoncé dans des difficultés de plus en plus terribles, qu'il me serait trop long de vous décrire.

— Pour notre compte march[and]ise j'ai bien reçu les Th. 2 100 d'or que j'ai eu la malechance [*sic*] d'accepter à Th. 19 l'once. (Hélas, il vient de se vendre Th. 16 1/2 à Aden!) Il reste ainsi en vos mains des m[archand]ises pour la valeur, selon mes factures, de Th. 2 328,775. Comme vous, je serais très heureux de voir se liquider au plus tôt ce stock. J'en serais même beaucoup plus charmé que vous, et la suite de cette lettre vous fera comprendre pourquoi. Donc donnez au Roi ce que vous voulez, comme vous voulez, *pourvu que le paiement soit immédiat,* — et au diable aussi ce que vous voulez, aux mêmes termes! Finissez-en, finissez-en, pourvu, je le répète que ce soit *au comptant,* sans hésiter à perdre quelques centaines de thalaris sur la valeur facturée. Je ne vous ai, je crois, jamais écrit autre chose. J'ai confiance en ce que vous ferez. *Je compte absolument recevoir le produit de ce stock avant décembre, car certainement à la fin de l'année je devrai partir d'ici,* et liquider entièrement mon affaire avec Tian.

— Et maintenant, prêtez la plus sérieuse attention à ce qui suit, dans votre intérêt personnel :

Il s'est produit depuis deux mois une révolution énorme dans le change de la roupie et du thalari. L'argent a haussé énormément de valeur par suite d'un certain « Silver bill » passé aux États-Unis, et d'après lequel, pour rétablir l'équilibre monétaire, les U.S. se sont mis à coiner[1] chaque mois je ne sais combien de millions de dollars d'argent[2]. Et il ne s'agit pas d'une crise momentanée, croyez qu'avant plusieurs années l'argent ne baissera plus. La roupie de 5 en 5 centimes est arrivée à F 2,30, et doit arriver bientôt à F 2,50. Le

thaler vaut à présent 5 francs, et augmentera encore.
La guinée est à 11 roupies à présent, le napoléon
à 9, etc. — Donc tous les prix de toutes les m[archand]ises se vendant en thalaris ont baissé énormément.
L'or a dégringolé à Th. 19, 18,50, 18, 17, 16 1/2 *et
enfin Th. 16 à Aden!* Je perds encore Th. 350 sur celui
que j'ai pris de vous! L'ivoire ne vaut plus que *de
Th. 80 à Th. 90, le zébad Th. 1 et moins,* et encore est-il
très difficile de vendre la moindre chose à Aden, jusqu'à
ce que le change de la roupie soit enfin stable : ce change
se fixera enfin, je crois à 2 frs, 20, et alors on aura une base
fixe pour les achats en thalaris. En attendant, nos m[archand]ises en route perdent beaucoup, je vais, ou plutôt
nous allons, boire un bouillon d'au moins 2 000 thalaris
sur les caravanes en descente! Cette année-ci aura été
désastreuse.

Ne comptez plus désormais sur la baisse de l'argent,
(au moins avant longtemps) et ne tablez plus sur les
anciens prix. Pour *ne pas perdre* il ne faut plus au Choa
acheter l'or plus de 12 à 15 thalaris. L'ivoire *à Th. 60 est
cher,* car pour cet article, outre la plus-value du thalari,
il faut aussi escompter les probab[ilit]és de baisse de
cours, baisse qui se produira cert[ainem]ent quand les
côtes de Zanzibar s'ouvriront. Quant au Zébad, rien de
plus malheureux que cet article à présent. Il ne faudrait
pas payer plus d'*un thaler* LES DEUX ONCES là-haut.

— Je crois avoir bien fait de vous prévenir! Ci-joint
6 lettres pour vous, et une pour M. Appenzeller.
Saluts empressés.

RIMBAUD.

Pour le café, Moussaya ne m'en a jamais parlé.

ILG À RIMBAUD

Entotto, le 7 oct[obre] 1890.

Mon cher M. Rimbaud,

En toute hâte deux mots. Je suis tout à fait sans vos
nouvelles depuis trois mois, j'attends journellement un cour-

rier. En ce moment, Sa Majesté me charge de vous deman-
der pourquoi que les soieries qu'Elle vous avait commandé[es]
ne Lui arrive[nt] pas. L'empereur me dit qu'il compte abso-
lument sur vous et qu'il n'a pas d'autres commande[s]
attendant la vôtre. Je vous prie de tâcher de pouvoir les
lui faire venir, ou dans tous les cas m'écrire le plus vite
possible.

Sans autre pour aujourd'hui, avec bien des salutations,

Votre
ALFRED ILG.

M. Chefneux est bien arrivé ici, mais sa caravane est
encore à Errer.

RIMBAUD À SA MÈRE

Harar, le 10 novembre 1890.

Ma chère maman,

J'ai bien reçu ta lettre du 29 septembre 1890.

En parlant de mariage, j'ai toujours voulu dire que
j'entendais rester libre de voyager, de vivre à l'étranger
et même de continuer à vivre en Afrique. Je suis telle-
ment déshabitué du climat d'Europe, que je m'y remet-
trais difficilement. Il me faudrait même probablement
passer deux hivers dehors, en admettant que je rentre
un jour en France. Et puis comment me referais-je des
relations, quels emplois trouverais-je? C'est encore une
question. D'ailleurs, il y a une chose qui m'est impos-
sible, c'est la vie sédentaire.

Il faudrait que je trouvasse quelqu'un qui me suivît
dans mes pérégrinations.

Quant à mon capital, je l'ai en mains, il est libre quand
je voudrai.

Monsieur Tian est un commerçant très honorable,
établi depuis trente ans à Aden, et je suis son associé dans
cette partie de l'Afrique. Mon association avec lui date
de deux années et demie. Je travaille aussi à mon compte,
seul; et je suis libre, d'ailleurs, de liquider mes affaires
dès qu'il me conviendra.

J'envoie à la côte des caravanes de produits de ces

pays : or, musc, ivoire, café, etc., etc. Pour ce que je fais avec M. Tian, la moitié des bénéfices eſt à moi.

Du reſte, pour les renseignements, on n'a qu'à s'adresser à Monsieur de Gaspary, consul de France à Aden, ou à son successeur.

Personne à Aden ne peut dire du mal de moi. Au contraire. Je suis connu en bien de tous, dans ce pays, depuis dix années.

Avis aux amateurs !

Quant au Harar, il n'y a aucun consul, aucune poſte, aucune route ; on y va à chameau, et on y vit avec des nègres exclusivement. Mais enfin on y eſt libre, et le climat eſt bon.

Telle eſt la situation.

Au revoir.

A. RIMBAUD.

RIMBAUD À ILG

Par n° 24.   Harar, le 18 novembre 1890.
B 30/1.

Mon cher Monsieur Ilg,

Je reçois votre lettre du 7 octobre 1890. Peu après vous avez dû recevoir mon n° 23 par un courrier au c[om]te Salimbeni. Il contenait une lettre de M. Zimmermann et cinq ou six autres lettres d'Europe à votre adresse. Vos hommes en revenant de Djibouti n'ont pas trouvé vos agassas, lesquels travaillaient à la suite d'Abou Setta en un voyage au Tchertcher avec le Ras. Il a fallu ensuite demander des lettres de laissez-passer au Ras de retour du Tchertchér. Le Ras eſt revenu attendre le c[om]te Antonelli qui a dû débarquer à Zeilah le 14, et serait donc ici dans quelques jours, pour ensuite se rendre au Choa.

Pour la *commande soieries du Roi,* je m'étonne qu'on en reparle. Je vous ai toujours écrit que cela ne se ferait pas. Répondez que je dois liquider mon affaire avec M. Tian, que depuis l'année passée j'ai, par ordre de M. Tian, arrêté toutes commandes d'import[ati]on, et

surtout à présent il me serait impossible de communiquer cet ordre, devant avoir ma situation absolument nette pour fin 1890, car à cet inventaire si je ne me sépare pas d'avec M. Tian, notre arrangement doit au moins être complètement modifié. Je ne puis travailler plus longtemps ici dans les cond[iti]ons actuelles. Les risques sont trop forts pour moi, et les profits presque nuls. Je vous renvoie donc, avec mes excuses, les échant[ill]ons de S[a] M[ajesté].

Le Ras m'avait de même commandé ici quelques milliers de Wantchas en fer battu (comme ceux que j'ai importés l'an passé), et je suis obligé de demander l'annul[eme]nt de la commande pour les raisons susdites.

Cela vous explique pourquoi je suis si pressé de ravoir le solde quel qu'il soit de la valeur de mes m[archand]ises chez vous. J'espère que vous aurez pu vous arranger avec le Roi pour la ferraille tout entière. Pour ce qui restait du djano, des étoffes, vous l'aurez facilement vendu à présent. J'entends dire que le prix du djano a monté au Choa, etc. Vous comprenez quel ennui ce serait pour moi de clore inventaire et de me séparer de Tian en *gardant à mon compte cette somme de Th. 2 328*. Si je ne trouve pas à combiner une autre affaire ici comment voulez-vous que je reste ici pour attendre simplement le retour de cette somme!

Mon n° 23 a dû vous effrayer pour ce que je vous disais de la hausse énorme de l'argent, et la baisse de vos m[archand]ises. J'ai à cette époque perdu un millier de thalaris sur mon export[ati]on. Mais la roupie est tombée depuis! elle reste depuis deux mois autour de F 2. Le marché s'est donc un peu relevé. L'ivoire, dents mélangées petites et grandes, se vend Th. 90 à 100 les 32 1/2 livres à Aden. Les grosses dents, *au-dessus de 40 livres,* obtiennent un prix supérieur, de 100, à 130 th. C'est ainsi que M. Zimmer[man]n a bien vendu, tandis que Savouré n'a obtenu que 99. Le zébad obtenait dernièr[eme]nt à Aden Th. 1 1/2 (il était tombé à Th. 1 1/8 et même Th. 1). — L'or, qui est tombé un moment à Th. 17 à Aden, est remonté à Th. 19. — Les pessimistes pensent que la roupie remontera. Il faut donc s'attacher à acheter bon marché à l'intérieur. Je ne comprends pas que l'ivoire ne baisse pas, la côte de Zanzibar est pacifiée, des exp[éditi]ons nombreuses

sillonnent l'intérieur. — Ces révolutions du change nous ont absolument gâté les affaires de cette année qui se liquidera cert[aineme]nt en perte et mangera les maigres bénéfices de l'an passé.

— Le Ras m'a payé les Th. 500 en piastres à 16 par thaler, craignant la hausse j'ai changé à 16 1/4 : il y avait aussi un tas de piastres cassées et quelques piastres en moins. Cela faisait en somme un déficit de 18 thalaris. Je ne vous débite que de Th. 15, et je vous envoie le solde, Th. 485, en thalaris choisis.

Quant à la douane des 17 paquets ivoire, il a remis cela aux calendes grecques! Mais enfin *c'est moi qui l'ai payé.* Pour le surplus du prix du café, ne comptez pas qu'on vous le rende. — On devient de plus en plus avare ici, c'est affreux.

Je remettrai le solde de votre compte à qui vous m'enverrez avec le solde du mien; cela ne vous gênera pas puisque je vous laisse libre de liquider mes m[archand]ises *au prix que vous voulez,* pourvu que ce soit au comptant, vous en trouverez toujours plus que la somme que je vous redois, beaucoup plus, je l'espère. Je compte que cela finira fin décembre, ou au plus tard fin janvier 91.

Après la liquid[ati]on de mon affaire avec Tian, je compte me rétablir ici, avec lui ou d'autres, de manière à ne plus avoir aucun risque, et surtout de posséder une plus grande latitude dans les affaires. De la façon dont je me suis arrangé avec Tian, il y a en effet 80 % de chances pour moi de perdre non seulement mon temps, mais encore mes quatre sous, et de rester encore endetté pour une somme importante. Je ne puis consacrer plus longtemps de mon existence à une duperie pareille.

Il n'est pas indispensable que je descende moi-même pour cet inventaire. Je puis m'arranger d'ici, que ce soit avec Tian ou avec d'autres.

— Pas de nouvelles de M. Savouré. On dit que Brémond entrera ici dans quelques jours. Il n'avait expédié ici que quelques fusils entortillés dans diverses marchandises invendables.

— Les Th. 485 que je vous envoie sont tous choisis : il n'y en a pas un de mauvais. — Ci-joint lettre *officielle.* Je compte donc voir vos gens de retour dans six

semaines et à ce moment finiront nos comptes jusqu'à ce que je me rétablisse ici sur de nouvelles bases.

Dans l'attente croyez-moi,

Votre tout dévoué
RIMBAUD.

RIMBAUD À ILG

César Tian
Aden (Arabie)
Maison à Hodeydah
(Mer Rouge)

Nᵒ 24.   Harar, le 18 novembre 1890.
B 30/1.

Mon cher Monsieur,

Je vous confirme mon nᵒ 23 de fin sept[em]bre par le courrier des Italiens.

Par ledit je vous écrivais, pour des raisons urgentes, de liquider le solde de mes marchandises à tout prix (pourvu que ce fût au comptant), de façon à me faire tenir le produit de la liquid[ati]on pour fin décembre 90, devant probab[leme]nt descendre moi-même à cette époque pour modifier ma situation. J'espère que vous aurez agi en conséquence et j'attends le résultat. La balance due est de Th. 2 328,775, puisque Th. 4 399,60 (y compris les Th. 2 100 d'or par M. Zimmermann) ont été remis sur la somme totale de Th. 6 728,375.

— Voici votre extrait de compte personnel :

Je vous redevais au 25 avril 90, extrait de
compte par nᵒ 19 :   Th. 1 242 «
Le 20 septembre, reçu du Guébi en piastres
à 16 par Th. (P. 8 000)   Th.   500 «
Total   Th. 1 742 «

Vous me devez :

28 avril	1 bout[eille] cognac à vos hommes à		1 «
dᵒ	aux hommes de retour, pour un mulet		15 «

6 mai	à un homme laissé malade		2 «
—	frais pour un mulet malade		1 «
2 août	à M. Zimmermann		2 «
3 —	—	—	10 «
8 —	—	—	10 «
11 —	—	—	20 «
18 —	—	—	50 «
	—	—	100 «
19 —			58 «
25-26 —	—	—	9 «

Loyer 1 mois maison Nalin   3 «
Perte change 1/4 piastre sur Th. 500 à
  16 1/4, piastres mauvaises, etc.   15 «
10-19 novembre frais par vos hommes   20 «
                                                      Th. 316 «

Le 19 novembre remis à vos hommes   Th. 485 «
Total dû   Th. 801 «
Balance à votre crédit   Th. 941 «
Bal[ance]   Th. 1 742 «

Je remettrai les Th. 941 formant le solde de votre
c[om]pte à qui vous m'enverrez avec le solde du mien,
très prochainement j'espère. Pour le moment veuillez
m'accuser reçu des *Th. 485 que je vous envoie,* à vos
risques, par vos hommes.

Dans l'attente, agréez mes saluts très cordiaux.

                                              A. RIMBAUD.

Monsieur A. Ilg,
ingénieur au Choa.

                       RIMBAUD À ILG

Par n° 24.   Harar, le 20 novembre [18]90.
B 30/1.

        Mon cher Monsieur Ilg,

Un mot encore au dernier moment.
Trouvez-moi donc une très bonne MULE (pas un mulet,

mais *une mule*) *jeune,* grande, très saggare, très forte,
montant et descendant bien, etc., etc., ce qu'on peut
enfin trouver de meilleur : je ne regarderai pas au prix,
vous pouvez aller jusqu'à Th. 60 pour quelque chose
de très bon. Vous pouvez trouver cela chez les choums
de vos connaissances. Envoyez-moi cela avec les gens
que j'attends pour terminer nos comptes, dans six
semaines ou 2 mois.

Donnez un bon coup pour vous défaire de toutes
mes m[archand]ises, et m'en adresser le produit de suite.
Excusez-moi de vous avoir dérangé : j'espère que vous
aurez toujours gagné quelque chose sur mes camelotes.
Si je ne vous ai pas renvoyé tout à la fois le solde de
votre compte, c'est pour ne pas paraître trop découvert
dans les inventaires bimensuels que Tian exige de moi.
D'ailleurs avec l'argent que vous retirerez de ma quin-
caillerie, mercerie, bimbeloterie, etc., vous pouvez ache-
ter des choses sur lesquelles vous gagnerez toujours à
la vente ici, la différence entre nos prix et ceux d'Aden
n'étant guère que de 6 % à 10 %.

Nous cotons ivoire (37 1/2 livres) Th. 100 à 108,
ferme. Zébad Th. 1 1/4 l'once, *peu demandé.* Or Th. 17 1/2
à 18. (Mais se *défier de l'or,* qui peut de nouveau tomber
si la roupie hausse.) Le café Harari vaut de 5 1/2 à 6 à
présent, mais on croit qu'il tombera. Le café Habéchi[1]
vaudrait donc Th. 5 à présent.

On dit que le Ras doit monter au Choa avec Anto-
nelli, qui est attendu ici dans quelques jours. Ces
absences continuelles du gouverneur sont déplorables.
Nous restons à la merci des petits choums qui ici ont
la voracité du caïman, et des musulmans qui cherchent
toutes les occasions de nous nuire.

— Les politiciens d'Aden prévoient des complications
en Abyssinie. Les Italiens, ne pouvant obtenir Kassala
des Anglais, vont occuper la ligne du Mareb, etc., etc.

Salut dévoué

RIMBAUD.

RIMBAUD À ILG

N° 25.   Harar, 26 novembre [18]90.
« Par Guentciò ».

Mon cher Monsieur Ilg,

Je vous confirme mon n° 24 par vos hommes por-
teurs de Th. 485 à votre adresse.

Avec la plus vive anxiété j'attends le produit de mes
dernières nouvelles, et je consignerai le solde de votre
compte à qui vous m'enverrez avec le solde du mien.

Je vous ai écrit de faire ce qu'il vous plairait, je
compte que vous retirerez environ Th. 2 000 du solde
de toutes mes m[archand]ises.

Je les attends fin décembre, ou au commencement
de 1891.

Antonelli arrive demain à Geldessey.

Tout à vous.

                                          RIMBAUD.

ILG À RIMBAUD

                                    Entotto, le 30 janv[ier] 1891.

Mon cher M[onsieur] Rimbaud,

Avec plaisir je vous confirme vos lettres du 18 et
20 novembre qui m'ont été apportées par nos domestiques
avec les 485 th. que vous leur aviez remis pour moi.

J'aurais bien voulu vous envoyer le solde de vos marchan-
dises, si j'avais trouvé moyen de les vendre, mais je suis
complètement au bout de mes ressources. Sa Majesté, qui
m'avait fait espérer qu'elle allait prendre au moins une partie
des ferrailles, n'en veut plus, je crois pour raison d'économie
et je ne vends que cette casserole par casserole, et même à 1 th.
la pièce, avec des difficultés. Le fil rouge ne se vendant pas
ici, je l'ai envoyé en partie au Godjam, en partie aux Gallas,
les domestiques sont partis il y a à peu près un mois et
j'attends avec impatience leur retour ; j'ai envoyé également

les quelques pièces de soie, cretonne, etc., dans l'espérance de m'en défaire au moins pour quelque chose. Les marchandises, ivoire, or, musc, sont absolument introuvables, depuis que Sa Majesté a fait ramasser tout pour son propre compte. M. Pino et M. Chefneux sont désolés, ayant beaucoup d'argent comptant et pas moyen de trouver un Wokiet.

Par M. Chefneux j'ai eu une surprise à votre égard, qui en sera probablement aussi une pour vous. M. Chefneux me dit qu'il avait encore une créance chez vous de 1 800 th. venant de votre affaire avec M. Labatut, et il a mis arrêt et saisie sur vos marchandises ici chez moi par un ordre de l'empereur du 8 janv[ier] 1891. Comme M. Teillard, beau-frère de M. Chefneux, part pour le Harar, M. Chefneux me dit l'avoir chargé de traiter avec vous cette question et j'attends le résultat de votre entrevue. J'espère que vous puissiez vous entendre et délivrer vos marchandises de cette saisie. Il me faudra naturellement une attestation de M. Teillard ou M. Chefneux pour pouvoir la présenter à l'empereur et faire lever la saisie. Pour mon compte, je verrais avec plaisir accepter quelqu'un ces marchandises en acompte, elles me pèsent comme un cauchemar.

Comme je pense partir d'ici pour l'Europe fin mars, j'espère vous trouver à Harar et pouvoir arranger à cette occasion toutes nos affaires.

. . . .

Quant à la mule que vous me demandiez, pas moyen d'en trouver malgré toutes mes recherches. Si j'en trouve une, je l'emmènerai avec moi.

[...] Le comte Antonelli me paraît perdre son temps ici, le ras va repartir sous peu pour Harar, l'empereur ira probablement dans un mois à Boro Méda où l'on attend ras Manghecha du Tigré.

Écrivez-moi le plus vite possible de vos nouvelles, je tâcherai de m'arranger d'une façon ou d'une autre pour vos marchandises.

Au revoir bientôt, bonnes affaires et ne vous faites pas du mauvais sang. J'aurai probablement [à] vous offrir une bonne affaire et sûre.

Bien à vous. Votre

ALFRED ILG ING.

L. CHEFNEUX À RIMBAUD

Entotto, 30 janv[ier 18]91.

Cher Monsieur Rimbaud,

Mon beau-frère, M. Teillard qui se rend au Harar et qui ira vous serrer la main de ma part, vous dira dans quel embarras je me trouve avec votre malheureuse affaire Labatut-Deschamp. Ce dernier vous a mis opposition sur les marchandises que vous avez ici chez M. Ilg, et me rend responsable du non-paiement de ce billet Labatut, ce qui recule toujours indéfiniment le règlement de tous ces comptes et de notre ancienne association. Je prie M. Teillard de vouloir bien s'entendre avec vous à ce sujet et lui donne tous pouvoirs pour accepter tout arrangement pourvu que cela finisse. J'espère que vous-même devez tenir à terminer cette affaire et les ennuis qu'elle vous cause et que, en conséquence, vous aiderez à la conclusion amiable de ce différend.

Veuillez agréer je vous prie, cher Monsieur Rimbaud, mes sentiments bien dévoués et croire à tous mes regrets d'être mêlé forcément à cette regrettable affaire.

L. CHEFNEUX.

RIMBAUD À ILG

N° 26.   Harar, le 1ᵉʳ février 1891.

Mon cher Monsieur Ilg,

Je vous confirme mon n° 25 par Woldé Manuel.

Je n'ai absolument rien reçu de vous depuis votre billet d'Entotto 7 octobre. Nous avons entendu dire ici que le Roi devait vous envoyer en délégué à diverses cours européennes, et que vous deviez passer par ici.

Nous avons ici M. Brémond depuis une quinzaine. Il doit, paraît-il, partir incessamment pour le Choa.

M. Savouré n'est pas encore arrivé à la côte.

Nous attendons ici le retour du ras Mokonène, si vous

avez quelque question, réglez-la avec lui d'avance. Je
n'ai rien pu faire ici pour la douane de l'ivoire ni le
surplus du prix du café.

— Pour les affaires elles continuent à être détes-
tables ici, à cause de la baisse du thalari qui est arrivé
à 12 piastres (soit une roupie et demie!). C'est une
manœuvre des Abyssins, qui ont commandé de payer
l'impôt *tout en piastres;* pour les monopoliser et payer
leurs dettes avec une réduction de 25 %, à la faveur de
la dépréciation du thalari causée par le manque de
monnaie courante.

On nous dit que le Roi monopolise aussi tout chez
vous, et nous ne voyons plus arriver aucun naggadié!
Combien cela doit-il durer!

À Aden les affaires sont aussi impossibles à cause du
change de la roupie qui monte et descend chaque jour
de 5 % à 15 %! Cela dure depuis six mois, et l'on n'en
prévoit pas la fin!

L'or saute de Th. 18 à Th. 22. L'ivoire seul reste à peu
près stable, Th. 100 les moyennes, et Th. 110 les grandes
dents. Le Zébad vaut Th. 1 ½ à Aden à présent.

J'espère que vous aurez liquidé jusqu'au dernier tha-
lari et au comptant toutes mes marchandises, j'attends
anxieusement le règlement de tout cela pour pouvoir
modifier ma situation ici.

Envoyez-nous donc de vos nouvelles.

Votre dévoué

RIMBAUD.

RIMBAUD À ILG

N° 27.   Harar, le 5 février [18]91.

Mon cher M[onsieu]r Ilg,

Toujours sans nouvelles de vous et de ce qui se passe
là-haut.

On nous dit cependant que le Ras nous revient pro-
ch[aineme]nt. À cette occasion, renvoyez-moi le produit
du solde total de mes m[archand]ises, que, je l'espère,

vous aurez écoulé, vous ayant laissé pour la vente la latitude la plus complète.

J'espère que le produit ne sera pas de moins de Th. 2 000. La somme que je fais figurer à notre inventaire de fin février est la balance réelle, Th. 2 328, 775.

Marasme horrible à Aden. La roupie danse de 10 % chaque jour. La livre sterling vaut de 11 1/2 à 13 roupies. Tout dépend de la loi sur la frappe de l'argent en Amérique. Le sénat a voté un bill autorisant la frappe illimitée, c'est de la hausse. Mais on dit que le Congrès ne ratifiera pas ce bill : c'est de la baisse. Mais si définitivement la loi passe, ce sera une hausse sérieuse de l'argent.

Ici nous avons en revanche le thalari à P. 11 aujourd'hui, c'est-à-dire *une roupie et trois huitièmes seulement!* Vous voyez quelle perte, car rien n'a diminué de prix, ni marchandises ni nécessités de la vie.

Les Tessamma et autres ont, je vous l'ai déjà expliqué, imaginé de demander le paiement de tout l'impôt en piastres. De cette façon les Gallas recherchent partout les piastres, qui doivent se concentrer au Guébi. Et à la faveur de la baisse énorme du thalari, les Abyssins paieront leurs dettes à 10 par thalari, tandis qu'ils réclament des Gallas *20 piastres pour compte d'un thalari!* N'est-ce pas une infâme escroquerie! Et si le Ras était ici, je ne crois pas que cela se fût passé ainsi.

Nous aurons dans quelques mois une famine terrible. La récolte de dourah est nulle. La caravane de dourah qui ne coûte d'ordinaire pas plus de piastres 2 en ce moment, — coûte P. 5, c'est-à-dire un demi thalari, et dans trois mois elle coûtera un thalari. Il faudra importer du riz.

Le célèbre Grazmatch Banti (protecteur des chiens) est parti il y a six semaines et est allé s'installer à *Faf El Kebir au-delà de l'Ogadine* (500 kilomètres d'ici)! Il paraît que l'épizootie n'est pas arrivée jusque-là. Je prévois que cette année ils iront chercher à manger jusque sur la côte de Zanzibar.

Salutations empressées.

RIMBAUD.

MÉNÉLIK À ILG

Lion Vainqueur de la Tribu de Juda, Ménélik II, Élu de Dieu, Empereur d'Éthiopie. Adressé à M. Ilg. M. Cheffenet[1] me demande de faire saisir l'argent qui est en ta possession et qui appartient à Rimbaud. Je t'ordonne de ne le remettre à personne. Fait à Addis-Abéba, le 1er ter 1883[2].

ILG À RIMBAUD

Entotto, le 15 février 1891.

Mon cher M[onsieur] Rimbaud,

Ras Meconen part et je profite volontiers de l'occasion pour vous envoyer quelques lignes. J'espère que jusqu'aujourd'hui M. Teillard vous aura rejoint et que vous ayez pu vous entendre sur la question Labatut-Chefneux, j'attends sous peu vos communications. Ici la grande nouvelle du jour est la rupture des relations entre l'empereur et les représentants du gouvernement italien. N'ayant pu s'entendre sur la question du fameux article 17 du traité d'amitié et de commerce entre l'Éthiopie et l'Italie, le comte Antonelli a déclaré qu'ils n'avaient plus rien à faire ici et, sans autre forme ni procès, a pris la route de Harar avec ses compatriotes comte Salimbeni et d[octeu]r Traversi. Cette solution a un peu surpris parce qu'on croyait déjà tout arrangé. J'ignore les raisons qui ont poussé le comte Antonelli à cette rupture, celles qu'il donne, du moins, [n']ont pour moi aucune valeur. Il doit y avoir autre chose, serait-ce peut-être parce que les finances italiennes se sont tellement améliorées que l'Italie peut même se payer quelques bêtises, comme me dit un jour M. Antonelli? Je ne sais pas, mais il me paraît que c'est bien maladroit de vouloir réparer une bêtise par une autre plus grosse. Ici du reste tout est absolument tranquille, le départ brusque de la colonie italienne a fait rire un peu le monde mais personne ne s'en est préoccupé le moins du monde, pas même l'empereur. —

Grasmatch Joseph me dit de vouloir vous prier de bien vouloir recevoir son domestique chez vous; il doit retirer des fusils, etc., de chez le Ras; comme il doit aussi envoyer

7 caisses à Joseph, ce dernier vous prie de vouloir l'aider un peu pour qu'elles lui arrivent le plus vite possible.

Je partirai d'ici pour le Harar probablement dans un mois et j'espère vous trouver là-bas. M. Chefneux viendra probablement avec moi.

Quant aux ferrailles, etc., c'est toujours la même chose, je vends presque chaque jour une casserole! Enfin nous nous arrangerons; au revoir donc sous peu, et bien des salutations

de votre dévoué
ALFRED ILG.

REÇU DE M. TEILLARD

Harar, le 19 fév[rier] 1891.

Je reconnais avoir reçu de M. Rimbaud la somme de six cents thalers pour solde de tout compte à ce jour avec Messieurs Chefneux et Deschamp et je m'engage en conséquence à faire lever dans le plus bref délai la saisie opérée à Entotto par M. Chefneux sur les marchandises et l'argent déposés par M. Rimbaud entre les mains de M. Ilg.

Harar, le 19 fév[rier] 1891.
AL. TEILLARD.

RIMBAUD À SA MÈRE

Harar, le 20 février 1891.

Ma chère maman,

J'ai bien reçu ta lettre du 5 janvier.

Je vois que tout va bien chez vous, sauf le froid qui, d'après ce que je lis dans les journaux, est excessif par toute l'Europe.

Je vais mal à présent. Du moins, j'ai à la jambe droite des varices qui me font souffrir beaucoup. Voilà ce qu'on gagne à peiner dans ces tristes pays! Et ces varices sont compliquées de rhumatisme. Il ne fait pourtant pas

froid ici; mais c'est le climat qui cause cela. Il y a aujourd'hui quinze nuits que je n'ai pas fermé l'œil une minute, à cause de ces douleurs dans cette maudite jambe. Je m'en irais bien, et je crois que la grande chaleur d'Aden me ferait du bien, mais on me doit beaucoup d'argent et je ne puis m'en aller, parce que je le perdrais. J'ai demandé à Aden un bas pour varices, mais je doute que cela se trouve.

Fais-moi donc ce plaisir : achète-moi un bas pour varices, pour une jambe longue et sèche — (le pied est n° 41 pour la chaussure). Il faut que ce bas monte par-dessus le genou, car il y a une varice au-dessus du jarret. Les bas pour varices sont en coton, ou en soie tissée avec des fils d'élastique qui maintiennent les veines gonflées. Ceux en soie sont les meilleurs, les plus solides. Cela ne coûte pas cher, je crois. D'ailleurs, je te rembourserai.

En attendant, je tiens la jambe bandée.

Adresser cela bien empaqueté, par la poste, à M. Tian, à Aden, qui me fera parvenir à la première occasion.

Ces bas pour varices se trouvent peut-être à Vouziers. En tout cas, le médecin de la maison peut en faire venir un bon, de n'importe où.

Cette infirmité m'a été causée par de trop grands efforts à cheval, et aussi par des marches fatigantes. Car nous avons dans ces pays un dédale de montagnes abruptes, où l'on ne peut même se tenir à cheval. Tout cela sans routes et même sans sentiers.

Les varices n'ont rien de dangereux pour la santé, mais elles interdisent tout exercice violent. C'est un grand ennui, parce que les varices produisent des plaies, si l'on ne porte pas le bas pour varices ; et encore! les jambes nerveuses ne supportent pas volontiers ce bas, surtout la nuit. Avec cela, j'ai une douleur rhumatismale dans ce maudit genou droit, qui me torture, me prenant seulement la nuit! Et il faut se figurer qu'en cette saison, qui est l'hiver de ce pays, nous n'avons jamais moins de 10 degrés au-dessus de zéro (non pas en dessous). Mais il règne des vents secs, qui sont très insalubres pour les blancs en général. Même des Européens, jeunes, de vingt-cinq à trente ans, sont atteints de rhumatismes, après deux ou trois ans de séjour!

La mauvaise nourriture, le logement malsain, le vête-

ment trop léger, les soucis de toutes sortes, l'ennui,
la rage continuelle au milieu de nègres aussi bêtes que
canailles, tout cela agit très profondément sur le moral
et la santé, en très peu de temps. Une année ici en vaut
cinq ailleurs. On vieillit très vite, ici, comme dans tout
le Soudan.

Par votre réponse, fixez-moi donc sur ma situation
par rapport au service militaire. Ai-je à faire quelque
service? Assurez-vous-en, et répondez-moi.

RIMBAUD.

RIMBAUD À ILG

N° 28.   Harar, 20 février [18]91.

Mon cher Monsieur Ilg,

Je reçois votre lettre par M. Teillard.

J'ai versé à M. Teillard une somme de Th. 600 *pour
solde de tous comptes entre moi et MM. Chefneux et Des-
champs,* et M. Teillard envoie à M. Chefneux par ce
courrier la levée de saisie de mes m[archand]ises.

Encore une fois, liquidez complètement toutes ces
m[archand]ises au plus tôt. Par la faute de cette malheu-
reuse consign[ati]on je suis obligé de rester ici où il n'y
a rien à gagner de la manière dont je dois travailler.
Finissez-en, finissez-en donc!

Le ras Mékonène ne *m'a nullement remboursé les Th. 296*
de douane sur vos 17 paquets ivoire. Il n'aura pas
compris ce que vous lui disiez! Il ne m'en a même
jamais parlé! Comment pouvez-vous croire que je ne
vous en aurais pas avisé! Quant à la différence du prix
du café, pour moi je n'ai rien à rembourser. Quant
aux Th. 15 de perte sur les Th. 500 derniers, que
voulez-vous que j'y fasse! à présent les Abyssins *paient
à 11 piastres par thaler.* Quand vous serez ici vous vous
rendrez compte de tout cela.

Ne croyez pas que je fasse banqueroute avec vos
Th. 941. Ils sont toujours dans le coin de la caisse.
Si c'était à un autre moment je vous achèterais du café.

Mais il est plus cher qu'à Aden à présent, je n'achète pas pour moi-même, et je ne veux pas vous faire perdre. Dès que [   ]¹ seront bons, j'achète, expédie et fais vendre à Aden pour vous.

Je perds énormément sur ces m[archand]ises en consign[ati]on chez vous. Th. 100 payés sans motif à l'ancienne négresse de Labatut — Th. 600 que l'on vient de m'extraire si ingénieusement — Th. 200 pertes sur l'or de Zimmermann, les frais que vous m'annoncez, et une autre perte finale sur la liquid[ati]on des m[archand]ises restantes! Vous m'avez fourré dans un joli pétrin! Merci des consignations au Choa!

Il faut en finir. Bazardez donc tout ce qui reste, n'allez pas encore me jouer le tour de partir du Choa en laissant ces m[archand]ises invendues! Ce serait du propre!

Surtout que je n'entende plus d'histoires de saisies, etc., pour des choses qui ne me regardent plus! C'est à devenir enragé!

Si vous voulez même vos Th. 941 en espèces, vous pouvez les envoyer chercher ici.

Enfin comptons que tout sera terminé à votre passage ici.

Salut sincère.

                                        RIMBAUD.

ILG À RIMBAUD

Entotto, le 15 mars 1891.

Mon cher M[onsieur] Rimbaud,

Je vous confirme votre lettre du 20 février et la levée de saisie sur vos ferrailles. J'aurais préféré que vous les donniez en acompte à M. Chefneux, cela m'aurait débarrassé d'un joli souci.

Encore une fois, diable, c'est facile de dire vendez, mais, sapristi, c'est bougrement difficile de vendre s'il n'y a pas d'acheteurs. J'ai fait des pieds et des mains pour m'en défaire et un peu partout aujourd'hui on voit se promener des individus avec des casseroles blanches et polies sur le dos pour y attirer l'attention publique. Comme il y a une expédition dans les pays Gallas en vue, je prétends à tous les géné-

raux que les Gallas en colère ont cassé toutes leurs casseroles en terre et que celles en fer-blanc vaudront autant qu'en argent. Ce que je pourrai vendre jusqu'au départ de l'armée sera placé ; pour le reste, fort probablement, il faudra attendre qu'ils aient usé celles qu'ils ont déjà achetées. Vous prétendez que je ne partirai qu'après avoir vendu les casseroles, c'est magnifique, ça vaut au moins la peine. Du reste n'ayez pas peur, d'une façon ou de l'autre nous nous arrangerons. Au revoir sous peu, nous comptons tous partir dans quinze jours.

Bien à vous.

ALFRED ILG ING.

M. Chefneux trouve que c'est vous qui avez ingénieusement roulé M. Teillard, mais il vous salue quand même bien cordialement.

MADAME RIMBAUD À SON FILS

Roche, 27 mars 1891.

Arthur, mon fils,

Je t'envoie en même temps que cette lettre un petit paquet composé d'un pot de pommade pour graisser les varices, et deux bas élastiques qui ont été faits à Paris. Voilà pourquoi je suis en retard de quelques jours ; le docteur voulait que l'un des bas soit lacé ; mais il nous aurait fallu attendre encore beaucoup plus longtemps, je te les envoie donc comme j'ai pu les avoir.

Je joins à cette présente lettre l'ordonnance et les prescriptions du docteur. Lis-les bien attentivement et fais bien exactement ce qu'il te dit, il te faut surtout du repos, et du repos non pas assis mais couché parce que comme il le dit, et comme il le voit d'après ta lettre, ton mal est arrivé à un point inquiétant pour l'avenir. Si tes bas sont trop courts, tu pourras ouvrir le dessous du pied et faire monter le bas aussi haut que tu voudras. Le docteur Poupeau avait un beau-frère M. *Caseneuve*, qui a longtemps habité Aden, comme Inspecteur de la Marine ; si tu entends dire quelque chose d'avantageux au sujet de ce monsieur, tu feras bien de me le dire, cela fera plaisir au docteur. M. Caseneuve est mort l'année dernière, aux environs de Madagascar, en laissant une grande fortune, il est mort d'un accès de fièvre.

Isabelle va mieux ; mais pas encore bien. Nous sommes

toujours en hiver, il fait très froid, les blés sont complète-
ment perdus, il n'en reste point, aussi désolation générale,
ce qu'on deviendra, personne ne le sait.

Au revoir, Arthur,

et surtout soigne-toi bien et écris-moi aussitôt le reçu de
mon envoi.

V[EUVE] RIMBAUD.

ITINÉRAIRE DE HARAR À WARAMBOT

[1]

Mardi 7 avril [1891].

Départ du Harar à 6 h. du matin. Arrivée à Degadallal
à 9 1/2 du matin. Marécage à Egon. Haut-Egon,
12 h. Egon à Ballaoua-fort, 3 h. Descente d'Egon à
Ballaoua très pénible pour les porteurs, qui s'écrasent [?]
à chaque caillou, et pour moi, qui manque de chavirer
à chaque minute. La civière est déjà moitié disloquée et
les gens complètement rendus. J'essaie de monter à
mulet, la jambe malade attachée au cou; je suis obligé
de descendre au bout de quelques minutes et de me
remettre en la civière qui était déjà restée un kilomètre
en arrière. Arrivée à Ballaoua. Il pleut. Vent furieux
toute la nuit.

[2]

Mercredi 8[1].

Levé de Ballaoua à 6 1/2. Entrée à Geldessey à 10 1/2.
Les porteurs se mettent au courant, et il n'y a plus à
souff[rir?] qu'à la descente de Ballaoua. Orage à
4 heures à Geldessey.

La nuit, rosée très abondante, et froid.

[3]

Jeudi 9.

Parti à 7 h. matin. Arrivée à Grasley à 9 1/2. Resté à
attendre l'abban et les chameaux en arrière. Déjeuné.

Levé à 1 h. Arrivée à Boussa à 5 1/2. Impossible passer la rivière. Campé avec M. Donald, sa femme et 2 enfants.

[4]

Vendredi 10.

Pluie. Impossible de se lever avant 11 heures. Les chameaux refusent de charger. La civière part quand même et arrive à Wordji par la pluie, à 2 h. Toute la soirée et toute la nuit nous attendons les chameaux, qui ne viennent pas.

Il pleut 16 heures de suite, et nous n'avons ni vivres ni tente. Je passe ce temps sous une peau abyssine.

[5]

Le samedi 11, à 6 h. j'envoie 8 hommes à la recherche des chameaux et reste avec le reste à attendre à Wordji. Les ch[ameau]x arrivent à 4 h. après-midi, et nous mangeons après trente heures de jeûne complet, dont 16 heures de découvert à la pluie.

[6]

Dimanche 12.

Parti [de¹] Wordji à 6 h. Passé à Cotto à 8 1/2. [Halte²] à la rivière de Dalahmaley, 10 h. 40. Relevés à 2 h. Campé à Dalahmaley à 4 1/2. [...] glacial. Les chameaux n'arrivent qu'à 6 h. soir.

[7]

Lundi 13.

Levés à 5 1/2. Arrivée à Biokaboba [?] à 9 h. Campé.

[8]

Mardi 14.

Levés à 5 1/2. Les porteurs marchent très mal. À 9 1/2, halte à Arrouina. On me jette par terre à l'arrivée. J'impose th. 4 d'amende : Mouned-Souyn, th. 1 ;

Abdullahi [?], th. 1; Abdullah, th. 1; Baker, th. 1.
Levé à 2 heures. Arrivée à Samado à 5 1/2.

[9]

Mercredi 15.

Levés à 6 h. Arrivée à Lasman à 10 h. Relevés à 2 1/2.
Arrivée à Kombavoren à 6 1/2.

[10]

Jeudi 16.

Levé, 5 1/2. Passé Ensa. Halte à Doudouhassa à
9 h. Trouvé là 10 1/2 das 1 R. Levé, 2 h. Dadap, 6 1/4.
Trouvé 5 1/2 chx 22 das 11 peaux : Adaouli.

[11]

Vendredi 17.

Levé Dadap, 9 1/2. Arrivée à Warambot à 4 1/2.

RIMBAUD À SA MÈRE

Aden, le 30 avril 1891.

Ma chère maman,

J'ai bien reçu vos deux bas et votre lettre, et je les
ai reçus dans de tristes circonstances. Voyant toujours
augmenter l'enflure de mon genou droit et la douleur
dans l'articulation, sans trouver aucun remède ni aucun
avis, puisqu'au Harar nous sommes au milieu des nègres
et qu'il n'y a point là d'Européens, je me décidai à
descendre. Il fallait abandonner les affaires : ce qui
n'était pas très facile, car j'avais de l'argent dispersé
de tous les côtés; mais enfin je réussis à liquider à
peu près totalement. Depuis déjà une vingtaine de
jours, j'étais couché au Harar et dans l'impossibilité de
faire un seul mouvement, souffrant des douleurs atroces
et ne dormant jamais. Je louai seize nègres porteurs, à

raison de 15 thalaris l'un, du Harar à Zeilah; je fis
fabriquer une civière recouverte d'une toile, et c'est
là dessus que je viens de faire, en douze jours, les
300 kilomètres de désert qui séparent les monts du
Harar du port de Zeilah. Inutile de vous dire quelles
horribles souffrances j'ai subies en route. Je n'ai jamais
pu faire un pas hors de ma civière; mon genou gonflait
à vue d'œil, et la douleur augmentait continuellement.

Arrivé ici, je suis entré à l'hôpital européen. Il y a
une seule chambre pour les malades payants : je l'occupe.
Le docteur anglais, dès que je lui ai montré mon genou,
a crié que c'est une *synovite arrivée à un point très dan-
gereux,* par suite du manque de soins et des fatigues. Il
parlait tout de suite de couper la jambe; ensuite, il a
décidé d'attendre quelques jours pour voir si le gon-
flement diminuerait un peu après les soins médicaux.
Il y a six jours de cela, mais aucune amélioration,
sinon que, comme je suis au repos, la douleur a beau-
coup diminué. Vous savez que la synovite est une
maladie des liquides de l'articulation du genou, cela
peut provenir d'hérédité, ou d'accidents, ou de bien
des causes. Pour moi, cela a été certainement causé par
les fatigues des marches à pied et à cheval au Harar.
Enfin, à l'état où je suis arrivé, il ne faut pas espérer
que je guérisse avant au moins trois mois, sous les
circonstances les plus favorables. Et je suis étendu, la
jambe bandée, liée, reliée, enchaînée, de façon à ne
pouvoir la mouvoir. Je suis devenu un squelette : je
fais peur. Mon dos est tout écorché du lit; je ne dors
pas une minute. Et ici la chaleur est devenue très forte.
La nourriture de l'hôpital, que je paie pourtant assez
cher, est très mauvaise. Je ne sais quoi faire. D'un autre
côté, je n'ai pas encore terminé mes comptes avec mon
associé, m[onsieu]r Tian. Cela ne finira pas avant la
huitaine. Je sortirai de cette affaire avec 35 000 francs
environ. J'aurais eu plus; mais, à cause de mon malheu-
reux départ, je perds quelques milliers de francs. J'ai
envie de me faire porter à un vapeur, et de venir me
traiter en France, le voyage me ferait encore passer le
temps. Et, en France, les soins médicaux et les remèdes
sont bon marché, et l'air bon. Il est donc fort probable
que je vais venir. Les vapeurs pour la France à présent
sont malheureusement toujours combles, parce que tout

le monde rentre des colonies à ce temps de l'année. Et je suis un pauvre infirme qu'il faut *transporter* très doucement! Enfin, je vais prendre mon parti dans la huitaine.

Ne vous effrayez pas de tout cela, cependant. De meilleurs jours viendront. Mais c'est une triste récompense de tant de travail, de privations et de peines! Hélas! que notre vie est misérable!

Je vous salue de cœur.

RIMBAUD.

P.-S. — Quant aux bas, ils sont inutiles. Je les revendrai quelque part.

CÉSAR TIAN À RIMBAUD

Aden, le 6 mai 1891.

Monsieur,

J'ai l'avantage de vous remettre inclus :

1. Relevé du compte : *Affaire en Participation au Harar* soldé par le compte *Liquidation Harar* dont le recouvrement est en cours dès aujourd'hui.

2. Extrait du compte *Pertes et Profits Harar* du 1er mars au 5 mai 1891 et donnant un profit de R[oupie]s 1 143,13 à chacun de nous.

3. Relevé des ventes faites en avril et mai 1891 des marchandises du Harar pour compte de la participation. Ce relevé n'est qu'un annexe au compte *Pertes et Profits Harar*.

4. Extrait de votre compte *personnel* arrêté au 5 mai courant et présentant un solde en votre faveur de R[oupie]s 24 504,15 as.

5. Situation du compte *Liquidation Harar* présentant un actif de Th. 2 513,275
et un passif de Th. 966,000
à la date du 5 mai courant.

Je vous remets aussi inclus une traite n° 3726, F 37 450 à dix jours de vue sur le Comptoir national d'Escompte de Paris — Agence de Marseille, payable à Paris, que je porte au débit de votre compte personnel en R[oupie]s 20 805,9 as au change de F 1,80 la R[oupie]. Je vous débite également

de R[oupie]s 21,7 ᵃˢ, commission de banque à l'encaissement
de ma traite, soit F 38,60, à F. 1,80 la R[oupie].

Votre compte personnel restera donc créditeur chez moi
de R[oupie]s 3 677,15 ᵃˢ que j'aurai à vous faire tenir à la fin
de la liquidation des affaires du Harar en suspens en tenant
compte du résultat de cette liquidation.

Veuillez avoir l'obligeance de m'accuser réception des
documents énumérés ci-dessus, et me dire si nous sommes
d'accord.

Recevez, Monsieur, mes bien sincères salutations.

C. TIAN.

RIMBAUD À CÉSAR TIAN

Aden, le 6 mai 1891.

Monsieur,

Je vous accuse réception de votre lettre de ce jour
me remettant les comptes définitifs de l'affaire participa-
tion au Harar que je passe de conformité.

J'ai également reçu votre traite à mon ordre sur le
Comptoir national d'Escompte de Paris et vous crédite
de son montant de F 37 450, — ou Rs. 20 805,90.

Il demeure entendu que le solde de mon compte
chez vous ne me sera réglé qu'après la liquidation des
affaires en suspens au Harar dont le résultat sera à par-
tager par moitié.

Recevez, Monsieur, mes empressées salutations.

A. RIMBAUD.

FELTER À RIMBAUD

Harar, 13 mai 1891.

Cher Mons[ieur] Rimbaud,

Je possède votre lettre du 24 avril écoulé. Makonnen étant
toujours à Cercer et [Tessamma?] étant mort, personne
ne veut toucher l'argent.

Ato Abayna sera chargé, à ce que l'on dit, de l'admi-
nistration. Il doit arriver sous peu. Je verrai si, lui, il accep-
tera l'argent. Ne doutez pas que, au moment donné, ça sera
eux-mêmes qui viendront encaisser. Alors j'enverrai à M. Tian
le reçu.

Mes compliments pour votre bon voyage, et mes meilleurs
souhaits pour une guérison à grande vitesse. En attendant
de vous voir ici prochainement, je vous serre af[f]ectueuse-
ment la main.

Mes amabilités à M. Tian.

> Tout à vous.
>
> [FELTER?]

RIMBAUD À SA MÈRE ET À SA SŒUR

Marseille, [jeudi 21 mai 1891.]

Ma chère maman, ma chère sœur,

Après des souffrances terribles, ne pouvant me faire
soigner à Aden, j'ai pris le bateau des Messageries pour
rentrer en France.

Je suis arrivé hier, après treize jours de douleurs. Me
trouvant par trop faible à l'arrivée ici, et saisi par
le froid, j'ai dû entrer ici à *l'hôpital de la Conception,* où
je paie dix f[ran]cs par jour, docteur compris.

Je suis très mal, très mal, je suis réduit à l'état de
squelette par cette maladie de ma jambe gauche [1] qui est
devenue à présent énorme et ressemble à une énorme
citrouille. C'est une synovite, une hydarthrose, etc.,
une maladie de l'articulation et des os.

Cela doit durer très longtemps, si des complications
n'obligent pas à couper la jambe. En tout cas, j'en res-
terai estropié. Mais je doute que j'attende. La vie m'est
devenue impossible. Que je suis donc malheureux! Que
je suis donc devenu malheureux!

J'ai à toucher ici une traite de f[ran]cs 36 800 sur le
Comptoir national d'Escompte de Paris. Mais je n'ai
personne pour s'occuper de placer cet argent. Pour
moi, je ne puis faire un seul pas hors du lit. Je n'ai

pas encore pu toucher l'argent. Que faire. Quelle triste vie! Ne pouvez-vous m'aider en rien?

RIMBAUD.

Hôpital de la Conception.

Marseille.

TÉLÉGRAMME DE RIMBAUD À SA MÈRE

Marseille [22 mai 1891.]

Déposé 2 h 50 du soir.

Aujourd'hui, toi ou Isabelle, venez Marseille par train express. Lundi matin, on ampute ma jambe. Danger mort. Affaires sérieuses régler. Arthur. Hôpital Conception. Répondez.

RIMBAUD.

TÉLÉGRAMME DE MADAME RIMBAUD À SON FILS

Arthur Rimbaud, Hôpital Conception, Marseille. Attigny - 334 - 15 - 22 - 6 h 35 s[oir].
Je pars. Arriverai demain soir. Courage et patience.

V[EU]VE RIMBAUD.

SOTIRO À RIMBAUD

Zeilah, le 29 mai 1891.

Très cher Ami Monsieur A. Rimbaud à Paris,

Par le dernier courrier je vous ai adressé de Harar, par l'intermédiaire de C. Tian, une lettre de Monsieur Dimitri[1]. Je n'ai pu écrire moi-même, souffrant trop de mon pied blessé, mais aujourd'hui, Dieu merci, je vais beaucoup mieux,

le médecin me dit que d'ici peu (deux ou trois jours) je pourrai marcher. Je souhaite, cher Ami, que vous puissiez en faire autant. J'espère recevoir une lettre de vous qui m'annoncera l'amélioration de votre santé; si j'avais su votre adresse, j'aurais pu vous écrire directement à Paris. Il y a quelques jours j'ai reçu le courrier de Harar, j'ai appris les détails de la terrible misère qui y règne. Peut-être que Dimitri vous l'écrit aussi, cinquante personnes par jour crèvent de faim. Le riz est à th. 12 le sac. Tesamma est mort de dysenterie le 30 avril. Moconen devrait entrer sous peu à Harar, il était à Cercer. Enfin, le Harar n'est pas dans un état des plus heureux.

Il y a quelques jours j'ai vendu ici une caravane à th. 8, 67 ½ B [?]; aujourd'hui même prix à Zeilah. Peu de cafés arrivent d'Abyssinie; peut-être que dans le Harar nous l'aurons à th. 6 ½.

Monsieur Savouré et sa dame devaient partir ces jours-ci à Harar avec un wakil : j'apprends qu'il a chargé une certaine quantité de chameaux pour le Choa. M[onsieu]r Brémond se dispute toujours avec Savouré : il achète à th. 7 ½ et paie toujours pour avoir beaucoup de [*illisible*[1]]; j'apprends qu'il s'est mis en route pour Djibouti. Monsieur Constantin[2] après avoir laissé Dimitri est allé au Bordello du vieux Christo[3], il n'a pas de quoi manger.

. . . .

Un explorateur italien était en route pour le Harar, mais après avoir fait la moitié du chemin, un coup de fusil est parti des mains d'un de ses domestiques et a blessé un Gadiboursi[4] qui est mort sur le coup. Alors l'Oughaz des Gadiboursis a pris à l'explorateur tout ce qu'il avait, argent et fusils, et l'a laissé retourner à Zeilah où l'affaire sera jugée. Voici qu'à la même époque un autre âne, un de ces gens que vous savez qui s'occupent de métaux, est venu ici; il voulait partir pour le Gadiboursi pour y chercher les métaux, mais le Serkal n'a pas voulu qu'il parte : il ignorait qu'ici les Anglais n'aiment pas tout ce qui est Français. On dit que d'ici peu arrivera d'Abyssinie Monsieur Ilg pour régulariser les dettes du roi Ménélik avec l'Italie. On dit qu'avec lui vient un Abyssin pour arranger les affaires et pour traiter de la route de Djibouti, en ce sens que celui qui va à Djibouti est libre d'aller, mais ceux qui veulent venir à Zeilah doivent payer double douane dans le Harar et ceci est la volonté de vos grands commerçants de Djibouti et celle de [*illisible*[5]]. Nous verrons si les Anglais ont la même opinion : je crois que non. On songe même à établir un marché et à faire une ville chez les Gadiboursis. C'est le temps du Harif, temps mauvais comme fournaise. On ne trouve pas en location de maisons pour le riz et le riz arrive toujours. Je pense aller sous peu à Aden pour acheter quelques choses

et après je partirai pour le Harar; je pense aussi que je devrais respirer un peu l'air de mon pays, parce que j'ai bien besoin de santé : mais je songerai à cela après mon arrivée à Harar. N'oubliez pas, pour finir, d'écrire toujours directement à Zeilah (Afrique Orientale). Je vous souhaite bonne et prompte santé. Je suis toujours votre Ami

SOTIRO P. CONSTANTINO.

RIMBAUD À SON EXCELLENCE
LE RAS MÉKONÈNE

gouverneur du Harar.

Marseille, 30 mai 1891.

Excellence,

Comment vous portez-vous? Je vous souhaite bonne santé et complète prospérité. Que Dieu vous accorde tout ce que vous désirez. Que votre existence coule en paix.

Je vous écris ceci de Marseille, en France. Je suis à l'hôpital. On m'a coupé la jambe il y a six jours. Je vais bien à présent et dans une vingtaine de jours je serai guéri.

Dans quelques mois, je compte revenir au Harar, pour y faire du commerce comme avant, et j'ai pensé à vous envoyer mes salutations.

Agréez les respects de votre dévoué serviteur.

RIMBAUD.

MADAME RIMBAUD À SA FILLE ISABELLE

Marseille, lundi 8 juin 1891.

Mes paquets sont prêts. Je compte partir demain, mardi à 2 heures de l'après-midi. Je ne serai pas à Roche avant jeudi soir, par la gare de Voncq. Que personne ne se dérange : j'aime mieux arriver seule. Je voulais partir aujourd'hui, mais les larmes d'Arthur m'avaient ébranlée; et puis, pour

reſter, il faudrait que je reſte encore au moins un mois : cela ne m'eſt pas possible. Je fais tout pour le mieux : que la volonté de Dieu se fasse! Je te recommande de ne plus m'écrire ici.

À toi.

V[EUVE] RIMBAUD.

CÉSAR TIAN À RIMBAUD

Aden, le 11 juin [18]91.

Monsieur,

J'ai été très peiné d'apprendre que l'amputation ait été nécessaire. C'était ici l'avis du docteur Nouks. C'eſt pour cela qu'il vous a engagé, après quelques jours d'observation, de rentrer en Europe.

Le souvenir que j'ai gardé de la conversation de quelques minutes que nous avons eu[e] ensemble à propos des difficultés exiſtant entre M. Ries et moi, dit-on, difficultés dont vous-même m'av[ez] paru fort au courant, ne me permet pas de saisir le rapport qui peut exiſter entre cette conversation et les conseils que vous voulez bien me donner et dont je vous suis très reconnaissant. Mon désir a toujours été et eſt toujours de céder ma maison ou de m'entendre d'une autre façon avec M. Ries. De là deux combinaisons, la première que vous soulignez dans votre lettre, a mes préférences, et j'ai bon espoir que d'une façon ou de l'autre nous arriverons à nous entendre.

Harar. Rien dans les nouvelles qui arrivent du Harar ne m'engage à recommencer les affaires. Depuis votre départ, aucune caravane n'eſt arrivée, ni pour V. B. C. [?] ni pour A. S. Tous ces gens-là sont fort mécontents et il y a de quoi. Le café eſt toujours fort cher ainsi que les peaux de chèvre et le zebet [?], et rien de cela ne laisse une marge actuellement. La situation politique de l'Abyssinie eſt mauvaise. On parle de la guerre prochaine entre Ras Alloula [?] avec Debbeh contre Maugan [...][1], que celui-ci serait soutenu par les Italiens.

Le contre-coup de ces événements pourrait se faire sentir au Harar, et votre famille a quelques raisons pour croire que vos capitaux sont mieux en ses mains que sur la route du Harar.

Je vous salue sincèrement.

C. TIAN.

RIMBAUD À SA SŒUR ISABELLE

Marseille, le 17 juin 1891.

Isabelle, ma chère sœur,

Je reçois ton billet avec mes deux lettres retour du Harar. Dans l'une de ces lettres on me dit m'avoir précédemment renvoyé une lettre à Roche. N'avez-vous reçu rien d'autre?

Je n'ai encore écrit à personne, je ne suis pas encore descendu de mon lit. Le médecin dit que j'en aurai pour un mois, et même ensuite je ne pourrai commencer à marcher que très lentement. J'ai toujours une forte névralgie à la place de la jambe coupée, c'est-à-dire au morceau qui reste. Je ne sais pas comment cela finira. Enfin je suis résigné à tout, je n'ai pas de chance!

Mais que veux-tu dire avec tes histoires d'enterrement? Ne t'effraie pas tant, prends patience aussi, soigne-toi, prends courage. Hélas je voudrais bien te voir, que peux-tu donc avoir? Quelle maladie? Toutes les maladies se guérissent avec du temps et des soins. En tout cas, il faut se résigner et ne pas se désespérer.

J'étais très fâché quand maman m'a quitté, je n'en comprenais pas la cause. Mais à présent il vaut mieux qu'elle soit avec toi pour te faire soigner. Demande-lui excuse et souhaite-lui bonjour de ma part.

Au revoir donc, mais qui sait quand?

RIMBAUD.

Hôpital de la Conception,
Marseille.

SOTIRO À RIMBAUD

Aden, le 21 juin 1891.

Très cher ami, Monsieur A. Rimbaud (en France),

Depuis quelques jours je me trouve à Aden, près de Monsieur Tian, où j'ai à terminer quelques commissions

pour le Harar. J'apprends avec beaucoup de peine que l'on
vous a coupé la jambe, mais que votre santé est bonne. Il
faut remercier Dieu. Moi aussi, je suis resté un mois au lit
à cause d'un coup de revolver que j'ai reçu. Je rends grâces
à Dieu qui m'a sauvé la vie, je suis guéri. Je n'ai reçu aucune
autre lettre que celle qui m'annonçait votre départ. J'ai vu
le domestique Djami, lequel m'a parlé de vous. Je vous ai
envoyé une lettre de Monsieur Dimitri et de Farah Kâli[1].

Toujours de très mauvaises nouvelles de Harar : famine
très grande... cinquante à soixante par jour en crèvent.
Dourah[2] 20 piastres 15 th. Riz 14 th. Les Somalis ont aban-
donné leurs commerces (on ne trouve pas de marchandises)
et transportent le riz. Grande concurrence pour ce maudit
café. Il est à th. 7 ½ à Harar et ici à 9. On n'en trouve à
Harar que du vert et du mauvais. On dit que sous peu arrivera
Monsieur Ilg pour arranger les dettes. Deux Italiens ont été
faits prisonniers à Harar et Monsieur Brémond s'en est
porté garant, un autre est en prison à Zeilah pour avoir tué
un Gadiboursi.

J'espère recevoir une lettre de vous. Que pensez-vous
de ce pays ? Pour l'instant la côte vaut mieux que l'intérieur.
Je désire aller à Harar et pourtant j'hésite, car j'ai de la
peine de voir crever de faim ces malheureuses gens... Le
Dieu qui fera partout du bien à tout le monde en fera à nous
aussi.

Je vous salue avec mon cœur et j'attends une lettre de vous.

Votre toujours ami

SOTIRO P. CONSTANTINO.

RIMBAUD À SA SŒUR ISABELLE

Marseille, 23 juin 1891.

Ma chère sœur,

Tu ne m'as pas écrit; que s'est-il passé ? Ta lettre
m'avait fait peur, j'aimerais avoir de tes nouvelles.
Pourvu qu'il ne s'agisse pas de nouveaux ennuis, car,
hélas, nous sommes trop éprouvés à la fois !

Pour moi, je ne fais que pleurer jour et nuit, je suis
un homme mort, je suis estropié pour toute ma vie.
Dans la quinzaine, je serai guéri, je pense; mais je ne
pourrai marcher qu'avec des béquilles. Quant à une
jambe artificielle, le médecin dit qu'il faudra attendre
très longtemps, au moins six mois ! Pendant ce temps

que ferai-je, où resterai-je? Si j'allais chez vous, le
froid me chasserait dans trois mois, et même en moins de
temps; car, d'ici, je ne serai capable de me mouvoir
que dans six semaines, le temps de m'exercer à béquiller!
Je ne serais donc chez vous que fin juillet. Et il me
faudrait repartir fin septembre.

Je ne sais pas du tout quoi faire. Tous ces soucis me
rendent fou : je ne dors jamais une minute.

Enfin, notre vie est une misère, une misère sans fin!
Pourquoi donc existons-nous?

Envoyez-moi de vos nouvelles.

Mes meilleurs souhaits.

RIMBAUD.
Hôpital de la Conception,
Marseille.

RIMBAUD À SA SŒUR ISABELLE

Marseille, le 24 juin 1891.

Ma chère sœur,

Je reçois ta lettre du 21 juin. Je t'ai écrit hier. Je n'ai
rien reçu de toi le 10 juin, ni lettre de toi, ni lettre
du Harar. Je n'ai reçu que les deux lettres du 14. Je
m'étonne fort où sera passée la lettre du 10.

Quelle nouvelle horreur me racontez-vous? Quelle
est encore cette histoire de service militaire? Depuis
que j'ai eu l'âge de vingt-six ans, ne vous ai-je
pas envoyé d'Aden un certificat prouvant que j'étais
employé dans une maison française, ce qui est une dis-
pense, — et par la suite quand j'interrogeais maman
elle me répondait toujours que tout était réglé, que je
n'avais rien à craindre. Il y a à peine quatre mois, je vous
ai demandé dans une de mes lettres, si l'on n'avait rien à
me réclamer à ce sujet, parce que j'avais l'envie de ren-
trer en France. Et je n'ai pas reçu de réponse. Moi, je
croyais tout arrangé par vous. À présent vous me faites
entendre que je suis noté insoumis, que l'on me pour-
suit, etc., etc. Ne vous informez de cela que si vous êtes
sûres de ne pas attirer l'attention sur moi. Quant à moi,
il n'y a pas de danger, dans ces conditions, que je

revienne! La prison après ce que je viens de souffrir,
Il vaudrait mieux la mort!

Oui, depuis longtemps d'ailleurs, il aurait mieux valu
la mort! Que peut faire au monde un homme estropié?
Et à présent encore réduit à s'expatrier définitivement!
Car je ne reviendrai certes plus avec ces histoires, —
heureux encore si je puis sortir d'ici par mer ou par
terre et gagner l'étranger.

Aujourd'hui j'ai essayé de marcher avec des béquilles,
mais je n'ai pu faire que quelques pas. Ma jambe est
coupée très haut, et il m'est difficile de garder l'équi-
libre. Je ne serai tranquille que quand je pourrai mettre
une jambe artificielle, mais l'amputation cause des
névralgies dans le restant du membre, et il est impos-
sible de mettre une jambe mécanique avant que ces
névralgies soient absolument passées, et il y a des ampu-
tés auxquels cela dure quatre, six, huit, douze mois!
On me dit que cela ne dure jamais guère moins de deux
mois. Si cela ne me dure que deux mois je serai heu-
reux! Je passerais ce temps-là à l'hôpital et j'aurais
le bonheur de sortir avec deux jambes. Quant à sortir
avec des béquilles, je ne vois pas à quoi cela peut servir.
On ne peut monter ni descendre, c'est une affaire ter-
rible. On s'expose à tomber et à s'estropier encore plus.
J'avais pensé pouvoir aller chez vous passer quelques
mois en attendant d'avoir la force de supporter la jambe
artificielle, mais à présent je vois que c'est impossible.

Eh bien je me résignerai à mon sort. Je mourrai
où me jettera le destin. J'espère pouvoir retourner là
où j'étais, j'y ai des amis de dix ans, qui auront pitié de
moi, je trouverai chez eux du travail, je vivrai comme je
pourrai. Je vivrai toujours là-bas, tandis qu'en France,
hors de vous, je n'ai ni amis, ni connaissances, ni per-
sonne. Et si je ne puis vous voir, je retournerai là-bas.
En tout cas, il faut que j'y retourne.

Si vous vous informez à mon sujet, ne faites jamais
savoir où je suis. *Je crains même qu'on ne prenne mon
adresse à la poste. N'allez pas me trahir.*

Tous mes souhaits.

RIMBAUD.

Mademoiselle Isabelle Rimbaud,
à Roche, canton d'Attigny
Ardennes (France).

RIMBAUD À SA SŒUR ISABELLE

Marseille, 29 juin 1891.

Ma chère sœur,

Je reçois ta lettre du 26 juin. J'ai déjà reçu avant-hier la lettre du Harar seule. Quant à la lettre du 10 juin, point de nouvelles : cela a disparu, soit à Attigny, soit ici à l'administration, mais je suppose plutôt à Attigny. L'enveloppe que tu m'envoies me fait bien comprendre de qui c'était. Ça devait être signé Dimitri Righas[1]. C'est un Grec résidant au Harar et que j'avais chargé de quelques affaires. J'attends des nouvelles de votre enquête au sujet du service militaire : mais, quoi qu'il en soit, *je crains les pièges,* et je n'ai nullement envie de rentrer chez vous à présent, malgré les assurances qu'on pourrait vous donner.

D'ailleurs, je suis tout à fait immobile et je ne sais pas faire un pas. Ma jambe est guérie, c'est-à-dire qu'elle est cicatrisée, ce qui d'ailleurs s'est fait assez vite, et me donne à penser que cette amputation pouvait être évitée. Pour les médecins je suis guéri, et, si je veux, on me signe demain ma feuille de sortie de l'hôpital. Mais quoi faire? Impossible de faire un pas! Je suis tout le jour à l'air, sur une chaise, mais je ne puis me mouvoir. Je m'exerce sur des béquilles ; mais elles sont mauvaises, d'ailleurs je suis long, ma jambe est coupée haut, l'équilibre est très difficile à garder. Je fais quelques pas et je m'arrête, crainte de tomber et de m'estropier de nouveau!

Je vais me faire faire une jambe de bois pour commencer, on y fourre le moignon (le reste de la jambe[2]) rembourré avec du coton, et on s'avance avec une canne. Avec q[uel]que temps d'exercice de la jambe de bois, on peut, si le moignon s'est bien renforcé, commander une jambe articulée qui serre bien et avec laquelle on peut marcher à peu près. Quand arrivera ce moment? D'ici là peut-être m'arrivera-t-il un nouveau malheur. Mais, cette fois-là, je saurais vite me débarrasser de cette misérable existence.

Il n'est pas bon que v[ou]s m'écriviez souvent et que mon nom soit remarqué *aux postes de Roche et d'Attigny.* C'est de là que vient le danger. Ici personne ne s'occuperait de moi. Écrivez-moi le moins possible, — quand cela sera indispensable. Ne mettez pas Arthur, écrivez Rimbaud tout seul. Et dites-moi au plus tôt et *au plus net* ce que me veut l'autorité militaire, et, en cas de poursuite, quelle est la pénalité encourue. — Mais alors j'aurais vite fait ici de prendre le bateau.

Je v[ou]s souhaite bonne santé et prospérité.

R[IM]B[AU]D.

ISABELLE RIMBAUD À SON FRÈRE ARTHUR

Roche, le 30 juin 1891.

Cher Arthur,

Je suis inquiète de n'avoir pas de lettre de toi, j'en attendais une ce matin. Irais-tu plus mal? Rassure-moi si ma crainte est puérile. J'attendais pour t'écrire moi-même d'avoir quelque chose à te dire au sujet de ton service militaire; nous ne savons encore rien de précis; nous avons reçu cette personne que nous avions chargée de nous renseigner; ses démarches n'ont abouti à rien en ce qui te concerne; depuis la nouvelle loi de 1889 on est très rigoureux sur les délits militaires, mais nous ne savons encore si tu es fautif. Nous voici obligés d'aller à Châlons remettre l'affaire entre les mains d'un avocat au conseil de guerre; cet avocat ira à l'intendance générale où sont réunis tous les dossiers des hommes de l'armée active et de l'armée territoriale, consultera le tien et saura comment tu es noté; il n'y a que ce moyen de savoir où tu en es, sans attirer l'attention sur toi. Te souviens-tu bien nettement comment était conçu ce certificat envoyé à l'époque de tes 28 jours? le timbre du consulat français à Aden y était-il apposé? Était-ce en 1881 ou en 1882? Et aussi celui de la maison où tu étais employé? Si l'on pouvait retrouver ce certificat ton affaire serait bonne, mais ces gendarmes d'Attigny ne nous ont jamais reparlé de cela, aujourd'hui ce ne sont plus les mêmes et d'ailleurs nous ne pouvons nous renseigner ici, ce serait te trahir. Il ne faut pas te chagriner ni te tourmenter pour le moment puisqu'on n'est

encore sûr de rien; seulement prends beaucoup de précautions, ne parle de cela à personne, même à Marseille; mais remarque bien tout ce qu'on peut te dire sur ce sujet. Le directeur ne t'a-t-il jamais fait d'allusions là-dessus?

Allons, cher Arthur, courage! Je vois par la fenêtre passer un homme qui a eu lui aussi une jambe amputée, mais il y a déjà longtemps (c'est, je crois, de la guerre 1870).

Cet homme est juché sur une haute voiture de paniers, il s'arrête à l'auberge et descend aussi lestement que s'il avait ses deux jambes; je le vois ainsi au moins deux ou trois fois par semaine et toujours leste et gai. Il remonte sur sa voiture aussi facilement qu'il en descend; j'ai entendu dire qu'avec sa jambe de bois il est le danseur le plus infatigable aux fêtes de village. Je te dis ceci pour te faire voir que, bien que privé d'un membre, on peut encore être bon à quelque chose, et même avoir quelque jouissance sur la terre. On voit des hommes encore tout jeunes, comme toi, et même plus jeunes, atteints de paralysie ou de douleurs rhumatismales qui les clouent sur un lit pour toute leur vie qui n'en est pas moins longue; ne sont-ils pas plus à plaindre que ceux qui n'ont perdu qu'une jambe? Il faut être courageux. Que veux-tu? Tu auras beau te désoler, ton chagrin ne remédiera à rien; au contraire, tu peux en contracter une autre maladie inguérissable.

Je voudrais bien que tu me dises au juste quels jours tu reçois mes lettres, et en quel état elles t'arrivent. J'ai des raisons de me méfier et de craindre qu'on ne les ouvre. J'ai dû renoncer à les mettre à la poste à Roche; je vais les porter à la gare de Voncq. As-tu reçu celle du 24 juin? et celle du 26?

Ici, on se désole parce qu'il pleut toujours, et les vivres vont pourrir dans les champs. La fenaison est arrêtée, on ne récoltera point de blé, et les empouilles de mars sont couchées sur la terre et en grand péril, enfin, à la grâce de Dieu.

Je te dis au revoir, mon cher Arthur, et t'embrasse de cœur.

ISABELLE RIMBAUD.

Écris-nous, s'il te plaît.

RIMBAUD À SA SŒUR ISABELLE

Marseille, 2 juillet 1891.

Ma chère sœur,

J'ai bien reçu tes lettres du 24 et du 26 juin et je
reçois celle du 30. Il ne s'est jamais perdu que la lettre
du 10 juin, et j'ai tout lieu de croire qu'elle a été détour-
née au bureau de poste d'Attigny. Ici on n'a pas l'air
du tout de s'occuper de mes affaires. C'est une bonne
idée de mettre vos lettres à la poste ailleurs qu'à Roche,
et de façon à ce qu'elles ne passent pas par le bureau de
poste d'Attigny. De cette façon v[ou]s pouvez m'écrire
tant que v[ou]s voudrez. Quant à cette question du ser-
vice, il faut absolument savoir à quoi s'en tenir, faites
donc le nécessaire et donnez-moi une réponse décisive.
Pour moi, je crains fort un piège et j'hésiterais fort à
rentrer dans n'importe quel cas. Je crois que v[ou]s
n'aurez jamais de réponse certaine, et alors il me sera
toujours impossible d'aller chez vous, où je pourrais
être pris au piège.

Je suis cicatrisé depuis longtemps, quoique les névral-
gies dans le moignon soient toujours aussi fortes, et
je suis toujours levé, mais voilà que mon autre jambe
se trouve très faible. Est-ce à cause du long séjour au
lit, ou du manque d'équilibre, mais je ne puis béquiller
plus de quelques minutes sans avoir l'autre jambe conges-
tionnée. Aurais-je une maladie des os, et devrais-je perdre
l'autre jambe? J'ai très peur, je crains de me fatiguer
et j'abandonne les béquilles. J'ai commandé une jambe
de bois, ça ne pèse que deux kilos, ça sera prêt dans
huit jours. J'essaierai de marcher tout doucement avec
cela, il me faudra au moins un mois pour m'y habi-
tuer peu à peu, et peut-être que le médecin, vu les
névralgies, ne me permettra pas encore de marcher avec
cela. Quant à une jambe élastique, c'est beaucoup trop
lourd pour moi à présent, — le moignon ne pourrait
jamais la supporter; ce n'est que pour plus tard. Et
d'ailleurs une jambe en bois fait le même profit : ça

coûte une cinquantaine de francs. Avec tout cela, fin
juillet je serai encore à l'hôpital. Je paie six f[ran]cs de
pension par jour à présent et je m'ennuie pour soixante
francs à l'heure. Je ne dors jamais plus de deux heures
par nuit. C'est cette insomnie qui me fait craindre que
je n'aie encore q[uel]que maladie à subir. Je pense avec
terreur à mon autre jambe : c'est mon unique soutien
au monde, à présent! Quand cet abcès dans le genou
m'a commencé au Harar, cela a débuté ainsi par quelque
quinze jours d'insomnie. Enfin, c'est peut-être mon des-
tin de devenir *cul-de-jatte!* À ce moment, je suppose
que l'administration militaire me laisserait tranquille!
— Espérons mieux.

Je vous souhaite bonne santé, bon temps et tout à
vos souhaits. Au revoir.

                                              R[IM]B[AU]D.

ISABELLE RIMBAUD À SON FRÈRE ARTHUR

                                    Roche, le 4 juillet 1891.

Cher Arthur,

Nous recevons ta lettre du 2.

Je crois que ton affaire militaire est en bonne voie; on a été
à l'intendance générale à Châlons, tu n'es classé sur aucun
registre. Aujourd'hui on est allé à Mézières : là on va faire
les démarches nécessaires pour obtenir ton congé définitif
comme réformé; si notre déclaration ne suffit pas, tu seras
obligé de produire un certificat du médecin qui t'a soigné;
mais il ne faut pas revenir avant que tu n'aies ce congé défi-
nitif; mais alors tu seras tranquille et à l'abri de tout piège.

Il ne nous paraît pas très étonnant que tu ne puisses dormir,
ça doit être l'inaction et l'ennui qui t'ôtent le sommeil; la
faiblesse de ta jambe valide doit provenir du long séjour au
lit; si tu n'y sens pas de mal c'est qu'elle est saine; il me
semble qu'une maladie des os ne s'attaquerait pas seulement
et d'abord aux deux jambes; ne serait-il pas plus naturel
que la maladie attaque un côté du corps, le bras après la
jambe par exemple? Le médecin n'a pas les mêmes craintes
que toi, sans doute, puisque tu disais l'autre jour qu'il ne
tiendrait qu'à toi de sortir de l'hôpital. Quand tu seras ici
tu iras mieux sous tous les rapports, tu pourras sortir dans

les clos et jardins, et puis le changement d'air te fera du
bien et t'endormira ; j'espère que ce sera bientôt, nous atten-
dons une solution pour lundi ou mardi. En attendant, tiens-
toi, si tu peux, l'esprit au repos ; tu as raison d'essayer une
jambe en bois ; il y a tout près d'ici un homme qui a eu la
jambe coupée très haut, presque au ras du corps. Il semblait
impossible de lui faire mettre une jambe articulée ; il en a
une cependant, mais elle le fatigue beaucoup, il préfère une
jambe en bois, c'est bien plus léger et maniable. Voilà 2 ans
que cet homme a été amputé, il sent encore ses névralgies
quelquefois, surtout aux changements de temps, mais elles
vont toujours en décroissant.

Prends patience, cher Arthur, sois courageux, et reçois
mes meilleurs baisers.

ISABELLE.

ISABELLE RIMBAUD À SON FRÈRE ARTHUR

Roche, le 8 juillet 1891.

Cher Arthur,

Nous sommes enfin parvenus à arranger ton affaire mili-
taire ; je t'envoie la copie de la lettre que nous recevons
aujourd'hui même de l'Intendance de Mézières :

« Le nommé Rimbaud, J.-N. Arthur, est en Arabie depuis
le 16 janvier 1882 ; en conséquence, sa situation militaire est
légale ; il n'a pas à se préoccuper de sa période d'instruction,
il est en sursis renouvelable jusqu'à sa rentrée en France. »

Mézières, le 7 juillet 1891.

Le Commandant de Recrutement :

BERTAUX.

Quant à ton congé définitif comme réformé, tu ne peux
l'obtenir qu'en te présentant toi-même à l'Intendance, soit
à Marseille, si tu es pour y séjourner encore un certain temps,
soit à Mézières, si tu reviens, ou même par l'entremise de la
gendarmerie d'Attigny ; par la copie de la lettre ci-dessus,
tu as compris que pour nous informer et sortir d'incertitude,
nous n'avons pas révélé ta présence en France ni ton ampu-
tation qui te rend inapte à tout service militaire ; si tu étais
rentré valide tu aurais dû accomplir tes vingt-huit jours en
rentrant en France ; tu devras donc te présenter aux autorités

militaires, lesquelles feront constater ta malheureuse position
et te délivreront un congé de réforme.

Ainsi, cher Arthur, tu es libre; avant de revenir, dis-nous
un peu d'avance, si tu désires avoir ta chambre au rez-de-
chaussée ou au premier étage pour ta plus grande commodité;
s'il faut te préparer quelque meuble ou ustensile nécessités
par ta jambe; enfin il faut que tu trouves en arrivant ici tout
ce dont tu peux avoir besoin; en retour, je te prie de nous
amener un peu de chaleur et du beau temps, choses dont
nous avons le plus grand besoin. Feras-tu bien le voyage
seul? — C'est à la gare de Voncq et non pas à Attigny qu'il
faut descendre, je te le recommande expressément, autant
pour nous que pour toi, et surtout nous prévenir, quand tu
seras à Paris, par lettre ou plutôt même par dépêche, de
l'heure où tu arriveras à Voncq, afin que j'aille te chercher
à la gare.

Je suis toute réjouie à la pensée de te revoir; mais hélas!
il y a une bien grande ombre à ma joie, je voudrais te voir
heureux et bien portant, et tu n'es ni l'un ni l'autre. Enfin
nous n'y pouvons remédier, et le mieux c'est de se résigner
et de prendre courage. J'attends de tes nouvelles avec impa-
tience, à quand ton retour?

Au revoir, cher Arthur, nous t'embrassons de cœur.

ISABELLE RIMBAUD.

— As-tu ton livret militaire? Si non, dis, si on te le demand-
dait, que tu t'es trouvé si malade en Arabie que tu as oublié
de le prendre et qu'il est perdu maintenant. En somme, il
vaut mieux, si tu es pour revenir, comme je l'espère, régu-
lariser ta situation militaire plutôt ici qu'à Marseille.

I. R.

RIMBAUD À SA SŒUR ISABELLE

Marseille, le 10 juillet 1891.

Ma chère sœur,

J'ai bien reçu tes lettres des 4 et 8 juillet. Je suis
heureux que ma situation soit enfin déclarée nette[1].
Quant au livret, je l'ai en effet perdu dans mes voyages.
Quand je pourrai circuler je verrai si je dois prendre
mon congé ici ou ailleurs. Mais si c'est à Marseille, je

crois qu'il me faudrait en mains la réponse autographe
de l'intendance. Il vaut donc mieux que j'aie en mains
cette déclaration, *envoyez-la-moi*. Avec cela personne ne
m'approchera. Je garde aussi le certificat de l'hôpital
et *avec ces deux pièces* je pourrai obtenir mon congé ici.

Je suis toujours levé, mais je ne vais pas bien. Jus-
qu'ici je n'ai encore appris à marcher qu'avec des
béquilles, et encore il m'est impossible de monter ou
descendre une seule marche. Dans ce cas on est obligé
de me descendre ou monter à bras le corps. Je me
suis fait faire une jambe de bois très légère, vernie et
rembourrée, fort bien faite (prix 50 francs). Je l'ai mise
il y a quelques jours et ai essayé de me traîner en me
soulevant encore sur des béquilles, mais je me suis
enflammé le moignon et ai laissé l'instrument maudit
de côté. Je ne pourrai guère m'en servir avant quinze
ou vingt jours, et encore avec des béquilles pendant
au moins un mois, et pas plus d'une heure ou deux par
jour. Le seul avantage est d'avoir trois points d'appui
au lieu de deux.

Je recommence donc à béquiller. Quel ennui, quelle
fatigue, quelle tristesse en pensant à tous mes anciens
voyages, et comme j'étais actif il y a seulement cinq
mois! Où sont les courses à travers monts, les caval-
cades, les promenades, les déserts, les rivières et les
mers? Et à présent l'existence de *cul-de-jatte!* Car je
commence à comprendre que les béquilles, jambes de
bois et jambes mécaniques sont un tas de blagues et
qu'on n'arrive avec tout cela qu'à se traîner misérable-
ment sans pouvoir jamais rien faire. Et moi qui juste-
ment avais décidé de rentrer en France cet été pour
me marier! Adieu mariage, adieu famille, adieu avenir!
Ma vie est passée, je ne suis plus qu'un tronçon immo-
bile.

Je suis loin encore avant de pouvoir circuler même
dans la jambe de bois, qui est cependant ce qu'il y a
de plus léger. Je compte au moins encore quatre mois
pour pouvoir faire seulement q[uel]ques marches dans
la jambe de bois avec le seul soutien d'un bâton. Ce
qui est très difficile, c'est de monter ou de descendre.
Dans six mois seulement je pourrai essayer une jambe
mécanique et avec beaucoup de peine sans utilité. La
grande difficulté est d'être amputé haut. D'abord les

névralgies ultérieures à l'amputation sont d'autant plus violentes et persistantes qu'un membre a été amputé haut. Ainsi, les désarticulés du genou supportent beaucoup plus vite un appareil. Mais peu importe à présent tout cela; peu importe la vie même!

Il ne fait guère plus frais ici qu'en Égypte. Nous avons à midi de 30 à 35, et la nuit de 25 à 30. — La température du Harar est donc plus agréable, surtout la nuit, qui ne dépasse pas 10 à 15.

Je ne puis vous dire ce que je ferai, je suis encore *trop bas* pour le savoir moi-même. Ça ne va pas bien, je le répète. Je crains fort quelque accident. J'ai mon bout de jambe beaucoup plus épais que l'autre, et plein de névralgies. Le médecin naturellement ne me voit plus; parce que, pour le médecin, il suffit que la plaie soit cicatrisée pour qu'il vous lâche. Il vous dit que vous êtes guéri. Il ne se préoccupe de vous que lorsqu'il vous sort des abcès, etc., etc., ou qu'il se produit d'autres complications nécessitant q[uel]ques coups de couteau. Ils ne considèrent les malades que comme des sujets d'expériences. On le sait bien. Surtout dans les hôpitaux, car le médecin n'y est pas payé. Il ne recherche ce poste que pour s'attirer une réputation et une clientèle.

Je voudrais bien rentrer chez vous, parce qu'il y fait frais, mais je pense qu'il n'y a guère là de terrains propres à mes exercices acrobatiques. Ensuite j'ai peur que de frais il n'y fasse froid. Mais la première raison est *que je ne puis me mouvoir;* je ne le puis, je ne le pourrai avant longtemps, — et, pour dire la vérité, je ne me crois même pas guéri intérieurement et je m'attends à q[uel]que explosion... Il faudrait me porter en wagon, me descendre, etc., etc., c'est trop d'ennuis, de frais et de fatigue. J'ai ma chambre payée jusqu'à fin juillet; je réfléchirai et *verrai ce que je puis faire* dans l'intervalle.

Jusque-là j'aime mieux croire que cela ira mieux comme vous voulez bien me le faire croire; — si stupide que soit son existence, l'homme s'y rattache toujours.

Envoyez-moi la lettre de l'intendance. Il y a justement à table avec moi un inspecteur de police malade qui m'embêtait toujours avec ces histoires de service et s'apprêtait à me jouer quelque tour.

...mercie, je
...nté.

RIMBAUD.

...mbaud,
...Attigny
...nce).

SOTIRO À RIMBAUD

Zeilah, le 10 juillet 1891.

Très cher ami Monsieur A. Rimbaud, à Marseille.

J'ai bien reçu votre lettre très amicale du 26 juin et mon cœur est plein de douleur devant celle-ci; il faut pourtant remercier toujours Dieu. Je vous ai écrit pendant que j'étais à Aden; Dieu est grand et nous espérons pouvoir avec l'aide des amis vous trouver quelque poste à Zeilah ou à Aden. Monsieur Tian aussi songe bien à vous. N'ayez crainte, vous n'avez pas de parents, mais vous avez de bons amis.

En ce moment je suis en train de bâtir une maison à Zeilah au bord de la mer, près de la maison Moussaïa; elle sera terminée d'ici un mois. C'est pour cette raison que cette année je n'ai pas fait le voyage du Harar et une autre raison c'est la peine que j'aurais eue de trouver le long de la route des personnes mortes de faim. Le sac de riz est monté à 14 th. Moconen a fusillé beaucoup de Gallas Itous[1] qui mangeaient leurs frères et leurs enfants. Il y a quelque chose d'étrange cette année dans ce pays! J'ai reçu ces jours-ci vos lettres pour le Harar à Moconen et à Dimitri : elles sont parties avec mon courrier. Votre abban Farah Kâli[2] est mort à Gueldessa, empoisonné par sa femme.

Je vous souhaite bonne santé et bon courage, avec l'espoir de vous voir d'ici peu je vous salue de cœur.

Toujours vôtre

SOTIRO P. CONSTANTINO.

Les lettres que vous m'avez envoyées pour Felter[3] et Savouré, je les expédie de suite. Votre Djàmi après son retour d'Aden est parti pour le Harar avec des chevaux d'Adosetti [?], frais de voyage payés.

Comment vous portez-vous? Pour ... vais bien. J'ai appris avec étonnement et co... avait été obligé de vous couper la jambe. D'a... vous m'avez dit, l'opération a bien réussi. Dieu s...

J'apprends avec plaisir que vous vous proposez de re... à Harar pour continuer votre commerce : cela me plais... Oui, revenez bien vite en bonne santé. Je suis toujours... votre ami.

Écrit à Harar le 12 juillet 1891.

RAS MEQONNEN.

ISABELLE RIMBAUD À SON FRÈRE ARTHUR

Roche, le 13 juillet 1891.

Cher Arthur,

Je t'envoie, puisque tu le demandes instamment, le mot d'écrit du commandant de recrutement; je suis pourtant fort contrariée de m'en dessaisir; c'est un papier précieux, la seule preuve que tu ne sois pas en faute, et il a fallu bien des démarches et des prières pour l'arracher au signataire qui est un homme grincheux, méchant, et d'une exigence insupportable pour tout ce qui concerne le militarisme. Si tu venais à perdre cet écrit, il ne faudrait plus espérer en tirer un semblable; si tu n'es pas pour t'en servir à Marseille, renvoie-le-moi, il sera plus en sûreté ici que près de toi : ne le confie à personne, cet inspecteur de police ne me dit rien de bon.

Si j'étais à la place je tâcherais de sortir tout de suite de cette ennuyeuse position et d'obtenir mon congé définitif. Je crois qu'il y a un temps limité pour faire la déclaration de rentrée en France ou de changement de résidence, il doit être grand temps de s'occuper de cela, sous peine de s'attirer de nouveaux désagréments. Quand on ne peut pas se présenter devant les autorités militaires, on les fait venir près de soi, et surtout il faut dire que tu revenais en France avec l'intention de faire tes 28 jours.

Je suis peinée de voir que tu ne sois pas en état de revenir encore; j'espérais mieux. Mais enfin qu'est-ce donc au juste que ce mal qui t'est venu dans le genou, et comment ça a-t-il commencé? Je voudrais bien le savoir, moi qui ai depuis longtemps une jambe qui enfle par moment. Je crois que tu te trompes dans ton appréciation sur les médecins; ils seraient des monstres s'ils soignaient leurs malades pour faire sur eux des expériences, s'ils coupaient un membre seulement pour voir ce qu'il y a dedans; non, cela est impossible; dans ton cas tu dois voir si l'opinion du docteur de Zeilah ou d'Aden concordait avec celle du docteur de Marseille : il aurait mieux valu cependant qu'on ouvre et sonde ton genou d'abord, quitte à couper la jambe ensuite s'il n'y avait point de guérison possible sans cela. Quand tu parles d'expérience, c'en eût été une plus belle pour le docteur, plutôt que de te couper simplement la jambe; s'il t'a amputé c'est qu'assurément on ne pouvait faire autrement. Hélas! je sais bien que rien ne peut remplacer une jambe naturelle; il n'y a que le temps et la longue habitude qui puissent y suppléer imparfaitement. Pauvre Arthur, je comprends ce que tu souffres, et je sens bien que tu as encore plus de mal au moral qu'au physique; oh oui, c'est bien dur de dire adieu aux beaux projets d'avenir, et de regarder aussi dans le passé le bonheur qui ne reviendra pas. Mais qui sait? si l'avenir entrevu et souhaité ne peut plus arriver jamais, c'en sera peut-être un autre plus paisible et encore heureux à sa façon; il ne faut jamais se désespérer; de même que le malheur vous frappe au moment où l'on s'y attend le moins, la sécurité et la paix reviennent vous trouver au moment où l'on se désespère le plus.

Ici, le temps est remis depuis trois ou quatre jours. Nous fanons, nous remettons les trèfles et les foins et nous sommes fort occupés.

Au revoir, cher Arthur, je t'embrasse.

ISABELLE RIMBAUD.

FELTER À RIMBAUD

V. Bienenfeld et Cie   Agenzia di Harar, li 13 juillet 1891.
Aden (Arabia).

Mon cher Rimbaud,

J'ai apprise la douloureuse nouvelle et je vous assure que ça m'a fait beaucoup de peine. Heureusement en même

temp je vous connais assez d'esprit et de philosophie
pour être convencu qu'une fois le malheur passé, une
jambe plus ou moins, ça ne sera pas celle qui vous empê-
chera de faire votre route dans la vie.

C'est avec beaucoup de plaisir que je vous reverai ici
bien vite. Combien d'histoires depuis votre partence.

Maintenant il me faudrait savoir l'époque précise à laquelle
vous descendrez à Aden et si de la côte (Djbutil ou Zeylah)
vous seriez assez gentil de permettre à la caravane de ma
femme de s'aj[o]uter à la vôtre. C'est un embêtement, mais
enfin je leur enverrai des bons mulets et ça ne vous dérangera
pas beaucoup, j'espère.

Votre domestique Djami est à mon service, et je vous
l'enverrai en bas avec les mulets pour ma femme.

Répondez donc moi vite et dites moi oui, afin que je
puisse être en temp d'écrire en Italie.

Un tas de bonnes choses de ma côté, et croyez-moi
                    votre affectionné

                                        FELTER.

DIMITRI RIGHAS À RIMBAUD

Harar, le 15 juilliet 1891.

Mon cher Monsieur Rimbaud,

Set aujourduy saliment que jai reçu votre lettre du 30 mai
et du 17 juin sur lequel vous manonsé que on vous a fet
lopération, savedire que on vous a coupé votre jambe et
sama frapé beaucoup insi que tout vot conésance du Harar.
J'oré préféré que on me coupe la mien pluto que le votre.
Enfin jai vous suit [je vous souhaite] une bone guéri-
son[...] Moi, depi que vous et parti du Harar, j'ai croi que
j'ai perdu le mond. Jai ne sort jammé de se [chez] moi que
jousque au Zaptie[1] [...]

RIMBAUD À SA SŒUR ISABELLE

Marseille, 15 juillet 1891.

Ma chère Isabelle,

Je reçois ta lettre du 13 et trouve occasion d'y
répondre de suite. Je vais voir quelles démarches je
puis faire avec cette note de l'intendance et le certificat
de l'hôpital. Certes, il me plairait d'avoir cette question
réglée, mais, hélas! je ne trouve pas moyen de le faire,
moi qui suis à peine capable de mettre mon soulier à
mon unique jambe. Enfin, je me débrouillerai comme
je pourrai. Au moins, avec ces deux documents, je ne
risque plus d'aller en prison; car l'adm[inistrati]on mili-
taire est capable d'emprisonner un estropié, ne fût-ce
que dans un hôpital. Quant à la déclaration de rentrée
en France, à qui et où la faire? Il n'y a personne autour
de moi pour me renseigner; et le jour est loin où je
pourrai aller dans des bureaux, avec mes jambes de
bois, pour aller m'informer.

Je passe la nuit et le jour à réfléchir à des moyens de
circulation : c'est un vrai supplice! Je voudrais faire
ceci et cela, aller ici et là, voir, vivre, partir : impos-
sible, impossible au moins pour longtemps, sinon pour
toujours! Je ne vois à côté de moi que ces maudites
béquilles : sans ces bâtons, je ne puis faire un pas, je
ne puis exister. Sans la plus atroce gymnastique, je ne
puis même m'habiller. Je suis arrivé à courir presque
avec mes béquilles, mais je ne puis monter ou des-
cendre des escaliers, et, si le terrain est accidenté, le
ressaut d'une épaule à l'autre fatigue beaucoup. J'ai
une douleur névralgique très forte dans le bras et
l'épaule droite, et avec cela la béquille qui scie l'aisselle,
— une névralgie encore dans la jambe gauche, et avec
tout cela il faut faire l'acrobate tout le jour pour
avoir l'air d'exister.

Voici ce que j'ai considéré, en dernier lieu, comme
cause de ma maladie. Le climat du Harar est froid de
novembre à mars. Moi, par habitude, je ne me vêtais

presque pas : un simple pantalon de toile et une
chemise de coton. Avec cela des courses à pied de 15
à 40 kilomètres par jour, des cavalcades insensées
à travers les abruptes montagnes du pays. Je crois qu'il
a dû se développer dans le genou une douleur arthri-
tique causée par la fatigue, et les chaud et froid. En
effet, cela a débuté par un coup de marteau (pour ainsi
dire) sous la rotule, léger coup qui me frappait à chaque
minute ; grande sécheresse de l'articulation et rétrac-
tion du nerf de la cuisse. Vint ensuite le gonflement
des veines tout autour du genou qui faisait croire à
des varices. Je marchais et travaillais toujours beau-
coup, plus que jamais, croyant à un simple coup
d'air. Puis la douleur dans l'intérieur du genou a aug-
menté. C'était, à chaque pas, comme un clou enfoncé
de côté. — Je marchais toujours, quoique avec plus de
peine ; je montais surtout à cheval et descendais chaque
fois presque estropié. — Puis le dessus du genou a
gonflé, la rotule s'est empâtée, le jarret aussi s'est
trouvé pris, la circulation devenait pénible, et la douleur
secouait les nerfs jusqu'à la cheville et jusqu'aux reins. —
Je ne marchais plus qu'en boitant fortement et me trou-
vais toujours plus mal, mais j'avais toujours beaucoup
à travailler, forcément. — J'ai commencé alors à tenir ma
jambe bandée du haut en bas, à frictionner, baigner, etc.,
sans résultat. Cependant, l'appétit se perdait. Une insom-
nie opiniâtre commençait. Je faiblissais et maigrissais
beaucoup. — Vers le 15 mars, je me décidai à me coucher,
au moins à garder la position horizontale. Je disposai
un lit entre ma caisse, mes écritures et une fenêtre d'où
je pouvais surveiller mes balances au fond de la cour,
et je payai du monde de plus pour faire marcher le
travail, restant moi-même étendu, au moins de la jambe
malade. Mais, jour par jour, le gonflement du genou
le faisait ressembler à une boule, j'observai que la face
interne de la tête du tibia était beaucoup plus grosse
qu'à l'autre jambe : la rotule devenait immobile, noyée
dans l'excrétion qui produisait le gonflement du genou,
et que je vis avec terreur devenir en quelques jours
dure comme de l'os : à ce moment, toute la jambe
devint raide, complètement raide, en huit jours, je ne
pouvais plus aller aux lieux qu'en me traînant. Cepen-
dant la jambe et le haut de la cuisse maigrissaient

toujours, le genou et le jarret gonflant, se pétrifiant,
ou plutôt *s'ossifiant,* et l'affaiblissement physique et
moral empirant.

Fin mars, je résolus de partir. En quelques jours,
je liquidai tout à perte. Et, comme la raideur et la
douleur m'interdisaient l'usage du mulet ou même du
chameau, je me fis faire une civière couverte d'un
rideau, que seize hommes transportèrent à Zeilah en
une quinzaine de jours. Le second jour du voyage,
m'étant avancé loin de la caravane, je fus surpris dans
un endroit désert par une pluie sous laquelle je restai
étendu seize heures sous l'eau, sans abri et sans pos-
sibilité de me mouvoir. Cela me fit beaucoup de
mal. En route, je ne pus jamais me lever de ma civière,
on étendait la tente au-dessus de moi à l'endroit même
où on me déposait et, creusant un trou de mes mains
près du bord de la civière, j'arrivais difficilement à me
mettre un peu de côté pour aller à la selle sur ce trou
que je comblais de terre. Le matin, on enlevait la tente
au-dessus de moi, et on m'enlevait. J'arrivai à Zeilah,
éreinté, paralysé. Je ne m'y reposai que quatre heures,
un vapeur partait pour Aden. Jeté sur le pont sur mon
matelas (il a fallu me hisser à bord dans ma civière!)
il me fallut souffrir trois jours de mer sans manger. À
Aden, nouvelle descente en civière. Je passai ensuite
quelques jours chez M. Tian pour régler nos affaires
et partis à l'hôpital où le médecin anglais, après
quinze jours, me conseilla de filer en Europe.

Ma conviction est que cette douleur dans l'articulation,
si elle avait été soignée dès les premiers jours, se serait
calmée facilement et n'aurait pas eu de suites. Mais
j'étais dans l'ignorance de cela. C'est moi qui ai tout
gâté par mon entêtement à marcher et travailler exces-
sivement. Pourquoi au collège n'apprend-on pas de
la médecine au moins le peu qu'il faudrait à chacun
pour ne pas faire de pareilles bêtises?

Si quelqu'un dans ce cas me consultait, je lui dirais :
vous en êtes arrivé à ce point : mais ne vous laissez
jamais amputer. Faites-vous charcuter, déchirer, mettre
en pièces, mais ne souffrez pas qu'on vous ampute.
Si la mort vient, ce sera toujours mieux que la vie
avec des membres de moins. Et cela, beaucoup l'ont
fait; et, si c'était à recommencer, je le ferais. Plutôt

souffrir un an comme un damné, que d'être amputé.
Voilà le beau résultat : je suis assis, et de temps en
temps, je me lève et sautille une centaine de pas sur
mes béquilles, et je me rassois. Mes mains ne peuvent
rien tenir. Je ne puis, en marchant, détourner la tête
de mon seul pied et du bout des béquilles. La tête et
les épaules s'inclinent en avant, et vous bombez comme
un bossu. Vous tremblez à voir les objets et les gens
se mouvoir autour de vous, crainte qu'on ne vous ren-
verse, pour vous casser la seconde patte. On ricane à
vous voir sautiller. Rassis, vous avez les mains énervées
et l'aisselle sciée, et la figure d'un idiot. Le désespoir
vous reprend et vous restez assis comme un impotent
complet, pleurnichant et attendant la nuit, qui rappor-
tera l'insomnie perpétuelle et la matinée encore plus
triste que la veille, etc., etc. La suite au prochain
numéro.

Avec tous mes souhaits.

R[IM]B[AU]D.

ISABELLE RIMBAUD À SON FRÈRE ARTHUR

Prés de Fontenil[le], le 18 juillet 1891.

Cher Arthur,

Nous venons de recevoir ta lettre du 15. J'allais partir
pour faner dans les prés de Fontenil [le] — te les rappelles-tu?
— J'ai vite écrit ton adresse et aussi ce petit brouillon que
je joins à ma lettre, et en ce moment, pendant midi et que
les autres sont retournés dîner à la maison, je griffonne ces
quelques mots au crayon; j'irai les mettre à la poste à la
gare de Voncq dont je suis tout près d'ici.

Tu ne sais comment faire pour régulariser ta position
militaire. Tu n'as qu'à recopier le brouillon de lettre ci-joint
sans y rien changer, à l'envoyer par express à M. le Comman-
dant de recrutement à Marseille; s'il y en a plusieurs à Mar-
seille, c'est à celui de qui dépend le quartier de l'hôpital de
la Conception. On te fera sans doute demander ton livret,
et tu répondras l'avoir perdu pendant ta maladie et ton
voyage de retour; en aucun cas il ne faut te déposséder de
l'écrit du bureau de recrutement de Mézières. Si on a besoin

de renseignements à Marseille, on en demandera bien d'intendance à intendance comme cela se fait toujours ; après avoir fait ta déclaration comme ci-inclus, tu n'as qu'à reſter bien tranquille ; si tu as à faire d'autres démarches par écrit ou autrement on te renseignera du bureau de recrutement. Tu vois que ce n'eſt pas bien compliqué.

Pourquoi, après cette queſtion militaire vidée, ne viendrais-tu pas à Roche ? — Je t'entends me répondre la difficulté du transport. Ne peux-tu prendre un coupé-lit pour être mieux ? De l'hôpital à la gare tu pourrais te faire porter, on ne change guère de train qu'à Paris et à Amagne ; tu pourrais te faire descendre, porter et remonter par les employés. Dans un coupé-lit le voyage coûterait cher, mais au moins tu n'aurais plus ta pension de l'hôpital à payer. Et à Roche tu serais toujours mieux qu'avec des étrangers ; s'il y a des gens assez ſtupides et méchants pour rire et se réjouir de ta position, tu as assez d'esprit pour n'y pas faire attention.

Il fait chaud et beau, tu serais bien là ; je voudrais que tu sois avec moi, tu verrais que cela te diſtrairait.

Recommandation de Maman : aie bien soin de ton argent ou de tes titres si ton argent eſt placé, et si tu reviens, prends bien garde, pendant ton voyage, de le perdre ou de te le faire voler.

Écris-moi, cher Arthur, et écris-moi longuement ; tu me disais avant-hier : la suite au prochain numéro ; j'ai pris acte de cette parole et j'attends de tes nouvelles avec impatience.

Voilà les domeſtiques qui reviennent aux prés avec le chariot, on va charger le foin sec. Au revoir cher Arthur, je suis avec toi et je t'embrasse de cœur.

ISABELLE R.

RIMBAUD AU COMMANDANT DE RECRUTEMENT À MARSEILLE

Monsieur le Commandant de recrutement à Marseille,

Je suis conscrit de la classe de 1875. J'ai tiré au sort à Charleville, dép[artemen]t des Ardennes, j'ai été exempté du service militaire, ayant un frère aîné sous les drapeaux. En 1882, le 16 janvier, à l'époque de mes 28 jours d'inſtruction, je me trouvais en Arabie, employé comme négociant dans une maison française : j'ai fait ma

déclaration de séjour à l'étranger, et ai envoyé un certificat à M. le C[ommandan]t de place à Mézières, ledit certificat constatant ma présence à Aden. Je fus mis en sursis renouvelable jusqu'à ma rentrée en France.

Le 22 mai dernier, je suis rentré en France avec l'intention d'accomplir mon service militaire; mais en débarquant à Marseille, je fus obligé d'entrer à l'hôpital de la Conception et le 25 suivant on m'amputait de la jambe droite. Je tiens à la disposition de monsieur le Comm[andant] de recr[utement] le certificat du directeur de l'hôpital où je suis encore, ainsi que celui du médecin qui m'a soigné.

Je prie monsieur le Commandant de recrutement de régulariser ma position quant au service militaire, et de me faire donner mon congé définitif, si toutefois je ne suis plus propre à aucun service.

                    Dater de l'hôpital de la Conception.

RIMBAUD À SA SŒUR ISABELLE

                                        Marseille, le 20 juillet 189[1¹].

Ma chère sœur,

Je v[ou]s écris ceci sous l'influence d'une violente douleur dans l'épaule droite, cela m'empêche presque d'écrire, comme vous voyez.

Tout cela provient d'une constitution devenue arthritique par suite de mauvais soins. Mais j'en ai assez de l'hôpital, où je suis exposé aussi à attraper tous les jours la variole, le typhus, et autres pestes qui y habitent. Je pars, le médecin m'ayant dit que je puis partir et qu'il est préférable que je ne reste point à l'hôpital.

Dans deux ou trois jours je sortirai donc et verrai à me traîner jusque chez vous comme je pourrai; car, dans ² ma jambe de bois, je ne puis marcher, et même avec les béquilles je ne puis pour le moment faire que quelques pas, pour ne point faire empirer l'état de mon épaule. Comme vous l'avez dit, je descendrai à la gare de Voncq. Pour l'habitation, je préférerais habiter en

haut; donc inutile de m'écrire ici, je serai très prochainement en route.

Au revoir.

RIMBAUD.

CÉSAR TIAN À RIMBAUD

Aden, le 23 juillet [18]91.

Monsieur,

Je vous accuse réception de vos honorées des 17-6 et 4 c[oura]nt.

J'ai reçu une lettre de M. Sotiro pour vous, que je vous adresse inclus[e]. Une autre lettre vous a été adressée par erreur il y a quelques jours à Attigny.

M. Helder m'a envoyé le reçu de Mekonen pour solde th. 504. Ce m[onsieur] me demande de lui préciser l'époque de votre retour au Harar. Je vais lui écrire que ce sera sans doute fin sept[embre] ou commencement octobre, mais que vous le renseignerez mieux d'ici là.

Je ne sais rien de Ilg ni des autres. Les cafés se sont vendus th. 7 3/4 à Zeilah. Comme vous me l'écrivez, nous pourrons causer affaires quand vous serez ici.

Bien à vous.

C. TIAN.

Monsieur A. Rimbaud
aux soins de M.-P. Tian, Marseille.

SOTIRO À RIMBAUD

Zeilah, le 25 [1] juillet 1891.

Très cher ami monsieur A. Rimbaud,
à Marseille.

Je reçois votre aimable lettre du 4 juillet dans laquelle je lis avec peine que vous êtes actuellement à l'hôpital, mais que vous êtes, Dieu merci, guéri et que vous ne sentez plus ces terribles souffrances à ne pouvoir dormir. Enfin,

il faut remercier Dieu de vous avoir sauvé la vie. Vous avez
au moins le bon espoir de revoir vos amis.

Je le sais bien, cher ami, que vous n'avez pas l'habitude
de rester sans vous donner du mouvement et d'apprendre la
danse, mais que voulez-vous faire contre la mauvaise fortune ?
Apprenez doucement pour ne pas fatiguer aussi la jambe
qui est saine, cela ne fait rien si vous pouvez rester davantage
à l'hôpital jusqu'à ce que vous soyez guéri suffisamment,
et souvenez-vous toujours que dans notre pays se trouve
quelqu'un qui dit du bien de vous et qui vous connaît et
que la fortune peut vous venir si Dieu vous donne la santé.

Des nouvelles de notre pays ? Les mêmes que je vous ai
données dans ma dernière lettre : famine au pays de Harar
et en Abyssinie. On se mange les uns les autres. Sont de
retour d'Abyssinie [*illisible*] avec quelques-uns de nos Grecs :
je crois qu'ils descendront ces jours-ci à Djibouti. M[onsieu]r
Brémond est déjà à Djibouti où il fait nettoyer son café.
Votre connaissance l'ingénieur suisse, après s'être mis en
colère contre M[onsieu]r [*illisible*[1]] de Djibouti, est venu ici
et ensuite est allé chez les Gadiboursis, où à force de chercher
il a enfin trouvé une mine de charbon à Samado[2]. Des ingé-
nieurs anglais sont partis aussi de ce côté-là, ainsi que le
Gouverneur de Zeilah Cap. Hasby. Nous apprenons que la
mine de charbon fait 35 kilomètres de long et 80 pouces
de profondeur. Ils pensent qu'il pourrait venir par chemin
de fer jusqu'à Samado et peut-être ce serait une bonne
affaire de faire un autre port à Zeilah. À Berbera on a trouvé
du platine ; peut-être ces pays vont-ils devenir quelque chose
de bon, qui sait ?

Je termine en vous saluant de tout mon cœur. Je vous
souhaite une bonne santé.

Je suis toujours votre ami

SOTIRO P. CÓNSTANTINO.

DIMITRI RIGHAS À RIMBAUD

Harar, le 28 juillet 1891.

Mon cher Monsieur Rimbaud,

J'ai vien vous avertire que le Ras il a *Proclamé* le 21 Juilliet
que tout *Liqueure* il serat interdit due [deux] moi apré set
date et tout ce qil trouvera apré le dit délé ile *sezira* à Nom
du Roi. Et comme je vous avié [avais] dit de maporté un

peu de set *liqueure* dans ma letre du 15 Juilliet, alors si
maletre il arive et que vous navié pas acheté encore, jai
vous prie de ne pas porté pasque dapré set Proclamation
jai Peurre que le Ras il sezise come ila dite [comme il l'a
dit]. Jai meme ecrit a Deschamps pour de liqueur et jai un
peur du Diable si il men envoi.

Rien autre pour le momen. Jaisper bien tot vous sere la
men

Votre ami,
D. RIGHAS.

MAURICE RIÈS À RIMBAUD

Marseille, 3 août 1891.

Mon cher Monsieur Rimbaud,

Comment va votre jambe? Commencez-vous à marcher
facilement? J'ai été très ennuyé de ne pouvoir vous voir
avant votre départ de Marseille. Je suis rivé toujours à la
place de M. P. T. qui n'est pas remis encore de sa maladie,
ce qui m'a fait vous négliger ces derniers temps on m'a
empêché de vous voir : vous ne m'en aurez pas tenu rigueur,
je pense.

Voici deux lettres qui arrivent d'Aden pour vous [...]
Bien à vous.

M. RIÈS.

SOTIRO À RIMBAUD

Zeilah, le 14 août 1891.

Très cher ami A. Rimbaud dans les Ardennes,

Je reçois votre aimable lettre du 30 juillet. J'y lis avec
plaisir que vous êtes avec votre mère dans votre pays.
Vous êtes heureux. Il me semble le voir; ce fut de même
pour moi quand je suis allé dans mon pays. J'eus le plai-
sir aussi de voir mes parents, mon père, mes sœurs, mes
frères, etc. Je ne pensais jamais à la mauvaise vie et aux
maisons. Tâchez de faire comme votre mère vous dit :
personne n'aime comme une mère! Ses bénédictions vous
porteront bonheur. Je veux bien croire que vous n'y êtes
pas habitué, mais cela ne fait rien : il faut suivre la raison et

le respect de la mère qui ne vous veut toujours que du bien. Celui qui n'a pas eu d'enfants ne connaît pas l'amour que l'on a pour ses enfants.

Ragazzi, l'Italien dont vous parlez, c'est vrai qu'il se trouve actuellement en route pour le Harar, mais on ne sait pas encore comment on devra le recevoir. Toujours mauvaises affaires : famine du diable, à Harar on crève toujours. Le dourah[1] est encore loin.

Dimitri a donné une autre commande de liqueurs à Deschamps, mais au même moment Moconen a interdit de faire venir de l'Hamra parce que cela fait crever le monde. Il m'a envoyé, pour payer la traite, des chameaux et du café que j'ai vendus ici à th. 8 1/4.

Notre Procopis est revenu d'Abyssinie avec des pertes, il a rapporté les soieries pour plus de 200 th de soieries, il a fait de mauvaises affaires. Ilg et M[onsieu]r Pino sont sur la côte. Brémond a apporté 2000 fraslehs de café à Aden. Savouré est à Harar avec son agent et sa femme, une Blanche. Voyez à revenir avec une bonne santé et à apprendre à danser : mon pauvre ami, quel sort! Dieu est grand! c'est lui qui pense toujours à nous tous.

Je bâtis un *Buhâr* près de la mer à Zeilah; cette année je ne suis pas monté à Harar; j'aurai fini dans quinze jours. Je me trouve mêlé à des affaires avec Tian, mais je vois toujours de la misère et de longs comptes sans nul autre résultat que de la fatigue, des écritures et une grande correspondance.

Je pourrais continuer ici ses affaires, s'il voulait acheter comme tout le monde; autrement nous ne pouvons rien faire. Aujourd'hui je lui écris ce qu'il faut savoir si vraiment il veut faire des affaires à Zeilah.

Je vous souhaite une bonne santé.

Votre

SOTIRO P. CONSTANTINO.

SAVOURÉ À RIMBAUD

Compagnie commerciale   Harar, le 15 août 1891.
   Franco-Africaine
  63, rue Taitbout, 63
     Paris

    Mon cher Monsieur Rimbaud,

J'ai bien reçu votre h[onor]ée du 26 juin, qui m'a été plus agréable que vos précédentes, mais je mets les anciennes sur

le compte de votre malheur auquel j'ai pris une grande part.
J'espère que vous pourrez vite vous rétablir et revenir ici.
Le Raz en particulier ne voit plus que par vous, il a été
très affecté de l'opération que vous avez dû supporter, il
nous en a parlé à tous *vingt* fois, en disant que vous étiez
le plus honnête des hommes et que vous lui aviez souvent
prouvé que vous étiez son *ami véritable*.

. . . .[1]

l'affaire faite par Moussaya que de [...] faite ; cependant les
absents ayant toujours [tort] [...] vient de prendre encore
4 000 frasselas ivoire à verser pour c[omp]te du Ras, vous
les auriez eus sans nul doute si vous aviez été là.

J'ai été sur l'affaire, mais n'ai pu accepter les conditions
127 th. à garantir — aux prix du jour il n'y avait qu'à perdre.
Je pars sous trois ou quatre jours au Choa pour installer un
agent que j'ai avec moi ici et reviendrai par Harar vers fin
octobre. J'espère vous y rencontrer.

Je serai heureux si nous pouvons organiser une affaire.
J'ai loué et arrangé ici la grande cour et les maisons qui
sont au bas du Faran Magola et fait une grande boutique
sur cette place. Je laisse un agent que vous verrez avec sa
femme, M. Belloteau Bida. Il pourrait s'occuper plus spécia-
lement des importations étant bien installé pour cela. Il reste-
rait les exportations et les affaires plus importantes que nous
pourrions faire soit à commission soit à c[omp]te à demi
avec vous, nous en parlerons. — Si vous êtes libre préparez-
moi un plan que nous pourrions étudier à mon retour.

Merci pour les renseig[nemen]ts des anciens comptes mais
Makonnen m'a déjà renvoyé au Roi. J'aurai bien de la
peine à en arracher quelque chose.

Meilleure chance, bonne santé et prompt retour, dans
l'espoir de vous voir d'ici à deux mois ou trois au plus
je vous serre la main bien amicalement.

                                        A. SAVOURÉ.

. . . .

[...] monde crève toujours ici, mais les affaires n'en paraissent
pas beaucoup souffrir.

Tout le monde amène des femmes, il ne reste plus que
vous et moi à marier. Mashkoff est là avec une femme.
Il y a encore cinq ou six autres femmes plus ou moins
blanches.

MAURICE RIÈS À MADAME RIMBAUD

Paris, 10 sept[embre] 1891.

Madame,

J'ai été très impressionné par les mauvais avis que vous me donnez sur l'état de votre fils. J'espère cependant que tout danger est écarté à l'heure actuelle et que la santé revient rapidement.

Je vous serai très reconnaissant, Madame, de vouloir bien me donner des nouvelles de temps à autre; je serai à Paris jusqu'à dimanche midi, et je m'en retournerai ensuite à *Marseille*, où mon adresse est *Rue Forest, 12* (Endoume).

Je vous adresse sous ce pli une lettre pour votre fils, qui me revient d'Aden, et vous prie d'agréer, Madame, l'assurance de mon profond respect.

M. RIÈS.

Maurice Riès
12 rue Forest
(Endoume)
Marseille (B. du R.)

ISABELLE RIMBAUD À SA MÈRE

Marseille, le mardi 22 septembre 1891.

Ma chère maman,

Je viens de recevoir ton petit mot, tu es bien laconique. Est-ce que nous te serions devenus antipathiques au point que tu ne veuilles plus nous écrire ni répondre à mes questions? Ou bien es-tu malade? C'est là mon plus grand souci, que deviendrais-je mon Dieu avec un moribond et un malade à 200 lieues l'un de l'autre! Que je voudrais me partager et être moitié ici et moitié à Roche! Quoique cela te paraisse assez indifférent, je dois te dire qu'Arthur est bien malade. Je te disais dans ma dernière lettre que j'interrogerais encore les médecins en particulier; je leur ai parlé en effet et voici leur réponse : C'est un pauvre garçon (Arthur) qui s'en va petit à petit; sa vie est une question de temps, quelques mois peut-être, à moins qu'il ne survienne, ce qui pourrait arriver d'un jour à l'autre quelque complication foudroyante;

quant à guérir point n'est besoin d'espérer, il ne guérira
pas ; sa maladie doit être une propagation par la moelle des
os de l'affection cancéreuse qui a déterminé l'amputation
de la jambe. — L'un des médecins le docteur Trastoul, (un
vieux à cheveux blancs) a ajouté : Puisque vous êtes restée
ici depuis un mois et qu'il désire que vous restiez encore,
ne le quittez pas ; à l'état où il est ce serait cruel de lui
refuser votre présence. — Cela, chère maman, c'est ce que
m'ont dit les médecins à moi toute seule, bien entendu, car
à lui ils disent tout le contraire ; ils lui promettent une guéri-
son radicale, cherchent à lui faire croire qu'il va mieux de
jour en jour et en les entendant je suis confondue au point
que je me demande à qui ils mentent, si c'est à lui ou bien
à moi, car ils ont l'air aussi convaincu en lui parlant de
guérison qu'en me mettant en garde contre sa mort. Il me
semble pourtant qu'il n'est pas si malade que me le disent
les docteurs ; la raison lui est revenue presque tout à fait
depuis quatre jours ; il mange un peu plus qu'au commence-
ment ; il est vrai qu'il a l'air de se forcer pour manger,
mais enfin ce qu'il mange ne lui fait pas mal ; il n'est pas
non plus aussi rouge que quand il délirait. À côté de ses
petites améliorations je constate d'autres malaises que j'attri-
bue à sa grande faiblesse ; d'abord ses douleurs ne cessent
pas ni sa paralysie des bras ; il est très maigre ; ses yeux sont
enfoncés et cerclés de noir ; il a souvent mal à la tête ;
quand il dort le jour, il est réveillé en sursaut, il me dit que
c'est un coup qui le frappe au cœur et à la tête tout à la fois
qui le réveille ainsi ; quand il dort la nuit, il a des rêves
effrayants et quelquefois quand il se réveille il est raide au
point de ne pouvoir plus faire un mouvement, le veilleur
de nuit l'a déjà trouvé en cet état, et il sue, il sue jour et
nuit par le froid comme par la chaleur. Depuis que la raison
lui est revenue il pleure toujours, il ne croit pas encore qu'il
restera paralysé (si toutefois il vit). Trompé par les méde-
cins il se cramponne à la vie, à l'espoir de guérir, et comme
il se sent toujours bien malade et que maintenant il se
rend compte de son état la plupart du temps, il se met à
douter de ce que lui disent les docteurs, il les accuse de se
moquer de lui, ou bien il les taxe d'ignorance. Il voudrait
tant vivre et guérir qu'il demande n'importe quel traitement
si pénible qu'il soit pourvu qu'on le guérisse et qu'on lui
rende l'usage de ses bras. Il vou[drait] absolument avoir sa
jambe articulée, pour essayer de se lever, de marcher, lui
qui depuis un mois n'a été levé que pour être posé tout nu
sur un fauteuil pendant qu'on faisait son lit ! Son grand
souci c'est de s'inquiéter comment il gagnera sa vie, si on
ne lui rend pas complètement son bras droit, et il pleure
en faisant la différence de ce qu'il était voilà un an avec ce

qu'il est aujourd'hui, il pleure en pensant à l'avenir où il
ne pourra plus travailler, il pleure sur le présent où il souffre
cruellement, il me prend dans ses bras, en sanglotant et
criant en me suppliant de ne le pas abandonner. Je ne saurais
dire combien il est pitoyable, aussi tout le monde ici l'a en
grande pitié ; on est si bon pour nous que nous n'avons
même pas le temps de formuler nos désirs : on les prévient.

On le traite comme un condamné à mort auquel on ne
refuse rien, mais toutes ces complaisances sont en pure perte
pour lui, car il n'accepte jamais toutes les petites gâteries
qu'on lui offre ; ce qu'il demande, c'est

[*Le dernier feuillet manque.*]

ISABELLE RIMBAUD À SA MÈRE

Marseille, le 3 octobre 1891.

Ma chère maman,

Je te supplie à genoux de vouloir bien m'écrire ou me
faire écrire un mot. Je ne vis plus, de l'inquiétude où je
suis ; je suis même sérieusement malade de la fièvre où me
met cette inquiétude. Que t'ai-je donc fait pour que tu me
fasses un tel mal ? Si tu es malade au point de ne pouvoir
m'écrire, il vaut mieux me le faire savoir et je reviendrai,
malgré Arthur, qui me conjure de ne point le quitter avant
sa mort. Que t'est-il donc arrivé ? Ah ! si je pouvais m'en
aller tout de suite vers toi ! Mais non ; sans savoir au juste
si tu es malade, je ne peux quitter ce pauvre malheureux
qui, du matin au soir, se plaint sans discontinuer, qui appelle
la mort à grands cris, qui me menace, si je le quitte, de
s'étrangler ou de se suicider n'importe comment, — et il
souffre tant que je crois bien qu'il le ferait comme il le dit !
Il s'affaiblit beaucoup. On va essayer un traitement par
l'électricité : c'est la dernière ressource.

J'attends de tes nouvelles avec fièvre. Je t'embrasse, chère
maman.

ISABELLE.

Si tu m'as écrit et que ce soient tes lettres qui ne me
parviennent pas, adresse-les à M. le Directeur de l'hôpital
de la Conception et dans l'enveloppe tu mettras une lettre
cachetée pour moi à mon adresse.

ISABELLE RIMBAUD À SA MÈRE

Marseille, le lundi 5 octobre 1891.

Ma chère maman,

Merci mille fois de ta lettre du 2 octobre, que j'ai souffert en l'attendant mais que je suis heureuse de la recevoir! Oui je suis bien exigeante, mais il faut m'excuser c'est l'affection qui me rend exigeante. Je comprends combien tu dois être occupée, prends patience et courage avec les domestiques, s'ils venaient à te quitter en ce moment tu serais encore bien plus embarrassée. Si les moissonneurs sont partis tu vas être un peu moins surmenée mais le woyen[1] est encore un bien mauvais moment à passer. J'espère que tu ne prendras pas la batteuse en ce moment, le père Warin ou un autre pourrait battre pour des fourrages et le peu de blé qu'il y a. Que fais-tu du lait? le plus gros veau ne doit plus boire que du matton[2]. Tu pourrais vendre le lait au laitier. J'espère que tu as tari la Petite elle fera son véau au commencement de Novembre, n'hésite pas à la vendre, si elle est toujours en bon état. Les porcs doivent être aussi gros et bons à vendre. Qu'a donc eu Comtesse? Prends garde aux autres chevaux, surtout à Charmante qui doit se trouver bien malheureuse car je lui donnais souvent de l'avoine à part. Qui va râger le blé pour semer? Que je souffre en pensant que je ne peux rien faire pour t'aider! Je ne dois pas songer à quitter Arthur en ce moment; il va mal, il s'affaiblit toujours, il commence à désespérer de vivre et moi-même je perds confiance de le garder long-temps ainsi, je ne demande qu'une chose : qu'il fasse une bonne mort. Nous pensions voir Riès[3] hier dimanche, mais personne n'est venu.

Je ne crois pas qu'Arthur entreprendra en ce moment quelque opération commerciale il est trop mal : dans tous les cas je l'en dissuaderais de toutes mes forces. Il pense que 30 000 francs sont à Roche et je pourrais lui dire aussi que tu les as placés; cela retarderait toujours de près d'un mois s'il voulait absolument les ravoir. Ce qui me tourmente plutôt c'est que voici l'hiver et il ne voudra jamais le passer ici. Devrai-je aller avec lui, soit à Alger, ou à Nice, ou bien encore à Aden ou Obock? S'il veut partir je doute qu'il puisse supporter le voyage à l'état où il est; le laisser aller seul c'est le condamner à mourir sans secours, et à

perdre son argent sans rémission : s'il veut absolument s'en
aller que dois-je faire?

La jambe articulée est arrivée hier : coût du transport
5,50 F. M. Beaudier a aussi envoyé son mémoire 50 francs
pour ses visites à Arthur. Que nous demand[e]-t-il à nous?...
Je n'ai pas osé montrer ce mémoire à Arthur, je crains qu'il
ne veuille pas le payer. J'ai envie d'accuser réception de la
jambe au docteur et en même temps de le payer, tout cela
sans en parler à Arthur. Ferais-je bien, dis-le moi? — Cette
jambe est tout à fait inutile pour le moment; Arthur est
hors d'état même de l'essayer. Voici plus de huit jours que
son lit n'a pas été fait parce qu'on ne peut même plus le
prendre pour l'asseoir dans le fauteuil pendant le temps de
le faire; son bras droit complètement inerte s'enfle, son
bras gauche dont il souffre atrocement et aux trois quarts
paralysé est décharné d'une façon effrayante; il souffre par-
tout dans toutes les parties du corps : on pense qu'il va
se paralyser petit à petit jusqu'au cœur; personne ne le lui
dit mais il l'a deviné et il se désole et se désespère sans
cesser un instant. Moi seule le soigne, le touche, l'approche.
Les médecins l'ont remis entre mes mains, j'ai à ma disposi-
tion tous les médicaments de la pharmacie destinés aux
frictions, liniments, onctions, etc... On m'a aussi confié
l'électricité et je dois l'appliquer moi-même; mais j'ai beau
faire, rien ne peut le guérir ni même le soulager. — Cette
électricité n'est rien du tout, je doute qu'elle lui fasse, comme
tout le reste, aucun bien.

Ne t'inquiète pas de moi, chère maman. C'est ici qu'il
faut venir pour se voir et se sentir respectée et même honorée
comme on le mérite; quelle différence entre les mœurs
polies d'ici et la sauvage rustrerie de la belle jeunesse de
Roche; je ne connais qu'une personne qui puisse être
comparée avantageusement avec les habitants de ce lieu d'ici,
d'ailleurs comme je ne parle qu'aux vieux personne n'a à y
trouver à redire. Ici il fait toujours radieusement beau; il a
fait trois orages qui ont duré quelques heures, puis aussitôt
le soleil s'est remonté plus brillant que jamais; mais après
chaque orage le mistral souffle pendant un jour et une nuit et
rafraîchit le temps pour deux ou trois jours, sans que pour
cela le soleil soit moins brillant ni le ciel moins bleu; il y a
des avalanches de fruits de toute espèce; on en est saturé.
Mais malgré toutes ces splendeurs que je voudrais être[1] près
de toi en même temps qu'ici!

Au revoir, chère maman, garde bien ta santé, et ne sois
pas trop longtemps sans m'écrire.

Je t'embrasse de cœur.

                                        ISABELLE.

Je t'envoie ce griffonnage[1] au crayon que j'ai écrit hier dimanche ; c'est l'emploi de ma journée ; ne te donne pas beaucoup de peine pour le déchiffrer, il ne mérite pas d'être lu.

NOTES D'ISABELLE

Dimanche, 4 octobre 1891.

Je suis entrée dans la chambre d'Arthur à 7 heures. Il dormait les yeux ouverts, la respiration courte, si maigre et si blême avec ses yeux enfoncés et cerclés de noir. Il ne s'est pas éveillé tout de suite ; je le regardais dormir, en me disant qu'il est impossible qu'il vive ainsi bien longtemps, il a l'air trop malade! Au bout de cinq minutes il s'est éveillé en se plaignant, comme toujours, de n'avoir pas dormi de la nuit et d'avoir beaucoup souffert, et il souffre encore en se réveillant. Il m'a dit bonjour (comme tous les jours).

. . . .

Il se met alors à me raconter des choses invraisemblables qu'il s'imagine s'être passées à l'hôpital pendant la nuit ; c'est la seule réminiscence de délire qui lui reste, mais opiniâtre au point que, tous les matins et plusieurs fois pendant la journée, il me raconte la même absurdité en se fâchant de ce que je n'y croie pas. Je l'écoute donc et cherche à le dissuader ; il accuse les infirmiers et même les sœurs de choses abominables et qui ne peuvent exister ; je lui dis qu'il a sans doute rêvé, mais il ne veut pas en démordre et me traite de niaise et d'imbécile. Je me mets en devoir de faire son lit, mais depuis plus de huit jours il n'a pas voulu qu'on le descende : il souffre trop quand on le prend pour le mettre sur le fauteuil ou qu'on le remonte dans son lit. Faire le lit consiste à boucher un creux par-ci, à retrancher une bosse par-là, à arranger le traversin, à remettre les couvertures (sans draps) tout cela, bien entendu, avec une foule de manies maladives. Il ne peut souffrir un pli sous lui : sa tête n'est jamais bien ; son moignon est trop haut ou trop bas ; il faut mettre le bras droit complètement inerte sur des plaques de ouate, entourer le bras gauche, qui se paralyse de plus en plus, de flanelle, de doubles manches, etc.

. . . .

On apporte la carafe de lait ; il la boit de suite, espérant

combattre sa constipation et surtout sa rétention d'urine ;
car je crois que ses organes intérieurs se paralysent aussi ;
j'ai peur, et lui aussi, qu'il ne se paralyse ainsi petit à petit,
jusqu'au cœur et alors il faudra mourir ; sa jambe gauche est
toujours froide et tremblante, avec beaucoup de douleurs.
Son œil gauche aussi est moitié fermé. Il a quelquefois des
battements de cœur qui l'étouffent. Il me dit que lorsqu'il
se réveille, il sent sa tête et son cœur qui brûlent, et toujours
il a des points dans la poitrine et le dos, du côté gauche.

. . . .

Je dois m'ingénier toute la journée pour l'empêcher de
commettre de nombreuses sottises. Son idée fixe est de
quitter Marseille pour un climat plus chaud, soit Alger, soit
Aden, soit Obock. Ce qui le retient ici, c'est la crainte que
je ne l'accompagne pas plus loin, car il ne peut plus se
passer de moi.

. . . .

Je pense et écris tout ceci pendant qu'il est plongé dans
une sorte de léthargie, qui n'est pas du sommeil, mais plutôt
de la faiblesse.

En se réveillant, il regarde par la fenêtre le soleil qui
brille toujours dans un ciel sans nuages, et se met à pleurer
en disant que jamais plus il ne verra le soleil dehors. « J'irai
sous la terre, me dit-il, et toi tu marcheras dans le soleil ! »
Et c'est ainsi toute la journée un désespoir sans nom, une
plainte sans cesse.

ISABELLE RIMBAUD À SA MÈRE

[Marseille], mercredi 28 octobre 1891.

Ma chère maman,

Dieu soit mille fois béni ! J'ai éprouvé dimanche le plus
grand bonheur que je puisse avoir en ce monde. Ce n'est
plus un pauvre malheureux réprouvé qui va mourir près
de moi : c'est un juste, un saint, un martyr, un élu !

Pendant le courant de la semaine passée, les aumôniers
étaient venus le voir deux fois ; il les avait bien reçus, mais
avec tant de lassitude et de découragement qu'ils n'avaient
osé lui parler de la mort. Samedi soir, toutes les religieuses
firent ensemble des prières pour qu'il fasse une bonne mort.
Dimanche matin, après la grand-messe, il semblait plus

calme et en pleine connaissance : l'un des aumôniers est
revenu et lui a proposé de se confesser; et il a bien voulu!
Quand le prêtre est sorti, il m'a dit, en me regardant d'un
air troublé, d'un air étrange : « Votre frère a la foi, mon
enfant, que nous disiez-vous donc? Il a la foi, et je n'ai
même jamais vu de foi de cette qualité! » Moi, je baisais la
terre en pleurant et en riant. Ô Dieu! quelle allégresse,
même dans la mort, même par la mort! Que peut me faire
la mort, la vie, et tout l'univers et tout le bonheur du monde,
maintenant que son âme est sauvée! Seigneur, adoucissez son
agonie, aidez-le à porter sa croix, ayez encore pitié de lui,
ayez encore pitié, vous qui êtes si bon! oh oui, si bon.
— Merci, mon Dieu, merci!

   Quand je suis rentrée près de lui, il était très ému, mais
ne pleurait pas; il était sereinement triste, comme je ne l'ai
jamais vu. Il me regardait dans les yeux comme il ne m'a
jamais regardée. Il a voulu que j'approche tout près, il
m'a dit : « Tu es du même sang que moi : crois-tu, dis,
crois-tu? » J'ai répondu : « Je crois; d'autres bien plus
savants que moi ont cru, croient; et puis je suis sûre à pré-
sent, j'ai la preuve, cela est! »

   Et c'est vrai, j'ai la preuve aujourd'hui! — Il m'a dit
encore avec amertume : « Oui, ils disent qu'ils croient, ils font
semblant d'être convertis, mais c'est pour qu'on lise ce qu'ils
écrivent, c'est une spéculation! » J'ai hésité, puis j'ai dit :
« Oh! non, ils gagneraient davantage d'argent en blasphé-
mant! » Il me regardait toujours avec le ciel dans les yeux;
moi aussi. Il a voulu m'embrasser, puis : « Nous pouvons
bien avoir la même âme, puisque nous sommes du même
sang. Tu crois, alors? » Et j'ai répété : « Oui, je crois, *il faut
croire.* » — Alors il m'a dit : « Il faut tout préparer dans la
chambre, tout ranger, *il va revenir avec les sacrements.* Tu
vas voir, on va apporter les cierges et les dentelles; il faut
mettre des linges blancs partout. Je suis donc bien malade! »
Il était anxieux, mais pas désespéré comme les autres jours,
et je voyais très bien qu'il désirait ardemment les sacre-
ments, la communion surtout.

   Depuis, il ne blasphème plus jamais; il appelle le Christ en
croix, et il prie, oui, il prie, lui! Mais l'aumônier n'a pas pu
lui donner la communion : d'abord, il a craint de l'impres-
sionner trop; puis, il crache beaucoup en ce moment et ne
peut rien souffrir dans sa bouche : on a craint une profanation
involontaire. Et lui, croyant qu'on l'a oublié, est devenu
triste, mais ne s'est pas plaint.

   La mort vient à grands pas. Je t'ai dit dans ma dernière
lettre, ma chère maman, que son moignon était fort gonflé.
Maintenant c'est un cancer énorme entre la hanche et le
ventre, juste en haut de l'os : mais ce moignon, qui était

si sensible, si douloureux, ne le fait presque plus souffrir.
Arthur n'a pas vu cette tumeur mortelle : il s'étonne que tout
le monde vienne voir ce pauvre moignon auquel il ne sent
presque plus rien ; et tous les médecins (il en est déjà bien
venu dix depuis que j'ai signalé ce mal terrible) restent muets
et terrifiés devant ce cancer étrange. Maintenant c'est sa
pauvre tête et son bras gauche qui le font le plus souffrir.
Mais il est le plus souvent plongé dans une léthargie qui est
un sommeil apparent, pendant lequel il perçoit tous les
bruits avec une netteté singulière. Puis la nuit, on lui fait
une piqûre de morphine.

Éveillé, il achève sa vie dans une sorte de rêve continuel : il
dit des choses bizarres très doucement, d'une voix qui m'en-
chanterait si elle ne me perçait le cœur. Ce qu'il dit, ce sont
des rêves, — pourtant ce n'est pas la même chose du tout
que quand il avait la fièvre. On dirait, et je crois, qu'il le fait
exprès.

Comme il murmurait ces choses-là, la sœur m'a dit tout
bas : « Il a donc encore perdu connaissance ? » Mais il a
entendu et est devenu tout rouge ; il n'a plus rien dit, mais,
la sœur partie, il m'a dit : « On me croit fou, et toi, le crois-tu ? »
Non, je ne le crois pas, c'est un être immatériel presque et sa
pensée s'échappe malgré lui. Quelquefois il demande aux
médecins si eux voient les choses extraordinaires qu'il aper-
çoit et il leur parle et leur raconte avec douceur, en termes
que je ne saurais rendre, ses impressions ; les médecins le
regardent dans les yeux, ces beaux yeux qui n'ont jamais été
si beaux et plus intelligents, et se disent entre eux : « C'est
singulier. » Il y a dans le cas d'Arthur quelque chose qu'ils ne
comprennent pas.

Les médecins, d'ailleurs, ne viennent presque plus, parce
qu'il pleure souvent en leur parlant et cela les boule-
verse.

Il reconnaît tout le monde. Moi, il m'appelle parfois Djami,
mais je sais que c'est parce qu'il le veut, et que cela rentre
dans son rêve voulu ainsi ; au reste, il mêle tout et... avec art.
Nous sommes au Harar, nous partons toujours pour Aden,
et il faut chercher des chameaux, organiser la caravane ; il
marche très facilement avec la nouvelle jambe articulée, nous
faisons quelques tours de promenade sur de beaux mulets
richement harnachés ; puis il faut travailler, tenir les écritures,
faire des lettres. Vite, vite, on nous attend, fermons les
valises et partons. Pourquoi l'a-t-on laissé dormir ? Pourquoi
ne l'aidé-je pas à s'habiller ? Que dira-t-on si nous n'arrivons
pas au jour dit ? On ne le croira plus sur parole, on n'aura
plus confiance en lui ! Et il se met à pleurer en regrettant ma
maladresse et ma négligence : car je suis toujours avec lui
et c'est moi qui suis chargée de faire tous les préparatifs.

Il ne prend presque plus rien en fait de nourriture, et ce qu'il prend, c'est avec une extrême répugnance. Aussi il a la maigreur d'un squelette et le teint d'un cadavre! Et tous ses pauvres membres paralysés, mutilés, morts autour de lui! Ô Dieu, quelle pitié!

À propos de ta lettre et d'Arthur : ne compte pas du tout sur son argent. Après lui, et les frais mortuaires payés, voyages, etc., il faut compter que son avoir reviendra à d'autres; je suis absolument décidée à respecter ses volontés et quand même il n'y aurait que moi seule pour les exécuter, son argent et ses affaires iront à qui bon lui semble. Ce que j'ai fait pour lui, ce n'était pas par cupidité, c'est parce qu'il est mon frère, et que, abandonné par l'univers entier, je n'ai pas voulu le laisser mourir seul et sans secours; mais je lui serai fidèle après sa mort comme avant, et ce qu'il m'aura dit de faire de son argent et de ses habits, je le ferai exactement, quand même je devrais en souffrir.

Que Dieu m'assiste et toi aussi : nous avons bien besoin du secours divin.

Au revoir, ma chère maman, je t'embrasse de cœur,

ISABELLE.

RIMBAUD AU DIRECTEUR
DES MESSAGERIES MARITIMES

Marseille, 9 novembre 1891.

UN LOT : UNE DENT SEULE.
UN LOT : DEUX DENTS.
UN LOT : TROIS DENTS.
UN LOT : QUATRE DENTS.
UN LOT : DEUX DENTS.

Monsieur le Directeur,

Je viens vous demander si je n'ai rien laissé à votre compte. Je désire changer aujourd'hui de ce service-ci, dont je ne connais même pas le nom, mais en tout cas que ce soit le service d'Aphinar. Tous ces services sont là partout, et moi, impotent, malheureux, je ne peux

rien trouver, le premier chien dans la rue vous dira cela.

Envoyez-moi donc le prix des services d'Aphinar à Suez. Je suis complètement paralysé : donc je désire me trouver de bonne heure à bord. Dites-moi à quelle heure je dois être transporté à bord...

LETTRES DE Mᵐᵉ RIMBAUD,
D'ISABELLE RIMBAUD,
DE FRÉDÉRIC RIMBAUD
ET DE QUELQUES CORRESPONDANTS

R. DARZENS À FRÉDÉRIC RIMBAUD

La Petite République Française Paris, le 6 décembre 1891.
    24 rue Chauchat
    Direction

Monsieur

Excusez mon importunité : mais un journal de Paris, *L'Écho de Paris,* publie une nouvelle dont l'authenticité ne me paraît pas certaine : il raconte que votre frère, M. Arthur Rimbaud, serait mort à Marseille, et que son corps, transporté à Charleville, y aurait été inhumé le 23 novembre qui vient de s'écouler.

Je vous serais bien reconnaissant, Monsieur, de me faire savoir si cette nouvelle est fausse, ce que j'espère, et, en tout cas, si vous me permettez d'entrer en correspondance avec vous afin de vous demander quelques renseignements sur votre frère, renseignements qui me seraient nécessaires pour une *étude* que j'ai l'intention de lui consacrer.

Je voudrais également publier quelques articles de journal sur lui.

En attendant la faveur d'une réponse, je vous prie de me croire votre respectueux,

                RODOLPHE DARZENS.
                Adresse personnelle :
          28, rue Guillaume-Tell, Paris.

FRÉDÉRIC RIMBAUD À RODOLPHE DARZENS

Attigny, 7 [décembre] 1891.

Monsieur,

Je ne puis malheureusement que confirmer la nouvelle de la mort de mon frère. Je joins à l'appui un article d'un journal du département, *Le Courrier des Ardennes,* qui pourra peut-être vous donner quelques renseignements.

Je me propose de vous envoyer sous peu un petit volume de Verlaine, intitulé *Les Poètes maudits.*

Si vous pouvez m'envoyer l'article de *L'Écho de Paris,* faites-moi le parvenir ; car d'après une bribe que j'ai lue par hasard, il me paraît immonde.

Voilà pour le moment les seuls renseignements que je puis donner. J'attends d'ici une quinzaine environ une lettre du consul d'Aden, où il se trouvait ; et alors je pourrais peut-être compléter ce que vous désirez savoir.

Mille remerciements, Monsieur, et recevez mes respectueuses salutations.

RIMBAUD FRÉDÉRIC,
camionneur à la gare d'Attigny
(Ardennes).

À Monsieur Rodolphe Darzens,
28, rue Guillaume-Tell,
Paris.

R. DARZENS À FRÉDÉRIC RIMBAUD

La Petite République Française   Paris, 8 décembre 1891.
24 rue Chauchat
    Direction

Monsieur,

Je viens de recevoir votre lettre contenant l'article sur la mort de votre frère Arthur : en vous priant d'agréer l'expression de mes condoléances, je vous remercie bien cordialement de votre envoi.

J'ai laissé votre lettre hier soir sur ma table, au journal,

et il m'est impossible de la retrouver, en sorte que ma mémoire n'est pas bien sûre de l'adresse que vous m'avez donnée.

Voici la note très courte parue ici à Paris :

« Nous avons le triste devoir d'annoncer au monde littéraire la mort d'Arthur Rimbaud. Il a été enterré ces jours derniers à Charleville. Son corps a été ramené de Marseille. Sa mère et sa sœur suivaient *seules* le convoi funèbre. »

Le très grand talent littéraire de votre frère m'avait toujours séduit. J'ai fait connaissance ici, à Paris, de *Georges Izambard* qui fut son professeur au collège de Charleville (et peut-être le vôtre?), d'un de ses amis, *Delaye* et de M. *Paul Demeny* auquel il avait remis de nombreux vers. Je voulais, grâce aux lettres et aux poésies que ces messieurs m'avaient confiées, publier une étude très complète sur votre frère lorsque la malhonnêteté d'un éditeur auquel je m'étais adressé et qui s'est enfui à l'étranger[1] après quelques vilains coups, m'en empêcha. Il m'a même soustrait le manuscrit, écrit de la main de votre frère, de poésies que m'avait donné Paul Demeny.

Cette étude, je voudrais la publier tout de même. Auriez-vous un portrait de votre frère, une photographie quelconque? Je vous la renverrai aussitôt que je l'aurai fait reproduire.

Peut-être avez-vous dans les lettres qu'il a pu vous adresser, des renseignements sur ses voyages. — Si le temps vous manquait pour les copier, il vous serait facile *(si elles n'ont rien de personnel)*, de me les adresser sous pli recommandé; dès que j'en aurai pris connaissance, je m'engage à vous les retourner de la même façon. Je vous envoie, afin de me faire connaître à vous, *deux de mes livres,* en même temps qu'une revue, *L'Évolution,* où j'ai publié un devoir en vieux français d'Arthur Rimbaud, que M. Izambard m'avait donné[2]. Me permettez-vous également de vous faire faire le service de mon journal, *La Petite République française?*

J'aurais désiré savoir de quelle maladie est mort votre frère; puis-je aussi écrire à votre mère à ce sujet[3]?

Enfin, comme au plus proche parent du poète, je vous demande l'autorisation de publier l'étude dont je vous ai parlé tout à l'heure, en y citant des poésies et des extraits de lettres; bien entendu, je vous enverrai mon travail afin que vous le lisiez avant de le publier.

Croyez, cher Monsieur, à l'expression de ma sympathie et à ma reconnaissance.

RODOLPHE DARZENS.

Paris, 28, rue Guillaume-Tell.

Ne m'envoyez pas *Les Poètes maudits.* Je les ai et je connais Verlaine — il n'a rien de particulier à dire.

FRÉDÉRIC RIMBAUD À RODOLPHE DARZENS

Attigny, 10 décembre 1891.

Monsieur,

Merci mille fois des marques de sympathie que vous avez pour mon frère Arthur; puissent ces marques adoucir le chagrin que je ressens de sa mort, car nous avons toujours été camarades.

Je regrette que vous ayez laissé sur votre bureau la lettre que je vous ai adressée dernièrement, et qu'elle se puisse être égarée, car vous auriez trouvé mon adresse ainsi conçue :
Rimbaud Frédéric, conducteur d'omnibus à la gare d'Attigny (Ardennes).

Quant à la note parue à Paris, je crois que vous l'avez raccourcie.

Si j'ai bonne mémoire, d'après *L'Écho de Paris*[1], le début doit être :
« Nous apprenons la mort d'A. R. Ce jeune homme mangeait gloutonnement, se tenait mal à table, dédaignait de causer, et, lorsque par moments la verve lui venait, il vous débitait... »

C'est à peu près tout ce que je connais, puisque je n'ai pu lire qu'un fragment.

Je connais parfaitement Georges Izambard, qui était professeur au collège de Charleville, ensuite rédacteur du *Nord-Est,* dont j'ai été le petit employé, et le fameux Delahaye, dont la mère était épicière à Mézières, et lui petit employé à la préfecture, un ami avec lequel j'ai fait quelques noces : j'ai perdu ses traces depuis longtemps. Le nom de P. Demeny ne me revient pas à la mémoire; il me semble cependant qu'il y avait un collègue à peu près du même nom, qui faisait classe avec nous.

Vous me dites qu'un éditeur malhonnête vous a soustrait un manuscrit; je vous crois, mais vous auriez dû avoir l'œil.

Vous me demandez un portrait de mon frère : hélas! je ne puis vous en procurer.

Vous me forcez d'avouer ma situation vis-à-vis de ma mère.

D'une bonne famille, le père capitaine, la mère riche à environ trois cent mille francs, suis son fils Frédéric R. Je me suis allié, après deux années de procès, à une jeune fille qui n'avait rien. Depuis environ dix ans, je n'ai de

nouvelles ni de ma mère, ni de ma sœur, ni jamais de mon frère, qui avait été un très grand ami pour moi. Je pense que mon frère se sera laissé influencer par ma mère, et que par ce motif il ne m'a jamais donné de ses nouvelles. Donc je ne puis fournir aucun renseignement précis.

Je suis sûr que ma mère possède son portrait : en le lui demandant, à votre nom, sans parler de moi, vous pourriez l'obtenir.

Dans ma dernière lettre, je vous disais que j'attendais une réponse du consul d'Aden, où il se trouvait, afin de me renseigner sur la situation qu'il occupait. La réponse ne m'est pas encore arrivée, la distance ne permettant pas de relations très promptes. Mais enfin, dès que j'aurai ce que j'attends, mais pas avant une quinzaine au moins, je vous le ferai parvenir.

Je possède une lettre venant d'Aden, d'un nommé Hilg, ingénieur, qui ne fait que parler commerce, et une autre, en portugais, traduite à Paris, qui ne fait parler que commerce, également. Ces lettres me sont parvenues par un monsieur Ch. Thion, à Aden, auprès duquel vous pourriez peut-être prendre de plus amples renseignements ; vous trouverez ce nom dans le Bottin. Mon frère devait rester au Harar, ou Horor, et pour moi devait s'occuper de commerce.

Vous m'offrez de me faire faire le service de votre journal, *La Petite République*. Je ne comprends pas votre proposition : donnez-moi une explication, afin que je puisse répondre.

Mon frère est mort suite de l'amputation de la jambe droite, amputation subie à Marseille à son retour d'Arabie, soi-disant cause d'une tumeur au genou. Mon frère est revenu à Roche, chez ma mère, mais, ne s'y plaisant pas, a demandé à ce qu'on le renvoie en Arabie, mais n'a pu faire le voyage que jusqu'à Marseille, où il est mort.

Comme plus proche parent du défunt, j'autorise la publication de tout ce qui peut avoir trait à lui et sans aucun contrôle.

Merci mille fois de l'hommage que vous me faites de vos publications. L'une surtout, *Nuits à Paris,* me paraît abracadabrante. Je me propose de la lire à tête reposée ; car, si je ne me trompe, elle pourrait me remémorer mon ancienne vie de Paris.

Attendez donc, je vous prie, la réponse que moi-même j'attends, et avec ce document vous pourrez être fixé sur ce que vous avez à faire.

Toujours charmé d'être en correspondance avec vous, recevez, monsieur, mes civilités empressées,

RIMBAUD FRÉDÉRIC,
conducteur d'omnibus à Attigny
(Ardennes).

ISABELLE RIMBAUD AUX R.R. P.P. CAPUCINS
DE HARAR

Roche, le 15 décembre 1891.

Messieurs,

Je viens recommander à votre souvenir et à vos prières l'âme de M. Jean-Arthur Rimbaud, Européen et Français, qui a résidé pendant plusieurs années au Harar et qui est décédé à Marseille en novembre dernier, à la suite d'une récidive généralisée de la cruelle maladie qui l'avait forcé à quitter le Harar et d'où était résultée en mai dernier l'amputation de sa cuisse droite. M. Rimbaud qui est mon frère très cher et très regretté a fait la mort la plus sainte et la plus édifiante à l'hôpital de la Conception à Marseille. J'ai eu la douloureuse consolation de l'assister jusqu'à sa fin. Ses pensées constantes, pendant tout le cours de sa maladie et jusqu'à son dernier soupir, ont été pour le Harar qu'il a passionnément aimé, et son plus vif désir eût été d'y retourner mourir, mais il était tout à fait impossible de l'y transporter. Pendant ses derniers jours, il s'est fortement recommandé aux prières et les membres de la mission catholique du Harar ont été l'objet de ses appels suprêmes.

J'ai pensé qu'à présent rien ne serait plus agréable à son âme que si des prières étaient adressées à Dieu pour son repos éternel dans le pays même qu'il a le mieux aimé au monde, et je me suis adressée à vous, Messieurs, pour recommander mon cher défunt à votre bon souvenir. Vous mettriez le comble à vos bontés si vous vouliez bien me dire s'il y aurait possibilité de fonder une messe à dire chaque mois pendant une année dans l'église de votre mission; quelle somme d'argent serait nécessaire et de quelle façon on pourrait vous faire tenir les fonds; enfin à quelle date de chaque mois serait dite cette messe.

Veuillez agréer, Messieurs, l'expression de mon profond respect.

I. RIMBAUD.
À Roche, canton d'Attigny
(Ardennes). France.

ISABELLE RIMBAUD AU RÉDACTEUR EN CHEF
DU « PETIT ARDENNAIS »

Roche, le 15 décembre 1891.

Monsieur le Rédacteur du *Petit Ardennais,*

Je n'ai pas l'honneur d'être abonnée à votre journal, mais un voisin complaisant m'apporte celui daté du mardi 15 décembre, et m'indique l'article y inséré au sujet d'Arthur Rimbaud.

Arthur Rimbaud a été, en effet, le plus brillant des élèves du collège de Charleville; pendant des années il y a remporté tous les premiers prix sans aucune exception, ainsi qu'excellence, concours de Douai, hors-concours, etc.

En 1870, ses études furent forcément interrompues par la guerre. L'un de ses professeurs l'emmena à Paris et le présenta à MM. Théodore de Banville et Verlaine; ceux-ci furent frappés de l'intelligence de cet enfant de quinze ans et lui firent écrire quelques poésies, dont plusieurs sont de véritables petits chefs-d'œuvre; — mais jamais il ne vint à l'esprit à A. Rimbaud de faire publier ses vers, ni d'en tirer gain ou célébrité; s'ils ont été publiés, c'est à son insu. Jusqu'à la dernière période de sa vie, il a ignoré cette publication, et il a fallu, pour la lui apprendre, que plusieurs hommes de lettres autorisés, tels que MM. Paul Bourde, du journal *Le Temps,* Jules Mary, Th. de Banville, etc., lui en fissent, par écrit ou de vive voix, leurs félicitations.

Vous parlez de prix vendus, de montre engagée : ces reliques de la première jeunesse d'A. Rimbaud remplissent la maison de sa mère. Je ne sais où l'auteur de l'article a pu trouver ses histoires de Commune, de Mazas, mêlées à une invraisemblable légende de misère noire; tout cela est un abominable tissu de contes injurieux.

De 1871 à 1874, Arthur Rimbaud a continué ses études, non plus dans un collège, mais avec différents professeurs particuliers, et tantôt dans une ville tantôt dans une autre; en 1874 et en 1875, il fut professeur lui-même à Londres et aux environs de Paris; sa famille fit avec lui de longs séjours dans ces deux capitales; il y avait déjà longtemps à cette époque (en 1874) qu'il ne s'occupait plus de Paul Verlaine ni de sa poésie.

Le misérable qui a écrit qu'Arthur Rimbaud a extorqué de l'argent à sa mère pour aller en Allemagne a menti impu-

demment. Sa mère le plaça elle-même dans une institution franco-allemande à Stuttgart, pour y apprendre la langue allemande; quand il la sut couramment, au bout de quelques mois, sa mère le fit aller à Milan pour étudier la langue italienne, et lui tint compagnie quelque temps dans cette ville.

Le savonnier de la Cyclade, l'engagement carliste, imaginations absurdes et mensongères. — Quand il n'eut plus que faire à Milan, il voulut faire à pied le fameux voyage de la Corniche; à la suite de cette fatigue excessive, il devint malade et dut s'arrêter pendant quelques jours à l'hôpital de Marseille.

À Vienne, il fut volé en effet de tout son argent, — mille francs, — par un individu qui s'était attaché à ses pas pendant le voyage (qui sait quel était cet individu?) et, se trouvant de cette façon sans ressources, il dut naturellement faire — sans mendier cependant — sa déclaration à la police et au consulat, qui lui fournit les fonds nécessaires pour son retour en France.

A. Rimbaud n'a jamais visité l'île de Sumatra. Un Hollandais, connu par lui à Londres et engagé dans l'armée des colonies, lui fit certain jour une description enchanteresse de l'île de Java et le sollicita d'y aller avec lui. Pour faire économiquement le voyage, Arthur Rimbaud s'engagea comme mousse à bord du même navire qui emportait son ami; j'ignore si ce dernier a déserté, ni s'il a touché la prime : il y a évidemment à ce sujet une erreur et substitution de personnes, A. Rimbaud n'ayant jamais été au service de la Hollande.

Quant au métier de racoleur je ne sais en quoi il peut consister, et je suis certaine qu'A. Rimbaud ne l'a jamais exercé. De l'île de Java il regagna l'Europe par le Cap de Bonne-Espérance, sur un navire anglais qui l'avait pris à bord en qualité d'interprète. D'Angleterre il ne revint pas en France; il visita les côtes du Danemark, de la Suède et de la Norvège, puis revint par mer jusqu'à Bordeaux, sans passer le moins du monde par Hambourg.

En 1878, A. Rimbaud entendit parler de grands travaux exécutés (pour le compte de la Grèce, je crois) dans l'île de Chypre. Il était, à ce moment, fixé sur son avenir et sa vocation. Son activité dévorante et son goût des voyages perpétuels l'inclinaient à aller chercher sa position au delà des mers. Il fut à Chypre chef de chantier, sous la direction de MM. Thial et Co, ingénieurs; il y demeura une année environ; la dissolution de l'entreprise Thial le força seule à quitter ces Messieurs, qui lui donnèrent des références excellentes.

Je m'arrête : quel est donc ce M. D... qui sait si bien outrager les morts? Si cet individu voulait salir Arthur Rimbaud, il aurait donc bien dû l'attaquer de son vivant, alors qu'il

pouvait se défendre! D'un autre côté, cet homme qui se prétend si bien informé se serait donc attaché comme l'ombre à sa victime (victime-cadavre), pour savoir de tels détails de sa vie?

Mais, pour finir, je vois que M. X... n'est pas mieux renseigné que M. D..., et je plains M. Vanier (?) d'avoir affaire à d'aussi piètres reporters. Jamais Arthur Rimbaud n'a fait le commerce de cotons et peaux; jamais il n'est parti avec aucune caravane; jamais il n'a fait de chute malheureuse; jamais il ne s'est cassé la jambe; jamais il n'a été amputé à Aden; j'ajoute : jamais dans son voyage de retour, il n'a rencontré de voyageur venant du Tonkin, à qui il ait compté sa bourse. Cela est vraiment trop stupide!

Voici la vérité sur la dernière période de la vie d'Arthur Rimbaud (et nous avons, Dieu merci, de tout ceci, de nombreuses et palpables preuves). En 1880, un gentleman anglais, dont les fils avaient reçu d'A. Rimbaud des leçons de langues, émerveillé des connaissances presque universelles du précepteur de ses enfants, l'emmena à Aden et lui procura, comme négociant, une position très honorable dans une maison française; au bout de trois ou quatre ans, Arthur Rimbaud, qui avait enfin trouvé son élément, était arrivé dans le haut commerce de cette ville à une réputation d'habileté et d'honnêteté exceptionnelles. Bientôt, il fut l'associé du négociant qui l'avait d'abord employé et qui avait su l'apprécier, et fonda au Harar (Afrique orientale) un comptoir qui donnait le ton à tous les marchés de l'Abyssinie, du Choa, etc. Les produits principaux de son commerce étaient le café et l'ivoire, puis, en moindres proportions, l'encens, l'or en lingots, etc.

Jamais, de l'avis unanime de tous les Européens établis dans ces régions, on n'avait vu pareille activité, pareil courage; vénéré et chéri par les indigènes, estimé par les Blancs, sa probité et sa bonté jointes à la pureté de ses mœurs l'avaient rendu l'arbitre habituel de tous ceux entre lesquels quelque différend s'était élevé. Toujours avide de s'instruire et de voir, il visitait les montagnes et les vallées, et bien des points de ces régions n'ont été explorés que par lui. M. Paul Soleillet fut son ami intime, ainsi que plusieurs autres explorateurs et auteurs de livres remarquables. La Société de Géographie lui fit, à différentes reprises, des avances flatteuses pour l'engager à publier aussi des récits et descriptions de ses voyages. La mort ne lui laissa pas le temps de réaliser les espérances de ses amis, il succomba pour ainsi dire à la peine; les fatigues excessives et une tendance particulière au climat de ces pays développèrent une tumeur arthritique dans son genou droit; dur sur sa personne, il négligea de se soigner à temps, et quand, vaincu par la maladie, il revint se faire

opérer à Marseille, il était trop tard. L'amputation fut faite et guérit rapidement, mais une récidive de la tumeur se déclara presque aussitôt dans l'aine et la hanche : au bout de quelques mois, il était mort... et mort comme un saint, à Marseille, à l'hôpital de la Conception, où je l'ai assisté et soigné, jours et nuits, pendant trois mois.

Telle est la vérité sur la vie et la mort d'Arthur Rimbaud. J'espère, Monsieur, que, puisque vous avez publié le récit outrageant et fantaisiste, vous voudrez bien aussi ouvrir votre journal au récit véridique. La loyauté la plus élémentaire vous fait un devoir de réparer l'injure que vous avez faite, involontairement, je veux le croire, à un mort qui ne mérite que le respect.

Je vous salue, et je signe sans me cacher derrière aucune initiale comme se cachent ceux qui profanent les morts.

ISABELLE RIMBAUD.

FRÉDÉRIC RIMBAUD AU RÉDACTEUR EN CHEF DU « PETIT ARDENNAIS »

[Décembre 1891.]

Monsieur le Rédacteur,

Obligé de sortir de la réserve que m'impose ma situation, je suis forcé de confondre les langues mensongères qui prétendent que je serais soit l'auteur ou l'instigateur de l'article qui a paru dans *Le Petit Ardennais,* concernant Arthur Rimbaud, mon frère.

Que la personne qui a rédigé l'article signe son nom, comme l'a fait dans sa réponse Isabelle Rimbaud, réponse que j'approuve et que je loue comme frère du poète.

Malgré les quelques confidences qu'il m'a faites, je ne connais rien d'exact dans le récit fantaisiste du *Petit Ardennais.*

Je vous serais bien obligé, Monsieur le Rédacteur, de publier ma lettre, pour prouver que jamais je n'ai fourni aucun renseignement concernant mon frère Arthur Rimbaud.

Recevez mes salutations.

FRÉDÉRIC RIMBAUD,
domestique à Attigny,
frère du poète Arthur.

ISABELLE RIMBAUD [À LOUIS PIERQUIN]

Roche, le 20 décembre 1891.

Monsieur,

Je vous accuse réception de votre lettre du 18 décembre : je vous en remercie très sincèrement.

Votre bienveillance m'engage à vous demander un service. Vous comprenez très bien, Monsieur, à quel point tout ce qui concerne mon cher défunt doit m'être précieux. Vous mettriez le comble à vos bontés et je vous serais infiniment reconnaissante si vous pouviez me procurer ce livre intitulé *Les Poètes maudits* par Paul Verlaine, livre dont vous faites mention dans votre article biographique du 29 novembre et qui doit contenir, je crois, les poésies d'Arthur Rimbaud.

Si vous pouviez me mettre en mains ce volume, je vous prierais de m'envoyer en même temps un petit mot pour me faire savoir le prix du livre ainsi que les frais de port et d'envoi, et je vous rembourserais le tout par un mandat-poste.

Veuillez agréer, Monsieur, mes respectueuses civilités.

I. RIMBAUD.
Roche, canton d'Attigny (Ardennes).

ISABELLE RIMBAUD À LOUIS PIERQUIN

Roche, le 27 décembre 1891.

Monsieur,

Des circonstances indépendantes de ma volonté m'ont obligée à retarder jusqu'à aujourd'hui pour vous exprimer la gratitude que m'inspire votre complaisance.

J'ai bien reçu le volume *Les Poètes maudits* en même temps que votre lettre du 22 : merci, Monsieur, de tout mon cœur. À l'instant je reçois aussi le numéro de *L'Univers illustré* que vous aviez bien voulu me promettre : merci encore.

Les renseignements que vous me donnez au sujet de la publication des poésies d'Arthur Rimbaud me sont précieux. Je ne sache pas qu'il ait jamais donné à qui que ce soit l'autorisation de publier ses œuvres, je suis absolument certaine

que depuis ces six ou sept derniers mois il n'a écrit ni parlé à personne en ce sens. Je ne pourrais admettre qu'il ait donné cette autorisation à une époque précédente, j'en aurais eu connaissance, d'autant plus que pendant ses quatre mois de maladie, où je ne l'ai pour ainsi dire pas quitté, — durant les longs jours de souffrances et les veillées interminables que lui laissait un manque absolu de sommeil — nous avons bien souvent repassé les moindres incidents de sa vie et formé de nombreux projets qui ne devaient, hélas! se réaliser jamais.

Je lis dans *L'Univers illustré* qu'en outre du *Reliquaire*, on aurait publié les *Illuminations* et *Une Saison en Enfer*. Je suis très surprise et je ne doute pas que l'auteur l'eût été autant que moi s'il avait su que l'on s'occupait ainsi de ce qu'il appelait ses péchés de jeunesse. Je pense comme vous, Monsieur, que c'est une affaire de spéculation entreprise à l'insu d'A. Rimbaud, et je trouve au moins piquant que moi, à qui appartient maintenant la propriété de ses œuvres, j'ignore même ce que contiennent les livres vendus au public. *L'Univers illustré* fait aussi pressentir la publication, par M. Rodolphe Darzens, de cette absurde légende sur la vie et les prétendues aventures de mon cher et regretté défunt. À cela je m'opposerais de toutes mes forces; quoique complètement ignorante des choses de la littérature, je ne crois pas que personne ait le droit de raconter en les dénaturant à ce point les actes et faits d'un particulier. Je suis étonnée que ce M. Darzens se soit ainsi appliqué à étudier la vie et l'œuvre d'A. Rimbaud qui ne pensait guère à lui.

Ce Monsieur vous a-t-il écrit comme vous pensiez qu'il le ferait?

Quoi qu'il en soit, je désirerai[s] très vivement posséder les *Illuminations* et *Une Saison en Enfer* (chez Vanier), je voudrais bien aussi avoir *Le Reliquaire* (chez Genonceaux, 3, rue Saint-Benoît), peut-être pourrait-on s'en procurer un exemplaire. Si ce n'étai[t] abuser de votre bonté, je vous prierais de vouloir bien encore user de votre autorité et de votre compétence pour me mettre en possession de ces ouvrages. Excusez-moi, Monsieur, de mettre ainsi votre obligeance à contribution; mais avouez avec moi que vous m'encouragez dans cette voie par vos lettres si gracieuses.

Vous me demandez des vers d'Arthur Rimbaud : il y a longtemps, bien longtemps qu'il a tout réuni dans un vaste autodafé.

Je vous envoie tout ce que je possède, c'est bien peu de chose; cela n'aura sans doute d'autre valeur à vos yeux que d'être absolument la dernière de ses conceptions littéraires.

Veuillez agréer, Monsieur, l'expression de mon respect.

I. RIMBAUD.

P.-S. — Ci-joint un mandat-poste de 3,25 F pour le volume *Les Poètes maudits;* cela n'empêche pas que je me considère comme votre débitrice et de beaucoup votre obligée.

Il est bien entendu que si vous pouvez me faire tenir ce que je vous demande aujourd'hui, tous les frais d'achat, de ports, de correspondance, etc., sont à ma charge.

I. R.

ISABELLE RIMBAUD À LOUIS PIERQUIN

Roche, le 3 janvier 1892.

Monsieur,

Jamais nouvel an ne m'a apporté rien qui me semblât aussi précieux que ces livres que j'ai reçus avant-hier.

Recevez mes meilleurs remerciements.

Permettez-moi de ne pas accepter ce cher envoi à titre de don gratuit, il serait de toute injustice qu'après vous avoir donné l'embarras des démarches, je vous fasse encore supporter les frais matériels. Croyez bien d'ailleurs que ma gratitude envers vous n'en est nullement diminuée, et je reçois et accepte quand même ces deux volumes au nom de la camaraderie qui vous a lié autrefois à notre regretté défunt.

Je vous retourne la lettre de M. Vanier que vous avez bien voulu me communiquer. Puisque vous avez l'obligeance de vous mettre à ma disposition pour correspondre avec ce monsieur, je vous serais très reconnaissante si vous vouliez bien lui dire que ma volonté expresse est que rien ne soit publié ni même vendu pour le moment, surtout *Le Reliquaire.* Si une nouvelle édition de ce volume venait à paraître, je ferais saisir immédiatement. Je m'oppose également à ce qu'aucun morceau détaché de ladite œuvre soit reproduit dans les ouvrages d'autres auteurs, ni dans tous journaux ou revues littéraires ou autres.

En fait de biographie, je n'admets qu'un thème : c'est le mien ; je réfute tous les autres comme mensongers et offensants : j'entends du reste qu'on laisse dormir en paix celui qui n'est plus, sans parler davantage de lui qu'il ne s'est occupé des autres pendant les douze dernières années de sa vie.

N'êtes-vous pas étonné, Monsieur, du bruit que l'on fait aujourd'hui autour de tout cela ? Je suppose que parmi les plus bruyants sont ceux à qui profite la vente des livres ; je serais curieuse de savoir qui a touché les droits d'auteur ?...

Si, dans un temps plus ou moins éloigné, je me décidais à laisser réimprimer quelque chose, ce serait revu et modifié selon que je le jugerais conforme aux intentions et aux idées mûries de mon cher auteur.

N'ai-je pas lu sur un journal parisien aux indications théâtrales : *Bateau ivre* par Arthur Rimbaud? Ce journal, dont je ne sais même pas le titre, s'est trouvé égaré tout de suite, je n'ai rien pu voir davantage[1].

Et ces *Entretiens littéraires,* est-ce qu'ils donnaient autre chose que ce qu'a publié *Le Petit Ardennais?*

Je n'ai jamais songé à vous demander, Monsieur, si vous possédez quelque écrit de ce pauvre A. Rimbaud. Si vous en aviez, voudriez[-vous] avoir la bonté de me les donner à lire et à copier? Je vous les renverrais ensuite.

Recevez, Monsieur, mes respectueuses civilités.

I. RIMBAUD.

P.-S. — Je voudrais bien savoir au juste quelle est la marche à suivre pour empêcher la vente et la réédition de ces œuvres, car enfin on ne peut faire tout cela sans que j'en sache rien[2].

I. R.

ISABELLE RIMBAUD [À LOUIS PIERQUIN]

Roche, le 6 janvier 1892.

Monsieur,

Votre lettre du 3 m'a causé une pénible surprise. J'étais persuadée de mon droit unique sur les œuvres d'Arthur, et je serais désolée de ne pouvoir en empêcher la publication. Je pourrais, il me semble, revendiquer la possession primitive de ces œuvres, en alléguant, très justement d'ailleurs, que l'auteur, n'ayant pas l'intention de rien faire publier, en semait des copies au gré de sa fantaisie. Tout ce qui était à la maison fut détruit par lui-même, ce qui prouve combien il était loin de les livrer à la publicité; à l'appui de mon dire, je citerai ce fait connu au sujet de la *Saison en Enfer :* quelques jours après avoir reçu avis de l'éditeur, il se fit remettre ce qu'il croyait être la totalité des exemplaires et brûla le tout en ma présence.

La question pécuniaire me touche peu. Je ne m'élèverais pas non plus contre la reproduction des morceaux purement littéraires. Mais il y en a qui renferment un détestable

esprit politique et irréligieux, esprit dont mon cher auteur n'a pas tardé à se dépouiller en regrettant très vivement de s'y être laissé aller. Il se rassurait en pensant avec la plus entière conviction que rien n'avait jamais paru et ne paraîtrait jamais des écrits dévoilant les erreurs de son adolescence. Il était loin de pressentir ce qui arrive aujourd'hui ; et vous voyez ainsi, Monsieur, que de bonnes raisons j'ai pour m'opposer à cette publication.

Je suis, après tout, *seule au monde* dépositaire de ses pensées et de ses sentiments ; non pas des rêves exaltés d'un enfant de quatorze à dix-huit ans, mais des idées saines et raisonnables de l'homme le plus honnête, le plus intelligent et le meilleur que la terre ait jamais porté. Et ma conscience se révolte doublement à la pensée qu'on peut juger très faussement ce noble caractère sur la lecture de quelques élucubrations poétiques écloses à un âge où le jugement d'un jeune homme ne pouvait être formé.

Recevez, Monsieur, mes respectueuses civilités.

                                        I. RIMBAUD.

ISABELLE RIMBAUD
À M. LE CONSUL DE FRANCE

                                    Roche, le 19 février 1892.

Monsieur le Consul,

Je prends la liberté de vous écrire pour vous prier de vouloir bien m'aider à accomplir la volonté dernière d'un Français que vous avez peut-être connu : de M. Arthur Rimbaud, qui a habité Aden et le Harar pendant onze années, dont les quatre dernières comme agent et associé de M. César Tian, d'Aden, et qui est décédé à Marseille en novembre 1891.

Avant de mourir, M. Rimbaud, qui est mon frère, m'a fait diverses recommandations pour l'exécution desquelles je sollicite votre appui et votre conseil.

Depuis huit ans, il avait pour domestique un indigène de Harar, nommé Djami ; ayant toujours eu à se louer de la fidélité et des services de cet homme, et voulant lui donner un témoignage de satisfaction, il m'a chargée de lui faire parvenir, d'une façon *sûre et certaine,* une somme d'argent assez importante. Il m'avait désigné l'entremise de M. César Tian comme étant le plus à même de m'aider à remplir ma mission ; j'ai écrit en ce sens à M. Tian, voilà deux mois, et n'ai pas reçu de réponse.

Je suis très fermement résolue à accomplir la volonté de mon frère ; mais la difficulté de communication qui existe entre le Harar et la côte, ainsi que l'ignorance dans laquelle est le destinataire, me fait appréhender que la libéralité de M. A. Rimbaud ne s'égare en d'autres mains que celles de celui à qui elle est destinée.

Je m'en remets donc, Monsieur le Consul, à votre autorité et à votre compétence, et je vous serais très reconnaissante si vous vouliez bien faire savoir à ce Djami, par la voie que vous jugerez la plus convenable et la plus sûre, que je tiens à sa disposition ou à celle du mandataire qu'il chargera de son pouvoir pour toucher la somme de trois mille francs (3 000 F), avec recommandation de son maître et donateur de faire de cet argent usage bon et utile, soit qu'il l'emploie à quelque transaction commerciale, soit qu'il le réserve pour quelque autre entreprise honnête et prudente dont il soit assuré de retirer des bénéfices raisonnables ; mais que cet argent ne soit jamais un prétexte à l'oisiveté ni à l'intempérance.

Après le départ de mon frère du Harar, Djami est entré au service de M. Felter, agent à Harar de la Maison Bienenfeld et Co et je suppose qu'il y est encore. C'est un jeune homme de vingt-deux à vingt-trois ans, complètement illettré ; à peine comprend-il quelques mots de français.

Pour me conformer aux intentions de feu M. Rimbaud, je vous prie, Monsieur le Consul, de vouloir bien demander à M. Tian le règlement définitif du compte de mon frère.

Ce compte, arrêté le 5 mai 1891, portait à l'actif de M. Arthur Rimbaud la somme de 3 677 roupies 15 (ce qui fait, je crois, en valeurs françaises, six mille six cent dix-huit francs, quatre-vingt-sept centimes : (6 618,87), ladite somme représentée par des marchandises confiées pour être vendues à M. Alfred Ilg, au Choa.

Je pense que l'écoulement de ces marchandises doit être terminé et que rien n'empêche de procéder au compte final.

J'ose espérer, Monsieur le Consul, que vous aurez l'extrême obligeance de m'accuser réception de cette lettre, et je vous prie d'agréer, Monsieur, l'expression de mes sentiments respectueux.

ISABELLE RIMBAUD.
À Roche, canton d'Attigny (Ardennes).
France.

Monsieur le Consul de France,
à Aden (Arabie).

ATHANASE RIGHAS À ISABELLE RIMBAUD

Harar (Abyssinie)
le 29 février 1892.

Mademoiselle I. Rimbaud.

Mademoiselle,

J'ai l'honneur de vous accuser réception de votre lettre du 15 décembre 1891, par laquelle vous m'annoncez la mort de M. Jean-Arthur Rimbaud. Depuis quelque temps déjà nous avions appris par les journaux de Paris la mort regrettée de votre frère, qui n'était pas seulement un honnête homme et un grand cœur, mais aussi un véritable poète, c'est-à-dire une âme sensible et une haute intelligence... Il ne m'appartient pas de faire l'éloge de M. Rimbaud, des gens plus autorisés que moi l'ont fait, et cela suffit à sa mémoire.

D'ailleurs j'ai, moi aussi, une douloureuse nouvelle à vous annoncer. Mon frère Dimitri, auquel vous avez adressé la lettre à laquelle je réponds, est mort à Harar le 13 novembre 1891, après une maladie d'une dizaine de jours qui présentait tous les caractères du typhus : c'était l'ami de M. Rimbaud, et s'il vivait encore, il regretterait bien votre cher défunt, dont il parlait sans cesse avec éloges.

J'ai fait à Harar les commissions dont vous m'avez chargé. Quant à Ras Mokonnen, en ce moment à Entotto, je ne manquerai pas lorsque je le verrai, de lui transmettre la nouvelle dont vous me chargez.

Si vous avez quelque chose à me communiquer, vous pouvez écrire à M. Athanase Righas, à Ankober (Abyssinie), aux bons soins de la Compagnie franco-africaine, à Obock-Djiboutil (Côte orientale d'Afrique).

Veuillez agréer, Mademoiselle, avec mes sincères compliments de condoléance, l'expression de mes hommages respectueux.

A. RIGHAS.

CÉSAR TIAN À ISABELLE RIMBAUD

Aden, le 2 mars [18]92.

Mademoiselle,

J'ai bien reçu en son temps votre honorée lettre du 15 déc[em]bre m'annonçant la mort de M[onsieu]r votre frère, ce dont j'ai été fort peiné, et me faisant part de sa dernière volonté de laisser un souvenir à son domestique du nom de Djam[i], que je connais.

Au reçu de votre lettre j'écrivis aussitôt à Mgr Taurin Cahagne, vicaire apostolique des Galla, et résidant au Harar, où Djami était retourné après le départ d'Aden de Monsieur votre frère. Ma lettre rencontra Monseigneur en route pour la côte. J'ai donc attendu son arrivée. Je l'ai entretenu du désir de M. Rimbaud à son lit de mort, et il a été convenu que dès le retour de Mgr Taurin au Harar, qui doit avoir lieu vers la fin du mois, Mgr Taurin, qui connaît bien Djami aussi, le ferait rechercher et lui ferait part du legs de son ancien maître. Monseigneur alors m'informera de cela, et je lui ferai tenir les fonds, *750 talaris* représentant environ 3 000 francs que vous voudrez bien, à ce moment, faire tenir entre les mains de M. le Consul de France auquel il sera remis plus tard un reçu dudit Djami.

Excusez le retard que j'ai mis à vous répondre, mais la distance qui sépare Aden du Harar, et la coïncidence de la venue de Mgr Taurin à la côte en ont été les causes.

Daignez agréer, Mademoiselle, l'expression de mes sentiments très respectueux.

C. TIAN.

CÉSAR TIAN À ISABELLE RIMBAUD

Aden, 6 mars 1892.

Mademoiselle,

Monsieur le Consul de France m'a communiqué la lettre que vous lui avez adressée, dans laquelle vous réclamez le reliquat de compte revenant, dites-vous, à M. Rimbaud.

Un reliquat existe, mais il consiste en marchandises

envoyées, à mon insu, à la vente en Abyssinie, par M[onsieur] votre frère le 9 février [18]89, qui n'ont pu encore être réalisées.

Par sa lettre en date du 6 mai 1891, M. Rimbaud reconnaît que le reliquat de son compte chez moi représenté par les susdites marchandises ne devra lui être réglé qu'après leur liquidation, et que le montant de la vente sera à partager par moitié entre lui et moi. Il n'est donc pas possible à ses héritiers d'en toucher le montant en ce moment.

Le reliquat qui figure sur les comptes remis représente la valeur des marchandises envoyées à la vente en Abyssinie par M[onsieur] votre frère, ce qui ne veut pas dire que le montant de la vente de ces marchandises sera égal au chiffre de leur valeur porté en compte.

Ce n'est donc pas le reliquat qui figure dans les comptes remis qui revient aux héritiers de M. Rimbaud, mais la demie seulement du montant de la vente, déduction faite des frais.

Je vous prie de prendre note que j'ai payé pour le compte de M[onsieur] votre frère la somme de 34 roupies au change de 1,75, — F 59,50, montant de la location de la maison qu'il avait retenue au Harar, lors de son départ en vue de son retour.

Vous m'obligerez en voulant bien à l'avenir vous adresser [pour toutes les communications et réclamations que vous pourriez avoir à m'adresser *,] comme vous venez de le faire, à M. le Consul de France.

Je vous prie d'agréer l'assurance de ma considération distinguée.

CÉSAR TIAN.

ISABELLE RIMBAUD À LOUIS PIERQUIN

Roche, le 13 mars 1892.

Monsieur,

Depuis trois semaines je suis retenue sans aucune trêve au chevet d'une chère malade : c'est vous dire combien j'ai en ce moment peu de liberté d'esprit et de temps pour réfléchir et pour écrire.

Je vous remercie de votre obligeante communication du

---

* *Les mots entre crochets sont ajoutés dans la marge.*

8 mars; j'ai pris copie de la lettre de M. Vanier. Je vous sais gré de l'avis que vous voulez bien émettre à ce sujet, cependant permettez-moi de ne le pas partager complètement. Certes, j'aimerais que la mauvaise impression produite par *Le Reliquaire* fût effacée ou atténuée, mais si vous trouvez comme moi que certains morceaux de ce volume blessent opinions et morale, vous reconnaîtrez facilement qu'une nouvelle édition conforme à la première (sauf préface) ne pourrait réhabiliter complètement l'auteur. Or M. Vanier ne parle pas de rien retrancher ni modifier à l'œuvre.

À moins que je n'ai[e] mal compris la lettre de ce monsieur, je ne crois donc pas qu'il y ait lieu d'être satisfait de sa proposition ni de l'encourager dans la voie qu'il veut suivre.

Très certainement, Monsieur, si vous aviez affaire à Attigny, nous comptons bien que vous seriez assez aimable pour venir jusqu'à Roche et nous dire bonjour.

Recevez, Monsieur, mes respectueuses civilités.

I. RIMBAUD.

ISABELLE RIMBAUD
AU CONSUL DE FRANCE À ADEN

Roche, canton d'Attigny, Ardennes.
19 mars 1892.

Monsieur le Consul,

J'ai reçu votre lettre du 2 mars[1] en même temps que la réponse à celle que j'écrivais à M. Tian, le 15 décembre 1891. Celui-ci m'informe qu'il a commencé à faire rechercher Djami le légataire de feu mon frère, M. Rimbaud. Je suis très reconnaissante envers M. Tian pour ses démarches.

Il me mande en outre que je devrai envoyer à votre consulat la somme de trois mille francs, montant du legs. Je suis surprise. Il me semblait plus simple que M. Tian prélevât cette somme sur le reliquat du compte de M. Rimbaud, dont l'actif aurait été réduit d'autant.

Je n'ai pas l'intention de subordonner l'exécution des dernières volontés de mon frère au règlement de son compte (le désir du mort étant pour moi une chose sacrée).

Cependant, comme je suppose qu'il s'agit d'un simple oubli ou d'un malentendu, avant d'effectuer l'envoi des trois mille francs, j'attendrai votre avis ultérieur.

En vous demandant de vouloir bien, à l'occasion, pré-

senter à M. Tian l'observation ci-dessus, je vous prie d'agréer, Monsieur le Consul, l'expression de mon respect.

ISABELLE RIMBAUD.

ISABELLE RIMBAUD
AU CONSUL DE FRANCE À ADEN

Roche, le 29 mars 1892.

Monsieur le Consul,

Je crois qu'il est de mon devoir, et pour éviter toute contestation inutile dans l'avenir, de rectifier une erreur que j'ai commise bien involontairement dans ma première lettre, relativement au compte de M. Rimbaud, en portant à son actif la somme de 6 618, 87 F.

Des explications que me fournit M. Tian, en date du 6 mars 1892, il résulte que moitié seulement de cet actif revient à la succession de mon frère, l'association de MM. Tian et Rimbaud partageant par moitié les bénéfices entre les participants. Il m'eût été difficile de ne pas commettre cette erreur, car le seul document que j'avais pu consulter jusqu'alors, une lettre écrite par M. Tian, le 5 mai 1891, et adressée à mon frère, ne faisait aucune mention de ces détails ; et ce n'est qu'en examinant très attentivement les autres extraits et comptes joints depuis au document précédent, que j'ai pu éclairer ma profonde ignorance des choses commerciales.

Il paraît aussi que la vente des marchandises constituant ledit actif n'est pas terminée, et par conséquent le compte ajourné.

Enfin, M. Tian me réclame 59,50 F, pour location de maison au Harar ; je suis prête à lui payer cette somme, à moins qu'il ne préfère la porter en compte.

Un dernier mot : je serais désolée que M. Tian se trouvât offensé de l'intervention d'un tiers dans ses affaires avec M. A. Rimbaud. Après avoir attendu deux mois la réponse à une lettre du 15 décembre, et ne pouvant deviner les causes de ce silence, et considérant la date du 1er mars comme propre à établir comme précédemment un état de compte, j'ai trouvé tout naturel de m'adresser à Monsieur le Consul de France, que le caractère de ses fonctions désignait suffisamment pour m'aider à terminer mes affaires.

En faisant appel à votre bienveillance pour vous prier de m'excuser, et en même temps de m'aider encore à l'avenir, si

besoin est, veuillez agréer, Monsieur le Consul, l'expression
de mes sentiments les plus respectueux.

ISABELLE RIMBAUD.

ISABELLE RIMBAUD [À LOUIS PIERQUIN]

Roche, le 8 août 1892.

Monsieur,

Je voudrais pouvoir approuver sans restriction le projet
dont vous me faites part dans votre lettre du 3 août. Je
serais bien heureuse qu'une plume amie détruisît les imputa-
tions calomnieuses émises contre mon cher et pauvre Arthur.

Malheureusement, si cette réhabilitation devait être subor-
donnée à la réédition intégrale du contenu du *Reliquaire,* je
ne pourrais l'accepter, parce que, comme je vous l'ai déjà dit,
une partie de ces poésies expriment des idées et des sentiments
dont l'auteur devenu homme, et homme honnête et sérieux,
a eu honte et regret. Je croirais l'offenser et le trahir en
contribuant à la publication de ce qu'il a vivement regretté
d'avoir écrit.

Voici ce que j'ai pensé. — On pourrait faire un choix, sup-
primer et modifier quelques morceaux; le reste est si joli qu'il
serait peut-être encore publiable.

L'auteur de la préface de la nouvelle édition indiquerait,
s'il le juge utile, quels motifs nous auraient poussés à faire
ces changements, ne laissant pas perdre de vue, dans tous
les cas, qu'Arthur n'a jamais destiné à la publicité ni les
uns ni les autres de ses vers.

Si mon idée est pratique et si la tâche que vous vous pro-
posez ne vous effraie pas, peut-être pourrait-on s'entendre.

Je vous devrais une infinie reconnaissance si vous réussis-
siez dans votre œuvre de réhabilitation, et je vous remercie
très sincèrement de votre sollicitude pour mon cher Arthur,
qui est bien digne en effet de l'affection et du souvenir de
ses amis. Dans l'odieuse préface du *Reliquaire,* on s'est plu
à le dépeindre comme insociable, cruel, sournois. Rien n'est
si faux. Jamais âme humaine n'a contenu plus de bonté ni
de sincérité; il est vrai qu'il aimait peu la société parce que
les mille petites hypocrisies qui composent l'étiquette et la
conversation mondaines lui faisaient horreur. Mais avec ses
amis il laissait voir sans contrainte les précieuses qualités de
son esprit et de son cœur; un charme inexprimable se déga-
geait de toutes ses paroles et de toutes ses actions; jusqu'à

sa mort il a gardé cette faculté de plaire et de charmer en toutes circonstances. Personne ne fut jamais plus généreux que lui. Au Harar, pays qu'il a passionnément aimé, les indigènes l'appelaient le Saint, à cause de sa charité merveilleuse. Ce qu'il a répandu de bienfaits là-bas est inouï, incroyable. Cette très grande bonté ainsi que son courage et son activité infatigables était le trait principal de son caractère. Et je crois que chez lui, ces deux qualités bonté et travail dépendaient l'une de l'autre : il voulait posséder beaucoup parce que son unique bonheur était de soulager toutes les misères.

À propos de ses vers, voici un petit détail qui vous intéressera peut-être : les premiers qu'il a composés ont été publiés fin 1869 ou commencement 70 dans un journal hebdomadaire qui s'appelait *La Revue pour tous*. Ces vers étaient intitulés *Les Étrennes des Orphelins*.

Recevez, Monsieur, mes respectueuses civilités.

I. RIMBAUD

Monsieur Louis Pierquin
négociant
15, Place Saint-François
Charleville

ISABELLE RIMBAUD [À LOUIS PIERQUIN]

Roche, le 14 7bre 1892.

Monsieur,

Je voudrais bien savoir ce qu'on a décidé au sujet des poésies d'Arthur Rimbaud. Votre silence me fait présumer que ma lettre du 8 août ne vous a pas agréé. J'espérais cependant qu'en souvenir de lui, vous auriez consenti à arranger tout cela pour le mieux; et je ne peux m'habituer à penser que vous avez renoncé à votre projet.

Rien n'est si pénible que l'incertitude. Je voudrais bien savoir au juste ce qu'il en est.

Recevez, Monsieur, l'expression de mon respect.

I. RIMBAUD.

ISABELLE RIMBAUD À LOUIS PIERQUIN

Roche, le 23 octobre 1892.

Monsieur,

Je vous retourne la lettre que vous avez bien voulu me communiquer et dont j'ai pris copie.

La conduite de M. Darzens est inqualifiable. Cette démarche auprès de M. Vanier prouve ce qui était à peine douteux : M. Darzens est l'auteur de la préface du *Reliquaire;* de plus nous avons la certitude qu'il avait, en l'écrivant, conscience de mentir et de calomnier, car c'est assurément la crainte d'être poursuivi en diffamation qui l'a poussé à faire saisir son éditeur. Je m'étais formé une idée bien fausse des gens de lettres, je les croyais, par leur caractère et leur profession, très supérieurs au commun des mortels. Or M. Vanier détruit à plaisir ma naïve conviction. Que penser de ce M. C[harles] Grolleau qui *vend* des vers et des proses plus ou moins authentiques et qu'il a probablement achetés lui-même, Dieu sait à quels autres écrivains! Ces messieurs sont donc de simples industriels qui trafiquent de l'esprit des autres, et dont les procédés sont parfois assez répugnants.

J'ai dit et je répète que jamais Arthur n'a destiné ses vers à la publication. Je ne dois pas avoir écrit non plus que ce fût lui qui fit insérer dans *La Revue pour tous* sa première poésie ; si ma mémoire ne me trompe pas, l'initiative de cette publication fut prise par quelques camarades enthousiasmés à la lecture de ces vers très touchants et religieux.

Tout petit, il écrivait déjà par plaisir. Il avait à peine dix ans qu'il nous intéressait durant de longues soirées en nous lisant ses voyages merveilleux dans des contrées inconnues et bizarres, au milieu des déserts et des océans, dans les montagnes et sur les fleuves.

Naturellement, tout cela était jeux d'enfant. Aussitôt composés et lus, ces manuscrits étaient déchirés et perdus. Ce qu'il a écrit plus tard, de quinze à dix-huit ans, c'était encore par plaisir, peut-être aussi par enthousiasme, par excès de générosité. C'était une façon très originale d'exprimer ses sentiments auprès des personnes auxquelles il donnait ses vers.

Ce qui prouve la vérité de mes allégations, c'est que, pendant la période où il a le plus écrit, jamais il n'a essayé de rien faire imprimer ; c'est encore ce fait que je vous ai conté

au sujet de la *Saison en Enfer*, qu'il voulait anéantir complète-
ment avant la mise en vente ; c'est aussi la destruction qu'il
fit de tous ses manuscrits, vers et prose. Depuis le jour
où il brûla (très gaiement, je vous assure) toutes ses œuvres
dont il se moquait et plaisantait, il ne s'était plus jamais
occupé de littérature. Le vieil homme s'était métamorphosé :
idées, opinions, goûts, tout était changé. Et en lisant atten-
tivement la *Saison en Enfer*, n'y trouve-t-on pas l'aveu qu'il
s'est trompé, et qu'il est bien revenu, après expérience
acquise, de toutes les illusions passées ?

Non, je ne consentirai jamais à une nouvelle édition
complète des vers de mon cher et *honnête* Arthur. Non
seulement j'ai le droit d'opérer ce que M. Vanier appelle
une mutilation, mais c'est mon devoir strict.

Je suis irrévocablement fixée sur ce point. J'admets que
l'on fasse un choix parmi ces poésies ; joignez-y, si vous le
voulez, les passages les plus heureux des *Illuminations* et de la
Saison en Enfer. Cela formerait un recueil de morceaux choisis
des œuvres d'A[rthur] R[imbaud] ; vous auriez, vous, Mon-
sieur, à déployer tout votre talent dans la biographie et la
préface. Toute latitude vous appartiendrait d'ailleurs pour
vous étendre et embellir, comme vous le savez si bien faire
à l'occasion. Et ainsi le principal intérêt du livre serait dans
la part que vous y auriez mise.

On m'a affirmé que personne n'a le droit de disposer des
écrits littéraires ni privés d'un auteur qui n'a jamais rien fait
publier[1], si ce n'est la famille. La détention, même depuis
longtemps, ne constitue pas un titre légal. Il n'y a que
l'autorisation écrite et signée de l'auteur qui puisse faire
passer outre aux décisions de la famille.

En ce qui nous concerne, aucune autorisation de ce genre
n'existe.

Recevez, Monsieur, mes respectueuses civilités.

I. RIMBAUD.

BROUILLON D'UNE LETTRE
D'ISABELLE RIMBAUD
À UN CORRESPONDANT INCONNU

Le 13 9bre 1892.

M.

Depuis que j'ai reçu v/ lettre du 5 courant je cherche
vainement à deviner ce que signifie votre dernière phrase.

Soyez assez bon pour me pardonner de ne vous avoir point compris. J'ai bien une foule d'idées mais je ne peux m'arrêter à aucune à cause de l'incertitude où je suis. Cependant il me semble indispensable que je sache à quoi m'en tenir. Je vs supplie de vous exprimer avec la plus entière franchise et de me dire *quoi que ce soit* ce que vous n'avez voulu me faire entendre; je vous demande cette grâce au nom de mon frère qui m'a chargée de terminer ses affaires pour le mieux. Comme j'ai toujours évité de lui laisser deviner l'issue fatale de sa maladie il ne m'a pas donné les explications [sic] nécessaires pour mener à bien la tache [sic] qu'il m'a imposée au moment où il s'est senti perdu (à l'heure de sa mort). Voilà pourquoi je cherche tous les éclaircissements qui peuvent m'être utiles.

J'ajoute que ce que vous m'apprendrez restera absolument secret entre vous et moi; si vous craignez une indiscrétion de ma part, je m'engage à vous retourner votre lettre explicative imm. après en avoir pris connaissance.

Je vs. remercie des indications que vous avez bien voulu me donner au sujet de M. C. Tian et j'ose espérer que vous voudrez bien encore accéder à la prière que je vous adresse aujourd'hui.

Recevez M. mes resp. civilités.

I. R.

CÉSAR TIAN À ISABELLE RIMBAUD

Marseille, 21 nov[embre] 1892.

Mademoiselle,

J'ai l'honneur de vous accuser réception de votre honorée du 18 cour[an]t me remettant sous pli recommandé

F 59,50 en un mandat de poste, pour me rembourser le prix de la location pour un trimestre de la maison habitée au Harar par feu M. A. Rimbaud votre frère. Votre pli contenait aussi

F 3 000 en billets de banque pour faire parvenir l'équivalent de cette somme en talaris Marie-Thérèse à Mgr Taurin Cahagne, vicaire apostolique des Gallas et résidant à Harar pour être remis au nommé Djami, qui fut domestique de M. Rimbaud.

Par le courrier de Brindisi qui part le 25 courant, je donnerai l'ordre à ma maison d'Aden de faire le nécessaire pour que les talaris qui représentent la contrevaleur desdits

3 000 francs soient expédiés au plus tôt à Monseigneur au Harar, qui les remettra à Djami.

Je ne pourrai vous faire connaître que plus tard, dans un mois environ, le montant des frais de l'envoi de ces talaris.

Veuillez agréer, Mademoiselle, je vous prie, l'expression de mes sentiments respectueux.

C. TIAN.

Mademoiselle I. Rimbaud
Roche
Canton d'Attigny (Ardennes)

ISABELLE RIMBAUD À LOUIS PIERQUIN

Roche, le 6 décembre 1892.

Monsieur,

J'ai été très sensible à votre envoi du 2 décembre. Je vous remercie infiniment. Je vous renvoie votre manuscrit dont la lecture m'a profondément touchée. Cela me semble parfait. Cependant, comme j'ai transcrit votre travail en entier, je vais le relire et l'étudier à tête reposée, et je me propose de vous faire part de mes impressions d'ici à quelques jours.

Pour la publication, rien ne presse, M. Vanier nous ayant prévenus que les livres d'étrennes ne lui laissent point de loisirs.

Recevez, Monsieur, l'expression de mes sentiments respectueux.

I. RIMBAUD.

ISABELLE RIMBAUD À LOUIS PIERQUIN

[Roche,] le 17 décembre 1892.

Monsieur,

J'ai été empêchée, et n'ai pu vous écrire plus tôt au sujet de votre très intéressante étude sur Arthur Rimbaud. Tout ce qui dans votre manuscrit émane directement de vous me semble parfait; seulement, permettez-moi de vous le dire, je vous trouve incomplet.

D'abord je réitère les réserves que j'ai faites précédemment au sujet de la totalité des œuvres de notre poète. Or, je ne vois rien dans vos pages qui prévienne le lecteur que nous n'avons qu'une œuvre très restreinte à lui donner. D'un autre côté, j'avais compté que vous feriez par vous-même la biographie de notre pauvre Arthur ; je vous avoue que j'éprouve un pénible sentiment à voir intercaler dans votre manuscrit l'article du *Petit Ardennais :* je vous en prie, supprimez cela. Ne citez pas non plus la protestation de Mlle Rimbaud ; mais inspirez-vous des faits relatés dans cette lettre, pour tracer l'esquisse de la vie de Rimbaud. Il me semble que de cette façon votre travail serait plus complet.

Je devine votre pensée. Vous voulez être impartial ; et comme vous n'avez pas connu d'une façon absolument intime notre cher défunt, vous ignorez après tout qui, du *Petit Ardennais* ou de la sœur de Rimbaud, a dit la vérité. Et c'est aussi ce que diraient les lecteurs de votre future publication si vous mettiez les deux versions à la suite l'une de l'autre. Vous auriez beau affirmer ensuite que celle de Mlle Rimbaud est la seule vraie, le doute persisterait quand même : cela est le résultat inéluctable de la calomnie. Cette idée m'est insupportable : au lieu de le réhabiliter, nous aurions propagé la mauvaise réputation dont on l'a gratifié. Je vous assure que vous pouvez, en toute sécurité, vous reporter à la lettre de Mlle Rimbaud : elle est vraie, et point du tout flatteuse pour son frère. À ce propos, je vous envoie une lettre du pauvre Arthur, relative au fameux passage du Gothard ; je l'ai trouvée l'autre jour, en furetant. Je suis sûre que vous la lirez avec intérêt. Vous me la renverrez plus tard, quand vous aurez l'occasion de nous écrire. Par la date de cette lettre, vous verrez que M. Darzens n'était guère bien renseigné, puisqu'il met ce passage en 1875, tandis qu'il ne s'est effectué qu'en 1878, et en toutes autres circonstances que celles qu'il a inventées.

J'aurais aimé aussi que la dernière — et meilleure — partie de la vie d'Arthur Rimbaud eût une petite place dans votre relation. Je comprends votre réserve ; vous ne pouvez rien dire de ce que vous ignorez, mais vous savez qu'un biographe se contente de simples renseignements pour tracer un portrait. J'ai cherché ces jours derniers des documents qui vous auraient édifié mieux que je ne le saurais faire sur ses travaux et ses pérégrinations au Harar. Je suis moralement certaine que plusieurs voyageurs lui ont donné une place très honorable dans leurs récits. Je n'ai encore rien trouvé et je le regrette.

Par ce que vous connaissez de sa première jeunesse, de son activité, de sa passion pour la marche, vous pouvez vous faire une idée de ce qu'ont été pendant plus de dix

années ses courses à travers les déserts et les montagnes, ses explorations et ses périls de toutes sortes, sur des points qu'aucun autre Européen n'eût osé affronter.

Je crois vous avoir déjà dit que le sentiment dominant de sa vie, là-bas, a été la charité. Charité si extraordinaire, que pendant des années elle a été la seule sauvegarde de son commerce. — Ce mot de « commerce » me fait ouvrir une parenthèse : vous êtes bien dur pour ces pauvres marchands, mais votre raillerie est si spirituelle, qu'on ne saurait vous en vouloir.

Je reprends : Quand de Harar à la côte, Arthur Rimbaud envoyait des centaines de chameaux et de mulets chargés d'or, d'encens, d'ivoire, etc., nulle garde n'accompagnait ces précieuses marchandises si ce n'est son domestique nègre et quelques chameliers. D'un bout à l'autre du désert, parmi les tribus féroces et pillardes des Somalis et des Gallas, sa bienfaisance était connue. Les pâtres bédouins errant au fond des vallées ou aux flancs des montagnes se signalaient de l'un à l'autre — à la mode abyssine, — en criant dans les échos, le passage de ces caravanes ; et en souvenir de ses bienfaits, une escorte nombreuse et sûre se détachait des sauvages tribus du désert pour accompagner ses convois jusqu'à la mer. Jamais il ne fut ni trahi, ni volé !

Quand il dut quitter le Harar, vaincu par le mal terrible, qu'il avait d'abord voulu braver, il traversa le désert des Somalis sur une civière portée par seize nègres : pendant treize jours que dura le voyage, les chefs de tribu vinrent l'entourer en pleurant, en le conjurant de revenir bientôt. Hélas ! jamais plus il ne devait revoir ces pays tant aimés !

Ensuite, ce furent les horribles souffrances de la traversée en mer, l'arrivée à Marseille, l'hôpital, l'amputation, le désespoir de se voir privé de l'un de ses membres. Puis l'apparence de la guérison et le retour à Roche. Déjà résigné à sa mutilation, repris par son intarissable gaîté, que de promenades nous avons faites ici pendant un mois (mais plus à pied alors), que de projets, que d'espérances ! — Cependant la nostalgie du soleil et des pays lointains le reprit bientôt, l'humidité froide de ce funeste été 1891 le forçait d'ailleurs à redescendre vers le midi.

Ce qui l'attendait à Marseille, c'était une lente agonie de trois mois, c'était la mort jour à jour, membre par membre. Perdu sans aucun espoir, mais souffrant avec une incroyable énergie, il voulait prolonger le plus longtemps possible la vie qui lui échappait. Son esprit gardait le charme particulier que je lui ai toujours connu, mais en s'élevant dans des régions si belles et si riches que j'en suis restée tout éblouie.

Si j'avais à ce moment l'amère consolation de soigner son corps, c'est lui, certainement, qui le plus souvent réconfor-

tait mon âme. À ses derniers jours, il ne fut plus un homme, un malade, un mourant : il fut un saint, un martyr. De ses lèvres ne sortaient plus que des paroles de résignation, d'espérance religieuse, de prières ; et il exprimait ses sentiments avec des termes tellement angéliques, tellement immatériels, que je ne crois pas que personne, même parmi les saints, ait jamais eu une fin plus édifiante.

Pardonnez-moi, Monsieur, si je vous importune avec tous ces détails, vous le voyez, j'ai foi en votre amitié pour mon cher Arthur ; c'est pour cela que je mets votre complaisance à l'épreuve et aussi que je suis si exigeante.

Je vous soumets les quelques notes suivantes au sujet de votre manuscrit, pour le cas où, comme je l'espère, vous voudriez bien avoir la bonté de le parachever selon le plan que je vous ai indiqué plus haut.

Page 4. Ce n'est pas en 1879 qu'Arthur Rimbaud détruisit ses écrits : il y avait longtemps à cette époque qu'il n'avait plus rien de commun avec la littérature ; ce fut en 1876, au plus tard. Il essaya d'anéantir la *Saison en Enfer* dès la publication en 1873.

Page 5. Le mot « immonde » appliqué à la préface du *Reliquaire* me paraît un peu fort ; je préférerais le mot « outrageante » par exemple.

« C'est là le seul but de cette édition, édition unique, car la famille s'oppose, etc. » — Ne serait-ce pas le moment de prévenir le lecteur que nous n'allons lui donner qu'une partie des poésies d'Arthur Rimbaud ?

Page 10. Dans la protestation de Mlle Rimbaud : En 1878, l'île de Chypre appartenait à l'Angleterre, il y fut chef de chantier pour une entreprise anglaise.

Vos deux petites historiettes relatives à l'île de Sainte-Hélène et à la langue arabe m'ont fait sourire, malgré la tristesse d'à présent. J'espère bien que si, comme je le désire vivement, vous voulez bien écrire la biographie d'Arthur Rimbaud, vous les y ferez figurer.

Veuillez agréer, Monsieur, l'expression de mon respect.

I. RIMBAUD.

ISABELLE RIMBAUD [À LOUIS PIERQUIN]

Roche, le 11 janvier 1893.

Monsieur,

Je vous fais mes sincères compliments au sujet de votre manuscrit, que j'ai reçu dimanche ; je l'ai lu et relu ; chaque

fois, je l'ai trouvé de mieux en mieux. Vos pensées sérieuses touchent profondément, vos réflexions sont justes, vous exprimez parfaitement les unes et les autres, votre biographie est très réussie. D'autre part, votre verve et votre entrain sont parfois irrésistibles.

[Lettre incomplète]

ISABELLE RIMBAUD À LOUIS PIERQUIN

Roche, le 4 février 1893.

Monsieur,

Je suis bien fâchée de ne pouvoir vous donner une réponse satisfaisante.

Ce petit croquis n'a pas d'original, il avait été fait d'après nature : exécuté en dix minutes et en quelques coups d'une méchante mine de plomb sur un mauvais chiffon de papier. Cela ne mérite pas un regret.

Cependant la tête était tout-à-fait ressemblante ; en vous l'envoyant, ma pensée était seulement de vous faire remarquer combien ses traits avaient changé depuis le temps où vous l'avez connu.

J'ai bien quelques photographies ; les unes ont été faites par lui-même, au Harar, mais, lavées dans de mauvaises eaux, elles sont tellement brouilleuses qu'un graveur ne pourrait pas, je crois, s'en servir ; les autres sont froissées et tachées.

À propos du livre en projet, j'espère que vous avez convenu avec M. Vanier que nous examinerons et corrigerons les épreuves ; c'est votre droit ainsi que le mien, et il ne faut pas négliger de le réclamer et, au besoin, de l'exiger.

Recevez, Monsieur, l'expression de mes sentiments respectueux.

I. RIMBAUD.

P.-S. — Afin que vous n'ayez rien à me reprocher, je vous envoie quelques spécimens des photographies que je possède. Vous verrez sans doute qu'on n'[en] peut[1] rien faire. Ayez la bonté de me les renvoyer, mais plus tard, quand vous aurez occasion de nous écrire.

I. R.

CÉSAR TIAN À ISABELLE RIMBAUD

Marseille le 1er mai [18]9[3].

Mademoiselle,

En réponse à votre honorée du 24 avril, j'ai l'honneur de vous informer que le nécessaire pour que votre don de 3 000 francs à Djami lui fût remis a été fait par moi, à ma maison d'Aden, le 25 novembre dernier.

J'ai donc tout lieu de croire que cette somme a été remise il y a longtemps, car je n'ai plus eu de nouvelles de cette affaire.

En tous les cas, comme c'est Mgr Taurin-Cahagne qui a été chargé de retrouver Djami et de lui remettre la somme, vous pouvez lui écrire au Harar, en adressant votre lettre à la mission catholique d'Obock, qui la lui fera parvenir.

Quoi qu'il arrive ou qu'il soit arrivé, l'argent ne peut être perdu. Cependant, je tiens à vous dire que je considère ma responsabilité dégagée depuis le moment où Mgr Taurin aura touché les fonds dans le cas où l'argent aura été envoyé par traite. S'ils avaient été envoyés en espèces par caravane, les risques ne pouvaient me concerner. Mais ils n'ont pas dû être envoyés ainsi.

J'ai écrit à Aden. Je vous communiquerai les nouvelles que je recevrai.

Veuillez agréer, Mademoiselle, l'expression de mes sentiments respectueux.

C. TIAN.

Mademoiselle I. Rimbaud
à Roche
Canton d'Attigny
Ardennes

CÉSAR TIAN À ISABELLE RIMBAUD

Marseille, 23 nov[em]bre 1893.

Mademoiselle,

J'ai l'honneur de vous remettre ci-joint une lettre en date du 8 août dernier que m'adresse Mgr Taurin Cahagne du Harar, dans laquelle il me demande en post-scriptum si

« je vous ai avertie que la somme léguée par monsieur votre frère avait été remise aux ayants droit ».

J'ai tout lieu de croire que cette lettre en vos mains constitue la preuve que vous me demandiez, que la somme que vous m'avez remise a bien été employée suivant vos instructions.

Veuillez agréer, Mademoiselle, l'expression de mes sentiments respectueux.

C. TIAN.

Mademoiselle I. Rimbaud
Roche
Canton d'Attigny
Ardennes

ISABELLE RIMBAUD À LÉON VANIER

Roche, le 29 novembre 1893.

Monsieur,

Avez-vous, comme vous vous le proposiez, publié une nouvelle édition des poésies d'Arthur Rimbaud ? (Remarquez que je ne veux pas parler du *Reliquaire* paru chez Genonceaux en 1892 ni d'aucune édition similaire ; mais de ce que vous aviez l'intention de faire imprimer au commencement de cette année-ci.)

Si oui, veuillez m'en envoyer un exemplaire, je vous paierai dès que j'aurai reçu. Si non, serait-il indiscret de vous demander quels motifs vous ont fait renoncer à votre projet ?

Recevez, Monsieur, mes sincères salutations.

I. RIMBAUD.
Roche, canton d'Attigny
(Ardennes).

Monsieur Léon Vanier
libraire éditeur, Paris.

CÉSAR TIAN À ISABELLE RIMBAUD

Marseille, le 5 déc[embre] 93.

Mademoiselle,

En réponse à votre lettre du 28 nov[embre], j'ai l'honneur de vous informer que j'adresse votre lettre à ma maison à Aden, et que je compte recevoir par retour du courrier la pièce dont vous parle Mgr Taurin, que je vous ferai en ce cas parvenir.

Veuillez agréer, Mademoiselle, l'expression de mes sentiments respectueux.

C. TIAN.
9, rue de la République,
Marseille.

Mademoiselle Rimbaud
Roche
Canton d'Attigny
Ardennes

GERMAIN NOUVEAU À RIMBAUD

Alger, 12 décembre 1893.

Mon cher Rimbaud,

Ayant entendu dire à Paris que tu habitais Aden depuis pas mal de temps, je t'écris à Aden à tout hasard et pour plus de sûreté je me permets de recommander ma lettre au consul de France à Aden.

Je serais heureux d'avoir de tes nouvelles directement, très heureux.

Quant à moi, voici : c'est simple. Je suis à Alger en qualité de professeur de dessin en congé, avec un éthique [*sic*] traitement, et en train de soigner (mal) mes rhumatismes.

Il m'est venu une idée que je crois bonne. Je vais avoir en ma possession bientôt une certaine somme, et voudrais ouvrir une modeste boutique de peintre-décorateur.

Il y a peu à faire à Alger, ville tuante ; j'ai pensé à l'Égypte, que j'ai déjà habitée plusieurs mois il y a sept ans ; puis enfin à Aden, comme étant une ville plus neuve, et où il y aurait plus de ressources, à mon point de vue, s'entend.

Je te serais reconnaissant de me dire ce que vaut cette idée et de bourrer ta bonne lettre d'une floppée de renseignements.

N'ai pas vu Verlompe depuis bientôt deux ans, non plus que Delahuppe. L'un est célèbre, et l'autre est au ministère de l'Instruction publique commis-rédacteur ; ce que tu sais peut-être aussi bien que moi.

J'attends pour couvrir mon épître de bavardages plus longs, que tu m'aies fait réponse.

Ton vieux copain d'antan bien cordial,

G[ERMAIN] NOUVEAU.
11, rue Porte-Neuve.
Alger.

Je suis en train d'apprendre l'arabe ; sais l'anglais et l'italien ; ne peut qu'être utile à Aden.

Monsieur Arthur Rimbaud, à Aden,
recommandé aux bons soins
du consulat de France.

CÉSAR TIAN À ISABELLE RIMBAUD

Marseille, 9 janv[ier] 1894.

Mademoiselle,

J'ai l'honneur de vous informer que j'ai communiqué à ma maison d'Aden ce que vous m'écriviez à la date du 28 nov[embre] 93 au sujet de l'acte qui attestait que la somme léguée par monsieur votre frère avait été remis[e] à qui de droit d'après ce que vous écriviez Mgr Taurin du Harar, à la date du 17 août 1893.

Ma maison d'Aden me répond qu'elle n'a jamais reçu ce document. En l'état, je ne sais que conclure, et je me mets à votre disposition pour toutes démarches ultérieures auprès de Monseigneur.

Veuillez agréer, je vous prie, Mademoiselle, l'expression de mes sentiments respectueux.

C. TIAN.

Mademoiselle Rimbaud
Roche
Canton d'Attigny
(Ardennes)

REÇU DU LEGS DE RIMBAUD
À SON DOMESTIQUE DJAMI

Reçu de Monseigneur Taurin-Cahagne, évêque des Gallas, une somme de sept cent-cinquante thalers Marie-Thérèse, provenant d'un legs fait par Monsieur Rimbaud à son domestique Djammi Wadaï et livré cette somme, par ordre du Raz, aux héritiers de Djammi

Harar le 7 juin 1893.
le 1er S [?] 1885 (comput abyssin).

[sept lignes écrites en caractères abyssins]

Traduction. Les héritiers de Djami ont reçu certainement sept cent cinquante thalaris — je l'affirme.

[Sceau du Ras Mequonen, gouverneur d'Harar.]

Les sept cent cinquante thalaris envoyés à Harar par Monsieur César Tian, répondent aux trois mille francs (taux de la place) — reçus de la succession Rimbaud.

Fait et affirmé par nous Évêque d'Adramytte et Vicaire Apostolique des Gallas, sous notre signature et notre sceau.

Harar le 12 octobre 1894.
FR. TAURIN CAHAGNE,
Év. d'Adr. Vic. ap. des Gallas.

CÉSAR TIAN À ISABELLE RIMBAUD

Marseille, le 24 déc[embre] 1894.

Mademoiselle,

J'ai l'honneur de vous informer que je reçois à l'instant une lettre de Mgr Taurin-Cahagne datée du Harar, du 30 novembre dernier, me disant :

« La pièce dont vous me parlez et pour laquelle insiste Mlle Rimbaud vous a été envoyée et doit vous être arrivée présentement. Elle est revêtue du sceau du Ras Mequonen, et elle porte même ma signature et mon sceau. Je pense que toutes les réclamations se tairont. »

Je n'ai point reçu la pièce en question, encore; peut-être est-elle parvenue à ma Maison à Aden, qui vous l'enverra

dans ce cas, je pense, directement. Si elle me l'adressait, je vous la ferai parvenir aussitôt.

Veuillez agréer, Mademoiselle, l'expression de mes sentiments respectueux.

C. TIAN.

9, rue de la République,
Marseille.

Mademoiselle Rimbaud
Roche
Canton d'Attigny
(Ardennes)

ISABELLE RIMBAUD À CÉSAR TIAN

Roche, le 28 février 1895.

Monsieur,

J'ai reçu votre lettre du 25 février courant, ainsi que la copie y contenue, d'une lettre de Mgr Taurin-Cahagne, concernant le legs fait par feu mon frère à son domestique Djami.

Je regrette vivement de vous causer tout cet embarras, et cependant je vous prie, Monsieur, de vouloir bien continuer votre bienveillante entremise afin de me mettre en possession de cette attestation, que nous avons tant de peine à obtenir.

Vous devez remarquer comme moi la mauvaise chance qui semble s'attacher à cette pièce : l'acte primitif ne vous est point parvenu, et voilà qu'il en est de même pour la pièce que Monseigneur Taurin vous aurait envoyée le 30 novembre 1894, — d'après votre lettre du 24 décembre dernier. — Cela est très fâcheux, car, je le répète, cette [pièce] m'est tout à fait indispensable !

Je vais, suivant votre conseil, écrire à Mgr Taurin-Cahagne pour le prier de vouloir bien faire diligence afin de terminer cette affaire.

Veuillez agréer, Monsieur, l'expression de mon respect.

I. RIMBAUD.

Monsieur César Tian
9, rue de la République,
Marseille.

ISABELLE RIMBAUD
À MONSEIGNEUR TAURIN-CAHAGNE

Monseigneur,

Je vous ai écrit le 28 févr[ier] dernier[1] pour vous prier de vouloir bien demander aux autorités de Harar un duplicata de la pièce officielle, revêtue du sceau du gouverneur de Harar, constatant que le legs fait par mon frère A[rthur] R[imbaud] à son dom[estique] Djami avait été remis à qui de droit. Or, M. C. Tian vient de m'envoyer la pièce en question, qu'il m'a dit avoir reçue de vous dans une lettre datée du 18 octobre 1894, et qui lui est parvenue seulement ces jours derniers. Je vous prie donc, Mons[eigneur], de considérer ma lettre du 28 févr[ier] comme nulle et non avenue.

Je vois d'après le document précité[2] que Djami n'a pas profité de la générosité de son maître, puisque ce sont ses héritiers qui ont recueilli la donation. J'ai été péniblement surprise en apprenant la mort de ce pauvre Djami que mon frère m'avait dépeint comme lui étant très attaché et très fidèle. De plus, il n'avait, je crois, qu'une vingtaine d'années. Je me demande quels peuvent bien être ses héritiers. Je suis persuadée d'ailleurs que si mon frère avait pu prévoir la mort de son domestique, il se serait abstenu de donner quelque chose à sa famille. Mais vous devez être à même, Mons[eigneur], de savoir si celle-ci était digne des libéralités qu'elle a reçues, et je veux croire que, s'il en était autrement, l'on ne l'en aurait pas fait profiter.

Il me reste, Monseigneur, à vous remercier de tous les soins que vous avez apportés au règlement de cette affaire; croyez bien que je garderai toujours avec un sentiment de profonde gratitude le souvenir de votre bienveillante bonté et du précieux service que vous m'avez rendu en arrangeant tout cela.

Avec mes sincères remerciements, daignez agréer, Monseigneur, l'expression de mon très humble respect.

I. R[IMBAUD].

Roche, le 12 mars 1895.

Monseigneur Taurin-Cahagne,
Obock, Afr[ique] orientale.

ISABELLE RIMBAUD À CÉSAR TIAN

M[onsieur],

Je vous accuse réception de votre lettre du 8 courant[1] et de son contenu : l'attestation officielle du ras Mequonen, gouverneur général de Harar, et de Monseigneur Taurin-Cahagne, constatant que le legs fait par mon frère Arthur Rimbaud à son domestique Djami a été remis aux héritiers de ce dernier.

Je ne saurais vous dire, monsieur, quelle satisfaction j'éprouve à posséder cette pièce officielle, dont le manque m'aurait fait subir ici une véritable catastrophe morale, en même temps qu'un grave préjudice matériel.

Je ne trouve point d'expressions pour vous remercier de tous les soins que vous avez apportés à cette affaire; soins auxquels vous n'étiez nullement obligé, car votre responsabilité était dégagée depuis longtemps par les lettres de Monseigneur Taurin-Cahagne, affirmant avoir reçu l'argent.

Je n'ai cependant jamais hésité à m'adresser exclusivement à vous, — au risque de vous importuner, — pour obtenir l'acte officiel que j'ai enfin aujourd'hui; parce que, forte de la confiance absolue que mon frère avait en vous, je savais bien que vous seul pouviez me faire avoir ce document. Et, en ce moment, monsieur, c'est autant au nom de mon frère défunt qu'au mien, que je voudrais pouvoir vous exprimer la profonde gratitude qui vous est due pour les services que vous nous avez rendus. Je vous prie aussi de m'excuser pour tous les tracas que je vous ai occasionnés à ce sujet.

Si je vous dois quelque chose pour frais de poste et d'envoi, veuillez me le faire savoir, je vous couvrirai aussitôt.

Veuillez agréez, Monsieur, avec mes biens sincères remerciements, l'expression de mon respect.

I. RIMBAUD.

Roche, le 12 mars 1895.

Monsieur César Tian,
9, rue de la République, Marseille.

ISABELLE RIMBAUD À LÉON VANIER

Roche, le 29 août 1895.

Monsieur,

Je reçois à l'instant votre lettre du 28 courant.

Je regrette de n'avoir pas su plus tôt que M. Verlaine a bien voulu se charger de faire une préface aux poésies d'Arthur Rimbaud.

J'aurais pu vous communiquer à ce sujet quelques documents, notes, fragments de lettres, etc., qui auraient jeté un jour nouveau sur la dernière partie de la vie de Rimbaud — partie toute différente de la première — mais qui n'en a pas moins un caractère particulier. Ce serait une erreur de croire que l'auteur de la *Saison en Enfer* a jamais pu se plier aux vulgarités de la vie du commun des mortels.

Peut-être les quelques détails que je vous aurais livrés, développés avec génie par M. Paul Verlaine, auraient-ils ajouté une attraction piquante à votre publication.

Je n'ai pas reçu les épreuves dont vous m'annoncez l'envoi.

Agréez, Monsieur, mes respectueuses civilités.

I. RIMBAUD.

ISABELLE RIMBAUD À LOUIS PIERQUIN

Roche, le 1er octobre 1895.

Monsieur,

Peut-être savez-vous que les *Poésies complètes* d'Arthur Rimbaud viennent d'être publiées. — Bien que M. Vanier m'ait promis de vous en envoyer un exemplaire, je me défie de sa mémoire, et comme j'en ai reçu moi-même deux exemplaires, dont un sur Hollande, je vous donnerai l'un des miens, si vous avez été oublié par l'éditeur.

J'ai vu avec tristesse que le très intéressant travail fait par vous sur A. Rimbaud en 1893, et qui a paru dans le *Courrier des Ardennes* du 25 décembre de la même année, n'a point pris place dans le volume des *Poésies complètes*. Quand j'en reçus les épreuves, au commencement de sep-

tembre dernier, je fus étonnée d'y trouver une préface de Verlaine, et rien de vous ; avec d'autres observations, je fis part à M. Vanier de ma surprise, mais il ne m'a pas répondu sur ce qui vous concernait ; d'où j'ai conclu que vous aviez réfléchi et que vous vous étiez retiré. Je le regrette vivement, car la préface de Verlaine, qui est naturellement très bien écrite, est, à mon gré, insuffisante sur certains points. J'eusse préféré la vôtre, ou mieux encore toutes les deux ensemble, — la vôtre et celle de M. Verlaine : vous vous seriez complétés l'un l'autre admirablement.

Je n'aurais pas voulu qu'on publiât diverses poésies, notamment *Les Premières Communions*. Mais M. Vanier a insisté si vivement et avec de tels arguments, (si cela peut vous faire plaisir, je vous communiquerai les deux ou trois lettres qu'il m'a adressées à ce sujet) que je me suis laissée convaincre ; et c'est alors qu'ont été ajoutées les *Notes de l'éditeur* — que vous lirez.

Il y a quelques morceaux, prose et poésie, qui n'étaient pas contenus dans *Le Reliquaire ;* et aussi, faits par Verlaine, deux petits croquis qui ne ressemblent à personne et ne rappellent rien ; c'est tout à fait fantaisiste.

Donc, Monsieur, je le répète : si vous n'avez pas reçu le volume des *Poésies complètes* d'Arthur Rimbaud, soyez assez bon pour me le faire savoir, je vous enverrai l'un des miens.

Recevez, Monsieur, mes respectueuses civilités.

I. RIMBAUD.

ISABELLE RIMBAUD À LÉON VANIER

Roche, le 14 octobre 1895.

Monsieur,

Retour de voyage, je trouve les deux volumes des *Poésies complètes* d'Arthur Rimbaud que vous avez bien voulu m'envoyer. Je vous en remercie. L'exemplaire de luxe est magnifique. J'ai été étonnée en voyant les deux petits croquis, qui ne m'ont rappelé ni de près ni de loin l'auteur des *Poésies complètes*. J'ai deux photographies faites par Carjat, elles sont exactes, quoiqu'un peu pâlies : je les aurais mises à votre disposition si j'avais su votre intention de donner un portrait de Rimbaud.

J'espère que vous n'avez pas négligé d'envoyer à M. Louis Pierquin, de Charleville, l'exemplaire que vous vous pro-

posiez de lui donner. Si vous l'aviez oublié, je vous prierais de réparer cette omission sans retard.

J'ai lu les quelques articles de journaux, notamment celui du *Figaro* d'hier (supplément littéraire) tout-à-fait favorable à votre publication. Augurons-en que les *Poésies complètes* vont avoir un succès éclatant.

[*Lettre incomplète*]

ISABELLE RIMBAUD À PATERNE BERRICHON

Roche, le 21 juillet 1896.

Monsieur,

J'ai tardé à vous répondre, pressentant que le peu que je vais vous apprendre ne vous satisfera pas et hésitant à vous causer le chagrin qu'inflige une désillusion.

En effet, si, d'un côté, vous avez pensé juste en supposant que mon frère A. Rimbaud a possédé toute science, toute idée ; en devinant que, loin de l'abandonner, son génie poétique si particulier s'est identifié à lui au point que ce n'a plus été seulement ses écrits mais sa vie toute, jusqu'à la fin, qui a été, comme vous dites, une « épopée vécue », et le poème le plus noble et le plus saint, je suis persuadée, cependant, qu'il n'a pas eu l'ambition de devenir un jour le verbe et le dieu dont vous parlez.

Demeurez convaincu qu'il aurait pu réaliser ce rêve magnifique, s'il l'avait voulu, — et certainement il avait conscience de sa puissance ; mais indifférent à toute gloire comme il l'était, il eût probablement gardé pour lui seul le trésor de ses impressions et de ses sensations.

Nul doute que pendant les onze années passées en Arabie et en Abyssinie, il se soit imprégné de cette poésie orientale si capiteuse, plus profonde encore dans la vieille Éthiopie toute hantée de souvenirs bibliques et héroïques — depuis la reine de Saba jusqu'à Théodoros, — et adonnée à des coutumes étranges et mystiques. Mais à quoi bon noter et fixer tout cela, même par de merveilleuses formules ? Et puis, vous le dirais-je ? Il avait trop remords d'avoir écrit certains poèmes. — Pendant longtemps il s'était rassuré, ne sachant pas qu'on avait édité et croyant tout tombé dans l'oubli.

— Dans les derniers temps, je ne sais comment cela est arrivé, mais sans aucune recherche ni provocation de sa part, lui qui se croyait ignoré, a reçu de nombreux témoignages

d'admiration au sujet de ses vers et de ses proses. Offres tentantes, propositions flatteuses, lettres enthousiastes, il n'a répondu à rien, et je l'ai vu péniblement impressionné en apprenant qu'un certain nombre de ses poèmes avaient été publiés.

En religion, A. Rimbaud était foncièrement un grand croyant. — Un jour, tout au commencement de 1876, je trouvai sur sa table de travail et il me donna la poésie qui commence ainsi :

> Ô mon Dieu, vous m'avez blessé d'amour,
> Et la blessure est encore ouverte,
> Ô mon Dieu, etc.

Il ne me dit pas qui avait fait ces vers, et pendant bien des années je crus que lui-même en était l'auteur. Je sais à présent qu'ils sont attribués à Verlaine; mais il m'a toujours paru singulier que mon frère se trouvât en ce moment-là possesseur de quelque chose de Verlaine avec lequel il avait définitivement rompu. L'autographe n'était pas signé et l'écriture de mon frère ressemblait à celle de Verlaine au point qu'il était facile de les confondre. — Toujours est-il qu'à partir de ce moment, A. Rimbaud a semblé conformer sa conduite aux sentiments exprimés dans cette pièce de vers.

Il n'écrivit plus. Il voyagea encore, non par plaisir, mais cherchant à employer le plus utilement possible les aptitudes de son extraordinaire intelligence. — Et ensuite, à Aden, en Égypte, en Abyssinie, si vous saviez que d'actions généreuses et saintes il a accomplies!

Là-bas, au Harar, il a écrit des choses très sérieuses, des descriptions du pays, des détails curieux sur les mœurs et les institutions des races qui l'habitent. Je ne vous étonnerai pas en disant que cela était remarquable comme description et comme style. Certes, on n'y trouvait pas le langage de rêve et les musiques magiques des *Illuminations,* c'était clair, précis, quoique toujours revêtu d'une forme extrêmement harmonieuse et personnelle. Il envoyait ces études, dans un but purement scientifique, sans espérer ni désirer qu'on les publiât, à diverses sociétés de géographie, lesquelles lui adressaient les marques de leur satisfaction dans les termes les plus laudatifs, lui demandant d'autres travaux, et, sans doute, laissaient dormir le tout dans les profondeurs inexpugnables de leurs archives. — De ces œuvres-là je peux vous affirmer qu'il en aurait produit, il a fait des projets, tracé des plans en ce sens. Tout à la fin, il avait même réuni les matériaux nécessaires, notes et documents, pour la relation de son dernier voyage, de cette cruelle et touchante odyssée, où, torturé par la maladie et la souffrance, porté par ses

serviteurs nègres, il traversa pour la dernière fois le désert
du Somal au milieu des acclamations, des protestations et
des larmes de ces peuplades abyssines qu'il avait à jamais
conquises par sa bonté et sa charité.

Mais quand vous parlez de littérature, ce n'est pas ainsi
que vous l'entendez, n'est-ce pas? — Et puis peut-être, après
tout, avez-vous raison; peut-être avez-vous eu l'intuition
exacte de ce qu'il aurait fait, si, vivant aujourd'hui, il avait
appris le bruit fait autour de son nom et de son œuvre de
jeunesse. Il est possible qu'alors il aurait formulé quelque
rétractation admirable, essayé d'effacer, par quelque chant
de repentir sublime, telles parties de la première conception
abhorrées et maudites; créant ainsi dans son immense désir
de racheter le passé un chef-d'œuvre littéraire d'un éclat mer-
veilleux, quelque chose de divinement bon et d'incommen-
surablement beau.

Oui, c'est ainsi qu'il s'est révélé à moi sur son lit de mort.

Recevez, Monsieur, mes respectueuses civilités,

                                        I. RIMBAUD.

                              Roche, canton d'Attigny
                                        (Ardennes).

ISABELLE RIMBAUD À PATERNE BERRICHON

                                  Roche, le 2 août 1896.

Monsieur,

Je crois bien que, de ce coup-ci, je vais briser le piédestal
sur lequel vous avez placé votre idéal et détruire une légende
qui vous est chère. Je vais vous contrarier, vous fâcher,
vous horripiler, tant pis, je m'entête pour la vérité.

Or donc, je crois devoir vous confirmer ce que je vous
ai dit l'autre jour :

Rimbaud homme a totalement différé, pour les idées
comme pour le genre d'existence, de l'adolescent que fut
Rimbaud littérateur. Voici quelques lignes d'une lettre de
lui, lettre datée du 6 mai 1883, qui vous édifieront à ce sujet :
« *Vous me parlez de nouvelles politiques. Si vous saviez comme ça
m'est indifférent. Plus de deux ans que je n'ai pas touché un journal.
Tous ces débats me sont incompréhensibles, à présent. Comme les
musulmans, je sais que ce qui arrive arrive, et c'est tout.* »

Je crois avoir assez connu mon frère Arthur pour m'expli-
quer cette absolue indifférence :

De quinze à dix-huit ans, il peut arriver, étant donné une
excessive générosité, qu'on se livre à certains rêves irréali-

sables. On s'indigne, on fulmine contre l'état de choses exis-
tant si rempli d'injustices apparentes et de misères criantes.
On voudrait tout détruire pour voir luire ensuite le règne
du bonheur universel. — Hélas! quand on est de bonne foi,
et point naïf, quelques observations faites au milieu de la
société qu'on eût voulu régénérer établissent bientôt le maint
de telles utopies; on découvre vite que les peuples ne sont
pas mûrs pour le nivellement social; l'émancipation est impos-
sible parce que à côté d'un homme intelligent et loyal il y a
au moins dix imbéciles et cent fripons. L'asservissement
général est indispensable pour contenir ce torrent de brutes
aux appétits déchaînés. De la part de ceux qui ne se sentent
pas la vocation d'esclave, il serait absurde de se révolter
par fait ou par parole; en ce faisant ils retarderaient plutôt
l'évolution vers l'affranchissement, qui, s'il doit arriver
jamais, même d'une façon très relative, viendra naturelle-
ment, de lui-même, par régénérescence progressive de la
race humaine. Les révolutions ne rendent personne plus
heureux; l'esclavage change de forme, voilà tout; mais il
dure toujours, parce qu'il est nécessaire et aussi inéluctable
que la sottise, la méchanceté et l'intrigue.

Inutile donc à un homme raisonnable de toucher aux pro-
blèmes sociaux. S'il veut faire œuvre belle et bonne dans
l'intérêt de l'humanité, le champ est vaste d'ailleurs. Est-ce
que la moindre découverte dans n'importe quelle science
utile, moins encore, une application intelligente de telle
connaissance scientifique, ne valent pas infiniment mieux
que toutes les conceptions politiques et que tous les discours
du monde? Je ne veux pas parler de l'art pur qui est à part
et se place en dehors de toute considération.

Aussi, pénétrez-vous bien de ceci : ce n'est pas pour le
fond qu'a été publiée une édition des *Poésies complètes* d'Arthur
Rimbaud : ainsi conçue, cette publication aurait constitué
une véritable trahison envers lui; c'est pour la forme mer-
veilleuse de cette littérature inimitable qu'on a réédité cela.
— Voyons, de bonne foi, peut-on juger irrévocables les opi-
nions et les idées exprimées par un enfant de seize ans? Et
puis, si vous avez lu la *Saison en Enfer*, — comme je n'en
doute pas, — n'avez-vous pas saisi le sens de nombre de
passages, où il se déclare revenu de tant de choses?...

Pour le côté irréligieux, je vous dirai seulement : le blas-
phème implique nécessairement la foi... S'il a outragé la
religion, il ne l'a jamais niée. Je peux dire aussi : si le chris-
tianisme avait toujours été pratiqué comme il le fut par le
Christ et les martyrs, personne ne l'aurait insulté. Beaucoup
ont déshonoré la religion en trafiquant indignement en son
nom, et cependant au fond, elle reste toujours la lumineuse
et admirable institution de la charité divine. — Comment

Arthur Rimbaud, cet être de bonté et de charité, aurait-il pu, puisqu'il croyait, demeurer l'ennemi de la religion?

Quant aux suppositions que pourraient faire naître les passages libertins et sensuels de son œuvre, je déclare que jamais existence humaine ne fut plus exempte d'orages passionnels ; cet homme a vécu sans un vice, avec une étonnante pureté de mœurs attestée de reste par tous ceux qui l'ont connu, et d'ailleurs tellement au-dessus et méprisant de ces misérables passions...

Revenir en France pour s'y fixer? — Non; peut-être en passant, pour quelques jours ou quelques mois, mais nulle contrée d'Europe n'aurait plus pu lui convenir. Il lui fallait un soleil plus ardent, de vastes perspectives, des paysages chauds et colorés. Surtout il ne se serait jamais résigné aux mesquineries et aux hypocrisies mondaines. — Il a dit : *Rester toujours dans le même lieu me semblerait un sort très malheureux. Je voudrais parcourir le monde entier qui, en somme, n'est pas si grand. Peut-être trouverais-je alors un endroit qui me plaise à peu près.*

Si je vous relatais ses dernières paroles, peut-être croiriez-vous que je me suis laissé influencer par une « hypocrite morale courante ». D'ailleurs quand je voudrais vous les raconter, je ne le pourrais, parce que, bien qu'au lieu d'être obscures pour moi elles m'aient paru de pure essence de lumière et de bonté, il me serait impossible, à moi qui ne sais parler, surtout comme lui, de vous rapporter les expressions angéliques, les termes de résignation sublimes et mystiques dont il entourait son indicible désespoir de quitter la vie. Il y a cependant une exclamation qui revenait sans cesse sur ses lèvres : Allah! Allah Kerim! — Oh! dans ces deux mots là, comme je voyais bien toute sa pensée!

Le petit dessin est à M. Vanier puisque je le lui ai donné; il peut donc en disposer. J'ai entendu dire qu'il était tout abîmé (le dessin) et qu'on n'en pourrait pas tirer parti. J'en ai d'autres représentant mon frère de diverses manières, même mort, mais tout cela est loin d'ici, en un endroit où je n'irai que fin décembre ou janvier.

Dans votre première lettre vous faisiez allusion à un vague souvenir que vous auriez gardé d'Arthur Rimbaud. Si vous aviez occasion de m'écrire encore, j'aimerais que vous me disiez à quelle époque et où vous l'avez connu.

Je voudrais bien savoir aussi quels numéros de *La Revue blanche* contiennent votre *Verlaine héroïque*. Mais, je le répète, dites-moi cela *seulement* si vous avez occasion de m'écrire.

Veuillez agréer, Monsieur, mes respectueuses civilités.

                                        I. RIMBAUD.

P.-S. — Vous dites que dans une vie comme la sienne

tout doit se tenir, alors comment expliqueriez-vous qu'il ait détruit, avant la mise en vente, tous les exemplaires de la *Saison en Enfer*, seule chose qu'il ait jamais fait imprimer? Pourquoi aurait-il voulu anéantir jusqu'au souvenir de ses poésies, dont il avait une telle horreur que la moindre allusion à leur sujet provoquait chez lui des transports de colère et de chagrin?

Assurément c'était l'esprit de ses écrits qu'il regrettait et non la forme; il avait trop le sens artistique et littéraire, trop le goût du rare et de l'unique, — tendances toujours gardées par lui et remarquables dans sa conversation et son intimité, — pour renier son style.

ISABELLE RIMBAUD À PATERNE BERRICHON

Roche, 9 août 1896.

Monsieur,

J'ai lu avec le plus vif intérêt votre *Verlaine héroïque*.
Comme vous écrivez bien, quelle manière charmante que la vôtre!
Dommage que vous vous passionniez pour des choses... Vrai, cela me fait l'effet de voir gaspiller un trésor.
Entre nous : Arthur aurait été on ne peut plus mécontent que vous glorifiiez ainsi « un moment malheureux de sa vie pendant lequel, après tout, il n'a fait de mal à personne ». — C'est lui qui s'exprime.
Quant à Verlaine, je ne sais, ça m'étonne de le voir comparé à un dieu. J'étais habituée à l'entendre traiter avec le dernier mépris (génie littéraire hors de cause), par qui le connaissait.
C'est égal, ce Verlaine, il devait avoir renoncé à ses « gestes de dieu », là-bas, dans la Forêt-Noire.
Pardon pour ma franchise et merci pour l'envoi.

I. RIMBAUD.

ISABELLE RIMBAUD À PATERNE BERRICHON

Roche, le 21 août 1896.

Monsieur,

Avant d'avoir ouvert *La Revue blanche*, en voyant sur la couverture le nom d'Ernest Delahaye comme auteur de la

petite horreur qui a la prétention d'être le portrait de Rimbaud, j'ai deviné que votre étude contenait des erreurs et des outrances regrettables. Si j'avais pu prévoir que Delahaye était votre fournisseur de renseignements, je vous aurais mis en garde.

Je n'accuse pas la bonne foi de ce monsieur, bien qu'il ait agi fort incorrectement en faisant à divers journalistes, aussitôt la mort de mon frère, des confidences dont il s'était bien gardé du vivant d'Arthur (encore qu'il n'ait pu ignorer les recherches de quelques hommes de lettres à ce sujet), sans doute de peur d'un démenti et d'une correction de sa part.

Je veux croire, pour l'excuser, que M. Delahaye s'est laissé colossalement mystifier par Rimbaud, lequel aimait à étonner et à épouvanter les gens d'air crédule en leur faisant, avec le plus grand sérieux, des récits fantastiques sur son compte; — quitte à rire ensuite des badauds qui l'avaient écouté béants de surprise et de terreur.

École buissonnière étant au collège de Charleville : erreur; vous confondez. Ce n'était pas lui qui buissonnait et faisait la contrebande. Outre les prix de fin d'année, il rapportait chaque semaine satisfecit et récompenses en témoignage de son application.

« ...à douze ans enfermé dans un grenier » : pourquoi pas relater le jour et l'heure où il reçut une paire de gifles, où il eut les oreilles tirées?

« Un amour, le premier, contrecarré », etc. : c'est une fable, n'est-ce pas? Cela est aussi illusoire que la londonienne et la milanaise imaginée[s] par Verlaine. Il détestait ces choses-là.

« Un beau jour il déclara en avoir assez de l'école » — Il n'avait rien à déclarer, le collège étant fermé à cause de la guerre.

« ...il prit à la gare de Charleville un billet pour Mohon, » — Vous ignorez nécessairement que Charleville, Mézières et Mohon sont contigus. De Charleville à Mohon une place en chemin de fer coûte environ cinq sous. À supposer qu'il ait vendu ses livres de prix, il en aurait tiré peu d'argent!

« Des mois, des mois il chemina à travers la Belgique, »
. . . .
« D'octobre 70 à février 1871, sa mère », etc.

Or, vous datez la première escapade du 3 7bre 70, vous mettez douze jours à Mazas, puis la réclamation par M. Izambard et la réintégration au logis qui auraient pris certainement plusieurs jours. — Combien de mois a-t-il pu cheminer?

La participation à la Commune; — c'est impossible, je l'aurais su et je m'en souviendrais. Il s'est peut-être vanté par bravade. D'ailleurs les communards ont été recherchés, arrêtés, jugés; lui n'a jamais évité aucunes poursuites qu'il

aurait, j'en suis sûre, redoutées plus que personne s'il s'était senti en faute.

« Il se grisait pour obtenir une excitation sensorielle. »

Qu'il se soit grisé en ce temps là (il a prouvé depuis son extrême sobriété, ayant, par système, pendant les onze années d'Orient, bu exclusivement de l'eau ou de la bière du pays, — eau et orge fermentée), et dans le but précité, c'est possible; mais que va-t-on conclure de ce que vous énoncez là? On dira : les écrits de Rimbaud sont troubles, incompréhensibles; pas étonnant : ce sont les élucubrations d'un homme ivre.

Je regrette que vous ayez fait mourir Verlaine et Rimbaud du même mal. Le médecin de ma famille, précisément le même qui soignait Verlaine déjà atteint en 1879 quand il était ici (c'est-à-dire à Coulomme situé à deux kilom[ètres] de Roche), m'a, sans préciser, dit que la maladie de Verlaine résultait de fêtes immodérées.

Le cas d'Arthur est tout différent. Il s'agit pour lui d'une tendance arthritique due aux vents secs et aux brusques changements de température, chaleur et pluie, propres au Harar. Presque tous les Européens de ces régions contractent cette fâcheuse prédisposition aux désordres articulaires, laquelle, à vrai dire, ne constitue pas un état morbide quand elle ne se complique point. — Des fatigues sans mesures, des chocs aussi ont développé une tumeur dans le genou, en février 1891. Forcé à l'immobilité en mars. Vous voyez que la maladie a été terriblement vite puisqu'elle s'est terminée fatalement le 11 novembre de la même année. Encore faut-il tenir compte de l'ablation de la cuisse qui a prolongé le malade de juin à novembre. L'amputation fut effectuée dans des conditions désespérées; malgré cela la plaie se cicatrisa au bout de quelques jours, particularité extraordinaire qui faisait dire aux docteurs que jamais ils n'avaient eu affaire à un tempérament aussi sain et aussi vigoureux.

N'attribuez pas, Monsieur, à un accès d'acrimonieuse humeur, les critiques que je formule ici. Vous ne pouvez comprendre ce que je souffre quand je vois mon cher mort livré en pâture à de malsaines curiosités : il me semble qu'on l'expose enchaîné et couvert d'oripeaux tout souillés à une foule idiote qui l'insulte et se moque de lui. Pourquoi insister sur des misères démesurément amplifiées? — Oui, je .sais, parce qu'il a voulu comme J.-Christ subir les opprobres; mais êtes-vous sûr qu'on appréciera comme vous? Et puis croyez-vous qu'on le méprisait tant que cela? N'y avait-il pas dans ces dédains apparents une forte dose d'envie, la crainte de succès présumables pour l'avenir et le désir de les enrayer d'avance? En somme, vous renouvelez Darzens en racontant ces épisodes; évidemment il n'y a aucune similitude d'inten-

tion, mais je crains que la malignité publique n'y trouve son compte quand même.

Après avoir censuré, pourquoi ne vous dirais-je pas qu'il y a des choses que j'aime infiniment dans votre étude. Un point sur lequel je me rencontre tout à fait avec vous, c'est dans la conviction que j'ai depuis longtemps, — peut-être d'avant que vous ne vous en soyez douté vous-même, qu'Arthur a été l'initiateur de Verlaine dans un genre de littérature spécial. Votre piété, vos admirations, vos pitiés, sont miennes aussi, bien qu'elles soient parfois de nature à effaroucher de bourgeoises consciences. Tantôt vous contez d'une façon amusante et me forcez à rire, tantôt vous avez quelque chose de déchirant qui arrache les larmes. Vous vous exprimez comme un vrai séducteur de lettres que vous êtes, et, de cela j'aurais lieu d'être inquiète, car enfin si vous recouvrez des faits inexacts d'un tel vêtement de charme et de persuasion, on vous lira, on vous croira, on vous retiendra, — et après vous n'importe qui aura beau rétablir bonnement les faits sous leur véritable jour, on ne l'écoutera pas.

Dites-moi, vous n'allez pas, j'espère, continuer à raconter, raconter les absurdités de la préface du *Reliquaire* relatives à ses voyages. Des biographes n'ont voulu voir dans ces pérégrinations que de gigantesques vagabondages, de vulgaires passions à satisfaire, des sommes d'argent gagnées à des trafics incompréhensibles et dépensées aussitôt en orgies. Cette interprétation prouve les basses inclinations ainsi que l'ignorance de ceux qui lui ont donné cours.

À la vérité, A. Rimbaud délaissait la littérature et les problèmes sociaux n'avaient plus d'intérêt pour lui. Il se donnait aux sciences, aux questions économiques (il ne méprisait plus le titre d'ingénieur, au contraire). Il était dévoré du désir d'apprendre et de voir, avec l'espoir, réalisé depuis, de trouver, de par le monde, l'emploi des aptitudes acquises.

— En 1874, professorat en Angleterre obtenu par les soins de Mme Rimbaud. Entre parenthèses, vous êtes dur pour Mme Rimbaud; ce n'est pas crime d'être sévère et austère. Qu'auriez-vous donc voulu qu'elle fît pour Arthur? Il partait sans prévenir, je veux bien croire que c'était en vue d'éviter une opposition dont il était sûr; mais, par principe, c'était impossible aussi qu'elle l'encourageât dans ses essais de littérature — qu'elle déteste.

Quand il écrivait sa détresse, elle lui envoyait un peu d'argent pour lui permettre de revenir. Qu'aurait-elle fait de plus? Elle ne pouvait pourtant pas le suivre partout. Quand il voyageait pour s'instruire, elle ne refusait pas de l'aider modérément. D'ailleurs il ne lui demandait presque jamais, il voulait tout acquérir par lui-même sans l'aide de personne. Il ne voyageait certes pas en grand seigneur, réduit le plus

souvent aux seules ressources que lui procuraient de brefs
emplois. Sa connaissance de presque toutes les langues
vivantes lui fut souvent d'un grand secours, surtout l'anglais
qu'il possédait à fond et parlait aussi purement que le plus
parfait gentleman. Son immense vouloir de connaître lui fit
souvent endurer avec un courage inouï les plus rigoureuses
épreuves. Mais jamais il ne s'avilit à des travaux d'honorabi-
lité douteuse comme on l'a insinué gratuitement.

1875. — Stuttgart, pour apprendre la langue allemande.
Ensuite, Milan, pour le même motif.

1876. — Java. On a dit qu'il avait été condamné à la pen-
daison à Sumatra pour avoir déserté l'armée néerlandaise
après s'y être engagé. Les mêmes informateurs l'ont retrouvé,
retour des Indes, en Hollande où il aurait alors recruté des
soldats coloniaux. Voilà une assertion qui ne tient pas
debout : s'il avait encouru une condamnation en Hollande
il n'y serait pas retourné de suite ; et, y étant allé, s'il avait
été coupable, on l'aurait arrêté.

1877. — Vienne, avec l'intention de poursuivre en Russie,
où, en outre de la langue à approfondir, l'attirait une colla-
boration industrielle. Il fut dévalisé en Autriche, c'est un
accident qui peut arriver à tout le monde, pourquoi en inférer
qu'il était ivre ? — Il n'avait plus besoin d'excitation à ce
moment-là et ne se grisait pas par plaisir.

1878 et 79. — Alexandrie et Chypre où il laisse de vifs
regrets à ceux qu'il y a rencontrés.

De tous ces voyages-là il avait rapporté une énorme quan-
tité d'observations, une science universelle, une endurance
à toute épreuve, un courage sans limites.

Il était mûr pour vouloir irrévocablement et entreprendre
en 1880, sans aucunes aide ni ressources, l'existence de prodi-
gieuse activité, en même temps que de charité, de bonté, et
d'austérité, commencée à Aden, continuée en Abyssinie,
réussie d'ailleurs au delà de toute espérance, mais hélas !
combien cruellement et brusquement tranchée !

Dans votre dernière lettre, j'ai cru remarquer un malen-
tendu que je dois dissiper : je vous ai bien dit antérieurement,
parlant d'Arthur et de son retour plus ou moins probable
en France, qu'il ne se serait jamais plié aux hypocrisies et
aux mesquineries mondaines. J'ai voulu seulement désigner
par là les mille petites observances d'étiquette, mode, poli-
tesses, etc., pour ainsi dire obligatoires dans les pays civilisés,
mais qui constituent un véritable supplice, sinon une humi-
liation ridicule, pour ceux qui ont vécu des années hors
d'Europe. Le terme de « conventions sociales » me semble
signifier quelque chose de beaucoup plus important et contre
quoi on ne s'insurge pas si facilement. — Vous parlez de
foyer : il n'en était pas l'ennemi, il avait au contraire l'inten-

tion de *se marier afin de fonder une famille à lui* : « *avoir au moins
un fils que j'élève à mon idée, que j'orne et arme de l'instruction
la plus complète qui se puisse atteindre à cette époque, et que je voie
devenir un* INGÉNIEUR *renommé, un homme puissant et riche par
la science* ». — Cela est copié dans une lettre datée du 6 mai
1883. Depuis, l'idée était toujours allée grandissant. La
maladie et la mort l'ont surpris en pleins projets formés en
ce sens.

Je suis confuse, Monsieur, de vous envoyer cette trop
longue lettre ; mon excuse est que ma conscience seule l'a
dictée. Puisque vous m'avez interrogée, je dois croire que
vous cherchez la vérité et je vous la dis, comme je peux.

Voici une photographie d'Arthur, très passée. Je vous
l'envoie afin que vous compariez avec le dessin de Delahaye.
— Je voudrais bien savoir si un bon photographe pourrait
la reproduire en accentuant les ombres par trop blanches ; je
tiendrais à ce que l'original demeurât intact. Vous me ren-
verrez la photographie plus tard, quand vous en aurez
l'occasion.

Veuillez agréer, Monsieur, mes respectueuses civilités.

                                        I. RIMBAUD.

ISABELLE RIMBAUD À PATERNE BERRICHON

                                        Le 25 août 1896.

Monsieur,

Je vous ai peut-être offensé l'autre jour, non avec intention,
mais j'étais si préoccupée et malheureuse que je crains de
n'avoir pas gardé la mesure convenable. De plus, j'avais
oublié de vous remercier pour l'envoi de *La Revue blanche*.
Aujourd'hui je répare cette omission en vous priant de me
pardonner.

Comme je suis très obstinée, je garde en moi-même mon
opinion sur Arthur, c'est-à-dire que je le crois et le croirai
toujours malgré tout le monde et même malgré lui s'il s'est
vanté du contraire, meilleur que tous, supérieur à tous comme
au-dessus de tout.

Vos questions : ma sœur et mon frère ont été enlevés par
la même maladie différant seulement quant au début à la
marche et au siège du mal. On ne se rappelle cependant
aucun cas parmi les ascendants en remontant plusieurs géné-
rations.

Mme Rimbaud vit et se porte fort bien. Ce n'est pas seule-

ment la littérature de Arthur qu'elle déteste, c'est toute
œuvre de lettres et de science qu'on hésiterait à mettre sous
les yeux d'un enfant de quinze ans doué de médiocre intel-
ligence. Bien que placés en évidence pendant des années, je
doute qu'elle ait lu les livres d'Arthur, et c'est tant mieux
si elle les ignore parce que, vu leur style et leur esprit, elle
les aurait en exécration exceptionnelle ; elle se désintéresse des
questions y relatives, les ignore même selon son désir
exprimé jadis ; et si je ne me trompe, ne s'en occuperait par
hasard et revirement subit que pour, en un moment de déci-
sive énergie, anéantir tout, œuvre et commentaires. — Ces
détails-là sont pour vous seul.

Oui, A. Rimbaud gagnait beaucoup en Abyssinie. On a
toujours, dans ces pays où la plupart des transactions com-
merciales se font par échange de marchandises ou de produits,
des créances disséminées partout, qui constituent un capital.
Ces créances se renouvellent et changent de nature, mais ne se
recouvrent qu'en cas de cessation de commerce ou de
départ. — Quand il a été pour revenir, il a, la maladie le
pressant, liquidé seulement le plus facile et obtenu de magni-
fiques résultats ; le reste, non recouvré, est devenu, de par sa
volonté, propriété des débiteurs. Quand il s'est vu très
malade, il a renvoyé une partie de ses fonds, sous condition,
à des amis de là-bas, entrepreneurs d'affaires peu aisés,
demeurés possesseurs par le fait de sa mort. Enfin, après sa
mort, j'ai disposé de ce qui restait selon ses indications ; de la
presque totalité en faveur de fidèles serviteurs nègres et de
missionnaires catholiques très aimés, avec charge de prier
pour lui. — Quoique *absolument seule au monde pour accomplir
ses recommandations,* j'ai conscience de m'en être acquittée
pas trop mal comme me le prouvent les attestations reçues
à ce sujet.

Sur les bénéfices courants, il fallait prélever les frais d'un
imposant train de maison, luxe forcé pour tout blanc qui se
respecte, et élément non négligeable de succès dans un pays
où les négociants européens ont de fréquents et directs
rapports avec le Négus et les vice-rois. Le luxe dont il s'agit
n'a rien de commun avec celui des nations dites civilisées ; il
consiste dans le choix du personnel, dans l'organisation des
caravanes, chameaux, chameliers et charges, dans la somp-
tuosité des harnachements, etc., aussi dans l'usage de quelque
mule ou cheval de selle d'un prix inestimable.

À part ces frais indispensables, il donnait, donnait, don-
nait : non seulement tout l'argent en caisse, mais en nature,
jusqu'à ses vêtements et ses repas ; il remettait des dettes,
avançait pour des insolvables, rendait toutes sortes de ser-
vices par son activité et son intelligence, se chargeait de
missions difficiles, etc. : une générosité au-dessus de toute

expression, sans prodigalité vaine cependant, car il réglait
tout avec un ordre parfait. À lui-même, il accordait à peine
le nécessaire. Les indigènes de toutes classes le chérissaient,
le vénéraient*. Parmi les Européens, à part quelques sûres
amitiés, il avait (ses entreprises réussissant à merveille
presque toujours) beaucoup d'envieux dissimulés derrière un
masque d'ami. Lui s'en rendait parfaitement compte et se
plaisait parfois à le leur prouver avec une verve et une ironie
terribles, mais bon par dessus tout, il continuait à les aimer
quand même et à les obliger.

De tout à la fin de sa vie je n'ai pas de documents ici. En
remontant j'ai des lettres où se trouvent des phrases caracté-
ristiques comme celles que je vous ai citées, phrases inter-
calées parmi des détails qui n'auraient que faire dans votre
publication.

Voici une lettre qui ne peut être utilisée, étant trop longue
et non signée, ce qui arrivait fréquemment. Je vous l'envoie
seulement pour vous donner une idée de ses relations de
voyage en Abyssinie, écrites dans ce genre-là, mais plus
soignées. J'aimerais que vous me la renvoyiez à la prochaine
occasion.

Vous ne m'avez pas dit quelle impression a produit votre
premier article. — Qui est-ce qui éditera votre livre? Quel
en sera le titre?

Agréez, Monsieur, mes respectueuses civilités.

I. RIMBAUD.

ISABELLE RIMBAUD À PATERNE BERRICHON

Roche, 10 septembre 1896.

Monsieur,

Oui, je désire lire tout ce qu'on écrit sur Arthur. L'étude
de M. Stéphane Mallarmé doit être curieuse, peut-être un
peu compliquée pour moi, mais enfin en m'y appliquant...

Naturellement les frais d'achat et de port des publications
que vous m'envoyez sont à ma charge; je vous les rembour-

---

* [*Note marginale de la main d'Isabelle* :] Ras Makonnen, ce héros
abyssin dont on a tant parlé il y a quelques mois, était un fervent
admirateur et ami : « Il ne voit que par Rimbaud, ne jure que par
lui », c'était proverbial dans la région. Hommage insigne, empreint
d'un caractère solennel et religieux, par le sens qu'attribuent à
cette expression les Abyssins.

[1896]

... six semaines), quand je
... pagne-ci où l'on se procure
serai dans quel... ici, et un peu plus tard ailleurs.
serai ailleurs ...d-chose parce que, je le répète, il y
difficilement ...ondance une foule de détails qui n'inté-
Je cherche ...che que la famille.
Mais n'est-...
a dans c... une idée : Verlaine disait que sa femme rete-
resserais d'Arthur. Ne pensez-vous pas qu'aujourd'hui,
nait ... Verlaine, qui doit avoir abdiqué craintes et rancunes,
Ma.e son mari est mort, consentirait, si on le lui deman-
...gentiment, à rendre ce qu'elle a, si toutefois elle possède
...elque chose?

Il faudrait alors connaître l'adresse et un peu le caractère de
cette dame pour lui écrire.

Bon courage quant aux vicissitudes de votre changement
de demeure. Que vos nouveaux dieux lares soient tutélaires et
voisinez agréablement avec le Sénat, l'Odéon, etc.

I. RIMBAUD.

Auriez-vous renoncé à vos articles de *La Revue blanche?*

ISABELLE RIMBAUD À PATERNE BERRICHON

Roche, 21 septembre 1896.

Monsieur,

Jeudi, au reçu de votre lettre, j'ai écrit à la maison Vanier
pour demander le dessin; ma démarche n'a pas abouti; je
n'espère plus. Je crois d'ailleurs que M. Vanier n'eût pas
donné ce malheureux croquis dont il était jaloux comme du
seul portrait existant de Rimbaud homme. Moi, je n'ai rien,
absolument rien qui puisse m'aider à recommencer. Je
regrette vivement de ne pouvoir vous satisfaire. J'ai bien
deux ou trois petites esquisses, représentant Arthur en
d'autres circonstances, mais ce n'est pas ici, et pour le
moment il n'y faut pas songer.

La photographie que vous m'avez envoyée est beaucoup
mieux que celle de Carjat. Les yeux, la bouche — si difficile
— le menton sont parfaits, il n'y a pas la moindre retouche
à y faire. Le front est bien, mais vers le haut, il y a une
petite tache occasionnée je crois sur la vieille photographie
par un doigt mouillé d'encre; c'est peu de chose, cela a l'air
d'une mèche de cheveux plus révoltés que les autres. Il

faudrait seuleme
ment bistré), en

Pour l'envoi
plaisir, je vous reme
contenant l'article de M.

Comment ne sentez-vous
qu'en relatant ces faits « plutôt
allusion, vous commettez une mau
discuter sur leur plus ou moins d'exactitu
j'ai toujours protesté et je m'en tiens à ce q. Car, sans
bien ces histoires-là sont fausses et en les raco
bien elles sont vraies : alors supposez que pareill
ventures vous soient arrivées dans des moments de détre
et représentez-vous le beau plaisir que vous et vos familles
éprouveriez à les voir publier et amplifier, même le plus
spirituellement du monde. Mais, quand vous écrivez, vous
ne pensez qu'à donner du piquant à vos articles. Peu vous
importe de poignarder à droite, à gauche, pourvu que vous
remportiez un succès; et, entre vous, vous riez de ces anec-
dotes si ingénieusement tournées.

Comment se fait-il que Verlaine ait été condamné à deux
ans de prison pour cet incident de Mons, une simple égrati-
gnure cependant? Vous savez que la *Saison en Enfer* a été
écrite après cette affaire. — Elle fut composée ici, sans que
l'auteur ait eu recours à aucune « excitation sensorielle »;
— ici, également, elle fut détruite. Vous pensez, n'est-ce
pas, comme M. Mallarmé, que, malgré l'assertion de Ver-
laine, les *Illuminations* sont de conception antérieure à celle
de la *Saison en Enfer?*

Quand je vous ai dit que j'étais habituée à entendre traiter
Verlaine avec mépris par quelqu'un qui le connaissait, ce
n'est pas à Arthur que je faisais allusion. Je n'ai jamais
entendu ce dernier émettre une opinion, louange ou blâme,
sur Verlaine; quand on effleurait ce sujet en s'adressant à
lui, il répondait brièvement et d'un air plutôt contrarié; si
bien qu'on se taisait aussitôt.

Je lis dans la dernière phrase de M. Mallarmé : « quel-
qu'un qui avait été lui (Rimbaud) mais ne l'était plus d'au-
cune façon ». Je crois, au contraire, qu'en surface seulement
il s'était « opéré vivant de la poésie »; que la poésie faisait
partie de sa nature, que c'est par un prodige de volonté et
pour des raisons supérieures qu'il se contraignait à demeurer
indifférent à la littérature, mais — comment m'expliquer?
— il pensait toujours dans le style des *Illuminations*, avec en
plus, quelque chose d'infiniment attendri et une sorte d'exal-
tation mystique; et toujours, il voyait des choses merveil-
leuses. Je me suis aperçue de la vérité très tard, quand il
n'a plus eu la force de se contraindre.

Quant à supposer qu'il aurait réclamé ses droits d'auteur, c'est le méconnaître. Il n'aurait rien réclamé ni rien touché, pas plus que moi et ma famille n'en avons jamais reçu un sou. Il aurait simplement interdit vente et publication et peut-être, comme je vous l'ai dit la première fois que je vous ai écrit, se serait-il cru obligé à une rétractation.

La *Saison en Enfer* n'est-elle pas déjà une sorte de rétractation?

Si, par miracle, j'avais des nouvelles du dessin avant le 1er octobre, je vous en aviserais.

Recevez, Monsieur, mes respectueuses civilités.

I. RIMBAUD.

ISABELLE RIMBAUD À PATERNE BERRICHON

Roche, le 12 octobre 1896.

Monsieur,

Une revue des Ardennes m'ayant adressé quelques questions pour une biographie d'A. Rimbaud, qu'on publiera en novembre, l'idée me vint d'étayer mes réponses avec des citations de lettres, d'où le petit travail ci-joint, qui se rapporte au séjour d'Arthur en Orient, à sa maladie et à sa mort.

La Revue à laquelle j'ai envoyé cela s'occupe habituellement de sépultures mérovingiennes et autres nécropoles préhistoriques; je croyais n'être pas du tout dans son ton, et j'ai été bien surprise de l'enthousiasme avec lequel elle a accueilli ma communication. Moi, en donnant ces renseignements, je n'ai eu qu'un but : combattre une opinion déplaisante qui se murmure dans les Ardennes sur le compte d'Arthur.

Si vous avez la patience de lire ce griffonnage, peut-être y trouverez-vous quelque indication pour votre livre.

Il y a dans ces notes une longue lettre dans laquelle A. raconte sa maladie; il vous est loisible d'y opérer quelques emprunts; j'ai, en prévision de vous être utile, prévenu à la revue ardennaise, que j'avais « antérieurement donné communication de ce document à quelqu'un qui, sans le donner tout au long au cours d'un livre à publier prochainement sur Rimbaud, en offrira peut-être des extraits accompagnés de commentaires ».

« Quelqu'un » est vous. — J'ai agi ainsi parce que j'ai confiance en l'usage que vous feriez de ceci; vous ne vou-

driez, n'est-ce pas, que j'eusse à le regretter? — On me demande la lettre relative au passage du Gothard, que je vous ai envoyée un jour, mais je ne la donnerai que si vous-même ne lui faites place dans votre livre.

Je voulais vous envoyer le grimoire ci-inclus, depuis une quinzaine de jours, la crainte de vous importuner pendant les fêtes m'a empêchée.

À ce propos, ce serait tout à fait aimable de votre part de me dire un mot de ces fêtes. Oh! rien des descriptions des journaux, mais votre impression personnelle, très sincère et seulement si ma demande n'est pas indiscrète.

J'ai lu votre article « Pour Verlaine ». Que vous êtes terrible pour les ennemis de vos amis! Moi, je trouve que c'est bien, j'aime beaucoup cela; mais ceux que vous malmenez ne doivent pas être contents? — L'épithète de « pâtre » appliquée à Arthur ne s'accommode ni avec son caractère ni avec l'origine paternelle.

Serait-il convenable et selon l'usage de demander à des personnes que je suppose posséder des lettres intéressantes d'Arthur de vouloir bien me prêter ces lettres pour en prendre copie?

Je vous demande pardon, Monsieur, de vous ennuyer si longuement, et vous prie d'agréer mes sincères civilités.

I. RIMBAUD.

[RIMBAUD EN ORIENT]

. . . .

Le caractère de A. R. est tout à fait indéchiffrable pour qui ne l'a pas connu longtemps et de très près; même pour les autres, en très petit nombre, il est plus facile de le deviner, de l'admirer et de l'aimer que de l'expliquer. Absolument indépendant avec des scrupules de conscience d'une délicatesse inouïe, prodigieusement bon, charitable, généreux, tantôt avec des rudesses de langage déconcertantes, tantôt avec des abandons et des gentillesses à faire pleurer d'attendrissement; possédant certainement le sentiment de sa supériorité intellectuelle et morale, mais étrangement modeste et ne souffrant pas qu'on le complimentât; aimant ses amis — moins que ses amis — très sincèrement, pour eux-mêmes, les obligeant sans pensée de retour, et cependant toujours concentré, ne se livrant en parole à personne; donnant de toutes manières et menant lui-même le genre de vie le plus austère.

. . . .

Les derniers sentiments d'A. Rimbaud ont été d'abord la révolte, le désespoir.

Moi qui n'ai jamais fait de mal à personne! C'est une triste récompense de tant de travaux, de peines, de fatigues. Quel ennui, quelle tristesse en pensant à tous mes anciens voyages, et combien j'étais actif il y a seulement cinq mois! Où sont les courses à travers monts, les cavalcades, les promenades, les déserts, les rivières et les mers!...

Adieu mariage, adieu famille, adieu avenir, ma vie est passée, je ne suis plus qu'un tronçon immobile...

À l'indicible chagrin de se voir amputé, s'unissent bientôt d'intolérables douleurs, signes précurseurs d'une récidive de la tumeur.

Venu ici depuis un mois « pour passer le temps », il veut retourner à Aden croyant que les grandes chaleurs de là-bas le remettront *.

Arrivé à Marseille, impossible d'aller plus loin, il est trop malade. Il lui faut rentrer à la Conception où pendant presque trois mois, il ne quittera plus son lit d'une minute.

— Une sorte de paralysie envahit le bras droit. Rien ne peut rendre l'effroyable désespoir qui s'empare de Rimbaud : il adjure ciel et terre de lui rendre ses membres, il pleure nuit et jour sans cesser, les médecins renoncent à le venir visiter tant est poignante l'impression laissée par ce malade que rien ne pourra sauver. Le bras gauche se prend à son tour. Des symptômes de mort prochaine apparaissent.

À ce moment-là une transformation s'opère subitement en lui. Au milieu des plus atroces souffrances physiques une singulière sérénité descend en lui : il se résigne.

Alors ce n'est plus un être humain, un malade, un moribond : c'est un saint, un martyr, un élu. Il s'immatérialise, quelque chose de miraculeux et de solennel flotte autour de lui.

---

* [*Une note dans la copie, par Isabelle, des lettres d'Arthur :*] Aden était un endroit qu'il chérissait presqu'autant que le Harar. Malade, jusqu'à son dernier jour, son désir constant était d'y retourner, de revoir l'endroit avant de mourir. Il aurait aimé d'y être enterré parce que le cimetière est au bord de la mer, non loin de la maison de commerce. Je l'y aurais certes emporté dans son cercueil s'il l'eût exigé. Il y a renoncé seulement à cause de moi parce qu'il devinait bien l'inévitable opposition que je rencontrerais.

Personne ne pourrait être, plus que lui, loyalement et sincèrement attaché à ses amis. Il parlait un peu lestement mais cela n'empêchait pas ses sentiments affectueux.

I. R.

Il formule des invocations sublimes au Christ, à la Vierge.
Il fait des vœux, des promesses, *« si Dieu me prête vie »*.

L'aumônier se retire d'auprès de lui étonné et édifié d'une
telle foi...

Jusqu'à sa mort il reste surhumainement bon et chari-
table ; il recommande les missionnaires de Harar, les pauvres,
ses serviteurs de là-bas ; il distribue son avoir : ceci à un tel,
cela à tel autre, *« si. Dieu veut que je meure! »* — Il demande
qu'on prie pour lui et répète à chaque instant : *Allah Kerim,
Allah Kerim!* (la volonté de Dieu, c'est la volonté de Dieu,
qu'elle soit!).

Par moment il est voyant, prophète, son ouïe acquiert
une étrange acuité. Sans perdre un instant connaissance
(j'en suis certaine), il a de merveilleuses visions : il voit des
colonnes d'améthystes, des anges marbre et bois, des végé-
tations et des paysages d'une beauté inconnue, et pour
dépeindre ces sensations il emploie des expressions d'un
charme pénétrant et bizarre...

Quelques semaines après sa mort je tressaillais de surprise
et d'émotion en lisant pour la première fois les *Illuminations*.

Je venais de reconnaître, entre ces musiques de rêve et
les sensations éprouvées et exprimées par l'auteur à ses der-
niers jours, une frappante similitude d'expression, avec en
plus et mieux dans les ultimes expansions quelque chose
d'infiniment attendri et un profond sentiment religieux.

Je crois que la poésie faisait partie de la nature même de
Arthur Rimbaud ; que jusqu'à sa mort et à tous les moments
de sa vie le sens poétique ne l'a pas abandonné un instant.

Je crois aussi qu'il s'est contraint à renoncer à la littéra-
ture pour des raisons supérieures, par scrupule de conscience :
parce qu'il a jugé que « c'était mal », et qu'il ne voulait pas
y « perdre son âme ».

ISABELLE RIMBAUD À PATERNE BERRICHON

Roche, le 17 octobre 1896.

Monsieur,

La date que vous me demandez est : Marseille 15 juillet 91.
Je vous ai envoyé mes documents, non pour qu'ils ser-
vissent à votre article que je croyais paru le 15 octobre,
mais simplement pour vous aider à mieux connaître le carac-
tère d'Arthur et par conséquent à le présenter sous un jour
vrai. Je vous prie aussi de remarquer que, à part la lettre
racontant la maladie, et dans la mesure que je vous ai dite

l'autre jour, je ne peux vous autoriser à citer des parties de mon travail, puisque la *Revue d'Ardenne* a la priorité; ce serait malhonnête de ma part de reprendre à celle-ci pour donner ailleurs. De même, la dite revue n'aura pas la lettre Saint-Gothard, du moment que vous l'utilisez. D'ailleurs puisque vous voyez M. Bourguignon, il sera facile de vous entendre.

Ce qui me déplaît intolérablement dans les Ardennes, c'est précisément l'opinion que font naître les prétendus faits sur lesquels vous vous « étendez avec complaisance » : telle erreur ou exagération publiée à Paris, écrite par une plume d'or pour des lettrés parisiens, est peut-être appréciée et reçue comme preuve de haute morale d'héroïsme parmi les fervents de quelques cénacles; mais en province cela produit un scandale et déshonore celui qui en est l'objet. De plus, en déduction de ce que l'on croit connaître de la première jeunesse de Rimbaud, personne n'ayant encore rien dit des onze années passées en Orient, la malveillance des petites villes trouve encore là une source de soupçons désobligeants.

Aussi, je n'ai donné des renseignements à la *Revue d'Ardenne et d'Argonne* que sous deux conditions : 1° on s'inspirerait pour la première partie de la biographie, d'une étude faite il y a quelques années par M. Pierquin, de Charleville, sans emprunter quoi que ce soit à d'autres biographes; 2° rien, absolument rien ne serait de nature à éveiller la curiosité du public sur les livres d'Arthur; les gens capables de saisir les beautés de ces œuvres les possédant déjà, et la vulgarisation de ces poèmes ne pouvant qu'être nuisible à l'auteur. Si les rédacteurs de la Revue avaient l'indélicatesse de passer outre à mes recommandations, ils s'attireraient certainement une méchante affaire, et ce n'est pas là une vaine menace; je sais vouloir quand il le faut, et ne recule devant rien pour défendre ce que j'aime. J'ai déjà dit un mot de mes raisons à M. Bourguignon, et vais m'en expliquer très sérieusement avec son collaborateur qui m'a écrit.

C'est singulier, en effet, que Madame Vanier ait dit à vous d'une façon et à moi d'une autre façon; ou plutôt, cette dame que vous croyiez n'avoir pas le sens commercial, agit, au contraire, il me semble, avec une fine diplomatie.

Quant à M. Vanier, est-il si insupposable qu'il eût recueilli, des trois messieurs dont il s'agit, les opinions données sous forme d'études, si brèves qu'elles eussent été; les eût réunies et agrémentées de quelques autres choses glanées de çà et de là? — À parler franc, cette façon de procéder rappelle le docteur Mariani, lequel se faisait adresser, par des hommes célèbres, des autographes qui servaient ensuite de réclame à son vin incomparable!

Pas un instant je n'ai pris au sérieux le dire de M. Vanier, j'ai eu tort de vous parler de cela, et vous-même avez eu tort de vous en fâcher...

D'autant plus qu'il se pourrait qu'un jour vous devinssiez académicien à votre tour; si toutefois il vous prend fantaisie d'écrire une Histoire de France ou autre similaire en vingt-quatre volumes, avec dédicace à quelque prince de sang royal. On sait bien qu'à ce prix seulement on est admis, sans égard pour ce qu'on a écrit d'intéressant ailleurs : tel Hérédia reçu, non pour ses sonnets qu'on lit et relit, mais pour une *Histoire d'Espagne* (?) que personne ne peut achever parce que c'est trop ennuyeux.

Pourquoi, parmi les académiciens possibles de M. Vanier n'avoir cité que six noms? — À moins que ce ne soit parce qu'on ne se rappelle jamais les autres sans avoir réfléchi un bon moment! Je vous certifie, en tous cas, que ce n'est pas le Duc d'Aumale!

Plaisanterie à part, j'ai horreur de toute réclame commerciale au sujet des œuvres d'Arthur. Je voudrais qu'on ne vendît plus un seul exemplaire. Je regrette bien que M. Vanier en ait tiré une édition si considérable qu'il en reste à la maison (c'est vous qui me l'avez appris); c'est un vrai chagrin pour moi. — Je suis sûre que ce que je vous dis là vous paraît tout étrange. Je vous ai donné une de mes raisons plus haut.

De 1875 à 78. Lefèvre était un enfant gâté, maladif, et, à cause de cela, peu avancé en instruction. — Sa mère m'a dit, je crois, qu'il est médecin aliéniste. — Nous le considérions lui-même, à cette époque précitée, comme un peu singulier. — Entre nous, bien entendu.

Je vois que vous êtes en relations avec plusieurs personnes habitant ou ayant habité Charleville : connaîtriez-vous l'endroit?

Agréez, Monsieur, mes respectueuses civilités.

I. RIMBAUD.

Pour les dessins, prenez patience. À l'occasion, dites-moi ce qu'on a obtenu de la reproduction de la photographie faite au Harar.

ISABELLE RIMBAUD À PATERNE BERRICHON

Roche, le 27 octobre 1896.

Monsieur,

M. Cuif est décédé en 1858.

Les enfants Rimbaud sont, ou ont été :

Frédéric né en 1853 ; Arthur — 1854 ; Vitalie-Marie — 1857 ; Vitalie-Jeanne — 1858 ; moi — 1860. Vitalie-M. est morte toute petite et Vitalie-Jeanne le 18 Xbre 1875, âgée par conséquent de 17 ans et six mois, étant née en juin *.

Je ne vois pas en quoi je fais preuve de violence ; je ne connais pas du tout ces messieurs de la *Revue d'Ardenne et d'Argonne,* je n'avais jamais entendu parler d'eux, je ne sais à quel degré ni de quoi ils sont capables en aucune façon ; ils m'ont demandé des renseignements que je leur ai donnés le plus consciencieusement possible et avec la plus grande confiance ; ils ne m'ont jamais interrogée sur les faits de la vie d'Arthur de 1870 à 1878, bien qu'à plusieurs reprises, et avec intention, j'aie fait moi-même auprès d'eux allusion à cette période, afin d'éviter de les voir tomber dans les exagérations et les erreurs contre lesquelles j'ai toujours protesté, et *jamais, jamais, jamais,* ils ne m'ont répondu un seul mot à ce sujet. En présence de ce silence que je ne sais comment interpréter, j'ai pris le parti de les prévenir que, unir les erreurs et les exagérations dont il s'agit aux renseignements fournis par moi, constituerait un abus de confiance qui ne serait pas toléré. Et je ne me dédis pas, loin de là.

Vous même reconnaissez qu'on doit taire « certains faits effaroucheurs de simplicités » : pouvez-vous me blâmer de ce que — moi, qui nie ces faits, qui sais l'effet déplorable que la publication de ces erreurs produirait dans les Ardennes, je me révolte à la pensée de les voir citées à côté de documents que j'ai confiés ; — ce qui leur conférerait une apparence de vérité.

On croirait que je les admets, que je les confirme ; j'aurais fourni des armes contre la réputation de mon frère ! — Au lieu de se formaliser, ces MM. devraient plutôt me savoir gré de vouloir les empêcher de s'égarer.

---

* [*Une feuille volante, dans les papiers d'Isabelle, portait de sa main cette indication supplémentaire :*] Frédéric fit un sot mariage et est aujourd'hui divorcé.

Ce n'est certes pas pour vous que j'ai parlé de réclame commerciale, mais en général et particulièrement à propos encore de l'étude à paraître dans la *Revue d'Ard*[enne] *et d'Arg*[onne]. Je sais, pour ma part, un certain nombre de gens incapables absolument de comprendre une seule ligne de Rimbaud, qui, au seul énoncé de ses œuvres, vont tâcher de se les procurer et ne manqueront, s'ils les lisent, d'y découvrir n'importe quelles monstruosités imaginaires — ce qui ne les étonnera pas, du reste, de la part de ce polisson, ce vagabond, ce communard, cet escroc, ce racoleur, ce carliste, ce propre à tout, cet ivrogne, ce fou, ce bandit, etc. : c'est avec ces épithètes qu'Arthur serait jugé d'emblée et sans autre examen, si malheureusement on venait à raconter les épisodes fantaisistes que vous savez.

Pour ce qui vous concerne, puis-je vous approuver de citer des faits que je n'admettrai jamais? — Même en *supposant* que ces faits soient exacts, je vous avoue ne pas voir comment vous pouvez en tirer une conclusion morale et logique conforme à la vérité, puisque, pour les motifs que je vous ai dits dans quelques-unes de mes premières lettres, Arthur a déploré l'époque de sa vie où il faisait de la littérature, époque qu'il définit : *« un moment malheureux pendant lequel cependant je n'ai jamais vécu au moyen du mal ni aux dépens de personne »*. Je vous cite ses propres paroles et il m'a parlé ainsi plusieurs fois, et à des moments où, l'eût-il voulu, il n'aurait plus pu s'abuser ni mentir. — À part cela, je suis forcée de vous admirer dans vos intentions et dans le ton employé. Si je n'avais compris ce que vous m'expliquez; si je n'avais eu confiance en vous; si je n'avais cru que malgré tout il sortira de votre plume une œuvre de valeur; si je n'avais senti surtout ce qu'il y a de vraiment grand de votre part de défendre des morts que l'on accuse, est-ce que j'aurais continué de vous écrire après votre premier article!

Des encouragements... je pense qu'un écrivain de votre trempe ne se laisse encourager ni entraver par personne ni par rien; que vous seriez plutôt de caractère à aiguiser vos forces intellectuelles au contact des difficultés et des contradictions.

Moi je ne suis qu'une ignorante vivant dans une retraite complète. Je ne sais rien, mais je comprends assez volontiers quand on veut bien m'expliquer. Pourquoi cette haine d'écrivains arrivés contre Arthur qui, lui, ne haïssait personne et qui, j'en suis sûre, n'a fait de mal à personne? Je voudrais bien savoir le nom de ce littérateur qui se propose d'accuser Arthur pour excuser Verlaine. N'est-il pas invraisemblable qu'un enfant de quinze à seize ans ait pu être le mauvais génie de Verlaine âgé de onze ans de plus que lui?

En tous cas, je vois Arthur, s'il était là, hausser les épaules

de dédain et de pitié à l'intention de ceux qui essayent de le salir. — Je me figure aussi qu'il aurait une poignée de main bien cordiale pour celui qui l'admire et veut le défendre.

I. RIMBAUD.

P.-S. — Je vous ai envoyé trois dessins faits de mémoire. Ils ne valent rien, Arthur était infiniment mieux qu'ils ne le représentent. Un surtout, celui où il est habillé à l'orientale lui donne l'air bossu, n'est-ce pas? Mais enfin ils lui ressemblent comme figure tout de même.

En vous parlant de la photographie, l'autre jour, je désirais seulement savoir si on a obtenu quelque chose de net, de réussi — ce que je n'ose espérer.

Il paraît que la *Revue d'Ard*[enne] *et d'Argonne* donnera deux sonnets inédits, puis des dessins et des photographies. Je me demande où elle a pu se procurer tout cela.

ISABELLE RIMBAUD À PATERNE BERRICHON

[30 décembre 1896.]

Je suis bien sensible, Monsieur, au précieux souvenir reçu ces jours derniers. Vous dessinez comme vous écrivez : ce portrait d'Arthur est vivant. Je crois seulement que vous l'avez un peu rajeuni, qu'il n'avait pas les joues si pleines ; mais c'est peut-être moi qui me trompe. Il y a ici une photographie faite par Carjat, un peu après celle qui vous a servi de modèle : Arthur était déjà bien changé : il est maigri et a l'air inspiré. Voulez-vous que je vous l'envoie pour comparer avec celle que vous avez?

Si vous veniez ici, l'accueil, de ma part, serait cordial, bien entendu. Mais Madame Rimbaud n'est pas toujours d'humeur affable et j'aurais lieu d'appréhender que les entretiens projetés, vu surtout la nature du sujet traité, ne fussent promptement écourtés. — Cela pour vous prévenir simplement. Pour remplacer les entretiens parlés il y a la poste, heureusement. Ne craignez d'en user aussi amplement et souvent que vous jugerez utile. Vous ne me lasserez pas, et je m'engage à vous répondre consciencieusement.

L'idée d'une conférence m'a donné le frisson. Je crois que vous vous exposeriez à une cruelle déception. Les gens de Charleville sont grincheux comme leur climat, froids et traîtres comme le brouillard de la Meuse, égoïstes surtout. L'Ardennais est, par tempérament, ennemi de la poésie non sentie même par ceux qui se piquent de la comprendre. Vous

ne seriez ni écouté ni compris. Si, par curiosité, non par sympathie, on venait vous entendre, à peine sorti on dauberait sur vous; et surtout personne ne se rappellerait ou ne voudrait se rappeler que vous vous seriez dérangé et auriez fait des frais matériels.

Dans l'article communiqué par vous, si aimablement, et dont les épreuves vous sont, j'espère, revenues, j'ai aperçu des erreurs; et il y a des choses que je ne comprends pas, surtout de la façon que vous les comprenez vous-même.

Sans m'attarder sur l'authenticité de certains faits, je remarque : « *Jusqu'en août 1873 ce fut la Belgique, l'Angleterre, et la Belgique, en compagnie de son ami...* » Arthur est arrivé à Roche le Vendredi Saint 12 avril et n'est reparti que fin octobre.

Le paragraphe traitant de l'engagement carliste est d'incontestable fantaisie; d'abord s'il s'était engagé, c'eût été pour aller en Espagne et il n'aurait pas manqué de faire l'excursion s'il avait tenu l'occasion; d'un autre côté il n'était pas homme à toucher la prime avec l'intention de violer son engagement. S'il a eu des velléités d'engagement, ce que j'ignore et dont je doute, elles n'ont pas été jusqu'à aboutir, ou bien c'est que les engagés auront été licenciés ou autre chose de semblable. Dans tous les cas, en juin, juillet, août 1875 nous (ma mère, ma sœur et moi) étions à Paris avec lui et quand nous l'y avons laissé, fin août, il venait de prendre un emploi de répétiteur à Maisons-Alfort.

C'est en 1876, au mois de juin, qu'il est parti pour Java (Batavia) et est rentré à Charleville le 31 décembre. Comme légende, le récit de ce voyage est réussi, seulement la tempête du Cap de Bonne Espérance (réelle cette tempête, cependant) est omise. — En 1877, Vienne et la Suède où emploi dans une scierie. Jamais je ne l'ai entendu parler de ce cirque Loisset.

Le premier départ pour Alexandrie et Chypre s'est effectué le 10 novembre 1878, de Roche où Arthur avait passé l'été. Il est allé directement à Gênes en traversant la Suisse, le St-Gothard, etc., enfin par le chemin le plus direct.

Comme compréhension de la morale et du caractère, j'ai peur qu'il ne vous échappe au moins par quelque côté; c'est qu'il y a là des subtilités terriblement compliquées. Si vous le voulez nous reviendrons sur ce sujet.

Dans l'article j'ai vu quelque chose de très grave qu'il est indispensable de rectifier sinon à l'article du moins au livre. Vous dites : « *Il se sentait de tous les pays, de tous les mondes, de toutes les religions...* » Mais non, pas du tout; on a beau estimer et aimer tous les pays autant et mieux que celui où l'on est né, on n'en fait pas moins partie comme d'une race distincte à laquelle, fût-ce d'instinct, on rapporte ses actes. Ce qu'il avait essayé puis commencé de faire au Harar prouve que je ne me

s'agit pas de passer sa vie à rien, il faut faire les choses
sérieuses. Votre beau-frère a, dans tous nos pays, et même
dans la bonne société, une très mauvaise réputation; on en
parle avec le plus profond mépris.

Il n'y a rien d'écrit sur les bâtiments de Fontenelles[1]. La
maison seule porte les initiales de mon bisaïeul, parce que
c'est lui qui l'a fait construire. Tous les autres bâtiments
étaient faits en une seule croix, mais ils sont en grande partie
fondus; il n'y a plus rien qui rappelle le passé. C'est bien
avant la Restauration que les croix et calvaires ont été posés:
la peste sévissait par toute la France; tout le monde mourait,
et surtout dans nos pays. Le Roi avait ordonné des prières
et des processions par tous les chemins et les champs, et
y avait promis de faire bâtir des églises si la peste cessait.
La peste a cessé tout d'un coup. Le Roi a fait bâtir les églises
comme il l'avait promis, et de plus il a fait poser des croix
et calvaires, telles l'église du Voncq, celle de Saint-Valburge[2],
celle de Montmarin, et encore une autre dont j'ai oublié le
nom: toutes étaient bâties sur la même ligne. Il y en a eu
beaucoup d'autres mais je ne parle que de mon pays.

J'étais encore bien jeune, quand on a fait la translation
des cendres de saint Waast. En fouillant dans les vieux
papiers de Rilly, on en avait trouvé un qui disait que, dans
une guerre très ancienne, saint Waast avait été tué, et son
corps, renfermé dans un cercueil de fer, avait été enterré
dans la prairie de Voncq. On précisait l'endroit: il n'y avait
aucune croix, mais cela était si bien indiqué, qu'après avoir
fait quelques fouilles, on a trouvé le cercueil en fer, et ren-
fermant exactement les os seulement. Oui, j'y étais; tous les
prêtres et tout le monde, de tous les pays, suivaient en pro-
cession, quand on est venu chercher le cercueil; et ce n'est
qu'après la cérémonie qu'on a fait poser la croix.

Quand il faisait froid, les dames portaient non pas des
mantes, mais des thérèses. Figurez-vous un grand morceau
de cotonnade qu'on vous poserait sur la tête, cachant presque
toute votre figure et descendant jusque sur votre taille, tout
autour du corps; et cette thérèse était serrée autour du cou
par une coulisse; par le froid et par la pluie, les dames por-
taient cela, parce que l'usage du parapluie n'était pas encore
connu.

À Rilly, sur la maison de mon oncle Mérainne, il y avait
aussi les armes des comtes d'Ancelets, mais le mur est fondu[3]
depuis peu de temps; cela n'existe plus. Il ne faut pas
confondre la maison de Mme Morainne avec celle dont je
parle, ce n'est pas la même.

Oui, Frédéric est venu, il a encore fait des progrès en
mensonge, en hypocrisie, et en tromperie. Prenez garde à
vous, surtout quand je n'y serai plus.

trompe pas. Quant à la religion (et c'est là que j'insiste), s'il fut éclectique pendant longtemps, il est mort catholique pratiquant. Pendant la maladie, à Marseille, il s'est confessé deux fois, a reçu l'Extrême-Onction. *Il aurait voulu communier.* Il se mit à pleurer quand il apprit que, à cause d'une incommodité physique pouvant amener profanation involontaire, l'aumônier différait de lui apporter le Saint Viatique ; et l'aumônier, par la suite, eut grand regret de n'avoir pas accédé à son désir pieux. C'est Arthur lui-même qui provoqua la seconde confession au cours d'une visite que lui faisait l'aumônier. Et comme il était parfaitement lucide et se rendait compte de chacun de ses actes et paroles, lui qui en son franc-parler avait exprimé de terribles révoltes et d'effrayants désespoirs, et accusé ciel et terre de son malheur, n'eut plus alors *une seule parole* de colère ni de doute, plus même une plainte. Ce n'est pas étourdiment que j'ai dit qu'il est mort comme un saint. Quand il s'est sanctifié, il y a apporté la même ardeur qu'auparavant à tout ce qu'il avait fait. On peut sans crainte faire entrer, dans la relation de ses derniers jours, extases, miracles, surnaturel et merveilleux, on restera toujours au-dessous de la vérité.

L'article finit un peu brièvement. N'aurait-il pas été préférable de le séparer en deux et, dans le dernier, intercaler la lettre où Arthur raconte sa maladie ? La partie qui traite du Harar me semble un peu... comment dire... un peu floue — ce n'est pas nerveux comme le reste ; on voit que vous étiez imparfaitement documenté.

Je crois à l'influence exercée par Arthur sur les événements Italo-Abyssins, événements déjà préparés il y a cinq ou six ans. La cause était juste et l'Abyssinie ne voulait que son indépendance.

On sait que le ras Makonnen est le conseiller, le bras droit de Ménélik ; et il est prouvé qu'Arthur était l'âme de Makonnen.

J'ai suivi avec le plus grand intérêt les péripéties de la guerre Italo-Abyssine, et, à travers la conduite héroïcogénéreuse du ras envers les Italiens, je voyais encore l'influence d'Arthur : c'était en souvenir de son ami et des conseils de sa morale que le ras traitait ses ennemis avec humanité et honneur. Ce que je dis là est ma pensée très sincère et je ne crois pas me tromper.

Quand, plus haut, je parlais de Charleville en termes si peu engageants, c'était seulement pour vous exposer la situation vraie, sans parti pris de modifier votre décision, quelle qu'elle soit. Vous n'êtes pas offensé de ma franchise, j'espère.

Que l'année 1897 vous apporte bonheurs et succès : toutes les prospérités.

I. RIMBAUD.

Réponses au questionnaire.

1º *Comment, en 1880, partit-il de Chypre pour Aden, et dans quelles conditions matérielles?* — Voyez les lettres ci-jointes.

2º *En Arabie, dans ses fonctions d'agent du comptoir d'Aden, resta-t-il sédentaire, etc.* — Id.

3º *D'Aden pour Harar, c'est en caravane, n'est-ce pas, qu'il parcourut à cheval la région des Somalis?* — Non, pas en caravane. Les caravanes marchent trop lentement, les Européens ne les accompagnent pas ou très rarement; ils ont, pour ce faire, un domestique de confiance appelé chef de caravane. L'Européen prend les devants avec un domestique de fidélité éprouvée, lequel domestique sert à dresser la tente, préparer les repas, soigner les montures, etc. : plus une escorte de soldats de police, répondant sur leurs têtes de la personne escortée.

4º *De décembre 1880 à fin 1881, à Harar, resta-t-il fixé, sédentaire, selon qu'il apparaît par ce fait qu'il fait alors venir de France bouquins et instruments scientifiques? Dans quel but ses études?* — « *Il faut bien que je repasse un peu mes études sans quoi je deviendrais bête comme un âne* » : c'est Arthur qui vient de répondre. — En réalité ces bouquins et instruments étaient nécessaires pour préparer une relation soignée sur le Harar et les pays Gallas, relation communiquée à la Société de Géographie de Paris en 1883. Il n'était presque jamais à Harar à cette époque, y faisant seulement de courtes apparitions entre des expéditions de 15 jours à un mois dans les pays environnants, et même lointains, qu'il explorait en même temps qu'il y faisait des achats commerciaux; il y avait alors au comptoir de Harar un suppléant pour recevoir la marchandise, l'expédier, etc.

5º *Jusqu'en novembre 1883, 4 ans, il demeure bien à Harar, n'est-ce pas, continuellement, comme agent de la compagnie commerciale d'Aden?* — Oui, il était toujours l'agent de la même compagnie commerciale, attitré pour le Harar, quoique pendant ces quatre années, il fît plusieurs voyages à Aden et même avec d'assez longs séjours; mais c'était toujours pour les besoins de la maison. En janvier 1884 le comptoir de Harar était supprimé à cause de la guerre, ce fut encore comme employé de la même maison qu'il resta à Aden jusqu'à fin 1885. Ce ne fut pas sans orages pendant cette période de 1884-85. Il avait pris la ville et la maison en grippe. Mais, comme on tenait énormément à lui, on faisait tout ce qu'il voulait pour le décider à rester.

6º *Quand il quitta cette c[ompagn]ie, jusqu'en janvier 1886, c'est-à-dire au moment de l'organisation de la caravane pour Ménélik,*

que fit-il? Quels genres de contre-temps subit l'expédition, etc.
— D'octobre 1885 à février 1886, organisation normale de
la caravane : il fallait faire venir la marchandise d'Europe,
acheter les chameaux, les mulets, recruter le personnel, etc.,
cela demande beaucoup de temps. De mars 1886 à commen-
cement 1887, retard occasionné par la maladie de Pierre
Labatut, l'associé. Celui-ci, atteint d'une tumeur au cou,
s'en vint faire opérer à Paris et mourut à la maison Dubois
presqu'en même temps que Soleillet à Aden, en août ou
septembre 1886. Arthur attendait toujours à Tadjoura,
où la caravane était prête à partir, mais sans y demeurer
sédentaire. Il fit un voyage en Syrie pour acheter des mulets
à Damas et à Beyrouth. Il séjourna à Suez d'où le vice-consul
lui écrivit plus tard : « *Nous avons tous gardé un bon souvenir
de votre court passage à Suez et nous désirons tous vous serrer la
main quand les dieux vous ramèneront en Égypte.* » Il retourna
aussi plusieurs fois à Aden.

Après la mort de Labatut, bien que les affaires de ce der-
nier, assez embrouillées, ne fussent pas subordonnées à celles
d'Arthur, celui-ci, par amical souvenir, se chargea de liquider
la succession. Il arriva ceci : Labatut avait contracté en
Afrique un mariage non valable en France ; par compassion,
Arthur remit à la veuve et à l'enfant abyssins, le capital
engagé et les bénéfices aléatoires de l'entreprise. Il ignorait
que le dit Labatut avait une famille en France, qui réclama
ses droits. Afin de ne pas dépouiller la femme et l'orphelin
d'Abyssinie, Arthur préféra payer une seconde fois aux héri-
tiers légitimes. Tout le monde admira sa générosité d'autant
plus que l'expédition, en outre des souffrances matérielles
qu'il y endura, fut loin, en conséquence du retard préjudi-
ciable causé involontairement par Labatut, de donner les
bons résultats qu'on espérait.

7° *Est-ce de mars à octobre 1887 ou avant qu'il connut — 1re fois
— Ménélik et fut en rapports intimes avec lui? De quelle date est
la lettre où il est parlé de la révolte de Ménélik...*
Ce fut la première fois et, je crois, la seule où Arthur
fut en rapports avec Ménélik à la cour. Il s'était bien juré
de n'y plus remettre les pieds, voilà pourquoi : C'était des
armes à feu qu'il apportait au roi du Choa ; ces armes étaient
des fusils réformés achetés à Liège, conformément au modèle
adopté par le roi en 1885-86. Mais pendant l'année passée à
attendre à Tadjoura, un autre Européen s'avisa de porter au
Choa des Remington perfectionnés qui furent, bien entendu,
acceptés aussitôt. Quand le transport d'armes désormais
démodées d'Arthur arriva, le roi fit le difficile. Cependant,
comme tout de suite il avait été subjugué par je ne sais
quel charme qui partout accompagnait Arthur, la marchan-
dise allait être acceptée quand, tout à coup, la reine Taïtou,

peu portée pour les Européens, surtout pour les Français, s'interposa. Un autre négociant, avec quelques flatteries, aurait facilement adouci la reine. Arthur ne pouvait s'aplatir. Il ne fit aucune démarche et Taïtou lui devint d'autant plus hostile que peut-être elle avait compté se faire prier. Les fusils furent définitivement refusés et on eut mille peines à les écouler en partie, par la suite.

Arthur et Ménélik s'étaient gardé un mutuel bon souvenir, mais il n'en était pas de même pour la reine, franchement antipathique à mon frère.

La lettre où il est parlé de la révolte de Ménélik et de la mort de l'empereur Jean est postérieure à cette époque. La date est : le 18 mai 1889.

8º *Comment se trouvait-il au Caire en octobre 1887? Il devait avoir d'autres raisons que sa santé, puisque c'est de là qu'il négocia avec* [le] *gouv[ernement]* *français, pour armes. Il y resta jusqu'en janvier 88 — ce serait long, etc.*

Il était allé directement au Caire, d'Entotto (Choa) où il avait vu Ménélik. Il était très fatigué et souffrant. Voyez les notes que je vous ai envoyées en octobre dernier. Il était réellement malade et, d'un autre côté, il était bien obligé de chercher et d'attendre l'occasion d'entreprendre une autre affaire. Ce fut au Caire, qu'il écrivit la relation de son voyage au Choa et l'envoya à la Société de Géographie. Je dois dire aussi que, généralement, les Européens qui reviennent d'un long et pénible voyage à l'intérieur vont se refaire pendant quelque temps au Caire. C'est une ville de climat très agréable, où l'on vit presque à l'européenne.

Ce qu'il demandait au gouvernement français, c'était de *fabriquer sur territoire français* au bord de la mer Rouge, *avec matériel et outillage venu de France,* les armes destinées à Ménélik; chose à laquelle personne n'avait songé avant lui ni je crois depuis; et proposition que le gouvernement français commit la sottise de ne pas comprendre ou d'oublier quand, plus tard, il lui fit parvenir l'autorisation non sollicitée de porter des armes à Ménélik.

9º *À son comptoir de Harar, jusqu'en 91, resta-t-il sédentaire?* On ne fait pas là-bas le commerce de la même façon qu'en Europe; on a toujours une foule de serviteurs pour vous seconder. Arthur était d'ailleurs tellement aimé que personne, ni ses domestiques ni les indigènes qui venaient de très loin lui apporter leurs marchandises, n'aurait voulu le tromper. Il avait donc la libre disposition d'une bonne partie de son temps. Il m'a dit avoir traversé onze fois le désert des Somalis, de Harar à Zeilah et vice versa pour se rendre à Aden ou en revenir, dont plusieurs fois à méhari (c'est un chameau qui *court* pendant vingt heures sans s'arrê-

ter, même pas pour manger) et sans escorte, chose inouïe dans ces parages dangereux infestés de brigands. Il est vrai que sa bienfaisance était sa sauvegarde : jamais lui ni ses caravanes ne furent attaqués.

Les tribus nomades se signalaient son passage de l'une à l'autre selon la mode abyssine : les pasteurs bédouins, de montagne à montagne, se donnent, par certains cris, des signaux que l'écho répercute au loin.

Il me disait aussi qu'au Harar il ne prenait seulement pas le temps de s'asseoir pour ses repas; toujours en mouvement, en courses, en cavalcades, en perpétuels déplacements. Il avait une mule de Syrie qui courait l'amble merveilleusement et des chevaux, etc.

Le soir, il se plaisait à réunir les autres Européens et les charmait par son esprit. On s'étonnait qu'il ne voulût pas boire ; ses amis, moins sobres, apportaient leurs boissons préférées (il n'avait jamais chez lui ni vins ni liqueurs) mais ne parvenaient à les lui faire goûter. Lui illuminait splendidement la salle de réunion et organisait des concerts, musique et chants abyssins.

10°, 11° *À qui adressait-il sa correspondance...*

La correspondance était adressée à Madame Rimbaud qui ne veut pas la communiquer. Si vous veniez à Charleville, elle ne souffrirait davantage que vous ni personne en prissiez connaissance. Cependant l'intention d'Arthur était bien que ses lettres soient autant pour moi que pour maman et parfois il le déclarait nettement au cours de l'épistole. — Voulez-vous que je les transcrive pour vous comme celles que je joins à ma lettre aujourd'hui ? C'est mon droit. Je respecterais les moindres détails de ponctuation, mise à la ligne, etc., j'omettrais seulement les détails de famille et des minuties sans intérêts, concernant des questions d'argent et de gain. Il n'y a dans cette correspondance, rien de bien caractéristique qui ne soit résumé dans les notes que je vous ai envoyées courant d'octobre.

Si, dans les fragments de lettres donnés alors ou que je pourrai vous donner à l'avenir, il y a des idées exprimées qui vous surprennent de la part d'Arthur, dites-le moi franchement : je découperai, dans l'autographe, lesdits passages et vous les enverrai.

Par ci par là il y avait une lettre (illustrée quelquefois) pour moi seule : c'est mon trésor personnel, je ne le partage pas; point partageable, du reste; Arthur, mon cher professeur, y parle trop de moi : il voulait faire mon éducation. — Les lettres de Marseille, parmi lesquelles la grande que vous avez, sont aussi toutes à moi.

ISABELLE RIMBAUD À PATERNE BERRICHON

13 janvier 1897.

Monsieur,

Ceci est pour vous avertir que, par le même courrier, j'envoie les lettres d'Arthur à M. Bourguignon qui les mettra à votre disposition, comme cela a été convenu. Je pense que vous avez pris connaissance des autres documents, lettres, photographies, etc., emportés d'ici la semaine dernière.

J'ai été bien surprise quand ces messieurs se sont présentés la veille du jour de l'an; surprise, et, pour les raisons que je vous ai dites dans ma dernière lettre, passablement troublée. Eux étaient magnifiques d'assurance. Tout s'est bien passé d'ailleurs, seulement on n'a pas dit d'intéressant autant que j'aurais voulu, moi toujours retenue par la crainte d'une redoutable contradiction de tierce partie.

Le lundi, quand M. B[ourguignon] est revenu, je suis allée vite chercher la boîte contenant les papiers d'Arthur, avec la louable intention de les faire lire tous à notre visiteur. Ce fut absurde de ma part, et cet après-midi là, j'ai supplicié ce pauvre M. B[ourguignon] en le bourrant de documents.

Derrière moi, maman qui me trouvait doublement indiscrète — de communiquer les papiers d'Arthur et d'abuser de la patience de M. B[ourguignon], me tirait par la robe et me faisait des yeux terribles — Des éclairs précédant le tonnerre, me disais-je, — et justement cela m'électrisait; en ce sens que je tâchais à ce que tous les documents fussent examinés avant l'éclat de la foudre. Mais je me trompais : il n'y eut pas d'orage. Il se trouva, au contraire, que M. B[ourguignon] fut très sympathique à Madame Rimbaud. L'aveu des vingt et un ans de celui-là avait fait vibrer chez celle-ci quelque fibre grand'maternelle, et autant pour soustraire M. B[ourguignon] à une lecture qu'elle supposait devoir l'ennuyer beaucoup, que pour le prémunir contre les dangers de la littérature en général, elle lui adressait des conseils et des questions auxquels lui répondait poliment. De sorte qu'il se trouvait torturé des deux côtés à la fois, sans oser se défendre. Je me demande à présent quel effroyable mélange tout cela a dû faire dans sa mémoire. Comme après tout, je n'ai péché que par excès de bonnes intentions, il aurait tort de me garder rancune. Et puis je ne demande pas mieux que de réparer s'il est possible.

Quant à M. Houin, il avait été tout à fait imposant, lui et son titre universitaire.

Dans l'intervalle, entre les deux visites, je m'étais auto-suggéré que vous viendriez aussi. Votre lettre du 3 est arrivée juste cinq minutes avant M. B[ourguignon] le lundi.

Pardonnez-moi ce bavardage, j'y mets pour conclusion, et très sérieuse, que si vous pensez que je possède quelque chose qui puisse être utile à votre livre, c'est à votre disposition.

J'aimerais savoir ce que vous faites en dehors de ce livre. Je lis parfois *Le Gaulois* et *La Libre Parole* dans l'espoir de vous y rencontrer, mais je n'ai pas de chance et ne vous y vois jamais.

Recevez, Monsieur, mes civilités bien sincères, et mes vœux pour le succès de vos travaux.

I. RIMBAUD.

ISABELLE RIMBAUD À MATHILDE MAUTÉ

30 janvier 1897.

Madame,

Je vous demande pardon de la liberté que je prends de vous écrire. Je serai brève d'ailleurs, n'ayant qu'une question à vous adresser et une prière à formuler. Est-il vrai qu'il y ait entre vos mains des écrits, — poésie, prose, correspondance, — provenant de mon frère, M. Arthur Rimbaud, défunt. On me l'a dit et affirmé; ces jours derniers, on me l'a répété de nouveau. J'ai voulu de cela avoir le cœur net en vous demandant simplement la vérité.

Voulez-vous me parler en toute franchise et cordialité, comme je le fais moi-même en ce moment; et si vous aviez de ces papiers, voudriez-vous avoir la bonté de me les remettre? Je vous serais infiniment et pour toujours reconnaissante si vous accédiez à ma prière.

Ma démarche d'aujourd'hui n'est inspirée ni par une vaine curiosité ni dans un but de spéculation. Uniquement j'ai le pieux désir de réunir et posséder tout ce qu'il m'est possible de recueillir de mon cher mort.

Permettez-moi de solliciter et espérer une réponse, et veuillez agréer, Madame, l'expression de mon respect.

I. RIMBAUD.

MATHILDE MAUTÉ À ISABELLE RIMBAUD

Bruxelles, 31 janvier [1897].

Mademoiselle,

Je viens de recevoir votre lettre. La demande que vous me faites est inspirée par un sentiment si respectable que je m'empresse de vous répondre. Il est parfaitement exact que j'ai eu très longtemps entre mes mains des lettres que votre frère avait écrites à Paul Verlaine, mon premier mari. Depuis la mort de ce dernier, ayant appris que votre frère n'existait plus, et désirant pour des raisons personnelles que mon fils ne connaisse point cette correspondance, j'ai cru bien faire en la brûlant. C'est tout récemment que j'ai détruit ces lettres. J'ignorais votre existence et l'intérêt qu'elles pourraient avoir pour vous. Je n'ai plus rien de votre frère, qu'une photographie qui vous appartient de droit et que je vous envoie ci-joint.

Recevez, Mademoiselle, l'assurance de mes sentiments distingués.

M. DELPORTE.

Adresse : Mlle Rimbaud 2, Place Carnot, Charleville.

ISABELLE RIMBAUD À MATHILDE MAUTÉ

3 février 1897.

Madame,

Je vous remercie de tout cœur de votre envoi du 31 janvier.

De la photographie, j'avais déjà deux exemplaires, mais si passés, si blanchis, tandis que la vôtre est tout à fait intacte.

Je la reçois avec une sincère reconnaissance. Quant aux écrits, je regrette assurément de ne les point avoir ; mais vous avez jugé bon de les détruire. Je m'incline ; surtout, oui, surtout je préfère que vous ayez brûlé ces papiers, quoi qu'ils aient contenu, plutôt que de les avoir remis en des mains étrangères.

Avec mes remerciements, veuillez agréer, Madame, l'expression de mon respect.

I. RIMBAUD.

MADAME RIMBAUD À ERNEST DELAHAYE

Charleville, 13 mars 1897.

Monsieur,

Vous serez sans doute bien surpris en recevant cette lettre, car vous m'avez oubliée depuis longtemps, et d'ailleurs je n'ai aucun droit à votre souvenir; mais c'est au nom de mon pauvre Arthur que je viens vous demander un immense service, un service qui fera la tranquillité du reste de ma vie.

Connaissez-vous à Paris M. Pierre Dufour, dit Paterne Berrichon? Il me demande ma fille en mariage. Instruisez-moi, je vous en prie, sur tout ce qui le concerne. Est-ce un travailleur assidu, par nécessité ou par goût? Peut-il améliorer sa position? Mais il y a surtout une chose que je veux absolument savoir, c'est sa façon de vivre : aime-t-il les amusements, les plaisirs? En un mot, n'est-ce pas un libertin, un débauché? On prétend qu'il ne vit *pas seul chez lui...* vous me comprenez.

Quelle a été sa vie depuis si longtemps qu'il est à Paris? La justice ne s'est-elle pas occupée de lui, et à quel propos?

Connaissez-vous sa famille et pouvez-vous m'en dire quelque chose?

Je vous en prie, monsieur, au nom de la très grande confiance que j'ai en votre bonne foi, au nom de l'honneur, répondez-moi : dites-moi tout ce que vous savez. Donnez-vous le temps d'observer, de vous renseigner à des sources certaines. Je n'ai plus que ma fille : elle a toujours été vertueuse et sage, et je tremble pour son avenir.

Ne craignez pas mon indiscrétion : personne au monde ne saura jamais ce que vous me direz. Si vous avez quelque crainte, signez votre lettre d'un autre nom, je saurai ce que c'est.

Recevez, Monsieur, l'expression de mon respect.

V[EUVE] RIMBAUD,
à Charleville, place Carnot, 2.

Monsieur Ernest Delahaye
45, boulevard Pasteur
à Paris.

ERNEST DELAHAYE À MADAME RIMBAUD

Paris, le 16 mars 1897.

Madame,

J'ai gardé un trop bon souvenir de votre aimable réception à Roche, en septembre 1879, lorsque j'ai vu là, pour la dernière fois, mon cher Rimbaud, pour que je ne me fasse pas un devoir de vous répondre le plus complètement possible et en toute sincérité.

Je connais Paterne Berrichon depuis un an environ. Je lui ai été présenté à propos de renseignements qu'il recueillait un peu partout pour le livre qu'il voulait écrire sur votre fils, objet pour lui d'une admiration ardente. Je lui ai fait part de l'idée émise déjà par moi devant Jean Bourguignon, d'un monument que je voudrais voir élever — à Charleville — à la gloire de Rimbaud. Et nous avons eu sur ce point des entretiens fréquents.

M. Paterne Berrichon a beaucoup de talent et une certaine notoriété dans le monde des Lettres.

Au point de vue de ses façons d'être, voici mon impression : c'est un homme ferme et tenace dans ses entreprises, avec un caractère doux, impressionnable, ayant besoin d'une vie paisible, et qui serait, j'en suis persuadé, un bon mari pour une femme d'une nature analogue. Je ne doute pas que Mademoiselle votre fille ne lui convienne sous ce rapport. Homme de plaisir ? Je ne le crois pas. Homme de travail, oui.

Qu'il ait eu une maîtresse, c'est ce qui arrive à Paris à une foule d'hommes qui ont, comme lui, besoin d'affection et d'un foyer. La liaison que j'ai connue à Paterne Berrichon, liaison rompue depuis plusieurs mois, n'avait pas — précisément — satisfait ce besoin de tranquillité et j'ai eu plusieurs fois l'occasion de remarquer alors en lui une grande force de patience et de douceur.

Je ne connais rien sur ses antécédents et sur sa famille. S'il a eu affaire à la Justice, ce que j'ignore, c'est sans doute à propos de presse, ce qui arrive à presque tous les journalistes.

Veuillez agréer, Madame, l'hommage de mon respect.

ERNEST DELAHAYE.
45, boul[evar]d Pasteur.

MADAME RIMBAUD A STÉPHANE MALLARMÉ

Charleville, le 23 mars 1897.

Monsieur,

Veuillez me pardonner la liberté que je prends de vous écrire. Je suis inconnue de vous; moi je vous connais par le bien que j'ai entendu dire de vous, et par la lecture de plusieurs de vos livres — que j'admire. On m'a assuré aussi que vous témoignez de la bienveillance à la mémoire de mon fils, A. Rimbaud défunt.

Vous avez sans doute de nombreuses relations dans le monde littéraire. Voudriez-vous avoir la bonté et vous serait-il possible de me donner des renseignements exacts, et aussi complets que vous pourrez sur M. Paterne Berrichon, poète, publiciste.

M. Berrichon m'a demandé la main de ma fille; c'est vous dire, Monsieur, quels sont les renseignements que je demande : honneur, morale, probité, conduite, antécédents, etc.

Comme écrivain, a-t-il du talent? Possède-t-il quelque notoriété, ou, du moins est-il susceptible d'en acquérir un jour?

Vous semble-t-il de caractère à rendre une femme heureuse? Savez-vous s'il est de famille honorable?

Enfin, Monsieur, je vous serai infiniment reconnaissante, si vous voulez bien me dire très franchement tout ce qui est à votre connaissance, et ce que vous pourrez apprendre concernant M. Berrichon.

Avec mes remercîments anticipés, agréez, Monsieur, l'expression de mon respect.

V[EUVE] RIMBAUD,
Charleville, place Carnot, 2
Charleville. Ardennes.

Monsieur Stéphane Mallarmé,
89, rue de Rome, Paris.

STÉPHANE MALLARMÉ À MADAME RIMBAUD

Paris, 89, rue de Rome.
Jeudi, 25 mars 1897.

Madame,

Je suis très honoré que vous ayez pensé à moi, pour un renseignement de cette importance, que je vous donnerai, confidentiellement et de mon mieux.

Je vois Paterne Berrichon depuis plusieurs années. Je l'ai connu dans des circonstances graves. Jeune, avec une imprudence qui ne fut que générosité, il se rangea du côté de ceux qui souffrent et souffrit comme eux.

Vous n'ignorez probablement pas, qu'errant et révolté il encourut telles condamnations infligées par la loi à qui ne fait pas d'elle, tout de suite, sa foi : mais aucune, qui puisse entacher l'honneur. Sans doute, pour vous, Madame, dont le souvenir des commencements troublés de votre admirable fils n'altère pas la piété que vous vouez, la première, à Arthur Rimbaud, ce passé de quelqu'un, qui prétend, aujourd'hui, au titre de votre gendre, ne garde rien d'alarmant ; et vous trouverez, une fois de plus, l'autorité et la miséricorde spéciales d'être mère. Tout, depuis ce début et à travers des heures difficiles, atteste chez Paterne Berrichon une inflexible volonté de vivre d'après la règle établie ou tirer de son talent, qui est indiscutable, les moyens réguliers d'existence. Il intéresse même par ceci, qu'un homme, dans le sens vrai du mot, très strict et sociable s'est, jour par jour, montré en lui ; toutefois sans que sa droiture ait eu rien à sacrifier de premiers instincts fervents et justiciers : seulement, il les réserve, comme je le juge que cela convient, à la lutte morale et pour la production littéraire.

Je vous remercie presque, Madame, de m'avoir procuré une occasion de résumer, à mon esprit, l'individualité très intéressante de Paterne Berrichon, avec qui mes rapports, dans la distraction de Paris, ont, de près ou de loin, toujours été très bons. Peut-être, le portrait, qui m'en vient, dans la pensée, en ce moment, pourra-t-il vous être d'une utilité, parmi votre si légitime recherche d'information.

Veuillez, Madame, agréer l'expression de mon profond respect.

STÉPHANE MALLARMÉ.

ISABELLE RIMBAUD À STÉPHANE MALLARMÉ

Charleville, 1ᵉʳ mai 1897.

Monsieur,

Mercredi dernier, Monsieur Pierre Dufour (Paterne Berrichon), mon fiancé, vous écrivit de Roche, campagne, au sujet de notre mariage.

Retour à Charleville, je me joins à lui pour vous prier d'accepter son invitation.

Solliciterai-je moi-même l'honneur de votre parrainage à la cérémonie nuptiale?

Ce serait audacieux de ma part, à moi qui ne suis rien, de m'adresser au prince des poètes français en briguant la faveur susdite : daigne le dernier des Poètes maudits se remémorer, pour m'en titrer référence, mon bien-aimé et glorieux frère, A. Rimbaud.

Veuillez agréer, Monsieur, l'expression de mes sentiments très distingués.

I. RIMBAUD.

Monsieur Stéphane Mallarmé,
89, rue de Rome,
Paris.

MADAME RIMBAUD À SA FILLE ISABELLE

Charleville, 6 décembre 1898.

Isabelle ¹,

Si la lettre que vous m'avez écrite hier est l'expression bien sincère de tous vos sentiments, je vous en félicite de tout mon cœur, et si cette lettre était connue de toute la bonne et honnête société, vous seriez profondément estimée et honorée. Continuez, ma fille, vous vous montrez la vraie fille de votre mère et la vraie descendante de tous vos honorables ancêtres. Suivez toujours la même route; c'est la bonne, si difficile qu'elle soit, car c'est la route de la justice et du droit. Depuis quinze jours que je suis ici, j'ai fait dix francs d'économie, je vous les envoie en un mandat-poste; ce sera pour remplir un petit coin de la bourse que vous avez allégée en donnant aux religieuses. N'oubliez pas que, s'il est bon de

faire l'aumône, la sagesse nous dit qu'il ne faut donner qu'une
partie de son superflu. Mme Pierlot a été induite en erreur
quand on lui a dit que le S[ain]t Sépulcre² n'existait plus ; il
n'y a rien du tout de changé dans cette maison, c'est absolu-
ment comme ça a toujours été, et la maison est pleine d'élèves
en ce moment, de même qu'au Sacré Cœur. Toutes les familles
riches et honorables tiennent à faire instruire leurs enfants
dans les maisons religieuses, sans en excepter M[onsieur] le
Maire dont la grande fille va tous les jours au S[ain]t Sépulcre.

Non, je n'ai personne avec moi, et cependant tout va à la
dérive ici. Les Boulquain vont quitter la maison, ils en ont
loué une sous les Allées, ils déménageront, me disent-ils,
tout doucement. Je les ai prié[s] de me prévenir quand ils
devront partir définitivement, car vous pensez bien que je ne
resterai pas seule ici, pas même avec une servante. J'ai toutes
sortes de contrariétés. Et votre mari travaille-t-il ? A-t-il
touché ses 250 francs ? Il est fâcheux qu'il ne puisse pas
écrire quelque bon petit roman qu'il trouverait à placer dans
un honnête journal. Surtout ne le laissez pas écrire quelque
chose de mauvais ou de malhonnête : il vaut mieux jeûner
que de travailler pour faire le mal.

Au revoir ma fille, je souhaite que vous vous portiez bien,
et n'oubliez jamais vos devoirs.

V[EUVE] RIMBAUD.

Je ne trouve point de toile à torchon. Comme vous me
le disiez, j'ai cherché partout. Et vous, avez-vous retrouvé
votre corsage, que vous croyiez enlevé de votre panier ?

Votre beurre est-il bien conservé ? Ici, sur le marché on le
vend 38 sous la livre. Et vos pommes, se sont-elles gâtées ?
Celle que vous m'aviez laissée à Roche, est ici toujours belle
et paraît bien bonne.

BROUILLON D'UNE LETTRE
D'ISABELLE RIMBAUD À SA MÈRE

[Après le 6 décembre 1898.]

Ma chère maman,

Ne te mets pas en peine si les Boulquain [*illisible*] s'en
vont, ni même s'ils ne partent pas. Certes il ne faut pas rester
seule. Il y a une solution bien simple à la difficulté, c'est de
venir ici avec nous. Nous avons la place très suffisante à
présent, et des meubles bien assez aussi. Tu aurais ta chambre
à toi toute seule ; comme les lits qu'on loue à Paris sont

[*illisible*], il n'y aurait besoin que d'expédier un de tes lits, avec la literie complète, *rendu à domicile, par petite vitesse,* parce qu'on a trop difficile et c'est trop coûteux de trouver une voiture pour Auteuil quand on amène des bagages avec soi. Pour apporter tes effets je t'enverrais d'ici des valises, l'une fermée à clef pour mettre tes papiers, l'autre pour tes robes; et avec cela, comme nous irions te prendre à la gare, nous viendrions à la maison en omnibus, presque sans frais. Si tu ne te plaisais pas à Paris, ce dont je doute car nous ferions tout [*illisible*] ton plaisir et puis c'est ici comme à la campagne, tu pourrais toujours t'en retourner à Charl[eville] ou à Roche. Quelques mois seraient vite passés et dès le printemps nous pourrions peut-être aller tous dans les Ardennes pour l'été. Car il faudrait nécessairement aller à Ch[arleville] au mois de mai pour te munir[?] d'un appart[ement] si tu tiens à en relouer un, et déménager au mois de juin.

Merci chère m[aman] pour le mandat. On ne voulait pas le payer, pour la raison que la lettre était adressée à M[adam]e et le mandat au nom de Monsieur; enfin ça s'est arrangé. Si l'on vient encore quêter je donnerai en ton nom.

Nos pommes se sont très bien conservées, elles sont délicieuses. Nous n'osons manger les grosses; ce serait dommage, elles sont trop belles. Le beurre aussi est exquis, tout ce qui vient de Roche est bon. Je croyais avoir acheté pour 2 douz[aines] de toile à [voile?] et ici je n'en ai que 12. Il me semblait en avoir laissé d[an]s l'armoire au-dessus du buffet. Non, je n'ai pas retrouvé le corsage en question.

Pierre travaille tout le temps et fait beaucoup de démarches pour placer ses écrits. Jusqu'ici il n'a guère [*illisible*] mais il y a quelque espoir d'aboutir d'ici [*illisible*]. C'est précisément parce qu'il n'écrit rien que d'honnête qu'il ne réussit guère.

N[ou]s n'avons pas touché les 250 francs; le livre ne s'est pas vendu; on ne pense guère à lire pour le moment avec toutes ces sales affaires de procès. As-tu reçu ce livre? Dis-n[ou]s vite que tu acceptes de venir ici.

MADAME RIMBAUD À SA FILLE ISABELLE

Charleville, 25 Xbre 1898.

Ma fille,

Il est tard et cependant je commence ma lettre; car à partir de demain jusqu'au nouvel an j'aurai beaucoup d'ouvrage. Aujourd'hui, j'ai assisté à tous les offices de la journée, c'est

monsieur Broyée[1] qui a fait le sermon après les vêpres,
sermon pour la charité, tant de monde à l'église[2] qu'on ne
savait où se placer, surtout beaucoup d'hommes.

Oui ma fille, avant la révolution, les d'Ancelet[3], étaient
seigneurs du Mont de Jeu, de Rilly, de Wallard[4], et autres
lieux, aujourd'hui, ils n'ont plus que leur château et quelques
terres ils ont été dépou[i]llé[s] de tout ce qu'ils avaient, par
les honnêtes révolutionnaires de ce temps-là, parce qu'ils
n'ont pas voulu être traîtres envers le roi et la patrie, il y avait
une ferme, dans nos terres, de Wallard, on y voit encore les
ruines aujourd'hui, oui il y avait un château à Voncq, ce
château existe encore il se trouve tout à fait dans le fond, à
côté de la Brouille, mais je ne vous en dirai pas davantage
aujourd'hui sur ce sujet, parce qu'il me faudrait vous raconter
une trahison dont ce château a été le prix ; et les personnes
qui se sont rendues coupables de ce forfait, ne sont pas loin
de nous, quand je dis les personnes ; c'eſt-à-dire leurs descen-
dants. Fonteneilles[5], était un couvent, il y avait un très grand
nombre de religieux, la propriété en terres et prés, et bois,
étaient immenses [*sic*], et les religieux qui en étaient seul[s]
propriétaires cultivaient tout eux-mêmes, tout cela a été pris
en 1789 par les honnêtes révolutionnaires.

Les maladreries[6], appartenaient au roi, je ne sais si c'eſt
Louis XIII, ou l'un de ses ascendants, roi de France, bien
entendu, le roi donc était allé guerroyer en terre sainte, en
revenant tous les soldats sont tombés malades, en passant à
Rethel, l'hospice les a recueilli[s] et soigné[s], si bien qu'ils ont
presque tous été guéris, le roi voyant cela, pour remercier
ceux qui avaient si bien soigné ses hommes, leur a cédé, en
pur don, la ferme des maladreries, et tout le revenu de cette
ferme, a toujours servi, pour soigner les malades (jusqu'au
jour, qui n'eſt pas loin de nous) ou notre belle république,
l'a reprise à l'hospice de Rethel, pour la donner à la commune
de Rilly, qui en fait quoi... je ne puis vous dire au juſte, en
quelle année le canal, a été fait[7], ce que je sais parfaitement,
car cela m'a beaucoup frappée, c'eſt que je l'ai vu commen-
cer, et continuer toujours jusque bien plus loin que Vouziers,
j'avais peut-être sept ou huit ans, j'allais bien souvent avec
papa, promener, du côté de ces ouvriers là, il y en avait un
très grand nombre, et tous étrangers, on n'entendait pas un
mot de ce qu'ils disaient. M. de Mongont[8], M. de Saint
Giles, M. de Chanteloup étaient les trois familles nobles de
Semuy, mais il n'y a rien d'hiſtorique chez eux. Il y avait
encore M. de la Cour Renaut[9] quand tous les nobles, prêtres
et religieux, ont été chassés de France, et mis hors de pos-
session de tous les biens qui leur appartenaient, M. de Lacour
Renaut avait émigré en Angleterre, les révolutionnaires sont
venus chez lui, et ont tou[t] pris, tou[t] dévaſté et brulé ce

qu'ils ne pouvaient pas prendre, mais en quittant sa maison,
M. de Lacour Renaut avait laissé chez lui, avec tous ses
serviteurs un pauvre petit orphelin qu'il avait recueilli et
qu'il élevait par charité, voyant tou[s] les désastres de la pro-
priété, le pauvre petit, était allé se blot[t]ir dans un coin du
grand jardin, et regardait ce qui se passait, quand tout à
coup en voyant les épaisses fumées sortir de toutes les chemi-
nées, il aperçoit quelque chose de singulier ; ce quelque chose
tombe sur la terre il cour[t] et ramasse ! quoi, une feuille de
papier en partie brûlée, il ne regarde pas ce que c'est, pour
lui, c'est un souvenir, qu'il met précieusement au fond de sa
poche. Pendant ce temps, Bonaparte, est nommé Premier
Consul, il ordonne la réouverture des églises, il r'appelle
les prêtres, les religieux, les familles nobles, qui ont été
obligés d'émigrer à l'étranger, il ordonne que tous les biens,
qui n'ont pas été vendus, comme biens nationaux, soient
rendus à leurs propriétaires. M. de Lacour Renaut revient,
comme beaucoup d'autres, il trouve tout dévasté, et la mai-
son en partie brûlée, mais il trouve aussi le petit orphelin,
qui se jette à ses pieds embrasse ses genoux, et ne sait
comment lui manifester sa joie de le revoir, et puis sans
qu'il pense à autre chose, sa main touche dans sa poche, beau-
coup diraient c'est le ha[s]ar[d], et moi je dis, c'est la permis-
sion de Dieu ; que retire-t-il de cette poche ? le papier qui était
pour lui, le seul souvenir du passé, qu'il conservait précieuse-
ment, ne sachant même pas ce que c'était. Il le présente en
pleurant à son bienfaiteur : et quelle n'est pas la joie de
monsieur de Lacour-renaut en reconnaissant que ce papier,
en partie brûlé est le titre de toutes ses propriétés, il remercie
Dieu, et prenant l'enfant dans ses bras, il lui dit je n'ai point
d'enfant, je t'adopte, tu es mon fils à partir de ce moment
et m'appellera[s] ton père, et ma femme est ta mère. Nous
allons travailler et réparer le tort qu'on nous a fait. Le petit
orphelin s'est constamment montré digne de ses bienfaiteurs,
il les a soignés, jusqu'à leur dernier jour comme un vrai
fils, il s'est montré vraiment digne et reconnaissant envers
ses bienfaiteurs. Aussi l'ont-ils fait le seul, et unique héritier
de tou[t] ce qu'ils possédaient, et ceux qui sont aujourd'hui,
a Lacour renaut sont les descendants de celui, dont je viens
de parler.

La ferme des maladreries, ne porte ce nom, que depuis
que le roi, en a fait don, à l'hospice de Rethel. Maintenant,
bonsoir, il est temps que je me couche.

V[EUVE] RIMBAUD.

Il gèle fort, il fait très beau, et pas trop froid, parce qu'il
ne fait point de vent.

MADAME RIMBAUD
À SA FILLE ET À SON GENDRE

Charleville, 31 décembre 1898.

Mes enfants,

Je reçois vos souhaits de bonne année, je vous en remercie, et si Dieu exauce les prières que je lui adresse pour vous vous serez aussi, heureux, et bien portants pendant bien long-temps, mais n'oubliez jamais que, pour être heureux, il faut remplir scrupuleusement tous ses devoirs, si pénibles qu'ils soient. Je joins à cette lettre la carte demandée.

La toilette des dames de l'ancien temps? la voilà. Il n'y avait pas d'étoffe de laine pour les femmes. C'était toujours du coton, même pour les grandes toilettes, il n'y avait qu'une forme, un jupon, qu'on nommait une cote, et puis une cami-sole pareille à la cote, cette camisole ne faisait aucun pli, sur le corps ni aux manches, et elle descendait, à peu près, deux centimètres plus bas que la taille. Un jour de grande fête, si on faisait grande toilette, on posait sur ses épaules un tout petit châle, plié en pointes, les pointes ne dépas-saient pas la ceinture, derrière et devant, et s'attachaient avec deux épingles, on mettait aussi toujours un tablier de coton, également, mais toujours bleu, on mettait aussi tou-jours des bas de coton blanc, jamais de couleur. Les dames portaient des chaussures plates qu'on appelait des mules, et il y avait toujours dessus une petite boucle en argent. Elles étaient très bien chaussées. Quant à la coiffure, il m'est assez difficile de vous l'expliquer, car c'est assez compliqué. Tous les cheveux étaient relevés, et liés derrière la tête, et puis on les ramenait (toujours comme une queue) sur la tête, jusqu'au milieu du front, et arrivé là, on pliait ladite queue et on la retournait par-derrière, si bien que sur le front on voyait toujours et parfaitement le beau pli des cheveux. On tenait beaucoup à cela. Quant au bonnet, on disait coiffe et non pas bonnet, vous connaissez la coiffure des religieuses qui sont ici, sur la place Carnot[1], c'était absolument la même forme, mais les ailes qui sont aux deux côtés étaient un peu moins grandes, et puis au lieu d'être une mousseline épaisse, c'était une mousseline très fine, et par conséquent plus douce et puis plissée partout, et les plis aplatis avec le fer à repasser. Deux cordons de toile se liaient sous le menton, si bien que leur figure était enfouie là-dedans comme dans une corbeille blanche. Mais plus tard la mode a changé, non pas pour les

vieilles dames, mais pour la génération suivante, par exemple pour mes tantes. Les cheveux se peignaient comme j'arrange les miens aujourd'hui ; et puis on portait des bonnets de fine mousseline, absolument de la même forme que ceux que je porte aujourd'hui, mais il n'y avait jamais qu'un rang de plissés et de mousseline pareil au bonnet, et jamais on ne serait resté sans bonnet, cela eût été très indécent, et quand par hasard on était surpris, en train de se peigner, on rougissait très fort, et si c'était par un homme, on se sauvait et on ne reparaissait pas mais le moment était venu de porter des robes de laine, étoffe très grossière par exemple, car c'était le commencement, et puis on portait les châles plus long, seulement on faisait une distinction : les dames portaient noir et vert, et les demoiselles toujours rouge, quand il n'y avait point de deuil. Quant aux hommes, leur grande toilette était toujours en fort drap noir, pantalon large et long, gilet pareil, boutonné presque jusqu'en haut et habit à deux pans, on disait aussi habit à deux queues, absolument comme on les porte aujourd'hui dans les grandes cérémonies, on ne mettait jamais de redingotes, cet habit était inconnu, mais quand on voulait travailler, on mettait pantalon de toile, ou de coutil, et puis des guêtres, sur les gros souliers ferrés, au lieu des fines bottes qu'on chaussait quand on faisait grande toilette, et puis l'habit était remplacé par une grande blouse de toile bleue, qu'on nommait sarrau, comme vous voyez le vieux Michelet à Roche, quant aux gants ils n'étaient pas encore inventés, personne ne connaissait cela, mais ces messieurs ne sortaient jamais sans avoir une canne à la main, quant à la coiffure les anciens ont toujours porté le chapeau à haute forme mais forme plus large et, même pour travailler, ils n'avaient pas d'autre coiffure. Mais la génération suivante a adopté la casquette, comme on la porte aujourd'hui. J'achèverai plus tard, si vous en avez besoin, il est tard.

Mardi, j'ai rencontré sous les allées M. Pierre Dufour, il a toujours sa grande barbe noire mais plus longue, plus noire, et plus soyeuse, on voit qu'il en est fier, et qu'il la soigne, il m'a beaucoup regardé[e], et j'ai eu peur, un moment, qu'il ne s'arrête pour me parler, heureusement qu'il est arrivé un monsieur qui l'a salué, et cela l'a distrait.

Bonsoir, mes amis, il est tard, je vais me coucher.

V[EUVE] RIMBAUD.

Ne faites pas attention à mon écriture, je ne vois pas clair.

MADAME RIMBAUD À SA FILLE ISABELLE

Charleville, 9 juin 1899.

Ma fille,

C'est seulement aujourd'hui que je reçois votre lettre du 7 courant, mais hier dimanche la poste se reposait.

Hier, pour moi, jour de grande émotion, j'ai versé bien des larmes, et cependant, au fond de ces larmes, je sentais un certain bonheur que je ne saurais expliquer. Hier donc, je venais d'arriver à la messe, j'étais encore à genoux faisant ma prière, lorsqu'arrive près de moi quelqu'un, à qui je ne faisais pas attention ; et je vois poser sous mes yeux contre le pilier une béquille, comme le pauvre Arthur en avait une. Je tourne ma tête, et je reste anéantie : c'était bien Arthur lui-même : même taille, même âge, même figure, peau blanche grisâtre, point de barbe, mais de petites moustaches ; et puis une jambe de moins ; et ce garçon me regardait avec une sympathie extraordinaire. Il ne m'a pas été possible, malgré tous mes efforts, de retenir mes larmes, larmes de douleur bien sûr, mais il y avait au fond quelque chose que je ne saurais expliquer. Je croyais bien que c'était mon fils bien-aimé qui était près de moi. Il y a plus encore : une dame, en très grande toilette, passe près de nous ; elle s'arrête et lui dit en souriant : « Viens donc près de moi, tu seras beaucoup mieux qu'ici. » Il lui répond : « Je vous remercie, ma tante, je me trouve très bien ici, et je vous prie de m'y laisser. » Cette dame a insisté ; il a préféré rester. Il était très pieux, et paraissait tout à fait au courant de toutes les parties de l'office.

Mon Dieu, est-ce donc mon pauvre Arthur qui vient me chercher ? Je suis prête, mais je vous plains, ma fille, pour quand je ne serai plus.

Parlons de vous : votre mari n'a pas quarante-cinq ans ; donc il doit faire cette année-ci son service militaire dans la réserve ; il faut vous informer de cela ; c'est une chose sérieuse. Je ne veux pas qu'il vienne à Roche tant qu'il n'aura pas fait son service ; il risquerait de se faire prendre encore une fois par les gendarmes. Pour le coup je n'y survivrais pas : il est bien certain que je me tuerais ! J'ai assez souffert avec les deux enfants que Dieu m'a laissés. Informez-vous donc ; voyez soit les sergents de ville, soit des officiers ; enfin mettez-vous en règle, qu'il n'y ait pas de mauvaise surprise. Il lui faut absolument son livret militaire, il ne

Dieu veuille que vous suiviez exactement mes conseils. À vous.

V[EUVE] RIMBAUD.

MADAME RIMBAUD À SA FILLE ISABELLE

Charleville, 21 mars 1900.

Ma fille,

Il est presque inutile de vous écrire aujourd'hui, je n'ai rien à vous dire qui puisse vous intéresser.

J'ai été très heureuse il y a quelques jours, mais seulement pendant deux ou trois heures, j'ai revécu ma vie de jeune fille. J'étais à Mézières ; en sortant de l'église, je vois à louer l'appartement de Mlle de Latour[1], j'ai saisi cette occasion pour aller la voir. Je me suis présenté[e] comme voulant louer l'appartement. Elle ne me reconnaissait pas du tout, lorsque je lui ai parlé de son pays natal, elle s'informait des personnes qu'elle avait connues, et puis elle m'a demandé ce que Vitalie Cuif était devenue, et quand je lui ai dit c'est moi! j'ai cru qu'elle allait tomber faible d'étonnement, et puis elle ne voulait pas me croire, alors nous avons causé longtemps bien longtemps, et si j'avais voulu la croire, j'y serais encore, et elle m'a fait bien promettre d'aller la voir. Il y a quatorze ans qu'elle occupe cet appartement, elle et sa nièce ont été malades, le médecin leur a dit qu'il faut l'air de la campagne pour les remettre tout à fait. Elles vont demeurer à Launois, pas loin de Charleville[2]. Je dois bien vous ennuyer en vous racontant cela. La maison à vendre à Charleville, rue de la Providence, c'est la maison où demeuraient M. et Mme Promsy, celle de la rue des Capucins c'est celle où demeure M. Bourbon, notre épicier, la maison de la rue Forest, c'est celle de Mme Carion. La mission est terminée. Je ne puis vous dire combien on s'est montré pieux et empressé à aller à tous les offices et tous les sermons, le soir à huit heures, c'était exclusivement pour les hommes. L'église n'était pas assez grande, et il fallait voir tous ces messieurs embrasser le Christ, beaucoup en pleurant, et aller à confesse et communier, et combien d'offrandes, argent, bougies et autres choses, impossible de vous raconter tout, décidément, il y a à Charleville beaucoup plus de bons que de mauvais.

Au revoir, ma fille, portez-vous bien.

V[EUVE] RIMBAUD.

MADAME RIMBAUD À SA FILLE ISABELLE

Charleville, 20 mai 1900.

Ma fille,

Que vous dirai-je? Il y a des créatures qui sont destinées à toutes les souffrances de la vie : je suis de celles-là.

Hier samedi, on a fait l'exhumation des cendres de ma pauvre Vitalie; et, comme j'avais expressément défendu que personne n'y touche, on m'a fait appeler à cinq heures du soir. Quand je suis arrivée, le cercueil était déjà ouvert. J'en ai retiré tous les os et toutes les chairs pourries, ce qu'on nomme cendres ; aucun os n'était cassé, mais ils étaient tous détachés les uns des autres, la chair étant pourrie. Cependant, il y avait encore des côtes qui tenaient ensemble par deux et trois, et avaient tout à fait conservé la forme de la poitrine. Le crâne était tout à fait intact, encore recouvert de la peau, encore recouvert de la peau gâtée, et beaucoup de tout petits cheveux très fins, si fins qu'on les voyait à peine.

J'ai placé tous ces débris dans un grand drap très blanc que j'avais porté exprès, et j'ai déposé le tout dans un cercueil en bon chêne, que j'avais fait préparer d'avance ; et, le cercueil fermé et vissé, je croyais qu'on allait le déposer en attendant que le caveau soit fait, je croyais, dis-je, qu'on allait le déposer dans le caveau commun du cimetière. Pas du tout ! sans même me prévenir, on a porté ces restes qui me sont si chers dans la chapelle, et on les a déposés au pied et tout contre l'autel ; et on a recouvert ce cercueil encore d'un drap blanc pris je ne sais où.

Donc on va faire la partie du caveau occupée par ma pauvre Vitalie, et ensuite on procédera à l'exhumation de mon pauvre Arthur et de mon bon père. J'ai été étonnée de ne pas trouver le cercueil de papa sur celui de Vitalie. On m'avait dit qu'il y était déposé ; mais on pense le trouver avec celui d'Arthur ; à moins qu'il ne soit tout à fait détruit, depuis 1858 qu'il est enterré ! J'en serais bien contrariée.

Je ne puis vous écrire plus longtemps, je suis encore invitée à un enterrement aujourd'hui, à une heure et demie de l'après-midi. Je porterai ma carte.

C'est aujourd'hui la première communion. Je suis allée à la messe de six heures. Il fait un froid excessif ; on dit qu'il a gelé très fort.

Au revoir, ma fille,

V[EUVE] RIMBAUD.

Je viens encore de répandre mon encrier, que je suis donc maladroite! Il faudrait que j'écrive grand, grand, comme sur l'adresse.

MADAME RIMBAUD À SA FILLE ISABELLE

Charleville, 24 mai 1900.

Ma fille,

Il est tard, sept heures vont sonner, et je suis très fatiguée. Bien sûr que je ne finirai pas cette lettre.

Hier, à cinq heures du soir, on a exhumé le cercueil de mon pauvre Arthur; ce cercueil est absolument intact, pas la plus petite déchirure, à peine un tout petit peu noirci, par le contact de la terre. La belle croix dorée qui est dessus, on croirait qu'elle vient d'être faite; et la plaque sur laquelle est marqué son nom, on croirait qu'elle vient d'être posée. Les ouvriers qui y travaillaient, et beaucoup de personnes qui viennent voir ce caveau, étaient stupéfaits de voir cette conservation extraordinaire. Maintenant le voilà bien placé; il durera longtemps, à moins qu'il n'arrive quelque chose d'extraordinaire : Dieu est le Maître.

Le cercueil de mon bon père est en dessous; on en fera l'exhumation demain vendredi, s'il n'y a point d'empêchement. Je passe la moitié de mes journées, en deux fois, au cimetière; c'est moi qui dirige les travaux, qui commande les ouvriers. Quand on a commencé les travaux, on ne faisait pas à mon idée. J'ai fait mes observations, alors les entrepreneurs m'ont dit : « Eh bien! vous avez l'air de vous y connaître; commandez vous-même les ouvriers, et dirigez les travaux comme vous voulez qu'ils soient faits; mais comme vous voulez quelque chose de très solide et très bien fait, cela nous demandera plus de temps. »

Ma contrariété, c'est que voilà la pluie. Les cendres de papa seront réunies à celles de ma pauvre Vitalie, dans le même cercueil; il ne doit pas y en avoir beaucoup, depuis quarante-deux ans qu'il est enterré, et surtout après avoir déjà subi une exhumation, car il était enterré dans l'ancien cimetière. Mais si vous saviez que de formalités il m'a fallu remplir, ma fille! D'abord l'autorisation du maire pour faire le caveau; ensuite la permission du préfet pour l'exhumation : le préfet s'informe de l'honorabilité des personnes en question, et de leur position, pour l'argent à dépenser. Il faut croire qu'on n'a point dit de mal de moi, car j'ai obtenu sans peine ce que je demandais.

Vendredi 25 mai.

Il est midi ; je viens du cimetière, où j'étais depuis avant neuf heures du matin. On a fait l'exhumation des restes de mon bon père ; rien de démoli au cercueil ; il a fallu l'ouvrir : tous les os très bien conservés, tête complète, la bouche, les oreilles, le nez, les yeux. Rien de cassé. On a remis le tout dans le même cercueil que ma pauvre Vitalie, car ses restes à elle ont tenu au moins trois quarts moins de place que ceux de papa ; c'est tout naturel : elle n'avait que dix-sept ans et papa en avait cinquante-huit, et il était très grand et très fort. Le cercueil est replacé à la chapelle, au pied de l'autel. Maintenant on va finir le caveau, et puis on y replacera le cercueil : ce ne sera que la semaine prochaine. Je ne vous écrirai que quand ce sera fini, à moins de circonstances imprévues. Si vous saviez tout ce que j'ai à faire !

Au revoir, ma fille.

V[EUVE] RIMBAUD.

Mon dernier local va bientôt être prêt.

MADAME RIMBAUD À SA FILLE ISABELLE

Charleville, 1er juin 1900.
Jour néfaste.

Ma fille,

J'éprouve une satisfaction intérieure impossible à dire : je sens que j'ai fait la volonté de Dieu.

Le caveau est fait, et bien fait ; mais cependant pas encore tout à fait à mon idée. Ma place est prête, au milieu de mes chers disparus ; mon cercueil sera déposé entre mon bon père et ma chère Vitalie à ma droite, et mon pauvre Arthur à ma gauche. J'ai fait faire deux petits murs en brique sur lesquels sera posé mon cercueil, et j'ai fait attacher au mur une croix et une branche de buis bénit. J'ai fait venir le fossoyeur, et je lui ai bien fait voir où je veux être. Il m'a très bien comprise. Tout est en ordre.

Avant de sceller la pierre d'entrée, qu'on appelle porte, et qui a cinquante centimètres carrés, juste pour passer le cercueil, j'ai voulu le visiter encore une fois, pour voir s'il ne restait rien à faire. Les ouvriers m'ont fait glisser tout doucement jusqu'au fond du caveau ; les uns me tenaient par les épaules, et les autres par les pieds. Tout est bien : c'est en ce moment que j'ai fait mettre la croix et le buis. La sortie du

caveau a été plus difficile, car il est très profond ; mais ces hommes sont très adroits, et m'en ont très bien tirée, mais avec peine.

J'ai fait mon devoir. Mon pauvre Arthur qui ne m'a jamais rien demandé, et qui par son travail, son intelligence, sa bonne conduite, avait amassé une fortune, et amassé très honnêtement, il n'a jamais trompé personne ; au contraire, on lui a fait perdre beaucoup d'argent, qu'on lui doit encore ; et le cher enfant était très charitable, cela est bien connu. Vous-même, ma fille, vous savez l'argent que vous avez envoyé là-bas pour être remis à son serviteur, et d'après ses recommandations.

Ma chère Vitalie était travailleuse, intelligente et sage ; tous ceux qui l'ont connue l'ont estimée, admirée et aimée, dans la pension et partout ailleurs. Mon bon père était un parfait honnête homme, bien connu par tous, et il a renoncé à toutes...

[*La fin de la lettre manque.*]

MADAME RIMBAUD À SA FILLE ISABELLE

Charleville, 7 février 1901.

Ma fille,

Je vous écris à la hâte, je suis très pressée, je voudrais que ma petite caisse vous arrive aujourd'hui. D'abord, vous trouverez les *Veillées des chaumières* dans la caisse ; quant à la lessive, vous pouvez envoyer votre linge, mais comme il pleut toujours, il sera un peu long à sécher, si vous l'envoyiez par grande vitesse, cela irait peut-être plus vite, faites comme vous voudrez, je m'en occuperai volontiers et je ferai pour le mieux, j'y compte. Je vous renvoie ci-jointe l'ordonnance, que j'ai trouvée dans votre lettre, le pharmacien a écrit une observation au bas de cette ordonnance, il a hésité pour faire vos petits plaquets [*sic*] comme vous le demandiez, prenez garde, n'allez pas vous faire du mal, si votre médecin était M. Gilbert[1], je ne m'inquiéterais pas.

Je vous envoie du blé, du seigle, de l'orge et de l'avoine, cette avoine m'étonne. J'ai toujours entendu dire que l'avoine est échauffante ; quant aux bonbons du pharmacien, il y a double poids, cela vous durera plus longtemps.

Je n'ai point de chance, il est à peine midi, je viens de mettre mon colis à la gare, et on me dit qu'il ne partira qu'à dix heures du soir, donc vous ne l'aurez que demain, on doit

vous le porter à domicile, et port payé, il y a un peu moins de
deux livres de beurre, et puis des pruneaux, et puis du pain
d'épice ; je voulais mettre des œufs mais j'ai craint qu'ils ne se
cassent, ayez soin de m'écrire aussitôt que vous aurez reçu, et
si le colis n'eſt pas en bon état, quand il vous arrivera, ne le
recevez pas et faites de suite une réclamation. Il faut que
[je] porte bien vite cette lettre à la poſte, je voudrais qu'elle
vous arrive aujourd'hui. Mettez moi bien au courant de
votre santé, ne me mentez pas, vous le paieriez cher. Vous
savez ce que je vous ai dit pour votre linge, tâchez qu'il
soit ici lundi si toutefois vous me l'envoyez, vous savez que
les lessiveuses, ici, ne prennent le linge que le lundi et le
mardi ; votre poulet eſt petit et maigre, aujourd'hui jeudi,
il n'y avait rien sur le marché, il aurait fallu attendre un lundi.

Au revoir, ma fille, que Dieu soit avec vous.

V[EUVE] RIMBAUD.

MADAME RIMBAUD À SA FILLE ISABELLE

Charleville, 3 février 1902.

Ma fille,

Je vous envoie neuf mètres de flanelle de coton, je ne sais si
elle vous plaira, mais elle eſt tout à fait à mon goût ; quant au
velours, je suis allée dans cinq magasins de marchands
tailleurs et autres, je n'ai rien trouvé, absolument rien, mais
on m'offrait de m'en faire revenir, d'Amiens, le prix serait
de 3,50 par mètre, non compris la commission, ce qui revien-
drait à 4 francs le mètre, et puis je crains que celui qu'on
enverrait ne convienne pas et, l'ayant fait demander,
on ne pourrait pas le refuser, donc j'en suis reſtée là. Je
vous envoie aussi des pruneaux, du lapin et quatre douzaines
de biscuits, que je ne déclarerai plus, puisqu'on ne paie point
d'entrée. Non, la demoiselle d'en bas n'eſt pas guérie, à
beaucoup près, la maladie qui était à l'intérieur de la tête eſt
maintenant en dehors, elle a de grosses et grandes croûtes
sur la figure, et cela n'eſt ni beau ni ragoûtant, c'eſt M. Pillière
qui la soigne, médecin qui ne me plaît pas. Je n'ai encore
rien décidé quant à mon appartement. M. Féré déménage
aussi, et voilà, qui va-t-on mettre au premier ? Je suis vrai-
ment bien contrariée, je ne connais pas les personnes qui
m'ont offert leur appartement, je sais seulement que l'un
eſt boulevard Gambetta et l'autre rue des Capucins, d'ailleurs
je n'aime pas ces rues-là, je voudrais ou les Allées ou rue

Thiers, mais j'ai le temps d'y penser. Depuis quelques jours il gèle très fort ici, il fait très froid et le vent eſt si grand et si fort qu'on ne sait marcher dans la rue. Je crains qu'il n'y ait quelque chose de démoli à Roche. Ce Lecourt a si peu de soin qu'il ne ferme jamais de portes ni de contrevents. Faites ce que vous voudrez de l'étoffe que je vous ai envoyée l'autre jour, mais tâchez au moins qu'elle vous soit sérieusement utile, pour une robe du matin ce sera peut-être un peu salissant, mais enfin faites-en ce que vous voudrez. Vous me dites, ma fille, de vous envoyer paître à cause de vos demandes, mais je voudrais pouvoir faire encore plus, vous êtes une fille honnête, on ne peut rien vous reprocher. Ceux qu'il faut envoyer paître, ce sont ceux qui ne croient pas en Dieu, puisqu'ils n'ont ni cœur, ni âme, on peut les envoyer paître avec les vaches et les cochons, ce sont leurs égaux.

Je mets cette lettre à la poſte, avant de faire mon marché, parce que si elle partait après une heure et demie, vous ne l'auriez pas aujourd'hui, donc je vous envoie neuf mètres de flanelle de coton, une demi-livre de beurre, quatre douzaines de biscuits, des pruneaux et du lapin. Je ferais peut-être bien de vous envoyer le prochain poulet samedi prochain, afin que vous l'ayez pour le mardi gras, vous me direz cela sur votre prochaine lettre; vous savez que le mardi gras, cette année, c'eſt le 12 février.

Au revoir, ma fille, soignez-vous.

V[EUVE] RIMBAUD.

MADAME RIMBAUD À SA FILLE ISABELLE

Charleville, 2 avril 1903.

Ma fille,

Ne vous inquiétez pas de moi, si je ne vais pas mieux, je ne vais pas plus mal. Je vous recommande, quand vous arriverez à Roche, de faire attention au feu, vous savez que la cheminée eſt très sale, et puis fermez bien vos portes quand vous irez soit au jardin, soit à la cour, et même quand vous monterez dans les chambres en haut, pendant le jour, ayez soin de mettre le clichet de la porte, et puis ne laissez jamais la clef du salon sur la porte, prenez bien garde à vous, car aujourd'hui tout eſt permis aux malfaiteurs, sous ce beau gouvernement [1].

Vos affaires sont emballées, mais je ne suis sûr[e] d'arriver à Roche à peu près en même temps que vous. Depuis une

semaine il fait très mauvais temps, et alors pas bien bon à la campagne. On me demande à louer le jardin de Roche, mais seulement la portion de Fransquin [1], et on ne m'en offre que 60 centimes de la verge, et seulement pour un an, j'ai refusé, mais je le laisse à 70 centimes la verge et à condition qu'on prendrait aussi la part que Dressé avait au grand jardin; si je n'ai point de réponse demain, c'est qu'on n'accepte pas, donc il n'y aura rien de fait. Surtout n'achetez pas vos graines à la marchande de l'année dernière, elle vous avait joliment trompée, j'en achèterai ici. À Dieu, ma fille.

V[EUVE] RIMBAUD.

Je reçois à l'instant votre lettre du 2 avril, par laquelle vous m'annoncez que vous arriverez à Roche lundi prochain 6 du courant, et vous me dites que vous irez me chercher le lendemain mardi à la gare de Voncq. Non, ma fille, ne venez pas me chercher à la gare de Voncq, il est probable que je n'y serai pas, il fait froid, et puis mauvais temps, je ne me sens pas capable de voyager par ce temps-là, cependant je ne suis sûr[e] de rien, mais ne vous dérangez pas pour moi, tâchez seulement d'être à Roche quand j'y arriverai, car je ne suis capable de rien faire. L'individu qui voudrait louer le terrain qu'avait Fransquin est le locataire de la maison Bruge, ne faites pas cultiver ce terrain avant de lui demander s'il est bien décidé à le prendre, pour les conditions que je lui propose, et dont je vous donne le détail sur le papier ci-joint. Je ferai ce que je pourrai pour partir mardi, mais je doute que cela me soit possible, mais surtout ne vous dérangez pas pour venir me chercher à la gare de Voncq. À Dieu.

V[EUVE] RIMBAUD.

MADAME RIMBAUD À SA FILLE ISABELLE

Charleville, 5 mars 1905.

Isabelle,

Je suis inquiète, je vous ai envoyé une livre de pruneaux et vous ne m'en parlez pas sur votre dernière lettre, votre colis avait-il été ouvert en ville, y manquait-il quelque chose? Il faut me prévenir, mais il n'est plus temps de réclamer, cependant je vous avais prévenue du contenu de ce colis. Je n'ai rien à vous dire, tout est tranquille ici à Charleville, le commerce reprend, les industriels sont contents, et aussi les ouvriers, et moi je suis bien contrariée. Je ne sais si je

dois conserver mon appartement ou retourner à Roche pour me remettre dans la culture, je ne sais que faire à cause de mon âge et puis je ne vois plus clair. À quoi pensez-vous de me dire de louer à Masset[1], il faudrait que je n'eusse point de cœur, j'aimerais mieux que mes terres reſtent à trio[2], voilà le moment arrivé de prévenir M. Périn si je ne dois pas conserver mon appartement, j'en ai des difficultés dans ma triſte vie, quant au jardinier de M. Flammanville[3], son garçon eſt encore trop jeune, il va encore à l'école, il n'y aurait eu que Lorain de Rilly, mais il veut vendre ses deux ou trois petites terres avant de louer. Les Haizaux[4], eux, en ont déjà bien trop, ils travaillent toujours, mais ils ne font pas beaucoup d'ouvrage. Lecourt m'a écrit qu'il me donnera bientôt de l'argent; s'il se mettait à peu près au courant, je le conserverais encore un peu. Je vous préviens que vendredi, 3 mars 1905, j'ai envoyé cent francs au percepteur d'Attigny à valoir sur les contributions de ladite année 1905. Vous trouverez, en cas de ma fin, le reçu de la poſte, avec les feuilles de contributions, excepté celle que j'ai déposé[e] avec ma réclamation à la préfecture. Je vous préviens aussi que, la veille de mon départ de Roche, j'ai encore prêté quatre cents francs à Lecourt Boquillon, ce qui fait douze cents francs, qu'il me doit en deux billets, tous ces papiers sont renfermés dans ma grande poche, ainsi que l'argent que j'ai encore en ce moment; si je meurs, ne laissez pas inventorier le contenu de cette poche, cachez-la; mais après vous partagerez avec votre frère, mais avant tout il faut y prendre pour payer mon enterrement.

À Dieu, ma fille.

V[EUVE] RIMBAUD.

Ne faites pas attention à ma belle écriture, je ne vois plus clair, et puis je tremble tant que je ne sais plus tenir ma plume — et cependant je ne suis pas malade en ce moment, je vous avais écrit hier mais mon écriture était si mal faite que vous n'auriez pu la lire, c'eſt pour cela que j'ai recommencé aujourd'hui.

MADAME RIMBAUD À SA FILLE ISABELLE

Roche, 30 octobre 1906.

Ma fille,

Je n'ai rien trouvé hier à la vente qui puisse vous convenir; les duvets[5] étaient en très mauvais état, les toiles toutes

déchirées, de grands trous qu'il fallait relier avec des cordes, et toute la plume s'envolant partout, et les toiles vieilles et sales. Les couvertures étaient dans le même genre, il y en avait deux blanches, une en coton et l'autre en laine, que j'aurais voulu avoir, mais elles étaient complètement pliées, et on n'a pas voulu les déplier pour que je les voie, le prix de l'une a dépassé trente francs, et l'autre plus de vingt francs, si vous voulez, je vous achèterai de la plume d'oie que je mettrai dans une toile de mousseline blanche que j'ai apportée de Charleville pour faire des rideaux, et je vous l'enverrai, comme duvet; quant aux couvertures, je ne vois pas la possibilité d'en acheter dans nos pays. Au lieu d'accepter ce que je vous offre, si vous avez besoin d'une petite somme de cinquante francs, je vous l'enverrai, n'hésitez pas à me le dire, vous pouvez croire que je ferai ce que je pourrai, ou bien aimez-vous mieux que je vous envoie la couverture que vous avez apportée de Paris? on ne s'en sert pas du tout ici, et jamais elle va à Charleville. Dites-moi ce que vous voulez, vous pouvez croire que je ferai ce qui me sera possible de faire, selon mes petits moyens.

À Dieu, ma fille. Soignez-vous bien, et dites-moi souvent comment vous allez.

V[EUVE] RIMBAUD.

Je vais bientôt partir d'ici, et je voudrais bien vous envoyer avant mon départ quelques provisions, dites-moi ce qu'il vous faut, est-ce un canard, ou un poulet, ou un lapin, et encore quoi? dites-le-moi.

MADAME RIMBAUD À SA FILLE ISABELLE

Charleville, 22 novembre 1906.

Ma fille,

Je reçois à l'instant votre lettre d'hier 21 courant, je suis contente d'apprendre que vous allez mieux, mais prenez toujours beaucoup de précautions, la plus petite imprudence pourrait vous conduire au malheur. Je suis très pressée et ne puis vous écrire plus longtemps, vous trouverez dans cette lettre un mandat, de la valeur de cinquante francs, que je vous ai promis, recevez-les; quant aux deux cents francs que vous me demandez, je ne refuse pas, mais attendez encore quelques jours.

À Dieu! ma fille.

Je vous quitte vite, je suis très embarrassée en ce moment, surtout soignez-vous bien.

Je ne puis vous acheter aucune provision avant lundi, il n'y a rien au marché.

                                        V[EUVE] RIMBAUD.

MADAME RIMBAUD À SA FILLE ISABELLE

                                Charleville, 24 novembre 1906.

Ma fille,

Je viens de recevoir votre lettre d'hier 23 courant, vous me dites que vous avez trouvé dans ma dernière lettre un mandat de la valeur de cinquante francs, en vous envoyant cela, j'ai fait une erreur, j'étais si pressée d'ouvrage, que je n'avais pas bien compris votre demande d'argent, au lieu de cinquante, c'était quatre-vingts francs que vous me demandiez; aujourd'hui, je répare mon erreur, je vous envoie en un mandat les deux cents francs que vous me demandiez et en plus trente francs pour arriver aux quatre-vingts francs que vous me demandiez en y joignant les cinquante francs que je vous ai envoyés il y a trois jours et que vous me dites aujourd'hui avoir reçu[s]. Mais je ne suis pas tranquille, je crains que ce mandat ne passe en d'autres mains que les vôtres. Aussitôt que vous aurez touché cet argent, vous aurez soin de m'écrire[1]. Depuis qu'il n'y a plus de religion, il n'y a plus d'honnêteté. Nous en avons toujours des preuves dans nos pays. Tous les jours il y a des vols, des attaques de toute façon. Avant-hier l'église de S[ain]te-Vaubourg a été cambriolée et d'autres vols ont été commis dans les environs, c'est sans doute pour récompenser les francs-maçons qu'on nous oblige à leur donner quinze mille francs par an, après qu'ils ont volé toutes les propriétés religieuses, et nous, que deviendrons-nous, avec nos propriétés? que nos parents et nous avons gagnées en travaillant; et vous vivez avec ces gens-là, je crains que cela ne tourne mal pour vous.

Il est trois heures, on ne voit plus clair, depuis que je suis ici, il fait un brouillard continuel et il pleut, mais il ne fait pas froid. Lundi je ferai tout mon possible pour vous envoyer quelques provisions. Je pense que l'étoffe que vous me demandez ne sera pas facile à trouver, c'est trop ancien, j'irai chercher dans les magasins, il m'en aurait fallu un petit morceau, j'aurais trouvé plus facilement. Que de choses j'ai à vous dire, mais je ne puis, j'ai trop d'ouvrage, Marie ne travaille que pour elle.

Lundi, 26 novembre.

Ma fille,

Je mets à la poste cette lettre renfermant un mandat, de la valeur de deux cent trente francs, qui doit vous être payé aussitôt que vous le présenterez au bureau de la poste ; s'il vous arrivait quelque empêchement, vous auriez soin de me l'écrire de suite.

V[EUVE] RIMBAUD.

Je vais aller à la gare porter un paquet de provisions qui doit vous être remis à domicile port payé, deux livres de beurre, quatre fromages, un poulet, un morceau de lapin, deux douzaines de biscuits. À Dieu ! ma fille, priez Dieu et faites votre devoir en toutes choses.

V[EUVE] RIMBAUD.

MADAME RIMBAUD À SA FILLE ISABELLE

Charleville, 30 décembre 1906.

Ma fille,

Je ne viens pas vous souhaiter une bonne année, cela est inutile, les actions sont tout. Tous les jours, je prie Dieu de vous donner la santé complète, du corps et de l'esprit, et l'intelligence et la sagesse et toutes les vertus chrétiennes ; afin que vous compreniez bien sa sainte volonté, et que vous remplissiez bien tous vos devoirs, envers Dieu et envers le monde. Que le Dieu tout-puissant exauce mes prières, car vous êtes dans une triste position, qu'il vous soulage et qu'il vous aide, pauvre fille !

Il fait très mauvais temps, ici, très forte gelée, très froid, et beaucoup de neige ; il y a quelques jours, je voyais sur mon journal que du côté de Vouziers il y a des endroits où la neige a un mètre d'épaisseur, à Charleville beaucoup de maisons ont toutes leurs persiennes fermées et non ouvertes depuis quelques jours, j'ai fait la même chose, mais pas aujourd'hui, il dégèle un peu. Marie est dehors depuis le matin, et je suis seule pour voir à tout, elle est à la recherche, une cousine qui doit passer à Charleville ; elle voulait l'amener ici, mais je m'y suis opposée énergiquement, je n'aurais pas pu vous écrire. Je joins à cette lettre une petite annonce qui pourra [être] peut-être utile, c'est un remède contre le

rhume et autres maladies, tout se passe très bien, ici tous les offices se célèbrent, régulièrement et avec beaucoup de piété, et on n'a jamais vu tant de monde à l'église, belle messe à minuit, et le jour de Noël l'église n'était pas assez grande, beaucoup de personnes étaient obligées de rester dehors, et il manquait beaucoup de chaises ; beaucoup d'hommes, beaucoup de communiants, hommes et femmes.

M. Bourgeois reçoit aujourd'hui en vacances ses deux garçons pour quelques jours ; l'aîné est ingénieur, l'autre achève ses études à Reims ; ses deux filles religieuses, l'une est en Italie et l'autre en Belgique, la troisième est morte l'an dernier, elle avait vingt-cinq ans, celui-là a eu beaucoup de peine aussi, il s'arrange très bien avec sa belle-mère, et cependant cette personne n'a pas une bonne réputation, mais lui est si vertueux et si travailleur. Jusqu'ici je n'ai pas à me plaindre de Mme Talo, elle est convenable avec moi. Dauphi m'a envoyé par la poste quinze francs à valoir sur ce qu'il me doit, il me doit encore au moins une soixantaine de francs, il n'est plus chez Haizeaux, il est à Forest[1], je ne sais pas ce qui se passe à Roche, je n'en ai point de nouvelles.

Je suis obligée de vous quitter, on m'annonce une visite pour Marie. Dites-moi si je dois vous envoyer quelque chose, les provisions de la semaine dernière étaient-elles bonnes ? le beurre était d'Attigny, le poulet paraissait vieux et dur, les fromages n'étaient pas de la même marchande, prévenez-moi de tout afin que je prenne des précautions ; le chauffage est-il cher chez vous ? ici, la houille est beaucoup augmentée à cause des grèves des ouvriers ; les légumes ne sont pas plus chers que les autres années, excepté les pommes de terre. Vos légumes et vos fruits se sont-ils bien conservés ? À Dieu ! ma fille, soignez-vous bien et donnez-moi des nouvelles justes.

V[EUVE] RIMBAUD.

MADAME RIMBAUD À SA FILLE ISABELLE

Roche, 16 mai 1907.

Ma fille,

Il pleut. J'en profite pour vous écrire, mais je perds un bon moment par la visite de M. le curé. Le temps est très changeant ici, depuis cinq ou six jours il faisait très chaud, depuis hier il fait très froid, ce changement de temps est très contraire à la santé, je crains que cela ne vous fasse mal

quand vous viendrez, et puis cela est très mauvais pour les
jardins, les légumes ne viennent pas, depuis un mois que nous
avons semé, et planté, on ne voit sortir de terre que de très
rare[s] petit[s] brin[s], et aucunes pommes de terre, et dans
les autres jardins, c'est comme dans le nôtre, celui de Lecourt
est un peu plus avancé. Je crains que vous ne soyez heureuse
ici, cependant les empouilles[1] des champs sont en bon état.
Je ne connais rien de nouveau ici.

Les Michelet[2] vieillissent de plus en plus, Mme Doyen[3]
est toujours sans bonne, et on dit qu'elle n'en veut point
reprendre ; j'ai loué la luzerne de mes jardins à Houart, le
jardinier du château, et Lefèvre[4] ne m'a pas encore payé le
blé et la luzerne de l'année dernière, il me demande un retard
de deux mois. Dauphi ne me paie pas, et il ne veut pas quitter
la maison en ce moment, j'ai loué le petit jardin au garde
champêtre, Legrand[5], et on me demande aussi les petites
écuries. Lecourt[6] est en joie, il vient de lui venir un beau
poulain, d'une jument qu'il a achetée huit cents francs, il
vient aussi de lui venir un beau veau, le voilà dans la bonne
voie, mais y restera-t-il longtemps ? Son ouvrage se fait un
peu mieux, parce que sa fille[7] va à la charrue seule avec plu-
sieurs chevaux, c'est elle qui herse et qui sème aussi quelque-
fois, et elle est très contente de faire tous ces travaux.

Marie vient de recevoir deux lettres de ses cousines l'invi-
tant à aller les voir le jour de la Pentecôte, elle a répondu
qu'elle n'irait qu'au mois de juin, mais aujourd'hui qu'il
fait très mauvais temps, la voilà partie pour Attigny faire
ses affaires, me voilà seule pour la journée. Dites-moi ce
que je dois vous envoyer en provisions la semaine prochaine
pour que j'aie le temps de chercher, car il est difficile de
trouver ce qu'on veut en cette saison.

Le 26 mai, première communion à S[ain]t[e]-Vaubourg ; il
n'y a de notre paroisse que la petite Masset ; j'espérais vous
écrire un peu plus, mais le facteur va revenir, il me faut vous
quitter. À Dieu ! ma fille.

V[EUVE] RIMBAUD.

Soignez-vous bien et donnez-moi des nouvelles exactes
de votre santé et de votre position, je vous envoie un courrier
qui n'a cependant rien de nouveau en ce moment, pluie,
encore pluie et froid.

MADAME RIMBAUD À SA FILLE ISABELLE

Roche, 6 juin 1907.

Ma fille,

Au moment où je me prépare à écrire, il passe ici beaucoup de militaires, ce qui me donne une très forte émotion, en souvenir de votre père avec qui j'aurais été heureuse *si je n'avais pas eu certains enfants qui m'ont tant fait souffrir.*

Depuis le premier juin, le temps est très refroidi; et puis il pleut tous les jours, et souvent le vent est très grand. Rien ne pousse presque pas dans notre jardin, point d'oignons ni de carottes; les haricots et les pois viennent, tout doucement, mais ils ont été plantés si clair par cette Marie, que nous n'en aurons presque point. Elle n'écoute jamais mes conseils, elle prétend faire tout mieux que les autres; les légumes ne lui plaisent pas beaucoup, il ne lui faut que beaucoup de bonnes viandes, et bons desserts, dès son lever jusqu'à son coucher.

C'est dimanche prochain la fête ici; mais vous pensez bien que je ne m'en occupe pas, excepté pour désirer qu'elle finisse bien vite. L'église de Vouziers vient d'être volée: on y a pris six mille francs. Dans un village pas bien loin, on vient de tuer une vieille rentière pour la voler. On voit ces choses-là presque tous les jours.

Vous me demandez si Émile Lecourt parle de louer ma propriété: non, certainement; son père et sa mère sont toujours malades; et pour ce motif, il ne peut pas penser à louer, à moins qu'il ne se marie; mais je ne vois personne pour lui dans nos pays. Les Michelet sont toujours les mêmes: c'est comme moi, ils vieillissent tous les jours et ils sont tous souffrants. Mme Doyen est toujours la même, elle a continuellement des ouvriers pour faire des pavés dans sa cour et dans sa maison, ce qui fait dire à tout le monde qu'elle n'a pas les mêmes idées que son mari, qui ne voulait jamais dépenser un sou. Voilà déjà trois ou quatre fois depuis que je suis ici, que les cultivateurs de Roche conduisent leur fumier, et Lecourt n'a pas encore conduit le sien une seule fois, malgré mes conseils que je lui donne.

Les Parisiens sont ici; ils prétendent vous connaître beaucoup, ils disent qu'ils vous rencontrent très souvent, surtout votre mari; et je n'entends pas faire un compliment: on dit qu'on le voit avec son frère, qui ne vous fait pas beaucoup d'honneur; on dit que c'est la peinture qui rend votre mari malade; et en effet, j'en ai connu qui étaient toujours malades

et qui sont m... dans cette position...
gagne pas de c... ...ablement. Il paraît
l'odeur de la c... ...ne la maladie Ain...
prenez garde de sa cousin... ...urriez prend... aus... nnon-
die. ...temps, de ...rviteurs, le
Marie vierc... ...très peu de fruits
çant la mor... ...uisnièr... Il ... extraordinairement
valet de ch... ...d'arbre...ps sont en retard à cause
cette année, pouill... des c...
bien fleuris...
du froid c...ille

À Dieu V[EUVE] RIMBAUD.

M... je por lagare un paqu...et de provisions, pour
vous ...e remis à midi..., ort pa... : un poulet, un canard,
qu...re livres de ...rre, qu...re d...zaines de biscuits.
À Dieu!

MADAME R...BAUD À SA FILLE ISABELLE

Roche, 20 juin 1907.

Ma fille,

Aujourd'h... jeudi je commence à vous écrire, parce que
demain je ne pourrai pas, j'aurai du monde toute la journée,
et du monde très embarrassant et coûteux, mais il y a des
choses dans la vie auxquelles on ne peut se soustraire. Depuis
déjà longtemps, j'étais dans un grand embarras, et bien
tourmenté[e] j'espère que cela finira bientôt. Je ne sais rien de
nouveau si ce n'est que Charle[s] Lecourt voudrait louer ma
propriété, renouveler son bail; il me l'a proposé, je lui ai
répondu que s'il me paie bientôt la moitié de ce qu'il me
doit de son fermage arriéré, je consentirai à sa demande,
sans lui faire grâce de ce qu'il me doit en plus, il est temps
que je m'occupe de louer cette propriété. Monart a fauché et
rentré la luzerne de nos jardins, mon avoine de Chaussenette[1]
serait assez belle, mais, la terre étant très maigre, je pense
que l'empouille sera médiocre, on croirait que les gens de
notre pays sont millionnaires tant ils ont l'air satisfaits et
heureux. Le temps est très drôle; avant-hier, il avait gelé,
hier il faisait très chaud, aujourd'hui on grelotte; jamais je
n'ai vu autant de fleurs très belles dans notre jardin, mais
très peu de légumes et point du tout de fruits, singulière
année.

cil le facteur jefille Isabelle
[...]ui! ma fill[...]
[...]roc[...]ne: di vendredi, 21 juin 1907.
[...]nce[...]   comment allez-vous?
[...]que je vous envoie la
[...]ment afin que je

V[EUVE] RIMBAUD.

MADAME RIMBAUD À [SA FILLE ISABE]LLE

R[...] jeudi 2[...] in 1907.

Ma fille,

Je suis extrêmement contrariée. J'iv préparé toutes es
provisions que je voulais vous envoyer aujourd'hui et, au
moment de vous les envoyer, je suis ise à la recherche
d'une personne pour m'aider à les prépa, les empaqueter
et les porter à la gare, il m'a été possib de trouver dans
tout le village une personne pouvan faire ela, ainsi il m'est
impossible de vous envoyer cela, j'avais un canard, j'avais
un poulet, j'avais du beurre, j'avais es biscuits et autre
chose que j'ai été obligée de laisser o les avais achetés,
excepté le beurre; le marché étant fait à À gny, il ne m'était
pas possible de le laisser, la fermière es encore malade.

Ven*redi 28 juin.

Enfin, grâces à Dieu! j'en suis venue à bout, je vous envoie
en un paquet que je porte à la gare de Voncq un poulet, un
canard, une livre [de] beurre, quatre douzaines de biscuits,
rhubarbe, rendu à domicile port payé.
À Dieu! ma fille. Soignez-vous bien.

V[EUVE] RIMBAUD.

MADAME RIMBAUD À SA FILLE ISABELLE

Roche, le 9 juillet 1907.

Ma fille,

Pourquoi êtes-vous si étonnée en voyant mon écriture si
changée? Tout, en vieillissant, change. Si vous venez ici,
vous y serez mal à votre aise, car nous avons toujours froid

et pluie. Que pouvons-nous y faire, rien. Je voudrais bien que les haies de mes jardins soient élaguées, mais je ne trouve personne pour le faire, ce sont les Fricoteaux[1] qui prennent tout le monde du village pour faire leurs ouvrages. Je pense que l'année prochaine nous n'aurons plus personne pour ne rien faire, car ça va très mal cette année-ci. Tel[le] est la volonté de Dieu! Les premiers seront les derniers, et les derniers deviendront les premiers. Les Daufis[2] ne sont plus à Roche, ils sont partis et sont payés. Lefèvre n'a pas encore payé son blé et sa luzerne.

Vous me dites que votre mari ne sera pas content si vous venez maintenant : ne venez pas, attendez encore, rien ne presse, bien que j'aurais un grand plaisir à vous voir, je puis attendre encore, s'il y avait des choses pressantes, on vous le ferait dire. Je ne sais si je vous enverrai quelque chose la semaine prochaine, le temps presse et je ne vois rien à ma convenance.

À Dieu! ma fille, soignez-vous bien et dites-moi comment vous allez.

V[EUVE] RIMBAUD.

EXTRAIT DE DEUX LETTRES
D'ISABELLE RIMBAUD
À CHARLES HOUIN ET JEAN BOURGUIGNON

[Date inconnue; après février 1892.]

Mon père décédé en 1878 a laissé les éléments de plusieurs ouvrages, dont l'un sur *L'Éloquence militaire*. Un autre intitulé *Correspondance militaire*. Un troisième sur l'art de la guerre. Ce sont des travaux énormes. La *Correspondance militaire* a plus de sept cents pages très grand format finement manuscrites de la main de mon père : c'est un recueil de morceaux d'éloquence, avec commentaires, analyses, etc. Cet ouvrage diffère de *L'Éloquence militaire* en ce que celui-ci est un traité comparant les orateurs modernes aux orateurs anciens dont les discours avaient été édités par une société d'officiers et sous le même titre vers 1818. Le livre de guerre est remarquable par un grand nombre de plans et par des épisodes se rattachant aux expéditions d'Algérie, de Crimée, d'Italie.

Mon père (choisi par le duc d'Orléans lors de la formation des corps de chasseurs d'Afrique) était un linguiste arabe distingué. Il y a de lui à la maison une grammaire arabe revue et corrigée entièrement; une quantité de documents français-arabes se rapportant aux guerres d'Algérie, des

anecdotes, des contes, etc. Il y avait aussi une traduction du Coran (texte arabe en regard) égarée aujourd'hui. Et cela en manuscrit et très soigné.

A[rthur] R[imbaud] a passé une ou deux années à l'institution Rossat, comme le témoignent une douzaine de livres de prix portant le nom de cet établissement. C'était avant d'entrer au collège.

La communication des lettres du Ras me semble superflue et même impossible : je vous ai donné une lettre entière, toute d'amitié; les autres avec de nouvelles protestations telles que « moi, depuis que vous êtes parti du Harar, je crois que j'ai perdu le monde; je ne sors plus jamais de chez moi que jusqu'au Zaptié (prison) pour les affaires [1] » etc., contiennent trop de détails sur des affaires d'intérêt et de liquidation.

Un Européen accrédité auprès du Négus écrivait à mon frère le 15 août 1891 [2] : « Le ras Makonnen en particulier ne voit plus que par vous : il a été très affecté de l'opération que vous avez dû supporter, il nous en a parlé à tous vingt fois, en disant que vous étiez le plus honnête des hommes et que vous lui aviez souvent prouvé que vous étiez son ami véritable. »

Le Ras écrivait à Melle Rimbaud : « Je suis malade de la mort de votre frère, il me semble que mon âme m'a quitté », ou bien : « Dieu rappelle à lui ceux que la terre n'est pas digne de porter, que sa volonté soit! »

L'évêque des Gallas, de Harar, m'écrivait : « Tout s'est fait légalement sous le visa du gouvernement local. Comme tout cela s'est fait devant moi je puis déclarer que tout s'est convenablement passé et que le nom de votre frère a reçu ici grand honneur. J'espère de plus que ces œuvres de générosité et de charité auront été agréables aux yeux de Dieu », etc.

Monseigneur m'écrivait en février 1892.

« Nos missionnaires capucins d'Harar et moi-même avons beaucoup connu monsieur votre frère, et nous n'avons eu qu'à nous louer des bonnes relations que nous avons eues avec lui pendant une dizaine d'années. Nous avons tout particulièrement été peinés de la cruelle maladie qui l'a forcé à quitter Harar et à rentrer en Europe. Nous connaissions déjà la funeste issue de cette maladie. »

Frédéric fit un sot mariage et est aujourd'hui divorcé.

M. R[imbaud] père resta de vingt à trente-sept ans en Afrique. En 1860, il demanda à retourner en Algérie et fut envoyé dans un bureau arabe très éloigné. Il sembla alors préférable, dans l'intérêt des enfants, que Mme R[imbaud] se fixât à Charleville.

A[rthur] R[imbaud] était polyglotte; savait anglais, allemand, russe, italien, espagnol, grec moderne et arabe.

MAURICE RIÈS À ÉMILE DESCHAMPS

Val Ombreux   15 mars 1929.
Mazargues
Marseille

Cher ami,

Mon adresse est toute simple :

MAURICE RIÈS (sans qualificatifs à la suite, signes d'une époque passée : *sic transit gloria mundi*. Je me contente à présent, en bonhomme candide, de cultiver mon jardin), VAL OMBREUX, MAZARGUES, MARSEILLE, mon foyer depuis que j'ai quitté le Prado en 1918, où enfin je vis à l'abri des ardeurs du soleil depuis que j'ai dit définitivement adieu aux pays de son incandescence.

Tout ce qu'on pouvait ou voulait écrire sur Arthur Rimbaud, *le poète,* l'a été, je crois bien, par
    Paterne Berrichon son beau-frère,
    Isabelle Rimbaud sa sœur,
    Paul Claudel,
    Jean-Marie Carré,
    Marcel Coulomb *(sic),*
    Ernest Delahaye, le *Mercure de France,* etc.

Vous, vous faites erreur. Jamais, si je ne m'abuse, Rimbaud [ne] fut employé de Suel, non plus que chasseur d'épaves dans le golfe d'Aden. Moi, je me plais à ne vouloir me le remémorer que comme *négociant,* alors qu'en Abyssinie il fut, *(jusqu'à sa mort à l'hôpital de la Conception),* agent de ma maison de commerce. Il y dirigeait, à Harar précisément, notre comptoir, et sa tâche consistait exclusivement à y acheter du café, que, par caravanes de chameaux, il faisait descendre à la côte, pour de là être vendu à Aden et en France. Avant de venir chez nous, Rimbaud (et cela dès son arrivée à Aden venant d'Égypte) s'était employé dans la maison française Bardey. Il devint ensuite l'associé de Labatut, avec lequel il organisa une caravane de marchandises de troc qu'ils conduisirent à Addis-Abéba, capitale de l'Abyssinie. L'associé Labatut mourut en route.

L'affaire n'eut pas une fin heureuse. Rimbaud vint à nous, et nous le plaçâmes à Harar, dis-je, à la tête de nos affaires. La facilité extrême d'assimilation qu'il possédait en fit très vite un négociant remarquable ; son aménité, sa loyauté lui gagnèrent la confiance de la gent commerçante indigène, et il en obtint

une préférence marquée dans ses transactions commerciales et ses rapports amicaux.

Un bel avenir était devant lui. Les résultats acquis en quelques années l'en assuraient. Malheureusement un mal congénital le minait, *Ostéo sarcome*. Il lutta contre lui avec l'admirable énergie qui le caractérisait, mais en vain. Il fut terrassé!.. — Sur une civière, à dos d'hommes, on le descendit à la côte somalie, à Zeilah. De là par paquebot, il vint à Marseille à l'hôpital de la Conception, où, en ma présence, il fut amputé d'une jambe au-dessus du genou.

Sur son lit de douleur, là encore hardi exemplaire, il songeait à son retour en Abyssinie, qu'il voulait immédiat, nanti d'une jambe artificielle qu'il me demandait de lui faire construire le plus perfectionnée possible, afin qu'il redevînt ingambe et qu'il pût *épater* ses amis indigènes.

Il dut cependant consentir à se rendre dans les Ardennes, à Charleville sa ville natale, terminer, pensait-il, de se remettre entièrement en bonne forme. Il y endura un froid excessif.

Bientôt son mal le reprenait.

Il m'écrivit de là-bas, une dernière fois, datant sa lettre *Terrier des loups,* m'instruisant de nouveaux projets d'affaires, de son désir de quitter de suite ce pays de gel auquel il attribuait la frigidité qui l'envahissait corporellement, au lieu que c'était la paralysie générale qui s'en emparait déjà.

Il ne put continuer de m'écrire. Ce fut sa sœur qui finit sa lettre sous sa dictée.

Quelques jours après, accompagné de sa sœur, ange de dévouement, il réintégrait l'hôpital de la Conception et il y mourait, tué par le mal diagnostiqué, lors de la première entrée qu'il y fit, par le médecin en chef, le docteur Trastous, qui m'avait confié que ce serait ainsi qu'il mourrait, son mal étant de ceux qui ne pardonnent pas.

Et voilà! — Je n'aurais garde de juger le passé du *poète*. Mais j'affirme de toutes mes forces qu'il fut *marchand passionné* et habile, d'une honnêteté scrupuleuse, se félicitant toujours, dans nos conversations amicales qui nous portaient souvent aux confidences intimes et sincères, d'avoir fait foin de ce qu'il appelait ses frasques de jeunesse, *d'un passé qu'il abhorrait*.

Je suis heureux, cher ami, de vous savoir en bonne santé, et de me remémorer un temps où tous deux nous cherchions la petite bête... sur les plages de la mer Rouge. Il y a bien de cela la moitié d'un siècle.

À vous.

M. RIÈS.

JOURNAL DE VITALIE RIMBAUD

I

SÉJOUR À ROCHE

(août 1874)

Ce qui suit résume les actes principaux, ainsi que les impressions que j'ai ressenties pendant mon séjour à Roche.

Le 5 avril 1873 nous partions de Charleville à quatre, Maman, mon frère Frédéric et ma sœur Isabelle. Le moment de notre départ ainsi que tout notre voyage fut pour moi la cause de douces et profondes émotions que ma mémoire a gardées assez fidèlement.

C'était pour ainsi dire la première fois que je voyageais en chemin de fer. Je voyais avec bonheur mon arrivée à Roche dans cette maison que j'avais vue il est vrai il y a trois ans, mais dont le souvenir n'était resté dans mon esprit que très confusément. Je me vois encore sur cette route qui conduit d'Attigny à Roche, distance de 4 kilomètres 1 hectomètre. Je regardais avec anxiété si je ne voyais pas apparaître le toit à pignon de la maison ainsi que le colombier à côté, lorsqu'enfin nous la vîmes, à travers les arbres qui l'entourent, et bientôt nous descendons de la voiture et nous foulons le seuil de cette maison qui ne nous avait pas vus depuis de longues années. Je reconnaissais à peine cette grande chambre froide et humide dont les volets fermés depuis longtemps ne permettaient pas d'examiner à l'aise. La cuisine ne m'était pas inconnue du tout. Tout était encore dans le même état que quand nous l'avions visitée trois ans avant. Les chambres d'en haut, le grand grenier au-dessus étaient toujours la même chose. La cour silencieuse et déserte était recouverte d'un gazon, et ces murs noircis et calcinés par le feu étaient toujours debout. Toute notre soirée se passa à examiner au clair de la lune les jardins, les chènevières et les clos. Je me perdais presque dans tout cela; tout était nouveau mainte-

nant pour moi. C'était avec un véritable bonheur que je foulais cette terre témoin de tant d'émotions diverses dans la suite. J'oubliais Charleville qui me pesait insupportablement il y a deux jours ; avec une joie sans exemple je lui avais dit adieu, comptant ne le revoir qu'après bien des jours de plaisirs inconnus pour moi.

Il était très tard quand nous rentrâmes. Une nuit douce et paisible, où je goûtai des rêves aussi délicieux que le permettaient mon cœur et mon esprit bercés des plus tendres et des plus joyeuses illusions, répara aussi bien que possible les fatigues d'un premier voyage.

Dès le lendemain j'arrangeais toutes mes affaires comme si je devais passer là la plus grande partie de mon existence. Il faisait un temps superbe, un soleil chaud et vivifiant, un ciel charmant où l'on n'apercevait même pas le plus léger nuage, une brise embaumée des plus suaves parfums s'exhalait des jardins où s'épanouissaient déjà des fleurs odorantes destinées désormais à charmer plus d'une fois mes yeux émerveillés de leurs vives et fraîches couleurs et de leurs diversités vraiment étonnantes.

Roche est un petit village situé dans un fond entouré et ombragé par de grands et gros arbres. D'immenses peupliers se balançant au moindre vent, des gros pommiers et des poiriers chargés à cette époque d'une neige odoriférante sont en très grand nombre dans le village et aux environs.

Le terrain est plat, riche et fertile. À part çà et là des petits bois, des bosquets, au loin l'on aperçoit les moulins à vent de Vaux-Champagne. Au bas du village coule un frais et limpide ruisseau, auquel les habitants ont donné le nom de [*blanc*]. En formant mille méandres gracieux dans une verte et riante prairie, renommée par l'abondance et la bonté de ses foins, il va se perdre doucement dans le canal au bas du village de Voncq. Des [*illisible*], c'est ainsi qu'on appelle cette grande prairie, l'on découvre parfaitement la ferme très considérable de Fonteneille située sur une éminence entourée de terres jaunâtres dont le pied est baigné par [la Loire[1]]. Plus fort à l'est, Voncq, qui rappelle de tristes souvenirs encore bien récents pour moi, s'élève encore fièrement malgré ses ruines sur le sommet d'un coteau ; de quelque côté qu'on se trouve, les yeux ne peuvent le perdre de vue même à deux lieues tout aux alentours.

Tout près de Roche, à un kilomètre à peine, se trouve le village de Saint-Méry : très petit village où il y a environ une centaine d'habitants. Tout près de là, le château de Méry appartenant à cette époque, à M. Flamanville.

Roche est je crois le village le plus agréable que j'ai connu pendant le temps que je l'ai habité, quoique peu grand ; il y avait treize maisons de quelque importance ; environ cent dix

à cent vingt habitants; mais, je ne sais si c'est la disposition des maisons ou le caractère des personnes ou l'habitude du séjour, mais Roche s'est toujours conservé aussi agréablement que possible dans mon esprit. Notre maison est la seconde du village en venant d'Attigny; elle se trouve sur la place. Il n'y a pas d'église ni d'école communale; nous étions toujours obligés d'aller à la messe une semaine à Méry, une autre à Rilly-aux-Oies le plus près village à notre porte, ou ailleurs.

. . . .

Je vais d'abord parler de l'arrangement de notre maison. Nous avions une chambre en bas où nous couchions, ma mère, ma sœur et moi, et où nous restions habituellement; cette chambre donne sur la route. Derrière sur la cour un fournil, à côté la cave sous la bûcherie; l'autre côté du corridor, comprenant une grande cuisine sur la rue [et,] sur la cour, deux petites chambres, était occupé par un locataire. Montons au premier: donnant sur la cour une chambre, sur la rue une autre, c'était la chambre de mon frère; en face, une autre chambre aussi grande que celle dont je viens de parler et, tout à fait par-derrière, une autre pièce appartenant au locataire cité plus haut; le second est occupé par un immense grenier.

. . . .

Nous arrivâmes ainsi au vendredi saint.

Ce jour devait faire époque dans ma vie, car il fut marqué d'un incident qui me toucha particulièrement; sans en être pour ainsi dire prévenus, l'arrivée de mon second frère vint mettre un comble à notre joie. Je me vois encore, dans notre chambre où nous restions habituellement occupées à ranger quelques affaires; ma mère, mon frère et ma sœur étaient auprès de moi, lorsqu'un coup discret retentit à la porte. J'allai ouvrir et... jugez de ma surprise, je me trouvai face à face avec Arthur. Les premiers moments d'étonnement passés, le nouveau venu nous expliqua l'objet de cet événement; nous en fûmes bien joyeux, et lui bien content de nous voir satisfaits. La journée se passa dans l'intimité de la famille et dans la connaissance de la propriété qu'Arthur ne connaissait presque pas pour ainsi dire.

Le dimanche suivant, jour de Pâques, nous assistâmes à la messe dans la chapelle de Méry [...]

. . . .

Je reviens au dimanche, jour de Pâques. Après midi, nous fîmes ce jour une tournée dans quelques-unes de nos terres; nous repassâmes par le pré des [*illisible*], où Frédéric vint à notre rencontre.

. . . .

Mais quand nos mains actives arrangeaient et semaient

un terrain bien préparé, des ouvriers, en train depuis environ trois semaines ou un mois, s'occupaient habilement de la reconstruction des bâtiments de ferme, brûlés il y a environ cinq ans. Ces grands murs calcinés et à moitié tombés inspiraient quelque chose d'effrayant et de triste. Une réparation spontanée était donc nécessaire; c'est ce que l'on fit et, comme nous touchions aux derniers jours de juin, l'ouvrage était presque achevé; enfin, en moins de huit jours tous les bâtiments furent achevés [...]

. . . .

Le mois de juillet, ce mois extraordinaire pour moi maintenant, fut la cause de bien des sensations, de bien des déterminations. Pendant que des heures rapides s'écoulaient pour moi dans les champs, ma sœur Isabelle restait à la maison, avait soin du ménage, elle prenait avec une sol[l]i[ci]tude que je partageais moi-même quand je rentrais, un goût excessif à l'arrangement des petits lapins et des jeunes poussins qui venaient de nous être donnés; ces petites bêtes étaient de notre part l'objet d'une préoccupation toute singulière. Mon frère Arthur ne partageait point nos travaux agricoles; la plume trouvait auprès de lui une occupation assez sérieuse pour qu'elle ne lui permît pas de se mêler de travaux manuels.

. . . .

Combien de fois ne suis-je pas allée, dans ces délicieuses soirées de juillet, quand tout, après avoir joui de la chaleur du jour, reposait dans la solitude de la nuit, m'asseoir sur le petit banc de pierre situé sous une charmille dans notre jardinet, et là, pensive et abandonnée, je me laissais aller aux douces émotions que me procuraient toutes les beautés de la nature.

. . . .

La lune se levant noblement du milieu des nuages jetait son manteau d'argent sur le dos des ombres qui paraissaient à cette heure de grands géants explorant leur propriété; une riche nappe scintillante se déployait au-dessus de moi et, de l'azur foncé, se détachaient des diamants d'or; quelquefois au contraire, de gros nuages s'amoncelaient au ciel, semblables à un troupeau de moutons pressés; la reine des nuits pâle et languissante se cachait loin de nous; le vent s'agitait de plus en plus, le bruit à peine endormi s'éveillait de nouveau; les arbres secouaient leurs rameaux appesantis; déjà au loin on entendait gronder le tonnerre; c'était alors qu'il fallait penser à la retraite et se mettre à l'abri de l'ouragan qui allait éclater; en effet, quelques minutes avaient suffi pour approcher; l'orage éclatait; les épais nuages se dispersaient en une pluie abondante et peu à peu les éléments déchaînés se calmaient et reprenaient leurs cours ordinaire; les ravins

laissaient écouler les eaux, la terre buvait la pluie, le vent
se taisait : toutes les personnes elles-mêmes mises en émoi par
les éclats de la foudre, la voix des vents, allaient se reposer
maintenant rassurées ; on n'entendait plus que les gouttes
de pluie tombant de feuille en feuille jusqu'à terre ; le ciel se
déridait, nous laissant voir la reine des nuits cette fois encore
plus radieuse que jamais. Voilà les soirées que j'ai remarquées
si souvent dans cet endroit, soirées qui m'ont toujours beau-
coup plu et auxquelles je donne encore avec plaisir quelques
souvenirs fugitifs. Les orages étaient très fréquents. Je me
souviens surtout d'un qui a causé de très grands ravages dans
plusieurs villages, notamment à Rilly, Attigny, Sainte-
Vaubourg ; les pertes ont été très considérables : par malheur,
c'était à la veille de la moisson et bien des riches moissons
ont été détruites. Quant à Roche, il est resté sauf de tout dégât.

. . . .

La cueillaison des fruits arriva. Nous nous y mîmes tous
plus ou moins. Moi et Isabelle possédions déjà une occupa-
tion qui nous rendait bien heureuses. Nous préparions à cette
époque nos affaires pour rentrer dans quelque temps comme
pensionnaires au Saint-Sépulcre. Il y avait six à sept mois
que nous l'avions quitté, et cette séparation avait singulière-
ment, et de jour en jour, accru le désir de le revoir et d'y
rester de nouveau. Depuis bien longtemps déjà nous y
pensions énormément lorsqu'un jour (je vois encore l'en-
droit où ma mère me fit un grand plaisir), je reçus de celle-ci
la promesse certaine que nous rentrerions au couvent le plus
tôt possible : jugez de mon contentement. On était alors à
la fin d'août ; dès lors nous mîmes tout en l'œuvre pour être
diligentes et être prêtes vers la rentrée. Nous allâmes plusieurs
fois à Vouziers à cette intention. Quelle prestesse ne mettions-
nous pas à faire le ménage, car l'entretien d'une bonne partie
de la maison était confié à nos soins, et nous ne pouvions voir
à nos affaires que lorsque tout était en ordre et bien rangé.
Eh bien, une vie telle nous rendait heureuses, bien heureuses.

. . . .

Qu'elle est belle en ce moment la vaste prairie de Voncq ;
elle est bien verte et bien riante, mais c'est en vain que je
cherche à voir nos prés que j'ai fanés il y a trois mois ; ah,
c'est qu'ils disparaissent probablement derrière ce massif
de poiriers et de pommiers et ces jolies maisonnettes qui se
trouvent un peu au-dessous de moi. Le canal bordé de grands
peupliers dont il me semble entendre le bruit qu'ils font
quand le vent de l'orage les secoue, bruit alors effrayant,
mais bruit bien doux et bien suave quand, au contraire, il est
causé par la brise légère et embaumée d'un beau soir d'au-
tomne ; c'est ainsi que j'entends ces grands arbres parler à
mon oreille maintenant ; ils me rappellent tout doucement,

presque tout bas, les battements de mon cœur quand je traversais le pont du canal pour me rendre chez ma tante alors que je n'avais dans ce temps que le désir de demeurer dans ces lieux réellement charmants.

. . . .

Nous ne disions presque rien. Isabelle et moi possédions les mêmes impressions. Nous passâmes par Attigny, Amagne. Là nous nous séparâmes de Frédéric avec quelque émotion, et nous prîmes le chemin de fer qui devait nous conduire jusqu'à Charleville. Au fur et à mesure que nous approchions de la ville, nos pensées prenaient un autre cours, notre tristesse se dissipait peu à peu et faisait [place] à une émotion nouvelle celle de revoir la pension que nous aimions et dans laquelle nous devions nous rendre le jour même. Enfin le terme de notre voyage approche, nous allons entrer dans la ville que nous avons quittée il y a six mois... Nous voici arrivées; c'est toujours bien Charleville. Il n'est nullement changé pour nous. Nous allons donc le reconnaître tout à fait avant de nous mettre à l'œuvre que nous avons résolu d'accomplir jusqu'au bout.

II

VOYAGE À LONDRES

1. *Du 5 au 9 juillet 1874*

Désirant conserver les impressions de mon voyage d'Angleterre, je vais les transcrire sur ce cahier.

Le 5 juillet 1874 nous nous levâmes de très bonne heure; l'omnibus devait venir nous chercher pour nous conduire au chemin de fer à six heures et demie.

. . . .

Ma mère et moi avons conduit ma sœur Isabelle hier à huit heures du soir au Saint-Sépulcre où elle doit y rester pensionnaire jusqu'au retour de notre voyage. En quittant ma sœur bien-aimée, des larmes brûlantes s'échappèrent de mes yeux; [...]

. . . .

Une voiture s'arrête devant la porte; c'est celle qui doit venir nous prendre pour nous conduire au train; nous montons et, quelques minutes après, elle nous dépose à la gare où bientôt nous prenons place dans un compartiment.

. . . .

Enfin nous descendons à Valenciennes.

Nous commencions à nous fatiguer, mais un peu d'exercice va nous dégourdir, nous avons quelques heures à nous pour visiter la ville.

. . . .

Nous remontons en chemin de fer qui nous déposera à Calais, où nous devons prendre le bateau pour Douvres.

. . . .

Enfin voilà Calais ; je cherche à travers les ombres à distinguer la mer, mais je ne puis la voir, il fait trop noir.

. . . .

Nous ascendons dans le bateau par une sorte d'échelle ; nous nous amusons à regarder les machines et les instruments de tout genre qui se trouvent par ci par là, puis nous [nous] rendons dans les cabines. Jolie petite chambrette où nous nous trouvons, éclairée par une lampe recouverte d'une boule de verre dépoli, qui produit une lumière terne. Nous sommes seules de dames ici ; il n'y a qu'un Hollandais et une dizaine d'Anglais. Nous remontons sur le pont, car il n'y a pas d'air dans ces cabines. En mettant le pied sur le pont je suis frappée de l'aspect de tout ce qui m'environne ; il est environ deux heures et demie du matin, le jour commence à poindre ; au ciel ne brillent plus que quelques étoiles perdues dans l'immensité des cieux. Jamais mes yeux ne rencontrèrent ce qu'ils considèrent à ce moment ; jamais spectacle pareil ne s'était offert à ma vue : rien et tout dans cette immensité solennelle de la mer ; la mer que j'avais toujours vue en imagination n'était pas aussi belle que celle-ci ; bien longtemps je restai à la regarder sans dire aucune parole, sans fixer aucune pensée.

. . . .

Les côtes d'Angleterre s'offrent bientôt à notre vue ; elles sont couvertes de quelque chose d'un blanc jaune semblable à du soufre ; ce doit être la mer qui produit cet effet. Elles semblent approcher de nous tandis que c'est nous qui allons vers elles ; de minute en minute nous apercevons de plus en plus visibles des forts et des casernes sur les hauteurs qui se dressent devant nous. Enfin nous voici arrivées ; il est trois heures et demie du matin ; nous nous occupons pendant le temps qui nous reste jusqu'à six heures, moment du départ, à visiter un peu Douvres, la première ville anglaise que je vois. Les maisons sont de belle apparence, très propres et régulièrement bâties ; les rues larges et spacieuses.

Au moment de monter en wagon, quelle ne fut pas notre surprise en voyant tous les compartiments allumés ; bientôt nous sommes instruites : de Douvres à Londres nous avons à passer sous six tunnels ; [...]

. . . .

Je regarde toujours au loin et l'horizon qui s'enfuit me laisse voir toujours de nouvelles villes, et je me disais toujours : Est-ce Londres, Londres le but de notre voyage, l'objet de nos étonnements et de nos surprises ? Le chemin de fer court depuis longtemps dans un endroit où l'on ne voit plus que des habitations, depuis longtemps nous nous étonnons de ne plus voir de champs et de prairies ; sans cesse des maisons ; enfin nous apprenons, ô surprise ! que nous voyageons dans Londres... Nous voici arrivées à la gare de Charing Cross, à dix heures dix minutes. Nous voici dans la capitale de l'Angleterre, cette ville la plus grande et la plus peuplée de l'Europe. Je ne raconterai point les émotions et les étonnements que j'éprouvai en arrivant à Londres, en voyant cette foule inconnue de gens de toute façon, en considérant ces énormes et immenses bâtiments dans lesquels nous nous trouvions : je n'y parviendrais jamais, car je ne sais même pas ce que j'éprouvai au juste quand mon frère Arthur, qui nous attendait à la gare et que nous reconnûmes avec grand plaisir, nous emmena dans quelques rues avoisinantes pour nous permettre de donner un léger coup d'œil tout autour de nous : c'était du saisissement et une sorte d'inquiétude en voyant un spectacle si nouveau et si étrange pour moi ; un bruit continuel, sans cesse des voitures se croisant mille fois, entre lesquelles il fallait passer à tous moments ; une infinité de personnes allant et venant très vivement, des maisons autrement faites qu'en France ; des magasins et des marchands de toute espèce de marchandises alors inconnues à moi jusqu'ici. Nous étions bien fatiguées, et cependant, après avoir déposé en un logement très convenable nos malles, nous ne pûmes résister au désir de voir le jour même de notre arrivée quelque petite chose, et en deux heures nous parcourûmes quelques rues et un parc dont je parlerai plus loin ; nous rentrâmes fort las et nous nous couchâmes de bonne heure afin de réparer le plus promptement possible notre fatigue, qui ne devait pas, dès le lendemain même, nous empêcher de commencer nos excursions.

7 juillet. — Allée au marché, écris à Isabelle. Arthur nous a conduit voir le Parlement. Quel chef-d'œuvre ! C'est un immense bâtiment, d'une architecture fine et découpée ; de chaque côté s'élève une tour carrée, dorée sur les sculptures. — Vu le palais du duc de Northumberland ; il est très ancien, tout était fermé. — Vu le royal théâtre de l'Alhambra sur une place magnifique au milieu de laquelle s'élève la statue de Shakespeare ; elle a pour piédestal un immense bloc de marbre blanc ; autour de la statue, sur ce marbre, existent six requins également en marbre blanc, de la tête desquels sortent plusieurs jets d'eau. Sur cette place se pressait un monde fou. Ce jour Arthur nous a conduites dans une maison où l'on

parlait un peu français. — Visité les bords de la Tamise sillonnée par une multitude de bateaux remplis de promeneurs ; de ces bords, nous avons très bien vu l'hôpital de Saint-Martin, se composant de six beaux et grands bâtiments l'un comme l'autre et en briques. — Vu la caserne des gardes de la reine ; de très beaux hommes, vêtus d'une culotte blanche, des bottes à l'écuyère, une tunique en drap rouge, un shako doré surmonté d'une aigrette blanche qui retombe en panache par derrière. Ce costume, très beau, fait encore ressortir la noblesse et la dignité de ceux qui le portent. Nous avons passé devant un bâtiment immense et pas encore tout à fait terminé, bâti en pierres de taille et colonnes en marbre. À neuf heures du soir nous nous décidons à rentrer en passant devant Charing Cross. A[rthur] nous engage à assister à un sermon qu'un prêtre protestant doit faire dans l'église Saint-Jean. Qu'irions-nous faire à un sermon anglais ?... Il était presque onze heures quand nous nous couchâmes.

Mercredi 8 juillet. — Je jette en esprit un regard de tristesse sur Charleville, de regret sur Isabelle, ma sœur. L'ennui qu'on trouve même au sein des plus grands plaisirs veut chercher à entrer aussi en moi-même.

. . . .

On nous a prêté un livre (*La Vraie Religion chrétienne,* par Emmanuel Swedenborg) ; c'est un livre protestant. — Impossible de rien acheter sans A[rthur].

. . . .

La chaleur est accablante l'après-midi. Nous sortîmes avec mon frère vers six heures. Après avoir longé une rue immense, nous nous trouvâmes dans la cité ; on ne rencontre plus comme de notre côté des maisons ayant de petits jardins en avant. Le quartier est plus commerçant ; les monuments imposants. Nous nous amusâmes à regarder longtemps tous les beaux et grands magasins. J'étais émerveillée en examinant toutes ces étoffes si riches, si bien travaillées et si bon marché, car à Londres on a des habillements pour rien en comparaison de ceux qu'on vend en France, surtout dans les petites villes.

. . . .

[...] on était à la prière du soir quand nous entrâmes à Saint-Paul ; on nous conduisit bien poliment après nous avoir donné des livres de prières en anglais... dans l'endroit affecté aux dames ; on récitait des psaumes ; un ministre en faisait la lecture d'une voix dolente et triste ; bientôt la lecture cessa, les dames qui étaient à côté de nous nous offrirent très gracieusement un nouveau livre que nous acceptâmes, refuser eût été une impolitesse... et sans orgue et sans accompagnement s'éleva dans ce froid et sévère sanctuaire un chant grave

et pur; hommes et femmes chantaient. Que j'ai aimé ces voix, ces sons, qui avaient quelque chose de doux et de triste, d'harmonieux et de sublime! Je me laissai aller dans une rêverie si douce et si charmante que j'oubliai tout ce qui m'environnait pour écouter de toute [mon] âme cette mélodie si suave et si enchanteresse. Jamais pareil effet ne s'était produit en moi; jamais je n'avais ressenti de si singulières impressions; [...]

. . . .

Pas un bruit, pas un murmure ne se faisait entendre; un recueillement très pieux avait succédé aux chants; hommes et femmes semblaient prier avec une véritable ferveur. Je contemplai assez longtemps cette assemblée composée uniquement de protestants et je m'étonnai profondément de leur excessive piété. Comment, me disais-je, est-il possible que des hommes qui ont tant de ferveur, de modestie et d'attachement pour leur culte, ne soient pas plutôt de la véritable église; comme ils feraient de bons catholiques et quel exemple ils donneraient à tant d'autres qui sont indignes du beau titre de catholiques qu'ils portent aujourd'hui.

. . . .

L'assemblée se dispersa en silence vers neuf heures du soir; nous regagnâmes notre appartement préoccupées de pensées bien diverses.

Jeudi 9. — Levée à sept heures et demie; nous avons mangé aujourd'hui des fraises de jardin très belles et très bonnes, puis des groseilles; à 6 heures du soir, A[rthur] rentre du British Museum, bibliothèque et musée, et il nous conduit dans de nouvelles rues toutes admirables soit par leurs beaux édifices ou magasins, soit par leurs charmants petits jardins tout remplis [...]

. . . .

2. *Du 9 au 14 juillet 1874*

Jeudi 9. — Pas dormi, la chaleur était insupportable. Nous avons cependant une chambre spacieuse, à deux lits, très confortable pour moi et maman. Celle d'Arthur est plus petite. [*Description des chambres, etc.*]

Ce matin, mon frère, auquel nous avons narré notre mécompte d'hier au marché, nous déclare qu'il ne peut cependant être toujours avec nous comme les deux premiers jours afin d'arranger toutes choses, et qu'il lui faut, comme il le faisait avant notre arrivée, se rendre à ses occupations. Il tente de m'apprendre quelques mots anglais avec la prononciation. La façon dont je répète après lui le fait rire, puis

l'impatiente. Cependant, fortes de ses enseignements, nous faisons, assez difficilement, notre marché. Nous avons des fraises délicieuses, des groseilles — mon désir depuis longtemps. — Le lait n'est pas cher : 3 pence (30 c. env.) le litre.

Le soir, Arthur rentre du British Museum. Il nous conduit dans de nouvelles rues, toutes belles et attrayantes. Les unes ont un air de fraîcheur avec leurs jolis jardins clos de grilles devant les maisons, et aussi les larges bandes plantées d'arbres, de fleurs et de gazons qui se trouvent sur les bords de la chaussée ; les autres sont longées d'admirables magasins. Nous ne nous lasserions jamais de les regarder. [*Description de robes, de chapeaux, d'étoffes, etc.*] Mais il fait une chaleur très fatigante. Je nourrissais dans mon esprit le désir de me régaler d'une glace ou de limonade. Arthur, si gentil, devina mon vœu et obtint qu'il fût exaucé. Une glace à la crème, que c'est bon ! Nous regardâmes longtemps un ballon, etc... Nous rentrions à 10 heures et demie dans nos appartements où la chaleur était suffocante.

Vendredi 10. — Levée à huit heures et demie. Toujours chaud. Impossible de faire quelque chose. Je me trouve mal. Sans doute la fatigue et la chaleur. Je ne veux pas me plaindre cependant, afin d'accompagner maman au marché : je pense qu'à nous deux nous nous ferons mieux comprendre. Acheté beaux poissons, etc. La viande ou le poisson, et même les légumes, achetés au marché, sont portés chez le rôtisseur qui les fait cuire pour très peu de chose. Naturellement, c'est Arthur qui nous a dit comment il faut nous y prendre. Mon malaise augmente, m'envahit. Me voici en proie à de bien tristes pensées. Je m'ennuie, je pleure en moi-même. [*Attendrissement, désespoir et invocations singulièrement navrantes et très longues au sujet de Charleville, d'Isabelle, du Saint-Sépulcre, etc.*] Chère Isabelle, que le ciel t'inspire, prie pour moi, pour maman, pour trois expatriés, etc. Arthur ne rentre pas déjeuner. Je mange avec maman. Après, je me remets, je suis plus forte.

Sur le soir, Arthur me propose de m'accompagner jusqu'au parc. J'accepte avec joie. En chemin, maman a demandé à voir les plus beaux magasins du quartier. Mon frère s'y est prêté avec une bonté et une complaisance parfaites, moi je les ai suivis avec mauvaise humeur. À quoi bon s'emplir les yeux et la mémoire de toutes ces merveilles, de tous ces trésors, si on n'achète rien ? Quel dommage de ne pouvoir rien rapporter ! [*Longues nomenclatures de robes confectionnées, de lingeries, de meubles, etc.*] Pourtant j'ai de l'espérance pour de beaux jupons brodés, etc. — Le parc est délicieux ; c'est un oasis, un paradis. Du mal pour trouver un banc, car tous étaient occupés. Arthur me fait boire à une fontaine d'une eau fraîche, exquise.

Samedi 11 juillet. — Il ne fait pas si chaud. Il a plu un peu pendant la nuit. Je suis encore fatiguée. Arthur se rend chez des Anglais pour se préparer quelque chose. Il a été heureux, hier, lui aussi, car en même temps que celle d'Isabelle, est arrivée une lettre dans laquelle on lui propose trois places différentes. J'en suis bien contente et pour lui et pour nous ; car plus vite il trouvera à se caser, plus vite nous rentrerons en France. Et j'ai beau trouver Londres magnifique, je m'ennuie, je n'aime que ma patrie. Isabelle a bien fait de rester, et l'idée que je pourrais par miracle être auprès d'elle m'opprime et m'étouffe, m'empêche de respirer.

Je suis sortie avec ma mère. Quelle patience, quelle abnégation elle a montrées ! Quelle fatigue je lui ai imposée ! J'en éprouve de la honte. — Nous avons eu besoin d'argent anglais et, longtemps, nous avons cherché à nous entendre avec un changeur. Mais, pas moyen. Quelle misère, quand il est impossible de s'expliquer ! Arthur, heureusement, revient, et il arrange tout en moins de temps qu'il ne faut pour le dire. Nous pouvons déjeuner à midi. L'après-midi, je me sens mieux qu'à l'ordinaire, je suis gaie. Arthur me sourit. Il me demande si je veux l'accompagner au British Museum. Là, nous avons vu une foule de choses remarquables : [*Description d'animaux antédiluviens, de pétrifications, etc.*] La bibliothèque, où les dames sont admises aussi bien que les hommes, compte trois millions de livres. C'est là qu'Arthur vient si souvent.

. . . .

Dimanche 12 juillet. — Voici donc le premier dimanche que je passe à Londres. Au contraire des autres jours, on n'entend pas le bruit des voitures. Il fait beau, il fait frais. Je ne sens pas l'accablement des autres jours. Arthur s'ennuie. Nous allons à un temple protestant. C'est à peu près comme dans les églises catholiques. De belles voûtes, des lustres, des bancs, etc. Je m'y suis tant ennuyée que je me sentais devenir malade. Nous en sortons à une heure après y être restés deux à trois heures. Nous rapportons de la viande de bœuf et de porc pour notre déjeuner. Arthur va nous chercher des fraises délicieuses. Oh ! que je les aime donc ! — L'après-midi, chaleur suffocante. Si nous sortons, ce ne sera que le soir. Je vais écrire à Isabelle. [*Extraits de la lettre du 12 juillet :*] « ... Arthur nous conduit partout. [...] Tu ne peux te figurer quel mal on a pour se faire comprendre. Nous ne connaissons personne qui sache le français, si ce n'est là où Arthur va. Maintenant nous ne sommes plus tout à fait aussi embarrassées. Dans les commencements il fallait qu'Arthur soit là toujours pour tout ce dont nous avions besoin. Il est vrai qu'il se met si bien à toutes choses, que, lui présent, on n'a besoin de se mettre en peine de rien. Il

se porte beaucoup mieux, mais plusieurs personnes lui ont conseillé d'aller à la campagne, au bord de la mer, pour se remettre complètement. [...] »

. . . .

Lundi 13. — [...] Maman se trouve malade.

. . . .

Mardi 14. — Maman me dit se sentir un peu mieux; mais elle est affreusement défaite. Je suis souffrante aussi par découragement, par ennui, par tristesse...

. . . .

[...] comment partir d'ici maintenant que nous sommes si loin de notre pays. J'éprouve une sorte de désespoir. S'il allait falloir rester là? Ne plus pouvoir s'en aller à Charleville... Mais non; espère, me dit quelque chose en-dedans de moi. Maman ne m'a-t-elle pas, en effet, dit que la semaine prochaine, quoi qu'il arrive, nous partirions.

. . . .

Nous sortons le soir. Je suis mieux portante. Arthur est bien tourné; nous n'allons pas trop loin. Nous suivons des murs derrière lesquels les trains courent toujours. Des voies ferrées partout, des gares. En revenant, nous nous amusons à regarder le chemin de fer souterrain. Quelle merveille! Il passe sans cesse sous des tunnels, sous des ponts, et avec quelle rapidité! Les trains sont toujours pleins de voyageurs qui sont bien plus vifs que nous autres *agiles* Français. Et cette foule est calme, placide, silencieuse. Pas un cri, pas un geste inutile... etc.

. . . .

3. *Du 15 au 31 juillet 1874*

Mercredi 15. — [...] Il fait plus frais. Maman est triste. Peut-être moins qu'hier l'après-midi, pourtant. — Quelle soif! je bois goulûment du lait frais. On a de très bon lait à Londres.

Arthur part. Il va au British Museum. Il ne reviendra pas avant six heures du soir. J'en suis contente; la contrainte qui m'étouffe en est levée; je vais être un peu libre. Mais à quoi m'occuper?

. . . .

Je vais au marché avec maman. — Tout à l'heure nous irons au parc East.

C'est un bien-être indescriptible que j'éprouve dans ce parc. Assise sur un banc, je sommeille un peu [...] Il me semble être à Charleville, au square de la Gare. Le gazouillis des

oiseaux me rappelle le chant, mon cher cours de chant, le chant, moitié de ma vie, le seul plaisir que je goûte au monde.

. . . .

Que de monde, de toutes manières, de toutes nationalités. Je ne distingue presque pas de Français. Je ne suis peut-être pas physionomiste; mais sûrement, si je rencontrais des Français, j'aurais tant de plaisir que je les reconnaîtrais d'instinct. Ce n'est pas que je déteste les Anglais, je leur reconnais beaucoup de qualités : obligeance, probité, tact, politesse. Mais quelle froideur, quelle raideur! Ces gens-là n'ont aucune tendresse, ils ne doivent jamais aimer personne ni rien.

Arthur sort le soir. Nous sortons de notre côté. Impossible de rester dans notre chambre, on y cuit à l'étuvée, malgré les deux fenêtres ouvertes. Je souffre.

Jeudi 16. — [...] Rien pour Arthur, pas de nouvelles. C'est peut-être encore plus fâcheux pour lui que pour moi. Probablement. Oh, si pourtant il allait être placé! S'il ne trouve rien ce sera bien malheureux. Maman est si triste, si renfermée. [...]

Ce matin, Maman arrange sa belle robe en soie grise apportée, ainsi que sa mante en chantilly, sous l'indication d'Arthur, afin de pouvoir nous présenter avec lui bien habillées et comme référence d'honorabilité. Moi, j'écris. Arthur lit. Rien encore de France. Patience, ce sera sans doute pour samedi.

. . . .

Vendredi 17. — [...] J'ai vu la Tour de Londres, celle où ont été pour ainsi dire ensevelis tout vivants les princes et les princesses de nobles familles d'Angleterre. Le monument a le sombre extérieur convenable aux souvenirs qu'il évoque. Sourd, triste, sinistre, il donne le frisson. J'aurais bien voulu y pénétrer, pour voir si l'intérieur répond à l'extérieur et conserve des vestiges des anciens prisonniers. Mais il paraît qu'on ne peut entrer et que c'est presque inhabité aujourd'hui.

. . . .

Arthur nous fait voir les docks. [...] C'est intéressant de regarder charger et décharger les bateaux aux cargaisons variées.

. . . .

Samedi 18. — [...] Arthur a été de nouveau commander des annonces et chercher un autre placeur. Peut-être trouvera-t-il dès aujourd'hui une place. Ou bien sera-ce pour lundi? Que je voudrais y être! Quel bonheur m'apportera lundi, ou quel malheur? Ayez pitié de nous, mon Dieu, ne nous abandonnez point.

Le soir, reçu lettre d'Isabelle. C'est le bonheur retrouvé pour moi.

Dimanche, huit heures. — Je ne sais encore ce que nous ferons aujourd'hui. Je voudrais bien assister à la messe; voilà deux dimanches que je n'entends pas d'offices catholiques. Si Arthur nous conduisait au quartier français, nous y trouverions sans doute une église.

Nous voici à dix heures et demie. Faute de mieux, j'ai relu une partie de ma grammaire. [...] Dieu! que les dimanches sont tristes ici.

Enfin on décide d'aller au parc. [...]

À tous les carrefours, dans les rues, des prêches; j'en ai vu sept aujourd'hui. La foule entoure les prêcheurs et les écoute avec recueillement et respect. On distribue des écrits pieux.

Vers le soir, Arthur a enfin trouvé une église catholique et française. Il nous y conduit. On était au salut. [...]

. . . .

Mardi 21. — Arthur a reçu une lettre hier soir. Je suis contente et j'espère.

. . . .

Mercredi 22. — Arthur vient d'emporter la fameuse boîte destinée aux dames du Saint-Sépulcre de New-Hall. Ne pouvant la leur porter, nous nous décidons à leur en faire l'expédition. Cela ne souffrira aucune difficulté, je pense. Je viens de leur écrire afin de leur annoncer l'envoi de ce dit carton...

. . . .

Jeudi 23. — [...] J'ai cousu. — Arthur et nous sommes bien embarrassés, bien perplexes. Des places, il en a! S'il avait voulu, il serait placé et nous serions parties. S'il avait voulu, nous serions parties aujourd'hui. Oh! quand je pense que cette joie-là aurait pu être mienne en ce moment... Après tout, aurais-je pu trouver grand plaisir à partir, après avoir été témoin du chagrin et des supplications d'Arthur? — Maman a dit: encore huit jours. Et voilà. J'étais dépitée et contente à la fois : contente pour Arthur. Bah! pour lui, j'en prends mon parti tout de même.

Vendredi 24. — [...]

Samedi 25. — Voici passée une journée bien remplie. Nous sommes allés au musée de peinture [...] J'ai vu l'un des palais de la reine. Il est entouré d'arbres. Il ne m'a pas semblé élégant; je me figurais autrement une demeure royale. Les murs, noircis par le temps, sont sans sculptures. Les fenêtres? elles sont comme toutes les fenêtres, mais très petites. Il y a de vastes écuries.

J'ai vu le monument élevé en l'honneur du prince Albert. Il est tout doré. C'est merveilleux.

. . . .

Nous sommes allés dans deux parcs. Dans l'un d'eux, des soldats anglais s'exerçaient à la petite guerre. Ils sont habillés richement. Je me suis fort intéressée à leurs costumes et à leurs mouvements. Il y en avait à cheval, et ils étaient magnifiques de tenue et d'allure, eux et leurs montures.

Nous avons mangé au restaurant et nous avons pris du thé excellent avec des tartines de beurre.

Dimanche 26. — [...]

Lundi 27. — J'ai terriblement dormi. Déception : point de lettre, rien. Je m'étonne vraiment qu'il ne vienne rien. Allons, patience! Voilà que je m'habitue un peu à ce pays-ci. Il me semble plus supportable. Charleville me paraît un lieu de délices très lointain. Il me semble même que je l'oublie un peu. Oh! non, cela ne se peut : je suis fidèle à mes affections et j'aurais honte d'oublier ma patrie.

. . . .

Nous passons l'après-midi au British Museum. Je vais parler un peu du musée où je suis allée aujourd'hui. Ce qui m'a intéressée le plus, voici :

Les dépouilles du roi d'Abyssinie, *Théodoros,* et de sa femme : des tuniques dont l'une est garnie de sortes de petits grelots en argent; sa couronne, avec de vrais diamants; ses armes; plusieurs coiffures; des chaussures de la reine sa femme, en argent avec des pierres précieuses; des peignes en bois; des fourchettes et des cuillères grossières, en bois *.

Mardi 28. — Point de lettre. C'est trop fort! — J'espère pour le soir.

. . . .

Mercredi 29. — Ce matin, vers neuf heures, je rangeais toutes mes affaires, quand Arthur, sombre et nerveux, a dit tout à coup qu'il sortait et qu'il ne rentrerait pas à midi. Mais à dix heures il revient et nous annonce qu'il partira demain. Quelle nouvelle! J'en suis suffoquée. Suis-je contente au moins, moi qui ai tant désiré cet instant? En conscience, je serais bien en peine de répondre franchement; et je ne

---

* *À la suite de ce mot, on trouve, placé entre crochets, ce commentaire d'Isabelle :* [Il n'est pas douteux que les objets remarqués et cités par Vitalie ont été désignés à son attention par Arthur. La physionomie même des notes manuscrites de Vitalie indique, assure qu'Arthur s'est appesanti avec émotion sur les dépouilles de Théodoros.]

m'explique pas du tout cette épine qui me laboure le cœur au moment où je devrais être si joyeuse.

. . . .

L'après-midi, nous allons acheter divers objets pour Isabelle et pour moi, entr'autres de beaux châles; puis, différentes affaires pour Arthur.

Nous dînons du thé. — Je fais quelques arrangements au pantalon et au paletot d'Arthur; après, il sort.

En ce moment, il est dix heures et demie. Je ne sais comment cela va aller. — Point de nouvelles de personne. Isabelle, tu n'es pas raisonnable. Je suis presque fâchée après toi. Je ne comprends rien à ton silence.

Jeudi 30. — Arthur n'a pu partir aujourd'hui, la blanchisseuse n'ayant pas rapporté ses chemises.

L'après-midi nous allons acheter du linge.

Vendredi 31. — Sept heures et demie du matin. Arthur est parti à quatre heures et demie. Il était triste.

. . . .

Deux heures et demie. — Nous partons dans une heure. Quel effet cela me fait! Ma nervosité a grandi, c'est de l'angoisse à présent. Se peut-il que je regrette Londres à ce point, que je me sois attachée à lui sans le savoir, en me figurant y souffrir? [...] Je pense à Arthur, à sa tristesse; à Maman, qui pleure, qui écrit. [...]

Nous partons. Jamais je ne verrai plus notre chambre, ni le paysage familier, ni Londres *...

III

JOURNAL

(novembre 1874-avril 1875)

. . . .

Mardi 1er décembre. — Ce mois commence avec de sérieux

---

* *Le manuscrit se termine par ce commentaire d'Isabelle, placé entre crochets :* [Retour à Charleville par Folkestone, Ostende, Bruges, Alost, Bruxelles, Namur, Dinant, Givet, très certainement d'après un itinéraire tracé par Arthur qui a eu soin, on le voit, de faire prendre aux voyageuses une autre route que celle de l'aller; sans aucun doute dans le but de leur faire voir des pays nouveaux et de varier ainsi leur intérêt.]

événements. Le matin, reçu une lettre d'A[rthur]. Le soir, j'ai écrit une *lettre* très longue.

. . . .

Dimanche 27. — J'ai été avec maman à Mézières; en passant, nous avons mis une lettre à la poste, à la gare, pour A[rthur].

Mardi 29. — A[rthur] est revenu à neuf heures du matin. Il fait très froid; de la neige et de la glace partout. À deux heures, arrivée d'un fermier; il reste chez nous jusqu'à six heures. Après dîner, vers neuf heures du soir, nouvelle surprise : F[rédéric] nous apparaît. Je suis réellement heureuse et satisfaite. Il est bien grandi mais beaucoup plus mince que l'année dernière, mais son changement lui sied à merveille. Nous arrangeons les appartements pour passer la nuit. Que de choses ne nous a-t-il pas dites! Nous nous sommes couchés à minuit mais je ne me suis pas endormie avant une heure du matin. J'avais l'esprit rempli des incidents divers qui s'étaient passés dans la journée. Ma mère est satisfaite et moi aussi. Je trouve que tout va bien pour le moment.

. . . .

Dimanche 10 [*janvier*]. — Nous allons à la messe de neuf heures. Frédéric part à quatre heures du matin. Je suis triste. Je voudrais qu'I[sabelle] fût là. La soirée se passe en causerie amicale. Nous nous couchons tard. À quatre heures Fr[édéric] vient nous dire adieu. Que le temps a passé vite depuis qu'il est revenu : déjà quinze jours. Il a été si gentil. Je pense à l'année prochaine. Maman est allée le conduire.

. . . .

Samedi 13 [*février*]. — A[rthur] est parti pour S[tuttgart]. Nous sommes tristes.

. . . .

Dimanche [*28 février*]. — [...] Je commence déjà à ressentir les effets lointains de l'approche du printemps, c'est-à-dire cette sorte de tristesse qu'il est nécessaire de rejeter si l'on ne veut pas éprouver une espèce d'ennui tout à fait désagréable.

. . . .

6 mars, samedi. — [...] Je suis sortie aujourd'hui; c'est la première fois depuis quinze j[ours]. Nous sommes allées louer un appartement; je suis satisfaite.

. . . .

Dimanche 21 [*mars*]. —[...] Isabelle ma petite Isa est revenue hier; pauvre chérie elle n'est pas trop gaie; mais moi je suis bien contente; c'est peut-être de l'égoïsme mais je veux être satisfaite au moins pendant un jour.

. . . .

Dimanche 18 avril. — [...] Il y a cinq jours, A[rthur] m'a fait une très agréable surprise; il a eu l'aimable gentillesse de m'envoyer un journal illustré qui est aussi gros qu'un volume de médiocre grosseur mais... il est *allemand!* Heureusement qu'I[sabelle] trouvera à se le faire lire au Saint-S[épulcre] et qu'elle pourra nous mettre au courant de ce que ce journal contient.

. . . .

NOTICES,
NOTES ET VARIANTES

POÉSIES

À trois exceptions près, et mis à part ses vers d'écolier, les poésies de Rimbaud n'ont été publiées qu'après son départ pour l'Orient, et sans qu'il ait eu la moindre part à leur publication. *Les Étrennes des orphelins* avaient paru dans *La Revue pour tous* du 2 janvier 1870. *Première soirée* (sous le titre de *Trois baisers*) fut accueillie dans *La Charge* du 13 août 1870. *Les Corbeaux* parurent dans *La Renaissance littéraire et artistique* le 14 septembre 1872. Après quoi, le nom de Rimbaud disparut des périodiques littéraires.

C'est en 1883 que de nouvelles pièces de vers signées de son nom furent révélées au public. Cette année-là, Verlaine publia dans *Lutèce* (octobre 1883) une étude sur son ancien compagnon, et il y introduisit plusieurs de ses poésies. L'année suivante, il reprit son étude et en fit la pièce maîtresse de ses *Poètes maudits*. Ce fut le début de la gloire de Rimbaud.

Deux ans plus tard, une petite revue symboliste, que dirigeait Gustave Kahn, *La Vogue,* révéla au public, en même temps que les *Illuminations,* une douzaine de poésies demeurées en tout ou en partie inédites (mai-juin 1886).

Bien des textes restaient à publier. Deux pièces parurent dans l'*Anthologie des poètes français* de Lemerre en 1888, quatre autres dans *La Revue indépendante* en janvier-février 1889, une autre dans *La Revue d'aujourd'hui* en mars 1890, une autre dans *La Plume* en septembre 1890, deux encore dans le *Mercure de France* en novembre 1891.

C'est à la fin de cette année-là, exactement le 20 novembre, qu'une édition des poésies de Rimbaud parut enfin. Elle s'intitulait *Le Reliquaire*. Elle était publiée chez Genonceaux,

un libraire connu pour les difficultés qu'il avait de temps à autre avec la justice. Elle était formée, pour l'essentiel, de poésies communiquées par Izambard et par Paul Demeny à Rodolphe Darzens, secrétaire de la revue *La Jeune France* que Paul Demeny dirigeait et à laquelle Izambard collaborait. En vue d'une publication qu'il projetait, Rodolphe Darzens avait eu l'imprudence de déposer les précieux documents chez Genonceaux, et celui-ci s'était empressé de les publier. Il ne resta à Rodolphe Darzens qu'à faire saisir l'édition. Mais *Le Reliquaire* n'en continua pas moins de se lire.

L'édition du *Reliquaire* venait gêner le projet que Verlaine et son éditeur et ami Léon Vanier méditaient depuis plusieurs mois. Les difficultés rencontrées par Genonceaux leur rendirent courage. Nous les voyons, au début de 1893, occupés à une édition des poésies de Rimbaud.

L'importante étude de M. Petitfils dans les *Études rimbaldiennes* nous permet de suivre de près la difficile préparation de ce volume. Vanier s'y était attaché avec la conviction que les textes de Rimbaud étaient sa propriété. Il s'en tint avec obstination à ce point de vue. Mais Isabelle Rimbaud, alertée, protesta avec une extrême vigueur. Non pas tellement pour des considérations d'argent, mais parce que certaines poésies de son frère étaient impies, et d'autres révolutionnaires. Vanier, sans l'avouer, se rendait compte qu'il était imprudent d'ignorer cette difficulté. Il temporisa, proposa des compromis, s'enferma dans le silence. C'est au cours de l'été 1895 seulement qu'Isabelle donna son accord. Vanier en avertit aussitôt Verlaine, et celui-ci travailla sans retard à la préface. Il l'envoya à Vanier le 29 août. Isabelle était tenue au courant. L'édition parut dans la première moitié d'octobre 1895. Elle était intitulée *Poésies complètes d'Arthur Rimbaud*. Elle ajoutait plusieurs pièces à celles qui étaient déjà connues.

D'autres continuaient à manquer. Certaines ont paru depuis lors. C'est le cas des *Sœurs de charité*, des *Douaniers*, de *L'Étoile a pleuré rose*, révélées en octobre 1906 dans la *Revue littéraire de Paris et de Champagne*. En 1912, Paterne Berrichon publia une partie de *L'Homme juste*. Les *Mains de Jeanne-Marie* furent publiées en 1919 dans la revue *Littérature*. Les *Nouvelles littéraires* ont fait connaître *Ce qu'on dit au poète à propos de fleurs* (2 mai 1925) et les trente-six vers de *Soleil et chair* demeurés inédits (17 octobre 1925).

Après *Le Reliquaire* de 1891 et les *Poésies complètes* de 1895, l'œuvre poétique de Rimbaud fut réunie en plusieurs éditions successives. Il y eut d'abord les *Œuvres de J.-A. Rimbaud*. *Poésies*, publiées par Paterne Berrichon et Ernest Delahaye au *Mercure de France* en 1898. Puis Berrichon publia en 1912,

au *Mercure* également, les *Œuvres de J.-A. Rimbaud, Vers et proses,* avec préface de Claudel. Les rééditions se sont succédé depuis lors.

L'histoire des œuvres de Rimbaud entra dans une phase nouvelle lorsque Bouillane de Lacoste publia en 1939 son édition critique des *Poésies*. Travail admirable par les qualités d'exactitude et de minutie apportées à l'établissement du texte. Il a servi de base à toutes les éditions postérieures. On relèvera pourtant l'édition du *Club du meilleur livre,* en 1957. Le texte, révisé par la diligence de M. Paul Hartmann, présente un certain nombre d'améliorations notables, fondées sur l'examen de plusieurs autographes auxquels Bouillane de Lacoste n'avait pas eu accès.

La connaissance des autographes joue en effet un rôle tout particulier dans l'étude d'une œuvre dont l'auteur n'a pas connu, voulu, surveillé la publication.

En 1870, à Charleville, Rimbaud avait donné à Izambard les manuscrits de huit de ses poésies. En 1885, Izambard les prêta à Verlaine et celui-ci les porta à Vanier, en vue de l'édition qu'il méditait d'entreprendre. Il s'agissait de feuillets séparés, et leur dispersion était inévitable.

En octobre 1870, Rimbaud étant à Douai copia sur deux cahiers vingt-deux de ses poésies. Il en fit don à Paul Demeny. Ces cahiers forment ce qu'on appelle le recueil Demeny. Il a été reproduit en photogravure, et de façon admirable, par l'éditeur Messein, en 1919. Il est, pour l'étude de Rimbaud, d'une importance capitale. Non pas seulement parce qu'il nous livre de façon sûre le texte du poète. Mais parce qu'il fournit un repère certain pour l'histoire de son œuvre. Toute pièce qui y figure est nécessairement antérieure au milieu d'octobre 1870.

Au mois de septembre 1871, Verlaine rassembla dans un dossier les poésies dont le texte lui avait été confié par Rimbaud. Ce dossier, à l'exception de quelques pages qui en avaient été détachées, a été reproduit par l'éditeur Messein dans son volume de 1919. Il en forme la troisième partie. On a cru longtemps qu'il était de la main de Rimbaud. Nous savons aujourd'hui qu'il s'agit de copies faites par Verlaine, mais l'exactitude évidente du texte et la date bien précisée de ce travail donnent à ce recueil une valeur analogue à celle du recueil Demeny. Toute pièce qui y figure est nécessairement antérieure à la fin de septembre 1871.

Le volume de fac-similés, publié par Messein en 1919, ne se bornait pas à reproduire les cahiers Demeny et la copie établie par Verlaine en septembre 1871. Il groupait en une IVe partie onze autographes d'origine diverse : quatre de la collection Barthou, un de la collection Messein, quatre

appartenant à Richepin, un dernier enfin de la collection de Pierre Dauze.

À une époque plus récente, la connaissance du texte des poésies de Rimbaud s'est enrichie des informations que lui ont fournies les collections de quelques amateurs éminents, Mme Lucien Graux, M. Pierre Bérès, M. Matarasso et M. Alfred Saffrey, récemment disparu.

Page 3.

LES ÉTRENNES DES ORPHELINS

Ce sont là les premiers vers français qui nous soient parvenus. Ils ont paru dans *La Revue pour tous* le 2 janvier 1870. Les légers changements que Berrichon y a apportés dans ses éditions de Rimbaud ne s'appuient pas sur une autre tradition et ne sont que des corrections qu'il a cru bon d'y mettre de sa propre autorité.

Rimbaud a tenu visiblement à se faire accueillir dans cette revue morale et bien-pensante. Elle avait, par exemple, donné *Les Pauvres gens* de V. Hugo le 5 septembre 1869, et *La Maison de ma mère* de Marceline Desbordes-Valmore, le 7 novembre suivant. Rimbaud avait lieu de penser que ses vers seraient bien reçus.

Il est donc peut-être assez vain de chercher dans *Les Étrennes des orphelins* des confidences du jeune poète sur les fêtes de famille au foyer de Mme Rimbaud. Mais on ne saurait ignorer l'opinion contraire de certains interprètes. M. Ruff, notamment, voit dans ce poème une « transposition évidente ». Les orphelins sont, à ses yeux, les enfants Rimbaud, qui ne sentent pas, auprès d'eux, une véritable présence maternelle.

Quoi qu'il en soit, le collégien, écrivant ces vers, se souvient de ses récentes lectures. V. Hugo, Baudelaire, Banville, Coppée lui ont fourni les images, le vocabulaire et jusqu'à des hémistiches entiers de son petit poème. Il n'a pas oublié une pièce de vers de J. Reboul, *L'Ange et l'Enfant*, sur lequel il avait rédigé une composition latine, *Ver erat...* (voir p. 179). On y entendait l'appel de l'ange à un enfant pour le faire entrer dans les demeures éternelles. *Les Enfants trouvées* [1] de Coppée ont fourni à Rimbaud plusieurs traits. Et par-dessus tout, peut-être, *Les Pauvres gens* de V. Hugo (*La Légende des siècles*, IV, p. 119) avaient ému le jeune collégien. Cette femme morte, les deux petits enfants qui dorment tout près d'elle, sans savoir leur malheur :

---

1. Et non *Enfants trouvés*, comme on l'écrit souvent. Il s'agit des fillettes d'un orphelinat.

...eau qui tremble!

...alme...

... pour dédaigner l'émotion
... pouvait éprouver à lire ces

La Revue pour tous du 26 décembre 1869, ... « Courrier », quelques lignes adressées à ...les l'invitent à réduire d'un tiers le poème qu'il ... voyé au bureau de la revue. Ce poème, dont le ... est d'ailleurs pas cité, était-il le même que *Les Étrennes ... orphelins?* Ou bien Rimbaud avait-il envoyé une autre pièce de vers, laquelle, en fin de compte, n'aurait pas été acceptée? Il faut avouer que le délai entre le 26 décembre et le 2 janvier est bien court, et l'on ne voit pas comment la *Revue* aurait pu imprimer son texte abrégé. Mais, en sens contraire, on observe que la note du 26 décembre parle d'une IIIe partie, et il est exact que *Les Étrennes des orphelins* sont divisées en trois parties.

Texte adopté : La Revue pour tous, 2 janvier 1870.

1. V. Hugo avait dit, au premier vers des *Pauvres Gens :*

Le logis est plein d'ombres...

2. Ce vers rappelle, dans *Les Fleurs du Mal,* les défuntes années « en robes surannées » *(Recueillement),* et

L'Aurore grelottante en robe rose et verte,

dans *Crépuscule du matin.*

Page 4.

1. Ce passage rappelle *Chose vue un jour de printemps,* dans *Les Contemplations :*

Les quatre enfants pleuraient, et leur mère était morte.

2. On notera cette césure cinquième, étonnante chez un poète de quinze ans. Car il saute aux yeux que ce n'est pas une négligence. Ce type de césure se retrouve une quinzaine de fois dans *Les Fleurs du Mal.* Verlaine en avait parlé dans ses articles sur Baudelaire *(L'Art,* 23 décembre 1865). Le jeune Rimbaud s'y est intéressé, et c'est en toute lucidité qu'il se permet cette audace.

3. *Affriander,* rendre friand, figure dans Littré.

4. Souvenir très précis des *Enfants trouvées* de Coppée :

La gambade faite en chemise
Sur le tapis, devant le feu,
La gaieté bruyante et permise,
Et l'aïeule qui gronde un peu.

Page 5.

1. On t...
mystères. l...
dans *Le Buf*...

Page 6.

1. Réminiscen...
dans *Les Cariati*...

Tout rev... et palpite aux baisers du soleil.

2. Cette conclusion veut créer un effet de surprise. Le
enfants aperçoivent des médaillons argentés, des objets qui
scintillent, ils sont joyeux parce qu'ils ne comprennent pas.
Ce sont des couronnes mortuaires.

SENSATION

États.

1. Lettre de Rimbaud à Banville, 24 mai 1870. Autographe dans
la collection Doucet *(B)*.

2. Autographe dans le recueil Demeny, octobre 1870 (collection
Altman).

3. États imprimés : *La Revue indépendante,* janvier-février 1883
(R) ; *Le Reliquaire,* 1891 ; éditions de Berrichon à partir de 1898.
Texte adopté : l'autographe dans le recueil Demeny.

Au mois de mai 1870, une grande ambition vint à Rimbaud.
Il venait de découvrir l'École parnassienne. Il avait lu *Les
Intimités* de Coppée, *Les Vignes folles* et *Les Flèches d'or* de
Glatigny. Grâce à Izambard, il connut le *Gringoire* de Ban-
ville ; grâce à lui encore, il eut entre les mains les fascicules
du premier *Parnasse*. Il rêva d'être accueilli dans le second,
qui commençait à paraître par fascicules. Le 24 mai, il écrivit
donc à Banville. Il le suppliait de faire à ses vers « une petite
place entre les Parnassiens ». Il lui envoyait en même temps
trois pièces : *Credo in Unam* (futur *Soleil et chair*), *Sensation*
et *Ophélie.*

a. Pas de titre dans B.
b. Par les beaux soirs d'été *B*
c. je sentirai *R*
d. Mais un amour immense entrera dans mon âme *B*
e. tel qu'un bohémien *R*
f. 20 avril 1870 *B*

3. On cite habituellement un vers de Mérat dans *Les
Chimères.*

Par un soir bleu d'avril, elle s'en revenait...

Mais il ne faut pas négliger des vers de Coppée dans *Vers le passé.* Ils venaient de paraître dans le premier *Parnasse :*

> *Quand je vais dans les champs, par les beaux soirs d'été,*
> *Au grand air rafraîchir mes tempes...*

SOLEIL ET CHAIR

États.

1. Lettre de Rimbaud à Banville, 24 mai 1870. Autographe dans la collection Doucet *(B).*

2. Autographe dans le recueil Demeny, octobre 1870 *(D).*

3. États imprimés : *Le Reliquaire,* 1891; *Poésies complètes,* 1895; éditions de Berrichon à partir de 1898.

Texte adopté : l'autographe du recueil Demeny. Mais, selon l'usage, on a inséré dans ce texte les vers 81-116, qui figurent dans la lettre à Banville, et qui manquent dans le recueil Demeny. Il est à observer que le vers 80, dans l'autographe Demeny, figure au bas du folio 14, et le vers 117 au haut du folio 15. Rien n'empêche d'imaginer que l'absence des vers 81-116 s'explique par la disparition d'un feuillet, et non par une décision de Rimbaud.

Quand il écrit *Soleil et chair,* le jeune rhétoricien est tout rempli et comme enivré des lectures qu'il vient de faire. Il se souvient très particulièrement du *Sacre de la femme,* dans la première partie de *La Légende des siècles.* V. Hugo y célébrait la naissance du monde, un univers où régnaient l'harmonie, l'innocence, le bonheur. Ce mythe des époques primitives se retrouvait d'ailleurs dans l'ensemble de notre romantisme. Celui-ci avait opposé la beauté du monde naissant à la laideur des temps modernes. C'était là un lieu commun, de Gautier, de Leconte de Lisle. Baudelaire l'avait développé dans *J'aime le souvenir...* Musset avait évoqué dans *Rolla* les temps où le ciel se fondait avec la terre, où les hommes marchaient parmi les dieux, et Rimbaud se souvenait très précisément de cette page fameuse. D'autres encore avaient traité le même thème. Même le chrétien Laprade, même Nerval avaient suivi l'entraînement, ils avaient été des « païens » par refus d'accepter le monde moderne, le monde de la bourgeoisie industrielle, du machinisme et de l'argent.

Mais deux poèmes, plus directement, ont marqué *Soleil et chair,* et ils sont tous deux de Banville. C'est *L'Exil des dieux,* paru dans le premier *Parnasse,* et *La Cithare,* paru dans un fascicule dès lors publié du second. Rimbaud leur emprunte, non seulement le thème général, mais certains développements, l'image qu'il se fait du monde naissant, l'idée de l'amour universel, celle de la Terre Mère, portant en elle l'amour de toute la création. Des ressemblances

précises dans les images et les mots employés ne permettent guère de douter qu'il a dans l'esprit ces vers de Banville.

Si le monde de beauté et d'innocence s'était dégradé, la pensée romantique en accusait la pensée réfléchie, et ses excès, les folles ambitions de la science rationnelle. Cette explication est nettement formulée dans *Soleil et chair*. Il serait imprudent de prétendre que Rimbaud s'inspire de telle ou telle lecture. Il suffira de citer les phrases si caractéristiques d'Éliphas Lévi (cité par V. Gengoux, *op. cit.*, p. 127) : « Malheur à qui veut trop savoir! Car si la science excessive et téméraire ne le tue pas, elle le rend fou. » Et lorsque Rimbaud écrit : « Et l'homme aura la Foi », peut-être se souvient-il qu'Éliphas Lévi avait écrit : « La foi commence où la raison tombe épuisée. »

Dans l'avenir entrevu, en même temps que la foi, il y avait l'amour. Rimbaud avait lu sans doute *Le Satyre* de Victor Hugo, affirmation triomphante de l'esprit humain et de son avenir. Plus précisément, il donne l'impression d'écrire son poème après avoir lu l'étonnant chapitre de Michelet, *La Religion de l'amour* dans son livre de *La Femme*. La littérature de l'illuminisme démocratique se profile à l'arrière-plan de *Soleil et chair*.

g. Credo in unam... B
On trouve une ligne de points avant le premier vers ainsi qu'après les vers 24, 31, 44 et 63.

4. Réminiscence précise de l'*Hermès* de Chénier :

> *Que la terre est nubile et brûle d'être mère*

Page 7.

a. Et tout vit! et tout monte?... B
b. L'eau du fleuve jaseur, le sang des arbres verts, *ibid.*
c. Où tout naissait, vivait sous ses longs pieds de chèvre; *ibid.*
d. le vert syrinx, *ibid.*
e. murmurait *ibid.*
f. et le long fleuve bleu, *ibid.*
g. aux pieds d'un Dieu! *ibid.*
h. S'il accepte des dieux, il est au moins un Roi!
C'est qu'il n'a plus l'Amour, s'il a perdu la Foi!
Oh! s'il savait encor puiser à ta mamelle, *ibid.*

1. Souvenir du passage très connu de Musset dans *Rolla* :

> *Regrettez-vous le temps où le ciel sur la terre*
> *Marchait et respirait dans un peuple de dieux,*
> *Où Vénus Astarté, fille de l'onde amère,*
> *Secouait, vierge encore, les larmes de sa mère...*

2. On rencontre des nymphes lascives et des faunes indolents dans *Rolla*.

3. Les mêmes mots se retrouvent dans *La Cithare* de Banville :

> *Ô toi, robuste Pan, qui sous le vert sureau*
> *Passe, chasseur subtil, avec tes pieds de chèvre!*

4. *Syrinx* est normalement du féminin. Mais Rimbaud avait lu dans *Le Faune* de Laprade, paru dans *Le Parnasse* de 1870, fascicule 5 :

> *Or le musicien vermeil aux pieds de chèvre,*
> *Du syrinx aux sept trous a retiré sa lèvre.*

5. Cybèle apparaît dans le poème de Baudelaire *J'aime le souvenir*... comme la déesse et le symbole de la Nature féconde.

6. Souvenir probable de Virgile, *L'Énéide*, VI, v. 785.

> *Invehitur curru Phrygas turrita per urbes.*

7. Baudelaire avait parlé des seins de Cybèle, de ses « tétines brunes ».

8. Ce mouvement, qui pourrait étonner, s'éclaire dès qu'on se souvient que pour la littérature illuministe, l'excès d'une certaine connaissance rationnelle et positive tue en l'homme la foi et l'amour, l'isole de la vie universelle. Voilà qui explique « les yeux fermés et les oreilles closes ».

9. Ce vers d'interprétation difficile s'explique peut-être par la première rédaction que Rimbaud lui avait donnée. Si l'homme accepte des dieux qu'il s'est lui-même créés, si par conséquent il s'éloigne de la vraie religion, qui est celle de la Nature-Mère, c'est pour devenir lui-même un Roi. Mais c'est la preuve qu'il n'a plus la Foi et donc qu'il n'a plus l'Amour.

10. Musset avait écrit :

> *Où Vénus Astarté, fille de l'onde amère...*

Banville de son côté avait associé Vénus et Astarté :

> *Hélas, qui me rendra ces jours pleins de clarté*
> *Où l'on ne m'appelait que Vénus Astarté?*
>
> (*Prosopopée pour une Vénus.*)

Page 8.

a. Et fit chanter partout, Déesse aux yeux vainqueurs, *B*
b. Ô! la vie est amère, *ibid.*
c. Depuis qu'un autre dieu *ibid.*
d. Mais c'est toi la Vénus! *ibid.*
e. Oui l'homme est faible et laid, le doute le dévaste; *ibid.*

f. faire la courtisane!... *ibid.*

g. Oh! les temps reviendront! les temps sont bien venus!
Et l'Homme n'eſt pas fait pour jouer tous ces rôles!
ibid.

h. Tout ce qu'il a de Dieu sous l'argile charnelle,
L'Idéal, la pensée invincible, éternelle *ibid.*

Cette variante confirme absolument la leƈlure que P. Hartmann a été le premier à donner du vers 69 dans D : Tout le dieu... sans virgule

1. Dans *La Cithare,* Banville évoquait la même image :

D'autres, aux seins de lys et de neiges fleuries...

2. Ces exclamations nous rappellent que le premier titre du poème avait été *Credo in unam.*

3. L'autographe eſt formel. Rimbaud n'a pas écrit *Aphrodite* mais *Aphrodité,* comme faisaient les Parnassiens.

4. Sur cette laideur de l'homme dans les temps modernes, Rimbaud se souvient surtout de Baudelaire :

Ô ridicules troncs! torses dignes de masques!...

5. Baudelaire, de même, avait dit :

Et vous, femmes, hélas! pâles comme des cierges,
Que ronge et que nourrit la débauche...

C'eſt en ce sens que, sous la plume de Rimbaud, la femme d'aujourd'hui ne sait même plus être courtisane.

6. Le développement qui commence avec ce vers pourrait paraître obscur. Il s'éclaire si on le ramène à une idée très simple : c'eſt que la déchéance progressive de l'humanité va cesser. Une période nouvelle commence, où l'homme retrouvera ce qu'il a perdu dans le passé. Il retrouvera la Foi et l'Amour.

7. En langage philosophique, nous dirions qu'à des siècles de pensée critique et négative vont succéder les temps de l'Amour retrouvé et de la véritable connaissance.

8. Le manuscrit autographe eſt formel. Il faut lire *Tout le dieu qui vit,* et ce vers eſt une affirmation de panthéisme. Cette leƈlure s'accorde avec la rédaƈlion de la lettre à Banville :

Tout ce qu'il a de Dieu sous l'argile charnelle.

Ce même panthéisme se trouve d'ailleurs dans *Le Sacre de la femme :*

L'Être reſplendissait, Un dans Tout, Tout dans Un.

9. *Tu* s'adresse à Vénus, c'eſt-à-dire à l'Amour universel.

Page 9.

a. Contempteur du vieux jour, *B*

1. On notera ici encore une césure cinquième, comme au vers 43 des *Étrennes des orphelins*.

2. Éliphas Lévi avait écrit : « La foi commence où la raison tombe épuisée. » La littérature illuministe ne prétend pas condamner la foi aux dépens de la raison. Elle l'exalte. Elle y voit la démarche suprême de l'esprit. Mais pour aboutir à la Foi, la Pensée doit être libre.

3. Les mêmes mots, *astres, pasteur, troupeau,* se retrouvent associés dans *La Cithare* de Banville :

> *Et des Astres pasteurs, près des fleuves de blancs*
> *Diamants, dont les flots sont des rayons tremblants,*
> *Conduisent leur troupeau d'étoiles qui flamboie...*

4. Il se pourrait qu'ici Rimbaud accueille une suggestion qui lui serait venue, non plus de la poésie romantique, mais d'un ouvrage de philosophie récent. La traduction de *Force et matière* de Büchner venait de paraître en 1866. On pouvait y lire : « Tout ce qui existe vient d'un germe... par conséquent d'un œuf, d'une semence », et Büchner se demandait : « D'où viennent-ils ? »

5. Rimbaud n'a pas imaginé cette idée que la raison, loin de nous révéler le secret de l'Univers, nous empêche de le comprendre. Elle était un lieu commun du romantisme depuis Nodier. Mais cette raison, c'est la faculté qui s'arrête aux apparences ; ce n'est pas la Pensée, qui, elle, pénètre au-delà, jusqu'au mystère caché.

Page 10.

a. *Les vers 81-116 manquent dans D (voir la note en tête du poème).*
b. *Ô renouveau sublime B*
c. *La blanche Kallypige [sic] ibid.*
d. comme un enfant *ibid.*
e. Il tourne longuement *ibid.*
f. Au front du dieu ; *ibid.*
g. *Rimbaud avait d'abord écrit* en fleur

1. Sans autre transition qu'une ligne de points, Rimbaud revient au thème fondamental de son poème : la rédemption de l'humanité par l'Amour.

2. L'amour de la femme est comme le symbole de l'amour universel et c'est à ce titre que Rimbaud le fait ici intervenir. Il le fait d'autant plus volontiers qu'il a l'esprit rempli du *Sacre de la femme* de V. Hugo.

3. On notera les incertitudes de Rimbaud devant le mot *Kallipyge*. Il avait écrit *Kallypige* dans la lettre à Banville. L'année suivante, dans le manuscrit Demeny, il se corrige et écrit *Kallipige,* qui ne vaut pas mieux.

4. Ici commence une série de scènes mythologiques. Dans la première, Ariane, abandonnée par Thésée sur l'îlot de Naxos, est recueillie par Bacchus, qui vient à elle sur son char. La scène avait été décrite par Catulle et, en France, par Chénier *(Bucoliques)* et par Banville *(Le Triomphe de Bacchos, dans Les Stalactites)*. Rimbaud, à la façon des Parnassiens, écrit *Ariadné*.

5. Lysios est un des noms de Bacchus. Banville avait parlé du « beau Lysios ».

6. Rimbaud évoque maintenant Europe enlevée par Jupiter qui a pris la forme d'un taureau. Il écrit, en bon Parnassien, Zeus et Europé.

7. Voici maintenant la métamorphose de Jupiter en cygne. Leconte de Lisle l'avait racontée dans *Hélène*. L'adjectif *jaseur* est dans Banville et dans *Le Parnasse*. Littré ne donne ce mot que comme substantif.

Page 11.

a. et comme 'd'une gloire, *B*
b. Couvrant son vaste corps *ibid.*
c. au ciel mystérieux... *ibid.*
d. Au beau jeune homme fort *ibid.*
e. sous l'horreur *ibid.*
f. Dans B 29 avril 1870, *alors que D donne* mai 1870.

1. Rimbaud semble se souvenir d'un texte de Glatigny :

> *Et sur son ventre dur qui brille,*
> *Satyre aimé de Pan, je vois*
> *Encor l'ombre qui s'éparpille*
> *Comme la mousse au pied des bois.*

2. Leconte de Lisle avait décrit *Héraklès au taureau*.

OPHÉLIE

États.

1. Lettre autographe de Rimbaud à Banville, 24 mai 1870 *(B)*.
2. Autographe donné à Izambard, collection Lucien-Graux *(I)*.
3. Autographe dans le recueil Demeny, octobre 1870.
4. États imprimés : *Le Reliquaire,* 1891 ; *Poésies complètes,* 1895 ; éditions de Berrichon.

Texte adopté : l'autographe du recueil Demeny.

Après avoir cité le *Bal des pendus,* Izambard écrit : « Du même temps est *Ophélie,* d'après un sujet de vers latins donné en classe. »

Les commentateurs signalent le tableau de Millais sur ce sujet, en 1852. Delacroix avait également traité *La Mort d'Ophélie,* lithographie, en 1843.

Rimbaud s'est souvenu, de façon précise, d'une pièce de Banville dans *Les Cariatides, La Voie lactée.*

g. les bois de lointains hallalis... *B et I*

3. Dans *Hamlet,* IV, 7 : « Ses voiles d'abord s'étalèrent et la soutinrent quelques instants. »

4. Dans *La Voie lactée* (de Banville) :

> *Qui, répétant tout bas les chansons d'Ophélie,*
> *Ne retrouve des pleurs pour sa douce folie?*

Banville avait repris les mêmes formules dans une pièce des *Cariatides* :

> *Comme l'autre Ophélie,*
> *Dont la douce folie*
> *S'endort en murmurant...*

5. Ophélie, dans *Hamlet,* chante plusieurs romances. Banville, dans la pièce des *Cariatides* déjà citée, avait dit :

> *Sa plainte triste et pure*
> *Dans le ruisseau murmure*
> *Et s'envole en rêvant*
> *Avec le vent.*

Page 12.

a. Ses longs voiles   *B et I*
b. un léger frisson d'aile   *B et I*
c. tout haut   *I*
d. C'est qu'un souffle du ciel, tordant ta chevelure   *B* :
C'est qu'un souffle inconnu, fouettant ta chevelure,   *I*
e. Que ton cœur entendait le cœur de la Nature   *B*
f. C'est que la voix des mers comme un immense râle
B et I
g. Un infini terrible égara   *B et I*
h. 15 mai 1870   *B* : *pas de date dans D*
I. Dans *La Voie lactée* :

> *Les nénuphars penchés et les pâles roseaux*
> *Qui disent leur chant sombre au murmure des eaux.*

2. Elseneur est au Danemark, et non pas en Norvège. Mais il peut être balayé par les vents du nord, venu des montagnes de Norvège. — La rime *neige; Norwège* est dans *Barcarolle* de Théophile Gautier *(Poésies diverses)*. Elle est chez Banville, dans les *Baisers de Pierre* :

> *Descends si tu veux dans la rue, où la neige*
> *Étend sur le pavé son manteau de Norwège.*

3. Ce pauvre fou, c'est Hamlet, assis, la tête sur les genoux d'Ophélie, pour regarder les comédiens.

4. Ophélie, dans *Hamlet,* a cueilli des fleurs, et les a tressées en couronne.

BAL DES PENDUS

États.

1. Autographe dans le recueil Demeny, octobre 1870 *(D).*

2. États imprimés : *Mercure de France,* 1er novembre 1891 ; *Le Reliquaire,* 1891 ; *Poésies complètes,* 1895 ; éditions de Berrichon *(B).*

Texte adopté : l'autographe du recueil Demeny.

Izambard écrit : « J'avais prêté à Rimbaud le *Gringoire* de Banville... C'est même par ce livre qu'il prit contact avec l'école parnassienne, et l'on peut voir qu'il s'en inspira, quelques jours après, dans son *Bal des pendus.* » Ce que l'on peut voir aussi, c'est le rapport du *Bal des pendus* avec la *Lettre de Charles d'Orléans à Louis XI,* que Rimbaud composa au printemps de 1870 (voir ci-dessous, p. 175). On relève dans cette lettre l'évocation des pauvres pendus de Montfaucon « plus becquetés d'oiseaux que dés à coudre », et des chapelets de pendus accrochés aux bras de la forêt. Nous nous rendons compte, à lire cette *Lettre,* que Rimbaud est alors tout rempli des ballades de Villon et qu'il en possède le vocabulaire avec une perfection étonnante.

Enfin, il venait de lire *Bûchers et tombeaux* que Gautier avait mis dans les éditions d'*Émaux et camées* depuis 1859. La preuve en a été donnée de façon indiscutable par J. Gengoux (*La Pensée poétique de Rimbaud,* 1949). Un thème tout voisin, celui de la danse macabre, était d'ailleurs à la mode. On le trouve plusieurs fois dans le premier et le second *Parnasse.* Anatole France y donnait *La Danse des morts,* et Henri Cazalis *La Danse macabre.*

a. des poitrines B

1. Souvenir évident de Villon, *Grand Testament,* XXV :

> *Car de la panse vient la danse*

2. On lit dans *Bûchers et tombeaux* :

> *Pas de cadavre sous la tombe,*
> *Spectre hideux de l'être cher,*
> *Comme d'un vêtement qui tombe*
> *Se déshabillant de sa chair.*

a. Mais voilà B
b. par le ciel *ibid.*

c. tel un cheval   *ibid.*
d. Il crispe ses dix doigts   *ibid.*
e. Puis,   *ibid.*
f. juin 1870   B   : *pas de date dans* D

1. Dans *Bûchers et tombeaux,* le squelette

> Pend son chapelet de vertèbres
> Dans les charniers, le long des murs.

2. Ce grand squelette qui intervient ici marque le passage du thème des pendus à celui de la danse macabre. Dans *Bûchers et tombeaux,* un blanc squelette apparaissait qui obligeait le genre humain à entrer dans l' « irrésistible sarabande ».

3. On relève la rime *cabre : macabre* dans *Bûchers et tombeaux.*

4. Gautier disait du squelette :

> Il signe les pierres funèbres
> De son paraphe de fémurs.

LE CHÂTIMENT DE TARTUFE

États.

1. Autographe dans le recueil Demeny, octobre 1870.
2. États imprimés : *Le Reliquaire,* 1891 ; *Poésies complètes,* 1895 ; éditions de Berrichon.
Texte adopté : l'autographe du recueil Demeny.

Un anticléricalisme furibond éclate dans cette pièce, aussi bien que dans *Un cœur sous une soutane.* Cette deuxième composition fut écrite dans les premiers mois de 1870. Il doit en être de même pour *Le Châtiment de Tartufe.* Les amis de Rimbaud, Deverrière, Izambard et plus probablement Bretagne lui ont fait connaître la littérature anticléricale de cette époque, et par exemple *Les Curés en goguette* et *La Mort de Jannot,* deux plaquettes annoncées par Vermersch dans la *Chronique scandaleuse.* Deux ans plus tard, le même Vermersch allait publier *Les Amours d'un prêtre* d'Hector Daniel.

Page 15.

LE FORGERON

États.

1. Autographe dans le recueil Demeny *(D).*
2. Autographe donné à Izambard, s'arrêtant au v. 156 *(I).*
3. États imprimés : *Le Reliquaire,* 1891 ; *Poésies complètes,* 1895 ; éditions de Berrichon.
Texte adopté : l'autographe Demeny.

a. Vers le 20 juin 1792 *I. Cette date est la vraie. La date* Vers le 10 août 92, *sur l'autographe Demeny est une simple distraction de Rimbaud.*

b. le front large, *I*

c. traînait *ibid.*

d. Donc, Sire, tu sais bien, *ibid.*

e. disait ses patenôtres *ibid.*

f. pas; *ibid.*

g. Nous venions voir flamber *ibid.*

h. Nos enfants *ibid.*

1. Sous-titre. Comme on l'a vu aux variantes, le manuscrit Demeny donne : vers le 10 août [17]92, tandis que le manuscrit Izambard donne la vraie date : 20 juin 1792. L'indication fausse, 10 août, n'est donc pas, de la part de Rimbaud, une erreur, mais une distraction.

2. Ce n'est pas un forgeron qui a parlé à Louis XVI, c'est le boucher Legendre.

3. Les historiens sont d'accord en effet pour dire que Legendre interpella le roi en l'appelant *Monsieur*. Et sur un mouvement de Louis XVI, il récidiva · et dit avec force : *Oui, Monsieur*. Mais il ne tutoya pas le roi.

Page 16.

a. De voir les champs de blés, les épis *I*

b. Oui, l'on pourrait, plus fort, au fourneau *ibid.*

c. certain qu'on pourrait prendre *ibid.*

d. oh! je sais maintenant *ibid.*

e. sous le manteau *ibid.*

f. Et me dise : « Maraud, *ibid.*

g. j'aime à voir *ibid.*

h. Et nous dirions *ibid.*

i. Nous dorerions *ibid.*

j. Et tu te soûlerais, tu ferais *ibid.*

k. Et tes Messieurs riraient *ibid.*

l. qui nous rappellaient tout *ibid.*

1. Ces petits billets pour mettre les gens à la Bastille, ce sont des lettres de cachet.

Page 17.

a. Nous· marchions, nous chantions, et *I*

b. Nous allions au soleil, front *ibid.*

c. Dans Paris accourant devant *ibid.*

d. Le flot *ibid.*

e. Comme des revenants, *ibid.*

f. dans Paris le marteau, *ibid.*

g. tu dois y compter   *ibid.*

h. Avec tes avocats   *ibid.*

i. Nous traitant de gros sots!   *ibid.*

j. ranger de petits pots   *ibid.* : des petits pots   *D,*
raturé

k. Pleins de menus décrets, de méchantes droguailles,   *I*

l. nous passons   *ibid.*

m. Ces chers avocassiers   *ibid.*

n. Pour débiter là-bas des milliers de sornettes
   Et ne rien redouter sinon les baïonnettes, *ibid., v. 95-
96*

o. assez, de tous ces cerveaux plats!   *ibid.*

p. Ils embêtent le Peuple!...   *ibid.*

q. cassons   *ibid.*

1. On voit mal le sens que peut avoir ici le mot *drogaille*.
Peut-être est-il amené par *petits pots*. Il s'agirait alors de
pommades.

2. Certains ont compris que, pour faire au peuple des
concessions illusoires, on a retranché certaines *tailles,* c'est-
à-dire des impôts. Il est beaucoup plus probable que Rim-
baud joue sur le mot *taille*. *On a coupé des tailles* signifie non
pas qu'on a retranché, mais qu'on a fabriqué quelques tailles.

Page 18.

a. Puis il le prend au bras   *I*

b. Avec des bâtons forts et des piques   *D, raturé*

c. Ses clameurs   *I*

d. taché de bonnets rouges!   *ibid.*

e. Au Roi pâle, suant   *ibid.*

f. ça roule, ça pullule...   *ibid.*

g. les gueux!   *ibid.*

h. elle vient chercher   *ibid.*

i. D'autres étaient forçats, c'étaient des citoyens   *ibid.*

j. Ils viennent maintenant hurler sous votre nez!...   *ibid.*

k. sali leur âme, comme   *ibid.* : Vous avez craché sur
l'âme, comme   *D. Ce n'est pas une variante, mais un lap-
sus. Rimbaud a sauté le mot* leur. *Il serait vain de chercher
une autre explication et de croire que Rimbaud comptait* rien
pour un dissyllabe. L'autographe Izambard dit bien : Vous leur
avez sali

l. Et dans   *I*

1. Godchot a signalé une chanson de Suzanne Lagier, au
lendemain de l'assassinat de Victor Noir.

                    C'est la crapule,
                    La crapule.

> *Hier, c'était un titre infâmant*
> *Mais, sans scrupule,*
> *La crapule*
> *En fait son cri,*
> *Son cri*
> *De ralliement.*

D'autre part, Alexis Bouvier, au lendemain du même événement, avait écrit une chanson sur ce thème :

> *C'est la canaille.*
> *Eh bien, j'en suis!*

Cette chanson avait été chantée par Rosalie Bordes. Il est curieux de noter le portrait que les contemporains nous ont laissé de cette chanteuse. Elle avait la poitrine large, le bras solide et musclé. Elle fait penser à la femme forte des *Iambes* de Barbier, que l'on retrouve si clairement chez Rimbaud. — Il n'est pas non plus sans intérêt de rappeler, dans *Le Peuple* de Vallès, en février 1869, une page où chaque paragraphe se termine par ce leitmotiv : « C'est le Peuple. »

2. Le mouvement qui commence ici se situe sur un plan différent de celui qui précède. Il fait très précisément penser aux parties de *Soleil et chair* qui exaltent l'humanité libérée par la Science et l'Amour.

Page 19.

a. Où, lentement vainqueur, il soumettra la chose,
    Poursuivant les grands buts, cherchant les grandes causes, *I*

b. Oh! nous sommes contents, nous aurons bien du mal! *ibid.*

c. Tout ce qu'on ne sait pas, *ibid.*

d. Nous prendrons nos marteaux, nous passerons au crible *ibid.*

e. Et l'on se trouverait fort heureux, *ibid.*

f. ne vous ferait plier!... *ibid.*

1. Les liaisons sont peu marquées, mais se devinent. La Science est délivrance. L'ignorance inspire des craintes qui asservissent l'homme. Le peuple est décidé à conquérir la Science.

2. L'amour de la femme est un des thèmes de la littérature démocratique.

3. Mouvement brusque de la pensée. Un moment attendri par de magnifiques et émouvantes perspectives, le Forgeron se reprend. La lutte continue. Le ciel même est trop petit pour l'homme.

4. Souvenir évident de Victor Hugo :

> *Les lourds canons roulant sur le pavé des villes.*

Page 20.

  a. Poussaient   *D, raturé*
  b. Eh bien! n'est-ce pas, vous? Merde à ces chiens-là   *D,
raturé, vers faux*

  1. Michelet raconte : « Un des assistants lui présentant de
loin, au moyen d'un bâton, le bonnet de l'égalité, le roi,
sans hésitation, étendit la main pour le prendre. » Puis il
demande à une femme une cocarde tricolore. Il la met au
bonnet rouge. Le peuple alors crie : « Vive le Roi! Vive la
Nation! »

Morts de *Quatre-vingt-douze*

États.

  1. Autographe dans le recueil Demeny, octobre 1870.
  2. États imprimés : *Le Reliquaire,* 1891 ; *Poésies complètes,* 1895 ;
éditions de Berrichon.
  Texte adopté : l'autographe du recueil Demeny.

  Lorsque la guerre éclata, Rimbaud, pas plus que ses amis,
n'y vit autre chose qu'une folle aventure voulue par le gou-
vernement de Napoléon III. Delahaye écrit : « Je vois encore
son haussement d'épaules devant le grand mouvement chau-
vin qui accueillit la déclaration de guerre. » Rimbaud, dans
une lettre à Izambard du 25 août 1870 (p. 238), raillait « la
benoîte population » de Charleville, « prudhommesquement
spadassine », tous ces notaires, vitriers, percepteurs, qui,
« chassepot au cœur », faisaient du « patrouillotisme » aux
portes de Mézières. Il restait à l'écart. « Ma patrie se lève! »
écrivait-il. Moi, j'aime mieux la voir assise; ne remuez pas
les bottes! c'est mon principe. »
  Étant donné ces dispositions, nous devinons ce qu'il dut
penser lorsqu'il lut, dans *Le Pays,* journal bonapartiste des
Cassagnac, un appel enflammé au patriotisme des républi-
cains : « Vous, républicains, souvenez-vous qu'à pareille
époque, en 1792, les Prussiens entraient en Lorraine, et la
Convention déclarait la France en danger. Vous fûtes grands
et nobles. Souvenez-vous. » Izambard nous a raconté la scène
(*À Douai et à Charleville,* p. 30). Le lundi 18 juillet, à la fin
de la classe, Rimbaud s'approcha de son professeur et lui
remit ses vers. Il les avait écrits la veille.

  c. Titre Berrichon : Sonnet. *Ce titre n'est pas dans l'autographe
du recueil Demeny.*

  2. On a vu, au relevé des variantes, que ce sonnet était
sans titre dans l'autographe du recueil Demeny, et portait
le titre de *Sonnet* dans les éditions Berrichon. Sur quoi Rolland

de Renéville s'est indigné de l'ignorance de Berrichon, parce que, a-t-il dit, ces vers manquent à la règle fondamentale du sonnet et que les quatrains ne présentent pas les mêmes rimes. On regrette de dire que c'est Rolland de Renéville qui se trompe. Il ignore apparemment l'usage du « sonnet libertin ».

3. Rimbaud, rappelant que les soldats de Quatre-vingt-douze se battaient en sabots, se souvient visiblement des vers de V. Hugo, *Ô soldats de l'an Deux*.

4. Il est permis de penser que Rimbaud avait lu le récit de la bataille de Valmy dans l'*Histoire de la Révolution* de Michelet.

5. L'expression vient directement des *Mages* de V. Hugo :

> *Les esprits conducteurs des êtres*
> *Portent un signe sombre et doux.*

Page 21.

1. La date donnée par l'autographe du recueil Demeny contredit le récit d'Izambard. À en croire celui-ci, les vers de Rimbaud se trouvaient écrits dès le 17 juillet. D'après le manuscrit, ils ne l'auraient été que le 3 septembre, à Mazas. Mais le témoignage d'Izambard est trop précis, il est trop vraisemblable aussi pour être écarté. La date du 3 septembre prouve que ce jour-là Rimbaud a mis son sonnet sur une feuille de papier, ou peut-être qu'il y a fait quelques retouches. Mais la date de juillet reste vraie.

À LA MUSIQUE

États.

1. Autographe donné à Izambard, collection Lucien-Graux *(I)*.
2. Autographe dans le recueil Demeny, octobre 1870.
3. États imprimés : *La Revue indépendante,* janvier-février 1889 ; *Le Reliquaire,* 1891 ; *Poésies complètes,* 1895 ; éditions de Berrichon. *Texte adopté :* l'autographe du recueil Demeny.

Le *Catalogue Rimbaud* publié par la ville de Charleville a fait connaître le programme du concert donné le 7 juillet 1870 par la musique du 6e de ligne. Il comprend la « valse des fifres » dont parle précisément Rimbaud. À moins donc que ce morceau ait figuré dans le programme de plusieurs concerts successifs, il est permis de penser que les vers *À la musique* ont été écrits dans les jours qui ont suivi le 7 juillet 1870.

Les musiques de régiment avaient inspiré à Pétrus Borel des vers qui n'étaient d'ailleurs pas ironiques. Baudelaire avait parlé de ces concerts dans *Les Petites Vieilles,* et cette

fois sur un ton qui fait penser à celui de Rimbaud. La vieille femme s'assied sur un banc,

> *Pour entendre un de ces concerts, riches de cuivre,*
> *Dont les soldats parfois inondent nos jardins,*
> *Et qui, dans ces soirs d'or où l'on se sent revivre,*
> *Versent quelque héroïsme au cœur des citadins.*

Mais Rimbaud a surtout repris les *Promenades d'hiver* de Glatigny. Il se tient même si près du texte que, cette fois, on ne peut parler simplement de réminiscences. Il s'agit d'un exercice très conscient, la reprise d'un thème déjà traité. On lit dans Glatigny :

> *Sur la place, écoutant les accords*
> *D'un orchestre guerrier, leurs beaux habits dehors,*
> *Mille bourgeois joyeux flânent avec leurs femmes,*
> *Dont les vastes chapeaux ont des couleurs infâmes...*
> *Moi, je suis doucement les filles aux yeux doux,*
> *À qui le rire met de jolis petits trous*
> *Au visage, et qui vont, alertes et discrètes,*
> *Cueillir furtivement la fleur des amourettes.*

Ce qui, pour nous, présente le plus sérieux intérêt dans l'étude de cette courte pièce, c'est que la comparaison de ses deux états, celui de juillet 1870 dans l'autographe Izambard, et celui d'octobre dans le recueil Demeny, nous fait découvrir l'évolution rapide du génie de Rimbaud. C'est entre juillet et octobre qu'il a acquis cette verve caricaturale qui fait violence à la langue pour aboutir aux effets les plus étonnants. En juillet, les notaires montraient leurs breloques, maintenant ils y pendent. En juillet, les épiciers rayaient le sable de leurs cannes, maintenant ils le tisonnent.

a. Place de la gare, tous les jeudis soirs à Charleville.   *I*
b. Un orchestre guerrier   *ibid.*
c. On voit aux premiers rangs parader le gandin,   *ibid.*
d. Les notaires montrer leurs breloques   *ibid.*
e. Les rentiers   *ibid.*
f. Chacun rayant le sable avec sa canne   *ibid.*
g. discutent des traités,   *ibid.*
h. Et prisent en argent mieux que M. Prudhomme.   *ibid.*
i. Étalant sur un banc   *ibid.*
j. Un bourgeois bienheureux à bedaine flamande,
    Savoure, s'abîmant en des rêves divins
    La musique française et la pipe allemande !
    Au bord des gazons frais ricanent des voyous ;   *ibid.*

2. Grâce au *Catalogue Rimbaud* de la ville de Charleville, nous savons ce qu'est cette *Valse des fifres*. C'est la *polka-mazurka des Fifres,* par Pascal.

3. *Bureau* est employé ici au sens d'employé de bureau.

4. L'expression *ont des airs de réclame* fait penser à un vers de Glatigny qui se lit trois pages avant *Promenades d'hiver* :

> *Votre robe, Madame, a des airs de tunique.*

5. Dans l'autographe Izambard, nous trouvions la rime *pomme : Prudhomme*. Elle se lit dans la strophe X de la pièce de Glatigny *À Ronsard.*

> *Tout est parfait! Joseph Prudhomme*
> *Approuve avec sa canne à pomme.*

6. Ce vers est, à première vue, obscur, et l'on pourrait hésiter sur les « traités » dont il est ici question. En fait, il est à peu près certain que Rimbaud pense aux traités qui venaient d'être conclus entre les différents États allemands, et qui passionnaient l'opinion française parce qu'elle avait vite compris qu'ils étaient dirigés contre la France. Plus loin, Rimbaud parlera des « soldats des traités » pour désigner les soldats allemands. On retrouvera les « traités » dans *Les Douaniers,* et l'explication que J. Gengoux en donne alors est, semble-t-il, tout à fait satisfaisante.

7. Onnaing est un village près de Valenciennes, où se trouvait une importante fabrique de pipes.

Page 22.

a. Sous les verts marronniers   *I*

b. leurs grands yeux pleins   *ibid.*

c. les rondeurs des épaules.   *ibid.*

d. Sur le vers 36 et dernier, Izambard nous apprend que Rimbaud avait d'abord écrit : Et mes désirs brutaux s'accrochent à leurs lèvres.

Les deux leçons autographes sont d'accord pour donner le texte adouci.

1. Dans la même pièce de Glatigny où la robe de Madame avait « des airs » de tunique, nous lisons :

> *Il fera beau, ce soir, sous les grands marronniers.*

VÉNUS ANADYOMÈNE

États.

1. Autographe dans le recueil Demeny.

2. Autographe ayant appartenu à Izambard, collection Matarasso *(I).*

3. États imprimés : *Mercure de France,* 1er novembre 1891 ; *Poésies complètes,* 1895 ; éditions de Berrichon.

Texte adopté : l'autographe du recueil Demeny.

Comme cette pièce, sur l'autographe donné à Izambard, porte la date du 27 juillet 1870, et que la lettre de Rimbaud à Izambard, du 25 août 1870, parle d'un envoi de vers, les historiens pensent avec vraisemblance que *Vénus Anadyomène* se trouvait parmi les pièces jointes à cette lettre. De toute façon, la date de composition semble sûre, et ce poème nous permet de savoir dans quelle direction Rimbaud se tournait, en ce premier mois de la guerre. Il s'abandonne à son goût pour la caricature et pour la dérision, avec plus de violence encore que dans *À la musique*.

Tout naturellement, il s'intéressait de façon particulière, nous l'avons vu, à l'excellent Glatigny, l'un des plus indépendants parmi les Parnassiens. De même qu'il s'inspirait de lui pour écrire *À la musique*, c'est à une pièce des *Vignes folles* qu'il emprunte le thème et de nombreux détails de *Vénus Anadyomène*. C'est dans cette pièce, intitulée *Les Antres malsains*, qu'il a trouvé l'image d'un corps gras et mou, les cheveux bruns fortement pommadés, l'inscription gravée sur la peau de la femme, et certaines expressions, telles que *prendre l'essor* et *le calme idiot*. D'autre part, il avait pu lire dans *Le Parnasse* un dizain de Coppée où les dieux apparaissaient affreusement enlaidis. Ce dizain se terminait notamment par deux vers sur Vénus :

> *Pourquoi faut-il enfin qu'un obscur bandagiste*
> *Pose un vésicatoire à Vénus accroupie*

e. Montrant des déficits   *I*

f. La graisse sous la peau paraît en feuilles plates,
   Et les rondeurs des reins semblent prendre l'essor   *ibid.*

g. 27 juillet 1870   *ibid.*

2. Vénus Anadyomène, c'est Vénus émergeant de l'onde. La tête de la femme, ici, émerge de la baignoire.

3. Les baignoires de cette époque étaient en fer. On nous dit qu'elles étaient habituellement peintes en vert.

4. Ce vers vient en droite ligne des *Antres malsains* de Glatigny :

> *Qui baise ses cheveux fortement pommadés.*

5. Glatigny avait écrit dans une autre pièce, *La Normande* :

> *Elle est belle vraiment,*
> *Avec son large cou implanté grassement.*

6. Dans *Les Antres malsains* encore :

> *Et sa vaste poitrine aventureuse et ronde*
> *Flotte comme un ballon qui va prendre l'essor.*

7. Chez Glatigny, la femme s'est fait graver sur la peau

les noms de Pierre et de Lolotte. Mais elle les porte aux bras, non aux reins.

Page 23.

PREMIÈRE SOIRÉE

États.

    1. Autographe donné à Izambard, collection Lucien-Graux *(I)*.
    2. Autographe dans le recueil Demeny, octobre 1870 *(D)*.
    3. États imprimés : *La Charge,* 13 août 1870 *(C)* ; *Le Reliquaire,* 1891 ; *Poésies complètes,* 1895 ; éditions de Berrichon.
    Texte adopté : autographe du recueil Demeny.

Tandis que Marcel Coulon identifie cette pièce avec des vers que Rimbaud envoya à Izambard en juillet 1870 (*La Vie de Rimbaud et de son œuvre*, p. 83), Bouillane de Lacoste pense qu'ils furent joints à une lettre que Rimbaud adressa à son professeur le 25 août. Dans la mesure où il est possible de former une hypothèse raisonnable, on dira que *Première soirée* fut vraisemblablement composé au mois de mai ou de juin, à une époque où Rimbaud ne donnait pas encore à ses vers ce caractère de dérision qui les marque après la déclaration de guerre. On notera que la comparaison des trois états successifs du texte va dans le même sens. L'état le plus ancien est visiblement celui de l'autographe donné à Izambard. Le second est celui qui parut dans *La Charge,* numéro du 13 août [1]. Le manuscrit Demeny est nécessairement postérieur.

    a. Comédie en trois baisers *I* : Trois baisers *C*
    b. penchaient *I et C*
    c. Papillonner [,I] comme un sourire *I et C*
    d. Sur son beau sein, *I* : À son sein blanc, *C*
    e. Elle eut un long rire très mal *I*
    f. Une risure de cristal *I*
    g. Elle feignait de me punir *C*
    h. Ô! *I* : Ah *C*
    i. Un bon rire *C*
    j. Ce soir... — les arbres indiscrets *I*

    1. *Malinement* pour *malignement*. On verra plus loin *la Maline.*

_____

    1. Le fait a été signalé par J. Mouquet dans le *Mercure de France,* 1er avril 1934.

Page 24.

LES REPARTIES DE NINA

États.

1. Autographe donné à Izambard, collection Lucien-Graux *(I)*.
2. Autographe dans le recueil Demeny *(D)*.
3. États imprimés : *Le Reliquaire,* 1891 ; *Poésies complètes,* 1895 ; éditions de Berrichon.

Texte adopté : l'autographe du recueil Demeny, mais comme il y manque les vers 33-36 et 101-104, on a emprunté les strophes manquantes à l'autographe Izambard, qui est seul à les donner.

Rimbaud a pu se souvenir, en écrivant cette pièce, des *Promenades sentimentales* de Glatigny dans *Les Flèches d'or.* Il a pu, tout aussi bien, songer aux vers de Banville, *Chère, voici le mois de mai...* dans *Les Stalactites.* L'idée du jeune amoureux qui invite une jeune personne à sortir de la ville et à se promener dans la campagne avec lui, cette idée est trop banale pour que le rapprochement de ces diverses pièces offre un véritable intérêt. On pourrait tout aussi bien citer, par exemple, *L'Annonciade* d'Antony Deschamps, dans le deuxième *Parnasse,* ou encore *Le Printemps* d'André Lemoyne, dans le même recueil. Mais le principal intérêt des *Reparties de Nina,* c'est l'effort dès maintenant commencé par Rimbaud pour obtenir de la langue des effets neufs, ce sont les hardiesses, les créations de mots. L'évolution qui devait le mener au *Bateau ivre* a commencé. Et l'esprit de dérision qui, depuis la déclaration de guerre le domine, éclate dans le dernier vers et modifie l'éclairage de tout le poème.

a. Ce qui retient Nina   *I*
b.   Ton long peignoir
Divine avec ce bleu qui cerne   *ibid.*

Page 25.

a. Comme moi? petite tête   *vers faux*
C'est bien méchant!   *I*
b. Les vers 33-36 manquent dans D. Voir la note en tête du poème.
c. L'oiseau filerait son andante,
Joli portier...   *I*
d. Te parlant bas, la langue franche   *ibid.*
e. Sombre et vermeil.   *ibid.*

Page 26.

a. Les vers 65-68 manquent dans I.

b. Nous regagnerions le village
Au demi-noir,
Et ça sentirait le laitage   *I*
c. Ça sentirait   *ibid.*
d. Pleine d'un rythme lent d'haleine,   *ibid.*
e. fienterait   *ibid.*
f. Moussant entre trois larges pipes   *ibid.*
g. Fumant ; dix, quinze immenses lippes   *ibid.*
h. dans des tasses   *ibid.*

1. *Claire* pour *éclaire,* courant dans le parler de l'Est.

Page 27.

a. Du fort petit   *I*
b. Les vers *101-104* manquent dans *D*
c. Que de choses nous verrions, chère,   *I*
d. Et puis fraîche et toute nichée   *ibid.*
e. La maison, la vitre cachée   *ibid.*
f. ELLE : — Mais le bureau *ibid. À la fin du poème, dans I :*
15 août 1870.

LES EFFARÉS

États.

1. Autographe dans le recueil Demeny *(D).*
2. Autographe donné par Rimbaud à Jean Aicard, publié dans *La Grive* de juillet 1963 *(G).*
3. Copie prise par Verlaine, collection Barthou *(V).*
4. États imprimés : *Lutèce,* 19 octobre 1883 *(L)* ; *Les Poètes maudits,* 1884 ; *Anthologie Lemerre,* t. IV, 1888 ; *La Plume,* 15 septembre 1890 ; *Le Reliquaire,* 1891 ; *Poésies complètes,* 1895 ; éditions de Berrichon.
Une revue anglaise, *The Gentleman's Magazine,* a publié *Les Effarés* en janvier 1878, sous le titre de *Petits Pauvres.* Les variantes sont sans valeur.
Bouillane de Lacoste s'est attaché à démontrer dans le *Mercure de France,* 15 juin 1937, que le texte publié dans *Lutèce* en 1883 avait été reconstitué de mémoire par Verlaine et n'avait donc aucune autorité [1].
Texte adopté : l'autographe du recueil Demeny *(D).*

Les dates fournies par les autographes ne nous apprennent

---

1. Darzens signale dans *La Revue indépendante* de janvier 1889 l'existence d'un manuscrit dont on ne sait d'ailleurs rien. Bouillane de Lacoste soutient que ce manuscrit est à l'origine du texte publié dans l'*Anthologie Lemerre.*

rien sur la composition de cette pièce. C'est en septembre
1870 que Rimbaud en reproduisit le texte à l'intention de
Paul Demeny; c'est en juin 1871 qu'il le copia de nouveau
pour Jean Aicard. La date de composition n'est donc pas
attestée. On peut simplement penser que *Les Effarés* sont
antérieurs à la déclaration de guerre, et datent de l'époque
où Rimbaud était surtout marqué par V. Hugo et par Ban-
ville.

g. *Dédicace* À Monsieur Jean Aicard *G*
h. les petits *L*
i. Boulanger *V*

1. Le mot *effaré* est fréquent chez Rimbaud. On l'a déjà
rencontré dans *Ophélie*. On le retrouvera plus d'une fois
dans les poèmes des dix-huit mois qui vont suivre. L'ori-
gine de cet emploi fréquent se décèle aisément. Il s'inspire
de l'exemple de V. Hugo, chez qui un commentateur a juste-
ment noté que le mot *effaré* est un des maîtres-mots de sa
poésie.

2. V. Hugo avait dit dans *Les Pauvres gens* :
     Et cinq petits enfants, nids d'âmes, y sommeillent.

Page 28.

a. Boulanger *V*
b. au gros sourire *L*
c. Grogne *V*
d. Quand pour quelque médianoche,
   Façonné comme une brioche *V* :
   Quand pour quelque médianoche,
   Plein de dorures de brioche *G*
e. Que ce trou *V et G*
f. Les pauvres Jésus pleins *V*
g. Au treillage, grognant des choses *V* :
   Au treillage, et disant des choses *G*
h. Tout bêtes, faisant leurs prières *V* :
   Des chuchotements de prière *G*
i. Et repliés vers ces lumières *V* : *texte raturé de D* Et r...
j. Et que leur chemise *V*
k. Pas de date en *V* : Juin 1871. Arthur Rimbaud. 5 *bis*,
quai de la Madeleine. Charleville. Ardennes *G*

1. La variante de la copie Verlaine, postérieure à l'auto-
graphe Demeny, atteste l'évolution de la poésie de Rimbaud
dans le sens d'un vocabulaire de moins en moins général et
abstrait. La même évolution se manifeste dans les variantes
des vers 16, 26, 29, 31 et 35.

Page 29.

ROMAN

États.

1. Autographe dans le recueil Demeny (D).
2. États imprimés : *Le Reliquaire*, 1891 ; *Poésies complètes*, 1895 ; éditions de Berrichon.

Texte adopté : autographe du recueil Demeny.

D'après E. Delahaye, cette pièce fut inspirée à Rimbaud par des vers d'Izambard sur le même sujet. Mais il semble plus utile d'observer que dans les mêmes mois, peut-être les mêmes semaines, Rimbaud écrit trois poèmes où il s'efforce de traduire les premiers troubles de l'amour, ses fougues, ses inquiétudes, *Première soirée, Les Reparties de Nina* et *Roman*.

On aurait tort d'attacher une trop grande importance à la date du 29 septembre 1870, indiquée par l'autographe. Elle prouve que ce jour-là cette pièce est écrite. Elle ne prouve en aucune façon que *Roman* ne date pas d'alors. Le vers 25 s'explique mieux si le poème a été composé avant le mois d'août, et le vers 13 invite à penser qu'il l'a été au mois de juin. On notera d'ailleurs que Rimbaud n'y a pas mis les audaces de syntaxe et de vocabulaire qui se multiplient sous sa plume à partir du mois d'août.

Page 30.

a. Dans l'autographe et *est surchargé par* ou.

1. Malgré l'autorité de Bouillane de Lacoste, la date du *29 septembre 1870* est parfaitement claire et n'est pas contestable.

LE MAL

États.

1. Autographe dans le recueil Demeny.
2. États imprimés : *La Revue indépendante,* janvier 1889 ; *Le Reliquaire,* 1891 ; éditions de Berrichon.

Texte adopté : l'autographe du recueil Demeny.

Le texte publié par R. Darzens dans *La Revue indépendante* reposait sur un manuscrit qui ne différait de l'autographe du recueil Demeny que pour la ponctuation et parce que *Hosannas* y portait la marque du pluriel.

Par un étrange contresens, certains commentateurs ont dit que *Le Mal* opposait à Dieu, qui aime les petits, les pauvres, ceux qui souffrent, une religion imaginée par les riches. D'autres ont dit que le mal, c'était l'alliance des riches avec

un Dieu qui dort devant la souffrance des hommes, et qui se plaît aux somptuosités du culte qu'on lui rend.

La vérité est plus simple et elle est brutale. Le Mal, c'est Dieu, et Rimbaud ne fait qu'illustrer dans ses vers la formule fameuse de Proudhon et de Blanqui : « Dieu, c'est le mal. » Dieu, c'est la vieille idole, symbole de l'ordre politique et social, symbole aussi des vieilles terreurs et de l'ignorance millénaire qui pèsent sur l'humanité.

Dans l'histoire de la poésie de Rimbaud, *Le Mal* tient une place importante. Il y avait, chez le jeune rhétoricien, Delahaye l'a noté, un goût profond pour les amusettes enfantines, pour les images d'Épinal, pour les caricatures, pour la cocasserie. Sa vision des choses, vers les mois de juillet et d'août 1870, s'en trouva transformée. Elle tendit à se réduire à des surfaces colorées, à des lignes fortement dessinées, à des masses organisées de façon simple et frappante. C'est le cas, très nettement, du *Mal*. Ce sonnet est une caricature en vers. En haut, l'affreuse idole, qui rit et qui dort. En bas, la folie des massacres, l'entassement des morts, la litanie des femmes dans l'angoisse. Et dans les tercets, le sens de cette caricature, la malédiction contre le Dieu qui règne sur ces horreurs.

Page 31.

RAGES DE CÉSARS

États.

1. Autographe dans le recueil Demeny.
2. États imprimés : *Le Reliquaire,* 1891 ; *Poésies complètes,* 1895 ; éditions de Berrichon.

Texte adopté : l'autographe Demeny.

Ce sonnet a été écrit quelque temps après Sedan, à une date où Napoléon III prisonnier a été conduit par les Allemands au château de Wilhelmshohe. Il n'existe pas d'indice qui permette de préciser davantage. Ce qui apparaît au contraire, c'est que *Rages de Césars* s'apparente à l'esthétique du *Mal*. Rimbaud traite son sujet comme s'il s'agissait d'expliquer un dessin. Les sentiments de Napoléon III ne sont que conjecturés d'après les traits de son visage. Le fond est fourni par des pelouses fleuries. Au premier plan, nous voyons un homme pâle, en habit noir et cigare aux dents.

Le Reliquaire et les éditions de Berrichon présentent, par rapport à l'autographe, quelques différences qui ne sont pas des variantes, mais des bévues. *Le Reliquaire,* suivi par les *Poésies complètes,* écrit au vers 10 *incapable* au lieu de *implacable.* Berrichon écrit le titre *Rages de César* en 1912, et *Rage de César* en 1922. Certaines éditions donnent une date, *octobre 1870,* sans qu'on puisse savoir sur quelle information elles s'appuient. Cette date n'est pas dans l'autographe.

1. L'œil terne de l'Empereur était un lieu commun des publicistes. On lit dans le *Dictionnaire du XIX*e *siècle* : « Le regard n'y est pas », les yeux « sont perdus dans le vague ».

2. Le compère en lunettes, c'est Émile Ollivier, le ministre de la déclaration de guerre.

3. Rimbaud avait pu lire dans *Les Châtiments* les déclamations de V. Hugo sur les soirées de Saint-Cloud.

RÊVÉ POUR L'HIVER

États.

1. Autographe dans le recueil Demeny, octobre 1870.

2. États imprimés : *Le Reliquaire*, 1891 ; *Poésies complètes*, 1895 ; éditions de Berrichon.

Texte adopté : autographe du recueil Demeny.

Rimbaud nous apprend que cette pièce a été écrite « en wagon, le 7 octobre 1870 ». Elle se relie donc à la fugue qu'il fit alors en Belgique et dans le Nord de la France. M. Claude Duchet s'est appliqué à en fixer les dates dans un article de la *Revue d'histoire littéraire,* 1962. Il semble établi maintenant que Rimbaud quitta Charleville non le 6, mais le 2 octobre, et qu'il termina sa randonnée vers le 11 octobre, quand il se présenta chez les demoiselles Gindre, à Douai.

Les témoignages concordent pour dire que Rimbaud, bien accueilli à Bruxelles par un ami d'Izambard dont il possédait l'adresse, se montrait alors heureux et détendu. C'est cette bonne humeur que nous retrouvons dans *Rêvé pour l'hiver.* Il n'est peut-être pas imprudent de supposer qu'il pensait alors à une jeune fille de Charleville, et qu'il imaginait un hiver joyeux où il allait la revoir.

M. Gengoux a relevé des rapports assez précis de cette pièce avec des vers de Banville, *À une Muse folle,* l'hiver, les coussins, l'étoffe moelleuse, la vitre et la tempête aperçue à travers elle.

On notera, ici encore, l'attention de Rimbaud à noter les couleurs : wagon rose, coussins bleus, loups noirs.

a. L'autographe révèle que Rimbaud avait d'abord écrit : A***, *et cela signifiait que ses vers s'adressaient à une jeune fille qu'il connaissait. Puis il a voulu mettre* À Elle, *de signification plus générale. Sa correction mal faite a donné* A*** Elle.

b. Le titre était d'abord Pour l'hiver. *Rimbaud l'a ensuite complété et en a modifié la signification :* Rêvé pour l'hiver.

Page 32.

LE DORMEUR DU VAL

États.

1. Autographe dans le recueil Demeny, octobre 1870.
2. États imprimés : *Anthologie Lemerre*, 1888, t. IV, p. 107 ; *Le Reliquaire*, 1891 ; *Poésies complètes*, 1895 ; éditions de Berrichon.
Texte adopté : l'autographe du recueil Demeny.

M. Claude Duchet a consacré au *Dormeur du val* un article de la *Revue d'histoire littéraire*, 1962, p. 371 sq. Il démontre que Rimbaud n'a pas pu voir la scène qu'il décrit. On ne se battit pas dans les environs de Charleville pendant les semaines d'octobre où il a composé son sonnet. L'hypothèse contraire doit être définitivement écartée.

Il s'agit donc d'un thème littéraire. On peut en voir l'origine dans une page de *Lélia*, quand Magnus découvre le corps de Sténio. George Sand note le contraste de « cette nature tendre et coquette autour d'un cadavre ». Et déjà le corps est couché sur un lit de cresson.

Cette page était restée célèbre. Leconte de Lisle, dans *La Fontaine aux lianes* (*Poèmes antiques*, 1852, plus tard placée dans *Poèmes barbares*, 1871), avait rappelé le nom de Sténio et la scène. Il avait évoqué le linceul de fleurs, au fond d'un bassin clair.

D'autres poètes, plus récemment, avaient traité le même thème. C'était le cas notamment de Léon Dierx dans *Dolorosa mater*, publié dans *Le Parnasse*. On y lisait :

> *Il gît, les bras en croix, dans l'herbe enseveli,*
> *Comme un blessé perdant tout son sang s'accoutume*
> *À la mort qui déjà le roule dans l'oubli.*

Dierx avait, au surplus, mis dans cette pièce des intentions de poète philosophe, et de philosophe panthéiste. Elles ne pouvaient que retenir l'intérêt de Rimbaud.

Mais aucun des auteurs cités n'avait évoqué un soldat tué à la guerre. M. Duchet a trouvé dans l'*Histoire de mes idées* de Quinet une page qui, plus précisément, annonce *Le Dormeur du val*. Le jeune Quinet, à quinze ans, a vu un jour, dans un sous-bois, le cadavre d'un soldat portant au flanc droit un large trou. Le sang formait une longue trace par terre. Il avait la bouche ouverte et les bras étendus en croix. On citera pour mémoire un poème de V. Hugo, *Souvenir de la nuit du quatre*, bien fait pour retenir l'attention de Rimbaud, et ce vers :

> *L'enfant avait reçu deux balles dans la tête.*

a. Sur l'autographe, Rimbaud avait d'abord écrit lèvre ouverte

1. Les haillons d'argent désignent les jeux de la lumière dans les herbes mouillées.

2. M. Claude Duchet a noté la présence de glaïeuls dans *Les Assis* et dans le *Chant de guerre parisien* aussi bien que dans *Le Dormeur du val*. Or, aucune flore des Ardennes, fait-il observer, ne mentionne le glaïeul. Il s'agit vraisemblablement de l'iris des marais à fleurs jaunes qu'on trouve au bord des eaux en juin et juillet, et qu'on appelle communément glaïeul ou glaïeul des marais. Il est abondant dans les Ardennes, le long des ruisseaux et dans les fagnes.

3. L'autographe du recueil Demeny est net : il n'y a pas de virgule après *poitrine*. En bonne logique, nous devrions donc en conclure que c'est la poitrine du dormeur qui est tranquille. Mais il faut se souvenir que dans de très nombreux cas Rimbaud a négligé d'écrire la ponctuation en fin de vers. Rien ne peut prouver que dans le cas présent il ne s'agit pas d'une simple négligence.

AU CABARET-VERT

cinq heures du soir.

États.

1. Autographe dans le recueil Demeny.

2. États imprimés : *La Revue d'aujourd'hui*, 15 mars 1890 ; *Le Reliquaire*, 1891 ; *Poésies complètes*, 1895 ; éditions de Berrichon.

Texte adopté : l'autographe du recueil Demeny.

Ce sonnet se relie à la randonnée en Belgique, et il évoque une scène de l'étape de Charleroi.

Robert Goffin a fait, sur place, des recherches dont il a noté les résultats dans son *Rimbaud vivant*, p. 16. Il en ressort qu'il n'y eut jamais à Charleroi de *Cabaret-Vert*, mais la *Maison-Verte*, auberge de routiers. La façade était verte, les meubles étaient verts, l'enseigne était, en 1870, une plaque de tôle verte, perpendiculaire à la façade, et qui représentait un verre, une bouteille et une carafe peints en jaune. Les gens du pays prétendaient même se souvenir de la serveuse, une grosse Flamande qui s'appelait Mia.

Dans le second *Parnasse,* Banville avait écrit *Dix ballades joyeuses pour passer le temps.* L'une d'elles s'intitulait *Ballade pour la servante de cabaret.* Il semble que Rimbaud s'en soit souvenu quand il écrivit *Au Cabaret-Vert.* Un autre Parnassien, Jules Forni, avait donné au premier *Parnasse* des vers intitulés *Ma Chope* qui invitent également à un rapprochement avec le sonnet de Rimbaud.

Page 33.

1. Le mot *épeurer*, vieux mot, devenu inusité au XIXe siècle. Mais il n'avait pas disparu entièrement. George Sand l'emploie et sans doute restait-il dans l'usage des Ardennes. Littré le signale comme usité dans le département de la Meuse. — Le thème du baiser aux servantes de cabaret se retrouve dans la ballade de Banville.

2. Jules Forni disait dans *Ma Chope* :

> *À travers le soleil, je regarde la bière,*
> *L'écume immaculée arrive sur le bord*
> *Comme un flocon de neige au-dessus des flots d'or.*

LA MALINE

États.

1. Autographe dans le recueil Demeny.

2. États imprimés : *Le Reliquaire*, 1891 ; *Poésies complètes*, 1895 ; éditions de Berrichon.

Texte adopté : l'autographe du recueil Demeny.

Ce sonnet, comme le précédent, se relie à la randonnée en Belgique. Il exprime le même état d'esprit qu'*En wagon* et *Au Cabaret-Vert*. Rimbaud se sent joyeux et libre.

a.   avec une bouffée
[Chaude, *raturé*], — Et la servante   *Autographe*
b. Puis *changé en* Et *sur l'autographe*

3. *La Maline*, prononciation ardennaise de *maligne*.

4. Rimbaud fait volontairement une faute d'orthographe, tant il se refuse, à cette date, à faire rimer une forme sans *s* avec une forme avec *s* final.

5. *S'étaler*. Mais le sens normal est : *tomber de tout son long*.

6. Le tour *pour m'aiser* vient directement de Villon, que Rimbaud avait lu au printemps de 1870. Il avait remarqué, dans la ballade *Les Contrediz de Franc-Gautier* : Pour mieux des corps m'aisier.

7. Les commentateurs ne songent pas à relever ce *donc*. Mais Rimbaud l'a mis à bon escient. Les Français de la région frontière plaisantent volontiers les Belges sur l'emploi très fréquent qu'ils font de *donc*, et sur la prononciation savoureuse qu'ils donnent à ce mot.

Page 34.

L'ÉCLATANTE VICTOIRE DE SARREBRUCK

États.

1. Autographe dans le recueil Demeny.

2. États imprimés : *Le Reliquaire,* 1891 ; *Poésies complètes,* 1895 ; éditions de Berrichon.
Texte adopté : l'autographe du recueil Demeny.

L'escarmouche de Sarrebruck, le 2 août 1870, avait été la première affaire de la guerre de 1870. Elle était sans importance, mais les journaux français l'avaient présentée comme une grande victoire. Des images populaires avaient, suivant l'usage, célébré ce haut fait d'armes. Il faut croire que Rimbaud, errant dans les rues de Charleroi, en vit une. L'illusion mêlée d'imposture qui l'avait inspirée devait paraître étrangement ridicule, maintenant que la France avait été vaincue, que les Prussiens assiégeaient Paris et que Napoléon III était prisonnier. C'est dans cet état d'esprit que Rimbaud écrivit son sonnet.

Ce sonnet, inspiré par une image populaire, accentue la tendance que l'on a déjà notée dans certaines pièces de la même époque, le goût des couleurs simples et juxtaposées, du dessin ramené à quelques masses. L'Empereur est au centre, l'armée française rangée en bas de la gravure, à droite et à gauche. La volonté de dérision éclate dans l'emploi de certains mots.

1. Dans *La Charge* du 7 mai 1870, on lisait un *Dialogue entre Pitou et son capitaine.*
2. Dumanet était le type du troupier ridicule. C'était le *bleu* à qui l'on fait croire toutes les bourdes.
3. L'expression *soleil noir* a inspiré des commentaires d'allures transcendantes. Peut-être l'explication est-elle toute simple : les shakos vernis sont noirs et brillent comme des soleils.
4. Rimbaud connaissait bien *La Lanterne de Boquillon,* journal illustré publié par Humbert. On y voyait Boquillon qui disait : « J'ai du bleu et du rouge dans mon sac. »
5. Ce *de quoi?* semble la réaction niaise de Boquillon au *Vive l'Empereur* du vers 11.

LE BUFFET

États.

1. Autographe dans le recueil Demeny.
2. États imprimés : *Anthologie Lemerre,* t. IV, 1888 ; *Le Reliquaire,* 1891 ; *Poésies complètes,* 1895 ; éditions de Berrichon.
Texte adopté : l'autographe du recueil Demeny.

On a cité, à l'origine de ce sonnet, quelques vers de Musset dans son poème *Sur la paresse,* ou encore une pièce de Luzarche, *Bric-à-Brac,* dans *Le Parnasse* de 1866. Mais ces rapprochements sont en vérité peu précis, et de toute façon l'idée du buffet plein de mystères répondait à une impression

profonde de Rimbaud, puisqu'elle apparaissait déjà dans *Les Étrennes des orphelins.*

a. Berrichon donne Ce buffet

6. Il faut comprendre : le buffet verse des parfums de la même façon qu'un vin vieux en répand. — Les vers de Musset, qui ont fait penser à un rapprochement possible disent seulement que Régnier aurait versé ses vers « comme un vin vieux ». Auguste Barbier avait un hémistiche qui se retrouve chez Rimbaud : « comme un flot de vin vieux ». Enfin Luzarche avait parlé d'un verre de Venise qui conservait les parfums

> *Qu'y laissèrent les vins de Toscane et les lèvres*
> *Des femmes qui chantaient les poètes défunts*

Page 35.

1. Dans Luzarche :

> *Pensif, en contemplant ce bizarre assemblage de reliques...*

2. Dans Luzarche encore :

> *Quelques groupes piteux de lamentables nippes,*
> *Vaniteux oripeaux transformés en chiffons...*

MA BOHÈME

États.

1. Autographe dans le recueil Demeny.
2. États imprimés : *La Revue indépendante,* janvier 1889 ; *Le Reliquaire,* 1891 ; *Poésies complètes,* 1895 ; éditions de Berrichon.
Texte adopté : l'autographe du recueil Demeny.

Ce sonnet ne se relie peut-être à aucun souvenir particulier de Rimbaud, mais à toutes les promenades qu'il faisait dans la campagne autour de Charleville, en septembre 1870.

a. Le recueil Demeny porte au vers 14 une correction. Rimbaud avait d'abord écrit tout près du cœur. *Les éditions de Berrichon donnent* contre mon cœur : *Le texte de La Revue indépendante porte une date :* octobre 1870.

3. Le 2 novembre 1870, Rimbaud écrit à Izambard (p. 245) : « Allons, chapeau, capote, les poings dans les poches, et sortons. »
4. Son paletot est à ce point élimé qu'il n'est plus qu'une apparence, un pur esprit, une *idée.*
5. Rimbaud a certainement voulu cette dissonance. Après les mots nobles, trop nobles, de *Muse* et de *féal,* une expression triviale, *Oh! là là!*

6. Rimbaud imagine qu'il a dormi à la belle étoile. On ne peut imaginer qu'une scène de ce genre dans sa vie en octobre 1870. Ce fut lorsqu'à Charleroi le sénateur des Essarts, au lieu de l'accueillir, lui fit savoir qu'il avait à se présenter le lendemain au journal. Encore faut-il préciser que nous ignorons comment Rimbaud passa cette nuit-là.

7. Rimbaud avait déjà, dans *Ophélie,* parlé du « chant mystérieux » qui tombe des astres (p. 12, v. 16).

8. Rimbaud semble évoquer ici un souvenir particulier. Mais il dit : « ces bons soirs », et nous invite donc à penser, non à une fuite, mais à l'ensemble des promenades qu'il fit alors.

9. L'effet cherché est ici, comme il arrive souvent chez Rimbaud, celui d'un choc produit par la juxtaposition brutale d'idées considérées comme nobles *(lyre, cœur)* et de notations triviales *(élastiques, pied).*

Page 36.

LES CORBEAUX

États.

1. *Les Corbeaux* ne figurent ni dans l'autographe Demeny, ni dans la copie que Verlaine fit, vers septembre 1871, des poésies que Rimbaud lui avait envoyées.

2. États imprimés : *La Renaissance littéraire et artistique,* 14 septembre 1872; *Le Reliquaire,* 1891; *Poésies complètes,* 1895; éditions de Berrichon.

Texte adopté : La Renaissance littéraire et artistique.

Ce poème pose un problème de date, qui n'est pas de pure chronologie, et qui importe extrêmement pour l'intelligence de son texte. D'après Bouillane de Lacoste, *Les Corbeaux* ont été écrits durant l'hiver de 1870-1871. Mais Delahaye y voit une des œuvres marquantes de 1872. Marcel Coulon est également de cet avis.

De ces deux dates, il est évident que la seconde est la vraie. Les *morts d'avant-hier,* au vers 14, s'expliquent mal trois mois après la fin de la guerre, et fort bien un an plus tard. On lit dans *La Rivière de cassis* une phrase sur « les chers corbeaux délicieux » : *La Rivière de cassis* date de mai 1872. On note, à la même date, dans *Entends comme brame...* une allusion aux « saints d'autrefois » entrevus le soir dans les arbres. Au reste, cette date de composition tardive s'adapte fort exactement à un fait décisif : *Les Corbeaux* ne figurent ni dans le recueil Demeny, établi en octobre 1870, ni dans la copie que Verlaine fit des poésies de Rimbaud un an plus tard. On se l'explique sans peine lorsqu'on admet que *Les Cor-*

pas. Placés dans les mois
...ouvait de nouveau dans les
...ennent une signification à la fois
...nédite sur sa défaite. Car son séjour
...épar une défaite. Il la compare à celle
...la sienne est définitive. C'est une « défaite

[text partially obscured by torn paper:] beaux, à ce
de 1872
Ardennes claire et
à Paris
de la F
sans

LES ASSIS

1. Copie exécutée par Verlaine vers septembre 1871.

2. États imprimés : *Lutèce,* 12-19 octobre 1883 ; *Les Poètes maudits,* 1884 ; *Le Reliquaire,* 1891 ; *Poésies complètes,* 1895 ; éditions de Berrichon.

Texte adopté : la copie de Verlaine.

Des commentateurs croient utile, pour éclairer *Les Assis,* de reproduire un long récit de Verlaine dans *Les Poètes maudits.* Mais ce récit est en réalité sans valeur. On s'en persuade lorsqu'on observe que Verlaine place la composition des *Assis* à l'époque où Rimbaud était élève de seconde!

On dit habituellement que Rimbaud visait en écrivant son poème, le bibliothécaire de Charleville, Jean Hubert. Il avait été professeur de rhétorique au collège. À une époque où Rimbaud n'était encore qu'élève de rhétorique, il s'était mis en colère parce que le jeune homme lui demandait les œuvres de Restif de la Bretonne pendant que Louis Pierquin prétendait obtenir les *Contes* de La Fontaine. Mais ces anecdotes sont à peu près sans intérêt, et détournent l'attention de ce qui, dans *Les Assis,* est vraiment important [1].

Ce poème ne figure pas dans le recueil Demeny, et pour une raison évidente : c'est qu'il a été écrit après que ce recueil eut été constitué, par conséquent après le mois d'octobre 1870, sans qu'il soit possible d'ailleurs de préciser davantage. Or Delahaye nous a rapporté les conversations qu'il eut alors avec son ami, et il en résulte que les dernières semaines de cette année furent décisives. Rimbaud, dit-il, lui parla alors d'une poétique nouvelle, dont pour le moment il ne faisait qu'entrevoir le but et les moyens. Delahaye, pour résumer cette poétique, emploie une intéressante formule : « Il tendait vers la notation pure et simple. » Il expliquait à Delahaye « que nous avons seulement à ouvrir nos sens à la sensation, puis à fixer avec des mots ce qu'ils ont

1. Les biographes nous apprennent que c'est en décembre 1870-janvier 1871 que Rimbaud a le plus assidûment fréquenté la bibliothèque : c'est l'époque des *Assis.*

reçu, et que notr...
et de noter. Et c...
telligence. Le poèt...

Cette conception ...ner un renouvellement d... d'entendre, de voir
tons dans *Les Assis*. C'est d... ...vention de l'in-
la première fois dans toute sa fo... ...uoi que ce soit ».
a décidé de faire à la langue. Il ne s... ...irement entraî-
audaces semées à travers le texte, comme... ...us le consta-
ses œuvres antérieures. Vers après vers, nou... ...paraît pour
dans *Les Assis* les mots les moins usuels, à côté d... le poète
le poète a sans scrupule créés, des doigts boulus, des si... dans
puts plaqués de hargnosités, des peaux percalisées par le
soleil, des fleurs d'encre qui crachent des pollens en virgule.
Quand le vocabulaire n'est pas par lui-même étrange, ce
sont les alliances de mots qui le sont, et les métaphores.
Les yeux des Assis sont cerclés de bagues vertes, et les chaises
où ils passent leurs journées sont de grands squelettes noirs.
Leurs boutons d'habits sont des prunelles fauves.

Le résultat est d'une prodigieuse intensité. *Les Assis* sont
une sorte de caricature monstrueuse. Les petits vieillards de
la bibliothèque, nous les sentons si peu humains, ils existent
tellement comme de pures choses qu'ils s'identifient à leurs
sièges. Leurs jambes s'entrelacent aux barreaux rachitiques
des chaises, dont les squelettes noirs ne se séparent plus de
leur fantasque ossature.

1. Pour éclairer cet emploi du mot *assis* avec une valeur
injurieuse, il n'est pas inutile de rappeler certaines phrases
de Jules Vallès dans *L'Enfant*. Le romancier, fils de pro-
fesseur, se déchaîne contre ce métier de cuistre, que l'on
fait *assis*.

2. On voit mal comment ce mot de *boulus* pourrait avoir
été créé sur *boulure*, excroissance qui naît à la base des plantes.
Il est beaucoup plus vraisemblable que Rimbaud l'emploie
au sens de : *qui figure une boule, houdiné*. De toute façon, il
n'avait pas eu à le créer. Barbey d'Aurevilly, dans *Un prêtre
marié* parle de « cheveux boulus ».

3. Rimbaud a employé le mot *fémur* dans *La Plainte du
vieillard monarchiste,* qu'il composa vers la même date. On y
lisait :

> J'ai mon fémur! J'ai mon fémur! J'ai mon fémur!

Il avait pu lire dans *La Mort de Philippe II*, de Verlaine :

> Un homme en robe noire, à visage de guivre,
> Se penche, en caressant de la main ses fémurs...

4. *Hargnosités* est une création de Rimbaud. Il l'a formée
sur *hargneux*.

Page 37.

    a. leurs peaux,   *Lutèce*
    b. des crapauds.   *ibid.*
    c. crispés   *ibid.*
    d. leurs bras   *ibid.*

    1. Les Assis ne font qu'un avec leurs chaises. Ils ne sont plus tout à fait des hommes. Ce sont des hommes-chaises.
    2. *Percaliser,* créé sur *percale,* signifie sans doute : *rendre mince comme de la percale.*
    3. *Clapoter* est ici transitif. Les Assis *clapotent* des bar-carolles tristes. Mais *clapoter* n'est jamais transitif.
    4. *Amygdale* se retrouvera bientôt dans *Ce qu'on dit au poète...*

Page 38.

    1. Maintenant Rimbaud ne se fait plus aucun scrupule à faire rimer un singulier et un pluriel. *Visières* rime avec *lisière.*
    2. Les chaises, devenues pour les Assis, de petits Amours de chaises, sont tenues en lisière comme des enfants.

TÊTE DE FAUNE

États.

    1. Copie exécutée par Verlaine vers septembre 1871 (Messein).
    2. États imprimés : *La Vogue,* 7-14 juin 1886 ; *Les Poètes maudits,* 2ᵉ édition, 1888 ; *Le Reliquaire,* 1891 ; *Poésies complètes,* 1895 ; éditions de Berrichon.
    Texte adopté : la copie de Verlaine.

Le texte de *La Vogue* avait été communiqué à Verlaine vers le mois d'octobre 1893, et il en parle à Charles Morice dans une lettre du 2 novembre de cette année. On ignore qui le lui avait fourni. Ce texte diffère de la copie qu'il avait exécutée en 1871. Nous relevons ces divergences dans les variantes ci-dessous.

Les biographes de Rimbaud ne sont pas d'accord sur la date de cette pièce. Delahaye a parlé de 1872, ce qui est impossible puisque Verlaine l'a copiée vers septembre 1871. Mais d'autres disent qu'elle fut écrite peu après le mois de mai 1870, et l'on s'étonne, en ce cas-là, qu'elle ne figure pas dans le recueil Demeny. En fait, il semble raisonnable de penser aux mois d'hiver 1870-1871. On pourrait alors supposer que Rimbaud a voulu faire l'essai d'une poésie encore parnassienne, mais aux rythmes plus souples, aux mouvements moins nettement articulés.

D'intéressants rapprochements avec des œuvres récentes ont été proposés. Bouillane de Lacoste (*Mercure de France*, 15 août 1935) a parlé d'un texte intitulé *Terme antique* paru dans *Le Magasin pittoresque* que possédaient à Douai les demoiselles Gindre. Les images de *Tête de faune* font penser au *Faune* de V. de Laprade, paru dans le second *Parnasse*. J. Gengoux a signalé des ressemblances de rimes et de mots avec *Une femme de Rubens* dans *Les Exilés* de Banville. Une expression se retrouve dans *Les Glaneuses* de Paul Demeny.

    a. D'énormes fleurs où l'acre baiser dort, *La Vogue*
    b. devant l'exquise *ibid.*
    c. Le Faune affolé montre ses grands yeux
        Et mord la fleur rouge avec ses dents blanches. *ibid.*
    d. par les branches. *ibid.*
    e. tel un écureuil *ibid.*
    f. Son rire perle *ibid.*
    g. Et l'on croit *ibid.*

    3. Laprade disait :

    Brodant de pourpre et d'or le velours du sainfoin.

et Rimbaud au vers 4 parle de broderie.
    4. Laprade :

    Un faune adolescent s'assied, brun et vermeil.

    5. Le faune de Laprade s'enfuit lui aussi et se cache ;

    Franchit le seuil d'écorce, et dans l'arbre au creux sombre
    Il rentre et, sans mot dire, il disparaît dans l'ombre.

    6. Voir la note 1 de la page 33.
    7. Dans *Les Glaneuses* de Paul Demeny :

        Un baiser plus plein de prières
        Que le baiser d'or de l'absent.

LES DOUANIERS

États.

    1. Copie exécutée par Verlaine vers septembre 1871.
    2. États imprimés : *Revue littéraire de Paris et de Champagne*, 1906 ; éditions de Berrichon à partir de 1912.
    Texte adopté : la copie de Verlaine.

Un récit de Delahaye dans ses *Souvenirs familiers* nous donne le meilleur commentaire de cette pièce. C'est une très simple anecdote. Souvent les deux jeunes gens, au cours de leurs promenades, poussaient au-delà de la frontière. Ils achetaient du tabac au premier village belge. Il leur arrivait,

au retour, d'être interpellés par des douaniers. Braves gens, ceux-ci se contentaient « d'un léger tapotement sur l'épigastre », et d'un autre dans le dos. Puis ils laissaient passer.

Cette explication a paru trop simple à certains esprits transcendants. Ils ont été jusqu'à découvrir dans les douaniers de Rimbaud « les gardiens d'une morale conventionnelle » qui s'oppose à « ceux qui cherchent à transgresser les frontières établies par les lois divines à *(sic!)* la destinée humaine » ! Ils n'oublient pas non plus « les retournements politiques de la Restauration ». Ce sont ces retournements, affirment ces étonnants commentateurs, que le sonnet de Rimbaud stigmatise, et Louis XVIII, se « retournant » contre ses anciens alliés, les fait empoigner par ses douaniers : « Pas de ça, les anciens ! »

8. Contrairement à l'interprétation la plus habituelle, il ne faut pas croire que les « soldats des traités » désignent les douaniers, sous prétexte qu'en gardant la frontière ils « taillent l'azur frontière à grands coups d'hache ». Ces « soldats des traités », ce sont les troupes allemandes, et par conséquent Rimbaud range les douaniers parmi les braves gens, retraités, débris d'Empire, vieux militaires, au langage pittoresque.

Les douaniers, comme les vieux retraités, ne sont pas de taille à lutter contre l'armée allemande. L'expression : « soldats des traités » ne fait pas allusion aux traités de 1815. Selon l'explication ingénieuse et très probable de J. Gengoux, il s'agit des traités qui ont associé, quelque temps avant la guerre de 1870, la Bavière, le Wurtemberg et Bade à la Confédération du Nord animée par Bismark. La presse française avait dénoncé ces traités comme une cause de guerre. Ce qui confirme fortement l'explication de J. Gengoux, c'est le vers de *À la musique*, écrit en juillet 1870, où les épiciers de Charleville discutent fort sérieusement « les traités ». On ne voit pas qu'ils fussent, à cette date, intéressés par les traités de Vienne.

Page 39.

1. Les faunesses sont apparemment les femmes surprises dans les bois de la frontière.

2. Sans préciser davantage, Rimbaud s'amuse à cette allusion au *Faust* de Gounod et au *Fra Diavolo* d'Auber pour désigner les fraudeurs qui transportent les colis de contrebande à travers les bois.

3. Cette expression *les appas contrôlés* s'éclaire par le récit de Delahaye. Les douaniers se bornaient à un « tapotement » de la main sur l'épigastre et à un autre dans le dos des promeneurs.

ORAISON DU SOIR

États.

1. Copie de Verlaine exécutée en octobre 1871 *(V)*.
2. Autographe de Rimbaud donné à Léon Valade (Bibl. munic. de Bordeaux, ms. 1650, f° 133).
3. États imprimés : *Lutèce*, 5-12 octobre 1883 ; *Les Poètes maudits*, 1884 ; *Le Reliquaire*, 1891 ; *Poésies complètes*, 1895 ; éditions de Berrichon.

Bouillane de Lacoste a étudié (*Mercure de France*, 15 juin 1937) les différences entre la copie de Verlaine et le texte de *Lutèce*. Le manuscrit Valade était, à cette date, inconnu.
Texte adopté : le manuscrit Valade.

On notera le vocabulaire de ce sonnet : mots rares ou d'allure scientifique (hypogastre, aubier, coulures, héliotropes), et juxtaposition ricanante de notes poétiques et de trivialités (excrément, lâcher l'âcre besoin, je pisse).

a. sous les cieux gros   *V*   : *Lutèce est d'accord avec l'autographe*
b. mon cœur tendre   *V*   : *Lutèce est d'accord avec l'autographe*
c. l'or jaune   *Lutèce*
d. Et quand   *V*

4. L'hypogastre est la partie inférieure du ventre.
Une Gambier est une pipe de qualité inférieure à l'Onnaing dont il est question (n. 7 de la p. 21).
5. Ces impalpables voilures ont bien peu de chances de désigner les nuages dans le ciel. Rimbaud est au cabaret, et il parle des nuages de fumée qui sortent des pipes.
6. Le sens général d'*aubier*, c'est, dans le tronc d'un arbre, le bois blanchâtre qui se trouve entre l'écorce et le cœur.
7. Les coulures sont les écoulements qui peuvent se produire sur une plante malade. Leur couleur jaune explique que Rimbaud parle de cet *or* qui ensanglante le bois blanc, l'*aubier* de l'arbre. — La rime *aubier* — *colombier* se lit dans le *Dictionnaire des rimes* de Landais. Le mot *coulure* s'y trouve également.
8. Le Seigneur du cèdre et des hysopes, c'est le Dieu de la Bible, où il est souvent question du cèdre et de l'hysope. Celui-ci apparaît dans la phrase liturgique que Rimbaud pouvait entendre chaque dimanche : *Lavabis me hysopo et mundabor.* *Hysope* et *héliotrope* sont voisins dans le *Dictionnaire* de Landais. *Héliotrope* figure dans *Chant de guerre parisien*.

CHANT DE GUERRE PARISIEN

États.

1. Autographe dans la lettre de Rimbaud à Paul Demeny du 15 mai 1871 (collection Saffrey).
2. Traditions imprimées : *Le Reliquaire,* 1891 ; *Poésies complètes,* 1895 ; éditions de Berrichon.

Texte adopté : l'autographe de la lettre à Demeny.

La tradition imprimée ne diffère de l'autographe que par des inexactitudes légères de ponctuation, mais elle contient une erreur sérieuse au vers 21 (voir la variante *b* et la note 10 de la page 40).

En envoyant cette pièce à Demeny, Rimbaud l'appelait « un psaume d'actualité ». Elle s'inspire des événements de la Commune, quand l'armée régulière commença les bombardements qui allaient préparer l'attaque générale.

Ces bombardements débutèrent le 2 avril. Mais rien avant le 14 avril ne justifie le poème de Rimbaud. Ce jour-là, le tir de l'artillerie devint formidable. Casimir Buis, dans *Le Cri du peuple* du même jour, écrivait : « De Châtillon, de Clamart, de Meudon, une épouvantable pluie de fer s'est abattue sur nos forts du sud. Vanves, Montrouge, Issy avaient leurs flancs qui rutilaient et flambaient rouge. » L'attaque d'artillerie se prolongea les jours suivants. *Le Cri du peuple* du 28 avril annonçait : « Toutes nos batteries du sud tonnent contre les redoutes de Clamart, Châtillon et Bagneux. L'ennemi accable de ses obus Issy et Vanves. »

Le *Chant de guerre parisien* traduit les sentiments de Rimbaud lorsque lui parvenaient ces nouvelles. Il a été écrit dans les premiers jours de mai. Il est tout à fait inexact d'imaginer, comme Rolland de Renéville, qu'il se rapporte à la Semaine sanglante et aux combats de rue dans Paris.

9. Le tir des Versaillais part de cette partie de la banlieue parisienne où se trouvent en grand nombre les belles propriétés et les villas.

10. Ernest Picard était l'un des ministres de Thiers, et des plus détestés. Jules Vallès, dans *L'Insurgé,* l'appelle un « gros réjoui à favoris d'acajou, au large bedon et au large rire ». Aux kiosques des journaux, on vendait des caricatures de Thiers, Picard et Favre, les trois Grâces enlaçant leur ventripotence.

Page 40.

a. Quand viennent sur nos fourmilières   *variante du manuscrit*

b. du Grand Turc   *Traditions imprimées; voir la note 10.*

1. Rimbaud ne connaît la banlieue parisienne que par les articles des journaux. Il brouille un peu les noms. Nous venons de voir que les batteries de Versaillais tiraient de Meudon. Au contraire, Bagneux était tenu par les Communards et soumis à un violent bombardement.

2. Il semble raisonnable de penser que ce tam-tam, c'est le tambour.

3. On devine sans peine que ces barques, pour reprendre la chanson du *Petit Navire,* « n'ont jam..., jam..., jamais navigué ».

4. Ce vers semble faire allusion au lac du Bois de Boulogne. Mais les Versaillais ne se rendirent maîtres du Bois que le 15 mai.

5. Les cabochons sont naturellement les obus. La rime *caboche — bamboche* figure dans le *Dictionnaire des rimes* de Landais.

6. On devine sans peine la plaisanterie : des héros, des Éros et même des Zéros.

7. Sur cette formule particulièrement obscure, on ne saurait proposer qu'une hypothèse incertaine : que Rimbaud pense à l'expression : *enlever un quartier, un poste* pour parler des opérations de surprise destinées à faire des prisonniers, et que *héliotropes* forme jeu de mots sur *troupes.* Thiers et Picard se vantent d'*enlever* de cette façon les *troupes* de la Commune.

8. Dans son livre sur *Les Pétroleuses,* Édith Thomas signale « les bombes à pétrole » lancées par l'armée de Versailles depuis le début d'avril (*Les Pétroleuses,* 1963, p. 179).

9. Comme l'a bien vu F. Gengoux, *leurs tropes* est un jeu de mots sur *troupes.* Pour *hannetonner,* il faut sans doute se souvenir que le hanneton est un animal dévastateur.

10. *Le Grand Truc,* c'est Dieu, naturellement. Car Thiers et Picard sont les défenseurs de l'Ordre, qui est Dieu.

11. *Son cillement aqueduc :* Favre cligne des yeux larmoyants.

12. Les *reniflements à poivre* veulent dire sans doute que Favre se force à pleurer comme s'il se mettait du poivre sous le nez. Il renifle.

13. Nouvelle allusion aux « bombes à pétrole ». Voir n. 8 du vers 19.

14. *Le Cri du peuple* du 27 mars avait publié un article de J.-B. Clément, intitulé *Les Ruraux.* Le même journal, le 1er avril, avait dit : « Paris n'a pas eu peur des canons Krupp. Il ne tremblera pas devant les bombes rurales. »

MES PETITES AMOUREUSES

États.

1. Autographe dans la lettre de Rimbaud à Paul Demeny, du 15 mai 1871.

2. États imprimés : *Le Reliquaire*, 1891 ; *Poésies complètes*, 1895 ; éditions de Berrichon.

Texte adopté : l'autographe de la lettre à Paul Demeny.

Dans sa lettre à Paul Demeny, Rimbaud appelle cette pièce « un second psaume hors du texte », le premier étant le *Chant de guerre parisien*.

Cette pièce s'éclaire lorsqu'on la rapproche des *Sœurs de charité*. Elle est un cri de dégoût et de colère. Elle accumule les injures. La jeune fille n'est plus que laideur et fadeur. Le corps féminin est ridicule. Rimbaud s'injurie lui-même d'avoir pu aimer.

Il n'est pas impossible que cette pièce ne soit qu'un jeu. Mais deux détails particuliers rendent beaucoup plus probable que Rimbaud pense à quelque déception récente. Le vers

Un soir tu me sacras poète,

semble s'adresser à une personne à qui le jeune homme lisait ses vers. On a la même impression devant les vers 21-24 qui semblent faire allusion à certains baisers donnés.

Les particularités du *Reliquaire* ne sont probablement que des *lapsus*, ou portent sur des signes de ponctuation que Rimbaud avait négligés et que *Le Reliquaire* rétablit.

15. Le titre vient des *Petites Amoureuses*, dans *Les Flèches d'or* de Glatigny.

16. L'hydrolat est un liquide obtenu en distillant de l'eau sur des fleurs ou sur des plantes aromatiques. Dans le vers de Rimbaud, l'hydrolat lacrimal, c'est tout bonnement la pluie.

17. C'est bien *vert-chou* et non *verts-choux* que porte l'autographe. Indice important à relever car, en 1870, Rimbaud ne faisait jamais rimer le singulier et le pluriel. Il le fait désormais, et ne cessera plus de le faire.

18. Il n'est pas certain, mais fort probable qu'il s'agit de ces « petits paletots en caoutchouc » dont Balzac parlait déjà.

Page 41.

1. La bandoline était un produit analogue à la brillantine. Rimbaud se souvient avec dégoût du produit que la jeune fille mettait sur ses cheveux.

2. *Fil du front* est créé sur *fil de l'épée*. Les traits du visage de la jeune fille sont si anguleux qu'ils font penser au tranchant d'une épée.

3. On explique ordinairement *fouffe* par *bourrade, gifle,* qui n'offre guère de sens ici. En réalité, tout le Nord de la France emploie *fouffe* au sens de *chiffon*. Les petites amoureuses feraient bien de cacher leurs seins avec des chiffons.

4. *Épaules de mouton.*

Page 42.

1. Faut-il imaginer que Rimbaud voit dans ces jeunes filles des ambitions de danseuses ? Elles rêveraient de devenir *étoiles.* Il les renverrait dans leur coin.

2. Mais, en fait, ces jeunes filles deviendront des bourgeoises dévotes, des épouses légitimes. Elles « crèveront en Dieu », et leur vie sera occupée par les « ignobles soins » du ménage. Elles seront « bâtées ».

ACCROUPISSEMENTS

États.

1. Autographe dans la lettre de Rimbaud à Paul Demeny, du 15 mai 1871, collection Saffrey.

2. États imprimés : *Le Reliquaire,* 1891 ; *Poésies complètes,* 1895 ; éditions de Berrichon.

Texte adopté : l'autographe de la lettre à Demeny.

Les variantes sont de simple ponctuation. Nous signalons cependant deux variantes aux vers 2 et 7.

Bien que l'on sache aujourd'hui que Rimbaud avait écrit *Milotus,* on n'oserait affirmer qu'il s'en prenait particulièrement à un curé nommé Millot, et qui aurait été parent de son ami Ernest Millot. Mais ce qu'il ne faut pas dire, c'est que cette pièce vise Ernest Millot lui-même. Car cette terrible caricature n'a de sens que si elle tombe sur un curé.

Ces vers d'*Accroupissements,* antérieurs au mois de mai 1871, portent les mêmes caractères que ceux des *Assis.* Mots inusuels, métaphores brutales, notations fantastiques. Le soleil brille comme un chaudron récuré, un nez luit comme une laque, les escabeaux sont des crapauds étranges, et le curé écoute les poils pousser dans sa peau moite. La volonté de pousser la caricature jusqu'à l'extrême éclate ; elle va jusqu'au stercoraire et à l'obscène. Le frère Milotus sent quelque

chose comme un oiseau qui remue à son ventre. Il a le poing
à l'anse d'un pot blanc.

    a. Les éditions donnent Calotus *au lieu de* Milotus. *On ne sau-
rait décider si elles le font sur l'autorité d'un manuscrit aujourd'hui
inconnu. Le* Reliquaire *avait donné* Milotus, *comme l'autographe.*
    b. La tradition imprimée omet la virgule après descend, *ce qui
rend le vers incompréhensible.*

    3. *Calotus,* moins authentique que *Milotus,* pourrait être
cependant une correction de Rimbaud lui-même. Il veut, de
toute façon, faire penser à *calotin.*
    4. Sur *darne,* voir la note 2 de la page 44.

Page 43.

LES POÈTES DE SEPT ANS

États.

    1. Autographe dans la lettre à Demeny, du 10 juin 1871, collec-
tion Saffrey. Publié dans *La Nouvelle Revue française,* 1er octobre 1912.
    2. États imprimés : *Le Reliquaire,* 1891 ; *Poésies complètes,* 1895 ;
éditions de Berrichon.
    Texte adopté : l'autographe de la lettre à Demeny.

    Il y a désaccord des historiens sur la date de ce poème.
Izambard est formel. Cette pièce, dit-il, « a été écrite chez
moi. Rimbaud me l'a fait lire après l'avoir écrite, et ce détail
fixe mon opinion puisque je n'ai jamais revu Rimbaud après
sa seconde fugue à Douai (*A Douai et à Charleville,* p. 26,
note). Izambard a même précisé que Rimbaud écrivit *Les
Poètes de sept ans* après avoir reçu une lettre de sa mère, la
lettre du 24 octobre 1870. *Les Poètes de sept ans* dateraient
donc des derniers jours de ce mois.
    Mais Paterne Berrichon contredit violemment cette affir-
mation. Dans un français encore plus détestable que celui
d'Izambard, il déclare que celui-ci était « dénué de toute poé-
tique, de toute psychologie », et que ces vers ne peuvent
avoir été écrits qu'après la Commune.
    En réalité, aucune date ne s'impose. On notera seulement
que Rimbaud n'a pas envoyé son poème à Paul Demeny
le 15 mai, mais qu'il l'a fait dans sa lettre du 10 juin 1871.
L'hypothèse la plus simple serait de placer entre ces deux
dates la composition des *Poètes de sept ans,* et cette supposi-
tion s'accorde de façon heureuse avec la date du 26 mai,
placée par Rimbaud au bas de son poème.
    Marcel Coulon retrouve dans *Les Poètes de sept ans* le
souvenir d'une période de l'enfance du poète, celle qui va
de 1860 à 1862, quand il habita rue Bourbon. C'était un
des quartiers pauvres de Charleville. Les Rimbaud n'occu-

paient qu'une partie de la maison, et les enfants de Mme Rimbaud jouaient avec ceux du quartier. En 1862, la famille passa au Cours d'Orléans, dans un quartier bien aéré et bourgeois.

1. Le livre du devoir, c'est la Bible. Mais ce peut être aussi le catéchisme, ou encore les premiers livres de classe, où le petit garçon doit étudier.

2. Les yeux bleus, ce sont les yeux d'Arthur, ces étonnants « yeux de myosotis et de pervenche » dont Delahaye a parlé. — Le même Delahaye a soutenu que le front plein d'éminences, c'était le front de Frédéric, et il est possible que le frère d'Arthur ait eu le front bosselé. Mais il serait assez étonnant que Rimbaud ait ainsi brouillé les traits.

3. Cette expression, métaphorique et condensée, doit évoquer l'enfant, à l'étage supérieur, penché sur la rampe de l'escalier, pendant que, derrière lui, d'une lucarne, tombe la lumière du soleil.

4. Rimbaud détestait l'été, sa lumière, sa chaleur. En juin 1872, il écrit à Ernest Delahaye : « Je hais l'été qui me tue. »

Page 44.

1. Rimbaud n'a pas inventé le mot *illuné*. Il vient du latin ; Pline et Apulée l'ont employé. Mais il veut dire chez eux *non baigné par la clarté de la lune*. Rimbaud, brouillant un peu ses souvenirs, lui donne le sens opposé.

2. M. Stéphane Taute, bibliothécaire de Charleville, a noté sur le mot *darne* qu'il était très employé dans les Ardennes, et il l'explique de la façon suivante : « Il signifie pris de vertige, ébloui avec sensation de vertige. Cette expression, qui s'employait surtout pour les moutons, s'applique aussi aux hommes. Tourner comme un oiseau darne. À un enfant qui s'amuse à tourner sur lui-même, on dit : Tu vas être darne. Par extension, on l'emploie parfois dans le sens d'ivre. » Il est notable que le mot *darne* se retrouve dans *Accroupissements* (v. 4), composé vers le mois de mai 1871.

3. Il est difficile de ne pas voir le sens stercoraire du mot *foire* ainsi employé.

4. On a le droit de penser que cette expression n'est ni claire ni hardie mais, simplement, maladroite. Certains commentateurs ont cru que l'enfant est touché de l'attitude de sa mère, qu'il veut y voir une inquiétude de mère aimante, et qu'il y répond par un élan vers elle, mais qu'enfin il découvre qu'elle ment. Voici, dans un sens tout différent, ce que l'on croit comprendre. Quand l'enfant voit l'inquiétude mécontente de sa mère, il ne renonce pas aux tendresses profondes qu'il a pour les petits pauvres. En face de sa mère, il prend une attitude agressive, comme un animal qui se jette sur l'adversaire.

5. L'enfant prend du plaisir à ne pas céder à sa mère. Il sait qu'elle ment. Elle a les yeux bleus, et ce sont des yeux qui mentent. Il est, sinon impossible, du moins difficile d'imaginer que Rimbaud veuille dire : à sa mère il ne donnait qu'un regard candide et menteur, et c'est tout ce qu'elle avait de lui.

6. *Il faisait des romans.* Non pas : il composait et écrivait des romans. Mais, bien plus simplement, il construisait dans sa tête des histoires à la manière des romans d'aventures qu'il lisait.

7. Il y aurait de l'imprudence à penser que Rimbaud ait de façon précise dans l'esprit un roman de Gabriel Ferry, *Costal l'Indien,* sous prétexte que dans ce roman les insurgés mexicains défendent la liberté dans les forêts et les savanes.

8. Des commentateurs ont été trop heureux de prononcer, à propos de ces vers, les mots de *sadisme* et de *masochisme.* Ces jeux d'enfants n'étaient peut-être pas, en eux-mêmes ni dans l'esprit de Rimbaud, chargés de tant de mystères inquiétants.

9. Le substantif *pubescence* n'est pas une création de Rimbaud, et c'est son emploi au pluriel qui est une nouveauté. La *pubescence,* c'est l'état des tiges ou des feuilles garnies de poils fins et courts.

Page 45.

1. Emploi intéressant de l'adjectif *bleu.* Une chambre aux persiennes closes, en été, paraît à Rimbaud, non pas noire, mais bleue.

2. *Il lisait son roman.* Aucune raison d'imaginer que Rimbaud relise le roman qu'il serait en train d'écrire. Il reprend le roman qu'il est occupé à lire, son roman favori, celui auquel il revient sans cesse.

3. C'est le mot qui servait alors d'adjectif correspondant au substantif *ocre.* Il figure dans le Littré. L'usage s'est établi depuis lors d'employer indifféremment *ocre* comme substantif et comme adjectif.

4. Rimbaud a écrit *aux bois sidérals.* Il ne tarda pas à s'apercevoir de sa faute, car trois mois plus tard il dit dans *Le Bateau ivre* :

> *J'ai vu des archipels sidéraux! et des îles*

Paterne Berrichon, pour éviter la faute, a cru bon de corriger le texte, et il imprime : *au bois sidéral.*

5. Il serait à peine exagéré de dire que *Le Bateau ivre* sortira bientôt de ce vers. L'enfant lit, il rêve. Et c'est vers de lointaines navigations que se porte son esprit.

LES PAUVRES À L'ÉGLISE

États.

1. Autographe dans la lettre de Rimbaud à Paul Demeny, 10 juin 1871, collection Saffrey. Publié dans *La Nouvelle Revue française,* le 1er octobre 1912.

2. États imprimés : *Le Reliquaire,* 1891 ; *Poésies complètes,* 1895 ; éditions de Berrichon.

Texte adopté : l'autographe de la lettre à Demeny.

Ce poème appartient à la même famille que *Les Poètes de sept ans,* et présente les mêmes caractères : mots rares et mots créés, verve ricanante et injurieuse. Mais en même temps, solidité de la phrase, et carrure du vers.

Sur le fond, on note la haine antireligieuse qui éclate dans ce poème et qui va bien plus loin qu'un simple anti-cléricalisme. La religion abêtit les hommes. Elle donne aux tristesses de leur vie une consolation illusoire, et le sentiment religieux, les mysticités, en ces pauvres êtres, ne servent qu'à les enfoncer davantage dans leur asservissement.

a. Dans l'autographe, le vers 17 n'a que dix syllabes. Il ne peut s'agir que d'un lapsus. Les éditeurs ont imaginé plusieurs corrections. Il a semblé préférable, après plusieurs autres, de donner le texte tel quel.

6. *Puamment* est mentionné par Littré comme dérivé inusité de *puer.*

7. *Dorures.* Verlaine emploiera *orerie* dans *Dédicaces.*

8. Les vingt *gueules gueulant* des cantiques sont une imitation amusée de la phrase célèbre de Rabelais.

Page 46.

1. On relèvera cet emploi du démonstratif accolé à l'antécédent d'un relatif. Rimbaud s'en sert, à la même date, dans *Les Poètes de sept ans,* v. 22-23 :

> *Pitié! ces enfants seuls étaient ses familiers*
> *Qui, chétifs...*

2. Balzac a écrit . « Il fringalait en marchant comme un homme qui ne peut porter le vin. » Il semble qu'il faille comprendre : *flairer à droite et à gauche.*

LE CŒUR DU PITRE

États.

1. Autographe dans la lettre de Rimbaud à Izambard, du 13 mai 1871. Publié dans *La Revue européenne* d'octobre 1926 *(I).*

2. Autographe dans la lettre de Rimbaud à Demeny, du 10 juin 1871, collection Saffrey *(D)*.

3. Copie de Verlaine, en octobre 1871 *(V)*.

4. États imprimés : *La Vogue,* 7-14 juin 1886 ; *Les Poètes maudits,* 1888 (les deux premières strophes) ; *Le Reliquaire,* 1891 ; *Poésies complètes,* 1895 ; éditions de Berrichon.

Texte adopté : l'autographe de la lettre à Demeny.

Cette pièce difficile a inspiré les exégèses les plus diverses. Pour Godchot, Rimbaud rapporte un épisode de son bref séjour à Paris pendant la Commune. Il est à la caserne Babylone. Sa figure enfantine, ses longs cheveux éveillent la lubricité des Communards avinés. Le poème s'explique alors jusque dans le détail. La poupe, c'est le côté opposé à la proue, qui est le phallus. Le gouvernail, c'est l'écusson de la Ville de Paris. Si les soldats tarissent leurs chiques, cela veut dire qu'ils retirent leurs chiques de leurs bouches et les enfoncent de force dans celle de l'enfant. Cette interprétation n'a pas paru extravagante à tout le monde, et Mme Noulet parle d'une « terrible initiation », d'excès auxquels Rimbaud participa de gré ou de force.

Mais Izambard avait, sur ce sujet, des souvenirs bien différents. Il avait, raconte-t-il, montré à Rimbaud la phrase de Montaigne : « Le poète, assis sur le trépied des Muses, verse de furie tout ce qui lui vient à la bouche, comme la gargouille d'une fontaine. » C'est en rêvant sur cette phrase que Rimbaud aurait composé cette pièce. Lorsque Izambard la reçut, il lui trouva donc « un sens comique ». Cette explication du professeur de Rimbaud pourrait nous paraître encore plus absurde que les imaginations de Godchot. Mais, ce qui semble aller dans le même sens, et confirmer son récit, c'est que nous lisons cette phrase dans sa réponse à Rimbaud : « Je vois que vous vous êtes ressouvenu de notre vieux Montaigne » (*À Douai et à Charleville,* p. 66-67). Il avait donc fait ce rapprochement dès la première heure.

Enfin, nous avons une indication sur les intentions de Rimbaud, et qui nous vient de lui. Quand il envoya *Le Cœur du pitre* à Demeny, il présenta ses vers dans une phrase qui les commentait : « Voici —, ne vous fâchez pas — un motif à dessins drôles : c'est une antithèse aux douces vignettes pérennelles où batifolent les cupidons, où s'essorent les cœurs panachés de flammes, fleurs vertes, oiseaux mouillés, promontoires de Leucade, etc. » Ce qui ne peut avoir qu'un sens. Rimbaud a naguère composé une pièce formée d'images plaisantes et volontairement un peu fades. Maintenant il vient de s'amuser à écrire *Le Cœur du pitre* comme antithèse. Nous sommes là plus près de l'interprétation d'Izambard que de celle de Godchot.

En fait, il n'est peut-être pas impossible de pénétrer les

intentions vraies de Rimbaud, et qu'il n'a pas nécessairement avouées à Izambard, ni à Demeny. À coup sûr, la scène imaginée par Godchot est une invention ridicule. Un récit ancien se borne à dire que les Communards de la caserne Babylone étaient « de bons ivrognes », et les vers que quelques jours plus tard Rimbaud écrivit sur la Commune prouvent que rien n'était venu troubler sa foi révolutionnaire. Aussi bien, il n'y a pas, en dépit des apparences, un mot de cette pièce qui se rattache à une scène particulière et vécue.

Ce qu'il veut traduire avec des mots, c'est l'expérience qu'il fait de la vie. C'est son écœurement et son dégoût. Il a le sentiment d'être sur la terre comme dans une caserne, parmi des camarades obscènes et ivres. Ou encore sur un bateau, jeune mousse victime du mal de mer. Il a rêvé d'aventure et d'action. Il sait maintenant qu'il s'était trompé. Autour de lui, les gens de Charleville ricanent. Ils sont grossiers comme les soldats dans une chambrée, comme les matelots qui se moquent du jeune mousse et de son premier mal de mer. Il se sent « le cœur volé ». Il n'a été qu'un pitre dans cette farce universelle. Toute cette corruption a pénétré en lui. Il a besoin d'être lavé. Les flots de la mer sont pour lui l'image de la pureté retrouvée.

    a. Le Cœur supplicié *I* : Le Cœur volé *V*
    b. Mon cœur couvert de caporal *V*
    c. Qui lance un rire *I*
    d. Mon cœur couvert de caporal *V*
    e. Leurs quolibets *ibid.*
    f. Au gouvernail on voit des fresques *ibid.*
    g. qu'il soit lavé *ibid.*

3. Les trois titres successifs traduisent les sentiments de Rimbaud quand il a découvert l'inguérissable laideur de la société humaine. Ce fut d'abord un supplice. Puis, très vite, il eut le sentiment d'avoir été ridicule, rien qu'un pitre dans la farce. Quelques mois plus tard, le sentiment qui domine, c'est qu'il a été dupe. Son cœur a été volé.

4. C'est à partir du mois de mai 1871 que Rimbaud a employé, avec une complaisance visible le verbe *baver*. Il écrit dans *Les Pauvres à l'église* :

        Et tous, bavant la foi...

Dans *Mes Petites amoureuses* :

        Sous l'arbre tendronnier qui bave...

et sa lettre à Banville, le 15 août 1871, est signée *Alcide Bava.* — L'image évoquée est celle d'un tout jeune homme, sur un bateau, en train de vomir.

5. Son cœur est plein de caporal chiqué et craché.

6. *Ils y lancent.* Ce *Ils*, c'est la troupe. Mais rien n'oblige

à y voir des matelots. Ce sont tout aussi bien des soldats. Ce sont les symboles de la grossièreté universelle.

7. *Obscène.* Le phallus est dressé.

8. Il est à observer que dans les deux états du texte les plus anciens, rien n'indique qu'il s'agisse d'un bateau. On penserait plutôt à une caserne où le soir se retrouvent les soldats ivres. C'est dans le troisième état que Rimbaud imagine des fresques sur un gouvernail, ce qui, sans doute, n'est pas facile à se représenter. L'explication échappe.

9. *Abracadabrantesques.* Mme Suzanne Briet a signalé un menu fait de l'enfance de Rimbaud, d'où il ressort qu'il voyait dans le triangle magique *abracadabra* un moyen de « préserver de la fièvre ». Le mot aurait donc été lié dans son esprit à l'idée d'un pouvoir de guérison.

Page 47.

a. Leurs quolibets V
b. des hochets bachiques *ibid.*
c. Moi, si mon cœur est ravalé : *ibid.*

1. *Ils auront tari leurs chiques.* Un jour viendra où ces hommes grossiers cesseront de cracher. Mais Rimbaud restera marqué et ne retrouvera plus ses espérances. Son cœur lui a été « volé ».

2. Comment ce cœur, qui aura été souillé, retrouvera-t-il sa force et son élan ?

L'ORGIE PARISIENNE
OU PARIS SE REPEUPLE

États.

1. Il n'existe pas d'autographe ni de copie authentique.

2. États imprimés : *Lutèce*, 2-9 novembre 1883 (trois vers et un quatrain); *Les Poètes maudits*, 1884 (sept vers); *La Plume*, 15 septembre 1890; *Le Reliquaire*, 1891; *Poésies complètes*, 1895; éditions de Berrichon.

Texte adopté : l'édition Berrichon, 1912, rectifiée.

Les éditeurs, privés de tout texte authentique, empruntent habituellement celui de l'édition Berrichon, 1912, mais en y mettant quelques corrections tirées des autres états du texte.

Bouillane de Lacoste a étudié les rapports du texte de *La Plume* avec les autres versions dans le *Mercure de France*, 15 juin 1937.

Il est de tradition d'expliquer cette pièce par l'entrée des Versaillais dans Paris et par l'explosion de plaisirs qui suit l'écrasement de la Commune. M. Ruff a été le premier, dans son *Rimbaud, l'homme et l'œuvre*, à dénoncer ce contresens, et a démontré, par une analyse exacte du texte, qu'il ne pou-

vait s'agir que de la fin des hostilités entre la France et l'Allemagne, et de la joie scandaleuse que manifestèrent certaines classes de la société.

Cette interprétation est confirmée et étonnamment illustrée par *La Ballade parisienne* publiée dans *Le Cri du peuple* du 6 mars 1871. Son auteur était Eugène Vermersch, et nous savons l'admiration que Rimbaud éprouvait à son égard. Au début de mars 1871, il n'est pas nécessaire de rappeler que le soulèvement de la Commune n'avait pas encore eu lieu. Mais déjà l'opposition était violente entre la masse de la population parisienne, patriote et fidèle aux traditions populaires, et l'élite sociale, soucieuse de revenir le plus tôt possible à la paix, aux conditions normales d'existence et aux activités de l'industrie, de la banque et du commerce. *La Ballade parisienne* disait : « Enfin, voici que déjà Paris reprend son aspect ordinaire!... Voyez donc les petites dames, toutes fleuries de dentelles, les narines voluptueusement ouvertes, repeintes à neuf, qui traînent dans la poussière leurs jupes blanches. » Et Vermersch se tournait du côté de la bourgeoisie possédante et vers le monde des affairistes : « La petite Bourse a rouvert ses séances; les breloques sonnent sur les ventres bien pensants, le parti de l'ordre examine l'horizon en digérant... Mais quelle sera la garantie de l'emprunt? Voici le sang du peuple!... Qu'est-ce que tu donnes là-dessus, ô bourgeoisie? »

L'étroite parenté de *La Ballade parisienne* avec *L'Orgie parisienne* ne permet guère de douter que Rimbaud ait écrit son poème après la lecture du *Cri du peuple*. Il se souvenait aussi de certains vers de Victor Hugo, et notamment de *Joyeuse Vie* dans *Les Châtiments*. Il gardait dans sa mémoire *Le Sacre de Paris* de Leconte de Lisle.

d. Paris se repeuple   *Lutèce : Le double titre est dans Vanier, 1895*

e. Le soleil expia   *coquille des éditions avant 1912*

f. Cité belle   *Vanier*

g. Sur les maisons, l'azur   *La Plume, Vanier*

h. ébranla   *La Plume*

i. Buvez, lorsque la nuit arrive   *ibid.*

3. Il semble raisonnable de penser que « la voilà » ne s'applique pas à Paris, à la Cité sainte que Rimbaud va nommer en toutes lettres, mais à la paix revenue, ou à l'orgie qui est inséparable de cette paix.

4. Ces Barbares, c'est l'armée allemande qui défila le 1er mars aux Champs-Élysées.

5. On saura empêcher que les hostilités recommencent.

6. L'expression, comme le fait observer M. Ruff, resterait faible et au-dessous de la réalité s'il s'agissait des immenses

incendies qui marquèrent la Semaine sanglante. Il s'agit des obus allemands qui tombèrent sur Paris durant le siège.

7. On va s'appliquer non à entretenir le souvenir du désastre, mais à créer l'oubli des lâches. M. Ruff fait justement observer que ces « palais morts » sont les palais abandonnés par le régime impérial.

8. Ces tordeuses de hanches, ce sont les « petites dames » de la ballade d'Eugène Vermersch.

9. Ces maisons d'or font allusion à la Maison dorée, le luxueux restaurant où Proust devait plus tard placer certaines scènes de *La Recherche*.

Page 48.

a. sans geste et sans paroles   *La Plume*

b. Déchirants, écoutez, sautés aux nuits ardentes   *La Plume* :

Déchirants! Écoutez, sautez aux nuits ardentes   *Vanier*

c. Dans La Plume et dans Le Reliquaire cette strophe est placée après la strophe qui suit.

d. Réclamant votre argent, les flancs morts, éperdus   *La Plume*

e. des milliards   *ibid.*

1. On notera l'emploi, ici encore, du verbe *baver*.

2. Ces vainqueurs, ce ne sont pas les Prussiens. Ce ne sont pas non plus les Versaillais puisque le poème a été écrit avant la guerre civile. Ce sont les officiers de l'armée régulière. Ils sont revenus avec toute leur morgue. Ils se comportent en vainqueurs, alors qu'ils ont subi la défaite la plus humiliante. C'est en ricanant, et par antiphrase, que Rimbaud les appelle les vainqueurs.

3. La Femme, c'est Paris, le Paris véritable, le Paris populaire. La Commune n'a pas encore commencé, mais la mystique communarde est dès lors constituée.

4. Il ne serait pas juste de se choquer de tant de violence. Victor Hugo avait écrit dans *Joyeuse Vie* :

> *Bien! pillards, intrigants, fourbes, crétins, puissances :*
> *Attachez-vous en hâte autour des jouissances...*

5. Cette image de la femme révolutionnaire semble venir des *Iambes* de Barbier. Après avoir flétri la femme du faubourg Saint-Germain,

> *Une femme qu'un cri fait tomber en faiblesse,*
> *Qui met du blanc et du carmin,*

Barbier avait exalté la femme des barricades :

> *C'est une forte femme aux puissantes mamelles,*
> *À la voix rauque, aux durs appas,*

la femme qui se plaît aux sanglantes mêlées, à l'odeur de la
poudre, aux lointaines volées des cloches et des canons, et

> *Qui ne prête son large flanc*
> *Qu'à des gens forts comme elle, et qui veut qu'on embrasse*
> *Avec des bras rouges de sang.*

> *(La Curée)*.

Page 49.

    a. Tu revois *La Plume*

    b. mauvais, les vers, les vers livides *La Plume* :
mauvais. Tes vers, tes vers livides *Vanier*

    c. des hauts degrés *La Plume* : de hauts degrés *Berri-
chon* : des bleus degrés *Vanier*

    d. L'orage t'a [sacrée *Vanier*] sacré *La Plume, Vanier*

    e. clairon sourd *La Plume et Berrichon* : clairon lourd
Vanier

    f. La date Mai 1871 *est donnée par La Plume et Vanier.*

    1. Sorte de vampires nocturnes.

    2. L'or astral, dans les théories de l'hermétisme, a son
centre dans le soleil. Il descend de là sur la création. Voilà
qui explique que des pleurs d'or astral tombent sur les
Cariatides.

    3. Le mot *strideur* n'est pas dans le *Dictionnaire de l'Académie,*
mais Littré le cite : qualité d'un bruit perçant et vibrant.

    4. V. Hugo avait donné à ses *Châtiments* des sous-titres,
La société est sauvée et *L'ordre est rétabli.*

LES MAINS DE JEANNE-MARIE

États.

    1. Autographe de la collection A. Bertaut, découvert et révélé
seulement en 1919. Fac-similé en tête de l'édition Bouillane de
Lacoste.

    2. Première publication du texte de l'autographe Bertaut dans
Littérature, n° 4, juin 1919.

    Texte adopté : autographe Bertaut.

Rimbaud assista de loin, désespéré, à l'écrasement de la
révolution parisienne. Tout rempli de la littérature révolu-
tionnaire, c'est à travers elle qu'il vit l'affreuse réalité. Les
femmes que la presse bourgeoise traitait de pétroleuses étaient
à ses yeux des saintes et des martyres, comme elles l'étaient
dans la presse communarde. Les journaux de cette presse
opposaient à « l'immonde androgyne des fanges impériales »,
à la « madone des pornographes, des Dumas fils et des Fey-
deau », la vraie Parisienne, « forte, dévouée, tragique, sachant
mourir comme elle sait aimer ». Ces formules, que Rimbaud

avait eues sans doute sous les yeux, donnent l'éclairage de ce poème [1].

Sur le plan de l'expression, Rimbaud prend un point de départ précis, *Études de mains* dans *Émaux et camées* de Théophile Gautier. J. Gengoux (v. Bibliographie) a attiré l'attention sur ce point, et sa démonstration est décisive. On retrouve dans *Les Mains de Jeanne-Marie* la forme lyrique du poème de Gautier, le quatrain d'octosyllabes à rimes croisées. On y observe certains mouvements, et par exemple une suite d'interrogations. On note enfin une strophe dont les rimes en *-aises* et en *-ons* se retrouvent identiquement dans *Études de mains*.

Ce rapprochement, intéressant pour l'intelligence de l'expression, est utile aussi pour l'interprétation de ce poème difficile. La première *Étude de mains* a pour sujet les mains de la belle Impéria, symbole de la courtisane, créature de luxe et de beauté. On discerne cette image à l'arrière-plan des *Mains de Jeanne-Marie*, et Rimbaud l'oppose à la femme du peuple, à l'héroïne des combats de la Commune. Certaines strophes deviennent moins obscures lorsque nous les interprétons dans cette perspective.

5. On comprend sans peine que ces mains de Juana sont celles d'une femme de luxe. Il resterait à justifier le mot de Juana. J. Mouquet pensait que *Juana* est dérivée de Don Juan. J. Gengoux croit plutôt que Rimbaud se souvient du poème de Musset intitulé *À Juana*.

Page 50.

a. Sur l'autographe les strophes 8, 11 et 12 ont été ajoutées de la main de Verlaine.

1. Ces crèmes, ces étangs, ces mares peuvent paraître d'une obscurité impénétrable. En fait, Rimbaud se borne à développer deux mots de la première strophe. Les mains de ces créatures de luxe sont pâles ou sombres. Les unes sont pâles comme la clarté de la lune. Elles évoquent l'absence de tout travail, la sérénité. Les autres sont brunes parce qu'elles sont couvertes d'une crème de beauté, et cette teinte évoque, plutôt que la pâleur des autres, des heures de volupté.

2. Ces deux vers, en apparence dépourvus de sens, s'expliquent par le mouvement du poème. Rimbaud imagine ces

---

1. Dans son ouvrage sur *Les Pétroleuses,* 1963, Édith Thomas signale une Communarde, Anne-Marie Menand, dite *Jeanne-Marie,* qui fut, après la Commune, condamnée à mort, peine d'ailleurs commuée. Édith Thomas se demande si elle fut la Jeanne-Marie de Rimbaud.

créatures de luxe dans un cabinet particulier. Elles sont assises sur les genoux d'un homme du monde et dégustent des boissons d'origine étrangère, le rhum par exemple, ou le whisky.

3. Ces courtisanes fument le cigare. J. Gengoux a discerné cette signification du vers, et il a rappelé un passage où Baudelaire décrivait les filles des petits théâtres, fumant un cigare disproportionné qui occupe tout l'orifice de leur petite bouche, en compagnie d'un de ces imbéciles dont l'élégance est faite par leur tailleur.

4. Elles se font donner des diamants par leurs amants.

5. Faute de mieux, on est réduit à imaginer que Rimbaud attribue à ces créatures de luxe une religion superstitieuse, où ce qui compte, ce sont les dorures, la richesse des églises, l'or des statues de la Vierge.

6. Ici, Rimbaud ne parle plus de la courtisane. C'est de Jeanne-Marie qu'il s'agit. Ses mains ne sont pas enduites de crèmes et de parfums. Mais un sang lourd, un sang noir coule en ses veines, un sang qui peut tuer, comme le suc de la belladone.

7. Le sens de ces vers, obscur à la première lecture, s'explique pourtant. Les mains des femmes du peuple chassent les mouches bleues qui bourdonnent autour d'elles. *Bombiner* traduit le bourdonnement de ces grosses mouches. On s'étonne que Bouillane de Lacoste ait pu dire que ce mot était un barbarisme et une création de Rimbaud. Il vient de *bombus,* bourdonnement des abeilles, et Rabelais avait donné comme exemple des subtilités de la scolastique l'extravagante question, imaginée par lui : *Utrum chimaera in vacuo bombinans possit comedere intentiones secundas.*

8. Les *nectaires* sont, dans la fleur, l'organe qui sécrète le suc ou nectar dont se nourrissent les insectes.

9. Terme médical qui, nous apprennent les dictionnaires, désigne « un mouvement automatique des bras en haut, avec renversement du tronc et de la tête en arrière, et extension des membres abdominaux ».

10. *Khenghavar* ne figure pas, disent les éditeurs, dans les atlas. Ils pensent à Kengawer, ville d'Iran.

11. Rimbaud ne pense plus maintenant aux femmes de luxe. Il pense à celles qui travaillent, aux marchandes de fruits, aux mères qui lavent les langes de leurs enfants. La Communarde, ce n'est pas cela.

12. Et ce n'est pas non plus l'ouvrière d'usine, qui exécute un travail d'esclave dans une atmosphère brûlante, parmi les odeurs de goudron.

13. Ce sont des mains de lutteuses. Elles brisent et elles broient. Le vers 34 n'est pas d'une excessive clarté. Si les mains des Communardes ne font jamais mal, on voit très difficilement comment cela pourrait signifier qu'elles sont

bienfaisantes. Rimbaud a sans doute voulu dire que ces mains sont si fortes, si bien faites pour la lutte que la Communarde n'a jamais mal aux mains, quelque travail qu'elle accomplisse.

14. Ces femmes ne chantent jamais *Eleison*, c'est-à-dire *Ayez pitié*. Elles préfèrent *La Marseillaise*.

Page 51.

1. *Ça,* c'est-à-dire ces mains-là, les mains des Communardes. Les *femmes mauvaises,* ce sont les bourgeoises, les femmes du beau monde.

LES SŒURS DE CHARITÉ

États.

1. Copie manuscrite de Verlaine, septembre 1871.
2. États imprimés : *Revue littéraire de Paris et de Champagne*, 1906 ; éditions de Berrichon.

Texte adopté : la copie de Verlaine.

La copie de Verlaine porte une date : juin 1871. Mais *Les Sœurs de charité* offrent une parenté très précise avec une phrase de Rimbaud, dans sa lettre à Paul Demeny, le 17 avril 1871 : « Il est des misérables qui, femme ou idée, ne trouveront pas la sœur de charité. » Le rapport est si étroit que le poème et la lettre doivent dater du même temps. On serait même tenté de penser que *Les Sœurs de charité* ont précédé la lettre, et que Rimbaud, quand il écrit à Demeny, a dans l'esprit les vers qu'il vient d'écrire. Les mots de la lettre « Femme ou idée... » résument les dernières strophes du poème. La démonstration de M. Ruff (v. Bibliographie) sur ce point est parfaitement satisfaisante.

Les Sœurs de charité traduisent la crise que Rimbaud vient alors de traverser. Quoi qu'en aient pensé certains historiens, il n'est guère possible de douter que Rimbaud ait éprouvé un vif sentiment pour deux jeunes filles au moins. Une première fois en février, une seconde fois en avril. La deuxième déception fut d'autant plus cruelle que la défaite de la Commune venait, presque aussitôt après, ruiner les espoirs politiques du jeune homme. Il avait rêvé d'une société fondée sur la Justice et sur l'Amour. Il ne lui reste rien. Seule la pensée de la Mort peut encore l'apaiser. Elle est la seule Sœur de charité qui ne le déçoive pas.

Page 52.

1. *Ni regard noir, ni ventre...* doivent être vraisemblablement considérés comme des vocatifs ou, si l'on veut, comme des appositions au vocatif *Ô Femme.* Il serait déplorable d'y

voir des attributs de *Tu*, aboutissant à ce contresens évident :
Tu n'es jamais ni regard noir, etc.

2. Il faut vraisemblablement construire : *Toi, femme,
aveugle irréveillée*, etc., *tout notre embrassement est une question
qui s'adresse à toi, et tu te pends à nous, nous te berçons, toi qui
es Passion.*

3. Rimbaud rappelle les servitudes séculaires de la femme,
les brutalités qu'elle a subies, les haines qu'elle porte depuis
lors en elle.

4. *Ô Nuit*, c'est-à-dire Ô femme qui es pour nous une nuit.

5. Ce vers n'est pas une apposition au mot *femme* du vers
précédent, mais aux mots *Muse verte* et *Justice ardente* du vers
suivant. Il signifie : la Muse verte et la Justice ardente
deviennent pour l'homme l'équivalent de l'amour ; ils
répondent à son appel vers la vie, ils expriment son besoin
d'action.

6. Il est consternant de penser que l'on ait pu traduire la
Muse verte par la *Muse de la nature*. La Muse verte, c'est l'ab-
sinthe. Et la Justice ardente, c'est la révolution. Parce qu'il
a été déçu par la femme, le jeune homme s'est tourné vers
deux autres Sœurs de charité, l'absinthe et la révolution. S'il
est étonnant qu'il parle de leur « auguste » obsession, c'est
que l'ivresse par l'absinthe trouve une sorte de grandeur
dans le besoin qui est à son origine, le besoin d'échapper à
l'ennui de l'existence.

7. Ni la Muse verte ni l'idée révolutionnaire ne donnent
au jeune homme ce qu'il attendait d'elles. Elles le délaissent.
La science lui apportera-t-elle la satisfaction espérée ? Il se
tend vers elle avec tendresse.

8. Cette science, c'est la science de la nature.

9. Elle le déçoit, elle aussi. Les études ne remplissent pas
son atroce solitude.

10. Il se tournera vers le Néant. Celui-ci se présente
comme un espace immense, comme une nuit. C'est la Mort
qui est la vraie Sœur de charité.

Page 53.

VOYELLES

États.

1. Autographe donné par Rimbaud à Émile Blémont. Conservé
à la Maison de poésie *(A)*.

2. Copie de Verlaine en septembre 1871 *(V)*. Dans les *Manuscrits
des Maîtres*.

3. États imprimés : *Lutèce*, 5-12 octobre 1883 ; *Les Poètes mau-
dits*, 1884 ; *Le Reliquaire*, 1891 ; *Poésies complètes*, 1895 ; éditions de
Berrichon.

Texte adopté : pour se conformer à l'usage général des éditeurs,

on a reproduit ici le texte de l'autographe. Mais il faut bien voir que la copie de Verlaine, exécutée en septembre 1871, représente le texte primitif, et que l'autographe est postérieur de quelques mois.

Si l'on néglige les variantes de majuscules et de ponctuation, on relève sur la copie de Verlaine certaines différences que nous donnons ci-dessous dans les variantes.

Les commentateurs ont proposé de ce sonnet fameux d'innombrables explications. Il suffira de relever ici les deux types auxquels elles se ramènent. Pour les uns, *Voyelles* est une glose en marge de quelque dictionnaire illustré. Un article du *Mercure de France*, en novembre 1904 (tome LII, p. 552 sq.) en est l'exemple le plus caractéristique. Son auteur, M. Gaubert, croit avoir trouvé l'abécédaire dont Rimbaud se serait servi. Mais si l'on remarque que dans cet abécédaire les mots abeille, araignée, arc-en-ciel, astre, illustrent la lettre A, il est clair que Rimbaud ne pouvait rien en tirer.

Le deuxième type d'explication prétend éclairer *Voyelles* par la théorie des synesthésies. Le *son* de chaque voyelle aurait fait naître dans l'esprit de Rimbaud des images d'une certaine couleur. Sur cette vue générale, les commentateurs se sont livrés à d'ingénieuses considérations, où leur imagination se donne libre cours. L'occultisme leur semble apporter à cette vue une sorte de confirmation de caractère transcendant. Cette fois, il ne s'agit plus seulement de synesthésie, mais d'une métaphysique des correspondances.

Les esprits les plus en méfiance à l'endroit de ces chimères doivent pourtant reconnaître que cette interprétation de *Voyelles* n'est pas aussi arbitraire qu'on serait d'abord tenté de penser. Deux témoignages positifs vont dans ce sens. Les plus anciens et très sérieux historiens de Rimbaud, Houin et Bourguignon, nous disent qu'à la fin de 1870, Rimbaud s'intéressa à la « couleur des voyelles ». Ils n'en disent pas davantage, et la formule peut avoir plus d'un sens. Mais de toute façon, nous ne saurions ignorer cette affirmation lorsque nous entreprenons de comprendre *Voyelles*.

Une étude de Daniel de Graaf en 1952 (*Revue des langues vivantes*) a d'autre part attiré l'attention sur une page de *Dinah Samuel,* le roman à clef où Félicien Champsaur a décrit le monde des artistes et des gens de lettres dans les années qui suivirent 1870. Nous y assistons à une discussion entre Rapanès, qui est Cabaner, et Richard de Boishève, qui est Villiers de L'Isle-Adam. Cabaner explique qu'il existe un rapport entre la gamme des sons et celle des couleurs. Le blanc correspond à *ut,* le bleu à *ré,* le noir à *fa,* le vert à *sol.* On en viendrait à traduire un paysage en musique. Les dièses et les bémols joueraient le rôle des demi-teintes. Nous

devinons sans peine l'origine d'une théorie de ce genre. Baudelaire n'avait-il pas écrit, dès le *Salon de 1846,* qu'il existe une analogie « entre les couleurs, les sons et les parfums ». Depuis lors, les jeunes poètes n'avaient cessé de parler de cette analogie et de rêver sur elle.

Il est donc tout à fait raisonnable de penser que Rimbaud avait cette idée dans l'esprit quand il a écrit *Voyelles*. Mais nous aurions grand tort de conclure qu'elle nous livre le sens du sonnet. Sa signification est ailleurs, et nous devons la chercher, non dans le *son,* mais dans la *forme* des voyelles. Quoi que tant de commentateurs aient pensé, il n'est donc pas question d'audition colorée ou de synesthésie. Il s'agit de la *forme* des lettres, écrites à la main par un jeune Français qui avait au surplus l'habitude d'écrire la lettre *e* comme un epsilon grec, ε.

Le premier qui ait soutenu cette explication est L. Sausy dans un article, *Du nouveau sur Rimbaud,* paru dans *Les Nouvelles littéraires* le 22 septembre 1933. Mais elle était trop simple pour séduire. Puis, dans un article fracassant accueilli par la revue *Bizarre,* nᵒ 21/22, 1961, M. Robert Faurisson la reprit avec une remarquable vigueur. Mais il la compromit en en tirant une interprétation systématique de *Voyelles*. Sous sa plume, le sonnet de Rimbaud devenait un *blason* du corps féminin *in coïtu*. Cette explication, qui pouvait paraître vraisemblable pour les premières voyelles, échouait d'ailleurs complètement pour l'*u*, et M. Faurisson était obligé de déployer une ingéniosité excessive pour expliquer que l'*u* désignait la chevelure de la femme, et que pourtant il était vert.

Si l'on retient seulement de l'étude de M. Faurisson l'idée essentielle, si l'on admet que ce qui définit chaque voyelle, ce n'est pas le *son,* mais la *forme* de la lettre, on aboutit aux résultats suivants :

A fait penser à une de ces mouches que dans le peuple on appelle des mouches à merde, et qui bourdonnent autour des ordures. Sa forme triangulaire évoque le corset noir et velu de ces mouches. Elle évoque aussi certain *golfe d'ombre* au centre de la femme. Et voilà pourquoi, sans nul souci des synesthésies, des doctrines occultistes ou des correspondances de l'universelle analogie, A sera noir.

E, écrit ε par Rimbaud, s'il est couché horizontalement, évoque des vapeurs sur la rivière, des tentes dressées, des sommets de glaciers. Il évoque des seins de femme, ces « rois blancs », ou encore la surface d'un champ d'ombelles frissonnant sous la bise. Toutes ces images concordent. Elles évoquent le blanc. E sera donc blanc.

I évoque, par sa minceur, un filet de sang craché, ou des lèvres. Il sera rouge.

U, qui a gêné les commentateurs plus encore que les autres voyelles, est au contraire d'une particulière netteté. Il l'est surtout si l'on observe comment Rimbaud l'écrit. Il forme une double ondulation, avec, au centre, un large creux. Il évoquera donc les vagues de la mer, il suggérera l'agitation d'une prairie sur laquelle le vent passe, ou encore la ligne sinueuse des rides sur un vieux front pensif. Toutes ces images se ramènent à l'idée d'ondulations ou, comme dit Rimbaud, de « cycles ». U sera donc vert, vert comme la mer, vert comme la prairie, comme la vieille peau ridée d'un alchimiste.

O évoque l'embouchure d'un clairon. Le rapprochement va de soi. Il reste étonnant que Rimbaud l'associe à la couleur *bleue,* et la raison n'en est pas évidente. Peut-être, comme de bons commentateurs l'ont pressenti, le poète a-t-il, en cette fin du sonnet, pour principale intention de nous mener à l'*oméga* violet des yeux de la jeune fille à laquelle il pense en écrivant *Voyelles.* Il y aurait là passage d'une signification à une autre, et ce n'est plus de la forme de la lettre qu'il s'agirait. Si l'O évoque le clairon de façon très naturelle, il n'est *bleu* que parce qu'il prépare l'*oméga,* symbole des yeux de la jeune fille. Simple suggestion, d'ailleurs, et la question n'a pas encore de réponse sûre.

Deux ans plus tard, Rimbaud est revenu sur le sonnet de *Voyelles.* Il en a parlé dans *Alchimie du verbe.* Il a dit alors qu'il avait « inventé la couleur des voyelles ». Formule à première vue obscure, mais que le contexte éclaire assez fortement pour que les contresens commis à son sujet restent sans excuse. Car Rimbaud n'invoque ni métaphysique, ni doctrines ésotériques, ni synesthésies. Il a simplement voulu « inventer un verbe poétique accessible, un jour ou l'autre, à tous les sens ». Il a donc « inventé » la couleur des voyelles, c'est-à-dire qu'il a cherché quelles sensations elles pouvaient produire, quelles images elles pouvaient évoquer. Nous reconnaissons là cette « poétique » de la sensation brute qu'il expliquait à Delahaye à la fin de 1870, et que celui-ci nous a transmise avec une exactitude trop souvent méconnue. C'est cette « poétique » qui donne à *Voyelles,* par delà les jeux d'images, sa vraie portée et sa signification.

a. Les Voyelles   *V*

b. Le E *majuscule est très nettement écrit comme un grand epsilon* *V*

c. Dans A *comme dans* V, *nous trouvons le mot* bombinent, *seul correct. Les éditions donnent* bombillent.

d. Golfe *dans les éditions*

e. Voir la variante b.

f. frissons   *V* : *Sur l'autographe, Rimbaud a d'abord écrit*

frissons *qui était le premier texte. Puis il a écrit en surcharge* candeurs.

    g. Lance   *dans les éditions* : Lances de glaçons, *V*
    h. Pourpre *V*
    i. Qu'imprime l'alchimie aux doux fronts   *ibid.*
    j. plein de ſtrideurs   *ibid.*
    k. ses yeux *sans majuscule* *ibid.*

    1. Ce vers s'explique par le projet de Rimbaud, révélé par Delahaye, de créer une poétique de la sensation pure, et par la page d'*Alchimie du verbe,* où le poète a laissé deviner ses intentions. Nous comprenons dès lors dans quel contexte *Voyelles* a été écrit, à un moment où Rimbaud songe à définir une doctrine de la valeur proprement poétique des sonorités du langage. Mais le sonnet ne définit pas cette doctrine. Rimbaud ne songera à l'énoncer que plus tard. Pour le moment, il écrit simplement quelques vers dominés par le souvenir des yeux violets qu'il a aimés, et où chaque voyelle fait jaillir des images colorées.

    2. *Les Poètes maudits,* en 1884, disent *bombillent.* Il ne faudrait pas prétendre que le mot eſt une pure erreur. Voltaire, parlant de la chimère de Rabelais, écrit : « bombillant ou bombinant dans le vide (éd. Moland, XXXVI, p. 286). Les deux formes exiſtaient donc. Rimbaud avait employé *bombiner* dans *Les Mains de Jeanne-Marie.*

    3. *Candeurs* eſt employé au sens latin de *blancheur (candor).*

    4. *Pourpres,* employé au pluriel, eſt donc un subſtantif.

    5. *Vibrements* eſt un mot créé sur le verbe *vibrer.*

    6. *Strideurs* n'eſt pas une création de Rimbaud. Le *Littré* le définit : « qualité d'un bruit perçant et vibrant ». On le retrouve dans *Paris se repeuple.*

    7. Ce groupement insolite des mots *anges* et *mondes* se retrouve dans l'*Hiſtoire de la magie* d'Éliphas Lévi. On y trouve cette phrase : « Le secret des sciences occultes, c'eſt celui de la nature elle-même, c'eſt le secret de la génération des anges et des mondes. » J. Gengoux a découvert ce rapprochement. Il serait sans doute imprudent d'en conclure que la pensée d'Éliphas Lévi a marqué Rimbaud. Mais il eſt très vrai que cette ressemblance eſt curieuse et méritait d'être signalée.

    8. Il eſt difficile de ne pas voir ce que Rimbaud veut dire. Il a écrit ce sonnet pour évoquer la jeune fille qu'il avait aimée tout récemment. Il ne peut s'agir de Verlaine, encore que cette explication ridicule ait été soutenue. Il serait d'autre part trop aisé de dire que la jeune fille eſt imaginaire. Les critiques ont pourtant, dans leur ensemble, traité d'invention un peu sotte l'idée que Rimbaud aurait fait allusion à une jeune fille aux yeux violets. Mais Louis Pierquin, si bien informé, esprit si sérieux et si sûr, apporte en faveur de

cette explication son témoignage formel. Son affirmation est d'autant plus vraisemblable que le sonnet de *Voyelles* a été écrit très peu de temps après la déception amoureuse dont il ne semble pas raisonnable de nier l'existence et la gravité.

L'Étoile a pleuré rose

Texte.

1. Écrit de la main de Verlaine sur le même feuillet que *Voyelles*.
2. États imprimés : *Revue littéraire de Paris et de Champagne,* octobre 1906 ; éditions de Berrichon, 1912 et 1922.
Texte adopté : la copie de Verlaine.

Contre tout bon sens, un commentateur épris de sublimités a vu dans ce quatrain la naissance de Vénus, que l'Étoile de Vénus, l'infini et la mer contribuent à former. L'ensemble des autres éditeurs est d'accord pour y voir quelques notations sur le corps féminin, les oreilles comme une étoile rose, le dos comme un espace blanc infini, la poitrine et le ventre comme la mer.

Au surplus, rien ne prouve que ces quatre vers aient formé à l'origine un texte complet, et le terme de *quatrain* est peut-être trop précis. Il ne s'agit peut-être que d'un fragment, reste d'un poème perdu.

9. On aurait tort de voir dans la construction : *a pleuré rose,* une création poétique de Rimbaud. Il avait certainement lu dans *Le Cri du peuple* des formules analogues. C'est ainsi que Casimir Buis avait dit (*Le Cri du peuple,* 14 avril 1871) : « Vannes, Montrouge, Issy avaient leurs flancs qui rutilaient et flambaient rouge. »

10. On se rappellera, dans *Le Bateau ivre,* ce vers :

Fermentent les rousseurs amères de l'amour!

Le Juste restait droit

États.

1. Autographe de Rimbaud, de l'ancienne collection Barthou, révélé par Paul Hartmann, *Club du meilleur livre,* 1957.
2. Copie par Verlaine des vers 41-45 (recueil Messein).
3. États partiels imprimés : éditions de Berrichon.
Texte adopté : l'autographe Barthou reproduit par P. Hartmann, 1957.

L'Homme juste n'a pas été conservé intégralement dans un texte authentique. Ce que l'on peut en savoir de plus sûr résulte de la copie qu'en fit Verlaine vers septembre 1871. Il apparaît que le titre était *L'Homme juste,* que ce poème comportait soixante-quinze vers, qu'il portait la date de juillet 1871, et qu'il s'achevait avec le vers :

Et de sa drague en feu laisse couler les astres.

Mais les pages où Verlaine l'avait copié ont été arrachées [1], et il n'en subsiste que les cinq vers qui étaient alors les derniers du poème, et qui sont aujourd'hui les vers 41-45.

Berrichon a eu connaissance d'un manuscrit qui s'apparentait à celui de Verlaine, car il se terminait par la même strophe et le même vers. Mais il faut croire que ce manuscrit était incomplet, ou que Berrichon a reculé devant certaines audaces du texte, car *L'Homme juste,* dans ses éditions, ne comprend que quarante-cinq vers.

Enfin, un manuscrit autographe, de la main de Rimbaud, a été connu grâce à Marcel Coulon *(Autour de Rimbaud et de son œuvre)* et publié par Paul Hartmann en 1957. Il appartenait à la collection Barthou. Il est plus complet que le texte que connut Berrichon, car aux quarante-cinq vers qu'il a reproduits, l'édition de Paul Hartmann en ajoute dix autres (les vers 46-55 de la présente édition). Mais ce manuscrit reste incomplet puisque vingt vers du texte que Verlaine avait connus continuent de manquer.

Le fait que les vingt premiers vers de ce poème aient disparu nous interdit les interprétations trop précises. Il ressort pourtant des vers 36-39 que selon toute probabilité *L'Homme juste* racontait un cauchemar. Un fantôme apparaissait à Rimbaud. C'était un Vieillard, c'était le Juste. Il incarnait toutes les puissances d'acceptation qui prétendent courber l'homme sous le joug, que ce fût Socrate, ou Jésus, ou tout autre. Contre ce symbole de toute soumission, Rimbaud se dressait. Car il était l'homme de la Révolte, il était le Maudit.

Paterne Berrichon s'est demandé si cette pièce ne faisait pas partie des *Veilleurs,* ce poème de Rimbaud qui est perdu, mais dont l'existence est bien attestée. Quoi qu'il en soit de cette hypothèse, on notera, dans *L'Homme juste,* le vers :

L'Ordre, éternel veilleur, rame aux cieux lumineux (v. 44)

Les veilleurs pourraient être les défenseurs de l'Ordre, et le Juste serait celui qui accepte cet ordre, celui qui s'incline devant les « veilleurs ». Dans le développement de la poésie de Rimbaud, *L'Homme juste* représente avec une force excep-

---

1. *Les Assis* occupaient les pages 1 et 2 du manuscrit Verlaine. Puis les pages 3-6, soit deux folios, manquent. Puis, en haut de la page 7, on lit *L'Homme juste (suite).* Suivent les vers 41-45, la date : *juillet 1871,* et le nombre des vers du poème, *75 vers.* Après quoi commence sur la même page *Tête de faune.* — On notera que chaque page du manuscrit contient en moyenne vingt vers, et que l'on n'est donc pas loin des soixante-dix vers qui manquent dans ce recueil.

tionnelle l'explosion de créations verbales, d'audaces dans le vocabulaire et la syntaxe, l'emploi de termes scientifiques habituellement étrangers à la langue poétique.

l. Titre : L'Homme juste. Fragment dans les éditions Berrichon : pas de titre dans le manuscrit autographe, d'où certains éditeurs concluent arbitrairement que le poème n'avait pas de titre : dans la copie de Verlaine, au haut de la page, on lit L'Homme juste (suite), qui invite à penser que le titre était L'Homme juste.

Page 54.

a. becs-de-cane   *Berrichon*

1. Littré dit : « inusité, synonyme de menstrues ».
2. Terme scientifique pour désigner de petites planètes.
3. Le *Dictionnaire de l'Académie* dit : *autrefois, portier,* ce qui ne peut s'appliquer au vers de Rimbaud.
4. Ces mots désignent, semble-t-il, non un être unique, le Juste par excellence, mais plusieurs types de justes, un pèlerin, un barde, le Christ, « pleureur des Oliviers ». On a proposé, pour expliquer le barde d'Armor, le poète Ossian.
5. Femelle du chien de chasse.
6. Le manuscrit est formel, et Rimbaud a écrit *canne*. Les commentateurs croient que Rimbaud a fait une faute d'orthographe. Beaucoup plus probablement, il pense à des têtes hideuses sculptées sur le bout recourbé d'une canne.
7. Caïn étant par excellence le Révolté, le Juste est le regard insupportable qui le fixe et le juge. Il rappelle l' « œil de Dieu » qui « regardait Caïn ».
8. Les œufs que les poux déposent dans les cheveux.
9. Le Juste, ce n'est pas seulement Jésus. C'est aussi Socrate, ce sont tous ceux qui ont invité l'homme à courber la tête.

Page 55.

a. L'Ordre   *Berrichon et Verlaine*

b. Cette dernière strophe particulièrement difficile à déchiffrer l'a été pour la première fois par Paul Hartmann. Il ne donne bedaines *que sous toutes réserves.*

c. Les vers 46-55 manquent dans Berrichon. Dans l'autographe Barthou, ces vers sont d'une écriture toute différente de celle des autres strophes. Ils sont écrits à la hâte, difficilement lisibles, et il est clair qu'ils ont été ajoutés après coup : La copie de Verlaine donne comme date : Juillet 1871. Pas de date dans les autres états du texte.

CE QU'ON DIT AU POÈTE
À PROPOS DE FLEURS

État.

Autographe envoyé à Banville dans une lettre du 15 août 1871.
Collection Barthou, actuellement collection Bernard Zimmer.
Révélé en 1925 par Marcel Coulon, *Au cœur de Verlaine et de Rimbaud.*

De nombreux commentateurs ont vu dans cette pièce une
parodie où le jeune poète de Charleville se serait moqué
de Banville. L'invraisemblance de cette explication aurait dû
les inquiéter. M. Ruff l'a très utilement démontré. En réalité,
Rimbaud s'en prend au monde moderne, voué au culte de
l'Utile et de l'argent. La poésie, l'amour des fleurs, le culte
de la beauté n'y ont plus leur place. Si le poète veut conti-
nuer d'exister, que sa poésie soit utile, qu'elle parle de l'élec-
tricité, qu'elle explique la maladie des pommes de terre. Et
c'est ce qu'un vil bourgeois soutient contre le poète. Si
cette pièce a prêté à des interprétations différentes, c'est que
plusieurs fois nous discernons chez Rimbaud un grand dédain
pour la façon dont certains poètes ont traité le thème des
fleurs : romantiques monarchistes et religieux des Jeux flo-
raux, poètes plus récents qui se livrent aux jeux faciles de
l'exotisme. Dans ces moments, ce n'est plus tout à fait le
bourgeois moderne, c'est Rimbaud qui se moque. Mais l'idée
qui anime son poème ne s'en trouve pas affaiblie, et c'est à
la société utilitaire qu'il s'en prend, à sa prétention de sou-
mettre la poésie au dogme de l'utilité. Et à cette idée, Ban-
ville ne pouvait qu'applaudir.

1. Dans *L'Album zutique*, Rimbaud dira :

> *Ô balançoirs! Ô lys! Clysopompes d'argent!*

et ce sera pour se moquer d'Armand Silvestre... Banville
avait parlé de clystères dans les *Odes funambulesques.*

2. Espèce de palmiers, des Philippines notamment, dont
la moelle fournit une substance amylacée. Il semble qu'il
faille comprendre que notre époque utilitaire ne s'intéresse
à une plante que si l'on peut tirer profit de son exploitation.
Le lis ne sert à rien.

Page 56.

1. M. de Kerdrel était un défenseur de la cause royaliste,
de la cause des Lys.

2. Le lis, l'œillet, l'amarante étaient les récompenses décer-
nées aux Jeux floraux, cette institution si ridiculement désuète
qui évoque le romantisme de 1830, celui des troubadours
et des ménestrels.

3. On ne voit pas tellement de lis dans la vie réelle. Et dans les vers des poètes, on en voit trop. Il est clair que *ton vers* ne s'adresse pas à Banville, mais au poète en général.

4. Il serait indécent, de la part de Rimbaud, d'appeler Banville *Cher*. Ce n'est pas Rimbaud qui parle, c'est le bourgeois, et il s'adresse aux poètes. J. Gengoux a très ingénieusement expliqué cette strophe, qui pouvait paraître dépourvue de sens. Les poètes aiment dire qu'ils prennent des bains d'azur. Le bourgeois trouve cette formule ridicule. Il imagine le poète dans ce bain singulier, avec sa chemise, et le vent qui la gonfle.

5. Pour parler de l'amour, le poète ne veut connaître que les lilas et les violettes. Mais celles-ci font penser à des crachats laissés par les nymphes, et les lilas ne sont bons qu'à se balancer au vent.

6. Celui qui critique les poètes s'adresse surtout, dans ces vers, aux médiocres, à ceux qui se bornent à photographier paisiblement la flore habituelle. Ils n'ont pas les dons de Banville, et celui-ci est nettement mis hors pair.

7. La rime *Photographes* — *bouchons de carafes* est dans les *Odes funambulesques*.

8. La plupart des poètes ne savent qu'évoquer de ridicules végétaux français. Est-il besoin d'observer que ce n'est pas le cas de Banville et des Parnassiens?

Page 57.

1. Ou bien les poètes s'inspirent d'estampes, toujours les mêmes.

2. Rimbaud avait trouvé des lotus dans les *Odes funambulesques*. Il y avait également rencontré l'hélianthe.

3. Plante mythologique indienne.

4. Comme J. Gengoux l'a vu ingénieusement, la fenêtre de lorette, c'est une fenêtre où se tient une lorette pour appeler les passants. Les strophes de ces poètes peuvent aguicher le lecteur. Elles sont sans vraie beauté.

5. Imitation amusée du cri des fripiers, *vieux habits, vieux galons*.

6. Une croquignole, ce peut être une pâtisserie croquante ou une chiquenaude sur le nez. La poésie à la mode n'est guère qu'une pâtisserie. Elle est végétale puisqu'elle est faite avec des fleurs.

7. Si l'on veut comparer cette poésie à quelque bête, on la comparera au hanneton qui bourdonne vainement, non au crotale qui, lui, est vraiment dangereux.

8. Le mot *lisière* est amené par le mot *poupard*. Ces végétaux des poètes ne sont que des « poupards », et Grandville les représenterait en lisière.

9. Grandville avait fait *Les Fleurs animées*, et Rimbaud

avait écrit à Izambard, le 25 août 1870, à propos d'ailleurs d'un autre ouvrage de Grandville, *Le Diable à Paris* : « Dites-moi un peu s'il y a jamais eu quelque chose de plus idiot que les dessins de Grandville. »

10. La poésie ne correspond plus à rien dans le monde moderne. Les fadeurs sucrées de la poésie bucolique en sont le meilleur exemple. C'est le bourgeois moderne qui parle, ce qui ne veut pas dire qu'en ce point Rimbaud ne soit pas près sans doute de penser comme lui.

11. Ce blanc chasseur, c'est le poète, qui court à travers les prairies où règne Pan, à la recherche des rimes. Mais il reste enfermé dans les routines d'une botanique de convention. Il devrait renouveler son fonds.

12. Malheureusement, il ne se renouvellerait qu'en substituant à la vieille routine d'autres images de convention. Que gagnerait-on à substituer le Rio au Rhin, les Florides à la Norvège ? — On serait assez tenté de penser que Rimbaud songe à Leconte de Lisle. Il avait composé des poèmes sur les pays nordiques, et d'autres sur les pays tropicaux. On a fait remarquer que dans *Les Jungles* il avait prononcé le mot de *cantharide* :

> *La cantharide vibre autour du roi rayé.*

13. C'est toujours aux poètes d'aujourd'hui qu'*on* s'adresse, et non pas Rimbaud à Banville. Ce qu'*on* leur dit n'est d'ailleurs pas dépourvu de vérité. Le temps de la poésie pittoresque et idyllique est passé.

Page 58.

1. Pour un homme vraiment moderne et d'esprit positif, l'acajou sert à faire des meubles, et non à permettre des descriptions de sapajous suspendus aux lianes.

2. C'est, de plus en plus nettement, l'esprit positif des modernes qui parle. Une fleur, quelle qu'elle soit, vaut-elle les mines de potasse, en Amérique du Sud ? Rimbaud pense manifestement au *guano*.

3. L'homme positif dit en ricanant au poète : même si tu allais dans ces pays exotiques que tu prétends évoquer, tu ne saurais rien voir. Tu resterais enfermé dans une cabane, et tu « torcherais » des descriptions qui ne vaudraient pas mieux que si, demeuré en France, tu chantais l'Oise, la rivière paisible qui deviendrait dans tes vers extravagante.

4. Que le poète célèbre, s'il veut parler de choses exotiques, le tabac et le coton, car ils rapportent de l'argent. — On notera que *pampa* est normalement du féminin.

5. Que le poète parle de dollars et des exploitations de la Havane.

6. Il serait inutile d'affaiblir le sens d'*incaguer*. Il signifie

dire merde, et Rimbaud le sait bien parce qu'il a lu *Le Parnasse satyrique* réédité récemment par Poulet-Malassis. L'homme positif pense qu'il faut envoyer au diable la tradition des poètes qui célèbre les flots bleus de Sorrente au lieu de parler de dollars. — Banville avait évoqué la mer de Sorrente dans les *Odes funambulesques.*

7. Les noms de végétaux n'ont plus à apparaître que dans la publicité commerciale, pour faire vendre des sucres, des sirops et des gommes.

8. Le mot *manglier* est synonyme de *palétuvier.*

9. Ce que la nature doit donner à l'homme, c'est ce qui est utile et rapporte de l'argent. Si le poète se met à l'unisson de la société utilitaire, c'est cela qu'il met dans ses quatrains. *Pectoraire* est créé par Rimbaud. Il s'agit de plantes pectorales.

Page 59.

1. Les voyages qu'évoquera le poète, ce ne seront pas des sujets de description pittoresque. Ils apporteront des connaissances scientifiques et positives. Gengoux semble avoir trouvé l'origine très précise de l'idée de Rimbaud. Dans *La Revue pour tous* il avait pu lire un article sur la coloration de la neige dans les montagnes. Il l'expliquait par la présence d'un végétal microscopique de la famille des algues (Gengoux, *La Pensée poétique de Rimbaud,* p. 298).

2. Que le poète renonce à de vaines descriptions de fleurs. Qu'il s'intéresse plutôt à quelques espèces particulières de garance pour les pantalons de l'armée française.

3. Ou bien, dans le même ordre, qu'il cherche des fleurs avec lesquelles on fabriquera de nouveaux cosmétiques.

4. On signalera à tout hasard que Vermersch avait évoqué, pour railler Leconte de Lisle : « *Le grand Toaroa, l'œuf où Pô mit son feu* ».
Sur *pubescences,* voir n. 9, p. 44.

5. Ou bien, que le poète, enfin devenu utile et producteur, découvre d'autres matières végétales pour fabriquer le coton.

6. Ou des végétaux pour faire des meubles.

7. Ou qu'il cherche dans les mines des pierres précieuses, dures comme la pierre et colorées comme des végétaux, mais qui de toute façon rapporteront de l'argent.

8. *Gemmeuses,* créé sur *gemme.*

9. Quand Rimbaud appelle le poète *Farceur,* nous comprenons bien qu'il ne parle pas en son nom. C'est le bourgeois utilitaire qui voit dans le poète un farceur. Et ce bourgeois n'imagine rien de plus beau qu'un plat de vermeil qui contiendrait un ragoût de lys : les fleurs serviraient enfin à quelque chose. — *L'alfénide* était un alliage métallique, imitant l'argent, et qui servait surtout pour les couverts de table.

10. Par un contresens inconcevable, certains ont vu là une raillerie sur la poésie mystique. Il faut dire au contraire : Quelqu'un, et ce sera Rimbaud, maintiendra la poésie dans ce monde moderne et voué à l'Utile. Ce ne sera pas en restant fidèle aux routines de la poésie descriptive. Ce sera en affirmant le grand Amour, qui sauvera les hommes. Et comme Prométhée voleur de feu, il volera au ciel les Indulgences libératrices.

11. La rime *amour — chat Murr* se lisait dans les *Odes funambulesques* de Banville.

12. C'eût été la tâche de Renan. Mais il n'a pas vu le mot final qu'il fallait dire, le mot apollinien, le thyrse immense. Resterait à savoir à qui pense Rimbaud en parlant du chat Murr. Peut-être, très simplement, à la littérature fantastique, fausse libération.

Page 60.

a. De vos *corrigé en* De tes *sur l'autographe.*

b. Qu'on puisse *corrigé en* Qu'on doive *sur l'autographe.*

1. Le poète, tel qu'on le comprend aujourd'hui, ne fait que provoquer des hystéries au milieu de la torpeur générale.

2. Il propose des candeurs chimériques. On observera le pluriel : « les Maries » que l'on retrouvera dans *Le Bateau ivre.*

3. Quoi qu'il fasse, le poète (mais non pas Rimbaud) sera au service d'une société mercantile ou, s'il s'y refuse, il sera un médium, c'est-à-dire un imposteur et, comme dit le vers 145, un jongleur.

4. En fin de compte, c'est le monde moderne qui gagne, le siècle du télégraphe et du chemin de fer.

5. Si le poète veut y trouver place, il ne lui reste qu'à rimer un poème sur la maladie des pommes de terre. Il est beau de voir un commentateur découvrir ici une allusion aux *Fleurs du mal* parce que la pomme de terre est une plante souterraine et par conséquent « infernale »!

6. Ce M. Figuier avait publié en 1866 une *Histoire du merveilleux dans les temps modernes*. Mais surtout il avait collaboré à une vaste collection publiée chez Hachette, les *Tableaux de la nature.*

LES PREMIÈRES COMMUNIONS

États.

1. Copie de Verlaine, en septembre 1871 (recueil Messein).

2. États imprimés : *Lutèce*, 2-9 novembre 1883 (quatre vers); *Les Poètes maudits*, 1884 *(idem); La Vogue*, 11 avril 1886; *Le Reliquaire*, 1891; *Poésies complètes*, 1895; éditions de Berrichon.

Le texte de *La Vogue* avait été imprimé sur une copie établie par Verlaine en vue de cette publication. Le fonds Doucet de la

bibliothèque Sainte-Geneviève possède cette copie, reliée avec le volume de *La Vogue*.

Texte adopté : la copie de Verlaine, 1871.

Bouillane de Lacoste a comparé la copie de 1871 et celle que Verlaine fit en 1886 pour être publiée dans *La Vogue* (*Mercure de France*, 15 juin 1937). Il a donné un fac-similé de chacune de ces copies. Il pense que les variantes de 1886 constituent en réalité des erreurs de la mémoire de Verlaine, et qu'il n'avait pas d'autographe sous les yeux.

Au lieu de voir dans ce poème cela seul qui s'y trouve, un poème riche d'une profonde émotion dans la peinture de certaines âmes d'enfants, des commentateurs, bien pensants sans doute, mais plus soucieux d'orthodoxie que fidèles à l'esprit de l'Évangile, ont parlé de « pathologie féminine ». Ils ont, après Verlaine hélas, déploré cette prétendue rencontre de Rimbaud et de Michelet, le « Michelet sénile et impie » de *La Femme*.

Page 61.

a. les feuillages *La Vogue*
b. vitraux ensoleillés. *ibid.*
c. sentiers séreux *Dans la copie de Verlaine établie en vue de la publication dans La Vogue* séreux *surcharge* sérieux
d. a mis ses doigts *La Vogue* (*affaiblissement du texte de 1871*)
e. ces fronts bruissants *La Vogue* (*non-sens*)
f. Ces doux seuls souvenirs *ibid.*

1. Si Rimbaud déteste le curé, il est sensible à la beauté de cette très simple église de village traversée par un rayon de soleil.

2. Son intention est évidente d'associer l'église et la campagne, dans une même impression de vie et de pureté.

3. Arbuste très répandu dans toutes les parties de la France, l'épine noire ou prunellier produit une baie de couleur bleu sombre, la prunelle.

4. On a, depuis longtemps, rapproché *fuireux* de *foireux*. Restait à expliquer ce qu'est un *rosier foireux*. Un lecteur d'origine ardennaise nous apprend que l'expression *rosier foireux* ou *fuireux* est d'usage courant dans son village voisin de Rethel pour désigner l'églantier. Les églantines y sont appelées des *roses fuireuses*.

5. Rimbaud aime la vieille et simple église. Mais il déteste les objets de dévotion qu'on y a mis, statue de la Vierge, représentation du Saint patron.

6. Heureusement, il y a la vraie vie, et Rimbaud dirait : la vraie et antique religion, et la vieille église en est pleine.

7. Voilà la religion telle que Rimbaud la comprend : le curé dans son presbytère, les paysans continuant sans contrainte leur vie de travail.

8. Pour l'enfant, la religion se résume dans la journée de sa première communion, avec le dîner de famille.

9. Ici, il ne s'agit plus des communiants, mais de la jeunesse du village. On notera *qui font du genre,* d'une vulgarité voulue.

10. Le prêtre distribue des images pieuses aux enfants.

Page 62.

a. La copie de 1871 n'a pas, après le vers 41, le blanc que présentent la plupart des éditions.

b. au ciel noir   *La Vogue*

c. Ses parents   *ibid.*

1. En réalité, *catéchiste* ne signifie pas l'enfant qui suit le catéchisme, mais l'adulte qui l'enseigne. Rimbaud le savait certainement. — Il y a ici rupture avec les strophes précédentes. Nous ne sommes plus au village, mais en ville. L'église est haute et austère. Ce christianisme-là, Rimbaud ne l'aime pas. — On observera *catéchiste* rimant avec le même mot que le vers 43.

2. Créé sur le latin *nitidus :* ce mot n'est pas dans Littré ni dans Godefroy.

3. Ces *Fronts,* avec une majuscule, désignent sans doute les fronts du Christ, de la Vierge, des Saints, sur les tableaux qui ornent l'église.

4. Très nettement, ce vers désigne les représentations du Sacré-Cœur.

Page 63.

a. Elle s'agite et cambre   *La Vogue*

b. Devant le ciel bleu   *ibid.*

c. Écoute   *ibid. (contresens)*

1. Peu à peu les ferveurs de la première communion se refroidissent. Les vieux bois sont les gravures pieuses dont l'enfant découvre un jour la laideur.

2. Il s'agit du linge qui voile la nudité du Christ dans les crucifix. Les troubles de l'imagination devant ce voile sont une idée courante, vraie ou fausse, bien antérieure à la psychanalyse. Rimbaud n'a pas eu à se souvenir ou à inventer.

3. *Illunés,* on l'a vu, signifie pour Rimbaud *éclairés par la lune.*

Page 64.

a. nuit Sainte dans les   *La Vogue*

b. Souffraient *figure dans les deux copies, mais ne peut être qu'une faute d'orthographe pour* soufraient.

c. des toits bondés   *La Vogue*

d. Et ce qui lui viendra   *ibid.*
e. rongera   *ibid.*
f: des   *ibid.*

1. Il est difficile de ne pas voir que ces *sales fous* sont les prêtres.
2. C'est la jeune fille qui parle à son amant. Elle l'a fait mourir en ce sens qu'elle lui a pris sa vie et que, malade elle-même de cette maladie que la religion a déposée dans son âme, elle ne peut lui donner que la mort.

Page 65.

a. Est, dans   *La Vogue*
b. les avoir bus.   *ibid.*
c. Ils avaient couché   *ibid. (non-sens)*
d. Les deux copies sont d'accord pour donner une date : Juillet 1871.

1. La femme en qui le mysticisme a été déposé ne pourra jamais aimer vraiment et sainement.
2. Comprendre sans doute : *je voudrais ne pas les avoir connus.* Elle sera maintenant déchirée, et pour toujours, entre le mysticisme et l'amour charnel et véritable.
3. On peut admettre, mais seulement comme probable, que l'âme pourrie est celle de la femme, et que l'âme désolée est celle de l'homme.
4. Malgré la violence que cette explication fait à la langue, il semble qu'il faille comprendre : l'homme et la femme ne peuvent plus connaître l'amour sain. Ils sont voués à la mort.

LES CHERCHEUSES DE POUX

États.

1. Il n'existe pas d'autographe ni de copie de Verlaine.
2. États imprimés : *Lutèce,* 19-26 octobre 1883 ; *Les Poètes maudits,* 1888 ; *Le Reliquaire,* 1891 ; *Poésies complètes,* 1895 ; éditions de Berrichon.

Les strophes 3 et 4 ont été révélées avec des inexactitudes pour la première fois en 1882 par Félicien Champsaur dans son roman à clef, *Dinah Samuel.* L'existence de deux autographes aujourd'hui perdus est attestée. Louis Pierquin (*Mercure de France,* 1er mai 1924) nous apprend qu'Isabelle Rimbaud lui confia, après la mort de son frère, les manuscrits qu'elle avait retrouvés, « notamment celui des *Chercheuses de poux* ». D'autre part Mathilde Verlaine trouva, en 1872, un manuscrit des *Chercheuses de poux* parmi les papiers de son mari.

Texte adopté : Les Poètes maudits, 1888.

Ni la date de composition ni les intentions particulières

que Rimbaud a pu mettre dans cette pièce ne peuvent être connues avec certitude. Pour certains, elle fut écrite au mois de septembre 1870, à Douai, quand Rimbaud fut recueilli par Mlles Gindre. Mais Delahaye voit dans cette pièce une des œuvres marquantes de 1872.

Izambard était certainement convaincu de la première de ces dates, car il identifiait les chercheuses de poux avec Mesdemoiselles Gindre. On a révélé (*Le Bateau ivre*, septembre 1950) que sur une chemise, contenant les lettres adressées à ces demoiselles, Izambard avait écrit : « CAROLINE. La chercheuse de poux. »

Mais Paterne Berrichon a vu dans les chercheuses de poux Mme Hugo et Mme de Banville venant rendre visite à Rimbaud dans sa petite chambre, à Paris. Cette explication entraînerait, pour la composition des *Chercheuses de poux*, une date qui ne serait ni 1870 ni 1872, mais les derniers mois de 1871.

Le lecteur de bon sens n'a pas de peine à comprendre que les « chercheuses de poux » ne sont pas Mme Hugo et Mme de Banville, et qu'il est absurde de les mêler à la composition de ces vers. L'idée d'identifier les chercheuses de poux aux demoiselles Gindre paraîtrait à première vue moins déraisonnable, et elle semblerait avoir, pour l'appuyer, un fait précis, la mention d'Izambard sur le dossier dont il a été parlé. Mais d'une part il est bien établi que le jeune Rimbaud arriva à Douai, en septembre 1870, non pas du tout sale et déguenillé, mais habillé de neuf, et très proprement mis. Et d'autre part M. Ruff a très bien montré qu'une rime singulier/pluriel, telle de *paresse — caresses* n'apparaît jamais dans les poésies de 1870, et que Rimbaud préfère violenter la grammaire plutôt que de manquer à cette règle de la versification. Il ne s'en libère que dans la deuxième moitié de 1871. De même, le style fait penser aux *Poètes de sept ans* et, dans une certaine mesure, au *Bateau ivre*. Nul moyen, par conséquent, de rattacher *Les Chercheuses de poux* au séjour de Rimbaud à Douai en septembre 1870. Déjà d'ailleurs, Félicien Champsaur avait dit que le poème décrivait un enfant que l'on prend dans son lit et qu'on assoit près d'une fenêtre pour le débarrasser de ses poux. Une lecture sans idée préconçue confirme absolument cette explication.

e. Berrichon a corrigé sur épreuve, pour l'édition de 1898, devant une croisée en auprès d'une croisée, sans qu'on puisse savoir sur quelle raison il se fondait.

Page 66.

LE BATEAU IVRE

États.

1. Copie de Verlaine en septembre-octobre 1871.
2. États imprimés : *Lutèce,* 2-9 novembre 1883 ; *Les Poètes maudits,* 1884 ; *La Plume,* 1890 ; *Le Reliquaire,* 1891 ; *Poésies complètes,* 1895 ; éditions de Berrichon.

Texte adopté : la copie de Verlaine.

Cette copie a appartenu à la collection Barthou. Elle ne se trouvait pas dans le cahier de vingt-quatre pages où Verlaine recopia plusieurs pièces que Rimbaud lui avait envoyées. Le fait s'explique parce que Rimbaud remit directement *Le Bateau ivre* à Verlaine, à son arrivée à Paris. On trouve des reproductions du *Bateau ivre* dans le *Manuscrit autographe,* Blaizot, novembre-décembre 1927, et dans l'édition de Cluny des *Œuvres complètes,* 1932.

Bouillane de Lacoste a étudié les états imprimés du *Bateau ivre* dans le *Mercure de France,* 15 juin 1937. Il y signale plusieurs bévues dans le texte de *Lutèce,* puis il observe que Verlaine n'a cessé d'améliorer son texte, dans la plaquette de 1884 et dans la deuxième édition des *Poètes maudits* en 1888. Il y voit la preuve que Verlaine travaillait de mémoire. Cette conclusion reste étonnante, et elle est sérieusement contestée par M. Petitfils, *Études rimbaldiennes,* n° 2, p. 56-57.

Pendant les mois de l'été 1871, Rimbaud écrivit aussi un poème dont il attendait, plus que de tout autre, la gloire : *Le Bateau ivre.* L'œuvre était mystérieuse. Elle reste, aujourd'hui encore, chargée d'énigmes. Pour les uns, elle n'est guère qu'une succession d'images ; elle est écrite par un enfant qui a beaucoup lu *Le Magasin pittoresque,* les romans d'aventures et de voyages, Fenimore Cooper, Mayne Reid et Jules Verne. Pour d'autres, elle est chargée d'intentions métaphysiques, de symboles ésotériques, et pour en trouver la clef, il serait nécessaire de connaître Hegel, à moins qu'il ne soit préférable d'avoir étudié dans Schopenhauer le *principium individuationis.* Mais la vérité n'est sans doute ni dans l'une ni dans l'autre de ces interprétations systématiques.

Que les lectures de Rimbaud lui aient fourni la masse luxuriante de ses images, c'est l'évidence même. Lectures de poètes, et l'on a relevé des souvenirs de Gautier, de Leconte de Lisle, de tel ou tel Parnassien. Des expressions obscures s'éclairent quand on lit dans Edgar Poe *Les Aventures d'Arthur Gordon Pym* et *Manuscrit trouvé dans une bouteille.* Mais lectures surtout de Cooper et de Mayne Reid, du *Magasin pittoresque* et de *Vingt mille lieues sous les mers.* Rimbaud

n'avait vu ni l'Amérique ni la mer. Mais grâce aux romanciers
américains, il imaginait des fleuves dont les rives sont
hantées par des tribus de Peaux-Rouges, il rêvait des couchers
de soleil violets, des nuits où sur les flots brillent des phos-
phorescences, des houles qui viennent se briser sur les
récifs. Si nous nous étonnons des « péninsules démarrées »,
il nous suffira d'observer, dans *Le Magasin pittoresque* de 1870,
le récit intitulé *Promontoire flottant,* description d'une île
flottante de plusieurs lieues d'étendue, pleine de la rumeur
formidable de ses lions et de ses panthères. Et si des mots
dérade ou *échouage* nous semblent surprenants, nous en trou-
vons l'explication dans tel ou tel tome de la même publi-
cation (Bouillane de Lacoste et Matarasso, *Mercure de France,*
15 août 1935).

D'autres lectures, on le pensera sans difficulté, pourraient
être alléguées. *Le Tour du Monde, nouveau Journal des Voyages,*
qui paraissait depuis 1860, parlait à Rimbaud de poissons
beuglant comme des taureaux, de caïmans dormant dans les
marais, de grandes couleuvres-constrictors noires comme
l'ébène, de serpents géants enroulés autour de troncs tordus
(E. Noulet, *Le Premier Visage de Rimbaud,* p. 226-229).

Il semble pourtant que *Vingt mille lieues sous les mers* ait
fourni à l'auteur du *Bateau ivre* une moisson d'images par-
ticulièrement riche. Les rapports du poème avec le roman
ont été systématiquement étudiés par J. H. Bornecque
(*Revue des sciences humaines,* janvier 1954), et les rapproche-
ments mis au jour sont décisifs. Le Bateau ivre aperçoit des
arcs-en-ciel tendus comme des brides à de glauques troupeaux.
Formule difficile à expliquer si l'on n'a pas lu dans le roman
de Jules Verne l'épisode où le capitaine Nemo « force le
gibier » dans ses forêts sous-marines, dans ce monde où les
rayons de soleil, décomposés par la masse des eaux, révèlent
les sept couleurs du spectre solaire. De même, les « cheveux
des anses », dans le poème, semblent venir directement du
roman et de « cette masse herbeuse » qui oblige le *Nautilus*
à se tenir au-dessus de la surface des flots. C'est ainsi encore
que des vers, incompréhensibles à la lecture, semblent
trouver enfin une explication. On était en droit de se deman-
der comment le Bateau ivre pouvait

> *Traverser l'orgueil des drapeaux et des flammes.*

Mais lorsque le *Nautilus* se trouve en face d'un vaisseau de
guerre anglais sur le mât duquel « une longue flamme »
se déroule, il va droit sur lui et passe « au travers de la masse
du vaisseau comme l'aiguille du voilier à travers la toile ».

Dans son roman, Jules Verne avait réussi à évoquer un
monde de mystère et de féerie. Un monde où le ciel, quoique
éclairé par le « rayonnement sidéral », semble noir au navi-

gateur par contraste avec la mer de lait, avec la blancheur des eaux, et celle-ci est due « à la présence de bestioles infusoires ». Des couches phosphorescentes dont la vision éblouissante est un enchantement. Des trombes, des cyclones, où les averses de feu succèdent à la pluie. Des poissons corsetés d'or, des pocamanthes dorés, habillés de velours et de soie, comme des seigneurs de Véronèse. Et, dans les profondeurs, des broussailles vivantes de serpents, des poulpes qui jettent une violente odeur de musc : explication enfin vraisemblable des deux vers :

> *...les serpents géants, dévorés des punaises,*
> *Choient des arbres tordus avec de noirs parfums.*

Mais *Le Bateau ivre* est bien autre chose qu'un récit de voyage, fût-il fantastique. Au point de départ, nous discernons la volonté de Rimbaud de traduire en langage poétique sa cruelle expérience de l'hiver 1870-1871. « Moi, l'autre hiver... », écrit-il. Car c'est dans les derniers mois de 1870 et au commencement de 1871 qu'il a tenté l'aventure, qu'il a rompu les amarres, qu'il s'est abandonné aux flots. Et c'est en avril 1871 qu'il s'est retrouvé à Charleville, brisé, revenu de ses espérances :

> *Mais, vrai, j'ai trop pleuré! Les Aubes sont navrantes.*
> *Toute lune est atroce...*

Le poème était donc, après les visions rêvées et l'aventure, l'aveu du désastre final.

Un homme avait déjà donné à ces élans de l'esprit, et à cette déception, une expression admirable. Baudelaire avait écrit *Le Voyage*. Le souvenir de ce chef-d'œuvre est, sans aucun doute, au point de départ du *Bateau ivre*. À certains moments même, le mouvement des vers de Rimbaud se règle sur celui du précurseur et du maître. Baudelaire avait écrit :

> *Nous avons vu des astres*
> *Et des flots; nous avons vu des sables aussi;*

Et Rimbaud :

> *J'ai vu des archipels sidéraux! et des îles...*

Mais comment ne pas voir que chez lui l'évocation de formes étranges et magnifiques est infiniment plus riche que dans le poème des *Fleurs du mal*?

Plus près de Rimbaud, V. Hugo avait écrit *Pleine mer* et *Plein ciel*. Le premier de ces deux poèmes, c'était aussi l'histoire d'un bateau ivre. Il s'appelait *Léviathan*. Il était le symbole de l'humanité au cours des âges anciens. C'était, comme *Le Bateau ivre* de Rimbaud, quelque chose d'informe

ou de hideux qui flottait. L'onde passait à travers son épave,
et personne ne pouvait dire si elle voguait sur la surface de
l'océan ou si elle flottait, aveugle, au cœur des flots. Mais
dans *Plein ciel* l'humanité libérée par la science avait pour
symbole « l'aéroscaphe de l'espace », vaisseau de l'avenir,
qui s'élevait dans l'éther sublime et montait toujours plus
haut, vers la lueur lactée, vers l'apparition terrible des soleils.

L'idée de traiter le thème de l'aventure, quelle qu'elle fût,
au moyen du symbole d'un vaisseau lancé à travers l'océan
ou l'espace, était donc, à l'époque de Rimbaud, devenue
banale. Il avait pu la retrouver, il l'avait certainement
remarquée dans un poème de Léon Dierx, *Le Vieux Solitaire,*
paru en 1864. Certaines ressemblances sont trop précises
pour être fortuites. Le « bateau ivre » de Dierx flottait,
épave inerte, au gré des flots, suivi de monstres marins aux
yeux blancs, parmi les mirages confus du cuivre sous la
houle. Et ce vieux ponton était dédaigné des croiseurs aux
bonnettes tendues, à la coque lourde de trésors dérobés aux
pays fabuleux.

Mais sous l'influence de Victor Hugo peut-être, et parce
qu'il joignait dans son esprit *Pleine mer* et *Plein ciel* comme
ils se lisaient, juxtaposés, dans *La Légende des siècles,* Rimbaud
ne se bornait pas à pousser son vaisseau dans l'océan. Après
avoir descendu un fleuve d'Amérique, après s'être engagé
pendant dix jours sur la mer libre, son Bateau ivre était jeté
dans l'éther infini. Aux images de l'eau en succédaient d'autres
qui évoquaient les profondeurs de l'espace, nuit sans fond,
archipels sidéraux des constellations, écroulements des cieux
ultramarins dans les entonnoirs des maelstroms.

Que le Bateau ivre fût le symbole de l'homme emporté
par le désir d'aventure et de liberté, tout le poème le disait.
Après la mort de ses haleurs et délivré de toute entrave, il
atteignait la mer libre. C'était la région des tempêtes. Mais
c'était aussi la pureté retrouvée. Le Bateau ivre se sentait
maintenant béni. Il dansait sur les flots avec un sentiment
de merveilleuse légèreté. Il se trouvait purifié. L'eau verte
le lavait des taches de vin bleu et des vomissures. Rappelons-
nous que, peu de temps auparavant, Rimbaud avait écrit *Le
Cœur volé* et qu'il avait offert son cœur aux flots purificateurs :

Prenez mon cœur, qu'il soit lavé

Lavé des jets de soupe et des crachats, lavé des hoquets et
du jus des chiques. Les deux poèmes, si différents dans
l'expression, ont à l'origine un même sentiment de dégoût,
un même besoin de purification. Izambard avait fait le premier
ce rapprochement. Les commentateurs ne l'ont pas suivi.
Il est évident pourtant qu'il avait raison.

C'étaient, au premier plan, des perspectives de libération

personnelle. Dans le poème de Léon Dierx, le navire était simplement le symbole du poète. Mais V. Hugo avait, dans son Léviathan et dans son aéroscaphe, symbolisé la tragédie de l'humanité entière, en marche vers l'inconnu. Chez Rimbaud, la libération d'un seul homme signifie la libération de tous les hommes. Il n'oubliait pas que depuis un an il était hanté par le rêve d'une humanité affranchie des vieilles servitudes. Dans un admirable mouvement de son *Bateau ivre*, il interroge les profondeurs de l'espace. Il se demande si l'avenir n'y est pas caché :

> — *Est-ce en ces nuits sans fond que tu dors et t'exiles,*
> *Million d'oiseaux d'or, ô future Vigueur?*

Le Bateau ivre supposait, non pour Rimbaud seul, non pour le poète, mais pour tous les hommes, des perspectives mystérieuses de force et de liberté, un monde inconnu où l'esprit rêve de pénétrer. Non pas, du tout, le monde intérieur des mystiques, mais celui que l'humanité tend à atteindre et où elle trouvera le bonheur.

La fin du poème n'est pas sans obscurité. La plupart des commentateurs y ont vu une démission. Un autre veut au contraire nous faire croire que Rimbaud est tout prêt à repartir vers l'aventure. Les véritables intentions du poète ne sont peut-être pas si simples.

Il n'est que trop vrai que son effort de libération a échoué. Il a connu les tristes retours. Les aventures l'ont déçu. Ces lunes exotiques, ces soleils sont atroces ou amers. Il ne sent plus en lui la force de percer à travers les forces hostiles, d'affronter les regards des hommes. Lorsqu'il écrit :

> *Ô que ma quille éclate! Ô que j'aille à la mer!*

il ne veut certainement pas dire qu'il est prêt à repartir vers la haute mer. Il veut dire qu'il accepte de couler, qu'il souhaite mourir. Il n'y a pas de place pour lui dans cette Europe où l'on étouffe. Elle lui rappelle trop son enfance asservie et triste. Elle évoque pour lui la flaque d'eau noire où, enfant accroupi, il faisait flotter un petit bateau. L'échec avoué ne signifie pas acceptation, mais désespoir. Peut-être Rimbaud n'exclut-il pas la pensée d'une autre évasion. Mais elle ne ressemblera pas aux précédentes. En aucun cas, il ne saurait affronter de nouveau l'orgueil des hommes, se mêler à leur vie, accepter d'être jugé par eux.

a. C'est par une erreur de Berrichon que les anciennes éditions donnent Bateau ivre *sans article.*

1. Chateaubriand avait parlé d'un écureuil attaché par les Peaux-Rouges « à un poteau de diverses couleurs ». Ce trait a été signalé par Marguerite Mespoulet dans un intéressant article de la *Revue de littérature comparée*, en 1933.

2. *Avec mes haleurs* ne peut signifier que *en même temps que les haleurs*. Dans *Le Magasin pittoresque*, les marins chantent pendant qu'ils halent, et « c'est ainsi qu'ils commencent leur tapage ».

3. Au tome XXIII du *Magasin pittoresque*, un article intitulé *Promontoire flottant* raconte qu'en 1718 des marins ont vu une île flottante, longue de plusieurs lieues, qui allait à la dérive, et qui était, d'après eux, un promontoire détaché du continent africain. On y voyait des montagnes, des bois ; il s'en élevait une clameur formidable, des hurlements et des glapissements. D'autre part, un article du *Tour du monde* de 1870 signalait l'existence d'îles flottantes, formées par une espèce de plante, et capables de ralentir la marche d'une goélette. Enfin, Chateaubriand avait dit que le Missouri détache de ses rives des îles flottantes, descendant avec leurs arbres couverts de feuilles.

4. Le bateau ivre ne regrette pas de n'être plus guidé par les falots. Il aime mieux être libre.

5. Ces taches de vins bleus, ces vomissures, difficiles à comprendre s'il s'agissait d'un vrai bateau, s'éclairent si l'on se souvient du *Cœur volé*.

Page 67.

  a. latescent *1884*
  b. vos lyres *ibid.*
  c. Baisers *ibid.*
  d. lenteur *ibid.*
  e. aux peaux *ibid.*
  f. Des écoulements *Lutèce*

1. Qui commence à devenir laiteux ou, d'après Littré : qui contient du suc laiteux. La mer est de lait sous le rayonnement des astres. Jules Verne avait parlé d'une mer de lait, il avait employé le mot *lactifié* : « L'Océan semblait être lactifié. Le ciel réfléchissant la blancheur des flots sembla longtemps imprégné de vagues lueurs d'une aurore boréale. »

2. L'océan *dévore* l'azur en ce sens qu'il absorbe sa couleur. Il va de soi que l'antécédent de *où* n'est pas *les azurs verts*, mais *le Poème de la mer*.

3. V. Hugo avait parlé des « morts pensifs » dans *Tristesse d'Olympio*. On voyait dans *Vingt mille lieues sous les mers*, des cadavres qui flottaient dans le golfe du Bengale.

4. *Teignant* se rapporte à *rousseurs*, au vers 28. — Le mot *bleuité*, création de Rimbaud, apparaissait au vers 70 des *Premières communions*. Il avait dit *bleuisons* dans *Les Mains de Jeanne-Marie*.

5. *Délires* et *rythmes* sont apposés à *rousseurs*, vers 28. La mer est bleue. L'amour, la poésie, l'alcool sont des rousseurs

sur ce bleu. Les rythmes de la mer, qui est la vie, sont troublés, agités par l'amour, la poésie, l'alcool:

6. Rimbaud a donc eu l'expérience des tempêtes. Il est assez vain, après cela, de relever le mot *trombe* dans les récits de voyage et dans *Le Magasin pittoresque,* dans *Les Travailleurs de la mer* et dans *Vingt mille lieues sous les mers.*

7. Rimbaud sait à coup sûr que cette phrase se lit dans saint Paul. Mais plus immédiatement il se souvient peut-être d'une phrase de *Vingt mille lieues sous les mers :* « Je voudrais avoir vu ce que nul homme n'a vu encore. »

8. *Figements* signifie nécessairement *des lignes figées.* Rimbaud se souvient sans doute du vers de Baudelaire :

> *Le soleil s'est noyé en son sang qui se fige.*

9. *Pareils* se rapporte à *figements.* Sans qu'on puisse discerner sur quel fondement il s'appuie, Izambard assure que Rimbaud fait allusion au *Prométhée enchaîné* d'Eschyle, naguère traduit en classe.

10. Une gravure du *Tour du monde* montre « les neiges éblouies par l'aurore boréale » (E. Noulet, *op. cit.,* p. 228). On pourrait citer aussi, dans *Le Magasin pittoresque,* le récit d'un aéronaute voyant au-dessous de lui le dos des nuages semblable à un océan. Le soleil vient d'apparaître. Les nuages, sous le ballon, ont des contours qui « simulent les ondulations des flots de la mer ».

11. Leconte de Lisle avait dit dans *La Vision de Brahma :*

> *Il entendit monter les sèves déchaînées*
> *Et croître dans son sein l'Océan furieux.*

12. V. Hugo avait parlé, dans *Les Travailleurs de la mer,* des « phosphorescences qui font flamboyer la mer ».

13. Le mot *vacherie* n'est pas une création de Rimbaud. Il figure, par exemple, dans le *Dictionnaire des rimes* de Landais. Il s'éclaire par le vers 44, où il est question du mufle de l'océan. Dans sa *Descente dans le Maelstrom,* Edgar Poe avait comparé le fracas du tourbillon à celui d'un troupeau de buffles affolés.

14. Enid Starkie avait donné une ingénieuse explication de ce vers : Rimbaud vient de parler de troupeaux de bœufs et de vaches. Cette idée, par association, le fait penser à la Camargue, et du même coup aux Saintes-Maries-de-la-Mer. Au surplus, il ne faut pas oublier que dans *Les Premières communions* (v. III), Rimbaud avait écrit :

> *L'amant rêver au blanc million des Maries...*

En réalité, Rimbaud se souvient d'un passage de *L'homme qui rit.* Il s'agit d'un bateau. Sa proue porte une Notre-Dame sculptée et dorée. Dans cette figure est disposée une cage

à feu. « Quand on l'allumait, elle brûlait pour la Vierge et éclairait la mer. » Elle était un fanal faisant fonction de cierge.

15. Il importe de faire exactement l'analyse grammaticale de cette phrase. Aux fleurs, ces Florides mêlent des yeux de panthères, et ces panthères sont à peaux d'hommes. Cette analyse était impossible, et le vers était incompréhensible lorsqu'on le lisait *aux peaux d'hommes*.

16. On a vu plus haut que dans *Vingt mille lieues sous les mers*, le capitaine Nemo « force le gibier » dans ses forêts sous-marines, où les rayons du soleil, décomposés, révèlent les sept couleurs de l'arc-en-ciel. V. Hugo, dans *Les Travailleurs de la mer*, avait parlé de « fragments d'arc-en-ciel noyés ».

17. Dans *Pleine mer*, V. Hugo a parlé du *Léviathan*, ancien bateau à vapeur énorme, à sept mâts, qui avait été construit à Londres :

Il est la montagne errante sur la mer

et maintenant, il n'est plus qu'

On ne sait quel cadavre à vau-l'eau dans la mer.

18. *Nacreux*, création probable de Rimbaud.

Page 68.

a. béni   *1884*
b. Presqu'île   *ibid.*
c. des   *ibid.*

1. Lieu où un bâtiment peut être échoué *(Le Magasin pittoresque)*.

2. Des différents textes que Rimbaud pouvait avoir lus, le plus suggestif serait sans doute celui de *Vingt mille lieues sous les mers*, où Jules Verne évoque, dans les profondeurs, des broussailles vivantes de serpents, de poulpes qui jettent une violente odeur de musc. Mais il est plus intéressant d'observer, dans *Le Tour du monde*, une gravure intitulée *L'Étang des Eaux-Noires*. Elle représente « de grandes couleuvres constrictors, noires comme l'ébène », des « serpents géants » enroulés autour de « troncs tordus ».

3. Au dire de Godchot, il ne faut pas confondre les dorades de la Méditerranée et les daurades des mers de Chine.

4. Ces poissons chantants, qui nous étonnent, piquèrent, à l'époque de Rimbaud, la curiosité publique. Un récit du *Tour du monde* intitulé *Les Illuminations de la mer*, donne, au sommaire du chapitre V, en même temps des *Cris assourdissants des oiseaux* et cette rubrique : *Fausseté du proverbe : muet comme un poisson*. D'autre part, *Le Magasin pittoresque*, au tome XXXIV, avait annoncé qu'un savant venait de découvrir que les poissons émettent des sons, des cris mêmes.

5. Ce substantif est une création de Rimbaud. Seul *déradage* existe. Mais Rimbaud avait pu lire, dans *Le Magasin pittoresque,* qu'un bâtiment dérade quand il sort de la rade.

6. Il semble que Rimbaud. emploie ce verbe, qu'il crée, pour dire *doter d'ailes.*

7. *Martyr* s'accorde avec *moi,* du vers 63.

8. *Montait* est employé transitivement, au sens de *faire monter.*

9. *Presque île* est bien différent, pour le sens, de *presqu'île,* que donnaient les éditions avant que la copie de Verlaine fût connue. — *Querelles* doit signifier les *plaintes,* en latin *querela.*

10. Dans son article déjà cité, Marguerite Mespoulet explique ce trait par le passage de Chateaubriand sur le *mockbird* ou *oiseau moqueur* « dont l'œil est en effet du blond d'une jeune châtaigne ».

11. Un article du *Magasin pittoresque* avait raconté le voyage d'un ballon et noté : « Dans ces hautes régions de l'air, pas un oiseau. »

12. Une gravure du *Magasin pittoresque* avait représenté un navire de guerre américain, le *Monitor.* — Les *hanses,* les compagnies maritimes d'Allemagne au Moyen Age.

13. *Monté de brumes* semble vouloir dire : *enveloppé dans mon ascension.*

14. Il semble bien que ceci est une parenthèse moqueuse apposée à *lichens* et à *morves.* Rimbaud ne donne ces deux notations qu'en se moquant de l'abus qu'en font les « bons poètes », c'est-à-dire les médiocres rimeurs qui pratiquent le genre pittoresque. Cette indication fait penser à *Ce qu'on dit au poète à propos de fleurs.*

15. Jules Verne avait évoqué, dans *Vingt mille lieues sous les mers,* « une nuée d'hippocampes », et quand Vigny avait parlé de « chevaux noirs » dans *Une bouteille à la mer,* c'est d'hippocampes qu'il parlait.

16. Dans *Une descente dans le Maelström,* E. Poe avait décrit le phénomène comme « un terrible entonnoir ».

17. Le *Dictionnaire du XIXe siècle* enseigne que Béhémoth est un démon lourd et stupide.

Page 69.

1. Dans cette « future Vigueur » qui a embarrassé les commentateurs, M. Bornecque a vu l'électricité. Il rapproche des vers de Rimbaud cette phrase d'un personnage de Jules Verne : « Vous avez évidemment trouvé ce que les hommes trouveront un jour, la véritable puissance dynamique de l'électricité. » Le rapprochement est du plus vif intérêt. Il est seulement d'une précision excessive. Rimbaud s'abandonne ici au mouvement de la pensée illuministe. De même que,

pour le poète de *Plein ciel,* l'aéronautique est à la fois la
preuve, l'agent et le symbole du Progrès, l'électricité peut
fort bien être en même temps le facteur de ce progrès et son
symbole. La future Vigueur n'est donc pas simplement
l'électricité. Elle est cette source infinie d'énergie que l'homme
va faire jaillir, grâce à la science, et l'électricité, chez Jules
Verne, comme l'aéronautique chez V. Hugo, est l'un des
agents de ce progrès dont elle est le symbole par excellence.

2. *Ô que j'aille à la mer* ne peut signifier qu'il souhaite
repartir vers l'aventure. L'expression veut dire qu'il souhaite
de couler.

3. Mot ardennais pour *surface d'eau.* Mais il est aussi dans
Littré.

4. *Enlever le sillage d'un navire* signifie le suivre de tout près.

5. On a vu que ce vers se trouve éclairé par une page
de *Vingt mille lieues sous les mers :* le *Nautilus* se trouvait en
face d'un vaisseau de guerre anglais sur le mât duquel « une
longue flamme » se déroule, va droit sur lui et passe « au
travers de la masse du vaisseau comme l'aiguille du voilier
à travers la toile ».

6. Au tome X du *Magasin pittoresque,* une liste de termes
de marine contient le mot *nager* et lui donne le sens de *ramer.*

VERS NOUVEAUX ET CHANSONS

Lorsque Rimbaud arriva à Paris et se lia avec Verlaine
et son groupe, sa rupture avec la tradition de l'École de
l'Art était déjà consommée. Mais les conversations qu'il
eut avec Verlaine l'orientèrent dans un sens que *Le Bateau
ivre* ne faisait pas prévoir. Une phrase révélatrice, dans
Une Saison en Enfer, nous apporte l'écho des discussions
qu'eurent alors les deux poètes. Ce sont, écrit Rimbaud,
« les magies, les alchimies, les mysticismes, les parfums faux,
les musiques naïves... ». Bientôt, et dès 1873, il n'allait plus
voir en tout cela que des « erreurs ». Mais à la fin de 1871,
il fut séduit, et c'est cette poésie impalpable, ce sont ces
musiques sans rythmes, que nous retrouvons dans les pièces
qu'il composa depuis cette date jusqu'au départ pour
Bruxelles en juillet 1872. Véritable poésie de l'irréel. Delahaye
nous apprend même que son ami rêva alors d'un recueil qui
se serait appelé *Études néantes.*

À cette transformation de sa poésie correspondait un chan-
gement profond de ses dispositions intimes. Quand, au
début de février 1872 il quitta Paris et retourna dans les
Ardennes, il n'eut pas seulement le sentiment que ses ambi-
tions littéraires avaient abouti à l'échec le plus complet :

il s'en était détaché. Il se déprenait même de ses rêves d'aventure. Les poésies qu'il écrivit alors ne s'expliquent pas autrement. La courte pièce de *Honte* révèle de façon bouleversante son refus d'abdiquer. Mais il sait désormais qu'il n'est guère qu'un enfant gêneur, une sotte bête à la façon des chats des Montagnes-Rocheuses. *La Comédie de la soif* nous apprend qu'il aimerait mieux mourir que de gagner l'ivresse par l'absinthe. Il prévoit l'apaisement final, dans une ville lointaine. Delahaye observait ce changement dans l'esprit de son ami. Il a dit qu'un doux fatalisme s'installait alors dans son âme. La formule peut surprendre. Elle rend compte pourtant de l'admirable poème de *Patience*.

Rimbaud s'évadait hors du temps. Il écrivait alors *L'Éternité*. Il se dégageait de ses désirs de gloire. Il abdiquait toute espérance. L'éternité lui apparaissait comme une mer sans limite qui se fond dans les feux du soleil.

Le monde dans lequel il vivait, c'étaient les paysages de son pays d'Ardenne, un monde de bois et de rivières, de prairies et de sources, c'étaient les gorges encaissées de la Meuse ou de la Semoye, ou la plaine autour de Roche. C'étaient, perdus dans de grands parcs, des châteaux silencieux ou quelque donjon à demi ruiné. Parfois c'était, très simplement, quelque verger enveloppé de brume, autour de la ferme, à quelque distance du village.

Il ne les décrivait pas. Il les évoquait à travers les brouillards de ses rêves dans des poèmes sans rimes, sans rythmes marqués, sans cohérence. Il appartient à chacun de nous d'aimer ou de ne pas aimer cette poésie de l'insaisissable. Sera-t-il permis du moins de penser que ces petits poèmes, que ces humbles chansons marquent, dans l'œuvre de Rimbaud, ce qu'il a fait de plus pur et de plus émouvant?

Nous possédons une vingtaine de pièces écrites par Rimbaud durant cette période. L'une d'elles doit avoir été écrite à Paris au début de 1872. La plupart des autres le furent en mai et en juin, soit à Roche soit à Paris, dans les premiers jours du retour de Rimbaud dans la capitale. Quelques-unes, plus récentes, furent écrites au mois de juillet et au mois d'août, c'est-à-dire à Paris ou en Belgique, avant le départ pour l'Angleterre.

Ces courtes pièces, Rimbaud les écrivait sur des feuillets détachés. Il en faisait volontiers don à ses amis, à Forain et à Richepin notamment. On devine que d'autres, en plus grand nombre, furent données à Verlaine. Plus tard, certaines furent communiquées à *La Vogue,* à l'éditeur Vanier. Elles aboutirent dans les collections de quelques éminents collectionneurs. Ce sont ces copies autographes qui fournissent le texte des éditions récentes.

Page 71.

Qu'eſt-ce pour nous, mon cœur,

États.

1. Autographe de la collection Pierre Bérès. Première publication correctement lue, P. Hartmann, édition du Club du meilleur livre, 1957.
2. États imprimés : *La Vogue,* 7-14 juin 1886 ; *Illuminations,* 1886 et 1892 ; *Le Reliquaire,* 1891 ; éditions de Berrichon.
Texte adopté : autographe Pierre Bérès.

Erneſt Delahaye place la composition de ces vers en 1872. Berrichon écrit : « faits à Paris, dans un café, et en présence d'amis, au commencement de 1872, ou plutôt fin 1871 (*Arthur Rimbaud le poète,* p. 148).

Il suffit de lire cette pièce pour être assuré qu'elle a été écrite dans les semaines qui suivirent l'arrivée de Rimbaud à Paris. Les poètes que Verlaine lui a fait connaître déteſtent la réaction bourgeoise qui se déchaîne après l'écrasement de la Commune. Rimbaud partage leur colère. Cette pièce exprime les désirs impuissants de vengeance des Communards écrasés, et leurs rêves. Ils imaginent une cataſtrophe qui entraîne en même temps la fin de la société, la fin des continents, la fin du monde.

a. L'autographe n'a pas de titre. Le titre Vertige *de certaines éditions a été imaginé par Berrichon pour son édition de 1912.*
b. Tournons donc   *coquille de 1892*
c. Qui renverraient   *coquille dans Le Reliquaire*
d. ceux qui   *coquille de 1892*

1. C'eſt-à-dire : *qui d'autre, sinon nous ?*
2. R. Goffin comprend que Rimbaud songe à gagner le continent noir pour y fonder une autre civilisation (*Rimbaud vivant,* p. 153). Nous dirons plutôt que Rimbaud invite à cette grande migration révolutionnaire la foule des exploités. Il importe de relever ce mot de *noirs,* qui annonce *Le Livre nègre.*
3. Au moment de se mettre en route, Rimbaud sent le sol qui se dérobe.
4. Il se ressaisit ; il ne renonce pas.

Page 72.

LARME

États.

1. Autographe donné par Rimbaud à Forain (recueil Messein).
2. Autographe de la collection Pierre Bérès (publié pour la première fois, édition du Mercure de France, 1956).

3. États imprimés : *La Vogue,* 21-27 juin 1886 ; *Illuminations,* 1886 et 1892 ; *Le Reliquaire,* 1891 ; éditions de Berrichon.

4. Autre état dans *Une Saison en Enfer, Délires II* (p. 106-107).

Quand le manuscrit Pierre Bérès a été connu, on a découvert que le texte de *La Vogue* le reproduisait, la ponctuation exceptée.

Nous donnons les variantes du manuscrit Bérès et de *La Vogue* sous le seul sigle *B.*

Texte adopté : l'autographe donné à Forain.

Que cette pièce ait été écrite dans les derniers jours passés à Roche, ou dans les premiers jours du retour à Paris, elle évoque de toute façon les promenades de Rimbaud dans la campagne ardennaise. Mais elle ne décrit pas, au sens habituel du mot ; elle traduit plutôt les rêveries auxquelles le jeune promeneur s'abandonne, et elle le fait de telle manière qu'aucune traduction exacte n'est possible.

a. Pas de titre dans B.

b. Je buvais à genoux *ibid.*

c. Boire à ces gourdes vertes loin de ma case
   Claire quelque liqueur d'or qui fait suer. *ibid.*

d. Effet mauvais pour une enseigne d'auberge. *ibid.*

e. les *ibid.*

f. Le vent de Dieu jetait *ibid.*

g. Et tel qu'un pêcheur d'or et de coquillages *ibid.*

h. Pas de date dans B.

1. Quand il dit qu'il est loin des troupeaux et des villageoises, Rimbaud ne veut naturellement pas dire qu'il est à Paris. Il est dans une bruyère, et il a soin de le préciser au vers suivant.

2. Cette *jeune Oise* a embarrassé les commentateurs. Robert Goffin croit que Rimbaud veut dire la *Loire* ou l'*Alloire,* ruisseau qui passe près de Roche. D'autres, intrépides philologues, disent que l'étymologie de l'Oise est : eau courante, et que Rimbaud le savait.

3. La colocase est une plante avec laquelle il est tout à fait impossible de fabriquer une gourde. Peut-être, très simplement, Rimbaud pense-t-il à un rapport de couleur. Dans *Une Saison en Enfer,* il dit : « une gourde jaune ».

4. La *liqueur fade* est bien clairement de la bière. On pense à la bière allongée d'eau que Mme Rimbaud donnait à boire à son fils. Il est impossible qu'il s'agisse d'absinthe.

5. Que Rimbaud ait donné trois rédactions à ce vers (Messein, Bérès et *Une Saison*) prouve son embarras. Sans vouloir trop préciser, on dira que cet enfant accroupi et suant ne fournirait pas un sujet d'enseigne attrayant pour une auberge.

6. Les vers qui suivent sont une succession d'images,

qu'il convient de prendre telles quelles et sans y chercher de symbole.

7. On a imaginé que ces vers faisaient allusion à l'échec du Voyant et de son entreprise. Ou encore à ses goûts de pédéraste qui l'ont détourné de chercher son plaisir auprès des femmes. Bien plus simplement, il est probable que Rimbaud veut dire : « Je voyais de l'eau, et je n'eus pas souci de boire. Je ne suis qu'un rêveur impuissant. » Dans *Alchimie du verbe,* le texte est plus net, et le dernier vers devient :

> *Pleurant, je voyais de l'or — et ne pus boire.*

LA RIVIÈRE DE CASSIS

États.

1. Autographe donné par Rimbaud à Forain (recueil Messein).
2. Autographe de la collection Pierre Bérès, publié en 1956 *(B).*
3. États imprimés : *La Vogue,* 21-27 juin 1886 ; *Illuminations,* 1886 et 1892 ; *Le Reliquaire,* 1891 ; éditions de Berrichon.

Texte adopté : l'autographe donné à Forain.

Cette pièce évoque, comme la précédente, les promenades de Rimbaud pendant son séjour dans les Ardennes, soit autour de Charleville, soit autour de Roche et d'Attigny. On peut admettre en effet, avec une sérieuse probabilité, les commentaires de Delahaye dans *Les Illuminations et Une Saison en Enfer.* Il s'agirait, plus précisément, de la vallée de la Semoye, entre Bouillon et Monthermé, profondément encaissée à l'intérieur de la forêt des Ardennes. Mais il s'agirait aussi d'un très vaste parc entouré d'un mur, dans les environs d'Attigny.

i. Pas de titre dans B.
j. A des vaux B
k. Où plusieurs vents ibid.
l. d'ancien temps ibid.

8. La rivière de Cassis serait la Semoye, et Rimbaud lui donnerait ce nom parce que ses eaux sont d'un noir violet au crépuscule.

Page 73.

a. que l'on B
b. Soldat ibid.
c. Pas de date dans B.

1. Les donjons feraient allusion au donjon de Bouillon, qui domine la vallée de la Semoye. D'autre part, les « parcs importants » seraient inspirés à Rimbaud par un très vaste parc qu'il voyait près d'Attigny.

2. Rimbaud penserait, nous dit-on, à Godefroy de Bouillon. Mais n'y a-t-il pas quelque abus dans la volonté de fournir dans tous les cas un commentaire précis ?

3. Si nous en croyons Delahaye, Rimbaud n'a pas imaginé ces claires-voies. C'est à travers elles qu'il regardait le parc près d'Attigny, là où le mur de clôture était interrompu. — On notera que Rimbaud a écrit *clairevoies*. Les états du texte où nous lisons *claires-voies* sont des états corrigés.

4. Non seulement Rimbaud parle des corbeaux dans la pièce de vers qui porte ce titre, mais l'expression :

Chers corbeaux délicieux

y figure telle quelle. On a vu plus haut que selon les plus fortes vraisemblances, cette pièce des *Corbeaux* est mal placée dans les éditions et qu'elle doit dater des premiers mois de 1872, comme *Larme* et comme *La Rivière de Cassis*.

COMÉDIE DE LA SOIF

États.

1. Autographe donné par Rimbaud à Forain (recueil Messein).

2. Autographe de la collection Pierre Bérès *(B)*.

3. Autographe de la collection Ronald Davis, collationné par Bouillane de Lacoste. Incomplet des parties IV et V *(RD)*.

4. États imprimés : *La Vogue*, 7-13 juin 1886 *(V)*; *Illuminations,* 1886 et 1892; *Le Reliquaire,* 1891; *Poésies complètes*, 1895; éditions de Berrichon.

D'autre part, la *Revue d'Ardenne et d'Argonne,* janvier-février 1897, a publié en fac-similé un fragment manuscrit de deux strophes intitulé *Chanson.* Ce texte permet de compléter les vers 56-57, que *La Vogue* n'avait donnés qu'incomplètement déchiffrés.

Texte adopté : l'autographe du recueil Messein.

À comparer les différents états du texte, on est conduit à penser qu'une fois de plus, le texte de *La Vogue* a pour origine l'autographe Bérès et qu'il ne s'en distingue que par des coquilles ou des corrections arbitraires. Un autographe de la collection Ronald Davis est, les sous-titres mis à part, substantiellement identique au texte du manuscrit Forain. Dans plusieurs cas pourtant (vers 15, 39 et 43), il est d'accord avec le manuscrit Bérès, contre le manuscrit Forain.

Au dire de Berrichon, dans *Ébauches, 1937, Comédie de la soif* doit être exactement contemporain de *Mémoire* et dater, comme *Mémoire,* du séjour de Rimbaud à Charleville dans les premiers mois de 1872. Cette pièce est une de celles qui nous introduisent le plus profondément dans l'âme de Rimbaud durant cette période où il prend conscience de son échec et se sent dévoré par sa soif de vie intense et un profond besoin de s'en aller très loin, toujours plus loin. Il est décidé

à ne pas tromper cette soif qu'il porte en lui par des satis-
factions illusoires. Les voix de la famille lui disent de se
contenter des boissons du cellier. Il veut, lui, mourir aux
fleuves barbares. Puis il se souvient du temps où il a cru à
la poésie, telle que la comprenait son temps, images gra-
cieuses et fraîches, Ondines et Vénus, évocations de pays du
Nord ou de la mer. Mais cette boisson ne lui a pas suffi. Sa
soif est une hydre installée dans sa poitrine, et qui le mine
et le dessèche. À l'automne de l'année précédente, il est allé
à Paris. Il a connu les poètes. Ils sont devenus ses amis,
« les Amis ». Ils l'ont entraîné à boire le bitter sauvage et
l'absinthe. Il est décidé à ne pas recommencer. Il aimerait
mieux mourir que gagner l'ivresse à ce prix. Il ne désespère
pas pourtant. Il est patient. Un jour viendra peut-être où il
s'arrêtera, résigné, en quelque ville. Sera-ce le midi ou le
nord? Mais alors il se reprend. S'il repart, un jour, pour
d'autres voyages, il partira décidé à s'abandonner à l'aven-
ture. La conclusion : toute vie est soif, toute vie est fuite
vers la mort.

    d. Enfer de la soif   *RD*   : *pas de titre dans B et V.*
    e. Pas de numérotation ni de sous-titres dans B et V.
    f. De la terre   *B et V*
    g. ou le lait   *B, V, RD*   : *Pas de virgule avant* le cidre   *RD*

    5. Parce que le manuscrit Ronald Davis ne présente pas
de virgule, on a compris : *descendons après le cidre,* qui serait,
nous assure-t-on, une expression ardennaise pour dire : *des-
cendons chercher le cidre.* Mais les deux autres manuscrits ont
cette virgule, et rendent impossible l'explication proposée.

    6. Il est peu vraisemblable que ce vers veuille dire : *Je
veux aller où boivent les vaches.* Bien au contraire, Rimbaud
rejette la proposition des parents. Faire ce qu'ils proposent,
c'est abdiquer, c'est aller où boivent les vaches.

Page 74.

    a. Nous entrons   *V, coquille très probable*
    b. Titre de la deuxième partie De l'Esprit   *RD*
    c. sans gueule   *B, V, RD*
    d. Titre de la troisième partie Des Amis   *RD*
    e. Vois les Bitters sauvages   *V et RD*

    1. Maintenant, après le vin du cellier, après le cidre et
le lait, ils lui proposent les boissons que le paysan tire de
son armoire pour recevoir un hôte. Elles sont le symbole
des rites où leur vie est enfermée.

    2. Et voici d'autres rites : ceux de la mort.

    3. Rimbaud voudrait tarir ces urnes funéraires et ces bois-
sons.

4. Ces exilés chers, ce sont sans doute les bons et gentils poètes.

5. Mais les fleurs de cette poésie mièvre et fade sont tout juste bonnes à mettre dans un verre d'eau.

6. L'idée d'absinthe éveille celle de couleur verte. Elle est la Muse verte.

Page 75.

a. En quelque bonne ville   *B et V*
b. Si jamais j'ai quelque or   *B et V*
c. ou les pays   *B et V*
d. qui soit frais   *V*
e. *Pas de date dans B.*

1. La crème semble signifier simplement la mince couche de matières végétales qui forme pellicule sur les eaux stagnantes.

2. Il n'existe aucune raison d'imaginer que Rimbaud veuille dire : irai-je au pays des vignes pour y boire à satiété? Il dit très simplement : irai-je vers les pays du Nord? descendrai-je vers le sud?

Page 76.

BONNE PENSÉE DU MATIN

États.

1. Autographe de la collection Barthou *(B)*.
2. Autre autographe, de la collection Messein *(V)*.
3. États imprimés : *Le Reliquaire,* 1891 ; éditions de Berrichon.

Les deux autographes ont été reproduits face à face, en fac-similé, dans les *Manuscrits des Maîtres* (recueil Messein). Voir le texte de cette pièce tel qu'il apparaît dans *Une Saison en Enfer,* p. 107.

Texte adopté : l'autographe Barthou.

Parce que Rimbaud écrit de Paris à Ernest Delahaye, en juin 1872, qu'il se lève à cinq heures du matin pour acheter son pain, et qu'à cette heure-là « les ouvriers sont en marche partout », Marcel Coulon en a conclu que cette pièce a été écrite en juin, à Paris ; que le chantier dont parle le vers 5 est un chantier parisien. Son interprétation a été suivie. Il suffit pourtant de lire cette pièce sans prévention pour se convaincre qu'une telle interprétation contredit violemment le texte de Rimbaud. Qu'il soit à Paris ou dans les Ardennes, c'est à la campagne ardennaise que pense le poète.

Mais il y pense dans l'état d'hallucination volontaire qu'il évoquera dans *Alchimie du verbe,* et plus précisément dans *Délires.* Quelques lignes, dans le brouillon de *Délires II. Alchimie du verbe,* éclairent ce qu'il y a d'obscur dans *Bonne*

pensée du matin. Rimbaud réfléchit au bonheur des bêtes. Il pense à la chenille, à la punaise, brune personne. L'aube opale envahit la scène. Nous comprenons alors que l'immense chantier, c'est la nature qui s'éveille, que ces ouvriers charmants ne sont pas des travailleurs parisiens, mais les petits animaux qui s'animent, qui s'affairent dans leur désert de mousse. Ainsi se discerne le sens général de ces vers. Mais on n'est pas étonné que bien des détails restent obscurs, puisque Rimbaud s'abandonne volontairement aux plus audacieuses fantaisies de son imagination. Il est à craindre que le roi de Babylone reste longtemps une énigme.

   a. Pas de titre dans V
   b. Or là-bas   V
   c. Dans leurs déserts   *ibid.*
   d. O pour ces ouvriers   *ibid.*
   e. Pas de date dans V

   1. Yves Denis, dans un article des *Temps modernes* (voir Bibliographie) signale que ce dernier vers est sans aucun doute une « blague » de Rimbaud. Il faut lire : *le bain dans l'amer* (curaçao), l'alcool de midi répondant ainsi à l'alcool du matin (vers 18).

FÊTES DE LA PATIENCE

   Au dos d'un feuillet qui porte au recto la deuxième partie d'*Age d'or,* nous lisons ce titre, et, au-dessous, ceux des quatre pièces qui forment cet ensemble. C'est donc Rimbaud qui a voulu la réunion de ces poèmes. Ils traduisent de façon émouvante l'état d'âme du jeune révolté qui entend en lui les voix de l'apaisement et de la soumission.

Page 77.

BANNIÈRES DE MAI

États.

   1. Autographe donné par Rimbaud à Richepin (recueil Messein).
   2. Autographe donné par Charles Grolleau à Vanier *(G).*
   3. États imprimés : *La Vogue,* 7-13 juin 1886 ; *Illuminations,* 1886 et 1892 ; *Le Reliquaire,* 1891 ; *Poésies complètes;* 1895 ; éditions de Berrichon.
   Texte adopté : autographe donné à Richepin.

   Au dire de Berrichon, *Ébauches,* 1937, cette pièce a été écrite à Paris, peu de temps après la *Comédie de la soif.* Il se peut, mais ce qui importe vraiment, c'est que *Bannières de mai* traduit les sentiments de Rimbaud dans la période qui suivit sa grande déconvenue, quand il comprit qu'il n'avait rien à espérer à Paris, et que Verlaine même se détachait de lui. Delahaye a bien vu la pensée qui inspire ce poème. Rimbaud,

dit-il, y « continue le parti pris d'un doux fatalisme ». Il paraît simple maintenant à Rimbaud de s'ennuyer. Il accepte d'être accablé par l'immense Nature.

a. Titre Patience, *et, au-dessous, sur le côté* D'un été   G : *même leçon dans les Poésies complètes.*

b. partout   *G*

c. Azur et Onde   *ibid.*

d. C'eſt si simple!... Fi de ces peines!   *ibid.*

e. Ah! moins nul et moins seul! je meure,   *ibid.*

f. Pas de date dans G

1. Il eſt trop simple et naturel qu'on s'ennuie, et il ne vaut pas la peine de s'en étonner.

2. Mourant par le fait de la Nature, Rimbaud se trouve moins totalement anéanti, puisqu'il retrouve l'Être infini.

3. Sous prétexte que l'expression *l'heure du berger* signifie *l'heure de l'amour,* on a traduit *les bergers* par *les amants.* Mais si l'on remarque que dans *Bonne pensée du matin,* la *reine des bergers* semble liée à l'idée de travail (*Porte aux travailleurs...*), on se demandera si les bergers ne désigneraient pas ceux qui sont actifs, opposés à Rimbaud, qui se perd dans la contemplation du monde.

4. Je me livre à toi, et je te livre ma faim pour que tu la nourrisses, ma soif pour que tu la désaltères.

5. Il faut peut-être comprendre : Rimbaud ne veut rire à rien, pas même au soleil, parce que rire au soleil, c'eſt encore exiſter, c'eſt donc accepter le joug. Celui qui rit au soleil, rit à toutes les servitudes, à celle même de la famille. Rimbaud veut que son infortune reſte liberté pure.

CHANSON DE LA PLUS HAUTE TOUR

États.

1. Autographe de la collection Richepin (recueil Messein).

2. Autographe de la collection Pierre Bérès.

3. États imprimés : *Une Saison en Enfer,* 1873 (deux ſtrophes seulement); *La Vogue,* 7-13 juin 1886; *Illuminations,* 1886 et 1892; *Le Reliquaire,* 1891; éditions de Berrichon.

Une fois de plus, on conſtate que le texte de *La Vogue* a été établi sur le manuscrit Bérès (voir les variantes ci-dessous). Voir le texte de ce poème dans *Une Saison en Enfer,* p. 108.

Texte adopté : l'autographe de la collection Richepin.

Il eſt difficile de ne pas voir dans cette « chanson » une confidence. Rimbaud y traduit son état d'âme en ces premiers mois de 1872. Il a le sentiment d'avoir perdu sa vie. Il l'a perdue à force d'accepter de bonne foi toutes les suggeſtions et toutes les influences. Il avait accepté de tout accueillir. Et voici que le désir s'empare de lui et le torture. Il y eſt livré sans défense.

6. Docilement soumis à tout ce que la vie lui proposait.
Il avait espéré atteindre par là le bonheur, et il a perdu sa vie.

Page 78.

*a. Dans le manuscrit Bérès et dans La Vogue les vers 25-30
sont placés entre les vers 12 et 13.*

b. mille veuvages   *manuscrit Bérès et La Vogue*

c. Voir la variante a.

1. Devant le présent lamentable, il rêve d'un monde à
venir qui serait tout amour. C'est dans ce monde-là que des
êtres comme lui trouveraient le bonheur.

2. En dépit des apparences, il y avait, dans le Rimbaud
de ces années-là, une grande humilité, et comme une accep-
tation de n'être rien.

3. Sans penser à la promesse.

4. Le résultat de ce rêve de n'être rien, c'est que le vide
s'est fait en lui.

5. Mais la soif malsaine est toujours là.

6. Rimbaud se compare à une prairie abandonnée. Dans
cette prairie, on trouve à la fois le meilleur et le pire, l'encens
et l'ivraie. Les mouches d'ordures y bourdonnent.

7. Rimbaud sent en lui le besoin de prier, d'échapper au
Mal en se tournant vers le Ciel. Mais est-il possible, de bonne
foi, de s'adresser à la Vierge ? — Le mot *veuvage* signifie les
déceptions et les échecs. Rien n'autorise à penser particu-
lièrement à Verlaine.

Page 79.

L'ÉTERNITÉ

États.

1. Autographe donné par Rimbaud à Richepin (recueil Messein).
2. Autographe de la collection Pierre Bérès *(B)*.
3. États imprimés : *Une Saison en Enfer,* 1873 (voir p. 110); *La
Vogue,* 7-13 juin 1886 *(V)*; *Illuminations,* 1886 et 1892; *Le Reli-
quaire,* 1891 ; éditions de Berrichon.

Texte adopté : l'autographe donné à Richepin.

Exaspérés à bon droit par les commentateurs qui découvrent
dans cette pièce des intentions religieuses, certains ont voulu
n'y voir que « la joie de l'instant », l'esprit païen, la mer,
le soleil, la nature retrouvés. Mais ils ne sauraient expliquer
dès lors pourquoi *L'Éternité* annonce la mort de l'espérance,
la certitude du supplice. En fait, cette pièce se relie étroite-
ment à la crise du printemps de 1872, lorsque Rimbaud,
ayant renoncé à ses ambitions, ayant pris un sentiment nou-
veau de l'infini des choses où tout être particulier s'anéantit,
accepte cet anéantissement, et atteint à ce prix l'éternité.

a. Éternité   *B et V*
b. Donc tu te dégages   *Berrichon*
c. Tu voles selon   *B et V*
d. De votre ardeur seule   *B et V, et Berrichon*
e. Jamais l'espérance   *B et V*
f. Pas d'orietur   *ibid.*

g. Dans les anciennes éditions Berrichon, les strophes 4 et 5 sont interverties.

1. En faisant le silence en lui-même, Rimbaud échappe au temps. Il a retrouvé l'éternité. L'idée est développée dans les vers suivants par quelques images : un coucher de soleil sur la mer, la nuit, le grand jour accablant de midi.

2. L'admiration publique, les enthousiasmes de la foule ont perdu toute importance à ses yeux.

3. Le devoir est pour lui, maintenant, une lumière chaude installée au plus profond de lui-même.

4. Ce n'est plus un élan, une espérance indéfinie, comme au temps où Rimbaud rêvait de la Révolution. Ce sont d'humbles et dures notions, qui ont remplacé les illusions anciennes. C'est la science et la patience.

ÂGE D'OR

États.

1. Autographe de la collection Richepin (recueil Messein).
2. Autographe de la collection Pierre Bérès.
3. États imprimés : *La Vogue,* 7-13 juin 1886 ; *Illuminations,* 1886 et 1892 ; *Le Reliquaire,* 1891 ; éditions de Berrichon.

Texte adopté : l'autographe de la collection Richepin.

Cette « chanson » est faite pour décourager tout essai d'explication exacte, et l'on ne s'en étonne pas si l'on songe que Rimbaud veut rendre sensible la confusion des voix multiples qui parlent en lui. Il semble qu'il y en ait deux surtout qui se fassent entendre. L'une rappelle l'enfance, ses images simples et pures ; l'autre avertit que le monde est vicieux et qu'il faut se mettre hors de la vie, abandonner ses obscures infortunes au feu et les laisser se consumer. À la fin, une image de paix : un joli château, hors de tout âge, et qui reste loin des lieux habités.

h. Le texte de La Vogue est fondé sur le manuscrit Bérès, mais avec des différences. Tel quel, il représente une tradition différente de celle du manuscrit Richepin. La différence essentielle réside en ceci que La Vogue ni le manuscrit Bérès ne donnent les strophes 4 et 5 (v. 13-20). D'autre part, le manuscrit Bérès, La Vogue et les éditions qui s'en inspirent mettent en face des troisième, cinquième et sixième strophes des accolades avec les mots latins : Ter quaterque *(strophe 3);* Pluries *(strophe 9);* Indesinenter *(strophe 10).*

i. Est-elle angélique !   *La Vogue*

Page 80.

    a. C'est tout onde et flore, *La Vogue*
    b. Tu dis? tu t'étonnes? *ibid.*
    c. Ô joli château! *ibid.*

    1. Une curieuse anecdote de Delahaye nous montre Rimbaud qui, à Charleville, sous l'occupation allemande, se moquait ouvertement du « ton » autoritaire des officiers. Le « ton allemand », c'est ce ton qui faisait rire alors Rimbaud.

Page 81.

    a. Les vers 41 et 42 sont intervertis dans La Vogue.
    b. Pas de date dans La Vogue.

JEUNE MÉNAGE

États.

    1. Autographe donné à Vanier par Charles Grolleau (recueil Messein).

    Cet autographe avait été donné par Rimbaud à Forain, car on trouve au verso un billet de l'écriture de Forain.

    Cette pièce est écrite d'une encre très pâle, que l'on retrouve dans l'autographe de *Fêtes de la faim.* On peut considérer comme très probable que les deux pièces ont été composées, ou tout au moins transcrites en même temps.

    2. États imprimés : *Poésies complètes,* 1895 ; éditions de Berrichon.

    Texte adopté : l'autographe du recueil Messein.

En dépit de certains critiques qui ne veulent voir ici qu'une simple « charade » sans aucun rapport avec la réalité, il semble que *Jeune ménage,* écrit le 27 juin 1872, quelques jours avant le grand départ, évoque les journées de tension extrême que Rimbaud vit alors : un ménage, des esprits malfaisants, un malin rat qui interviendra dans la vie du ménage, un feu follet qui éclatera soudain.

Mais si l'on veut préciser davantage, le désaccord des exégètes est grand. Les uns, après M. Gengoux, voient dans ce ménage celui de Verlaine et de Mathilde, et Rimbaud se reconnaît dans le malin rat. Pour d'autres, le « ménage » est celui de Verlaine et de Rimbaud, et c'est Mathilde qui est le malin rat, puisqu'elle trouble leurs relations. De toute façon, l'atmosphère de rêve est telle que toute explication précise serait vaine.

    c. Le vers 15 était d'abord rédigé sur l'autographe :
    Même des fantômes des eaux, errants

    1. Bleu tirant sur l'ardoise.

2. Malgré l'envie qu'on en pourrait avoir, il serait imprudent d'affirmer que cette fée africaine est Mathilde, ou bien encore sa mère. Nous sommes en pleine féerie. Il y a là des lutins ; il y a aussi des fées.

3. Il ne serait pas absurde de voir dans ces résilles des toiles d'araignées. En ce cas, la chambre serait plutôt celle de Rimbaud, et non celle du ménage Verlaine, chez les Mauté.

4. En principe, signifie *tromper*. On n'en voit guère ici l'application.

Page 82.

BRUXELLES

États.

1. Autographe de la collection Pierre Bérès.

2. États imprimés : *La Vogue,* 14-20 juin 1886, texte établi sur un manuscrit appartenant à Gustave Kahn ; *Illuminations,* 1886 et 1892 ; *Le Reliquaire,* 1891 ; éditions de Berrichon.

Texte adopté : l'autographe de la collection Bérès.

Le manuscrit se bornant à donner pour date *juillet,* il est possible de penser à 1872 et 1873. Robert Goffin écarte 1872, parce qu'il ne voit pas pourquoi, cette année-là, Rimbaud parlerait du boulevard du Régent, alors qu'en 1873 Verlaine y a été jugé. Mme Noulet serait plutôt tentée de croire à 1872 parce que, cette année-là, Rimbaud est seul et désabusé.

En réalité, il convient de rapprocher *Bruxelles* et *Est-elle almée ?* qui est, nous le verrons, la description d'une grande ville, Bruxelles évidemment, et qui contient même une phrase littéralement semblable à celle-ci, dans *Bruxelles :* « C'est trop beau ! trop ! » Or l'autographe de *Est-elle almée ?* porte une date, et c'est *juillet 1872.*

Cette date bien établie, si elle ne permet pas de déchiffrer dans le détail ce poème obscur, a du moins l'avantage d'exclure certaines explications. Il n'est pas possible que la *cage de la petite veuve* signifie la prison où Verlaine est enfermé, ni qu'il soit « la Folle par affection » comme on a eu l'audace de le prétendre. La *fenêtre du duc* ne peut désigner les bâtiments de la Sûreté belge, établie 2, rue Ducale, à côté du boulevard du Régent.

Cela ne signifie d'ailleurs pas que *Bruxelles* soit, comme le voudrait un commentateur, une suite de « cabrioles verbales » ou, comme il dit, « un non-sens ». Delahaye avait été beaucoup plus sérieux quand il avait dit, dans *Les Illuminations et Une Saison en Enfer,* 1927, que Rimbaud est à Bruxelles, assis à un point quelconque du boulevard du Régent, qu'il **a**

devant lui le palais du roi, le palais ducal, et qu'il se laisse
aller aux plus libres imaginations.

1. L'agréable palais de Jupiter peut être le Palais royal.
Il peut être d'ailleurs aussi le palais des Académies.

2. *La Folle par affection* est évidemment Ophélie. On est
accablé lorsqu'on voit que, contre tout bon sens, certains
ont cru que cette folle était Verlaine!

3. Les philologues nous disent que *les fesses des rosiers*
sont une expression ardennaise pour désigner les branches
flexibles des rosiers.

4. De même que *la Folle par affection* désigne Ophélie, *la
Juliette* est tout naturellement l'héroïne de Shakespeare. On
peut imaginer qu'un balcon un peu bas a fait naître ce sou-
venir dans la mémoire de Rimbaud.

5. Il n'est pas improbable que *L'Henriette* rappelle, par
une vague assonance, le nom d'une station de chemin de fer.
Elle n'a pas été identifiée.

6. Un fort intéressant article de M. Duflandre, dans *Le
Thyrse,* 1er avril 1952, pourrait nous avoir donné la clef de
ce « bavardage des enfants » et de ces « cages ». Il existait,
au 21 du boulevard du Régent, un pensionnat de fillettes.

7. Dans le même article, M. Duflandre nous apprend
qu'au 25 du boulevard du Régent, se trouvait la fastueuse
demeure d'une des plus grandes familles de Belgique, les
ducs d'Aremberg.

Page 83.

   a. infinies   *dans Berrichon, 1912, 1914 et 1922*

Est-elle almée?

États.

   1. Autographe de la collection Lucien-Graux.
   2. États imprimés : *Poésies complètes,* 1895 ; éditions de Berri-
chon.
   Texte adopté : l'autographe Lucien-Graux.

Comme dans *Bruxelles,* Rimbaud, en face d'un spectacle
qui s'offre à lui, rêve. On peut se demander quel est ce
spectacle. On a imaginé que c'était la mer. Mais l'erreur
est certaine puisqu'il ne s'embarqua à Ostende que le soir
du 7 septembre 1872. Pour la même raison, nous ne penserons
pas à Londres. Il ne peut s'agir que de Bruxelles. Berrichon
avait songé à Anvers. Mais on soupçonne qu'il fait simple-
ment un contresens sur la « splendide étendue ».

   1. Une almée est une danseuse de l'Inde. L'expression
peut paraître obscure, mais les deux vers qu'elle introduit

...nde ville que Rimbaud a sous
... pleine nuit. Au lever du jour,
l'expliquent. ...ira-t-elle comme les mouvements
les yeux. ...es, des danseuses-fleurs ?
la grande Nie de cette strophe un commentaire qui
des danse...e un pressentiment juste. La réflexion vient,
2. Deessaisit, il éprouve le besoin de comprendre
contier...er ses folles imaginations. — On rapprochera,
Rimb..., les mots *C'est trop beau ! c'est trop beau !* du vers 24
et d.., ...xelles :
au
d

> *C'est trop beau ! trop !*

FÊTES DE LA FAIM

États.

Un article de M. Pierre Petitfils dans *Le Bateau ivre*, n° 26, juillet 1962, a renouvelé la connaissance que nous pouvions avoir du texte de ce poème. On admettait jusqu'alors que nous possédions deux autographes des *Fêtes de la faim*, l'un sans corrections, et l'autre présentant plusieurs ratures. Il a démontré qu'en réalité il n'existait qu'un autographe, et en a exposé clairement l'histoire.

Cet autographe faisait partie du lot de Charles de Sivry, mais ne fut pas publié par *La Vogue*. Il était dans une seconde liasse qui fut cédée ou vendue par Charles Grolleau à Léon Vanier. Il parut pour la première fois dans les *Poésies complètes* de 1895.

L'original passa dans les collections de Pierre Dauze, puis de Charavay et, enfin de M. Matarasso. M. Petitfils l'a examiné, et il s'est convaincu que cet autographe était celui du lot Charles de Sivry, photographié dans le recueil Messein, à cette différence près qu'il ne porte ni corrections, ni date, ni signature.

Il faut donc en conclure que l'unique autographe fut d'abord photographié, et que sur la photographie les corrections, date et signature furent ensuite portées. C'est cette photographie corrigée que le recueil Messein a reproduite. Ainsi s'explique que sur cette photographie l'encre du texte apparaisse très pâle et que les corrections soient d'une écriture beaucoup plus noire. Cette écriture est au surplus très différente de celle du texte.

Ainsi que le fait remarquer M. Petitfils, les corrections sont constamment faites pour rapprocher le texte des *Fêtes de la faim* de l'état qu'il présente dans *Une Saison en Enfer* (voir p. 109).

Texte adopté : le texte du recueil Messein antérieur aux corrections.

Si la date d'août 1872, portée sur l'autographe Messein, est exacte, Rimbaud a écrit ce poème pendant ses randonnées dans la région de Bruxelles. Il y exprime la faim qu'il ressent de vagabondages, d'espace, de pierres et de plantes. Il faut répéter ici que Verlaine et Rimbaud n'ont gagné l'Angleterre que le 7 septembre. Les *Fêtes de la faim* ne peuvent donc s'expliquer par la faim dont ils auraient souffert à Londres.

b.   Mangeo

Le roc, les char

Messein

c. Mes faims, tournez. *Paansons*

d. Attirez le gai venin. *ibia.*

e. *Avant le vers 11, le mot* Mange. *portée sur le recueil*

suivante :

Mangez

Les cailloux qu'une pauvre brise, *ibia.*

la disposition

Page 84.

a. *À la fin du poème, dans le recueil* Messein, *une date :* août 1872 *et les initiales* A. R.

1. D'après Delahaye, la *doucette* est le nom ardennais de la mâche. Il figure d'ailleurs dans Littré.

Entends comme brame

États.

1. Un texte autographe, dans la collection Ronald Davis, que Bouillane de Lacoste a pu examiner.

2. États imprimés : *Le Reliquaire*, 1891 ; *Poésies complètes*, 1895 ; éditions de Berrichon.

Texte adopté : l'autographe de la collection Ronald Davis.

La date de ces vers n'est pas attestée, et si les commentateurs la placent en 1872, c'est seulement parce qu'elle correspond à l'esthétique de Rimbaud dans les premiers mois de cette année.

Ernest Delahaye en a dégagé le sens général. Le poète est dans un jardin. Il contemple le ciel. La lune éclaire les meules et les toits. Dans son halo, le poète voit se dessiner des têtes de saints.

Il n'est peut-être pas sans intérêt de rapprocher de ces vers quelques lignes du journal de Vitalie, durant un séjour à Roche : « Toute notre soirée se passe à examiner au clair de lune les jardins, les chènevières et le clos... La lune se levant noblement du milieu des nuages, jetait un manteau d'argent sur le dos des arbres, qui paraissaient à cette heure de grands géants explorant la propriété. » À préciser d'ailleurs que cette scène se situe, non en 1872, mais en avril 1873.

D'autre part, on lit dans *La Grive*, octobre 1950, une indication curieuse sur la ferme de Roche. Une très vieille femme, qui a connu Mme Rimbaud, a dit qu'elle allait faire ses dévotions à un saint dont la niche se trouvait dans un mur broussailleux. Ce petit fait nous aide à imaginer pourquoi, dans cette pièce, Rimbaud a parlé des « saints d'autrefois ».

b. *Les éditions de Berrichon mettent un titre* Silence

c. bois *éditions Berrichon. Ceci ne peut être qu'une correction arbitraire de Berrichon et il est fort probable, du même coup, que Berrichon a imaginé le titre de cette pièce.*

2. Robert Goffin s'est demandé s'il ne s'agissait pas de Verlaine et autres « amis ». Mais ces « chers Anciens » sont évidemment les « saints d'autrefois ».

3. Ces mots de Sicile et d'Allemagne pourraient paraître de purs non-sens, jetés là au hasard. Une phrase de *Mauvais sang,* dans *Une Saison en Enfer,* nous livre probablement la clef du mystère : « J'aurais fait, manant, le voyage de Terre Sainte : j'ai dans la tête des routes dans les plaines souabes, des vues de Byzance, des remparts de Solyme. » Hanté par le souvenir de ses aïeux, il les voit sur les routes d'Allemagne, en marche vers Constantinople et Jérusalem. Il les voit en Sicile, à la moitié du chemin qui les mènera au terme de leur grande aventure.

Page 85.

MICHEL ET CHRISTINE

États.

1. Autographe de la collection Pierre Bérès.

2. États imprimés : *La Vogue,* 14-20 juin 1886 ; *Illuminations,* 1886 et 1892 ; *Le Reliquaire,* 1891 ; éditions de Berrichon.

Texte adopté : l'autographe de la collection Bérès.

Nous ne relevons pas en variantes les quelques différences de simple ponctuation entre l'autographe et le texte de *La Vogue.*

Aucun témoignage sur la date de composition. Mais la parenté d'inspiration avec *Larme* et *La Rivière de Cassis* invite à penser que *Michel et Christine* est de la même époque, c'est-à-dire de mai 1872.

Pour Robert Goffin, cette pièce se rattache à la même préoccupation que *Larmes.* C'est le même orage. Le poète fuit à travers les paysages de Roche. Puis c'est le clair de lune, l'apaisement. Dans le dernier quatrain, le poète s'interroge sur sa destinée amoureuse.

Dans un sens tout différent, certains se refusent à reconnaître dans ce poème le moindre élément de réalité, pas même le souvenir d'un paysage. Rimbaud, à les en croire, part d'un titre de vaudeville, le *Michel et Christine* de Scribe, et ce titre suffit à éveiller en lui des visions d'orage. Ces visions en déchaînent une autre, celle d'une chevauchée de reîtres dans le ciel. À l'appui de cette explication, ces commentateurs citent, dans *Une Saison en Enfer,* cette phrase : « Un titre de vaudeville dressait ses épouvantes devant moi. » Mais ces critiques n'expliquent pas comment le simple titre *Michel et Christine* éveille dans l'imagination de Rimbaud des visions de chevauchées barbares.

Au point de départ, le texte de *Michel et Christine* prouve que le titre du vaudeville de Scribe n'a joué aucun rôle. Rimbaud est en pleine campagne, et soudain l'orage éclate. Le soleil disparaît. Sous l'averse soudaine, les troupeaux fuient. Mais voici que l'imagination de Rimbaud s'anime. Ces nuages dans le ciel, cette fuite éperdue des animaux éveillent en lui l'idée d'une guerre, d'une chevauchée de reîtres, d'une invasion. C'est à ce moment-là seulement que le titre de Scribe jaillit dans son esprit. Car Michel, c'est le nom qu'une tradition séculaire donne en France à l'Allemand. La guerre qui se déroule dans le ciel et dans la plaine, c'est l'invasion allemande. Et pourquoi Christine ne serait-elle pas la France? Le thème de *Michel et Christine* est trouvé.

Le calme reviendra peut-être, et la réconciliation de la Gaule et de sa vieille ennemie. L'Agneau pascal sera le signe de la paix retrouvée. Mais Rimbaud retombe de la hauteur de ses rêves. L'idylle est finie.

a. P. Hartmann (Club du meilleur livre) croit presque certain qu'il faut lire Rougissant *au lieu de* Rougis *et*

1. Il semble que nous ayons ici l'articulation qui nous fait passer d'une scène d'orage dans la campagne à un flot d'images de guerres et de violences qui submerge Rimbaud.

2. La vie lui apparaît comme une plaine que balaie l'orage. La catastrophe ne lui est pas personnelle. Ce sont des guerres, des invasions à travers l'Europe.

3. Ce clair de lune, c'est le calme après l'orage. Vision triste, semblable à une lande que traverse la horde.

4. Les couleurs du drapeau tricolore apparaissent : les yeux bleus d'une Gauloise, le front rouge du Gaulois. Le blanc de l'Agneau pascal, symbole de la réconciliation. Maintenant on peut prononcer les deux noms : c'est Michel et c'est Christine. Mais soudain le rêve se dissipe. L'Idylle est finie.

Page 86.

HONTE

États.

1. Autographe de la collection Pierre Bérès.

2. États imprimés : *La Vogue,* 14-20 juin 1886 ; *Illuminations,* 1886 et 1892 ; *Le Reliquaire,* 1891 ; *Poésies complètes,* 1895 ; éditions de Berrichon.

Texte adopté : l'autographe de la collection Pierre Bérès.

Sur la date de composition de cette pièce, il n'existe pas de témoignage. Les commentateurs ont proposé avril-mai 1872 (Bouillane de Lacoste), le milieu de 1872 (Marcel Coulon et E. Noulet), mai 1873 (Ruchon et Gengoux). Cette

incertitude se relie aux interprétations divergentes qui ont été données de ces vers. Voir à ce sujet l'article d'Irving Massey dans *Romanic Review,* février 1957.

Pour Ruchon, nous sommes en présence d'une querelle entre Verlaine et Rimbaud. Pour Claude Vigée, nous entendons une diatribe de Rimbaud contre Verlaine, et Rimbaud, l'enfant gêneur, dit à Verlaine qu'il ferait mieux de se tuer. D'après J.-A. Bédé, Verlaine fait honte à Rimbaud, mais celui-ci répond que tant que Verlaine n'aura pas réalisé son souhait homicide, tant que lui, Rimbaud, gardera sa cervelle stupide, il ne cédera pas, et ce serait plutôt à Verlaine de se couper son nez, etc., et ce serait merveilleux. Pour Gengoux, la cervelle qu'il faut couper est celle de Verlaine. Dans un sens très différent, Bouillane de Lacoste croit que nous entendons dans *Honte* les reproches de Mme Rimbaud à son fils.

Ces interprétations, si différentes les unes des autres, ont le tort commun de méconnaître l'espèce de révolution intérieure qui s'est faite dans l'âme de Rimbaud lorsqu'il est revenu dans les Ardennes en février 1872. Il se regarde, il se comprend, il se juge. Mais finalement il s'accepte.

Il sait qu'il porte en lui des forces démoniaques. Mais il sait aussi que pour les abolir, il faudrait changer sa nature, lui mettre une autre cervelle, il lui faudrait faire abandon de ses merveilleuses jambes qui le portent sur les routes, vers l'aventure.

Jusque-là, il ne changera pas. Tant que la lame ne lui aura pas tranché la tête, tant que les pierres n'auront pas broyé son flanc, tant qu'on n'aura pas porté la flamme dans ses entrailles, il restera ce qu'il est.

Ce qu'il est, c'est une sorte de chat sauvage, qui ne sait faire que le mal. Il le sait. Il n'y peut rien. Mais maintenant il ne songe plus à s'enorgueillir de ses vices et à proclamer sa révolte. C'est dans l'humilité de sa honte qu'il attend qu'à sa mort une prière s'élève pour lui vers Dieu. Un Dieu auquel il ne croit pas, mais dont il ne songe pas à se moquer.

1. *Lui,* c'est naturellement Rimbaud. Cette strophe interrompt le mouvement, mais c'est toujours Rimbaud qui parle. Couper sa cervelle ne suffirait pas, il faudrait tout couper : son nez, qui hume le vent ; sa lèvre gloutonne ; son ventre qui désire ; ses jambes...

2. Verlaine a parlé des merveilleuses jambes de Rimbaud, faites pour des marches infinies, ces jambes infatigables.

3. C'est restreindre étrangement le sens de ces vers et de toute cette pièce, que de dire : Rimbaud est un enfant gêneur parce qu'il a troublé le ménage de Verlaine. C'est toute sa vie qui est une gêne pour les autres, et partout il n'est capable que de produire le trouble.

4. *Ne doit cesser* ne signifie pas un devoir, ni une prévision probable. Il signifie la nécessité fatale qui fait de Rimbaud un être dangereux pour tous ceux qui ont affaire à lui.

5. Il n'existe pas d'espèce de chats appelée des Monts-Rocheux ou des Montagnes-Rocheuses.

6. On a osé dire que ces vers sont une raillerie contre la piété de Mme Rimbaud ou contre celle de Verlaine. À l'extrême opposé, Bouillane de Lacoste y voit la preuve que dans toute la pièce, c'est Mme Rimbaud qui parle. Étrange méconnaissance, des deux parts, de la sensibilité religieuse qui renaît en Rimbaud à l'époque où il écrit ce poème.

MÉMOIRE

États.

1. Autographe de la collection Lucien-Graux.

2. États imprimés : les parties IV et V dans *L'Ermitage,* 19 septembre 1892 ; les parties I-V dans *Poésies complètes,* 1895 ; éditions de Berrichon.

Texte adopté : l'autographe de la collection Lucien-Graux.

La date de composition n'est attestée par aucun témoignage. Marcel Coulon pense que *Mémoire* a été écrit en mars 1872. Cette date ne manque pas de probabilité.

Mémoire a reçu les interprétations les plus différentes. Pour Berrichon, cette pièce s'inspire de la première fugue de Rimbaud, le 29 août 1870. Pour Marcel Coulon, elle rappelle le départ définitif du père, en 1864. Ernest Delahaye y voit non pas l'évocation d'une scène précise, mais une pure succession d'images. L'ensemble des commentateurs l'a suivi, mais leur désaccord est complet dès qu'ils entreprennent de fixer la signification symbolique des mots employés par Rimbaud.

7. Ces vers assemblent des images, mais il est difficile d'en découvrir le lien. Faut-il croire que Rimbaud part de l'image de l'eau pour rêver des corps de femmes, des oriflammes, des remparts ? Imagine-t-il un tableau où figurent à la fois des femmes, des oriflammes, des remparts, une rivière ?

Page 87.

a. sombre, avant *autographe. Ce ne peut être qu'une distraction pour* ayant. *L'ensemble des éditions rectifie avec raison cette erreur.*

1. *Elle,* pour Bouillane de Lacoste, c'est l'herbe. Pour M. Etiemble, c'est l'eau. Il a évidemment raison.

2. Ces images, groupées hardiment, ne sont pourtant pas

incohérentes. Près de la rivière, des fillettes et des saules. Les fillettes ont des robes vertes et déteintes. Leurs chapeaux semblent des oiseaux que les brides empêchent de voler. À ce moment du poème, rien n'autorise encore à imaginer que Rimbaud pense à ses sœurs. Ce qui l'intéresse, c'est que ces fillettes sont comme des arbres, font songer aux saules près desquels elles se trouvent.

3. Les images de la rivière continuent d'occuper le premier plan : le souci d'eau, et, au-dessus de la rivière, le ciel gris de chaleur et le soleil, qui paraît rose à travers la brume d'été. Mais au-delà, une pensée naît, celle de l'épouse, qu'évoque la couleur jaune des soucis d'eau.

4. Le *souci d'eau* désigne, d'après Delahaye, le nénuphar. La couleur jaune permet une association avec l'idée de l'épouse. Il semble, en dehors de tout esprit de système, que l'image de Mme Rimbaud vient de surgir.

5. Peut-être Rimbaud se permet-il ici un latinisme. *Pronus,* tourné vers.

6. Il semble de bon sens d'admettre que *Madame* désigne Mme Rimbaud. Mais il serait arbitraire de prétendre que Rimbaud pense à telle scène en particulier. Il évoque ici le souvenir des promenades où il suivait sa mère le long de la Meuse. Elle est « trop debout » parce que Mme Rimbaud se tenait toujours très droite, au point de faire rire.

7. Rimbaud s'amuse sur la sonorité des mots : *ombrelle, ombelle, pour elle.*

8. À quelques mètres de leur mère, les enfants lisent assis dans l'herbe.

9. Cette strophe marque le passage du niveau de l'évocation d'images à un niveau différent, celui du drame intérieur de Rimbaud. En face de ces obscurités plus grandes, les commentateurs proposent des explications qui se contredisent. Pour les uns, *Lui,* c'est le soleil, et *Elle,* c'est la rivière. Pour d'autres, *Lui,* c'est le père de Rimbaud, et *Elle,* c'est sa mère. Les premiers surtout font preuve d'une belle ingéniosité. Le soleil disparaît derrière la montagne, ses rayons se brisent en mille anges blancs, l'eau devient froide et noire. Mais ils ne peuvent expliquer « le départ de l'homme ». Les seconds rendent compte aisément de cette formule, mais ne peuvent expliquer le reste. La difficulté devient moins grande si l'on a dans l'esprit la double démarche de Rimbaud. Il est parti d'une image de son enfance : sa mère, ses frère et sœurs au bord de la Meuse. Et il songe : le départ du père, de l'homme. La catastrophe irréparable. Devant l'enfant, le soleil qui se couche, et l'eau qui devient noire : image du père qui s'en est allé, et de la vie qui s'écoule, vouée à une tristesse définitive.

10. Les images maintenant se succèdent, toutes liées au

souvenir du fleuve, au souvenir de l'irréparable malheur : des joies, mais définitivement perdues, de l'activité, mais morte.

11. Si l'on admet ce qui précède, cette strophe ne fait pas de difficulté. Celle qui pleure, c'est toujours Mme Rimbaud, la véritable, non pas celle qu'a fabriquée la légende, mais celle qu'Arthur et Vitalie ont connue, et celle-ci n'écrivait-elle pas, en 1874 : « Maman est si triste, si renfermée... Je pense à Arthur, à sa tristesse, à Maman qui pleure... » Elle pleure aux pieds des remparts de Charleville. L'atmosphère est lourde, la vie semble arrêtée, les couleurs sont tristes.

Page 88.

a. bleue, amis *autographe. La correction a été faite par toutes les éditions. Nous corrigeons.*

1. C'est maintenant seulement que Rimbaud pense à lui-même. Ce passé a déterminé sa malheureuse vie. Quelques images, liées à la Meuse, en disent la tristesse. Il est un canot immobile, sur une surface d'eau boueuse et stagnante.

2. Deux fleurs sont évoquées ici pour leur valeur de symbole : la fleur jaune, du « souci d'eau » sans doute, et une fleur bleue. Si l'on se souvient que le *jaune* est lié au mariage, on en vient à penser que le bleu signifie la vie libre, et l'on traduit : la vie du foyer, qui m'importune, la vie libre qui a un goût de mort. On voudrait savoir ce qu'elles représentaient pour Rimbaud. De toute façon, dans sa vie manquée, elles disent ce qu'il ne peut pas atteindre.

Ô saisons, ô châteaux

États.

1. Autographe de la collection Pierre Bérès.
2. États imprimés : *La Vogue,* 21-27 juin 1886 ; *Illuminations,* 1886 ; *Le Reliquaire,* 1891 ; éditions de Berrichon.

Une Saison en Enfer (Délires II) contient ce poème sous une forme différente. Voir p. 111.

Texte adopté : l'autographe de la collection Pierre Bérès. Selon l'usage raisonnable des éditeurs, on a reproduit dans la présente édition les vers 15-19, qui figurent, mais barrés, dans l'autographe.

Un brouillon très raturé a été étudié, sur son fac-similé, par Bouillane de Lacoste (BL).

Cette pièce est une de celles qui ont prêté aux plus extravagantes divagations. Pour Rolland de Renéville, Rimbaud accède à la sagesse suprême de l'Inde, comme l'indique clairement le coq gaulois! Henry Miller a discerné dans ces vers « la joie de trouver Dieu ». Un commentateur récent se

déclare « déconcerté » devant certaines interprétations du coq gaulois, alors que ce coq « dérive clairement de l'Évangile » *(di chiara derivazione dai Vangeli)* et sert à dire les aspirations du cœur humain vers le bonheur *(palpiti del cuore umano verso la felicità).* Ces édifiantes exégèses se révèlent d'une haute drôlerie lorsqu'on étudie le texte de Rimbaud dans les états successifs que le brouillon a révélés.

Robert Goffin avait été le premier à discerner que le vers :

> *Que chante le coq gaulois*

avait un sens gaillard, et noté que le « coq gaulois » est une expression qui se retrouve couramment en Wallonie et dans les Ardennes. On aurait eu, à la rigueur, le droit de mettre en doute son explication. On ne l'a plus depuis que le brouillon a révélé les premiers états de ce texte. Rimbaud avait d'abord écrit :

> *Chaque nuit son coq gaulois*

Il se corrige et met sur le papier :

> *Je suis à lui chaque fois*
> *Si chante son coq gaulois.*

On se demande comment il aurait pu s'exprimer plus clairement. Mais les commentateurs, quand ils sont de belles âmes, négligent apparemment de lire les variantes.

Le sens du poème, dès lors, est clair. Il s'explique par l'explosion de joie sensuelle qui se produisit quand Rimbaud vécut de nouveau avec Verlaine. Rimbaud avoue qu'il se trompait quand il avait cru échapper à la séduction du plaisir le plus charnel. Il a cherché la définition du bonheur. Et voici qu'il le trouve, maintenant que Verlaine lui propose son désir. Il s'abandonne corps et âme. Il renonce à lutter.

b. Pas de titre sur l'autographe : Les éditions Berrichon intitulent ce poème Bonheur, *en se référant à un brouillon d'*Une Saison en Enfer. *Mais il semble que Rimbaud ait en réalité envisagé pour titre* Saisons *ou* Les Saisons. *On lit, raturé, sur le brouillon :* « C'est pour dire que ce n'est rien, la vie : voilà donc Les Saisons. »

c. Premier jet de BL :

> Les saisons, et châteaux
> Où court où vole où coule

Puis le vers 2 est refait :

> L'âme n'est pas sans défauts.

Puis les deux vers deviennent :

> Ô saisons ô châteaux
> Quelle âme n'est pas sans défauts ?

d. Premier jet de BL pour le vers 6 :

> Chaque nuit son coq gaulois

Puis Rimbaud le refait et pousse jusqu'au bout du vers 7 :

> Je suis à lui, chaque fois
> Si chante son coq gaulois.

*e. Un premier jet, pour les vers 8-9, dont le début est illisible
On peut lire :*

> rien! plus d'envie
> Il s'est chargé de ma vie.

f. Premier jet de BL :

> Et dispersa mes efforts

Rimbaud corrige :

> Je me crois libre d'efforts.

g. Premier jet de BL :

> Quoi comprendre à ma parole,
> Il fait qu'elle fuie et vole.

3. Pour les uns, les saisons, c'est la vie terrestre, les châteaux sont les châteaux de l'âme, dont sainte Thérèse a parlé. Pour d'autres, les saisons signifient le temps de la retraite, le temps d'une cure spirituelle. Mais d'autres, sans plus de bon sens, ont noté que la rue du Château, à Charleville, était, disent-ils, la rue des bordels. Une exégèse prudente a pensé que cette « ritournelle » ne réclamait pas d'explication. Le mystère n'est pourtant pas impénétrable. Rimbaud employait volontiers le mot *saison* pour dire la succession du temps. Il écrit par exemple : « Je veux bien que les saisons m'usent. » D'autre part, les châteaux sont très simplement les châteaux en Espagne, les bonheurs rêvés. Les deux premiers vers veulent donc dire, ô succession d'ambitions et d'entreprises, ô rêves hasardeux, faiblesse à laquelle j'ai cédé comme les autres hommes.

4. Il a fait l'étude du bonheur, il l'a trouvé, et ce ne sont pas les saisons et les châteaux.

5. Le thème du bonheur est une des grandes préoccupations de Rimbaud, et Delahaye l'avait noté. Rimbaud écrit dans *Alchimie du verbe* : « Le bonheur était ma fatalité, mon remords, mon ver. » Et encore : « Je vis que tous les êtres ont une fatalité de bonheur. »

6. Ce bonheur, c'est de s'abandonner à celui qu'il aime. Les vers suivants, qui sont sans mystère, disent les joies de l'abandon.

7. Celui qui lira ces vers ne comprendra pas, parce que

l'amour de Verlaine a transformé la parole de son ami. Elle est maintenant insaisissable.

Page 89.

   a. Premier jet de BL :

Ah! si le malheur m'entraîne.

   b. Premier jet, dans BL, *des vers 17-18* :

[C'est pour moi *raturé*]

   Remplacé par :

Il faut que son dédain, las!
[Soit pour moi *raturé*]
Me livre au plus prom[p]t trép[as]

   1. Les perspectives de cet amour, Rimbaud, tout entier à la joie présente, n'y pense pas. Ce qu'il sait seulement, c'est que si Verlaine venait un jour à le mépriser, il n'y résisterait pas. La mort est au bout.

Le loup criait

   Les éditeurs ont pris l'habitude, discutable, de placer dans le recueil des *Poésies* ces douze vers qui ne se lisent que dans *Une Saison en Enfer* (voir p. 109). On ne sait rien sur eux, mais il est visible qu'ils ont été écrits en mai-juin 1872. M. Pierre Petitfils (*Études rimbaldiennes*, 2, p. 51) considère comme très possible que ces vers aient fait partie d'une version plus complète et maintenant disparue de *Faim*. Il croit de toute façon qu'on a eu tort d'y voir un poème indépendant : c'est là le bon sens même.

Page 91.

UNE SAISON EN ENFER

   Une Saison en Enfer offre ce caractère particulier d'être la seule des œuvres de Rimbaud qu'il ait lui-même publiée. À une date que nous ne connaissons pas de façon précise, mais qui doit se situer à la fin d'août ou en septembre 1873, il se mit en rapport avec une maison de Bruxelles, l'Alliance typographique, association ouvrière qu'il avait peut-être connue lorsqu'il fréquentait les milieux démocratiques de Bruxelles. Elle était installée 37, rue aux Choux. Elle accepta d'éditer *Une Saison en Enfer* à compte d'auteur. Elle demanda seule-

ment une provision. Mme Rimbaud, nous dit-on, avait
consenti à faire les frais de l'édition. Son fils l'avait convain-
cue que l'œuvre allait assurer sa gloire. Elle versa l'à-compte
exigé, et l'impression commença au mois de septembre.
Cinq cents exemplaires furent tirés.

Au mois d'octobre, Rimbaud fit le voyage de Bruxelles. Il
descendit à l'hôtel Liégeois. Il reçut ses exemplaires d'au-
teur, et reprit sans tarder le chemin du retour. La police
le surveillait. Une de ses fiches porte : « Le 24 octobre, est
parti furtivement. »

Rentré en France, il eut soin d'envoyer des exemplaires
d'*Une Saison* à une demi-douzaine d'amis. Verlaine reçut le
sien dans la prison de Mons. Delahaye et Ernest Millot en
eurent un également. Parmi ses amis de Paris, Rimbaud n'en
retint que trois, Richepin, Forain et un troisième, dont nous
ignorons le nom.

Pour recevoir les 500 exemplaires imprimés, Rimbaud
aurait dû payer le solde des frais de l'édition. Pour une rai-
son inconnue, il ne le fit pas. Peut-être Mme Rimbaud ne
tint-elle pas sa promesse, mais peut-être aussi l'édition n'était-
elle pas tout entière prête à livrer lorsqu'il quitta Bruxelles.
Quelques semaines plus tard, il avait cessé de s'y intéresser.

L'édition resta dans les magasins de l'éditeur. En 1901,
un bibliophile belge, Léon Losseau, l'y retrouva par hasard.
Il en brûla soixante-quinze exemplaires détériorés et garda
le reste. Il révéla sa découverte à la Société des bibliophiles
belges le 12 juillet 1914. Il fit don d'un exemplaire à quelques
écrivains et à chacun des membres de la Société des biblio-
philes belges. Paterne Berrichon protesta inutilement.

Sur la date de composition, nous possédons une indication
qui, semble-t-il, devrait nous suffire. Elle nous est donnée
par Rimbaud lui-même. Il a eu soin, à la fin de son texte,
de mettre : *avril-août 1873*. D'autre part, Verlaine a dessiné
Rimbaud attablé devant un manuscrit, dans un *public house*
londonien, et il a donné à son dessin cette légende : « Com-
ment se fit la *Saison en Enfer*. » D'où l'on devrait conclure
que Rimbaud a particulièrement travaillé à son chef-d'œuvre
entre le 28 mai et le 8 juillet.

Mais beaucoup d'historiens ne veulent pas s'en tenir à
ces données très simples. Certains n'admettent pas la date
d'*avril-août*. Ils prétendent qu'*Une Saison en Enfer,* en aucune
de ses parties, n'est postérieure au départ pour Bruxelles le
8 juillet, ni, par conséquent, au drame de Bruxelles. Ils
n'imaginent même pas, en dépit du témoignage de Verlaine,
que Rimbaud ait pu travailler à Londres. Ils en concluent
que l'œuvre fut écrite à Roche, entre le 11 avril et le 25 mai.
D'autres acceptent l'idée que certaines parties furent écrites
après l'affaire de Bruxelles, mais refusent, eux aussi, d'ad-

mettre que d'autres parties puissent dater de Londres. Pour ceux-là, *Une Saison en Enfer* aurait été écrite entre le 11 avril et le 25 mai pour certaines de ces parties, après le 8 juillet pour les autres.

Ces discussions sur la chronologie seraient, prises en elles-mêmes, dépourvues d'intérêt. Mais la première, du moins, des deux hypothèses engage l'interprétation d'*Une Saison en Enfer*. Si l'œuvre fut écrite entre le 11 avril et le 25 mai, elle ne saurait contenir d'allusion à la crise de Londres et au drame de Bruxelles. Aux mots mêmes de « saison en enfer » il nous faudrait chercher un autre sens.

La difficulté est d'autant plus grande que nous sommes mal renseignés sur les projets littéraires de Rimbaud dans les premiers mois de 1873, et jusqu'au drame de Bruxelles.

Au mois de mai 1873, à Roche, il travaillait « assez régulièrement » à un ouvrage qu'il intitulait alors *Livre païen* ou *Livre nègre*. C'étaient, nous apprend une lettre qu'il écrivait à Delahaye, « de petites histoires en prose ». Il en avait dès lors composé trois. Il lui en restait une demi-douzaine à écrire. On admet généralement que ce *Livre païen* ou *Livre nègre* a été l'origine d'*Une Saison en Enfer*. Certains ont voulu préciser davantage. Ils ont soutenu que trois parties, dans *Une Saison,* à savoir *Mauvais sang, L'Impossible* et *Alchimie du verbe,* seraient les trois textes déjà composés dont Rimbaud parlait dans sa lettre à Delahaye. Mais l'arbitraire de cette hypothèse saute aux yeux, et l'on voit mal comment le poète aurait appelé ces trois parties « de petites histoires en prose ». On voit très bien, on verra surtout, à mesure que nous avancerons dans le texte d'*Une Saison en Enfer,* que Rimbaud a utilisé pour l'œuvre définitive des fragments, et pour ainsi dire des résidus de ses premières ébauches. C'est en ce sens-là seulement qu'*Une Saison* est l'aboutissement du *Livre nègre* ou du *Livre païen.*

Devant tant d'incertitudes, la saine méthode est d'étudier *Une Saison en Enfer* partie par partie, de fixer pour chacune d'elles la pensée qui a inspiré Rimbaud, d'éviter toute vue systématique. C'est le texte même qu'il est nécessaire d'interroger.

Telle qu'elle se présente, succession de proses en apparence au moins différentes d'intentions et peut-être de dates, *Une Saison en Enfer* ne manque pourtant pas d'une grande idée qui en lie toutes les parties. Elle est le récit du drame qui a bouleversé la vie de Rimbaud et qui a failli le mener à la mort ou au crime. Il avait autrefois adopté une attitude joyeuse devant la vie. Puis il a préféré le refus de toutes les valeurs, l'évasion hors de la réalité. Il s'est donné à l'enfer. Mais il s'est un jour réveillé. Il acceptera la vie, ses tâches. Il est rendu au sol.

Cet itinéraire, Rimbaud le décrit d'abord dans le prélude. Puis *Mauvais sang* veut expliquer par suite de quelles servitudes cette âme née pour le bonheur a été entraînée hors de sa voie ; et de ces servitudes, l'hérédité est la plus lourde. Ce n'est pas impunément qu'un homme est de la race asservie, et que ses ancêtres ont fréquenté les sabbats ou parcouru l'Europe à l'époque des Croisades. Il est un être primitif, et tout ordre social lui sera toujours étranger.

Après *Mauvais sang*, Rimbaud racontait sa *Fausse conversion*, la crise où il avait découvert qu'il ne pouvait plus être un vrai païen, et que tout le passé de sa race le livrait aux tentations du mysticisme. Quand il publia *Une Saison*, il remplaça ce titre de *Fausse conversion* par cet autre, volontairement moins précis, *Nuit de l'enfer*, mais la signification reste la même. De cette période infernale, Rimbaud nous rapporte quelques pages de son carnet de damné. Il les intitule *Délires*, car il sait qu'alors il a sombré dans la folie.

Délires marque le point culminant d'*Une Saison*. Quelques proses nous disent ensuite le retour progressif à la raison, parmi les tâtonnements, les erreurs, les désespoirs. *L'Impossible*, c'est le rêve de l'Orient et de la sagesse qu'il propose, ce sont les chimères de la Science et des religions. *L'Éclair*, c'est l'idée que tout est vain, l'évasion dans les rêves, la révolte, les mysticismes. Après tant de rechutes dans le désespoir, les perspectives pourtant s'éclairent peu à peu, et c'est la pensée qui se dégage de *Matin*. Dans le désert et la nuit, les yeux de Rimbaud restent fixés sur l'étoile.

La fin du drame, c'est *Adieu* qui nous l'apprend. Cette fois, la route est retrouvée. Plus de mysticisme, plus d'ambitions et de chimères. Rimbaud a compris sa vraie loi. Fils de paysans, il est rendu au sol. Il a un devoir à remplir, qui est sa tâche de chaque jour, humble et sérieuse. Le combat est fini, et l'aurore se lève.

Sur les brouillons d'*Une Saison en Enfer*, voir p. 1026.

Page 93.

*****

L'ensemble des commentateurs considère comme évident que ce prélude a été écrit après le drame de Bruxelles. Ils en voient la preuve dans cette phrase : « Or, tout dernièrement, m'étant trouvé sur le point de faire le dernier *couac*... » Contre cette explication communément admise, M. Ruff (*op. cit.*, p. 162-163) fait valoir qu'elle reste incertaine. Il rappelle qu'au dire de Paterne Berrichon, Rimbaud, à Londres, se crut menacé de congestion et qu'il entra à l'hôpital. C'est par cette maladie, et non par le coup de revolver de Bruxelles, que M. Ruff explique la phrase de Rimbaud. Il va de soi que

son hypothèse ne s'impose pas. Mais elle ne peut pas non plus être tenue pour négligeable. Elle suffit à enlever toute certitude à l'opinion contraire.

En fait, pour l'intelligence du prélude, cette question de chronologie n'est d'ailleurs pas absolument essentielle, car dans les deux hypothèses Rimbaud retrace l'itinéraire qu'il a parcouru dans les dernières années. Attitude joyeuse d'abord devant la vie. Puis le refus de la beauté. Puis encore, révolte contre l'ordre social. Fuite et refus de l'espoir. Et voici que tout dernièrement (que ce soit à Londres ou à Bruxelles), il s'est senti tout près de renoncer à la révolte, de goûter à nouveau au festin ancien. Mais il s'est bientôt réveillé. Il appartient à Satan, il est et il restera hyène. Le livre qu'il a écrit, ce sont des pages de son carnet de damné.

1. Rapprocher de cette phrase, dans *Matin* : « N'eus-je pas une fois une jeunesse aimable, héroïque, fabuleuse, à écrire sur des feuilles d'or, — trop de chance! »

2. Allusion à la révolte de Rimbaud contre l'esthétisme des poètes en 1871, soit plutôt contre toute poésie de la forme, au début de 1872.

3. La justice est ici synonyme de l'ordre social.

4. La sorcière est, pour Rimbaud, le symbole de l'être que l'ordre social a condamné. Il doit vraisemblablement ce thème au livre de Michelet intitulé *La Sorcière*.

5. Il semble que Rimbaud pense assez précisément à la crise de mai 1871, quand il a cultivé l'abjection.

6. On se risquerait à dire, sans aucune certitude d'ailleurs, que ce printemps est peut-être celui de 1872, quand Rimbaud écrit des poésies balbutiantes, que nous admirons tant, mais que maintenant il méprise.

7. Qu'il s'agisse de Londres ou de Bruxelles, Rimbaud parle ici d'un séjour à l'hôpital. Dans *L'Éclair*, il a écrit : « Sur mon lit d'hôpital, l'odeur de l'encens m'est revenue si puissante... »

8. Exemple d'un mouvement que Rimbaud a renouvelé souvent dans *Une Saison* : deux phrases dont la seconde anéantit, pour ainsi dire, la première, et sans que rien indique cette volte-face.

9. Ces mots doivent être pris dans toute leur force. Rimbaud choisit la révolte, il veut la satisfaction de ses appétits, de son égoïsme, il accepte pleinement le péché. Il y gagnera la mort.

10. Il ne faut naturellement pas imaginer que ce Satan soit Verlaine.

11. On est allé jusqu'à penser que cette phrase confirmait l'absurde hypothèse que Satan, c'est Verlaine, puisque celui-ci n'approuvait pas la poésie descriptive ni la poésie didactique. Mais la poésie descriptive suppose l'acceptation de la vie,

la poésie didactique repose sur la réalité des valeurs morales. Rimbaud, et Satan son maître, sont ceux qui disent *non*. Verlaine n'y est vraiment pour rien.

Page 94.

MAUVAIS SANG

Il semble que ce long poème ait été composé le premier. Ignorant ce que pouvait être le *Livre païen* ou le *Livre nègre,* nous ne saurions affirmer que *Mauvais sang* en est formé. Mais il apparaît clairement, à la lecture, que Rimbaud en a au moins repris certains thèmes, et qu'il a même inséré dans sa nouvelle œuvre des pages empruntées à celle qu'il avait d'abord commencée. On serait même tenté d'interpréter *Mauvais sang* comme la reprise, sous une forme d'ailleurs différente, du thème païen d'abord, et c'est lui qui aurait inspiré les quatre premières parties. Puis Rimbaud l'aurait étoffé en y insérant des pages où il avait traité le thème *nègre,* et ce serait là l'origine des Vᵉ, VIᵉ et VIIᵉ parties, tandis que la VIIIᵉ serait seulement la conclusion de l'ensemble [1].

[1]

Les deux premières parties de *Mauvais sang* sont marquées par le souvenir de Michelet. Rimbaud a lu chez l'historien illustre l'explication de la France par l'existence d'une race conquise, attachée profondément à la terre et fidèle à une religion millénaire que le christianisme n'a pas réussi à détruire. Il y a trouvé, beaucoup mieux, l'explication de sa propre nature. Il a compris qu'il devait aux Gaulois, en même temps que ses yeux bleus, ces vices qu'il portait en lui et qu'il savait bien qu'il ne s'était pas lui-même donnés. Il leur devait son besoin d'aller sur les routes. Il sentait vivre en lui ces hommes du Moyen Âge qui avaient fait les Croisades et conquis l'Orient. Il leur devait cette tendance au mysticisme et cette attirance vers Satan, dont il ne pouvait se défaire : héritage de ses aïeux, de ces hommes de la race inférieure, qui s'attendrissaient sur le Crucifié, qui rêvaient de la Vierge Marie, mais qui hantaient aussi les sabbats.

1. Rimbaud observait en lui ce goût de la perfidie. Dans *Honte,* l'enfant gêneur

---

1. Il importe de préciser que dans l'édition d'*Une Saison en Enfer,* les parties de *Mauvais sang* ne sont pas numérotées. Mais elles sont marquées par des divisions très nettes. C'est en ce sens, et pour la commodité, que l'on parle ici de Vᵉ, VIᵉ, VIIᵉ et VIIIᵉ parties.

> *Ne doit cesser un instant*
> *De ruser et d'être traître.*

2. Il va de soi que Rimbaud veut dire : il a compris les
lois qui font agir les peuples d'Europe.

[II]

Après avoir décrit son propre caractère, Rimbaud évoque
le passé qui l'explique. Puis, dans les dernières lignes, il se
place en face du monde nouveau qui est en train de naître.

3. Rimbaud ne veut pas dire qu'il est sans rapport avec
le passé de son peuple, puisqu'il s'attache à prouver le
contraire. Ce qu'il veut dire, c'est qu'aucun notable, aucun
homme digne d'être nommé ne figure parmi ses ancêtres.

4. Rimbaud ne comprend pas la révolte, en ce sens qu'il
ne peut imaginer qu'on lutte pour créer un ordre nouveau.

Page 95.

1. Voilà ce qui peut-être éclaire, dans *Entends comme brame...*,
les vers sur les « chers Anciens » associés à l'idée de Sicile
et d'Allemagne, les routes des Croisés.

2. Jérusalem.

3. Passage à une idée différente : le monde moderne, c'est
la démocratie, le règne de la raison, le nationalisme, le
triomphe de la Science.

4. Les nouvelles valeurs se sont substituées aux anciennes.
Pour le corps, la médecine a pris la place des remèdes de
bonnes femmes. Pour l'âme, au lieu du viatique et des chan-
sons populaires arrangées, on a la philosophie.

5. La vie de l'esprit était jadis divertissement des princes.
Maintenant, elle est la Science, accessible à tous.

[III]

Dans ce monde moderne, Rimbaud aurait pu croire qu'il
trouverait sa place. Il ne l'a pas trouvée. Il lui reste à partir
pour de grands voyages, à vivre parmi des peuples primi-
tifs. Quand il en reviendra, il sera assez fort pour dominer.
Il sera sauvé.

6. Dans la civilisation moderne, il ne reste rien de l'esprit
du Christ, rien de l'Évangile. Il sera difficile à Rimbaud de
s'y faire une place. C'est dire que *hélas* n'est absolument
pas ironique, comme certains ont été tentés de le penser.

Page 96.

1. Il est frappant de voir, dessinée à l'avance, la fin de la
vie de Rimbaud : les pays lointains, l'or gagné, le retour
du féroce infirme.

[iv]

Rimbaud avait annoncé un grand départ. Et voici qu'il ne part pas. Il ne peut pas se libérer. Il ne sait quel sens donner à sa vie. Il se sent porté au crime et soulevé pourtant vers les hauteurs de la perfection et de la charité. Il n'est que déchirement impuissant.

Nous possédons le brouillon d'une première ébauche de cette quatrième partie de *Mauvais sang*. Les différences, on le constatera plus loin, sont grandes. Elles permettent pourtant de retrouver l'idée profonde qui anime le texte définitif : l'enlisement, l'acceptation de l'impuissance et de la défaite.

2. *On ne part pas.* Ces mots ne figurent pas sur le brouillon. Ils ont été sans doute ajoutés pour assurer la liaison entre III et IV, et marquer qu'après les perspectives de départ (III), le damné renonce (IV).

3. Des commentateurs ont cru que ce vice, c'était la pédérastie. Le contresens semble certain. Le vice que Rimbaud traîne depuis son enfance, c'est le conflit, en lui, de la révolte et de la timidité, l'attirance simultanée vers l'innocence et vers le mal sous toutes ses formes. C'est ce conflit qui explique ses dégoûts et l'hypocrisie dont il vient de nous parler. Il ne peut les supprimer en lui. Mais il ne veut pas les porter au monde.

4. À partir du moment où la révolte aussi bien que la charité sont impossibles, il ne lui reste qu'à traîner sa vie comme les hommes d'une caravane se traînent dans le désert.

5. La voie du crime s'offre à lui, celle du sacrilège, de la cruauté, du mensonge, celle du meurtre même.

6. Mais il faut se garder de la justice des hommes, se soumettre dans l'abrutissement.

7. Il semble qu'il faille comprendre : avec une vie si dure, on a du moins l'avantage de ne pas vivre vieux. Avec tant d'abrutissement, on ne court pas ce danger.

8. À ce moment, Rimbaud affirme, au milieu de son état de délaissement, la permanence de ses élans vers la perfection, la permanence de sa charité. Il a soin d'ailleurs d'ajouter aussitôt : *ici-bas pourtant,* afin d'écarter le malentendu trop aisé à prévoir. Il ne s'agit pas pour lui d'un retour aux croyances religieuses.

9. Mais le ricanement revient. Cet élan vers la charité n'est que bêtise.

[v]

Dans cette partie, splendide entre toutes, Rimbaud rappelle les rêves de hors-la-loi qui peuplèrent son enfance; il rappelle son voyage à Paris en février, le froid, l'atroce dénûment. Puis il évoque les incendies de Paris pendant la

Semaine sanglante. Il se représente face aux pelotons d'exécution durant l'épouvantable répression.

À cet endroit apparaît l'idée qu'il est de la race de Cham, qu'il est un nègre en face des Blancs qui débarquent pour conquérir le pays. Souvenir certain du *Livre nègre*, mais il est naturellement impossible de déterminer le rapport entre le projet ancien et le texte de *Mauvais sang*.

Cette présence d'éléments étrangers à l'œuvre définitive explique qu'il soit difficile d'accorder toutes les parties de *Mauvais sang*. Dans la première, le Maudit était un Gaulois à l'œil bleu, et maintenant il est nègre.

Page 97.

1. Voilà l'idée profonde de Rimbaud. Il est celui qui n'adhère pas aux valeurs de la société. Sa gloire est toute en lui. La raison qui le dirige, c'est *sa* raison.

2. Rimbaud évoque ici son voyage à Paris, à la fin de février 1871. Il y avait connu une atroce misère, ne mangeant guère, couchant sur les quais et dans les péniches. Quand il rentra à Charleville, vers le 10 mars 1871, il était déguenillé, atteint d'une forte bronchite. Sa mère dut le soigner.

3. Il est difficile de ne pas voir ici une évocation de la Semaine sanglante. Dans l'état actuel de nos connaissances, il faut admettre que Rimbaud n'a pas vu ce spectacle et qu'il s'inspire des descriptions des journaux. Si l'on se refuse à cette explication, il reste à penser que Rimbaud voit, dans une sorte d'hallucination, une grande capitale moderne, à la manière de Londres ou de Paris, dont les lumières et les richesses flamboient comme un incendie. Il est exact, de toute façon, que c'est ainsi qu'il se représentait les grandes villes. Il évoque dans *Adieu* une « cité énorme au ciel taché de feu et de boue ». Et dans *Enfance :* « La boue est rouge et noire. »

4. Les journaux d'inspiration ou de sympathies communardes décrivaient les insurgés face aux pelotons d'exécution, et qui s'efforçaient d'ouvrir les yeux aux soldats qui allaient les fusiller.

5. Les magistrats et les généraux sont de faux nègres en ce sens que ce sont des nègres déguisés en blancs. Beaucoup plus tard, dans une lettre du 25 février 1890, Rimbaud parle des « nègres blancs des pays dits civilisés ».

6. *Empereur, vieille démangeaison.* Cette expression est à première vue étonnante. En réalité, elle vient directement de Victor Hugo. Dans *Eviradnus,* un paladin disait :

> *Est-ce que tu n'as pas des ongles, vil troupeau,*
> *Pour ces démangeaisons d'empereurs sur ta peau.*

Les hiérarchies sont des démangeaisons du corps social. Si

les hommes sont autre chose qu'un vil troupeau, qu'ils se grattent!

7. Mais le peuple est incapable de se révolter. Il est fait pour être exploité. À un homme comme Rimbaud, il n'existe d'autre solution que de quitter l'Europe.

8. *J'ensevelis les morts dans mon ventre,* je reviens au cannibalisme. *Plus de mots,* j'entre dans un monde si primitif que le langage humain y est inconnu. Rien que des cris et des danses.

Page 98.

[VI]

Mais ce monde antérieur à la civilisation est conquis. Les blancs débarquent. Rimbaud est tout prêt à adhérer à l'ordre nouveau. Il ne se sent pas coupable de son passé. Il envisage l'avenir avec une sorte de sérénité désespérée.

Il est bien évident que cette attitude d'acceptation et même d'adhésion ne représente qu'un moment dans l'itinéraire que décrit *Une Saison en Enfer.* Rimbaud ne s'y fixera pas. Mais il serait trop simple de ne voir dans cette VIe partie qu'une parodie de la conversion.

1. Rimbaud, non pas converti, mais placé en face de la conversion, voit les raisons qu'il a de ne pas s'en effrayer. Il n'a pas fait le mal, il n'est pas le fils de famille qui revient humblement et se soumet.

2. Pour celui qui accueille l'amour divin, la nature même change d'aspect. Elle est un spectacle de bonté.

3. Sauvé, il pense à ses amis. Il leur souhaite, à eux aussi, le salut.

[VII]

Contrairement à ce qu'on pourrait croire d'abord, Rimbaud ne revient pas en arrière, et n'abjure pas ce qu'il vient de dire dans la VIe partie. Sa maladie, c'est-à-dire sa complaisance pour l'ennui, est vraiment guérie, et il s'est débarrassé de ses folies. Mais il regarde en face la situation nouvelle. Il n'accepte pas de s'abaisser. Il n'adhère pas à un christianisme où Jésus-Christ jouerait le rôle ridicule de beau-père. Il n'accepte même pas d'être prisonnier de sa raison. Il veut le salut. Mais il veut être libre. Il restera donc hors de l'ordre social, étranger à ses valeurs. Ni famille, ni travail, ni action. Tout cela n'est que farce. Que les autres jouent ce jeu-là!

4. Il ne suffit pas de dire que l'ennui fut, dès son enfance, la maladie de Rimbaud. Sa vraie maladie, c'était la complaisance pour l'ennui, pour l'échec, pour toutes les défaites.

5. Rages, débauches, folie, sont bien évidemment les mots qui résument le mieux l'expérience de Rimbaud entre

le mois de mai 1871 et le mois de mars 1872. Il connut de beaux élans. Mais le résultat, ce fut le désastre.

6. Rimbaud regarde froidement ce redressement qui s'est fait en lui. Il écarte les fausses interprétations.

Page 99.

1. Ce n'est pas une humble contrition, ni le christianisme ordinaire.

2. Ce n'est même pas une obéissance à la raison. Il a dit *Dieu*, et ce n'est pas la même chose. Ce qui lui paraît solide, c'est quelque chose en lui qui n'est pas acceptation et qui est *sa* raison. Elle comporte le mépris des autres valeurs. Elle comporte la *charité*.

3. Les saints, les forts, les solitaires, le monde présent n'en veut plus puisqu'ils prétendent ne pas être comme la foule médiocre.

[VIII]

Cette VIIIe partie faisait corps dans le brouillon avec la IVe, si bien qu'on est amené à penser que les Ve, VIe et VIIe parties ont été ajoutées ensuite. Ces notations, incohérentes à première vue, s'éclairent un peu si l'on imagine que celui qui parle se trouve dans les rangs d'une troupe qui marche à l'ennemi, et l'on pense aux combats de la Commune. Rimbaud est faible au milieu de ces hommes courageux. Il lui reste à demander à l'ennemi de tirer sur lui, ou bien encore à se jeter à terre sous le pas des chevaux.

La défaite est venue. La paix ignoble est rétablie, la paix française. Il faudra s'y habituer.

NUIT DE L'ENFER

Quelques difficultés que puisse présenter *Mauvais sang*, quelles que soient les obscurités d'une œuvre où Rimbaud s'attache à donner l'image d'une succession de soubresauts, de révoltes et d'apaisements, il en ressort du moins cette conclusion certaine que lorsqu'il écrivit ces pages, à son retour dans les Ardennes en avril 1873, il n'était plus l'athée forcené qu'il avait été dans les années précédentes. Son athéisme pouvait rester aussi ferme. Il n'excluait plus une certaine attitude religieuse, et Rimbaud reconnaissait la présence en lui d'une sorte de mysticisme profond hérité de ses aïeux. Cette évolution s'éclaire de façon singulière si l'on se souvient qu'à Londres, dans les semaines qui précédèrent leur retour sur le continent, Verlaine et Rimbaud avaient été sollicités par des préoccupations nouvelles. Il y eut alors une véritable « première conversion » de Verlaine, et Rimbaud n'avait pu

rester indifférent à cette transformation qu'il observait chez son ami.

Nous sommes ainsi à même de mieux comprendre la présence d'une inquiétude religieuse dans *Mauvais sang,* et surtout la signification de la *Nuit de l'enfer* qui le suit.

Cette *Nuit de l'enfer,* il l'avait d'abord intitulée *Fausse conversion,* et ce titre dit mieux à quelle péripétie de sa vie ce poème correspondait. Après une période de calme, à Roche, en avril, il est reparti pour Londres avec Verlaine. Et ce fut l'affreuse rechute. La première rédaction disait : « Je recommence l'existence enragée, la colère dans le sang, la vie bestiale, l'abêtissement, le malheur. » Les historiens qui imaginent que cette « fausse conversion » se situe à Bruxelles, en juillet, après le coup de revolver, sont bien embarrassés pour expliquer cette rechute. Le texte est clair dès qu'on admet que Rimbaud évoque maintenant les semaines infernales de Londres. C'est que Rimbaud a été profondément gâté par le vice qu'il a cultivé depuis 1871 et surtout depuis qu'il a rencontré Verlaine. Il a avalé une trop forte gorgée de poison. Des critiques se sont interrogés sur le sens de cette phrase, la première de *Nuit de l'enfer.* Elle n'offre aucun mystère lorsqu'on l'a replacée dans le mouvement général d'*Une Saison.* Cette gorgée de poison, c'est la morale de la cruauté, de la révolte, c'est la culture de tous les vices, dont il s'était fait un système et qui l'avait mené à un si cruel désastre.

Il avait entrevu, à Londres, la conversion. C'étaient, dans son âme, des visions de force et de paix, la figure de millions de créatures charmantes. Et maintenant, c'est la honte, c'est le crime pressenti et accepté. Il a sans aucun doute, pendant ces affreuses semaines, prévu qu'il commettrait un crime, et cette idée ne l'a pas effrayé. Il voyait, dans le meurtre et dans le châtiment qui suivrait, un moyen de se détruire : « Un crime, vite, écrit-il, que je tombe au néant, de par la loi humaine. » Ce qui éclaire une phrase de *Délires :* « On me coupera vraiment le cou ; ce sera dégoûtant. »

De cette chute, Rimbaud rendait Verlaine responsable. Certaines phrases de *Nuit de l'enfer* nous invitent à deviner que le Damné s'en prend à son compagnon. Elles sont plus nettes dans la première rédaction. Rimbaud disait alors : « Ce sont des erreurs qu'on me souffle à l'oreille, les mysticismes, les parfums faux, les musiques naïves. » Comment ne pas voir que ces musiques naïves sont celles de Verlaine ; que ces parfums faux correspondent au goût du poète des *Romances sans paroles,* que ces mysticismes sont ceux de *Crimen amoris* et des poèmes que compose alors le futur auteur de *Sagesse?*

La *Nuit de l'enfer* donne une impression de chaos et de

désespoir. Ce sont des phrases incohérentes, des cris. Certitudes de vérité et hallucinations. Rêve de dompter la vie, et rêve de s'en évader. Voix de Satan qui ricane. Et toujours cette idée que la notion de péché, inculquée dès l'enfance, est la cause de tout ce mal. « L'enfer ne peut attaquer les païens. » À la fin, l'aveu de la défaite, le retour à l'abjection. « C'est le feu qui se relève avec son damné. »

4. Il est beau de voir le nombre d'explications qui ont été données de ce poison. Pour Delahaye, il s'agit d'un grand verre d'alcool avalé après le coup de revolver à Bruxelles! Pour tel interprète, c'est le poison du doute; pour tel autre, c'est « la coupe d'ignominie ». En fait, c'est la présence en lui des voix qui l'appellent vers la mort. Ce sont les forces mauvaises qui ont provoqué l'affreuse rechute, et qui le rendent à l'Enfer. Si Rimbaud les compare à un poison qu'il a avalé, c'est qu'elles ont été déposées en lui, qu'elles lui viennent du dehors, et que son tort a été de les accueillir.

Page 100.

1. Satan n'est certainement pas Verlaine. C'est, dans l'âme de Rimbaud, la voix qui lui dit que sa colère est sotte, que le feu, né du remords, qu'il éprouve, est ignoble.

2. Ces mots en italiques se retrouvent, de façon textuelle, dans un dixain de Verlaine intitulé *Lunes,* qu'il a recueilli dans *Parallèlement.* Ce fait pose un curieux problème, que M. Pierre Petitfils s'est appliqué à éclairer dans un très intéressant article de *Bateau ivre,* n° 16, juillet 1962. À s'en tenir aux dates respectives d'*Une Saison en Enfer* et de *Lunes,* il ne semble pas douteux que Verlaine s'est souvenu de la phrase de Rimbaud. Mais M. Petitfils fait observer que Rimbaud met ces mots en italiques et que Verlaine ne le fait pas. Or on sait fort bien qu'une citation, si elle n'est pas entre guillemets, s'imprime en italiques. Il faut donc raisonnablement penser que c'est Verlaine qui a précédé, et Rimbaud qui a suivi et cité. Cet argument est, en fait, décisif. Mais l'obscurité demeure sur la date où Verlaine a écrit ce vers et où Rimbaud l'a connu. On ne saurait faire à ce sujet que des hypothèses très incertaines.

3. À partir d'ici, on a l'impression que la nuit de l'enfer est une nuit d'hallucinations. Rimbaud va nous les dire. Mais il n'est pas possible de rien trouver dans son texte qui nous permette de savoir dans quelle mesure ces hallucinations sont provoquées ou spontanées. Du moins nous devinons qu'elles correspondent à quelque chose que Rimbaud possède depuis son enfance, à des forces profondes contre lesquelles il ne peut rien.

Page 101.

1. Delahaye nous apprend que les paysans de la région de Vouziers appellent le diable Ferdinand.

2. Souvenir de l'Évangile : Jésus marchant sur les eaux. Un commentateur pense que si Rimbaud parle de la « lanterne », c'est parce que saint Jean nous dit qu'alors il faisait nuit. Il est plus probable qu'il s'agit de la lanterne magique, et que c'est avec la lanterne magique que cette scène fut montrée au petit Rimbaud.

3. Des commentateurs pensent que cet anneau pourrait être celui des *Nibelungen*. Mais le jeu qui consistait à aller chercher un anneau au fond de l'eau est très connu.

4. Son château, sa Saxe, ses bois de saules, ce sont les rêves de son enfance. Il y songe avec mélancolie. C'était la vie. Il était heureux.

Page 102.

DÉLIRES

I. VIERGE FOLLE

L'époux infernal.

Cette partie d'*Une Saison en Enfer* a été longtemps considérée comme le témoignage le plus important que nous ayons sur la liaison de Verlaine et de Rimbaud. On admettait communément que la Vierge folle représentait Verlaine, et que l'Époux infernal désignait Rimbaud. Il est probable qu'on avait tort.

L'ouvrage récent de M. Ruff a excellemment montré les faiblesses de cette explication. Il en a proposé une autre. À l'en croire, la Vierge folle est l'âme du premier Rimbaud, « soumise et tournée vers Dieu », et qui est maintenant « entraînée par le Rimbaud libéré, devenu pour elle l'Époux infernal ». Il semble que les objections faites par M. Ruff à l'interprétation courante soient décisives. Le conflit de la Vierge folle et de l'Époux infernal est, comme il pense, un conflit intime dans l'âme de Rimbaud. Mais il est permis de croire que ce conflit n'est pas simplement entre l'élan vers Dieu et l'attrait du péché. Ce ne sont pas les notions traditionnelles de la morale religieuse qui peuvent l'éclairer.

Il convient de se rappeler exactement la parabole des Vierges sages et des Vierges folles (Matth., xxv, 1-13). Celles-ci, parties chercher de l'huile pour leurs lampes, sont revenues trop tard. La porte de la salle où a lieu le festin reste fermée, et l'Époux ne les laisse pas entrer. La lecture des premiers paragraphes de *Vierge folle* prouve que Rimbaud a le texte évangélique présent à l'esprit. La Vierge

folle s'adresse au divin époux. Elle lui demande pardon. Elle
souffre. Et c'est alors seulement qu'apparaît le thème de
l'Époux infernal, qui n'est pas dans l'Évangile. La Vierge folle
ne s'est pas simplement éloignée de la salle du festin. Elle
est devenue l'esclave de l'Époux infernal.

La parabole n'a donc fourni que le point de départ. Main-
tenant Rimbaud se détache du texte évangélique. Il va déve-
lopper l'idée de la possession de la Vierge folle par l'Époux
infernal. De celui-ci, il donne une image si forte, il nous
impose à tel point sa réalité, que l'on comprend l'erreur des
anciens interprètes. Il parle de lui comme si cet être satanique
pouvait le quitter pour aller en séduire d'autres. Il tremble
à cette pensée parce qu'il sait bien que si ce mauvais génie
est son bourreau, il est aussi celui sans qui il ne pourrait
vivre. Il parle de lui comme s'il était *en lui*, et non comme
s'il était *lui*.

Mais nous comprenons bien que l'Époux infernal et la
Vierge folle signifient en réalité les deux voix qui parlent
dans le cœur de Rimbaud. La Vierge folle — qui déjà dans
la parabole évangélique est surtout la Vierge imprudente —
c'est l'âme faible et tendre que Rimbaud porte en lui, c'est
cette âme d'enfant qui ne songerait pas à se révolter, qui
ne rêve pas à l'impossible, qui se soumet aux servitudes de
la vie. L'Époux infernal s'est présenté à elle comme un enfant
aux délicatesses mystérieuses. Il l'a invitée à le suivre hors
du monde. Il lui a enseigné à ne pas aimer les femmes, à dédai-
gner l'amour tel que les hommes vulgaires le comprennent.
Car il n'est pas le génie du Mal, mais celui du Bien et du
Mal tout ensemble. Il rêve d'une humanité nouvelle, il exalte
le crime aussi bien que la charité, l'abjection aussi bien que
la plus parfaite pureté. Il n'est pas plus le Mal que la Vierge
folle n'est le Bien. Mais un gouffre s'ouvre devant une âme
qui ne rêvait que de paix et d'innocence. Le gouffre des pro-
fondeurs infinies, qui appellent l'être humain à tout ce qui
est « au-delà », à tout ce qui dépasse l'homme, et par consé-
quent le détruit.

Il est naturellement impossible de décider à quel moment
Rimbaud a écrit cette première partie de *Délires,* si ce fut
avant ou après le coup de revolver de Bruxelles, à Londres
en juin, ou à Roche à la fin de juillet 1873. On peut cependant
penser que selon les plus grandes vraisemblances, il composa
cette partie d'*Une Saison* avant le drame de juillet.

1. M. Ruff fait observer à bon droit que dans l'édition
originale, *Vierge folle* est imprimé en grands caractères, puis,
plus bas et séparé par un trait, *L'Époux infernal,* en caractères
plus petits. Cette disposition rend difficile d'admettre que
la Vierge folle soit Verlaine.

2. La Vierge folle est compagnon d'enfer parce qu'elle

s'eſt laissée entraîner et que maintenant elle eſt damnée.

3. Il eſt déconcertant qu'en présence de ces mots *je suis soûle,* des commentateurs aient pu y voir une allusion à l'ivrognerie de Verlaine, comme s'il ne s'agissait pas évidemment d'une âme gorgée de désespoir et de péché.

4. Au milieu de son désespoir, la Vierge folle affirme encore qu'elle était née pour une vie d'innocence, et qu'un jour elle la retrouvera.

5. *Mes amies,* ce sont les autres Vierges folles. Dans ce début de son texte, Rimbaud se tient encore assez près de la parabole évangélique. Puis il se reprend. Les autres Vierges folles ne sont pas ses amies, son drame eſt unique.

6. Ici, le préambule se termine, et l'Époux infernal apparaît. Il eſt le démon qui a perdu les Vierges folles. Comment serait-ce Verlaine?

7. À prendre cette phrase à la lettre, nous tenons la réponse à la queſtion sur laquelle les commentateurs se sont livrés à tant de divagations : cet Époux infernal, ce n'eſt pas un spectre ni un fantôme, c'eſt *moi!* nous dit Rimbaud, moi qui ai perdu la sagesse et qui suis damné.

Page 103.

1. Il convient d'avouer que ce mot de *veuve* pourrait faire penser à Verlaine, et à ses futurs *Mémoires d'un veuf.* Mais le rapprochement ne s'impose pas. La Vierge folle eſt veuve parce qu'elle a perdu le Divin Époux.

2. Cette idée que l'amour eſt à réinventer eſt une idée de Rimbaud, du Rimbaud révolté qui a entrepris de changer la nature humaine.

3. À partir du moment où l'on eſt persuadé que l'Époux infernal et la Vierge folle traduisent le conflit qui déchire l'âme de Rimbaud, nous cessons de voir ici une évocation des nuits de Verlaine et de son ami à Londres.

4. Ces lignes ne sont pas seulement magnifiques et bouleversantes. Elles fixent le sens de toute cette partie d'*Une Saison.* L'Époux infernal, ce n'eſt pas la voix du Mal, c'eſt le refus d'accepter la condition humaine, et ce refus se traduit par une sympathie profonde pour les vaincus de la vie, par l'attendrissement devant toutes les misères.

Page 104.

1. Cette phrase eſt sans doute l'argument le plus fort que puissent alléguer ceux qui voient en Rimbaud l'Époux infernal. Verlaine n'a-t-il pas écrit dans *Vers pour être calomnié :*

> *Ce soir, je m'étais penché sur ton sommeil?*

Mais il eſt légitime de voir dans ce bouleversant passage

de *Délires* l'expression poétique du drame de Rimbaud, de ce dédoublement qui lui fait voir, à ses côtés, un être qu'il ne comprend pas, qui reste pour lui une énigme.

2. Le dédoublement continue de s'exprimer comme si deux êtres se trouvaient l'un en face de l'autre. Rimbaud imagine que les deux compagnons qu'il porte en lui s'accordent un moment.

Page 105.

1. Mais cet accord ne peut durer. L'Époux infernal veut toujours aller *au-delà*.

2. La Vierge folle se souvient de ses lectures d'enfant dans les livres d'aventures lointaines. L'Époux infernal devrait lui donner cette vie libre dont elle rêvait.

3. Le double aspect du Rimbaud révolté, l'attendrissement et le ricanement sont ici juxtaposés. Il est trop simple de ne voir dans l'Époux infernal que la fureur. C'est encore se révolter que de s'attendrir sur les malheureux.

Page 106.

1. *S'il doit remonter au ciel,* phrase qui n'aurait pas grand sens si c'était Verlaine qui la disait en parlant de Rimbaud. Phrase toute naturelle au contraire si Rimbaud pense au Génie — infernal sans doute, mais du moins surnaturel — qui l'habite.

2. Si l'on admet que l'Époux infernal et la Vierge folle habitent l'âme de Rimbaud, il est tout naturel que celui-ci écrive : *Drôle de ménage,* et rien n'oblige à penser à Verlaine.

DÉLIRES

II. ALCHIMIE DU VERBE

La deuxième partie de *Délires* porte un titre, *Alchimie du verbe.* Elle raconte l'histoire poétique de Rimbaud, et nous sentons que malgré ses obscurités, malgré la violence qu'il arrive au poète d'imposer à l'enchaînement des faits, aucun témoignage ne saurait nous faire pénétrer plus profondément dans sa pensée, et nous faire mieux comprendre la signification de son œuvre.

Les premiers paragraphes évoquent rapidement les étapes qui le menèrent à la crise décisive. Il commença par se détacher des routines de la poésie contemporaine, et par créer en lui-même un monde d'images entièrement libérées. Cette première période correspond à l'automne de 1870. C'est à cette époque, nous l'avons vu, qu'il écrivit *L'Éclatante victoire de Sarrebruck, Rages de Césars, Le Mal,* qui font penser à des images d'Épinal grossièrement coloriées.

Puis il avait inventé la couleur des voyelles. Nous avons vu en effet que les plus anciens biographes de Rimbaud plaçaient dans les dernières semaines de 1870 cette préoccupation du poète, bien avant qu'il composât le fameux sonnet. Nous savons que le vrai sens de cette idée, ce n'était pas la découverte de profondes vues métaphysiques, mais l'ambition de créer un langage qui produisît directement des sensations, et non plus, comme celui de la poésie antérieure, des idées et des sentiments.

Ainsi se préparait l'*Alchimie du verbe*. Mais les exemples qu'apporte Rimbaud pour illustrer son expérience se situent très nettement plus tard, au printemps de 1872; les poésies qu'il cite ont toutes été écrites au mois de mai de cette année, ou dans les semaines qui suivirent. C'est alors qu'il alla jusqu'au bout dans la destruction des formes traditionnelles, et il est normal qu'il soit allé chercher les exemples de son *Alchimie du verbe* dans les pièces de vers composées à cette époque.

Récit d'une grande entreprise. Rimbaud a voulu libérer la poésie des servitudes de l'expérience et de la raison. Elle doit être libre création, et pour la faire régner en lui, il a cultivé l'hallucination. Il en est venu à voir une mosquée à la place d'une usine, des calèches dans le ciel, un salon au fond d'un lac. C'est l'époque où il écrivait *Michel et Christine,* où le titre du vaudeville de Scribe dressait dans son esprit des images de chevauchées et d'invasions.

Cette expérience poétique était devenue un mode de pensée et de vie. Confirmant dans son *Alchimie du verbe* l'image affreuse que Delahaye nous a laissée de son ami à cette époque de sa vie, Rimbaud se décrit, marchant comme un somnambule à travers la ville, se traînant dans les ruelles puantes, ou tombant dans des silences de plusieurs jours. Il pratiquait « tous les sophismes de la folie ».

Mais à l'époque où il écrit *Alchimie du verbe,* il condamne sévèrement cette culture de l'hallucination qu'il a pratiquée dès 1871, et qu'il avait longtemps poursuivie. « À moi. L'histoire d'une de mes folies », déclare-t-il dès la première ligne. Et ses derniers mots sont : « Cela s'est passé. Je sais aujourd'hui saluer la beauté. » C'est-à-dire qu'il ne demande plus à la folie et aux mysticismes de lui fournir l'univers où il veut vivre, et que la force et la beauté du monde lui suffisent.

Un brouillon d'*Alchimie du verbe* subsiste. On le trouvera plus loin, page 168 et suivantes.

Dans le numéro 2 des *Études rimbaldiennes,* M. Pierre Petitfils a excellemment démontré que Rimbaud n'avait pas sous les yeux les vers qu'il cite dans *Alchimie du verbe,* et qu'ainsi s'expliquent les différences de texte que l'on cons-

tate entre ces vers et les manuscrits originaux des mêmes
pièces. Ces différences sont loin d'être des améliorations et
correspondent à de légères défaillances de mémoire.

Page 108.

1. Il semble que Rimbaud, pour chaque proposition de ce
paragraphe, pense à un moment précis de ses hallucinations.
Du moins le « titre de vaudeville » qui dresse des épou-
vantes devant lui se rapporte assez nettement à *Michel et
Christine*. Des commentateurs ont donc pensé que les « calèches
sur les routes du ciel » devaient être rapprochées de *Nocturne
vulgaire* et que le « salon au fond d'un lac » était une allusion
à *Soir historique* dans les *Illuminations*.

Page 109.

1. Grâce au brouillon, ce texte en apparence mystérieux
se trouve éclairé. Le général n'est rien d'autre que le soleil,
et il est tout à fait inutile de chercher dans la chronique de
Charleville l'explication de prétendues allusions. Le soleil
bombarde la terre. La ville est poussiéreuse. Les gargouilles
s'oxydent.

Page 110.

1. L'azur qui est du noir signifie peut-être simplement
que le bleu du ciel est parfois si profond qu'il semble noir.

Page 111.

1. Des commentateurs voient dans cette phrase une
allusion injurieuse à Verlaine. Ils en concluent que *Délires II*
a été composé après le drame de Bruxelles. L'imprudence
de cette conclusion saute aux yeux.

2. La Cimmérie était, chez les Anciens, la région couverte
de brouillards qui s'étend aux confins de la terre.

Page 112.

1. Comme tant d'autres phrases de Rimbaud, celle-ci a
inspiré les interprétations les plus extravagantes. Il suffit
pourtant de se reporter au brouillon pour en trouver le
sens. « Je hais maintenant les élans mystiques et les bizarre-
ries de style. »

L'IMPOSSIBLE

Cette partie d'*Une Saison en Enfer,* moins émouvante sans
doute que les précédentes, jette du moins de très précieuses
lumières sur ce que fut le drame intellectuel de Rimbaud

et nous aide à comprendre comment se posait à lui le problème de la vie. Il a commencé par le mépris. Il s'est senti du nombre des damnés. Puis il a compris que l'Orient était sa vraie patrie. Mais il n'est pas facile d'échapper à toutes les exigences ou aux tentations de l'Occident.

Quoi que l'on pense des lectures que Rimbaud avait pu faire sur la philosophie orientale, il est extravagant de soutenir que *L'Impossible* apporte la preuve qu'il fut un « initié », instruit de la Kabbale et des livres sacrés de l'Orient. Ce qu'il appelle la sagesse première et éternelle, c'est une conception de la vie qui est refus des vaines activités, sérénité, acceptation. Il n'est pas nécessaire d'être un « initié » et de connaître la Kabbale pour mépriser le style de pensée et de vie qui s'est imposé à l'Occident.

Il serait d'une grande imprudence de prétendre fixer la date de cette partie d'*Une Saison en Enfer*. On notera pourtant qu'elle a été composée en même temps que *L'Éclair* qui la suit (voir la note sur ce texte, p. 969). Or *L'Éclair* évoque le « lit d'hôpital » où l'odeur de l'encens est revenue à Rimbaud. Il resterait à savoir s'il s'agit du séjour à l'hôpital londonien dont Izambard a parlé ou de l'hôpital de Bruxelles où Rimbaud fut soigné pendant quelques jours.

2. *Quelle sottise c'était!* Cette exclamation n'est nullement ironique, comme on l'a cru. Rimbaud revenu de toutes les chimères, pense que cette pureté, qu'il rêvait, était une illusion.

3. Il tient à préciser ce qu'il vient de dire : sa volonté de pureté était sottise, mais son mépris pour les *bonshommes* de l'humanité commune ne l'était pas, et il a eu raison.

4. Il a connu d'autres « damnés ». Ce sont ceux qui n'adhèrent pas à la société et à ses valeurs. Sera-t-il permis de penser qu'à cette idée générale Rimbaud en superpose peut-être une autre, plus spéciale ? Ces « damnés » ne seraient-ils pas les pédérastes ? Ils se reconnaissent toujours, et ils n'ont que dégoût les uns pour les autres.

Page 113.

1. Un jour, il a compris que son drame était de n'être pas né en Orient, et d'appartenir à l'Occident.

2. Mais de nouveau l'Occident s'impose à lui.

3. Il se souvient d'un moment de la vie de son esprit où il a cru réaliser cette présence de l'Orient en lui. Il s'était débarrassé des illusions occidentales : sacrifice à une cause, orgueil de l'art, des inventions, activité pour la conquête de l'or. Mais on lui a dit que cette libération n'était qu'une forme de la paresse.

4. Rimbaud se défend contre cette idée de paresse. Il n'admet pas une vie de l'esprit qui se prétend active parce qu'elle raisonne, parce qu'elle se donne des preuves. Curieu-

sement, Rimbaud prononce le mot de christianisme. Il veut dire sans doute que le christianisme, religion de l'Occident, a les mêmes vices fondamentaux que la pensée de l'Occident, que la science.

5. De cette philosophie de l'Occident se déduisent ses vices, ses poisons.

6. L'Église essaie de lui faire comprendre que son rêve de l'Orient est en réalité une idée chrétienne, celle de l'Éden, du Paradis perdu.

7. Les commentateurs ne semblent pas s'apercevoir que Rimbaud emploie ici un tour grammatical spécifiquement belge. *Qu'est-ce que c'est pour mon rêve!* signifie *Quel rêve est-ce là!* C'est le tour allemand *Was für ein...*

8. Après l'Église, les philosophes parlent à Rimbaud. Rien ne l'empêche, vivant en Occident au XIXe siècle, de rêver qu'il vit en Orient, dans les siècles primitifs. Mais il leur répond : *Vous êtes de votre Occident,* et la consolation que vous m'offrez ne le montre que trop.

9. À son esprit qui cherche une voie de salut, il rappelle la prudence.

10. *La science ne va pas assez vite.* Cette phrase se relie à cette autre, dans *L'Éclair :* « la science est trop lente ».

Page 114.

1. Rimbaud, dans cet élan vers la « sagesse première et éternelle » sent qu'il est entravé par des fautes commises « à une époque immémoriale ». Il ne faudrait pas en déduire, avec une précision excessive, que ces fautes signifient son aventure avec Verlaine, ni qu'il pousse un appel angoissé vers Dieu, au sens que ce mot a pour un chrétien.

L'ÉCLAIR

Parmi les ténèbres que *L'Impossible* a évoquées, il arrive qu'un éclair brille, l'idée que tout n'est pas vain, et que le travail, du moins, éclairé par la science, donne un sens à la vie. C'est ce que tout le monde dit aujourd'hui. Mais très vite, le désespoir revient. Le travail est trop lent et trop dur. L'évasion dans les rêves, les révoltes, la nostalgie des mysticismes de l'enfance, tout échoue. Il n'y a pas de route qui mène au bonheur.

2. L'Ecclésiaste avait dit : Tout est vanité. Les modernes disent : rien n'est vanité puisqu'il y a la science et le travail.

3. L'esprit humain cherche une voie plus rapide que le travail : c'est la pensée religieuse, ce sont les promesses d'un bonheur dans l'au-delà.

4. Il est permis de rester décontenancé devant cette for-

mule : *les échappons-nous?* incorrection trop évidente pour avoir échappé à Rimbaud.

5. Rimbaud continue à opposer les deux voies, entre lesquelles d'ailleurs il ne choisira pas : la lenteur pénible du travail, la démarche prompte et facile, trop prompte et trop facile, du mysticisme.

6. Énumération des attitudes qu'il adoptera puisqu'il est obligé d'*exister* : les « amusements », les rêveries monstrueuses, le gémissement, la critique de la société. Il sera indifféremment saltimbanque, mendiant, artiste, bandit, prêtre, confesseur, martyr. Les mots : *sur mon lit d'hôpital — si puissante* sont en réalité une parenthèse au milieu de la phrase, et commentent prêtre.

Page 115.

1. Pour imaginer que la *chère pauvre âme* puisse désigner Verlaine, il faut n'avoir pas compris que *L'Éclair* est tout entier une confrontation de Rimbaud avec son âme.

MATIN

Dans cet itinéraire dont *Une Saison* trace les étapes, *Matin* représente le débouché sur des perspectives plus claires. Rimbaud se demande comment il a pu tomber dans ce chaos de désespoir. Mais il sort de l'enfer. Un monde nouveau va naître, où il aura sa place. Ce sera Noël, la fin du désert et de l'ennui. L'humanité sera délivrée des tyrans, des superstitions. Elle se donnera au travail et à la sagesse. Les peuples sont en marche, et les cieux chantent. Les esclaves n'ont plus à maudire la vie.

Mais que l'on y prenne garde. Tout cela n'est que perspective, espoir. La réalité n'a pas changé. C'est toujours le même désert et la même nuit. Et c'est en vain que les yeux de Rimbaud se tournent vers l'étoile, les trois mages ne se mettent pas en mouvement, ces mages qui sont le cœur, l'âme et l'esprit de l'homme. Noël est une grande espérance. Mais quand se réalisera-t-elle ?

ADIEU

Rimbaud échappait donc au désespoir. Mais ce n'était pas pour s'abandonner aux fantasmagories dont il s'était naguère enivré. Il avait vu alors, dans le ciel, « des plages sans fin couvertes de blanches nations en joie ». Il avait créé dans son esprit « toutes les fêtes, tous les triomphes, tous les drames ». Il avait essayé d'inventer « de nouvelles fleurs, de nouveaux astres, de nouvelles chairs, de nouvelles langues ». Tout cela maintenant était fini. Il lui fallait enterrer son imagination et ses souvenirs.

dans son automne, et l'au-
brumes immobiles de Londres,
de boue. Mais il ne regrettait pas

À dix-neuf ans
tomne évoquait
sous un ciel t
le soleil, c' age ou ange, et voici qu'il était rendu au
avait d'être
Il s'é
sol, il état
tenan imaginaires, et désormais il avait la réalité rugueuse
mo ndre. Il était à nouveau un paysan.

sa force dans la conscience qu'il
« à la découverte de la clarté divine ».

tendu dispensé de toute morale, et main-
un devoir à chercher. Il avait vécu dans les

il était seul et fort. Pas une main amie ne se tendait vers
lui. Il n'en avait plus besoin. Il avait surmonté toutes les
faiblesses du cœur, il ne s'attendrissait plus sur les mendiants,
les amis de la mort, les arriérés de toutes sortes, il savait
le secret des vieilles amours mensongères. Il s'était libéré
de sa charité, qui n'était peut-être pour lui que la sœur de
la mort, c'est-à-dire de la destruction.

De la tentation religieuse il ne restait rien. « Point de
cantiques, tenir le pas gagné », écrit-il. L'homme qui s'est
maîtrisé lui-même n'a pas à laisser pénétrer en lui les forces
mortelles de l'au-delà. Le combat est bien fini, et le sang
lui sèche sur la face.

Une aurore se lève. Il est prêt à partir. Il s'en ira vers les
pays lointains. « Nous entrerons aux splendides villes »,
écrit-il, comme s'il savait déjà les grands voyages qu'il
allait bientôt entreprendre.

Page 116.

1. Ce port de la misère, cette cité énorme, il semble bien
que Rimbaud pense à Londres. Mais il serait imprudent de
demander à ce paragraphe une image précise de la vie qu'y
mena Rimbaud. L'épouvantable misère qu'il décrit comme
s'il l'avait personnellement vécue, ce serait plutôt l'évocation
de son court séjour à Paris en février 1871.

2. Il semblerait que Rimbaud se contredise. Mais il ne
veut pas dire du tout qu'exécrant la misère, il « redoute le
confort ». Il faut comprendre que l'hiver exige le confort,
et que, dépourvu de l'argent qui donne ce confort, il redoute
donc l'hiver.

Page 117.

1. Sans ramener le drame de Rimbaud à une pure affaire
de sexe, il reste vrai que son refus d'adhérer aux valeurs
communes se liait dans son esprit, et de façon très consciente,
à la condamnation qu'il portait sur les femmes, sur le couple
de l'homme et de la femme, sur les amours que l'on appelle
normales.

2. Est-il besoin
sont réjouis devan
ils ont reconnu d'emb...

*...gètes bien pensants se
dans cette « vérité »,
...olique »!*

Page 119.

ILLUMINATIONS

L'usage a été longtemps, pour les éditeurs de Rimbau...
de placer les *Illuminations* avant *Une Saison en Enfer*. Ils admet-
taient de bonne foi le récit de Paterne Berrichon, et ils
étaient persuadés qu'*Une Saison en Enfer* marquait l'adieu de
Rimbaud à la littérature. Dès lors, les *Illuminations* étaient
nécessairement antérieures au drame de Bruxelles. Les édi-
teurs récents ont cessé d'être unanimes sur ce point, et si
quelques-uns restent fidèles à l'ancien usage, d'autres, parmi
les plus autorisés, placent les *Illuminations* à la suite d'*Une
Saison*. La présente édition fait comme ces derniers. Pour
une raison qui n'est d'ailleurs pas exactement la même.
L'ordre adopté ne présage en rien de la date de composition
des *Illuminations*. Il se règle sur les témoignages et documents
que l'on possède touchant la formation du recueil et la date
où il a été constitué.

Le titre d'*Illuminations* apparaît pour la première fois en
1878, dans une lettre de Verlaine à son ancien beau-frère,
Charles de Sivry. Que signifiait-il ? Au dire de Verlaine
encore, c'était un mot anglais, et qui voulait dire, tout
uniment, *Gravures coloriées*. Rimbaud aurait même mis en
sous-titre deux mots anglais, *Painted plates,* qui prétendaient
en donner l'équivalent. Les historiens anglais, il est vrai,
protestent. Ils soutiennent qu'*Illuminations* ne peut avoir ce
sens. Mais il est possible que Verlaine et Rimbaud l'aient
cru, et c'est cela seul qui importe.

L'histoire du manuscrit est plus obscure encore. Mais
n'est-il pas arbitraire de parler d'un manuscrit alors qu'en
fait nous sommes en face de feuillets détachés, non paginés,
et dont le rassemblement s'est fait à une date et dans des
conditions inconnues de nous. Plutôt que de se laisser aller
à des hypothèses invérifiables, il faut se borner à recueillir
les rares faits solidement attestés.

Au mois de mai 1875, Verlaine écrivait à Delahaye.
Rimbaud, disait-il dans sa lettre, lui avait demandé d'envoyer
à Germain Nouveau des poèmes en prose de sa composition.
Nouveau était alors à Bruxelles. Il se chargerait de l'impres-
sion et de la publication. Notons bien les termes dont se
sert Verlaine. Il ne dit pas que Rimbaud lui a confié ce

poèmes. Il les avait déjà, lui Verlaine, entre les mains, et Rimbaud lui a seulement demandé de les envoyer à Nouveau. Observons aussi que Verlaine n'emploie pas le mot d'*Illuminations*. Il l'aurait fait assurément si le recueil avait été, sous ce titre, entre ses mains. Il parle seulement de poèmes en prose. Il va de soi que ces poèmes se retrouvent dans le recueil actuel, mais rien n'autorise à affirmer que dès 1875 ils constituaient exactement le volume tel qu'il devait paraître en 1886. Disons même qu'à y bien penser, le contraire est certain. Germain Nouveau a été chargé par Rimbaud de procurer une édition de ses poèmes en prose. C'est donc qu'il en a l'ensemble entre les mains. Mais Verlaine en possède quelques autres, et Rimbaud lui demande de les envoyer à Bruxelles pour être joint à l'ensemble du recueil.

Puis tout document, tout témoignage fait défaut pendant trois ans. Et voici qu'au mois d'août 1878, le mot d'*Illuminations* apparaît dans une lettre de Verlaine à Charles de Sivry. Celui-ci a prêté à Verlaine les *Illuminations,* et Verlaine, qui les connaissait déjà, les a relues avec plaisir. Il y trouve des choses charmantes, parmi d'autres qui le heurtent. Il promet de rendre les *Illuminations* au mois d'octobre.

Résignons-nous à ignorer comment les poèmes en prose de Rimbaud, maintenant constitués en un ouvrage d'ensemble, étaient passés aux mains de Charles de Sivry. Verlaine a contribué à égarer les historiens. Alors qu'en 1875 il avait dit, ce qui était certainement la vérité, que Rimbaud l'avait prié de faire passer à Germain Nouveau les poèmes en prose qu'il détenait, il a raconté, onze ans plus tard, en 1886, que Rimbaud, à Stuttgart, confia le manuscrit des *Illuminations* (formule de toutes façons inexacte) « à quelqu'un qui en prit soin ». Il ne dit pas que ce quelqu'un, c'est lui-même, mais il le donne modestement à entendre, et dès lors l'histoire du recueil devient inexplicable, car personne ne comprend plus comment les autographes se trouvaient, en 1878, la propriété de Charles de Sivry.

En présence de cette difficulté, des historiens ont imaginé que Rimbaud et Sivry s'étaient rencontrés à Stuttgart, et que le personnage mystérieux qui eut soin dès lors des *Illuminations,* ce n'était pas Verlaine, mais Sivry. Mais la gratuité de cette hypothèse saute aux yeux. Elle est même devenue tout à fait intenable. M. Bouillane de Lacoste, ayant interrogé la fille de Charles de Sivry, reçut d'elle l'assurance que son père n'était jamais allé en Allemagne : en dépit de certains historiens, un tel témoignage ne s'élude pas.

Beaucoup plus utilement, M. Pierre Petitfils a relevé, de 1875 à 1878, les rencontres de Verlaine et de Germain Nouveau d'une part, de Verlaine et de Charles de Sivry d'autre part. Vers le 10 mai 1875, Verlaine et Nouveau se rencon-

trèrent à Londres, et Verlaine avait fait un voyage de 350 kilomètres pour revoir son ami, ce qui fait supposer, à leur rencontre, une raison sérieuse. Puis Nouveau est venu passer quelques jours à Arras avec son ami en août 1877. Or, dans les semaines qui suivirent, Verlaine, à Paris, renoua des relations avec son ancien beau-frère Sivry. Il deviendrait dès lors raisonnable de penser qu'au cours de ces rencontres, les poèmes en prose de Rimbaud passèrent des mains de Nouveau à celles de Verlaine, puis à celles de Sivry. Toutes ces difficultés se trouveraient d'ailleurs dissipées si l'on admettait que, très simplement, Germain Nouveau a communiqué, ou même donné les feuillets d'*Illuminations* à Charles de Sivry. On n'a pas suffisamment noté que vers la fin de 1875 les deux hommes ont eu des relations fort suivies. Charles de Sivry était gérant de la revue *Paris à l'Eau forte* et en rapport avec la Librairie de l'Eau-Forte dirigée par Richard Lesclide. Cette librairie était un des lieux de rencontre du groupe de Nina de Callias, dont Germain Nouveau faisait partie. On imagine sans peine que Nouveau a parlé à l'ancien beau-frère de Verlaine des poèmes en prose de Rimbaud, et les lui a communiqués.

En 1878, les poèmes de Rimbaud étaient donc en la possession de Sivry. Il les prêta, nous l'avons vu, à Verlaine au cours du mois d'août, mais Verlaine les lui rendit dès la fin de septembre. Si bien qu'en 1880, quand Verlaine entreprit de publier ses *Poètes maudits*, il fut obligé d'écrire à Sivry pour lui demander à nouveau les précieux manuscrits, avec d'autres pièces, en vers celles-là, que Sivry possédait. Le 28 janvier 1881, il lui écrivait : « J'attends toujours ces vers et ces *Illuminations*. » Il attendit en vain. De dépit, il mit cette phrase dans *Les Poètes maudits,* en novembre 1883 : « une série de superbes fragments, les *Illuminations,* à tout jamais perdues, nous le craignons ». Il ne craignait rien du tout, mais voulait, aux yeux des gens informés, stigmatiser la négligence, ou la mauvaise volonté de Sivry.

Il insista encore. Au mois de septembre 1884, il chargea Léo d'Orfer de demander une fois de plus à Sivry les manuscrits dont il avait besoin. Ce fut inutilement. Mais en 1886, Gustave Kahn insista fortement auprès de Verlaine pour obtenir les textes de Rimbaud afin de les publier dans *La Vogue*. Verlaine eut recours à un nouvel intermédiaire, Louis Le Cardonnel, son ami et l'ami de Sivry. Le Cardonnel écrivit à celui-ci. Sivry lui répondit le 12 mars 1886 : le temps lui manquait pour recevoir Le Cardonnel, mais le manuscrit était à sa disposition, il pouvait venir le prendre.

En possession des pièces de Rimbaud, Le Cardonnel ne se pressa pas de les remettre à Verlaine : son temps était pris par trop de besognes. Gustave Kahn s'impatientait. Le Car-

donnel lui écrivit un court billet le 4 avril : le manuscrit l'attendait, chez un ami et voisin de Le Cardonnel, un nommé Louis Fière. Dès le 11 avril, *La Vogue* annonçait la publication prochaine des *Illuminations*.

De cette longue et confuse histoire, de ces faits positifs, les seuls que nous connaissions, il résulte que toutes les théories proposées sur la formation de l'œuvre restent hypothétiques à l'extrême. Pour admettre que les *Illuminations* formaient, en 1875, un recueil définitivement constitué, il faut accepter à l'aveugle un récit ambigu et tardif de Verlaine, qui ne s'accorde même pas avec la lettre que le même Verlaine écrivait à Delahaye au mois de mai de cette année. Nous ne savons ni les pièces que Germain Nouveau avait alors entre les mains, ni celles que Verlaine lui envoya à Bruxelles, ni la constitution du recueil en 1878 lorsqu'il était entre les mains de Charles de Sivry. L'étude du texte des *Illuminations* ne saurait être subordonnée à une théorie quelconque sur l'histoire des manuscrits.

LE TEXTE DES ILLUMINATIONS

I. LES MANUSCRITS

Lorsque Gustave Kahn entreprit dans *La Vogue* la publication des *Illuminations,* les autographes formaient une liasse de feuilles de papier, « feuilles volantes et sans pagination », telles que Félix Fénéon les a décrites dans une lettre à Bouillane de Lacoste.

Gustave Kahn confia le soin de préparer la publication à Félix Fénéon. Celui-ci classa les pièces dans l'ordre qu'il crut le meilleur, et mit aux feuillets une pagination. Ni ce classement ni cette pagination ne doivent faire illusion, et l'on ne s'explique pas que des historiens puissent parler du « manuscrit » des *Illuminations*. Les poèmes sont écrits sur des papiers souvent différents. L'encre est, elle aussi, souvent différente, et il suffit d'observer l'écriture pour se rendre compte que la transcription ne s'est pas faite à la suite et dans une période unique.

Un peu plus tard, cinq poèmes furent retrouvés, qui portaient à quarante-trois le nombre des pièces dont sont formées les *Illuminations*. C'étaient *Fairy, Guerre, Génie, Jeunesse I* et *Solde*. À en croire un article anonyme paru dans le *Mercure de France* en 1914, ces cinq pièces provenaient de Charles de Sivry, et furent confiées à Vanier pour son édition des *Œuvres complètes* de Rimbaud, en 1895, par Léo d'Orfer et Charles Grolleau. Nous n'en savons pas davantage.

Après leur publication, les autographes furent progressivement dispersés. Le plus grand nombre d'entre eux, trente-

trois en tout, après avoir appartenu au docteur Lucien-Graux, se trouvent maintenant à la Bibliothèque nationale. Six autres figurent dans la collection de Pierre Bérès ; un autre appartient au docteur Guelliot. D'autres ont disparu : ce sont *Dévotion* et *Démocratie*. Le manuscrit de *Jeunesse II, III* et *IV* a disparu, mais le musée Rimbaud à Charleville en possède un fac-similé.

II. LES PUBLICATIONS

Les *Illuminations* ont paru pour la première fois dans *La Vogue* en mai-juin 1886. Elles ne comportaient naturellement que les pièces alors retrouvées, et elles se présentaient dans l'ordre que Félix Fénéon leur avait donné.

Au cours de la même année 1886, la librairie de *La Vogue* les publia en volume. L'ordre des pièces s'y trouvait modifié, mais les éditeurs avaient pensé qu'ils pouvaient le faire sans crime, puisque le classement dans la revue avait été l'œuvre de Fénéon, et ne préjugeait pas des intentions de Rimbaud. Les éditions de 1892 et 1893 reproduisirent la disposition du volume de 1886.

À partir de 1895, les éditions successives s'enrichirent des cinq pièces que les *Œuvres complètes* publiées par Vanier venaient de révéler. En 1912, Paterne Berrichon modifia une fois encore le classement des poèmes.

En 1949, Bouillane de Lacoste a donné au *Mercure de France* une édition critique des *Illuminations*, fondée sur l'examen le plus minutieux des autographes, à l'exception des manuscrits de la collection Pierre Bérès, qui se trouvèrent alors inaccessibles. L'édition du Club du meilleur livre, en 1957, a fait connaître le texte exact de ces pièces.

LA COMPOSITION DES POÈMES

Si Delahaye ne nous trompe pas, il faudrait penser que Rimbaud n'avait pas attendu d'être à Paris pour écrire des poèmes en prose. À l'en croire, c'est au printemps de 1871, peut-être même dès novembre 1870, que son ami, fasciné par les *Petits poèmes en prose* de Baudelaire, se serait engagé dans cette voie.

Puis Rimbaud vint à Paris. Dans le groupe des gens de lettres qu'il y fréquenta, les poèmes en prose étaient particulièrement en vogue. Verlaine, Charles Cros, Forain en écrivaient. Deux revues, *L'Artiste* et un peu plus tard *La Renaissance littéraire et artistique* de Blémont en publiaient volontiers.

Rimbaud a certainement écrit alors de courts poèmes en

prose, et leur existence est bien attestée. Après la fuite en
Belgique, nous voyons que Verlaine s'inquiète de poèmes
en prose de Rimbaud qu'il a, lui Verlaine, abandonnés rue
Nicolet, et il demande à Lepelletier de faire des démarches
pour les recouvrer. Dans les mois qui suivirent, le jeune
homme composa encore d'autres poèmes, il les confia à Ver-
laine, et celui-ci lui écrivait, au mois de mai 1873 : « Tu
auras bientôt tes fragments. » On ne saurait à coup sûr pré-
tendre que telle ou telle des *Illuminations* remonte à cette
période ancienne. Mais personne ne peut, sans une égale
imprudence, affirmer qu'aucune n'est antérieure à 1873.

Après avoir longtemps soutenu que les *Illuminations* avaient
été composées avant *Une Saison en Enfer,* la critique prétend
aujourd'hui qu'elles furent toutes écrites après le drame de
Bruxelles, entre juillet 1873 et février 1875. Elle s'appuie
sur une phrase de Verlaine, qu'elle avait jusqu'alors méprisée.
Verlaine écrit en effet, dans sa préface des *Illuminations,* en
1886 : « Le livre que nous offrons au public fut écrit de
1873 à 1875. » Mais les conclusions systématiques que les
historiens en tirent aujourd'hui ne sont peut-être pas moins
contestables que l'ancienne théorie.

Il est certain que la date proposée par Verlaine s'accorde
avec plusieurs faits qui ont été établis à une date récente.
Le poème *Promontoire* ne peut avoir été écrit qu'après le
passage de Rimbaud à Scarborough en 1874. M. Underwood
a solidement prouvé que plusieurs anglicismes caractérisés,
dans certaines des *Illuminations,* révèlent chez Rimbaud une
connaissance de l'anglais qu'il n'avait pas en 1872. Le fait
admis par certains que plusieurs paragraphes, dans les manus-
crits, sont de la main de Germain Nouveau, ne prouverait
sans doute rien sur la composition des poèmes, mais il
s'expliquerait mieux si telle ou telle des *Illuminations* a été
composée en un temps où les deux jeunes gens se trouvaient
réunis.

Mais si de tels faits rendent définitivement intenable l'an-
cien système et prouvent que Rimbaud continua d'écrire
après le drame de Bruxelles, ils ne sauraient écarter la possi-
bilité de poèmes composés avant le drame, à Paris et à
Londres. Ils n'excluent même pas l'hypothèse qu'un petit
nombre de poèmes auraient été joints plus tard au recueil,
ou que Rimbaud ait apporté quelques corrections à des
poèmes plus anciens. L'ignorance où nous sommes sur la
formation du recueil interdit toute vue systématique sur la
date de composition des poèmes.

Page 121.

APRÈS LE DÉLUGE

Texte : collection Lucien-Graux, folio 1. Écriture très serrée. Encre pâle.

Si l'on met à part les explications extravagantes qui ont été données de ce poème, ses lignes générales se dégagent avec une certaine netteté. Il y a eu un déluge, et la nature avait retrouvé sa fraîcheur native. Mais les sales activités humaines ont repris. L'ennui est revenu, et Rimbaud appelle un nouveau déluge.

Il n'est peut-être pas impossible de découvrir dans ce texte des intentions plus précises. Ce déluge ne serait-il pas la catastrophe de la récente guerre ? et Rimbaud ne voudrait-il pas évoquer l'atmosphère d'ennui qui s'est installée en France après le retour de la paix ? Ou bien même, de façon beaucoup plus précise encore, le poète ne penserait-il pas à la Commune et à l'ordre bourgeois maintenant rétabli ?

Cette dernière interprétation a été proposée par M. Yves Denis dans un article de *La Brèche,* en novembre 1965. Si même il ne semble pas possible de la conserver telle quelle tout entière, elle est trop sérieuse, et trop riche de suggestions heureuses pour qu'on puisse l'ignorer.

M. Yves Denis explique *Après le Déluge* de la façon suivante :

Quand l'immense espoir de la Commune fut retombé, le bourgeois, lâche comme un *lièvre,* se réinstalle. Il remercie Dieu de l'avoir sauvé *(arc-en-ciel)* dans les rites catholiques *(la toile d'araignée).* Les vérités *(pierres précieuses)* un moment découvertes rentrent sous terre, et les vanités que nous laisse *la Vampire* reparaissent. Les activités reprennent. La *mer* ne déborde plus, et les pêcheurs y poussent *leurs barques* pour l'exploiter.

Le retour à l'ordre s'accompagne d'une *répression sanglante (le sang coule).* Barbe-Bleue désigne les chefs de la répression. Les *abattoirs,* ce sont les charniers où des milliers de Communards furent fusillés. Les *cirques,* ce sont les églises où étaient entassés les prisonniers.

Le travail de reconstruction commence *(les castors).* La *grande maison de vitres* serait l'école, où les classes ont repris. Un enfant, un seul, refuse d'y retourner. C'est Rimbaud.

Le reste de l'étude de M. Yves Denis dévie vers l'exégèse érotique. *Madame* serait le sexe, le *piano* désignerait les jeux sexuels, seule consolation dans un monde où il n'y a plus de place pour la joie.

1. L'emploi du verbe *se fut rassise* au sens de *retomba*

semble signifier qu'il y avait eu un grand espoir, qui est
maintenant retombé.

2. Ces images s'appliquent mal au bourgeois peureux.
Elles s'expliquent peut-être très simplement. Rimbaud décrit
la campagne, humide et fraîche, après l'orage. Mais voici
que le lièvre s'arrête, que les pierres précieuses se cachent,
et les fleurs qui commençaient à s'ouvrir se referment (l. 5-6).

3. Le *mazagran,* alors fort en usage, était un mélange de
café et d'alcool.

4. Rimbaud aimait à se désigner lui-même sous ce mot
de *l'enfant.*

5. Il convient de signaler ici une anecdote très curieuse
rapportée par Ernest Létrange dans *La Grive* d'octobre 1954.
Il rapporte qu'en décembre 1875, Mme Rimbaud, cédant
aux demandes obsédantes de son fils, se décida à louer un
piano. Il fut hissé par les manutentionnaires de la maison
Lefèvre, qui occupait le rez-de-chaussée. Il fallut passer par
l'escalier très étroit. Et Ernest Létrange ajoute que c'est
cela qui explique la phrase : « Madame a fait monter un
piano dans les Alpes. » Il n'est pas inutile d'ajouter que Louis
Létrange, avec qui Rimbaud était lié, était alors employé de
la maison Lefèvre, et qu'il assista à la scène. (Voir chrono-
logie, p. XLIV.)

6. Qu'il s'agisse de projets ou de souvenirs, Rimbaud
pense ici aux voyages qui permettent d'échapper à l'ennui,
dans une société revenue au travail.

7. On aurait d'abord l'impression que Rimbaud évoque
avec complaisance des images bucoliques. C'est très proba-
blement le contraire qui est vrai. Depuis 1871, tout ce qui
est bucolique lui semble dérisoire et bourgeois, étranger à
la nature authentique. C'est en ce sens, sans doute, qu'il
faut comprendre la mention d'Eucharis, qui figure dans le
Télémaque.

Page 122.

1. La sorcière est l'être qui ne s'est pas adapté à la civili-
sation et à l'ordre social. Elle est la seule qui, parmi l'ennui
universel, possède des secrets exaltants. Mais elle ne parlera
pas. — Ce thème de la Sorcière hantait l'esprit de Rimbaud.
Le mot revient plus d'une fois dans son œuvre. Dans *Phrases :*
« Quelle sorcière va se dresser... » Dans *Une Saison en Enfer :*
« Ô Sorcières, ô misère, ô haine... » Il avait lu *La Sorcière*
de Michelet. Il se la représentait telle que la décrivait ce livre
étonnant, réfugiée dans la lande, recueillant les anciens
dieux, connaissant les secrets de la nature. Et c'est là l'expli-
cation très précise des mots de Rimbaud : elle sait « ce que
nous ignorons », elle ne voudra jamais « nous raconter ce
qu'elle sait ».

ENFANCE

Texte : collection Lucien-Graux, folios 2-5. Les cinq parties sont d'une même écriture, entièrement différente de celle d'*Après le Déluge*. Elle est grande et large. L'encre est restée noire.

Il semble assez raisonnable de penser que les cinq courts poèmes que Rimbaud a rassemblés sous ce titre évoquent son enfance. Non pas d'ailleurs nécessairement des scènes vécues, mais ses rêveries d'enfant, les images qui l'occupèrent, et les émotions qu'il a plus tard rattachées aux débuts de l'homme dans la vie.

2. On notera la présence de certains thèmes qui se trouvent également dans *Après le déluge* : les fleurs, le déluge, l'arc-en-ciel.

3. Il serait certainement imprudent de dire que Rimbaud pense à Verlaine. Sa phrase se relie à toutes celles où il a dit, à partir de 1871, son dégoût et son ennui devant l'amour physique.

4. On serait tenté de penser, pour cette « petite morte », à Vitalie, morte le 18 décembre 1875. Hypothèse qu'il faudrait abandonner si l'on admettait que cette « petite morte » est la « jeune maman trépassée » dont Rimbaud va évoquer l'image.

5. M. A. Fongaro a donné (*Revue des sciences humaines,* 1962, p. 268-269) de très sérieuses raisons de voir en cette « jeune maman trépassée » Élisa Moncomble, la cousine de Verlaine, morte le 13 février 1867. Verlaine, tout pénétré de son souvenir, en avait sans aucun doute beaucoup parlé à Rimbaud.

Page 123.

   a. le   *est souligné deux fois au crayon sur le manuscrit.*
   b. On lit faîte *sur le manuscrit.*

1. Il faudrait bien du parti pris pour ne pas admettre que ce « petit frère » qui est aux Indes n'est autre que Rimbaud. La conclusion la plus simple devrait être que ce poème est postérieur à 1876. Mais il n'est nullement déraisonnable de penser que cette incise a été ajoutée par Rimbaud à un texte déjà existant. C'est l'hypothèse de M. Fongaro (*étude citée*), et elle ne saurait être ignorée.

2. Au dire de Delahaye, il s'agirait d'une villa située près de Charleville, et qui était connue sous le nom de villa du général Noiset. De toute façon, l'idée d'un général, réel ou imaginaire, avait occupé l'esprit du petit Rimbaud. Dans *Alchimie du Verbe,* nous avons vu qu'il interpellait le soleil en l'appelant général.

Page 124.

1. Cette cinquième partie d'*Enfance* traduit un mouvement qui rompt avec celui des quatre premières. Après tant de rêves, la réalité sinistre. L'homme enseveli sous une masse qui l'accable. Tout en haut, la grande ville moderne, nuit sans fin. Des égouts. Il y a peut-être, au-delà, des gouffres d'azur. Mais qui peut savoir ? — Dans son article de la *Revue de littérature comparée,* 1960, M. Underwood a donné de pressantes raisons de penser que Londres a fourni à Rimbaud les images qu'il évoque ici. « Ce tombeau », ce serait les *basements* ou sous-sols très nombreux dans le quartier de Great College Street. Les sous-sols, à l'époque victorienne, étaient ordinairement blanchis à la chaux. M. Underwood suggère même, pour expliquer « une apparence de soupirail » de penser aux plaques rondes qui s'ouvraient dans le trottoir pour permettre la descente du charbon. Si l'on admet cette interprétation d'*Enfance V,* il va de soi que la « ville monstrueuse », la ville où la boue est rouge et noire, la ville qui est une « nuit sans fin », c'est Londres. — On notera à tout hasard, dans la lettre de Vitalie à Isabelle, du 24 juillet 1874, quelques lignes curieuses. Rimbaud a conduit sa mère et sa sœur dans le souterrain qui passe sous la Tamise. Elles en ont été frappées : se trouver à quarante mètres sous l'eau, dans ce long « tube » mal éclairé par des becs de gaz de distance en distance. On peut se demander s'il n'est pas « ce tombeau », « très loin sous terre ».

Page 125.

CONTE

Texte : collection Lucien-Graux, folio 5. *Conte* est écrit à la suite d'*Enfance V.* Mais l'écriture est entièrement différente, très serrée et fine.

Il apparaît clairement que le Prince désigne Rimbaud. C'est Rimbaud qui a rêvé d'une générosité qui ne se confondrait pas avec les générosités vulgaires. C'est lui qui a rêvé de révolutions de l'amour, et qui a cru que la femme n'était pas faite pour sa condition actuelle d'objet de luxe pour le plaisir de l'homme. C'est lui qui attacha tant d'importance à l'idée de vérité. Mais ces ambitions étaient chimériques, et rien de ce qu'il rêvait ne se réalise.

Les exégètes ont proposé pour le personnage du génie différentes interprétations. Peut-être, très simplement, figure-t-il cette partie de l'âme de Rimbaud qui avait rêvé d'une sorte d'Éden, au-delà de toute réalité, au-delà aussi de toute loi, un paradis qui devait donner le bonheur absolu. Mais

cela aussi était une illusion. Car le Génie, c'était encore
Rimbaud, et donc il n'avait pas échappé aux servitudes de
sa nature. La vie normale, la vie médiocre et vulgaire continue.
Le Prince décède dans son palais à un âge ordinaire. Rien
décidément ne s'est passé.

Page 126.

PARADE

Texte : collection Lucien-Graux, folio 6. Le poème occupe la
totalité de la page. Écriture identique à celle de *Conte.*

Fidèle à son interprétation générale des *Illuminations,*
Delahaye ne veut voir dans *Parade* que le souvenir d'une
parade foraine, vue à Charleville. Certains commentateurs
ont imaginé des parades observées par Rimbaud, soit à
Londres, soit en Allemagne. Mais ces diverses explications
ont le défaut de n'apporter aucune lumière pour l'intelligence
du texte.

Dans une voie toute différente, on a relevé des ressem-
blances plus ou moins précises entre *Parade* et des lectures
que Rimbaud avait pu faire. Mme Suzanne Briet a fait
connaître dans *Le Bateau ivre* (novembre 1963) l'explication
proposée par Pierre Caddau dans un ouvrage qui n'a paru
qu'en 1968. Il s'agirait d'une page des *Voyages du capitaine
Cook.* On y voit des insulaires à la peau brûlée et noirâtre,
aux yeux enflammés et chassieux, enveloppés dans de simples
draperies, des danseuses qui tordent leurs bouches d'une
façon hideuse. Il est question dans les *Voyages* de Chinois
et de Hottentots. Tous ces traits sont à coup sûr précieux
à relever. Mais beaucoup de détails dans *Parade* restent, par
cette voie, inexpliqués. On serait tenté de penser que Rim-
baud, dans cette prose, a une autre scène dans l'esprit, mais
qu'il n'a pas oublié les *Voyages du capitaine Cook,* et qu'il
fait, consciemment ou non, le rapprochement entre la scène
qu'il veut évoquer, et les récits du capitaine sur les pays du
lointain Orient. Il a d'ailleurs soin de marquer la différence :
« Pas de comparaison avec vos Fakirs... » La scène évoquée
a une gravité que n'ont pas les danses et les parades de la
Polynésie.

On observe des ressemblances d'une autre portée dans
un texte de *L'Enfer d'un maudit* de Rabbe, ce romantique
que Rimbaud avait des raisons de connaître et d'admirer.
Rabbe évoque les parades religieuses de la Restauration. Il
parle de « scélérats *(les prêtres)* à nobles dénominations,
pompeusement déguisés » et qui jouent « un drame tragique
et burlesque, mêlé de pleurs et de chants, de vêtements
d'or, de manteaux d'écarlate au milieu de haillons souillés
de fange et des lambeaux du deuil réuni à la misère ». L'idée

que Rabbe dégage de cette scène, c'est que les cérémonies catholiques ressemblent beaucoup plus qu'on ne croit aux cultes des vieilles religions. La « parade » qu'il décrit est une « pièce » où il n'y a rien de changé, « quoi qu'en disent les auteurs ». Ce qui pourtant est changé, c'est que nous voyons, au lieu des majestueux grands prêtres des drames d'autrefois, de noirs devins qui prétendent beaucoup mieux expliquer les oracles (cité dans *Revue des Sciences humaines,* déc. 1959, p. 232-233).

Ces rapprochements sont certainement dignes d'être relevés. Mais une note de *Bateau ivre,* en septembre 1966, en a révélé un autre qui est, lui, décisif. Il s'agit d'une page de Töppfer dans ses *Voyages en zigzag,* 3e édition, 1850. Töppfer raconte ce qu'il a vu au Dôme de Milan. Son texte est trop important pour ne pas être reproduit ici intégralement : « Cette sainte demeure recouvre partout des choses non-saintes. Non seulement on y exploite les touristes, mais de petits prêtres, ou apprentis-prêtres, sans dignité, sans sérieux même, y grugent comme des rats dans un palais. Ceux qui font voir le trésor, les reliques, etc., sont deux farceurs en soutane qui déshonorent leur habit. Leur aspect est équivoque, leur air vil, leur ton cynique... J'ai dit : des rats, c'est médire des rats que de les assimiler à des drôles de cette sorte... Après cette visite du Dôme, il est question d'une parade qui nous fait tous accourir sur la place Santa-Alessandra. »

Nous n'aurons pas l'imprudence d'affirmer que les rapports évidents de cette page avec *Parade* prouvent que Rimbaud veut décrire une cérémonie vue à Milan, puisque précisément nous sommes ici en face d'un souvenir de lecture. Mais si nous nous rappelons que Rimbaud a passé par Milan en avril 1875, et même qu'il y logeait au 39 de la *piazza del Duomo,* nous sommes tentés d'imaginer qu'il avait assisté à une cérémonie dans la cathédrale et que le souvenir de cette scène, associé à ceux de ses lectures, pourrait bien nous donner « la clef de cette parade sauvage ».

1. Il est difficile de ne pas voir que ces drôles sont des directeurs de conscience. On vient de voir que le mot *drôle* figure dans le texte de Töppfer.

2. Ces jeunes pourvus de voix effrayantes pourraient être les castrats aux voix de filles, qui chantaient autrefois en Italie. On s'expliquerait ainsi qu'ils ne puissent « regarder Chérubin » : ils ne sont plus faits pour aimer les femmes.

3. On affirme que *prendre du dos* est une expression obscène, dont le sens se devine. Si cette affirmation se trouvait confirmée, l'interprétation de tout ce passage le serait aussi, et de façon définitive.

4. La tentation est grande de rapprocher ces tragédies de malandrins et de demi-dieux de la passion du Christ, crucifié

entre deux larrons. Mais il va de soi que c'est là seulement une hypothèse séduisante, et non pas une certitude.

5. Il est beau de voir qu'un exégète réussit à découvrir dans cette phrase des significations sublimes ou édifiantes. Le Voyant est seul capable de voir transparaître derrière la messe la cérémonie barbare qu'elle est en réalité (?). Ou bien, tout à l'opposé, il est seul à respecter le drame sacré derrière la parodie!

Page 127.

ANTIQUE

Texte : collection Lucien-Graux, folio 7. La même écriture serrée.

Delahaye croyait savoir que Rimbaud avait découvert dans un parc, la nuit probablement, une statue ancienne qui s'animait « sous les clartés lunaires ». Un historien a imaginé avec aussi peu de raison que Rimbaud avait vu un centaure dans la galerie du Louvre.

Il s'agit, sans qu'aucune précision soit possible, d'une statue de faune antique, au front couronné de fleurs, aux crocs aigus. Mais ce qui mérite de retenir l'attention, c'est que ce faune cache dans son ventre un double sexe. Il serait donc hermaphrodite.

La présence dans les *Illuminations* d'une pièce aussi visiblement dépourvue de signification philosophique ou d'intentions morales illustre le caractère véritable du recueil : collection de poèmes en prose, et non pas œuvre dominée par une pensée d'ensemble. Œuvre plastique, par conséquent, *Antique* présente pourtant avec les « transpositions d'art » alors à la mode chez les poètes une différence essentielle. Rimbaud anime la statue évoquée. Le fils de Pan se promène, la nuit, « en mouvant cette cuisse, cette seconde cuisse, et cette jambe de gauche ».

Daniel de Graaf a noté dans un article de la *Revue des langues vivantes*, 1962, un rapprochement curieux avec un passage des *Métamorphoses*, IV, v. 393-397 :

> *Tinnulaque aera sonant. Redolent murraeque crocique;*
> *Resque fide major, coepere virescere telae,*
> *Inque hederae faciem pendens frondescere vestis.*
> *Pars abit in vites, et quae modo fila fuerunt*
> *Palmite mutantur. De stamine pampinus exit.*

BEING BEAUTEOUS

Texte : collection Lucien-Graux, folio 7, à la suite d'*Antique*. Même écriture.

L'étude qui a apporté, semble-t-il, les plus utiles lumières sur *Being beauteous* est celle de C.-A. Hackett dans la *Revue d'histoire littéraire* en 1965. Elle démontre de façon satisfaisante que Rimbaud a trouvé cette expression dans un poème de Longfellow, *Footsteps of Angels,* tiré des *Voices of the Night.* Il devient dès lors raisonnable de voir dans ce poème non pas un souvenir, non pas davantage « une Vision », mais l'évocation de la forme de beauté que Rimbaud avait dégagée de ses lectures poétiques.

Mais de même que la statue du faune, dans *Antique,* s'animait, l'Être de beauté vit et, si l'on peut dire, prend chair. Il devient une femme. Il fait plus. Il met le monde en mouvement, et Rimbaud sent, à sa pensée, tout son corps qui s'anime.

1. La candeur des exégètes ne veut voir dans ces blessures écarlates et noires que la bouche et les yeux de la Vision qu'ils imaginent. D'autres, plus profonds philosophes, associent aux couleurs de la vie « les teintes violentes et sombres de la mort ». Ils ne semblent pas soupçonner que ces blessures écarlates sont, très simplement, la pointe des seins, et que les blessures noires désignent le sexe.

2. Le corps de la femme — ou du jeune homme — apparaissant dans sa sensuelle beauté, un corps nouveau revêt nos os, un corps animé de désir et d'amour.

3. Ici encore, il ne peut s'agir que du sexe. Dans *Enfance,* Rimbaud a dit de même : « Cette idole, yeux noirs et crin jaune... »

4. Une fois que l'on admet le caractère sensuel de cette évocation, on ne peut guère hésiter sur le sens des trois dernières lignes. Le jeune homme se jette sur le sol et satisfait seul son désir.

Page 128.

VIES

Texte : collection Lucien-Graux. Les Ire et IIe parties occupent le folio 8, la IIIe partie occupe le haut du folio 9. L'écriture des deux premières parties est celle d'*Antique* et de *Being Beauteous,* fine et serrée. L'écriture de la IIIe partie est large et grande.

Dans ce poème de *Vies,* un homme parle, qui a vécu en Orient et qui est maintenant revenu dans une campagne d'Europe. Il s'ennuie, il se souvient de ses voyages, il se sent hors de la vie.

Il serait imprudent de tirer de ce texte des conclusions sur la situation où se trouve alors Rimbaud. Car ce personnage, ce n'est pas exactement lui-même et il ne se confond pas avec lui. Mais il n'est pas moins évident que Rimbaud a mis dans ce poème certains traits qui, transposés, se rapportent à son propre passé.

Si l'on remarque que la IIIe partie est écrite sur un autre feuillet et d'une écriture toute différente, on se demande si cette IIIe partie a été composée en même temps que les deux autres.

1. Le manuscrit autographe donne clairement *vieilles,* qui est plus qu'étonnant.

2. Ici encore, la *campagne,* bien attesté par le manuscrit, semble inacceptable. Mais les non-sens ne manquent pas dans les manuscrits des *Illuminations.* Et les éditeurs en découvriraient davantage s'ils n'étaient décidés d'avance à admirer ce qu'ils ne comprennent pas.

3. Les plaines *poivrées* sont liées dans l'esprit de Rimbaud à l'image qu'il se fait des pays orientaux. Dans *Démocratie,* il écrit : « Aux pays poivrés et détrempés. »

4. À tort ou à raison, on admettait que les pigeons avaient, aux Indes, un plumage rouge sombre, avec des yeux cerclés de rouge vif. En italien, le pigeon de cette espèce s'appelle *colombo indiano.* — Il importe de bien répéter que ces détails, qui s'accordent à évoquer l'Inde, ne prouvent pas que Rimbaud y soit dès lors allé, mais seulement que le personnage qui parle dans *Vies* a vécu en Inde.

5. Cette phrase a inspiré les exégèses les plus extravagantes. Elle signifie sans doute très simplement que le voyageur, dans son ennui, ne trouve de plaisir que dans les images magnifiques qui occupent sa mémoire comme les splendeurs d'un théâtre.

6. Il faut donner une valeur ironique à ces mots que Rimbaud adresse aux Occidentaux : *J'observe l'histoire des trésors que vous trouvâtes. Je vois la suite!* Il sait ce que valent ces faux trésors et ce qui attend l'Europe, à quelle catastrophe aboutiront ces progrès de pure technique, cet orgueil des vaines compétitions, cette agitation fébrile et inhumaine. Au contraire, il a rapporté des Indes des richesses morales inouïes, une merveilleuse sagesse.

7. L'homme qui adhère à la sagesse de l'Orient et à sa doctrine du néant sait ce qui attend l'Europe, et la stupeur où elle sombrera.

8. Rimbaud évoque le temps où il crut trouver l'idée véritable de l'amour, en 1871-1872.

9. Ce mot de *gentilhomme* interdirait, à lui seul, d'identifier purement et simplement au poète le personnage qui parle dans *Vies.*

10. Ces *veuvages,* ce sont les amours qui finissent mal. Dans le même sens, Verlaine a écrit plus tard les *Mémoires d'un veuf.* Nous ignorons trop la vie intime de Rimbaud pour savoir s'il eut vraiment « cinq ou six veuvages ». Mais il serait d'une grande imprudence de soutenir que la liaison avec Verlaine fut la seule qu'il eut avant l'époque des grands voyages.

Page 129.

1. La rupture est évidente entre la fin de la II⁰ partie et le commencement de la III⁰. Le fait mérite d'autant plus d'être signalé que cette III⁰ partie, ainsi que nous l'avons vu, commence un feuillet nouveau, et qu'elle est écrite d'une écriture toute différente.

2. On peut imaginer que Rimbaud veut dire simplement que dans cette ville qu'il ne nomme pas — serait-ce Anvers ? — il a vu au musée des portraits des femmes de quelques anciens peintres.

3. La tentation est forte de comprendre ici le passage Choiseul, où se rencontraient les Parnassiens.

DÉPART

Texte : collection Lucien-Graux, folio 9, à la suite de *Vies III.* Même écriture large et grande.

Dans ce court poème, Rimbaud met une sorte de point final à ses expériences passées. Il se tient prêt à repartir vers un avenir qui lui apportera du neuf.

Il serait naturellement imprudent de vouloir décider à quel moment de la vie de Rimbaud ce poème peut correspondre. Il y eut, en vérité, dans sa vie, trop de « départs » pour qu'il soit possible de découvrir celui dont il est ici question.

ROYAUTÉ

Texte : collection Lucien-Graux, folio 9, à la suite de *Départ.* Mais écriture différente, beaucoup plus serrée. L'encre est différente également.

En bas, signature : *Arthur Rimbaud.* Mais Bouillane de Lacoste donne de sérieuses raisons pour ne la pas croire authentique.

Cela est un autre *conte,* mais dont la signification symbolique ne se dégage guère. Il est plus qu'étrange qu'un commentateur réussisse à voir dans cette reine superbe le pauvre Verlaine. Il est beau, aussi, d'en voir un autre qui, dans ce court récit de neuf lignes, admire un drame, avec son décor, sa durée, son action, ses personnages, et même un chœur, sans parler des plans où d'après lui cette action se déroule, plan

érotique, plan d'une initiation religieuse, plan d'une vie, courbe magnifiée et « soumise à l'ordre cosmique » !

Page 130.

À UNE RAISON

Texte : collection Lucien-Graux, folio 10. Écriture fine et serrée, analogue à celle de *Vies I et II,* toute différente de celle de *Vies III* et de *Départ.*

L'une des idées maîtresses de Rimbaud en 1871 avait été la doctrine du nouvel Amour. L'Amour au-delà des servitudes de la race, de la classe sociale, du sexe même. L'Amour affranchi de toutes les vieilles morales. Rimbaud y a cru. Il a pensé que le règne du nouvel Amour allait s'établir parmi les hommes, et que son avènement était proche.

À une raison annonce la nouvelle harmonie. Car la Raison n'est autre que l'Amour. Un pas d'elle, et les hommes nouveaux se mettront en marche. Le sort de l'humanité sera changé. Les vœux, les fortunes seront portés à des hauteurs inconnues, encore insoupçonnées.

1. *Harmonie.* De même, dans *Génie :* « Il est l'amour, mesure parfaite et réinventée. »

2. Cette *levée des hommes* est aussi annoncée dans *Génie :* « Son pas ! les migrations plus énormes... »

MATINÉE D'IVRESSE

Texte : collection Lucien-Graux, folio 10 et commencement du folio 11, à la suite de *À une raison,* et de la même écriture.

Matinée d'ivresse est, comme les commentateurs l'ont discerné depuis longtemps, inspiré par une séance de haschich. Nous sommes donc amenés à penser que ce poème fut écrit à l'époque où Rimbaud prit des stupéfiants avec l'ambition de provoquer en lui des visions et d'obtenir des impressions d'une intensité inouïe. Mais nous ne saurions sans imprudence préciser davantage. Tout au plus la période du séjour à Paris, à la fin de 1871, semblerait-elle particulièrement indiquée, puisque c'est en novembre, au témoignage de Delahaye, que Rimbaud fit sa première expérience. Mais rien n'interdit naturellement de supposer qu'il n'a écrit son poème que plus tard.

L'impression complexe qui se dégage de ce poème vient de la confusion que Rimbaud entretient volontairement entre l'aspect matériel et physiologique de l'épisode, et son aspect d'entreprise spirituelle. Il fait allusion aux premiers *dégoûts* du fumeur, au froid de *glace* qui, vers la fin de l'expérience,

s'empare de lui. Mais en même temps il insiste sur les perspectives de libération et de découverte. Il espère, par la drogue, s'élever au-delà du bien et du mal, au-delà des *honnêtetés tyranniques*. Il croit qu'ainsi libéré, il lui sera possible de réaliser ce *très pur amour* qu'il a décidé de réinventer. Il s'agit pour lui d'un effort, et il saura le poursuivre. *Nous t'affirmons, méthode!* Il rend grâce à la drogue : *quand ce ne serait que pour le masque dont tu nous as gratifié.* Il lui reste reconnaissant : *Nous n'oublions pas que tu as glorifié hier chacun de nos âges.* Il affirme sa confiance. *Nous avons foi au poison.*

Mais déjà il prévoit que l'élan va retomber, qu'il sera rendu *à l'ancienne inharmonie.* De la merveilleuse aventure, peut-être qu'en apparence il ne restera rien. Commencée *sous le rire des enfants,* elle finira *par eux.* Du moins Rimbaud gardera secrètement sa foi. Il faut croire qu'il ne sera pas le seul, car le temps est venu des *assassins,* des fumeurs de haschich, des réfractaires.

Page 131.

PHRASES

Texte : collection Lucien-Graux, folios 11-12.

Nous sommes ici en présence de deux poèmes différents, et que la routine persiste à considérer comme une pièce unique. Le premier, qui s'intitule *Phrases,* occupe le folio 11, à la suite des douze dernières lignes de *Matinée d'ivresse.* Ses trois parties sont séparées par une barre. Elles sont écrites de la même écriture que *Matinée d'ivresse.*

Puis, en haut du folio 12, un autre poème commence, dont le thème et le ton sont entièrement différents. L'aspect matériel diffère également. Ses paragraphes sont séparés non par des barres, mais par des étoiles. L'écriture semble identique à celle de *Royauté.*

Il semblerait que le poème de *Phrases,* le seul qui justifie ce titre, soit comme une parodie de certains thèmes verlainiens. C'est Verlaine qui a parlé d'un « bois noir » dans *La Bonne chanson.* C'est lui encore qui a dit dans une des *Ariettes oubliées :* « Soyons deux enfants... » De cette poésie sentimentale, Rimbaud se moque. Ce ne sont que des « phrases ».

Mais cette interprétation n'atteint pas l'intention profonde de Rimbaud. Une fois de plus, il dit sa déception définitive devant l'amour de la femme. Elle ne peut pas donner le bonheur. Elle est secrètement l'ennemie, et ne rêve que d'étouffer le partenaire. Mais sans elle l'homme n'est pas heureux. Les mots de l'amour ne sont que des *phrases,* mais ils sont l' « unique flatteur » de son « vil désespoir ».

Si la succession des idées est obscure, il faut du moins se tenir fermement à cette certitude que *Phrases* offre une

signification très générale. Il ne s'agit pas de Verlaine, ni d'une jeune fille que Rimbaud aurait rencontrée, ni d'un ami en présence du couple que formeraient Verlaine et Rimbaud. Il s'agit de l'homme et de la femme, du besoin qu'ils ont l'un de l'autre, de la comédie qu'ils se jouent, du désespoir auquel rien ne saurait les arracher.

Le thème du second poème est tout différent. Il s'agit du sentiment de solitude qu'éprouve Rimbaud, un jour de juillet, alors que la population est en fête.

Dans sa chambre solitaire, le jeune homme se laisse aller à son imagination. À la fin, il se jette sur son lit et, le visage tourné vers le mur, il s'abandonne à des rêves sensuels.

1. Il y a là, semble-t-il, un souvenir assez net du vers de Verlaine dans *La Bonne Chanson*, XVII :

> *Isolés dans la vie ainsi qu'en un bois noir.*

2. Souvenir de Verlaine : il avait dit dans les *Ariettes oubliées*, IV :

> *Soyons deux enfants...*

Page 132.

1. On pense une fois encore à *La Bonne Chanson*, XVII.

> *Quant au Monde, qu'il soit envers nous irascible*
> *Ou doux, que nous feront ses gestes? Il peut bien,*
> *S'il veut, nous caresser ou nous prendre pour cible...*

2. Ici commence le second poème (folio 12). Le mois de juillet est froid et pluvieux. Les fleurs sont flétries, et les chemins remplis de flaques d'eau.

3. Il fait si froid que l'on se croirait à Noël, au temps de l'encens et des jouets.

4. Ces rêves, ce sont toujours les mêmes, ceux de l'enfance : un étang, des bois, une sorcière.

5. Cette cloche de feu rose qui sonne dans les nuages, il n'est sans doute pas imprudent d'y voir un feu d'artifice.

6. Ces filles, ces reines, ce sont les figures de femmes qui hantent l'imagination de Rimbaud depuis l'époque de la puberté, et qui tiennent chez lui la place que la femme réelle occupe chez la plupart des hommes.

Page 133.

OUVRIERS

Texte : collection Lucien-Graux, première partie du folio 13. L'écriture, très serrée, est nettement la même que celle de *Royauté*.

Le titre était d'abord *Les Ouvriers*. Puis l'article a été effacé.

Ce poème suppose deux personnages, le jeune homme qui parle, et celle qu'il appelle *sa femme* et qui se nomme Henrika. Ils sont pauvres. Ils habitent une ville industrielle, et sont allés se promener dans la banlieue. La scène se passe en février, mais le vent souffle du sud. Il est humide et doux. L'homme est bien décidé à ne pas rester longtemps dans ce triste pays.

Ce fragment d'une histoire hors de tout contexte prête aux hypothèses les plus diverses, toutes également vaines. Il n'est même pas certain qu'il s'agisse de Rimbaud et d'un épisode de sa vie. Il est donc inutile de chercher l'année où cette scène a lieu. Le pays évoqué n'est pas moins inconnu. Ce que du moins il ne faut pas dire, c'est que la scène se passe en Angleterre ou en Hollande. Le prénom de *Henrika* n'est pas anglais, il n'est pas allemand. En Hollande, sa forme la plus fréquente est *Hendrika*. *Henrika* est normal en Norvège.

Plutôt que d'inutiles hypothèses, ce qui doit retenir notre attention, c'est la présence, dans les *Illuminations,* de ce poème parfaitement dépourvu d'intentions profondes et de significations symboliques. Il ne se relie ni au thème du nouvel Amour ni aux ambitions du Voyant. Une scène très simple, émouvante et profondément humaine. Un moment dans l'histoire d'un homme que l'aventure a entraîné loin de son pays, et que l'exil et la pauvreté rendent malheureux.

1. *Relever,* au sens, fréquent chez Rimbaud, de *renouveler.*

2. On a déjà rencontré *flache* avec son sens de flaque d'eau.

3. S'il existe un trait, dans ce poème, qui semble indiquer quelque relation avec la vie de Rimbaud, ce serait cette phrase sur « l'habitation bénie par le ciel et les ombrages ». Elle semblerait suggérer le voyage, vécu ou rêvé, en Orient.

LES PONTS

Texte : collection Lucien-Graux, deuxième partie du folio 13 et premières lignes du folio 14. Écriture très serrée.

Quoi que les commentateurs en aient dit, il n'est nullement certain que Rimbaud évoque Londres dans ce poème des *Ponts,* et il n'est pas évident non plus que l'eau « large comme un bras de mer » désigne la Tamise. Ce n'est pas un spectacle réel que Rimbaud a sous les yeux. C'est un tableau ou une gravure. On peut même ajouter que l'auteur de ce tableau ou de cette gravure a cherché de curieux effets par les perspectives inattendues où il s'est placé.

On voudrait naturellement savoir quelle était la ville qu'il avait voulu représenter. Il y faut renoncer. Mais peut-

être un heureux chercheur découvrira-t-il le tableau dont Rimbaud s'est inspiré. On y verra des dômes d'église au-dessus du canal, des ponts, et l'un d'eux sera chargé de vieilles maisons tandis que sur l'autre se dresseront des mâts et des drapeaux.

Mais cela même ne dira pas le dernier mot sur ce poème en apparence clair. La dernière phrase nous suggère l'idée d'un mirage ou du moins d'un spectacle évanescent, qu'un rayon suffit à anéantir.

Page 134.

VILLE

Texte : collection Lucien-Graux, sur le folio 14, à la suite des *Ponts.* Écriture très serrée, la même que celle d'*Ouvriers.*

Ce poème de *Ville* donne l'impression que Rimbaud a, cette fois, dans l'esprit une ville réelle, qu'il l'a même sous les yeux. C'est une grande métropole moderne sur laquelle roule une éternelle fumée de charbon. L'ensemble des commentateurs est d'accord pour soutenir qu'il ne peut s'agir que de Londres. Cette supposition se heurte pourtant à deux difficultés. Rimbaud écrit qu'on ne trouve dans cette ville aucun « monument de superstition ». Cette formule, sous sa plume, ne peut signifier qu'une chose : dans cette ville, on ne trouve ni église ni temple, ce qui paraît plus qu'étonnant s'il s'agit de Londres. D'autre part, dans cette métropole, « la morale et la langue sont réduites à leur plus simple expression », et voilà qui ne s'applique pas mieux à la capitale anglaise. Il ne servirait à rien de rappeler que Rimbaud et Verlaine avaient noté le désordre des mœurs à Londres, car il ne s'agit pas ici, à proprement parler, de désordre, mais d'une vie collective réduite à quelques formes élémentaires, pour la religion, les mœurs et même la langue.

Il n'est peut-être même pas évident que le personnage qui parle soit Rimbaud. On ne le voit pas, au cours de ses voyages, qui occupe un cottage. D'autre part, il y a quelqu'un près de lui. Il parle de « *notre* ombre des bois », de « *notre* nuit d'été », souvenirs heureux qu'il a en commun avec celle — ou celui — qui se trouve près de lui. Ce qui ne veut certes pas dire que Rimbaud ne songe pas à des souvenirs personnels. Mais rien ne rend impossible l'idée que *Ville,* aussi bien qu'*Ouvriers,* devait dans son esprit, appartenir à une série de poèmes où il aurait noté les impressions d'un voyageur.

Page 135.

ORNIÈRES

Texte : collection Lucien-Graux, folio 14, à la suite de *Ville*. Même écriture. Nettement différente de celle de *À une raison* et de *Matinée d'ivresse*.

Il n'est guère possible de discerner le caractère de ce « défilé de féeries », et de découvrir ce qui a pu mettre en mouvement l'imagination de Rimbaud. Au dire de Delahaye, ce serait le passage d'un cirque américain à Charleville. Mais on peut tout aussi bien — et aussi inutilement — penser à une gravure : on serait même tenté de le faire quand on observe que Rimbaud dispose l'aube « à droite » et les talus « à gauche ». Qu'importe d'ailleurs, car de toute façon la part de la fantasmagorie est, de toute évidence, bien plus grande que celle de la réalité ou de l'œuvre d'art observées.

A. Fongaro, observant qu'un défilé de cirque ne comporte pas habituellement de cercueil, en conclut que la dernière phrase doit être un écho de *Corbillard au galop* que Verlaine avait fait paraître dans *Le Hanneton* le 8 août 1867.

VILLES

Texte : collection Lucien-Graux, folio 15 et premières lignes du folio 16. Même écriture que *Ville* et qu'*Ornières*.

Ce poème particulièrement difficile à interpréter si l'on y cherche une cohérence, s'éclaire peut-être lorsque, pour le comprendre, on prend appui sur sa dernière phrase. La région que Rimbaud vient d'évoquer, c'est, il le dit en propres termes, « cette région d'où viennent [ses] sommeils et [ses] moindres mouvements ». Il est donc bien inutile de chercher, au point de départ, le souvenir d'un site ou même celui d'une lecture. Ces *Villes* sont nées dans l'esprit de Rimbaud, venues des régions profondes du rêve et du désir.

Mais cette vérité, d'ordre général, n'exclut naturellement pas des références à certaines réalités particulières, qu'elles aient été vues, ou que Rimbaud en ait trouvé l'idée dans un livre. Il avait pu lire, d'Edgar Poe, *Les Souvenirs de M. Auguste Bedloe*, et y trouver la description d'une ville orientale, aux rues innombrables, « fourmillant littéralement d'habitants ». Qu'il ait vu un funiculaire, ou qu'il en ait lu une description, il faut quelque entêtement pour ne pas en reconnaître un dans ces « chalets de cristal et de bois qui se meuvent sur des rails et des poulies invisibles ». Ces *Villes* fantastiques sont formées d'un entassement d'images venues des pays les plus éloignés : montagnes qui pourraient être les Alpes, villes où se dressent des beffrois, scènes de l'Orient.

De ce chaos, un sens se dégage-t-il ? S'il en existait un, ce serait celui que René Etiemble a cru discerner : l'idée que ces *Villes* seraient les cités de l'avenir, telles que les progrès de la science permettent de les imaginer. Mais ce serait sans doute trop dire encore. Ce grouillement de vie donne surtout l'image d'une grande confusion. La confusion des rêves de Rimbaud.

Page 136.

VAGABONDS

Texte : collection Lucien-Graux, folio 16, à la suite de *Villes*. Même écriture.

Nous sommes cette fois en présence d'un poème dont la signification n'est pas douteuse. Les deux vagabonds sont Verlaine et Rimbaud, et le « pitoyable frère » ne saurait être que Verlaine. Celui-ci d'ailleurs s'y reconnut. Au mois d'août 1878, il écrivait à Charles de Sivry : « Avoir relu *Illuminations* (Painted Plates) du sieur que tu sais, aussi bien que sa *Saison en Enfer* où je figure en qualité de Docteur satanique (ça, c'est pas vrai). » L'expression *satanique docteur* se trouve dans *Vagabonds*.

Nous avons donc là un témoignage infiniment précieux sur les relations des deux hommes. Nous entendons les reproches de Verlaine à son compagnon et les ricanements de Rimbaud. Nous tenons l'aveu de l'ambition que celui-ci avait mise dans leur aventure, son rêve de rendre Verlaine « à son état primitif de Fils du Soleil ».

Page 137.

1. Des commentateurs voient dans ces *bandes* un anglicisme. Il s'agirait de troupes de musiciens. Explication séduisante à première vue. Mais elle s'accorde mal avec une phrase de *Veillées II* (p. 139) sur une succession de « bandes atmosphériques ».

2. L'autographe est sans obscurité, et Rimbaud a écrit : *vin des cavernes,* sans que le doute soit possible. C'est donc *cavernes* qu'il convient de mettre dans une édition. Mais si l'on songe qu'il y a dans les autographes des *Illuminations* plusieurs mots ou formules qui sont plus que difficiles à accepter ou qui forment même non-sens, on est en droit de penser ce que l'on veut de ce *vin des cavernes*. Charles Bruneau a pourtant défendu (*La Grive,* octobre 1954) la leçon *caverne*. Ce mot, dit-il, peut avoir dans les Ardennes le sens de *source*. Le *vin des cavernes* serait donc l'eau de source.

VILLES

Texte : collection Lucien-Graux. Les quatre dernières lignes en bas du folio 16. Le reste couvre le folio 17. Bouillane de Lacoste a reconnu dans ce poème l'écriture de Germain Nouveau.

Dans la mesure où ils essaient de rattacher ce poème à une réalité que Rimbaud aurait eu l'occasion d'observer, les commentateurs sont d'accord pour désigner Londres. Ils n'ont cependant, pour appuyer cette supposition, que le nom d'Hampton Court, mais Rimbaud ne le prononce que pour le comparer aux bâtiments qu'il évoque. En revanche, il est parfaitement impossible, si cette ville est Londres, d'expliquer le Nabuchodonosor norvégien, l'acropole avec ses terrasses fermées où les cochers n'ont pas accès, le haut quartier, le bras de mer sans bateaux qui roule entre des quais chargés de candélabres géants, le pont court qui mène à une Sainte-Chapelle. Il serait de bonne méthode d'écarter une explication qui contredit à ce point le texte qu'elle prétend éclairer.

D'autres commentateurs se réfugient dans l'idée d'un tableau de pure fantasmagorie, et cette position commode leur permet d'éluder toute discussion. Mais il existe une différence entière entre le premier poème de *Villes* (*supra*, p. 135) dont on a vu le caractère d'incohérence systématique, et ce deuxième *Villes* dont un seul détail est visiblement imaginaire : ce dôme de quinze mille pieds de haut, qui termine la première partie.

Il ne serait peut-être pas impossible de résoudre ces difficultés, d'une façon qui rendrait compte du Nabuchodonosor norvégien, des différences de niveaux entre les diverses parties de la ville, du bras de mer, des candélabres géants, du pont court, de la Sainte-Chapelle, et même du « circus d'un seul style avec galeries à arcades », car il existe une capitale européenne où tous ces traits se retrouvent et où Rimbaud a séjourné. Mais il faudrait, pour qu'on ose proposer cette solution, que les esprits fussent mieux disposés à admettre que la formation du recueil des *Illuminations* nous est mal connue, que nous en ignorons la date finale, et que quelques poèmes ont pu y être joints après 1874.

Au surplus, si selon toute vraisemblance, Rimbaud prend appui dans son expérience d'une ville réelle, il va de soi que, selon son habitude, il tend vers une vision fantastique, et l'on peut remarquer que la part d'une absurdité systématique va grandissant dans la deuxième partie du poème. C'est là que l'on trouve une diligence de diamants, des nababs et des boissons polaires qui se paient en roupies.

a. Un mot reste illisible. On a cru lire Bravi *ou* Brahmanes.

Les éditeurs de La Vogue avaient lu Brennus. *Il semble du moins que ce mot se termine en -as.*

3. Sous la réserve que la fantasmagorie joue dans les évocations de *Villes* un grand rôle, on notera que l'expression *Nabuchodonosor norwégien* n'est pas aussi extravagante qu'elle paraît. Elle s'appliquerait assez bien à Bernadotte, qui détermina, au congrès de Vienne, l'annexion de la Norvège à la Suède. On n'avait pas oublié, au temps de Rimbaud, la dure répression qui avait suivi un mouvement d'indépendance de la Norvège.

4. Quoi qu'on puisse penser de ce rapprochement, il existait à Stockholm un bras de mer où les bateaux ne circulaient pas parce que deux ponts, aux extrémités, n'auraient pas permis leur passage. C'était le Ridderholmskanalen, tel que le montrent d'anciennes photographies. Et ce qui est notable, c'est qu'elles le montrent également bordé de candélabres très grands et très beaux.

5. Au bout du pont central du Ridderholmskanalen se dresse le dôme de Ridderholmskyrken, l'église où sont enterrés les rois de Suède, ce qui s'accorderait assez bien avec le nom de Sainte-Chapelle, dans le texte de Rimbaud.

Page 138.

a. L'autographe porte : assez — sombres (?). Je

1. Fait plus étonnant que tous les autres qui viennent d'être relevés, ce *circus,* avec arcades et centre de commerce, se voit à Stockholm, à mi-distance de Ridderholmen et du château royal.

2. Le mot *comté* n'oblige pas à penser à l'Angleterre. Les régions administratives de la Suède s'appellent *Len,* que l'on traduit par *fiefs* et par *comtés.*

VEILLÉES

Texte : collection Lucien-Graux. Les deux premières parties occupent le folio 18. Elles présentent ce caractère particulier que les lignes sont beaucoup plus courtes que dans les poèmes précédents. L'écriture est également différente. D'autre part, la IIIe partie occupe le haut du folio 19. Il est écrit d'une écriture large et belle. Elle portait un titre, *Veillée* (au singulier). Il a été effacé pour être remplacé par III. Il existe une ligne de points pour isoler les deux dernières lignes. Après celles-ci, une barre horizontale traverse la page.

La présentation matérielle de ces trois poèmes groupés sous le titre de *Veillées* attire notre attention sur leur caractère exceptionnel. Le premier notamment offre cette parti-

cularité que ses versets se terminent par des assonances : *pré/aimée* et *ami/vie/ceci/fraîchit*. Il semble donc que cette pièce ait été écrite à une époque où Rimbaud s'efforçait de trouver une forme intermédiaire entre le vers et la prose, bien avant juillet 1873, par conséquent.

Ce premier poème, en apparence obscur, s'explique pourtant de façon fort simple lorsqu'on se souvient que Rimbaud, au début de 1872, a rêvé d'une vie qui serait adhésion pure et muette à la vie. Attitude de quiétisme dont Delahaye nous a parlé. Dans cette attitude nonchalante, sans fièvre, mais aussi sans langueur, ce qui compte, c'est la présence de l'*ami* ou de l'*amie,* et il n'importe pas qu'il soit *ardent* ou *faible,* ni qu'elle soit *tourmentante* ou tourmentée. L'important, c'est l'être vivant, près de nous. Et nous ne le cherchons pas, nous ne cherchons pas l'air et le mouvement. Très simplement, la vie est là, et nous l'accueillons. Est-ce même la vie vécue ? Et la vie rêvée ne suffit-elle pas ?

Si l'on admet cette interprétation, on mesure l'erreur des exégètes qui ont prétendu découvrir dans ce poème la liaison de Verlaine et de Rimbaud, « avec, à la fin, une nuance de déception ». Ou encore de ceux qui y perçoivent « le soupir heureux d'un convalescent qui reprend goût à la vie ».

Page 139.

Le deuxième poème, entièrement différent de forme comme de fond, s'applique à traduire un état d'hallucination. On y observera deux traits principaux, que Rimbaud a voulu nous faire percevoir. D'une part la confusion des images mêlées à des notations d'états psychologiques : par exemple des élévations harmoniques, des groupes sentimentaux, une succession psychologique de frises. D'autre part, un monde de mouvement où il ne reste plus trace de stabilité. Pour traduire cette confusion et ce mouvement, Rimbaud fait violence à la langue. Il est probablement inutile de s'interroger sur ces *bandes atmosphériques* et ces *accidences géologiques*.

La troisième *Veillée* est également une hallucination. Pour l'éclairer, un commentateur a fort utilement cité un passage des *Paradis artificiels* qui rappelle un texte d'Edgar Poe. Un personnage s'oublie une nuit entière à surveiller la flamme d'une lampe ou les braises du foyer, et c'est à partir de là que l'hallucination s'installe en lui, transforme les tapisseries, le foyer, et fait de la chambre une cabine de navire. Ainsi s'explique le *steerage* (l'entrepont) et « la mer de la veillée » où les lampes et les tapis font le bruit des vagues.

On s'est demandé qui était l'*Amélie* de la ligne 3. Il n'est pas impossible qu'elle ne soit là que pour l'assonance, après le *bruit* des vagues la *nuit,* avant les *tapisseries* et les *taillis*.

Mais, de toute façon, il est bien évident qu'elle ne se rapporte pas à un être réel.

    a. Ce chiffre III *est écrit au-dessus d'un titre,* Veillée, *biffé.*

    b. Autour du *est écrit en surcharge de* sur le pont *et* steerage a *été écrit à la suite.*

MYSTIQUE

Texte : collection Lucien-Graux, folio 19, à la suite de *Veillées II,* et de la même écriture large et belle.

Les explications données à ce poème sont particulièrement nombreuses et divergentes. Delahaye y voit un paysage nocturne vu au clair de lune. Mais tel autre pense que Rimbaud avait dans l'esprit le tableau de *L'Agneau mystique* de Van Eyck. Un autre encore y voit la transposition poétique d'un talus de chemin de fer. Mais un quatrième imagine un vagabond étendu sur le sol et qui regarde le ciel « en renversant la tête ».

À constater ces désaccords, on serait tenté d'en conclure qu'il n'y a pas d'explication qui s'impose et que Rimbaud a, dans ce poème, pratiqué systématiquement l'incohérence.

Peut-être cependant n'est-il pas inutile d'observer que cet aspect de confusion vient de la juxtaposition de deux plans. Le premier, c'est sans doute comme l'avait vu M. Tielrooy, un tableau ancien représentant le jugement dernier. À gauche, les damnés. À droite les élus. En bas, les flammes de l'enfer. En haut, une perspective lumineuse. Entre les deux, des anges aux lourdes robes, comme les peignent les primitifs flamands.

Mais ce jugement dernier, Rimbaud le voit dans un esprit moderne. Les damnés, c'est le monde de la violence. Les élus, c'est l'humanité en marche, c'est le progrès. Du ciel descend une grande espérance.

Si l'on admettait cette interprétation, il faudrait dire que la difficulté du poème viendrait, non pas d'un caractère de vision hallucinée qu'il n'a sans doute pas, mais de la hardiesse des symboles et des raccourcis d'expression.

Page 140.

AUBE

Texte : collection Lucien-Graux. Commence en bas du folio 19 et s'achève au folio 20. Même écriture que *Mystique.*

Si l'on s'applique, avant toute tentative d'interprétation, à saisir le texte tel qu'il se présente, on observe un homme qui, à l'aube, en été, marche dans une région boisée et accidentée, parmi des bois de sapins. Autour de lui la nature

s'éveille. Des oiseaux s'envolent, les fleurs s'ouvrent, la rosée perle à la pointe des herbes, comme des pierreries.

À ce moment, une vision apparaît. C'est la déesse. L'homme se met à sa poursuite. Il veut lui arracher ses voiles et l'étreindre. Elle fuit devant lui. Il la rejoint pourtant et l'enserre. Et parce que cet homme, c'est Rimbaud, et qu'il s'est souvent désigné comme « l'enfant », il écrit : « L'aube et l'enfant tombèrent au bas du bois. »

Deux questions dès lors se posent. On voudrait savoir quel est le pays que Rimbaud a dans l'esprit. Plusieurs commentateurs pensent qu'il s'agit de l'Allemagne. Ils notent le mot allemand *Wasserfall* pour *chute d'eau*. Ils rappellent le séjour de Rimbaud à Stuttgart en février 1875.

L'autre question est de savoir qui est cette déesse. Il n'existe aucune raison d'imaginer à ce propos de profondes vues philosophiques, et le texte de Rimbaud est clair. La déesse, c'est l'aube d'été, c'est-à-dire la nature dans toute sa pureté lumineuse et sa splendeur. Dans ses longues marches, c'est elle que Rimbaud cherchait, c'est elle qu'il a étreinte dans une heure merveilleuse.

On notera dans ce poème, plusieurs expressions qui se retrouvent dans *Après le Déluge,* et la parenté de style saute aux yeux. « Les pierres regardèrent », dans *Aube,* correspond à la phrase d'*Après le Déluge* : « Oh, les pierres précieuses qui se cachaient. » De même, « une fleur qui me dit son nom » ressemble étonnamment aux « fleurs qui regardaient déjà ». Une conclusion semble s'imposer. *Après le Déluge* et *Aube* ont été composés à des dates voisines, à une époque commune dans le développement du style et de l'art de Rimbaud.

Page 141.

FLEURS

Texte : collection Lucien-Graux, folio 20. Même écriture qu'*Aube.*

Sur ce poème tout formé d'images lumineuses, des commentateurs se sont crus obligés de construire des commentaires hermétiques. Ils ont découvert que chez les alchimistes le mot *fleur* désigne la pure substance contenue dans le métal, l'esprit dans la matière. Ou bien ils sont allés chercher la clef du poème dans *La Mère de Dieu* d'Éliphas Lévi.

En fait, il semble évident que Rimbaud a voulu, dans ce poème, célébrer la beauté de la nature, la splendeur d'un ciel d'été, la richesse de couleurs d'un paysage de verdure et de fleurs. Si son poème semble difficile au premier abord, c'est que cette scène, il lui a plu de la voir comme une salle de spectacle magnifique.

Ce rapprochement, qui s'imposait, a été fait. Mais on a cru que Rimbaud, ayant sous les yeux une salle de théâtre, avait *ensuite* imaginé qu'il avait sous les yeux un spectacle de fleurs. C'est le contraire qui est vrai. Il voit le ciel bleu, et il imagine un dôme d'émeraudes. Les gazons deviennent des velours verts, les arbres sont des piliers d'acajou. Les fleurs naissent sur un tapis de filigranes d'argent, d'yeux et de chevelures, comme un parterre de spectatrices élégantes.

Le dernier paragraphe s'adapte sans peine à cette interprétation du poème. Il nous aide seulement à nous représenter de façon plus précise le spectacle que Rimbaud a dans l'esprit. Nous sommes sur une terrasse fleurie, au bord de la mer. Devant nous la surface de l'eau, éblouissante. Le marbre de la terrasse est en pleine lumière. Le poète imagine, planant au-dessus de la scène, un dieu aux yeux bleus — le bleu de la mer — et aux formes de neige — la blancheur du marbre de la terrasse.

NOCTURNE VULGAIRE

Texte : collection Lucien-Graux, folio 21. Ce poème offre les mêmes particularités que *Veillées* I et II : lignes beaucoup plus courtes que dans les autres poèmes ; écriture toute différente de celle de *Fleurs,* beaucoup plus serrée, et encore pâlie.

Ce n'est pas seulement par son aspect extérieur que *Nocturne vulgaire* s'apparente à *Veillées.* C'est par son texte même. Il décrit, lui aussi, un état d'hallucination. La part que peuvent y tenir les souvenirs de séances de haschich nous échappe. Ce qui au contraire apparaît avec netteté, c'est que Rimbaud s'inspire pour décrire de tels états, des pages fameuses de Baudelaire dans les *Paradis artificiels.* Baudelaire avait dit comment celui qui vient de prendre du haschich voit la pièce où il se tient se transformer, devenir par exemple une cage d'oiseau. Les peintures du plafond se mettent en mouvement. Des nymphes apparaissent, ou des oiseaux, ou des singes. Les objets extérieurs se transforment et prennent des proportions monstrueuses. Nous comprenons dès lors, dans le poème de Rimbaud, ces toits qui pivotent, ces croisées qui s'éclipsent, ces tournoiements de figures lunaires, de feuilles et de seins dans une glace.

1. Cet étrange *opéradique* a longtemps embarrassé les commentateurs. Un article de M. Underwood (*Revue de littérature comparée,* 1961, p. 454) nous a appris que le mot *opéradique* existait, et qu'on le trouve sous la plume des Goncourt à propos de Watteau : « ce mélange de la vraie nature assortie à un arrangement opéradique... » (*L'Art du XVIII⁰ siècle*).

2. On a noté, dans *Veillées III* : « La plaque du foyer noir, de réels soleils de grèves. »

3. On lit dans *Alchimie du verbe* : « Oxyde les gargouilles. »

4. Ce carrosse aux panneaux bombés fait penser aux véhicules d'*Ornières*, « bossés et semblables à des carrosses anciens ».

5. Verlaine avait écrit, en 1867, un conte fantastique, *Corbillard au galop*, recueilli dans les *Mémoires d'un veuf*.

6. L'autographe donne clairement *maison de berger de ma niaiserie*, et les éditeurs ont raison de reproduire ce texte. Mais il est permis de s'inquiéter de ce non-sens. Rimbaud fait allusion à la *maison du berger* de Vigny, et comme il savait son français, il a voulu mettre : *maison du berger de ma niaiserie*.

Page 142.

1. *Solyme*, pour *Jérusalem*, apparaît également dans *Mauvais sang*.

2. On observera que la dernière phrase du poème reprend une partie de la première.

MARINE

Texte : collection Lucien-Graux, folio 22, au verso de *Nocturne vulgaire*. Il faut d'ailleurs bien comprendre que rien n'autorise à décider laquelle des deux faces du feuillet doit être considérée comme recto, laquelle comme verso. *Marine* est écrit d'une écriture très différente de celles qui précèdent. Le titre MARINE est d'une encre plus noire que le texte du poème.

Marine offre ce caractère particulier de se présenter sous forme de poème en vers libres. En fait d'ailleurs, il ne comporte même pas d'assonance. Rimbaud s'attache à entremêler des traits qui se rapportent à un vaisseau fendant la mer, et d'autres qui s'appliquent à un soc de charrue fendant le sol. C'est ce qui explique que ces *chars* et ces *proues* battent l'*écume*, mais aussi soulèvent les *souches des ronces*. De même les vagues de la mer sont des *courants de la lande,* et ces ondulations sont les *ornières* du flux.

FÊTE D'HIVER

Texte : collection Lucien-Graux, folio 22, sur la même face et à la suite de *Marine*. Écriture toute différente.

Les commentateurs ont vu dans ce court poème une rapide évocation d'une fête costumée, ou le souvenir d'un spectacle d'opéra-comique, pour ne rien dire d'une exégèse étonnante qui reconnaît dans ces quelques lignes la banlieue bruxelloise où Verlaine et Rimbaud ont logé. Aucune pré-

cision n'est possible, et l'on a l'impression que Rimbaud évoque très librement une décoration de papier peint à la mode ancienne, où s'aperçoivent pêle-mêle des cascades, de petits pavillons, des allées où se promènent des élégantes, dans les costumes d'autrefois.

Page 143.

ANGOISSE

Texte : collection Lucien-Graux, folio 23. L'écriture est très nettement la même que celle d'*Enfance.*

Pour pénétrer dans les obscurités de ce texte difficile, il faut d'abord se convaincre que *Elle,* à la première ligne, ne diffère pas de *La Vampire;* qu'*Elle* est la *Vampire.*

Cela admis, le texte, directement abordé, s'éclaire. Rimbaud ne pardonne pas à la vie l'échec de ses ambitions. Il sent pourtant en lui une obscure tentation : va-t-il abdiquer ? se consoler par la perspective d'une vie confortable ? oublier dans le succès médiocre la honte qu'il traîne de son inaptitude à la vie ? Il a sous les yeux le spectacle des réussites apparentes du monde moderne : progrès de la science, progrès des idées démocratiques. Mais comment confondre ces basses réussites avec la grande ambition qui l'avait animé : la restitution progressive de la franchise première ?

Nous comprenons dès lors ce qu'est cette Vampire : c'est le besoin de repos satisfait, la tentation d'une abdication lâche. Elle nous rend *gentils,* elle nous dit de nous contenter de ce qu'elle nous laisse.

À cette tentation, Rimbaud, dans les dernières lignes, dit non. Il continuera d'être un voyageur et un aventurier, au-delà des mers et à travers les dangers.

Si l'on accepte cette interprétation, on comprend que la Vampire n'est pas la Femme, ni la Sorcière, ni la Mort. Il est particulièrement étonnant qu'on ait pu dire qu'elle « excite à l'exploit héroïque ». On se demande en ce cas comment elle pourrait rendre l'homme « gentil » et l'inviter à s'amuser de ce qu'elle lui laisse.

MÉTROPOLITAIN

Texte : collection Lucien-Graux, folio 23, à la suite d'*Angoisse,* puis folio 24. Au jugement de Bouillane de Lacoste, le poème est d'abord de l'écriture de Rimbaud, puis, deux lignes avant le bas du folio 23, il est de la main de Germain Nouveau. De toute façon, *Métropolitain* est, dès la première ligne, d'une écriture toute différente de celle d'*Angoisse.*

À la ligne 20, le mot *langueur* porte des ratures qui rendent la lecture incertaine.

À lire *Métropolitain* sans parti pris métaphysique ou esthétique, on est amené à y voir l'évocation de grands voyages. Il est question d'un détroit que Rimbaud appelle le détroit d'indigo, il est question des mers d'Ossian. Rimbaud évoque une ville avec ses boulevards où vit une population pauvre. Puis c'est un désert de bitume, ce sont des nappes de brume dans le ciel, un fourmillement de casques, de roues, de barques, de croupes, qui fait penser à une bataille.

Le spectacle, à partir de là, devient, par notre faute peut-être, de plus en plus fantastique, et si les images continuent d'être celles d'un voyage, il nous devient impossible de penser à un pays en particulier.

À la fin du poème, un corps à corps une fois de plus avec *Elle.*

Dans ces évocations, la part du rêve est certainement la plus importante. Les dernières lignes suffiraient à le prouver. *Il* veut l'aventure; *Elle,* qui est sa Vampire, se débat, lui fait sentir son impuissance pendant qu'il continue d'affirmer *sa force,* cette force qui ne se contente pas du rêve, et qui prétend vivre réellement l'aventure.

Mais cette vérité une fois reconnue, rien n'interdit de penser que Rimbaud, parmi les pures imaginations, insère des fragments de souvenirs vécus. Les commentateurs ont naturellement pensé à Londres. À les entendre, *Métropolitain,* c'est le *railway* qui roulait en partie sous des tunnels, c'est le *métro* londonien. Il est seulement fâcheux que pas un mot n'invite à penser à un chemin de fer souterrain. Au contraire, le poème évoque des boulevards de cristal sur des hauteurs.

1. On remarquera à tout hasard que Rimbaud, en 1876, est revenu de Java en Europe, et que son voyage s'acheva à Queenstown en Irlande, en face de la côte d'Écosse. Il y aurait là une singulière illustration de ce *détroit d'indigo* qui serait celui de Singapour, et de ces *mers d'Ossian,* entre l'Irlande et l'Écosse. Mais l'idée d'un poème écrit en 1876 épouvante les commentateurs. Ils préfèrent placer Londres, sans trop préciser, sur « la mer du Nord et l'océan Atlantique ».

2. Dans *Villes,* nous avons déjà remarqué des « châlets de cristal ». Il faut sans doute comprendre que ces boulevards sont bordés de maisons aux grandes baies.

3. Ce ciel chargé de brumes, cette ville noyée dans une fumée noire font penser très précisément à une phrase de *Ville.*

Page 144.

1. Cette énumération n'est peut-être fantastique qu'en apparence. On imagine assez bien un grand port, occupé par

une garnison nombreuse. Le voyageur remarque un fourmillement de casques, de croupes d'animaux, des voitures, et des barques le long des quais.

2. Aucun indice ne permet d'imaginer la raison pour laquelle apparaît ici le nom de Samarie. On notera seulement qu'il figure dans les *Proses évangéliques*.

3. Les masques enluminés peuvent désigner très simplement des visages de pauvres gens au-dessous d'une lanterne, la nuit.

4. Il y a là un rapprochement curieux avec *Entends comme brame*. D'une part, les rames de pois. D'autre part, des têtes (imaginaires) distinguées dans le brouillard de la nuit.

5. Ici de nouveau une image que les poésies de 1872 ont évoquée : des parcs bordés de murs et de *claires-voies,* qui sont des grilles *(La Rivière de Cassis)*.

6. On notera *Damas damnant de langueur*. Mais on n'aura pas la naïveté d'admirer. Rimbaud se moque de cette *artisterie,* pour employer un mot que Verlaine connaissait bien. Et c'est de l'*artisterie* encore que ces *fleurs* qui riment si facilement avec *cœurs* et avec *sœurs*.

7. D'autres lisent *ces*.

BARBARE

Texte : collection Lucien-Graux, folio 24, à la suite de *Métropolitain*. Mais écriture toute différente ; elle ressemblerait plutôt à celle de *Fleurs*.

Quelle que soit la part des souvenirs vécus, des lectures et des rêves, *Barbare* évoque à coup sûr les pays *arctiques,* et les commentateurs épris de transcendance ne peuvent empêcher que le mot y soit.

Ceci reconnu, il faut admettre que l'explication toute simple et naturelle de ces *brasiers,* de ces feux jetés par le cœur de la terre, ce sont les *geysers*.

Il paraît d'autre part naturel, sinon certain, que le pavillon en viande saignante sur la soie des mers désigne soit le pavillon norvégien, croix bleue sur fond rouge, soit le drapeau danois, croix blanche sur fond rouge également.

On se demande enfin comment Rimbaud aurait pu ne pas penser au *maelström* quand il évoquait la musique que produit le *virement des gouffres,* alors que les récits des voyageurs, au xixe siècle, s'accordaient pour signaler, à plusieurs kilomètres du tourbillon, un *fracas* qui donne l'impression de chocs énormes de glaçons.

Les éléments dont est formé *Barbare* se situent donc sans peine. Mais on ne saurait naturellement en conclure que Rimbaud écrit son poème après avoir vu de ses yeux des geysers, le maelström, des navires norvégiens ou danois. Le

contraire est même certain sur un point précis, celui des geysers. Il n'en existe pas en Norvège, mais seulement en Islande. Or, il est assuré que Rimbaud n'y est pas allé. Sur le *maelström* des îles Lofoten, nous ne pouvons rien nier ni affirmer, car si nous savons qu'il a erré en Norvège, nous n'avons pas la moindre précision ni sur l'itinéraire qu'il a suivi, ni même sur la durée de ses pérégrinations.

Une seule phrase interdirait les trop faciles négations d'une certaine critique. Quoi qu'elle puisse dire, les mots de Rimbaud demeurent. Quand il écrit *Barbare,* il est « remis des vieilles fanfares d'héroïsme », il est « loin des anciens assassins ». On peut se demander ce qu'il a voulu dire par ces mots, si ce n'est pas le souvenir écœuré de son passage dans une armée où il ne voit que des assassins. L'idée que ces assassins seraient des mangeurs de haschich est vraiment trop plaisante. Que vient faire ici le haschich ? Et qui a jamais dit que les stupéfiants sonnaient comme des « fanfares d'héroïsme » ? S'il existe une autre explication de *Barbare* — et rien n'en interdit à priori l'idée —, il faut reconnaître qu'elle reste encore à trouver.

C'est dans les dernières lignes de son poème que Rimbaud s'évade de ses lectures ou de ses souvenirs. Il entend la musique du monde, il s'emplit de la vision de formes flottantes. Une voix mystérieuse monte des profondeurs de la terre comme la vapeur brûlante jaillissait des *geysers*. Le poème a reçu maintenant le sens que Rimbaud voulait lui donner.

8. Les jours, les saisons, les êtres, et surtout les *pays* invitent à penser que Rimbaud a déjà de grands voyages derrière lui.

9. La parenthèse *(elles n'existent pas)* rappelle un trait semblable dans *Le Meuble* de Charles Cros : « Au milieu de la salle, pendus au plafond qui n'existe pas... »

10. *Ces feux à la pluie du vent de diamants* devraient inquiéter tout esprit raisonnable et qui ne trouve pas sa joie dans l'incompréhensible. On est tenté de corriger le texte, et de lire : *ces feux à la pluie de diamants.* Les mots *du vent* avaient leur place toute naturelle à la ligne précédente : *pleurant aux rafales du vent.* Puis Rimbaud aurait corrigé son texte, et *du vent* aurait par mégarde glissé à la ligne en dessous.

Page 145.

SOLDE

Texte : collection Lucien-Graux, mais relié en même temps que *Fairy, Guerre* et *Jeunesse I. Solde,* comme ces autres poèmes, n'a pas été révélé par *La Vogue* en 1886, mais seulement dans l'édition des *Œuvres complètes,* chez Vanier, en 1895.

Ce poème de *Solde* exprime avec une force bouleversante l'échec de la grande tentative de Rimbaud. Il liquide.

Il avait rêvé d'une nature soumise à l'homme, où toutes les énergies seraient fondues en une force harmonieuse, où le monde entier serait comme une seule et grande voix.

Il avait rêvé la naissance d'un homme nouveau, dégagé des servitudes de la race et du sexe.

Il avait rêvé pour le peuple la disparition des hiérarchies, et pour les artistes la satisfaction irrépressible.

Il avait rêvé d'immenses mouvements de population, rêvé d'une humanité vivant dans le confort et le luxe, grâce aux applications du calcul, aux trouvailles de la science.

C'eût été un élan insensé et infini, splendeurs, délices, et pour chaque vice des secrets affolants.

Les rêves se sont dissipés. Il ne lui reste plus qu'à solder. Des commentateurs découvrent de l'optimisme dans les dernières lignes du poème sous prétexte que les vendeurs ne sont pas à bout de solde. Ils se consolent en vérité fort aisément, et leur sérénité eût accablé Rimbaud.

1. Le mot doit être pris avec sa valeur la plus précise. Comme ses amis de Charleville, Rimbaud est attaché à l'Anarchie, système de l'individualisme absolu, pour lequel il n'y a pas plus de maître que de Dieu.

Page 146.

1. Anglicisme déformé. Le mot anglais est *unquestionable*.

FAIRY

I

Texte : publié pour la première fois en 1895. Collection Lucien-Graux, deuxième recueil. Écriture ronde et large. Encre pâle.

Le titre dans l'autographe comporte le signe I, qui suppose au moins une deuxième partie. Elle n'est pas attestée.

Si l'on n'essaie pas d'aller au-delà du texte, si l'on ne cherche pas à savoir qui peut être ou que peut représenter cette Hélène, on arrive à l'image suivante. Elle est un être merveilleux, et les sèves chaudes de la terre et les clartés glacées des astres ont travaillé à sa naissance. Ces deux thèmes reparaissent dans la phrase suivante. L'exubérance de la vie fait naître l'image d'oiseaux muets dans la forêt tropicale. Le thème de l'indolence froide évoque le vieux mythe d'une barque légendaire qui glisse parmi *des anses d'amours morts et de parfums affaissés*. Les images qui suivent surgissent de l'esprit de Rimbaud à la vue de cette danse merveilleuse.

Car il s'agit d'une danse, et Rimbaud le dit dans ses deux

dernières lignes du poème. *Hélène* est une danseuse, et une danseuse si merveilleuse qu'elle seule compte, et l'on en vient à oublier le plaisir du décor, celui de l'heure, et l'éclat aussi bien que la froideur de ses attitudes.

2. *Ornamentales* est un anglicisme.

3. Telle quelle, cette phrase n'est guère intelligible. Elle ne l'est pas beaucoup plus si l'on met une virgule entre *Après* et *le moment*. Elle continue de n'être pas tout à fait satisfaisante si l'on suppose qu'il faut rayer *Après le moment*.

II. GUERRE

Texte : publié pour la première fois en 1895. Collection Lucien-Graux, deuxième recueil. Sur une feuille de papier bleu. Écriture ronde, large et droite.

Le titre est précédé du chiffre II.

Un homme parle. Il se souvient du don de voir qu'il acquit, étant enfant, et d'un autre talent qu'il eut, celui de donner à sa physionomie toutes sortes d'expressions. Il est loin de cela aujourd'hui. Il a étudié et réfléchi. Il voyage à travers le monde. Il obtient des succès temporels. Et il songe à une guerre, sans que nous puissions d'ailleurs deviner ce que ce dernier trait signifie. On a pensé au projet que Rimbaud forme, dans l'été 1875, de s'engager dans l'armée carliste. On a rappelé qu'en cette même année, mais cette fois en automne, il avait songé à passer son baccalauréat ès-sciences, ce qui expliquerait la mention des mathématiques.

4. Le mot *phénomènes* a ici un sens que sans doute Rimbaud était seul à connaître.

5. *L'inflexion éternelle des moments* pourrait signifier l'enchaînement fatal et la succession des événements.

6. Ces *succès civils* signifient vraisemblablement des succès temporels, ces succès à l'intérieur de l'ordre social qui n'intéressent pas Rimbaud, dont il aurait presque honte. Il les *subit*.

7. S'il existe des êtres qui respectent ou affectionnent cet étrange voyageur, ce sont des enfants étranges ou des hommes qui ne sont pas comme les autres.

Page 147.

JEUNESSE

Le premier de ces quatre poèmes, *Dimanche,* figure dans le deuxième recueil de la collection Lucien-Graux. Le titre général, *Jeunesse,* est d'une autre encre que le reste. Il est précédé du chiffre IV au crayon. Les trois autres poèmes, comme *Dimanche,* ont paru non dans *La Vogue* en 1886, mais dans l'édition Vanier

en 1895. Mais pour eux, les autographes n'ont été révélés qu'en 1954 dans le *Bulletin des amis de Rimbaud*.

Texte adopté : le manuscrit Lucien-Graux pour *Dimanche;* le fac-similé des manuscrits (perdus), conservé au Musée Rimbaud, pour les trois autres textes. Nous signalons en variantes les principales leçons de Vanier, 1895.

I. DIMANCHE

L'homme qui parle vient d'écarter le travail qu'il était occupé à faire sur des chiffres. Il laisse les rêves descendre en lui, les souvenirs revenir, les rythmes du langage poétique s'installer en lui.

Il se laisse aller un moment. En cet après-midi de dimanche, il songe aux champs de course, aux femmes malheureuses, aux hors-la-loi, aux petits enfants semblables à ce qu'il fut jadis quand, jouant sur le bord de la Meuse, il étouffait ses malédictions.

Puis il se ressaisit et reprend ce qui est vraiment son étude.

a. ciel, [et *biffé au crayon*] la   *autographe*
b. suburbain, [et *biffé au crayon*] le   *ibid.*

1. Le mot *desperado* est, nous dit M. Underwood, d'usage fréquent dans le journalisme et le roman anglais du XIXe siècle pour désigner le hors-la-loi.

II. SONNET

L'homme pense à sa jeunesse. Il n'était pas un anormal. Il était né pour aimer les femmes et connaître le plaisir charnel. Péril ou force, ce besoin de volupté le possédait. Et d'autre part il sentait en lui jouer d'autres hérédités, de violence, de crime peut-être, une vocation au malheur. De la même façon que l'amour, le monde l'attirait comme une séduction et comme un péril.

Après cela, l'homme revient à son présent.

À partir de ce moment, le texte devient d'une obscurité exceptionnelle. Ce que l'on croit discerner, c'est que Rimbaud s'adresse d'abord à lui-même *(toi... toi...).* Il évoque ses calculs d'autrefois, ses impatiences, il pense à la réussite que pendant une saison son entreprise parut obtenir. Maintenant, l'heure est passée. Dans ce qui avait été une tentative de révolution, le monde n'apprécie qu'un essai d'art : une danse et une voix.

c. nous poussaient   *Vanier, 1895*
d. une raison   *ibid. Voir aussi la note 4.*

2. On a cru que *toi* et *toi* désignaient successivement Verlaine et Rimbaud. Cette invraisemblable supposition entraînait cette conséquence que *tes calculs* s'appliquait à Verlaine,

que la danse était la danse de Rimbaud et la voix celle de Verlaine.

3. Ces commentateurs qui expliquaient *toi* par Verlaine et Rimbaud, étaient réduits à penser que Rimbaud, en disant *votre,* s'adressait à la fois à lui-même et à Verlaine. Si l'on admet que *toi,* c'est Rimbaud dans son entreprise solitaire, *votre* s'adresse tout naturellement aux autres hommes.

4. La version de Vanier, 1895 (voir la variante *d*) est certainement fausse : c'est bien *saison,* non *raison,* que Rimbaud a écrit. Ainsi l'exigeait le sens, et l'autographe révélé en 1954 le confirme. Il y a eu *un double événement d'invention et de succès* dans l'entreprise de Rimbaud, et ce succès a duré *une saison.*

Page 148.

III. VINGT ANS

Celui qui parle — et qui ne s'identifie pas nécessairement avec Rimbaud — a vingt ans. Il constate qu'il n'entend plus les voix qui l'instruisaient, que sa pureté native est perdue. Sa jeunesse, c'était un merveilleux et sain égoïsme, le désir de savoir, la confiance dans l'avenir.

Maintenant, un sentiment d'impuissance et d'absence. Pour le calmer, un chœur. On pense à la *danse* qui, dans le poème précédent, est seulement le substitut des grandes ambitions passées.

a. Un chœur de verres de mélodies *Vanier, 1895*

1. *Rassis,* chez Rimbaud, a le sens de *retombé.* Dans *Après le Déluge :* « Aussitôt que l'idée du Déluge se fut rassise. » *Ingénuité* semble avoir ici son vrai sens, que Rimbaud, excellent latiniste, connaissait bien : noblesse naturelle intacte.

2. Les commentateurs penchent à comprendre cet emploi intransitif de *chasser* comme un terme de marine : un navire *chasse* quand il ne reste pas stable.

IV

L'homme qui parle s'adresse à un autre, que nous ne connaissons pas. Il lui fait sentir sévèrement la faiblesse de ses conceptions. Il n'y voit qu'affaiblissement, effroi, en même temps qu'orgueil puéril. C'était l'état de saint Antoine à l'heure de ses tentations. Mais l'autre se mettra au travail. À *ce* travail même, car il sait déjà ce qu'il va faire. Ce seront des créations de son esprit, nées d'un effort conscient, alimentées par sa mémoire et ses sens, aboutissant à des architectures harmonieuses.

On a le droit de supposer que l'homme qui parle est Rimbaud, et que c'est à lui-même qu'il s'adresse. Mais ce n'est

qu'une supposition, et rien n'interdirait d'autres interprétations, de signification moins personnelle. Ce qui semble favoriser ces interprétations, c'est la dernière phrase, où il est plus que difficile de rien trouver qui puisse s'appliquer à Rimbaud.

b. Pas d'alinéa, avant ce mot, dans Vanier, 1895.

PROMONTOIRE

Texte : autographe de la collection du docteur Guelliot. Il lui avait été vendu par Vanier. Fac-similé dans *La Grive,* juillet 1933 et dans D. de Graaf, *Rimbaud et la durée de son activité littéraire.*

Ce poème est apparu dans une nouvelle lumière depuis que M. Underwood [1] a démontré que plusieurs détails se rapportaient de la façon la plus précise à la ville de Scarborough, sur la côte est de l'Angleterre, à 380 kilomètres de Londres. Nous savons maintenant que Rimbaud n'a pas inventé les noms de *Royal* et de *Grand,* et que les deux principaux hôtels de Scarborough étaient en effet le Royal Hôtel et le Grand Hôtel. Nous avions jusqu'alors le droit de trouver fantastiques ces *façades circulaires* que Rimbaud leur attribuait, et voici que nous apprenons par M. Underwood qu'en effet la façade du Grand Hôtel était semi-circulaire, et que celle du Royal formait un quart de cercle. La falaise était, comme la décrit Rimbaud, arrangée en parc, en terrasses et en talus.

Ces informations ont, pour l'interprétation de Rimbaud, une importance de premier plan. Elles nous permettent de comprendre comment Rimbaud prend son point d'appui dans la réalité de son expérience pour construire ses poèmes. Elles font toucher du doigt la futilité des gloses transcendantes qui se dispensent de toute recherche précise et se réfugient dans des théories incontrôlables.

D'autre part, cette référence précise à Scarborough oblige à placer la composition de *Promontoire* après le mois de juillet 1874. C'est à cette date seulement que Rimbaud a pu se rendre à Scarborough. Il est vrai qu'un critique a prétendu le contraire. Il a soutenu que Rimbaud y était allé en 1872-1873, mais il n'a pas apporté à l'appui de son hypothèse l'ombre d'un argument, et M. Underwood a parfaitement démontré que, durant ces deux années-là, il n'existe pas dans le calendrier des voyages de Rimbaud de période assez longue pour qu'il ait eu le temps d'aller à Scarborough, et d'en revenir.

Mais ce souvenir de Scarborough n'est pour l'imagination

---

1. *Revue de littérature comparée,* 1955.

de Rimbaud qu'un point de départ. Rimbaud donne a ce modeste promontoire les dimensions du Péloponnèse, de l'Épire, voire du Japon et de l'Arabie. Il mêle les époques aussi bien que les continents, et nous voyons, côte à côte, des canaux de Carthage et les quais d'une Venise louche, des processions antiques et des danses italiennes.

3. L'autographe porte : *en large.* Depuis longtemps, les commentateurs ont reconnu l'invraisemblance de ce texte mal copié. Il faut lire évidemment : *au large.*

4. Un *fanum* est un temple antique.

5. Les *théories* signifient les processions à Athènes.

Page 149.

a. des côtes [illustres *biffé*], — et même *autographe*

1. On a très utilement rapproché de cette phrase une lettre de Verlaine envoyée de Londres à Lepelletier : « Les docks sont inouïs. Carthage, Tyr, et tout réuni, quoi! »

2. *Embankments,* mot anglais qui désigne en particulier les chaussées bordant la Tamise, à Londres.

3. Rimbaud écrit *Scarbro',* qui est la prononciation de Scarborough. Il va de soi que Rimbaud n'est jamais allé à Brooklyn, mais M. Underwood a signalé qu'à l'époque où Rimbaud est allé à Scarborough, on y remarquait tout spécialement deux ponts de fer très longs, et qui éveillaient l'idée du pont de Brooklyn, alors en construction.

4. *Tarentelles,* danse de l'Italie du Sud. Il reste à savoir dans quelle mesure des danses italiennes *des côtes* (?) peuvent *décorer* les façades d'un palais-promontoire.

5. Au bas du poème, sur l'autographe, on lit le mot *Illuminations,* de la main de Verlaine, mais on discerne au-dessous le même mot, au singulier, et de la main de Rimbaud, suivi des initiales A. R.

SCÈNES

Texte : autographe de la collection Pierre Bérès (fac-similé dans l'édition des *Illuminations,* par Bouillane de Lacoste, Mercure de France, 1949). Publié dans *La Vogue,* 1886.

L'ambiguïté systématique de ce poème ne permet pas de l'interpréter avec certitude. Le point de départ est évidemment l'image d'un spectacle. Mais ce spectacle comporte des boulevards de tréteaux, un long quai en bois d'un bout à l'autre d'un champ. Une foule barbare se promène sous les arbres à la lueur des lanternes.

On est tenté d'imaginer que Rimbaud a dans l'esprit, non pas une scène unique, mais des scènes, comme le suggère

d'ailleurs son titre, et que certaine au moins d'entre elles se situe hors d'Europe.

Il n'est pas impossible qu'une idée inspire ce poème. La vieille comédie, en Europe, n'est que fadeur, comme le suggère le mot *idylle*. Dans la dernière phrase, l'*opéra comique* d'Europe n'a que des dimensions mesquines. À ces formes d'art pitoyables Rimbaud oppose une autre forme, le théâtre en plein air, les mystères d'une musique sauvage, une mise en scène de féerie [1].

b. Rimbaud avait d'abord écrit : où la foule évolue [bar-bare *est ajouté au-dessus de la ligne*]

c. Rimbaud avait d'abord écrit : Des oiseaux comédiens s'abattent

d. Rimbaud avait d'abord écrit : ou des maisons de

e. Rimbaud a nettement écrit par les taillis. *Une main (la sienne?) a mis au-dessus de* les le *mot* des *sans effacer* les

f. Paul Hartmann lit sur l'autographe On s'agite

6. Une jetée.

7. La correction de Rimbaud nous permet de comprendre ces *oiseaux des mystères*. Ce sont des comédiens couverts de plumages d'oiseaux (voir la variante *c*).

8. On peut raisonnablement comprendre : la scène est comparée à un ponton. Elle se dresse dans un terrain qui est comme un archipel. Les gens se promènent sur le terrain comme les embarcations dans cet archipel.

Page 150.

SOIR HISTORIQUE

Texte : autographe de la collection Pierre Bérès. Le texte en fut publié dans *La Vogue* en 1886.

Un voyageur naïf, loin de l'Europe et de ce monde voué au profit, rêve. Mais ses rêves ne vont pas vers l'avenir et vers des créations neuves. Il ne peut se délivrer de la routine. Ce seront des légendes pieuses et des évocations touchantes de reines d'autrefois. Il lui arrivera de rêver de l'Asie ou de l'Afrique, mais ce sera toujours un monde blême et plat. Puis il croira aller plus loin. Il imaginera une poésie de désastres cosmiques. Ce sera toujours une chimie sans

---

1. On notera à tout hasard qu'à Java des représentations dramatiques étaient données où les comédiens étaient vêtus en oiseaux. On trouve une gravure représentant une de ces scènes dans J. Kwist, *Music in Java*, 1945, t. II, p. 434, figure 107.

valeur. De port en port, la malle-poste le déposera toujours semblable à lui-même.

À la fin pourtant, en un sursaut, Rimbaud affirme que sa vision de l'avenir n'était pas fausse. La grande catastrophe se produira.

Il fallait s'attendre que ce texte fût interprété en fonction de la Voyance. Il ne s'en trouve malheureusement pas éclairé. *Soir historique* se situe au terme de trois tentatives poétiques, qui toutes ont abouti au vide. Il faudrait se faire bien des illusions sur la connaissance que nous pouvons avoir de Rimbaud pour oser situer dans le temps ces trois tentatives et l'aveu de leur échec.

    a. Beaucoup lisent : fauteuils de rocs,. *Nous suivons la leçon de Paul Hartmann, plus probable :* fauteuils de rois —

    1. Si l'on admet l'interprétation donnée ici du poème, ce « soir historique » pourrait bien faire allusion au « grand soir » des révolutionnaires.

    2. On peut songer à cette phrase de l'*Alchimie du Verbe* : « Je voyais... un salon au fond du lac. »

    3. Il y avait des chevauchées de hordes dans *Michel et Christine.*

    4. Rimbaud avait évoqué l'Allemagne en une vision de clair de lune dans *Entends comme brame...*

    5. La malle, c'est naturellement la malle-poste.

    6. Dans *La Légende des Nornes,* Leconte de Lisle avait présenté ces Parques de la mythologie scandinave, dans une évocation de la fin du monde.

Page 151.

BOTTOM

Texte : autographe de la Collection Pierre Bérès. Fac-similé dans Bouillane de Lacoste, *Rimbaud et le problème des Illuminations,* Mercure de France, 1949. Le texte en fut publié dans *La Vogue* en 1886.

Soit qu'on rattache ce poème à un moment précis de la vie de Rimbaud, soit qu'on y voie simplement une aventure imaginaire, la signification de ce court poème est claire. Ou plutôt elle le serait si certains commentateurs n'y avaient introduit d'inutiles difficultés.

Dans un premier temps, l'homme qui conte cette histoire a été recueilli chez une dame. Il y vit un moment, et voilà la première métamorphose. Il n'est plus qu'un gros oiseau dans l'appartement de Madame.

Voici maintenant une deuxième métamorphose. Il n'est plus qu'un objet au service de Madame. Il devient descente de lit, peau d'ours aux gencives violettes.

Enfin, un jour de juin, il s'enfuit. Il gagne la campagne.

C'est la troisième métamorphose. Il est maintenant un âne claironnant, le *grief* de sa virilité brandi. Et voilà pourquoi le poème s'intitule *Bottom,* comme dans *Le Songe d'une nuit d'été,* où Bottom est métamorphosé en âne.

M. Underwood a heureusement commenté (*Revue de littérature comparée,* 1960, p. 540) une expression qui pourrait à première vue paraître toute banale. Rimbaud parle d'un « aquarium ardent ». Or c'est au mois d'octobre 1872 que pour la première fois dans l'histoire un aquarium fut éclairé par une lumière artificielle, et il le fut au Cristal Palace de Londres. Rimbaud était arrivé dans la capitale anglaise un mois plus tôt. Ce spectacle l'avait donc assez frappé pour que la formule vint sous sa plume quand il écrivit *Bottom.*

a. Premier titre sur l'autographe, barré : Métamorphoses.

b. Rimbaud avait d'abord écrit Et au matin *remplacé par* Au matin

H

Autographe de la collection Pierre Bérès. Ce poème figure à la suite de *Bottom.* Fac-similé dans Bouillane de Lacoste, *Rimbaud et le problème des Illuminations.* Texte publié pour la première fois dans *La Vogue* en 1886.

Ce poème se donne pour une charade, dont le mot est à trouver. Les commentateurs en ont proposé plusieurs explications. Il en est une que l'on ne saurait passer sous silence en raison de l'admirable subtilité d'esprit dont elle témoigne. HORTENSE aurait retenu l'attention de Rimbaud parce que ce mot contient les lettres du mot EROS. Et d'autre part, les lettres qui restent alors sont HNET. Avec elles, on peut former le mot anglais THEN, qui signifie *alors.* Et l'explication d'HORTENSE est trouvée!

Des explications du moins sérieuses ont été proposées. On a pensé qu'*Hortense* était le vice solitaire. On a dit aussi que c'était la pédérastie. M. Yves Denis, dans son article de *La Brèche* en novembre 1965, a présenté une explication voisine, et qui fait la synthèse des deux autres. *Hortense* serait l'instinct sexuel tel que la nature l'a donné à l'homme. Mais les monstruosités des impératifs sociaux actuels rendent atroces les gestes d'*Hortense.* Elle est souvent contrainte à la solitude, et celle-ci produit la *mécanique amoureuse,* c'est-à-dire la masturbation. Ou bien la *dynamique amoureuse,* c'est-à-dire les relations cachées avec des femmes, qui mènent à la *lassitude.* Dans les temps primitifs, tout se faisait publiquement sous l'œil *(sous la surveillance)* des enfants. Seuls devraient avoir accès à *Hortense* les êtres libres, libres et heureux. Les hommes actuels ne font que s'enfoncer dans le vice solitaire ou dans la fornication. Où est le temps des amours sans

remords, sur le sol alors accueillant, mais maintenant ensanglanté par les guerres? Dans une triste chambre, éclairée par une lampe à gaz, que reste-t-il du véritable amour?

Cette explication de *H* ne saurait, de toute façon, être désormais ignorée.

1. M. Yves Denis se refuse à traduire *misère* par *pauvreté*. Il comprend : l'amour est maintenant à la portée des êtres chétifs et honteux.

2. Le mot *clarteux* n'est pas une création de Rimbaud. Il est signalé par Z. Zeligson, *Dictionnaire des patois romans de la Moselle,* 1922-1925. Il est synonyme de *clair. L'hydrogène clarteux,* c'est, très simplement le gaz.

Page 152.

MOUVEMENT

Texte : autographe de la collection Pierre Bérès. Le texte en fut publié dans *La Vogue* en 1886.

Ce poème fournit un exemple frappant des erreurs de méthode qui rendent si difficile l'étude de Rimbaud. En présence de ce fleuve qu'un navire descend, et de ce « couple de jeunesse » qui s'isole, la plupart des commentateurs n'hésitent pas. Ce fleuve, c'est l'Escaut; le couple, c'est Verlaine et Rimbaud. *Mouvement* serait donc inspiré par leur traversée de la Mer du Nord, le 26 mars 1873.

Quelques détails pourtant suffiraient à exclure absolument cette explication. Il n'y a naturellement pas de *chutes* dans le cours inférieur et dans l'estuaire de l'Escaut, et il faut n'avoir jamais vu ce paisible fleuve de plaine pour imaginer que Rimbaud le décrit quand il parle de gouffre, de la célérité de la rampe, de l'énorme passade du courant, de voyageurs entourés « des trombes du val et du strom ».

D'autre part, les passagers qu'évoque *Mouvement* ne ressemblent guère aux gens paisibles qui font la traversée d'Anvers à Londres. Ce sont les nouveaux conquérants du monde. Ce qu'ils vont chercher au terme de leur voyage, c'est la fortune; et l'on devine que cette fortune, ils la gagneront par la science, au sens moderne, c'est-à-dire par la technique.

Dès lors il apparaît assez nettement que *Mouvement* a une signification purement symbolique. L'humanité va vers le progrès scientifique et technique. Et c'est cela que réprouve Rimbaud. Il ne dit pas que ce progrès doit être arrêté. Il a sans doute compris que personne ne pouvait rien pour l'empêcher. Mais il imagine deux êtres jeunes et purs qui se tiennent à l'écart, et qui vivent dans la nostalgie de l'humanité primitive.

On a noté que, pour la forme extérieure, *Mouvement* s'apparente à *Marine*. Tous deux sont écrits en « vers libres ». S'il fallait imaginer un rapport entre eux, on dirait que *Mouvement* évoque le voyage des nouveaux *conquistadores,* et que *Marine* esquisse un moment de leur navigation.

1. L'arrière d'un navire. Une note, dans la *Revue de littérature comparée,* 1961, p. 436, signale la présence de ce mot dans *Vingt mille lieues sous les mers.*

2. Mot allemand qui signifie le courant.

3. On rapprochera, dans *Solde :* « À vendre les habitations et les migrations, sports, féeries et comforts parfaits. »

Page 153.

DÉVOTION

Texte : publié dans *La Vogue,* 21-27 juin 1886, mais l'autographe qui avait servi pour la publication est perdu.

L'homme qui parle ici à la première personne adresse une suite d'invocations à des êtres qu'il a connus. Puis sa prière s'élève vers des valeurs religieuses et innommées. Les deux dernières lignes semblent, à première vue, se refuser à tout commentaire intelligible.

Peut-être ne faut-il pas désespérer pourtant d'en découvrir le sens. Tout ce poème est pénétré d'un sentiment profond d'adoration. Une prière jaillit du cœur de Rimbaud. Cette prière, il la jettera à travers l'espace, vers l'inconnu impénétrable. Il la jettera *à tout prix* et *avec tous les airs,* c'est-à-dire à tout culte et même à toutes les rêveries *métaphysiques.* À tout, pourvu qu'il ne s'agisse pas de revenir à la religion qui pesa sur son enfance. *Plus alors.*

1. *Dévotion* s'explique si l'on admet que c'est de religion que s'occupe ce poème, de clergé même et de culte.

2. *Voringhem* est inconnu. S'il existait, ce ne pourrait être qu'en pays flamand, Belgique ou Pays-Bas. Il est tout à fait inutile de chercher du côté d'un Voringen allemand. Les commentateurs qui l'ont fait ont prouvé seulement qu'ils ignoraient la différence absolue entre -*ingen* allemand, qui est un simple suffixe, et la finale flamande -*hem* qui correspond à -*home* en anglais et à -*heim* en allemand, et qui est une racine nominale. — Un très précieux article de M. Alain Goldie analysé par M. Pierre Petitfils dans *Bateau ivre,* 1966, paraît avoir apporté quelque lumière sur cette mystérieuse sœur Louise Vanaen. Elle est certainement Flamande, et voilà pourquoi sa cornette est tournée vers la mer du Nord. Et c'est certainement une religieuse. M. Goldie est tenté de croire qu'elle était à l'hôpital Saint-Jean, à Bruxelles, et qu'elle soigna Rimbaud blessé en juillet 1873.

3. Ashby est le nom de plus de dix localités anglaises.

D'autre part, il est fort étonnant qu'une Anglaise s'appelle Léonie Aubois. Mais ce n'est pas de ce côté qu'il importe sans doute de pousser les recherches. Dans l'article déjà cité, M. Alain Goldie insiste avec raison sur les mots : « pour la fièvre des mères et des enfants ». Et puisque Rimbaud l'appelle *ma sœur,* il est infiniment probable qu'elle était religieuse, employée dans un hôpital comme Louise Vanaen, et affectée au service de la maternité. On voudrait savoir quel était cet hôpital, s'il était à Bruxelles ou en Angleterre.

4. Ce *baou* a excité inutilement l'ingéniosité des commentateurs jusqu'au jour où M. Yves Denis (art. cit.) en a proposé l'explication simple et à peu près certaine. Le mot fabriqué par Rimbaud « est la transcription phonétique rudimentaire [...] de l'anglais *Bow* = salut, révérence prosternement ».

5. Par une véritable aberration, des commentateurs ont vu dans cette Lulu une allusion à Verlaine. Le texte est clair pourtant. Cette Lulu est une femme. Mais elle a reçu une éducation incomplète. C'est une lesbienne, et Rimbaud le fait comprendre en évoquant le petit volume saphique de Verlaine, *Les Amies*. Cette Lulu, Rimbaud l'envoie aux hommes. Pour qu'ils la guérissent.

6. *À Madame ****. Normalement, ce mot devrait former un nouveau paragraphe, car cette *Madame* ne se confond pas avec Lulu. Peut-être, au surplus, Rimbaud était-il allé en effet à la ligne. Mais nous n'avons pas l'autographe.

7. Ce « saint vieillard », ermite ou missionnaire, fait penser à une phrase de *Vies I* : « Qu'a-t-on fait du brahmane qui m'expliqua les Proverbes. » Rêve ou souvenir, la figure de ce saint a certainement occupé l'esprit de Rimbaud.

8. *Mémoriale,* employé comme adjectif, fait violence à la langue, et *place de culte* est au moins étonnant. M. Underwood en a proposé une séduisante explication. La phrase de Rimbaud serait modelée sur l'anglais : *memorial place of worship*. En anglais *place of worship* s'applique à un lieu de culte qu'on ne veut pas qualifier *church*. Quant à *memorial church,* c'est le terme usité pour désigner une église construite en mémoire d'un personnage religieux ou d'un événement intéressant les fidèles.

9. Cette *Circeto* demeure inexpliquée, en dépit des efforts des commentateurs. Mais il ne peut s'agir que d'une femme, et non d'une localité.

10. Mot anglais qui signifie *amadou.* Comme il n'est pas du tout satisfaisant, on a proposé d'autres mots. Mais ces suppositions demeurent gratuites puisque nous n'avons pas l'autographe.

11. S'il ne s'agissait pas de Rimbaud, ces mots de *hautes*

glaces, de *régions de nuit,* de *chaos polaire,* sembleraient signifier une évocation de l'extrême Nord, vu ou imaginé. Mais les commentateurs aiment mieux dire que *Dévotion* « s'apparente aux poèmes du haschich », ce qui les dispense d'affronter les difficultés du texte.

DÉMOCRATIE

Texte : publié dans *La Vogue* en 1886. Mais l'autographe qui avait servi pour la publication est perdu.

Si l'on écarte toute ambition d'interpréter ce poème et si l'on s'en tient étroitement à son texte, voici ce qui, semble-t-il, s'en dégage.

Il s'intitule *Démocratie,* mais par un curieux paradoxe, nous sommes en présence de monstrueuses exploitations industrielles appuyées par l'armée.

Le pays où la scène se passe n'est pas nommé, mais Rimbaud parle d'un paysage immonde, de pays poivrés et détrempés.

Ce sont des soldats qui parlent. Ils marchent derrière leur drapeau. Ils ont pour mission de « massacrer » des révoltes qui sont logiques, car ils sont au service des exploitations. Ce sont des hommes brutaux et ignorants, et il semble bien que dans les villes ils alimentent une prostitution qui ne se cache pas.

Pour ceux qui acceptent l'idée que la formation du recueil des *Illuminations* nous reste inconnue, et que par conséquent il est arbitraire de le considérer comme entièrement et définitivement formé en 1874, ce poème est sans mystère. Rimbaud évoque son passage dans la Légion étrangère hollandaise, à Java, en 1876. Ces hommes brutaux, ce sont les légionnaires. Ils sont chargés d'étouffer une révolte que l'exploitation coloniale rendait logique. Il est naturel que leur présence dans ces villes favorise la prostitution.

La précision de ces traits, l'allusion aux « pays poivrés » qui font penser au pays des épices nous contraignent à rattacher ce poème à un moment particulier de la vie de Rimbaud. Mais il n'en faudrait pas conclure qu'en écrivant *Démocratie* il tombe dans l'anecdote personnelle. À travers les *Illuminations* nous avons rencontré plusieurs fois la réprobation de Rimbaud à l'endroit de la civilisation occidentale. *Démocratie* s'insère parmi ces autres textes.

12. Le *tambour* n'est pas celui des mercenaires. Il est celui des populations indigènes qu'ils « étouffent ». Le nègre, dans *Mauvais sang,* crie : « Cris, tambour, danse... ».

Page 154.

1. Les *pays poivrés*. On lit dans *Vies I* : « les plaines poivrées », et il s'agit du pays des brahmanes.

2. *Conscrits du bon vouloir*. La formule est obscure. Faut-il comprendre que c'est une manière de dire que ces soldats sont des *volontaires*? Avouons qu'en ce cas l'expression est maladroite.

3. Cet *En avant, route!* si fâcheux s'explique probablement parce que Rimbaud n'a pas voulu écrire, comme il était normal : *En avant, marche* afin d'éviter la répétition du mot *marche* à si peu de distance.

GÉNIE

Texte : autographe de la collection Pierre Bérès; publié dans les *Poésies complètes de J.-A. Rimbaud,* chez Vanier, 1895.

Ce poème se relie à ce que les historiens appellent l'illuminisme démocratique, l'un des aspects fondamentaux de la philosophie sociale et politique du xixe siècle, et c'est dans la littérature de l'illuminisme que l'on trouve le mieux éclairées les idées que Rimbaud a mises dans son *Génie.*

Rimbaud avait certainement lu, dans le livre de *La Femme* de Michelet, le chapitre *La Communion de l'amour.* Michelet y disait que la science du xixe siècle a créé un vide, et que l'excès de l'analyse a compromis le principe d'unité nécessaire, longtemps sauvegardé par les vieilles religions. Michelet disait son besoin de croire à une haute Idée centrale, l'aimante Unité du monde, cette Unité qui est l'Amour.

Nous comprenons dès lors qui est le Génie. C'est le haut Amour qui agit au cœur de l'univers, et Rimbaud le dit en toutes lettres : « Il est l'amour, mesure parfaite... » Michelet avait dit : « Et pour être la Raison, n'est-ce pas l'amour encore? » Et Rimbaud : « Il est l'amour..., raison merveilleuse et imprévue. » Dans le monde actuel, livré aux techniques, « l'Adoration s'en va ». Mais Rimbaud comme Michelet, annonce le triomphe définitif de l'Amour. « La promesse demeure. » Michelet avait écrit : « Que je n'aie plus le bonheur de sentir ce monde aimé, de me sentir aimé moi-même. » Et Rimbaud : « Il nous a connus tous et nous a tous aimés. »

Le Génie est le Christ des temps nouveaux, et voilà qui rend compte de certaines phrases à première vue mystérieuses. On a pu croire que le Génie, comme le Christ, se retirerait de la terre. Mais non! « Il ne s'en ira pas », comme l'autre. Il n'aura pas, comme « l'autre », à redescendre du ciel un jour. Il est là, parmi nous, en nous.

Rimbaud évoque alors en quelques traits ce règne de

l'Amour. Plus d'*agenouillements* comme autrefois. Plus de *charités*, à la manière du christianisme, mais un magnifique *orgueil :* confiance de l'homme en lui-même.

4. Cette phrase : *Et si l'Adoration s'en va, sonne, sa promesse sonne,* est plus qu'étonnante. On a imaginé un *lapsus.* Peut-être, plus précisément, Rimbaud avait-il d'abord écrit : *sonne sa promesse,* inversion qui, de sa part, ne serait pas étonnante. Puis il se serait repris et aurait écrit *sa promesse sonne,* sans effacer assez nettement le premier *sonne.*

5. Il n'existe pas la moindre raison de croire que ces *ménages* font allusion aux rapports de Verlaine et de Rimbaud. Il s'agit tout au contraire des *ménages* réguliers, légaux, qui sont la règle pour la foule des hommes, dans un monde enlisé, prisonnier des vieilles routines, et qui ne connaît pas le nouvel Amour.

6. Allusion claire au retour du Christ, à la fin des temps.

Page 155.

1. L'idée que la *charité* chrétienne correspond à une époque révolue de l'humanité était habituelle dans l'illuminisme démocratique. Plus qu'un autre, Pierre Leroux y avait insisté, notamment dans son livre *De l'humanité.* La charité de l'Évangile, disait-il, n'était pas « organisable ». Ce thème se retrouve dans *Une Saison en Enfer.* Après avoir dit qu'il avait cru à la charité comme à la « clef du festin ancien », il ajoute : « Cette inspiration prouve que j'ai rêvé. »

Page 157.

ŒUVRES DIVERSES

Les *Poésies* traditionnellement rassemblées dans les éditions de Rimbaud, *Une Saison en Enfer* et les *Illuminations* constituent son œuvre littéraire proprement dite. Mais l'usage s'est établi, de façon toute normale, d'y joindre les textes de vers et de prose assez nombreux qui nous ont été conservés de ses années de collège et de ses débuts dans la carrière des lettres. Ce sont en premier lieu, des proses ébauchées en vue d'œuvres qui ne furent pas réalisées : *Les Déserts de l'amour* et les *Proses évangéliques.* On y a joint les précieux brouillons d'*Une Saison en Enfer* retrouvés au cours du XXᵉ siècle.

Après ces pages en rapport direct avec l'œuvre poétique de Rimbaud, on a rassemblé les proses et vers qu'il composa au collège de Charleville avant 1870. Ce sont des composi-

tions françaises en vers et en prose, ce sont aussi des compositions de textes latins. On a placé à la suite de ces pièces une prose composée par Rimbaud dans la première moitié de 1870, *Un cœur sous une soutane*.

Au cours de la période suivante, Rimbaud a composé quelques pièces de vers qui, de toute évidence, devaient rester étrangères à l'œuvre poétique dont il attendait la gloire. La plupart figurent dans l'*Album zutique*. Les autres sont des sonnets obscènes qu'il s'était amusé à écrire dans la manière des *Parnasses satiriques*. Enfin, le zèle des éditeurs a rassemblé sous le titre de *Piécettes* et de *Bribes* les fragments de pièces perdues, les vers isolés parfois que le hasard a sauvés de l'oubli. Pour finir, on a publié la *Lettre du baron de Petdechèvre* habituellement attribuée à Rimbaud. Que cette attribution soit exacte, on a de sérieuses raisons d'en douter. Mais le lecteur de Rimbaud est en droit de demander que le texte de cette *Lettre* soit mis sous ses yeux. Il lui sera dès lors possible de se faire une opinion personnelle sur cette question.

Page 159.

ÉBAUCHES ET BROUILLONS

LES DÉSERTS DE L'AMOUR

Ce fragment constitue ce qui subsiste d'une série de poèmes en prose intitulés *Les Déserts de l'amour* entreprise ou simplement amorcée par Rimbaud.

Nous n'avons sur leur histoire qu'un texte de Delahaye dans son *Rimbaud, l'artiste et l'être moral,* Messein, 1923. Il écrit : « En ce même printemps (1871), il faut mentionner un genre de travail littéraire où Rimbaud débute, qu'ensuite il mènera très loin. La lecture de Baudelaire lui a suggéré de tenter des *poèmes en prose*. Il écrit le commencement d'une série ayant pour titre *Les Déserts de l'amour*. » Delahaye nous apprend ensuite qu'il en reçut, en 1906, copie par Georges Maurevert, et qu'il la remit au directeur de la *Revue littéraire de Paris et de Champagne*. C'est dans cette revue en effet que *Les Déserts de l'amour* ont été publiés pour la première fois dès 1906.

En 1957, M. Paul Hartmann, ayant eu accès aux autographes, a pu en donner une description exacte dans l'édition du Club du meilleur livre. Il s'agit de deux feuillets écrits au recto et au verso. Le recto du premier feuillet donne uniquement le titre. Le verso contient l'*Avertissement*. Le titre se trouve répété sur les deux faces du second feuillet.

L'une des faces contient le texte à partir de *C'est certes la même campagne* jusqu'à *sous la tristesse amoureuse de la nuit.* L'autre face contient le texte depuis *Cette fois, c'est la Femme* jusqu'à *plus que tous les enfants du monde.* Cette disposition, et la présence du titre au haut des deux faces du feuillet, explique l'erreur commise par Paterne Berrichon en 1912 et répétée ensuite jusqu'en 1956; le recto fut pris pour le verso et les deux textes furent reproduits dans l'ordre contraire à celui que Rimbaud avait voulu. D'autre part, nous comprenons que nous sommes en présence de deux fragments, et non d'un texte continu.

Ces fragments décrivent deux rêves. On y constate plus clairement que dans les autres œuvres de Rimbaud un aspect de sa sexualité : le désir de la femme, le plaisir qui se dérobe, la femme qui disparaît, un sentiment de solitude et de désespoir.

Il serait imprudent d'assigner à ces textes une date précise. On a vu qu'au dire de Delahaye, ils ont été composés au printemps de 1871. Bouillane de Lacoste soutient que l'écriture est clairement de 1872. Et le ton religieux qui se fait entendre dans certaines phrases ferait penser à 1873. L'incertitude reste entière.

On a reproduit le texte tel qu'il s'est trouvé rectifié par les corrections de Paul Hartmann (*Club du meilleur livre,* 1957).

Avertissement.

1. Ce jeune homme a naturellement des traits de Rimbaud. Mais il est aussi le symbole d'une jeunesse solitaire et séparée de la vie.

2. Il ne faut certainement pas voir là un aveu de pédérastie. Le jeune homme était fait pour aimer les femmes. Il n'en a eu aucune. Rimbaud n'en dit pas davantage.

3. Toutes les forces inemployées de ce jeune homme se sont tournées vers le monde du rêve, monde étrange et triste. C'était une erreur.

4. Il a mis son amour dans ses rêves.

5. Il veut mourir, mais mourir noblement et consolé.

Page 160.

LES DÉSERTS DE L'AMOUR

1. Cette première ligne s'explique mieux si elle vient à la suite d'un autre rêve, dont le texte n'a pas été conservé.

2. Delahaye nous a laissé sur ce « prêtre » un témoignage étonnant et qui ne peut guère être élude. Il écrit : « Le séminariste [...] n'est pas inventé. C'était un condisciple [...] et un bibliophile qui lui prêtait des livres [...]. Je vis ce

grand jeune homme brun, au bon sourire, dans un village près de Charleville. Mon ami lui rapportait certains ouvrages communiqués, notamment je ne sais plus quel poète... et je revois la " chambre de pourpre, à vitres de papier jaune " et les volumes reliés en cuir de Russie » (*Arthur Rimbaud*, p. 37-38).

3. On a lu dans *Alchimie du verbe* : « À chaque être, plusieurs *autres* vies me semblaient dues. Ce monsieur ne sait ce qu'il fait : il est un ange. Cette famille est une nichée de chiens. »

Page 161.

1. Ici commence le second rêve. — Puisque nous sommes en présence d'un rêve, il ne faut naturellement pas penser à telle ville en particulier et imaginer la rencontre de Rimbaud et d'une inconnue dans Paris. L'obsession de la grande ville comme l'obsession de la femme ont hanté ses années d'adolescence.

Page 162.

PROSES ÉVANGÉLIQUES

Ces trois fragments étaient en possession de Verlaine. Il les confia à son ami Cazals pour qu'il les déposât chez Vanier. Paterne Berrichon publia *Beth-Saïda* dans *La Revue blanche*, le 1er septembre 1897. MM. H. Matarasso et Bouillane de Lacoste révélèrent les deux autres textes dans le *Mercure de France* du 1er janvier 1948. Au lieu de *Beth-Saïda, la piscine...*, on a lu pendant longtemps *Cette saison, la piscine...* et l'on en concluait que ce texte était prévu comme introduction à *Une Saison en Enfer*. Cette erreur de lecture a été rectifiée par Bouillane de Lacoste.

Les éditeurs ont tenté d'assigner une date à la composition de ces fragments. Ils ont noté que *À Samarie* et *En Galilée* sont écrits au dos du brouillon de *Mauvais sang*, et que *Beth-Saïda* se lit au dos de *Fausse Conversion*, premier état de *Nuit de l'enfer*. Ils en ont conclu que les *Proses évangéliques* avaient été écrites en 1873, dans la même période qu'*Une Saison en Enfer*. Bouillane de Lacoste a voulu préciser davantage. Il a cru pouvoir observer que l'écriture de *Beth-Saïda* était « vigoureuse et allègre » et en a déduit que le texte avait été rédigé après le drame de Bruxelles. Mais M. Pierre Petitfils a fortement démontré (*Mercure de France*, 1er mars 1948) qu'en réalité Rimbaud a rédigé ces trois fragments avant d'entreprendre *Une Saison en Enfer,* donc avant le mois de mars 1873.

Ces fragments sont la propriété de M. Matarasso. Ils sont

d'une lecture difficile et chargés de ratures. On a donné dans la présente édition le texte établi par Bouillane de Lacoste, mais avec les améliorations que Paul Hartmann y a apportées dans son édition du Club du meilleur livre.

À Samarie

1. Il saute aux yeux que Rimbaud pratique ici l'anachronisme systématique. Samarie, c'est l'Angleterre, la *perfide* Albion, le pays qui étale sa richesse, son égoïsme, et se targue d'observer *sa loi protestante*. Elle est le symbole de la société industrielle et capitaliste.

2. Dans l'Angleterre, fière et sûre d'elle-même, il n'y a pas de place pour les *prophètes*, qui annoncent la société de demain.

3. Cette femme, c'est la Samaritaine dont le Quatrième Évangile nous parle, chapitre IV, 1-26. Elle a un entretien avec Jésus près du puits de Jacob, en dehors de Samarie, et c'est pourquoi Rimbaud écrit : *la femme à la fontaine.* Jésus lui prouve qu'il sait le secret de sa vie, qu'elle a eu cinq maris et que l'homme qu'elle a n'est pas le sien. Elle lui dit alors : « Seigneur, je vois que vous êtes prophète. » Rimbaud reprend le mot, et il y voit *un mot sinistre* parce qu'il est dangereux d'être prophète.

4. Il semble que Rimbaud fasse allusion au fait que Jésus et la Samaritaine se sont parlé hors de la ville, à courte distance de Samarie. Continuant à donner aux faits tirés de l'Évangile une signification symbolique, il interprète cette anecdote pour dire que le prophète ne peut menacer la société.

L'air léger et charmant

5. Maintenant la scène change. Rimbaud passe à l'épisode qui dans l'Évangile de saint Jean suit celui de la Samaritaine (IV, 43-54). Saint Jean rapporte que Jésus passa de Samarie en Galilée. L'épisode des vendeurs chassés du Temple se lit au chapitre II, 13-17, et Rimbaud se conforme donc à l'ordre suivi par l'Évangéliste. La figure du prophète reste, dans ce deuxième fragment, la même que dans le premier. Il est visiblement le symbole de l'agitateur révolutionnaire des modernes. Sa colère tombe sur les financiers et les marchands. Il agit par la force de sa jeunesse furieuse. Mais cette fois, parmi un peuple de braves gens, il est bien accueilli.

6. Cet officier, c'est l'*officier royal* qui se présente, à Cana, devant Jésus (IV, 46) et prie le prophète de guérir son fils.

Page *163.*

1. Des commentateurs se demandent si dans cette phrase

il n'y a pas un blasphème. La question ne se pose pas quand on a compris que Jésus n'est ici qu'un symbole, le symbole du prophète révolutionnaire que Rimbaud avait rêvé d'être, et c'est en lui-même que Rimbaud a observé ces mouvements d'orgueil qui sont, il le reconnaît, enfantins et féminins.

2. Dans l'épisode des Noces de Cana (II, 1-12), Jésus avait dit à sa mère : « Femme, qu'avons-nous à faire ensemble ? »

3. Dans l'Évangile, Jésus dit à l'officier : « Va, ton fils vit. »

4. Peut-être faut-il voir ici le besoin, chez Rimbaud le prophète, de s'éloigner de la cité des hommes et de se retrouver dans la campagne, parmi l'herbe et les fleurs.

Beth-Saïda

a. [Les para (infirmes *en surcharge sur* para) avaient alors le désir de sillonner l'eau de la piscine. *biffé*] [Alors *en surcharge sur* piscine] tous *autographe*

5. Rimbaud continue de suivre exactement l'ordre de l'Évangile de saint Jean. Aussitôt après l'épisode du fils de l'officier royal, voici celui du paralytique de la piscine de Béthesda. Les éditions de l'Évangile hésitent entre Béthesda, Bézatha et Beth-Saïda. Rimbaud a retenu cette dernière forme.

6. Dans saint Jean, il est dit (V, 2) : « Or il existe à Jérusalem, près de la porte des Brebis, une piscine qui s'appelle Beth-Saïda et qui a cinq portiques. »

7. Les commentateurs ont proposé plusieurs explications pour cette *première action grave* du prophète. Voici ce que l'on peut raisonnablement comprendre.

Les infirmes, ce sont les damnés, les fils du Péché, ceux qui sont liés à la société, qui est mauvaise. Ils descendent dans la piscine, c'est-à-dire que pour guérir ils font ce que l'on a toujours fait avant eux, ce que l'on fait autour d'eux. Aussi ne sont-ils pas guéris. Le Mal les tient. Et voici que la présence du prophète produit chez un de ces infirmes le mouvement libérateur. Il se lève, il s'en va, il est guéri. Un homme, dans cette terre livrée au Péché, est sauvé, et voilà la *première action grave* du prophète.

Page 164.

a. À la suite de ce mot, le début d'un paragraphe biffé : Un signe de vous, ô volonté divine ; et toute obéissance est prévue presque avant vos [*un mot illisible*] *autographe*

1. Ils ne peuvent être guéris, ils ne peuvent que changer de place, parce qu'ils ont besoin de gagner de l'argent. La société les tient par là.

Page 165.

BROUILLONS D' « UNE SAISON EN ENFER »

En 1897, Paterne Berrichon découvrit dans les papiers de Vanier un feuillet qui portait au recto une partie de *Fausse conversion* et au verso un texte alors inconnu, la prose *Beth-Saïda* (*supra*, p. 163).

En 1914, Berrichon retrouva un second feuillet. Il contenait au recto une partie d'*Alchimie du verbe*, et au verso un fragment du même chapitre. Il les publia dans *La Nouvelle Revue française* du 1ᵉʳ août 1914, en y joignant le fragment de *Fausse conversion* découvert en 1897.

C'étaient des textes couverts de ratures et d'une lecture difficile. Bouillane de Lacoste en a donné la lecture très améliorée dans son édition d'*Une Saison en Enfer*. Ce texte fait désormais autorité.

Un troisième feuillet a été découvert par MM. Matarasso et Bouillane de Lacoste dans les papiers d'A. Messein, successeur de Vanier. Ce feuillet présente au verso deux proses évangéliques, mais au recto une partie de *Mauvais sang*. Il figure maintenant dans la collection Matarasso. Son texte a été publié dans le *Mercure de France* du 1ᵉʳ juin 1948 par MM. Matarasso et Bouillane de Lacoste. Les premiers éditeurs de la Pléiade y ont apporté d'importantes améliorations.

Les mots en italique, *entre crochets,* sont les mots biffés sur le manuscrit.

MAUVAIS SANG

Texte adopté : celui de MM. Matarasso et Bouillane de Lacoste, avec les améliorations des éditeurs de la Pléiade.

Ce brouillon correspond, dans *Mauvais sang*, à la partie qui commence à *On ne part pas...* (*supra*, p. 96). Mais les dernières lignes du brouillon correspondent à la partie finale du texte définitif, quand celui qui parle se voit en face de l'ennemi qui va tirer sur lui et le fouler aux pieds des chevaux.

Page 166.

FAUSSE CONVERSION

Texte adopté : celui de Bouillane de Lacoste dans l'édition critique d'*Une Saison en Enfer*.

Ce brouillon occupe une face d'un feuillet. Sur l'autre face, on lit la prose évangélique *Beth-Saïda*.

Le texte constitue l'ébauche de *Nuit de l'enfer* dans l'édition d'*Une Saison en Enfer*.

Page 168.

DÉLIRES II : ALCHIMIE DU VERBE

Texte adopté : celui de Bouillane de Lacoste dans l'édition critique d'*Une Saison en Enfer.*

Ce brouillon occupe les deux faces d'un feuillet. Il correspond à une partie d'*Alchimie du verbe.*

Page 172.

PROSES ET VERS FRANÇAIS DE COLLÈGE

Le soleil était encore chaud

Ce singulier devoir d'écolier a été publié par Paterne Berrichon dans sa *Vie de Jean-Arthur Rimbaud,* 1897, p. 32. Il l'a été de nouveau par Mme Suzanne Briet dans *La Grive,* avril 1956, et dans son livre *Rimbaud notre prochain.* Elle y a joint d'importants éclaircissements. Le texte figure dans un cahier de huit feuillets, format 14,5 sur 20 centimètres, d'une écriture peu soignée, avec des pâtés et des fautes d'orthographe.

Sur la date de composition, nous ne disposons pas d'indications sûres. Paterne Berrichon a dit d'abord que ce cahier datait de 1862 *(Vie de J.-A. Rimbaud).* Mais il a écrit ensuite que cette narration avait été rédigée « pendant le séjour de Rimbaud à l'Institution Rossat » *(J.-A. Rimbaud le poète,* 1912, p. 26), ce qui plaçait sa composition entre le mois d'octobre 1862 et les vacances de Pâques 1865. Enfin en 1922, il a donné une troisième indication : « année scolaire 1862-1863 ». On admet généralement que Rimbaud a rédigé ce devoir à l'Institution Rossat, quand il n'avait pas atteint ses neuf ans.

Cette hypothèse se heurte pourtant à une objection très forte. Le cahier contient des textes latins, et date par conséquent du temps où Rimbaud avait commencé ses études latines. Comment admettre d'autre part qu'il connaisse, avant le collège, Nabopolassar, Darius et Alexandre ? Il a appris ces noms dans son manuel d'histoire. Or, les Empires d'Orient et la Grèce formaient le programme d'histoire de la sixième.

Page 174.

INVOCATION À VÉNUS

Ces vers ont été retrouvés dans le *Bulletin de l'Académie de Douai,* fascicule du 11 avril 1870.

Ils offrent cette particularité qu'ils sont un démarquage des vers de Sully-Prudhomme dans la traduction qu'il venait de donner (mai 1869) du *De natura rerum* de Lucrèce. Ce fait, apparemment, échappa à ceux qui étaient chargés de publier le *Bulletin.*

Les corrections apportées par l'élève Rimbaud aux vers de Sully-Prudhomme révèlent une étonnante sûreté de goût. Signalons que le texte de Lucrèce comporte 26 vers, celui de Sully-Prudhomme 24 vers et celui de Rimbaud 26. — Nous donnons dans les notes ci-dessous les vers ou hémistiches de Sully-Prudhomme que Rimbaud a corrigés.

1.   ô volupté des dieux
   Et des hommes, Vénus, sous
2. Qui vont, tu peuples tout :
3.   et voit le soleil radieux!
4. Tu parais, les vents fuient et les sombres nuages;
   Le Champ des mers te rit; fertile
5. La terre épand des fleurs
6. Le jour immense éclate aux cieux pacifiés!

Page 175.

1. *Les vers 11 à 15 bouleversent le texte de Sully-Prudhomme qui ne comportait que 4 vers :*
   Dès qu'avril apparaît, et qu'enflé de jeunesse
   Le fécondant Zéphir a forcé sa prison,
   Ta vertu frappe au cœur les oiseaux, ô Déesse,
   Leur bande aérienne annonce ta saison;
   Le sauvage
2. Plantant au cœur
3. Les pousses d'âge en âge
4. Rien sans toi, rien n'éclôt aux régions du jour.

CHARLES D'ORLÉANS À LOUIS XI

Cette composition française a été publiée dans la *Revue de l'Évolution sociale, scientifique et littéraire,* novembre 1891. L'autographe appartient à la collection Saffrey. M. Mouquet a pu, en vue de l'édition de la Pléiade, l'examiner. Rodolphe Darzens avait reçu l'autographe de la générosité d'Izambard, et c'est lui qui avait pris la peine de le publier dans l'*Évolution* (Darzens à Frédéric Rimbaud, *supra,* p. 711).

Izambard avait parlé de cette composition. Il s'agit d'un *discours français* donné en classe « en février ou avril » 1870. Izambard ajoute que pour aider son élève, il lui prêta *Notre-Dame de Paris*, les *Œuvres complètes* de Villon et le *Gringoire* de Banville. On ne sera pas étonné, dans ces conditions, que le travail de Rimbaud constitue presque un centon. Les citations de Villon ci-après en donnent une idée. Elles sont prises à l'édition de Villon par P.-L. Jacob, 1854. C'est elle que Rimbaud avait vraisemblablement entre les mains. Les références ci-dessous renvoient à cette édition.

5. *Villon* : Clerc Theophilus (*Grand Testament*, p. 106).
6. *Villon* : Dames à rebrassez collets (*ibid.*, p. 60).
7. *Villon* : J'ai un arbre de la plante d'amour (*Ballade*, p. 355).

Page 176.

1. *Villon* : Quand on me dit, présent notaire : Pendu serez (*Codicille*, p. 206).
2. *Villon* : Gratieux gallants (*Grand Testament*, p. 55).
3. *Villon* : Plus becquetez d'oiseaux que dés à coudre (*Codicille*, p. 202).
4. *Villon* : Pourquoy est-ce ? Pour ta folle plaisance (*ibid.*, p. 194).
5. *Villon* : Pauvres housseurs ont assez peine (*Ballade des pauvres housseurs*, p. 224).
6. Rimbaud prend la peine de nous renvoyer aux *Vaux-de-Vire* d'Olivier Basselin.
7. *Villon* : Sec et noir comme escouvillon (*Petit Testament*, p. 37).
8. *Villon* : Et pain ne voyent qu'aux fenêtres (*Grand Testament*, p. 55).
9. *Villon* : Nécessité fait gens mesprendre
　　　　　　Et faim saillir le loup des boys (*ibid.*, p. 51).
10. Ces noms de cabaret figurent dans Villon, *Le Pestel*, p. 275, *La Pomme de pin*, p. 22, *Le Plat d'estaing*, p. 289.
11. *Villon* : un gras chanoine... en chambre bien nattée (*Ballade*, p. 152).
12. *Villon* : De confesser, ce dit, n'a cure
　　　　　　Sinon chambrières et dames (*Grand Testament*, p. 179).
13. *Villon* : De grasses soupes jacobines
　　　　　　Et puis, après, sous les courtines
　　　　　　Parler de contemplation (*Grand Testament*, p. 128).
14. *Villon* : Quand mort sera, vous lui ferez chandeaux (*Codicille*, p. 197).

Page 177.

1. *Villon :* Mais on doit honorer ce qu'a
       Honnoré l'Église de Dieu (*Grand Testament,*
p. 129).

2. *Villon :*   ...soit maudit à outrance...
       Qui mal voudroit au royaume de France (*Ballade,* p. 231).

3. *Villon :* Les taverniers qui brouillent notre vin (*Fragment,* p. 233).

4. *Villon :* Je plains le temps de ma jeunesse
       Auquel j'ay plus qu'autre gallé (*Grand Testament,* p. 51).

5. *Villon :* Assises bas, à croppetons...
       À petit feu de chenevottes (*ibid.,* p. 79 et 80).

6. *Villon :* Chevaucheurs d'escovettes (*ibid.,* p. 90).

7. *Villon :* ...du rost (*La Manière d'avoir du rost,* p. 267).

8. *Villon :* Haro, la gorge m'ard (*Grand Testament,* p. 136).

9. Hé, Dieu, si j'eusse estudié
       Au temps de ma jeunesse folle...
       J'eusse maison et couche molle (*ibid.,* XXVI, p. 53).

10. Se Dieu m'eust donné rencontrer
       Un autre piteux Alexandre (*ibid.,* XXI, p. 50).

11. Orpheus, le doux ménestrier (*ibid.,* LIV, p. 87).

Page 178.

1. Tout aux tavernes et aux filles (*Ballade de la bonne doctrine,* p. 169).

2. Car j'ay mis plumail au vent (*Grand Testament,* p. 61).

3. Homme, ne te doulouse tant...
       Si tu n'as tant qu'eut Jacques Cœur. (*ibid.,* XXXVII, p. 58).

Page 179.

TEXTES LATINS

Ver erat...
Le songe de l'écolier

Cette composition a été retrouvée par la diligence de J. Mouquet dans *Le Moniteur de l'Enseignement secondaire, spécial et classique, Bulletin officiel de l'Académie de Douai,* 15 janvier 1869.

La composition avait eu lieu le 6 novembre 1868. Depuis un mois, Rimbaud était élève de seconde. Il avait pour professeur M. Duprez.

Le sujet donné était :

Développer le sujet indiqué par Horace dans les vers suivants (Ode IV, liv. III)

> *Me fabulosae Vulture in Apulo*
> *Altricis extra limen Apuliae,*
> *Ludo fatigatumque somno*
> *Fronde nova puerum palumbes*
> *Texere . . . .*
> *. . . . . Ut premerer sacra*
> *Lauroque collataque myrto*
> *Non sine Dis...*

[Dans mon enfance, un jour que j'étais las de jouer et de sommeiller sur les bords du Vultur d'Apulie (non loin de ma maison natale d'Apulie), de merveilleuses colombes me couvrirent d'un feuillage nouveau... J'étais couvert de branches du laurier sacré et de myrtes, non sans une intervention divine...]

Nota. — Trois heures et demie ont été accordées pour faire cette composition.

Traduction de J. Mouquet :

C'était le printemps, et Orbilius souffrait à Rome d'une maladie
qui l'empêchait de bouger : les armes d'un professeur sans pitié firent trêve ;
le bruit des coups ne sonnait plus à mes oreilles,
et la férule ne tourmentait plus mes membres d'une douleur continue.
Je saisis l'occasion ; je gagnai les riantes campagnes,
oubliant tout... Loin de l'étude, et sans nul souci,
de douces joies récréèrent mon esprit fatigué.
Le cœur plein de je ne sais quel délicieux contentement,
j'oubliai l'école fastidieuse et les leçons sans charme
du professeur ; je me plaisais à regarder au loin les champs
et à observer les heureux miracles de la terre printanière.
Enfant, je ne cherchais pas que les vaines flâneries de la campagne :
mon jeune cœur contenait de plus hautes aspirations.
Je ne sais quel esprit plus divin ajoutait ses ailes
à mes sens exaltés ; muets d'admiration, mes yeux contemplaient
les spectacles ; dans ma poitrine s'insinuait
l'amour de la chaude campagne : tel jadis l'anneau
de fer, que l'aimant de Magnésie attire par une force
secrète et s'attache sans bruit par d'invisibles crochets.

Cependant, les membres rompus par mes longs vagabondages,

je me couchai sur la rive verdoyante d'une rivière,
assoupi par son faible murmure, et je tirai ma flemme,
bercé par le concert des oiseaux et le souffle du zéphyr.
Et voici que par la vallée aérienne s'avancèrent des colombes,
blanche troupe, portant dans leur bec des couronnes de
    fleurs
que Vénus avait cueillies, toutes parfumées, aux jardins de
    Chypre.
Leur essaim, en volant doucement, gagna le gazon
où je reposais couché tout de mon long; puis, battant des
    ailes autour de moi,
elles me ceignirent la tête et me lièrent les mains
d'une chaîne de verdure; et, couronnant mes tempes
de rameaux de myrte odorants, elles m'enlevèrent, léger
fardeau, dans les airs... Leur bande m'emportait par les
    nues élevées,
à demi assoupi sous un feuillage de roses; le vent caressait
de son souffle ma couchette qui se balançait mollement.
Dès que les colombes furent arrivées à leurs demeures
    natales, au pied d'une haute montagne,
et que d'un vol rapide elles eurent gagné leurs cases sus-
    pendues,
elles m'y déposent, réveillé, et me quittent bientôt.
Ô le doux nid des oiseaux!... Une lumière éclatante de
    blancheur,
répandue autour de mes épaules, me vêt tout le corps de
    ses purs rayons :
Et cette lumière-là n'est pas du tout semblable à la sombre
    lumière
qui, mélangée d'ombre, obscurcit nos regards.
Sa céleste origine n'a rien de la lumière terrestre.
Une divinité m'insinue dans la poitrine je ne sais quoi
de céleste qui coule en moi comme à plein flot.

Cependant reviennent les colombes : elles portent dans
    leur bec
une couronne de laurier tressé, semblable à celle d'Apollon
qui se plaît à pincer du doigt les cordes vibrantes de la lyre.
Mais quand elles ceignirent mon front de la couronne de
    laurier,
voici que le ciel s'ouvrit à moi et qu'apparut tout à coup
à mes yeux émerveillés, volant sur une nuée d'or, Phœbus
    lui-même,
qui me tend de sa main divine le plectre harmonieux;
et sur ma tête il écrivit ces mots avec une flamme céleste :
« Tu seras poète! » Dans mes membres se glisse alors
une chaleur extraordinaire : ainsi, splendide par son pur
    cristal,

une fontaine limpide s'enflamme aux rayons du soleil.
Alors aussi les colombes abandonnèrent leur forme précé-
dente :
le chœur des Muses apparaît, chantant d'une voix douce
des chants mélodieux ;
elles m'enlèvent dans leurs tendres bras et me soutiennent
en l'air,
en proférant trois fois le présage, en ceignant trois fois
mon front du laurier.

1. *Languidulus* est dans Catulle. Rimbaud s'en sert à nou-
veau au vers 33, et plus loin dans *L'Ange et l'Enfant.*

Page 181.

Jamque novus...

L'ANGE ET L'ENFANT

Cette composition a été retrouvée dans le même bulletin,
1er juin 1869. À la fin se trouve la mention : *Certifié conforme.
Le professeur, P. Duprez.*
Le sujet donné était le suivant :
Classe de Seconde. — Vers latins. —
Matière :

> Un ange au radieux visage,
> Penché sur le bord d'un berceau,
> Semblait contempler son image
> Comme dans l'onde d'un ruisseau.
>
> Charmant enfant qui me ressemble,
> Disait-il, oh ! viens avec moi :
> Viens, nous serons heureux ensemble
> La terre est indigne de toi.
>
> Là, jamais entière allégresse :
> L'âme y souffre de ses plaisirs,
> Les cris de joie ont leur tristesse
> Et les voluptés leurs soupirs.
>
> La crainte est de toutes les fêtes ;
> Jamais un jour calme et serein
> Du choc ténébreux des tempêtes
> N'a garanti le lendemain.
>
> Eh quoi ! Les chagrins, les alarmes
> Viendraient troubler ce front si pur,
> Et par l'amertume des larmes
> Se terniraient ces yeux d'azur ?

Non, non : dans les champs de l'espace
Avec moi tu vas t'envoler;
La Providence te fait grâce
Des jours que tu devais couler.

Que personne dans ta demeure
N'obscurcisse ses vêtements;
Qu'on accueille ta dernière heure
Ainsi que tes premiers moments!

Que les fronts y soient sans nuage,
Que rien n'y révèle un tombeau :
Quand on est pur comme à ton âge
Le dernier jour est le plus beau.

Et secouant ses blanches ailes,
L'ange à ces mots a pris l'essor
Vers les demeures éternelles...
Pauvre mère, ton fils est mort!

J. REBOUL, de Nîmes.

Traduction de J. Mouquet :

Et déjà la nouvelle année avait accompli son premier jour,
jour bien agréable pour les enfants, si longtemps attendu
et si vite oublié! Enseveli dans un sommeil souriant,
l'enfant assoupi s'est tu... Il est couché dans son berceau
de plumes; son hochet sonore gît à terre près de lui,
il se le rappelle, et fait un rêve heureux;
et, après les cadeaux de sa mère, il reçoit ceux des habi-
tants du Ciel.
Sa bouche s'entr'ouvre, souriante; ses lèvres à demi ouvertes
paraissent invoquer Dieu. Près de sa tête un Ange se tient
incliné vers lui : il épie les faibles murmures d'un cœur
innocent, et, suspendu lui-même à son image,
contemple ce visage céleste; il admire les joies
de ce front serein, il admire les joies de son âme,
et cette fleur que n'a point touchée le vent du sud :
     « Enfant qui me ressembles,
Viens, monte au ciel avec moi! Entre au divin séjour;
habite le palais que tu as vu dans ton sommeil,
tu en es digne! Que la terre ne retienne plus un enfant
du Ciel!
Ici-bas, on ne peut se fier à personne; les mortels ne caressent
jamais de bonheur sincère; de l'odeur même de la fleur
surgit quelque chose d'amer, et les cœurs agités ne connaissent
que des joies tristes; jamais le plaisir n'y réjouit
sans nuages, et une larme luit dans le rire incertain.
Eh quoi? ton front pur serait flétri par la vie amère,

leurs tes yeux d'azur?
...rait les roses de ton visage?
...vec moi dans les régions divines,
...au concert des habitants du Ciel.
Non, no... hommes restés ici-bas, et sur leurs
et les souc...
et l'omb...
Tu ve...
Vier...
Ma...
O...

...inité rompt les liens qui t'attachent à la vie.
...a mère ne se couvre pas de voiles de deuil!
...e voie pas ta bière d'un autre œil que ton berceau!
...e bannisse le sourcil triste, et que tes funérailles
n'assombrissent pas
son visage, mais qu'elle leur donne plutôt des lys à pleines
mains :
car pour un être pur son dernier jour reste le plus beau! »
À l'instant, il approche son aile délicatement de sa bouche
rosée,
le moissonne, sans qu'il s'en doute, et reçoit sur ses ailes
d'azur
l'âme de l'enfant moissonné, et l'emporte aux régions
supérieures
en battant doucement des ailes... Maintenant le berceau
ne garde plus
que des membres pâlis, qui ont encore leur beauté,
mais le souffle vital ne les nourrit plus et ne leur donne
plus la vie.
Il est mort!... Mais, sur ses lèvres que parfument encore
les baisers,
le rire expire et le nom de sa mère rôde,
et en mourant il se rappelle les cadeaux de ce premier jour
de l'an.
On croirait ses yeux appesantis clos par un sommeil tran-
quille.
Mais ce sommeil, mieux que d'un nouvel honneur mortel,
je ne sais de quelle céleste lumière il entoure son front;
il atteste que ce n'est plus un enfant de la terre, mais un fils
du Ciel.

Oh! de quelles larmes sa mère pleure son enfant enlevé!
et comme elle baigne de pleurs ruisselants sa tombe chérie!
Mais, chaque fois qu'elle ferme les yeux pour goûter le
doux sommeil,
un petit Ange lui apparaît, du seuil rose
du ciel, et se plaît à l'appeler doucement : Maman!...
Elle sourit à son sourire... Bientôt, glissant dans l'air,
il vole, avec ses ailes de neige, autour de la mère émer-
veillée
et joint aux lèvres maternelles ses lèvres divines...

1. Ce mot rare,
v. 4.
2. Réminiscence
Lucrèce :

*Surgit am**_vide_, Amours, I, 6,* fameux de

3. C'est le vers fameux de Virgile :

Manibus date lilia plenis.orum

Page 182.

1. *Pallidulus* vient de Catulle.
2. Autre réminiscence nullement dissimulée :

Et dulces moriens reminiscitur Argos

Olim inflatus aquis...

COMBAT D'HERCULE ET DU FLEUVE ACHELOÜS

Au cours de son année de première, Rimbaud eut égale-
ment les honneurs du *Bulletin de l'Académie de Douai* pour
une composition décrivant en vers latins le combat d'Hercule
et d'Acheloüs. Ses vers figurent dans le fascicule du 11 avril
1870, mais la composition était alors un peu vieille déjà
puisqu'elle remontait à l'année scolaire précédente.

Les vers français qu'il avait eu à adapter étaient de l'abbé
Delisle.

Le sujet de composition était le suivant :

Classe de Seconde. — Vers latins. — Matière :

Le fleuve Acheloüs, échappé de son lit,
Entraînait les troupeaux dans ses eaux orageuses,
Roulait l'or des moissons dans ses vagues fangeuses,
Emportait les hameaux, dépeuplait les cités
Et changeait en désert les champs épouvantés.
Soudain Hercule arrive et veut dompter sa rage :
Dans les flots écumants il se jette à la nage,
Les fend d'un bras nerveux, apaise leurs bouillons,
Et ramène en leur lit leurs fougueux tourbillons.
Du fleuve subjugué l'onde en courroux murmure.
D'un serpent aussitôt il revêt la figure ;
Il siffle, il s'enfle, il roule, il déroule ses nœuds
Et de ses vastes plis bat ses bords sablonneux.
À peine il l'aperçoit, le vaillant fils d'Alcmène
De ses bras vigoureux le saisit et l'entraîne.
Il le presse, il l'étouffe, et de son corps mourant
Laisse le dernier pli sur l'arène expirant,
Se relève en fureur et lui dit : « Téméraire,

Oses-tu bien d'Hercule affronter la colère?
Et ne savais-tu pas qu'en son berceau fameux
Des serpents étouffés furent ses premiers jeux?»
Étonné, furieux de sa double victoire,
Le fleuve de ses flots prétend venger la gloire;
Il fond sur son vainqueur : ce n'est plus un serpent,
En replis onduleux sur le sable rampant;
C'est un taureau superbe, au front large et sauvage :
Ses bonds impétueux déchirent le rivage;
Sa tête bat les vents, le feu sort de ses yeux;
Il mugit et sa voix a fait trembler les cieux.
Hercule sans effroi voit renaître la guerre,
Part, vole, le saisit, le combat et l'atterre,
L'accable de son poids, presse de son genou
Sa gorge haletante et son robuste cou;
Puis, fier et triomphant de sa rage étouffée,
Arrache un de ses dards et s'en fait un trophée.
Aussitôt les Sylvains, les Nymphes de ces bords,
Dont il vengea l'empire et sauva les trésors,
Au vainqueur qui repose apportent leurs offrandes,
L'entourent de festons, le parent de guirlandes.

DELILLE.

Traduction de J. Mouquet :

Jadis l'Acheloüs aux eaux gonflées sortit de son vaste lit,
tumultueux, et fit irruption dans les vallées en pente, rou-
lant
dans ses ondes les troupeaux et la parure d'une moisson jau-
nissante.
Les maisons des hommes ont péri, les champs s'étendent
au loin déserts. La Nymphe a quitté sa vallée,
les chœurs des Faunes se sont arrêtés : tous contemplaient
le fleuve en furie. Hercule, entendant leurs plaintes,
fut pris de compassion : il tente de maîtriser la fureur
du fleuve, jette dans les flots grossis son corps
gigantesque, chasse de ses bras vigoureux les eaux qui
écument
et les fait rentrer, domptées, dans leur lit.
Du fleuve subjugué l'onde en courroux murmure.
Aussitôt le dieu du fleuve revêt la forme d'un serpent :
il siffle, grince et replie son dos bleuâtre,
et bat les rives tremblantes de sa queue furieuse.
Hercule se jette alors sur lui; de ses bras robustes
il lui entoure le cou et le serre; et, malgré sa résistance,
il le brise; puis, sur son dos épuisé faisant tournoyer un
tronc d'arbre,
il l'en frappe, et l'étend moribond sur le sable noir.

Et il se dresse, farouche : « Tu oses défier les bras
d'Hercule, imprudent! frémit-il. Mes mains se sont faites à
    ces jeux,
alors qu'enfant encore, j'occupais mon premier berceau;
elles ont vaincu, ne le sais-tu pas? les deux dragons!... »

La honte stimule le dieu du fleuve, et la gloire
de son nom ruinée, en son cœur opprimé par la douleur,
regimbe. Ses yeux farouches brûlent d'un feu ardent;
son front armé de cornes se dresse terrible et frappe les vents.
Il mugit, et l'air frémit de ses affreux mugissements.
Mais le fils d'Alcmène se rit de ce combat furieux...
Il vole, le saisit et l'ébranle, et renverse à terre
son corps convulsé : il presse du genou son cou qui craque;
et, serrant d'une étreinte vigoureuse sa gorge haletante,
il la brise et la comprime de toutes ses forces, jusqu'à ce
    qu'il râle.
Alors sur le monstre expiré Hercule, superbe,
arrache du front sanglant une corne, insigne de sa victoire.
Alors les Faunes et les chœurs de Dryades et les Nymphes
    sœurs,
dont le vainqueur avait vengé les richesses et les retraites
natales, s'approchent du héros couché à l'ombre d'un chêne
et repassant dans son esprit joyeux ses anciens triomphes.
Leur troupe allègre l'entoure : ils coiffent son front
d'une couronne de fleurs et l'ornent de guirlandes de ver-
    dure.
Tous alors saisissent d'une seule main la corne
qui gisait à terre près de lui, et remplissent ce trophée
sanglant de fruits plantureux et de fleurs odorantes.

Page 183.

1. Ce *Satus Alcmena* adapte un tour que Rimbaud avait
lu dans Virgile, *Tum satus Anchisa* (*L'Énéide*, ch. V, v. 244).

Page 184.

Nascitur Arabiis...

JUGURTHA

Cette composition de vers latins a été retrouvée dans le
Bulletin, fascicule du 15 novembre 1869.
Elle fut écrite le 2 juillet 1869. L'épreuve dura six heures.
Elle valut à Rimbaud le premier prix de vers latins au concours
de Vers latins de l'Académie de Douai en 1869.
À la fin se trouve la mention : *Professeur M. Duprez.*
Le sujet donné était le suivant :

Classe de seconde. Concours académique de 1869. — Vers
latins.

Matière : *Jugurtha.*

Aucun autre mot que *Jugurtha* n'était proposé aux candi-
dats. Le début du poème latin de Rimbaud est clair. Le petit-
fils de Jugurtha qui vient de naître dans les montagnes
d'Arabie, c'est Abd el-Kader.

Traduction de J. Mouquet :

Il est né dans les montagnes arabes un enfant, qui est
    grand ;
et la brise légère a dit : « Celui-là est le petit-fils de Jugur-
    tha !... »

Il y avait peu de temps qu'était monté au ciel
celui qui bientôt pour la nation et la patrie arabe devait être
le grand Jugurtha, quand son ombre apparut à ses parents
émerveillés au-dessus d'un enfant, — l'ombre du grand
    Jugurtha ! —
et raconta sa vie et proféra cet oracle :
« Ô ma patrie ! ô ma terre défendue par mes exploits !... »
Et sa voix, interrompue par le zéphyr, se tut un moment...
« Rome, jadis impure tanière de nombreux bandits,
avait rompu ses murs étroits et, répandue tout à l'entour,
s'était annexé, la scélérate ! les contrées voisines.
Puis elle avait embrassé dans ses bras robustes l'univers,
et l'avait fait sien. Beaucoup de nations refusèrent
de briser le joug fatal : celles qui prirent les armes
répandaient leur sang à l'envi, sans succès,
pour la liberté de leur patrie : Rome, plus grande que l'obs-
    tacle,
brisait les peuples, quand elle n'avait pas fait alliance avec
    les cités... »

Il est né dans les montagnes arabes un enfant, qui est
    grand ;
et la brise légère a dit : « Celui-là est le petit-fils de Jugur-
    tha !... »

« Moi-même, longtemps, j'avais cru que ce peuple nourrissait
    des sentiments
magnanimes ; mais quand, devenu homme, il me fut permis
de voir cette nation de plus près, une large blessure se révéla
à sa vaste poitrine !... — Un poison funeste s'était insinué
dans ses membres : la fatale soif de l'or !... Tout entière sous
    les armes,
c'est ainsi qu'elle m'était apparue... — Cette ville prostituée
    régnait sur toute la terre !
C'est moi qui ai décidé de me mesurer avec cette reine,
    Rome !

J'ai regardé avec mépris le peuple à qui obéit l'univers!... »

Il est né dans les montagnes arabes un enfant, qui est
   grand;
et la brise légère a dit : « Celui-là est le petit-fils de Jugur-
   tha!... »

« Car lorsque Rome eut entrepris de s'immiscer
dans les conseils de Jugurtha pour s'emparer
peu à peu par ruse de ma patrie, j'aperçus, en pleine conscience,
les chaînes menaçantes, et je résolus de résister à Rome :
je connus les profondes douleurs d'un cœur angoissé!
Ô peuple sublime! mes guerriers! ma sainte populace!
Cette nation, la reine superbe et l'honneur de l'univers,
cette nation s'effondra, — s'effondra, soûlée par mes présents.
Oh! comme nous avons ri, nous, Numides, de cette ville de
   Rome!
Ce barbare de Jugurtha volait dans toutes les bouches :
Il n'y avait personne qui pût s'opposer aux Numides!...

Il est né dans les montagnes arabes un enfant, qui est
   grand;
et la brise légère a dit : « Celui-là est le petit-fils de Jugur-
   tha!... »

« C'est moi — un Numide! — qui, convoqué, ai eu la har-
   diesse de pénétrer en territoire
romain et jusque dans cette ville de Rome! À son front
   superbe
j'ai appliqué un soufflet, j'ai méprisé ses troupes mercenaires.
— Ce peuple, enfin, s'est levé pour prendre ses armes, long-
   temps en oubli.
Je n'ai pas déposé le glaive. Je n'avais nul espoir
de triompher; mais du moins j'ai pu rivaliser avec Rome!
J'ai opposé des rivières, j'ai opposé des rochers aux bataillons
romains : tantôt ils luttent sur les plages de Libye,
tantôt ils emportent des redoutes perchées au sommet des
   collines.
Souvent ils teignent de leur sang versé les campagnes de
   mon pays;
et ils restent confondus devant la ténacité inaccoutumée de
   cet ennemi... »

Il est né dans les montagnes arabes un enfant, qui est
   grand;
et la brise légère a dit : « Celui-là est le petit-fils de Jugur-
   tha!... »

« Peut-être aurais-je fini par vaincre les cohortes ennemies...
Mais la perfidie de Bocchus... À quoi bon en rappeler davan-
   tage?

Content, j'ai quitté ma patrie et les honneurs royaux,
content d'avoir appliqué à Rome le soufflet du rebelle.

Mais voici un nouveau vainqueur du chef des Arabes,
la France!... Toi, mon fils, si tu fléchis les destins rigoureux,
tu seras le vengeur de la Patrie! Peuplades soumises, aux
    armes!
Qu'en vos cœurs domptés revive l'antique courage!
Brandissez de nouveau vos épées! Et, vous souvenant de
    Jugurtha,
repoussez les vainqueurs! Versez votre sang pour la patrie!
Oh! que les lions arabes se lèvent pour la guerre
et déchirent de leurs dents vengeresses les bataillons ennemis!
Et toi, grandis, enfant! Que la Fortune favorise tes efforts!
Et que le Français ne déshonore plus nos rivages arabes!... »

— Et l'enfant en riant jouait avec un sabre recourbé...

II

Napoléon!... Oh! Napoléon!... Ce nouveau Jugurtha
est vaincu!... Il croupit, enchaîné, dans une indigne prison!
Voici que Jugurtha se dresse à nouveau dans l'ombre devant
    le guerrier
et d'une bouche apaisée lui murmure ces paroles :
« Rends-toi, mon fils, au Dieu nouveau! Abandonne tes
    griefs!
Voici surgir un meilleur âge... La France va briser
tes chaînes... Et tu verras le pays arabe, sous la domination
    française,
prospère!... Tu accepteras le traité d'une nation généreuse,
grand aussitôt par un vaste pays, prêtre
de la Justice et de la Foi jurée... Aime ton aïeul Jugurtha
de tout ton cœur... Et souviens-toi toujours de son sort!

III

Car c'est le Génie des rivages arabes qui t'apparaît!... »

    1. On reconnaît les mots de Virgile : *Auri sacra fames...*,
Énéide, 3, v. 57.

Page 186.

Tempus erat...

Jésus à Nazareth

Ces vers latins figurent dans le *Bulletin*, fascicule du
15 avril 1870, en même temps que le *Combat d'Hercule et
d'Achéloüs* et que l'*Invocation à Vénus*.
Le sujet de composition était le suivant :

Classe de Rhétorique. — Vers latins. — Matière :

En ce temps-là, Jésus demeurait au village :
Il croissait en douceur comme il croissait en âge.
Or, un jour, de sa couche il sortit en secret
Dès que l'aube rougit les toits de Nazareth.
Il voulait que Joseph commençant la journée
Trouvât à son réveil son œuvre terminée,
Et penché sur son œuvre, une scie à la main,
Il travaillait en paix le cèdre et le sapin.
Le soleil sur les monts commençait à paraître.
Un beau rayon d'argent glissait par la fenêtre,
Et, menant leurs troupeaux les bergers en passant
Disaient par le chemin : « Quel est donc cet enfant ?
La force est dans son bras, la grâce en son visage.
Comme un vieux charpentier il connaît son ouvrage.
Dirait-on pas Hiram au temple de Sion
Travaillant sous les yeux du bon roi Salomon ?
Pourtant son jeune corps est souple comme un saule,
Et sa hache debout lui viendrait à l'épaule ! »

Or Marie à la porte approchait pas à pas,
Et le céleste enfant ne l'apercevait pas.
Calme, un doigt sur la bouche et respirant à peine,
Elle admirait de loin, souriante, sereine,
L'embrassant tout entier de regards attendris,
Et pleurant d'allégresse et fière d'un tel fils.
Mais voilà que la scie en se brisant déchire
Les doigts ; un cri léger sur ses lèvres expire,
Le sang coule vermeil sur sa robe de lin ;
Et lui, voyant sa mère, il veut cacher sa main.
Mais la Vierge déjà de ses lèvres arrose,
À genoux devant lui, cette main longue et rose :
De son voile de neige elle étanche le sang.
Il est blessé, mon Dieu ! dit-elle en gémissant.
Lors Jésus, calme et doux : « Vous pleurez avant l'heure,
Mère, pour un outil dont le tranchant m'effleure.
Pourquoi vous mettre en peine et pourquoi soupirer !
Le temps n'est pas encore où vous devez pleurer. »
Il se remet à l'œuvre, et, pensive, la mère
Incline sans parler son doux front vers la terre ;
Puis levant sur Jésus un regard attristé :
« J'obéirai, Seigneur, à votre volonté ! »

À la fin des vers de Rimbaud figure cette mention : *Certifié conforme.* Le professeur, G. Izambard.

Traduction de J. Mouquet :

En ce temps-là, Jésus habitait Nazareth.
L'enfant croissait en vertu, comme il croissait en âge.

Un matin, quand les toits du village se mirent à rosir,
il sortit de son lit alors que tout était en proie au sommeil,
pour que Joseph, en se levant, trouvât le travail terminé.
Déjà, penché sur l'ouvrage commencé, et le visage serein,
poussant et retirant une grande scie,
il coupait maintes planches de son bras d'enfant.
Au loin apparaissait le soleil brillant, sur les hautes montagnes,
et son rayon d'argent entrait par les humbles fenêtres...
Voici que les bouviers mènent aux pâturages leurs trou-
    peaux;
ils admirent à l'envi, en passant, le jeune ouvrier
et les bruits du travail matinal.
« Qui est cet enfant? disent-ils. Son visage montre
une beauté mêlée de gravité; la force jaillit de son bras.
Ce jeune ouvrier travaille le cèdre avec art, comme un
    ouvrier consommé;
et jadis Hiram ne travaillait pas avec plus d'ardeur
quand, en présence de Salomon, il coupait de ses mains
    habiles et robustes
les grands cèdres et les poutres du temple.
Pourtant le corps de cet enfant se courbe plus souple
qu'un frêle roseau; et sa hache, droite, atteindrait son
    épaule. »

Or, sa mère, entendant grincer la lame de la scie,
avait quitté son lit, et, entrant doucement, en silence,
elle aperçoit, inquiète, l'enfant peinant dur
et manœuvrant de grandes planches... Les lèvres serrées,
elle regardait; et, tandis qu'elle l'embrasse d'un regard
tranquille, des paroles inarticulées tremblaient sur ses lèvres.
Le rire brillait dans ses larmes... Mais tout à coup la scie
se brise et blesse les doigts de l'enfant qui ne s'y attendait
pas.
Sa robe blanche est tachée d'un sang pourpre,
un léger cri sort de sa bouche... Apercevant soudain
sa mère, il cache ses doigts rougis sous son vêtement;
et, faisant semblant de sourire, il lui dit : « Bonjour, mère! »
Mais celle-ci, se jetant aux genoux de son fils, caressait,
hélas! ses doigts de ses doigts et baisait ses tendres mains
en gémissant fort et baignant son visage de grosses larmes.
Mais l'enfant, sans s'émouvoir : « Pourquoi pleures-tu,
    mère qui ne sais pas?...
Parce que le bout de la scie tranchante a effleuré mon
    doigt!
Le temps n'est pas encore venu où il convienne que tu
    pleures! »

Il reprit alors son ouvrage commencé; et sa mère en silence
et toute pâle, tourne son blanc visage à terre,

réfléchissant beaucoup, et, de nouveau portant sur son
fils
ses yeux tristes : « Grand Dieu, que ta sainte volonté soit
faite ! »

Au mois de juin 1870, Rimbaud participa au concours
académique en vers latins. Le sujet donné fut *Pansa (Sancho)
asellum mortuum lacrymis prosequitur laudibusque gratis.*
Les événements de juillet 1870 expliquent que sa compo-
sition n'ait pas été publiée.

Page 188.

Discours latin

PAROLES D'APOLLONIUS SUR MARCUS CICÉRON

Ce discours latin figure dans le Bulletin de l'Académie
de Douai du 15 avril 1870. Il avait été jusqu'ici négligé par
les éditeurs. Le sujet donné était le suivant :

Matière : *Verba Apollonii Graeci de M. Cicerone.*

1° *Ordietur laudando Ciceronis orationem, qui, licet in aliena
lingua, et pro vana re disserens, mirè locutus est.*
2° *Se gloriari, quod talis orator e schola sua evadat : discipuli
autem illum laudent imitenturque, quocum studium gloriosum erit.*
3° *Sed in tanta lætitia jam nescio quis mæror subit. Cicero Roma-
nus est; Græcia Romanorum armis jam victa est; mox etiam litteris
vincetur; ut Romani quondam opes, sic gloriam eripient. Nobis
ipsis victores instituentibus, si dii jusserunt, jam de Græcis lit-
teris actum erit.*
4° *Non aliter accidere potuisset; sine libertate eloquentia non
floret, imô perit. Olim Roma quoque Tullium desiderabit.*
5° *Tamen hoc vos a studiis ne deterreat. Si nobis non gloriæ,
tamen litterarum solatium est*[1].

Traduction : Paroles du Grec Apollonius sur M. Cicéron.

1° Apollonius commencera par louer le discours de Cicé-
ron, qui, bien qu'en langue étrangère et sur un sujet non réel,
a parlé de façon admirable.
2° Il est fier qu'un tel orateur soit sorti de son école.
Quant à ses élèves, qu'ils louent Cicéron et qu'ils imitent
un homme avec lequel il sera glorieux de rivaliser.
3° Mais dans une si grande joie se glisse je ne sais quelle
tristesse. Cicéron est un Romain. Déjà la Grèce a été vaincue
par les armes romaines. Bientôt elle le sera aussi dans le

---

1. *On observe dans le texte latin plusieurs lapsus. On les a ici corrigés.*

domaine des belles-lettres. Les Romains nous ont pris nos richesses : ils nous prendront notre gloire. Puisque nous nous faisons les éducateurs de nos vainqueurs, bientôt c'en sera fait des lettres grecques, si du moins les dieux le permettent.

4° Il ne pouvait en être autrement. Sans liberté, l'éloquence ne fleurit pas, elle meurt. Un jour Rome aussi regrettera Cicéron.

5° Mais que cette considération ne vous détourne pas de vos études. Si nous n'avons plus la consolation de la gloire, la consolation des belles-lettres nous demeure.

Traduction du discours latin.

Vous venez d'entendre le discours de Cicéron. Il l'a fait de telle manière que s'exprimant en grec il semble pleinement grec ; que traitant un sujet inventé, il semble vrai ; que dans un travail d'école il n'est aucunement un écolier. Quelle intelligence dans l'argumentation ! quelle pénétration et quel jugement dans l'exposé des faits ! quelle vie, quel pathétique dans la péroraison ! Mais surtout, quel choix et quelle abondance dans l'expression ! Quel nombre dans la phrase ! Avec quelle noblesse les périodes se déroulent-elles ! Ce n'est pas en vain que la nature a voulu orner Cicéron de tous ses dons. Rome le réclame pour rappeler l'éloquence des Gracques et de Brutus. Des causes réelles le réclament pour dénoncer les voleurs et pour défendre la cause de l'innocence, peut-être aussi des belles-lettres. Courage donc, jeune homme. Aujourd'hui tu as parlé dans l'enceinte d'une école. Bientôt tu prononceras tes discours sur le Forum, et je suis sûr que tu n'obtiendras pas du peuple de plus grands applaudissements que les miens aujourd'hui. Car il m'est bien permis d'être fier qu'un tel orateur sorte de mon école. Ce sera mon plus beau titre de gloire de t'avoir formé dans la discipline des belles-lettres et d'avoir suivi de près les progrès de ton esprit. Quelle récompense plus grande et plus douce que d'être appelé le maître de Cicéron ? Peut-être que cette gloire me restera parmi nos descendants. Mais vous, mes élèves, je pense que vous êtes assez justes pour reconnaître la supériorité et les dons éminents de Cicéron. Donnez-lui donc les louanges que je lui donne. Et surtout imitez-le. Vous serez fiers un jour d'avoir étudié avec Cicéron.

Mais dans une si grande joie, un chagrin et un regret se glissent. Si je n'hésite pas à couvrir de louanges l'intelligence et l'éloquence de Marcus Tullius Cicéron, je ne puis oublier qu'il est Romain. Tu es Romain, toi qui l'emportes sur tous mes autres élèves ! C'est un Romain que j'ai instruit et formé ! Déjà la Grèce a été vaincue par les armes des Romains. Elle

pouvait jusqu'ici se consoler de la perte de sa liberté en songeant à sa culture. Elle pensait que si elle ne dominait pas le monde par les armes, elle le faisait du moins par les choses de l'étude. Romains, vous nous enviez cette dernière consolation. Vous voulez nous faire déchoir de la maîtrise des belles-lettres et prendre pour vous la seule chose qui vous manquait jusqu'ici. Quand ils eurent conquis Corinthe et les autres villes de la Grèce, les Romains emportèrent nos richesses, ils transportèrent à Rome les tableaux, l'or et l'argent. Ils en ornent maintenant leurs temples et leurs palais. Bientôt ils nous enlèveront aussi la gloire. Elle survivait à la prise de nos villes, intacte parmi l'effondrement de la patrie. Tandis que nous jugeons que nos écrivains ne peuvent même pas être imités, tandis que nous sommes persuadés que le siècle de Périclès sera unique, voici qu'une nouvelle époque commence à Rome, capable de donner des poètes après Sophocle et Euripide, des orateurs après Lysias et Isocrate, des philosophes après Platon et Xénophon, et plus grands, et pénétrés d'une plus haute sagesse. Il n'est pas douteux que déjà Rome triomphe de la littérature grecque. Déjà elle rivalise avec nous, elle qui peut opposer son Plaute à notre Aristophane, son Térence à notre Ménandre. Car ce Térence qui, je le vois, est déjà fort célèbre chez nous, et que l'on appelle un demi-Ménandre, serait placé au plus haut et ne serait pas inférieur aux Grecs s'il avait joint la force comique à l'élégance et à la pureté du style. Bien plus, les Latins créent des genres nouveaux. Ils affirment que la satire leur appartient tout entière. C'est Lucilius en effet qui le premier a enseigné l'art de châtier les mœurs de cette manière, et il n'est pas douteux que d'autres poètes reprennent bientôt ce genre et l'honorent. Que dirai-je des orateurs? N'avez-vous pas déjà entendu parler du génie et de l'éloquence des Gracques, de la verve de Brutus le fameux orateur? Et toi aussi, Marcus Tullius, ne rivalises-tu pas avec nos orateurs? Est-ce pour cela que nous recevons dans nos écoles de jeunes Romains, que nous les formons à l'étude et aux disciplines des belles-lettres, que nous les instruisons par l'exemple d'illustres orateurs? Si les dieux ont décidé que nous-mêmes nous formions nos vainqueurs, c'en sera fait de la littérature grecque. Pour les Romains, tout, en vue de cette lutte, est nouveau. Nous, nous sommes en décadence et simples gens d'école. Que louons-nous, qu'admirons-nous sinon les Anciens? Il n'y aura plus en Grèce d'orateurs et de poètes nouveaux. Rome abonde dès maintenant en écrivains nouveaux et éminents, au point que le génie grec semble déjà épuisé. Comment aurait-il pu en être autrement? De quoi me plaindre quand je prévois que vous serez vainqueurs? Pourquoi ne pas avouer plutôt que nous avons perdu l'éloquence

en même temps que notre liberté? L'éloquence a véritablement fleuri quand nous étions libres et dirigions nous-mêmes notre politique. Maintenant que la liberté est écrasée et foulée aux pieds, nous ne sommes que des instruments aux mains du proconsul qui nous est imposé. Périclès louait nos citoyens tombés pour la patrie. Louerions-nous ceux qui ont été emmenés pour servir l'empire romain et qui sont tombés, à son service, aux confins de la terre. Démosthène s'en prenait à Philippe en des discours violents et marquait d'infamie ceux qui trahissaient leur ville. Et nous attaquerions l'ennemi, nous qui lui avons livré notre patrie? L'éloquence a fleuri chez nous quand les lois étaient promulguées sur l'Agora, quand nos orateurs s'adressaient aux dieux de la patrie, au peuple, aux statues des grands hommes. Maintenant les lois nous sont imposées par le proconsul romain, et nous n'avons aucun moyen de résister. De même que la liberté, l'éloquence a péri sous les verges des licteurs. Tout ce que nous pouvons faire, c'est de nous attacher aux écrits des Anciens et de lire les discours qui furent prononcés sur la place publique. Ce n'est plus de nos propres affaires que nous parlons. Nous dissertons sur des questions vaines et abstraites, telles qu'elles ne soient pas capables d'inquiéter nos vainqueurs. Un jour, à Rome aussi, on regrettera Tullius. Ce sera quand les tyrans auront chassé l'éloquence du Forum et l'auront enfermée dans les écoles. L'éloquence est la voix de la liberté. Comment pourrait-elle supporter le joug des tyrans?

Que ces considérations, ô mes élèves, ne vous détournent pas de vos études. Puissé-je retrouver toujours semblables à eux-mêmes ceux que j'ai toujours connus si studieux. Certes il n'est pas pour nous de consolation pour la perte de notre gloire, nous qui avons perdu les images mêmes de nos grands hommes. Si nous rappelions le souvenir de ces temps anciens où nous possédions en abondance toutes sortes de biens et où ces cités, nos colonies, les répandaient sur le monde entier, ces temps où nous avions soumis l'Asie tout entière et presque toute l'Italie, quel sentiment pourrions-nous avoir que le regret, en nous souvenant de notre gloire et de notre prospérité, quel autre sentiment que la colère et la douleur quand nous considérons le destin qui attend notre Gaule. Puisque la loi inéluctable des dieux a décidé qu'elle soit maintenant vaincue et méprisée, comme le fut la Grèce, cette mère, cette nourrice de guerriers, chassons entièrement de notre mémoire l'idée de gloire. Il nous restera la consolation des belles-lettres, l'étude de la pensée, car c'est une joie qui nous reste dans la douleur et je ne sais quelle ombre de liberté dans la servitude. Nous porterons nos yeux de notre humiliation actuelle sur cette noblesse des écrivains anciens.

À l'écart, parmi leurs livres, nous jouirons de la douce conversation d'Homère et de Platon. Non plus sur les affaires publiques, qui ne nous concernent plus, mais sur la poésie, sur les dieux immortels, sur tous les sujets dont ces grands hommes ont si bien parlé. Et toi aussi, Tullius, que j'ai trouvé doué d'un esprit si brillant, lorsque tu rentreras dans ton pays et aborderas la tribune, tu ne tromperas pas, s'il plaît aux dieux, mon espoir. Parmi les applaudissements du peuple, n'oublie pas ton maître Apollonius, qui t'a formé dans l'étude des belles-lettres. Et sois bien persuadé que ces applaudissements ne te donneront pas plus de joie et de fierté qu'ils ne m'en donneront à moi-même.

Dans ce long discours, on relèvera l'éloge de la liberté, sans laquelle les belles-lettres ne peuvent donner de chefs-d'œuvre. On notera aussi les quelques lignes où Rimbaud intervient et ne prend plus la peine de se cacher derrière le personnage d'Apollonius. Il parle de « notre Gaule » et des destins qui l'attendent. Plusieurs explications sont possibles de cette phrase étonnante.

Page 191.

UN CŒUR SOUS UNE SOUTANE

Le manuscrit d'*Un cœur sous une soutane* a d'abord appartenu à Izambard. Il ne crut pas utile de le publier. Verlaine, qui le connaissait, ne le publia pas davantage. Paterne Berrichon, semble-t-il, ignora longtemps son existence.

En 1912, un bibliophile, Henry Saffrey, se trouvait en possession de l'autographe. Il le fit savoir à Berrichon et autorisa celui-ci à en prendre copie. Mais Berrichon, pas plus que naguère Izambard ni Verlaine, ne jugea bon de faire connaître cet écrit scandaleux.

C'est seulement en 1924 que Breton et Aragon, ayant eu l'autorisation de prendre une copie du texte de Berrichon, le firent paraître chez l'éditeur Ronald Davis. Enfin Jules Mouquet obtint la faveur d'examiner le texte original chez Alfred Saffrey, fils d'Henry Saffrey. Il a utilisé son travail dans l'édition de la Pléiade. Il a rectifié plusieurs mauvaises lectures de Berrichon et relevé des corrections que Rimbaud avait apportées à son propre texte.

Un cœur sous une soutane ayant appartenu à Izambard, on peut en conclure avec certitude qu'il fut écrit en 1870, et probablement avant le départ d'Izambard, quand il quitta Charleville, dès la fin des classes et sans attendre la distribution des prix.

Il serait peu sage de se scandaliser de cette œuvre de Rimbaud. Ce n'est visiblement qu'une plaisanterie. Elle

marque à coup sûr chez son auteur peu de respect pour le clergé. Mais nous savions que le respect n'était pas son fort.

Nous donnons ci-dessous les ratures de l'autographe. Les mots effacés par Rimbaud sont en italique.

Page 192.

   a. ses pantoufles *frileuses*

   b. Première rédaction : ma jeune *aile* a pu palpiter

Page 195.

   a. nous sommes deux heures, *cet après-midi là;*

Page 196.

   a. devant la *splendeur*

Page 201.

   a. continuèrent *le jeu*

Page 202.

   a. un sourire affreux *sortait de* ses lèvres

   b. dit la sacristaine

Page 206.

LES STUPRA

La mention la plus ancienne de ces trois sonnets se lit dans une lettre de Delahaye à Verlaine dans les dernières semaines de 1875. « Si tu veux, lui écrit-il, je t'enverrai les trois sonnets obscènes dont je t'ai parlé. » En fait, il ne les envoya pas. Mais en 1883, lorsque Verlaine entreprit son étude sur Rimbaud pour *Les Poètes maudits*, il pria Delahaye de lui faire parvenir les trois sonnets. Delahaye les envoya dans une lettre du 14 octobre 1883. Les trois sonnets se trouvaient copiés dans l'ordre suivant : *Nos fesses..., Obscur et froncé..., Les anciens animaux...* Il ressort du texte de la lettre que Delahaye avait dû recourir à sa mémoire pour reconstituer le texte. Dans le sonnet *Obscur et froncé...,* il laissait quelques lacunes, et Verlaine dut rétablir certains mots du troisième vers et reconstituer le septième.

Les trois sonnets demeurèrent longtemps inédits. Verlaine fit don à Vanier de la lettre de Delahaye, mais Vanier ne jugea pas utile de la publier avec les sonnets qu'elle contenait. Son successeur, Messein, les révéla au public en 1923. Dans le même temps, il les avait montrés à Breton et à Aragon, et ceux-ci les publièrent dans leur revue *Littérature*.

Le sonnet *Obscur et froncé...* a été depuis lors retrouvé dans l'*Album zutique*. Il porte dans ce recueil le titre de *Sonnet du Trou du Cul*. Il figure également dans *Hombres,* le recueil de pièces sodomitiques de Verlaine. Il est indiqué dans ce volume que les quatrains sont l'œuvre de Verlaine, et les tercets de la main de Rimbaud. Nous apprenons aussi que ce sonnet est une parodie d'Albert Mérat. Celui-ci avait publié toute une série de sonnets sur les beautés d'une dame.

Texte adopté : celui de la lettre de Delahaye à Verlaine.

Page 207.

Obscur et froncé

Nous donnons ci-dessous les variantes de l'Album zutique *(Z)* et de Hombres *(H)*.

a. Sonnet du Trou du Cul   *titre dans Z*
b. qui suit la fuite douce   *Z*   : qui suit la pente douce   *H*
c. jusqu'au cœur de son ourlet.   *Z*
d. sous le vent cruel   *Z*
e. pour s'en aller perdre   *H*
f. Ma bouche s'accoupla   *H*
g. C'est le tube où descend   *Z et H*

Page 208.

ALBUM ZUTIQUE

L'*Album zutique* est un album manuscrit sur lequel les poètes amis de Verlaine et que Rimbaud fréquenta à la fin de 1871 écrivaient des fantaisies rimées. Ce recueil a été longtemps ignoré. Son existence ne fut révélée qu'en 1936 par un catalogue d'autographes de la maison Blaizot. Il avait appartenu d'abord à Charles Cros. Celui-ci en fit cadeau à Coquelin Cadet. Il passa ensuite entre plusieurs mains jusqu'au jour où il devint la propriété de M. Blaizot. Il fut acquis quelques années plus tard par M. Latécoère, constructeur d'avions et bibliophile. Des érudits peu nombreux eurent, pendant ce temps, accès à l'*Album zutique*. En 1942, M. Pascal Pia publia dans *L'Arbalète* de Lyon six pièces de Rimbaud tirées de l'*Album*. Puis, en 1943, il fit paraître une plaquette de luxe intitulée *Arthur Rimbaud, Poésies,* qui contenait ces six pièces et y ajoutait huit autres pièces inédites. En 1946, M. Jules Mouquet put consulter l'*Album zutique* et en fit connaître deux pièces encore inconnues [1].

---

1. En 1961, MM. Matarasso et Petitfils en publièrent cinq autres dans un très précieux article du *Mercure de France*.

Enfin, M. Pascal Pia a publié, en 1962, au Cercle du livre précieux, une édition en deux volumes de l'*Album zutique*. Le premier volume est constitué par la reproduction du précieux manuscrit en phototypie. La collection de la Pléiade fut la première à donner, dans une édition générale des *Œuvres* de Rimbaud le texte intégral de sa contribution à l'*Album zutique*.

À l'*Album zutique* avaient contribué les différents poètes du groupe. On y relève douze pièces de Verlaine, vingt-quatre de Léon Valade, d'autres encore de Cabaner, de Carjat, de Richepin, d'autres plus obscurs. Ce sont souvent des parodies de quelque poète ou rimeur notoire, de Banville par exemple, ou de Coppée, de Léon Dierx, de Louis-Xavier de Ricard. Les collaborateurs s'y moquaient volontiers des Parnassiens, mais ils s'y moquaient aussi d'eux-mêmes, et Rimbaud s'amusait à parodier Verlaine. Chacun écrivait de sa main les vers qu'il venait de composer. Il mettait en bas de la pièce, en toutes lettres, le nom du poète parodié, comme s'il en était l'auteur. Au-dessous, il mettait ses propres initiales. C'est ainsi que nous savons de façon sûre les pièces de l'*Album zutique* qui sont l'œuvre de Rimbaud.

Les poètes qui collaborèrent à l'*Album zutique* ne formaient pas, au témoignage de Delahaye, une société régulièrement constituée. C'étaient de simples rencontres. Des écrivains, des artistes avaient loué une pièce au troisième étage de l'Hôtel des Étrangers, au coin du Boulevard Saint-Michel et de la rue Racine. Le musicien Cabaner assurait le bon entretien de la salle, et parce qu'on y avait installé une cantine, il avait la charge d'acheter les liqueurs et, au besoin, de rincer les verres. Rimbaud l'aidait dans sa tâche.

Ce petit groupe qui refusait toute forme organisée, avait pourtant, semble-t-il, un animateur. C'était le Dr Antoine Cros, frère de Charles Cros, et c'est lui qui écrivit le titre *Album zutique* sur la première page de l'album. C'est lui également qui voulait que le cercle prît le nom de *Zutisme*. Mais il se heurta à des résistances.

Qu'il portât ou non cette appellation, le cercle de l'Hôtel des Étrangers ne se confondait certainement pas avec celui des Vilains Bonshommes. Celui-ci avait existé avant 1870, et nous savons que Blémont et Valade en faisaient partie. Ces Vilains Bonshommes avaient eu, déjà, leur album, où ils mettaient, selon la formule de Verlaine, de « bonnes blagues ». Mais cet album, en juillet 1871, n'existait plus. Il avait été probablement brûlé.

Quatre pièces de l'*Album zutique* portent des dates qui s'échelonnent du 22 octobre au 9 novembre 1871. On en a conclu que le *Cercle zutique* n'avait duré que peu de temps, dans les derniers mois de cette année-là. Mais

M. Pascal Pia a fait observer, en sens contraire, qu'un faux Coppée, de Raoul Ponchon, ne pouvait être antérieur à septembre 1872. Une autre pièce date nécessairement de décembre 1872. Ces précisions de date n'importent d'ailleurs pas dans une édition de Rimbaud, puisque celui-ci n'a pu de toute façon collaborer à l'*Album zutique* après les dernières semaines de 1871.

Outre les pièces reproduites dans la présente édition, Rimbaud en avait mis deux dans l'*Album zutique* dont nous n'avons plus que des vers très mutilés parce que le folio 13 où elles se trouvaient a été en grande partie arraché. Voici ce qui en subsiste :

Recto :

> Mais enfin, c
> Qu'ayant
> Je puisse,
> Et du mon
> Rêver la sé
> Le tableau
> Des animau
> Et, loin de
> L'élaborat
> D'un Choler

Verso :

BOUTS-RIMÉS

> lévitiques
> un fauve fessier,
> matiques,
> enou grossier,
>
> apoplectiques,
> nassier,
> mnastiques
> ux[1] membre d'acier.
>
> et peinte en bile,
> a Sébile
> in,
>
> n fruit d'Asie,
> Saisie,
> ve d'airain.

A. R.

---

1. Certains lisent *n* à la place de *ux*.

L'*Album zutique* contient une pièce qui n'est pas de Rimbaud, mais qui s'adresse à lui. Il a paru légitime de la publier ici. Elle est l'œuvre d'Émile Cabaner.

I

À Paris, que fais-tu, poète,
De Charleville-s-arrivé?
Pars, le génie ici végète,
Mourant de faim sur le pavé.
Va, retourne auprès de ta mère
Qui prit soin de tes premiers ans...

Enfant, que fais-tu sur la terre?
— J'attends, j'attends, j'attends!...

II

Un jour, ton histoire est commune,
Fatigué du pays natal,
Tu partis, cherchant la fortune,
Poussé par ton destin fatal.
Ingrat, tu trouves que ta mère
Étouffait tes pensers naissants...

Enfant...

III

Criminels envers ton jeune âge,
Des amis, ayant lu tes vers,
Ensemble, ont payé ton voyage,
Complices de ton plan pervers.
Maudits soient, au nom de ta mère,
Ces Parnassiens imprudents!...

Enfant...

IV

Un homme, pourtant respectable,
Au lieu de te désapprouver,
T'a fait don d'un lit, d'une table,
De ce qu'il faut pour se laver.
Cependant, cet homme a sa mère
Comme toi, qu'il loue en ses chants...

Enfant...

V

Ah! lorsque la vieillesse arrive,
Guéri de son illusion,
Comme le marin vers la rive,

On se tourne vers la maison...
Elle est vide, la pauvre mère
Est déjà morte, il n'est plus temps!

Enfant...

VI

Mais, incurable est la folie
Qui hérisse tes blonds cheveux!
Vide, insensé, jusqu'à la lie,
Ta coupe, puisque tu le veux.
De chagrin fais mourir ta mère
Avant le terme de ses ans...

Enfant. . . . .

[VII]

C'était pour sonder ta nature,
Enfant, qu'ainsi je te parlais,
Mais je t'offrirais : nourriture,
Vêtements,... lit, si tu voulais.
Oui, je serais plus qu'une mère
Pour toi, car depuis bien longtemps,

Cherchant un ami sur la terre,
J'attends, j'attends, j'attends!...

E. C.

LYS

Album, folio 2, verso. — *L'Arbalète*, 1942.

Parodie d'Armand Silvestre, poète parnassien connu pour abuser du mot *lys* dans ses vers.

a. balançoirs *Album zutique* : balançoire *éd.*

1. *Clysopompe*, tube en caoutchouc terminé par une canule à lavements et actionné par une petite pompe.

LES LÈVRES CLOSES

Album, folio 3, recto. — *Poésies*, Lyon, 1943.

Allusion au titre du volume de Léon Dierx, *Les Lèvres closes*, paru en 1867. Parodie du poète parnassien Léon Dierx.

Page 209.

FÊTE GALANTE

Album, folio 3, recto. — *Poésies*, Lyon, 1943.

Parodie de quelques-unes des *Fêtes galantes* de Verlaine.

J'occupais un wagon

Album, folio 3, verso. — *L'Arbalète,* 1942.

Parodie de Coppée. On ne réussit pas à découvrir de façon certaine qui est ce rejeton royal. On a fait du moins une hypothèse séduisante. Il s'agirait de Napoléon III et de son incarcération au fort de Ham. Ce fort n'est pas vraiment près de Soissons. Mais sur une carte à grande échelle, on peut admettre qu'il n'en est pas trop loin.

Page 210.

Je préfère sans doute

Album, folio 3, verso. — *L'Arbalète,* 1942.

Autre parodie du réalisme de Coppée.

L'humanité chaussait

Album, folio 3, verso. — *L'Arbalète,* 1942.

Louis-Xavier de Ricard, avant d'être un des fondateurs du Parnasse, avait sacrifié à la poésie sociale et philosophique. Il avait beaucoup parlé de l'*humanité* et du *progrès*.

CONNERIES

Album, folio 6, verso. — *L'Arbalète,* 1942.

Ces trois pièces ne sont pas des parodies, mais des jeux de rimes et de mots.

Page 211.

II. PARIS

Rimbaud s'amuse à juxtaposer des noms que les Parisiens prononçaient alors souvent. Dans son énumération, on trouve des poètes, Catulle Mendès et Eugène Manuel, à côté d'un fabricant de chocolat (Menier), d'un fabricant de pianos (Wolff-Pleyel). L'Hérissé était marchand de chapeaux et de casquettes, 28 *bis,* boulevard de Sébastopol. Galopeau (et non pas Gallopeau) ne vendait pas des redingotes, comme le croyait Suzanne Bernard, mais était pédicure et manucure, 19, boulevard de Strasbourg. Rimbaud n'oublie pas Godillot et ses chaussures destinées à l'armée française. Il cite Jacob et Gambier, fabricants de pipes. Leperdriel était un pharmacien qui vendait des bas pour les varices, et des produits spéciaux pour vésicatoires et cautères.

Rimbaud s'amuse visiblement à certains rapprochements, et il lui paraît plaisant de placer l'assassin Troppmann entre Louis Veuillot et Émile Augier. Au vers précédent, Kinck

est le nom de la famille que Troppmann avait massacrée en septembre 1869.

Quelques noms semblent cités sans intention moqueuse : Bonbonnel, qui avait publié en 1860 le récit de ses chasses, André Gill, qui avait donné l'hospitalité à Rimbaud au début de 1871.

Guido Gonin (à supposer cette lecture exacte) est inconnu.

Dans *Panier/Des grâces,* ce Panier pourrait être un nom propre.

Enghiens chez soi fait allusion à la publicité d'une marque de bonbons qui permettait de faire *chez soi* une cure d'eau d'Enghien.

III. COCHER IVRE

Sonnet monosyllabique. Cette forme amusante avait été pratiquée à l'époque romantique par Rességuier et Amédée Pommier. Banville s'en était moqué. Charles Cros a écrit un sonnet monosyllabique, *Sur la femme.* L'*Album zutique* en contient plusieurs.

Page 212.

VIEUX DE LA VIEILLE

Album, folio 9, recto. — *L'Arbalète,* 1942.

Le Prince impérial, fils d'Eugénie, était né, pour être exact, non le 18, mais le 16 mars 1857.

ÉTAT DE SIÈGE ?

Album, folio 9, recto. — *Poésies,* 1943.

Le point d'interrogation attire discrètement notre attention sur le jeu de mots du titre : siège de Paris, siège (ou plus clairement le séant) du pauvre conducteur d'omnibus.

Page 213.

LE BALAI

Album, folio 9, verso. — *Bateau ivre,* n° 13, septembre 1954.
Dizain à la façon de Coppée.

a. Le Bateau ivre donne Tel qu'un *et non* Tel un

EXIL

Album, folio 12, recto. — Publié pour la première fois par MM. Petitfils et Matarasso dans l'article du *Mercure de France,* 12 mai 1961.

a. *Certains éditeurs ont lu* notre bile. *Nous suivons la leçon du Mercure de France :* votre bile.

L'ANGELOT MAUDIT

Album, folio 12, verso.

Parodie de Louis Ratisbonne, poète spiritualiste et religieux.

Page 214.

Les soirs d'été, sous l'œil

Album, folio 15, verso.

On notera cette évocation d'un soir d'été, ce kiosque, ces marronniers, et l'on se souviendra de *À la musique.* Ibled, marque de chocolat connue.

Aux livres de chevet

Album, folio 15, recto.

1. *Vert-vert* est le poème de Gresset (1734). Il eut jusqu'à une date récente une immense popularité.

Page 215.

1. Ce docteur Venetti est en fait Nicolas Venette, auteur, au xviie siècle, d'un traité *De la génération de l'homme ou Tableau de l'amour conjugal.*

HYPOTYPOSES SATURNIENNES, EX BELMONTET

Album, folio 23, recto.

Publié pour la première fois par MM. Matarasso et Petitfils dans l'article déjà cité du *Mercure de France,* 12 mai 1961. *Hypotyposes,* figure de rhétorique.

Louis Belmontet avait, en 1871, soixante-douze ans. C'était un survivant du groupe de *La Muse française,* où le romantisme monarchique et religieux s'était affirmé.

La note finale de Rimbaud semble signifier qu'à ses yeux l'École parnassienne n'avait fait que suivre l'ornière du pitoyable Belmontet.

LES REMEMBRANCES DU VIEILLARD IDIOT

Album, folio 25, recto.

Cette pièce traduit manifestement un parti pris d'obscénité

grossière, et il serait donc imprudent d'y voir une exacte confidence de Rimbaud sur ses premières années. Il n'en reste pas moins que certains traits s'accordent avec ce que nous savons de lui : les almanachs, les « lieux », les images pieuses.

Page 217.

RESSOUVENIR

Album, folio 25, verso.

Est-il besoin d'observer que Rimbaud, né en 1854, ne pouvait se souvenir de la naissance du Prince impérial en 1857. Dire avec un commentateur que Rimbaud « n'était pas à Paris » à cette époque est en vérité une étrange manière de dire.

    1. La Sainte espagnole désigne naturellement l'impératrice Eugénie.

L'Enfant qui ramassa

Il est de tradition de placer ici cette pièce. Mais il doit être bien entendu qu'elle ne figure pas dans l'*Album zutique.* Elle fut révélée par Félix Régamey dans son livre, *Verlaine dessinateur,* en 1896. Régamey d'ailleurs l'attribuait à Verlaine.
Le manuscrit autographe a figuré dans la vente de juin-juillet 1932 de la librairie Ronald Davis, catalogue n° 43.
L'Enfant qui ramassa les balles fait allusion aux ridicules récits de la presse officielle sur l'attitude héroïque du Prince impérial à la bataille de Sarrebrück.

Page 219.

PIÉCETTES

Oh! si les cloches

Cette piécette nous a été conservée par Delahaye. Il l'inséra dans un article qu'il donna à la *Revue d'Ardenne et d'Argonne* en 1907-1908. Rimbaud aurait écrit ce huitain au cours d'une promenade qu'ils faisaient tous deux dans la campagne de Charleville. Ils étaient montés dans un clocher dont la porte s'était trouvée ouverte. Delahaye à ce moment-là gémissait à la pensée d'une version latine qu'il avait à faire. Rimbaud s'amusa à maudire le principal du collège, M. Desdouets.

    1. *Jean Baudry* était le pseudonyme que Rimbaud avait adopté quand il envoyait quelque essai de sa plume au

Progrès des Ardennes. On est plus étonné du pseudonyme de Jean Balouche, car Delahaye nous a appris qu'il avait choisi pour lui-même celui de Charles Dhayle.

VERS POUR LES LIEUX

Ces deux quatrains se lisent, de la main de Verlaine, au dos d'une lettre que Delahaye lui avait envoyée le 14 octobre 1883 pour lui communiquer le texte des *Stupra*. Cette lettre est entrée dans la collection de M. Matarasso. M. Pierre Petitfils a publié les deux quatrains dans le *Bateau ivre* de mars 1951.

2. Troppmann (*et non* Tropmann, comme l'écrit Rimbaud) avait assassiné en septembre 1869 les huit membres de la famille Kinck. Henri Kinck, que nomme Rimbaud, était l'un des six enfants de la famille Kinck. Il avait dix ans.

3. On ne fera pas aux lecteurs l'affront de rappeler que Badingue était le surnom de Napoléon III, et qu'Henri V était le comte de Chambord, prétendant au trône de France.

4. Le jeu de mots sur les deux sens de *siège* se retrouve dans *État de siège*.

Page 220.

BRIBES

Au pied des sombres murs

Delahaye a raconté que Rimbaud lui faisait l'honneur, au collège, de lui lire ses vers. Il les avait tous oubliés, à l'exception de celui-ci. À s'en tenir au récit confus de Delahaye, il semble que ce vers appartenait à une satire, que Rimbaud en avait écrit plusieurs, « imitées du *Lutrin* », ajoute naïvement Delahaye (*Revue d'Ardenne et d'Argonne*, mars-avril 1907).

Derrière tressautait

C'est encore Delahaye qui nous a conservé ces deux vers. Il s'agirait d'un nouveau concierge du collège de Charleville, « que l'on ne voyait guère sans une fleur à la bouche » (*Souvenirs familiers,* p. 28).

Brune, elle avait seize ans

Ces deux vers sont les seuls dont Delahaye se souvînt parmi ceux d'un poème de vingt ou trente vers que Rimbaud lui lut en avril ou en mai 1871. Il s'agissait, dit-il, d'un « petit roman simple et très condensé ». Delahaye n'en avait

conservé dans sa mémoire que le premier et le dernier
(*Rimbaud, l'artiste et l'être moral*, p. 36).

[LA PLAINTE DU VIEILLARD MONARCHISTE]

Au dire de Delahaye, Rimbaud envoya la pièce de vers
dont ce fragment faisait partie, à Henri Perrin, rédacteur en
chef du *Nord-Est*, journal républicain de Charleville. Le
Nord-Est ayant commencé à paraître le 1ᵉʳ juillet 1871, cette
pièce est nécessairement postérieure à cette date.

Rimbaud devait espérer que cette satire des monarchistes
serait acceptée dans un journal républicain. Ses vers pourtant
ne parurent pas, et c'est Delahaye qui nous les a conservés
(*Souvenirs familiers*, p. 122 sq.).

Page 221.

[LA PLAINTE DES ÉPICIERS]

Pièce également destinée, dans l'esprit de Rimbaud, à
paraître dans *Le Nord-Est*. Les épiciers monarchistes s'ef-
frayaient de l'audace de ce journal républicain et de son
rédacteur en chef, M. Perrin. Ils voyaient en celui-ci un chef
de brigands, pénétrant de force dans leurs magasins et
commandant le pillage.

Sont-ce

Un ami de jeunesse de Rimbaud, Paul Labarrière, avait
reçu de lui un cahier de poésies. Il le perdit vers 1885,
mais il en conservait des souvenirs qu'il confia à Jules
Mouquet, et celui-ci les a fait connaître dans un article du
Mercure de France, 15 mai 1933. Ce sont les quatre textes
suivants : Sont-ce..., Parmi les ors..., Oh! les vignettes
pérennelles! Et le poëte soûl engueulait l'Univers.

Page 222.

Oh! les vignettes pérennelles!

Paul Labarrière se souvenait d'une poésie « où il était
question d'oies et de canards barbotant dans une mare ».
Le vers que nous donnons ici marquait le début du poème.
D'autre part, Rimbaud, envoyant à Paul Demeny quelques
triolets dans une lettre du 10 juin 1871 (p. 255), ajoute
qu'ils iront

> « Où les vignettes pérennelles,
> « Où les doux vers! »

Et le poëte soûl

Dans le cahier donné à Paul Labarrière, « la dernière pièce, plus longue que les autres, — quarante à cinquante vers — occupait une page et demie : c'était la description du bord d'une rivière ». Elle se terminait par ce vers.

Il est possible — mais non pas évident — que Rimbaud joue sur deux sens du mot univers et fasse allusion au café de l'Univers à Charleville. Dans une lettre à Delahaye, en juin 1872, il écrit : « Ce qu'il y a de certain, c'est : Merde à Perrin! et au comptoir de l'Univers, qu'il soit en face du square ou non! — Je ne maudis pas l'Univers pourtant. »

Il pleut doucement

Ce vers est cité par Verlaine en épigraphe de la troisième des « Ariettes oubliées » des *Romances sans paroles*. Verlaine y a mis le nom de Rimbaud.

Prends-y garde

Écrit de la main de Rimbaud au dos de l'autographe de *Patience*, premier état de *Bannière de mai*.

Quand s'arrêta

P. Arnoult rapporte dans son *Rimbaud*, 1943, que Jean Richepin, en 1924, lui lut un feuillet jauni qui contenait un texte authentique de Rimbaud. Il se souvient des phrases qu'il reproduit. *Bateau ivre,* septembre 1965, a signalé ce texte, et donné des raisons sérieuses en faveur de son authenticité.

ŒUVRES ATTRIBUÉES

Page 227.

LETTRE DU BARON DE PETDECHÈVRE

Les éditions de Rimbaud contiennent depuis une vingtaine d'années une *Lettre du baron de Petdechèvre,* comme si son authenticité était établie. La question se présente de la manière suivante :

Jules Mouquet a trouvé cette lettre dans *Le Nord-Est,* journal républicain de Charleville. Elle figure dans le n° du 16 septembre 1871. Elle est signée Jean Marcel. Se fondant sur le fait que Rimbaud s'intéressait au *Nord-Est,* observant

qu'au cours de l'hiver précédent le jeune homme avait pris le pseudonyme de Jean Baudry dans sa correspondance avec *Le Progrès des Ardennes,* Jules Mouquet crut pouvoir assurer que cette *Lettre* était l'œuvre de Rimbaud. Il la publia en 1949 chez l'éditeur Pierre Cailler.

Malgré l'autorité de l'excellent érudit que fut Jules Mouquet, il est tout à fait impossible de le suivre dans son argumentation. La *Lettre* porte la date du 9 septembre 1871, et les événements politiques dont elle parle se situent en effet dans les jours qui précèdent immédiatement cette date. Il faudrait donc supposer que Rimbaud était au courant, dès avant le 9 septembre, du détail de la chronique politique de Versailles.

Il aurait su :

— que le 30 août, l'Assemblée avait voté la proposition Vitet, par laquelle elle se déclarait pouvoir constituant ;

— que le lendemain elle avait voté la proposition Rivet, qui donnait à Thiers le titre de président de la République ;

— que le 7 septembre le conseil de guerre avait condamné Cavalier, dit Pipe-en-bois, pour sa participation à la Commune ;

— que le 8 septembre, une majorité formée du centre et de la gauche avait rejeté la proposition Ravinel qui réclamait la translation des ministères à Versailles.

Il aurait même su des choses moins publiques. Il aurait su les fluctuations de Thiers et ses manœuvres entre les monarchistes et les républicains. Il aurait percé à jour les arrière-pensées des députés de la gauche, la faiblesse des vieux, les ambitions des jeunes, l'impuissance des braillards. Tout, dans cette lettre, trahit une connaissance intime et habituelle du monde politique : les pressions faites sur les conseils de guerre pour les pousser à la sévérité, l'attitude embarrassée de Gambetta, la déception de la droite devant l'échec de la proposition Ravinel. Comment croire que Rimbaud ait su tout cela sur le moment même, à Charleville ?

Car il était encore à Charleville. Nous ignorons quel jour précis du mois de septembre 1871 il partit pour Paris. Mais ce fut vers le 14 du mois. Il était encore à Charleville quand la *Lettre* fut rédigée.

On voudra bien admettre également qu'en ces journées où il se préparait à tenter la grande aventure, il avait d'autres préoccupations que de se tenir si parfaitement au courant des menus faits de la chronique politique à Versailles et à Paris.

Page 231.

POISON PERDU

États.

1. *Le Gauloïs,* 15 mars 1882.
2. *La Cravache parisienne,* 27 octobre 1888.
3. *Poésies complètes de J.-A. Rimbaud,* 1895.
4. Supplément littéraire du *Figaro,* 24 novembre 1923.
5. *Le Figaro littéraire,* 6 septembre 1970.

Texte reproduit : Le Figaro littéraire, 6 septembre 1970.

Le texte le plus anciennement publié de *Poison perdu* figure, anonyme d'ailleurs, au milieu d'une chronique du *Gaulois* signée Gardéniac. Ce Gardéniac est totalement inconnu, et l'on peut se demander s'il n'est pas un pseudonyme de Germain Nouveau. Cette chronique était restée ignorée jusqu'à une date récente. Elle a été révélée par F. R. Smith dans sa thèse, *The life and works of Germain Nouveau,* 1965. Voir à ce sujet *Lautréamont. Germain Nouveau. Œuvres complètes,* p. p. P. O. Walzer, Bibliothèque de la Pléiade, 1970, p. 789.

Le texte paru dans *La Cravache parisienne* avait été donné par Verlaine au critique italien Vittorio Pica, et celui-ci l'avait communiqué à Félix Fénéon, qui collaborait à *La Cravache.* Dans une lettre adressée au directeur du journal le 11 octobre 1888, Vittorio Pica avait précisé que le sonnet lui avait été donné par Verlaine en janvier 1887. Il le faisait de façon catégorique : « Je déclare que... », écrivait-il.

Le manuscrit publié dans le Supplément littéraire du *Figaro* en 1923, s'y trouve reproduit en fac-similé.

De même, M. Gyorgy Gera a joint à son article du *Figaro littéraire* du 6 septembre 1970, la photographie du texte de *Poison perdu,* de la main de Verlaine.

Le problème d'authenticité que pose *Poison perdu* est de ceux qui ne permettent ni les affirmations, ni les négations péremptoires. Il apparaît d'ailleurs dans une perspective légèrement différente depuis que M. Gyorgy Gera a publié dans *Le Figaro littéraire* une lettre de Verlaine qui contenait le texte du sonnet et l'attribuait à Rimbaud.

Cette lettre n'est pas datée et le nom du destinataire n'y figure pas. M. Gyorgy Gera pense que Verlaine l'a probablement adressée à Léon Vanier, et qu'il l'a fait en mars 1884. Ces deux suppositions sont sans aucun doute inexactes. Si l'on rapproche ce document des lettres de Verlaine à Charles Morice, si excellemment éditées par G. Zayed, on se persuade sans peine que la lettre de *Poison perdu* se relie à cet

ensemble et qu'elle fut envoyée à Charles Morice dans les
jours qui précédèrent le 17 novembre 1883. La suite des
échanges de vues entre Verlaine et Charles Morice se recons-
titue dès lors avec netteté. Verlaine, qui va bientôt envoyer
à Morice les trois sonnets des *Stupra,* qui vient d'ailleurs,
le 2 novembre, de lui faire parvenir *Le Faune* de Rimbaud,
lui envoie *Poison perdu* dans la lettre révélée par M. Gyorgy
Gera. À la réception de cette lettre, Charles Morice écrit
immédiatement à Verlaine. Sa lettre est perdue, mais on en
devine le contenu puisque nous connaissons la réponse que
Verlaine y fit par retour du courrier, le 17 novembre 1883.
Charles Morice avait fait savoir les objections qui lui étaient
venues spontanément à l'esprit. À quoi Verlaine répond que
ce sonnet est inférieur à tout ce qu'on connaît de Rimbaud,
mais il relève deux raisons qui lui semblent valoir en faveur
de l'authenticité. Après quoi, il conclut, dans un post-
scriptum, que la question lui est indifférente. Déclaration
sans grande valeur de sa part, et qui élude la question plutôt
qu'elle n'y répond.

Cinq ans plus tard, *La Cravache parisienne* du 27 octobre
1888 donne *Poison perdu.* On l'a vu plus haut, elle avait eu
communication de ce texte grâce à Vittorio Pica, lequel l'avait
reçu de Verlaine. Le 3 novembre suivant, *La Cravache* publia
une lettre de celui-ci. « J'atteste, écrivait le poète, l'authen-
ticité de ces vers faits sur le tard. »

On n'est donc pas étonné que *Poison perdu* figure dans
l'édition du *Reliquaire* en 1891. De même, il se trouve repro-
duit dans les *Poésies complètes* de 1895, publiées chez Vanier
par les soins de Verlaine.

Mais voici que dans l'édition de 1898, au *Mercure de France,*
Poison perdu disparaît. Les adversaires de l'authenticité en
tirent parti pour appuyer leur thèse. Ils ont le tort de négli-
ger l'explication fort précise que Delahaye a donnée de cette
suppression. C'est lui qui avait procuré l'édition. S'il n'y a
pas mis *Poison perdu,* c'est qu'il restait très frappé alors d'y
trouver « la manière de Germain Nouveau ». Mais, ajoute-
t-il aussitôt, il ignorait en ce temps-là la publication dans *La
Cravache,* il ignorait aussi l'attestation de Verlaine, « ce qui,
ajoute-t-il, eût fait tomber mes doutes ». Ces doutes main-
tenant s'étaient évanouis. D'autant plus que, vers 1905, il
avait posé la question de *Poison perdu* à Germain Nouveau,
et celui-ci avait été formel. Certainement *Poison perdu* était
de Rimbaud.

Une polémique aussi vive que vaine a remis en question
l'authenticité de *Poison perdu.* Dans une série d'articles parus
en 1923, André Breton, et bientôt après Marcel Coulon,
dans son livre *Au cœur de Verlaine et de Rimbaud* (1925), ont
réussi à convaincre les éditeurs de Rimbaud qu'il ne conve-

nait pas de faire figurer ce sonnet dans ses *Œuvres*, fût-ce dans les pièces controversées. André Breton a sommé les partisans de l'authenticité de montrer l'autographe : exigence plaisante si l'on songe au nombre de pièces de Rimbaud dont nous n'avons pas l'autographe.

En ce qui le concerne, Marcel Coulon s'étonne de la faiblesse des rimes de *Poison perdu;* il faut pour cela oublier que Rimbaud, à partir de 1872, s'était libéré des règles, et que Verlaine avait eu soin de dire que *Poison perdu* avait été écrit « sur le tard ».

En face des attestations de Verlaine, et devant le témoignage précis et formel de Delahaye, une seule objection subsiste : le ton, la manière de *Poison perdu* ne font vraiment pas penser à Rimbaud, mais bien plutôt à Germain Nouveau, et cette objection est si forte qu'elle interdit toute certitude sur l'auteur du sonnet. Ce qui pourrait en rendre raison, c'est que Rimbaud a fort bien pu écrire *Poison perdu* comme une sorte de « à la manière de » son ami Nouveau. Cette hypothèse ne saurait être, à priori, transformée en certitude. Elle ne peut être non plus considérée comme invraisemblable.

a. Pas un souvenir n'est *La Cravache, 1888. Le texte du Gaulois, 1882, est d'accord avec celui de la lettre de Verlaine, 1883.*

b. Et sur le balcon *La Cravache, 1888.*

c. Ils n'ont laissé de trace aucune *Le Gaulois, 1882 :* Il n'est resté de trace, aucune *La Cravache, 1888.*

d. Pas un souvenir *La Cravache, 1888. Le texte du Gaulois, 1882, est d'accord avec celui de la lettre de Verlaine, 1883.*

e. Seule au coin d'un rideau piquée *La Cravache, 1888.*

f. Brille une épingle *La Cravache, 1888. Le texte du Gaulois, 1882, est d'accord avec celui de la lettre de Verlaine, 1883.*

CORRESPONDANCE

La première lettre de Rimbaud à être publiée fut celle qu'il écrivit à sa famille le 17 novembre 1878. La *Revue d'Ardenne et d'Argonne* en donna le texte dans son numéro de septembre-octobre 1897. Au mois d'octobre de la même année, *La Revue blanche* fit paraître six lettres que Rimbaud avait, de l'hôpital de Marseille, adressées à sa sœur Isabelle.

Il faut croire que cette publication avait intéressé le public, car deux ans plus tard Paterne Berrichon publia au *Mercure de France* un volume intitulé *Lettres de J.-A. Rimbaud.*

Égypte, Arabie, Éthiopie. On y trouvait cent treize lettres de Rimbaud à sa famille, huit lettres à divers et l'*Itinéraire de Harar à Warambot.*

Lorsqu'il a été possible de confronter le texte donné par Berrichon avec les autographes conservés au fonds Doucet, l'inexactitude de son travail est apparue et a fait scandale. Un article de Marcel Coulon, dans le *Mercure de France* du 15 mars 1929 l'a dénoncée avec une sorte de violence. Sur 46 lettres qu'il avait contrôlées, Marcel Coulon aboutissait à la conclusion que 40 étaient « frelatées ». On a relevé des inexactitudes analogues dans les lettres dont l'original a été retrouvé depuis l'article de Marcel Coulon et il n'est pas douteux qu'on en découvrirait dans celles, malheureusement encore nombreuses, pour lesquelles nous ne disposons pas de l'autographe.

Les omissions et falsifications volontairement commises par Berrichon, ne sont pas sans importance. Il supprime, par exemple, tout un paragraphe où Rimbaud parlait de son frère Frédéric en termes très durs. Il corrige systématiquement les chiffres donnés par Rimbaud sur l'argent qu'il gagne en Orient, il les grossit pour le faire apparaître plus riche, et l'élever du même coup au rang de notable négociant. Ces impostures de Berrichon sont certaines.

L'équité veut pourtant que les historiens de Rimbaud n'ignorent pas la thèse soutenue par Marguerite Yerta-Méléra dans son article intitulé « Nouveaux documents sur Rimbaud », publié par le *Mercure de France* du 1er mai 1930, et qui est visiblement une réponse à l'article de Marcel Coulon. Elle ne nie pas que Berrichon ait introduit dans les lettres publiées des phrases qui ne s'y trouvaient pas. Mais elle affirme que Berrichon ne les a pas inventées. Il se serait borné à « interpoler », comme elle dit, dans le texte des lettres *Aux siens* des phrases qu'il lisait dans les « lettres particulières » que Rimbaud écrivait pour la seule Isabelle. Plus exactement, Berrichon aurait travaillé sur un volume manuscrit constitué par celle-ci en 1896, et Isabelle aurait jugé « qu'elle pouvait introduire dans ces lettres des phrases prises dans les missives des mêmes dates, mais destinées pour *(sic!)* elle seule ». Mme Yerta-Méléra ajoute que lorsqu'elle écrit cet article, en 1930 par conséquent, elle a le manuscrit d'Isabelle sous les yeux.

Après un assez long intervalle, et de façon isolée, d'autres lettres furent successivement publiées : ce furent celles que Rimbaud écrivit à Izambard en 1870, des lettres à Paul Demeny, à Ernest Delahaye. Le *Mercure de France* et *La Nouvelle Revue française* étaient toujours disposés à publier celles qui leur étaient apportées. Sensiblement plus tard, en 1929, quatorze lettres parurent en volume aux *Cahiers libres*

sous le titre de *Correspondance inédite,* et J.-M. Carré publia
en 1931 les *Lettres de la vie littéraire d'Arthur Rimbaud.* L'édi-
tion des *Œuvres complètes* dans la Pléiade donna en 1946 la
totalité de la *Correspondance* alors connue. Le nombre des
lettres qu'elle contenait s'élevait à 184, dont plusieurs
étaient inédites. Elle y joignait 16 lettres de Mme Rimbaud,
36 lettres d'Isabelle et 3 lettres de Frédéric Rimbaud.

Depuis cette publication, et pour ne rien dire de certaines
lettres isolées, deux volumes ont enrichi de façon sensible
notre connaissance de la *Correspondance.* C'est d'abord
l'échange de lettres entre Rimbaud et son ami Alfred Ilg,
remarquablement publié par Jean Voellmy en 1965. Ce sont,
d'autre part, les lettres de Mme Rimbaud, dont 13 inédites,
parfaitement éditées par Mme Suzanne Briet dans son livre
sur *Madame Rimbaud* en 1968. Les commentaires de Mme Briet
donnent enfin de la mère de Rimbaud une image dégagée
des légendes, des partis pris et des vaines indignations.

Enfin l'article de M. Pierre Petitfils, *Isabelle Rimbaud et
son frère,* dans les *Études rimbaldiennes,* a fait connaître l'im-
portante correspondance d'Isabelle avec Louis Pierquin au
sujet de la publication des œuvres de son frère.

Note sur le texte

Quand nous avons pu avoir accès à l'autographe, c'est
lui dont nous reproduisons le texte (nous l'indiquons au
titre par le signe ★). Dans le cas contraire nous reproduisons
le texte de la meilleure source imprimée.

Pour la Correspondance d'Ilg et de Rimbaud, nous n'in-
diquons le gîte des autographes que lorsqu'ils ne figurent
pas dans les archives des héritiers d'Alfred Ilg.

Signalons que nous avons toujours normalisé l'ortho-
graphe des noms propres d'usage courant.

Page 235.

RIMBAUD À GEORGES IZAMBARD★

Le *Bateau ivre,* novembre 1955, a révélé l'existence de ce billet
dont l'autographe se trouve relié avec un exemplaire des *Illumi-
nations* de la collection Lucien-Graux.

Il s'agit évidemment d'un billet envoyé par Rimbaud à son
professeur Izambard, à l'époque où il avait à écrire sa compo-
sition *Charles d'Orléans à Louis XI* (février ou avril 1870).

1. Les *Curiosités littéraires* et les *Curiosités bibliographiques*
sont l'œuvre de L. Lalanne. Les premières avaient paru en
1845, et les secondes en 1846, mais l'autographe porte, non
pas *Curiosités littéraires* mais *Curiosités historiques.*

2. Paul Lacroix, sous le nom de Bibliophile Jacob, avait
publié en 1858 des *Curiosités de l'histoire de France* en deux séries.

MADAME RIMBAUD À GEORGES IZAMBARD*
4 mai 1870

Publiée par Izambard dans *Vers et prose*, 1911.
Reproduction photographique au musée Rimbaud, autographe au même musée.

Page 236.

RIMBAUD À THÉODORE DE BANVILLE*
24 mai 1870

Lettre publiée par Marcel Coulon dans *Les Nouvelles littéraires*, 10 octobre 1925. Conservée au fonds Doucet. Reproduction photographique au musée Rimbaud.

Au mois de mai 1870, une grande ambition vint à Rimbaud. Il découvrait l'École parnassienne. Grâce à Izambard, il eut entre les mains les fascicules du premier *Parnasse*. Il rêva d'être accueilli dans le second, qui était alors en cours de publication par fascicules. Il écrivit donc à Banville, qui, bien plus que Leconte de Lisle, était considéré comme l'animateur de la jeune École.

Banville répondit à cette lettre, mais sa réponse est perdue. Nous ne savons pas ce qu'elle contenait. De toute façon, les vers de Rimbaud ne furent pas publiés.

1. Rimbaud avait d'abord écrit : « J'ai presque dix-sept ans. » Puis il a barré *presque*.
2. *Anch'io* : en italien, *moi aussi*.

Page 237.

1. P. 6.
2. P. 11.
3. P. 6.

Page 238.

RIMBAUD À GEORGES IZAMBARD
25 août 1870

Reproduction partielle de l'autographe dans l'*Album Rimbaud*, p. 45.
Publiée par Berrichon, *La Nouvelle Revue française*, janvier 1912. Lecture rectifiée par H. Guillemin, *Mercure de France*, 1er juin 1953.

Au mois de juillet 1870, Izambard annonça à ses amis qu'il se disposait à retourner à Douai le plus tôt possible. Il avait décidé de ne pas même attendre la distribution des prix. Celle-ci avait été fixée au 6 août. Rimbaud fut bouleversé à l'idée de cette séparation. Il répétait : « Je partirai, je par-

au même ...D À GEORGES IZAMBARD*

mai 1870

Page 236. ...ers et prose, 1911.

RIMBAUD À au musée Rimbaud, autographe

...DE BANVILLE*

Lettre publiée par Marcel Cou... ...Nouvelles littéraires,
10 octobre 1925. Conservée au fonds... ...eproduction pho-
tographique au musée Rimbaud.

Au mois de mai 1870, une grande ambi... vint à Rimbaud.
Il découvrait l'École parnassienne. Grâce... Izambard, il eut
entre les mains les fascicules du premier... ...rnasse. Il rêva
d'être accueilli dans le second, qui était al... en cours de
publication par fascicules. Il écrivit donc à ...Banville, qui,
bien plus que Leconte de l'Isle, était consi... déré comme
l'animateur de la jeune École.

Banville répondit à cette lettre, mais sa répons... est perdue.
Nous ne savons pas ce qu'elle contenait. De toute façon, les
vers de Rimbaud ne furent pas publiés.

1. Rimbaud avait d'abord écrit : « J'ai presque dix-
sept ans. » Puis il a barré *presque*.
2. *Anch'io* : en italien, *moi aussi*.

Page 237.

1. P. 6.
2. P. 11.
3. P. 6.

Page 238.

RIMBAUD À GEORGES IZAMBARD

25 août 1870

Reproduction partielle de l'autographe dans l' *Album Rimbaud*,
p. 45.
Publiée par Berrichon, *La Nouvelle Revue française*, janvier 1912.
Lecture rectifiée par H. Guillemin, *Mercure de France*, 1er juin 1953.

Au mois de juillet 1870, Izambard annonça à ses amis qu'il
se disposait à retourner à Douai le plus tôt possible. Il avait
décidé de ne pas même attendre la distribution des prix.
Celle-ci avait été fixée au 6 août. Rimbaud fut bouleversé à
l'idée de cette séparation. Il répétait : « Je partirai, je par-

tirai ». Izambard se rendit compte de l'affolement de son
élève, il lui conseilla de se calmer et d'attendre. Il lui permit
de s'installer chez lui et de puiser dans sa bibliothèque. Il
avait laissé les clefs de son appartement à ses propriétaires.

1. *Le Diable à Paris,* par George Sand, P.-J. Stahl, Léon
Gozlan, Charles Nodier, etc., Hetzel, 1845.

2. Par une double erreur, les éditeurs écrivent *Granville.*
Mais Rimbaud a écrit *Grandville,* seule orthographe correcte.
Il s'agit en effet du fameux caricaturiste, dont Rimbaud avait
admiré les dessins dans *Le Magasin pittoresque.* Né en 1803,
Grandville était mort en 1847.

3. *Le Dragon de la reine ou Costal l'Indien,* roman de Gabriel
Ferry, 1855, plusieurs rééditions, et *La Robe de Nessus,* roman
d'Amédée Achard, 1855. 2e éd., 1868.

Page 239.

1. *Les Épreuves,* poésies de Sully Prudhomme, 1866, et
Les Glaneuses, de Paul Demeny, 1870.

2. L'édition de *Don Quichotte* illustrée par Gustave Doré
avait paru en 1863. Deuxième édition en 1869.

3. Louisa Siefert, *Les Rayons perdus.* La quatrième édition
venait de paraître.

4. Il est piquant d'observer que Rimbaud se borne à
reprendre une phrase de l'*Avertissement* placé en tête des
vers de Louisa Siefert : « Il est tel vers, tel passage dans *Les
Rayons perdus* qui nous a rappelé la plainte d'Antigone allant
au supplice. » Rimbaud n'a pas mis l'accent à ἀνύμφη.

Page 240.

1. *La Bonne Chanson* de Verlaine venait de paraître, dans les
derniers jours de juillet 1870.

RIMBAUD À GEORGES IZAMBARD*
5 septembre 1870

Autographe dans la collection Matarasso.

Reproduction photographique au musée Rimbaud, et *Album
Rimbaud.* Une déchirure devant *à Mazas.* Lire certainement *détenu
à Mazas.*

Publié par Izambard dans *Vers et prose,* janvier-mars 1911.

Rimbaud avait quitté Charleville le 29 août 1870. Il était
arrivé à la gare du Nord, à Paris, le 31 août. Son billet
n'était que pour Saint-Quentin. Il dut avouer d'autre part
qu'il était « sans domicile, ni moyen d'existence ». Il fut donc
envoyé au dépôt de la Préfecture de police, puis à Mazas.
De là, il écrivit cette lettre à Izambard pour l'appeler à son
aide.

Page 241.

LETTRE DE PROTESTATION*
20 septembre 1870

Publiée par Izambard, *A. Rimbaud à Douai et à Charleville,* 1927.
Manuscrit autographe au musée Rimbaud.

Au sortir de Mazas, Rimbaud se rendit à Douai. Il y resta
une vingtaine de jours. Un imprimeur de la ville, Lucien
Crépin, venait de lancer un petit journal, *Le Journal de
Douai.* Izambard en était le rédacteur en chef. Rimbaud se
trouva donc mêlé à l'activité politique de Douai. C'est dans
ces conditions qu'il rédigea une lettre de protestation signée
des membres de la Légion de la garde nationale sédentaire de
Douai contre le maire conservateur de la ville, contre la
mollesse de ses décisions et la tiédeur de son patriotisme.

Page 242.

RÉUNION PUBLIQUE RUE D'ESQUERCHIN
23 septembre [1870]

Ce compte rendu a paru anonyme dans *Le Libéral du Nord* le
25 septembre 1870.

Le Libéral du Nord était le nouveau titre du *Journal de
Douai.* Izambard a témoigné formellement que le texte avait
été rédigé par Rimbaud (*Arthur Rimbaud à Douai et à Char-
leville*).

Page 243.

MADAME RIMBAUD À GEORGES IZAMBARD*
24 septembre 1870

Publiée par Izambard dans *Vers et prose,* 1911.
Reproduction photographique au musée Rimbaud. Reproduc-
tion partielle, *Album Rimbaud,* p. 55.
Commentée par Izambard dans *A. Rimbaud à Douai et à Char-
leville.*

Page 244.

RIMBAUD À PAUL DEMENY*
[26 septembre 1870]

Fac-similé dans *Les Manuscrits des Maîtres. A. Rimbaud, Poésies,*
Messein, 1919 et *Album Rimbaud,* p. 56.
Écrit au crayon au bas de l'autographe de *Soleil et Chair.*

À Douai, Rimbaud s'était lié à Paul Demeny. C'était un ami des demoiselles Gindre et d'Izambard. Il avait vingt-sept ans. Il avait publié en 1870 un volume de vers, *Les Glaneuses,* que Rimbaud avait lu à Charleville. Quand Rimbaud quitta Douai pour rentrer à Charleville, le 26 septembre 1870, il alla faire ses adieux à Paul Demeny. Il ne le trouva pas, et lui laissa ce mot.

Page 245.

RIMBAUD À LÉON BILLUART
[8 octobre 1870]

Extrait publié par Bourguignon et Houin, *Revue d'Ardenne et d'Argonne,* 1897.

Moins de six jours après son retour à Charleville, le 2 octobre peut-être, Rimbaud disparut à nouveau. Il prit d'abord le train pour Fumay, et y revit Léon Billuart, son camarade de collège. Il continua sa route par Vireux et Givet. Il atteignit Charleroi où le père d'un autre de ses camarades dirigeait un journal. Il espérait faire agréer ses services. Il échoua. Sa lettre à Léon Billuart racontait son échec. Le directeur du *Journal de Charleroi*, M. des Essarts, s'était borné à recevoir « vaguement » le camarade de son fils, et lui avait dit de revenir le lendemain pour prendre sa réponse. Il semble évident que Rimbaud passa la nuit à la belle étoile. Quand il se présenta le lendemain aux bureaux du journal, il trouva une réponse « catégoriquement négative ». Il écrivit à Léon Billuart pour lui conter sa déconvenue. Bourguignon et Houin ont analysé sa lettre et en ont cité les quelques lignes qui sont ici reproduites.

RIMBAUD À GEORGES IZAMBARD*
2 novembre 1870

Autographe dans la collection Matarasso. Reproduction photographique au musée Rimbaud et *Album Rimbaud,* p. 64. Publiée par Izambard dans *Vers et prose,* janvier-mars 1911.

Après Charleroi, Rimbaud poussa jusqu'à Bruxelles, puis retrouva Izambard à Douai. Une lettre de sa mère le rappela à Charleville. C'est de là qu'il écrivit la présente lettre.

Izambard lui avait fait promettre de rester désormais tranquille. Il tient sa promesse, et il s'ennuie.

Izambard lui avait reproché d'être un « sans cœur ». D'où les mots qu'il met sous sa signature.

Léon Deverrière, dont il est question dans cette lettre, était professeur à l'Institution Rossat. C'était, nous disent les témoins, un gros garçon actif, pratique, laborieux, plein

d'optimisme et de générosité. Izambard l'appelle « un érudit et un homme de cœur ». Il avait cinq ans de plus que Rimbaud.

Page 246.

RIMBAUD À GEORGES IZAMBARD
[12 novembre 1870]

[*Lettre perdue.*]

Une lettre du 12 novembre 1870 est signalée par Izambard dans une lettre du 21 décembre 1928 qui figure au musée Rimbaud, n⁰ 1773.

RIMBAUD À PAUL DEMENY*
17 avril 1871

Autographe dans la collection Alfred Saffrey.
Publiée par Berrichon, *Mercure de France*, 16 décembre 1913.

Les premières lignes nous permettent de comprendre dans quelles dispositions se trouve Rimbaud. Il a écrit à Demeny pour lui demander s'il pourrait soit lui trouver un emploi, soit lui donner d'utiles indications en ce sens. Il s'agissait très probablement de journalisme. La réponse de Demeny est venue, et elle est tout à fait décourageante. Rimbaud se sent condamné..

Le Progrès des Ardennes avait été fondé, en novembre 1870, par un vieux républicain de la génération de 1848, Jacoby, pour combattre le réactionnaire *Courrier des Ardennes*. Au mois de décembre, Rimbaud et Delahaye avaient espéré que le *Progrès* publierait les chefs-d'œuvre qu'ils lui envoyaient. Mais selon la plaisante formule de Delahaye, *Le Progrès des Ardennes* «recevait tout et n'insérait rien». D'ailleurs, les locaux du journal furent incendiés dans le terrible bombardement du 31 décembre 1870.

Pourtant le vieux Jacoby réussit à remettre sur pied son journal, et cette fois Rimbaud fit accepter ses services. À partir du 12 avril, il passa une partie de ses journées au bureau du *Progrès des Ardennes,* à dépouiller la correspondance.

La « bouche d'ombre » que Rimbaud a apaisée, c'est sa mère.

Quand il écrivait la présente lettre, Rimbaud revenait d'un nouveau voyage à Paris. Il était parti le 25 février 1871. Il se heurta partout à l'indifférence et au découragement. Vers le 10 mars, il rentra à Charleville à pied. Dans sa lettre à Paul Demeny, il parle des ouvrages qu'il avait remarqués aux devantures des libraires parisiens.

Page 247.

1. La *Librairie artistique,* rue Bonaparte, avait publié
Les Glaneuses de Demeny.

2. *Le Mot d'ordre* était le journal de Rochefort. Il a paru
du 1er février au 20 mai 1871.

3. Les « lances des averses » sont une allusion au vers de
Verlaine dans *Effet de nuit* des *Poèmes saturniens :*

> *Luisant à contresens des lances des averses.*

Page 248.

RIMBAUD À DELAHAYE

Il s'agit ici d'une lettre perdue. Nous en connaissons le contenu
et certaines phrases par un billet de Delahaye à Louis Pierquin
reproduit par J.-M. Carré, *Lettres de la vie littéraire de Rimbaud,*
1923.

Louis Pierquin avait demandé en 1922 à Delahaye ce
qu'il pouvait y avoir de vrai dans l'histoire qui courait d'une
mésaventure sentimentale de Rimbaud. Delahaye répondit
qu'étant dans l'Eure au début de 1871, il avait reçu une
lettre de son ami. Celui-ci lui racontait qu'il avait donné
rendez-vous à une jeune personne dans le square de la gare
de Charleville. Elle était venue, mais avec sa bonne. Delahaye
citait alors les phrases de Rimbaud qui sont ici reproduites.
Nous retrouvons le même récit sous la plume de Berrichon,
mais enrichi de détails dont il est prudent de ne rien croire.
La jeune fille, affirme-t-il, était une brune aux yeux bleus.
Elle était la fille d'un industriel, ce qui ne s'accorde guère
avec l'expression *âme magistrate,* dont se sert Rimbaud.
Elle montra à son père la lettre de l'amoureux. Elle vint au
rendez-vous dans tous ses atours, et accompagnée de sa
bonne. Elle toisa Rimbaud. Celui-ci, rouge de confusion,
ne prononça pas un mot.

1. On serait fort tenté de penser que *frère* est une erreur
de lecture, et que Rimbaud avait écrit : *son père.* Mais la
question est sans réponse possible puisque nous n'avons
pas l'autographe.

RIMBAUD À GEORGES IZAMBARD*
[13 mai 1871]

Publiée par Izambard dans *La Revue européenne,* octobre 1926.
Reproduction photographique au musée Rimbaud.

La date du 13 mai 1871 a été inutilement mise en doute. Il
est exact que la lettre ne porte pas le quantième du mois. Mais

le cachet de la poste est net : *13 mai. Charleville-15 mai 1871.*
Douai. L'adresse est inexacte. Il fallait dire l'*Abbaye des*
Prés, et non l'*Abbaye des Champs* (Izambard, *Rimbaud tel*
que je l'ai connu, p. 134).

Cette lettre est écrite au plus fort de la crise que Rimbaud
traverse après l'échec de ses équipées. Le récit de Delahaye
que l'on a lu dans l'*Introduction* est le vrai commentaire de la
lettre. Izambard d'ailleurs ne crut pas qu'il pût s'agir là de
simples plaisanteries. Il comprit qu'il s'agissait d'*ordures.*
Car c'est à cette lettre qu'il pense certainement quand il
écrit : « Je me suis contenté de le traiter de petit serin pour
des ordures qu'il m'avait révélées de sa nouvelle vie à Char-
leville. »

2. Les historiens ne sont pas d'accord sur ces « imbéciles
de collège ». Sont-ce d'anciens camarades? Sont-ce des pro-
fesseurs? Il est naturellement impossible d'en décider.

3. On nous dit que *filles* ou *fillettes* désignent dans les
Ardennes des chopes de vin. En fait, l'usage de ces mots ne
se limite pas aux Ardennes. Dans la région de la Loire, et
sans doute en bien d'autres, une *fillette* est une demi-bouteille
de vin.

4. Le texte exact, dans le *Stabat,* est :

Stabat mater dolorosa
Juxta crucem lacrimosa
Dum pendebat filius.

5. Si les historiens de Rimbaud voulaient bien voir la
vérité en face, ils diraient qu'en ce mois de mai 1871 il cesse
de manier le français avec la maîtrise qu'il avait eue jusqu'ici
et qu'il allait d'ailleurs bientôt retrouver.

Page 249.

1. Rimbaud met ici, en désordre et sans les développer
les idées qu'il allait affirmer dans sa lettre à Demeny, deux
jours plus tard.

2. P. 46.

3. La faute de français est évidente, et Rimbaud a dans
l'esprit : *Cela ne veut pas ne rien dire.* Mais on vient de voir
que son état mental et nerveux le prive pour un bref moment
de ses dons les plus précieux.

RIMBAUD À PAUL DEMENY*
15 mai 1871

Autographe de la collection Alfred Saffrey.
Publiée par Berrichon, *La Nouvelle Revue française,* octobre 1912.
Reproduction photographique de l'autographe, Messein, 1954.

La date du 15 mai a été inutilement contestée. Elle est dans l'autographe et ne peut être mise en question. Deux jours après avoir écrit la lettre précédente, Rimbaud écrivit celle-ci. Et cette fois il s'agit moins d'une lettre que d'un exposé de ses idées en ce mois de mai 1871.

On a vu plus haut, dans l'Introduction, la place que tenait cette lettre dans l'œuvre et la pensée de Rimbaud. On a vu qu'elle se rattachait de la façon la moins douteuse à cet illuminisme démocratique qui faisait du Poète un prophète, et par conséquent un Voyant, et qui lui assignait la mission de conduire les hommes sur les chemins de l'avenir. On a vu aussi que cette doctrine du Voyant prenait chez Rimbaud une signification particulière en ce sens que le poète devait sa lucidité surnaturelle à une culture systématique de ses sensations, à un dérèglement de tous ses sens. Le poète, chez Rimbaud, n'est plus seulement Voyant parce qu'il découvre les destinées de l'humanité. Il l'est grâce à la drogue, à la maladie, au crime, et parce qu'il cultive en lui les sensations rares et les hallucinations. Cela même, d'ailleurs, Rimbaud ne l'avait pas imaginé. Il se bornait à développer de façon systématique les pages les plus fortes que Baudelaire avait mises dans *Les Paradis artificiels*. Si nous voulons commenter utilement la lettre du Voyant, il importe donc de retrouver, non pas exactement les sources, mais les convergences que son texte révèle avec les écrivains qui, avant Rimbaud, venaient de développer des idées analogues.

Page 250.

1. P. 39.

2. Theroldus, c'est l'inconnu dont le nom apparaît à la fin de *La Chanson de Roland,* et qui pourrait être l'auteur du poème.

3. Des commentateurs ont eu la naïveté de prendre cette phrase pour argent comptant. Elle est pur ricanement, et les lignes qui suivent le prouvent assez. Racine est en réalité « le divin Sot », le versificateur adroit, le contraire du Voyant. Ne soyons pas trop étonnés de ces blasphèmes. Victor Hugo en a proféré de semblables. Il faut lire le texte où il range l'auteur de *Phèdre* parmi les poètes « bourgeois », aux côtés de Casimir Delavigne, Ponsard et Émile Augier. Il mettait les vers de Pradon au-dessus de ceux de Racine. Il n'était pas le seul. Dans un article de *Jeune France,* 1861, 3e livraison, Vermorel déclarait que le xviie siècle équivaut au néant, et que Racine est inférieur à Chapelain. Jules Vallès, dans *L'Enfant,* racontant ses souvenirs de lycéen, se moque de son professeur qui ne parlait jamais que du « divin Racine ».

4. Il est probablement inutile de se demander à quel ouvrage particulier Rimbaud fait allusion. Il veut dire que ce

genre de publication est d'une grande banalité, et qu'un auteur quelconque d'*Origines* ne saurait espérer de devenir célèbre.

5. Cette phrase ne saurait être isolée du paragraphe qui la précède. Les romantiques ont bien vu cette vérité essentielle que la poésie est une création dont le poète même n'a pas une claire conscience. Le *je* qui parle en lui n'est pas son être conscient. Dans *Les Paradis artificiels,* Baudelaire avait développé une idée où Rimbaud pouvait trouver une intéressante suggestion. Il avait parlé de la vie universelle où l'homme va se perdre et se confondre. Sous l'influence de l'ivresse, « la contemplation des objets extérieurs fait oublier notre propre existence ». L'homme se confond avec les choses, et Rimbaud pouvait dire : « *Je* est un autre. »

6. L'idée que la poésie est action était chère aux écrivains progressistes. Gaston Bergerat écrivait dans un article *De la poésie,* qu'elle n'est pas simplement prélude à l'action, qu'elle est action. « Sa mission sera militante plus que jamais », et pour prouver son efficacité, elle glorifiera l'œuvre de la science (*Revue du mois,* t. III, p. 507-516).

7. Nous devinons sans peine que Rimbaud vise la poésie de Leconte de Lisle qui consiste à « renouveler ces antiquités ».

Page 251.

1. Les *comprachicos* apparaissent dans *L'Homme qui rit* de Victor Hugo (1869). Ce sont des voleurs d'enfants, qui les mutilent pour en faire des monstres.

2. L'idée que le poète est un Voyant n'est pas une découverte de Rimbaud. Une revue progressiste, *Le Mouvement,* avait donné un article d'Henri du Cleuziou (1er janvier 1862) qui développait cette idée : « Le vrai poète est un voyant. » Henri du Cleuziou ne se vantait pas d'avoir fait là une découverte. Cette idée, disait-il, est allemande. Elle est en effet une des conceptions fondamentales du romantisme allemand.

3. Il existe un rapport troublant entre cette phrase et celle de Walt Whitman : « Si vous devenez dégradés, criminels, malades, je le deviens pour l'amour de vous. » Mais il est bien évident que Rimbaud, à Charleville, en mai 1871, ne pouvait avoir connaissance de l'œuvre de Whitman.

4. P. 40.

Page 252.

1. Nous ne savons rien sur les deux poèmes dont parle ici Rimbaud.

2. Rimbaud avait d'abord écrit *dormant.*

3. Les jeunes écrivains progressistes comprenaient comme Rimbaud l'avenir matérialiste de l'humanité. Ils ne confon-

daient pas leur philosophie avec l'athéisme, qui leur paraissait stérile. Ils disaient que nous vivons une époque de fusion intime de l'esprit et de la matière. C'est dans le même sens que Rimbaud écrit : « Cet avenir sera matérialiste. »

4. Cette phrase, qui nous paraît, à nous, si étrangère à l'idée de Voyance, est en réalité révélatrice. Elle prouve à quel point Rimbaud s'inspire de la littérature illuministe. La femme tenait une grande place dans cette littérature depuis Enfantin. Les écrivains de l'illuminisme annonçaient l'affranchissement de la femme et attribuaient à celle-ci un don de prophétie. Elle allait être la sibylle de l'avenir. Dans ce climat, les femmes auteurs et prophètes avaient tout naturellement surgi. Rimbaud admirait Louisa Siefert. Il aurait pu citer également Claire Demar, Flora Tristan, Pauline Roland, Jeanne Deroin. Dans ce mouvement de féminisme idéaliste, George Sand et Daniel Stern n'étaient pas oubliées.

Page 253.

1. *Stella* appartient au livre VI des *Châtiments*. La phrase qui suit nous apprend les critiques que Rimbaud faisait à la poésie de V. Hugo. Il jugeait que le plus grand de nos romantiques n'avait jamais pu se délivrer des routines du pseudo-classicisme et des artifices de l'école de 1820. À lire certains commentateurs, on se demande s'ils ont compris l'idée, fort claire pourtant, de Rimbaud. Il ne dit pas que Victor Hugo assigne à la poésie des fonctions où il reconnaît sa propre pensée. Il dit, tout au contraire, que Victor Hugo contient trop de choses en commun avec Belmontet, trop de souvenirs de Lamennais, trop de Jéhovahs, et tout ce qu'il appelle « de vieilles énormités crevées ».

2. Cette diatribe contre Musset n'est, en 1871, nullement originale. La contestation contre le poète des *Nuits* avait commencé en 1863 par un article de Louis-Xavier de Ricard dans *La Revue du progrès*. Ricard y avait exalté Lemercier, Quinet, Hugo, Barbier (par ordre de mérite) et les avait opposés à Lamartine et à Musset, valeurs désormais déchues. Le 29 février 1864, Lissagaray avait dans une conférence dénoncé l'influence funeste de Musset. Il est vrai d'ailleurs que le public avait réagi violemment. Mais les propos de Lissagaray traduisaient l'opinion de la jeunesse progressiste.

3. On pourrait se demander pourquoi Rimbaud parle avec tant de dédain de Rabelais et de La Fontaine, et comment il emploie les mots d'*odieux génie* à leur propos. C'est que la littérature illuministe avait pris l'habitude de voir en ces écrivains admirables des esprits essentiellement négateurs et critiques. Victor Hugo, si fortement marqué par cette littérature, avait soin de placer à un rang inférieur La Fontaine, aux côtés de Gœthe et d'Horace, « ces magnifiques égoïstes

de l'infini », et l'abbé Constant avait parlé de Rabelais et de son « rire dissolvant » dans ses *Doctrines religieuses et sociales*.

4. Les éditions de Rimbaud donnent habituellement ici le mot panadis et les commentateurs s'efforcent de trouver un sens à ce mot inconnu. En réalité, Rimbaud a écrit *panadif* sans doute possible, et c'est bien *panadif* que l'auteur de l'édition photographique avait lu. Le sens de l'expression se devine sans peine. Rimbaud a fabriqué *panadif* sur *panade,* à l'exemple de maladif dérivé de malade. Musset n'a qu'un pauvre tempérament et mérite d'être appelé *panadif.* Littré nous apprend que *panade* peut avoir le sens de « sans énergie, sans consistance ».

Page 254.

1. *Rompue* se rapporte grammaticalement à *la nouvelle école,* qui se lit dix lignes plus loin.

2. Certains lisent une virgule à la place de *et.*

3. P. 42.

RIMBAUD À PAUL DEMENY
10 juin 1871

Autographe dans la collection Alfred Saffrey.

Publiée par Berrichon, *La Nouvelle Revue française,* octobre 1912.

Rimbaud avait fait, l'année précédente, à Douai, deux séjours pendant lesquels il avait logé chez les demoiselles Gindre. Il s'était lié d'amitié avec leur parent, le jeune poète Paul Demeny, qui avait publié un volume de vers intitulé *Les Glaneuses.*

4. P. 43.

Page 255.

1. P. 45.

2. On lit dans les *Bribes,* ce vers à peine modifié :

> *Oh! les vignettes pérennelles!*

Paul Labarrière se souvenait de l'avoir vu dans le cahier de poésies que Rimbaud lui avait laissé.

3. P. 46.

4. Ces vers que Rimbaud, en octobre 1870, avait laissés à Demeny, nous les connaissons. C'est le précieux « recueil Demeny », qui nous a conservé l'ensemble des poèmes écrits par Rimbaud avant cette date.

5. *Les Glaneuses* de Paul Demeny avaient paru en 1870.

Page 256.

RIMBAUD À GEORGES IZAMBARD*
12 juillet 1871

Autographe dans la collection Clayeux.

Publiée par Izambard, avec fac-similé, dans *Le Grand Jeu,* nᵒ 11, printemps 1929, puis dans le *Mercure de France,* 1ᵉʳ décembre 1930.

Izambard a expliqué comment cette lettre avait été détériorée par un flacon de colle qui s'était renversé. Mais il assure qu'il put « reconnaître et identifier sur-le-champ, sans méprise possible, tous les mots arrachés au manuscrit autographe ». Il garantit l'exactitude rigoureuse des deux premières pages reconstituées. Il avoue que sa lecture des pages 3 et 4 est moins sûre, et qu'il a « deviné le sens » de certaines lignes, « sinon leur teneur exacte ».

1. Au début de mai 1871, Izambard avait été chargé de l'intérim de la classe de seconde au lycée de Douai. Quinze jours plus tard, un arrêté ministériel le nomma au lycée de Cherbourg. Mais il reçut « des offres de préceptorat », pour parler comme Izambard, dans une opulente famille russe. Il déclina d'ailleurs cette proposition.

2. *Les Couleuvres* de Louis Veuillot avaient paru en 1869.

3. Les *Nuits persanes* d'Armand Renaud avaient paru en 1870.

4. La manière dont Rimbaud parle ici des *Glaneuses* de Demeny ne nous laisse aucune illusion sur l'estime qu'il faisait de ce volume. Une lettre de Caroline Gindre prouve que la famille de Demeny jugeait lucidement le talent de « ce pauvre garçon » et s'attristait de voir qu'un « petit succès d'amis » lui avait tourné la tête.

Page 257.

RIMBAUD À THÉODORE DE BANVILLE*
15 août 1871

Publiée par Marcel Coulon, *Au cœur de Verlaine et de Rimbaud,* 1925. L'édition de luxe contient la reproduction en fac-similé.

Cette lettre se présente sous la forme suivante : en haut de la première page, la suscription. Puis, aussitôt après, les vers de Rimbaud, qui vont jusqu'au milieu de la septième page. Puis, la seconde moitié de la page 7 est occupée par la lettre proprement dite. La huitième page est restée blanche.

1. P. 55.

Page 258.

1. On a vu plus haut que cette réponse de Banville est malheureusement perdue.

2. MM. Pierre Petitfils et Joseph Deschuytter ont donné dans Le *Bateau ivre,* nᵒ 14, novembre 1955, une note substantielle sur cet excellent ami de Verlaine et de Rimbaud. Paul-Auguste Bretagne était né à Vouziers le 21 mars 1837. Il

assura les fonctions de commis au service des sucres à Fampoux, près d'Arras, du 20 janvier 1868 au 29 septembre 1869, et c'est ainsi qu'il connut Verlaine. Il fut ensuite muté à Charleville comme commis de 2e classe. Il logeait sous les Allées, chez un nommé Biterne. Esprit très libre, anticlérical, mais occupé de sciences occultes, il eut probablement une forte influence sur Rimbaud. Il mourut le 30 octobre 1881 à Saint-Pierre-Brouck.

RIMBAUD À PAUL DEMENY*
[28] août 1871

Autographe de la collection Alfred Saffrey.

Publiée par Berrichon, *Mercure de France,* 16 décembre 1913, avec des inexactitudes qui ont été corrigées dans les éditions de la Bibliothèque de la Pléiade.

Cette lettre présente d'ailleurs une difficulté qu'A. Fontaine a bien vue. Il est à peine concevable que Rimbaud demande à son ami Demeny la permission de lui envoyer des échantillons de son travail. Comme si Demeny ne connaissait pas les vers de Rimbaud! Plusieurs explications de cette étrangeté sont possibles, mais aucune ne s'impose.

Page 260.

RIMBAUD À VERLAINE
[Septembre 1871]

Lettre perdue. Il est d'usage d'en donner l'analyse d'après Delahaye, *Souvenirs familiers,* p. 151, et l'ex-Mme Verlaine, *Mémoires de ma vie,* 1935, p. 179.

RIMBAUD À VERLAINE
[Septembre 1871]

Lettre perdue. Le premier alinéa est cité d'après les *Mémoires* de l'ex-Mme Verlaine, p. 179. Les deux expressions citées ensuite le sont d'après Verlaine, *Nouvelles notes sur Rimbaud,* dans *La Plume,* octobre 1895.

Page 261.

VERLAINE À RIMBAUD
Septembre 1871

Lettre perdue. Les phrases citées sont tirées de Delahaye, *Rimbaud,* 1923, p. 39-40.

VERLAINE À RIMBAUD
Septembre 1871

Lettre perdue. La phrase citée est tirée de Delahaye, même ouvrage, p. 43.

VERLAINE À RIMBAUD
Mars 1872

Lettre perdue. Citée par Delahaye, même ouvrage, p. 45.

VERLAINE À RIMBAUD*
2 avril 1872

Autographe à la Bibliothèque royale de Bruxelles, dossier de l'affaire Verlaine-Rimbaud.

Publié par Maurice Dullaert dans la revue *Nord,* Bruxelles, novembre 1930.

Reproduction photographique dans Fontainas, *Verlaine-Rimbaud.* L'examen de cette reproduction révèle dans les lectures antérieures des inexactitudes nombreuses, et quelquefois graves.

Cette lettre prouve de façon certaine que Verlaine et Rimbaud, dès le 2 avril 1872, savent qu'ils partiront ensemble pour un voyage que Verlaine appelle « ce chemin de croix ». Ce vocabulaire religieux n'est d'ailleurs pas blasphématoire. Verlaine s'amuse à imiter Bretagne, « notre vénéré prêtre », qui usait beaucoup de ce genre de plaisanterie.

1. *L'Ariette oubliée.* Il n'est pas vraisemblable qu'il s'agisse d'une poésie de Rimbaud. Le texte est clair. Rimbaud a fait parvenir à Verlaine une *Ariette* de Favart, paroles et musique, et Verlaine l'en remercie.

Page 262.

1. Les mots *« petit garçon »* et *« ami des crapauds »* sont entre guillemets, et ces guillemets en changent la valeur. Verlaine reprend, pour parler de lui-même, des expressions qu'on avait employées à son sujet.

2. *Gavroche* désigne Forain, grand ami de Rimbaud et de Verlaine. À Paris Rimbaud avait loué une chambre rue Campagne-Première, le 8 janvier, pour trois mois. Obligé de rentrer à Charleville, il avait laissé des objets dans sa chambre. Verlaine et Forain les déménagèrent avant que le bail vînt à expiration.

3. Les éditions disent *tout tien,* mais la photographie est formelle. Il y a *tiens* sans discussion possible. L'orthographe de *tout* est moins claire, mais il semble qu'il faille lire *tous.* La phrase signifierait donc : *tous ici, nous pensons à toi.* Mais de toute façon, il s'agit, non de Verlaine seul, mais des amis que Rimbaud garde à Paris.

4. *Édouard Chanal* avait succédé à Henri Perrin comme professeur au collège lorsque, à Pâques 1871, Henri Perrin avait donné sa démission pour se consacrer au journalisme et fonder *Le Nord-Est.* — Laure serait la sœur de Lepelletier.

Guérin est inconnu. On connaît Albert Mérat le poète et
Carjat le photographe.

5. Ces deux dernières lignes sont écrites dans la marge
du premier feuillet.

RIMBAUD À VERLAINE
Avril 1872

Lettre perdue. Fragment cité par François Porché, *Verlaine tel
qu'il fut,* p. 193, d'après les *Mémoires* de l'ex-Mme Verlaine.

On peut être certain que Rimbaud, rentrant à Charleville,
s'en allait profondément déçu et irrité. Il pardonnait mal à
Verlaine d'avoir cédé aux Mauté, de rester trop sensible au
confort bourgeois de la rue Nicolet. C'était à ses yeux
une trahison, elle révélait l'incurable faiblesse de caractère
dont Verlaine lui avait déjà donné trop de preuves.

La présente lettre traduit cette rancune et ce mépris.

Page 263.

VERLAINE À RIMBAUD*
[Avril 1872]

Publiée par Maurice Dullaert dans la revue *Nord* (novembre 1930).
Fac-similé dans Fontainas, *Verlaine-Rimbaud.* Ici encore, l'examen
de l'autographe permet de discerner de nombreuses inexactitudes
dans la tradition imprimée.

Rimbaud avait écrit à Verlaine une lettre qui faisait espérer
son retour. Il y joignait une poésie que Verlaine appelle dans
sa lettre « ta prière ». Nous ignorons ce dont il pouvait s'agir.
Une autre phrase de la lettre prouve que Rimbaud écrivait
alors des *vers maudits* et des *prières*.

En présence de cet échange de lettres incomplet et mal daté,
nous devons bien nous persuader que notre ignorance est
grande et que la succession traditionnelle des lettres, que la
présente édition reproduit, reste incertaine. Le récit de Ber-
richon expose la suite des faits de la façon suivante. Après
le départ de Rimbaud, Verlaine écrit à son ami. Il demande
pitié et se reproche leur séparation. Rimbaud répond. Sa
lettre exprime violemment sa fureur (ce pourrait être une des
lettres de septembre 1871). Puis il écrit une deuxième lettre
plus affectueuse, mais qui contenait encore des reproches.
Verlaine courba le dos, et c'est alors qu'il envoya la lettre du
2 avril 1872.

Il ne faut naturellement pas lire l'adresse de Bretagne :
rue Mervinelle, mais *rue Ravinelle.*

FORAIN À RIMBAUD*
[Mai 1872]

Ces quelques lignes se lisent au dos de l'autographe de *Jeune Ménage*.

Reproduction photographique dans le recueil Messein et dans l'*Album Rimbaud*, p. 128.

Page 264.

VERLAINE À RIMBAUD*
[Mai 1872]

Autographe à la Bibliothèque royale de Bruxelles, dossier de l'affaire Verlaine-Rimbaud.

Publiée par Maurice Dullaert dans la revue *Nord*, Bruxelles, novembre 1930. Reproduction photographique dans Fontainas, *Verlaine-Rimbaud*.

Rimbaud attendait toujours. Verlaine lui écrivait de prendre patience. Cette période dura deux mois. À la fin d'avril, le retour de Rimbaud à Paris fut enfin possible. Verlaine se hâta de l'annoncer à son ami, et celui-ci fit savoir sa très prochaine arrivée.

La présente lettre traduit la joie de Verlaine, mais contient aussi quelques sages conseils.

On admet généralement que Rimbaud revint à Paris le 4 mai 1872. Mais on n'a pas, sur cette date peut-être trop précise, de vraie certitude.

1. Daniel de Graaf a proposé une explication de cette phrase. Verlaine voudrait faire comprendre qu'il s'agit d'un habitué du café de Madrid, où les gens de lettres fréquentaient beaucoup. Il met un nom sur cet inconnu. Ce serait Antoine de Tounens, qui s'était fait nommer roi d'Araucanie-Patagonie. On a quelque peine à le croire (voir à ce sujet *Le Bateau ivre*, 1957). Quoi qu'il en soit, il faut faire observer que l'autographe porte : « quelqu'un [...] y intéressée » (au féminin), le *e* étant souligné deux fois.

2. L'autographe donne clairement *goldez*, qui est d'un anglais plus qu'étonnant.

Page 265.

1. Ce « repar'd'hon'gîtes sûrs » doit signifier : *reparlerons d'honnêtes gîtes sûrs.*

RIMBAUD À ERNEST DELAHAYE*
Juin [18]72

Autographe dans la collection Alfred Saffrey.

Publiée par Berrichon, *La Nouvelle Revue française,* octobre 1912, avec de nombreuses inexactitudes que Jules Mouquet a rectifiées dans son édition de la Bibliothèque de la Pléiade.

Revenu à Paris, Rimbaud logea d'abord rue Monsieur-le-Prince, dans une mansarde qui donnait sur les cours du lycée Saint-Louis, avec de grands arbres sous les yeux. En juin, il passa à l'hôtel de Cluny, rue Victor-Cousin. Il y loua une jolie chambre sur la cour. Si l'on remarque qu'il était entièrement dépourvu d'argent personnel, il faut bien admettre que Verlaine l'entretenait.

2. Cette année-là, l'été fut très chaud. Rimbaud buvait de l'eau pendant la nuit, et dans la journée il fréquentait un débit de boissons, 176, rue Saint-Jacques, célèbre sur la Rive gauche. Son propriétaire, un nommé Pellerier, y alignait quarante tonneaux le long des murs, si bien qu'on appelait son débit l'Académie du quartier Latin. Rimbaud, plus brièvement, le nommait l'Académie d'Absomphe, autrement dit l'académie d'absinthe.

3. Nous avons déjà rencontré dans la lettre de Verlaine du 2 avril 1872 cet Henri Perrin, professeur au collège de Charleville depuis Pâques 1871. Il arrivait de Nancy. Il y avait publié un pamphlet, *Le Fouet,* contre les monarchistes. Il était d'opinions radicales.

4. C'est au café de l'Univers que se rencontraient Rimbaud, Bretagne, Deverrière, Perrin. Nous avons un dessin de Delahaye représentant la façade du café.

Page 266.

1. *La Renaissance littéraire et artistique* était une revue dirigée par Émile Blémont. Elle avait commencé de paraître le 27 avril 1872. *Les Corbeaux* de Rimbaud y ont paru le 14 septembre 1872.

2. On a vu que Rimbaud employait volontiers le mot *saisons* pour évoquer l'écoulement du temps. Il est possible, mais non pas évident, qu'il lui donne ici le même sens.

3. Il est vraisemblable que ce *colrage* est très simplement une plaisanterie orthographique pour *courage.* Les premiers éditeurs avaient lu *cobrage,* qui n'offre aucun sens discernable.

Page 267.

RIMBAUD À ERNEST DELAHAYE*
Mai [18]73

Autographe de la collection Saffrey.
Publiée par Berrichon dans *La Nouvelle Revue française,* juillet 1914.

À part celle de junphe 72 qu'on vient de lire, nous ne possédons pas de lettre de Rimbaud depuis son retour à Paris en mai 1872 jusqu'au mois de mai de l'année suivante. Aucune lettre par conséquent du temps de la fuite en Belgique, de l'hiver passé à Londres, ou des six semaines de Charleville en décembre 1872 et dans les premiers jours de 1873.

À la fin de mars 1873, il était à Londres avec Verlaine. Mais le 4 avril, les deux amis quittèrent l'Angleterre. Rimbaud retourna à Roche auprès des siens. Il y arriva le 11 avril.

Il y fut bientôt très malheureux, et la présente lettre exprime l'ennui qui l'accablait alors.

Le post-scriptum parle d'un rendez-vous avec Verlaine, pour le 18 mai, dans la petite ville de Bouillon, sur la Semois, en Belgique.

1. Un article de *La Revue palladienne* d'avril-mai 1949, p. 345-346, s'est efforcé de trouver un sens à ce *Laïtou.*
2. Il s'agit, ici encore du café de l'Univers, où Rimbaud se rencontrait avec ses amis.
3. On a vu, dans la notice sur *Une saison en enfer,* ce que nous savons de ce projet de Rimbaud, et des traces qu'il a pu laisser dans le texte définitif de la *Saison.*
4. Ce *Nôress,* c'est naturellement *Le Nord-Est,* ce journal de Charleville auquel Rimbaud avait travaillé.

Page 268.

VERLAINE À RIMBAUD*
Dimanche 18 [mai 1873]

Autographe à la Bibliothèque royale de Bruxelles, dossier de l'affaire Verlaine-Rimbaud.
Publiée par Maurice Dullaert dans la revue *Nord,* Bruxelles, novembre 1930. Reproduction photographique dans Fontainas, *Verlaine-Rimbaud.* Quelques légères inexactitudes du texte imprimé ont été corrigées dans la présente édition.

Il ressort de cette lettre que Rimbaud fut absent au rendez-vous de Bouillon dont il est question dans la lettre précédente.

Page 269.

1. *Delatrichine, Deléclanche* et *Delamorue* désignent tous, on le
devine sans peine, l'ami Delahaye. — Le vers que Verlaine
s'efforce de traduire en anglais annonce celui qu'il mit plus
tard dans *Autre explication :*

> *Amour qui ruisselais de flammes et de lait.*

VERLAINE À RIMBAUD*
[3 juillet 1873]

Publiée par Maurice Dullaert dans la revue *Nord,* Bruxelles,
1930. Reproduction photographique dans Fontainas, *Verlaine-
Rimbaud.* Quelques légères inexactitudes du texte imprimé ont
été corrigées dans la présente édition.

Le jeudi 3 juillet 1873, Verlaine est allé à l'embarcadère de
Sainte-Catherine's Docks. Il y a trouvé un vapeur qui par-
tait quelques minutes plus tard pour Anvers. Il s'est embar-
qué. La présente lettre, écrite sur le bateau même, signifie
à Rimbaud la rupture.

On notera ici la parenthèse *Honni soit qui mal y pense.*
Verlaine n'est pas tellement bouleversé qu'il néglige de
prévoir le cas où sa lettre tomberait entre des mains qui en
feraient mauvais usage, celles d'un magistrat par exemple.

Page 270.

1. Il s'agit de Camille Barrère, réfugié à Londres après la
Commune. Bientôt après, Waddington allait faire de lui son
protégé et son secrétaire. On sait que Camille Barrère fut
plus tard ambassadeur de France.

RIMBAUD À VERLAINE*
[4 juillet 1873]

Publiée par Maurice Dullaert dans la revue *Nord,* 1930. Repro-
duction dans Fontainas. Les inexactitudes du texte imprimé, rares
et sans importance, ont été du moins rectifiées dans la présente
édition.

Quand il s'était retrouvé seul à l'embarcadère, Rimbaud
était rentré chez sa logeuse, Mme Smith. Il était maintenant
au désespoir. Le vendredi 4 juillet, dans l'après-midi, alors
qu'il était encore sans nouvelle de Verlaine, il lui envoya la
présente lettre, poste-restante, à Bruxelles.

Certains l'ont jugée sévèrement. Henri Guillemin a sur
elle une phrase terrible. Rimbaud, dit-il, apparaît comme
une garce lâchée par son protecteur parce qu'elle est allée
trop loin dans l'insolence, et qui promet d'être bien douce

et bien gentille si le monsieur riche veut bien la reprendre. Il serait plus juste de dire que l'on y sent un grand désarroi, et qu'il est chimérique de prétendre faire la part de l'attachement sentimental et sensuel et de la peur de rester seul à Londres. Des liens s'étaient formés qui ne pouvaient s'oublier. Rimbaud attendait l'appel de son ami.

Page 271.

1. Rimbaud avait d'abord écrit *mardi,* qu'il a biffé.

RIMBAUD À VERLAINE*
[5 juillet 1873]

Publiée par Maurice Dullaert dans la revue *Nord,* Bruxelles, novembre 1930.

Fac-similé dans Fontainas, *Verlaine-Rimbaud.* Quelques inexactitudes rectifiées, dont une, grave, dans le post-scriptum.

Rimbaud reçut vraisemblablement le samedi 5 juillet au matin la lettre que Verlaine lui avait écrite sur le bateau. Il y répondit aussitôt. Son mépris éclate pour Verlaine et la faiblesse de son caractère. Il refuse de prendre au sérieux sa menace de suicide. Il continue de dire qu'il aime Verlaine. Mais si celui-ci s'entête dans cette rupture, il ne lui laisse aucune illusion : « Je ne t'écrirai jamais. »

On ose à peine signaler que le texte imprimé de cette lettre donnait, jusqu'ici, au post-scriptum *8 Great Colle etc,* qui n'offre aucun sens. Il fallait naturellement lire *Great Colle*[*ge Street*], qui était l'adresse de Rimbaud.

Page 272.

1. La dernière phrase de ce paragraphe a été ajoutée dans l'interligne.

VERLAINE À MATUSZEWICZ*
[5 juillet 1873]

Autographe conservé au musée de l'Armée. Publié en facsimilé dans la *Revue historique de l'armée,* avril-juin 1946.

Matuszewicz, colonel dans les troupes de la Commune, était réfugié à Londres quand Verlaine et Rimbaud y arrivèrent. Il entretint avec eux de bonnes relations, et c'est ce qui explique que Verlaine, de Belgique, lui ait adressé cette lettre.

Quelques jours plus tard, Matuszewicz crut qu'il pouvait rentrer secrètement en France. Il fut bientôt arrêté (24 juillet 1873). Le conseil de guerre le condamna à mort le 12 novembre 1873, mais sa peine fut commuée en celle de bannissement. En 1879, il put rentrer en France.

Quand la police l'arrêta, elle trouva dans ses papiers la lettre de Verlaine, et la joignit au dossier. Ainsi s'explique sa présence dans les archives du Musée de l'armée.

Cette lettre a été déchiffrée avec une certaine maladresse. On a lu *8 gt College St. Et Camdentown* alors qu'il fallait lire : *8 Great College Street, Camdentown.* De même on a lu *dont Rimbaud n'aurait pas eu besoin — aussi — foutre que pas mal de manuscrits,* au lieu de : *— ainsi foutre que pas mal de manuscrits.* Verlaine n'a naturellement pas écrit : « toute garce blague à part » mais « toute bonne blague à part », et l'on s'étonne qu'une telle faute de lecture ait pu être commise.

Page 273.

MADAME RIMBAUD À VERLAINE*
6 juillet 1873

Publiée par Maurice Dullaert dans la revue *Nord,* Bruxelles, novembre 1930.
Fac-similé dans Fontainas, *Verlaine-Rimbaud.* Quelques inexactitudes ont été corrigées dans la présente édition.

Arrivé à Bruxelles, Verlaine écrivit plusieurs lettres pour annoncer qu'il allait se tuer. Il écrivit à sa mère, et elle accourut aussitôt. Il écrivit à Mathilde, et elle jeta la lettre dans un tiroir sans l'ouvrir. Il écrivit à Mme Rimbaud, et elle lui envoya cette très belle lettre, d'une humanité émouvante.

Page 275.

RIMBAUD À VERLAINE*
[7 juillet 1873]

Publiée par Maurice Dullaert dans la revue *Nord,* Bruxelles, novembre 1930.
Fac-similé dans Fontainas, *Verlaine-Rimbaud.*

La différence est grande entre la lettre du 5 juillet et celle-ci, envoyée deux jours plus tard. On devine un grand désordre d'esprit dans ce mélange de menaces et de promesses, de ricanements et de déclarations d'amour, avec des comptes de gilets et de chemises, de caleçons et de paletots. Bouillane de Lacoste a fait à ce sujet une remarque intéressante. C'est que cette lettre est d'une écriture tremblée et tout à fait anormale.

Aux premières lignes de cette lettre, Rimbaud parle d'une lettre que Verlaine envoya à sa logeuse Mme Smith. Elle n'a pas été conservée. Nous possédons le brouillon d'une lettre de Verlaine à Mme Smith, mais qui ne se confond pas avec la première. Celle-ci annonçait, semble-t-il, son prochain

retour à Londres. La seconde annonce au contraire qu'il se dispose à partir pour Paris le jour même.

1. La phrase entre crochets est biffée dans l'autographe.

Page 276.

VERLAINE À RIMBAUD*

Publiée par Maurice Dullaert dans la revue *Nord*, Bruxelles, novembre 1930. Fac-similé, dans Fontainas, *Verlaine-Rimbaud*, et dans l'*Album Rimbaud*, p. 167.

Verlaine ne donnait plus signe de vie depuis son arrivée à Bruxelles. Puis, le 7 juillet, à 8 h 38 du matin il envoya ce télégramme à Rimbaud. Sur l'original, avant le 7, on lit un chiffre effacé.

DÉCLARATION DE RIMBAUD
AU COMMISSAIRE DE POLICE
10 juillet 1873

Cette déclaration a été connue par l'édition de la *Correspondance inédite* de Rimbaud en 1929.

La déclaration de Rimbaud est précédée des lignes suivantes :

« Procès-verbal du Commissaire de police, transmis à M. le Procureur du Roi, le 11 juillet 1873. — Poursuite à charge du nommé VERLAINE Paul, homme de lettres, né à Metz, le 30 mars 1844, en logement rue des Brasseurs, 1, prévenu de blessures, au moyen d'un revolver, sur le nommé RIMBAUD Arthur, homme de lettres, né à Charleville (France), le 20 octobre 1854, en logement rue des Brasseurs, 1.

« L'an mil huit cent septante trois, le dix du mois de juillet, vers huit heures du soir, devant nous, DELHALLE Joseph, commissaire adjoint..., comparaît l'agent MICHEL Auguste-Joseph, 38 ans, né à Ciney, demeurant rue des Tanneurs, 24, attaché à la 2ᵉ division de police, lequel nous amène le sieur VERLAINE Paul..., qu'il vient d'arrêter rue du Midi, sur la réquisition du sieur RIMBAUD Arthur ; lequel se plaint que, vers deux heures, il avait été blessé d'un coup de revolver au bras gauche, et qu'il le poursuivait de nouveau, armé de cette arme ; qu'en présence de cette déclaration, il l'avait invité à le suivre au bureau de police.

« Nous entendons le sieur RIMBAUD, lequel déclare : " Depuis un an ", *etc.* »

Page 277.

DÉCLARATION DE MADAME VERLAINE
AU COMMISSAIRE DE POLICE

Publiée par Fontainas, *Verlaine-Rimbaud*.

La déclaration de Mme Verlaine est précédée des lignes suivantes :

« Nous entendons également la nommée Élisa Dehée, veuve Verlaine, sans profession, âgée de 64 ans, née à Fampoux (France), en logement rue des Brasseurs, nº 1, depuis le 5 courant. Laquelle déclare : "Depuis deux ans" ... »

Page 278.

DÉCLARATION DE VERLAINE
AU COMMISSAIRE DE POLICE
10 juillet 1873

Publiée par Fontainas, *Verlaine-Rimbaud*.

La déclaration de Verlaine est précédée des lignes suivantes :

« En présence de ces déclarations [de Rimbaud et de Mme Verlaine], nous interpellons le sieur Verlaine Paul, lequel déclare qu'il est arrivé à Bruxelles », *etc.*

Après la déclaration de Verlaine, le procès-verbal porte ceci :

« En présence de ce qui précède, nous avons écroué le nommé Verlaine Paul, à la disposition de M. le Procureur du Roi, sous prévention de blessures faites, au moyen d'une arme à feu, sur la personne du sieur Rimbaud Arthur... »

Page 279.

DÉPOSITION DE RIMBAUD
DEVANT LE JUGE D'INSTRUCTION
12 juillet 1873

Fac-similé de la dernière page dans l'*Album Rimbaud*, p. 172.

Texte publié par Edmond Lepelletier dans son livre *Paul Verlaine, sa vie, son œuvre*, 1907, et une seconde fois par Fontainas, *Verlaine-Rimbaud*. Le texte de Fontainas est établi sur une copie du document de Bruxelles. Il rectifie celui de Lepelletier. C'est naturellement le texte de Fontainas qui est ici reproduit. Le fac-similé donné par l'*Album Rimbaud* a révélé encore quelques inexactitudes. Elles ont été corrigées.

Le 12 juillet, Rimbaud fut mandé à comparaître devant le juge d'instruction. Mais le médecin de l'hôpital Saint-Jean jugea que son état exigeait le repos. Le juge d'instruction

tint à se déplacer. Il vint à l'hôpital interroger le blessé. Rimbaud se montra « peu aimable », et reprocha à la justice de se mêler de ce qui ne la regardait pas. Il fit si bien que le juge d'instruction, le traitant en suspect, fouilla son portefeuille. Il y trouva des lettres et un poème de Verlaine qui l'éclairèrent.

Page 282.

NOUVEL INTERROGATOIRE DE VERLAINE
18 juillet 1873

Procès-verbal à la Bibliothèque royale de Bruxelles.
Publié pour la première fois par Jules Mouquet, *Rimbaud raconté par P. Verlaine*, 1934.

1. Auguste Mourot, que nomme Verlaine, était un artiste peintre habitant Bruxelles. Il était le filleul de Mme Verlaine mère. Il avait de l'amitié pour Verlaine, et le considérait comme une victime de Rimbaud. Cité comme témoin, il crut bien faire de charger Rimbaud autant qu'il pouvait dans sa déposition.

Page 283.

NOUVELLE DÉPOSITION DE RIMBAUD
18 juillet 1873

Texte publié par Edmond Lepelletier, *Paul Verlaine, sa vie, son œuvre*, 1907.

Rimbaud était toujours à l'hôpital Saint-Jean. Le 14 juillet 1873, il fut examiné par le docteur Semal. Le 17 juillet, la balle fut extraite du poignet. Le 18, il fut de nouveau interrogé, et nous avons ici sa déposition. Elle semble indiquer que le juge continuait d'être mal satisfait de son récit et de celui de Verlaine. Il voulait faire avouer à l'un comme à l'autre les vrais motifs de leur querelle. Mais Rimbaud ne changea rien à ses déclarations antérieures.

Page 284.

ACTE DE RENONCIATION DE RIMBAUD*
19 juillet 1873

Publié par Berrichon, *J.-A. Rimbaud, le poète*, 1912.
Fac-similé dans Fontainas, *Verlaine-Rimbaud*.

Le 19 juillet, Rimbaud signa la présente déclaration, que lui soumit l'avocat de Verlaine. Il se désistait du bénéfice de

toute poursuite qui serait intentée par le ministère public contre Verlaine.

Le dimanche 20 juillet, il sortit, sur sa demande, de l'hôpital Saint-Jean.

Page 285.

VITALIE RIMBAUD À SA SŒUR ISABELLE*
[7] juillet 1874

Autographe au musée Rimbaud.

Outre le journal de Vitalie Rimbaud (cf. p. 817-835), le musée Rimbaud de Charleville possède trois lettres de la jeune fille sous les numéros 1965-1967. Ces lettres, adressées à Isabelle, nous disent, de façon moins apprêtée, les impressions de Mme Rimbaud et de sa fille pendant leur voyage de Londres.

1. Vitalie écrit, par erreur, Charleville.
2. Mme Rimbaud et Vitalie avaient quitté Charleville le 5 juillet 1874 au matin. Elles avaient passé la nuit du 5 au 6 dans le bateau qui les menait de Calais à Douvres.

Page 286.

ISABELLE RIMBAUD À SA MÈRE*
9 juillet 1874

Autographe au musée Rimbaud.

Pendant que sa mère et sa sœur partaient pour Londres appelées par Arthur, Isabelle, trop jeune pour les accompagner (elle n'avait que quatorze ans) était restée à Charleville, au pensionnat du Saint-Sépulcre.

Page 288.

VITALIE RIMBAUD À SA SŒUR ISABELLE*
12 juillet 1874

Autographe au musée Rimbaud.

Page 291.

1. Lecture douteuse : il semble bien qu'il faille lire *vîmes* surchargeant *voyons*.

Page 292.

ISABELLE RIMBAUD À SA MÈRE*
17 juillet 1874

Autographe au musée Rimbaud.

Page 294.

VITALIE RIMBAUD À SA SŒUR ISABELLE*
24 juillet 1874

Autographe au musée Rimbaud.

Page 295.

1. L'autographe porte : *en bateau* en *vapeur.*

Page 296.

1. Certains lisent : *l'anglais comme Arthur le* sait, *nous.*

RIMBAUD À ERNEST DELAHAYE*
[5 mars] [18]75

Autographe dans la collection Alfred Saffrey.
Publié par Berrichon, *La Nouvelle Revue française,* juillet 1904.
Texte revu par Jules Mouquet pour l'édition de la Bibliothèque
de la Pléiade.

Ici se place de nouveau une lacune considérable dans la
correspondance de Rimbaud. Nous n'avons plus aucune
lettre des derniers mois de 1873, ni de toute l'année 1874. Le
fil ne se trouve renoué qu'avec la présente lettre en février-
mars 1875.

Rimbaud est alors à Stuttgart. Il y vécut deux ou trois mois.
Outre l'argent qu'il recevait de sa mère, il en gagnait un peu
en donnant des leçons de français aux enfants d'un certain
docteur Lübner. Il n'était nullement dans la misère. Après
avoir logé rue Wagner, il prit, le 15 mars, une chambre
grande, agréable et bien meublée, 2, Marienstrasse, au centre
de la ville, chez des petits bourgeois qui tenaient une pension
de famille.

La date inscrite par Rimbaud en haut de sa lettre est
5 février 1875. Mais le cachet postal, sur l'enveloppe, porte
6 mars 1875. Le *lapsus* de Rimbaud doit donc être corrigé en
toute certitude.

Cette lettre nous parle d'une rencontre de Verlaine et de
Rimbaud à Stuttgart. Berrichon en a laissé un récit auquel il
est prudent de n'accorder aucune confiance. Il vaut mieux
s'en tenir à cette lettre. La phrase : « Trois heures après, on
avait renié son Dieu, et fait saigner les 98 plaies de N. S. »,
donne certainement à penser, mais ce n'est pas à une querelle
et à des coups de poing.

2. Le dessin et les sept premières lignes de la lettre sont
reproduits en fac-similé dans l'*Album Rimbaud,* p. 196.

Page 297.

RIMBAUD AUX SIENS*
17 mars 1875

Publiée par P. Berrichon, *Lettres de J.-A. Rimbaud*. — Photographie de l'autographe, musée Rimbaud.

1. Dans l'angle, en haut, à gauche, Isabelle a écrit : « 21,50 pour log. plus les frais d'annonces — combien lui restait-il pour manger pendant un mois! I. R. »

Page 298.

1. La phrase *Je salue l'armée* s'adresse à Frédéric, qui faisait alors son service militaire.

RIMBAUD À SA SŒUR ISABELLE

Il s'agit de quelques lignes tirées d'une lettre perdue. On en doit la révélation à un article de M. Maurice Métral dans *La Tribune de Genève* du 10 septembre 1963, repris et commenté dans *Le Bateau ivre* de juillet 1964. M. Maurice Métral ajoute que cette lettre, non affranchie, n'arriva à destination qu'avec une dizaine de jours de retard.

Justement intéressé par un document si curieux, et désireux d'obtenir des certitudes sur son authenticité, M. Pierre Petitfils écrivit à M. Maurice Métral. Celui-ci lui répondit « qu'il existe effectivement une lettre inédite de Rimbaud à sa sœur, donnant quelques détails sur son voyage. Elle est aux mains d'un collectionneur suisse » (*Le Bateau ivre*, n° 18, p. 11).

RIMBAUD À ERNEST DELAHAYE*
14 octobre [18]75

Autographe dans la collection Alfred Saffrey.
Publiée par Berrichon, *La Nouvelle Revue française,* juillet 1914. Revu sur l'autographe par Jules Mouquet, en vue de l'édition de la Bibliothèque de la Pléiade.

Outre ce qu'elle nous apprend sur les sentiments de Rimbaud à l'égard de Verlaine, cette lettre porte essentiellement sur deux points. D'abord Rimbaud est préoccupé par l'appel du deuxième contingent de la classe 74, prévu pour le 3 novembre prochain. D'autre part, il pense à préparer son baccalauréat ès-sciences.

Verlaine a su ce projet. Dans ses lettres de 1875, il parle de Rimbaud comme perdu pour la poésie depuis qu'il affiche sa résolution d'apprendre les langues étrangères et de devenir une sorte d'ingénieur ou tout au moins de technicien.

Page 299.

1. Berrichon nous apprend qu'il s'agit d'un certain Lefebvre, fils du propriétaire du 13, rue Saint-Barthélemy, où habitait Mme Rimbaud.

Page 300.

1. « Le Némery », c'est Hémery, employé à l'hôtel de ville de Charleville. Il avait été camarade de Rimbaud au collège.

VERLAINE À RIMBAUD
12 décembre [18]75

Publiée intégralement pour la première fois par Armand Lods, *Le Figaro* du 2 avril 1932.

Après l'entrevue de Stuttgart, en février 1875, Verlaine et Rimbaud ne rompirent pas encore toute relation entre eux. Une note de Delahaye nous apprend que dans les mois qui suivirent, il y eut des lettres échangées. Rimbaud écrivait à Verlaine : « Évite ces idées noires, distrais-toi. Va un peu au café. Et puis tu as les théâtres. »

Mais en avril 1875, Rimbaud « tapa » Verlaine de cent francs, et Verlaine s'en expliquait dans des lettres à Delahaye qui ont été faussement datées du mois d'octobre suivant. À partir de ce moment, Verlaine ne vit plus dans son ancien ami qu'un homme décidé à l'exploiter. C'est pendant l'été de 1875 qu'il a écrit le dixain :

> *Épris d'absinthe pure et de polymathie...*

où éclatent la hargne, le mépris, une sorte d'horreur. À noter que ce dixain a été parfois daté par erreur de 1877. Il a été écrit le 24 août 1875.

La présente lettre est un précieux témoignage sur les sentiments de Verlaine pour son ancien ami à partir de cette année-là.

Page 302.

ERNEST DELAHAYE À ERNEST MILLOT
28 janvier 1877

Lettre retrouvée par Daniel de Graaf et publiée par lui dans la *Revue des Sciences humaines,* 1951. Elle appartenait à M. Ernest Létrange, de Charleville, neveu d'Ernest Millot.

Cette lettre nous apporte les renseignements les plus précieux sur l'itinéraire de Rimbaud lorsqu'il alla jusqu'à Java

comme volontaire dans la Légion étrangère de Hollande. On notera en particulier les points suivants.

Elle confirme l'article paru dans *Le Petit Ardennais* du 15 décembre 1891 pour plusieurs détails essentiels. Elle dit que Rimbaud est parti de Bruxelles. Cet article disait qu'il avait rencontré un racoleur en Belgique.

Elle parle de Liverpool, et l'article l'avait fait aussi.

Par contre, elle nous apprend que Rimbaud est revenu par Le Havre, et l'article avait parlé de Dieppe. Elle assure que Rimbaud resta deux mois à Java. L'article avait dit : un mois.

D'autre part, elle donne pour date du retour à Charleville le 9 décembre 1876, et Isabelle Rimbaud avait dit que son frère était rentré le 31 décembre. Mais Delahaye précise que Rimbaud s'est caché. L'erreur d'Isabelle s'explique donc.

Le passage, au retour, par Paris vient confirmer un récit que Germain Nouveau fit à Delahaye (*Les Illuminations et Une Saison en Enfer*, 1927, p. 16, n. 2). Au dire de Germain Nouveau, Rimbaud était alors habillé en marin anglais.

1. Il ne faut naturellement pas lire *carapaces,* qui n'aurait ici aucun sens, mais *carapates,* mot plaisamment fabriqué sur le verbe *se carapater,* s'en aller.

RIMBAUD AU CONSUL DES ÉTATS-UNIS
D'AMÉRIQUE À BRÊME*
14 mai [18]77

Autographe de la collection Clayeux. Le fac-similé en avait été donné dans *Le Figaro littéraire* du 20 mai 1961. On le trouve également dans l'*Album Rimbaud*, p. 227.

Du mois de janvier au mois d'août 1877, nous perdions la trace de Rimbaud. Nous savions seulement par la lettre de Delahaye à Ernest Millot, en date du 6 août, que leur commun ami avait été signalé dernièrement à Stockholm. Le présent document nous permet de combler cette lacune.

Traduction de M. Petitfils :

Brême le 14 mai 77.

Le soussigné Arthur Rimbaud — Né à Charleville (France) — Âgé (de) 23 ans — Taille 5 pieds 6 — Bien portant — Précédemment professeur de sciences et de langues — Récemment déserteur du 47e Régiment de l'armée française — Présentement à Brême sans aucune ressource, le Consul français refusant tout secours.

Aimerait connaître à quelles conditions il pourrait conclure un engagement immédiat dans la Marine américaine.

Parle et écrit l'anglais, l'allemand, le français, l'italien et l'espagnol.

À été marin pendant quatre mois sur un voilier écossais de Java à Queenstown, d'août à décembre 76.

Serait très honoré et très reconnaissant de recevoir une réponse.

JEAN-ARTHUR RIMBAUD.

2. Rimbaud venait en effet de déserter, mais c'était de la Légion étrangère hollandaise. Il a eu l'étrange idée de donner le numéro du régiment où son père avait été capitaine, en 1852, à Givet, puis à Mézières.

Page 303.

1. On attachera un grand prix à l'information que cette lettre nous apporte sur les langues que Rimbaud avait apprises : l'anglais, l'allemand, l'italien et l'espagnol.

2. Cette phrase s'accorde avec les renseignements fournis par la lettre d'Ernest Delahaye à Ernest Millot, ci-dessus, p. 302. Le voyage de retour a abouti à Queenstown. On notera la précision qui n'est pas connue autrement : Rimbaud a fait ce voyage de retour *as a sailor in a scotch bark.* Une étude très minutieuse de M. Underwood dans le *Mercure de France,* 1960, p. 635-648, a donné les plus fortes raisons de penser que Rimbaud revint sur le *Wandering-Chief* qui entra dans le port de Queenstown le 6 décembre 1876. Or le *Wandering Chief* était écossais. Il était immatriculé à Banff en Écosse. Le capitaine Brown et la majorité des hommes de l'équipage étaient Écossais (*Revue de littérature comparée,* 1960, p. 538). Les conclusions de M. Underwood se trouvent donc confirmées de façon décisive.

ERNEST DELAHAYE À ERNEST MILLOT

[9 août 1877]

Lettre publiée par Daniel de Graaf, *Revue des Sciences humaines,* 1951.

J.-M. Carré a publié la photographie de l'ours blanc trinquant avec un voyageur qui est évidemment Rimbaud. Ce dessin porte pour légende, *Sur le 70e parallèle,* le zéro étant d'ailleurs en surcharge. Voir l'original, fonds Doucet. On lit au verso : *le 9 août 1877.*

RIMBAUD AUX SIENS*

17 novembre 1878

Reproduction photographique au musée Rimbaud.

Publiée pour la première fois par Berrichon, *Lettres de J.-A. Rimbaud,* 1899.

Cette année-là (1878), les fermiers de Mme Rimbaud n'ayant pas voulu renouveler leur bail, elle fut obligée de s'installer à Roche pour reprendre la culture (*Reliques,* p. 133). Rimbaud passa l'été auprès d'elle. Pour la première fois, il aida sa famille aux travaux de la moisson. Mais il se préparait à partir. Le 20 octobre il se mit en route. Il gagna la Suisse d'abord. Il passa par le lac des Quatre Cantons et aborda la route du Saint-Gothard. Il pénétra en Italie et atteignit Gênes le 17 novembre. C'est de là qu'il écrivit aux siens la présente lettre. On notera la façon dont Rimbaud s'exprime sur les moines du Saint-Gothard. Elle en dit long sur ses sentiments à l'endroit de la religion établie.

Page 306.

RIMBAUD AUX SIENS
[Décembre] 1878

Publiée par P. Berrichon, *Lettres de J.-A. Rimbaud,* 1899.

Rimbaud s'arrêta à peine à Gênes. Le 19 novembre, il s'embarquait pour Alexandrie. Là, il se mit à la recherche d'une situation. La présente lettre est tout occupée des démarches qu'il était en train de faire en ce sens.

Page 307.

RIMBAUD AUX SIENS*
15 février 1879

Autographe de la collection de Mme Dina Vierny.
Publiée par P. Berrichon, *Lettres de J.-A. Rimbaud,* 1899.

À la suite de ses démarches, Rimbaud fut engagé par une entreprise installée à Larnaca dans l'île de Chypre, la maison Ernest Jean et Thial fils. Ses patrons lui confièrent la direction d'une carrière où travaillaient une soixantaine d'ouvriers. Ce lieu a été récemment identifié par M. Roger Millex. Il s'agit du lieu-dit Potamos, près de Xylophagos, à 30 kilomètres de Larnaca, sur la côte Est (*Bateau ivre,* n° 19, septembre 1965).

On notera que lorsqu'il écrit la présente lettre, il y a deux mois exactement que Rimbaud est à Chypre. Il y était donc arrivé le 16 décembre 1878. On conclura de là qu'il convient de rejeter sans discussion l'absurde histoire selon laquelle il serait allé, pendant son séjour à Alexandrie, au cap Gardafui, pour y exercer l'honorable métier de pilleur d'épaves. Le cap Gardafui est à 3 000 kilomètres d'Alexandrie et le

temps — moins de quinze jours — aurait décidément manqué à Rimbaud.

Page 309.

RIMBAUD AUX SIENS
24 avril 1879

Publiée par P. Berrichon, *Lettres de J.-A. Rimbaud,* 1899.

La procuration dont parle cette lettre lui avait été demandée par sa famille en vue de la succession de son père, le capitaine Rimbaud. Celui-ci était mort le 17 novembre 1878 à Dijon.

RIMBAUD AUX SIENS*

Publiée en fac-similé par M.-Y. Méléra, *Rimbaud,* p. 204.

Ces quelques lignes ne sont pas une lettre, mais un billet que Rimbaud joignit à l'une de ses lettres. S'il réclame un poignard, c'est en raison des querelles où s'affrontaient ses ouvriers. On a vu que dans la lettre aux siens du 24 avril il annonçait qu'il avait dû demander des armes.

Page 310.

CERTIFICAT*
28 mai 1879

Publié en fac-similé dans l'*Album Rimbaud,* p. 234.

RIMBAUD AUX SIENS
23 mai 1880

Autographe ayant appartenu à la collection de MM. Marc et Bernard Loliée.

Publiée par P. Berrichon, *Lettres de J.-A. Rimbaud,* 1899.

Rimbaud était resté six mois à Larnaca. Mais sa santé n'y résistait pas. Il prit congé le 27 mai 1879 et rentra en France. Le médecin d'Attigny diagnostiqua une fièvre typhoïde.

Il passa donc l'été à Roche. De nouveau il participa aux travaux de la ferme. Mais il comprit que le climat de l'Europe était maintenant trop froid pour lui. À l'approche de l'hiver, il se mit en route. N'étant pas guéri, il ne put supporter le voyage. À Marseille, il rebroussa chemin. Il revint à Roche et y passa l'hiver.

Au mois de mars 1880, il partit pour l'Orient. Pour l'Égypte d'abord, mais il n'y trouva pas d'emploi. Alors, vers la fin d'avril, il retourna à Chypre. C'est de là qu'il écrivit la présente lettre.

Page 312.

1. Au dire de Berrichon, le père Michel était un vieux domestique de la ferme de Roche. *Cotaîche* était une jument qui s'appelait en réalité *Comtesse*, mais le père Michel, luxembourgeois d'origine, prononçait *Cotaîche*.

RIMBAUD AUX SIENS[*]
4 juin 1880

Fac-similé au musée Rimbaud.
Publiée dans *La Grive,* avril 1956.

Malgré les ennuis de toutes sortes que lui apportait sa situation sur le chantier du Mont-Troodos, Rimbaud y resta de la fin d'avril jusqu'à la deuxième moitié de juin 1880. La présente lettre se situe dans la dernière partie de cette période.

Page 313.

RIMBAUD AUX SIENS
17 août 1880

Publiée par P. Berrichon, *Lettres de J.-A. Rimbaud,* 1899.

Vers le 20 juin 1880, Rimbaud donna sa démission de l'entreprise qui l'occupait à Chypre. Sans que l'on sache la raison précise de sa décision, il partit vers les ports africains de la mer Rouge. Il chercha du travail à Djedda, à Souakim, à Massaouah, à Hodeidah. La publication dans les *Études rimbaldiennes,* 1968, des souvenirs d'Alfred Bardey nous a appris récemment ce qui se passa alors. À Hodeidah, Rimbaud tomba malade, et complètement désemparé il fut recueilli par un négociant français, M. Trébuchet, agent de la maison Morand-Fabre, de Marseille. M. Trébuchet fit partir le jeune homme pour Aden en le recommandant à l'une de ses relations, M. Dubar, qui dirigeait en l'absence de son patron, l'agence Viannay, Bardey et Cie. M. Dubar engagea immédiatement Rimbaud.

1. Ce « marchand de café », c'est en réalité la maison Viannay, Bardey et Cie. Son siège était à Lyon. Elle avait une agence à Aden. Elle avait pour occupation principale le commerce du moka. Elle le faisait venir d'Abyssinie, le mettait en sacs à Aden et l'expédiait en France.

2. Nous ne sommes pas étonnés de ce salaire médiocre lorsque nous apprenons par les souvenirs d'Alfred Bardey que le travail de Rimbaud à cette date consistait à recevoir les balles de café, à les faire trier et emballer.

Page 314.

RIMBAUD AUX SIENS
25 août 1880

Publiée par P. Berrichon, *Lettres de J.-A. Rimbaud*, 1899.

À cette date, Alfred Bardey est toujours absent d'Aden. Après un court voyage à Harar, il est reparti pour la France. Rimbaud continue donc d'avoir pour chef immédiat Dubar, et sa situation reste subalterne.

1. Ce prétendu « général en retraite » était en réalité un nommé Dubar, ancien officier et colonel d'une légion du Rhône en 1870-1871, ce qui lui permettait de se faire appeler colonel. En fait, il avait été employé d'administration dans une maison commerciale de Lyon. Puis il était venu à Aden où son beau-frère, Jules Suel était propriétaire du Grand Hôtel de l'Univers. Le Lyonnais Alfred Bardey, venu à Aden, l'avait pris pour collaborateur. C'est ce Dubar qui, au retour d'Alfred Bardey, attira son attention sur les grandes qualités de Rimbaud.

2. *Il n'y a pas,* expression populaire pour : *il n'y a pas moyen de faire autrement.*

Page 315.

RIMBAUD AUX SIENS
22 septembre 1880

Autographe de la collection Jean Loize.
Publiée par Paterne Berrichon dans son édition des *Lettres de J.-A. Rimbaud,* 1899. Mais il avait supprimé le post-scriptum.
Mme Suzanne Briet a donné le texte rectifié dans *Rimbaud notre prochain,* p. 212-213.

Page 316.

RIMBAUD AUX SIENS
2 novembre 1880

Publiée par P. Berrichon, *Lettres de J.-A. Rimbaud,* 1899.

Dès sa première arrivée à Aden, en mai ou juin 1880, Alfred Bardey, sur les renseignements d'un jeune Abyssin, avait compris l'utilité pour sa maison d'avoir un comptoir à Harar. Il s'était rendu dans cette ville au mois d'août. Puis il était rentré en France. À la fin d'octobre, quand il revint à Aden, Rimbaud le pria instamment de l'envoyer là-bas. Persuadé des qualités supérieures de son employé, Alfred Bardey décida de lui confier cette mission. Il lui

donna un compagnon, le jeune Grec Constantin Righas. La présente lettre annonce à Mme Rimbaud le prochain départ de son fils pour Harar.

Page 317.

1. Ce premier voyage est celui qu'Alfred Bardey avait fait au mois d'août 1880, à un moment où Rimbaud ne lui avait pas encore été présenté.

2. Ce représentant de M. Bardey à Harar était un nommé Pinchard, ancien sous-officier de tirailleurs. Il avait été employé à Aden pour le sauvetage des navires échoués au cap Gardafui (ce qui pourrait bien être à l'origine de la sotte légende de Rimbaud pilleur d'épaves). Alfred Bardey l'avait emmené à Harar lors de son premier voyage dans cette ville, et il l'y avait laissé.

3. Les mémoires d'Alfred Bardey précisent en effet que la mission de Rimbaud était de porter à Harar les fonds et les cotonnades nécessaires à la vie de l'agence.

À M. LACROIX

Publiée par P. Berrichon, *Lettres de J.-A. Rimbaud,* 1899.

Cette lettre est en réalité la note que Rimbaud avait jointe à la lettre précédente pour être adressée à la librairie Lacroix, rue des Saints-Pères, à Paris.

Page 320.

PREMIER CONTRAT DE RIMBAUD
AVEC LA MAISON VIANNAY ET BARDEY, D'ADEN*
10 novembre 1880

Ce contrat a été publié par Enid Starkie, *Rimbaud en Abyssinie,* 1938, mais l'autographe du musée Rimbaud révèle plusieurs inexactitudes qui ont été ici corrigées. L'une d'elles est importante. S'il est vrai que le contrat était d'une durée de trois ans, il interdisait à Rimbaud de travailler pour une autre maison, susceptible de faire concurrence à la firme, non pour trois ans, mais pour *neuf* ans, jusqu'au 31 octobre 1889.

La signature d'un contrat en bonne forme traduisait la promotion de Rimbaud, chargé maintenant de fonctions importantes.

Il se mit en route sans tarder, passa en Afrique et de Zeilah s'engagea vers l'intérieur du pays. Constantin Righas l'accompagnait.

Page 321.

REÇU*
12 novembre 1880

Reproduction de l'autographe dans le catalogue Lucien Graux.

Ce reçu du 12 novembre 1880 ne peut avoir été signé qu'à Aden, et la mention du Harar ne doit pas tromper. Rimbaud ne s'est pas encore mis en route. Il signe ce reçu pour des marchandises en provenance du Harar.

1. Il s'agit ici d'un homme d'affaires français, Armand Savouré, qui reviendra souvent dans cette correspondance. Ilg l'estimait peu. Il avait du doigté, peu de scrupules, mais Ilg le jugeait habile organisateur et adroit en affaires. À d'autres moments d'ailleurs, il le trouvait « très brave et honnête garçon ». Rimbaud, on le verra, fut en rapports suivis avec Savouré, et il l'hébergea même chez lui en septembre 1888. Au mois d'août 1891, alors que Rimbaud était à l'hôpital de Marseille, Armand Savouré lui écrivit une lettre cordiale qu'on lira plus loin.

2. Le *frasleh* ou *fraslek* (ou encore *frassela*) était une unité de poids de 17 kilos.

RIMBAUD AUX SIENS*
13 décembre 1880

Original au fonds Doucet.
Publiée par P. Berrichon, *Lettres de J.-A. Rimbaud,* 1899.

Quand il écrit cette lettre, Rimbaud vient à peine d'arriver à Harar avec Righas. Il y a trouvé Pinchard. Leur patron, Alfred Bardey, est en France.

Comparé aux autres villes d'Abyssinie, Harar pouvait paraître un lieu de séjour agréable. On y trouvait des magasins, des cafés. Un régiment d'infanterie égyptienne, un régiment de cavalerie, des centaines de fonctionnaires égyptiens mettaient de l'animation dans la ville. Le climat, d'autre part, était agréable et sain. La campagne environnante offrait une végétation qui faisait penser à celle de l'Europe, et un voyageur nous dit qu'on pouvait se croire en Toscane. Les perspectives économiques, en 1880, semblaient bonnes.

Ne nous faisons pas pourtant une image trop riante des conditions de vie à Harar. Les Européens n'étaient qu'une poignée. La campagne était aux mains des cruels Danakils, toujours prêts à massacrer les chrétiens. Il ne fallut pas longtemps pour que Rimbaud détestât les habitants, l'administration égyptienne, son propre métier et jusqu'au climat.

Page 322.

RIMBAUD AUX SIENS*
15 janvier 1881

Autographe au fonds Doucet. Plusieurs inexactitudes dans le texte publié par Paterne Berrichon, rectifiées dans les précédentes éditions de la Bibliothèque de la Pléiade.

Page 323.

1. Il s'agit de Mgr Taurin-Cahagne, vicaire apostolique des Gallas. Il avait été obligé de quitter le pays. Alfred Bardey reçut une lettre de lui, où il disait son intention d'y revenir et de se fixer à Harar avec cinq religieux franciscains.

À M. LACROIX*

Autographe au fonds Doucet.
Publiée par P. Berrichon, *Lettres de J.-A. Rimbaud,* 1899.

Lettre jointe à la précédente pour être adressée à l'éditeur Lacroix, rue des Saints-Pères, Paris.

Page 324.

À M. BAUTIN*
30 janvier 188[1]

Autographe au fonds Doucet.
Publiée par P. Berrichon, *Lettres de J.-A. Rimbaud,* 1899.

Lettre jointe au même envoi pour être adressée à M. Bautin, fabricant d'instruments de précision, 6, rue du 4-Septembre, Paris.

1. Par erreur : *1880,* sur l'autographe.

Page 325.

RIMBAUD AUX SIENS
15 février 1881

Publiée par P. Berrichon, *Lettres de J.-A. Rimbaud,* 1899.

Trois mois après son arrivée à Harar, Rimbaud songe déjà à partir. Il pense en particulier à Panama et aux travaux que le percement du canal va bientôt entraîner.

1. Les biographes ne semblent pas douter que cette maladie soit la syphilis, et que nous ayons ici la première indication sur la maladie dont, croient-ils, Rimbaud est mort. Il

est prudent de penser que cette interprétation est tout à fait douteuse.

Page 326.

1. Ces mots *votre petit manège* sont un peu étonnants. Nous n'avons pas l'autographe ni aucune copie sûre de cette lettre. On peut penser à une erreur de lecture. Le mot *ménage* s'expliquerait beaucoup mieux.

Page 327.

RIMBAUD AUX SIENS
12 mars 1881

Publiée par P. Berrichon, *Lettres de J.-A. Rimbaud,* 1899.

Rimbaud continue d'envisager son départ. Il continue de songer à une situation du côté de Zanzibar et des Grands Lacs. Mais il ne saura à quoi s'en tenir que dans un mois. Cela signifie qu'il prendra son parti quand Alfred Bardey sera à Harar. Sa prochaine arrivée est attendue.

Page 328.

RIMBAUD AUX SIENS
16 avril 1881

Publiée par P. Berrichon, *Lettres de J.-A. Rimbaud,* 1899.

On constate avec un peu d'étonnement que Rimbaud ne prend pas la peine de parler aux siens de l'arrivée d'Alfred Bardey. Celui-ci, dans ses souvenirs, nous dit que Rimbaud vint à sa rencontre, le rejoignit à Geldeissa et le ramena à Harar. Il donne pour date de la rencontre à Geldeissa le 16 avril 1881, qui est la date même de la présente lettre, mais qui, pour cette raison même, ne doit pas être rigoureusement exacte.

Page 329.

1. Nous devinons que dans ses entretiens avec Alfred Bardey Rimbaud lui a soumis cette idée, et que Bardey ne l'a pas écartée.

2. Nous avons vu que ces missionnaires étaient les Franciscains de Mgr Cahagne. Alfred Bardey en parle, mais en indiquant une date qui ne s'accorde pas avec la présente lettre. Ils ne seraient arrivés que le 23 avril.

RIMBAUD AUX SIENS
4 mai 1881

Publiée par P. Berrichon, *Lettres de J.-A. Rimbaud,* 1899.

Sans abandonner l'idée de partir pour Panama, Rimbaud s'attache surtout au projet d'une expédition commerciale dans l'intérieur du pays.

Page 330.

RIMBAUD AUX SIENS
25 mai 1881

Publiée par P. Berrichon, *Lettres de J.-A. Rimbaud,* 1899.

Cette lettre présente une difficulté qui, faute de pouvoir examiner l'autographe, demeure insurmontable. Henri Guillemin (« Connaissance de Rimbaud », dans le *Mercure de France,* 1er juin 1953) nous apprend qu'il a vu cet autographe, lequel appartenait à Paul Claudel, et il affirme formellement que l'autographe porte *Aden* et non *Harar.* Mais il n'est pas moins certain que le 25 mai 1881, Rimbaud est à Harar, et non pas à Aden.

1. Henri Guillemin nous apprend que l'autographe, auquel nous n'avons pas eu accès, porte clairement : *5 000 francs* et non *3 000 francs* d'économies, comme les précédents éditeurs de la Pléiade l'avaient imprimé. On observera qu'il est absolument impossible que Rimbaud ait possédé *5 000 francs* au mois de mai 1881, ni d'ailleurs *3 000 francs.* C'est en juillet, après ses expéditions, qu'il en possédera trois mille (lettre du 22 juillet, *infra*).

Page 331.

RIMBAUD AUX SIENS
10 juin 1881

Publiée par P. Berrichon, *Lettres de J.-A. Rimbaud,* 1899.

Les souvenirs d'Alfred Bardey fournissent le commentaire de cette lettre. En mai 1881, Rimbaud a été malade. Il est resté alité dix ou quinze jours. Aussitôt guéri, il a voulu partir pour Boubassa, au sud d'Harar. On avait signalé que d'importantes quantités de peaux de bœufs et de chèvres étaient à vendre. Bardey avoue que cette idée ne lui plaisait guère. Rimbaud partit pourtant. Il revint au bout de quinze jours, très fatigué, au point de devoir s'aliter. Il avait cru plusieurs fois, dit-il à son patron, sa dernière heure venue. Mais les résultats de l'aventure furent bons, et les peaux finirent par arriver à Harar.

RIMBAUD AUX SIENS
2 juillet 1881

Publiée par P. Berrichon, *Lettres de J.-A. Rimbaud,* 1899.

Les souvenirs d'Alfred Bardey ne nous apprennent malheureusement rien sur cette nouvelle expédition projetée, dangereuse et qui devait, selon les prévisions, durer six semaines.

Page 332.

RIMBAUD AUX SIENS*
22 juillet 1881

Original au fonds Jacques Doucet.
Publiée par P. Berrichon, *Lettres de J.-A. Rimbaud,* 1899.

Il semble ressortir de cette lettre que les « campagnes » de Rimbaud dans l'arrière-pays n'avaient abouti qu'à des résultats décevants. Il ne pense pourtant plus, pour le moment, à quitter ses patrons, puisqu'il prend des dispositions pour que ses gains lui soient désormais payés en France, et soient versés à sa mère. Celle-ci en assurerait le placement.

Page 333.

RIMBAUD AUX SIENS*
5 août 1881

Original au fonds Jacques Doucet.
Publiée par P. Berrichon, *Lettres de J.-A. Rimbaud,* 1899.

Rimbaud s'occupe à faire passer ses fonds entre les mains de sa mère et à lui faire verser désormais ses appointements. Les gains subsidiaires qu'il faisait à Harar lui suffisaient pour vivre.

Page 334.

1. Rimbaud a écrit *referont.*

RIMBAUD AUX SIENS
2 septembre 1881

Publiée par P. Berrichon, *Lettres de J.-A. Rimbaud,* 1899.

Cette lettre nous apprend que Rimbaud a des difficultés avec ses employeurs. Cet ordre d'ennuis vient s'ajouter à ceux d'un climat trop humide et trop frais pour lui, et d'un genre d'occupations qui lui déplaît.

Page 335.

RIMBAUD AUX SIENS
22 septembre 1881

Publiée par P. Berrichon, *Lettres de J.-A. Rimbaud,* 1899.

Cette fois, Rimbaud a pris son parti. Il a envoyé sa démission à ses employeurs. Il semble qu'il ait alors le projet de rester en Abyssinie, mais non plus au service de la maison Mazeran, Viannay et Bardey. Une phrase de la lettre aux siens du 10 septembre 1882 nous apprend comment sa démission a été accueillie par ses employeurs. Ils lui ont rappelé les termes de son contrat. Il ne pouvait les quitter que le 31 octobre 1883.

Page 336.

RIMBAUD AUX SIENS*
7 novembre [18]81

Original à la bibliothèque Jacques Doucet.
Publiée par P. Berrichon, *Lettres de J.-A. Rimbaud,* 1899.

Page 338.

RIMBAUD AUX SIENS
3 décembre 1881

Publiée par P. Berrichon, *Lettres de J.-A. Rimbaud,* 1899.

Cette lettre ne parle que des deux questions dont Rimbaud juge nécessaire d'entretenir sa famille : celle de ses obligations militaires et celle des 2 500 francs qu'il avait donné ordre de verser à sa mère et que celle-ci n'avait toujours pas reçus.

Ses préoccupations les plus graves étaient ailleurs. En ce début de décembre 1881, la direction centrale de la maison Bardey et Viannay avait décidé une réorganisation générale. Alfred Bardey devait repartir pour Aden afin de prendre la direction de cette agence principale dont Harar et Zeilah allaient dépendre. Dans ce plan de réorganisation, la succursale d'Harar serait confiée à Pierre Bardey, frère d'Alfred Bardey. Rimbaud était rappelé à Aden, pour devenir le second de celui-ci.

Cette décision marquait donc pour Rimbaud une promotion. Il n'est pas certain pourtant qu'elle lui fût agréable.

Page 339.

RIMBAUD À M. ALFRED BARDEY
9 décembre 1881

Texte donné par Alfred Bardey dans ses *Souvenirs* publiés dans *Études rimbaldiennes*, I, 1968.

Alfred Bardey, en reproduisant cette lettre (ou ce fragment de lettre, ou peut-être ce télégramme), nous en explique l'origine. Puisque, dans la réorganisation générale de la firme, Rimbaud recevait la fonction de second à Aden, l'ordre lui fut envoyé d'y rentrer. Ce n'était pas une disgrâce, ni le signe précurseur d'une rupture entre Rimbaud et ses employeurs.

RIMBAUD AUX SIENS
9 décembre 1881

Publiée par P. Berrichon, *Lettres de J.-A. Rimbaud*, 1899.

Le message précédent éclaire la présente lettre, envoyée le même jour. Rimbaud sait que son départ d'Harar est imminent : il y est remplacé par Pierre Bardey.

Quand il dit qu'il compte trouver un autre travail à Aden, peut-être veut-il dire qu'il restera attaché à la firme, mais avec d'autres fonctions. On ne saurait d'ailleurs exclure une autre explication : Rimbaud rêve peut-être de changer d'employeur.

Page 340.

RIMBAUD AUX SIENS
18 janvier 1882

Publiée par P. Berrichon, *Lettres de J.-A. Rimbaud*, 1899.

Il ressort de cette lettre que le 5 janvier 1882, Rimbaud était à Aden. Il y attendait Alfred Bardey, qui était encore en France à cette date. Un projet, en attendant, lui était venu. Au mois de décembre 1880, Alfred Bardey s'était fait admettre comme correspondant de la Société de Géographie. Rimbaud songea à écrire pour cette société un ouvrage avec cartes et gravures sur le Harar et les pays gallas. Il pourrait attirer de cette façon l'attention de la Société et obtenir des subventions pour d'autres voyages. Au lieu d'être au service d'une firme commerciale, il serait explorateur. Il fit la commande des livres et des instruments nécessaires.

Page 341.

RIMBAUD À ERNEST DELAHAYE
18 janvier 1882

Lettre jointe à la précédente. Mme Rimbaud négligea de la faire parvenir au destinataire.

Page 343.

RIMBAUD AUX SIENS
22 janvier 1882

Publiée par P. Berrichon, *Lettres de J.-A. Rimbaud,* 1899.

En attendant le retour d'Alfred Bardey, Rimbaud s'occupe d'acquérir la documentation et les instruments nécessaires à ses projets d'explorations. Quelques mots de la lettre en disent long sur les sentiments qu'il porte à ses employeurs. Il les traite de ladres et de fripons. Mais nous nous souviendrons qu'Alfred Bardey est alors en France. Ce n'est pas à lui que Rimbaud a pour le moment affaire.

Page 345.

RIMBAUD À M. DEVISME
22 janvier 1882

Lettre jointe à la précédente.

Page 346.

RIMBAUD AUX SIENS
12 février 1882

Publiée par P. Berrichon, *Lettres de J.-A. Rimbaud,* 1882.

Rimbaud n'abandonne pas le vieux projet d'un emploi du côté de Zanzibar. Il accepterait du travail à Harar. Celui qu'il fait à Aden lui déplaît décidément.

Quand il écrit cette lettre, Alfred Bardey, le seul de ses chefs avec qui il s'entend se prépare à revenir à Aden.

Page 347.

F. DUBAR À LEDOULX*
6 mars 1882

Autographe au musée Rimbaud.

Cette précieuse lettre nous permet d'apprécier l'estime que Rimbaud avait inspirée à ses employeurs. Le « colonel » Dubar ne craint pas de l'appeler « son ami·».

1. En argot militaire : fièvre paludéenne.

Page 348.

RIMBAUD À SA MÈRE
15 avril 1882

Publiée par P. Berrichon, *Lettres de J.-A. Rimbaud,* 1899.

Sa mère lui a proposé de revenir à Roche, puisque ses affaires à Aden ne s'arrangent pas. Il l'en remercie. Il profitera peut-être un jour de son hospitalité, mais pour le moment il continue de lutter.

L'un des deux projets de Rimbaud, le retour à Harar, se heurtait à une difficulté qu'il ne prend pas la peine d'expliquer à sa mère. La situation politique dans cette partie de l'Afrique était devenue inquiétante. On craignait une guerre entre l'Égypte et la Turquie. La firme avait donc décidé de réduire l'activité de l'agence de Harar jusqu'au retour du calme. Alfred Bardey, qui nous apprend cette décision, ajoute d'ailleurs que Pierre Bardey et Mgr Taurin-Cahagne la déploraient.

Page 349.

RIMBAUD AUX SIENS
10 mai 1882

Publiée par P. Berrichon, *Lettres de J.-A. Rimbaud,* 1899.

Rimbaud continue de se plaindre de sa situation à Aden.

RIMBAUD AUX SIENS*
10 juillet 1882

Autographe au fonds Doucet.
Publiée par P. Berrichon, *Lettres de J.-A. Rimbaud,* 1899.

Rimbaud peut espérer que la période d'attente, qui dure depuis le début de l'année, va prendre fin. Il va, comme il le souhaitait, repartir pour Harar. Mais son départ dépend de la situation politique.

Page 350.

RIMBAUD AUX SIENS
31 juillet 1882

Publiée par P. Berrichon, *Lettres de J.-A. Rimbaud,* 1899.
Le projet d'un retour à Harar n'est pas abandonné.

Page 351.

RIMBAUD AUX SIENS
10 septembre 1882

Publiée par P. Berrichon, *Lettres de J.-A. Rimbaud,* 1899.

Il ne reste plus à Rimbaud que treize mois à attendre pour être libre. Et peut-être sa situation pourrait-elle changer. Il devient possible qu'il soit nommé agent de sa firme à Aden.

RIMBAUD AUX SIENS
28 septembre 1882

Publiée par P. Berrichon, *Lettres de J.-A. Rimbaud,* 1899.

Quinze jours après la lettre précédente, les perspectives changent. La firme envisagerait d'envoyer Rimbaud dans la province du Choa. Ce projet n'eut d'ailleurs pas de suite.

Page 352.

RIMBAUD AUX SIENS
3 novembre 1882

Publiée par P. Berrichon, *Lettres de J.-A. Rimbaud,* 1899.

La situation est maintenant éclaircie. Rimbaud va retourner en janvier 1883 au Harar, pour le compte de ses employeurs. Pourtant la décision n'est pas définitive, non de sa part, mais de la part de la firme.

Page 353.

RIMBAUD AUX SIENS
16 novembre 1882

Publiée par P. Berrichon, *Lettres de J.-A. Rimbaud,* 1899.

Le projet d'Harar se heurte sans doute à des difficultés. Mais il n'est pas abandonné.

Page 354.

RIMBAUD À SA MÈRE
18 novembre 1882

Publiée par P. Berrichon, *Lettres de J.-A. Rimbaud,* 1899.

La décision est prise, Rimbaud sera agent de la compagnie à Harar. Les profits seront beaux, et Rimbaud se sent plein de courage.

Page 355.

RIMBAUD À SA MÈRE
8 décembre 1882

Publiée par P. Berrichon, *Lettres de J.-A. Rimbaud*, 1899.

Cette lettre laisse deviner, chez la mère de Rimbaud, quelque impatience et quelque lassitude en présence de ses requêtes incessantes. Rimbaud répond sans mauvaise humeur et s'efforce d'expliquer que ces ennuis sont inévitables.

Page 357.

RIMBAUD À SA MÈRE ET À SA SŒUR*
6 janvier 1883

Original au fonds Doucet.
Publiée par P. Berrichon, *Lettres de J.-A. Rimbaud*, 1899.

Rimbaud est toujours à Aden. Son retour à Harar est prévu pour le mois de mars.

Page 358.

RIMBAUD AUX SIENS
15 janvier 1883

Publiée par P. Berrichon, *Lettres de J.-A. Rimbaud*, 1899. Berrichon n'avait pas publié la note jointe. J. Mouquet l'a retrouvée à la librairie Blaizot et l'a reproduite dans son édition de la Bibliothèque de la Pléiade.

Si le séjour prolongé de Rimbaud à Aden ne lui fut pas trop pénible, c'est qu'il lui fallait décidément un climat très chaud et très sec. Ce qu'il craignait, c'était la pluie, la boue et le froid.

Page 359.

RIMBAUD À M. DE GASPARY
28 janvier 1883

Publiée par J.-M. Carré, « A. Rimbaud en Éthiopie », *Revue de France*, 1er juin 1935, d'après les archives du consulat français d'Aden.

L'incident qui est à l'origine de cette lettre est présenté par Bardey de la façon suivante dans une lettre à Berrichon. « Il existe à la Cour d'Aden un papier dans lequel je me porte caution des actes à venir de Rimbaud, qu'on allait expulser ou condamner pour rixe un peu trop violente avec l'Arabe

Ali Shamok. J'ai fait preuve de solidarité en renvoyant celui-ci, qui était notre plus ancien magasinier et contremaître, qui nous était très utile. Il ne fait pas bon avoir contre soi ces gens-là, commercialement parlant, s'entend » (Mme M. Y. Méléra, « Nouveaux documents sur Rimbaud », *Mercure de France,* 1er avril 1930).

Page 360.

RIMBAUD À SA MÈRE ET À SA SŒUR
8 février 1883

Publiée par P. Berrichon, *Lettres de J.-A. Rimbaud,* 1899.

Le départ pour Harar est maintenant fixé. Rimbaud partira au milieu de mars 1883.

Page 361.

RIMBAUD AUX SIENS
14 mars 1883

Publiée par P. Berrichon, *Lettres de J.-A. Rimbaud,* 1899.

Rimbaud est à quatre jours du départ. Cette lettre nous apprend qu'il compte réaliser son projet d'un travail pour la Société de géographie.

RIMBAUD AUX SIENS*
19 mars 1883

Original au fonds Doucet.
Publiée par P. Berrichon, *Lettres de J.-A. Rimbaud,* 1899.

Rimbaud est à la veille du départ. Mais dans la lettre suivante, écrite le lendemain, il annonce qu'il partira dans deux jours.

Rimbaud passa la mer et cette fois, au lieu de débarquer à Zeilah, il prit terre à Obock, qui depuis deux ans tendait à devenir la porte d'entrée vers les territoires éthiopiens.

Sa situation à l'égard de la maison Mazeran, Viannay et Bardey était maintenant réglée. Sans attendre l'expiration du premier contrat (31 octobre 1883) ses employeurs lui en avaient signé un nouveau, pour trois ans, comme agent principal de leur comptoir de Harar.

Page 362.

1. Après ce volume, Rimbaud avait écrit : « Richard, *Manuel du conducteur de locomotives,* 1 v[olume] », qu'il a biffé.

Page 363.

RIMBAUD AUX SIENS*
20 mars 1883

Original au fonds Doucet. Reproduction photographique dans l'*Album Rimbaud,* p. 249.
Publiée par P. Berrichon, *Lettres de J.-A. Rimbaud,* 1899.

Page 364.

RIMBAUD AUX SIENS*
6 mai 1883

Original au fonds Doucet.
Publiée par P. Berrichon, *Lettres de J.-A. Rimbaud,* 1899.

À peine arrivé à Harar, Rimbaud découvre des raisons de s'inquiéter. Le climat d'insécurité qui s'était établi dans le pays n'explique que trop le marasme où traînait le commerce. Rimbaud, à peine arrivé, note que les bénéfices à Harar ne couvraient pas les frais. On notera les émouvantes confidences que Rimbaud a mises dans cette lettre.

1. Rimbaud semble en fait envoyer trois photographies à sa famille. Voir l'avant-dernier paragraphe de sa lettre.

Page 366.

RIMBAUD AUX SIENS
20 mai 1883

Publiée par P. Berrichon, *Lettres de J.-A. Rimbaud,* 1899.

Revenu à Harar et chargé de diriger l'agence, Rimbaud visiblement est heureux.

ALFRED BARDEY À RIMBAUD*
24 juillet 1883

Autographe au musée Rimbaud.

Une crise de foie avait contraint Alfred Bardey à rentrer en France au mois de juin, et c'est ce qui explique qu'il écrive cette lettre de Vichy. Le frère d'Alfred Bardey le remplaçait à Aden pendant que Rimbaud dirigeait l'agence de Harar.

1. Ce Sotiro appartenait à la petite colonie grecque de Harar avant même la première venue d'Alfred Bardey. Il était de ceux qui avaient proposé alors leurs services au négociant français. Puis, dans l'été de 1881, nous le trouvons qui s'installe à Harar autour d'Alfred Bardey en compagnie de Rimbaud et de Constantin Righas. En juin 1883, ou peu après, il partait pour une mission commerciale dans l'Ogaden.

Page 367.

RIMBAUD AUX SIENS*
12 août 1883

Autographe au fonds Doucet.
Publiée par P. Berrichon, *Lettres de J.-A. Rimbaud*, 1899.

Il semble évident que cette question de pièces à montrer se relie à l'affaire des vingt-huit jours, qui ennuya tellement Rimbaud. On verra de même, en 1885, qu'il envoya en France son nouveau contrat pour que sa famille pût le présenter « en cas de réclamations militaires ».

Page 368.

RIMBAUD À MM. MAZERAN, VIANNAY
ET BARDEY
25 août 1883

Publiée par J.-P. Vaillant, *Rimbaud et la caravane,* dans le *Bulletin des Amis de Rimbaud,* supplément à *La Grive,* juillet 1931.

1. Voir la note 2 de la page 321.
2. Pierre Sacconi, négociant, figure dans les *Souvenirs* de Pierre Bardey qui signale sa mort en Ogaden.
3. *Abban :* voir la note 6 de la page 480.

Page 369.

1. On a vu que Sotiro avait été envoyé en mission commerciale dans l'Ogaden.

Page 370.

1. Pierre Bardey nous parle, dans ses *Souvenirs,* à la date de 1884, du « nouveau gouverneur » de Harar. C'est Radouan Pacha. Il exerce l'autorité avec un délégué anglais. Pierre Bardey ajoute d'ailleurs que les deux hommes quittent bientôt Harar, et qu'ils y sont remplacés par un émir dont il ne donne pas le nom. Il s'agit en fait d'Abdullahi, ou encore Abdulaï, qui devait, quelques années plus tard, être vaincu par Ménélik.

7ᵉ ÉTUDE DE MARCHANDISES
[1883]

Publiée par J.-P. Vaillant à la suite du rapport précédent.

Document non daté. C'est par hypothèse qu'il est rattaché au rapport du 25 août 1883.

Page 371.

RIMBAUD À M. ALFRED BARDEY
26 août 1883

Autographe appartenant à la petite-fille de Pierre Bardey, petite-nièce du destinataire Alfred Bardey.

Publiée avec son autorisation dans *Études rimbaldiennes,* I (1968).

1. Cette lettre est celle du 24 juillet 1883, dont le texte est donné ci-dessus.

2. Ces ordres avaient été donnés au siège social de la Maison Mazeran-Viannay-Bardey à Lyon.

Page 372.

1. La lettre de Rimbaud du 25 août 1883 venait de fournir des détails sur la mort de Sacconi.

2. Il s'agit de l'ouvrage de Guirane Ahmed dont Alfred Bardey venait de parler dans sa lettre du 24 juillet.

3. Pierre Mazeran était le frère d'un des patrons de la Maison Mazeran-Viannay et Bardey. Il était resté à Harar de mars à fin décembre 1881. Il se proposait d'y revenir.

4. Ce mot a été barré sur l'autographe au point d'être illisible. Les éditeurs proposent de lire *aliéné.*

RIMBAUD À MM. MAZERAN, VIANNAY
ET BARDEY
23 septembre 1883

Publiée par J.-P. Vaillant, *Rimbaud tel qu'il fut,* 1930.

J.-P. Vaillant a commenté cette lettre d'après les explications que lui avaient données M. Bardey.

5. On nous dit que les caravanes portaient toujours un numéro : impair pour celles qui montaient vers l'intérieur, pair pour celles qui descendaient vers la côte.

Page 373.

1. Les Itous occupaient, entre l'Hawache et le Harar, un plateau de riches pâturages et de cultures. Ils étaient grands producteurs de café, et à ce titre intéressaient Rimbaud de façon toute particulière.

2. Objets à fabriquer sur des modèles indigènes : fers de hachettes, pieux, pics, étoffes, etc.

3. *Anas :* monnaie des Indes, valant $\frac{1}{16}$ — de roupie.

4. Voir la note 1 de la page 568.

5. *Maunds :* mesure de poids pesant 28 livres anglaises.

6. *Corja* : paquet de vingt.

7. *Tobe* : pièce de coton écru, vêtement des Somalis et des Gallas.

Page 374.

RIMBAUD AUX SIENS
4 octobre 1883

Publiée par P. Berrichon, *Lettres de J.-A. Rimbaud,* 1899.

Rimbaud rassure sa famille qui est restée longtemps sans recevoir de ses nouvelles.

RIMBAUD AUX SIENS
7 octobre 1883

Publiée par P. Berrichon, *Lettres de J.-A. Rimbaud,* 1899.

Simple billet, pour faire passer une demande de livres chez Hachette.

Page 375.

À M. HACHETTE

Commande de livre jointe à la lettre précédente.

Cet achat d'une traduction du Coran mérite qu'on y arrête son attention. Rimbaud s'était si bien pénétré de l'esprit de la population locale qu'autour de lui on disait qu'il s'était fait musulman. Il lisait le Coran et tenait des sortes de petites conférences où il commentait le livre sacré.

RAPPORT SUR L'OGADINE
10 décembre 1883

Publiée, à l'exception des quatre derniers paragraphes, dans les *Comptes rendus des séances de la Société de Géographie,* 1884. Les quatre derniers paragraphes publiés par J.-P. Vaillant, « Rimbaud et la Caravane », *Bulletin des Amis de Rimbaud,* juillet 1931.

Ce rapport fut présenté à la Société de Géographie dans sa séance du 1er février 1884. Il porte la date du 1er décembre 1883.

Les *Souvenirs* d'Alfred Bardey nous ont appris récemment qu'en réalité ce rapport avait été établi par Sotiro, à la suite de sa mission de juin 1883, mais que Rimbaud avait pris le soin de le revoir et de le compléter. Ce travail parut si intéressant à Alfred Bardey qu'il l'envoya à la Société de

Géographie. Nous avons vu plus haut qu'Alfred Bardey s'était fait recevoir membre correspondant de la Société.

Page 381.

RIMBAUD AUX SIENS
21 décembre 1883

Publiée par P. Berrichon, *Lettres de J.-A. Rimbaud,* 1899.
Simple billet. Vœux de bonne année.

RIMBAUD AUX SIENS
14 janvier 1884

Publiée par P. Berrichon, *Lettres de J.-A. Rimbaud,* 1899.

À la fin de 1883, la société Mazeran-Viannay-Bardey se trouva dans une situation difficile. Elle avait été entraînée dans des affaires très importantes à Marseille, aux Indes, en Grèce et en Algérie. Les comptoirs d'Aden, Harar et Zeilah avaient un actif important. On décida de les supprimer pour combler le déficit par ailleurs. Alfred Bardey fut donc envoyé par ses associés à Harar pour procéder à cette liquidation. Il y arriva au début de janvier 1884, et il ordonna à Rimbaud de préparer une dernière caravane qu'il ferait ensuite partir pour Zeilah avec tout ce qu'il aurait rassemblé en espèces et en marchandises.

Ces faits, révélés par les souvenirs d'Alfred Bardey, nous rendent compte de la présente lettre.

Page 382.

LE SECRÉTAIRE GÉNÉRAL DE LA SOCIÉTÉ
DE GÉOGRAPHIE À RIMBAUD
1er février 1884

Comptes rendus des séances de la Société de Géographie, 1884.
Séance du 1er février 1884.

CERTIFICAT DÉLIVRÉ À RIMBAUD*
23 avril 1884

Autographe au musée Rimbaud.

Les difficultés de la maison Mazeran-Viannay et Bardey n'ayant fait que s'aggraver, elle entra en liquidation au mois d'avril 1884, et Rimbaud reçut la présente lettre qui lui donnait son congé. Les agences d'Aden et de Harar étaient en même temps fermées.

Il était, à cette date, à Aden. Il était passé par Zeilah en

compagnie de Sotiro. Une lettre, du 12 février, de Charles Cotton, agent de la firme à Zeilah, avait annoncé leur arrivée dans cette localité pour le milieu de mars.

Dès leur arrivée à Aden, Alfred Bardey était reparti pour la France.

Page 383.

RIMBAUD AUX SIENS
24 avril 1884

Publiée par P. Berrichon, *Lettres de J.-A. Rimbaud,* 1899.

Rimbaud ayant quitté Harar dans les premiers jours de mars est rentré à Aden vers le 20 avril. Il informe les siens de la situation. Nous constatons que la solution qu'il souhaite, c'est le rétablissement de sa firme.

Page 384.

RIMBAUD AUX SIENS*
5 mai 1884

Autographe au fonds Doucet.
Publiée par P. Berrichon, *Lettres de J.-A. Rimbaud,* 1899.

Rimbaud explique à sa famille la crise que traverse la firme où il est employé.

1. Rimbaud confirme entièrement ce qu'Alfred Bardey nous a dit *(Notes de la lettre du 14 janvier)* sur les origines du déficit de la firme.

2. M. Bardey était en effet, nous l'avons vu, parti pour Paris dès l'arrivée de Rimbaud à Aden.

3. Le 7 mai Alfred Bardey recevait d'Aden une lettre qui disait : « Rimbaud attend la reprise des affaires, il a l'air fort malheureux de ne point avoir d'occupation. »

4. On constate avec regret que Paterne Berrichon avait donné : « J'ai une quarantaine de milliers de francs », alors que Rimbaud avait écrit : « J'ai de douze à treize mille francs. »

Page 386.

RIMBAUD AUX SIENS
20 mai 1884

Publiée par P. Berrichon, *Lettres de J.-A. Rimbaud,* 1899.

Les nouvelles étaient, pour le moment, moins mauvaises. Le nouveau gouverneur de Harar avait à ses côtés un délégué anglais. Et peut-être Rimbaud était-il au courant du

cours favorable que prenaient les négociations d'Alfred Bardey avec les hommes d'affaires de Lyon.

1. Le texte que publie Berrichon parle bien de « quatre groupes de dix mille francs » que Rimbaud voudrait placer en France. Le chiffre est naturellement exagéré. Mais il serait imprudent pour un éditeur de lui en substituer arbitrairement un autre.

RIMBAUD AUX SIENS
29 mai 1884

Autographe dans la collection Pierre Bérès.

Texte établi sur l'autographe par les soins de J. Mouquet. Une dizaine de rectifications de détail par rapport à l'édition de Berrichon.

Rimbaud s'inquiète d'une situation qui demeure incertaine et d'un avenir qui reste inquiétant.

Il sait pourtant déjà la réorganisation qui est intervenue, et la mention *Maison Bardey,* à la fin de sa lettre, le prouve. Alfred Bardey avait réussi dans ses démarches à Lyon. Il avait obtenu des crédits illimités de la maison Ulysse Pia et Cie, de Lyon et Marseille. Il avait donc repris l'affaire à son compte avec son frère Pierre. La firme s'appelait désormais la Maison Bardey. Il était entendu que Rimbaud serait le second d'Alfred Bardey.

Page 388.

RIMBAUD AUX SIENS
16 juin 188

Publiée par P. Berrichon, *Lettres de J.-A. Rimbaud,* 1899.

Rimbaud insiste sur le libellé exact de l'adresse à laquelle il convient de lui écrire.

RIMBAUD AUX SIENS
19 juin 1884

Publiée par P. Berrichon, *Lettres de J.-A. Rimbaud,* 1899.

Quelques lignes citées dans le Catalogue Simon Kra, novembre 1926, révèlent trois inexactitudes dans le texte de Berrichon.

Page 389.

RIMBAUD AUX SIENS
10 juillet 1884

Autographe de la collection Ledoux.

Publiée par P. Berrichon, *Lettres de J.-A. Rimbaud,* 1899.

Texte rectifié par J. Mouquet sur l'autographe.

1. Ce nouvel emploi, c'est celui de second auprès d'Alfred Bardey dans la direction de l'agence d'Aden.

2. Suivant sa mauvaise habitude, Paterne Berrichon avait mis ici *quarante mille francs*.

RIMBAUD AUX SIENS
31 juillet 1884

Publiée par P. Berrichon, *Lettres de J.-A. Rimbaud*, 1899.

Page 390.

RIMBAUD AUX SIENS
10 septembre 1884

Publiée par P. Berrichon, *Lettres de J.-A. Rimbaud*, 1899.

1. En l'absence de l'autographe, il est impossible d'en établir le texte authentique mais celui que donne Berrichon contient de telles invraisemblances que l'on est contraint de conclure à une falsification. C'est ainsi que J. Mouquet a cru devoir supprimer le paragraphe suivant, après *quelque trafic lucratif :*

Il se pourrait que dans le cas où je devrais quitter Aden, j'allasse à Bombay, où je trouverais à placer l'argent que j'ai à de forts intérêts sur des banques solides, ce qui me permettrait presque de vivre de mes rentes. 24 000 roupies à 6 % donneraient 1 440 roupies par an, soit 8 francs par jour. Et je pourrais vivre avec cela, en attendant des emplois.

Comme le fait observer J. Mouquet, Rimbaud possédait alors 13 000 francs qui, placés à 6 %, ne lui auraient donné que 2,15 F par jour. Il ajoute : « Nous avons donc supprimé ce passage, sûrement ajouté par Berrichon, et qui fait double emploi avec l'avant-dernier alinéa de la lettre » du 26 mai 1885 (voir p. 401).

Page 391.

RIMBAUD AUX SIENS *
2 octobre 1884

Fac-similé dans le *Manuscrit autographe*, Blaizot, janvier-février 1926. Simple billet.

Page 392.

RIMBAUD AUX SIENS
7 octobre 1884

Autographe dans la collection Matarasso.
Publiée par Berrichon, *Lettres de J.-A. Rimbaud,* 1899, sous une forme tronquée. — Publiée à nouveau, sur l'autographe, dans *La Grive,* octobre 1954.

Les mots de Rimbaud sur Frédéric sont d'une dureté qui nous choque. Le pauvre Frédéric s'étonnait de voir combien son frère avait changé. Dans une lettre de décembre 1891, il se plaint : « Depuis environ dix ans, je n'ai de nouvelles, ni de ma mère, ni de ma sœur, ni jamais de mon frère, qui avait été un très grand ami pour moi. » Et il ajoute : « Je pense que mon frère se sera laissé influencer par ma mère. »

Page 393.

RIMBAUD AUX SIENS*
30 décembre 1884

Autographe au fonds Doucet.
Publiée par Paterne Berrichon.

1. L'en-tête est biffé sur l'autographe.

Page 394.

1. Paterne Berrichon avait substitué à ces 13 000, trop modestes à ces yeux, le chiffre de 43 000 francs.
2. La situation dans toute la région de la mer Rouge venait de rapidement empirer. Au mois de septembre 1884, les Égyptiens avaient évacué Harar, et le pays sombrait dans l'anarchie. Le comptoir de la firme Bardey était fermé. Rimbaud, toujours à Aden, se voyait condamné à l'inaction.

Page 395.

1. Rimbaud, nous l'avons vu (Lettre du 10 juillet 1884) avait été engagé jusqu'au 30 décembre 1884. Il attendait pour les jours suivants le renouvellement de son contrat.

CONTRAT DE RIMBAUD
AVEC LA MAISON BARDEY*
10 janvier 1885

Original au fonds Doucet.
Reproduction photographique au musée Rimbaud et dans l'*Album Rimbaud,* p. 258.

Un brouillon, écrit de la main de Rimbaud, appartient à la

collection Matarasso. Ce document porte en outre deux indications : en haut de la feuille, la mention « EIGHT ANNAS »; et, en bas, la mention : « au dos : Issue [?] to M. Bardey résident Aden. Aden 10 janvier 1885 »; et, d'une autre écriture : « signature ill[isible] ».

Ce document est signé par Pierre Bardey. Les souvenirs d'Alfred Bardey nous apprennent que les deux frères occupaient à tour de rôle le siège d'Aden, secondés par Rimbaud.

2. L'autographe porte *de*.

3. *Trois mois* a été ajouté dans la marge et paraphé.

Page 396.

RIMBAUD AUX SIENS*
15 janvier 1885

Reproduit en fac-similé dans Marcel Coulon, *Le Problème de Rimbaud*, 1923. Nombreuses inexactitudes dans l'édition Berrichon.

Rimbaud annonce à sa famille le nouveau contrat qu'il vient de signer.

Page 398.

RIMBAUD AUX SIENS*
14 avril 1885

Autographe incomplet au fonds Doucet. Nombreuses inexactitudes dans l'édition Berrichon. Corrigé par J. Mouquet dans son édition de la Bibliothèque de la Pléiade. Nous avons contrôlé sur l'autographe jusqu'à *Qui sait?* (milieu de la p. 399).

Page 400.

RIMBAUD À ERNEST DELAHAYE*
mai 3/17 1885

Carte postale illustrée, reproduite dans *Le Figaro* du 12 octobre 1935 et dans l'*Album Rimbaud*, p. 259.

RIMBAUD AUX SIENS*
26 mai 1885

Publiée par P. Berrichon, *Lettres de J.-A. Rimbaud*, 1899. Autographe au fonds Doucet.

Page 401.

RIMBAUD À M. FRANZOJ
[Septembre 1885]

Lettre publiée par Enrico Emanuelli dans *Inventario,* n° 2, 1949, et reproduite dans *La Table ronde,* janvier 1950.

Ce M. Franzoj était un journaliste qui fit la connaissance de Rimbaud en Orient. Il semble que, dans la présente affaire, il soit intervenu auprès de Rimbaud en faveur de la femme que celui-ci venait de renvoyer si durement. Auguste Franzoj était, disent les historiens, désintéressé et généreux. Il a publié un livre, *Continente nero,* qui a été réédité (E. Emanuelli, « Rimbaud senza schiavi », dans *Corriere della Sera,* 28 mai 1965).

L'intérêt de cette lettre est de jeter un peu de lumière sur les rapports que Rimbaud pouvait avoir avec les femmes. Un grand mystère plane sur cet aspect de sa vie en Orient. Mgr Jarosseau nous assure qu'il était chaste. Mais d'autres nous invitent à imaginer, auprès de lui, certaines présences féminines. On nous parle d'une femme indigène dont il n'aurait pas eu d'enfant. Mais on parle aussi d'une femme Azoba qui lui en aurait donné plusieurs. Quelle confiance d'ailleurs aurions-nous pour ces traditions tardives et vagues ?

Ce qui paraît plus précis, c'est le cas de la femme dont il est question dans la présente lettre. C'était une fille grande et mince, au teint clair. Elle était habillée à l'européenne. Rimbaud, assure-t-on, était bon pour elle. Il avait même, nous dit une Française qui était reçue chez lui, l'intention de l'épouser. Elle avait une assez jolie figure, elle était catholique, mais elle savait à peine le français.

Ce témoignage ne saurait être écarté, puisqu'il nous vient d'une personne au service des Bardey à Aden, et qui presque tous les dimanches, passait l'après-midi chez Rimbaud. Mais il faut avouer qu'il s'accorde mal avec la lettre à Franzoj, et l'on se demande s'il ne s'agirait pas de deux femmes différentes.

Page 402.

RIMBAUD AUX SIENS
28 septembre 1885

Autographe dans la collection Pierre Bérès.
Publiée avec de nombreuses inexactitudes par Paterne Berrichon. Contrôlée sur l'autographe et rectifiée par J. Mouquet.

Rimbaud continue d'appartenir à la Maison Bardey. En fait, il prépare son départ et est dès lors en relation avec Labatut.

Page 403.

ENGAGEMENT DE PIERRE LABATUT*
5 octobre 1885

Original au fonds Doucet.

Tandis que le commerce d'exportation devenait de plus en plus difficile, de nouvelles perspectives s'ouvraient pour le commerce des armes. L'empereur Joannès et Ménélik, roi du Choa, s'armaient l'un contre l'autre. Rimbaud décida de se tourner de ce côté.

Il entra en rapports avec Pierre Labatut. Cet ancien capitaine au long cours habitait depuis quinze ans au Choa. Il était marié avec une Abyssine et vivait à l'africaine, au milieu de ses esclaves, de ses chameaux et de ses ânes. Il avait l'amitié de Ménélik. Celui-ci lui avait donné des terres, qui lui permettaient de nourrir une dizaine de domestiques et cinq ou six mulets. Rimbaud s'entendit avec lui. Il s'agissait de faire passer à Ankober, capitale de Ménélik, quelques milliers de fusils achetés à Liège. L'opération devait, selon les prévisions, rapporter 30 000 francs à Rimbaud. Le présent document constituait l'association des deux hommes.

Page 404.

MADAME RIMBAUD À SON FILS
10 octobre 1885

Publiée par Suzanne Briet, *Madame Rimbaud* (1968).

Cette lettre mérite notre attention par ce qu'elle révèle sur le « ton » de Mme Rimbaud quand elle était en colère et malheureuse.

CERTIFICAT DÉLIVRÉ À RIMBAUD
PAR ALFRED BARDEY*
14 octobre 1885

Autographe au musée Rimbaud. Reproduit dans l'*Album Rimbaud*, p. 262.

Lorsqu'il signait, le 5 octobre, son engagement avec Labatut, Rimbaud n'était pas libre d'obligations envers les Bardey. Il restait lié à leur firme jusqu'au 31 décembre 1885. Mais il eut avec eux, le 14 octobre, une conversation qui fut orageuse. Ce fut la rupture. Rimbaud obtint du moins le présent certificat.

Page 405.

RIMBAUD AUX SIENS
22 octobre 1885

Publiée par P. Berrichon, *Lettres de J.-A. Rimbaud*, 1899.

Rimbaud est encore à Aden, mais il prépare son départ pour Tadjoura. Cette localité — simple agglomération de quelques maisons et huttes — sur le bord de la mer au sud d'Obock était le point de départ des caravanes qui se préparaient à monter vers l'Abyssinie. Elle était sous l'autorité nominale d'un sultan local. En fait elle dépendait des autorités françaises.

Page 406.

RIMBAUD AUX SIENS
18 novembre 1885

Autographe dans la collection Matarasso.
Publié par P. Berrichon, *Lettres de J.-A. Rimbaud*, 1899.
Fac-similé de la première partie de l'autographe dans l'*Album Rimbaud*, p. 263.

Le départ de Rimbaud pour Tadjoura étant retardé, il est toujours à Aden. Il loge au Grand Hôtel de l'Univers. On a vu plus haut que cet hôtel appartenait à Jules Suel, beau-frère du colonel Dubar.

Page 408.

REÇU DE P. LABATUT★
23 novembre 1885

Original au fonds Doucet.

Page 409.

RIMBAUD AUX SIENS★
3 décembre 1885

Autographe au fonds Doucet.
Publiée par Paterne Berrichon, texte rectifié par J. Mouquet dans l'édition de la Bibliothèque de la Pléiade.

Première lettre de Rimbaud écrite de Tadjoura.

Page 410.

RIMBAUD AUX SIENS
10 décembre 1885

Publiée par P. Berrichon, *Lettres de J.-A. Rimbaud,* 1899.

1. On reconnaît là le nom de la Société lyonnaise qui avait renfloué la maison Bardey en mai 1884.

2. Rimbaud nous apprend qu'il s'est réconcilié avec les Bardey. Nous lisons en effet dans les souvenirs d'Alfred Bardey que Rimbaud leur demanda — plus tard sans doute — d'envoyer du matériel de campement pour Ménélik.

Page 411.

RIMBAUD AUX SIENS
2 janvier 1886

Publiée par Berrichon, *Lettres de J.-A. Rimbaud,* 1899.

Page 412.

RIMBAUD AUX SIENS
6 janvier 1886

Publiée par Berrichon, *Lettres de J.-A. Rimbaud,* 1899.

On connaît quatre lignes de l'autographe par la reproduction donnée dans le catalogue Blaizot, 12 mars 1936, n° 148 qui permettent de rectifier deux erreurs de Berrichon.

1. Berrichon : une trentaine de mille francs.

Page 413.

1. Berrichon : dans un ou deux mois.

RIMBAUD AUX SIENS
31 janvier 1886

Autographe de la collection de Mme S. de Carfort.
Publiée par Berrichon, *Lettres de J.-A. Rimbaud,* 1899.

Les difficultés s'accumulent, et le départ de la caravane est continuellement retardé.

Page 414.

RIMBAUD AUX SIENS
28 février 1886

Publiée par Berrichon, *Lettres de J.-A. Rimbaud,* 1899.

Page 415.

RIMBAUD AUX SIENS[*]
8 mars 1886

Autographe au fonds Doucet.
Publiée par Berrichon, *Lettres de J.-A. Rimbaud,* 1899.

Rimbaud qui avait espéré que sa caravane se mettrait en route vers le 15 janvier 1886, prévoit maintenant le départ pour le mois de mai.

1. Rimbaud avait d'abord écrit *Hôtel Suel,* qu'il a biffé.

LABATUT ET RIMBAUD AU MINISTRE
DES AFFAIRES ÉTRANGÈRES
15 avril 1886

Publiée par Berrichon, « Rimbaud et Ménélik », *Mercure de France,* 16 février 1914.

Les difficultés rencontrées étaient peu de chose au prix de celles qui allaient venir. Au mois de février 1886, les autorités britanniques firent pression sur les autorités françaises pour limiter les licences de transport d'armes. En mars 1886, Hunter et Gaspary signèrent un accord interdisant toute importation d'armes sur la côte des Somalis. À la suite de cet accord, Gaspary fit savoir à Lagarde, notre résident à Obock, qu'il avait à arrêter les caravanes partant de Tadjoura vers l'intérieur. C'est dans ces conditions que Labatut et Rimbaud envoyèrent la présente requête au ministre des Affaires étrangères.

Cette requête fut transmise pour avis par le ministre des Affaires étrangères au ministre de la Marine, avec une note en date du 24 mai. Mme Suzanne Briet a révélé ce document important dans son livre, *Rimbaud notre prochain,* 1956. Il disait :

« Il ne serait pas sans inconvénient d'éditer nous-mêmes les règles fort sévères que vous avez bien voulu soumettre à mon appréciation, sans nous être assurés que l'autorité anglaise est disposée à en promulguer d'aussi rigoureuses », faute de quoi nos voisins « bénéficieraient de tout le trafic dont nous [nous] serions privés... et attireraient, avec le commerce partiellement toléré, tout le reste des produits qui servent habituellement à compléter le chargement des caravanes à destination de l'intérieur ».

La note présentait la lettre de Labatut et Rimbaud comme « se plaignant des conditions dans lesquelles le commandant d'Obock aurait interdit le transport de munitions et d'armes adressées par eux au roi du Choa ». La note demande de

faire savoir si les faits allégués par les intéressés sont exacts, et en vertu de quelles instructions M. Lagarde s'est trouvé en mesure de suspendre dès maintenant le commerce et d'interrompre des opérations à une époque où il ne semble pas qu'elles fussent prohibées dans notre colonie ».

Ce document permet de comprendre pourquoi Léonce Lagarde ne mit pas trop de rigueur à exécuter les instructions d'abord reçues de M. de Gaspary.

Page 418.

1. Le principal argument que les autorités françaises opposaient au commerce des armes était que les indigènes, jusqu'ici réduits à l'usage des lances, se procureraient des fusils en massacrant des Européens. Précisément, le Français Barral venait d'être massacré, en mars 1886, alors qu'il venait d'Ankober. Rimbaud s'applique à ruiner cet argument.

Page 419.

RIMBAUD AUX SIENS
21 mai 1886

Publiée par Berrichon, *Lettres de J.-A. Rimbaud,* 1899.

Il s'agit ici d'un bref retour à Aden. Rimbaud regagna bientôt Tadjoura.

Page 420.

REÇU*
1er juin 1886

Original dans la collection Matarasso. Reproduction photographique dans l'*Album Rimbaud,* p. 273.

Le musée Rimbaud possède d'autre part la reproduction photographique d'un billet de commerce du 27 juin 1886, n° 1442.

Ce reçu, ainsi que les pièces suivantes, semblent indiquer de façon non douteuse que l'affaire d'importation d'armes, où Rimbaud et Labatut apparaissaient au premier plan, était financée en partie au moins par M. Suel. Elle apparaît du même coup sous un jour nouveau. Le propriétaire du Grand Hôtel de l'Univers n'était en aucune façon un aventurier.

AUTORISATION DE J. SUEL*
4 juin 1886

Original au fonds Doucet.

Cette autorisation confirme et précise les conclusions qui se dégageaient de la pièce précédente. L'affaire d'importation

d'armes animée par J. Suel intéresse également Paul Soleillet et M. Pino.

Page 421.

REÇU*
16 juin 1886

Original au fonds Doucet.

Il semble raisonnable de penser qu'Ugo Ferrandi, que nous avons déjà rencontré, a seulement servi d'intermédiaire entre Rimbaud et Suel.

REÇU
27 juin 1886

Original au fonds Neruda, de l'université de Santiago du Chili. Publié dans la *Revue des Sciences humaines*, Lille, 1962, p. 72.

Le nom de M. Deschamps a été lu *Dorchanger*, sous toutes réserves d'ailleurs, par les auteurs de l'article de la *Revue des Sciences humaines*. Ils considéraient également comme possible *Derchange* ou *Dorchange*. En fait, il n'est guère douteux qu'il faille lire *Deschamps*. Il était le correspondant des Messageries maritimes à Aden. Il avait pour agent au Choa M. Audon, et c'est ce qui explique que leurs signatures se trouvent réunies dans le présent reçu.

J. SUEL À RIMBAUD*
3 juillet 1886

Autographe au fonds Doucet.

J. Suel continue d'apparaître comme engagé à fond dans le commerce d'importation d'armes, et de même que dans la pièce du 4 juin, les noms de Soleillet et de Pino y sont mêlés.

Nous avons déjà rencontré le nom de M. Franzoj, journaliste très honorablement connu.

Page 422.

1. Ce M. Henry est, selon toute vraisemblance, le consul de France à Zeilah, dont Rimbaud parle dans sa lettre au *Bosphore égyptien*.

RIMBAUD AUX SIENS*
9 juillet 1886

Autographe au fonds Doucet. Reproduction photographique, *Album Rimbaud*, p. 265. Publiée par Berrichon, *Lettres de J.-A. Rimbaud*, 1899.

Page 423.

RIMBAUD AUX SIENS

15 septembre 1886

Publiée par Berrichon, *Lettres de J.-A. Rimbaud,* 1899.

Deux coups inattendus venaient de frapper l'entreprise de Rimbaud. Son associé Labatut tomba malade. Le médecin diagnostiqua un cancer. Labatut décida de rentrer en France. On allait bientôt après recevoir la nouvelle de sa mort. À son départ, Rimbaud s'était tourné vers Paul Soleillet, et il avait été entendu que leurs caravanes partiraient ensemble. Soleillet était l'homme le mieux instruit des gens et des choses de toute cette partie de l'Afrique. Et voici qu'en septembre 1886, il tombait foudroyé par une congestion en pleine rue d'Aden.

À ces coups qui frappaient Rimbaud s'en ajoutait un autre. Le troisième Français de Tadjoura, Barral, avait réussi à partir avec la caravane. Il avait atteint Ankober. Mais il fut attaqué sur le chemin du retour par les Danakils. On retrouva, horriblement mutilés, son corps, celui de sa femme et ceux des hommes de sa caravane.

La présente lettre permet d'apprécier l'énergie de Rimbaud.

JULES SUEL À RIMBAUD*

16 septembre 1886

Autographe au fonds Doucet.

Le Chefneux dont parle la présente lettre, et qui vient remplacer Soleillet, s'appelait Léon Chefneux. Il était de l'escorte de Soleillet quand celui-ci arriva à Obock le 12 janvier 1882. Soleillet l'envoya à Ménélik pour conclure un traité avec lui. Le gouvernement français lui était favorable, et en 1887 lui accorda, en même temps qu'à Bremond, la concession des sels du lac d'Assah. Soleillet dit que c'était un homme instruit et intelligent (lettre du 18 octobre 1883, *Bateau ivre,* n° 20, p. 5). Plus tard, il fut consul général de France en Abyssinie.

Page 424.

ALI-REDANE PACHA

À NOUR-ROBLÉ

Ce document a été publié par Mme Suzanne Briet, *Rimbaud notre prochain,* p. 214. Il constitue la pièce annexe n° 5 du rapport Lemaire, en date du 6 octobre 1886, Affaires étrangères, Afrique, 105.1.

Page 425.

RIMBAUD AUX SIENS
7 avril 1887

Publiée par Berrichon, *Lettres de J.-A. Rimbaud,* 1899.

Sept mois se sont écoulés depuis la dernière lettre de Rimbaud à sa famille. Après le départ de Labatut et la mort de Soleillet, tout autre que Rimbaud aurait renoncé à l'entreprise. Il s'entêta. Au début d'octobre 1886, il se mit en route. Sa caravane comptait un interprète et trente-quatre chameliers. Elle emportait 20 000 fusils réformés de Liège.

Le voyage fut épouvantable. Il fallut quatre mois de marches épuisantes pour parcourir la distance de Tadjoura à Ankober. Et quand Rimbaud arriva dans la capitale du Choa, le 6 février 1887, ce fut pour apprendre que Ménélik ne s'y trouvait pas.

La guerre avait éclaté entre le roi du Choa et l'émir de Harar. L'émir avait été vaincu, et Ménélik avait occupé Harar. Puis il était parti pour Entotto. Rimbaud décida de gagner cette ville. C'est de là qu'il écrit la présente lettre.

REÇU*
20 juin 1887

Ce reçu a été publié dans *La Revue blanche,* le 15 septembre 1887. Reproduction photographique dans l'*Album Rimbaud,* p. 279.

M. Audon était l'agent de Deschamps à Aden, comme nous avons vu à propos du reçu en date du 27 juin 1886.

MÉNÉLIK II À RIMBAUD
Juin 1887

Fac-similé du texte éthiopien et traduction dans *Le Figaro,* 12 octobre 1935.

À Entotto, Rimbaud comprit la situation désespérée où la mort de Labatut et la victoire de Ménélik l'avait placé. Il était sans appui, entouré de gens qui ne songeaient qu'à le voler. Ménélik lui fit savoir qu'un autre Européen lui avait fourni des Rémington perfectionnés, et que les vieux fusils qu'il lui apportait étaient sans intérêt pour lui. Il finit par les accepter, mais pour un prix dérisoire. Sans doute Rimbaud aurait-il arrangé ses affaires s'il avait consenti à distribuer quelques pots-de-vin. Il s'y refusa. Il se débattit deux mois et fut trop heureux d'apprendre qu'il était autorisé à repartir et que Makonnen, gouverneur de Harar, avait ordre de lui verser 8 500 thalers pour prix de ses fusils.

Il se mit en route le 1er mai 1887. Un explorateur français, Jules Borelli, partit avec lui.

Page 426.

LE DEDJAZMATCH MAKONNEN
AU CONSUL DE FRANCE À ADEN
29 juin 1887

Lettre figurant au dossier d'Aden étudié par J.-M. Carré, *Revue de France,* juin 1935. Mais J.-M. Carré, n'ayant pas su lire la signature, l'attribue à Ilg. Erreur rectifiée par Jules Mouquet dans son édition de la Bibliothèque de la Pléiade.

Au Harar, le dedjatch Makonnen ne s'acquitta de la somme qu'il devait à Rimbaud que sous forme de traites. Au départ, Rimbaud n'avait sur lui que six cents thalers. Il rentre à Aden, trompé dans ses espérances, et sans avoir tiré profit de l'opération, malgré les terribles fatigues supportées.

REÇU*
27 juillet 1887

Original au fonds Doucet.

1. Le nom du personnage sur lequel le bon a été tiré est illisible.

Page 427.

RIMBAUD À M. DE GASPARY
30 juillet 1887

Publiée par J.-M. Carré, *Revue de France,* juin 1935.

M. Audon était l'agent au Choa de M. Deschamps, correspondant des Messageries maritimes à Aden, comme nous l'avons vu plus haut.

Page 428.

LE CONSUL DE FRANCE À MASSAOUAH
AU CONSUL D'ADEN
5 août 1887

Publiée par J.-M. Carré, *Revue de France,* juin 1935. J.-M. Carré avait lu le nom du signataire *Mescinicy.* Le vrai nom est *Merciniez.*

Rimbaud ne savait plus exactement ce qu'il allait faire. Une fois de plus, il pensa à chercher un emploi du côté de Zanzibar. Puis il décida de faire un voyage en Égypte, pour échapper aux chaleurs de l'été à Aden, qui furent, cette année-là,

particulièrement épouvantables. Il s'embarqua à Obock, sur un paquebot de la Compagnie nationale (*Mercure de France*, 1er janvier 1955). Il était accompagné de Djami, son serviteur et son ami. Il s'arrêta à Massaouah apparemment pour toucher 7 500 thalers sur les traites de Makonnen. Mais il n'avait que des pièces d'identité insuffisantes. Notre agent à Massaouah écrivit la présente lettre au consulat de France à Aden. Rimbaud put prendre le bateau suivant, et arriva au Caire le 20 août 1887.

Page 429.

LE CONSUL DE FRANCE À MASSAOUAH
AU MARQUIS DE GRIMALDI-RÉGUSSE*
12 août 1887

Original au fonds Doucet.

On notera avec intérêt que Merciniez, si méfiant à l'égard de Rimbaud à son arrivée à Massaouah, avait complètement changé ses dispositions dans les journées qui suivirent.

Page 430.

RIMBAUD AU DIRECTEUR DU BOSPHORE ÉGYPTIEN
[20] août 1887

Publiée dans *Le Bosphore égyptien,* Le Caire, 25 et 27 août 1887. Fac-similé du journal au musée Rimbaud.

Le Bosphore égyptien, important journal du Caire, avait pour directeur le frère de l'explorateur Jules Borelli, avec lequel Rimbaud s'était lié à Harar.

Page 440.

RIMBAUD AUX SIENS*
23 août 1887

Autographe au fonds Doucet. Reproduction photographique, musée Rimbaud.

Rimbaud expose aux siens l'état de sa santé, sa fatigue morale et les projets qu'il envisage, mais sans avoir pris de décision.

Au Caire, il s'était fait ouvrir un compte au Crédit lyonnais et y avait déposé tout l'argent qu'il possédait.

Pendant son séjour au Caire, il envoya des articles à des journaux français, au *Temps,* au *Figaro,* au *Courrier des Ardennes.* Aucun d'eux n'y accorda la moindre attention.

Page 442.

RIMBAUD À SA MÈRE*
24 août 1887

Autographe au fonds Doucet.
Publiée par P. Berrichon, *Lettres de J.-A. Rimbaud*, 1899.

Paterne Berrichon a publié, comme lettre unique des 24 et 25 août, un amalgame de la présente lettre et de la suivante, sans qu'on puisse décider s'il s'agit d'une imposture, d'ailleurs sans raison, ou d'un état différent de ces lettres.

Page 443.

RIMBAUD À SA MÈRE*
25 août 1887

Autographe au fonds Doucet. Reproduction partielle dans l'*Album Rimbaud*, p. 277.

Page 444.

RIMBAUD À M. ALFRED BARDEY
26 août 1887

Texte publié par Paterne Berrichon dans la *Vie de J.-A. Rimbaud*. D'autre part le procès-verbal de la Société de Géographie, pour sa séance du 4 novembre 1887, contient l'*Itinéraire*.

Cet *Itinéraire* ne forme en réalité qu'une partie de la lettre, et il n'existe pas de raison de le publier à part dans une édition des lettres de Rimbaud. La vérité est qu'Alfred Bardey, ayant reçu la lettre de Rimbaud, a jugé intéressant d'en envoyer toute la partie centrale à la Société de Géographie.

Le texte du procès-verbal de la séance du 4 novembre 1887, après avoir rapporté les thèses d'Alfred Bardey sur le projet d'une route nouvelle vers le Harar par le Gabi-Bausi ajoute :

Dans une autre lettre du 22 septembre, M. A. Bardey écrit qu'il vient de recevoir, datée du Caire, une lettre du voyageur Arthur Rimbaud, qui présentement rentre du Choa par le Harar et Zeilah.

Ci-après je reproduis textuellement, dit-il, quelques-unes de ses notes sur les choses de ces pays au moment actuel.

Après ce préambule, le procès-verbal donne le paragraphe suivant, où l'on devine un arrangement du texte de la vraie lettre de Rimbaud tel que Berrichon nous le fait connaître, et tel qu'il était impossible à la Société de Géographie de le publier :

D'Entotto à Tadjoura, la route dankalie est tout-à-fait impraticable. Je demandai donc à Ménélik de me faire passer par le Harar qu'il venait d'annexer. Il m'adressa à son oukil *(chargé d'affaires)*

*au Harar, le dedjatch Mikounène. Ce n'est que quand j'eus demandé à
passer par cette route que M. Borelli eut l'idée de se joindre à moi.*

C'est à ce moment que commence, avec les mots *Voici
l'itinéraire,* le long texte reproduit par le procès-verbal de la
Société de Géographie, depuis *D'Entotto à la rivière Akaki...*
jusqu'à *en dix jours à pied.* Le paragraphe suivant se trouve
également dans le procès-verbal publié, mais très abrégé et
réduit à quelques mots :

*Au Harar, la ville est devenue un cloaque. La route Issa est très
bonne, et la route de Gueldessey au Harar aussi.* Après quoi figure
la signature : *Signé Rimbaud.*

Il n'est pas difficile de comprendre la raison de cette sup-
pression. Le texte effacé l'a été pour des motifs de prudence
diplomatique. La Société de Géographie ne pouvait publier
des phrases qui donnaient une idée sinistre de la situation en
Abyssinie et en rendaient l'Angleterre responsable. Du
même coup il en résulte que le texte de Berrichon est évidem-
ment le texte authentique.

Le reste de la lettre ne figure pas dans le procès-verbal
imprimé. Cette partie du rapport n'avait d'intérêt que pour
Alfred Bardey.

Page 445.

1. Le texte porte *ou,* coquille probable pour *on.*

Page 446.

1. Cet émir est Abdullahi déjà cité. Ménélik avait conquis
le Harar sur lui au commencement de mars 1887.

Page 448.

LE SECRÉTAIRE DE LA SOCIÉTÉ
DE GÉOGRAPHIE À RIMBAUD
4 octobre 1887

Publiée par P. Berrichon, *La Vie de J.-A. Rimbaud,* p. 199.

Dans sa lettre adressée à la Société de Géographie, Rimbaud
demandait sans doute une subvention pour une mission qui
lui serait confiée.

Page 449.

1. Cette lettre d'Alfred Bardey est celle du 22 septembre
qui présentait des extraits du rapport que Rimbaud avait
envoyé à son ancien patron.

8 octobre 1887

Publiée par P. Berrichon, *Lettres de J.-A. Rimbaud,* 1899.

Page 451.

RIMBAUD AU CONSUL DE FRANCE
À BEYROUTH*
12 octobre 1887

Publiée en fac-similé par M. Henri Happenot dans *Fontaine,* septembre 1947.

Parmi les divers projets de Rimbaud, il y avait l'achat de baudets étalons qu'il aurait achetés à Beyrouth et vendus à Ménélik. Ce projet remontait sans doute à son séjour au Caire, et peut-être plus tôt encore, quand il avait quitté le Choa en mai 1887.

Le consul de France à Beyrouth se nommait vicomte de Petiteville. On verra plus loin, sous la date du 3 décembre 1887, la réponse qu'il fit à la présente lettre de Rimbaud.

DESCHAMPS AU CONSUL DE FRANCE À ADEN
28 octobre 1887

Lettre du dossier d'Aden non reproduite par J.-M. Carré, *Revue de France,* juin 1935.

Publiée par J. Mouquet dans l'édition de la Bibliothèque de la Pléiade.

Cette lettre se rattache à l'affaire des sommes réclamées à Rimbaud après la mort de Labatut. Elle provoqua, de la part du consul de France à Aden, une demande d'explications à laquelle Rimbaud répondit dans la lettre suivante.

Page 452.

RIMBAUD À M. DE GASPARY
3 novembre 1887

Lettre du dossier d'Aden non reproduite par J.-M. Carré, *Revue de France,* juin 1935.

Publiée par J. Mouquet dans l'édition de la Bibliothèque de la Pléiade.

Sur la suite de cette affaire et sur l'attitude de Rimbaud, on se reportera au document signé par M. de Gaspary le 8 juillet 1890, et qui est reproduit dans la présente édition p. 633.

Page 456.

RIMBAUD À MONSEIGNEUR TAURIN*
4 novembre 1887

Autographe aux archives des Capucins de la province de Toulouse.

Publiée dans les *Études franciscaines,* deuxième trimestre 1967, puis dans *Études rimbaldiennes,* I (1968).

Nous avons rencontré déjà Mgr Taurin (lettre d'Alfred Bardey, du 24 juillet 1883) et nous avons pu voir qu'il avait de bonnes relations avec Rimbaud comme avec Alfred Bardey. Dans la présente lettre, Rimbaud demande à Mgr Taurin d'intervenir en sa faveur pour régler au mieux les difficultés dans lesquelles il se débat.

Cette lettre nous aide à nous représenter la situation qu'avait laissée à Rimbaud la mort de Labatut.

1. Lapsus évident de Rimbaud. Il voulait dire : correspondant de M. Deschamps.

2. *Azzaze* ou *azzaje :* celui qui commande.

3. Woldé-Tsadik (et non *Waldé-Thadik*) apparaît dans une lettre d'Ilg, du 28 juin 1889 (voir p. 552). Il était intendant de la maison du roi et gouverneur d'Ankober.

Page 457.

1. Il faut lire sans doute *Moussaïa.* Il existait toute une famille de ce nom, et nous connaissons l'existence d'un Cristos Moussaïa (journal d'Ugo Ferrandi, 13 avril 1888) et d'un Eftimios Moussaïa (lettre à Ilg, 20 décembre 1889). Rimbaud détestait ces Moussaïa et voyait en eux une « bande d'espions » (lettre à Ilg, 12 avril 1888, p. 488). Mais ils avaient grand crédit auprès de Ménélik et de Makonnen. Au sujet de l'un d'eux, Ilg écrivait à Rimbaud : « Tâchez d'être bien avec lui et n'attaquez surtout plus Moussaïa chez le ras ; c'est inutile » (lettre du 17 juillet 1890, p. 636).

Page 458.

1. Ce Sacconi constitue une énigme. On a vu que Pierre Sacconi, le seul que l'on connaisse, avait été massacré en 1883.

Page 459.

RIMBAUD AUX SIENS
5 novembre 1887

Publiée par P. Berrichon, *Lettres de J.-A. Rimbaud,* 1899.

Page 460.

LE VICE-CONSUL DE FRANCE À ADEN
À RIMBAUD*
8 novembre 1887

Autographe au fonds Doucet.
Publiée par Berrichon, *La Vie de J.-A. Rimbaud,* puis par
J.-M. Carré, avec des corrections, dans la *Revue de France,* juin 1935.

C'est la réponse du consul à la lettre du 3 novembre. Le
consul a été visiblement convaincu par les explications de
Rimbaud, et le seul reproche qu'il lui adresse est de s'être
refusé à l'usage des pots-de-vin, normalement pratiqué et
admis dans ces pays.

Page 461.

RIMBAUD À M. DE GASPARY
9 novembre 1887

Publiée par J.-M. Carré, *Revue de France,* juin 1935.

1. On notera particulièrement la façon dont Rimbaud
s'exprime ici sur les Aboubeker. Or ceux-ci étaient les
maîtres du commerce des esclaves. Il est difficile de croire
que Rimbaud ait eu partie liée avec eux. Une lettre de Paul
Soleillet, du 3 février 1883, accuse formellement les Abou-
beker d'avoir fait assassiner M. Lucereau, M. Arnoux, et
d'avoir essayé de le faire assassiner lui-même (lettre publiée
dans le *Bateau ivre,* septembre 1965, p. 5-6).
2. Savouré était l'un des directeurs de la Compagnie
franco-africaine de Djibouti. Cette société étant entrée en
liquidation, il était passé à Harar. — Brémond était un négo-
ciant français établi à Ankober. — Dimitri est probable-
ment Dimitri Righas, que nous retrouverons.

Page 462.

1. Le Djimma-Abba-Djifar est un des pays gallas.

Page 463.

1. Voir la note 1 de la page 529.
2. Voir la note 1 de la page 632.

Page 467.

RIMBAUD AUX SIENS*
22 novembre 1887

Autographe au fonds Doucet.

Publiée par P. Berrichon, *Lettres de J.-A. Rimbaud,* 1899.

En ce mois de novembre 1887, Rimbaud envisage deux projets : obtenir une concession sur le territoire d'Obock, ou reprendre le commerce des armes avec l'Abyssinie. Dans les deux cas, il lui faut obtenir des autorisations du gouvernement français.

Page 468.

LE VICOMTE DE PETITEVILLE À RIMBAUD*
3 décembre 1887

Autographe au musée Rimbaud.

Cette lettre est la réponse du consul à la lettre du 12 octobre précédent.

Page 469.

RIMBAUD AUX SIENS
15 décembre 1887

Publiée par P. Berrichon, *Lettres de J.-A. Rimbaud,* 1899.

Page 470.

RIMBAUD À M. FAGOT
15 décembre 1887

Publiée par Berrichon, « Rimbaud et Ménélik », *Mercure de France,* février 1914.

Demande de recommandation auprès du ministère français.

Page 472.

RIMBAUD AU MINISTRE DE LA MARINE
ET DES COLONIES
15 décembre 1887

Publiée par Berrichon, « Rimbaud et Ménélik », *Mercure de France,* février 1914.

La France et l'Angleterre étudiaient depuis un an le moyen de mettre fin au commerce des armes sur la côte. À la fin de 1886, il avait été entendu que les licences de transport ne seraient accordées par l'une des deux administrations, anglaise ou française, qu'avec l'accord de l'autre, et l'Angleterre était bien décidée à ne pas donner d'autorisation aux caravanes organisées par des Français. Rimbaud pourtant, malgré l'échec de sa précédente entreprise et malgré

ces nouvelles restrictions, ne se découragea pas. Il commença par solliciter du gouvernement français l'autorisation de débarquer sur la côte française des Somalis, l'outillage nécessaire à la fabrication de fusils et de cartouches destinés au roi Ménélik.

Page 473.

SAVOURÉ À RIMBAUD*
14 janvier 1888

Autographe au fonds Doucet.

On a déjà rencontré le nom de Savouré : note 1 de la page 321, note 2 de la page 461.

Devant la situation en Abyssinie, où la guerre devenait de plus en plus probable, Savouré entreprit de vendre à Ménélik 3 000 fusils et 500 000 cartouches. Il était alors à Paris et se préparait à venir à Obock diriger sur place l'expédition. Mais il avait besoin d'un collaborateur. Il se mit en rapport avec Rimbaud. Celui-ci lui envoya ses conditions.

Page 474.

1. Ce *dedjas* est sans doute Makonnen. On a vu que le dedjatch occupait le troisième rang dans la hiérarchie d'Éthiopie.

2. Il s'agit sans doute de Dimitri Righas, que l'on retrouvera plus loin.

LE SOUS-SECRÉTAIRE D'ÉTAT
AU MINISTÈRE DE LA MARINE ET DES COLONIES
À M. FAGOT*
18 janvier 1888

Autographe de cette lettre, et des deux lettres qui suivent, au fonds Doucet. Publiées par Berrichon « Rimbaud et Ménélik », *Mercure de France,* février 1914.

Le gouvernement français se jugeait lié par ses engagements envers le gouvernement anglais. On notera que le sous-secrétaire d'État intéressé était Félix Faure.

Page 475.

M. FAGOT À RIMBAUD*
18 janvier 1888

Voir la lettre précédente.

LE SOUS-SECRÉTAIRE D'ÉTAT
AU MINISTÈRE DE LA MARINE ET DES COLONIES
À RIMBAUD*
18 janvier 1888

Même dossier que les deux lettres précédentes.

Page 476.

RIMBAUD AUX SIENS
25 janvier 1888

Publiée par Berrichon, *Lettres de J.-A. Rimbaud,* 1899.

1. Berrichon imprime : *mes quarante mille et quelques francs.*
Le chiffre eſt invraisemblable, et contredit violemment les
données que nous possédons sur la situation de Rimbaud.
J. Mouquet a corrigé en *seize mille.* Sa correction eſt raison-
nable, mais puisque nous ne possédons pas l'autographe,
il ne peut s'agir que d'une hypothèse.

Page 477.

SAVOURÉ À RIMBAUD*
27 janvier 1888

Autographe au fonds Doucet.
Trois lignes de cette lettre avaient été publiées par E. Starkie,
Rimbaud en Abyssinie.

Savouré, devant les exigences de Rimbaud, a cédé.

Page 478.

RIMBAUD À ILG*
1er février 1888

Publiée dans la *Correspondance* d'Ilg et de Rimbaud, p. 51.

Alfred Ilg, homme de confiance de Ménélik, eſt allé en
Europe pour acheter du matériel. Il n'a pas obtenu des
autorités l'autorisation de vendre des armes à l'Abyssinie.
Rimbaud lui fait part de son propre échec dans les démarches
qu'il avait entreprises auprès du gouvernement français.

Page 479.

1. Les Italiens, débarqués à Massaouah en 1885, occupèrent
la région côtière entre Massaouah et Assab et poussèrent
des avant-poſtes vers le haut pays. Ils subirent un premier
revers en 1887 à Dogali, où une colonne deſtinée à ravitail-
ler la garnison de Saati fut exterminée. Des renforts étant
arrivés, une armée de 20 000 hommes avança en avril 1888

vers l'intérieur : les Abyssins se retirèrent sans livrer bataille et l'expédition ne décida de rien (V.).

2. Le Khédive : le vice-roi d'Égypte (V.).

3. Makonnen, le gouverneur du Harar, cousin de Ménélik et père de l'empereur Haïlé Sélassié. Rimbaud écrit tantôt Mekonnen, tantôt Mokonnène ou Makonnen (V.).

4. Le *choum* est un chef indigène (V.).

Page 480.

1. Le *zébad,* mot amharique, désigne la civette ou le chat musqué, un mammifère carnivore au pelage gris jaune taché de noir, ainsi que la matière odorante qui est sécrétée par les glandes de cet animal, et dont on fait un parfum (V.).

2. Le *thaler, thalari,* ou *thalaris* (abrégé Th.), une pièce d'argent à l'effigie de l'impératrice Marie-Thérèse d'Autriche, était la monnaie la plus répandue en Abyssinie. Elle valait, à l'époque de Rimbaud, environ 4,50 F. Le thalaris est encore aujourd'hui en cours (V.).

3. Paul Soleillet avait préparé le protectorat de la France sur la côte des Somalis en achetant des concessions aux sultans. Il était en train d'organiser une caravane pour le Choa, lorsqu'il mourut d'une embolie en septembre 1886. Ses gens durent faire face à la nouvelle situation. Les armes et les munitions qu'il voulait livrer à Ménélik n'avaient été transbordées à Aden qu'après une démarche du consul français auprès du ministre anglais. C'est au cours de cette affaire que Rimbaud s'était vu interdire passagèrement l'importation de ses fusils [12 avril 1886] (V.).

4. Les *Konollas :* le terme est inconnu. Il se peut cependant qu'il s'agisse d'une déformation du mot amharique *kollas,* qui désigne les basses terres (V.).

5. Le Gadiboursi, peuplé d'une tribu du même nom, comprend la région entre Zeilah, Bulhar et Geldessey (V.).

6. L'*abban :* le chef ou le guide d'une caravane (V.).

7. Le traité entre la France et l'Angleterre a été ratifié en 1888. Contrairement à ce que pensait Rimbaud, la France a gardé Djibouti (V.).

8. L'Angleterre fit de 1882 à 1889 de grands efforts pour restreindre l'importation d'armes en Afrique orientale. La France et l'Angleterre signèrent à cet effet trois conventions, en 1884, 1886 et 1888. Ces mesures n'empêchèrent pas les marchands d'approvisionner Ménélik en armes, discrètement encouragés par le ministre français à Obock, qui désirait étendre le commerce du protectorat. Devant l'impossibilité de rendre le blocus opérant, et ne voulant pas perdre sa part de ce trafic lucratif, l'Angleterre renonça en 1889 à sa politique (V.).

Page 481.

1. Les *dedjatch* ou *dedjazmatch* détenaient à cette époque le troisième rang dans la hiérarchie abyssine, au-dessous des ras. Ils étaient généralement préposés au gouvernement des provinces ou des pays soumis (V.).

2. M. Hénon, ancien officier de cavalerie, est allé en Abyssinie pour faire de la topographie et prendre des photos. De retour en France, il est chargé d'une mission officielle [lettre de Savouré du 13 février 1888] (V.).

SAVOURÉ À ILG
13 février 1888

Publiée dans la *Correspondance* d'Ilg et de Rimbaud, p. 57.

Cette lettre, qui n'est pas adressée à Rimbaud, mérite pourtant d'être recueillie pour le renseignement curieux qu'elle nous apporte sur des activités « journalistiques » de Rimbaud.

Page 482.

1. Le Zimpi dont parle Savouré, c'est Zimmermann l'aide d'Alfred Ilg. Il portait habituellement ce sobriquet.

ILG À RIMBAUD*
19 février 1888

Publiée dans la *Correspondance* d'Ilg et de Rimbaud, p. 59.

Nous retrouverons la plupart de ces noms, Savouré, Bienenfeld, Hénon, Zimmermann. Cet Hénon, qui vient d'être chargé de mission, se donnait pour officier de cavalerie en retraite. Un rapport du consul de France à Massaouah le présente comme « un de ces Messieurs qui, à la suite de Soleillet et d'Arnoux, sous prétexte d'exploiter les richesses du Choa... n'ont guère fait que des dupes ». Il s'était introduit dans la confiance de Ménélik et prétendait jouer un rôle entre le roi et le gouvernement français (S. Briet, *Rimbaud notre prochain*, p. 174).

Dimetri est sans nul doute le même que Dimitri, déjà nommé dans la lettre du 9 novembre 1887, p. 461.

Page 483.

1. Le *samoun* : M. Graven pense qu'il s'agit du *simoun* (de l'arabe *samoûm*), un vent chaud du désert (V.).

Page 484.

RE ÇU DE M. BARDEY*
27 mars 1888

Autographe au fonds Doucet.

A. BARDEY À RIMBAUD*
28 mars 1888

Autographe au musée Rimbaud.

Les relations d'affaires sont décidément renouées entre Rimbaud et les Bardey. Mais cette fois, Rimbaud n'est plus à leur service. Il est un de leurs clients, et ils lui proposent d'être ses commissionnaires à Aden pour ses achats, ou ses vendeurs pour les marchandises qu'il leur expédierait.

Page 485.

RIMBAUD À ILG*
29 mars 1888

Publiée dans la *Correspondance* d'Ilg et de Rimbaud, p. 62.

1. Traversi faisait des recherches scientifiques, tout en participant aux intrigues politiques du comte Antonelli, qui représentait l'Italie auprès de Ménélik. Alfieri était le médecin du roi. La station de Lit-Marefia avait été fondée par un naturaliste italien. Bien que ravagée par Ménélik, elle était encore entretenue en 1887, lors du passage de l'explorateur Jules Borelli. Brémond était un commerçant français, Zimmermann, dit Zimpi, le mécanicien suisse associé à Alfred Ilg (V.).

2. Léonce Lagarde, le gouverneur d'Obock (V.).

Page 486.

RIMBAUD AUX SIENS*
4 avril 1888

Autographe au fonds Doucet.
Publiée par Berrichon avec quelques inexactitudes.

Cette lettre est importante parce qu'elle nous apprend le début d'une nouvelle période dans la carrière de Rimbaud. Il s'est mis en rapport avec César Tian. Celui-ci était, d'après Jouffroy d'Albans, le principal négociant de café d'Aden. Il avait la réputation d'être correct en affaires. À la suite de l'accord passé avec lui, Rimbaud devenait son correspondant à Harar. Il y eut naturellement des difficultés entre eux,

notamment en 1890. Il réclamait à Rimbaud des sommes que celui-ci ne croyait pas lui devoir. Mais ces difficultés s'arrangèrent. Maurice Riès, que nous rencontrerons, était le fondé de pouvoir de la maison Tian et C\ieme.

Page 487.

LE VICE-CONSUL DE FRANCE À ADEN À RIMBAUD★
9 avril 1888

Autographe au fonds Doucet.

RIMBAUD À ILG★
12 avril 1888

Publiée dans la *Correspondance* d'Ilg et de Rimbaud, p. 64.

Page 488.

LUCIEN LABOSSE À RIMBAUD★
22 avril 1888

Autographe au musée Rimbaud.

Lettre intéressante par les indications qu'elle fournit sur les activités de Rimbaud au Caire lors du séjour qu'il y avait fait (20 août-fin septembre 1887). Il y avait visiblement laissé un fort bon souvenir.

Page 489.

SAVOURÉ À RIMBAUD★
26 avril 1888

Autographe au fonds Doucet.
Des fragments de cette lettre avaient été publiés par E. Starkie, *Rimbaud en Abyssinie.*

Savouré était arrivé à Obock le 17 avril avec sa cargaison de fusils.

Page 490.

1. On a déjà rencontré Léon Lagarde. Il était résident de France à Obock depuis 1884.

Page 491.

1. Ibrahim, porteur de la présente lettre, était courrier de profession. Il apparaît plusieurs fois dans la correspondance d'Ilg.

ILG À BIDAULT*
27 avril 1888

Publiée dans la *Correspondance* d'Ilg et de Rimbaud, p. 66.

Cette lettre n'est pas adressée à Rimbaud, mais elle mérite d'être reproduite en raison des informations qu'elle apporte sur la situation de Savouré et sur celle de Rimbaud en cette fin du mois d'avril 1888.

Page 492.

ILG À RIMBAUD*
27 avril 1888

Publiée dans la *Correspondance* d'Ilg et de Rimbaud, p. 66.

Page 493.

LE SOUS-SECRÉTAIRE D'ÉTAT AU MINISTÈRE
DE LA MARINE ET DES COLONIES
À RIMBAUD*
2 mai 1888

Autographe au fonds Doucet.
Publiée par Berrichon, *La Vie de J.-A. Rimbaud*, p. 202.

Rimbaud put croire un moment que l'importation des armes allait devenir une forme de commerce régulièrement agréée. L'autorisation qu'il avait demandée en décembre et qui avait été refusée le 18 janvier 1888, lui fut accordée le 2 mai. Elle l'était pour ce motif que, selon l'interprétation française de l'accord franco-anglais, ce transport, destiné aux autorités régulières du Choa, ne tombait pas sous le coup des dispositions prises contre le trafic d'armes. Il faut croire que cette disposition avait le tort de nuire aux intérêts britanniques, car on verra bientôt que l'autorisation accordée fut à nouveau et presque immédiatement retirée.

Page 494.

RIMBAUD À M. ALFRED BARDEY
[3 mai 1888]

Extrait des *Comptes rendus des séances de la Société de Géographie*, 1888.

Ces quelques lignes sont tirées d'une lettre que Rimbaud adressa à Alfred Bardey, et celui-ci transmit ces informations le 4 juin 1888 à la Société de Géographie. Elles furent présentées à la Société dans sa séance du 15 juillet suivant.

Des éditions ont reproduit plusieurs paragraphes des *Comptes rendus* comme s'ils étaient tirés de la lettre de Rimbaud. Il saute aux yeux que seules lui sont empruntées les quatre lignes citées dans la présente édition. Comme l'a fait observer M. Chadwick (*Revue d'histoire littéraire*, 1965), puisque la lettre est écrite d'Harar à M. Bardey qui est alors à Aden, il est parfaitement inconcevable que Rimbaud lui dise : « Hier soir est arrivée à Aden... » ou qu'il annonce le départ d'un voyageur pour le Harar. C'est M. Bardey qui a écrit ces paragraphes, et non pas Rimbaud.

RIMBAUD AUX SIENS
15 mai 1888

Publiée par P. Berrichon, *Lettres de J.-A. Rimbaud,* 1899.

L'organisation des caravanes et le trafic d'armes n'avaient rapporté à Rimbaud que des déboires. Il décida de fonder à Harar, mais cette fois pour son compte, une agence commerciale analogue au comptoir qu'il y avait naguère dirigé pour le compte de la firme Bardey. Il s'était entendu, nous l'avons vu, avec un important commerçant d'Aden, César Tian, qui fut son principal correspondant. Il renoua de même avec la maison Bardey. Il envisageait de se mettre également en rapport avec des fabricants de drap de Charleville. Dès le 15 mai, son projet avait pris forme, et il en informait les siens par la présente lettre.

Page 495.

LE SOUS-SECRÉTAIRE D'ÉTAT
AU MINISTÈRE DE LA MARINE ET DES COLONIES
À RIMBAUD*
15 mai 1888

Autographe au fonds Doucet.
Publiée par Berrichon, *Lettres de J.-A. Rimbaud,* 1899.

Cette lettre annule l'autorisation accordée le 2 mai précédent. L'affaire perdait d'ailleurs beaucoup de son importance, maintenant que Rimbaud était décidé à fonder un comptoir commercial au Harar.

RIMBAUD À ILG*
25 juin 1888

Publiée dans la *Correspondance* d'Ilg et de Rimbaud, p. 68.

Pendant qu'Alfred Ilg séjourne en Suisse, Rimbaud lui envoie des nouvelles de la petite colonie européenne.

Page 496.

1. Sans doute un pont de l'Hawache, construit par Alfred Ilg. M. Appenzeller était menuisier (V.).
2. Le *kéremt* signifie la saison des pluies (V.).
3. L'*okiète* variait de poids selon la qualité de l'ivoire (V.).

Page 497.

RIMBAUD AUX SIENS*
4 juillet 1888

Autographe au fonds Doucet.
Publiée par Berrichon, *Lettres de J.-A. Rimbaud,* 1899.

La paix était revenue dans le pays. Une paix relative. Mais les affaires pouvaient du moins reprendre tant bien que mal. Il devenait possible d'importer soieries et cotonnades. On exportait du café, des gommes, des parfums, de l'ivoire. Rimbaud envoyait des caravanes à la côte. Pour les affaires qu'il faisait avec César Tian, il partageait avec lui les bénéfices par moitié.

JULES BORELLI À RIMBAUD*
26 juillet 1888

Autographe au fonds Doucet.
Publiée par Berrichon, *La Vie de J.-A. Rimbaud.*

Page 500.

1. Le Borelli explorateur, que Rimbaud connaissait bien, était le frère de ce Borelli Bey, directeur du *Bosphore égyptien* au Caire.

Page 501.

RIMBAUD AUX SIENS
4 août 1888

Publiée par P. Berrichon, *Lettres de J.-A. Rimbaud,* 1899.

Dans cette lettre, qui explique si clairement la situation de Rimbaud, on relèvera surtout la phrase : « Je n'ai même jamais connu personne qui s'ennuyât autant que moi. » Le dernier mot sur Rimbaud est là.

Page 502.

ÉLOI PINO À RIMBAUD*
11 septembre 1888

Autographe au fonds Doucet.

Cet Éloi Pino, capitaine au long cours, était installé sur les bords de la mer Rouge depuis 1880 au plus tard. C'est lui qui accueillit Alfred Bardey quand celui-ci débarqua à Zeilah en 1880.

L'intérêt de cette lettre est de nous parler sans fard des manœuvres d'Antonelli pour faire échouer l'entreprise de Savouré, et par conséquent de Rimbaud.

Page 503.

RIMBAUD AUX SIENS
10 novembre 1888

Publiée par P. Berrichon, *Lettres de J.-A. Rimbaud*, 1899.

Page 504.

A. SAVOURÉ À RIMBAUD*
10 décembre 1888

Autographe au fonds Doucet.

Les nouvelles politiques que contient cette lettre se rapportent au conflit entre l'empereur Joannès et le roi du Godjam. On verra des précisions sur ces événements dans la lettre à Jules Borelli du 25 février 1889, p. 520.

1. Savouré écrit *Weld Tadick*. On a déjà rencontré cet azage dans une lettre du 4 novembre 1887 (voir la note 3 de la page 456 et la note 2 de la page 507).

Page 505.

ÉLOI PINO À RIMBAUD*
30 décembre 1888

Autographe au fonds Doucet.

1. Le ras Gobéna apparaît plusieurs fois dans la *Correspondance*. Son nom est écrit parfois Govana, ou encore Govéna.

Page 506.

SAVOURÉ À RIMBAUD*
1er janvier 1889

Autographe au fonds Doucet.

1. Le nom de Tessama revient souvent dans la *Correspondance*. Il n'est pas évident qu'il désigne toujours le même personnage. Dans le cas présent il ne peut s'agir que du Tessama qui figure comme domestique important de la maison d'Ilg.

2. Cet Aboubakr est un guide qui ne peut être naturellement confondu avec le pacha de Zeilah. Celui-ci venait d'ailleurs de mourir en 1885.

Page 507.

1. Voir la note 1 de la page 480.

2. L'azage est le chef des domestiques d'une maison. Cet azage W.T. est évidemment celui qui est désigné à la fin de la lettre par le nom d'azage Woldé Tsadik (écrit *Weld Tadick;* voir la note 1 de la page 504 et la note 2 de la page 552).

Page 508.

SAVOURÉ À RIMBAUD*
4 janvier [18]89

Autographe au fonds Doucet.

1. Voir la note 2 de la page 506.

Page 509.

RIMBAUD À SA MÈRE ET À SA SŒUR*
10 janvier 1889

Autographe au fonds Doucet. Publiée par P. Berrichon, *Lettres de J.-A. Rimbaud,* 1899.

Page 510.

SAVOURÉ À RIMBAUD*
20 janvier 1889

Autographe au fonds Doucet.

1. *OK,* abréviation de *okiète* (ou *okette*), poids d'ivoire qui variait selon la qualité.

2. Le comte Antonelli, qui dirigeait la mission italienne. Il était le plus dangereux adversaire des négociants français en Abyssinie.

Page 511.

1. *Aboune,* dignitaire religieux. Voir note 1, p. 529.
2. Voir la note 4 de la page 479.

Page 512.

1. Un *bakchiche,* c'est-à-dire un pot-de-vin.
2. Gueldessé, ville au sud de Harar. Son nom s'écrivait de plusieurs manières, notamment Gueldessa, Geldessa, Geldessé.

Page 513.

1. Ragazzi, membre de la mission italienne. Son nom apparaît plusieurs fois dans la *Correspondance.*
2. Ce Mohamet est certainement le guide que nous avons rencontré dans la lettre du 26 avril 1888.
3. Chefneux était l'un des hommes d'affaires les plus importants d'Abyssinie. Il devint plus tard consul général de France dans ce pays.

ÉLOI PINO À RIMBAUD*
24 janvier 1889

Autographe au fonds Doucet.

Page 514.

SAVOURÉ À RIMBAUD*
31 janvier [18]89

Autographe au fonds Doucet.

L'empereur Joannès avait envahi le Godjam. Ménélik se sentait menacé parce qu'il n'ignorait pas les sentiments de Joannès à son endroit.

Page 515.

BRÉMOND À RIMBAUD*
10 février [18]89

Autographe au fonds Doucet. Quelques lignes seulement publiées dans le *Bateau ivre,* n° 15, juillet 1957.

Outre d'intéressantes indications sur la situation politique après la guerre de Godjam, cette lettre traite sur le mode

plaisant un incident qui fit quelque bruit. Excédé par les chiens qui s'introduisaient dans ses magasins, Rimbaud décida de les empoisonner. Mais les chiens ne furent pas les seules victimes. Des moutons y périrent. Les indigènes voulurent faire un mauvais parti à Rimbaud, et il ne s'en tira pas sans difficulté. On trouvera une autre allusion à cet incident dans la lettre de Savouré à Rimbaud, du 11 avril 1889, p. 530.

Ces Grecs dont Brémond parle sans aucune sympathie, nous les retrouverons dans la lettre du 16 février 1889, p. 516. C'était sans aucun doute la clique des Moussaya.

Page 516.

BRÉMOND À RIMBAUD*
16 février 1889

Autographe au fonds Doucet.

Au milieu de ces questions de commerce et de politique, on relèvera les mots sur une « ligue grecque » qui semble vouloir ennuyer Rimbaud « jusqu'à satiété ». Ce sont évidemment les mêmes Grecs dont Brémond parlait dans la lettre précédente. Il s'agit sans aucun doute du clan des Moussaya, fort bien reçu dans l'entourage de Ménélik. On lira les conseils de sagesse qu'Alfred Ilg donnait à Rimbaud, trop porté à se battre avec ces adversaires déloyaux.

Page 518.

RIMBAUD À SA MÈRE ET À SA SŒUR
25 février 1889

Publiée par P. Berrichon, *Lettres de J.-A. Rimbaud,* 1899.

RIMBAUD À JULES BORELLI
25 février 1889

Publiée par P. Berrichon, *Lettres de J.-A. Rimbaud,* 1899.

Page 519.

1. Voir la note 4 de la page 479.

Page 520.

1. Voir la note 1 de la page 529.

Page 522.

SAVOURÉ À RIMBAUD★
26 février 1889

Autographe au fonds Doucet.

1. Ce nom de Cerkis apparaît dans les lettres d'Ilg sous la forme Serkis ou encore Serquis.

2. L'autographe ne permet pas de douter que Savouré a écrit *finir*.

Page 524.

TRADUCTION DE LA LETTRE DU ROI MÉNÉLIK À ATO TESSAMA MEKBEB ADRESSÉE À M. RIMBAUD LE 25 FÉVRIER★
[18]89

Autographe au fonds Doucet.

Page 525.

SAVOURÉ À ATO TESSAMA MEKBEB★
25 février 1889

Autographe au fonds Doucet.

Cette lettre n'a d'autre objet que de transmettre à Tessama Mekbeb la lettre de Ménélik sur la somme à verser à Savouré.

Page 526.

SAVOURÉ À RIMBAUD★
28 février 1889

Autographe au fonds Doucet.

Page 527.

1. Il semble qu'il s'agit du *tedj,* boisson faite d'eau, de miel et d'une écorce de plante nommée thaddo. En ce cas la phrase de Savouré voudrait dire : on prépare des boissons pour fêter son retour.

SAVOURÉ À RIMBAUD★
15 mars 1889

Autographe au fonds Doucet.

Page 528.

1. Guiby ou Guéby : voir la note 3 de la page 554.
2. Monseigneur Taurin-Cahagne dirigeait la communauté catholique d'Abyssinie. On a vu plus haut la lettre que Rimbaud lui adressa le 4 novembre 1887.

Page 529.

ILG À RIMBAUD*
30 mars 1889

Autographe au fonds Doucet.
Publiée dans la *Correspondance* d'Ilg et de Rimbaud, p. 70.

Après son séjour en Suisse, Ilg était de retour à Harar depuis le 24 décembre 1888. Son principal travail était de monter une cartoucherie. C'est là la « machine » dont il parle dans cette lettre.

1. *L'abouna* (ou *aboune*) : le chef du clergé amhara Il est envoyé d'Égypte par le patriarche copte orthodoxe du Caire (V.).
2. Voir la lettre de Rimbaud aux siens du 18 mai 1889, p. 542-543.

Page 530.

SAVOURÉ À RIMBAUD*
11 avril 1889

Autographe au fonds Doucet.
Trois lignes en ont été publiées par E. Starkie, *Rimbaud en Abyssinie.*

Il est question dans cette lettre de l'affaire des chiens empoisonnés dont parlait déjà la lettre de Brémond, du 10 février précédent, p. 515.

Page 532.

ERNEST LAFFINEUR À RIMBAUD*
26 avril 1889

Autographe au fonds Doucet.

Cet E. Laffineur apparaît ici en relation, non seulement avec Rimbaud, mais avec Savouré, Pino, Appenzeller, Brémond, Bidault. Il semble qu'il était venu en Abyssinie pour y acquérir des objets de la fabrication locale, arcs, flèches, lances, etc.

Page 533.

ÉLOI PINO À RIMBAUD★
27 avril 1889

Autographe au fonds Doucet.

1. Voir la note 2 de la page 512.

Page 534.

RIMBAUD À UGO FERRANDI
30 avril 1889

Publiée par E. Emanuelli, *Inventario,* 1949, puis dans *La Table ronde,* janvier 1950.

Naufragio était un voyageur italien. Corazzini était consul d'Italie.

Page 535.

SAVOURÉ À RIMBAUD★
1er mai 1889

Autographe au fonds Doucet.

On remarquera la présence de deux lettres de Savouré datées du même jour. Il n'est pas impossible qu'après avoir écrit (et expédié?) la première, Savouré ait reçu la lettre de Rimbaud qu'il mentionne au début de la seconde lettre, et qu'il lui ait alors répondu.

Page 536.

SAVOURÉ À RIMBAUD★
1er mai 1889

Autographe au fonds Doucet.
Voir la note de la lettre précédente.

Page 537.

1. *Serkis :* voir la note 1 de la page 522.

Page 538.

1. Voir la note 2 de la page 623.

Page 539.

ILG À RIMBAUD★
3 mai 1889

Autographe au fonds Doucet.
Publiée dans la *Correspondance* d'Ilg et de Rimbaud, p. 72.

Sur les événements rapportés par Ilg, voir ci-dessous la lettre de Rimbaud à sa mère et à sa sœur, du 18 mai 1889. La défaite et la mort de l'empereur Joannès devait bouleverser la situation générale de l'Abyssinie.

Quatre lignes de cette lettre figuraient dans les éditions précédentes des *Œuvres* sous la date inexacte du 3 février 1889.

1. Sans doute « le redoutable bandit Mohammed Abou-Beker, l'ennemi des négociants et voyageurs européens au Choa ». Il est étonnant que Rimbaud lui ait confié de l'argent après l'avoir traité ainsi dans une lettre à M. de Gaspary, consul de France à Aden [9 novembre 1887] (V.).

Page 540.

ÉLOI PINO À RIMBAUD*
11 mai 1889

Autographe au fonds Doucet.

Page 541.

SAVOURÉ À RIMBAUD*
15 mai 1889

Autographe au fonds Doucet.

Page 542.

1. Viscardi était un des membres de la mission italienne en Abyssinie. On a vu plus haut qu'en mars 1888, il avait entrepris une expédition dans l'Aoussa.

RIMBAUD À SA MÈRE ET À SA SŒUR*
18 mai 1889

Autographe au fonds Doucet.
Publiée par Berrichon, *Lettres de J.-A. Rimbaud,* 1899, avec plusieurs inexactitudes.

Page 544.

ILG À RIMBAUD*
23 mai 1889

Publiée dans la *Correspondance* d'Ilg et de Rimbaud, p. 73.

1. *Alleca* signifie interprète (V). On trouve aussi les formes *aleca* et *alaca*.

2. *Grazmatch,* déjà rencontré, équivaut à *colonel* (V).

SAVOURÉ À RIMBAUD★
23 mai 1889

Autographe au fonds Doucet.

Page 545.

1. Voir la note 1 de la page 544.

SAVOURÉ À RIMBAUD★
16 juin 1889

Autographe au fonds Doucet.

On ne connaissait jusqu'ici de cette lettre, que quatre lignes publiées, ou plutôt résumées par E. Starkie, *Rimbaud en Abyssinie*.

Par une erreur difficile à expliquer, cette lettre était donnée comme écrite à Djibouti. Mais déjà M. Chadwick avait fait observer dans une note de la *Revue d'histoire littéraire* d'octobre 1965 que l'autographe portait, sans hésitation possible *Ankober*.

2. On a rencontré plus haut ce Laffineur. Il ressort de la présente lettre qu'il ne s'occupait pas seulement d'objets d'art local, et que le commerce des cartouches l'intéressait également.

Page 547.

1. Voir la note 1 de la page 510.
2. Voir la note 2 de la page 321.

ILG À RIMBAUD★
16 juin 1889

Autographe au musée Rimbaud.

Publiée de façon très fragmentaire par Berrichon, cette lettre a été donnée de façon moins incomplète, mais pourtant partielle, dans la *Correspondance* d'Ilg et de Rimbaud, p. 74. On a cru bon de la reproduire ici intégralement, malgré sa longueur, pour l'image très vivante qu'elle nous donne de Rimbaud, tel qu'il apparaissait à ses amis.

Page 548.

1. Mohamed Abou Bekr, dont Ilg vient de parler (voir la note 1 de la page 539).
2. On reconnaît dans le *Djeldessa* dont parle Ilg la localité plus souvent appelée Gueldessa.

Page 549.

1. Il semble que l'autographe porte *resteront*.

Page 551.

SAVOURÉ À RIMBAUD*
17 juin [18]89

Autographe au fonds Doucet.

1. Cette expression pourrait bien signifier : envoyer au diable.
2. L'autographe donne ce texte, sans qu'une hésitation soit possible.

Page 552.

SAVOURÉ À RIMBAUD*
27 juin [18]89

Autographe au fonds Doucet.

1. Savouré a écrit *enverrai* et non *enverrais*.

ILG À RIMBAUD*
28 juin 1889

Autographe au fonds Doucet.
Extrait publié dans la *Correspondance* d'Ilg et de Rimbaud, p. 76.

2. Wolde Tsadik était à la fois intendant de la maison du roi et gouverneur d'Ankober (V.). *Azage :* voir la note 2 de la page 507.

Page 553.

RIMBAUD À ILG*
1er juillet [18]89

Publiée dans la *Correspondance* d'Ilg et de Rimbaud, p. 76-86.

1. *Matebs :* lacets de soie que portent les chrétiens. En portant lcurs *matebs,* les soldats chrétiens s'assuraient qu'ils recevraient une sépulture chrétienne s'ils étaient tués au combat (V.).
2. Le *djano* est une toge d'homme. Mais Rimbaud nomme parfois djano le fil servant à tisser ce vêtement (V.).

Page 554.

1. *Nagadiés :* marchands du Tigré, du Godjam et du Choa (V.).

2. *Brillés* ou, mieux, *birillés :* cruches à hydromel (V.).

3. *Guébi* (ou *Guiby* ou *Guéby*) : résidence seigneuriale à plusieurs enceintes. Rimbaud désigne par ce mot le siège du gouvernement du Harar (V.).

Page 555.

1. *Medda par medda :* de plaine en plaine, au sens de : à l'aveuglette, au petit bonheur (V.).

Page 556.

1. Une expédition dirigée par un explorateur nommé Porro avait été massacrée à l'époque où l'émir Abdullahi gouvernait le Harar.

Page 557.

1. *Beur :* argent (V.).

2. *L'intelligent Comte :* le comte Antonelli, qui se trouvait alors en Abyssinie avec mission d'y obtenir la reconnaissance du protectorat de l'Italie sur ce pays (V.).

3. *Tota :* singe de race petite et commune (V.).

Page 558.

RIMBAUD À ILG*
20 juillet [18]89

Publiée dans la *Correspondance* d'Ilg et de Rimbaud, p. 86-91.

Page 559.

1. *Marechas :* erreur de Rimbaud. Il voulait dire *marechates,* caparaçons (V.).

2. *Debdabiés amara :* les lettres amhara (V.).

Page 560.

1. *Zémetscha :* expédition (V.).

2. *Gundja Biète :* trésorerie ou magasin du roi ou d'un grand seigneur (V.).

Page 561.

1. *Galabiète :* bague (V.).

Page 562.

ILG À RIMBAUD*
21 août 1889

Autographe au fonds Doucet.
Publiée dans la *Correspondance* d'Ilg et de Rimbaud, p. 91-93.

Page 563.

RIMBAUD À ILG*
24 août [18]89

Publiée dans la *Correspondance* d'Ilg et de Rimbaud, p. 93-100.

1. *Frasleh* : voir la note 2 de la page 321.

Page 564.

1. *Crier Abiète* : recourir au roi (V.).

Page 565.

1. *Wasse* : garant (V.).
2. *Matad* : four servant à cuire le pain (V.).
3. *Wantchas* : gobelets de forme conique (V.).

Page 566.

DÉCLARATION*
13 août 1889

Copie envoyée à Ilg dans la lettre du 24 août.

Page 567.

1. *Balassiés,* ou, chez Borelli, *chama belassé,* désigne des toges *(chammas)* de médiocre qualité. La toge fait partie du costume éthiopien traditionnel (V.).

RIMBAUD À ILG*
26 août 1889

Publiée dans la *Correspondance* d'Ilg et de Rimbaud, p. 100-105.

Page 568.

1. *Wilayeti* (ou *vilayeti*) : cotonnade écrue des Indes anglaises (V.).
2. *Abouguédid* : pour *aboudjédid,* coton non écru (V.).
3. *Silitcha* : sac en peau de chèvre (V.).
4. *Durloch* : pain séché et réduit en poudre (V.).
5. *Guerbe* pour *guereb* : bidons de 30 litres environ (V.).
6. *Dourah* : sorgho (V.).

Page 569.

1. *Guèbeur* ou *guibeur* : impôt (V.).
2. Les autorités françaises ont établi à Djibouti un port franc pour détourner le commerce de la Somalie anglaise.

C'est ce que Rimbaud avait conseillé dans sa lettre au directeur du *Bosphore égyptien* (V.).

3. *Gabares* : contribuables. Dans la lettre du 7 septembre, le mot prendra le sens de *fermier* (V.).

Page 570.

SAVOURÉ À RIMBAUD★
27 août 1889

Autographe au fonds Doucet.

Page 571.

RIMBAUD À ILG★
7 [septembre] 1889

Publiée dans la *Correspondance* d'Ilg et de Rimbaud, p. 105-114.

Cette lettre porte, écrite, la date du 7 août 1889, mais Ilg répond : « À l'instant je viens de recevoir vos lettres du 7 août (vous vouliez dire probablement du 7 septembre)... »

Page 573.

1. *Calatié :* un ordre, mais aussi l'homme qui porte l'ordre (V.).

Page 574.

1. *Giraf :* le fouet employé pour les fustigations (V.).

Page 577.

RIMBAUD À ILG★
12 septembre [18]89

Publiée dans la *Correspondance* d'Ilg et de Rimbaud, p. 114-117.

Page 579.

RIMBAUD À ILG★
13 septembre [18]89

Publiée dans la *Correspondance* d'Ilg et de Rimbaud, p. 118-119.

Page 580.

ILG À RIMBAUD★
10 et 16 septembre 1889

Autographe au fonds Doucet pour la première partie ; au musée Rimbaud pour la seconde.

Cette lettre, commencée le 10 septembre au cours d'une expédition, et terminée le 16 septembre, au retour à Ankober, a été publiée dans la *Correspondance* d'Ilg et de Rimbaud, p. 119-121.

Page 581.

RIMBAUD À ILG*
18 septembre [18]89

Publiée dans la *Correspondance* d'Ilg et de Rimbaud, p. 121-122.

Page 582.

1. L'émir Abdulaï s'était réfugié après la bataille de Shalanko, où il avait été défait par Ménélik, chez le chef d'une tribu voisine. Il commit sans doute l'imprudence de retourner au Harar lorsque Makonnen dut retirer le gros de ses troupes. Rimbaud écrivait à Borelli à la date du 25 février 1889 : « Le mouslénié, qui fait rentrer l'impôt, est l'émir Abdullahi » (V).

MÉNÉLIK II À RIMBAUD

Publiée en traduction et avec fac-similé par Berrichon, *Lettres de J.-A. Rimbaud.*

Page 583.

1. 25 septembre 1889.

RIMBAUD À ILG*
7 octobre 1889

Cette lettre, commencée le 7 octobre, continuée le 9 et le 10 octobre, et à laquelle Rimbaud joint un duplicata et la copie de deux reçus, a été publiée, avec les documents annexes, dans la *Correspondance* d'Ilg et de Rimbaud, p. 123-134.

Page 584.

1. *Le Hararghé* : le pays de Harar (V).
2. *Wotadère* : soldat (V.).

Page 585.

1. *Gondaris* : corps spécial de soldats venus du Tigré (V.).

Page 587.

1. Sans doute l'église de Mariam d'Entotto, inaugurée le 1er octobre 1887 (V.).

Page 588.

DUPLICATA*

Voir la note de la lettre du 7 octobre.

Page 590.

COPIE DE DEUX REÇUS*

Voir la note de la lettre du 7 octobre.

ILG À RIMBAUD*
8 octobre 1889

Autographe au fonds Doucet.

Une partie de cette lettre a été publiée par E. Starkie, *Rimbaud en Abyssinie,* p. 173. Elle se lit, de façon plus complète mais non intégralement, dans la *Correspondance* d'Ilg et de Rimbaud, p. 134-136.

Page 592.

ILG À RIMBAUD*
26 octobre 1889

Autographe au musée Rimbaud.

Six lignes de cette lettre ont été publiées par E. Starkie, *Rimbaud en Abyssinie,* p. 180. Un texte, non intégral, mais beaucoup plus complet, a été publié dans la *Correspondance* d'Ilg et de Rimbaud, p. 136-138.

Page 593.

ILG À RIMBAUD*
13 novembre 1889

Autographe au fonds Doucet.

Extrait publié dans la *Correspondance* d'Ilg et de Rimbaud, p. 138-139.

Page 594.

RIMBAUD À ILG*
16 novembre 1889

Publiée dans la *Correspondance* d'Ilg et de Rimbaud, p. 139-144.

Page 595.

1. Lecture douteuse.

Page 596.

1. La déclaration du 13 août 1889 (V.).
2. Ilg s'est cassé un bras en tombant avec son mulet (V.).
3. L'exposition mondiale de 1889 (V.).

Page 597.

A. SAVOURÉ À RIMBAUD*
10 décembre 1889

Autographe au fonds Doucet.

Publiée en grande partie dans le *Bateau ivre,* nº 13 (septembre 1954).

On notera avec intérêt la phrase : « Il a, je crois, des amis qui ont été les vôtres autrefois. » Jusqu'à cette date, aucune communication n'apparaissait entre le Rimbaud de la Rive gauche et celui du Harar. Maintenant des hommes, peu nombreux à la vérité, savent ce qu'est devenu le poète, et d'autres apprennent ce que le négociant d'Harar avait jadis été.

Page 598.

RIMBAUD À ILG*
11 décembre [18]89

Publiée dans la *Correspondance* d'Ilg et de Rimbaud, p. 144-145.

Rimbaud répond à l'amical reproche qu'Ilg lui avait fait dans sa lettre du 8 octobre.

Page 599.

1. On lit *12* sur l'autographe.

RIMBAUD À ILG*
20 décembre [18]89

Publiée dans la *Correspondance* d'Ilg et de Rimbaud, p. 145-150.

Cette lettre nous a révélé quelle était exactement la demande que Rimbaud avait adressée à son ami et où des historiens imprudents avaient soupçonné des intentions de trafiquant d'esclaves. Rimbaud souhaitait simplement qu'Ilg lui procurât un mulet et deux esclaves pour son service personnel.

Page 600.

1. *Daboulas,* en réalité *dahoulas* : une unité de mesure de céréales valant environ un quintal et, par extension, un sac contenant cette quantité (V.).

Page 602.

1. *Gorezzas :* des singes aux poils noirs et blancs, particuliers à l'Éthiopie. Le mot *hydrofobes* est certainement utilisé ici comme synonyme de « enragés », la rage, répandue en Éthiopie, se caractérisant par l'hydrophobie (V.).

COPIE D'UN REÇU*

Ce reçu, publié dans la *Correspondance* d'Ilg et de Rimbaud, était contenu dans la lettre du 20 décembre.

RIMBAUD À SA MÈRE ET À SA SŒUR
20 décembre 1889

Publiée par Berrichon, *Lettres de J.-A. Rimbaud,* 1899.

Page 603.

ERNEST ZIMMERMANN À RIMBAUD*
2 janvier [18]90

Autographe au fonds Doucet.

On a respecté en principe l'orthographe de l'excellent Zimmermann.

Page 604.

RIMBAUD À SA MÈRE ET À SA SŒUR*
3 janvier 1890

Autographe au fonds Doucet.
Reproduction photographique, *Album Rimbaud,* p. 286.
Publiée par P. Berrichon, *Lettres de J.-A. Rimbaud,* 1899.

ERNEST ZIMMERMANN À RIMBAUD*
4 janvier [18]90

Autographe au fonds Doucet.

En marge de cette lettre, on lit deux annotations. Elles sont très clairement de l'écriture de Rimbaud. Il réagit vivement aux affirmations de Zimmermann.

Page 605.

CÉSAR TIAN À MADAME RIMBAUD*
8 janvier 1890

Autographe au fonds Doucet.
Publiée dans le *Bateau ivre,* septembre 1954.

À rapprocher cette lettre de celle que Rimbaud écrivait le 3 janvier 1890 (ci-dessus, p. 604), nous comprenons ce qui s'eſt passé. Au mois de novembre 1889, Mme Rimbaud et sa fille étaient sans nouvelles depuis la lettre que Rimbaud leur avait envoyée le 18 mai. Le 25 décembre, elles écrivirent à César Tian. Quand leur lettre arriva à Aden, César Tian venait de leur transmettre, quelques jours plus tôt, une lettre de Rimbaud. C'était la lettre du 3 janvier.

Page 606.

RIMBAUD À M. DESCHAMPS*
27 janvier 1890

Autographe au fonds Doucet.
Publiée pour la première fois par Jules Mouquet dans l'édition des *Œuvres.*

Page 607.

RIMBAUD À ILG*
24 février 1890

Publiée dans la *Correspondance* d'Ilg et de Rimbaud, p. 151-157.
1. Voir ci-dessous les notes concernant la copie de ce reçu.

Page 610.

REÇU*
29 décembre 1889

Nous reproduisons la copie envoyée par Rimbaud dans sa lettre à Ilg du 24 février 1890. Cette copie eſt plus complète que le reçu proprement dit, qu'on trouvera publié en fac-similé par M. Yerta-Méléra, *Rimbaud,* p. 255 et dans l'*Album Rimbaud,* p. 283.

1. On a vu plus haut que le *gundja biète* était la trésorerie du gouverneur d'une province.

Page 611.

1. Le reçu proprement dit ne comporte pas ces chiffres devant les dates ni l'indication des cours du café. Ces anno-

tations ont été faites par Rimbaud sur la copie soumise à Ilg, que nous reproduisons.

RIMBAUD À SA MÈRE ET À SA SŒUR
25 février 1890

Publiée par Berrichon, *Lettres de J.-A. Rimbaud,* 1899.

Page 612.

RIMBAUD À ILG*
1er mars [18]90

Publiée dans la *Correspondance* d'Ilg et de Rimbaud, p. 157-161.

Page 613.

1. *Zerbia :* hutte (V.).

Page 615.

RIMBAUD À ILG*
16 mars [18]90

Publiée dans la *Correspondance* d'Ilg et de Rimbaud, p. 162-163.

Page 616.

1. Une mule *saggar :* une mule ambleuse (V.).

RIMBAUD À ILG*
18 mars 1890

Publiée dans la *Correspondance* d'Ilg et de Rimbaud, p. 163-165.

2. Un *païssa,* erreur pour *bessa,* un sou, un liard (V.).

Page 617.

ERNEST ZIMMERMANN À RIMBAUD*
26 mars [18]90

Autographe au fonds Doucet.

Nous avons déjà rencontré Ernest Zimmermann, que ses familiers appelaient *Zimpi.* C'était un mécanicien suisse. Il était le collaborateur d'Alfred Ilg.

Sur Éloi Pino, voir les notes de sa lettre à Rimbaud du 11 septembre 1888.

Il est exact que l'autographe, au troisième paragraphe, donne : *Son neveux,* mais la tentation est grande de penser que

Zimmermann veut parler de Chefneux, l'adjoint de Soleillet. Les *lapsus* de ses lettres n'interdisent pas et encouragent plutôt cette supposition.

M. *Bartoli* dont il parle est en réalité M. Bortoli, qui était l'associé de Brémond.

Appenzeller était suisse. Il avait rejoint Ilg à Ankober en 1880.

Page 618.

ERNEST ZIMMERMANN À RIMBAUD*
4 avril [18]90

Autographe au fonds Doucet.

Page 619.

RIMBAUD À ILG*
7 avril 1890

Publiée dans la *Correspondance* d'Ilg et de Rimbaud, p. 165-166.

1. *Chouftas* pour *chiftas* : brigands (V.).

Page 620.

RIMBAUD À MÉNÉLIK*
7 avril 1890

Publiée dans la *Correspondance* d'Ilg et de Rimbaud, p. 167-168.

Cette lettre, confiée à Ilg pour être remise à Ménélik, ne parvint pas à son destinataire parce que Rimbaud avait eu le temps de changer d'avis. Le gouvernement abyssin venait de lui remettre enfin la somme qu'il réclamait.

L'enveloppe est scellée d'un cachet rouge qui n'a pas été brisé. À la suite de l'adresse, Ilg a ajouté de sa main, en allemand : « N'a pas été délivré, par ordre de Rimbaud. » (V.).

Page 621.

SAVOURÉ À RIMBAUD*
15 avril 1890

Autographe au fonds Doucet.

1. Savouré parlait déjà de cette maison dans sa lettre du 16 juin 1889.

Page 622.

REÇU
18 avril 1890

Publié dans *La Revue blanche,* 1er octobre 1897.

RIMBAUD À SA MÈRE
21 avril 1890

Publiée par Berrichon, *Lettres de J.-A. Rimbaud,* 1899.

Page 623.

RIMBAUD À ILG ET À ZIMMERMANN*
25 avril 1890

Publiée dans la *Correspondance* d'Ilg et de Rimbaud, p. 169-172.

1. À côté de *n° 19,* Rimbaud a écrit : 1 242
                                        296,8
                                        ———————
                                        1 538,8

2. *Agassas :* mulet de charge (V.).

Page 625.

RIMBAUD À ILG ET À ZIMMERMANN*
30 avril 1890

Publiée dans la *Correspondance* d'Ilg et de Rimbaud, p. 173-174.

Page 626.

RIMBAUD À SAVOURÉ*
[avril 1890?]

Autographe au fonds Doucet.

Cette lettre avait été publiée par Berrichon dans sa *Vie de J.-A. Rimbaud* sans que le nom du destinataire fût donné, et sans rien qui permît de lui assigner une date même approximative.

Dans l'édition précédente de la Pléiade, elle était intitulée *À un trafiquant,* et placée dans l'année 1889.

Grâce à l'éditeur de la *Correspondance* d'Ilg et de Rimbaud, nous avions appris qu'elle était adressée à Armand Savouré. L'éditeur lui donnait pour date la période 24 mars-15 mai 1890. Nous pouvons maintenant, en rapprochant de cette lettre la réponse qu'y fit Savouré (lettre suivante) préciser davantage. Savouré y répondit le 4 mai. On comprendra en lisant sa réponse, que Rimbaud n'envoya pas la lettre furieuse qu'il avait préparée.

Page 627.

SAVOURÉ À RIMBAUD*
4 mai 1890

Autographe au fonds Doucet.

Cette lettre répond à celle que Rimbaud envoya à Savouré, et qui visiblement était d'un tout autre ton que le brouillon d'une « lettre à un trafiquant » que l'on vient de lire. Car il est vrai que Savouré parle de « l'exagération habituelle » de Rimbaud, mais en même temps il le remercie de ses conseils et ne songe nullement à rompre avec lui. Les termes de sa lettre excluent l'hypothèse qu'il venait de recevoir des injures.

Page 628.

ILG À RIMBAUD*
9 mai 1890

Autographe au fonds Doucet.
Publiée dans la *Correspondance* d'Ilg et de Rimbaud, p. 176-178.

1. Ilg a accompagné Ménélik qui est allé soumettre le ras Mangasha, fils naturel de l'empereur Jean. Vivant pendant près de cinq mois dans la promiscuité de l'armée abyssine, il a assisté à des scènes atroces (V.).

Page 629.

1. Le capitaine au long cours, c'est Éloi Pino, que nous avons rencontré et qui commandait le brick *L'Orénoque.*

RIMBAUD À ILG ET À ZIMMERMANN*
15 mai 1890

Publiée dans la *Correspondance* d'Ilg et de Rimbaud, p. 178-181.

Page 632.

RIMBAUD À ILG*
6 juin [18]90

Publiée dans la *Correspondance* d'Ilg et de Rimbaud, p. 182-183.

1. Le *tedj,* boisson fermentée, faite d'eau, de miel, et d'une écorce appelée *thaddo* (V.).

Page 633.

ATTESTATION DU VICE-CONSUL DE FRANCE*
8 juillet 1890

Autographe au fonds Doucet écrit au verso de la lettre de Rimbaud du 27 janvier 1890.

Publiée pour la première fois par J. Mouquet dans l'édition de la Bibliothèque de la Pléiade.

Au lieu de *Dedja*, il faut naturellement lire *dedjatch*, qui était le titre de Makonnen avant qu'il devînt *ras*. On a déjà rencontré le nom de *Govana;* Voir la note 1 de la page 505.

Page 634.

LAURENT DE GAVOTY À RIMBAUD*
17 juillet 1890

Autographe au musée Rimbaud. Reproduction photographique, *Album Rimbaud,* p. 288.

Laurent de Gavoty (et non *Lucien Garoty*) dirigeait *La France moderne* publiée à Marseille. Rimbaud ne répondit sans doute pas à sa lettre, mais Gavoty ne renonça pas à ses démarches. *La France moderne* contient, dans le numéro du 19 février-4 mars 1891, le texte suivant :

Cette fois, nous le tenons! Nous savons où se trouve Arthur Rimbaud, le grand Rimbaud, le véritable Rimbaud, le Rimbaud des Illuminations.

Ceci n'est pas une fumisterie décadente.

Nous affirmons que nous connaissons le gîte du fameux disparu.

ILG À RIMBAUD*
17 juillet 1890

Publiée dans la *Correspondance* d'Ilg et de Rimbaud, p. 183-187.

Page 635.

1. *Comma,* en réalité *counna* : récipient en paille tressée, communément utilisé pour la mesure des céréales et d'une contenance de 5 kilos environ. Payer 1 thaler pour 4 counnas est, paraît-il, un prix exorbitant (V.).

Page 636.

RIMBAUD À SA MÈRE
10 août 1890

Publiée par P. Berrichon, *Lettres de J.-A. Rimbaud,* 1899.

Page 637.

ILG À RIMBAUD*
23 août 1890

Autographe au musée Rimbaud.

Publiée par J. Mouquet dans la Bibliothèque de la Pléiade, et, dans un texte plus exact, dans la *Correspondance* d'Ilg et de Rimbaud, p. 187-189.

Dans cette lettre se trouve la phrase, mille fois et incomplètement citée, où certains voyaient la preuve que Rimbaud faisait le trafic des esclaves. Depuis que la *Correspondance* d'Ilg et de Rimbaud est publiée, nous savons (lettre du 20 décembre 1889) quelle était exactement la demande que Rimbaud avait adressée à son ami : il s'agissait d'un mulet et de deux esclaves.

Dans un intéressant article du *Corriere della Sera* (28 mai 1965), M. E. Emanuelli a prouvé par des exemples que l'usage, pour un Européen, de posséder quelques esclaves était parfaitement admis. Il a cité notamment un religieux de la mission de Ghéra. De même Auguste Franzoj, qui était désintéressé et généreux, n'avait aucun scrupule à posséder trois esclaves. C'est dans ce climat qu'il convient d'interpréter la démarche de Rimbaud.

Page 638.

RIMBAUD À ILG*
20 septembre [18]90

Publiée dans la *Correspondance* d'Ilg et de Rimbaud, p. 189-193.

Page 639.

1. D'après l'anglais *to coin* : battre monnaie (V.).
2. Le *Shermann Act* prévoyait l'achat de 4 1/2 millions d'onces d'argent par mois et l'émission, pour la contre-valeur, de nouveaux billets de banque (V.).

Page 640.

ILG À RIMBAUD*
7 oct[obre] 1890

Autographe au fonds Doucet.

Il faut avouer le caractère surprenant de la première phrase. Alfred Ilg se plaint d'être sans nouvelle de Rimbaud depuis trois mois. Or nous venons de lire une lettre de Rimbaud à Ilg, en date du 20 septembre. En dix-sept jours cette lettre n'était pas parvenue à son destinataire.

Page 641.

RIMBAUD À SA MÈRE
10 novembre 1890

Publiée par P. Berrichon, *Lettres de J.-A. Rimbaud*, 1899.

Page 642.

RIMBAUD À ILG*
18 novembre 1890

Publiée dans la *Correspondance* d'Ilg et de Rimbaud, p. 195-199.

Page 645.

RIMBAUD À ILG*
18 novembre 1890

Publiée dans la *Correspondance* d'Ilg et de Rimbaud, p. 193-195.
Cette seconde lettre, datée du même jour et portant le même numéro d'ordre, pourrait bien être la « lettre officielle » qu'annonçait la lettre précédente (p. 644).

Page 646.

RIMBAUD À ILG*
20 novembre [18]90

Publiée dans la *Correspondance* d'Ilg et de Rimbaud, p. 199-201.

Page 647.

1. C'est-à-dire *abyssin* (V.).

Page 648.

RIMBAUD À ILG*
26 novembre [18]90

Publiée dans la *Correspondance* d'Ilg et de Rimbaud, p. 201-202.

ILG À RIMBAUD*
30 janvier 1891

Autographe au fonds Doucet.
Publiée dans la *Correspondance* d'Ilg et de Rimbaud, p. 202-204.

Page 650.

L. CHEFNEUX À RIMBAUD*
30 janv[ier 18]91

Autographe au fonds Doucet.
Publiée par J. Mouquet dans l'édition de la Bibliothèque de la Pléiade.

RIMBAUD À ILG*
1er février 1891

Publiée dans la *Correspondance* d'Ilg et de Rimbaud, p. 205-206.

Page 651.

RIMBAUD À ILG*
5 février [18]91

Publiée dans la *Correspondance* d'Ilg et de Rimbaud, p. 206-208.

Page 653.

MÉNÉLIK À ILG*

Publiée dans la *Correspondance* d'Ilg et de Rimbaud, p. 202.

1. Au lieu de *Cheffenet,* il convient naturellement de comprendre *Chefneux,* que nous avons déjà rencontré (V.).
2. 9 février 1891.

ILG À RIMBAUD*
15 février 1891

Publiée dans la *Correspondance* d'Ilg et de Rimbaud, p. 208-210.

Page 654.

REÇU DE M. TEILLARD*
19 février 1891

Autographe au fonds Doucet.

RIMBAUD À SA MÈRE
20 février 1891

Publiée par P. Berrichon, *Lettres de J.-A. Rimbaud,* 1899.
L'original, après avoir appartenu à la collection Barthou, est passé en vente les 15-17 juin 1936 (catalogue Blaizot, n° 2117) avec dix autres lettres et un télégramme, et de nouveau, à l'hôtel Drouot le 29 mai 1968.

Cette lettre nous apporte les premières nouvelles sur la maladie dont Rimbaud allait mourir dix mois plus tard.
De cette maladie, on a proposé plusieurs explications. On a dit qu'en janvier 1890, Rimbaud avait fait une chute et qu'il s'était blessé au genou, dans la propriété d'un ami, Dimitri Righas, près de Harar. On a dit aussi que souffrant de plus en plus de douleurs dans le genou, il avait cru s'en

débarrasser par de folles courses à cheval, et que dans une de ces courses, son genou avait heurté violemment un tronc d'arbre. Mais Alfred Bardey affirme que le mal était d'origine syphilitique. Exploitant son témoignage, des historiens ont rappelé la maladie dont Rimbaud avait parlé dans une lettre du 15 février 1881, puis dans deux lettres du 5 août et du 2 septembre 1881.

Il est possible que ces diverses explications soient vraies, puisque aussi bien elles ne s'excluent pas. Mais nous ne devons pas non plus oublier que Vitalie était morte à dix-sept ans d'une maladie du genou, et que d'autre part le premier témoignage que nous ayons sur des douleurs d'apparence rhumatismale chez Rimbaud, remonte à 1876. Cette année-là, Verlaine lui fait dire, dans un de ses dizains argotiques : « Et que j'sens com' les avant-goûts d'un rhumatisse. » Ce rhumatisme réapparut en 1887, et Rimbaud souffrit de douleurs vives dans les bras et dans les jambes. Puis le mal se déclara.

Page 656.

RIMBAUD À ILG*
20 février [18]91

Publiée dans la *Correspondance* d'Ilg et de Rimbaud, p. 210-212.

Page 657.

1. Le papier est déchiré.

ILG À RIMBAUD*
15 mars 1891

Autographe au fonds Doucet.
Publiée intégralement dans la *Correspondance* d'Ilg et de Rimbaud, p. 212.

Au moment où s'est déclarée la maladie dont il va mourir, Rimbaud a encore envoyé à son ami Ilg une lettre énergique, pour stimuler son zèle.

Page 658.

MADAME RIMBAUD À SON FILS*
27 mars 1891

Autographe au musée Rimbaud. Reproduction photographique dans *l'Album Rimbaud,* p. 290-291.
Publiée dans le *Bateau ivre,* septembre 1954.

Page 659.

ITINÉRAIRE DE HARAR À WARAMBOT*

avril [1891]

Autographe au fonds Doucet partiellement reproduit dans l'*Album Rimbaud,* p. 293-294.

Publiée par P. Berrichon, *Lettres de J.-A. Rimbaud,* 1899.

Le document original comporte 4 feuillets de notes prises au cours du voyage. L'écriture est généralement hâtive, et le crayon très pâle. Plusieurs surcharges, d'une écriture nettement plus marquée et plus ferme, rendent parfois douteux le texte primitif, sans pourtant qu'il en ressorte toujours une leçon claire.

Entre la lettre de Rimbaud à sa mère, du 20 février, et cet *Itinéraire,* six semaines se sont écoulées, mais le mal a fait des progrès foudroyants. Rimbaud souffrit d'abord d'une douleur au genou droit, à la façon de coups de marteau sur la rotule. Puis les veines enflèrent autour du genou. Puis il crut à des varices. Mais la douleur augmentait. Il ne marchait plus qu'en boitant et la souffrance l'empêchait de dormir. Vers le 15 mars, il dut renoncer à se lever. Il installa un lit près de son comptoir, et surveillait par une fenêtre le travail qui se faisait dans la cour. Le genou enflait toujours. En une semaine, la jambe devint complètement raide. Tandis que le haut de la cuisse maigrissait, le genou enflait encore. À la fin de mars, Rimbaud décida de partir. Aucun médecin ne se trouvait à Harar. Il ne lui restait plus qu'à retourner à Aden. Il fut retardé un moment par la nécessité de mettre ordre à ses affaires. Il y perdit plusieurs milliers de francs. Mais il ne pouvait plus attendre. Au surplus, son avoir était maintenant considérable. À lui seul, César Tian lui devait une somme de 37 450 francs, à valoir sur la liquidation définitive de son compte.

Le 7 avril, il se mit en route. Il avait fait fabriquer une civière et loué seize porteurs. Le voyage fut atroce. Il fallut douze jours pour parcourir les trois cents kilomètres qui séparent Harar du port de Zeilah.

Le présent document est formé des notes prises pendant le voyage.

1. Sous cette date, deux lignes illisibles.

Page 660.

1. En surcharge : *à.*

2. En surcharge : *nous passons* [?]

Page 661.

RIMBAUD À SA MÈRE*

30 avril 1891

Autographe dans la collection Matarasso.

Publiée par P. Berrichon, *Lettres de J.-A. Rimbaud,* 1899.

De Zeilah, Rimbaud fut transporté à Aden, sur le pont d'un vapeur, couché sur un matelas. La présente lettre nous permet de nous représenter ses premiers jours à l'hôpital européen d'Aden.

Page 663.

CÉSAR TIAN À RIMBAUD*
6 mai 1891

Autographe au fonds Doucet.

Les pièces dont parle César Tian sont conservées au fonds Doucet.

Page 664.

RIMBAUD À CÉSAR TIAN
6 mai 1891

Réponse de Rimbaud à la lettre précédente. L'autographe se trouve au dossier d'Aden, mais avait été négligé par J.-M. Carré. Publié par J. Mouquet dans l'édition de la Bibliothèque de la Pléiade.

FELTER À RIMBAUD*
13 mai 1891

Autographe au fonds Doucet.

La signature est la même que celle de la lettre adressée à Rimbaud le 13 juillet 1891 sur du papier à en-tête de la maison V. Bienenfeld et Cie, Aden.

Ce Felter est vraisemblablement le personnage dont Sotiro parlera dans sa lettre du 10 juillet 1891 (voir p. 683). Il était agent de la maison Bienenfeld à Harar et prit à son service le domestique Djami que Rimbaud y avait laissé (voir la lettre d'Isabelle Rimbaud au Consul de France, 19 février 1892, p. 724).

Page 665.

RIMBAUD À SA MÈRE ET À SA SŒUR*
[21 mai 1891]

Autographe de la collection B. Loliée.
Publiée par P. Berrichon, *Lettres de J.-A. Rimbaud,* 1899.

Cette lettre est nécessairement mal datée du vendredi 23 mai, et c'est le jeudi 21 mai qu'il faut lire. D'abord parce que le 23 mai 1891 ne tombait pas un vendredi, mais un samedi. En second lieu, elle a été écrite le lendemain de l'arrivée du navire à Marseille, donc le jeudi 21 mai. Enfin il est évident

qu'elle précède le télégramme de Rimbaud à sa mère, et ce télégramme fut envoyé le 22 mai. C'est le mérite d'Henri Guillemin d'avoir clairement démontré l'erreur commise par les éditeurs et les biographes. Au reste, le cachet de la poste porte la date du 21 mai 1891.

Rimbaud s'était décidé à rentrer en France. Il s'embarqua, ou plutôt il fut hissé sur *L'Amazone* des Messageries maritimes. Il arriva à Marseille le mercredi 20 mai 1891. Il lui fut impossible d'aller plus loin.

Il entra le jour même à l'hôpital de la Conception, au pavillon des malades payants (pension 10 francs par jour). Le médecin de service nota sur ses fiches un néoplasme de la cuisse droite.

Le lendemain jeudi, Rimbaud eut l'énergie d'écrire à sa mère et à sa sœur la présente lettre. À ce moment, il ne savait pas encore s'il faudrait lui couper la jambe.

1. *Gauche* est un lapsus que les précédents éditeurs avaient spontanément corrigé. Voir les indications données par Rimbaud lui-même, pages 654, 661, 692; par Isabelle, pages 704, 713, etc.

Page 666.

TÉLÉGRAMME DE RIMBAUD À SA MÈRE*
[22 mai 1891]

L'original, après avoir appartenu à la collection Barthou, est passé en vente publique les 15-17 juin 1936, catalogue Blaizot, n° 2117, puis à la vente du 29 mai 1968, hôtel Drouot.

Le catalogue Blaizot contient une excellente reproduction qui permet de constater de sérieuses inexactitudes dans le texte jusqu'ici imprimé. Elle nous apporte notamment cette utile information que le télégramme fut déposé à 2 h 50 du soir. Mme Rimbaud a donc répondu au message de son fils sans aucun délai.

Le médecin avait pris sa décision le vendredi 22 mai au matin. L'amputation était inévitable. Elle se ferait le lundi suivant. À 2 h 50 le télégramme partait, qui appelait Mme Rimbaud.

TÉLÉGRAMME DE MADAME RIMBAUD À SON FILS*

Collection Matarasso. Reproduction photographique au musée Rimbaud et dans l'*Album Rimbaud,* p. 296.

La mère de Rimbaud, dès réception de la dépêche de son fils, lui envoya le présent télégramme. Elle arriva à l'hôpital de Marseille le samedi soir.

Par une erreur difficile à expliquer, les éditions donnent 23 au lieu de 22. L'original ne permet pas d'incertitude. Le télégramme de Mme Rimbaud partit le 22 mai à 6 h 35 du soir.

SOTIRO À RIMBAUD*
29 mai 1891

L'original de cette lettre de Sotiro, et des suivantes, est conservé au fonds Doucet. Il est en mauvais italien. Nous reproduisons une traduction française qui se trouve également au fonds Doucet et dont l'écriture semble être celle d'Isabelle Rimbaud. Nous ne nous sommes pas interdit d'y introduire les rectifications qui nous ont paru nécessaires après confrontation avec les autographes.

Sur Sotiro, voir la note 1 de la page 366. Rimbaud l'avait maintes fois cité en exemple dans son « Rapport sur l'Ogadine » (p. 375).

1. Sans doute Dimitri Righas dont nous donnons ci-dessous deux lettres adressées à Rimbaud (15 et 28 juillet 1891). Voir la note 1 de la page 674.

Page 667.

1. On croit lire, dans l'original : *molte Kâfile*. La traduction française donne : *beaucoup Kabyle;* qui n'a pas grand sens.

2. Constantin Righas avait été le premier compagnon de Rimbaud à l'agence de Harar (voir la note de la lettre de Rimbaud aux siens du 2 novembre 1880).

3. Il y a un Cristos dans la fameuse famille des Moussaïa (note 1 de la page 457).

4. *Gadiboursi :* voir la note 5 de la page 480. Ce nom désigne le pays et aussi la tribu.

5. On croit lire, dans l'original : *Burhan Bek*. La traduction française donne : *Burhan Bex*.

Page 668.

RIMBAUD À SON EXCELLENCE
LE RAS MÉKONÈNE*
30 mai 1891

Autographe dans les archives des Pères capucins de la province de Toulouse.

Reproduction photographique et publication dans les *Études franciscaines*, 1967, t. XVII, n° 42.

La lettre du ras Makonnen, du 12 juillet 1891, p. 684, est la réponse à la présente lettre.

MADAME RIMBAUD À SA FILLE ISABELLE*
8 juin 1891

Autographe au musée Rimbaud. Reproduction *Album Rimbaud*, p. 298. Publiée par Mme M.-Y. Méléra, « Nouveaux documents sur Rimbaud », *Mercure de France*, 1er avril 1930.

Mme Rimbaud, arrivée à Marseille le 23 mai au soir, ne put y rester aussi longtemps que le malade l'aurait souhaité. Elle prolongea du moins son séjour aussi longtemps qu'elle le put. La présente lettre annonce son prochain retour dans les Ardennes.

Page 669.

CÉSAR TIAN À RIMBAUD*
11 juin 1891

Autographe au fonds Doucet.
Publiée dans *Le Bateau ivre*, septembre 1954.

1. La dernière syllabe est illisible.

Page 670.

RIMBAUD À SA SŒUR ISABELLE*
17 juin 1891

Autographe dans la collection B. Loliée.
Publiée par P. Berrichon, *Lettres de J.-A. Rimbaud*, 1899.

L'opération, prévue pour le lundi 25 mai, n'eut lieu que le 27 mai. Mme Rimbaud resta quelques jours au chevet de son fils. Puis elle fut obligée de reprendre le chemin de Roche. Elle partit le 8 juin ou dans l'un des jours qui suivirent. Rimbaud apprit qu'elle avait des inquiétudes pour la santé d'Isabelle.

SOTIRO À RIMBAUD*
21 juin 1891

Autographe au fonds Doucet (voir la note de la lettre du 29 mai 1891).
Publiée dans *Le Bateau ivre*, septembre 1954.

Page 671.

1. Il sera encore question de Farah Kâli dans la lettre de Sotiro du 10 juillet (voir la note 2 de la page 683).
2. On sait que le dourah est le sorgho.

RIMBAUD À SA SŒUR ISABELLE
23 juin 1891

Publiée par P. Berrichon, *Lettres de J.-A. Rimbaud,* 1899.
L'autographe, après avoir appartenu à la collection Barthou, est passé en vente publique le 15-17 juin 1936, puis le 29 mai 1968 à l'hôtel Drouot.

Après l'amputation, Rimbaud parut aller mieux un mois. La plaie se fermait normalement. Il engraissait même. Sincère ou non, le médecin lui annonçait qu'il en avait pour un mois, et qu'il pourrait alors se lever un peu, apprendre à marcher avec des béquilles, puis avec une jambe de bois. Mais sa lettre à Isabelle nous permet de comprendre à quel point son état moral restait déplorable.

Page 672.

RIMBAUD À SA SŒUR ISABELLE*
24 juin 1891

Anciennes collections Barthou et A. de R.
Publiée par P. Berrichon, *Lettres de J.-A. Rimbaud,* 1899.

Page 674.

RIMBAUD À SA SŒUR ISABELLE*
29 juin 1891

Autographe dans la collection B. Loliée.
Publiée par P. Berrichon, *Lettres de J.-A. Rimbaud,* 1899.

1. Nous avons plusieurs fois rencontré ce Dimitri Righas. Il allait mourir le 13 novembre 1891, deux jours après Rimbaud.
2. Les mots entre parenthèses sont écrits dans l'interligne.

Page 675.

ISABELLE RIMBAUD À SON FRÈRE ARTHUR*
30 juin 1891

Autographe au musée Rimbaud.
Publiée par Bouillane de Lacoste et Matarasso, *Mercure de France,* volume de 1940-1946.

Arthur Rimbaud est alors à l'hôpital de Marseille.

Page 677.

RIMBAUD À SA SŒUR ISABELLE*
2 juillet 1891

Autographe dans la collection Matarasso.
Publiée par P. Berrichon, *Lettres de J.-A. Rimbaud,* 1899.

De nouveau l'état général devenait mauvais. Rimbaud maigrissait. Sa jambe gauche s'affaiblissait. Il ne dormait que deux heures chaque nuit, et il s'effrayait à la pensée que le mal de la jambe droite avait commencé de la même manière.

Page 678.

ISABELLE RIMBAUD À SON FRÈRE ARTHUR
4 juillet 1891

Publiée par Bouillane de Lacoste et Matarasso, *Mercure de France,* volume de 1940-1946.

Isabelle répond à la lettre de son frère en date du 2 juillet 1891.

Page 679.

ISABELLE RIMBAUD À SON FRÈRE ARTHUR
8 juillet 1891

Publiée par Bouillane de Lacoste et Matarasso, *Mercure de France,* volume de 1940-1946.

Page 680.

RIMBAUD À SA SŒUR ISABELLE*
10 juillet 1891

Anciennes collections Barthou et A. de R.
Publiée par P. Berrichon, *Lettres de J.-A. Rimbaud,* 1899.

1. Après ce mot, barré sur l'autographe : « Je vous inclus le certificat de mon amputation, signé du directeur de l'hôpital de Marseille, car il paraît qu'il n'est pas permis aux médecins de signer de tels certificats à des pensionnaires. Gardez donc cette pièce, pour moi je n'en aurai besoin que dans le cas de mon retour. Ne la perdez pas, joignez-la à la réponse de l'intendance. »

Page 683.

SOTIRO À RIMBAUD*
10 juillet 1891

Autographe au fonds Doucet (voir la note de la lettre du 29 mai 1891).
Publiée dans le *Bateau ivre,* n° 13, septembre 1954.

1. Les Itous : voir la note 1 de la page 373.

2. Farah Kâli : déjà mentionné dans la lettre du 21 juin ; nous apprenons ici que Rimbaud l'avait employé comme abban (chef de caravane). On remarquera que Savouré avait un domestique, du nom d'Ali Fara, dont il avait offert les services à Rimbaud, le 27 janvier 1888 (p. 478).

3. Sur Felter, voir la note de sa lettre à Rimbaud du 13 mai 1891.

Page 684.

LE RAS MAKONNEN À RIMBAUD
12 juillet 1891

Publiée dans *Le Figaro*, 11 avril 1931. Réponse à la lettre de Rimbaud du 30 mai 1891 (p. 668).

ISABELLE RIMBAUD À SON FRÈRE ARTHUR
13 juillet 1891

Autographe dans la collection Matarasso.
Publiée par Bouillane de Lacoste et Matarasso, *Mercure de France*, volume de 1940-1946.
Reproduction du commencement et de la fin dans l'*Album Rimbaud*, p. 299.

Page 685.

FELTER À RIMBAUD*
13 juillet 1891

Texte établi sur la reproduction photographique de l'original, musée Rimbaud. Le papier est à en-tête de la firme V. Bienenfeld et C. Aden, mais la signature est la même que celle de la lettre du 13 mai 1891 (voir la note).

Page 686.

DIMITRI RIGHAS À RIMBAUD*
15 juillet 1891

Autographe au fonds Doucet. Reproduction photographique de la première page dans l'*Album Rimbaud*, p. 300.

On n'a reproduit ici que le début de cette interminable lettre. Le *Bateau ivre*, n° 13, septembre 1954, en avait donné les premières lignes.

1. Le Zaptié était la prison, mais aussi le bâtiment administratif de Harar.

Page 687.

RIMBAUD À SA SŒUR ISABELLE*
15 juillet 1891

Autographe dans la collection Clayeux.
Publiée par P. Berrichon, *Lettres de J.-A. Rimbaud,* 1899.

Page 690.

ISABELLE RIMBAUD À SON FRÈRE ARTHUR*
18 juillet 1891

Autographe au musée Rimbaud.
Publiée par Bouillane de Lacoste et Matarasso, *Mercure de France,* volume de 1940-1946.

Une bévue de Rolland de Renéville rectifiée. Il ne faut pas lire *Près de Fontenil,* mais *Prés de Fontenil*[le], comme l'avaient fait d'ailleurs MM. Bouillane de Lacoste et Matarasso.

Page 691.

RIMBAUD AU COMMANDANT DE RECRUTEMENT À MARSEILLE*
[Juillet 1891]

Projet de lettre, de la main d'Isabelle, au musée Rimbaud de Charleville. Voir la lettre précédente.

Page 692.

RIMBAUD À SA SŒUR ISABELLE*
20 juillet 1891

Autographe dans la collection Moncorgé.
Publiée par P. Berrichon, *Lettres de J.-A. Rimbaud,* 1899.

1. Rimbaud a écrit par erreur : 1890.
2. L'autographe porte *dans,* et non pas *sans* que donnaient les précédentes éditions. Rimbaud a déjà parlé des difficultés qu'il éprouve à marcher « même dans [sa] jambe de bois » (à sa sœur Isabelle, le 10 juillet 1891).

Page 693.

CÉSAR TIAN À RIMBAUD*
23 juillet [18]91

Autographe au fonds Doucet.
Publiée dans le *Bateau ivre,* nº 13, septembre 1954.

SOTIRO À RIMBAUD*
25 juillet 1891

Original au fonds Doucet (voir la note de la lettre du 29 mai 1891).

Publiée dans le *Bateau ivre*, n° 13, septembre 1954.

1. On pourrait aussi lire 15 ; mais la date du 25 paraît plus probable.

Page 694.

1. On croit lire Hanerri.
2. Le nom de Samado est mentionné dans l' « Itinéraire de Harar à Warambot » (page 661).

DIMITRI RIGHAS À RIMBAUD*
28 juillet 1891

Autographe au fonds Doucet.

Le Deschamps nommé dans cette lettre est sans doute l'Émile Deschamps déjà rencontré.

Page 695.

MAURICE RIÈS À RIMBAUD*
3 août 1891

Original au fonds Doucet.
Publiée par J. Mouquet dans la Bibliothèque de la Pléiade.

Maurice Riès était le fondé de pouvoir de la maison Tian. On verra plus loin la lettre qu'il adressa à Mme Rimbaud le 10 septembre 1891.

SOTIRO À RIMBAUD*
14 août 1891

Original au fonds Doucet (voir la note de la lettre du 29 mai 1891).
Publiée par J. Mouquet dans l'édition de la Bibliothèque de la Pléiade et dans le *Bateau ivre*, n° 13, septembre 1954.

Dans l'intervalle, Rimbaud était revenu à Roche. Le 23 juillet, il s'était fait transporter à la gare de Marseille. À Roche, il trouva un grand dévouement, mais non pas la guérison. Son état général ne faisait au contraire qu'empirer. Le moignon enflait. Le bras droit s'ankylosait et se décharnait. Les mêmes souffrances que Rimbaud avait éprouvées à sa jambe droite se faisaient maintenant sentir à sa jambe gauche.

Page 696.

1. Voir la note 2 de la page 671.

SAVOURÉ À RIMBAUD*
15 août 1891

Original au fonds Doucet.
Publiée dans *Le Bateau ivre,* septembre 1954.

L'été de 1891 fut particulièrement froid et humide dans les Ardennes. Rimbaud crut-il que le climat d'Afrique lui ferait du bien? Il décida de partir. Le 23 août 1891, il se fit porter jusqu'au train de Paris. Un coupé-lit avait été réservé à la gare de Lyon. Sa sœur l'accompagnait. À Marseille, il fut évident qu'il ne pourrait pas aller plus loin. L'hôpital l'accueillit à nouveau. Les médecins, immédiatement, le jugèrent perdu.

Après des journées d'épouvantables souffrances, il tomba dans une espèce de léthargie. Il n'en sortait que pour de brefs moments. Il se croyait parfois au Harar, avec ses caravanes.

Page 697.

1. Le papier est déchiré, ici et plus bas.

Page 698.

MAURICE RIÈS À MADAME RIMBAUD*
10 septembre 1891

Autographe au fonds Doucet.
Publiée dans *Le Bateau ivre,* septembre 1954.

ISABELLE RIMBAUD À SA MÈRE
22 septembre 1891

Autographe au Centre de poésie de l'Université de Santiago du Chili.
Publiée de façon inexacte dans les *Reliques,* p. 43.
Publiée de façon exacte dans *Revue des Sciences humaines,* 1962 p. 67-69.
Le dernier feuillet manque.

Page 700.

ISABELLE RIMBAUD À SA MÈRE
3 octobre 1891

Publiée dans les *Reliques,* p. 49.

Page 701.

ISABELLE RIMBAUD À SA MÈRE
5 octobre 1891

Autographe au Centre de poésie de l'Université de Santiago du Chili.

Publiée de façon inexacte dans les *Reliques*, p. 51.

Publiée de façon exacte dans *Revue des Sciences humaines*, 1962, p. 70-72. Quelques lapsus sont le fait d'Isabelle.

1. *Woyen :* semailles d'automne.

2. *Matton :* lait caillé.

3. Maurice Riès avait été jusque-là fondé de pouvoir de César Tian. En cette année 1891, il devint son associé (*Bateau ivre,* mars 1952). On a vu plus haut une lettre de lui, du 3 août 1891, adressée à Rimbaud, et une lettre du 10 septembre, adressée à Mme Rimbaud.

Page 702.

1. Isabelle avait d'abord écrit : *être à Roche.*

Page 703.

1. Les «Notes» ci-dessous.

NOTES D'ISABELLE*

Autographe dans la collection Clayeux. Publié avec de très nombreuses retouches dans *Reliques* à la suite de la lettre précédente.

Il s'agit du « griffonnage » qu'Isabelle signale à la fin de la lettre à sa mère. En raison de son excessive longueur, on a reproduit seulement ce qui concernait Rimbaud et l'on n'a pas conservé les paragraphes qui n'intéressaient qu'Isabelle. Certaines indications sont d'un haut intérêt. La légende de Rimbaud n'a pas encore pris corps dans l'esprit d'Isabelle. Elle note ses impatiences, les « nouvelles sottises » qu'il songe à faire, et ce qui est encore plus étonnant, elle recueille les propos scandaleux qu'il tient sur les infirmiers et les religieuses. Elle n'en croit rien, mais elle note.

Page 704.

ISABELLE RIMBAUD À SA MÈRE
28 octobre 1891

L'autographe est mentionné dans le catalogue « P. Guerquin » (vente des 24-26 novembre 1959), qui reproduit en fac-similé une partie de la seconde page. Il est encore mentionné dans le catalogue de la « Collection J. D. » (vente des 6-7 décembre 1961), qui donne le fac-similé de la première page. Le texte de la présente édition a été vérifié sur ces deux documents, jusqu'au bas de la page 705.

La Bibliothèque Jacques Doucet possède deux copies (incomplètes) de cette lettre : l'une, de P. Claudel, faite sur l'autographe ; l'autre, d'A. Suarès, faite sur la copie de Claudel.

Publiée dans le *Mercure de France,* 15 avril 1920, par Isabelle, et dans *Reliques,* p. 62.

Page 707.

RIMBAUD AU DIRECTEUR
DES MESSAGERIES MARITIMES
9 novembre 1891

Publiée par Isabelle Rimbaud dans *Reliques,* 1922.

Rimbaud ne sortait de sa léthargie que pour délirer. Le 9 novembre 1891, il dicta la présente lettre à Isabelle. Deux jours après, il mourait.

LETTRES DE MME RIMBAUD,
D'ISABELLE RIMBAUD,
DE FRÉDÉRIC RIMBAUD
ET DE QUELQUES CORRESPONDANTS

Page 709.

R. DARZENS À FRÉDÉRIC RIMBAUD*
6 décembre 1891

Autographe de la collection Matarasso.
Publiée par M. Pierre Petitfils dans *Le Bateau ivre,* septembre 1965.

Page 710.

FRÉDÉRIC RIMBAUD À RODOLPHE DARZENS*
7 [décembre] 1891

Publiée par J. Mouquet dans l'édition des *Œuvres,* sur l'autographe de la collection Henri Saffrey.

La date du 27 novembre 1891 donnée par l'autographe est nécessairement inexacte, puisque cette lettre répond à celle de Darzens qui est du 6 décembre. Et puisque Darzens y répondit le 8, il faut lire 7 *décembre*.

R. DARZENS À FRÉDÉRIC RIMBAUD*
8 décembre 1891

Autographe dans la collection Matarasso.
Publiée pour la première fois de façon intégrale par M. Pierre Petitfils dans le *Bateau ivre,* septembre 1965.

Page 711.

1. Il s'agit de l'éditeur Genonceaux, qui dut se réfugier en Belgique afin d'échapper aux poursuites engagées contre lui en raison de quelques ouvrages licencieux qu'il avait publiés.

2. Cette phrase nous apprend pour quelle raison le texte de Rimbaud, *Charles d'Orléans à Louis XI,* parut en novembre 1891 dans la *Revue de l'évolution sociale, scientifique et littéraire,* qui ne semblait pas, à première vue, destinée à l'accueillir.

3. Rodolphe Darzens demande à Frédéric de quelle maladie est mort son frère. Voilà qui s'accorde assez mal avec les propos qu'il tint à Bouillane de Lacoste. À l'en croire, il avait jadis interrogé les médecins de Marseille et ils lui avaient fait comprendre à mots couverts que le cancer généralisé de Rimbaud était d'origine syphilitique. Sa lettre à Frédéric Rimbaud semble indiquer qu'il ne se croyait pas alors si bien informé.

Page 712.

FRÉDÉRIC RIMBAUD À RODOLPHE DARZENS*
10 décembre 1891

Autographe de la collection Saffrey. Publiée par J. Mouquet dans l'édition de la Bibliothèque de la Pléiade.

1. Cet article, signé Lepelletier, avait paru dans *L'Écho de Paris* du 17 novembre 1891. Il en dit long sur les sentiments de Lepelletier à l'égard de Rimbaud : « La vie de Rimbaud fut mouvementée comme son rythme, et incohérente comme sa pensée dans les mauvais jours. Ce fut un contemporain insupportable. Je l'ai connu. Il mangeait goulûment et se tenait mal à table. Il gardait un silence dédaigneux pendant des heures, puis débagoulait avec volubilité des injures et des paradoxes. Il n'était nullement amusant. Les timorés, en sa présence, éprouvaient de certaines anxiétés. On pensait plutôt,

en le voyant pour la première fois, à Tropmann enfant plutôt qu'à Shakespeare au village. Nous n'étions pas bien sûrs, en tirant son horoscope, il y a vingt ans, qu'il ne finirait pas sur l'échafaud ; mais nous étions persuadés que sa tête tomberait auréolée de gloire dans le panier infâme. »

Page 714.

ISABELLE RIMBAUD
AUX RR. PP. CAPUCINS DE HARAR*
15 décembre 1891

Autographe aux archives des Capucins de la province de Toulouse.

Publiée dans les *Études franciscaines*, 1947, t. XVII, n° 42.

Page 715.

ISABELLE RIMBAUD AU RÉDACTEUR EN CHEF
DU « PETIT ARDENNAIS »
15 décembre 1891

Texte publié dans *Le Petit Ardennais* le 19 décembre 1891.

Le 15 décembre 1891, *Le Petit Ardennais* publiait sur Rimbaud un long article signé M. D. Ces initiales cachaient Ernest Delahaye. Il y avait, à l'origine, des notes écrites par Delahaye à l'intention de Verlaine à la fin de 1887. Elles se croyaient amusantes, mais Isabelle pouvait à bon droit les juger malveillantes et injustes. Elle envoya le jour même au journal la présente lettre de protestation. Les historiens de Rimbaud ne sauraient, il va de soi, lui attribuer la moindre valeur, et ses contre-vérités sont plaisantes. Mais il serait vain de s'en indigner.

Page 718.

FRÉDÉRIC RIMBAUD AU RÉDACTEUR EN CHEF
DU « PETIT ARDENNAIS »
[Décembre 1891]

Protestation insérée dans *Le Petit Ardennais* des 27-28 décembre 1891 et retrouvée par Robert Goffin. Publiée par lui dans *Sur les traces d'Arthur Rimbaud*, 1934.

Page 719.

ISABELLE RIMBAUD [À LOUIS PIERQUIN]
20 décembre 1891

Texte publié par P. Petitfils dans *Études rimbaldiennes*, I (1968).

À la suite de l'article paru dans *Le Petit Ardennais*, l'ancien ami de Rimbaud, Louis Pierquin, écrivit à Isabelle. Sa lettre n'est pas connue, mais elle datait du 18 décembre 1891. Isabelle lui répondit sans tarder par la présente lettre.

Louis Pierquin, au reçu de cette lettre lui envoya *Les Poètes maudits* qu'elle lui demandait. Il lui fit envoyer également le numéro de *L'Univers illustré* du 28 novembre. Il contenait un article d'Anatole France sur Rimbaud et sur *Le Reliquaire*. Cet article a été reproduit dans le *Bulletin des Amis de Rimbaud*, janvier 1936. (P. Petitfils, *Études rimbaldiennes*.)

ISABELLE RIMBAUD À LOUIS PIERQUIN
27 décembre 1891

Publiée dans *La Grive*, octobre-décembre 1960, et dans *Études rimbaldiennes*, p. 63-65.

Isabelle accuse réception des *Poètes maudits* et du numéro de *L'Univers illustré* que Pierquin lui a fait parvenir. Elle lui parle de l'édition du *Reliquaire*, mise en vente par Genonceaux le 20 novembre 1891, et qui venait de provoquer un scandale.

Page 721.

ISABELLE RIMBAUD À LOUIS PIERQUIN
3 janvier 1892

Publiée en partie par Marguerite Yerta-Méléra, *Mercure de France*, 1er avril 1930, p. 47.

Publication intégrale et exacte dans *Études rimbaldiennes*, I.

Isabelle avait reçu le 1er janvier, de Louis Pierquin, les livres qu'elle lui demandait dans sa lettre du 27 décembre. Elle l'en remercie dans la présente lettre.

Page 722.

1. *Le Bateau ivre* fut en effet récité et interprété par M. Prad au Théâtre d'art, le 5 février 1892, dans un décor de Ranson.

2. Ce *post-scriptum* allait provoquer, le jour même, une lettre de Pierquin, qui portait un coup sévère aux illusions d'Isabelle.

ISABELLE RIMBAUD [À LOUIS PIERQUIN]
6 janvier 1892

Publiée dans les *Études rimbaldiennes*, p. 67-68, par M. Petitfils.

Louis Pierquin lui ayant écrit dès le 3 janvier qu'elle ne pouvait s'opposer à la publication des œuvres de son frère par Vanier, Isabelle lui adresse la présente lettre.

Page 723.

ISABELLE RIMBAUD À M. LE CONSUL
DE FRANCE À ADEN
19 février 1892

Publiée par J.-M. Carré dans la *Revue de France*, 1er juin 1935.

Page 725.

ATHANASE RIGHAS À ISABELLE RIMBAUD*
29 février 1892

Autographe au musée Rimbaud.

Page 726.

CÉSAR TIAN À ISABELLE RIMBAUD*
2 mars [18]92

Autographe au fonds Doucet.

La difficile affaire du legs à Djami est en cours, malgré les inquiétudes d'Isabelle. Mais il ne s'agit encore que de savoir où est Djami. L'argent n'est pas envoyé.

CÉSAR TIAN À ISABELLE RIMBAUD*
6 mars 1892

Autographe au fonds Doucet, publié par J. Mouquet dans l'édition de la Bibliothèque de la Pléiade.

Page 727.

ISABELLE RIMBAUD À LOUIS PIERQUIN
13 mars 1892

Publiée par P. Petitfils dans *Études rimbaldiennes*, p. 69.

Verlaine, ni Vanier ne pouvaient faire fi des résistances d'Isabelle. Louis Pierquin transmit à celle-ci une lettre de Vanier. Il l'accompagnait de sages conseils. Sa lettre était du 8 mars 1893. Cinq jours plus tard, Isabelle lui répond par la présente lettre. À y regarder de près, on s'aperçoit que sa réponse n'interdit pas la poursuite des pourparlers.

Page 728.

ISABELLE RIMBAUD AU CONSUL DE FRANCE
À ADEN
19 mars 1892

Provient du dossier d'Aden, mais non recueilli par J.-M. Carré.
Publiée par J. Mouquet dans l'édition de la Bibliothèque de
la Pléiade.

1. Dans cette lettre, le comte de Courte, consul à Aden,
écrivait notamment : « [...] Je n'ai pu voir encore M. Tian,
mais je sais qu'il a bien reçu votre lettre [...] et a dû s'occuper,
déjà, de faire les recherches dont vous l'aviez chargé [...]
Je vous tiendrai au courant des recherches opérées pour
retrouver le [nommé?] Djami, et me mets à votre disposition
pour vous faciliter, autant qu'il dépendra de moi, l'accomplis-
sement des dernières volontés de M. Rimbaud. [...] »

Page 729.

ISABELLE RIMBAUD AU CONSUL DE FRANCE
À ADEN
29 mars 1892

Publiée par J. Mouquet dans l'édition de la Bibliothèque de la
Pléiade.

Page 730.

ISABELLE RIMBAUD [À LOUIS PIERQUIN]
8 août 1892

Publiée par M. Petitfils, *Études rimbaldiennes*, p. 70-71.
Copie par Léon Vanier, musée Rimbaud.

Les tractations en vue d'une édition des *Œuvres* de Rim-
baud chez Vanier traînaient, mais n'étaient pas abandonnées.
Le 3 août 1892, Pierquin saisit Isabelle de nouvelles propo-
sitions de Vanier. Les vers de Rimbaud seraient présentés
aux lecteurs par Pierquin lui-même, dont la loyauté et l'ami-
tié pour Rimbaud ne faisaient pas de doute. Isabelle n'écarte
pas le projet, mais elle le discute.

Page 731.

ISABELLE RIMBAUD [À LOUIS PIERQUIN]
14 septembre 1892

Publiée par M. Petitfils, *Études rimbaldiennes*, p. 72.

Il faut croire que la lettre d'Isabelle en date du 8 août ne donna pas satisfaction à Léon Vanier et embarrassa Louis Pierquin. Elle ne reçut pas de réponse. Elle écrit donc la présente lettre pour amener Louis Pierquin à sortir de son silence.

Page 732.

ISABELLE RIMBAUD À LOUIS PIERQUIN
23 octobre 1892

Publiée incomplètement par Marguerite Yerta-Méléra dans le *Mercure de France* du 1er avril 1930, avec une erreur sur la date. Cette lettre n'est pas du 25, mais du 23 octobre 1892.

Publication exacte par M. Petitfils, *Études rimbaldiennes*, p. 73-74.

Louis Pierquin venait de transmettre à Isabelle une lettre (de Vanier sans doute). Elle lui apprenait que Darzens essayait d'empêcher Vanier de donner une nouvelle édition de Rimbaud puisqu'elle ferait tort à son *Reliquaire*. D'autre part Charles Grolleau, gérant de *La Nouvelle Revue indépendante* s'était procuré les autographes de plusieurs textes inédits, cinq pièces de vers et cinq *Illuminations*.

Il venait de les vendre à Vanier. Tout en s'indignant avec véhémence de ces trafics, Isabelle, de toute évidence, laisse voir qu'elle est prête à des concessions. Elle accepte l'idée de morceaux choisis, qui seraient présentés par Pierquin. On notera que la fin de la lettre, qui contient les indications les plus intéressantes sur la position adoptée par Isabelle est précisément la partie que Marguerite Yerta-Méléra avait jugé bon de supprimer.

Page 733.

1. Isabelle avait ajouté « de son vivant » qu'elle a biffé.

BROUILLON D'UNE LETTRE D'ISABELLE RIMBAUD
À UN CORRESPONDANT INCONNU
13 [novem]bre 1892

Brouillon autographe conservé au fonds Neruda du Centre de poésie de l'Université de Santiago du Chili.

Publiée dans la *Revue des Sciences humaines,* janvier-mars 1962.

Sur la foi du catalogue de l'université de Santiago, les éditeurs de la *Revue des sciences humaines* avaient d'abord cru que cette lettre s'adressait à Paterne Berrichon. Ils ont très rapidement (même année, p. 463) rectifié cette indication. Le correspondant inconnu ne peut être qu'un des amis de Rimbaud à Aden ou à Harar. Isabelle a reçu des informations

sur la vie et les affaires de son frère là-bas. Elle en a été troublée et ne sait que penser. Elle demande à son correspondant de l'éclairer, et lui promet le secret.

Cette lettre est du 13 novembre 1892. M. Rolland de Renéville l'a pourtant placée avant celle du 23 octobre (qu'il lisait d'ailleurs 25). Apparemment il pensait que la graphie 9bre désigne le mois de septembre, et la table des matières confirme ce soupçon.

Page 734.

CÉSAR TIAN À ISABELLE RIMBAUD*
21 nov[embre] 1892

Autographe au fonds Doucet.

L'affaire du legs à Djami a franchi une étape décisive. Le 13 novembre, Isabelle a envoyé à Tian, sous pli recommandé, les 3 000 francs du legs en billets de banque. On a vu dans une lettre précédente que ce moyen de paiement ne lui avait pas d'abord convenu. Très raisonnablement elle aurait préféré s'acquitter de cette charge par le débit du compte que son frère avait chez Tian.

Page 735.

ISABELLE RIMBAUD À LOUIS PIERQUIN
6 décembre 1892

Autographe dans la collection Matarasso.
Publiée par M. Petitfils dans *Études rimbaldiennes*, p. 75.

À la suite de la lettre du 23 octobre, Louis Pierquin entreprit d'écrire la préface qu'Isabelle lui demandait. Il la lui envoya le 2 décembre. Elle le remercie dans la présente lettre.

ISABELLE RIMBAUD À LOUIS PIERQUIN
17 décembre 1892

Publiée par Rolland de Renéville dans l'édition des *Œuvres*. Nous corrigeons deux erreurs signalées par M. Petitfils (*Études rimbaldiennes*, p. 75).

Page 738.

ISABELLE RIMBAUD [À LOUIS PIERQUIN]
11 janvier 1893

Lettre publiée en partie dans *Modern Language Notes*, no-

vembre 1956 par M. Bruce Morrissette, professeur à l'Université de Chicago, et de nouveau dans les *Études rimbaldiennes* par M. Petit-fils, p. 76.

La suite de la lettre, non publiée, est du moins connue pour le fond : Isabelle se dispose à envoyer le texte de Pierquin à Vanier, maintient son veto pour les *Premières Communions,* n'est pas d'avis de donner *Le Forgeron, Michel et Christine* et *Paris se repeuple,* à cause des idées révolutionnaires qu'on y trouve. Elle y consentirait pourtant pourvu qu'une notice spéciale précisât que Rimbaud avait plus tard désavoué ces pièces.

Page 739.

ISABELLE RIMBAUD À LOUIS PIERQUIN
4 février 1893

Publiée par M. Petitfils dans *Études rimbaldiennes,* p. 78-79.

En vue de l'édition projetée, Louis Pierquin demanda à Isabelle les documents, croquis ou photographies, qu'elle pouvait posséder. Elle lui envoya un croquis, en s'excusant de ne pouvoir offrir mieux. La présente lettre accompagnait l'envoi.

1. Isabelle a écrit : ne peut.

Page 740.

CÉSAR TIAN À ISABELLE RIMBAUD*
1er mai [18]9[3]

Autographe au fonds Doucet.

La date donnée sur l'autographe pourrait faire croire que cette lettre date du 1er mai 1891. Aucune hésitation n'est en réalité possible. L'année *1891* est impossible puisqu'alors Rimbaud est encore vivant. L'année *1892* ne l'est pas davantage puisque César Tian est alors à Aden et non à Marseille. Les 3 000 francs légués à Djami lui sont probablement déjà parvenus. Or nous avons vu que cette somme est arrivée à Aden sous pli du 18 novembre 1892. Le 9 août 1893, César Tian écrira à Isabelle Rimbaud : « J'ai appris il y a deux mois environ que Monseigneur au Harar [...] à qui je m'étais adressé pour faire tenir le legs de M. votre frère à son ancien domestique, legs que vous m'avez remis, lui a versé une somme en talaris Marie Thérèse équivalente au legs. Je vais m'occuper d'obtenir de cet évêque un mot de lui qui constate la chose, et je vous l'adresserai. Ce sera forcément un peu long. [...] »

CÉSAR TIAN À ISABELLE RIMBAUD*
23 nov[em]bre 1893

Autographe au fonds Doucet.

On devine qu'Isabelle avait demandé une preuve écrite que les 3 000 francs étaient parvenus à Djami. César Tian, fouillant dans ses dossiers, a retrouvé une lettre à lui adressée par Mgr Taurin-Cahagne qui lui apporte cette preuve.

Page 741.

ISABELLE RIMBAUD À LÉON VANIER
29 novembre 1893

Autographe au fonds Neruda du Centre de poésie de l'Université de Santiago du Chili.

Texte publié : *Revue des Sciences humaines,* 1962, p. 74.

Vanier ne se décidait pas à publier les *Œuvres* de Rimbaud. Isabelle, vers la fin de 1893, s'inquiète de son silence et lui écrit la présente lettre.

Page 742.

CÉSAR TIAN À ISABELLE RIMBAUD*
5 déc[embre] [18]93

Autographe au fonds Doucet.

Il s'agit toujours de la preuve écrite qu'Isabelle réclame pour être tout à fait certaine que les 3 000 francs ont été versés à Djami.

GERMAIN NOUVEAU À RIMBAUD*
12 décembre 1893

Autographe au fonds Doucet.

Reproduction photographique de l'enveloppe et de la première page de la lettre, dans l'*Album Rimbaud,* p. 314.

Page 743.

CÉSAR TIAN À ISABELLE RIMBAUD*
9 janv[ier] 1894

Autographe au fonds Doucet.

Au moment où l'affaire semblait réglée, une lettre d'Aden a révélé que Mgr Taurin-Cahagne n'avait peut-être pas dit

l'exacte vérité. La maison Tian, à Aden, n'a toujours pas
reçu l'attestation promise.

Page 744.

REÇU DU LEGS DE RIMBAUD
À SON DOMESTIQUE DJAMI*
12 octobre 1894

Autographe au musée Rimbaud.

Reproduction photographique dans l'*Album Rimbaud,* p. 316.

Il s'agit du reçu qu'Isabelle réclame en vain. Elle ne le
recevra qu'en mars 1895 dans une lettre de César Tian du
8 mars 1895 (voir la lettre à Monseigneur Taurin-Cahagne
du 12 mars 1895 et la lettre à César Tian datée du même jour ;
voir aussi les notes).

Le 8 avril 1894, Tian avait écrit à Isabelle : « Monseigneur
Taurin-Cahagne [...] m'a dit qu'il m'avait adressé une pièce
constatant le versement du legs de M. votre frère, et que la
lettre a dû s'égarer [...] Il m'a promis de faire faire une attesta-
tion par le chef de la police du Harar [...]. Je vous ferai
parvenir ladite pièce aussitôt qu'elle me parviendra. »

CÉSAR TIAN À ISABELLE RIMBAUD*
24 déc[embre] 1894

Autographe au fonds Doucet.

Cette lettre, écrite onze mois après la précédente, annonce
la fin de l'interminable affaire du legs à Djami. Fausse bonne
nouvelle d'ailleurs, et l'on va voir qu'Isabelle n'était pas
au bout de ses peines.

Page 745.

ISABELLE RIMBAUD À CÉSAR TIAN*
28 février 1895

Autographe au musée Rimbaud.

Publiée par Rolland de Renéville dans l'édition des *Œuvres,* avec
de nombreuses inexactitudes. La plus sérieuse est l'erreur sur la
date. La présente lettre est du 28, et non du 23 février. On pou-
vait s'en douter puisque Isabelle accuse réception d'une lettre du
25 février.

De même, il faut naturellement lire *Cahagne* et non Cahayne.

Le 15 (et non le 25 comme l'écrit Isabelle) février, César
Tian communiquait à Isabelle la copie d'une lettre que lui
avait envoyée Monseigneur Taurin-Cahagne le 7 février :
« Cher Monsieur Tian. Vous m'écrivez que vous êtes dans

l'embarras pour le legs de M. Rimbaud ; je n'y comprends rien, car il y a plus d'un mois que j'ai envoyé le reçu donné par la police. [...] J'écris aujourd'hui à Harar pour vous obtenir un duplicata [...] » Le même jour (28 février) Isabelle, comme elle l'annonçait dans sa lettre à Tian, écrivait à Monseigneur Taurin-Cahagne une lettre dont nous ne possédons que le brouillon : « M. C[ésar] T[ian] vient de me donner communication d'un passage de votre lettre. [...] Au regret que j'épr[ouve] [...] s'ajoute celui de n'être pas encore en possession de l'acte en question. [...] Je suis en effet engagée ici dans certaines difficultés qui ne cesseront que lorsque j'aurai pu produire [l'attestation ?] authentique émanant des autorités du Harar [...] »

Page 746.

ISABELLE RIMBAUD
À MONSEIGNEUR TAURIN-CAHAGNE*
12 mars 1895

Autographe dans la collection Matarasso.
Publiée par J. Mouquet dans son édition des *Œuvres*.

1. Nous donnons des extraits de cette lettre dans les notes de la lettre précédente.
Le 8 mars, Tian expédia à Isabelle l'attestation demandée : « Mademoiselle. J'ai l'honneur de vous remettre ci-inclus une pièce officielle du Ras Mequonen [...] et de Monseigneur Taurin-Cahagne, constatant que j'ai bien envoyé au Harar le legs [...] de M. Rimbaud [...] et l'emploi qui en a été fait, suivant les ordres du gouverneur général [...]. C. Tian. »
2. Nous le donnons p. 744.

Page 747.

ISABELLE RIMBAUD À CÉSAR TIAN*
12 mars 1895

Autographe dans la collection Matarasso.
Publiée par J. Mouquet dans son édition des *Œuvres*.
1. Voir la note 1 de la page 746.

Page 748.

ISABELLE RIMBAUD À LÉON VANIER*
29 août 1895

Publiée par M. Petitfils, *Études rimbaldiennes*, p. 81.

Après des années de tractations difficiles, Isabelle se décida, au cours de l'été 1895, à accepter que Vanier publiât les œuvres de son frère, avec ou sans préface. Vanier le fit aussitôt savoir à Verlaine et celui-ci se hâta d'écrire une préface. Il l'envoya à Vanier le 25 août.

Vanier en informa aussitôt Isabelle, et celle-ci, par retour du courrier, lui envoya la présente lettre.

À la suite de cette lettre, M. Petitfils nous apprend qu'elle demande à Léon Vanier quelques ouvrages d'occasion, des romans de Daudet, et tout ce qui a paru sur l'Abyssinie depuis une douzaine d'années. Elle voudrait recevoir aussi le numéro 318 des *Hommes d'aujourd'hui* parce qu'il contient, croit-elle savoir, une vie de Rimbaud.

ISABELLE RIMBAUD À LOUIS PIERQUIN
1er octobre 1895

Publiée de façon incomplète par Marguerite Yerta-Méléra. Publication complète par M. Petitfils, *Études rimbaldiennes,* p. 83.

Cette lettre, particulièrement précieuse dans les parties que Marguerite Yerta-Méléra avait supprimées, nous apprend qu'Isabelle avait été à même de suivre la préparation de l'édition Vanier, et qu'elle avait même reçu les épreuves au début de septembre.

Page 749.

ISABELLE RIMBAUD À LÉON VANIER
14 octobre 1895

Publiée par M. Petitfils, *Études rimbaldiennes,* p. 84.

Page 750.

ISABELLE RIMBAUD À PATERNE BERRICHON

Le groupe de lettres d'Isabelle à Paterne Berrichon a été publié dans *Arthur Rimbaud. Ébauches, suivies de la correspondance entre Isabelle Rimbaud et Paterne Berrichon* recueillies par Marguerite Yerta-Méléra, 1937.

La lettre du 25 août 1896 fait exception. L'autographe figure au musée Rimbaud.

Page 781.

ISABELLE RIMBAUD À MATHILDE MAUTÉ
30 janvier 1897

Publiée dans Mathilde Mauté (ancienne épouse de Verlaine), *Mémoires de ma vie,* 1935, p. 267.

Page 782.

MATHILDE MAUTÉ À ISABELLE RIMBAUD
31 janvier 1897

Publiée par Henri Guillemin sur l'autographe de la collection
A. Godoy, dans le *Mercure de France,* 1er juin 1953.

ISABELLE RIMBAUD À MATHILDE MAUTÉ
3 février 1897

Publiée dans Mathilde Mauté, *Mémoires de ma vie,* p. 268.

Page 783.

MADAME RIMBAUD À ERNEST DELAHAYE
13 mars 1897

Publiée par M. Jean-Paul Vaillant, *Bulletin des amis de Rimbaud,*
juillet 1931.

Page 784.

ERNEST DELAHAYE À MADAME RIMBAUD *
16 mars 1897

Autographe au musée Rimbaud.
Publiée dans le *Bateau ivre,* septembre 1954.

Page 785.

MADAME RIMBAUD À STÉPHANE MALLARMÉ *
23 mars 1897

Autographe au fonds Doucet. La lettre et l'adresse sont de la
main d'Isabelle.

Page 786.

STÉPHANE MALLARMÉ À MADAME RIMBAUD *
25 mars 1897

Autographe au fonds Doucet.
Reproduction photographique, musée Rimbaud.
Publiée par H. Mondor, *Poésie 41,* novembre 1941.

Page 787.

ISABELLE RIMBAUD À STÉPHANE MALLARMÉ[*]
1er mai 1897

Autographe au fonds Doucet.
Publiée par J. Mouquet, dans son édition des *Œuvres*.

MADAME RIMBAUD À SA FILLE ISABELLE[*]
6 décembre 1898

Autographe au musée Rimbaud. Il porte au dos le brouillon de la réponse d'Isabelle.
Publiée dans le *Bateau ivre*, octobre 1949, et de nouveau par Mme Suzanne Briet, *op. cit.*, p. 100, qui rectifie quelques inexactitudes.

1. Sur l'autographe, *Isabelle,* sans majuscule, est précédé d'un signe qu'il paraît difficile d'interpréter comme un *C* et où les éditeurs semblent avoir vu l'initiale du mot *Chère*.

Page 788.

BROUILLON D'UNE LETTRE D'ISABELLE
RIMBAUD À SA MÈRE[*]
[Après le 6 décembre 1898]

Autographe au musée Rimbaud. Voir les notes de la lettre précédente.

Page 789.

MADAME RIMBAUD À SA FILLE ISABELLE
25 décembre 1898

Autographe donné par Pablo Neruda au Centre de poésie de l'Université de Santiago du Chili.
Publiée dans la *Revue des Sciences humaines* de Lille, janvier-mars 1962, p. 75 sq., avec des notes abondantes dont on ne peut donner ici que l'essentiel.
Publiée à nouveau par Mme Suzanne Briet, *op. cit.*, p. 101, avec des notes qui ne font pas double emploi avec les précédentes.

Page 790.

1. L'abbé Broyé, originaire d'Attigny, était alors directeur de l'Institut Saint-Rémi.
2. Mme Rimbaud fréquentait l'église Notre-Dame. construite de 1860 à 1863.

3. Les D'Ancelet étaient seigneurs de Mont-de-Jeu, Rilly, Wallart et Ploirault. Ces terres avaient été acquises en 1767 par Michel-Marie d'Ancelet. Elles avaient appartenu jusque-là aux neveux du maréchal de Schulemberg. C'est lui qui avait construit le château de Mont-de-Jeu.

4. Wallart était un petit fief qui payait redevance aux Chartreux du Mont-Dieu. Le dernier en date des fermiers était un Cuif.

5. Fontenille était un ancien prieuré de Prémontrés, affermé en 1715 à Nicolas Cuif, et reconstruit en 1803 par J.-B. Cuif.

6. Les terres de la Maladrerie avaient été attribuées en 1696 à l'Hôtel-Dieu de Rethel. En 1892, la commune de Rilly obtint un décret qui lui en rendait la propriété.

7. Le canal latéral de l'Aisne avait été creusé au XIXe siècle. La main-d'œuvre était italienne.

8. Les Regnault de Montgon avaient leur résidence près de l'ancien pont de Semuy. Les Dhotel de Saint-Gilles |et les Lespagnol de Chanteloup formaient la noblesse du pays.

9. La Cour-Renaut ou Regnault était un domaine acquis au XVIIIe siècle par Charles Guérin, procureur de Paris en 1742.

Page 792.

MADAME RIMBAUD À SA FILLE
ET À SON GENDRE
31 décembre 1898 ✱

Autographe au musée Rimbaud.
Publiée pour la première fois par Mme Suzanne Briet, *Madame Rimbaud,* p. 105-108.

1. Ces religieuses de la place Carnot appartenaient à la congrégation des Filles de la Providence.

Page 794.

MADAME RIMBAUD À SA FILLE ISABELLE
9 juin 1899

Autographe dans la collection Matarasso.
Publiée d'abord dans l'édition de la Bibliothèque de la Pléiade, puis par Mme Suzanne Briet, *Madame Rimbaud,* p. 108-110.

Page 795.

1. Il s'agit en réalité de Fontenille. Voir la note 5 de la page 790.

2. C'est l'église de Sainte-Vaubourg.

3. *Le mur est fondu* pour *le mur est en ruine* est, nous dit-on, une expression de l'Ardenne.

Page 796.

MADAME RIMBAUD À SA FILLE ISABELLE*
21 mars 1900

Autographe au musée Rimbaud.
Publiée pour la première fois par Mme Suzanne Briet, *Madame Rimbaud,* p. 110-111.
1. Mlle de La Tour d'Artaise, originaire de Rilly.
2. Launois-sur-Vence, à une vingtaine de kilomètres de Charleville.

Page 797.

MADAME RIMBAUD À SA FILLE ISABELLE*
20 mai 1900

Autographe au musée Rimbaud.
Publiée d'abord dans l'édition de la Bibliothèque de la Pléiade, puis par Mme Suzanne Briet, *Madame Rimbaud,* p. 112-113.

Page 798.

MADAME RIMBAUD À SA FILLE ISABELLE*
24 mai 1900

Autographe au musée Rimbaud.
Publiée d'abord dans l'édition de la Bibliothèque de la Pléiade, puis par Mme Suzanne Briet, *Madame Rimbaud,* p. 113-115.

Page 799.

MADAME RIMBAUD À SA FILLE ISABELLE*
1er juin 1900

Autographe au musée Rimbaud.
Publiée d'abord dans l'édition de la Bibliothèque de la Pléiade, puis par Mme Suzanne Briet, *Madame Rimbaud,* p. 115-116.

Page 800.

MADAME RIMBAUD À SA FILLE ISABELLE*
7 février 1901

Autographe au musée Rimbaud.
Publiée par Mme Suzanne Briet, *Madame Rimbaud,* p. 116-117.

1. Ce monsieur Gilbert médecin ne peut guère être que le professeur Gilbert, apparenté aux Rimbaud.

Page 801.

MADAME RIMBAUD À SA FILLE ISABELLE*
3 février 1902

Autographe au musée Rimbaud.
Publiée par Mme Suzanne Briet, *Madame Rimbaud*, p. 117-119.

Page 802.

MADAME RIMBAUD À SA FILLE ISABELLE*
2 avril 1903

Autographe au musée Rimbaud.
Publiée par Mme Suzanne Briet, *Madame Rimbaud*, p. 119-120.

1. Ce beau gouvernement, on comprend sans peine que c'est le gouvernement de la IIIe République.

Page 803.

1. Fransquin était le cantonnier de Roche.

MADAME RIMBAUD À SA FILLE ISABELLE*
5 mars 1905

Autographe au musée Rimbaud.
Publiée par Mme Suzanne Briet, *Madame Rimbaud*, p. 120-121.

Page 804.

1. Masset, était le substitut greffier. Il avait apporté à Mme Rimbaud du papier timbré de Frédéric. Elle ne le lui pardonnait pas.
2. *Rester à trio,* patois ardennais pour *rester en friche.*
3. M. de Flammanville, châtelain à Chuffilly-Méry.
4. Les Haizeaux étaient les voisins de Mme Rimbaud.

MADAME RIMBAUD À SA FILLE ISABELLE*
30 octobre 1906

Autographe au musée Rimbaud.
Publiée par Mme Suzanne Briet, *Madame Rimbaud*, p. 122.

5. Les *duvets,* c'est-à-dire les édredons de plume.

Page 805.

MADAME RIMBAUD À SA FILLE ISABELLE*
22 novembre 1906

Autographe au musée Rimbaud.
Publiée par Mme Suzanne Briet, *Madame Rimbaud,* p. 123.

Page 806.

MADAME RIMBAUD À SA FILLE ISABELLE*
24 novembre 1906

Autographe au musée Rimbaud.
Publiée par Mme Suzanne Briet, *Madame Rimbaud,* p. 123-125.

1. On comprend sans peine ce que pense Mme Rimbaud.
Elle n'a pas confiance en son gendre et le juge fort capable
de s'approprier l'argent que Mme Rimbaud envoie à sa fille.

Page 807.

MADAME RIMBAUD À SA FILLE ISABELLE*
30 décembre 1906

Autographe au musée Rimbaud.
Publiée par Mme Suzanne Briet, *Madame Rimbaud,* p. 125-126.

Page 808.

1. Forest, sur le territoire de Rilly-aux-Oies.

MADAME RIMBAUD À SA FILLE ISABELLE*
16 mai 1907

Autographe au musée Rimbaud.
Publiée par Mme Suzanne Briet, *Madame Rimbaud,* p. 127-128.

Page 809.

1. Les *empouilles,* c'est-à-dire les moissons sur pied.
2. Les Michelet, famille amie des Rimbaud.
3. Mme Doyen, occupante d'une bâtisse du côté de la
ferme des Fricoteau.
4. Lefèvre, manœuvre à Roche.
5. Legrand, qu'on appelait le père Mouton.
6. Émile Lecourt-Dautel, futur beau-père de Nelly Rim-
baud.
7. Sa fille s'appelait Yvonne Lecourt.

Page 810.

MADAME RIMBAUD À SA FILLE ISABELLE*
6 juin 1907

Autographe au musée Rimbaud.
Publiée d'abord dans l'édition de la Bibliothèque de la Pléiade,
puis par Mme Suzanne Briet, *Madame Rimbaud,* p. 128-130.

Page 811.

MADAME RIMBAUD À SA FILLE ISABELLE*
20 juin 1907

Autographe au musée Rimbaud.
Publiée par Mme Suzanne Briet, *Madame Rimbaud,* p. 130-131.

1. Chaussenette, lieu-dit sur le territoire de Méry.

Page 812.

MADAME RIMBAUD À SA FILLE ISABELLE*
27-28 juin 1907

Autographe au musée Rimbaud.
Publiée par Mme Suzanne Briet, *Madame Rimbaud,* p. 131-132.

MADAME RIMBAUD À SA FILLE ISABELLE*
9 juillet 1907

Autographe au musée Rimbaud.
Publiée d'abord dans l'édition de la Bibliothèque de la Pléiade,
puis par Mme Suzanne Briet, *Madame Rimbaud,* p. 130.

Page 813.

1. On note avec amusement que Rolland de Renéville avait
lu : « ce sont des fricoteaux », comme si ce mot était une
injure. C'était très simplement le nom d'une famille voisine
de la maison des Rimbaud, et il fallait lire : « ce sont les
Fricoteaux ».
2. De même *les Doufis* n'était qu'une mauvaise lecture
pour *les Daufis.*

EXTRAIT DE DEUX LETTRES D'ISABELLE RIMBAUD
À CHARLES HOUIN ET JEAN BOURGUIGNON
[Après février 1892]

Extraits d'une lettre adressée aux premiers historiens de Rim-
baud, d'après une copie du musée Rimbaud.

En marge, d'une autre écriture : *10 9bre 1891*, mais date impossible, puisque ces extraits citent une lettre de février 1892.

Page 814.

1. Ces lignes sont tirées de la lettre de Righas à Rimbaud, du 15 juillet 1891 (*supra,* p. 686).

2. C'est la lettre de Savouré à Rimbaud, du 15 août 1891 (*supra,* p. 696).

Page 815.

MAURICE RIÈS À ÉMILE DESCHAMPS★
15 mars 1929

Autographe au musée Rimbaud.

On a jugé bon de reproduire cette lettre, témoignage précieux d'un homme qui avait bien connu Rimbaud, et qui n'avait aucune sympathie pour les légendes. La formule qu'il emploie pour désigner la maladie dont Rimbaud mourut est à relever spécialement.

Le musée Rimbaud possède également une lettre de Maurice Riès à Jean-Marie Carré, en date du 25 mars 1929. Maurice Riès n'a plus aucune lettre de Rimbaud. Il les a brûlées pour être certain, dit-il, de ne pas passer outre « à la qualité toute confidentielle qu'avait ladite correspondance ». Il refuse de donner aucun renseignement à Jean-Marie Carré. Il rappelle seulement qu'avec Mme Rimbaud il a assisté à l'opération.

Page 817.

Appendice

JOURNAL DE VITALIE RIMBAUD

NOTICE

Le musée Rimbaud de Charleville possède trois cahiers qui nous permettent de suivre la vie de Vitalie Rimbaud à certaines époques de sa vie :

1° Un *Journal* autographe, coté AR 284 (n° 1961 du catalogue).

La première partie nous donne en 34 folios les notes sur le séjour à Roche en avril-septembre 1873.

La deuxième partie, en 10 folios, contient les souvenirs de Vitalie sur le voyage de Londres en juillet 1874.

Ce cahier contient en annexe 14 folios de différents formats, au crayon ou à l'encre. Ce sont les notes prises au jour le jour au cours du voyage.

À la fin du cahier, et sur d'autres folios séparés, apparaît une rédaction du voyage revue et corrigée par Isabelle.

2° Un *Journal*, coté AR 282 (n° 1962 du catalogue).

Il se présente sous la forme d'un carnet de 32 folios.

Il s'étend sur la période 3 novembre 1874-avril 1875.

3° Un *Journal* autographe intitulé *Mémorial* de 8 folios, coté AR 278 (n° 1963 du catalogue).

Il s'étend sur la période 1er mai-13 juin 1875.

D'autre part le fonds Doucet de la bibliothèque Sainte-Geneviève possède le *Voyage en Angleterre, Journal,* de 32 folios, remaniement des notes de Vitalie.

Ce récit commence le 5 juillet 1874 et va jusqu'au 31 juillet, jour du retour à Charleville.

Pour ce qui concerne ce qui est à nos yeux l'essentiel, le voyage en Angleterre, nous sommes donc en présence de plusieurs cahiers s'étendant sur une durée plus ou moins complète, et qui d'autre part correspondent inégalement aux notes qu'avait pu prendre Vitalie. Dans ces conditions, on a, faute de mieux, retenu la solution suivante :

1° Pour la période du 5 au 9 juillet 1874, on a reproduit le texte du cahier *AR 284,* folios 35-53 ;

2° Pour la période du 9 au 14 juillet, on a reproduit la partie correspondante du récit qui figure à la fin du même cahier avec pagination nouvelle, folios 1 sqq. C'est la partie revue et corrigée par Isabelle ;

3° Pour la période du 14 au 31 juillet, on a reproduit la partie correspondante du manuscrit fonds Doucet.

Les souvenirs de Vitalie pour la période suivante ne posaient pas de problème. Le cahier *AR 282* couvre la période novembre 1874-avril 1875. Le *Mémorial, AR 278,* le continue jusqu'au 13 juin.

Il reste entendu que tous ces textes n'ont été reproduits que dans la mesure où ils apportent des informations utiles sur Rimbaud. Les omissions ont été signalées par des lignes de points.

Page 818.

1. Lecture douteuse. La *Loire* ou l'*Alloire,* petit affluent de l'Aisne (voir la note 2 de la page 72).

BIBLIOGRAPHIE

BIBLIOGRAPHIE

I. ÉDITIONS

Il ne saurait être question de dresser ici la liste complète des éditions de Rimbaud. On rappellera seulement celles qui ont fait époque dans l'histoire de son œuvre.

1. L'œuvre littéraire.

A. RIMBAUD : *Une saison en Enfer,* Bruxelles, Alliance typographique, 1873 *(édition originale).*

A. RIMBAUD : *Illuminations.* Notice par P. Verlaine. Publications de *La Vogue,* 1886 *(édition originale).*

Le Reliquaire. Poésies. Préface par Rodolphe Darzens, Genonceaux, 1891.

Poésies complètes de J.-A. Rimbaud. Préface de P. Verlaine. Vanier, 1895.

Œuvres de J.-A. Rimbaud. Poésies. Illuminations. Autres Illuminations. Une Saison en Enfer. Préface de P. Berrichon et E. Delahaye. Mercure de France, 1898.

Œuvres d'A. Rimbaud. Vers et prose, par P. Berrichon, Mercure de France, 1912 (nombreuses rééditions).

Œuvres d'A. Rimbaud. Vers et prose, par P. Berrichon. Préface de Paul Claudel, Mercure de France, 1916.

Les Manuscrits des Maîtres. A. Rimbaud. Poésies, Messein, 1919 *(recueil photographique).*

Poésies. Édition critique. Introduction et notes, par H. de Bouillane de Lacoste, Mercure de France, 1939.

Une Saison en Enfer. Introduction par H. de Bouillane de Lacoste, Mercure de France, 1941.

Œuvres complètes. Texte établi et annoté par Rolland de Renéville et J. Mouquet, Bibliothèque de la Pléiade, 1946 *(plusieurs fois réédité).*

Une Saison en Enfer. Édition critique. Introduction et notes, par H. de Bouillane de Lacoste, Mercure de France, 1949.

Illuminations. Édition critique établie par H. de Bouillane de Lacoste, Mercure de France, 1949.

Œuvres. Texte révisé par Paul Hartmann, Club du meilleur livre, 1957.

Œuvres. Introduction, relevé de variantes et notes, par Suzanne Bernard, Classiques Garnier, 1961.

Illuminations. Édition établie par A. Py, Droz et Minard, 1967.

Éditions d'œuvres particulières :

Les Stupra. Sonnets, Paris, 1871 (en réalité 1923).

Un Cœur sous une soutane. Intimités d'un séminariste, Ronald Davis, 1924.

Vers de collège. Introduction et notes par J. Mouquet, Mercure de France, 1932.

Poèmes de l'Album zutique. Introduction de Pascal Pia, Éditions de l'Arbalète, 1943.

L'Album zutique. Introduction et notes par Pascal Pia, Cercle du livre précieux, 1962 *(reproduction photographique).*

2. *La correspondance.*

Lettres de J.-A. Rimbaud. Égypte. Arabie. Éthiopie, publiées par P. Berrichon, Mercure de France, 1899.

Correspondance inédite (1870-1875). Introduction par Roger Gilbert-Lecomte, éd. des *Cahiers libres,* 1929.

Lettres de sa vie littéraire [d'A. Rimbaud] *(1870-1875)*. Annotées par J.-M. Carré, Gallimard, 1931.

A. Rimbaud : *Correspondance* [avec Alfred Ilg], *1888-1891*. Préface et notes de Jean Voellmy, Gallimard, 1965.

Suzanne Briet : *Madame Rimbaud. Essai de biographie, suivi de la correspondance de Vitalie Rimbaud-Cuif, dont treize lettres inédites,* Les Lettres modernes, Minard, 1968.

II. ÉTUDES ET INSTRUMENTS DE TRAVAIL

Nous disposons, pour l'étude de Rimbaud, de plusieurs instruments de travail. *La Grive* et *Le Bateau ivre* (ancien *Bulletin des Amis de Rimbaud*) contiennent des publications de textes, des articles et des notes. Au *Bateau ivre* ont succédé, depuis 1968, les *Études rimbaldiennes,* sous la direction de M. Pierre Petitfils, aux Lettres modernes, Minard.

D'autre part le musée Rimbaud, à Charleville, très riche en documents originaux et en photocopies, a publié en 1966 et en 1969 le répertoire de ses ressources.

M. Pierre Petitfils a publié en 1949 *L'Œuvre et le visage*

d'A. Rimbaud, Nizet, qui est la bibliographie commentée des travaux sur Rimbaud.

M. Franco PETRALIA a publié une *Bibliographie de Rimbaud en Italie,* Florence, 1960.

Il existe une étude généalogique de Rimbaud, poussée jusqu'au XVIIᵉ siècle, avec des documents inédits, par M. Gilles Henry, Caen, s. d. *(exemplaires dactylographiés).*

III. ÉTUDES D'ENSEMBLE
SUR LA VIE ET L'ŒUVRE

P. BERRICHON : *J.-A. Rimbaud le poète, 1854-1873.* Poèmes, lettres et *documents inédits,* Mercure de France, 1912.

Isabelle RIMBAUD : *Reliques,* Mercure de France, 1921.

J.-M. CARRÉ : *La Vie aventureuse de J.-A. Rimbaud,* Plon, 1926.

M. COULON : *Le Problème de Rimbaud poète maudit,* Nîmes, 1923.

— *Au cœur de Verlaine et de Rimbaud,* 1925.

— *La Vie de Rimbaud et de son œuvre,* Mercure de France, 1929.

F. RUCHON : *J.-A. Rimbaud, sa vie, son œuvre, son influence,* Champion, 1929.

— *Rimbaud. Documents iconographiques,* Genève, 1946.

M. YERTA-MÉLÉRA : *Rimbaud,* Firmin-Didot, 1930.

R. ETIEMBLE et Y. GAUCLÈRE : *Rimbaud,* Gallimard, 1936 (nouvelle édition 1950).

Enid STARKIE : *Rimbaud,* Faber and Faber, Londres, 1938 (rééd. 1947).

P. ARNOULT : *Rimbaud,* Albin Michel, 1943.

H. MATARASSO et P. PETITFILS : *Vie de Rimbaud,* Hachette, 1962.

Marcel RUFF : *Rimbaud, l'homme et l'œuvre,* Hatier, 1968.

IV. SOUVENIRS DE TÉMOINS

E. DELAHAYE : *A. Rimbaud,* Reims, 1905.

— *Souvenirs familiers à propos de Rimbaud, Verlaine et Germain Nouveau,* Messein, 1925.

— *Les Illuminations et Une Saison en Enfer,* Messein, 1927.

G. IZAMBARD : *Rimbaud. À Douai et à Charleville. Lettres et écrits inédits,* 1927.

— *Rimbaud tel que je l'ai connu,* Mercure de France, 1946.

V. ÉTUDES PARTICULIÈRES
ET INTERPRÉTATIONS DE L'ŒUVRE

A. ROLLAND DE RENÉVILLE : *Rimbaud le Voyant,* Au Sans Pareil, 1929.

Jacques Rivière : *Rimbaud*, Kra, 1930.

Jean-Paul Vaillant : *Rimbaud tel qu'il fut, d'après des faits inconnus et avec des documents inédits*, 1930.

R. Clauzel : *Une Saison en Enfer et Arthur Rimbaud*, Société française d'éditions littéraires, 1931.

André Dhotel : *L'Œuvre logique de Rimbaud*, Mézières, 1933.

— *Rimbaud et la révolte moderne*, Gallimard, 1952.

— *La Vie de Rimbaud*, Albin Michel, 1965.

B. Fondane : *Rimbaud le Voyou*, 1933.

André Fontainas : *Verlaine. Rimbaud. Ce qu'on présume de leurs relations. Ce qu'on en sait*, 1933 (avec photographies des pièces du dossier de Bruxelles).

A. Fontaine : *Génie de Rimbaud*, Delagrave, 1934.

Colonel Godchot : *Arthur Rimbaud ne varietur. I (1854-1871), II (1871-1873)*, Nice, 1936 et 1937.

M. Yerta-Méléra : *A. Rimbaud, Ébauches, suivies de la correspondance entre Isabelle Rimbaud et Paterne Berrichon et de Rimbaud en Orient*, 1937.

— *Résonances autour de Rimbaud*, Éditions du Myrte, 1946.

Enid Starkie : *Rimbaud in Abyssinia*, Oxford, 1937 (édition française, Payot, 1938).

C.-A. Hackett : *Le Lyrisme de Rimbaud*, Nizet, 1938.

— *Rimbaud l'enfant*, Corti, 1948.

René Silvain : *Rimbaud le précurseur*, Boivin, 1945.

Rimbaud, documents iconographiques présentés par F. Ruchon, Cailler, Genève, 1946.

Wallace Fowlie : *Rimbaud, the myth of childhood*, Londres, 1946.

Robert Goffin : *Rimbaud et Verlaine vivants. Documents et témoignages inédits*. Éd. L'Écran du Monde, 1948.

Daniel De Graaf : *A. Rimbaud homme de lettres*, Van Gorkum et Cie, Assen, 1948.

Daniel-Rops : *Rimbaud. Le Drame spirituel*, Paris, 1949.

Pierre Debray : *Rimbaud le magicien désabusé*, Julliard, 1949.

Cl. Edm. Magny : *Arthur Rimbaud. Morceaux choisis*, Seghers, 1949.

Autour de Verlaine et de Rimbaud, dessins présentés par J.-M. Carré. Cahiers Jacques Doucet, 1949.

H. de Bouillane de Lacoste : *Rimbaud et le problème des Illuminations*, Mercure de France, 1949.

J. Gengoux : *La Pensée poétique de Rimbaud*, Nizet, 1950.

H. Miller : *Rimbaud*, traduction de F. Roger-Carnaz, Lausanne, Mernod, 1952.

R. Etiemble : *Le Mythe de Rimbaud*, 4 vol., 1952-1961 *(le tome I contient une bibliographie particulièrement riche)*.

Émilie Noulet : *Le Premier Visage de Rimbaud*, Bruxelles, 1953.

Catalogue de l'exposition Arthur Rimbaud organisée par la Bibliothèque nationale, 1954.

H. Mondor : *Rimbaud ou le génie impatient,* Gallimard, 1955.

Suzanne Briet : *Rimbaud notre prochain, avec des documents inédits,* Nouvelles Éditions latines, 1956.

H. Guillemin : *À vrai dire,* Gallimard, 1956.

C. Hackett : *Rimbaud,* Bowes and Bowes, Londres, 1957.

Suzanne Bernard : *Le Poème en prose de Baudelaire jusqu'à nos jours,* Nizet, 1959.

C. Chadwick : *Études sur Rimbaud,* Nizet, 1960.

Y. Bonnefoy : *Rimbaud par lui-même,* Éditions du Seuil, 1961.

Matucci : *Le Dernier Visage de Rimbaud en Afrique,* Didier, 1962.

Album Rimbaud. Iconographie réunie et commentée par H. Matarasso et P. Petitfils, 438 illustrations. Bibliothèque de la Pléiade, 1967.

C. Hackett : *Autour de Rimbaud,* Klincksieck, 1967.

Y. Denis : « Le bain dans la mer à midi », *Les Temps modernes,* mai 1969, p. 2067-2074.

P. Gascar : *Rimbaud et la Commune,* Gallimard, 1971.

TABLE DES TITRES
ET DES INCIPIT

TABLE

VERS NOUVEAUX ET CHANSONS

Table   1233

UNE SAISON EN ENFER

ILLUMINATIONS

ŒUVRES DIVERSES

ÉBAUCHES ET BROUILLONS

PROSES ET VERS FRANÇAIS DE COLLÈGE   172

TEXTES LATINS

UN CŒUR SOUS UNE SOUTANE   191

LES STUPRA

Table 1235

ŒUVRES ATTRIBUÉES

CORRESPONDANCE

Table 1237

Table 1239

Table   1241

Table 1243

Table 1245

Table 1247

Table 1249

APPENDICE : JOURNAL DE VITALIE RIMBAUD

Ce volume, constituant une nouvelle édition
des « Œuvres complètes » de Rimbaud
et portant le numéro soixante-huit
de la « Bibliothèque de la Pléiade »
publiée aux Éditions Gallimard,
a été achevé d'imprimer
sur bible des Papeteries Schoeller et Hoesch
le 5 avril 1988
sur les presses
de l'Imprimerie Sainte-Catherine
à Bruges,
et relié en pleine peau,
dorée à l'or fin 23 carats,
par Babouot à Lagny.

ISBN : 2-07-010476-1.

N° d'édition : 43009. Dépôt légal : mai 1988.
Premier dépôt légal : 1972.
Imprimé en Belgique.

Ce volume, contenant une nouvelle édition
des « Œuvres complètes » de Rimbaud
et portant le numéro soixante-huit
de la « Bibliothèque de la Pléiade »
publiée aux Éditions Gallimard,
a été achevé d'imprimer
sur bible des Papeteries Schoeller et Hoesch
le 19 mai 1938
sur les presses
de l'Imprimerie Saint-Catherine
à Bruges,
et relié en pleine peau,
doré à l'or fin 23 carats,
par Babouot à Lagny.

ISBN : 2-07-010476-5

N° d'édition : 43009. Dépôt légal : mai 1998.
Premier dépôt légal : 1972.
Imprimé en Belgique.

D1500063